Einleitung

Die **Aufgaben** am Ende jeder Lerneinheit sind in die Schwierigkeitsstufen **leicht** ○, **mittel** ◑ und **schwer** ● unterteilt. Dies erleichtert den Lehrkräften die Kontrolle des Lernerfolgs und die individuelle Förderung der Schülerinnen und Schüler. Den Lernenden hilft es bei der selbstständigen Erarbeitung der Lerninhalte, zum Beispiel mit Unterstützung durch Lernvideos, sowie der Einschätzung des eigenen Lernfortschritts.

Bedeutung der Schwierigkeitsstufen

- **Leicht** ○: Für den schnellen Einstieg und zur Wiederholung grundlegender Inhalte
- **Mittel** ◑: Für die Förderung des Verständnisses und die Anwendung von Gelerntem
- **Schwer** ●: Für vertiefende Auseinandersetzungen und anspruchsvolle Herausforderungen

Zudem beinhaltet die Fachkunde als **digitales Zusatzmaterial** Lern- und Lehrvideos:

Lernvideos sind kurz und anschaulich, über QR-Codes im Buch zugänglich und ideal für Lernende, um komplexe Themen im eigenen Tempo zu erarbeiten. Lehrkräfte können sie zum Beispiel als Unterrichtseinstieg oder für die Flipped-Classroom-Methode[1] nutzen.

Lehrvideos bieten eine tiefere Behandlung der Inhalte und sind gut für gemeinsames Anschauen und Diskutieren im Unterricht geeignet.

Tipps zur Nutzung der digitalen Zusatzmaterialien

- **Scannen Sie den QR-Code:** Verwenden Sie ein Smartphone oder Tablet.
- **Schauen Sie das Video an:** Nutzen Sie die Pausenfunktion, um schwierige Passagen zu wiederholen.
- **Diskutieren Sie im Unterricht:** Nutzen Sie die Lehrvideos als Basis für Diskussionen und Gruppenarbeiten.

Grundprinzip des Flipped Classroom

„Flipped Classroom" – Wie wirksam ist die Methode?

Inverted Classroom – Umkehr des Frontalunterrichts: Wissen aneignen und Wissen anwenden

Das Konzept „Flipped Classroom"

Fachkunde für Garten- und Landschaftsbau

Herausgeber:
Holger Seipel

Autoren:
Holger Seipel, Wiefelstede
Andreas Rabisch, Höchstädt a. d. Donau
Martin Bietenbeck, Osnabrück
Klaus Kruse, Edewecht

9., überarbeitete und erweiterte Auflage

Dr. Felix Büchner · Handwerk und Technik – Hamburg

ISBN 978-3-582-41346-8 Best.-Nr. 4156

Dr. Felix Büchner GmbH und Co. KG – Handwerk und Technik GmbH, Lademannbogen 135, 22339 Hamburg;
Postfach 63 05 00, 22331 Hamburg – 2024

E-Mail: info@handwerk-technik.de
Internet: www.handwerk-technik.de

Satz: CMS – Cross Media Solutions GmbH, 97082 Würzburg
Umschlagmotiv: stock.adobe.com: Bild 1 (CGI)

Druck: Himmer GmbH Druckerei & Verlag, 86167 Augsburg

Vorwort

Wir beglückwünschen Sie zu Ihrer Berufswahl sowie zum Kauf dieses Buches, das Ihnen ein wertvoller Begleiter und Ratgeber während der gesamten Ausbildung und darüber hinaus im Beruf sein wird.

Gärtner/Gärtnerin der Fachrichtung Garten- und Landschaftsbau ist ein sehr anspruchsvoller Beruf, der an Vielfalt kaum zu überbieten ist:

- So entwerfen die Gärtner und Gärtnerinnen der Fachrichtung Garten- und Landschaftsbau Gestaltungspläne,
- führen Strecken-, Flächen- und Höhenmessungen durch,
- begrünen Straßenränder, Fußgängerzonen, Dächer, Fassaden, Hinterhöfe und Terrassen,
- schaffen Bachläufe, Teiche, Seen sowie Sumpf- und Feuchtgebiete,
- errichten Sicht- und Lärmschutzwände,
- pflanzen Bäume, Sträucher und Hecken, Stauden und Sommerblumen,
- führen Großbaumverpflanzungen, Baumsanierungen und Schnittmaßnahmen durch,
- erstellen Rasen- und Wiesenflächen, pflegen Pflanzungen und Grünflächen,
- rekultivieren Abraumhalden, Kiesgruben und Müllkippen,
- bauen Mauern, Treppen, Zäune und Rankgerüste,
- legen Kinderspielplätze und Sportanlagen an,
- erstellen Wege und Plätze, verlegen Platten und Pflaster,
- sorgen für Oberflächenentwässerung sowie Dränage
- und führen Erd-, Holz-, Stein- und Betonarbeiten durch.

Und ständig kommen neue Arbeitsfelder dazu wie z. B. in den letzten Jahren

- der Bau von Pflanzenkläranlagen, Schwimmteichen und automatischen Bewässerungsanlagen sowie
- Regenwassernutzungsanlagen zur Schonung der Trinkwasserreserven bei der Bewässerung von Gärten und Grünanlagen,
- die Gestaltung von Gärten mit künstlichem Licht oder
- die Holzverwertung,

die selbstverständlich auch im Fachkundebuch berücksichtigt sind.

Umfangreiches, in Tausenden von Jahren angesammeltes gärtnerisches Wissen (5000-jährige Berufsgeschichte!), gepaart mit dem Wissen aus zahlreichen anderen Berufen wie Straßenbauer, Pflasterer, Maurer, Steinmetz, Betonbauer, Installateur oder Zimmermann, ist das, was diesen Beruf so interessant und abwechslungsreich, aber auch so anspruchsvoll und schwierig gestaltet.

Um den hohen Anforderungen im fachgerechten Umgang mit der Vielfalt an Pflanzen, Baumaterialien und -techniken im Garten- und Landschaftsbau gerecht werden zu können, sind ein umfangreiches Fachwissen, Leistungsbereitschaft, Motivation und der Wille zum lebenslangen Lernen unabdingbar. Die Fähigkeiten, die Sie zu einem guten Gärtner, einer guten Gärtnerin machen, werden Ihnen nicht in den Schoß gelegt, sondern müssen mühsam erworben werden.

Mit der **„Fachkunde für Garten- und Landschaftsbau"** steht Ihnen ein modernes, zeitgemäßes und im besonderen Maße schülergerechtes Lehr- und Arbeitsbuch für den Berufsschulunterricht zur Verfügung, das Ihnen eine umfassende und fundierte Ausbildung gewährleistet. Das Buch baut didaktisch und konzeptionell auf der **„Fachkunde für Gärtner/-innen"** (4155) auf und erfasst die gesamten Ausbildungsinhalte für den Garten- und Landschaftsbau auf der Grundlage der Rahmenrichtlinien.

Nach einer Einführung in die **Geschichte der Gartenkunst** von der Antike bis in die heutige Zeit und Informationen zur **Berufsbildung** mit Hinweisen zur volkswirtschaftlichen Bedeutung, Auftraggeberstruktur und Tätigkeitsbereichen im Garten- und Landschaftsbau sowie Informationen zur beruflichen Fort- und Weiterbildung gliedert sich das Lehrbuch entsprechend der Vorgehensweise bei der Auftragsabwicklung im Garten- und Landschaftsbau:

1. **Objektplanung**
2. **Bautechnische Maßnahmen**
3. **Vegetationstechnische Maßnahmen** und
4. **Betriebliche Zusammenhänge** als übergeordnetes Kapitel für alle landschaftsgärtnerischen Tätigkeiten

Dort, wo bautechnische und vegetationstechnische Maßnahmen zusammenfallen, z. B. beim Teich- und Bachbau, sind diese Arbeiten zur Unterstreichung der Bedeutung gärtnerischen Wissens den vegetationstechnischen Maßnahmen zugeordnet.

Umfangreiche Pflanzentabellen und Fotoserien, Schritt-für-Schritt-Arbeitsanweisungen und ein ausführliches Sachwortverzeichnis machen das Lehrbuch gleichzeitig zu einem wertvollen Nachschlagewerk und Repetitorium für Lernende, Lehrende und andere Interessierte.

Und nun viel Spaß und Erfolg beim Lernen, vor allem aber viel Freude in Ihrem Beruf.

Herausgeber, Autoren und Verlag

Inhaltsverzeichnis

Objektplanung

Bautechnische Maßnahmen

Vegetationstechnische Maßnahmen

Betriebliche Zusammenhänge

Geschichte der Gartenkunst

Die Wurzeln des heutigen Garten- und Landschaftsbaus liegen sehr weit zurück. Im Folgenden soll ein Überblick über diese Entwicklung von der Antike bis in die heutige Zeit gegeben werden.

Die Gartenkultur beginnt mit der Sesshaftigkeit der Menschen und ist eng mit der Umfriedung der Plätze für den Nahrungsanbau verbunden.

Die Darstellung zeigt einen streng symmetrisch angelegten Garten, der rundherum von einer Mauer umgrenzt ist. Der Zugang erfolgt durch ein über einen Landungssteg erreichbares Portal, das links und rechts von Baumreihen eingefasst wird.

Im Zentrum des Gartens befindet sich eine mit Weinreben bewachsene Fläche, die von zahlreichen Pflanzen, darunter viele Bäume, umgeben ist. Ferner sind vier Teiche, zwei Pavillons und ein Haus erkennbar; insgesamt ein ausgewogenes Verhältnis von Zier- und Nutzgarten.

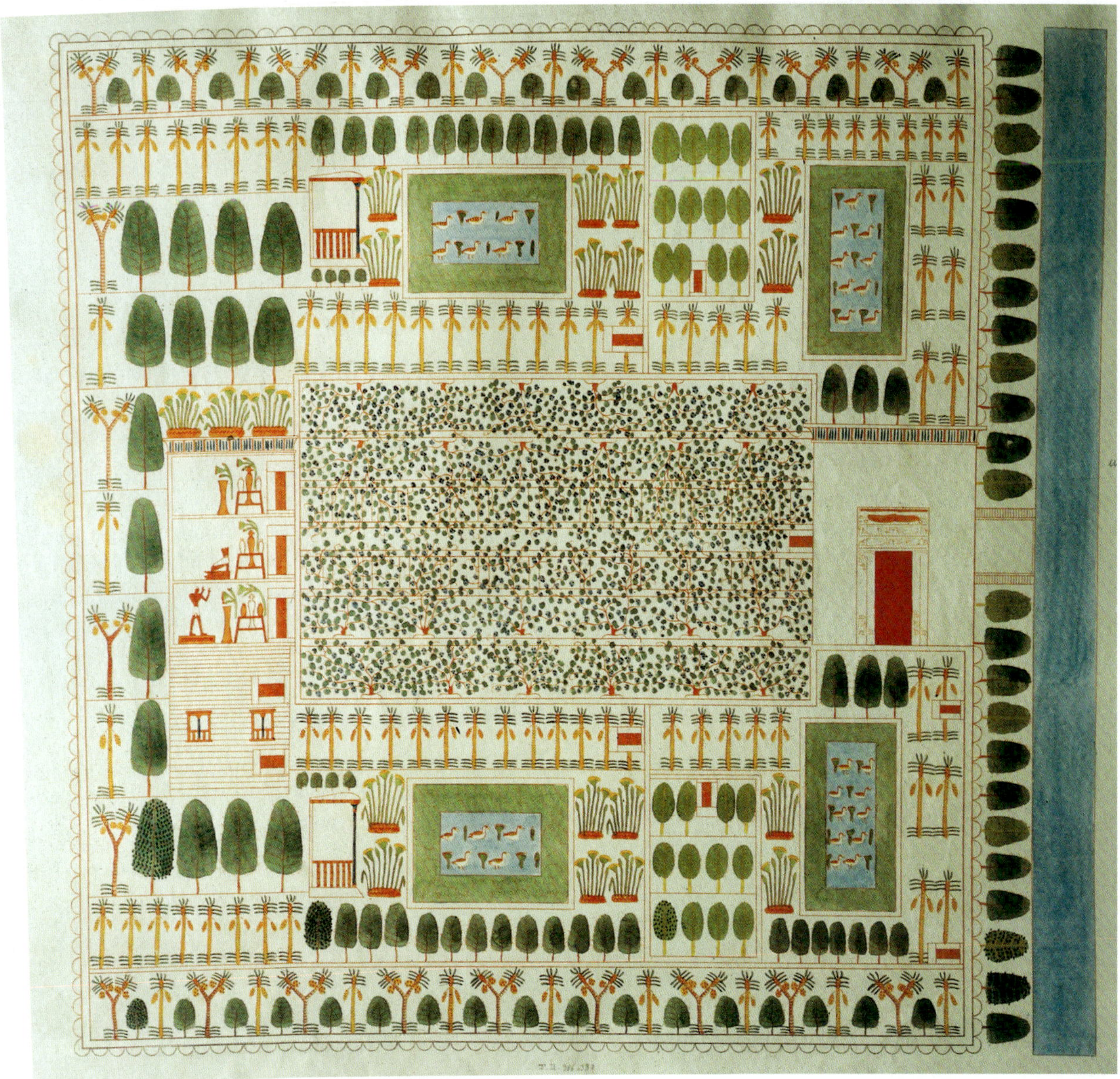

1 Garten eines hohen ägyptischen Würdenträgers, um 1400 v. Chr.
aus: Ippolito Rossellini, Monumenti del Egypto e della Nubbia 1834, fol. 69.

1 Das Altertum

1.1 Ägypten

Das erste Land mit einer ansprechenden Gartenkultur war Ägypten. Die Beschaffenheit des Bodens und des Klimas boten gute Voraussetzungen dafür. Das Niltal mit seinen fruchtbaren Äckern, einer Vielzahl von Terrassenbauten und einem verzweigten Kanalsystem für das Nilwasser half wesentlich bei der nutzbringenden Pflege der Vegetation.

Wandmalereien zeugen von einer **hoch entwickelten Gartenkultur**. In streng symmetrisch angelegten Gärten mit rechteckigen Beeten und viereckigen Teichen, durchzogen von gerade verlaufenden Alleen und Kanälen, wurden Gemüse, Obst, Wein und Blumen gezogen. Bestimmende Baumarten waren der Feigenbaum, die Dattelpalme und die Akazie (1, S. 1).

Der Waldmangel wurde durch eine große Anzahl heiliger Haine (kleine, lichte Wälder) ausgeglichen.

Die Völker des Niltales verbanden alles, was ihnen lieb und teuer war, mit den Gärten und ihren Erzeugnissen. Diese Tradition hat sich bis heute erhalten. Feste ohne Blumenschmuck sind nicht denkbar.

1.2 Babylonien (antiker Name für das Land zwischen Euphrat und Tigris)

Auch die babylonischen Völker pflegten eine reiche Gartenkultur. Sie waren die eigentlichen **Gründer der Parks**. Das war nur möglich, weil sie über Wälder verfügten und der Boden nicht so fruchtbar war. Tief verwurzelt in ihren Gewohnheiten war die Verehrung von Schatten spendenden Bäumen.

Von einem Park wird erstmals 1100 v. Chr. gesprochen: „Zedern und Ukarin (Buchsbaum) nahm ich mit und pflanzte sie in den Parks meines Landes ...“. Leider fehlen bildliche Überlieferungen aus dieser Zeit.

Ab der zweiten Hälfte des vierten Jahrhunderts v. Chr. begannen die assyrischen Großkönige nicht nur ihre Parkanlagen zu rühmen, sondern ließen sie auch auf Schmuckreliefs abbilden.

Das siebte Weltwunder der Antike „Die Hängenden Gärten der Semiramis“ wurde um 600 v. Chr. von Nebukadnezar dem II. für seine Gattin Amethyst gebaut. Es handelte sich um terrassenförmig angelegte und mit einem Wasserhebewerk bewässerte Dachgärten in der Königsburg Babylons (1).

1 „Hängende Gärten der Semiramis“ (Rekonstruktion)

Die Erben der assyrischen Gartenkultur waren die Meder und die Perser. Von ihnen wurden auch die Gärten weiterentwickelt. Es entstanden Grabhaine und Ziergärten. Bekannt geworden sind vor allem die Rosengärten der Perser.

1.3 Griechenland (800 v. Chr. – 150 n. Chr.)

Im alten Griechenland lebte man relativ einfach. Die Städte waren eng. Es gab keinen Platz für Gärten. Gemüse, Obst, Gewürze und Blumen kamen vom Land in die Städte.

Man pflegte kultische Handlungen, sportliche Übungen, philosophische Gespräche in einer **parkähnlichen Landschaft**, die eigens dazu angelegt wurde. Obwohl über die Einzelheiten der Gärten wenig bekannt ist, kann anhand mythologischer Überlieferungen von einer fortgeschrittenen griechischen Gartenkultur ausgegangen werden.

1.4 Rom (400 v. Chr. – 400 n. Chr.)

Zur Anlage des römischen Hauses reicher Patrizier gehörte auch ein Garten im Innenhof. Dieser war immer von einem bedachten Säulengang umgeben.

Beschnittene Buchsbaumhecken gliederten die Flächen symmetrisch. Sitzbänke, Brunnen, Wasserspiele, Tröge – bepflanzt mit Oleander, Rosen, Myrthe und anderen duftenden Blumen – belebten die Flächen. Außerhalb der Städte in der Nähe der Patriziervillen befanden sich große symmetrisch angelegte Prachtgärten mit Alleen, Buschgruppen, Rasen, Hecken, Pergolen und Plastiken.

1 Römischer Garten; Freskomalerei an der Villa der Kaiserin Livia (1. Jh. n. Chr.). Eines der typischen Gartenbilder auf den Mauern vor den echten Gärten

Die römischen Gärten (1) waren die **Vorbilder für die späteren Barockgärten.**

2 Das Mittelalter (400 - 1500)

Im Mittelalter waren die Gärten klein. Hinter den hohen Mauern der Burgen war wenig Platz. Nur in den Klöstern gab es große, streng geometrisch angelegte Gärten mit Obstbäumen, Gemüse- und Kräuterkulturen. Die **Klostergärten** waren die Träger der Gartenkultur. Die Mönche trieben mit den von ihnen erworbenen botanischen und gartenbaulichen Kenntnissen den Gartenbau wissenschaftlich voran.

2 Mittelalterlicher Kräutergarten um 1400

3 Mittelalterliche Gärtner, Holzschnitt

3 Gartenkunst in China und Japan

China und Japan sind in der Gartenkunst wesentliche Inspiratoren für Europa gewesen. Sie haben in der westlichen Welt viele Bewunderer gefunden. In beiden Kulturen klingen bei der Gestaltung von Parks und Gärten sowie beim Verhalten zu Natur und Landschaft **religiöse und philosophische Traditionen** an. Die Landschaft als Ganzes und ihre einzelnen Elemente stehen im Mittelpunkt.

Die Entwicklungen verliefen in beiden Kulturen parallel, wobei Japan dabei seinen eigenen Weg fand.

In **China** spielte die Gestaltung von Landschaftsbildern eine große Rolle. Meist waren es Parks als Inseln mit Pavillons zwischen Wasserzügen. Sie boten Ruhe, Zurückgezogenheit und Beschaulichkeit zu jeder Jahreszeit.

Man findet immer wieder Verbindungen zu anderen Künsten wie der Malerei und der Musik sowie der Wissenschaft.

Erste Berichte über die chinesische Gartenkunst gelangten durch den Seefahrer Marco Polo (1254 - 1324) nach Europa.

1 Japanischer Garten

2 Chinesisches Teehaus im Park von Sanssouci (1754 - 1757)

3 Ein etwa 30 Jahre alter Fächerahorn *(Acer palmatum)* als Bonsai

Er überbrachte die Nachricht von großen Parks und Gartenanlagen, die in Gestaltung, Reichtum und Faszination alles Bisherige in der damaligen Welt in den Schatten stellten.

Eine der bedeutendsten Parkanlagen war der Sommerpalast in Peking. Er wurde in ca. 80 Jahren errichtet. Am Rande der alten Parkanlagen wurden später zwei Gärten nach französischem Vorbild erstellt, die größer als der Park von Versailles waren. Im Oktober 1860 wurden diese Anlagen allesamt durch englische und französische Truppen zerstört.

Die **Japaner** kopierten zuerst die Chinesen. Aber bereits in der Heian-Periode (794 - 1185) entstanden zahlreiche Gärten und Parks, die ihr eigenes unverwechselbares japanisches Gesicht hatten (1). Auffallend ist die Zurückhaltung beim Einsatz der verschiedenen Gestaltungsmittel.

Es wurden vor allem Meditationsgärten errichtet, die mit wenigen Kunstmitteln ausgestattet waren. Bei der Bepflanzung spielten nur wenige Arten eine Rolle. Jedes Detail hatte eine sinnbildliche Bedeutung. Damit wurde beim Betrachter nicht nur das Schönheitsempfinden, sondern auch seine Psyche angesprochen. Die Gartenkultur ist in Japan der Malerei gleichgestellt.

Als Gestaltungsmittel werden Kies, Steine und eine ausgewogene Bodenplastik eingesetzt. Steine, ihre Anordnung und ihre Beziehung zueinander sind sehr wichtig. Hügel in verschiedenen Höhen und Breiten, Senken und Mulden sowie kleinere Täler beleben das Landschaftsbild.

Im 12. Jahrhundert entstanden die **Teegärten**, ein besonderer Gartentyp, bei dem die Nutzung im Vordergrund stand. Zu diesem Zweck wurde ein Teehaus (2) in einem Garten mit entsprechenden Einrichtungen geschaffen. Das Teetrinken erfolgte in Japan als eine Art Ritual und lief nach strengen Regeln ab. Man schritt auf einem Gartenpfad zum Teehaus. Dabei ging man über Trittsteine, die die verschiedenen Elemente des Gartens verbanden: Eingangstor, Wartebänke, Brunnen und Wasserbecken. Größe, Struktur und Farbe der Steine folgten genau den Vorschriften. Diese Gärten waren in allen Bevölkerungsschichten zu finden, daher gab es sehr einfache und auch sehr aufwendige Teegärten.

Viele Japaner halten und pflegen in ihren kleinen Gärten kunstvoll gezogene Bonsais (Zwergbäume, 3). Die Bonsai-Kunst, die ihren Ursprung in China hat, wurde von den Japanern zur Perfektion entwickelt. In ihr spiegeln sich asiatische Philosophie und Lebensanschauung (Lebenskraft auf kleinstem Raum, Beschränkung auf das Wesentliche) wider.

4 Die Neuzeit

4.1 Renaissance und Barock (1500 - 1750)

Während der Renaissance (Rückbesinnung auf die Antike) lebten die Gärten des alten Roms wieder auf. Zu Lehr- und Forschungszwecken entstanden **botanische Gärten** in Pisa (1543), Bologna (1567), Leipzig (1577) und Heidelberg (1593).

Das Blumensammeln, -züchten und -anbauen zählte zu den beliebtesten Hobbys der Barockzeit. Es entstanden große Schlossgärten als Werke von Gartenarchitekten, wobei Frankreich unter dem Einfluss von Ludwig dem XIV. (1638 - 1715; Schloss von Versailles) die Führung in der Gestaltung übernahm. Der **symmetrische Grundriss**, die Betonung der Mittelachse, die Schloss- und Zufahrtswege verbindet, sowie eine strenge Trennung von der natürlichen Umgebung sind wichtige Merkmale. Buchsbaumkanten, große Ornamente, Felder, mit bunten Steinen, Glassplittern oder Muscheln belegt, gehörten ebenso zu den Gestaltungsmerkmalen wie in den entfernteren Bereichen Baum- und Buschgruppen, Laubengänge, Pavillons, breite Wege für Reiter und Kutschen sowie Wasserläufe. Eine Reihe solcher Gärten kann man noch heute bewundern (z. B. den Park von Versailles, den Großen Garten in Hannover-Herrenhausen, den Barockgarten in Großsedlitz bei Dresden, 1).

1 Barockgarten in Großsedlitz bei Dresden

4.2 Rokoko und Klassizismus (1750 - 1850)

Der architektonische Garten des Barock wurde unmodern. Die Sehnsucht nach der freien Natur lebte wieder auf. **Landschaftsnähe** hieß der neue Weg in der Gartengestaltung. Dieser fand vor allem Ausdruck in den englischen Gärten. Großräumige Parks mit naturnahen Wegen, Wasserläufen und Teichen, meist als Übergang in die freie Natur, wurden angelegt.

2 Orangerie im Pillnitzer Schlosspark

In diesen Parks wurden sehr viele Kübelpflanzen aufgestellt. Da die Pflanzen häufig aus südlichen Ländern kamen, baute man für deren Überwinterung Überwinterungshäuser, **Orangerien** (2) genannt. Wichtige Pflanzenarten waren Zitrusfrüchte, Palmen verschiedener Arten und Fuchsien. Eine derartige Orangerie ist zum Beispiel im Pillnitzer Schlosspark zu bewundern. Dieser Park stellt eine Mischung aus Barockpark und englischem Garten dar.

Weitere Beispiele englischen Landschafts- und Naturstils vermischt mit Einflüssen des französischen Barockstils sind die Parks des Fürsten Pückler in Bad Muskau (3), der Englische Garten in München und der Central Park in New York (1, S. 6).

3 Parkanlage des Fürsten Pückler in Bad Muskau (Eichseewasserfall)

1 Das Herz Manhattans, der 341 ha große, ca. 4 km lange und 800 m breite Central Park in New York

2 Familie im Schrebergarten

5 Die Gründerjahre

Die Gründung des Deutschen Kaiserreiches (1871) hatte zu neuem Reichtum geführt. Sie bewirkte einen großen wirtschaftlichen Aufschwung. Deshalb wurden die folgenden Jahre **Gründerjahre** genannt.

Die Verschmelzung der zwei grundsätzlichen Stilrichtungen, dem natürlichen oder landschaftlichen mit dem geometrischen oder regelmäßigen Stil, wie auch der Repräsentationswille betuchter Bürger sind kennzeichnend für diesen Zeitabschnitt. Der **Wintergarten** wurde zum Statussymbol. Die Vorgärten sprachen für ihre Besitzer. Blumenbeete, Rosenrondelle, Buchsbaumhecken waren fast überall zu finden. Der Blumenhandel und die gärtnerische Blumenzucht erlebten einen großen Aufschwung. Die Begüterten der Gesellschaft gaben den Pflanzen damit eine neue Bedeutung.

Der „kleine Mann" hingegen lebte ärmlich. Aber auch ihn drängte es nach frischem Grün. Der Arzt Dr. Daniel Gottlob Schreber (1808 - 1861) begann damit, kleine Gärten innerhalb einer Gartenkolonie anzulegen. Diese Art von Gärten wird noch heute nach ihm benannt: **die Schrebergärten** (2). Die Parzellengröße lag bei ca. 100 m^2. Genauso wie heute wurden in ihnen Blumen- und Gemüsebeete angelegt, Obstbäume gepflanzt und Erholungsräume geschaffen. Bestimmende Pflanzenarten waren Stauden, z.B. Rittersporn, Phlox, Malven, Lupinen, Staudenastern und eine Vielzahl von Sommerblumenarten, sodass immer etwas blühte. Von Wicken umrandete Sommerlauben waren ein Zeichen für unpolitische Rückzugsräume, bis der Krieg diese beschauliche Gartenidylle beendete.

6 Die Entwicklung im 20. Jahrhundert

Zwei Weltkriege, wirtschaftliche Tiefpunkte und das „Wirtschaftswunder", die Entwicklung der Wissenschaften und der Technik, die größere Mobilität durch Flugzeuge, schnelle Autos und vieles andere mehr sind bestimmend für dieses Jahrhundert.

Die Nostalgie, die Freude am Überlieferten, gewann als Gegengewicht stärker an Bedeutung. Blumen wurden immer mehr zum Handelsobjekt und spielten im gesellschaftlichen Leben eine bedeutende Rolle.

Spätestens seit den Gartenbauausstellungen zu Beginn des 20. Jahrhunderts gelangte der Garten und mit ihm der Gartenarchitekt ins öffentliche Bewusstsein.

Nach dem Ersten Weltkrieg traten eine Reihe von begabten Gartenarchitekten „auf den Plan". Es entstanden zahlreiche **Volksparks**. In dieser Zeit wurden der Volkspark Hamburg (180 ha), die Jungfernheide Berlin mit 160 ha und andere Anlagen errichtet. Volksparks entstanden vor allem dort, wo es keine Schlossparks gab.

Karl Förster aus Bornim bei Potsdam züchtete zahllose Staudenarten und beschrieb diese in einmaliger Art und Weise. Viele namhafte Gartenarchitekten arbeiteten als Gärtner in seinem Betrieb. Es entstand eine Gemeinschaft von Gleichgesinnten, die in den Zwanzigerjahren eine Arbeitsgemeinschaft gründeten und denen es zu verdanken ist, dass zahlreiche Gartenanlagen in einem neuen Geist entstanden. Es seien hier nur Adolf Haag, Alfred Reich, Herta Hammerbacher, Gustav Allinger und Alwin Seifert als Vertreter erwähnt.

Der freie und offene und so fruchtbare Meinungsaustausch wurde durch die Machthaber der Nazizeit unterbrochen.

Nach dem Ende des Zweiten Weltkrieges dauerte es einige Zeit, bis ein Neubeginn in der Gartengestaltung sichtbar wurde. Fast alle Gartenarchitekten der Vorkriegszeit stellten sich den großen Aufgaben im Lande. Die Grünplanung wurde in jeder größeren Stadt zu einem wichtigen Bestandteil der behördlichen Einrichtungen. Sie hatte folgende Aufgaben zu erfüllen:

- Grünflächenplanung im Rahmen einer Bauleitplanung mit perspektivischer Sicht,
- Planung und Ausbau einzelner Grünobjekte in Fortsetzung der traditionellen Aufgaben,
- Pflege und Unterhaltung aller vorhandenen und neu entstandenen Anlagen,
- Eingriffe in die Landschaft durch Verkehrsplanung, Bau von Wasserstraßen, Flurbereinigung u. a.

Diese vielfältigen Aufgaben verlangten die Herausbildung eines neuen Fachmannes, des **„Landschaftspflegers“** bzw. des **Garten- und Landschaftsbauers**.

7 Die Gartenschauen

Der Ursprung der Gartenschauen liegt im 18. Jahrhundert (Tab. 1). Ausgangspunkte waren die Pflanzenliebhaberei und der Erwerbsgartenbau.

Es war, wie bereits erwähnt, die große Zeit der privaten Pflanzensammlungen. Seltene Pflanzen dienten als Prestigeobjekte. So öffnete der Hofrat Wolfgang Wedel aus Jena um 1800 seine Sammlungen für die Öffentlichkeit. Das war die erste Freilandpflanzenschau.

Parallel zu privaten Hof- und Herrschaftsgärtnern des Adels und des reichen Bürgertums, denen die Anlage und Pflege von Gärten und Parks oblag, entwickelte sich ein neuer Gartenbauzweig, die unabhängige Kunst- und Handelsgärtnerei. Diese Unternehmen begannen mit der Zucht, der Kultur sowie dem Handel von Blumen, Topfpflanzen, Gemüse, Obst, Ziergehölzen und Saatgut.

Ab 1897 gab es die verschiedendsten Ausstellungsarten nebeneinander. Eine zentrale Regelung für die zeitliche und räumliche Abfolge fehlte. Die Städte und Vereine entschieden über die Ausstellungen.

1925 gab es allein in Deutschland 28 Ausstellungen. Deshalb wurde 1930 vom Reichsverband des deutschen Gartenbaus mit der Erarbeitung einheitlicher Richtlinien begonnen. Die Machthaber des Dritten Reiches, die diesen Verband auflösten, übernahmen die bereits vorhandenen Ideen. Sie machten sich das Anliegen der Gartenschauen zunutze, hatten sie doch erlebt, welch ein Besuchermagnet diese Ausstellungen waren.

Jahr	Aussteller/Anlass	Besonderheiten
1809	Belgische Pflanzengesellschaft	1. Pflanzen- und Blumenausstellung
1822	Gründung des Vereins zur Förderung des Gartenbaus in Preußen Deutsche Gartenbau-Gesellschaft	Wettbewerbe, Entwicklung von Spezialschauen
1869	1. Internationale Gartenbau-Ausstellung	420 Aussteller aus 8 europäischen Ländern und den USA
1885	Allgemeine deutsche Gartenbau-Ausstellung anlässlich der Weltausstellung in Erfurt	379 in- und ausländische Aussteller, davon 100 aus Erfurt, 30 000 Besucher
1897	IGA Hamburg	Sommerlanges Gartenfest, alle Merkmale der heutigen Bundesgartenschau sind bereits vorhanden

Tab. 1 Zeitlicher Abriss der Gartenschauen 1809 – 1897

So entstanden im Dritten Reich die ersten großen Gartenschauen mit einheitlichen Richtlinien und einer einheitlichen Bezeichnung: **Reichsgartenschauen**. Sie wurden
1936 in Dresden,
1938 in Essen,
1939 in Stuttgart durchgeführt.

Nach Kriegsende vergingen gerade vier Monate bis zur ersten kleinen Gartenschau in Erfurt. 1949 lud Landau zur „Südwega“, der südwestdeutschen Gartenschau, ein.

Durch die Teilung Deutschlands verlief die Entwicklung auch auf dem Sektor der Gartenschauen unterschiedlich.

Auf dem Gebiet der Bundesrepublik Deutschland wurden die **Bundesgartenschauen** sowie **Landesgartenschauen** durchgeführt, in der DDR fand die **„iga“** statt.

7.1 Die Bundesgartenschauen (BUGA)

Seit 1951 finden im zweijährigen Rhythmus Bundesgartenschauen statt.

Eine Bundesgartenschau ist:
- ein halbjähriges Einweihungsfest für einen neuen oder neu hergerichteten Park bzw. eine rekultivierte Landschaft,
- ein Wettbewerbsort für Gärtner,
- ein Ort zur Werbung für den Berufsstand und
- ein Motor für die Stadtentwicklung.

1 Bundesgartenschau 2009:
Schweriner Schloss mit Schlossgarten, seit 2024 Weltkulturerbe

Jahr	Gartenschau	Stadt (Land)
2021	BUGA	Erfurt (Thüringen)
2023	BUGA	Mannheim (Baden-Württemberg)
2025	BUGA	Rostock (Mecklenburg-Vorpommern)
2027	IGA	Ruhrgebiet (Nordrhein-Westfalen)
2029	BUGA	Welterbe Kulturlandschaft, Oberes Mittelrheintal (Rheinland-Pfalz)

Tab. 1 Übersicht Gartenschauen 2021 bis 2029

2 Traditionell besuchte die englische Königin Queen Elisabeth II am Eröffnungstag die Chelsea Flower Show[1].

Freiflächen, neue Grün- und Erholungsräume werden für die Menschen vor Ort geschaffen. Es können Fußgängerzonen entstehen, der Ausbau des Verkehrsnetzes, der Bau von Sport- und Freizeitanlagen wird vorangetrieben, Hotels werden errichtet und historische Gebäude restauriert. Die gesamte Infrastruktur wie auch die Lebensqualität werden verbessert.

Von der Idee bis zur Realisierung wird nach einem einheitlichen Plan vorgegangen:

- Idee
- Meinungsbildung
- Untersuchung/Gutachten
- Präsentationen/Bewerbung
- Entscheidung
- Durchführungs- und Gesellschaftervertrag
- Durchführungs-GmbH
- Ideen- und Bauwettbewerb
- Planungsvergabe
- Planung und Ausbau
- Eröffnung und Durchführung
- Dauernutzung der Anlagen

Die Bürger, Politiker, Stadtverwaltung und Gartenamt tragen die Idee ins Stadtparlament. Dabei rücken immer mehr Fragen des gesellschaftlichen Miteinanders, des Natur- und Umweltschutzes, der Biodiversität, des Klimaschutzes und der Umgang mit Ressourcen in den Mittelpunkt. Es folgt die Diskussion im Stadtparlament, in der Presse und der breiten Öffentlichkeit sowie im Zentralverband Gartenbau. Die Vorstellungen über das Gelände, die ökologischen Rahmenbedingungen, das soziale und strukturelle Umfeld werden abgesteckt. Ein Grundkonzept für die Dauernutzung und ein erster Kosten- und Finanzierungsrahmen werden erarbeitet. Die Stadt präsentiert diese Überlegungen dem Zentralverband Gartenbau, der dann auch über die Bewerbung entscheidet. Beide zusammen schließen die notwendigen Verträge ab. Für die Abwicklung und Durchführung wird eine Gesellschaft gegründet.

Ein Planungswettbewerb unter den Landschaftsarchitekten kommt zur Ausschreibung und aufgrund der Empfehlung des Preisgerichtes und der Diskussion in der Öffentlichkeit vergibt die Stadt die Planung an einen oder mehrere Preisträger. In der Folge konkretisiert man die Wettbewerbsplanung. Der Aufsichtsrat und seine Gremien stimmen die Einzelmaßnahmen ab. Die Bauleitung überwacht die Ausführung im Gelände.

Alle zehn Jahre wird anstelle der Bundesgartenschau die **Internationale Gartenbauausstellung (IGA)** veranstaltet. Waren es bisher die 3er-Jahre (1953 Hamburg, 1963 Hamburg, 1973 Hamburg, 1983 München, 1993 Stuttgart und 2003 Rostock), sind es nun nach einer Neuregelung die 7er-Jahre. Weil die für 2013 in Hamburg vorgesehene IGA nun nicht mehr stattfinden durfte, man aber für die geplante Gartenschau den internationalen Charakter gewahrt wissen wollte, einigten sich die Vertragspartner Hamburg und die Deutsche Bundesgartenschau-Gesellschaft (DBG)

[1] Europas größte und bedeutendste Gartenschau, die **Chelsea Flower Show**, findet jährlich im Mai im Londoner Stadtteil Chelsea statt; Veranstalter ist die Royal Horticultural Society

Bundesland	Jahr	Ort
Baden-Württemberg	2022[1]	Eppingen
	2022	Neuenburg am Rhein
	2023[1]	Balingen
	2024	Wangen im Allgäu
	2025[1]	Freudenstadt/Baiersbronn
	2026	Ellwangen
	2027[1]	Bad Urach
	2028	Rottweil
	2029[1]	Vaihingen/Enz
	2030	Ulm
Bayern	2021	Ingolstadt
	2021[2]	Lindau (Bodensee)
	2023	Freyung
	2023	Selb und Asch (Tschechien) Grenzüberschreitend
	2024	Kirchheim
	2025	Furth im Wald
	2026	Schweinfurt
Brandenburg	2022	Beelitz
Hessen	2023	Fulda
Niedersachsen	2022	Bad Gandersheim
Nordrhein-Westfalen	2023	Höxter
Rheinland-Pfalz	2022	Bad Neuenahr-Ahrweiler
Sachsen	2022	Torgau
Sachsen-Anhalt	2022	Bad Dürrenberg
Thüringen	2024	Leinfelde-Worbis
Österreich	2021	Wilhering
	2023	Wolfsegg am Hausruck
	2025	Schärding

Tab. 1 Landesgartenschauen (Abk. LAGA/LGS) 2021 bis 2030.

In Baden-Württemberg und Bayern finden die Landesgartenschauen jährlich im Wechsel mit kleineren Landesgartenschauen, den sogenannten Grünprojekten[1] bzw. kleinen Landesgartenschauen[2], statt.

auf die Bezeichnung **Internationale Gartenschau (IGS)**. Die nächste IGA findet 2027 im Ruhrgebiet statt (Tab. 1, S. 8). Neben den großen Gartenschauen werden in Österreich und auf Landesebene in Deutschland **Landesgartenschauen** durchgeführt (Tab. 1). Sie haben die gleichen Effekte für die jeweilige Region und den Berufsstand wie die Bundesgartenschauen.

7.2 iga Erfurt

In der DDR sah die Situation anders aus. 1958 wurde die „iga Erfurt" gegründet. Im Gegensatz zur Bundesrepublik fanden die Gartenbauausstellungen in der DDR immer auf diesem Gelände, der Cyriaksburg in Erfurt, statt.

Auf diesem Gelände befanden und befinden sich noch 15 Hallen und 8 Pavillons sowie auf der großen Freifläche u. a. eine 400 m lange Blumenwiese und Lehrgärten.

1 Blumenzwiebeln und -knollen – Arbeitsthema der Gartenschauen

1990 erlosch die Bedeutung der iga Erfurt als Ausstellungsgelände für große internationale gärtnerische Veranstaltungen. Das Gelände wurde unter Denkmalschutz gestellt und soll weiterhin der gartenbaulichen Tradition dienen. Die „ega cyriaksburg Erfurt", der Garten Thüringens, wurde ins Leben gerufen. Parks und Gärten des weiträumigen Geländes bieten für die Freunde der Flora vom zeitigen Frühjahr bis in den späten Herbst eine reiche Palette an Grünem und Blühendem in verschiedenen Sondergärten.

? Aufgaben

◑ 1. Wann entstand die Gartenkultur und durch welche Leistungen wurde sie bekannt?

◑ 2. Zeigen Sie die Entwicklungsetappen der Gartenkultur im Altertum auf.

◑ 3. Welche Gärten waren die Vorbilder der Barockgärten? Begründen Sie Ihre Aussagen.

○ 4. Nennen Sie Beispiele für heute noch vorhandene Barockgärten in Ihrem Bundesland.

◑ 5. Nennen Sie die Merkmale der Barockgärten und der Englischen Gärten.

◑ 6. Erläutern Sie Gemeinsamkeiten und Unterschiede der Gartentypen im asiatischen Raum und zeigen Sie deren Bedeutung für die heutige Zeit auf.

◑ 7. Welche wirtschaftlichen Voraussetzungen waren für die Entwicklung der Gartenschauen notwendig?

◑ 8. Erläutern Sie die Merkmale von Landes- und Bundesgartenschauen.

● 9. Besuchen Sie während Ihrer Berufsausbildung mindestens eine Landes- und Bundesgartenschau.
   a) Zeigen Sie auf, wie die allgemeinen Merkmale dieser Schauen dort wiederzufinden sind.
   b) Diskutieren Sie, inwiefern aktuelle Fragen des gesellschaftlichen Miteinanders, des Natur- und Umweltschutzes, der Biodiversität, des Klimaschutzes und des Umgangs mit Ressourcen Eingang gefunden haben.

Berufsbildung

1 Branchenbericht

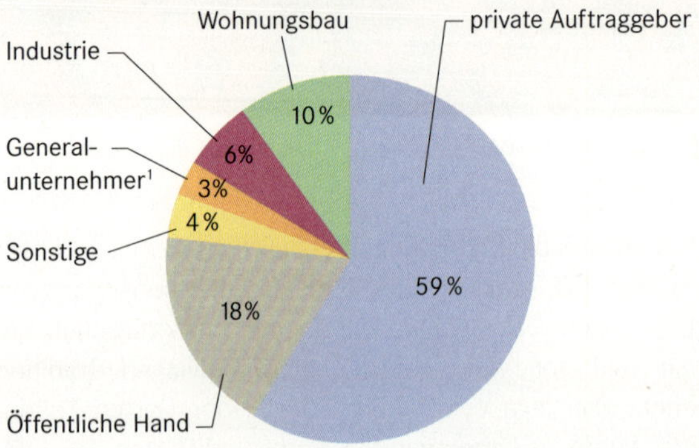

1 Auftraggeber im GaLaBau (nach Umsatzanteilen in %, gerundet)[2]

Innerhalb der Volkswirtschaft hat sich der Gartenbau zu einem Wirtschaftszweig entwickelt, der in den vergangenen Jahrzehnten viele strukturelle Veränderungen durchgemacht hat. Aus der Landwirtschaft hervorgegangen, haben sich viele Betriebe in Richtung Handel und Dienstleistungen entwickelt.

Der Garten- und Landschaftsbau (im Folgenden GaLaBau genannt) hat sich als Branche des Gartenbaus seit den 60er-Jahren stark entwickelt.

Der Branchenumsatz lag 2022 bei 10,04 Mrd. €, erwirtschaftet von 19 373 Betrieben. Rund 22 % dieser Betriebe sind Mitglieder im Bundesverband Garten-, Landschafts- und Sportplatzbau (BGL, **2**), sie erwirtschafteten fast 63 % des Gesamtumsatzes. 2022 waren 130 000 Personen im GaLaBau beschäftigt, darunter 7826 Auszubildende.

? Aufgabe

◑ **Informieren Sie sich über die Auftraggeberstruktur und den Tätigkeitsbereich Ihres Ausbildungsbetriebes. Stellen Sie die Ergebnisse in Form von Kreisdiagrammen dar.**

2 Bundesverband Garten-, Landschafts- und Sportplatzbau (BGL) e. V.[3]

Der **Bundesverband Garten-, Landschafts- und Sportplatzbau (BGL) e. V.** ist ein Arbeitgeber- und Wirtschaftsverband. Er vertritt auf Bundesebene und in Europa die Interessen der GaLaBau-Unternehmen. Er wird getragen von 12 **Landesverbänden** (Tab. **1**, S. 11).

Ihre Experten für Garten & Landschaft

2 Das Signum ist das Erkennungszeichen der Fachbetriebe des Garten-, Landschafts- und Sportplatzbaus, die sich in Fachverbänden zusammengeschlossen haben. Es bietet dem Kunden eine Orientierungshilfe bei der Auswahl von fachkundigen Betrieben.

Zu seinen Aufgaben zählen u. a.:

- Information über aktuelle GaLaBau-relevante Entwicklungen der Gesetzgebung und auf administrativem Gebiet, in der Rechtssprechung sowie im Wirtschafts- und Konjunkturbereich
- Sicherung der wirtschaftlichen und gesellschaftlichen Interessen seiner Mitglieder
- als Arbeitgeberverband Tarifpartner der IG Bauen-Agrar-Umwelt
- Koordination der Arbeit der Landesverbände auf Bundesebene
- Abbau von Wettbewerbsverzerrungen
- Unterstützung des Berufsstandes bei der Erschließung neuer Arbeitsgebiete
- Mitwirkung bei der Normenbildung
- Darstellung des Berufsstandes in der Öffentlichkeit (Öffentlichkeitsarbeit)
- Durchführung von Bundesgartenschauen und internationalen Gartenbauausstellungen
- ideeller Träger (Sponsor) der Europäischen Fachmesse Garten-, Landschafts- und Sportplatzbau
- Förderung von Aus- und Weiterbildung
- Mitwirkung bei der Nachwuchswerbung

? Aufgabe

○ **Nennen Sie sechs Aufgaben des Bundesverbandes Garten-, Landschafts- und Sportplatzbau.**

---

[1] Erbringt sämtliche Bauleistungen für den Auftraggeber. Er darf Leistungen an Subunternehmer weitergeben, bleibt aber einziger Vertragspartner des Auftraggebers. Entsprechend trägt er die Verantwortung für die Gesamtleistung.

[2] Quelle: GaLaBau-Statistik 2022, GaLaBau-Service GmbH

[3] Anschrift: Bundesverband Garten-, Landschafts- und Sportplatzbau e. V., Alexander-von-Humboldt-Str. 4, 53604 Bad Honnef, www.galabau.de/www.galabau.com

Verband	Geschäftsstelle	Verband	Geschäftsstelle
Verband Garten-, Landschafts- und Sportplatzbau Baden-Württemberg e. V.	Filderstr. 109 – 111 70771 Leinfelden-Echterdingen Telefon: 0711-97 566-0 www.galabau-bw.de	Verband Garten-, Landschafts- und Sportplatzbau Niedersachsen-Bremen e. V.	Johann-Neudörffer-Str. 2 28355 Bremen Telefon: 0421-53 64 16-0 www.galabau-nordwest.de
Verband Garten-, Landschafts- und Sportplatzbau Bayern e. V.	Lehárstraße 1 82166 Gräfelfing Telefon: 089-82 91 45-0 www.galabau-bayern.de	Verband Garten-, Landschafts- und Sportplatzbau Nordrhein-Westfalen e. V.	Sühlstraße 6 46117 Oberhausen-Borbeck Telefon: 0208-84 830-0 www.galabau-nrw.de
Fachverband Garten-, Landschafts- und Sportplatzbau Berlin und Brandenburg e. V.	Jägerhorn 36 – 40 14532 Kleinmachnow Telefon: 033203-88 96-0 www.galabau-berlin-brandenburg.de	Verband Garten-, Landschafts- und Sportplatzbau Rheinland-Pfalz und Saarland e. V.	Gärtnergasse 1a 55116 Mainz Telefon: 06131-62 97 05 www.galabau-rps.de
Fachverband Garten-, Landschafts- und Sportplatzbau Hamburg e. V.	Hellgrundweg 45 22525 Hamburg Telefon: 040-34 09 83 www.galabau-nord.de	Verband Garten-, Landschafts- und Sportplatzbau Sachsen e. V.	Hamburger Ring 1b 01665 Klipphausen Telefon: 035204-78 998-0 www.galabau-sachsen.de
Fachverband Garten-, Landschafts- und Sportplatzbau Hessen-Thüringen e. V.	Max-Planck-Ring 37 65205 Wiesbaden-Delkenheim Telefon: 06122-93 11 40 www.galabau-ht.de	Verband Garten-, Landschafts- und Sportplatzbau Sachsen-Anhalt e. V.	Lorenzweg 56 39128 Magdeburg Telefon: 0391-56 29 79-51 www.galabau-sachsen-anhalt.de
Fachverband Garten-, Landschafts- und Sportplatzbau Mecklenburg-Vorpommern e. V.	Bockhorst 1 18273 Güstrow Telefon: 03843-26 41 56 www.galabau-mv.de	Fachverband Garten-, Landschafts- und Sportplatzbau Schleswig-Holstein e. V.	Thiensen 16 25373 Ellerhoop Telefon: 04120-70 77 89-0 www.galabau-nord.de

Tab. 1 Landesverbände des BGL

3 Ausbildungsförderungswerk des GaLaBaus (AuGaLa)

Prüfungsvorbereitung

Schriftliche Prüfung

Praktische Prüfung

Mündliche Prüfung

Pflanzen lernen

Zur Förderung der Ausbildungsbereitschaft der Betriebe (finanzielle Unterstützung) und der fachlichen Qualifikation der Auszubildenden (überbetriebliche Ausbildung – ÜBA) wurde 1977 durch tarifvertragliche Vereinbarungen zwischen dem BGL und der Gewerkschaft Gartenbau, Land- und Forstwirtschaft (GGLF), heute Industriegewerkschaft Bauen-Agrar-Umwelt (IG Bau), das **Ausbildungsförderungswerk Garten-, Landschafts- und Sportplatzbau e. V.** (AuGaLa) gegründet.

Es bildet die Grundlage dafür, dass alle Betriebe des Garten- und Landschaftsbaus – gleichgültig, ob sie ausbilden oder nicht – an den Ausbildungskosten beteiligt werden. So führen die Betriebe des GaLaBaus monatlich 0,8 % ihrer Bruttolohnsumme als Umlage an das AuGaLa ab. Diese Gelder kommen den Ausbildungsbetrieben zugute, indem das AuGaLa folgende Leistungen erbringt:

- Übernahme der Kosten überbetrieblicher Ausbildung (Lehrgangsgebühren, Kosten für Übernachtung, Verpflegung teilweise, Reise und Materialien). Inhalte der ÜBA sind u. a. Vermessungsarbeiten, Verwendung von Pflanzen, den Körper schonende Arbeitsweisen und Natursteinarbeiten.
- Übernahme der Ausbildungsvergütung für Zeiten, in denen die Auszubildenden in der Berufsschule und bei der überbetrieblichen Ausbildung sind
- Erstattung der Lernmittelkosten (Pflanzenbücher, Ausbildungsordner mit Berichtsheft)
- Stellung von Werbemitteln und Einsatz von Nachwuchswerbeberatern zur Unterstützung der Betriebe bei der Nachwuchswerbung
- Durchführung von Infos, Seminaren und Tagungen zur Weiterbildung der Ausbilder
- vierteljährliche Zusendung eines Ausbilder-Infos, das sich speziell mit den Problemen der Ausbilder in der Praxis beschäftigt

? Aufgabe

○ Die Betriebe des GaLaBaus führen monatlich 0,8 % ihrer Bruttolohnsumme an das AuGaLa ab. Wofür wird das Geld verwendet?

4 Berufliche Fort- und Weiterbildung

Mit der erfolgreich bestandenen Abschlussprüfung zum Gärtner/zur Gärtnerin der Fachrichtung Garten- und Landschaftsbau ist das Lernen nicht vorbei. Ständig finden neue Erkenntnisse, Techniken und Arbeitsverfahren Eingang in unsere Berufswelt, ändern sich Gesetze und Vorschriften. Je höher Qualifikationen, Flexibilität und Mobilität, desto besser die Chancen auf dem Arbeitsmarkt (1).

Eine Vielzahl von Bildungseinrichtungen bietet ein weit verzweigtes und miteinander verflochtenes Netz beruflicher Bildungswege an, mit deren Hilfe entsprechend der jeweiligen Begabung und Neigung die berufliche Erstausbildung ergänzt werden kann, **zusätzliche Qualifikationen für bestimmte Aufgaben** (z. B. Mitarbeiterführung, EDV, Management, Marketing, Werbung, Umwelt- und Naturschutz) erworben und Prüfungsvorbereitungen zum beruflichen Aufstieg durchgeführt werden können.

Sehr empfehlenswert für den Junggärtner/die Junggärtnerin ist das Sammeln von Erfahrungen in verschiedenen Betrieben des In- und Auslandes. Die **„Internationale Weiterbildung und Entwicklung gGmbH** (INWEnt)“ organisiert und fördert Arbeits- und Studienaufenthalte im Ausland (www.inwent.org).

Die Gemeinschaft des **Europäischen Garten-, Landschafts- und Sportplatzbaus** (European Landscape Contractors Association – **ELCA**) fördert den europäischen Austausch junger Landschaftsgärtner/-innen über den ELCA-Arbeitskreis der Betriebe. Der internationale Austausch junger Landschaftsgärtner wird außerdem durch den **ELCA-Berufsbildungspass** gefördert. Er enthält Angaben zur beruflichen Aus- und Weiterbildung und wird kostenlos an junge Landschaftsgärtner/-innen vergeben, die ihre berufliche Qualifikation durch einen Auslandsaufenthalt ergänzen wollen (www.eu-landscapers.org).

Von den **Landesverbänden des GaLaBaus** und dem **BGL** werden die verschiedensten Lehrgänge (Sportplatzbau, Pflanzenverwendung und -pflege, Baumpflege, Dach- und Fassadenbegrünung, Teichbau, Rasenbau, Steinarbeiten, Vermessung usw.) angeboten, mit deren Hilfe die berufliche Ausbildung ergänzt werden kann bzw. zusätzliche Qualifikationen für bestimmte Aufgaben erworben werden können. Als zentrale Weiterbildungseinrichtung gilt die **Bildungsstätte des deutschen Gartenbaus** in Grünberg, wo ganzjährig Seminare zu den unterschiedlichsten Themen durchgeführt werden.

Auch die **Arbeitsgemeinschaft der deutschen Junggärtner** führt zahlreiche Veranstaltungen zur allgemeinen und beruflichen Fortbildung durch. Wichtige Träger bei der beruflichen Fortbildung sind zudem die **Landwirtschaftskammern** mit ihren **Lehr- und Versuchsanstalten (LVG)** sowie die **DEULA-Schulen**. So bieten sie neben vielen fachlichen Kursen und Seminaren auch die Fortbildung zum/zur **Baumpfleger/-in, Greenkeeper/-in (Golfplatzwart/-in)** sowie **Natur- und Landschaftspfleger/-in** an (Tab. 1, S. 14).

Durch den Besuch der **Einjährigen Fachschule („Meisterschule“)** können sich die Gärtner/-innen der Fachrichtung Garten- und Landschaftsbau auf die Meisterprüfung, durch den Besuch der **Zweijährigen Fachschule („Technikerschule“)** auf die Technikerprüfung bzw. die Prüfung zum Agrarbetriebswirt vorbereiten. Die Zulassung zur Meisterprüfung setzt den Besuch der Einjährigen Fachschule zwar nicht voraus, ist aber dringend anzuraten.

Wir sind ein aufstrebendes Unternehmen im Garten- und Landschaftsbau. Wenn Sie gerne in einem netten Team arbeiten und Interesse an einer verantwortungsvollen Tätigkeit haben, dann sind Sie für uns genau der/die Richtige

Landschaftsgärtner/-in

Wir suchen einen/eine Vorarbeiter/-in, der/die selbstständig eine Kolonne führen und Baustellen leiten kann. Erfahrung mit diversen Baumaschinen und gute Pflanzenkenntnisse werden vorausgesetzt.

Wir erwarten:
- selbstständiges, eigenverantwortliches, engagiertes Arbeiten
- Einsatzbereitschaft
- fundiertes Fachwissen
- organisatorische Fähigkeiten
- Teamfähigkeit
- gute Umgangsformen
- Flexibilität, Umsichtigkeit und Zuverlässigkeit

Wir bieten:
- krisensicheren, abwechslungsreichen Arbeitsplatz
- übertarifliche, leistungsgerechte Entlohnung
- selbstständiges, eigenverantwortliches Arbeiten
- geregelte Arbeitszeit
- modernen Fuhr- und Maschinenpark
- gutes Betriebsklima
- Fortbildungsmöglichkeiten
- Entwicklungs- und Aufstiegsmöglichkeiten

Auf Ihre schriftliche Bewerbung mit Lebenslauf, Lichtbild, Zeugnissen und vollständigem Tätigkeitsnachweis freuen wir uns.

Die Gartenzwerge
Garten-, Landschafts- und Sportplatzbau
Biberstraße 12, 26215 Biberhausen
Tel.: 04662/960876 · Fax 04662/960822

1 Gelernte Landschaftsgärtner/-innen werden bereits mit Führungsaufgaben betraut

Berufsziel	Gärtner/-in	Meister/-in	Staatl. geprüfte(r) Agrarbetriebswirt/-in Staatl. geprüfte(r) Techniker/-in	Bachelor, Master (FH) Diplom-Ingenieur/-in (FH)	Bachelor, Master Diplom-Ingenieur/-in Universität
Zulassungsvoraussetzungen	Hauptschulabschluss	Realschulabschluss[1], Berufsschulabschluss, erfolgreiche Abschlussprüfung zum Gärtner, mindestens 2 Jahre Berufspraxis[2]	Realschulabschluss[1], Berufsschulabschluss, erfolgreiche Abschlussprüfung zum Gärtner, mindestens 1 Jahr Berufspraxis	Fachhochschulreife oder gleichwertiger Bildungsstand, 12 Monate Praxisausbildung[3] (11. Klasse FOS oder 1-jähriges Praktikum oder Berufsausbildung zum Gärtner/zur Gärtnerin, was allgemein empfohlen wird)	Allgemeine oder fachgebundene Hochschulreife (Abitur/Fachabitur), bis zum Hauptexamen ist ein halbjähriges Praktikum vorgeschrieben (empfohlen wird ein mindestens 1-jähriges Praktikum)
Ausbildungszeit	2[4] bis 3 Jahre	1 Jahr[7]	2 Jahre[5]	Bachelorstudium: 6 – 8 Semester + Masterstudium: 2 – 4 Semester Gesamtdauer: ∅ 10 Semester (8 – 12) I. d. R. 6/4-Modell: Bachelorstudium 6 Semester Masterstudium 4 Semester aber auch 7/3- und 8/2-Modelle möglich	
Ausbildungsstätte	Berufsschule	Einjährige Fachschule („Meisterschule")	Zweijährige Fachschule („Technikerschule")	Fachhochschulen, Gesamthochschulen Fachhochschulen vermitteln eine anwendungsbezogene, auf wissenschaftlicher Grundlage beruhende fachliche Ausbildung	Universität, Gesamthochschule
Abschluss	z. B. Gärtner/-in der Fachrichtung Garten- und Landschaftsbau	„Staatl. geprüfte Wirtschafterin/ Staatl. geprüfter Wirtschafter", nach erfolgreicher Meisterprüfung[6] „Gärtnermeister/-in"	„Staatlich geprüfte(r) Agrarbetriebswirt/-in", „Staatlich geprüfte(r) Techniker/-in", durch eine Zusatzprüfung kann die Fachhochschulreife erworben werden	„Bachelor of Engineering (B. Eng.)" „Master of Engineering (M. Eng.)" Nach mindestens zweijähriger Berufspraxis kann im GaLaBau die Berufsbezeichnung „Landschaftsarchitekt" durch die Architektenkammer verliehen werden.	
Schwerpunkt der Tätigkeit	z. B. Fachkraft im Garten- und Landschaftsbau, Leiter kleiner Baustellen	Arbeitsabwicklung auf der Baustelle, Bauleitung kleinerer bis mittlerer Baustellen, Ausbildung der Auszubildenden	Breite Einsetzbarkeit, Haupttätigkeit liegt im mittleren Management zwischen den Tätigkeitsbereichen der Meister und Ingenieure	Führungsaufgaben im Bereich Organisation und Abwicklung von Baumaßnahmen, Erstellung von Leistungsverzeichnissen, Vor- und Nachkalkulation, Mitarbeiterführung, Entwurfsplanung usw.	Leitende Tätigkeit in Forschung, Lehre und Verwaltung
Weiterbildung	s. folgende Spalten	s. folgende Spalten	s. folgende Spalten	s. folgende Spalte	24 Monate Referendarzeit, 2. Staatsprüfung [Assessor], Lehrer/-in an berufsbildenden Schulen; Promotion zum Dr.-Ing. bzw. Dr. rer. hort.; Dr. agr.

1 Den Realschulabschluss oder mittleren Bildungsabschluss erhält, wer die Berufsschule erfolgreich besucht und die Abschlussprüfung zum Gärtner/zur Gärtnerin bestanden hat.

2 Ausbildungszeit und Besuch der Fachschule werden nicht angerechnet bzw. ohne Ausbildung 5 Jahre Berufspraxis.

3 Kann auch während des Studiums absolviert werden. Im Studiengang Landschaftsentwicklung (GaLaBau) häufig auf 3 Monate reduziert, wovon die Hälfte bis zum Ende des ersten Studienjahres nachgeholt werden kann.

4 Umschüler und Abiturienten.

5 Wer die Abschlussprüfung an einer einjährigen Fachschule bestanden hat, kann in der Klasse II der zweijährigen Fachschule aufgenommen werden.

6 Die einjährige Fachschule dient in erster Linie zur Vorbereitung auf die Meisterprüfung, die unmittelbar im Anschluss an den Fachschulbesuch erfolgt.

7 An manchen Standorten auch in Teilzeitform oder gemischt in Teilzeit- und Vollzeitform durchgeführt.

Tab. 1 Ausbildungswege im Garten- und Landschaftsbau

- Meisterschule
- Techniker-/Fachschule Agrarbetriebswirt
- Fachhochschule
- Gesamthochschule
- Universität

Baden-Württemberg
www.lvg-heidelberg.de
www.sfg.uni-hohenheim.de
www.hfwu.de
www.imla-campus.eu

Bayern
www.lwg.bayern.de
www.fachschule-gartenbau.de
www.hswt.de
www.wzw.tum.de

Berlin/Brandenburg
www.peter-lenneschule.de
www.osz-werder.de
www.agrar.hu-berlin.de
www.tfh-berlin.de
www.tu-berlin.de

Hamburg
www.galabau-nord.de

Hessen
www.galabau-meisterschule.de
www.uni-kassel.de
www.hs-geisenheim.de
www.philipp-holzmann-schule.de

Mecklenburg-Vorpommern
www.bockhorst.de
www.hs-nb.de

Niedersachsen
www.jvl.de
www.meisterschule-gartenbau.de
www.uni-hannover.de
www.hs-owl.de
www.al.hs-osnabrueck.de

Nordrhein-Westfalen
www.gartenbauzentrum.de
www.fh-osnabrueck.de

Rheinland-Pfalz/Saarland
www.dlr-rheinpfalz.rlp.de
www.lwk-saar.saarland.de

Sachsen
www.gartenbaufachschule-pillnitz.de
www.htw-dresden.de
www.tu-dresden.de

Sachsen-Anhalt
www.loel.hs-anhalt.de

Schleswig-Holstein
www.nf-gartenbau.de

Thüringen
www.fh-erfurt.de
www.thueringen.de/th8/lvg

Belgien
www.zawm.be

Italien
www.fachschule-laimburg.it

Schweiz
www.oeschberg.ch
www.lsfm.zhaw.ch
www.hsr.ch
www.lullier.ch

Österreich
www.boku.ac.at
www.landscape.tuwien.at
www.bildungszentrum.at
www.fachschule-gleisdorf.at

1 Bildungskarte Deutschland und deutschsprachiger Raum

Bezeichnung	Fachagrarwirt/-in für: Baumpflege und Baumsanierung[1]	Fachagrarwirt/-in für: Golfplatzpflege (Greenkeeper/-in)[2, 3]	Geprüfte/-r Natur- und Landschaftspfleger/-in
Tätigkeitsbereich	■ Erkennen und Erfassen von Baumschäden und deren Ursachen ■ Beurteilung der Sanierungswürdigkeit und -möglichkeit ■ Kostenkalkulation ■ Durchführung von Pflege- und Sanierungsmaßnahmen ■ Baumfällungen ■ …	■ Organisation und Durchführung von Pflege und Entwicklung eines Golfplatzes unter Berücksichtigung der Belange von Umwelt und Golfsport ■ Erdmassenbewegung zur Modellierung des Geländes ■ Wegebau ■ Drainage- und Bewässerungsmaßnahmen ■ …	■ Betreuung und Pflege von Naturschutzgebieten ■ Information, Aufklärung und Führung von Besuchergruppen ■ Erkennen und Erfassen schützenswerter Lebensräume wie Gewässer, Moore, Wälder, Heideflächen oder Streuobstwiesen ■ …
Voraussetzungen	1. Erfolgreich abgelegte Abschlussprüfung in den Ausbildungsberufen Gärtner/-in, Forstwirt/-in, Winzer/-in oder Landwirt/-in. Für Fachagrarwirt/-in der Natur- und Landschaftspflege gelten auch die Abschlussprüfungen zum/zur Revierjäger/-in, Fischwirt/-in, Tierwirt/-in (Schwerpunkt Schafhaltung) oder Wasserbauer/-in. Oder: eine mindestens fünfjährige Tätigkeit in entsprechenden Betrieben. 2. Dreijährige Berufspraxis in einem der genannten Berufe. Für die Fortbildung zum/zur Greenkeeper/-in bestehen noch keine bundeseinheitlichen Richtlinien/Empfehlungen.		

[1] Seit dem 1.1.2021 darf zusätzlich der Titel „Bachelor Professional Baumpflege" geführt werden. Baumpfleger können sich zum **European Tree Worker** (ETW) oder **European Tree Technician** (ETT) fortbilden.

[2] Greenkeeper können sich zum **Chef-Greenkeeper** („Head-Greenkeeper") fortbilden. Voraussetzung für die Teilnahme an der zweijährigen Fortbildung sind eine mindestens dreijährige Tätigkeit als geprüfte/-r Greenkeeper/-in und die Beherrschung des Golfspiels (mindestens Handicap 36). Seine/Ihre Aufgaben liegen vor allem im Platzmanagement (Personalführung, Planung und Koordinierung der Arbeiten), wobei er/sie mit Platzwart, Spielführer und Clubmanager zusammenarbeitet.

[3] In NRW vergleichbare Ausbildung zum Fachagrarwirt/-in Sportstätten-Freianlagen.

Tab. 1 Weiterbildungsmaßnahmen

Fachhochschulen, **Gesamthochschulen** und **Universitäten** bieten die Möglichkeit, ein wissenschaftliches Studium zu absolvieren. Im Gegensatz zu den Universitäten vermitteln Fachhochschulen eine mehr anwendungsbezogene, auf wissenschaftlicher Grundlage beruhende fachliche Ausbildung. Gesamthochschulen bieten Langzeitstudiengänge auf Universitäts- und Kurzzeitstudiengänge auf Fachhochschulniveau an. Einem gemeinsamen Grundstudium schließt sich ein differenziertes Hauptstudium an (Tab. 1, S. 13 und 1, S. 14).

Da sich die Aufgabenbereiche der Absolventen von Meister-, Techniker- und Fachhochschulen überschneiden, treten diese Berufsgruppen in der freien Wirtschaft als Konkurrenten auf.

An die Stelle der traditionellen Diplomstudiengänge, die an den meisten Hochschulen um das Jahr 2010 eingestellt wurden, trat ein zweistufiger Studienaufbau nach englischem (europäischem) Vorbild mit den Abschlüssen **Bachelor** und **Master**. Das Bachelorstudium umfasst eine Regelstudienzeit von mindestens sechs Semestern.

Der Bachelor-Abschluss bietet die Möglichkeit für den Einstieg in ein weiterführendes Masterstudium (zusätzlich 4 Semester) oder einen Berufseinstieg. Während die Universitäten eher theoretisch ausgerichtete Bachelor- und wissenschaftliche Masterstudiengänge anbieten, sind es bei den Fachhochschulen in erster Linie praxisbezogene, berufsqualifizierende Bachelor- und anwendungsorientierte Masterstudiengänge.

Durch den Besuch der **Fachoberschule (FOS)** kann die Fachhochschulreife erworben werden. Zulassungsvoraussetzungen für den Eintritt in die Klasse 12 sind der Realschulabschluss oder ein gleichwertiger Bildungsstand sowie die erfolgreich abgeschlossene Berufsausbildung zum Gärtner/zur Gärtnerin. Die Fachhochschulreife berechtigt zum Studium an allen Fachhochschulen. In der **Berufsoberschule (BOS)** werden ebenfalls Schüler/-innen mit einer beruflichen Erstausbildung unterrichtet.

Zulassungsvoraussetzungen sind eine abgeschlossene Berufsausbildung, der Berufsschulabschluss und der Realschulabschluss oder ein anderer gleichwertiger Bildungsstand. Die Ausbildung dauert zwei Jahre (Klasse 12 und 13). Wer die Fachhochschulreife oder einen gleichwertigen Bildungsstand besitzt, kann in die Klasse 13 aufgenommen werden. Die Klasse 12 der BOS entspricht der Klasse 12 der FOS. Mit erfolgreichem Abschluss der Klasse 12 wird die Fachhochschulreife erworben, mit Abschluss der Klasse 13 das Fachabitur. Wer die allgemeine Hochschulreife erlangen will, wird zusätzlich in einer zweiten Fremdsprache nach Abschluss der Klasse 13 geprüft.

? Aufgaben

◑ 1. Erstellen Sie in der Klasse ein Plakat „Weiterbildung im GaLaBau“.

● 2. Veranstalten Sie einen Informationsvormittag/-abend für die Schüler/-innen im ersten Lehrjahr mit dem Thema: „Welche Perspektiven bietet mein Beruf?“

◑ 3. Beschreiben Sie den Bildungsgang, den Sie gehen müssten, wenn Ihr Berufsziel
   a) Meister/-in,
   b) Techniker/-in/Agrarbetriebswirt/-in,
   c) ein Studium an einer Fachhochschule
   d) ein Studium an einer Hochschule/Universität ist.

● 4. Bilden Sie je nach Interessenlage Gruppen, die sich über Ort, Unterrichtsform/Dauer, Vorbildung/Zulassungsvoraussetzungen, Bildungsschwerpunkte und -inhalte, Art der Abschlussprüfung, Kosten, Beginn/Anmeldetermin zu folgenden Bildungsgängen informieren und vor der Klasse darüber berichten:
   a) FOS, b) BOS, c) Meister/-in,
   d) Techniker/-in/Agrarbetriebswirt/-in,
   e) Baumpfleger/-in, f) Greenkeeper/-in und
   g) Naturschützer/-in und Landschaftspfleger/-in.

● 5. Nehmen Sie an Informationstagen von Fachhochschulen und Hochschulen teil und berichten Sie vor der Klasse darüber.

◑ 6. Diskutieren Sie die Tatsache, dass Absolventen der Meister-, Techniker- und Fachhochschulen auf dem freien Arbeitsmarkt als Konkurrenten auftreten.

◑ 7. Bewerben Sie sich auf ein Stellenangebot
   a) in der Zeitung,
   b) mit einem eigenen Stellengesuch in der Zeitung,
   c) über staatliche Vermittlungsstellen,
   d) direkt bei Firmen.

◑ 8. Informieren Sie sich im Internet über Auslandsaufenthalte. Tragen Sie Ihre Ergebnisse den Mitschülern vor.

GaLaBau

Planungs- und Baustellenablauf

1 Von der Idee zum Auftrag

Sollen Gärten oder Teile von Gärten angelegt oder verändert werden, wird deren Gestaltung meist durch die Ideen eines Auftraggebers bestimmt. Jedem Projekt geht eine Planungsphase voraus. Diese beginnt mit ersten Gesprächen zwischen Auftraggeber und Planer und ist oft erst mit Vollendung der Baudurchführung völlig abgeschlossen (1).

1.1 Auftraggeber

Grundsätzlich können alle rechtsfähigen natürlichen und juristischen Personen Aufträge an den Garten- und Landschaftsbau vergeben.

In §§ 98 ff. des **Gesetzes gegen Wettbewerbsbeschränkungen** (GWB) wird der Begriff des **öffentlichen Auftraggebers** definiert. Vereinfacht handelt es sich dabei um solche Auftraggeber, die Bauvorhaben ausschließlich aus öffentlichen Mitteln (Steuergeldern und sonstigen öffentlichen Abgaben) finanzieren.

Nach Mittelherkunft werden entsprechend auch **halböffentliche Auftraggeber** und **private Auftraggeber** unterschieden (Tab. 1).

Auftraggeber	Finanzierung	Beispiele
öffentliche Auftraggeber	aus öffentlichen Mitteln	Bund, Länder, Gemeinden. Regierungsbezirke, Garten- und Friedhofsämter
halböffentliche Auftraggeber	teilweise aus öffentlichen Mitteln	Wohnungsbaugesellschaften, Sportvereine
private Auftraggeber	aus privaten Mitteln	private Grund- und Hausbesitzer, Unternehmen

Tab. 1 Einteilung der Auftraggeber nach Mittelherkunft

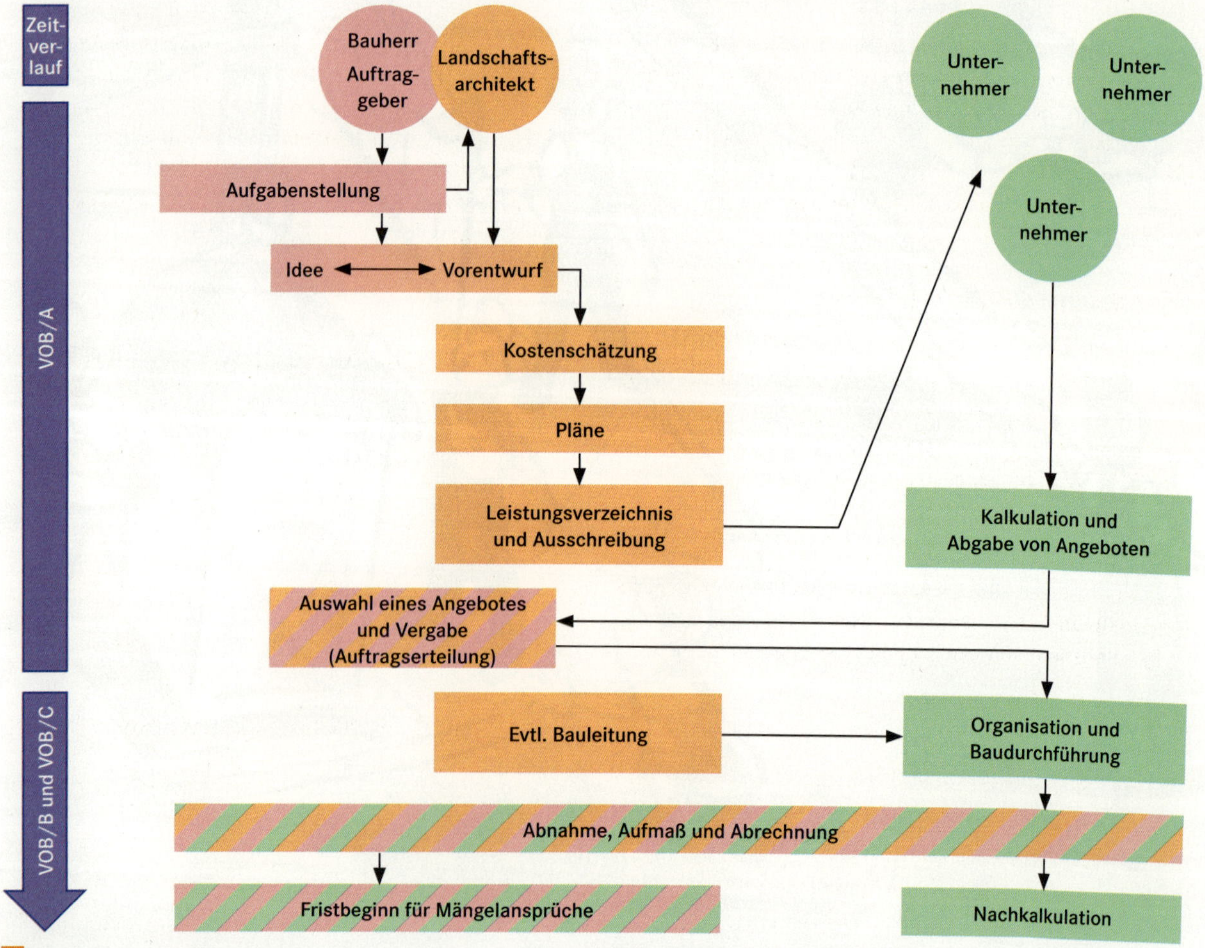

1 Objektplanung im Ablauf. Bei Anwendung der Vergabe- und Vertragsordnung für Bauleistungen (VOB) gilt bis zur Auftragserteilung der Teil A, danach gelten die Teile B und C.

1.2 Planungsrechtliche Vorgaben

Jeder Auftraggeber kann auf seinem Grundstück grundsätzlich über jede Bau- und Pflanzmaßnahme frei bestimmen. Diese Freiheit kann jedoch durch Gesetze eingeschränkt werden. Die gesetzlichen Grundlagen für alle Baumaßnahmen sind in der Bundesrepublik Deutschland im **Raumordnungsgesetz** (ROG) und im **Baugesetzbuch** (BauGB) festgelegt.

1.2.1 Raumordnungsgesetz

Das Raumordnungsgesetz schreibt vor, dass jedes Bundesland die Entwicklung seiner Regionen ordnen und sichern soll. Dabei stehen die sozialen und wirtschaftlichen Belange der Bürger und die ökologischen Funktionen der Region im Vordergrund.

Zur rechtssicheren Regelung all dieser Belange gibt es in jedem Bundesland ein eigenes Raumordnungs- bzw. Landesplanungsgesetz. Beispiele sind das Niedersächsische Raumordnungsgesetz (NROG) und das Bayerische Landesplanungsgesetz (BayLPlG).

Die großräumige Entwicklung in den Bereichen Wirtschaft (z. B. Verkehrswege, Sicherung von Arbeitsplätzen), Soziales (z. B. Bereitstellen von Naherholungsgebieten), Kultur (z. B. Schaffung von Einrichtungen für Bildung und Sport) und Umwelt (z. B. Reinhaltung des Grundwassers, Naturschutz) basiert auf den Regeln dieser Raumordungs-/Landesplanungsgesetze.

1.2.2 Raumordnungsverfahren

Ein bedeutendes Instrument der Raumordungs-/Landesplanungsgesetze ist das **Raumordnungsverfahren**. Mit ihm werden zwei grundlegende Ziele verfolgt:

- Prüfung der Vereinbarkeit großer Einzelvorhaben, z. B. Autobahnen und Logistikzentren, mit den Zielen der Raumordnung
- Abstimmung neuer Vorhaben mit anderen Projekten

Weitere wichtige Instrumente sind die **Raumordnungs-** und **Regionalpläne**, mittels derer raumplanerische Entwicklungsziele großräumig und langfristig koordiniert werden.

1.2.3 Baugesetzbuch

Das **Baugesetzbuch** enthält dagegen bereits konkretere Vorgaben zur Baudurchführung.

Ein zentrales Instrument des Baugesetzbuches ist die **Bauleitplanung**. Die Aufgabe der Bauleitpläne ist es, die bauliche und sonstige Nutzung von Grundstücken in einer Stadt oder einer Gemeinde nach Maßgabe des BauGB vorzubereiten und zu leiten.

Zu den Bauleitplänen gehören der **Flächennutzungsplan** als vorbereitender Bauleitplan und der **Bebauungsplan** als verbindlicher Bauleitplan. Die Bauleitpläne sind den Zielen der Raumordnung anzupassen.

Der Flächennutzungsplan zeigt die Grundzüge der späteren Nutzung von Flächen auf, z. B. als Gewerbegebiet, Grünanlage, Fläche für die Landwirtschaft.

Im Bebauungsplan kann die Gemeinde oder Stadt das äußere Bild eines Gebietes vorschreiben. Dies geschieht durch Vorschriften z. B. zu den Gebäuden, aber auch durch Auflagen zur Dachbegrünung, Pflanzenauswahl oder zum Pflanzabstand.

Weiterhin kann im Bebauungsplan vorgeschrieben werden, ob z. B. Niederschlagswasser oberflächennah versickert werden soll (Versickerungsmulden, Drainpflaster) oder wie bei der Aufschüttung eines Geländes zu verfahren ist.

? Aufgaben

○ 1. Woran müssen sich Gartenplaner bezüglich ihrer Gestaltungsvorschläge zumeist orientieren?
○ 2. Wie können die möglichen Auftraggeber im Garten- und Landschaftsbau unterschieden werden?
◑ 3. Warum benötigt ein Land ein Raumordnungsgesetz?
◑ 4. Welche Ziele verfolgt ein Flächennutzungsplan?

2 Rechtliche Grundlagen der Auftragsvergabe und -abwicklung

Basierend auf den Ideen der Auftraggeber entwickeln Landschaftsarchitekten und/oder Landschaftsbauunternehmer zunächst Pläne und Gestaltungsvorschläge. Diese sind anschließend innerhalb der rechtlichen Rahmenbedingungen umzusetzen.

2.1 Das Bürgerliche Gesetzbuch (BGB)

Für alle voll geschäftsfähigen Personen gilt in der Bundesrepublik Deutschland die sogenannte **Vertragsfreiheit**. Es steht ihnen grundsätzlich frei, wie sie Verträge miteinander ausgestalten. Ein mündlicher Vertrag gilt ebenso wie ein schriftlicher Vertrag. Vergütung und sonstige Vertragsbedingungen können frei zwischen den Vertragsparteien ausgehandelt werden.

Es ist jedoch unbedingt empfehlenswert, **Verträge schriftlich** abzuschließen. So lassen sich spätere Diskussionen und Streitigkeiten über Art, Umfang, Qualität und Zeitpunkt der Leistungserbringung minimieren.

Beim Abschließen von Verträgen muss weiterhin darauf geachtet werden, dass die getroffenen Vereinbarungen bestehenden Gesetzen nicht widersprechen.

Das wichtigste Gesetz in diesem Zusammenhang ist das **Bürgerliche Gesetzbuch** (**BGB**), das in seiner ersten Fassung bereits am 01. Januar 1900 in Kraft trat. Im BGB finden sich neben Regelungen zur Geschäftsfähigkeit, zu Mietverhältnissen, Besitz, Eigentum usw. auch Paragraphen, die bei der Abwicklung von Käufen sowie der Durchführung von Baumaßnahmen und sonstigen Dienstleistungen beachtet werden müssen.

Hier sind insbesondere die Paragraphen zum **Werkvertrag** (§§ 631 ff.) sowie die seit dem Jahr 2018 neu eingefügten Paragraphen zum **Bauvertrag** (§§ 650a ff.) (s. Exkurs Bauvertrag, S. 26) und zu **Architekten- und Ingenieurverträgen** (§§ 650p ff.) zu nennen.

Die Paragraphen zum Werkvertrag regeln die grundlegenden Pflichten für den Auftraggeber und den Auftragnehmer.

- Der **Auftragnehmer** muss das Werk mit den zugesicherten Eigenschaften herstellen. Er muss dafür sorgen, dass keine Fehler vorhanden sind, die dessen Wert oder Tauglichkeit aufheben oder mindern. Außerdem muss der Auftragnehmer eine Zeit lang nachträglich am Werk auftretende Mängel beseitigen, sofern er dafür verantwortlich ist.
- Der **Auftraggeber** muss die vereinbarte Vergütung entrichten, das Werk abnehmen und bei der Erstellung des Bauwerkes mitwirken, z. B. indem er das Gelände zugänglich macht.

Sowohl die Paragraphen zum Bauvertrag als auch die Regelungen zu Architekten- und Ingenieurleistungen sind als **Ergänzung des Werkvertragsrechts** zu betrachten. Die Paragraphen zum Bauvertrag enthalten z. B. Regelungen zu Herstellung, Umbau und Beseitigung von Bauwerken und Außenanlagen (s. Exkurs Bauvertrag, S. 26, und Tab. 1, S. 27 f.).

Alle BGB-Paragraphen gelten automatisch mit Inkrafttreten des Gesetzes, also ohne ausdrückliche Absprache zwischen den Vertragsparteien. Sie ergänzen faktisch fehlende Vertragsbestandteile bzw. ersetzen Vereinbarungen, die im Widerspruch zu ihnen stehen.

2.2 Die Vergabe- und Vertragsordnung für Bauleistungen (VOB)

Die allgemein gehaltenen BGB-Regelungen des letzten Jahrhunderts waren für die Besonderheiten im Baugewerbe (z. B. relativ lange Vertrags-/Bauzeiten, Koordination mit anderen Gewerken, Behinderungen während der Bauzeit) nur mäßig brauchbar.

Als alternatives Regelwerk erschien bereits 1926 die „Verdingungsordnung für Bauleistungen". 2002 wurde sie in **Vergabe- und Vertragsordnung für Bauleistungen** (VOB) umbenannt. Derzeit gültig ist die Ausgabe vom 1. Oktober 2019. Die ausgewogenen Regeln der VOB sind auch aktuell noch sehr oft Vertragsgrundlage.

Vor allem die in Teil C der VOB enthaltenen DIN-Normen müssen laufend an die allgemein anerkannten Regeln der Technik angepasst werden. Die Anpassung erfolgt durch Normenausschüsse des Deutschen Instituts für Normung (DIN). Diese werden immer dann tätig, wenn eine Aktualisierung nötig erscheint.

Die VOB ist im Gegensatz zum BGB kein Gesetz, sondern eine Allgemeine Geschäftsbedingung im Sinne der §§ 305–310 BGB und muss mit dem Vertragspartner **ausdrücklich vereinbart** werden (s. Exkurs).

Exkurs Allgemeine Geschäftsbedingungen (AGB) nach §§ 305–310 BGB

In den Paragraphen des BGB können nicht alle Feinheiten jeder Branche abgebildet werden. Unternehmer können deshalb gemäß §§ 305–310 BGB die geltenden gesetzlichen Regelungen durch speziell auf ihr Unternehmen zugeschnittene sogenannte **„Allgemeine Geschäftsbedingungen"** (AGB) ergänzen.

In den AGB kann ein Unternehmer alle häufiger auftretenden Vertragsbedingungen vorformulieren. Dies sind z. B. **Zahlungsfristen** oder **Vertragsänderungs-** und **Vertragsrücktrittsklauseln**.

Die Bestimmungen der AGB sind erst dann gültig, wenn sie zwischen Auftraggeber und Auftragnehmer (schriftlich bzw. mündlich) vereinbart wurden.

Für den Garten- und Landschaftsbau hat der Bundesverband Garten- und Landschaftsbau (BGL) zugelassene Muster-AGB entwickelt, die Verbandsmitglieder nutzen dürfen.

Öffentliche Auftraggeber (Kommunen, Bundesländer, Bundesrepublik Deutschland) sind durch Erlasse dazu verpflichtet, die VOB bei der Abwicklung von Bauaufgaben zu vereinbaren.

Die VOB besteht aus drei Teilen:

- **VOB/A** – Allgemeine Bestimmungen für die Vergabe von Bauleistungen
- **VOB/B** – Allgemeine Vertragsbedingungen für die Ausführung von Bauleistungen
- **VOB/C** – Allgemeine Technische Vertragsbedingungen (ATV) für Bauleistungen (DIN-Normen)

Aufgaben

1. Erklären Sie einem Auszubildenden, nach welchen rechtlichen Grundlagen die Auftragsabwicklung im Garten- und Landschaftsbau erfolgen kann.
2. Welche Pflichten haben Auftraggeber und Auftragnehmer laut Werkvertrag?
3. Wofür steht die Abkürzung VOB?
4. Wie heißen die Teile der VOB? Beschreiben Sie mit einem Satz die Inhalte der einzelnen Teile.

3 Auftragsvergabe und -abwicklung nach VOB

3.1 Bestimmungen für die Vergabe von Bauleistungen (VOB/A)

Der Teil A der VOB (VOB/A) enthält „Allgemeine Bestimmungen für die **Vergabe** von Bauleistungen". Dazu gehören z. B. Vergabearten in Abhängigkeit vom Auftragswert und Anforderungen an Ausschreibungsunterlagen, vor allem an das Leistungsverzeichnis.

Die Regelungen der VOB/A beziehen sich im Wesentlichen auf den Zeitraum **vor der Auftragserteilung** der eigentlichen Bauarbeiten. Sie sind daher sehr wichtig für das Handeln der **Bauherren** und **Planer**.

3.1.1 Grundsätze

Bauleistungen sind gemäß § 2 VOB/A im **Wettbewerb** und im Wege **transparenter Verfahren** zu vergeben. Die Grundsätze der Wirtschaftlichkeit und der Verhältnismäßigkeit sollen gewahrt, unfaire Verhaltensweisen sollen bekämpft werden.

Ausschreibungen

Öffentliche Ausschreibung nach VOB/A

1. **Baumaßnahme:** Parkanlage Musterhausen / An der Spange 5, 08734 Musterhausen
2. **Auftraggeber:** Bauamt Musterhausen, Vergabestelle, Klausweg 61, 08734 Musterhausen, Telefon (0921) 45 61
3. **Ort der Ausführung:** Musterhausen, im Bereich Spange
4. **Art und Umfang:**

Druckverteilungsplatten	ca. 16 St.
Plattenbelag umlegen	ca. 20 m²
Großbäume STU 20/25, Baumgruben	ca. 60 St.
Bodendecker	ca. 160 St.
Fertigstellungs- und Entwicklungspflege	

5. **Aufteilung in Teillose:** keine losweise Vergabe
6. **Voraussichtlicher Beginn:** Ende Februar 20..
7. **Voraussichtliches Ende:** Ende März 20..
8. **Anschrift für die Angebote:** siehe 2. Vermerk: „Parkanlage Musterhausen, Pflanzarbeiten"
9. **Kosten der Ausschreibungsunterlagen:** 25,00 € auf das Konto der Gemeindekasse Musterhausen, IBAN ...
10. **Sprache der Angebote:** deutsch
11. **Ablauf der Angebotsfrist:** 17. November 20..
12. **Angebotseröffnung:** 18. November 20.., 14 Uhr, Bauamt Musterhausen, Klausweg 61, 08734 Musterhausen
13. **Zugelassene Personen:** Bieter und Bevollmächtigte
14. **Zahlungsbedingungen:** VOB/B
15. **Nachweise und Eignung:** Für den Auftrag kommen nur Bieter in Betracht, die bereits Leistungen mit Erfolg ausgeführt haben, die mit den zu vergebenden Leistungen vergleichbar sind.
16. **Ablauf der Bindefrist:** 17. Dezember 20..
17. **Nachprüfstelle:** Regierung von Musterland, VOB-Stelle, 08700 Regelstadt

1 Öffentliche Ausschreibung

3.1.2 Vergabearten und Verfahrensablauf

Zur Einhaltung oben genannter Grundsätze werden in §§ 3–3b VOB/A drei grundsätzliche **Vergabearten** definiert (Tab. 1, S. 22). Die Öffentliche Ausschreibung und die Beschränkte Ausschreibung mit Teilnahmewettbewerb sind dabei als gleichrangige Verfahren zu betrachten.

- **Öffentliche Ausschreibung** Ein Auftraggeber veröffentlicht sein Bauvorhaben in der Presse, amtlichen Veröffentlichungsblättern, auf Internetportalen oder in Fachzeitschriften (1). Er fordert damit mögliche Auftragnehmer auf, ein Angebot auf der Basis vorgegebener Ausschreibungsunterlagen abzugeben.
  Als Bewerber sind alle Unternehmen zugelassen, die die geforderte Aufgabe erfolgreich durchführen können. Oftmals werden aufgrund einer Öffentlichen Ausschreibung sehr viele Angebote eingereicht.
  Diese Art der Ausschreibung soll bei öffentlichen Auftraggebern dafür sorgen, dass ein „gesunder Wettbe-

werb" zwischen den Bietern entsteht. Es erhält derjenige den Auftrag, der Fachkunde, Leistungsfähigkeit, Zuverlässigkeit und einen angemessenen Preis bietet.

- **Beschränkte Ausschreibung mit Teilnahmewettbewerb** Eine unbegrenzte Anzahl von Bietern wird öffentlich zur Teilnahme an einem sogenannten Teilnahmewettbewerb aufgefordert. Bei diesem sollen mithilfe der eingereichten Teilnahmeanträge mindestens fünf geeignete Unternehmen gefunden werden. Diese werden anschließend zur Angebotsabgabe aufgefordert.

  Bei einer **Beschränkten Ausschreibung ohne Teilnahmewettbewerb** sollen mindestens drei geeignete Unternehmen direkt angeschrieben und zur Angebotsabgabe aufgefordert werden. Dieses Vorgehen ist an bestimmte Voraussetzungen gebunden.
  So ist die Beschränkte Ausschreibung ohne Teilnahmewettbewerb nur bis zu einem geschätzten Netto-Auftragswert von höchstens 50.000 €[1] erlaubt. Sie kann auch erfolgen, wenn eine Öffentliche Ausschreibung oder eine Beschränkte Ausschreibung mit Teilnahmewettbewerb kein annehmbares Ergebnis geliefert hat. Des Weiteren ist sie bei Aufträgen mit bestimmten Auflagen, z. B. Geheimhaltung bei Aufträgen der Bundeswehr, zulässig.
- **Freihändige Vergabe** Ein Auftrag wird ohne förmliches Ausschreibungsverfahren vergeben. Es sind lediglich drei Vergleichsangebote für die gewünschte Leistung anzufordern. Falls dies nicht möglich ist, kann selbst davon abgewichen werden. Auch sind bereits während der Angebotsphase Preisverhandlungen möglich und üblich. Die Freihändige Vergabe ist der Vergabepraxis privater Auftraggeber ähnlich.
  Die Freihändige Vergabe eines Auftrages ist vor allem dann zulässig, wenn die Auswahl z. B. wegen Patentschutz oder besonderer Geräte auf nur ein einziges oder sehr wenige Unternehmen beschränkt ist, der Auftrag besonders dringend ist oder öffentliche bzw. beschränkte Ausschreibungen nicht erfolgreich waren. Öffentliche Aufträge können bis zu einem geschätzten Netto-Auftragswert von 10.000 €[1] freihändig vergeben werden.

3.1.3 Leistungsbeschreibung

Damit die an einer Ausschreibung teilnehmenden Unternehmen **vergleichbare** Angebote abgeben, wird ihnen allen die gleiche **Leistungsbeschreibung** der zu erbringenden Arbeiten zugeschickt. Leistungsbeschreibungen

Vergabeart	Gewinnung möglicher Bieter	Anwendung
Öffentliche Ausschreibung	über Veröffentlichung z. B. in der Presse werden faktisch alle Unternehmer zur Angebotsabgabe eingeladen	erster Regelfall für öffentliche Auftraggeber
Beschränkte Ausschreibung		
mit Teilnahmewettbewerb	aus öffentlichem Teilnahmewettbewerb hervorgegangener beschränkter Bieterkreis wird zur Angebotsabgabe eingeladen	zweiter Regelfall für öffentliche Auftraggeber
ohne Teilnahmewettbewerb	beschränkter Bieterkreis wird ohne vorherigen Teilnahmewettbewerb zur Angebotsabgabe eingeladen	bis maximal 50.000 € Netto-Auftragswert sowie bei besonderen Gegebenheiten und Anforderungen (z. B. Geheimhaltung)
Freihändige Vergabe	durch Einholung einfacher Vergleichsangebote (kein förmliches Ausschreibungsverfahren nötig)	unter besonderen Umständen (z. B. Patentschutz, Dringlichkeit) sowie bis maximal 10.000 € Netto-Auftragswert
Direktauftrag	durch direkte Beauftragung eines Unternehmens ohne Durchführung eines Vergabeverfahrens	bis maximal 3.000 € Netto-Auftragswert

Tab. 1 Arten und Kriterien der Auftragsvergabe (gem. § 3a VOB/A)

werden in der Regel von Architekten oder Ingenieuren erstellt. Bestandteile und inhaltliche Anforderungen sind im Wesentlichen durch die §§ 7–7c VOB/A geregelt. Die Leistung ist demnach *„**eindeutig** und so **erschöpfend** zu beschreiben, dass alle Unternehmen die Beschreibung **im gleichen Sinne verstehen** müssen und ihre **Preise sicher und ohne Vorarbeiten berechnen** können"* (§ 7 (1) Nr. 1 VOB/A).

Der wichtigste Bestandteil einer Leistungsbeschreibung ist in der Regel das **Leistungsverzeichnis** (LV). Es ist in sogenannte **„Positionen"** gegliedert. Die in den Positionen beschriebenen Teilleistungen des Bauvorhabens entsprechen ungefähr den wesentlichen Arbeitsschritten (z. B. Position 01.06.10 „Vegetationstragschicht lockern", Position 01.06.11 „Planum für Rasenflächen herstellen" und Position 01.06.12 „Rasenansaat") (1, S. 23).

Art und **Umfang** der geforderten Leistungen müssen eindeutig daraus hervorgehen, sodass eine sichere Kalkulation möglich ist. Die Art der Leistung ist den Positionstexten, der Leistungsumfang den Mengenangaben zu entnehmen.

[1] Gem. § 3a VOB/A. Die Beträge können in den Bundesländern z. T. deutlich davon abweichen. Die genauen Auftragswertgrenzen werden letztendlich von den Innenministerien festgelegt.

Übliche Einheiten sind z. B. Quadratmeter, Kubikmeter, Meter und Stück.

Im Leistungsverzeichnis sind sogenannte **Einheitspreise** (EP) und **Gesamtpreise** (GP) einzutragen. Dies beruht auf der VOB-Vorgabe, dass gemäß § 4 (1) Nr. 1 VOB/A üblicherweise nur die tatsächlich erbrachten Leistungen bezahlt werden (**Einheitspreisvertrag**).

Dementsprechend ist neben dem Gesamtpreis für z. B. 800 m² Rasenansaat auch ein Einheitspreis für 1 m² Rasenansaat anzugeben (EP = GP geteilt durch Mengenangabe). Werden statt der im Leistungsverzeichnis angegebenen 800 m² z. B. nur 790 m² oder aber sogar 820 m² eingesät, kann mithilfe des Einheitspreises der zu bezahlende Betrag exakt ermittelt werden.

Weitere Bestandteile einer Leistungsbeschreibung sind häufig auch **Pläne** und **Zeichnungen**, die die textlichen Ausführungen des Leistungsverzeichnisses ergänzen.

3.1.4 Öffnung der Angebote, Eröffnungstermin

Nachdem der Unternehmer die anspruchsvolle Aufgabe der Kalkulation erledigt und seine Einheits- und Gesamtpreise in das Leistungsverzeichnis eingetragen hat, muss er alle Ausschreibungsunterlagen bis zu einem **festgeleg-**

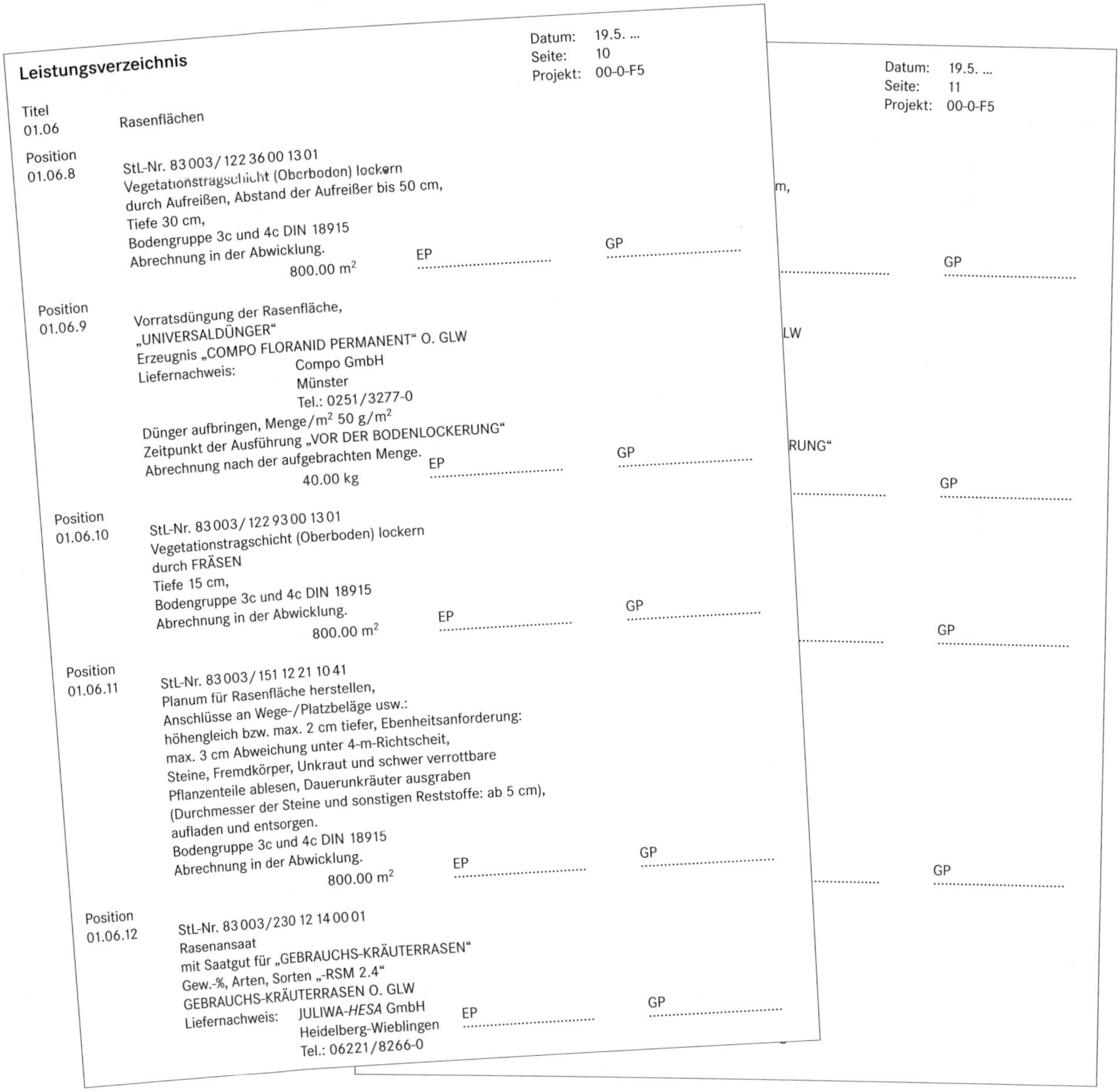

Leistungsverzeichnis

Datum: 19.5. ...
Seite: 10
Projekt: 00-0-F5

Titel 01.06 — Rasenflächen

Position 01.06.8
StL-Nr. 83003/122 36 00 13 01
Vegetationstragschicht (Oberboden) lockern
durch Aufreißen, Abstand der Aufreißer bis 50 cm,
Tiefe 30 cm,
Bodengruppe 3c und 4c DIN 18915
Abrechnung in der Abwicklung.
800.00 m² — EP .... GP ....

Position 01.06.9
Vorratsdüngung der Rasenfläche,
„UNIVERSALDÜNGER"
Erzeugnis „COMPO FLORANID PERMANENT" O. GLW
Liefernachweis: Compo GmbH
Münster
Tel.: 0251/3277-0
Dünger aufbringen, Menge/m² 50 g/m²
Zeitpunkt der Ausführung „VOR DER BODENLOCKERUNG"
Abrechnung nach der aufgebrachten Menge.
40.00 kg — EP .... GP ....

Position 01.06.10
StL-Nr. 83003/122 93 00 13 01
Vegetationstragschicht (Oberboden) lockern
durch FRÄSEN
Tiefe 15 cm,
Bodengruppe 3c und 4c DIN 18915
Abrechnung in der Abwicklung.
800.00 m² — EP .... GP ....

Position 01.06.11
StL-Nr. 83003/151 12 21 10 41
Planum für Rasenfläche herstellen,
Anschlüsse an Wege-/Platzbeläge usw.:
höhengleich bzw. max. 2 cm tiefer, Ebenheitsanforderung:
max. 3 cm Abweichung unter 4-m-Richtscheit,
Steine, Fremdkörper, Unkraut und schwer verrottbare
Pflanzenteile ablesen, Dauerunkräuter ausgraben
(Durchmesser der Steine und sonstigen Reststoffe: ab 5 cm),
aufladen und entsorgen.
Bodengruppe 3c und 4c DIN 18915
Abrechnung in der Abwicklung.
800.00 m² — EP .... GP ....

Position 01.06.12
StL-Nr. 83003/230 12 14 00 01
Rasenansaat
mit Saatgut für „GEBRAUCHS-KRÄUTERRASEN"
Gew.-%, Arten, Sorten „-RSM 2.4"
GEBRAUCHS-KRÄUTERRASEN O. GLW
Liefernachweis: JULIWA-*HESA* GmbH
Heidelberg-Wieblingen
Tel.: 06221/8266-0
EP .... GP ....

Datum: 19.5. ...
Seite: 11
Projekt: 00-0-F5

1 Auszug aus einem Leistungsverzeichnis zur Erstellung einer Rasenfläche

ten Termin unterschrieben an den Auftraggeber zurückschicken. Damit werden die Unterlagen zu einem bindenden Angebot. Verspätet eingehende Angebote können nicht mehr berücksichtigt werden.

Am sogenannten **Eröffnungstermin** (früher: Submissionstermin) werden die Angebote „eröffnet". Das heißt, dass an diesem Termin zunächst die bisher verschlossen aufbewahrten Umschläge mit den darin befindlichen Angeboten geöffnet werden. Danach werden die Bieternamen und -anschriften sowie die Endbeträge der Angebote vorgelesen.

Einzelne Einheitspreise dürfen nicht genannt werden. An diesem Termin dürfen neben dem Verhandlungsleiter (in der Regel ein Vertreter des Bauherrn) nur die Bieter sowie deren Bevollmächtigte anwesend sein.

Die vorstehend beschriebenen Regelungen finden sich in § 14a VOB/A.

3.1.5 Prüfung und Wertung der Angebote

Die verlesenen Angebote werden gemäß § 16–16d VOB/A anschließend einer formalen, rechnerischen, technischen und wirtschaftlichen Prüfung unterzogen.

- **Formale Prüfung** Alle Angebote werden auf Einhaltung der Formvorschriften geprüft, z. B. ob die Unterschrift des Bieters vorhanden ist. Formal beanstandete Angebote können vom restlichen Verfahren ausgeschlossen werden.
- **Rechnerische Prüfung** Alle Angebote werden auf rechnerische Fehler geprüft, z. B. ob die Gesamtpreise richtig berechnet wurden. Bei einem falsch berechneten Gesamtpreis zählt der Einheitspreis vor dem Gesamtpreis.
- **Technische und wirtschaftliche Prüfung** Hierbei wird die Realisierbarkeit der Arbeiten im Rahmen der genannten Preise geprüft, also ob die ausgeschriebenen Arbeiten zum angebotenen Preis auch tatsächlich fachgerecht ausgeführt werden können. Bezweifelt der Prüfer aufgrund seiner Erfahrung die Realisierbarkeit, wird dies in den Eröffnungsunterlagen vermerkt.

3.1.6 Zuschlag (Auftragserteilung)

Die ausschreibende Stelle wägt nun alle Angebote gegeneinander ab und vergibt die Bauleistung an einen fachkundigen, leistungsfähigen und zuverlässigen Unternehmer, der zu angemessenen Preisen angeboten hat. Nach VOB/A sollte nicht allein der niedrigste Preis entscheidend sein.

Der ausgesuchte Bieter soll laut § 18 VOB/A (in Verbindung mit § 10 VOB/A) die schriftliche Zusage über die Auftragserteilung innerhalb einer **Bindefrist** von normalerweise maximal 30 Kalendertagen nach Ablauf der Angebotsfrist erhalten. Er ist während der Bindefrist an sein Angebot gebunden, ein Vertragsschluss kommt durch die fristgerechte Zusage automatisch zustande. Alle anderen Bieter erhalten eine Absage.

Erhält der ausgesuchte Bieter die Zusage erst nach der Bindefrist, kann er den Auftrag ablehnen.

3.2 Vertragsbedingungen für die Ausführung von Bauleistungen (VOB/B)

Teil B der VOB (VOB/B) enthält „Allgemeine Vertragsbedingungen für die **Ausführung** von Bauleistungen". Dazu gehören z. B. Regelungen zur Abrechnung der Leistungen, zur Mitwirkungspflicht des Auftraggebers, zur Abnahme sowie zu Mängelbeseitigungsansprüchen. Die Regelungen der VOB/B sind somit für die **Abwicklung der eigentlichen Baumaßnahme** und deshalb für das Handeln der **Bauherren** und **Bauunternehmer** sehr bedeutsam.

Die VOB/B muss ausdrücklich vereinbart werden, wenn ihre Regelungen gelten sollen.

Mit dem Bauwesen nicht vertrauten Kunden (z. B. Hausgartenbesitzern) muss die VOB/B sogar zusätzlich ausgehändigt und deren Übergabe quittiert werden. Nur dann liegt ein rechtssicherer Vertragsabschluss auf VOB-Basis vor. Diese Maßnahmen dienen dem Verbraucherschutz, da nicht davon ausgegangen werden kann, dass im Bauwesen unerfahrene Kunden die VOB-Regelungen kennen.

Vertragspartnern aus dem freiberuflichen und gewerblichen Bauwesen, z. B. Architekten, Bauingenieuren, Bauunternehmern, Bauhandwerkern, muss die VOB/B nicht ausgehändigt werden. Basierend auf langjähriger Rechtsprechung wird davon ausgegangen, dass sie diesem Personenkreis bekannt ist.

3.2.1 Art und Umfang der Leistung

In § 1 VOB/B wird unter anderem festgelegt, dass die Leistungen gemäß dem geschlossenen Vertrag auszuführen sind und der Auftragnehmer bei der Bauausführung alle gültigen DIN-Normen zu beachten hat.

3.2.2 Vergütung

Die Vergütung von Bauleistungen ist grundsätzlich aus den vertraglichen Einheitspreisen und den tatsächlich ausgeführten Leistungen zu berechnen. § 2 VOB/B wiederholt damit die Anforderung aus der VOB/A, dass im Garten- und Landschaftsbau in der Regel **Einheitspreisverträge** abzuschließen sind (s. Kap. 3.1.3).

Abweichend davon kann aber auch nach Pauschalsummen und nach Stundenlohnsätzen abgerechnet werden. Dies muss jedoch ausdrücklich vereinbart werden.

- **Pauschalverträge** werden abgeschlossen, wenn der Umfang der Leistungen genau vorherbestimmbar ist. Es wird im Vorfeld ein Festpreis für die Leistung vereinbart.
- **Stundenlohnverträge** werden oftmals bei kleinen, lohnintensiven Arbeiten, z. B. Pflegearbeiten, abgeschlossen. Die Abrechnung erfolgt nach gearbeiteten Stunden.

3.2.3 Ausführungsunterlagen

Nach § 3 VOB/B muss der **Auftraggeber** dem Auftragnehmer alle nötigen Bauunterlagen unentgeltlich und rechtzeitig zur Verfügung stellen. Dazu gehören z. B. Ausführungspläne und Detailzeichnungen. Auch Grundstücksgrenzen, Höhenfixpunkte und Haupt-Absteckachsen sind vom Auftraggeber vorzugeben.

Außerdem ist vor Beginn der Bauarbeiten bei Bedarf der Baustellenzustand zu dokumentieren. Dies geschieht am besten durch eine gemeinsame Baustellenbegehung, während der z. B. die Beschaffenheit von bestehenden Wegen und Straßen sowie evtl. vorhandenen Gebäuden und Vegetationsbeständen erfasst und protokolliert wird (s. Kap. 5).

3.2.4 Ausführung

Der **Auftraggeber** muss laut § 4 VOB/B die allgemeine Ordnung auf der Baustelle aufrechterhalten. Er ist somit für die Koordination aller dort arbeitenden Unternehmer verantwortlich. Außerdem muss er alle erforderlichen Genehmigungen und Erlaubnisse herbeiführen, z. B. für die Nutzung eines öffentlichen Gehwegs als Materiallager oder Straßensperrungen.

Hat der **Auftragnehmer** gegenüber der geplanten Bauausführung und/oder den Vorarbeiten anderer Unternehmer fachliche Zweifel, muss er diese dem Auftraggeber unverzüglich schriftlich mitteilen. **Bedenken anmelden** lautet der Fachbegriff dafür.

Auch bei unberechtigt oder unzweckmäßig erscheinenden Anordnungen des Auftraggebers sollten Bedenken angemeldet werden. Dies ist vor allem für die Absicherung gegenüber eventuellen späteren Beschwerden und damit verbundenen Reparatur- und Geldforderungen seitens des Auftraggebers sehr wichtig.

Der **Auftraggeber** muss dem Auftragnehmer grundsätzlich Lager- und Arbeitsplätze auf der Baustelle, vorhandene Zufahrtswege sowie Wasser- und Energieanschlüsse unentgeltlich zur Nutzung überlassen. Die Verbrauchskosten sind vom Auftragnehmer zu bezahlen.

Der **Auftragnehmer** muss die Baustelle bis zur Abnahme vor Beschädigung und Diebstahl schützen. Oft geschieht dies durch das Aufstellen von Bauzäunen (s. Kap. 5).

3.2.5 Ausführungsfristen, Behinderung und Unterbrechung der Ausführung

Vereinbarte Ausführungsfristen sind nach § 5 VOB/B einzuhalten. Behinderungen und Unterbrechungen sind dem Auftraggeber gemäß § 6 VOB/B schriftlich mitzuteilen.

Schlechtes Wetter innerhalb der Ausführungszeit gilt nicht als Behinderung, wenn damit normalerweise (z. B. Schnee im Winter) gerechnet werden kann.

3.2.6 Abnahme

Die Abnahme ist die **Prüfung** und **Billigung** der Bauleistung oder eines Teilabschnittes davon. Sie ist in § 12 VOB/B geregelt. Zum Zeitpunkt der Abnahme muss die Leistung frei von Mängeln sein. Dies ist der Fall, wenn sie die vereinbarte Beschaffenheit aufweist und den anerkannten Regeln der Technik entspricht.

Die Abnahme kann förmlich oder fiktiv erfolgen:

- **Förmliche Abnahme**: Die Abnahme muss grundsätzlich innerhalb von 12 Werktagen nach Fertigstellung durchgeführt werden, wenn eine Vertragspartei dies verlangt. Auftragnehmer und Auftraggeber führen dazu eine gemeinsame Begehung der Baustelle bzw. eine gemeinsame Prüfung der Bauleistung durch. Die Ergebnisse der Begehung/Prüfung sind in einem Abnahmeprotokoll niederzulegen.
- **Fiktive Abnahme durch Zeitablauf nach Fertigstellungsmitteilung**: Die Bauleistung gilt als abgenommen, wenn innerhalb von 12 Werktagen nach schriftlicher Mitteilung über die Fertigstellung der Bauleistung keine förmliche Abnahme verlangt wird.
- **Fiktive Abnahme durch Zeitablauf nach Benutzungsbeginn**: Wenn keine förmliche Abnahme verlangt wird, der Auftraggeber die Bauleistung bzw. einen Teilbereich davon in Benutzung genommen hat und seitdem sechs Werktage verstrichen sind, gilt die Abnahme grundsätzlich ebenfalls als erfolgt.

Die Abnahme hat folgende Wirkungen:

- **Gefahrenübergang** vom Auftragnehmer auf den Auftraggeber: Bis zur Abnahme trägt der Auftragnehmer das Risiko, dass das Werk zerstört oder beschädigt wird, danach der Auftraggeber.

- Umkehr der **Beweislast**: Bis zur Abnahme muss der Auftragnehmer beweisen, dass er mängelfrei geleistet hat. Nach der Abnahme muss der Auftraggeber beweisen, dass der Auftragnehmer einen Baumangel verursacht hat.
- Die Fristen für **Mängelansprüche** (Verjährungsfristen) beginnen (s. Kap. 3.2.7).

3.2.7 Mängelansprüche

Der Umgang mit **Mängelansprüchen** wird in § 13 VOB/B geregelt. *„Der Auftragnehmer hat dem Auftraggeber seine Leistungen zum Zeitpunkt der Abnahme frei von Sachmängeln zu verschaffen ... Sie ist dann frei von Sachmängeln, wenn sie die vereinbarte Beschaffenheit hat und den anerkannten Regeln der Technik entspricht ...“* (§ 13 (1) VOB/B).

Treten innerhalb der **Fristen für Mängelansprüche** Mängel auf, die auf den Auftragnehmer zurückzuführen sind, so muss er diese kostenlos beseitigen. Gelingt dies nicht, kann der Auftraggeber die Mängel auch auf Kosten des Auftragnehmers durch eine andere Firma beseitigen lassen bzw. unter Umständen eine Vergütungsminderung und/oder Schadenersatz verlangen.

Sofern vertraglich nicht anders vereinbart gelten folgende Fristen für Mängelansprüche:

- **4 Jahre** für **Bauwerke** (z. B. Mauern, Treppen, Wege und Terrassen)
- **2 Jahre** für **andere Werke**, deren Erfolg in der Herstellung, Wartung oder Veränderung einer Sache besteht (z. B. Pflanzarbeiten, Rasenanlagen, Grünpflegearbeiten)

3.2.8 Abrechnung und Zahlung

Regelungen zur **Abrechnung und Zahlung** finden sich in §§ 14 bis 16 VOB/B. Der Auftraggeber muss das vereinbarte Entgelt bezahlen, wenn die Bauleistung fertiggestellt ist, ihm eine prüfbare Schlussrechnung vorliegt und er diese fristgerecht geprüft hat. Der Auftragnehmer muss lückenlos nachprüfbare Nachweise über die erbrachten Leistungen liefern. Diese Nachweise sind erforderlich, weil die tatsächlich verbauten Mengen von den im Leistungsverzeichnis aufgelisteten Mengen abweichen können.

Die Rechnung und die zu liefernden Nachweise werden in der Regel gemäß den Positionen des Leistungsverzeichnisses gegliedert (s. Kap. 3.1.3).

Die Ermittlung der tatsächlichen Größen und Mengen erfolgt durch das sogenannte **Aufmaß** (1), an dem meist

1 Aufmaß nach Wegebauarbeiten

Exkurs: Bauvertrag (§§ 650a ff. BGB)

Seit seiner Novellierung zum 01. Januar 2018 enthält das **BGB** Paragraphen zum sogenannten **Bauvertrag** (§§ 650a ff.). Diese enthalten speziell für das Bauwesen wichtige Vorschriften. Sie gelten neben den Paragraphen zum Werkvertrag (§§ 631 ff.), sodass die aktuellen BGB-Regelungen auch für die Bauwirtschaft immer geeigneter erscheinen.

Manche Fachleute empfehlen deshalb, mit im Bauwesen unerfahrenen Privatkunden (Hausgartenbesitzern), Bauverträge ausschließlich auf BGB-Basis abzuschließen. Dadurch entfallen einige der für kleine Bauvorhaben oftmals umständlichen VOB-Verfahrensregeln.

Die Paragraphen des Bauvertrags gelten für die Herstellung, die Wiederherstellung, die Beseitigung oder den Umbau eines **Bauwerks**, einer **Außenanlage** oder eines **Teils** davon. Sie regeln unter anderem den Umgang mit Änderungswünschen seitens des Auftraggebers (im BGB „Besteller“ genannt), entsprechende Vergütungsanpassungen sowie die Abnahme und die Schlussrechnung.

Der bekannteste Unterschied zwischen BGB- und VOB-Regelungen sind die teilweise voneinander abweichenden **Mängelanspruchsfristen**. Weitere Unterschiede und Gemeinsamkeiten sind auf S. 27 f. in Tab. 1 gegenübergestellt.

Auftraggeber und Auftragnehmer beteiligt sind. Vorschriften zum Aufmaß einer Bauleistung finden sich in jeder DIN-Norm der VOB/C.

Außerdem müssen alle Materialien, die nach Gewicht, Stück oder Raummaß ausgeschrieben worden sind, anhand von Lieferscheinen oder Wägekarten nachgewiesen werden.

Vertragsabschluss				
Stichwort		**BGB-Regelungen**		**VOB/B-Regelungen**
Gültigkeit bzw. Wirksamkeit des Vertrags		BGB **gilt automatisch**, wenn der Vertrag keine Angaben zu sonstigen Geschäftsbedingungen enthält (Art. 20 (3) GG).		VOB/B muss **ausdrücklich** als Allgemeine Geschäftsbedingung **schriftlich vereinbart** werden (§§ 305–310 BGB). **Verbrauchern** (unerfahrenen Privatkunden) ist die VOB/B auszuhändigen. Bei VOB/B-Verträgen zwischen **Bauprofis** muss die VOB/B nicht ausgehändigt werden. **Öffentliche Auftraggeber** müssen die VOB/B vereinbaren.
	§§ 631–650	**Werkvertrag** (Regelungen für alle Werkverträge)		
		Ergänzende Regelungen:		
	§§ 650a–650h	**Bauvertrag** (für Abbruch-, Umbau-, Neuanlage-aufträge)		
	§§ 650p–650t	**Architekten-/Ingenieurvertrag** (für Planungsleistungen)		
Baudurchführung				
Stichwort		**BGB-Regelungen**		**VOB/B-Regelungen**
Baubeginn	§ 271 (1)	Die Leistung muss **sofort** erbracht werden (plus angemessene Vorbereitungszeit), sofern im Vertrag nichts anderes vereinbart wurde.	§ 5 (2)	Baubeginn hat **spätestens 12 Tage** nach Anordnung des Auftraggebers zu erfolgen, sofern nichts anderes vereinbart wurde.
Abschlags-zahlungen	§ 632a	Der Unternehmer kann vom Besteller Abschlagszahlungen **in Höhe des Werts der** von ihm **erbrachten vertraglichen Leistungen** verlangen.	§ 16	Der Auftragnehmer kann vom Auftraggeber Abschlagszahlungen **in Höhe des Werts der** von ihm **erbrachten vertraglichen Leistungen** verlangen.
Gefahrverteilung	§ 644 (1)	Das Risiko für Beschädigungen oder Zerstörung liegt grundsätzlich beim **Unternehmer**.	§ 7 § 6 (2) 2.	Das Risiko für Beschädigungen oder Zerstörung durch höhere Gewalt liegt grundsätzlich beim **Auftraggeber**. **Witterungseinflüsse** gelten im Außenbereich in der Regel **nicht als höhere Gewalt**.
Bauabschluss				
Stichwort		**BGB-Regelungen**		**VOB/B-Regelungen**
Förmliche Abnahme	§ 640 (1)	Der Besteller ist verpflichtet, das vertragsgemäß hergestellte Werk abzunehmen.	§ 12 (4) 1.	Wenn eine Vertragspartei eine Abnahme verlangt, muss **innerhalb von 12 Werktagen** eine **Begehung mit Protokoll** durch Auftragnehmer und Auftraggeber erfolgen.
Fiktive Abnahme durch Zeitablauf nach Fertigstel-lungsmitteilung	§ 640 (2)	Nach Setzung einer **angemessenen Frist** durch den Unternehmer gilt das Werk als abgenommen, wenn der Besteller sich innerhalb dieser Frist nicht gemeldet hat. Ein Verbraucher muss mit dem Frist-setzungsschreiben auf die Folgen einer nicht erklärten oder ohne Angabe von Mängeln verweigerten Abnahme hingewiesen werden.	§ 12 (5) 1.	Wenn keine Vertragspartei eine Abnahme verlangt, gilt die Leistung **12 Werktage** nach schriftlicher Fertigstellungsmitteilung an den Auftraggeber als abgenommen.
Fiktive Abnahme durch Zeitablauf nach Benutzungs-beginn		Keine vergleichbare Regelung	§ 12 (5) 2.	Wenn keine Vertragspartei eine Abnahme verlangt und der Auftraggeber das Werk in Benutzung genommen hat, gilt es nach Ablauf einer Frist von **6 Werktagen** als abgenom-men.
Fälligkeit der Vergütung	§ 650g (4)	Die Vergütung ist zu entrichten, wenn **der Besteller das Werk abgenommen hat** und ihm eine **prüffähige Schlussrechnung** vorliegt (30 Tage Prüffrist).	§ 14 (1 u. 3) § 16 (3) 1.	Die **Schlussrechnung** muss **prüffähig** sein und ist **nach Fertigstellung der Leistung** einzureichen. Sie ist **nach Prüfung durch den Auftragge-ber** fällig. Die Prüffrist beträgt in der Regel 30 bis maximal 60 Tage nach Rechnungszugang.

Tab. 1 Vergleich zwischen BGB-Verträgen und VOB-Verträgen im Projektverlauf

nach Bauabschluss				
Stichwort	**BGB-Regelungen**		**VOB/B-Regelungen**	
Mängelansprüche	§ 633 (1)	Der Unternehmer muss das Werk **frei von Sach- und Rechtsmängeln** übergeben. Dazu muss das Werk die vereinbarte Beschaffenheit haben und frei von nicht vereinbarten Rechten gegenüber Dritten sein.	§ 13 (1)	Die Leistung soll zum Zeitpunkt der Abnahme **frei von Sachmängeln** sein. Die Leistung ist frei von Sachmängeln, wenn sie wie vereinbart hergestellt wurde **und** den anerkannten Regeln der Technik entspricht. Als anerkannte Regeln der Technik gelten z. B. DIN- und auch FLL-Normen!
	Der Besteller hat bei mangelhaftem Werk mehrere Möglichkeiten:		**Der Auftraggeber hat bei mangelhafter Leistung mehrere Möglichkeiten:**	
	§ 635	Der Besteller kann **Nacherfüllung** verlangen, das heißt, der **Unternehmer** muss entweder die Mängel beseitigen oder ein neues Werk herstellen.	§ 13 (5) 1.	Der **Auftragnehmer** ist verpflichtet, alle während der Verjährungsfrist auftretenden Mängel, die auf vertragswidrige Leistungen zurückzuführen sind, auf seine Kosten zu beseitigen.
	§ 637	Nach fehlgeschlagener Nacherfüllung kann der Besteller **Selbstvornahme** ausüben, das heißt, er kann die Mängel selbst beseitigen (lassen). Die **Kosten** trägt der **Unternehmer**.	§ 13 (5) 2.	Beseitigt der Auftragnehmer die Mängel nicht innerhalb einer angemessenen Frist, kann der Auftraggeber sie beheben lassen. Die **Kosten** trägt der **Auftragnehmer**.
	§ 638	**Minderung der Vergütung**	§ 13 (6)	**Minderung der Vergütung**
	§ 323	**Rücktritt vom Vertrag**		Keine vergleichbare Regelung
	§ 280	**Schadenersatz**	§ 13 (7)	**Schadenersatz**
Mängelanspruchsfristen	§ 634a (1) 1.	**2 Jahre** ab Abnahmetermin bei Herstellung, Wartung, Veränderung von Sachen (z. B. Pflanzungen, Pflegearbeiten)	§ 13 (4) 1.	**2 Jahre** ab Abnahmetermin bei Herstellung, Wartung, Veränderung von Sachen (z. B. Pflanzungen, Pflegearbeiten)
	§ 634a (1) 2.	**5 Jahre** ab Abnahmetermin bei Bauwerken (z. B. Verkehrsflächen, Mauern, Treppen)	§ 13 (4) 1.	**4 Jahre** ab Abnahmetermin bei Bauwerken (z. B. Verkehrsflächen, Mauern, Treppen)

Tab. 1 Vergleich zwischen BGB-Verträgen und VOB-Verträgen im Projektverlauf (Fortsetzung)

Bei größeren Baustellen können sogenannte **Abschlagszahlungen** vereinbart werden. Der Auftraggeber zahlt dann nach einzelnen Bauabschnitten einen Teilbetrag der Bausumme an den Auftragnehmer.

Die **Schlussrechnung** sollte unmittelbar nach Fertigstellung der Gesamtleistung eingereicht werden.

Stundenlohnarbeiten (vor allem in Süddeutschland auch Regiearbeiten genannt) werden gesondert abgerechnet (s. Kap. Kalkulation).

3.2.9 Sicherheitsleistung

Sicherheitsleistungen werden in § 17 VOB/B abgehandelt. Sie sollen die vertragsgemäße Ausführung der Leistung (Sicherheit für Vertragserfüllung) und die Mängelansprüche (Sicherheit für während der Mängelanspruchsfristen auftretende Baumängel) absichern. Weitere Regelungen zu Sicherheitsleistungen finden sich auch in § 9c VOB/A.

Sicherheitsleistungen müssen im Vertrag ausdrücklich vereinbart werden. Vor allem bei größeren Aufträgen, etwa ab 250.000 € Netto-Auftragssumme, können Auftraggeber die Stellung einer Sicherheit in Höhe von ca. 5–10 % der Schlussrechnungssumme mit den Auftragnehmern aushandeln. Der Auftragnehmer hat folgende Wahlmöglichkeiten:

- Einbehalten von Vergütung durch den Auftraggeber und Einzahlung auf ein Sperrkonto, über das beide Parteien nur gemeinsam verfügen können
- Hinterlegung von Geld auf einem Sperrkonto durch den Auftragnehmer
- Bankbürgschaft

3.3 Allgemeine Technische Vertragsbedingungen (ATV) für Bauleistungen (VOB/C)

Teil C der VOB (VOB/C) enthält zahlreiche sogenannte **Allgemeine Technische Vertragsbedingungen** (ATV). Dabei handelt es sich um die aktuellen **DIN-Normen**.

Die **DIN 18299 „Allgemeine Regelungen für Bauarbeiten jeder Art"** beispielsweise enthält wichtige Regeln für alle Bauarbeiten. In ihr finden sich unter anderem Regelungen darüber, welche Leistungen sogenannte **Nebenleistungen** sind. Dies ist vor allem deshalb bedeutsam, weil die Kosten für Nebenleistungen in die Vertragsleistungen einkalkuliert werden müssen. Vergisst man dies, besteht für den Auftragnehmer kein Vergütungsanspruch.

Gliederung	Inhalte aus DIN 18318
0 Hinweise für das Aufstellen der Leistungsbeschreibung	z. B. Angaben zur Baustelle, Abrechnungseinheiten ...
1 Geltungsbereich	z. B. ... für das Befestigen von Flächen mit Pflastersteinen und Platten auf Unterlagen aus ...
2 Stoffe, Bauteile	z. B. geltende Stoffnormen, Bettungs- und Fugenmaterialien ...
3 Ausführung	z. B. Dicke des Pflasterbettes 3 bis 5 cm im verdichteten Zustand (außer bei Verwendung spaltrauer Natursteine) ...
4 Nebenleistungen und Besondere Leistungen	z. B. Herstellen von behelfsmäßigen Zugängen, Zufahrten ... z. B. Schneiden von Platten und Pflaster ...
5 Abrechnung	z. B. Aussparungen oder Einbauten bis 1 m^2 Einzelgröße, z. B. Schächte und Schieber, werden übermessen ...

Tab. 1 Grundsätzlicher Aufbau einer DIN-Norm am Beispiel der DIN 18318 „Pflasterdecken und Plattenbeläge, Einfassungen“

Nebenleistungen sind demnach unter anderem:

- Einrichten und Räumen der Baustelle einschließlich der Geräte und dergleichen
- Messungen für das Ausführen und Abrechnen der Arbeiten einschließlich des Vorhaltens der Messgeräte
- Beleuchten, Beheizen und Reinigen der Aufenthalts- und Sanitärräume für die Beschäftigten des Auftragnehmers
- Vorhalten der Kleingeräte und Werkzeuge
- Sichern der Arbeiten gegen Niederschlagswasser, mit dem normalerweise gerechnet werden muss, und seine etwa erforderliche Beseitigung
- Entsorgen von unternehmenseigenen Baustellenabfällen
- Entsorgen von nicht schadstoffbelasteten Baustellenabfällen aus dem Bereich des Auftraggebers bis zu einer Menge von 1 m^3

Die DIN 18299 enthält außerdem Regelungen darüber, welche Leistungen **Besondere Leistungen** sind.

Besondere Leistungen sind unter anderem:

- Erfüllen von Aufgaben des Auftraggebers (Bauherrn) hinsichtlich der Planung der Ausführung des Bauvorhabens oder der Koordinierung gemäß Baustellenverordnung
- Aufstellen, Vorhalten, Betreiben und Beseitigen von Einrichtungen zur Sicherung und Aufrechterhaltung des Verkehrs auf der Baustelle, z. B. Bauzäune, Schutzgerüste, Hilfsbauwerke, Beleuchtungen, Leiteinrichtungen
- Aufstellen, Vorhalten, Betreiben und Beseitigen von Einrichtungen außerhalb der Baustelle zur Umleitung und Regelung des öffentlichen und Anliegerverkehrs
- Sichern von Leitungen, Kabeln, Dränen, Kanälen, Grenzsteinen, Bäumen, Pflanzen usw.

Besondere Leistungen sind vom Auftraggeber gesondert zu vergüten, sofern sie ausgeführt werden sollen und er sie im Leistungsverzeichnis nicht aufgeführt hat.

Weiterhin verweist die DIN 18299 auf die **DIN 18320,** die speziellere Vertragsbedingungen für **„Landschaftsbauarbeiten“** enthält.

Weitere für den Garten- und Landschaftsbau bedeutende Normen sind aus **1** auf S. 31 ersichtlich.

DIN-Normen sind, wie die gesamte VOB, keine Gesetze. Kommt es aber zu Streitigkeiten über die fachgerechte Ausführung von Bauarbeiten, werden sie in der Regel als Entscheidungsgrundlage herangezogen, selbst wenn die VOB nicht vereinbart wurde. Das liegt darin begründet, dass DIN-Normen inhaltlich überwiegend die allgemein anerkannten Regeln der Technik wiedergeben.

Die DIN-Normen der VOB/C sind zumeist sehr ähnlich aufgebaut (Tab. **1**).

? Aufgaben

- ○ 1. Welche Vergabearten gibt es?
- ○ 2. Welche Dokumente umfasst eine Leistungsbeschreibung?
- ○ 3. Was geschieht am Eröffnungstermin?
- ○ 4. Was wird bei der Angebotsprüfung untersucht?
- ○ 5. Wer „gewinnt“ eine Ausschreibung?
- ○ 6. Was bedeutet der Begriff „Bindefrist“ für den Auftragnehmer?
- ○ 7. Welche Unterlagen müssen vom Auftraggeber zur Verfügung gestellt werden?
- ○ 8. Was bedeutet „Bedenken anmelden“ im Zusammenhang mit der Baudurchführung?
- ◑ 9. Die Abnahme soll zügig vorgenommen werden. Diskutieren Sie in der Klasse die Folgen der Abnahme.
- ◑ 10. Führen Sie in der Klasse ein Rollenspiel zur Abnahme eines Teiches/Weges/Terrassenbelages durch. Worauf müssen Sie achten?
- ○ 11. Die Abnahme einer Rasenfläche soll am Samstag, dem 3.7. stattfinden. Am Donnerstag vorher fährt ein Autofahrer über die von Ihnen angelegte, abnahmefähige Rasenfläche. Kann der Auftraggeber von Ihnen die Wiederherstellung der Rasenfläche verlangen? ›

Aufgaben (Fortsetzung)

○ 12. Was bedeuten die Mängelanspruchsfristen für den Auftraggeber und für den Auftragnehmer?

◑ 13. Die VOB/B kennt auch zwei Formen der sogenannten fiktiven Abnahme.
   a) Welche Nachteile haben fiktive Abnahmen für den Auftraggeber?
   b) Wie kann er sie vermeiden?

○ 14. Worin unterscheiden sich die Regelungen der VOB/B und des BGB bezüglich der Fristen für Mängelansprüche?

○ 15. Was sind „Regiearbeiten“?

○ 16. Wozu dienen Sicherheitsleistungen und wann gelten sie?

○ 17. Wie können Sie dem Auftraggeber Sicherheiten für Mängelansprüche und Vertragserfüllung verschaffen?

○ 18. Erklären Sie die Fachbegriffe „Nebenleistung“ und „Besondere Leistung“.

4 Zusätzliche Technische Vertragsbedingungen (ZTV)

Gelegentlich fehlen passende Regelungen in den Allgemeinen Technischen Vertragsbedingungen. In solchen Fälle werden für die Vertragsgestaltung oft sogenannte **Zusätzliche Technische Vertragsbedingungen** (ZTV) herangezogen.

Für den vegetationstechnischen Bereich erarbeitet z. B. die Forschungsgesellschaft Landschaftsentwicklung Landschaftsbau e. V. (FLL) solche ergänzenden Richtlinien. Wichtig sind z. B. die **Regel-Saatgut-Mischungen** (**RSM**) als Zusatz zur DIN 18917 „Rasen und Saatarbeiten“ oder die **Technischen Lieferbedingungen für Baumschulpflanzen** (TL-Baumschulpflanzen) als Grundlage für den Kauf und Verkauf von Baumschulpflanzen.

Für den Bau von Wegen und Plätzen außerhalb von Flächen des Straßenverkehrs ist seit 2013 die **ZTV-Wegebau** (1) ein bedeutendes Regelwerk.

Auch einige ZTV-Regelwerke der Forschungsgesellschaft für Straßen- und Verkehrswesen e. V. (FGSV) sind für den Garten- und Landschaftsbau wichtig, z. B. die **Zusätzlichen Technischen Vertragsbedingungen für Erdarbeiten im Straßenbau** (ZTV E-StB). Diese teilen Böden in drei Frostempfindlichkeitsklassen ein, von denen die Dicke des frostsicheren Oberbaus für Wege- und Platzflächen abhängt (Tab. 1, S. 108).

1 Titelseite der ZTV-Wegebau der FLL

Die vielen vorstehend angesprochenen Gesetze und Normen werden oft als sehr umfangreich und kompliziert wahrgenommen. Im Ergebnis dienen sie jedoch alle dazu, Aufträge durch ihre vorgefertigten Formulierungen schnell und effizient abwickeln zu können. Sie nutzen dem Auftraggeber und dem Auftragnehmer vor allem durch ihre auf Interessensausgleich abzielenden Regelungen.

Aufgabe

○ Nennen Sie für den Garten- und Landschaftsbau wichtige Beispiele für Zusätzliche Technische Vertragsbedingungen.

5 Baustellenbegehung und Vorüberlegungen zur Bauausführung

Zusätzlich zu den Überlegungen zur Vertragsgestaltung sind oft noch viele weitere organisatorische Maßnahmen und sonstige Vorarbeiten nötig, bevor endlich mit den eigentlichen Bauarbeiten begonnen werden kann.

Der Auftragnehmer sollte z. B. baldmöglichst nach Vertragsschluss eine Baustellenbegehung durchführen. Dabei sollte im Idealfall auch der Auftraggeber oder ein Beauftragter desselben, z. B. ein Landschaftsarchitekt, anwesend sein, um alle anstehenden Fragen direkt klären zu können.

Inhalte der Baustellenbegehung sind z. B.:

- Ort der Lagerplätze für Material, Werkzeuge und Maschinen
- Aufnahme der vorhandenen Vegetation und deren Sicherung
- Überblick über die Lage der Versorgungsleitungen
- Überblick über die Baugrundbeschaffenheit

Normen- und Regelwerke für den Garten- und Landschaftsbau

DIN – Deutsches Institut für Normung erstellt DIN-Normen – **DIN**

Vergabe- und Vertragsordnung für Bauleistungen
VOB

Teil A:
Allgemeine Bestimmungen für die Vergabe von Bauleistungen
DIN 1960

Planung – Bauvertrag

Teil B:
Allgemeine Vertragsbedingungen für die Ausführung von Bauleistungen
DIN 1961

Teil C:
Allgemeine Technische Vertragsbedingungen für Bauleistungen (ATV):

DIN 18299:
Allgemeine Regelungen für Bauarbeiten jeder Art
DIN 18300:
Erdarbeiten
DIN 18308:
Drän- und Versickerarbeiten
DIN 18315:
Verkehrswegebauarbeiten; Oberbauschichten ohne Bindemittel
DIN 18318:
Pflasterdecken und Plattenbeläge, Einfassungen
DIN 18320:
Landschaftsbauarbeiten
DIN 18330:
Maurerarbeiten
DIN 18331:
Betonarbeiten
DIN 18332:
Naturwerksteinarbeiten
DIN 18338:
Dachdeckungsarbeiten

und andere ...

DIN-Fachnormen GaLaBau:

DIN 18035: Sportplätze
DIN 18915: Bodenarbeiten[1]
DIN 18916: Pflanzen und Pflanzarbeiten[1]
DIN 18917: Rasen und Saatarbeiten[1]
DIN 18918: Ingenieurbiologische Sicherungsbauweisen[1]
DIN 18919: Instandhaltungsleistungen für die Entwicklung und Unterhaltung von Vegetation (Entwicklungs- und Unterhaltungspflege)[1]
DIN 18920: Schutz von Bäumen, Pflanzenbeständen und Vegetationsflächen bei Baumaßnahmen[1]

[1] Norm aus der Reihe „Vegetationstechnik im Landschaftsbau“

Stoff- und Planungsnormen:

DIN 276:
Kosten im Bauwesen
DIN 482:
Straßenbordsteine aus Naturstein
DIN 483:
Bordsteine aus Beton
DIN 1185:
Regelung des Bodenwasser-Haushaltes durch Rohrdränung und Unterbodenmelioration
DIN 68365:
Schnittholz für Zimmererarbeiten und andere ...
DIN EN 1338:
Pflastersteine aus Beton
DIN EN ISO 14688:
Benennung, Beschreibung und Klassifizierung von Boden

Regelwerke der Forschungsgesellschaft Landschaftsentwicklung Landschaftsbau e. V. (FLL)
- TL-Baumschulpflanzen
- Gütebestimmungen für Stauden
- Regel-Saatgut-Mischungen Rasen
- Qualitätsanforderungen und Anwendungsempfehlungen für organische Mulchstoffe und Komposte
- ZTV-Großbaumverpflanzung
- ZTV-Baumpflege
- ZTV-Wegebau und andere ...

TL = Technische Lieferbedingungen
ZTV = Zusätzliche Technische Vertragsbedingungen

1 Normen und Regelwerke für den Garten- und Landschaftsbau. Neben den **Normen für die Ausführung von Bauarbeiten** gibt es auch noch die sogenannten **Stoffnormen**, die die Anforderungen an die Beschaffenheit von Baustoffen regeln, und **Planungsnormen**, die Planungsvorgänge vereinheitlichen.

- Beurteilung des Zustands der Baustelle (z. B. Verunreinigungen durch Vorunternehmer, vorhandene Beschädigungen)
- bei Bedarf: Festlegung des Ortes für einen Einschlag
- bei Bedarf: Festlegung des Ortes zum Aufstellen von Bauwagen und Bautoilette

Außerdem kann der Auftraggeber den Auftragnehmer einweisen, wo Strom und Wasser bezogen oder wo ein Bauschild aufgestellt werden kann.

Über die Baustellenbegehung ist am besten ein **schriftliches Begehungsprotokoll** anzufertigen. Wird das Protokoll von Auftraggeber und Auftragnehmer unterschrieben, kann es bei Streitigkeiten als Beweismittel dienen.

5.1 Lagerplätze

Lagerplätze sind so anzulegen, dass sie bei jeder Witterung erreichbar und uneingeschränkt nutzbar sind.

Weiterhin sollten Lagerplätze so positioniert werden, dass die Transportwege zum Ort der Bauarbeiten so kurz wie möglich ausfallen.

Oberboden sollte als Miete dort gelagert werden, wo er die Bauarbeiten nicht behindert und wo eine Verunreinigung mit Müll und anderen Rückständen nicht zu erwarten ist (s. Kap. Erdbau).

Maschinen und Materialien sollten durch geeignete Absperrungen vor Beschädigungen und Diebstahl geschützt werden. Oftmals wird die Baustelle im Garten- und Landschaftsbau dazu nur mit einem rot-weißen Kunststoffband („Flatterband") abgesperrt.

1 Bauzaun gegen Beschädigungen, Diebstahl und Unfall

Wo die Gefahr von Beschädigung oder Diebstahl und Unfall gering erscheint, kann dies unter Umständen ausreichen. Ein Bauzaun (1) hat jedoch eine bessere Wirkung.

Im öffentlichen Raum und entlang daran angrenzender Baustellen sind gut sichtbare Bauzäune in aller Regel verpflichtend aufzustellen, um das Unfallrisiko der Verkehrsteilnehmer deutlich zu minimieren.

5.2 Sicherung von vorhandener Vegetation

Viele Baumaßnahmen werden innerhalb bestehender Außenanlagen durchgeführt bzw. schließen daran an. Meist ist bereits Vegetation vorhanden. In der **DIN 18920 „Schutz von Bäumen, Pflanzenbeständen und Vegetationsflächen bei Baumaßnahmen"** wird dargestellt, wie erhaltenswerte Vegetation zu schützen ist (Tab. 1 sowie 1 und 2, S. 33).

Schutz von	Maßnahme
zusammenhängenden Flächen	■ Einzäunen, Höhe mindestens 2,0 m ■ Keine pflanzenschädlichen Stoffe (z. B. Öl, Benzin, Zementmilch) einbringen.
Bäumen	■ Wurzelbereich weiträumig einzäunen. (1, S. 33) ■ Falls keine Einzäunung möglich: Äste hochbinden, Stamm z. B. mit Brettern schützen. (2, S. 33)
Wurzeln beim Überfahren	■ Wenn ein Überfahren nicht vermeidbar ist, Bohlen/Matten über 20 cm dicke Kiesschicht legen (später wieder entfernen).
Wurzeln bei Überfüllung (nur wenn nicht vermeidbar!) a  b 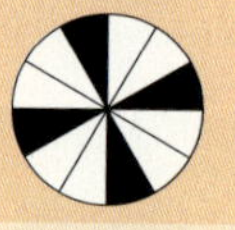	Wurzelbereich zur Belüftung mit Mineralstoffen abdecken, z. B. Kies 0/32: ■ flach wurzelnde Gehölze 1/2 Abdeckung (a) ■ tief wurzelnde Gehölze 1/3 Abdeckung (b) Zuvor organische Stoffe (Pflanzendecke, Laub usw.) von der Oberfläche entfernen.
Wurzeln bei kurzfristigen Aufgrabungen	■ Grabungen per Hand oder mit Absaugtechnik vornehmen. ■ Nicht dichter als 2,5 m an den Stamm herangraben. ■ Wurzelabrisse sauber nachschneiden (fördert Abschottung und Wurzelneubildung).

Tab. 1 Maßnahmen zum Schutz vorhandener Vegetation nach DIN 18920

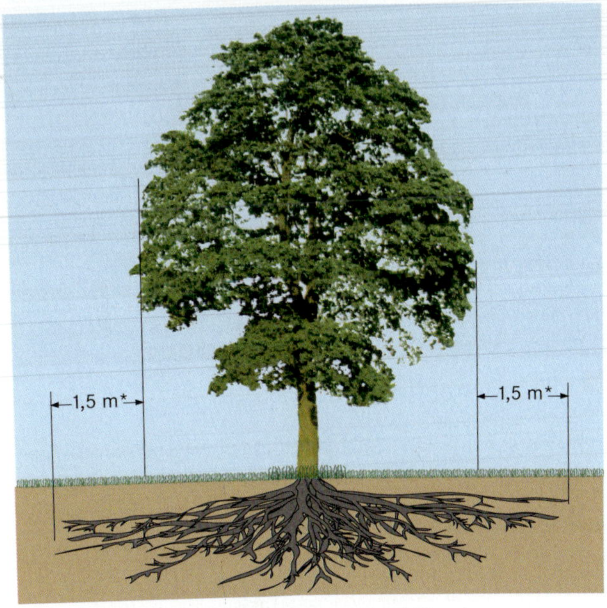

1 Wurzelbereich von Bäumen nach DIN 18920 (* bei Säulenform plus 5 m)

2 Stammschutz für einen einzelnen Baum

Rasen kann z. B. in begrenztem Maße abgeschält werden. Die Rasensoden können dann für kleinere Ausbesserungen an anderer Stelle verwendet werden (s. Kap. Rasenbau).

Bäume und größere Gehölze können eventuell verpflanzt werden. Jahreszeitlich eignet sich dazu am besten die Vegetationsruhe (s. Kap. Gehölze).

5.3 Lage der Versorgungsleitungen

Der Auftraggeber muss dem Auftragnehmer die Lage von Strom-, Gas-, Wasser- und Telekommunikationsleitungen mitteilen, am besten durch Übergabe entsprechender Pläne. Der Auftragnehmer kann auch mit dem Einholen dieser Informationen betraut werden. Diese Leistung zählt in der Regel zu den „Besonderen Leistungen" gemäß DIN 18299 (s. S. 29) und kann extra abgerechnet werden.

3 Mit einem gelben Kunststoffband und Sand markiertes Telefonkabel

Die Lage von Strom- und Gasleitungen kann beim örtlichen Energieversorgungsunternehmen, die von Wasserleitungen bei den Wasserversorgungsunternehmen erfragt werden. Telefonleitungen sind in Plänen der Telekom verzeichnet.

Oftmals kann auch der Bauherr bei der Suche nach Versorgungsleitungen helfen. Des Weiteren kann von den Anschlüssen im Haus grob auf die tatsächliche Lage der Versorgungsleitungen geschlossen werden. Suchgrabungen sind eine weitere Möglichkeit, unbekannte Leitungsverläufe festzustellen.

Oberhalb von Gas- und Wasserleitungen sowie Telefon- und Stromkabeln werden bei fachgerechter Verlegung eine Sandschicht und ein Kunststoffband eingebracht (3). Trifft man bei Grabungen auf ein solches Kunststoffband und/oder eine Sandschicht, so ist dementsprechend große Vorsicht geboten.

Werden Versorgungsleitungen beschädigt, sind unverzüglich die Hausbewohner, die Versorgungsunternehmen und notfalls auch die Polizei zu verständigen.

! Achtung

In Leitungsnähe sind Erdarbeiten unbedingt von Hand und mit äußerster Vorsicht vorzunehmen.

1 Schiefer Turm von Pisa

5.4 Sonstige vorbereitende Maßnahmen

Boden als Baugrund wurde schon oft falsch eingeschätzt (1). Insbesondere seine grundsätzliche Tragfähigkeit sowie seine Verdichtung und Frostbeständigkeit beeinflussen die Standfestigkeit und Stabilität von Bauwerken in besonderem Maße.

Der Baugrund sollte deshalb vor allem bei größeren Aufträgen vor Beginn der Baumaßnahmen geprüft werden. Folgende Verfahren kommen dazu in Frage (s. Kap. Erdbau):

- **Sieb- und Schlämmanalyse** Feststellung der Korngrößenverteilung und infolgedessen vieler grundsätzlicher Baugrundeigenschaften
- **Versickerungsversuche** Prüfung der Wasserdurchlässigkeit
- **Rammsondierung** Prüfung der Verdichtung vor allem tieferer Bodenschichten
- **Überfahrversuch, Plattendruckversuche und Proctorversuch** Prüfung der oberflächennahen Verdichtung

Viele dieser Prüfmaßnahmen werden oftmals bereits vor Beginn des Planungsprozesses durchgeführt. Die dadurch erworbenen Erkenntnisse werden frühzeitig für grundsätzliche Entscheidungen zur bautechnischen Bodenverbesserung, Fundamentierung usw. benötigt.

2 Pürckhauer-Bohrer

In der Regel werden die genannten Prüfverfahren von spezialisierten Prüfunternehmen durchgeführt, die über das dafür notwendige Equipment verfügen.

Die Rammsondierung und der dynamische Lastplattendruckversuch werden von manchen Garten- und Landschaftsbauunternehmen auch baubegleitend eingesetzt.

Die Bodenbeschaffenheit ist auch für die **Anlage von Pflanzungen** sehr wichtig. Für Pflanzen bedeutsame Bodeneigenschaften wie die Kornzusammensetzung und der Nährstoffgehalt können z. B durch Probenentnahme mittels **Pürckhauer-Bohrer** (2) und anschließende Laboruntersuchung herausgefunden werden. Auf Grundlage der Ergebnisse können Bodenverbesserungs- und Düngemaßnahmen geplant werden.

? Aufgaben

1. Führen Sie als Rollenspiel eine Baustellenbegehung durch. Fertigen Sie dazu ein Begehungsprotokoll an.
2. Welche Inhalte sollten bei einer Baustellenbegehung geklärt werden?
3. Welche Maßnahmen können zum Schutz der Baustelle getroffen werden?
4. Warum muss Vegetation nach DIN 18920 geschützt werden?
5. Welche Maßnahmen können zum Schutz von Bäumen getroffen werden?
6. Warum ist bei Grabungen im Wurzelbereich Handarbeit vorgeschrieben?
7. Wie ist bei Tiefbauarbeiten in der Nähe von Versorgungsleitungen vorzugehen?
8. Wer kann Auskunft über die Lage von Versorgungsleitungen geben?
9. Welches Ziel verfolgt eine Schürfung (Suchgrabung)?

? Aufgaben (Fortsetzung)

○ 10. Warum ist die Kenntnis über die Baugrundbeschaffenheit wichtig für die Auftragsdurchführung?

○ 11. Warum werden Baugrunduntersuchungen durchgeführt?

○ 12. Wozu wird der Pürckhauer-Bohrer eingesetzt?

6 Planung des Material-, Maschinen- und Arbeitseinsatzes

Bereits bei der Angebotserstellung hat jeder Unternehmer seine Aufträge gründlich durchdacht. Auf diesen Vorüberlegungen basieren seine Angebote (s. Kap. Kalkulation).

Hat der Unternehmer den Auftrag erhalten, muss er den Einsatz von Material, Maschinen und Arbeitskräften im Detail planen. Eine Baustelle kann nur dann reibungslos laufen, wenn Material und Maschinen rechtzeitig auf der Baustelle vorhanden sind.

Durch diese Planung soll außerdem der effektive Einsatz von Arbeitskräften organisiert werden. Ziel ist die Verminderung von Arbeitsspitzen oder Leerlauf.

Kleine Baustellen in kleineren Unternehmen können vom Unternehmer meist noch ohne besondere Maßnahmen geplant werden. In größeren Unternehmen und bei größeren Baustellen wird die Organisation von Material-, Maschinen- und Arbeitskräfteeinsatz meist mithilfe von sogenannten **Bauzeitenplänen** (1) vorgenommen.

In einem Bauzeitenplan werden die anstehenden Arbeiten im zeitlichen Ablauf dargestellt. Zu jedem Teilabschnitt können dann die benötigten Materialien und Maschinen herbeigeschafft sowie die erforderlichen Arbeitskräfte eingeteilt werden.

Außerdem können im Bauzeitenplan die geplanten (Soll-) Stunden mit den tatsächlich benötigten (Ist-)Stunden verglichen werden. Besteht die Gefahr eines Zeitverzugs, kann der Bauleiter besondere Maßnahmen ergreifen. Dies sind z. B. erhöhter Maschineneinsatz und verstärkter Personaleinsatz.

? Aufgabe

○ Was ist ein Bauzeitenplan?

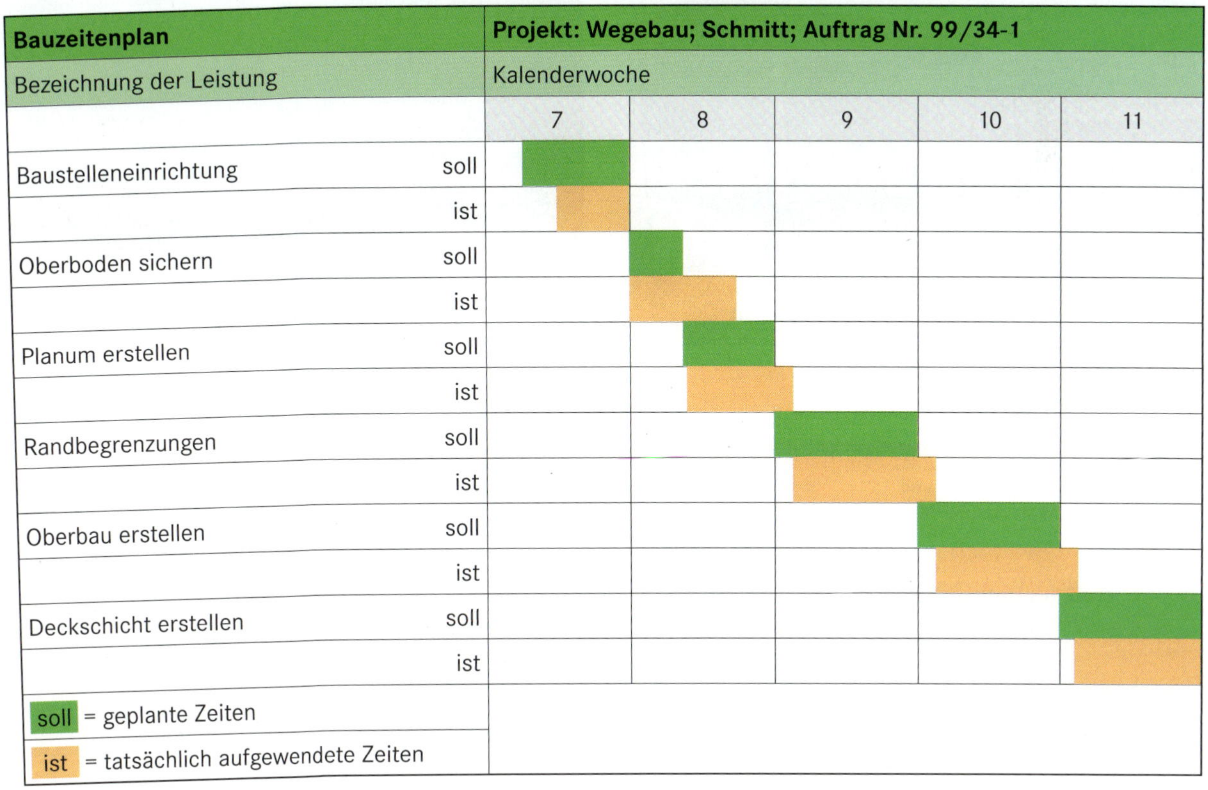

1 Bauzeitenplan

7 Baustelleneinrichtung

Bei der Baustelleneinrichtung muss an die Zufahrt, den Büro- und Bauwagen (1), die Lagerplätze, die sanitären Einrichtungen (2) und auch an die Bauzäune gedacht werden.

An der Baustelle angebrachte Firmenschilder erleichtern Materialzulieferern das Auffinden der Baustelle. Zusätzlich dienen sie als Werbung.

Für sanitäre Einrichtungen und Aufenthaltsräume schreibt die **Arbeitsstättenverordnung** je nach Baustellendauer und ständig anwesenden Baustellenarbeitskräften eine Mindestausstattung vor (Tab. 1). Die Gewerbeaufsichtsämter überwachen die Einhaltung dieser Vorschriften.

Häufig werden auf Baustellen mobile sanitäre Einrichtungen und Aufenthaltsgelegenheiten eingesetzt. Diese werden nicht benötigt, wenn auf der Baustelle ständig eine Toilette unmittelbar zu erreichen (z. B. wenn der Wohnungseigentümer den Arbeitern Zugang zur Haustoilette gewährt) oder bauseits ein Aufenthaltsraum vorhanden ist.

Einrichtungen zum Umkleiden und Trocknen der Arbeitskleidung, zum Einschließen der Privatkleidung sowie Wasch- und Duschgelegenheiten können auf der Baustelle entfallen, wenn die Arbeiter nach Arbeitsende regelmäßig in entsprechend ausgestattete Betriebsgebäude zurückkehren können.

Die Arbeitsstättenverordnung hat das Ziel, die Arbeitsbedingungen auf Baustellen zu verbessern und vorhandene Benachteiligungen der in der Bauwirtschaft Beschäftigten zu verringern.

? Aufgaben

◑ 1. Welche sanitären Einrichtungen müssen bei einer Baustellendauer von längstens einer Woche vorhanden sein?

◑ 2. Welche Aufenthaltsmöglichkeiten sind bei einer Baustellendauer von drei Wochen vorgeschrieben?

1 Werkzeug-/Kleinmaterialcontainer und Bauwagen

2 Eine Baustellentoilette muss auch in der kalten Jahreszeit mindestens 18 °C warm sein.

Baustelle mit ...	Baustelleneinrichtung
a) höchstens 4 Arbeitskräften **und** längstens 1 Woche Baustellendauer	abschließbare Toilette; Möglichkeiten zum Aufwärmen, Einnehmen von Mahlzeiten, Umkleiden, Waschen, Trocknen von Arbeitskleidung; ein abschließbarer Schrank je Arbeitskraft; Mittel zur Ersten Hilfe; kostenfreies Trinkwasser oder ähnliche alkoholfreie Getränke
b) mehr als 4 Arbeitskräften **oder** länger als 1 Woche Baustellendauer	abschließbare Toilette; Tagesunterkunft mit z. B. Tisch und Sitzgelegenheit, Kleiderhaken, Abfallbehälter, Vorrichtung zur Erwärmung von Speisen, Umkleidemöglichkeit; ein abschließbarer Schrank je Arbeitskraft; Waschgelegenheit (mind. ein Waschplatz je 5 Arbeitskräfte); Reinigungsmittel; Erste-Hilfe-Ausrüstung; kostenfreies Trinkwasser oder ähnliche alkoholfreie Getränke
c) mehr als 10 Arbeitskräften **und** mehr als 2 Wochen Baustellendauer	Wie b); darüber hinaus zusätzliche Waschplätze und Duschen (mind. 1 Dusche je 20 Arbeitskräfte)

Tab. 1 Vorschriften der Arbeitsstättenverordnung

Plandarstellung

Vor Beginn eines Bauvorhabens müssen sowohl der Auftraggeber (Kunde) als auch der Auftragnehmer (der Garten- und Landschaftsbaubetrieb) eindeutige Absprachen treffen, damit das Bauvorhaben für beide Seiten ohne Missverständnisse und Fehlplanungen ausgeführt werden kann. Eine Plandarstellung ist daher das wichtigste Instrument, Aufträge und Wünsche eindeutig zu formulieren.

Während bei kleineren Aufträgen – vorwiegend im Privatgartenbereich – die ausführende Firma die Ausführungsvorschläge übernimmt, wird die Planung bei größeren Bauvorhaben i. d. R. von einem Landschaftsarchitekten übernommen. Die Arbeit des Landschaftsarchitekten ist abhängig vom Schwierigkeitsgrad der Bauleistungen (Honorarzonen) und den erforderlichen Maßnahmen zur Koordinierung.

Die Bewertung der Leistungen erfolgt gemäß der **Honorarordnung für Architekten und Ingenieure** (HOAI) nach folgenden Leistungsphasen:

1. **Grundlagenermittlung**
   Ermittlung der Voraussetzungen zur Durchführung der Baumaßnahme
2. **Vorplanung**
   Planungsvorbereitung, Lösung der Planungsaufgabe
3. **Entwurfsplanung**
   Erarbeiten der endgültigen Lösung
4. **Genehmigungsplanung**
   Erarbeiten der Vorlagen zur Genehmigung
5. **Ausführungsplanung**
   Ausführungsreife Plandarstellung
6. **Vorbereitung der Vergaben**
   Aufstellen des Leistungsverzeichnisses und Mengenermittlung
7. **Mitwirkung bei der Vergabe**
   Ermittlung der Kosten, Mitwirken bei der Auftragsvergabe
8. **Objektüberwachung**
   Überwachung der Ausführung
9. **Objektbetreuung**
   Ergebnisdokumentation, Mängelfeststellung

Jede dieser neun Leistungsphasen stellt unterschiedliche Ansprüche an die Darstellung und die Inhalte der Planung. Während im Privatgartenbereich oftmals eine Plandarstellung (Kombination aus Entwurfs- und Ausführungsplan) für alle Leistungsphasen ausreicht, müssen bei größeren Bauvorhaben von der ersten Idee bis zur Abrechnung unterschiedliche Planungen erstellt werden.

1 Entwurfsarten

Während dem Planer bis Ende der 80er-Jahre ausschließlich Bleistift und Tuschefüller als Arbeitswerkzeug zur Verfügung standen, hat auch in der Freiraumplanung die Computertechnik Einzug gehalten.

Mittels **CAD-Programmen** (**C**omputer-**A**ided **D**esign) können Bauvorhaben vom Vorentwurf bis zum Aufmaßplan abgewickelt werden. Die Planungsgrundlage wird nur einmal gezeichnet oder eingelesen. Eine Änderung in der Planung ist jederzeit möglich, ohne dass der gesamte Plan neu gezeichnet werden muss. Dieser Vorteil wird insbesondere bei der Ausführungsplanung genutzt. Technische Details können nach Bedarf zeichnerisch geändert werden. Zusätzlich besteht die Möglichkeit, die Planansichten zu ändern und das Objekt sogar dreidimensional darzustellen (1, S. 42). Trotz dieser Möglichkeiten mit CAD bietet die **Zeichnung von Hand** Vorteile.

Ein Entwurfsplan von Hand wirkt häufig lebendiger und individueller als eine Computerdarstellung.

Einige Planer kombinieren die computergezeichnete Planungsgrundlage mit der Entwurfsdarstellung von Hand.

2 Darstellung einer Gartenplanung

2.1 Katasterplan/Bestandsplan

Ein **Katasterplan** wird auf Grundlage des Baugesetzbuches von Städten und Gemeinden zur Ermittlung exakter Bebauungs- und Freiflächengrenzen in Auftrag gegeben. Vermessungsbüros erstellen diese Bestandspläne mit genauer Angabe von Höhen und Grenzverläufen. Darüber hinaus sind z. T. vorhandene Gehölzbestände, Ver- und Entsorgungsleitungen sowie die unterschiedlichen Nutzungen der Flächen eingezeichnet. Im Maßstab 1 : 1000 oder 1 : 500 enthalten diese Pläne wichtige Informationen zur weiteren Planung (1, S. 38).

2.2 Planskizze und Vorentwurf

Die **Planskizze** dient der ersten Verständigung zwischen Planer oder Ausführungsbetrieb und dem Kunden. Hierbei ist es wichtig, dass die funktionale und gestalterische Aufteilung auf Grundlage eines Bestands- oder Katasterplans (1, S. 38) für alle Beteiligten deutlich wird.

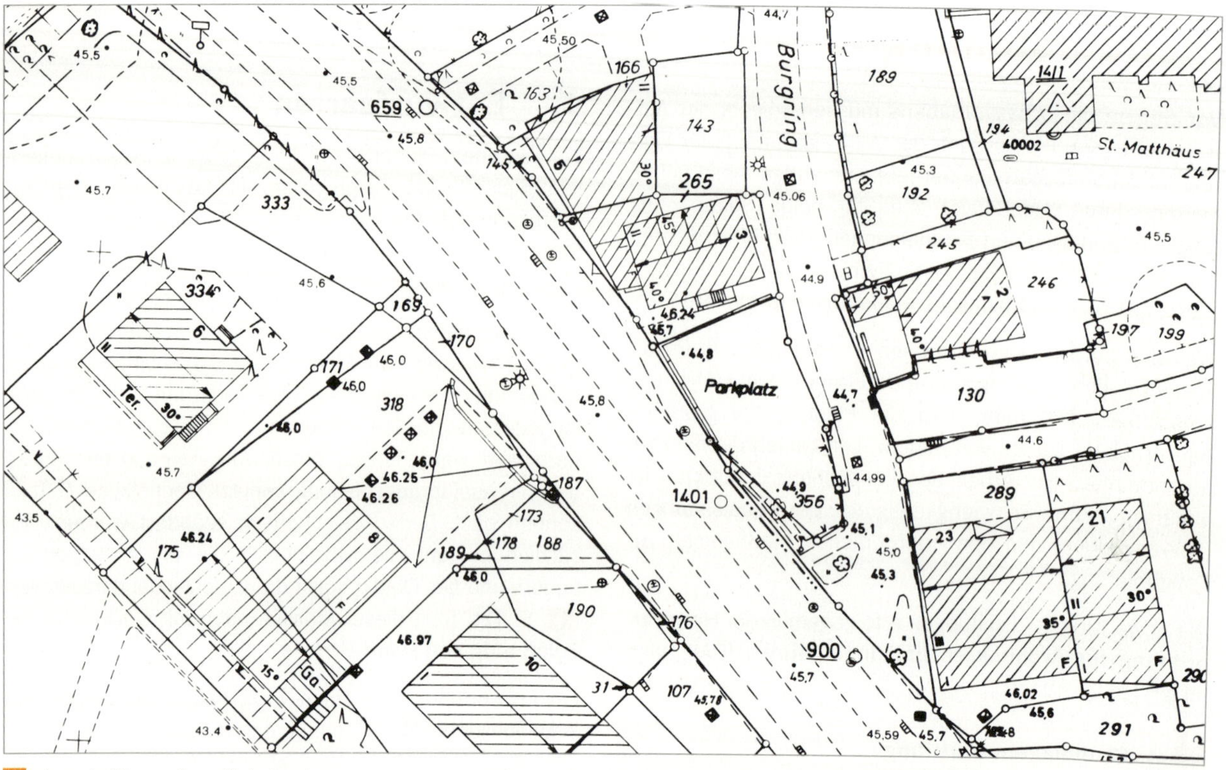

1 Ausschnitt aus einem Katasterplan

Im Unterschied zur Planskizze zeigt der **Vorentwurf** bereits konkrete Lösungsansätze, die es umzusetzen gilt. Der Vorentwurf beinhaltet Vorschläge zur Bepflanzung, Wegeführung, sowie ggf. die Festlegung wichtiger Höhenpunkte u.a. (2).

2.3 Entwurfs- und Bepflanzungsplan

Garten planen

2.3.1 Entwurf

Der **Entwurfsplan** ist ein weiterentwickelter Vorentwurfsplan. Gemäß der Leistungsphase 3 (s. S. 37) ist der Entwurfsplan die ausgearbeitete, verbindliche Projektlösung. Mithilfe von Schnitten, Schnittansichten (Kombination aus Seitenansicht und Schnitt) und Perspektiven wird die Lösung verdeutlicht. Ein Entwurfsplan muss sämtliche wichtigen Höhenangaben und Signaturen beinhalten, auf deren Grundlage die Ausführungspläne erstellt werden.

Zu den wichtigen Signaturen gehören auch technische Vorgaben wie Nordpfeil und Maßstabsangabe (1 : 100, 1 : 200). Bereits im Entwurf können für das planerische Konzept wichtige technische Details vergrößert (z. B. M 1 : 50) dargestellt werden. Bei der Gestaltung des Entwurfes muss bedacht werden, dass der Plan auch für den Laien lesbar sein muss. Vielfach ist eine farbige Darstellung besser lesbar als eine Schwarz-Weiß-Planung (1, S. 39).

2 Ausschnitt aus einem Vorentwurf

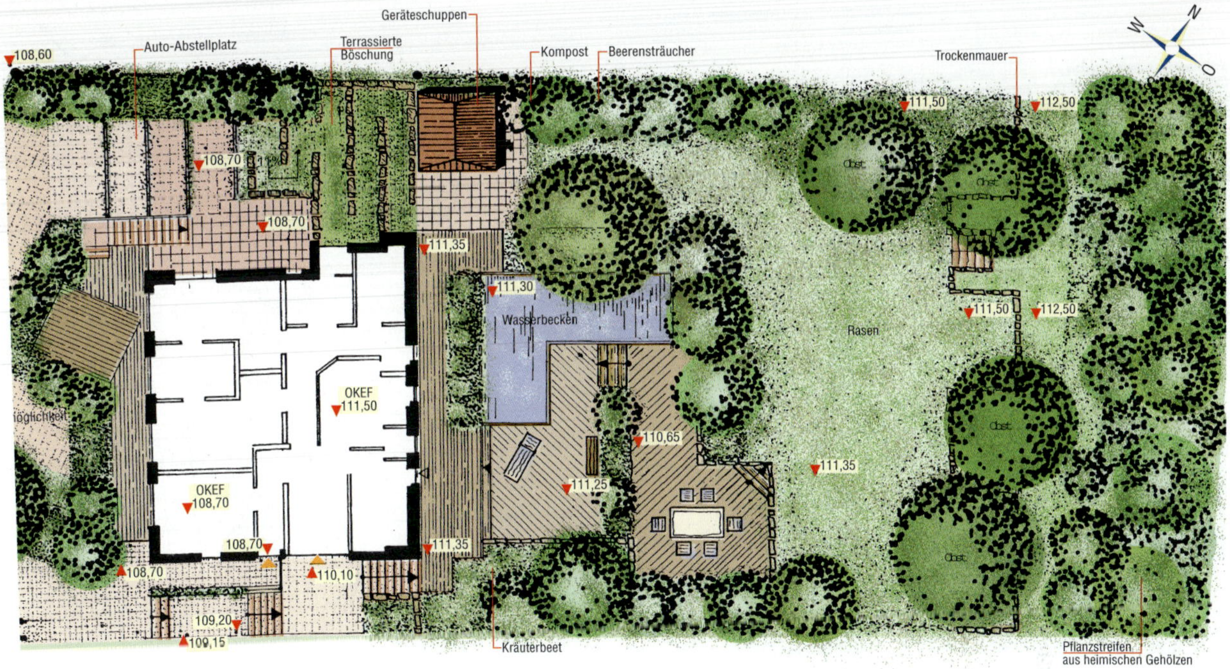

1 Entwurfsplan

Bei kleineren Projekten wird der Entwurfsplan auch als Ausführungsplan eingesetzt. Das bedeutet allerdings, dass der Entwurf sämtliche für die Ausführung wichtigen technischen Angaben enthält. Somit bedarf es einer exakten Absprache zwischen Baustellenleitung und Planer, damit Fehlinterpretationen vermieden werden.

Eine eindeutige Beschreibung der Bauleistung wird nur durch Ausführungspläne in Verbindung mit einem korrekten Leistungsverzeichnis erreicht.

2.3.2 Bepflanzungsplan

Der **Bepflanzungsplan** (1, S. 40) ist ein Ausführungsplan auf der Grundlage des Entwurfes. Der Plan dient dem Gärtner auf der Baustelle zur Pflanzung.

Aus diesem Grund sollten die Pflanzen so eindeutig dargestellt werden, dass mit einem Blick auf die beiliegende Pflanzenliste die vorgesehene Pflanze eindeutig dem Standort zugeordnet werden kann.

Folgende Regeln sollten beachtet werden (2):

- Gehölze werden entsprechend ihrem nach ca. zehn Jahren erreichten Kronenvolumen als Kreis eingezeichnet. Hierdurch werden zu enge Pflanzabstände vermieden.
- Flächige Bepflanzungen (z. B. Bodendecker) sollten in Schraffur gezeichnet werden. Die Anzahl der Pflanzen sollte an den Teilflächen vermerkt sein (auch Pflanzenbedarf pro m^2).
- Leitstauden bekommen eigene Symbole mit entsprechender Erklärung in der Legende.
- Gehölze werden durch Abkürzungen kenntlich gemacht, z. B. CO für *Corylus colurna* oder Ti für *Tilia cordata* etc. Pflanzen nach Zahlen zuzuordnen ist wenig sinnvoll.
- Bei der Planung von differenzierten Heckenpflanzungen oder Pflanzungsstreifen mit wiederkehrenden Gehölzen werden Pflanzschemata verwendet. Hierbei dient ein bemaßtes Raster zur besseren Orientierung.

Ro	CO	Co	Am	Am	Am	Co	Co	Ro	Ro	Ro	Co	Co	Am	Am	Am	Co	Co	Ro	Ro	Ro
Cr	So	So	Am	Am	C	C	C	Cr	Cr	Cr	So	So	Am	Am	C	C	C	Cr	Cr	Cr
Cr	So	Ac	Ac	Ac	C	C	C	Cr	PA	Cr	So	Ac	Ac	Ac	C	C	C	Cr	PA	Cr
Cr	So	Ro	Ro	Ro	Hi	Hi	Hi	Cr	Cr	Cr	So	Ro	Ro	Ro	Hi	Hi	Hi	Cr	Cr	Cr
Ru	Ro	Ro	Ro	Ro	Ps	Ps	Ps	Ps	Ru	Ru	Ro	Ro	Ro	Ro	Ps	Ps	Ps	Ps	Ru	Ru

1 Pflanzschema →1m←

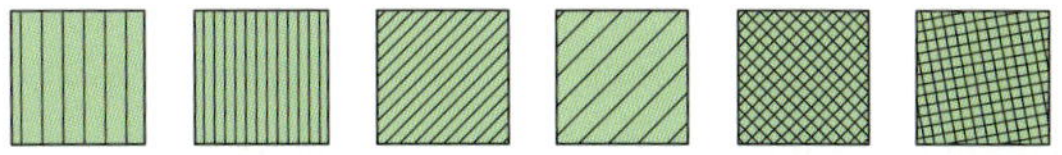

2 Flächenschraffuren

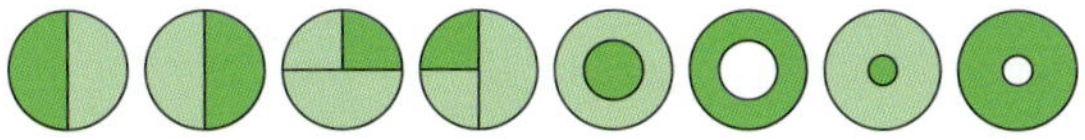

3 Einzelsymbole – z. B. Solitärstauden

4 Gehölzdarstellungen im Entwurf

2 Symbolbeispiele

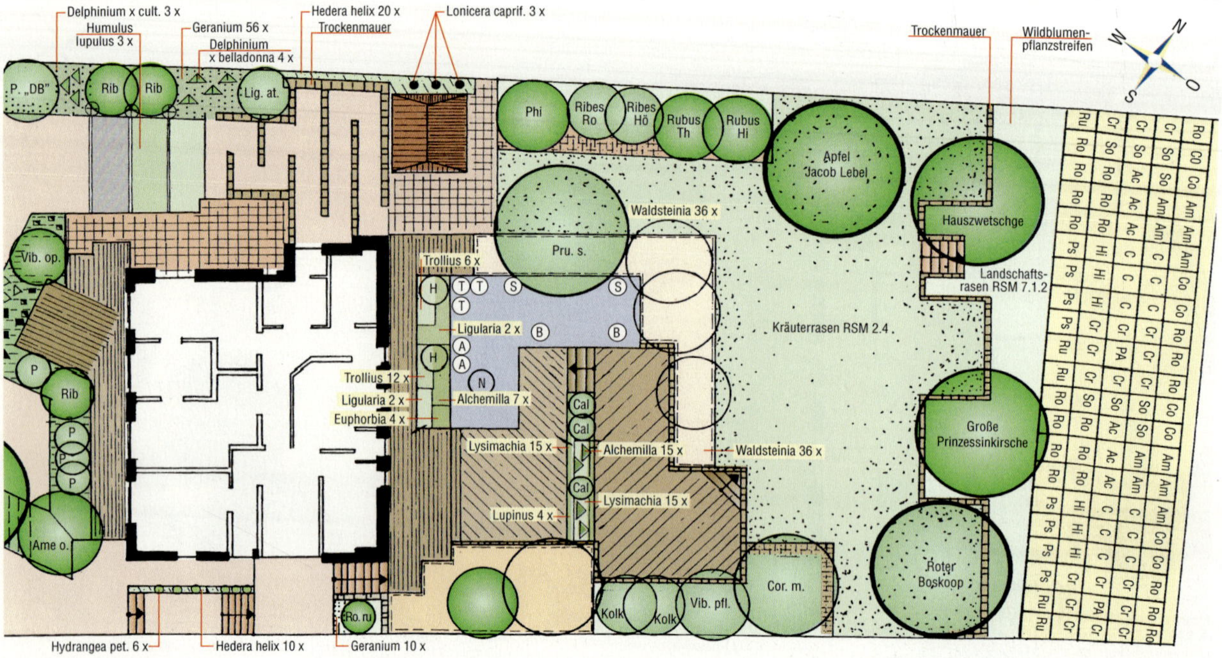

1 Bepflanzungsplan

> **Hinweis**
>
> - Zu jedem Bepflanzungsplan muss eine Liste mit Größe und Qualität der Pflanzen erstellt werden (Pflanzenlegende).
> - Zur Verdeutlichung der Pflanzenauswahl kann eine farbige Darstellung mit den unterschiedlichen Blühzeitpunkten beitragen.

2.4 Ausführungsplan

Ausführungspläne enthalten alle für die Bauausführung notwendigen technischen Angaben (**1**, S. 41). Gemäß den Leistungsphasen der HOAI müssen diese Pläne zur Vorbereitung der Projekte erstellt und dem ausführenden Garten- und Landschaftsbaubetrieb überlassen werden.

Aus diesem Grund müssen Ausführungspläne nach übertragbaren Standards gezeichnet werden. Sowohl die Schriften, die Strichstärken als auch die Signaturen und Bemaßungen entsprechen Fachnormen (**2**). Der Ausführungsplan ist die Bauanweisung für den Unternehmer.

> **Hinweis**
>
> Werden technische Pläne mit dem Computer erstellt, können erforderliche Änderungen leichter eingearbeitet werden als bei einer Zeichnung von Hand.

Baustoff, Bauteil	Ausführungs- und Teilzeichnungen	
	Art der Darstellung	
	schwarz-weiß	farbig
Unbewehrter Beton		olivgrün
Bewehrter Beton ohne Darstellung einer Bewehrung		blaugrün
Mauerwerk aus künstlichen Steinen		braunrot
Betonfertigteile ohne Darstellung einer Bewehrung		violett
Holz in Schnittflächen		braun
Sperrschicht gegen Feuchtigkeit		
Dämmschicht gegen Schall, Wärme oder Kälte		
Dichtstoffe		
Kies		
Boden		
Aufgefüllter Boden		

2 Schraffuren und Signaturen für Bauteile und Baustoffe

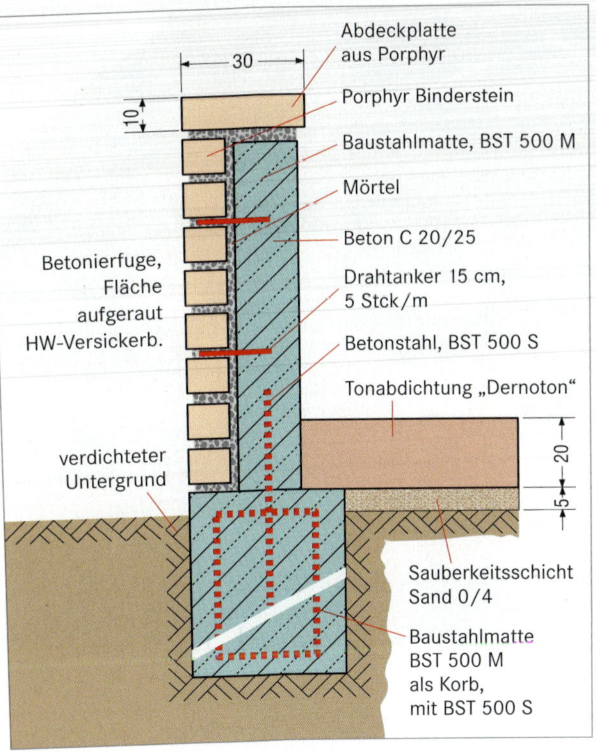

1 Technischer Ausführungsplan, Natursteinmauer

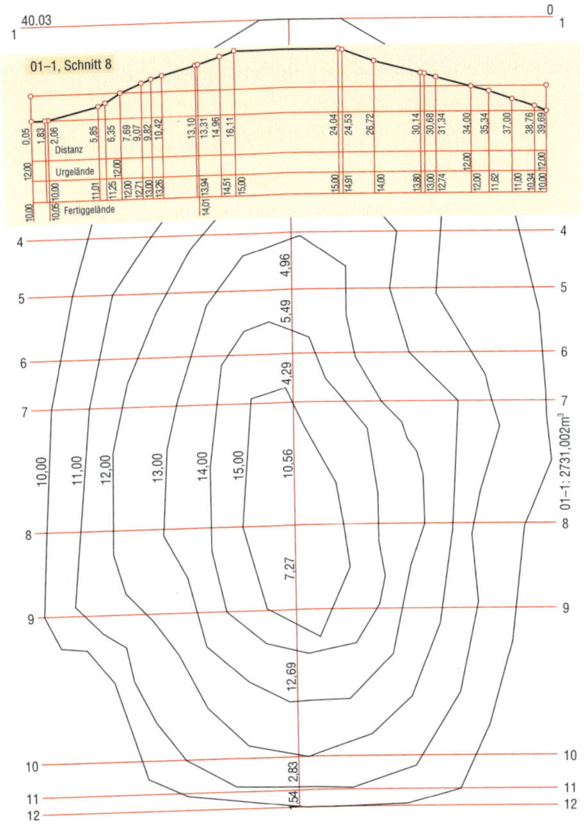

2 Höhenplan und Profilschnitt

2.4.1 Höhenplan

Neben der Darstellung konstruktiver Details müssen im Garten- und Landschaftsbau insbesondere Geländeverläufe kenntlich gemacht werden.

Im Bereich des Erdbaus müssen Auf- und Abtragsmengen genau bestimmt und abgerechnet werden können. So müssen beim Bau eines Teiches oder beim Auftragen eines Erdwalles schon im Vorfeld der Baumaßnahme der Aushub bzw. die zu liefernden Erdmengen berechnet werden.

2 zeigt die Erdmassenberechnung eines Hügels. Dieser Plan wurde mit CAD erstellt. Die Volumenberechnung erfolgt aus Schnittfläche und Längsachse.

2.4.2 Funktionsplan

Die Entwässerung einer befestigten Fläche muss bei der Planung eines Bauvorhabens genau festgelegt werden. Geländeverläufe, Gefällestrecken, Einzugsflächen und die Fließrichtung des Niederschlagswassers werden in sogenannten **Funktionsplänen** dargestellt. So kann z. B. eine vorgesehene Entwässerungseinrichtung dimensioniert werden.

2.4.3 Aufmaßplan

Nach Beendigung einer Baumaßnahme (Leistungsphase 9) werden **Aufmaßpläne** als Abrechnungsgrundlage erstellt. Während bei kleineren Baumaßnahmen eine Handzeichnung mit den abgemessenen Teilflächen ausreicht, müssen bei großen Bauvorhaben aussagefähige, nachvollziehbare Aufmaßpläne erarbeitet werden.

Das **Elektrooptische Aufmaßverfahren** ist die modernste Form, solche Pläne zu erstellen. Mit einem Nivelliertachymeter (computergesteuerte Vermessungsstation) können Geländepunkte mit Lage und Höhe eingemessen werden. Die genauen Daten der Punkte werden im Computer gespeichert und als CAD-Zeichnung ausgedruckt.

Diese Aufmaßmethode kann sowohl zur Flächen- als auch zur Massenberechnung eingesetzt werden (2, S. 42).

1 Dreidimensionale CAD-Darstellung

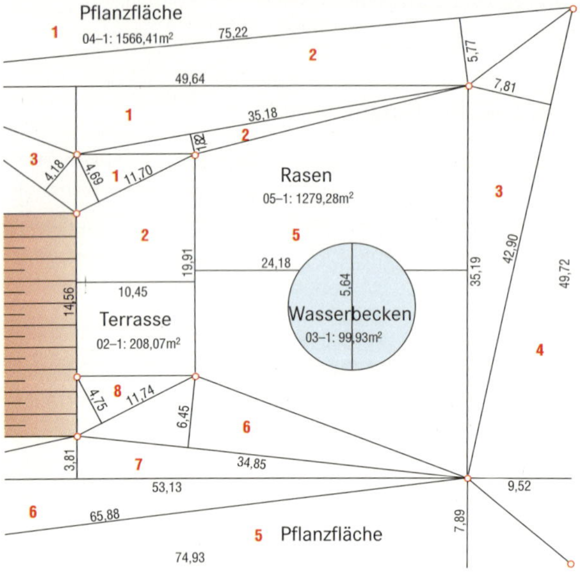

2 Elektrooptisches Aufmaß

3 Darstellung einer praktischen Prüfungsaufgabe[1]

Die hier vorgestellte **Prüfungsaufgabe** beinhaltet die folgenden Prüfungsleistungen:

- Herstellen befestigter Flächen
- Be- und Verarbeiten von Naturstein
- Durchführen von Entwässerungsarbeiten
- Pflanzungen vorbereiten und durchführen
- Flächen für Ansaaten vorbereiten und ansäen

Nach Vorgabe müssen Sie innerhalb einer bestimmten Zeit einen Auftrag abwickeln.

Der **Gewerkplan** enthält alle notwendigen Angaben zur Höhe, zum Material sowie zur Himmelsrichtung. 3 ist eine Kombination aus Entwurfs- und Ausführungsplan.

Ausführungshinweise:

- Rasenbord ohne Ansicht einbauen
- Gewerk ohne Gefälle erstellen
- Alle Außenkanten des Gewerkes liegen auf Höhe 00

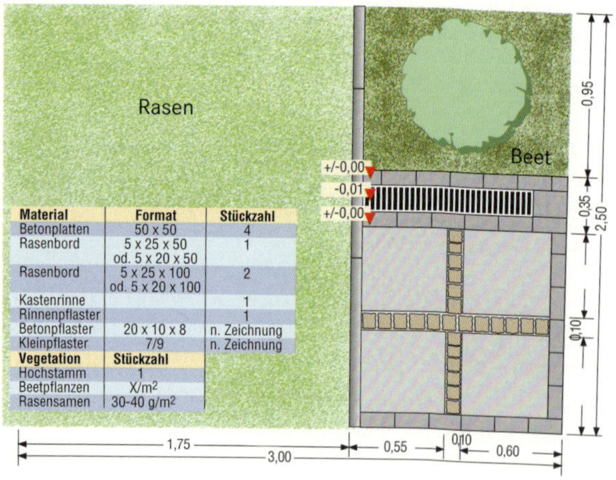

Material	Format	Stückzahl
Betonplatten	50 x 50	4
Rasenbord	5 x 25 x 50 od. 5 x 20 x 50	1
Rasenbord	5 x 25 x 100 od. 5 x 20 x 100	2
Kastenrinne		1
Rinnenpflaster		1
Betonpflaster	20 x 10 x 8	n. Zeichnung
Kleinpflaster	7/9	n. Zeichnung

Vegetation	Stückzahl
Hochstamm	1
Beetpflanzen	X/m²
Rasensamen	30-40 g/m²

3 Prüfungsplan

[1] Praktische Abschlussprüfung Gärtner/-in, Beispiel Fachrichtung Garten- und Landschaftsbau

Vermessungstechnik

Das **Vermessen** ist eine wichtige Tätigkeit im Garten- und Landschaftsbau. Es ist immer dann notwendig, wenn:

- Flächen oder Körper aus dem Gelände zeichnerisch in einem Plan dargestellt (kartiert),
- Planmaße in das Gelände übertragen (**Einmessen** zur Bestimmung und **Abstecken** zum Markieren der genauen Position),
- vorhandene Pläne ergänzt (z.B. Einmessen von Bäumen) oder überprüft,
- Höhenpunkte festgelegt,
- Erdmassenberechnungen durchgeführt oder
- Aufmessungen zur Erfassung und Abrechnung von Bauleistungen oder zur Erstellung von Angeboten durchgeführt werden sollen (sogenanntes **Aufmaß**).

Umfangreiche Vermessungsarbeiten für größere Projekte werden zunehmend durch **Vermessungsbüros** (Ingenieurbüros, die sich auf Aufmaß und Abrechnung spezialisiert haben) durchgeführt.

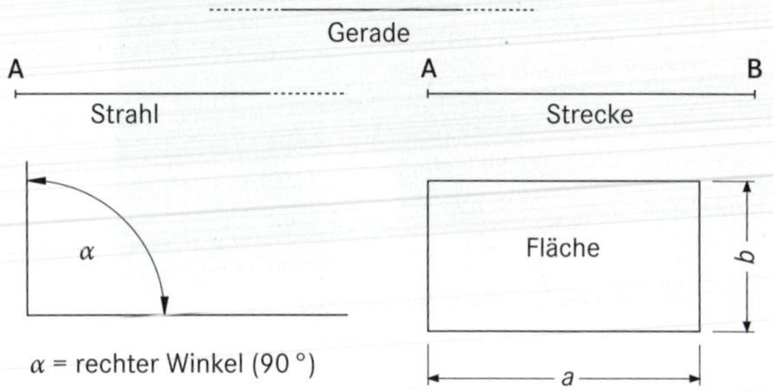

1 Punkte – die Grundlage jeder Vermessung

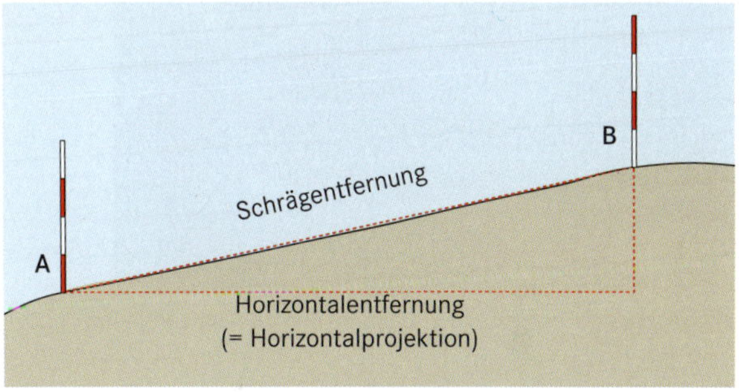

2 Bei der Lagemessung wird die horizontale, beim Aufmaß die tatsächliche Entfernung gemessen.

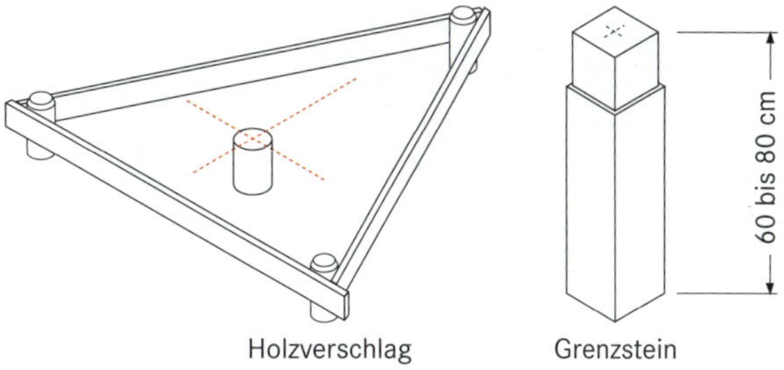

3 Markierte Vermessungspunkte

1 Lagemessung

Punkte bilden die Grundlage der Vermessung. Bewegt sich ein Punkt in gleicher Richtung fort, entsteht eine **Gerade**, eine **Linie**, die sich nach beiden Seiten ins Unendliche erstreckt. Wird die Gerade auf einer Seite durch einen Punkt begrenzt, entsteht ein **Strahl**. Wird sie durch zwei Punkte begrenzt, spricht man von einer **Strecke**. Dreht man einen Strahl um seinen Punkt, so verändert er seine Richtung. Die Differenz zwischen seiner Anfangs- und Endlage nennt man einen **Winkel**. Verbindet man mehrere Eckpunkte miteinander, entstehen **Flächen** usw. (1).

Bei der **Lagemessung** wird die horizontale (waagerechte) Lage der einzelnen Punkte zueinander festgestellt. Entsprechend spricht man auch von der **Horizontalmessung** oder von einer **Horizontalprojektion**, weil die Punkte und Linien auf eine horizontale Ebene projiziert (übertragen) werden. Eine Ausnahme bilden **Aufmaße**. Hier wird immer die tatsächliche Länge (Schräglänge) gemessen (2).

1.1 Markierung von Punkten

Um unnötiges Suchen oder zeitaufwendiges Nachmessen zu vermeiden, werden die zu messenden Geländepunkte deutlich markiert (vermarken). Für eine vorübergehende Markierung genügen **Zählnadeln**, **Schnurnägel**, **Fluchtstangen** oder in den Boden geschlagene **Holzpflöcke** mit einem Nagel in Kopfmitte. Auf festem Untergrund können mit Ölkreide **Strichkreuze** gezeichnet werden. Pflöcke, die längere Zeit stehen bleiben sollen, lassen sich mit einem **dreieckigen Holzverschlag** vor Beschädigung schützen.

Grenzsteine sind amtliche Vermessungspunkte. Sie erhalten am Kopf ein Kreuz als Markierung. Grenzsteine dürfen nur von der zuständigen Behörde bzw. durch von ihr beauftragte Personen eingemessen, verändert oder entfernt werden (3).

1.2 Abstecken von Geraden

Die Grundlage für jede Vermessung ist eine gerade Linie. Von ihr ausgehend werden alle weiteren Vermessungen durchgeführt. Genügt bei kleineren Strecken das Spannen einer Schnur, wird bei größeren Entfernungen die Gerade sorgfältig ausgefluchtet und mit Fluchtstäben abgesteckt.

1 Lattenrichter mit Dosenlibelle und Schnurlot (kegelförmiger Metallkörper, der an einer Schnur hängt)

2 Einfluchtender und Messgehilfe

3 Fluchtstab lose zwischen Daumen und Zeigefinger halten

4 **Handzeichen:** Rechten oder linken Arm horizontal zur Seite bewegen → Stab wird in angezeigte Richtung verschoben.
Rufzeichen: „von"

5 **Handzeichen:** Ein oder beide Arme werden von oben nach unten bewegt.
Rufzeichen: „ab"

6 **Handzeichen:** Senkrecht nach oben gehaltener Arm wird zur Seite bewegt → oberes Stabende wird in angegebene Richtung bewegt.
Rufzeichen: „von"

7 Oberes Lattenende wird mit dem Lattenrichter senkrecht ausgerichtet

8 Überprüfung der Flucht durch den Einweisenden

1.2.1 Fluchtstäbe

Fluchtstäbe (Fluchtstangen, Pikette oder Baken) dienen zum Abstecken von Punkten, Geraden, Winkeln und Flächen. Es handelt sich dabei um 1,50 bis 2,50 m lange Stäbe aus lackiertem oder kunststoffummanteltem Holz, Glasfiber, Kunststoff oder Aluminium, deren Spitze in einer Stahlhülse steckt. Ihr Querschnitt ist rund oder dreikantig. Damit sie im Gelände gut ausgemacht werden können, sind sie im Abstand von 50 cm (Halbmeterfelder) abwechselnd weiß oder rot lackiert (auch mit Leuchtfarbenlackierung erhältlich). Zur Aufstellung auf Grenzsteinen oder fes-

1 Fluchtstabhalter mit a) Klemmschraube oder b) Klemmbügel und Kugelgelenk:
a) Der Fluchtstab wird über dem Messpunkt von oben in den Metallring des dreibeinigen Stativs gesteckt, senkrecht ausgerichtet (ins Lot gebracht), z. B. mittels Lattenrichter, und mit einer Klemmschraube am Ring fixiert.
b) Zur Einführung des Fluchtstabs wird der Klemmbügel geöffnet und dann geschlossen, um ihn an Ort und Stelle zu halten. Das Kugelgelenk ermöglicht eine flexible Anpassung des Fluchtstabs in verschiedene Richtungen.

tem Untergrund dienen **Fluchtstabhalter** (**1**). Zur Erleichterung des Einlotens sollten Fluchtstäbe unten schwerer als oben sein.

Zusammensteckbare Stahlrohrstäbe lassen sich über Steckverbindungen beliebig verlängern. Sogenannte **Teleskopfluchtstäbe** bestehen aus zwei Rohren, die teleskopartig ineinander schiebbar sind.

Zur deutlichen Kennzeichnung können Fluchtstäbe mit Warnflaggen versehen werden.

1.2.2 Zwischenfluchten

Beim **Zwischenfluchten** werden zwischen zwei Endpunkten (A und B) weitere Punkte eingefluchtet. Dabei wird immer mit dem am weitesten entfernten Stab begonnen, d. h. auf den Einfluchtenden zu gearbeitet (**2**).

Des besseren Kontrastes wegen sollte vor einem dunklen Hintergrund mit einem Fluchtstab, der oben weiß ist, begonnen werden und vor einem hellen Hintergrund mit einem Fluchtstab, der oben rot ist. Beim Fluchten erfolgt dann abwechselnd auf eine Fluchtstange mit einem roten Ende eine mit einem weißen Ende und umgekehrt.

Fluchtstäbe, die nicht benötigt werden, werden zur Vermeidung von Irrtümern schräg in den Boden gesteckt.

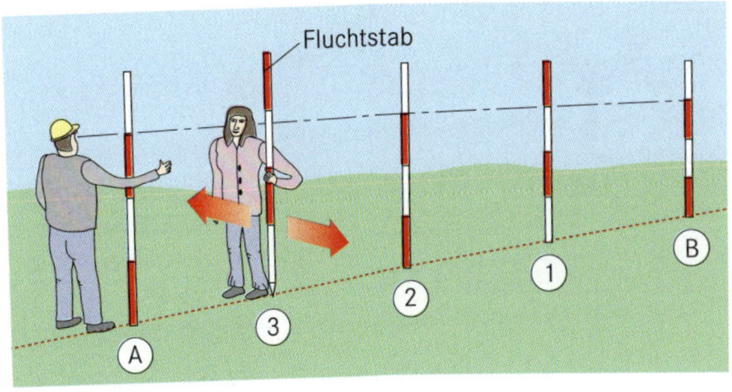

2 Zwischenfluchten

Vorgehensweise

1. Punkt **A** und **B** werden durch je einen Fluchtstab gekennzeichnet. Dabei ist darauf zu achten, dass die Fluchtstäbe lotrecht (senkrecht) stehen. Das heißt, sie müssen mithilfe eines **Schnurlotes** bzw. einer **Wasserwaage** in zwei verschiedenen Richtungen eingelotet werden. Einfacher und schneller geht es mit einem **Lattenrichter**, einem Winkel mit oberseitig eingebauter Dosenlibelle (**1**, S. 44). Sind weder Lot noch Lattenrichter vorhanden, können z. B. senkrechte Hausecken oder Lampenmasten zur Orientierung dienen. Damit sich die Fluchtstange im Punkt B gut vom Hintergrund abhebt, wird vor einem hellen Hintergrund eine Fluchtstange mit einem roten Ende und vor einem dunklen Hintergrund eine mit einem weißen Ende gesetzt.
2. Der Einfluchtende (Beobachter) stellt sich etwa 3 bis 5 m entfernt vom Fluchtstab A auf, um eine gute Übersicht zu haben. Der Messgehilfe steht zugewandt zum Einfluchtenden und blickt diesen an (**2**, S. 44). Dabei hält er den Fluchtstab lose zwischen Daumen und Zeigefinger im oberen Drittel knapp über dem Boden, sodass sich dieser durch sein Eigengewicht selbst einlotet (**3**, S. 44).
3. Der Einfluchtende versucht nun durch Visieren an einer Seite des Stabes A vorbei (nur eine Stabaußenkante als Flucht benutzen, nicht abwechselnd links und rechts vorbeischauen!) den Fluchtstab mit Stab B in Deckung zu bringen. Zur Einweisung des Messgehilfen benutzt er Hand- oder Rufzeichen (**4** und **6**, S. 44).
4. Ist der Fluchtstab eingefluchtet, gibt der Einfluchtende das Kommando „ab“ oder das entsprechende Handzeichen (**5**, S. 44). Daraufhin lässt der Messgehilfe die Fluchtstange los, sodass die Spitze senkrecht in den Boden fällt.
5. Der Messgehilfe richtet das obere Ende der im Boden steckenden Fluchtstange mithilfe des Einfluchtenden oder eines Lattenrichters senkrecht aus (**7**, S. 44).
6. Nach Erstellung der Geraden überprüft der Einfluchtende noch einmal die Flucht, indem er langsam seitwärts aus der Flucht herausgeht. Stimmt die Flucht, kommen die hintereinander stehenden Fluchtstäbe der Reihe nach zum Vorschein (**8**, S. 44).

1.2.3 Verlängern bestehender Fluchten

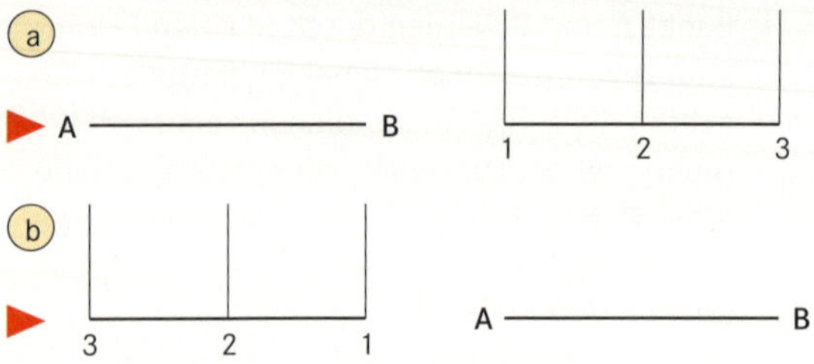

1 Verlängerung vorwärts (a) und rückwärts (b)

In der Praxis kommt es häufig vor, dass bereits bestehende Fluchten (z. B. Haus-, Mauer-, Straßen- oder Wegfluchten) verlängert werden müssen (1). Bei der „Vorwärtsverlängerung" wird **vom Einfluchtenden weg**, bei der „Rückwärtsverlängerung" **auf den Einfluchtenden zu** gearbeitet. Können die Fluchtstäbe nicht in Verlängerung der bestehenden Flucht gesteckt werden, muss mit Parallelverschiebungen gearbeitet werden.

1.2.4 Wechselseitiges Einfluchten

Kann der Einfluchtende nicht hinter die Endpunkte treten, z. B. zwischen zwei Bauwerken, oder bestehen Sichtbehinderungen, z. B. in hügeligem Gelände, kann eine Flucht durch **wechselseitiges Einfluchten** (2) erstellt werden. Im Gegensatz zum „normalen" Fluchten wird der Messgehilfe von zwei Einfluchtenden so lange wechselseitig eingewiesen, bis die Flucht steht.

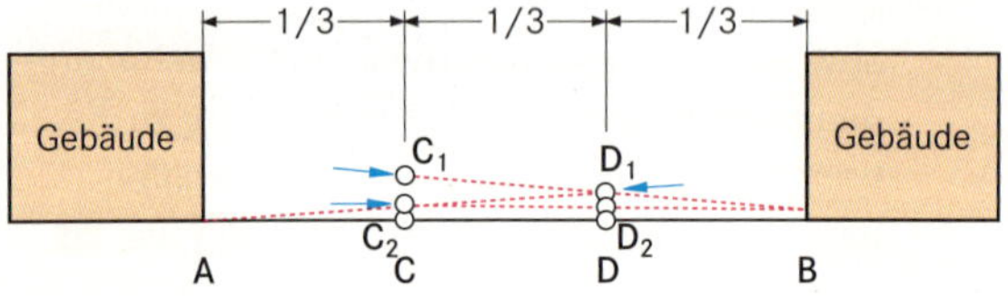

2 Wechselseitiges Einfluchten

Vorgehensweise

Die Fluchtstangen **C** und **D** werden so gut wie möglich der Flucht $\overline{\textbf{AB}}$ genähert. Dabei ist darauf zu achten, dass von **C** nach **B** und von **D** nach **A** gefluchtet werden kann. Nun weist ein Beobachter von **C** die Fluchtstange **D** in die Gerade $\overline{\textbf{CB}}$ ein. Der zweite Beobachter weist von **D** die Fluchtstange **C** in die Gerade $\overline{\textbf{DA}}$ ein. Dieses wechselseitige Einfluchten wird so lange fortgeführt, bis die Gerade $\overline{\textbf{ACDB}}$ steht. Wechselseitiges Einfluchten erübrigt sich beim Vorhandensein eines Doppelpentagons (s. Kap. 1.4.3).

1.2.5 Indirektes Fluchten

Verhindern Sichtbehinderungen zwischen den Endpunkten einer Strecke das Einfluchten von Zwischenpunkten, können diese mithilfe geometrischer Hilfskonstruktionen gefunden werden.

Erstellung einer Parallele

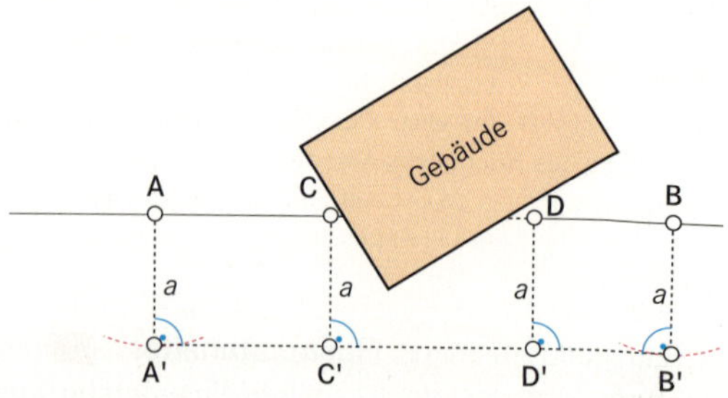

Vorgehensweise

Zur Flucht $\overline{\textbf{AB}}$ wird im Abstand ***a*** eine Parallele erstellt. Auf der Parallele werden die Lotfußpunkte **A'** und **B'** bestimmt. Rechtwinklig zu $\overline{\textbf{A'B'}}$ lassen sich nun in **C'** und **D'** im Abstand ***a*** die Punkte **C** und **D** abstecken.

1.3 Strecken- und Flächenmessung

Zur Strecken- und Flächenmessung können verschiedene Geräte oder Hilfsmittel, wie z. B. **Gliedermaßstab** („Zollstock"), **Bandmaß**, **Messlatten**, **Fluchtstangen** oder **Nivelliergerät**, eingesetzt werden. Bei Aufmessungen zur Abrechnung von Leistungen, Erstellung von Angeboten oder Materialbeschaffung müssen immer die tatsächlichen Längen gemessen werden. Auf befestigten Flächen sind hierfür, vor allem für lange und kurvenreiche Strecken, **Messräder** (Rolltacho, 3) gut geeignet. Die Genauigkeit liegt bei etwa ± 20 cm auf 100 m.

3 Ein Messrad (Rolltacho) wird entlang der Messstrecke gerollt. Dabei zeigt ein Zählwerk die abgefahrene Strecke an.

1.3.1 Entfernungsmessung mittels Bandmaß

Im Garten- und Landschaftsbau bedient man sich zur Messung von Strecken vor allem der **Messbänder** - sogenannter **Bandmaße** (1) - aus Stahl, kunststoffummanteltem Stahl oder Kunststoff, mit Längen von 10 bis 50 m. In der Regel werden 20-m-Bänder verwendet. Am Anfang besitzen sie einen Haltering, am Ende sind sie in einem Aufrollrahmen mit Kurbel befestigt (Rollbandmaße).

Stahlbandmaße sind genauer (Abweichung ± 2 bis 3 cm auf 100 m) als solche aus Kunststoff. **Kunststoffbandmaße** sind zwar normalerweise ausreichend genau für Arbeiten im Garten- und Landschaftsbau. Kommt es aber auf sehr genaue Messungen an, wie z. B. im Sportplatzbau, sind Stahlbandmaße zu verwenden. Sie haben eine eingetragene Eichung, die angibt, um wie viel sich das Band bei Temperaturänderungen ausdehnt. Nachteilig bei Stahlbandmaßen sind die Gefahr der Schlaufen- und Knickbildung sowie das notwendige Reinigen nach der Arbeit zur Vermeidung von Rostbildung (auch aus nicht rostendem Stahl auf dem Markt).

1 Stahlbandmaß als Rollbandmaß mit Aufrollkurbel

Fehlerquellen

Häufige Fehler bei der Arbeit mit Bandmaßen sind:

- Abweichung aus der Geraden oder Horizontalen (bei Messungen mit frei hängendem Bandmaß),
- Bandmaß wird nicht straff gezogen (Durchhang des Bandes),
- falsches Anhalten oder Ablesen (Maßanfang 10 cm nach Griffring bzw. Hinterkante Griffring bzw. Vorderkante Griffring),
- Vergessen einer Bandmaßlänge beim Aneinanderreihen der Bänder (Messung längerer Strecken),
- fehlerhaftes Abloten,
- keine Eichung bei Verwendung von Bandmaßen aus Leinen (dehnen sich bei Nässe aus).

Verwendung von Zählnadeln

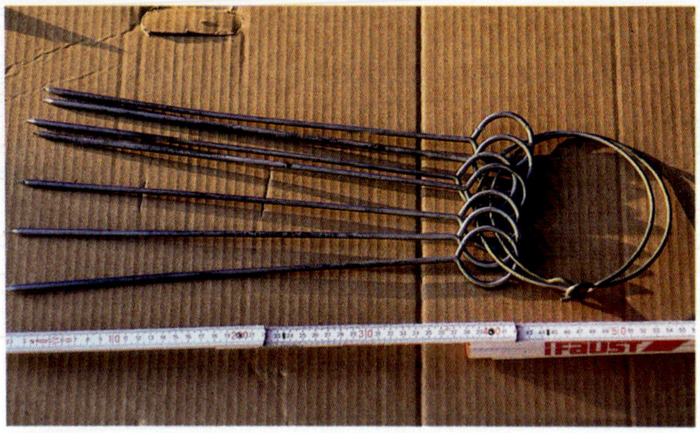

2 Zählnadeln (Stahlnadeln mit Öse) gebündelt am Sammelring

Kontrollmessung

Längere Streckenmessungen sind zur Sicherheit mit einer zweiten Messung zu kontrollieren. Um dabei einen möglicherweise gemachten Fehler nicht durch gleiches Vorgehen zu wiederholen, sollte die **Kontrollmessung** entgegengesetzt zur ersten Messung durchgeführt werden. Weichen die beiden Ergebnisse voneinander ab, liegt aber die Differenz innerhalb der erlaubten Fehlergrenze, ergibt sich die Länge der Strecke aus der Mittelung beider Messergebnisse. Ist die Abweichung größer als erlaubt, muss der Messvorgang wiederholt werden.

> **! Hinweis**
>
> **Messen längerer Strecken**
> Sind die zu messenden Strecken länger als das verwendete Bandmaß, wird am Ende des Maßbandes eine **Zählnadel** aus Stahl (2) in den Boden gesteckt. An diese kann das Bandmaß genau angelegt werden. Der Vordermann trägt einen vollen Nadelring und markiert jeweils die Bandmaßendpunkte, an die der Hintermann, der einen leeren Ring trägt, das Bandmaß erneut anlegt. Beim Weitergehen sammelt der Hintermann die im Boden steckenden Nadeln ein. Am Ende der Streckenmessung kann anhand der Nadelzahl am Ring des Hintermannes die Anzahl der Bandmaßlängen ermittelt werden.

1.3.2 Messung unzugänglicher Strecken

Kann eine Strecke wegen eines Hindernisses nicht gemessen werden, lassen sich mit geometrischen Hilfskonstruktionen Vergleichsstrecken messen oder berechnen.

Beispiel

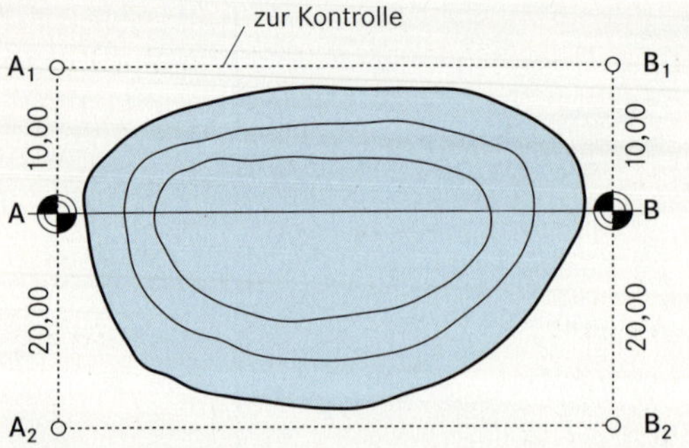

Die Strecke $\overline{AB}$ ist nicht direkt messbar, weil ein Gartenteich dazwischen liegt.

Lösungsmöglichkeit 1 (s. o.)

Zur Strecke $\overline{AB}$ wird auf jeder Teichseite eine parallel verlaufende Flucht abgesteckt. Das Mittel aus den gemessenen Strecken $\overline{A_1B_1}$ und $\overline{A_2B_2}$ ergibt die gesuchte Strecke $\overline{AB}$.

Lösungsmöglichkeit 2

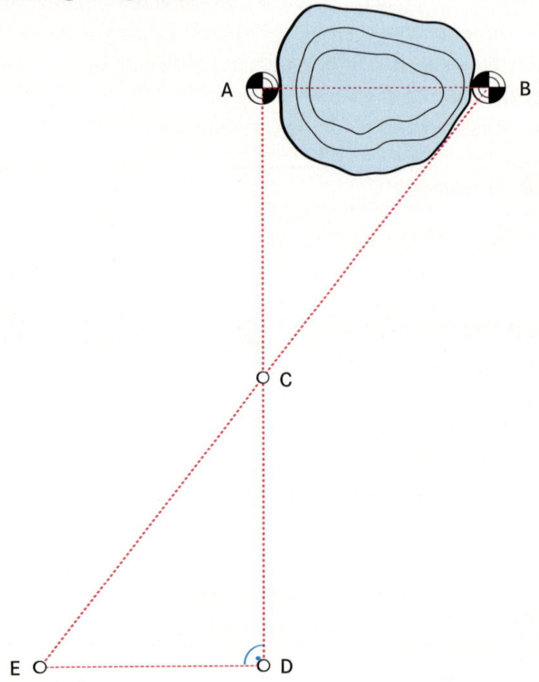

Der Punkt **C** wird festgelegt. Die Strecke $\overline{AC}$ wird über **C** um das Maß $\overline{AC}$ verlängert. Man erhält **D**. Die Strecke $\overline{BC}$ wird ebenfalls über **C** hinaus um das Maß $\overline{BC}$ verlängert. Man erhält **E**. Die Strecke $\overline{DE}$ entspricht der Strecke $\overline{AB}$.

Lösungsmöglichkeit 3

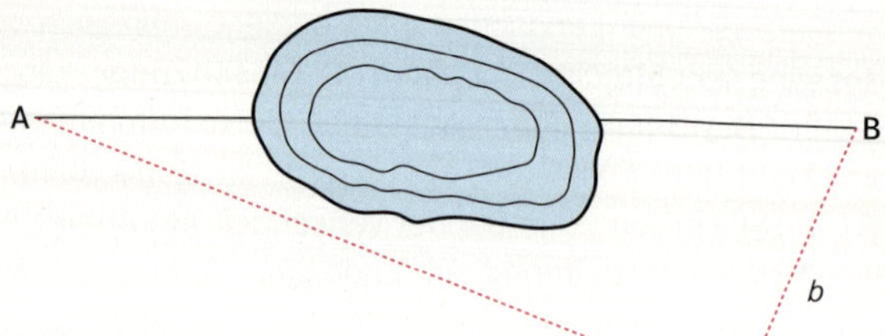

Pythagoras

$\overline{AB} = \sqrt{(\overline{AB'})^2 + b^2}$

Auf einer beliebigen Geraden wird zu Punkt **B** der Lotfußpunkt **B'** gesucht. Anschließend werden die Strecken $\overline{AB'}$ und ***b*** gemessen. Die Strecke $\overline{AB}$ kann nun mithilfe des Pythagoras (s. Kap. 1.4.2) errechnet werden.

Lösungsmöglichkeit 4

Anwendung der Strahlensätze (s. S. 46 ff.).

1.3.3 Anwendung der Strahlensätze

V-Figur

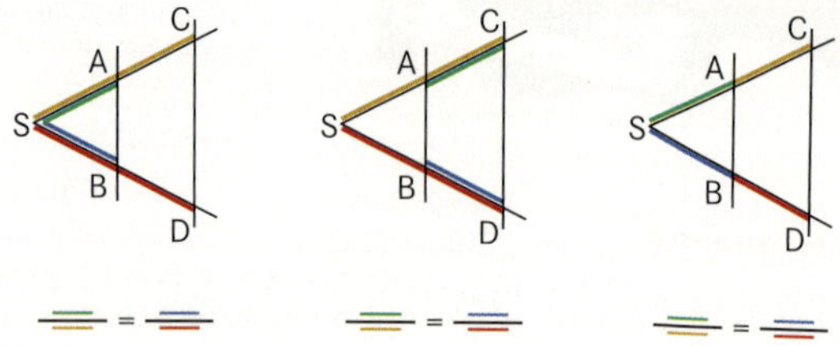

1 Anwendung 1. Strahlensatz

1 zeigt jeweils zwei von einem Punkt ausgehende Strahlen, die von Parallelen geschnitten werden. Dabei zeigt sich, dass die Strahlenabschnitte in einem bestimmten Verhältnis zueinander stehen:

$$\frac{\overline{SA}}{\overline{SC}} = \frac{\overline{SB}}{\overline{SD}}^{1} \quad \text{oder} \quad \frac{\overline{AC}}{\overline{SC}} = \frac{\overline{BD}}{\overline{SD}} \quad \text{oder} \quad \frac{\overline{SA}}{\overline{AC}} = \frac{\overline{SB}}{\overline{BD}}$$

Hieraus ergibt sich folgender Lehrsatz, der als 1. Strahlensatz bezeichnet wird:

1. Strahlensatz

Werden zwei von einem Punkt ausgehende Strahlen von Parallelen geschnitten, so verhalten sich die Abschnitte auf dem einen Strahl zueinander wie die entsprechenden Abschnitte auf dem anderen Strahl (**1**).

[1] lies: Strecke SA verhält sich zu Strecke SC wie Strecke SB zu Strecke SD

Beispiel 1

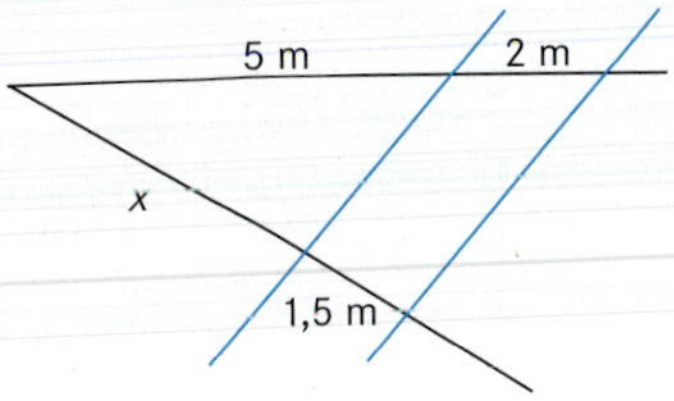

Aufgabe: Die Strecke *x* soll berechnet werden.

Lösung

$$\frac{x}{1{,}5\ \text{m}} = \frac{5\ \text{m}}{2\ \text{m}} \qquad |\cdot 1{,}5\ \text{m}$$

$$x = \frac{5\ \text{m} \cdot 1{,}5\ \text{m}}{2\ \text{m}} = 3{,}75\ \text{m}$$

Merke

Wenn nur mit den Strecken, die auf den beiden Strahlen liegen, gerechnet wird, ist immer der 1. Strahlensatz anzuwenden.

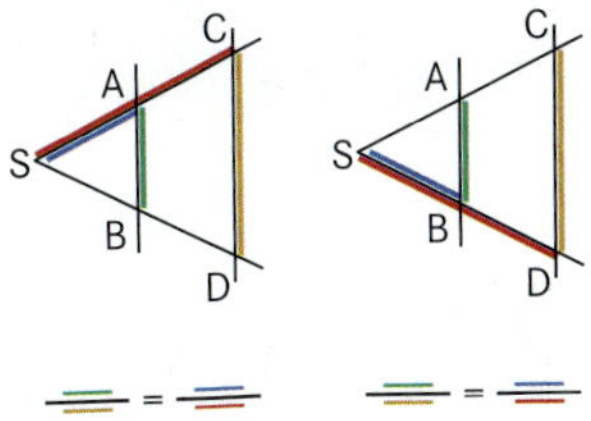

1 Anwendung 2. Strahlensatz

Auch die Abschnitte der Parallelen und die Strahlenabschnitte stehen in bestimmten Verhältnissen zueinander (1):

$$\frac{\overline{AB}}{\overline{CD}} = \frac{\overline{SA}}{\overline{SC}} \quad \text{oder} \quad \frac{\overline{AB}}{\overline{CD}} = \frac{\overline{SB}}{\overline{SD}}$$

Hieraus ergibt sich folgender Lehrsatz, der als 2. Strahlensatz bezeichnet wird:

2. Strahlensatz

Werden zwei von einem Punkt ausgehende Strahlen von Parallelen geschnitten, so bilden die Abschnitte der Parallelen und die zugehörigen Strahlenabschnitte gleiche Verhältnisse (1).

Beispiel 2

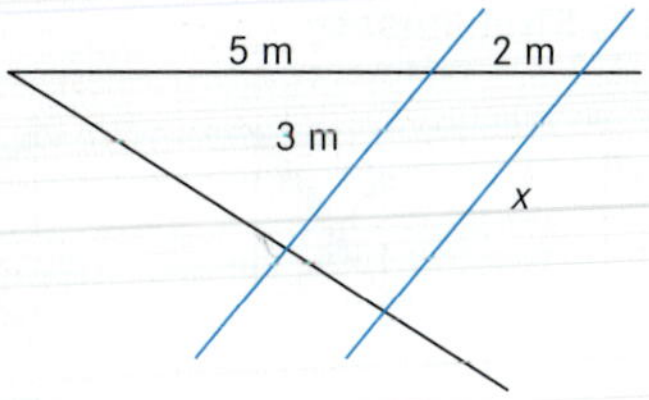

Aufgabe: Die Strecke *x* soll berechnet werden.

Lösung

$$\frac{3\ \text{m}}{x} = \frac{5\ \text{m}}{7\ \text{m}} \qquad | \text{ Kehrwerte bilden, damit } x \text{ im Zähler steht}$$

$$\frac{x}{3\ \text{m}} = \frac{7\ \text{m}}{5\ \text{m}} \qquad |\cdot 3\ \text{m}$$

$$x = \frac{7\ \text{m} \cdot 3\ \text{m}}{5\ \text{m}} = \frac{21\ \text{m}}{5} = 4{,}2\ \text{m}$$

Beispiel 3

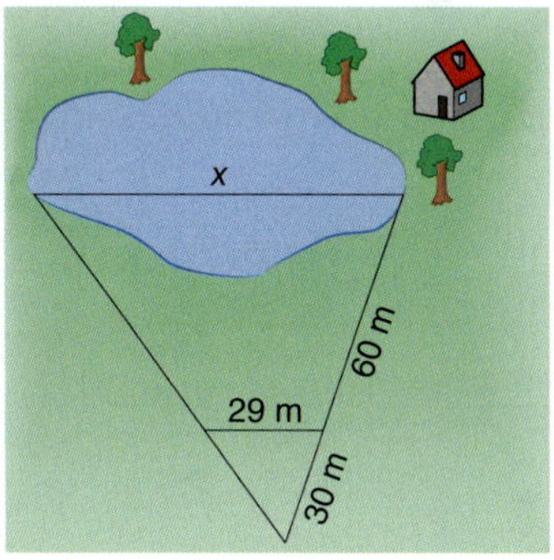

Aufgabe: Die Länge des Sees soll berechnet werden.

Lösung

$$\frac{x}{90\ \text{m}} = \frac{29\ \text{m}}{30\ \text{m}} \qquad |\cdot 90\ \text{m}$$

$$x = \frac{29\ \text{m} \cdot 90\ \text{m}}{30\ \text{m}} = 87\ \text{m}$$

Merke

Immer, wenn die Parallelen in die Rechnung eingehen, ist der 2. Strahlensatz anzuwenden. Es wird dann mit einem kleinen und einem großen Dreieck gerechnet. Die Streckenlängen der Dreiecke werden immer vom Scheitelpunkt her gemessen.

X-Figur

Anwendung 1. Strahlensatz

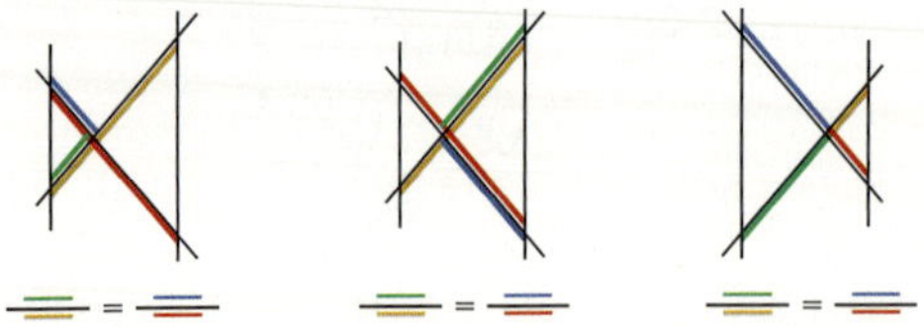

1 Anwendung 1. Strahlensatz

Bei X-Figuren kreuzen sich die Strahlen und die Parallelen verlaufen auf beiden Seiten der Kreuzung (**1**). Auch auf diese Figuren lassen sich die Strahlensätze anwenden.

Beispiel 4

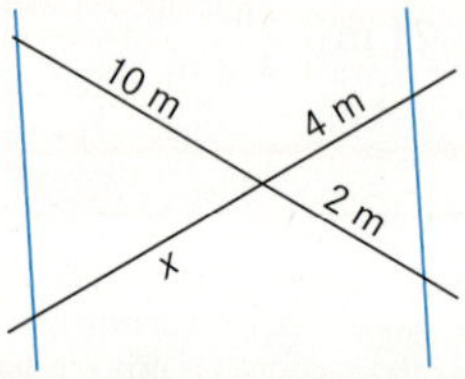

Aufgabe: Die Strecke *x* soll berechnet werden.

Lösung

$$\frac{x}{4\text{ m}} = \frac{10\text{ m}}{2\text{ m}} \qquad |\cdot 4\text{ m}$$

$$x = \frac{10\text{ m} \cdot 4\text{ m}}{2\text{ m}} \qquad |\text{ kürzen}$$

$$x = 10\text{ m} \cdot 2 = 20\text{ m}$$

Der 1. Strahlensatz kann angewendet werden. Dabei ist beim Aufstellen der Verhältnisgleichung auf den Strahlenverlauf zu achten. Der lange und kurze Abschnitt auf einem Strahl ist zum langen und kurzen Abschnitt auf dem anderen Strahl ins Verhältnis zu setzen.

Anwendung 2. Strahlensatz

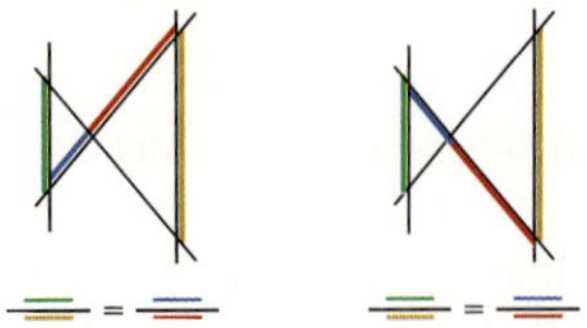

2 Anwendung 2. Strahlensatz

Die Abschnitte auf den Parallelen verhalten sich wie die von der Strahlenkreuzung ausgemessenen Abschnitte auf demselben Strahl. Es sind also immer die Abschnitte auf dem gleichen Strahl zu betrachten.

Beispiel 5

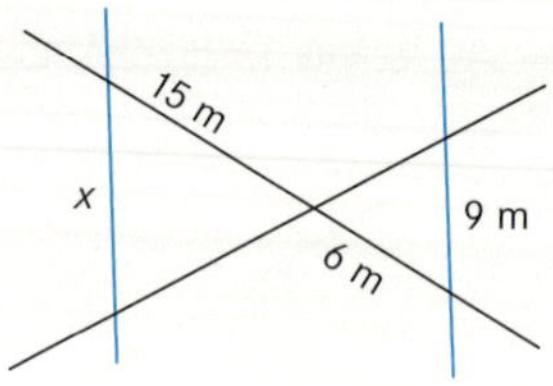

Aufgabe: Die Strecke *x* soll berechnet werden.

Lösung

$$\frac{x}{9\text{ m}} = \frac{15\text{ m}}{6\text{ m}} \qquad |\cdot 9\text{ m}$$

$$x = \frac{15\text{ m} \cdot 9\text{ m}}{6\text{ m}} \qquad |\text{ kürzen}$$

$$x = \frac{45\text{ m}}{2\text{ m}} = 22{,}5\text{ m}$$

Beispiel 6

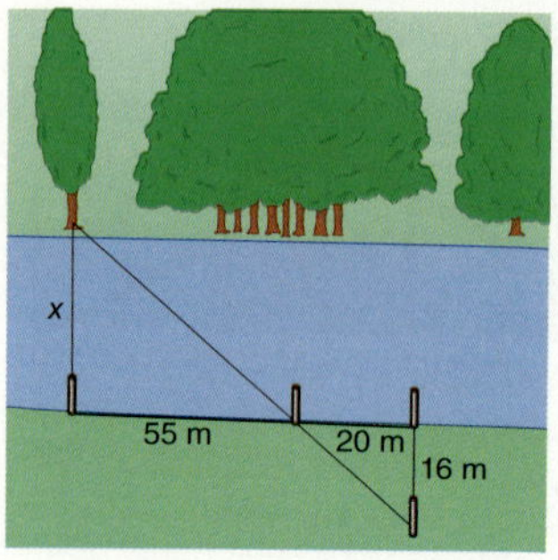

Aufgabe: Die Breite des Flusses soll berechnet werden.

Lösung

$$\frac{x}{16\text{ m}} = \frac{55\text{ m}}{20\text{ m}} \qquad |\cdot 16\text{ m}$$

$$x = \frac{55\text{ m} \cdot 16\text{ m}}{20\text{ m}} = 44\text{ m}$$

Die Anwendung der Strahlensätze wird primär zur Messung horizontaler Distanzen genutzt. Es gibt auch interessante Methoden zur Höhenmessung, die auf ähnlichen geometrischen Prinzipien beruhen. Ein besonders anschauliches Beispiel ist die Verwendung eines Försterdreiecks zur Bestimmung der Höhe eines Baumes (s. Exkurs Försterdreieck, S. 51). Die Methode beruht auf grundlegenden geometrischen Beziehungen und kann ohne aufwändige technische Hilfsmittel durchgeführt werden.

Exkurs Försterdreieck – ein gleichschenklig-rechtwinkliges Dreieck

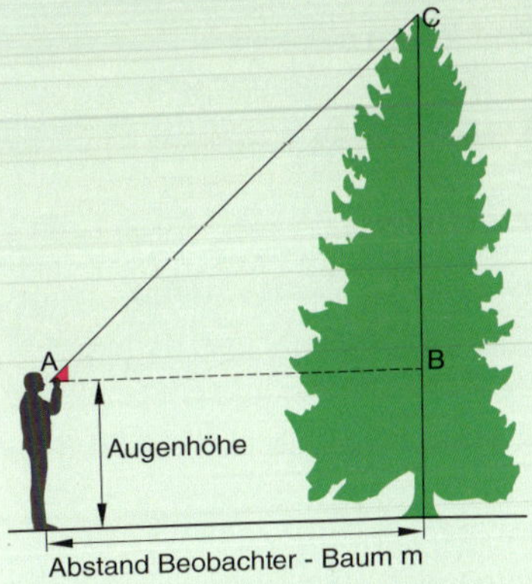

1 Handhabung des Försterdreiecks

Mit einem Försterdreieck (**1**), einem gleichschenklig-rechtwinkligen Dreieck (z.B. Geodreieck), lässt sich die Höhe von senkrecht stehenden Objekten, z.B. Bäumen, bestimmen. Das Dreieck wird so gehalten, dass eine Kathete genau waagerecht und die andere genau senkrecht steht (Lot anhalten). Der Beobachter geht so lange auf das Objekt zu oder entfernt sich von diesem, bis er über die Hypotenuse des Dreiecks die Spitze des Objekts anpeilen kann. Baumspitze, Grundseite des Dreiecks und das Auge bilden nun eine gerade Linie. Ein gleichschenkliges Dreieck ABC ist entstanden. Die Höhe des Baumes ist daher gleich der Entfernung vom Baum (Strecke AB) + Augenhöhe.

Beispiel: Die Höhe eines Baums soll mithilfe eines Geodreiecks ermittelt werden. Die Entfernung zum Baum beträgt 25 m, die Augenhöhe 1,60 m.

Lösung

Höhe Baum = Entfernung + Augenhöhe
= 25 m + 1,60 m = 26,60 m

1.3.4 Staffelmessung

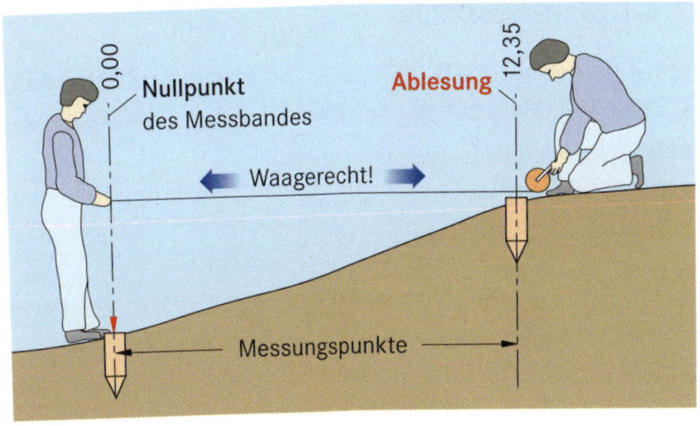

2 Bandmessung in ansteigendem Gelände

Die **Staffelmessung** wird vor allem im hügeligen Gelände zur Messung kleinerer Strecken angewandt. Als Hilfsmittel dienen eine 3 bis 5 m lange **Messlatte**, eine **Wasserwaage** (s. Kap. 2.2.1) und ein Schnurlot.

Statt Messlatte und Wasserwaage kann auch ein **Richtscheit mit integrierter Röhrenlibelle** verwendet werden. Mithilfe des Lotes wird der einzumessende Punkt am Boden markiert. Statt des Schnurlotes kann auch mit einer Fluchtstange (sollte mit Lattenrichter versehen sein) abgelotet werden.

Auch das **Bandmaß** kann zur Erstellung der Horizontalen verwendet werden, indem man es in entsprechender Höhe (max. bis zur Brusthöhe) stramm zieht und nach Augenmaß waagerecht hält (rechter Winkel zwischen Messband und Lotschnur!). Der Lotfußpunkt ist der neue Anlegepunkt (**2**).

1.3.5 Tachymetrische Entfernungsmessung

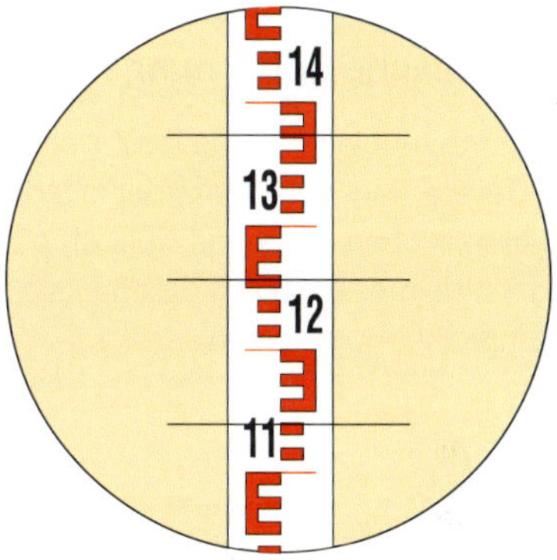

Die Entfernung errechnet sich nach folgender Formel:

E = L · k ⟶ Gerätekonstante (100)

L ↓ Lattenabschnitt (1,373 – 1,139)

E ↓ Entfernung

E = 0,234 · 100 = <u>23,40 m</u>

3 Tachymetrische Entfernungsmessung

Die **Streckenmessung** mit dem **Nivelliergerät** wird auch **tachymetrische Entfernungsmessung** genannt. Voraussetzung dafür ist, dass das Gerät über ein Fadenkreuz mit einem oberen und unteren Distanzfaden verfügt (**3**).

Der **Lattenabschnitt**, der mit zunehmender Entfernung immer größer wird, ergibt sich aus der Differenz zwischen der oberen und unteren Ablesung auf der **Nivellierlatte**.

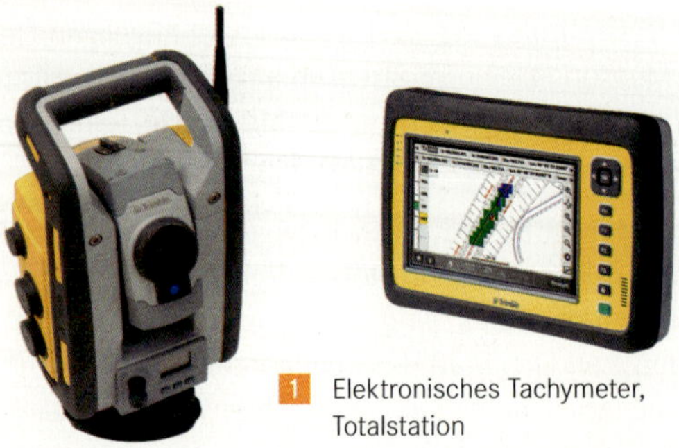

1 Elektronisches Tachymeter, Totalstation

Beim Ablesen ist darauf zu achten, dass die dritte Zahl hinter dem Komma so genau wie möglich geschätzt wird, denn bei der Multiplikation mit der Gerätekonstante (100) wird dieser Wert zum dm-Wert. Neben der normalen cm-Teilung gibt es auch Nivellierlatten mit zusätzlicher 2-mm-Präzisionsteilung.

Vorteilhaft ist die schnelle und relativ einfache Durchführung. Nachteilig ist eine gewisse Ungenauigkeit, die - unabhängig von der Entfernung - bei ± 10 cm liegt.

1.3.6 Elektronische Entfernungsmessung

Die genauste Entfernungsmessung lässt sich mithilfe **elektronischer Geräte** wie dem elektronischen Tachymeter (1) durchführen. Neben Lage- und Höhenmessungen (Horizontal- und Schrägmessung) ermöglichen sie auch exakte Winkelmessungen (horizontal und vertikal).

Das Messprinzip beruht darauf, dass elektromagnetische Wellen (Infrarot- oder Lichtstrahlen) in gebündelter Form von einem Sender-Empfänger-Gerät abgestrahlt und von einem Reflektor, einem auf einem Stab befestigtem Glasprisma (Prismenstab), zurück zum Ausgangspunkt reflektiert werden, wo sie der Empfängerteil des Gerätes wieder auffängt. Aus der Zeit, die die Wellen benötigen, um vom Anfangspunkt zum Endpunkt der Messstrecke und zurück zu gelangen, berechnet ein Laufzeitmesser die Entfernung. Die Messwerte, die digital auf einem Display angezeigt werden, können zur späteren Weiterverarbeitung mittels EDV-Anlage (z. B. zur Erstellung von Plänen mit **CAD-Bearbeitung**[1]) gespeichert werden. Mithilfe eines eingebauten Rechners kann bereits auf der Baustelle eine Auswertung der Messdaten erfolgen.

Neben der Entfernungsmessung mittels eines durch ein Prisma reflektierten Laserstrahls können heutige elektronische Tachymeter, sogenannte **Totalstationen**, auch reflektorlose (prismenlose) Vermessungen durchführen. Derartige, als Einmannstation angewendete Geräte, sind mit einem Messlaser im Lichtbereich ausgestattet, der die natürliche Lichtreflexion der anvisierten Oberfläche misst. Eine Kombination mit GPS ist möglich, sodass bei Bedarf zwischen Tachymeter und GPS gewechselt werden kann.

2 Bauwinkel zur Erstellung rechter Winkel gibt es in verschiedenen Größen

1.4 Abstecken rechter Winkel

Um die genaue Lage eines Punktes oder die Lage zweier Punkte zueinander (z. B. **A** und **B**) festzustellen, benötigen wir immer drei Punkte (**A**, **B**, **C**). Verbindet man diese miteinander, erhalten wir ein Dreieck. Die Lage der Punkte zueinander lässt sich nun durch das Messen der drei Dreiecksseiten feststellen. Statt die drei Seiten zu messen, können wir das Ergebnis auch durch das Messen zweier Seiten und eines Winkels erhalten. Dieses Verfahren ist vor allem dann, wenn es sich bei dem Winkel um einen rechten handelt, relativ einfach.

Auf kleineren Flächen können **rechte Winkel** (Symbol ⊿) schnell und einfach mit einem **Bauwinkel** erstellt werden. Ein Bauwinkel besteht aus zwei Armen, die im rechten Winkel zueinander angeordnet sind (2). Weitere Verfahren zur Erstellung rechter Winkel (90° bzw. 100 gon) werden im Folgenden beschrieben.

1.4.1 Schnurschlag

Mit einem **Bandmaß** oder einer **Schnur** und **Zählnadeln** („Schnurschlag“, auf dem Papier mit Zirkel und Lineal) lassen sich mit ausreichender Genauigkeit rechte Winkel erstellen. Das Verfahren ist gut geeignet für kurze Strecken von etwa 5 m.

[1] CAD = computer-aided design, computerunterstütztes Konstruieren, s. auch S. 37

Beispiel 1

A ——— **P** ——— **B** Auf der Strecke $\overline{\mathbf{AB}}$ soll im Punkt P eine Senkrechte (rechter Winkel) errichtet werden.

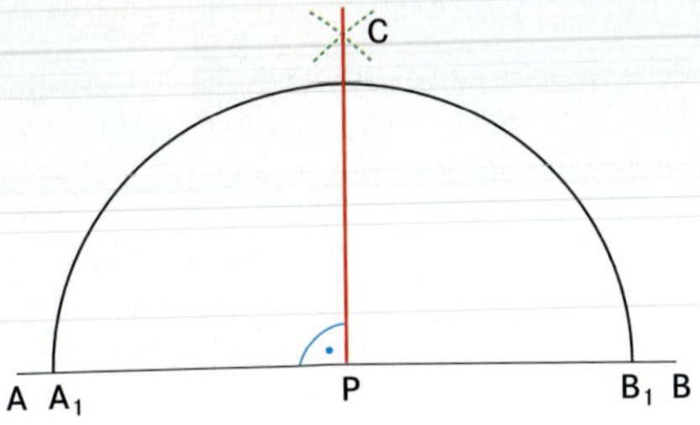

1 Errichtung einer Senkrechten

Lösung

Um **P** wird mit beliebigem Radius ein Kreisbogen geschlagen, der die Strecke $\overline{\mathbf{AB}}$ in den Punkten $\mathbf{A_1}$ und $\mathbf{B_1}$ schneidet.

Um $\mathbf{A_1}$ und $\mathbf{B_1}$ werden mit einem beliebigen, aber größeren Radius als $\overline{\mathbf{A_1P}}$ oder $\overline{\mathbf{B_1P}}$ Kreisbögen geschlagen, die sich in **C** schneiden. Die Verbindung $\overline{\mathbf{CP}}$ ist die Senkrechte, die mit der Strecke $\overline{\mathbf{AB}}$ einen rechten Winkel bildet. Je weiter der Schnittpunkt **C** vom Punkt **B** entfernt ist, desto genauer wird der rechte Winkel.

Beispiel 2

C

A ——— **B** Auf der Strecke $\overline{\mathbf{AB}}$ soll der Fußpunkt für einen rechten Winkel gesucht werden, der durch den Punkt **C** läuft (Fällen eines Lotes).

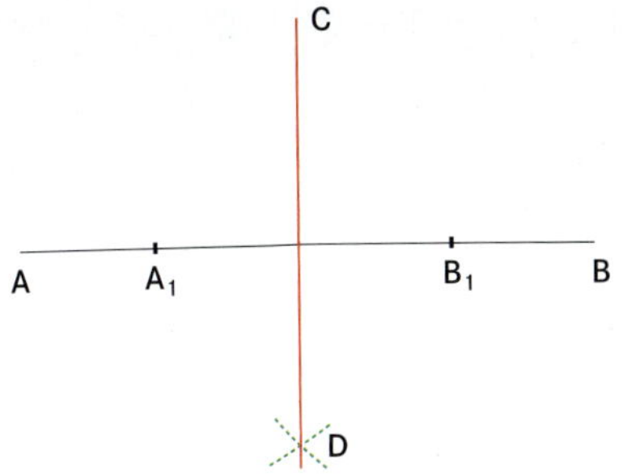

2 Fällen eines Lotes (Bestimmung Lotfußpunkt)

Lösung

Um **C** wird ein Kreisbogen mit einem beliebigen Radius geschlagen, der die Strecke $\overline{\mathbf{AB}}$ in $\mathbf{A_1}$ und $\mathbf{B_1}$ schneidet. Um $\mathbf{A_1}$ und $\mathbf{B_1}$ werden Kreisbögen mit gleichem Radius geschlagen, die sich in **D** schneiden. Die Verbindung $\overline{\mathbf{CD}}$ steht senkrecht auf der Strecke $\overline{\mathbf{AB}}$.

Beispiel 3

A ——— **B** Halbieren Sie die Strecke $\overline{\mathbf{AB}}$.

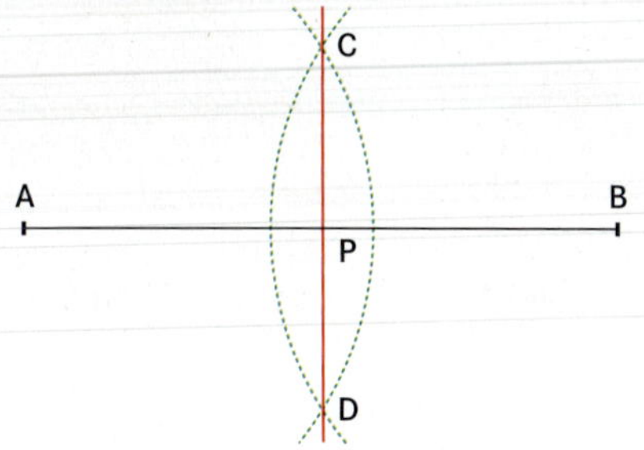

3 Halbieren einer Strecke

Lösung

Um **A** und **B** werden mit einem beliebigen Radius, der jedoch größer als $^{AB}/_{2}$ ist, Kreisbögen geschlagen, die sich in **C** und **D** schneiden. Die Strecke $\overline{\mathbf{CD}}$ halbiert die Strecke $\overline{\mathbf{AB}}$.

Beispiel 4

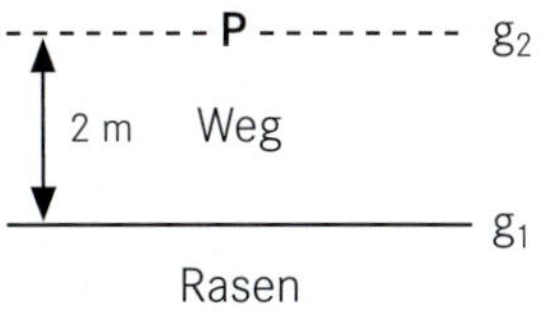

Parallel zum Rasen soll ein 2 m breiter Weg angelegt werden. Erstellen Sie die Parallele $\mathbf{g_2}$, die durch den Punkt **P** verläuft.

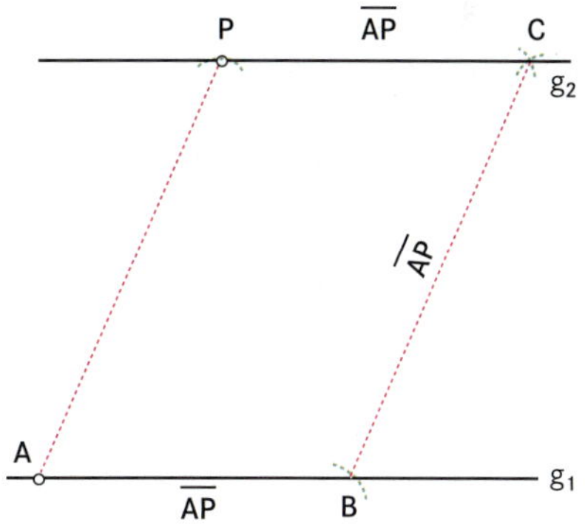

4 Erstellen einer Parallelen

Lösung

Um einen beliebigen Punkt **A** auf der Geraden $\mathbf{g_1}$ wird mit $\overline{\mathbf{AP}}$ als Radius ein Kreisbogen geschlagen, der die Gerade $\mathbf{g_1}$ in **B** schneidet. Um **B** und **P** werden ebenfalls mit $\overline{\mathbf{AP}}$ Kreisbögen geschlagen, die sich in **C** schneiden. Verbindet man **P** und **C**, erhält man die gesuchte Gerade $\mathbf{g_2}$.

1.4.2 Satz des Pythagoras

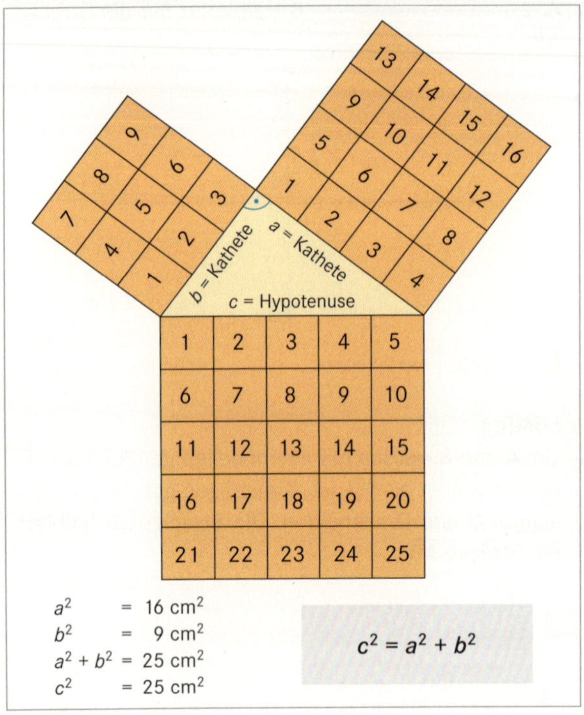

1 Lehrsatz des Pythagoras

Der Satz des Pythagoras (griech. Philosoph, um 570 v. Chr. – um 500 v. Chr.), auch als pythagoreischer Lehrsatz bezeichnet, ist einer der ältesten Lehrsätze in der Geometrie. **Er besagt, dass in einem rechtwinkligen Dreieck die Summe der Kathetenquadrate gleich dem Hypotenusenquadrat ist.** Da in einem rechtwinkligen Dreieck die Seite c als Hypotenuse und die Seiten a und b als Katheten bezeichnet werden, gilt $c^2 = a^2 + b^2$. Stehen die Seiten in einem Dreieck im Verhältnis **3 : 4 : 5** zueinander, handelt es sich um ein rechtwinkliges Dreieck, wobei die beiden kürzeren Seiten stets den rechten Winkel bilden (1). Diese Erkenntnis macht man sich bei der Konstruktion rechter Winkel zunutze.

Statt mit Kreisbögen kann ein rechter Winkel auch nur mithilfe eines **Bandmaßes** errichtet werden (2).

Statt 3 m : 4 m : 5 m können auch andere Maße genommen werden, die wir durch Vervielfachung einer Basislänge im Verhältnis 3 : 4 : 5 erhalten (Tab. 1).

Basislänge	Verhältnis		
	3 :	4 :	5
1,00 m	3 m	4 m	5 m
2,00 m	6 m	8 m	10 m
1,20 m	3,60 m	4,80 m	6,00 m
0,50 m	1,50 m	2,00 m	2,50 m

Tab. 1 Statt 3 : 4 : 5 können auch andere Maße genommen werden

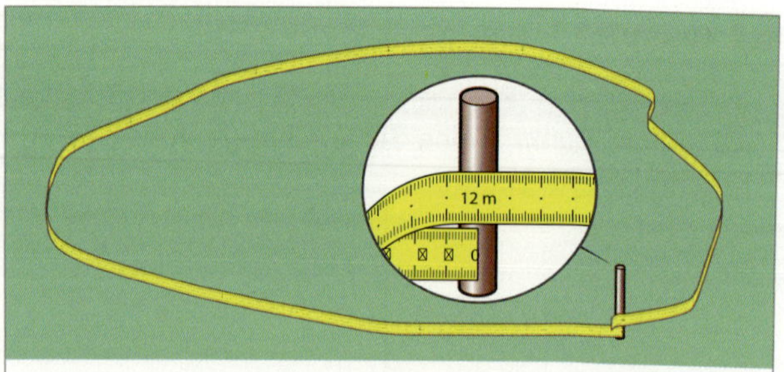

Der erste Eisenstab wird an der Stelle eingeschlagen, die den rechten Winkel markieren soll. Das Bandmaß wird bis auf 12 m abgerollt und mit den Punkten 0 und 12 m an den ersten Eisenstab gehalten.

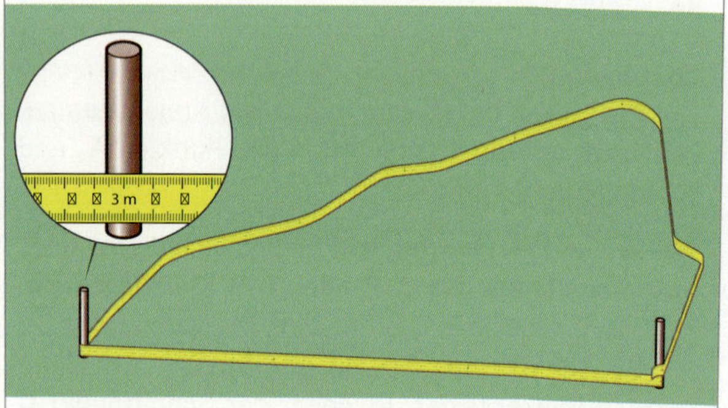

Ein zweiter Eisenstab wird im Abstand von 3 m zum ersten Eisenstab eingeschlagen.

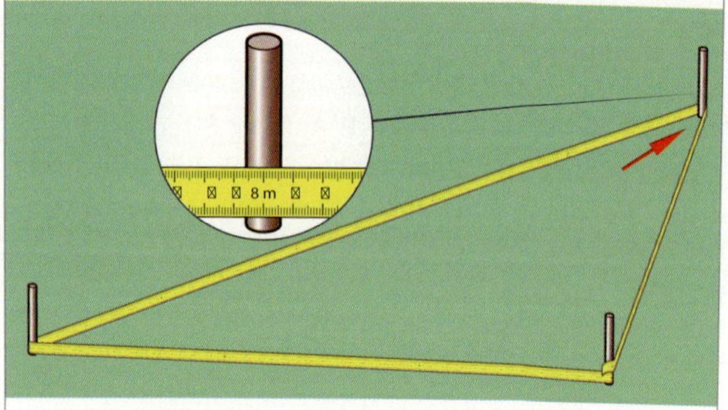

Ein dritter Eisenstab wird im Abstand von 5 m zum zweiten Eisenstab, also bei 8 m (3 m + 5 m = 8 m), eingeschlagen. Zur Findung des Punktes wird das Bandmaß strammgezogen.

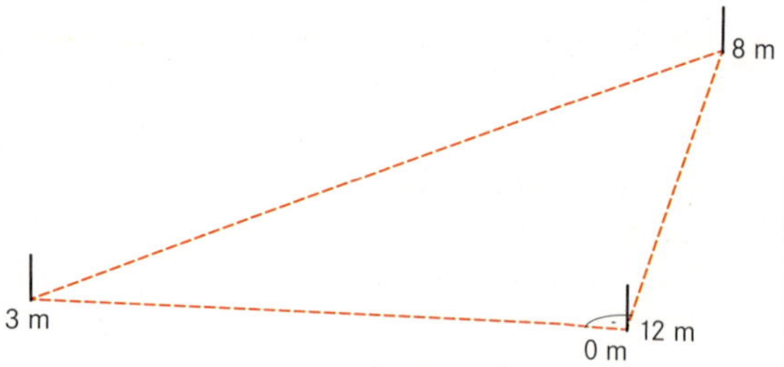

Ein rechter Winkel ist konstruiert.

2 Die Erstellung eines rechten Winkels mit dem Bandmaß.

Beispiel

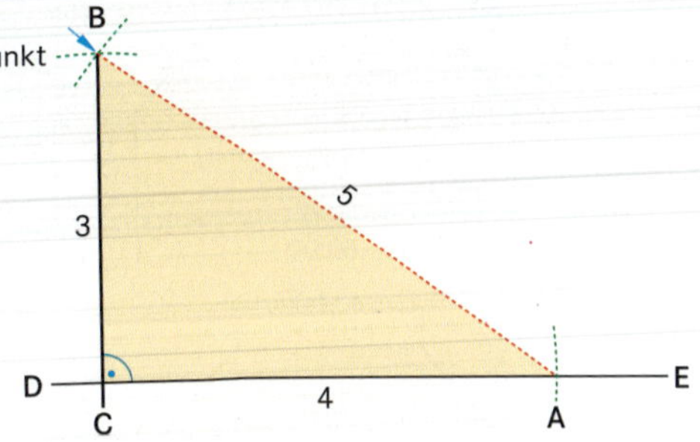

Mit den pythagoreischen Zahlen soll auf der Strecke $\overline{DE}$ im Punkt **C** ein rechter Winkel errichtet werden.

Lösung

Um Punkt **C** wird ein Kreisbogen mit 4 m geschlagen, der die Strecke $\overline{DE}$ im Punkt **A** schneidet. Nun wird um Punkt **C** ein Kreisbogen mit einem Radius von 3 m und um Punkt **A** ein Kreisbogen mit einem Radius von 5 m geschlagen. Der Schnittpunkt beider Kreisbögen ergibt den Punkt **B**. Die Strecke $\overline{BC}$ steht senkrecht (rechtwinklig) auf der Strecke $\overline{DE}$.

1.4.3 Doppelpentagon

1 Doppelpentagon

Das **Doppelpentagon** (1) hat das einfache Winkelprisma (dreiseitiges Prisma) zur Absteckung rechter Winkel weitgehend abgelöst. Es besteht aus zwei übereinander angeordneten fünfseitigen Prismen (Pentagone). Zwischen beiden Spiegeln befindet sich eine freie Durchsicht.

Steht man zwischen zwei Fluchtstäben auf der Geraden, sieht der Beobachter im oberen Spiegel den rechten und im unteren Spiegel den linken Stab. Stehen die beiden Fluchtstäbe senkrecht übereinander, hat sich der Beobachter eingefluchtet.

Mithilfe eines Doppelpentagons kann man

- sich selbst einfluchten,
- ein Lot fällen (Fußpunktbestimmung) oder
- eine Senkrechte errichten.

Errichtung einer Senkrechten

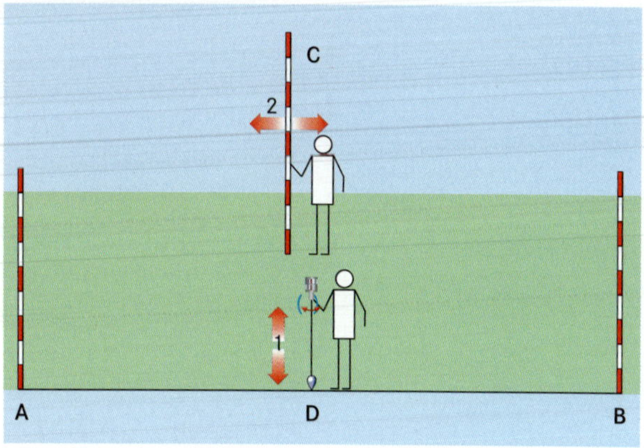

2 Errichtung einer Senkrechten auf der Strecke AB im Fußpunkt D

Vorgehensweise

1. Doppelpentagon mit eingehängtem **Schnurlot** (kegelförmiger Metallkörper, der an einer Schnur hängt) lotrecht über Fußpunkt **D** halten (2).
2. Fluchtstäbe in **A** und **B** zur Deckung bringen (Beobachter fluchtet sich ein). Dazu wird das Doppelpentagon so lange vor- und zurückbewegt, bis beide Fluchtstäbe (**A** und **B**) in den beiden Spiegeln senkrecht übereinander stehen (1). Das Doppelpentagon befindet sich nun in der Flucht $\overline{AB}$.

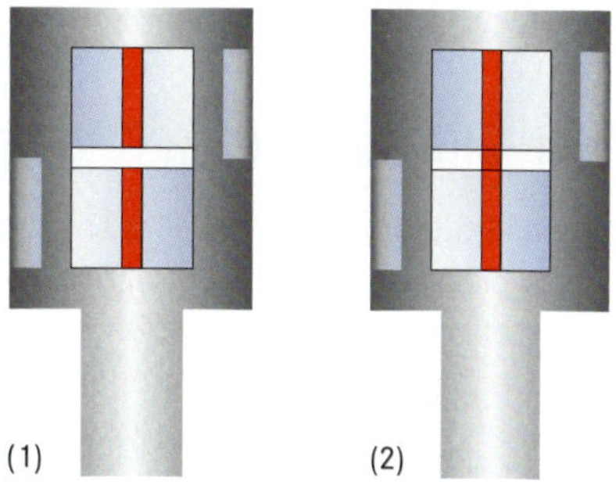

3. Jetzt wird der Messgehilfe so lange eingewiesen (1, S. 56, bis sich der dritte Fluchtstab **C** in der Durchsicht mit den Fluchtstäben **A** und **B** deckt (2). Die Verbindung der Punkte **C** und **D** bildet einen rechten Winkel zur Strecke $\overline{AB}$.

Fällen eines Lotes

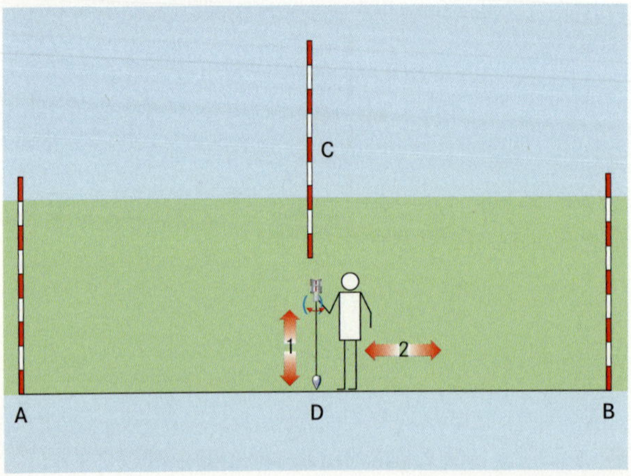

1 Der Fußpunkt **D** auf der Strecke AB zum Punkt **C** wird gesucht

> **Vorgehensweise**
>
> Beobachter fluchtet sich ein und bewegt sich auf der Strecke $\overline{\mathbf{AB}}$ so lange hin und her, bis der Fluchtstab in Punkt **C** in der Durchsicht erscheint und sich mit den Fluchtstäben in **A** und **B** deckt (**1**). Nun wird das Lot fallen gelassen (der Punkt wird abgelotet). Die Verbindung der Punkte **C** und **D** bildet einen rechten Winkel zur Strecke $\overline{\mathbf{AB}}$.

Mithilfe des Doppelpentagons können rechte Winkel schnell abgesteckt werden. Der Umgang mit dem Gerät erfordert jedoch eine gewisse Übung.

1.5 Aufnahmeverfahren

Regelmäßige Flächen (**2**, S. 57) sind am einfachsten zu vermessen. Leider kommen aber auch **unregelmäßige Geländeformen** recht häufig vor, deren Vermessung weit schwieriger ist. Sie müssen vor dem Aufmessen zunächst in berechenbare Flächen aufgeteilt werden. Dazu stehen verschiedene Verfahren zur Verfügung.

1.5.1 Zerlegen in einfache Flächen

Zusammengesetzte Flächen lassen sich durch Aufteilung in einfache Flächen (**2**) berechenbar machen. Das Verfahren ist relativ einfach und schnell durchzuführen. Es ist vor allem für kleinere, überschaubare Flächen geeignet. Für größere Flächen und als Grundlage für die Erstellung von Plänen ist dieses Verfahren ungeeignet.

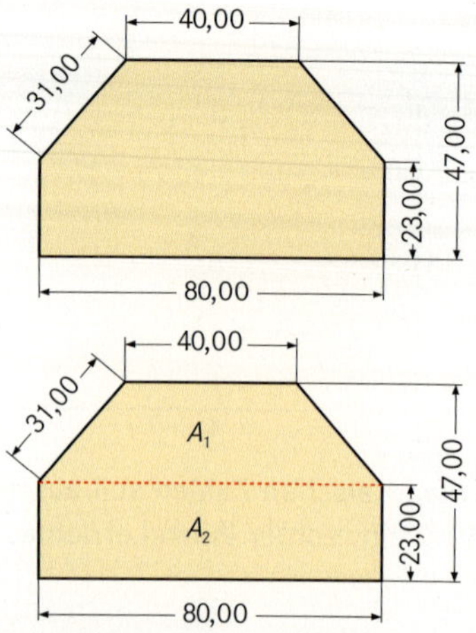

$A_1 = \frac{G + g}{2} \cdot h = \frac{80\text{ m} + 40\text{ m}}{2} \cdot 24 = 1\,440\text{ m}^2$

$A_2 = a \cdot b = 80\text{ m} \cdot 23\text{ m} = 1\,840\text{ m}^2$

$A_1 + A_2 = \mathbf{3\,280\text{ m}^2}$

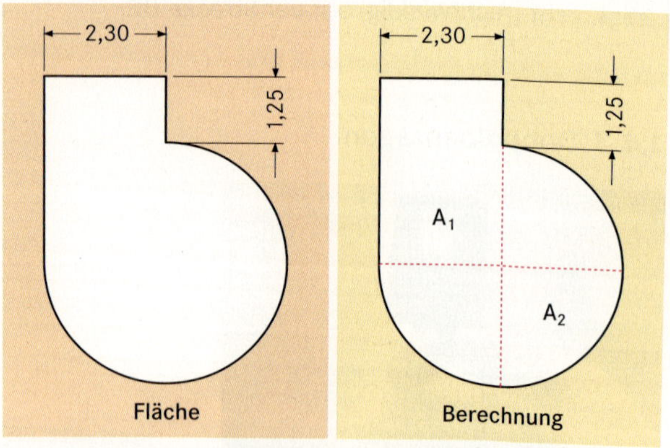

$A_1 = a \cdot b = 3{,}55\text{ m} \cdot 2{,}3\text{ m} = 8{,}17\text{ m}^2$

$A_2 = \frac{3}{4} \cdot r^2 \cdot \pi = \frac{3}{4} \cdot 2{,}3\text{ m} \cdot 2{,}3\text{ m} \cdot \pi = 12{,}46\text{ m}^2$

$A_1 + A_2 = \mathbf{20{,}63\text{ m}^2}$

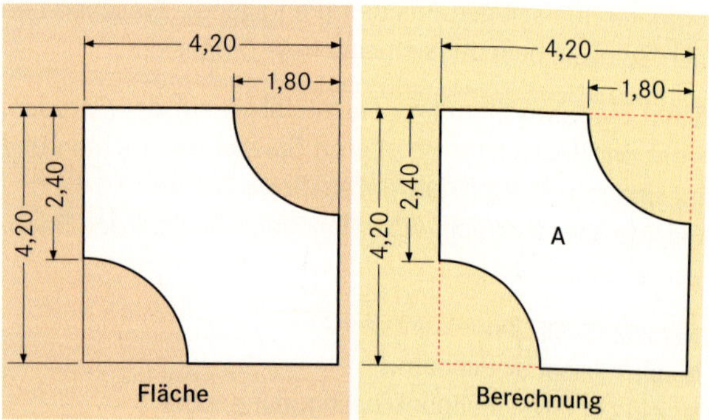

$A = a \cdot a - 2 \cdot \frac{r^2 \cdot \pi}{4} = 4{,}2\text{ m} \cdot 4{,}2\text{ m} - \frac{r^2 \cdot \pi}{2}$

$= 17{,}64\text{ m}^2 - \frac{1{,}8\text{ m} \cdot 1{,}8\text{ m} \cdot \pi}{2} = 17{,}64\text{ m}^2 - 5{,}09\text{ m}^2 = \mathbf{12{,}55\text{ m}^2}$

2 Zusammengesetzte Flächen

1.5.2 Dreiecksverfahren

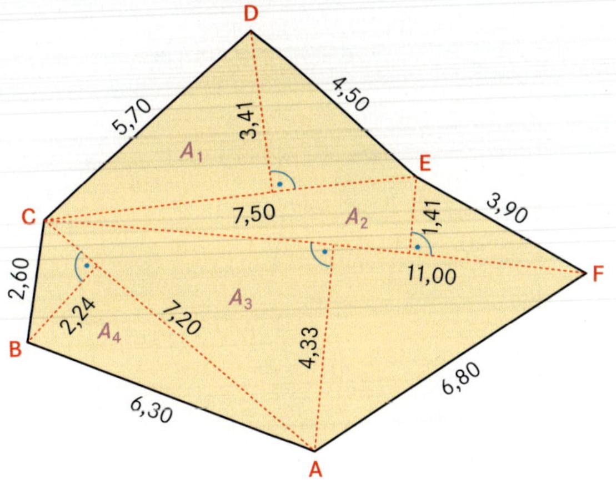

1 Dreiecksverfahren

Beim **Dreiecksverfahren** (**1**) wird die Fläche in Dreiecke aufgeteilt. Da eine Fläche verschieden in Dreiecke zerlegt werden kann, gibt es Varianten.

Zur Flächenberechnung werden auf den Grundlinien der einzelnen Dreiecke die Höhen (**aus maßstäblichen Zeichnungen herausgreifbar**) errichtet. Die Größe der Grundstücksfläche ergibt sich aus der Summe der Dreiecke.

Während des Aufmaßes werden die Lage der einzelnen Punkte zueinander und die ermittelten Maße in einer einfachen **Lageskizze** festgehalten (**Feldbuch**[1]).

Statt mit der Formel

$$A = \frac{g \cdot h}{2}$$

[1] Feldbuch: Bezeichnung für die im Gelände gemachten Aufzeichnungen

Rechteck

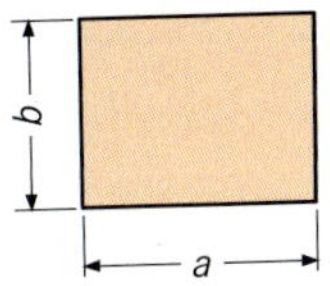

$A = a \cdot b$

$U = 2a + 2b = 2(a + b)$

Quadrat

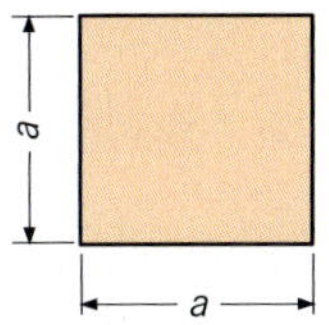

$A = a \cdot a = a^2$

$a = \sqrt{A} \qquad U = 4 \cdot a$

Kreis

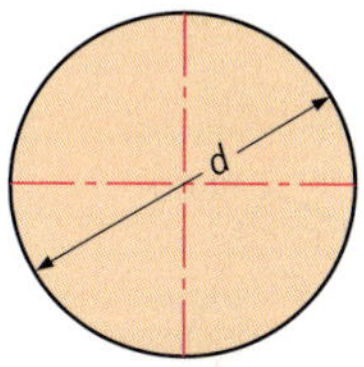

$A = r \cdot r \cdot \pi = r^2 \cdot \pi$

oder $A = \frac{d^2 \cdot \pi}{4}$

$U = d \cdot \pi$

oder $U = 2r \cdot \pi$

$\pi = 3{,}14; \; r = \frac{d}{2}$

Kreisring

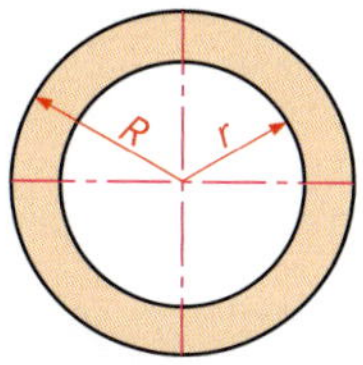

$A = R^2 \cdot \pi - r^2 \cdot \pi$

$= \pi\,(R^2 - r^2)$

oder

$A = \frac{\pi\,(D^2 - d^2)}{4}$

Parallelogramm

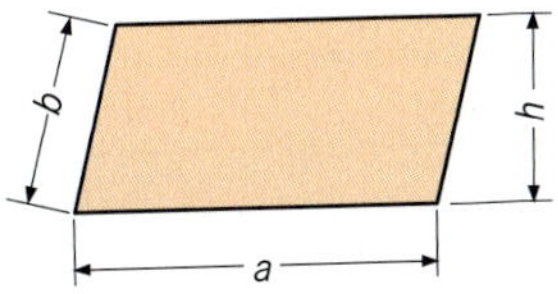

$A = a \cdot h$

$U = 2a + 2b = 2(a + b)$

Ellipse

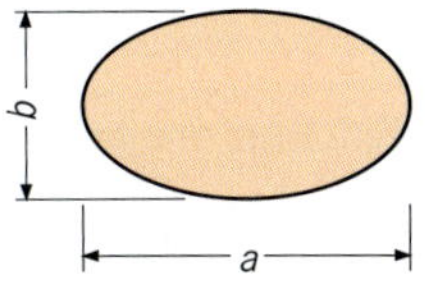

$A = \frac{a}{2} \cdot \frac{b}{2} \cdot \pi = a \cdot b \cdot \frac{\pi}{4}$

$U = \frac{a + b}{2} \cdot \pi$

Kreisabschnitt (Segment)

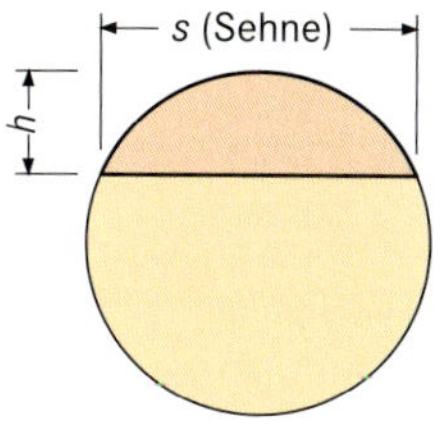

$A \approx \frac{2}{3} \cdot s \cdot h$

(Näherungsformel)

Kreisausschnitt (Sektor)

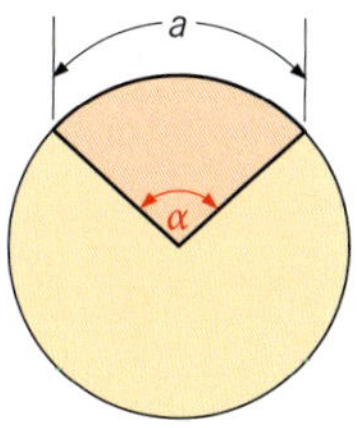

$A = r^2 \cdot \pi \cdot \frac{\alpha}{360°}$ bzw. $\frac{\alpha}{400^g}$ (g = gon)

oder $A = \frac{d^2 \cdot \pi}{4} \cdot \frac{\alpha}{360°}$

oder $A = \frac{d \cdot a}{4}$

Kreisbogen

$a = d \cdot \pi \cdot \frac{\alpha}{360°}$

Trapez

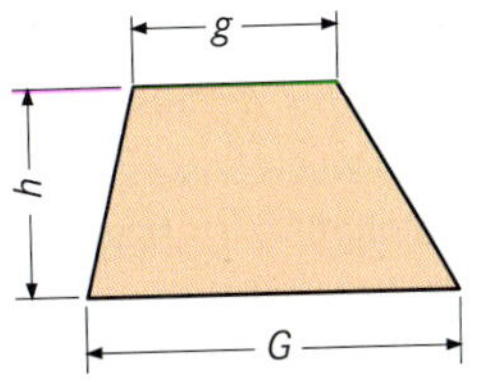

$A = \frac{G + g}{2} \cdot h$

U = Seite + Seite + Seite + Seite

Dreieck

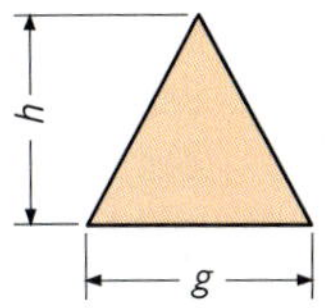

$A = \frac{g \cdot h}{2} \qquad g = \frac{2 \cdot A}{h}$

$h = \frac{2 \cdot A}{g}$

U = Seite + Seite + Seite

2 Einfache Flächen

kann die Fläche eines Dreiecks auch unmittelbar aus seinen drei Seiten mithilfe der **Heron'schen Formel**[1] (Satz des Heron) berechnet werden:

$$A = \sqrt{s(s-a)(s-b)(s-c)}; \qquad s = \frac{a+b+c}{2}$$

Der Vorteil dieses Verfahrens liegt in der schnellen und einfachen Durchführung. Als Hilfsmittel ist nur ein Bandmaß erforderlich. Das Dreiecksverfahren ist vor allem zum Aufmessen kleinerer, übersichtlicher Flächen sowie zum Einmessen und Sichern einzelner Punkte geeignet.

1.5.3 Koordinatenverfahren

Beim **Koordinatenverfahren** (1) werden alle zu messenden Punkte (z. B. Grenzsteine, Bäume, Hausecken) auf eine gerade Messlinie, die **Grundlinie** oder **Abszisse**, abgelotet, sodass Senkrechte entstehen. Die auf der Abszisse senk-

[1] Heron, H. von Alexandria, griech. Mathematiker des 1. Jh. n. Chr. (Altertum)

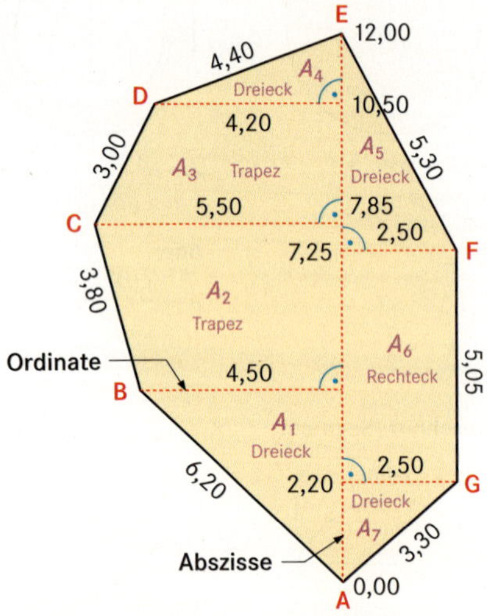

1 Koordinatenverfahren (Rechtwinkelverfahren)

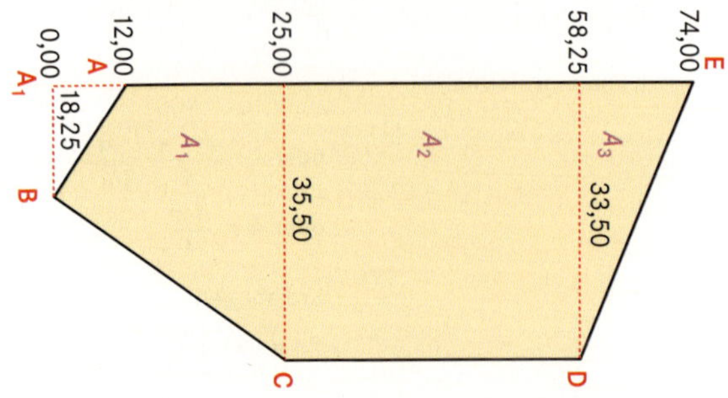

2 Grenzlinie als Abszisse

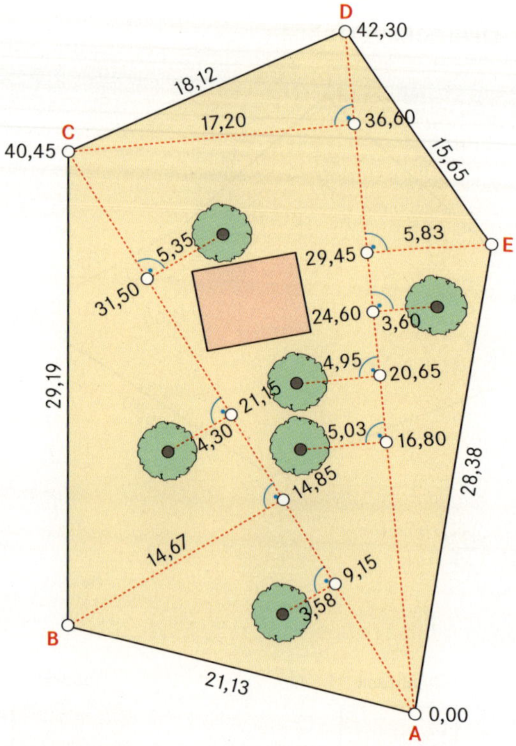

3 Aufnahme mithilfe von zwei Abszissen

recht stehenden Strecken werden als **Ordinaten** bezeichnet. Zur Flächenberechnung misst man die Längen der Ordinaten und die betreffenden Abstände auf der Abszisse. **Durchlaufende Maße** stehen rechtwinklig zur Maßlinie und beziehen sich auf 0,00. **Spannmaße** stehen parallel zur Maßlinie. Sie geben die Länge zwischen zwei Punkten an.

Flächen mit geraden Grenzen

Vorgehensweise

1. Messpunkte mit Fluchtstangen markieren.
2. Verlauf der Abszisse festlegen und markieren. Gegebenenfalls können mehrere Abszissen erstellt werden. Weist das Grundstück eine gerade Grenzlinie auf, kann auch diese als Grundlinie genommen werden (2 und 3).
3. Bandmaß entlang der Abszisse auslegen. Zur Vermeidung von Ablesefehlern Maßband nicht immer wieder neu anlegen.
4. Mit Doppelpentagon und Schnurlot auf der Abszisse die Lotfußpunkte zu den gekennzeichneten Punkten ermitteln und mit Zählnadeln markieren.
5. Länge der Ordinaten und Abstände auf der Abszisse messen und im Feldbuch festhalten.
6. Einzelne Flächen berechnen und addieren.

Flächen mit ungeraden Grenzen (1)

Vorgehensweise

1. Eckpunkte (A, B, C) markieren.
2. Grundlinie von A nach C festlegen.
3. Auf der Grundlinie in gleichen Abständen, Senkrechte errichten und Endpunkte auf der Grenzlinie markieren.
4. Einzelne Flächen ($A_1 - A_4$ als Trapeze) berechnen.

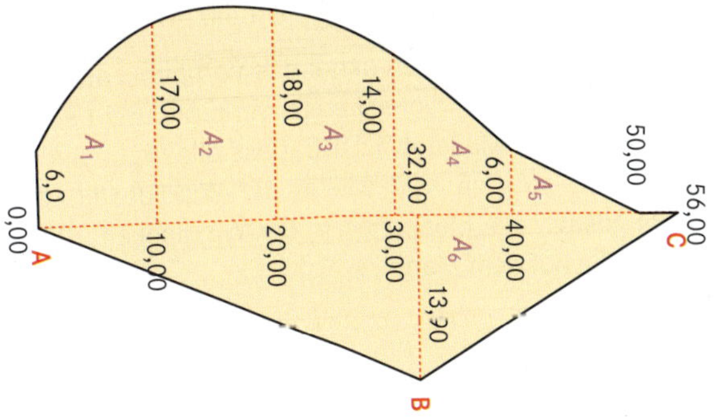

1 Grundstück mit ungerader Grenzlinie

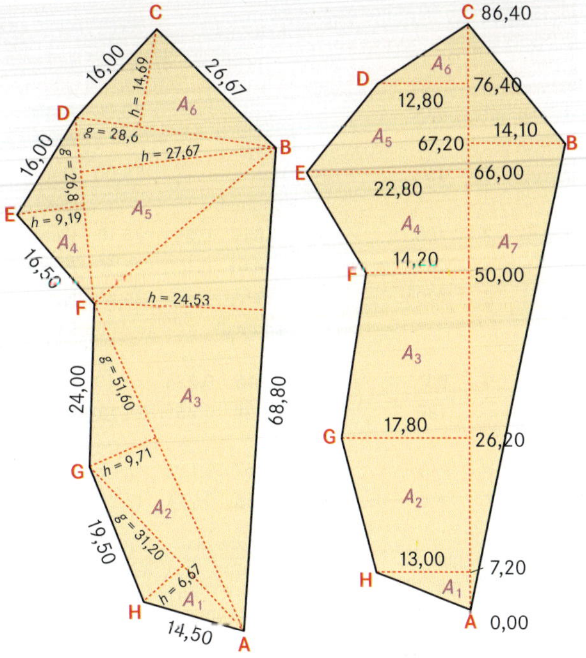

3 Dreiecksverfahren/Koordinatenverfahren

Das **Koordinatenverfahren** ist v. a. bei größeren Grundstücken und der Einmessung vieler Punkte übersichtlicher und einfacher durchzuführen als das Dreiecksverfahren (3).

1.5.4 Polarverfahren

Beim **Polarverfahren** (2) wird die Lage eines Punktes durch seine horizontale Entfernung vom Nullpunkt (Gerätestandpunkt) und durch den horizontalen Winkel, den der Radius (r) mit der Nullachse bildet, bestimmt. Die Messung kann mit einem Nivelliergerät erfolgen. Dabei wird die Entfernung zum Gerätestandpunkt **tachymetrisch** (s. Kap. 1.3.5) und die Richtung durch Ablesen der **Horizontalkreisstellung** ermittelt. Die Angabe der Winkel erfolgt üblicherweise in Gon (gon) (Tab. 1, S. 60).

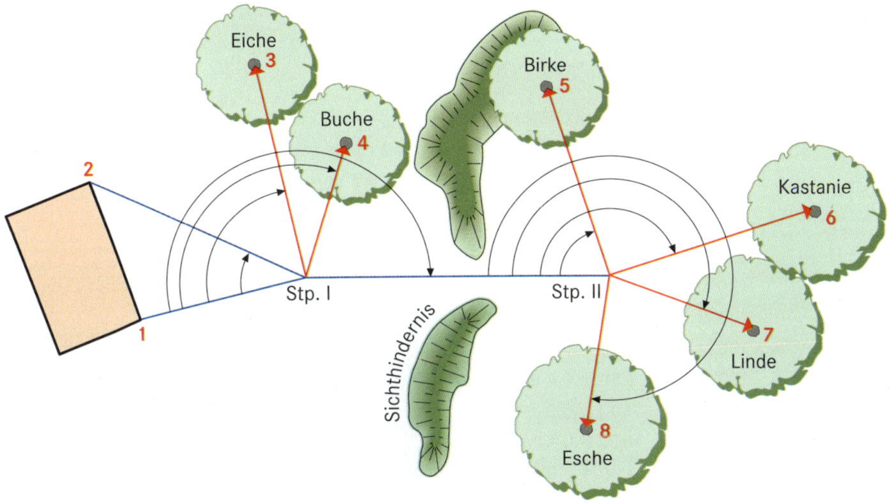

2 Polarverfahren – Ermittelte Winkel und Entfernungen werden parallel zur Messung in Form einer Skizze und Tabelle (Tab. 1, S. 60) im Feldbuch festgehalten

Gerätestellung	Ziel	Richtung gon	Entfernung Distanzfäden Oben	unten	L	m	Bemerkung
I	1	0,00	–	–	–	20,00	Hausecke
			Bandmaß				
	2	45	–	–	–	28,00	Hausecke
			Bandmaß				
	3	100	2,140	1,889	0,251	25,10	Eiche
	4	145	2,995	2,840	0,155	15,50	Buche
	II	190	–	–	–	35,50	Neuer Standpunkt
			Bandmaß				
II	5	80	1,380	1,146	0,234	23,40	Birke
	6	180	0,481	0,230	0,251	25,10	Kastanie
	7	210	0,646	0,467	0,179	17,90	Linde
	8	310	1,876	1,735	0,132	13,20	Esche

0° = 0 gon
90° = 100 gon
180° = 200 gon
270° = 300 gon
360° = 400 gon

$1 \text{ gon} = \frac{1 \text{ Vollwinkel}}{400} = \frac{360°}{400°} = 0{,}9°$

1 Zentigon (cgon) = 1/100 gon
1 Milligon (mgon) = 1/1000 gon

Tab. 1 Grad und Gon

Das Polarverfahren, mit seiner Kombination von Winkel- und Streckenmessung, ist heute das übliche Verfahren zur Aufnahme und Absteckung von Geländepunkten. Moderne, **elektrooptische Tachymeter**, sogenannte **Totalstationen** (1, S. 52), ermöglichen eine genaue und schnelle Vermessung. Winkel, Distanzen, Höhenunterschiede werden automatisch berechnet und digital angezeigt. Alle Messwerte können intern gespeichert und auf mobile Datenträger übertragen werden.

1.6 Erstellung eines Lageplans

1.6.1 Maßstab und Papierformat

	Maßstäbe (gebräuchliche)	1 m in der Wirklichkeit	sind auf dem Plan
Detailpläne (Treppen, Pergolen, Spielgeräte, Mauern usw.)	1 :5	100 cm :	5 = 20 cm
	1 :10	100 cm :	10 = 10 cm
	1 :20	100 cm :	20 = 5 cm
	1 :25	100 cm :	25 = 4 cm
Grundstückspläne (Hausgärten, Innenhöfe, Teiche, Freibäder usw.)	1 :50	100 cm :	50 = 2 cm
	1 :100	100 cm :	100 = 1 cm
	1 :200	100 cm :	200 = 0,5 cm
	1 :250	100 cm :	250 = 0,4 cm
	1 :500	100 cm :	500 = 0,2 cm
	1 :1000	100 cm :	1000 = 0,1 cm
Wanderkarten	1 :50 000	100 cm :	50 000 = 0,002 cm
Straßenkarten	1 :200 000	100 cm :	200 000 = 0,0005 cm

Tab. 2 Umrechnung wirklicher Maße in Planmaße

Planmaß	Maßstab		Maß in der Wirklichkeit
1 cm	1 : 20	1 cm × 20 =	20 cm
1 cm	1 : 25	1 cm × 25 =	25 cm
1 cm	1 : 50	1 cm × 50 =	50 cm
1 cm	1 : 100	1 cm × 100 =	100 cm
1 cm	1 : 200	1 cm × 200 =	200 cm
1 cm	1 : 250	1 cm × 250 =	250 cm

Tab. 3 Umrechnung von Planmaßen in wirkliche Maße

Um die in der Wirklichkeit aufgenommenen und im Feldbuch in Form einer Skizze (Aufmaßskizze) festgehaltenen Messwerte im Lageplan darstellen zu können, muss eine maßstäbliche Verkleinerung durchgeführt werden.

Maßstäbe (Tab. 2) geben dabei das Verhältnis an, in welchem sich eine natürliche Länge verkürzt. So bedeutet dies z. B. für den Maßstab 1 : 100, dass alle Maße auf dem Plan 1/100 so groß sind wie in der Wirklichkeit. Oder, anders gesagt, alle Maße sind in der Wirklichkeit 100-mal so groß wie auf dem Plan.

Beispiel

1 cm auf dem Plan entspricht in der Wirklichkeit 1 cm · 100 = 100 cm = 1 m in der Natur (Tab. 3).

5 m in der Natur würden dann 500 cm : 100 = 5 cm auf dem Plan entsprechen.

Papierformate sind genormt. Das Ausgangsformat bildet die Größe **A0**. Es ist ein Rechteck mit einem Flächeninhalt von 1 m². Die folgenden Formate (Tab. 4) erhält man durch abwechselndes Halbieren der Seitenlängen (1).

DIN-Format	Maße in cm	Flächengröße
A 0	84,1 · 118,9	1 m²
A 1	59,4 · 84,1	0,5 m²
A 2	42,0 · 59,4	0,25 m²
A 3	29,7 · 42,0	0,125 m²
A 4	21,0 · 29,7	0,06 m²
A 5	14,8 · 21,0	0,03 m²
A 6	10,5 · 14,8	0,015 m²
A 7	7,4 · 10,5	0,0078 m²

Tab. 4 DIN-Formate

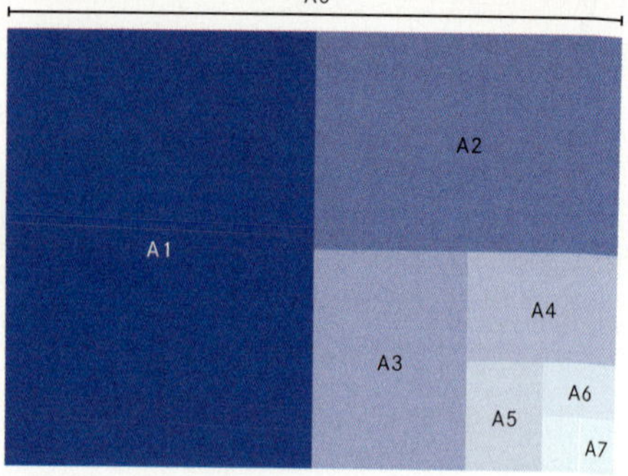

1 Papierformate

Der Maßstab kann nach dem vorhandenen Papierformat oder das DIN-Format nach dem gewünschten Maßstab ausgewählt werden.

1.6.2 Darstellungsverfahren

Nachdem die Entfernungen in den **Aufmaßskizzen** (1) in den entsprechenden Maßstab umgerechnet worden sind, erfolgt die zeichnerische Darstellung (Kartierung) im Prinzip wie die Aufnahme, nämlich mit dem Dreiecksverfahren (2), Koordinatenverfahren (3) oder Polarverfahren (4).

Dreiecksverfahren

Beim **Dreiecksverfahren** (s. Kap. 1.5.2) werden die Strecken $\overline{AB}$ mit Bleistift und Lineal abgetragen. Um die Punkte **A** und **B** werden dann mithilfe des Zirkels Kreisbögen mit den Maßen der anliegenden Seiten geschlagen, die sich im Punkt **C** schneiden. Eine der drei Dreiecksseiten bildet nun die Grundseite für das nächste Dreieck. Zur Flächenberechnung können die Höhen in den Dreiecksseiten konstruiert und in Originalmaße umgerechnet werden (2).

Koordinatenverfahren

Beim **Koordinatenverfahren** (s. Kap. 1.5.3) wird zunächst die Abszisse gezeichnet. Anschließend werden vom Nullpunkt ausgehend die Lotfußpunkte, von denen die Ordinaten abgehen, auf der Abszisse markiert. Mithilfe eines Geodreiecks und eines Lineals werden nun die Ordinaten angetragen (3).

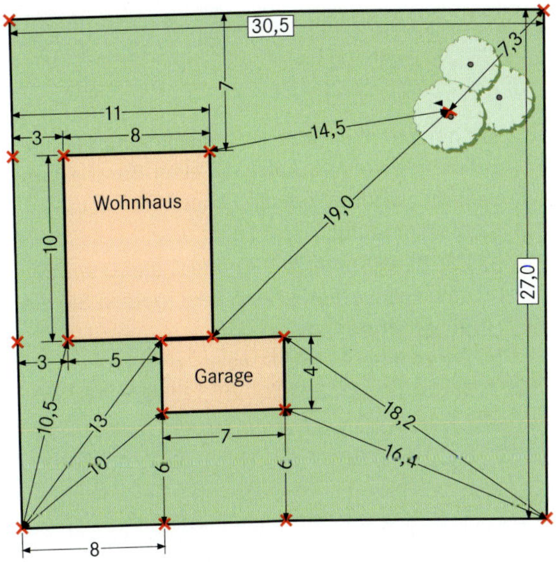

× Messpunkte, Angaben in m

1 Aufmaßskizze

Polarverfahren

Beim **Polarverfahren** (s. Kap. 1.5.4) beginnt man mit der Festlegung des Gerätestandpunktes. Von dort aus wird die Nullachse (0,0 gon) festgelegt, an die die gemessenen

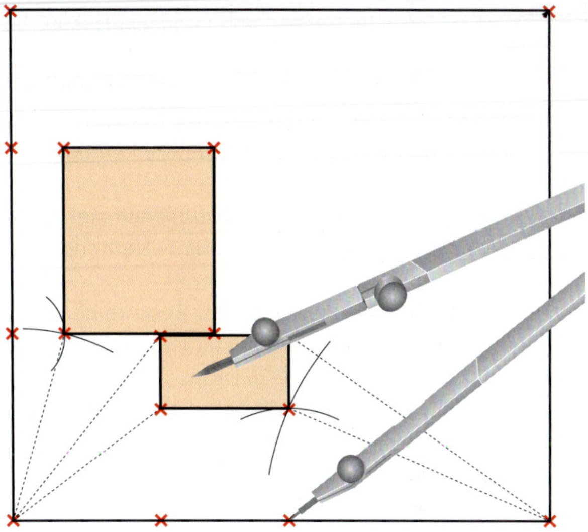

2 Übertragung mit Dreiecksverfahren

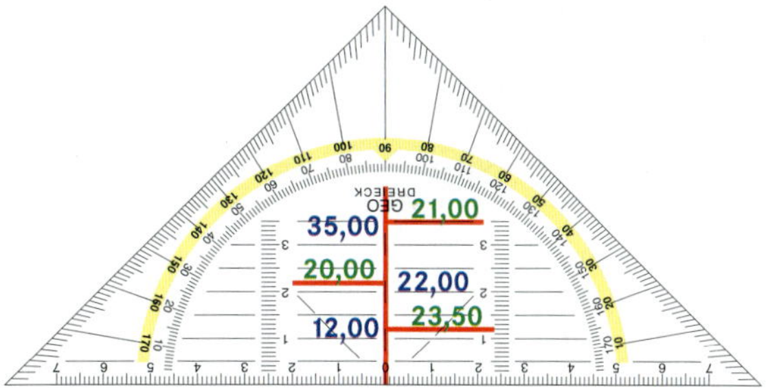

3 Übertragung mit Koordinatenverfahren

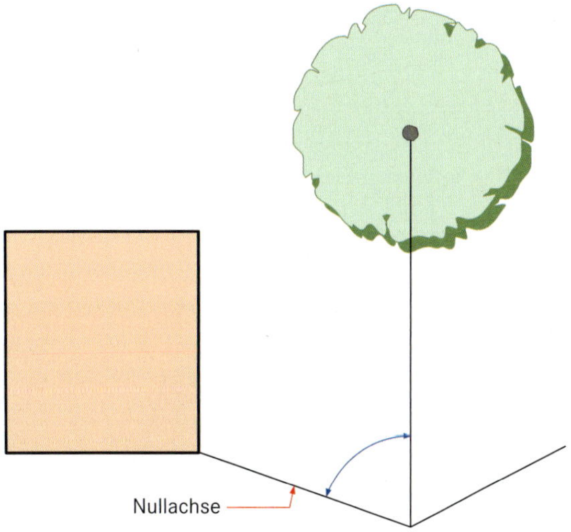

4 Übertragung mittels Polarverfahren

Winkel angetragen werden. Auf den Schenkeln der Winkel werden im entsprechenden Maßstab die gemessenen Entfernungen abgetragen (4, S. 61).

Aufgaben

1. Wozu werden im Garten- und Landschaftsbau Vermessungen durchgeführt?
2. Worin unterscheiden sich Lagemessung und Aufmaß bei der Entfernungsmessung?
3. Warum sind Messpunkte deutlich zu kennzeichnen?
4. Was sind Grenzsteine und wozu dienen sie?
5. Darf man Grenzsteine kurzfristig entfernen, wenn sie bei Bauarbeiten stören?
6. Sie sollen eine Flucht erstellen. Beschreiben Sie die Vorgehensweise. Worauf ist besonders zu achten?
7. Beschreiben Sie die Vorgehensweise beim wechselseitigen Einfluchten.
8. Berechnen Sie die Länge der Strecke x.

a)

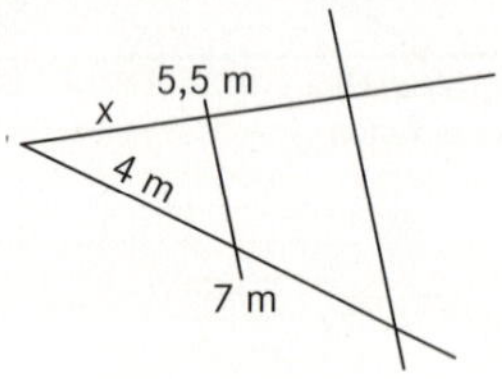

b)

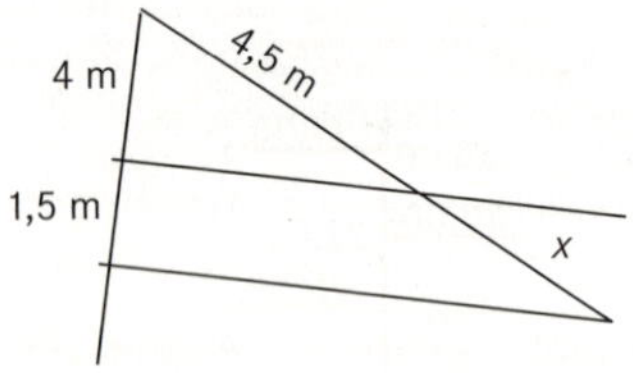

c)

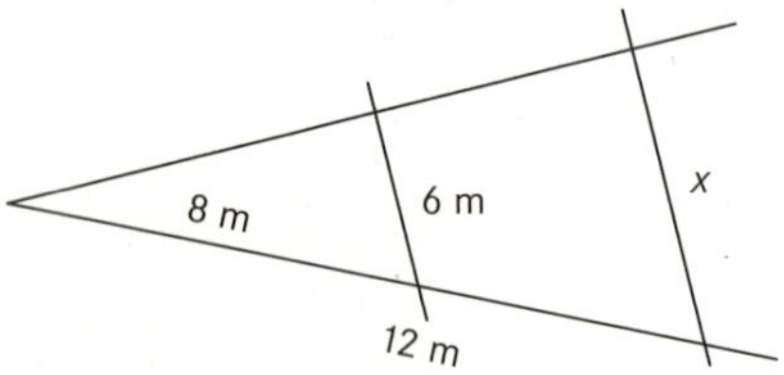

d)

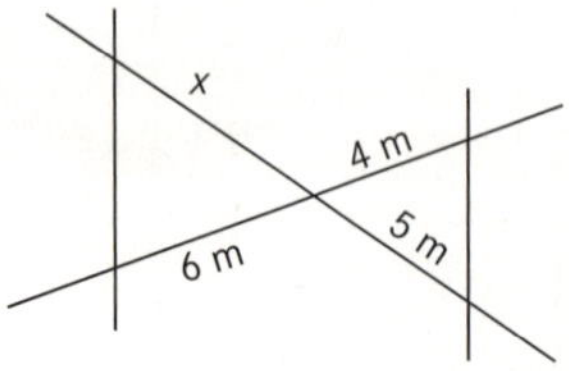

e)

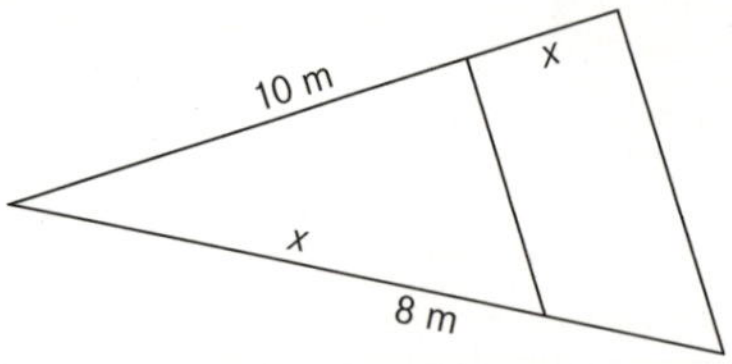

f) Berechnen Sie die Länge von x, y und z.

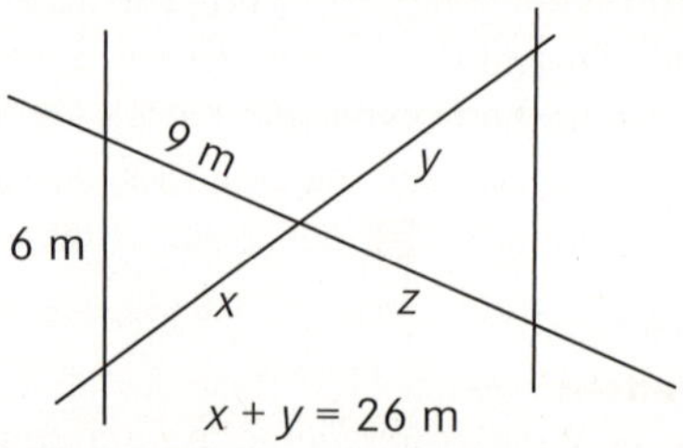

9. Wie hoch ist ein Baum, der einen Schatten von 11 m wirft, wenn der Schatten eines 2 m langen Zollstocks bei gleichem Sonnenstand 1 m lang ist?

10.

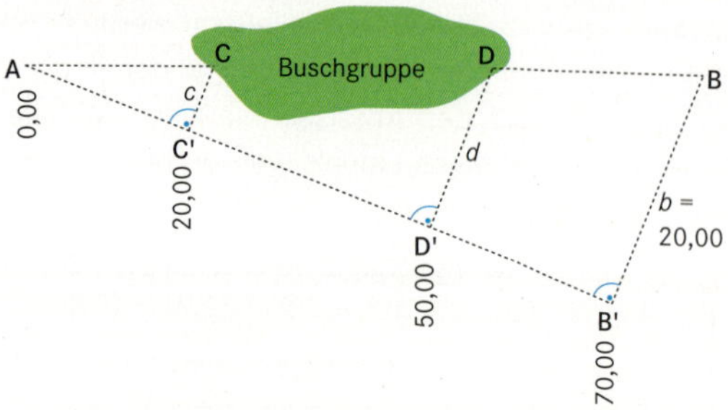

Auf der Strecke $\overline{AB}$ sollen Zwischenpunkte eingefluchtet werden. Aufgrund einer Buschgruppe besteht zwischen beiden Endpunkten keine Sichtverbindung.

a) Zur Berechnung der Punkte **C** und **D** wurde eine Hilfsgerade gelegt. Beschreiben Sie die Vorgehensweise.

b) Berechnen Sie die Strecken **c** und **d**.

Aufgaben (Fortsetzung)

11. 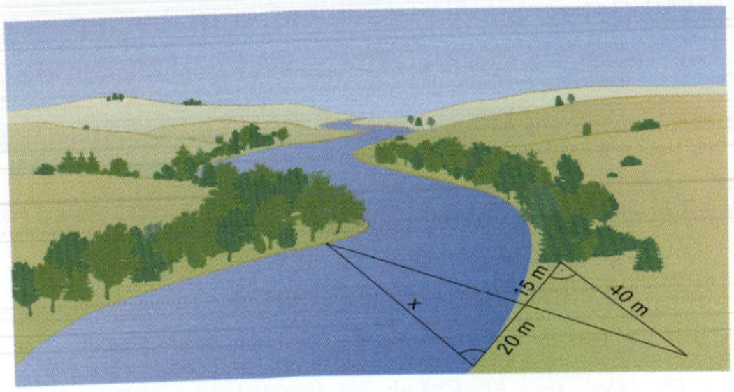

Ermitteln Sie die Breite des Flusses.

12. Nennen Sie drei Hilfsmittel zur Strecken- und Flächenmessung.

13. Worauf sollten Sie bei der Arbeit mit dem Bandmaß achten, um Messfehler zu vermeiden?

14. Mit dem Bandmaß soll der Umfang eines Grundstücks gemessen werden. Beschreiben Sie die Vorgehensweise.

15. 

Die Strecke $\overline{AB}$ soll gemessen werden. Beschreiben Sie drei verschiedene Möglichkeiten.

16. Die Staffelmessung wird vor allem im hügeligen Gelände zur Messung kleinerer Strecken durchgeführt. Beschreiben Sie die Durchführung.

17. Worüber muss ein Nivelliergerät verfügen, damit es zur tachymetrischen Entfernungsmessung eingesetzt werden kann?

18. Sie messen mithilfe der Tachymetrie die Entfernung eines Baumes von einer Terrasse. Sie ermitteln folgende Werte: Oberer Distanzfaden 2,140, unterer Distanzfaden 1,889. Wie weit ist der Baum von der Terrasse entfernt?

19. Erklären Sie, warum die Genauigkeit bei der tachymetrischen Entfernungsmessung stark von der geschätzten dritten Kommastelle abhängt.

20. Beschreiben Sie das Messprinzip eines elektronischen Tachymeters.

21. Nennen Sie drei Verfahren zur Errichtung rechter Winkel.

22. Führen Sie folgende Konstruktionen nur mit Zirkel (= Schnur in der Praxis) und Lineal durch:

a) **A** ——— **P** ——— **B** Errichten Sie auf der Strecke $\overline{AB}$ im Punkt **P** eine Senkrechte.

b) **A** ——— **C** ——— **B** Fällen Sie von C auf die Strecke $\overline{AB}$ das Lot.

c) Halbieren Sie die Strecke
A ——————— **B**

d) **A** ——— **P** ——— **B** Konstruieren Sie zur Strecke $\overline{AB}$ eine Parallele, die durch Punkt **P** verläuft.

23. Nachfolgendes Grundstück soll mit einer Buchenhecke eingefasst werden. Es werden 3 Pflanzen pro m gerechnet. Wie viele Pflanzen sind erforderlich?

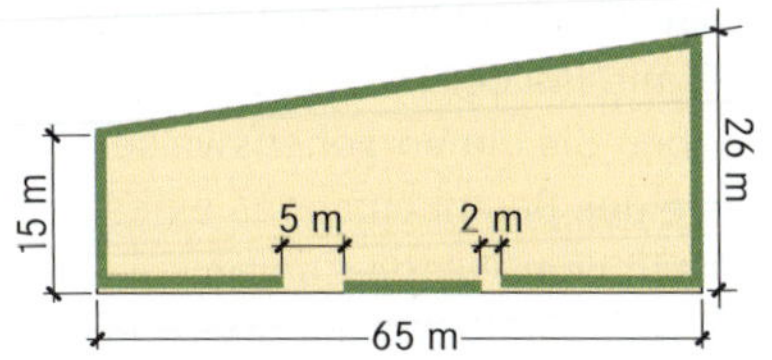

24. Ein Grundstück hat die Form eines rechtwinkligen Dreiecks. Die Maße sind **a** = 30 m, **b** = 40 m. Wie lang ist die dritte Seite **c**?

25. Eine 8,50 m lange Leiter lehnt an der Hauswand. Wie hoch reicht sie hinauf, wenn ihr unteres Ende 1,50 m von der Hauswand entfernt ist?

26. Ein quadratisches Grundstück weist eine Seitenlänge von 40 m auf. Wie lang ist eine Diagonale?

27. Beschreiben Sie die Vorgehensweise bei
a) der Errichtung einer Senkrechten und
b) dem Fällen eines Lotes mithilfe des Doppelpentagons.

28. Berechnen Sie die Flächeninhalte der folgenden Flächen:

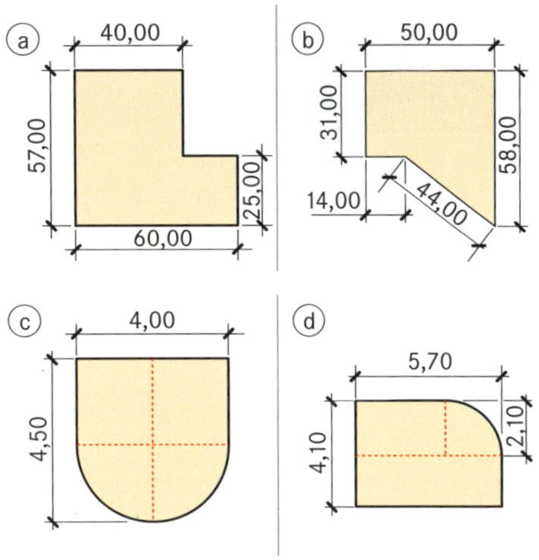

Aufgaben (Fortsetzung)

29. Beschreiben Sie die Vorgehensweise beim Aufmessen von Grundstücken nach dem
    a) Dreiecks- und
    b) Koordinatenverfahren.
30. Berechnen Sie die Flächeninhalte der in 1, S. 57, 1 bis 3, S. 58, und 1 und 3, S. 59, dargestellten Grundstücke.
31. Berechnen Sie den Flächeninhalt der 1, Seite 57, mithilfe der Heron'schen Formel.
32. Beschreiben Sie die Vorgehensweise bei der Aufnahme des Baumbestandes eines Grundstücks nach dem Polarverfahren.
33. Welches sind gebräuchliche Maßstäbe bei der Erstellung von
    a) Detail- und
    b) Grundstücksplänen?
34. Geben Sie jeweils die tatsächliche Größe in m an.

Maßstab	1:50	1:100	1:250	1:1000
Auf dem Plan	8 cm	7 cm	9,5 mm	15 mm

35. Geben Sie die Größe auf dem Plan an.

Maßstab	1:50	1:100	1:250	1:1000
In der Wirklichkeit	3,50 m	15 m	27,50 m	350 m

36. Welcher tatsächlichen Länge entspricht eine Läuferreihe, die mit 8,3 cm auf einem Ausführungsplan im Maßstab 1:50 dargestellt ist?
37. Welcher Maßstab ist für folgende Darstellungen
    a) Terrasse 5 m × 3,50 m,
    b) Pflanzplan 10 m × 15 m,
    c) Grundstück 57 m × 50 m auf einem A4- bzw. einem A3-Blatt zu wählen?

2 Höhenmessung

1 Amtlicher Höhenfestpunkt auf einem Pfeiler.
Der höchste Punkt des Höhenbolzens ist die NN-Höhe.

Bei der **Höhenmessung** (Vertikalmessung) werden die Höhenunterschiede zwischen zwei oder mehreren Punkten ermittelt. Häufig werden Lage- und Höhenmessung miteinander kombiniert.

2.1 Höhenfestpunkte

Die Höhe eines Punktes wird ermittelt, indem man die Höhendifferenz zu einem Festpunkt feststellt. Ein **Höhenfestpunkt (HFP)** ist ein Punkt, dessen Höhe bekannt ist und der als Ausgangspunkt zum Messen weiterer Höhen dient. Dabei kann man mit relativen oder absoluten Höhen arbeiten.

- **Relative Höhen** sind Höhen, die sich auf einen Festpunkt beziehen, dessen Höhe man selbst festlegt. Als Bezugspunkte eignen sich vor allem unverrückbare Punkte, wie z. B. Treppenstufen, Gullydeckel, Erdgeschoss-Fußboden-Höhe (EFH), Bord- oder Grenzsteine. Um nicht mit negativen Zahlen arbeiten zu müssen (Fehlergefahr!), legt man den Festpunkt im Allgemeinen auf + 10,00 m fest. Bei größeren Höhenunterschieden auf dem Gelände werden auch höhere Werte, z. B. + 100,00 m angenommen. Auf den Baustellen des Garten- und Landschaftsbaus wird der Einfachheit halber im Allgemeinen mit relativen Höhen gearbeitet. Zum sicheren Wiederfinden der Punkte sollten diese durch Einmessen gesichert werden. Dies geschieht, indem man ihre Lage zu unverrückbaren Merkmalen wie Mauerecken, Pfeilern, Treppenstufen, Bordsteinecken usw., misst und in einer Skizze festhält.
- **Absolute Höhen** sind Höhen, die sich auf **NHN** (Höhe über Normalhöhen-Null) beziehen und in Metern über/unter **NHN** angegeben werden. Es handelt sich dabei um amtliche Vermessungspunkte, deren Bezugsfläche die Höhe des Meeresspiegels im Amsterdamer Hafen bei Mittelwasser (Amsterdamer Pegel) ist und mit ± 0,00 angenommen wird.[1] Mit absoluten Höhen muss

[1] In Österreich beziehen sich die Höhen auf eine Höhenmarke am Triester Pegel (etwa 27 cm unter NHN), in der Schweiz auf eine Höhenmarke an einem Felsblock im Genfer See (etwa 8 cm unter NHN).

immer dann gearbeitet werden, wenn Baumaßnahmen im öffentlichen Bereich durchgeführt werden, in diesen übergehen (z. B. bei Kanalisations- oder Straßenanschlüssen) oder in öffentliche Pläne (z. B. Katasterpläne) eingetragen werden. Auch auf größeren Baustellen, wo verschiedene Firmen zusammenarbeiten, ist die Arbeit mit absoluten Höhen sinnvoll. Festpunkte bezogen auf NHN sind durch eingeschlagene Höhenbolzen (Metallbolzen) an Gebäudesockeln, Mauerwerk oder an im Boden sitzenden Pfeilern (1, S. 64) markiert (vermarktet) und in Karten verzeichnet. Von ihnen werden alle anderen Höhenpunkte in der Bundesrepublik Deutschland übertragen. Lage und Höhe der Festpunkte können bei den zuständigen Vermessungsämtern erfragt werden.

2.2 Geräte zur Höhenmessung

Je nach Entfernung der zu messenden Punkte werden verschiedene Geräte eingesetzt:

2.2.1 Wasserwaage, Richtscheit und Gliedermaßstab

Neben der **Wasserwaage**, die nur über kurze Strecken eingesetzt wird, lassen sich einfache Höhenmessungen mit **Richtscheit** und **Gliedermaßstab** (Meterstab, Zollstock) durchführen. Richtscheite (Richtlatte, Setzlatte, Wiegelatte) sind 2,00 bis 5,00 m lange Latten aus Leichtmetall (Aluminium) oder Holz mit oder ohne Röhrenlibelle (1).

Enthalten sie keine Libelle, können sie mithilfe einer Wasserwaage horizontal ausgerichtet werden. Wird mit der **Wasserwaage** gearbeitet, sollte diese vor Beginn der Messung auf ihre Genauigkeit hin überprüft werden. Dazu setzt man die Wasserwaage auf eine ebene Unterlage, um sie anschließend um 180° zu drehen. Nimmt die Luftblase in der Röhrenlibelle wieder die gleiche Stellung ein, ist sie in Ordnung. Der Richtscheit mit integrierter Röhrenlibelle kann auf gleiche Weise überprüft werden.

1 Richtscheit mit integrierter Röhrenlibelle

2.2.2 Schlauchwaage

Das **Gesetz der kommunizierenden Röhren** (2) macht man sich bei der Arbeit mit der **Schlauchwaage** (3) zur Höhenübertragung zwischen zwei oder mehreren Punkten zunutze. Eine Schlauchwaage ist ein 10 bis 30 m langer mit Wasser gefüllter Schlauch. Die Schlauchwaage kann dazu verwendet werden, um Höhen auf ein gleiches Niveau zu bringen. So kann z. B. beim Ausheben eines Teiches eine

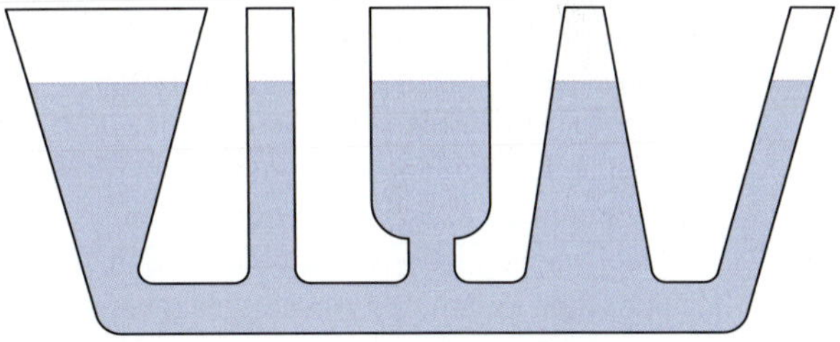

2 Gesetz der kommunizierenden Röhren: Wenn man oben offene und unten miteinander verbundene Röhren/Gefäße mit Flüssigkeit füllt, stellt sich diese in allen Röhren gleich hoch ein

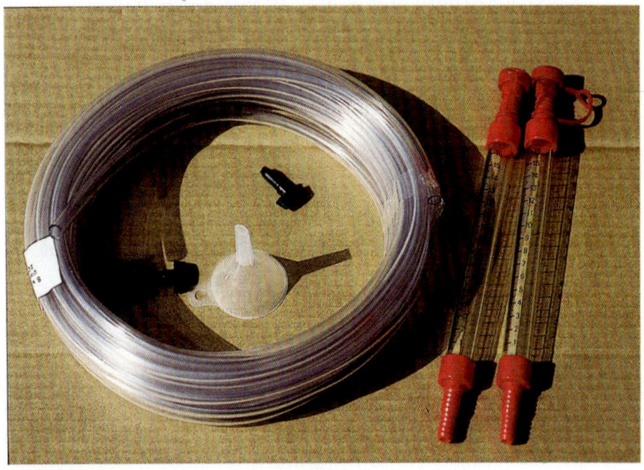

3 Schlauchwaage

4 Höhenübertragung mit der Schlauchwaage

Höhe von der einen Seite auf die andere übertragen werden. Die Schlauchwaage bietet den Vorteil, dass Höhenübertragungen auch um Ecken herum bzw. dort, wo die Sicht versperrt ist, durchgeführt werden können (4, S. 65). Befinden sich an beiden Enden Röhrchen mit einer Millimetereinteilung, können Höhenunterschiede zwischen zwei Punkten festgestellt werden. Beim Messen ist darauf zu achten, dass der Schlauch nie höher liegt als die Enden! Er muss immer unterhalb des Flüssigkeitsspiegels liegen.

Vorgehensweise

1. Wasser ohne Blasenbildung bis zur Markierung einfüllen. Etwaige Luftblasen sind durch Bewegung des Schlauches zu entfernen. Etwa 5 bis 10 cm Luft je Schlauchende lassen.
2. Schlauchwaage justieren: Schlauchenden auf gleiche Höhe halten, bis Wasserspiegel ausgependelt ist.
3. Beide Wasseroberflächen auf den Schlauchenden markieren.
4. Endstopfen aufsetzen, um einen Wasserverlust beim Transport zu verhindern.
5. An Messstellen Stopfen entfernen.
6. Ein Ende mit der Markierung an die zu übertragende Höhe halten, das andere Ende an den Punkt halten, der auf das gleiche Niveau des ersten Punktes gebracht werden soll. Der Punkt liegt auf gleicher Höhe, wenn der Wasserspiegel die zweite Markierung erreicht hat.

2.2.3 Visiertafeln

Ein **Visiertafelsatz** (Richttafelsatz) besteht aus drei Tafeln mit unterschiedlicher Farbmarkierung: z. B. einer weißen Tafel (Krücke), einer roten Tafel (Krücke) und einer rot-weißen Tafel (1). Sie dienen dazu, zwischen zwei bekannten Höhen weitere Zwischenhöhen festzulegen.

1 Eintafeln eines Zwischenpunktes

Für dieses Verfahren sind drei Personen erforderlich (1): Vorne und hinten befinden sich Höhenpflöcke mit gleicher Höhe. Dazwischen soll die gleiche Höhe markiert werden.

Vorgehensweise

Der Beobachter visiert über die rote Krücke die Tafel (Unterkante rotes Feld) an und gibt dem Messgehilfen Anweisung, wie weit der Holzpflock in der Mitte noch einzuschlagen ist. Die Zwischenhöhe ist gefunden, wenn der Beobachter von der Tafel nur noch einen schmalen weißen Strich sieht.

2.2.4 Nivelliergeräte

Das genauste Messverfahren zur Bestimmung von Höhen stellt das Nivellieren dar. Neben dem **Nivelliergerät** (Nivellier) werden dazu noch ein oder zwei 3 bis 5 m lange **Nivellierlatten** (2) benötigt. Sie bilden das Ziel beim Nivellieren und sind bei der üblichen **E**-Teilung in cm-Felder eingeteilt – die Millimeter müssen geschätzt werden – und nach dm beziffert. Die cm-Teilung befindet sich von dm-Feld zu dm-Feld wechselnd entweder auf der rechten oder linken Lattenhälfte. Zur Vermeidung von Meterfehlern bei der Ablesung sind die Latten häufig abwechselnd 1 m lang schwarz und 1 m lang rot gefärbt. Nivellierlatten sollten mit einem Lattenrichter ausgerüstet sein, um eine lotrechte Haltung zu sichern. Für kleinere Messungen können auch **Nivellierzollstöcke** (-meterstäbe) verwendet werden. Es besteht jedoch die Gefahr, dass sich größere Ungenauigkeiten ergeben.

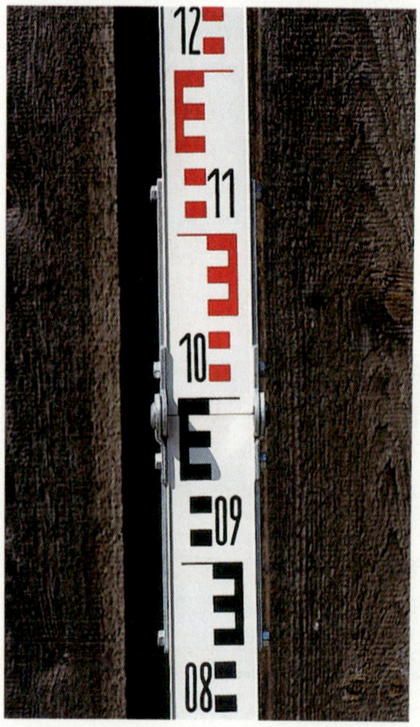

2 Zusammenfaltbare Nivellierlatte (Messlatte) mit E-Teilung; rückseitige Teilung, falls vorhanden, in mm

Ein **Nivelliergerät** (Nivellier) ist im Prinzip nichts anderes als ein waagerecht drehbares Zielfernrohr, das mit einer genau arbeitenden Wasserwaage, der **Röhrenlibelle**, verbunden ist. Der Instrumentenhorizont bildet dabei die horizontale Bezugsebene.

Heute werden im Allgemeinen **automatische** (selbsthorizontierende) **Nivelliergeräte** (1, S. 69) verwendet. Bei ihnen übernimmt statt der Röhrenlibelle eine Automatik („Kompensator") die Feinhorizontierung. Zur groben Einstellung, d. h. zum waagerechten Stellen der Stativplatte (Grobhorizontierung), besitzen sie eine **Dosenlibelle**. Zum Ablesen von Winkeln dient ein am Gerät angebrachter **Horizontalkreis mit Gradeinteilung**, der in 400 gon („Neugrad") aufgeteilt ist.

Fehlerquellen

Häufige Fehlerquellen beim Nivellieren:

- Schätzungsfehler beim Ablesen
- Schiefhalten/Verkanten der Latten (Lattenrichter verwenden!)
- Einsinken von Nivellier oder Messlatte (Lattenuntersetzer, sog. Frosch, an Wechselpunkten für das Aufsetzen der Messlatte verwenden)
- Nivellier nicht richtig horizontiert bzw. in Augenhöhe aufgebaut
- zu große Zielweiten (> 100 Meter)
- unübersichtliche, nicht nachvollziehbare Feldbuchführung

2.2.5 Lasergeräte

Mithilfe sogenannter **Baulaser** (1) können Vermessungsarbeiten schneller und leichter als mit herkömmlichen Messgeräten durchgeführt werden. So ist z. B. nur eine Person notwendig. Nachteilig ist der höhere Anschaffungspreis.

Bei dem **Laser** (engl.: Kurzbezeichnung für **L**ight **a**mplification by **s**timulated **e**mission of **r**adiation, „Lichtverstärkung durch stimulierte Strahlungsemission") handelt es sich um ein Gerät zur Erzeugung eines scharf gebündelten Lichtstrahls. Bei der Vermessung dient dieser rote oder grüne Lichtstrahl (Leitstrahl) als optische Ziellinie. Diese Ziellinie ist bei Dunkelheit als dünner roter bzw. grüner Strahl sichtbar. Am Tage wird er durch einen Empfänger aufgefangen und in ein optisches oder akustisches Signal umgewandelt.

An der Nivellierlatte kann durch Hoch- und Runterschieben eines **Laserempfängers** (2) die Höhe gefunden werden. Für Lasergeräte gibt es auch spezielle elektronische **Lasernivellierlatten**, von denen die Messwerte direkt abgelesen werden können.

1 Einsatz eines Baulasers in Kombination mit einem Laserempfänger; die Ausstattung mit einem sichtbaren Strahl ermöglicht ein schnelleres Erfassen der Sollposition mit dem Empfänger

2 Robuster Feldrechner empfängt kabellos die Messdaten; u. a. mit Touchscreen, zwei integrierten Digitalkameras und Windows 10

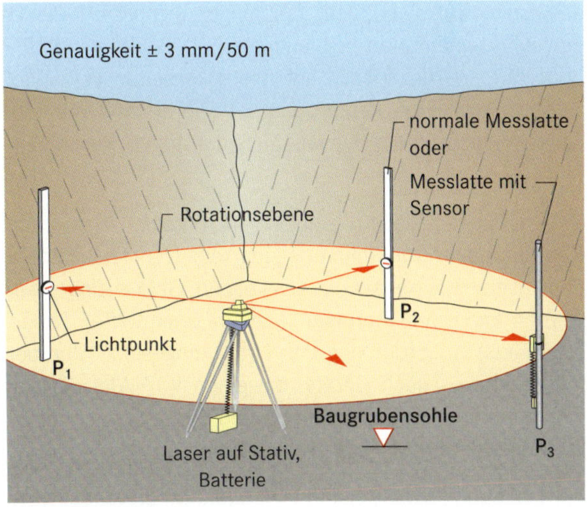

3 Einsatz eines Rotationslasers

Für Erd-, Planier- und Pflasterarbeiten werden vor allem **Rotationslaser** (3) eingesetzt. Bei ihnen rotiert der Laserstrahl horizontal um die senkrechte Geräteachse (kann auch auf Gefälle eingestellt werden). Innerhalb dieser

1 Ein Standardlaser rotiert bis zu 900-mal/Minute und strahlt einen konstanten Laserstrahl aus; bei jeder Umdrehung legt er die Referenzebene als eine horizontale oder geneigte Ebene fest; der an der Maschine angebrachte Laserempfänger erfasst den Strahl und legt die entsprechende Schildreferenz fest

Kreisfläche mit einem Durchmesser je nach Gerät von bis zu 800 m lässt sich an jeder Stelle die Höhenmessung durchführen.

Sinnvoll bei Erdarbeiten ist eine **Baumaschinensteuerung**. Hierzu wird ein universeller Laserempfänger mit 360°-Rundumempfang auf das Arbeitsgerät z. B. der Planierraupe, des Laders, des Graders oder am Bagger montiert. Über den Empfänger an der Maschine wird die Stellung des Werkzeugs bzw. die Tiefe der Auskofferung oder Höhe des Erdeinbaus genau kontrolliert (1).

Neigungen können eingestellt werden. Je nach Auftreffen des Laserstrahls auf dem Empfänger signalisiert dieser dem Maschinenführer hell leuchtend ZU HOCH - ZU TIEF oder AUF HÖHE, sodass auf Absteckarbeiten verzichtet werden kann. Eine Fernanzeige im Führerstand der Maschine erleichtert die Überwachung durch den Maschinenführer (2).

Neben Rotationslasern werden auch noch sogenannte **Kanalbaulaser** zur Rohrverlegung (besitzen fest stehenden Laserstrahl, der auf das gewünschte Gefälle eingestellt werden kann) und **Lotlaser** (senden senkrechten Laserstrahl aus) zur Errichtung von Loten eingesetzt. Darüber hinaus gibt es auch Geräte, die einen 90°-Winkelstrahl, eine rotierende Laserlichtebene und einen 90°-Lotstrahl aufweisen.

Für kleinere Arbeiten bieten sich auch **Laserwasserwaagen** an. Sie verfügen über einen integrierten Laserstrahl, eine Reichweite von etwa 30 m und sind 360° drehbar. Mithilfe eines Kippschalters kann der Laserstrahl ein- oder ausgeschaltet werden. Unter Verwendung einer Nivellierscheibe und eines Stativs können Höhen bis zu etwa 2 m übertragen werden.

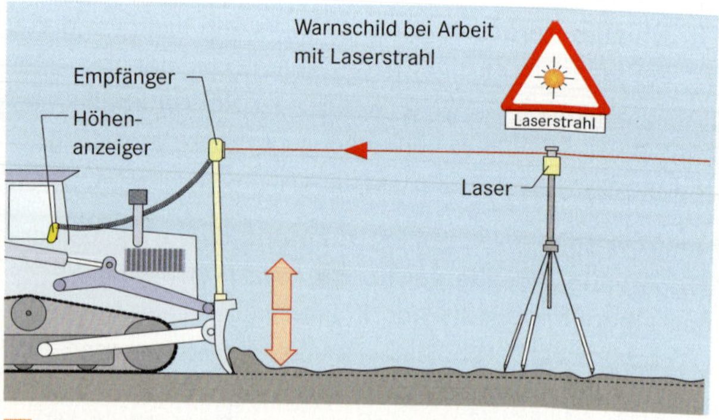

2 Genaue Feinplanierung mithilfe des Lasers

! Achtung

Niemals direkt in den Laserstrahl sehen! Die hohe Lichtkraft des Laserstrahls kann die Netzhaut des Auges verbrennen.
Der Arbeitsbereich des Lasers muss durch **Warnschilder** gekennzeichnet werden (2). In diesem Bereich Beschäftigte sind über die Gefahren und ihre Vermeidung zu unterrichten.

2.3 Höhenmessung mit dem Nivellier

2.3.1 Einstellung und Überprüfung des Gerätes

Bevor mit der Höhenmessung (Nivellement) begonnen werden kann, muss das Gerät sorgfältig eingestellt werden (1, S. 69).

Genauso wichtig ist es, das Gerät auf seine Genauigkeit hin zu überprüfen. Dazu geht man wie folgt vor:

Geräteaufstellung (I)

1. Man stellt das Nivellier in der Mitte zwischen zwei etwa 50 bis 100 m voneinander entfernten Nivellierlatten auf.
2. Gerät justieren (Blase muss sich in der Mitte der Dosenlibelle befinden).
3. Die Lattenhöhen in $\mathbf{A_1}$ und $\mathbf{B_1}$ werden abgelesen und die Differenz (Δh) wird gebildet.

Geräteaufstellung (II)

1. Das Nivellier wird nun in einem Abstand von ca. 2 m zum höher liegenden Punkt aufgestellt.
2. Gerät neu justieren.
3. Die Lattenhöhen in $\mathbf{A_2}$ und $\mathbf{B_2}$ werden abgelesen.

Wenn der Unterschied zwischen A_1 und B_1 genauso groß ist wie zwischen A_2 und B_2, d.h. $A_1 - B_1 = A_2 - B_2$, verläuft die Ziellinie genau horizontal. Das Gerät ist in Ordnung. Treten Differenzen von einigen Zentimetern auf, muss das Fadenkreuz (s. Gebrauchsanweisung des Herstellers) neu justiert werden.

Vorgehensweise

1 Einstellung des Nivelliergerätes

1. **Stativbeine** so auf den Boden stellen, dass der **Stativkopf** in etwa eben steht.
2. **Nivelliergerät** vorsichtig aus dem Gehäuse nehmen, auf den Stativkopf legen und mittels der **Halteschraube** von unten darauf befestigen. Das **Fernrohr** ① muss in Augenhöhe des Beobachters sein.
3. Unter Beobachtung der **Luftblase** in der **Dosenlibelle** ② **Fußschrauben** ③ so lange verstellen, bis die Blase in der Mitte des schwarzen Kreises steht (Dosenlibelle einspielen lassen, 2). Die Feinhorizontierung besorgt ein Kompensator. Will man feststellen, ob die automatische Nivellierkompensiereinrichtung funktioniert, tippt man leicht mit der Hand an das Stativ, um zu sehen, ob sich das Bild im Teleskop bewegt.
4. **Objektivkappe** ④ vom Teleskop nehmen.
5. Ins **Teleskop** ⑤ schauen und **Okularjustierring** ⑥ so lange drehen, bis das **Fadenkreuz** (Strichkreuz) scharf erscheint.
6. Mit dem **Richtaufsatz** ⑦ das Ziel (auf der Latte) anvisieren.
7. Ins **Teleskop** ⑤ blicken und **Zielbild** mithilfe des **Horizontalfeinbewegungsknopfes** ⑧ in die Mitte des Blickfeldes bringen.
8. Durch Drehen der **Fokussierschraube** ⑨ Zielbild auf der Latte – ohne Abweichung – gegen das **Fadenkreuz** scharf einstellen. Zahlen auf der Nivellierlatte müssen klar und deutlich sichtbar sein.
9. Wenn man von der **Okularseite** her auf die **Dosenlibelle** ② blickend feststellt, dass die Luftblase innerhalb des schwarzen Kreises steht, verläuft die **Ziellinie** genau horizontal.
10. Es kann mit der **Vermessung** begonnen werden.

Vorgehensweise

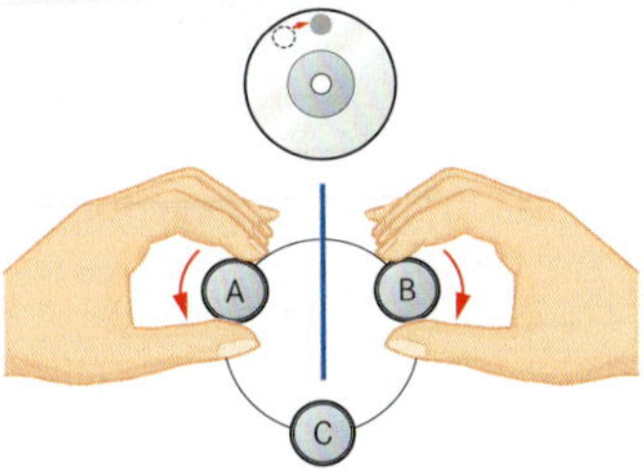

1. **Zielachse** des Nivelliergeräts (blaue Linie) in Richtung Fußschraube C **ausrichten**.
2. **Instrument grob ausrichten**
   Fußschrauben A und B so lange gleichzeitig, gleichmäßig und gegenläufig drehen, bis die Libellenblase in Richtung der Fußschraube C zeigt.

Merke

Gegenläufig drehen bedeutet, die Daumen bewegen sich entweder aufeinander zu oder voneinander weg. Die Bewegungsrichtung des **linken Daumens** zeigt die Bewegungsrichtung der Luftblase an. **Er „schiebt" sie nach rechts oder „zieht" sie nach links.**

3. **Luftblase in die Mitte des Kreises bringen**
   Nun wird nur noch die Fußschraube C gedreht, bis die Luftblase in der Mitte des Kreises liegt:
   Drehen im Uhrzeigersinn → Blase bewegt sich in Richtung C.
   Drehen gegen den Uhrzeigersinn → Blase bewegt sich von C weg.

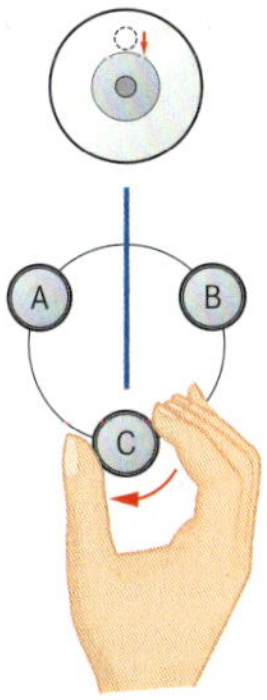

4. **Kontrolle**
   Instrument um 180° (200 gon) drehen. Die Luftblase muss sich auch danach innerhalb des Kreises befinden. Bei Abweichungen müssen beide Einstellungen wiederholt werden.

2 Einspielen der Dosenlibelle mit den Fußschrauben

2.3.2 Höhenunterschiede zwischen zwei Punkten

Bei der Aufstellung eines Nivelliergerätes haben wir die Auswahl zwischen vier Möglichkeiten:

Vorgehensweise 1

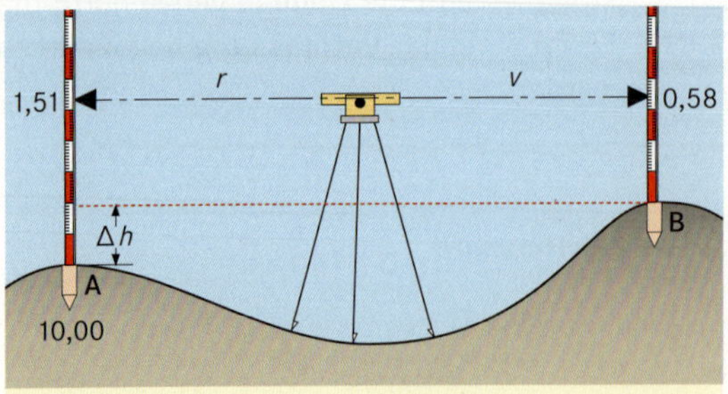

$\Delta h = r - v$
$= 1{,}51\ \text{m} - 0{,}58\ \text{m}$
$= \underline{0{,}93\ \text{m}}$

$h_B = h_A + r - v$
$= 10{,}00\ \text{m} + 1{,}51\ \text{m} - 0{,}58\ \text{m}$
$= \underline{10{,}93\ \text{m}}$

1 Aufstellung zwischen dem bekannten Höhenpunkt (A) und dem Neupunkt (B)

1. Nivellier wird zwischen **A** und **B** mit etwa gleichen Zielweiten aufgestellt. Dabei spielt es keine Rolle, ob das Gerät auf der Geraden zwischen den beiden Punkten oder außerhalb steht.
2. An der Nivellierlatte wird in **A** der Rückblick *(r)* abgelesen.
3. Die Nivellierlatte wird von **A** nach **B** versetzt, ohne die Gerätestellung zu verändern.
4. Das Nivellier wird um 180 ° gedreht. Der Vorblick *(v)* wird abgelesen.
5. Der Höhenunterschied zwischen **A** und **B** wird ermittelt: $\Delta h = + r - v$
6. Die Höhe des Neupunktes (**B**) wird ermittelt: $h_B = h_A + r - v$

Vorgehensweise 2

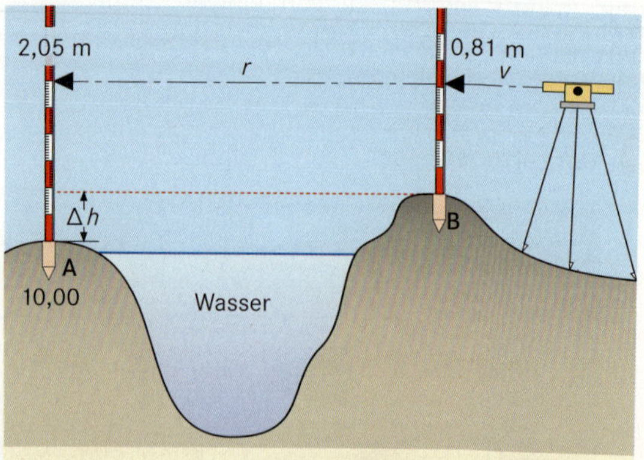

$\Delta h = r - v$
$= 2{,}05\ \text{m} - 0{,}81\ \text{m}$
$= \underline{1{,}24\ \text{m}}$

$h_B = h_A + r - v$
$= 10{,}00\ \text{m} + 2{,}05\ \text{m} - 0{,}81\ \text{m}$
$= \underline{11{,}24\ \text{m}}$

2 Aufstellung hinter den beiden Höhenpunkten

1. Nivellier wird hinter den beiden Punkten aufgestellt.
2. In **A** wird der Rückblick *(r)*, in **B** der Vorblick *(v)* abgelesen.
3. Der Höhenunterschied wird ermittelt: $\Delta h = + r - v$
4. Die Höhe des Neupunktes wird ermittelt: $h_B = h_A + r - v$

Vorgehensweise 3

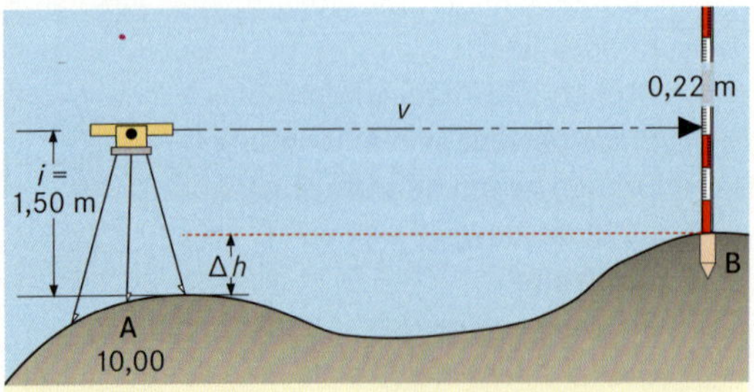

$\Delta h = i - v$
$= 1{,}50\ \text{m} - 0{,}22\ \text{m}$
$= \underline{1{,}28\ \text{m}}$

$h_B = h_A + i - v$
$= 10{,}00\ \text{m} + 1{,}50\ \text{m} - 0{,}22\ \text{m}$
$= \underline{11{,}28\ \text{m}}$

3 Aufstellung über dem bekannten Höhenpunkt

1. Nivellier wird über Punkt **A** aufgestellt.
2. Instrumentenhöhe *(i)*, der Abstand Punkt **A** bis Fernrohrmitte, wird gemessen.
3. Nivellierlatte wird auf dem Neupunkt (**B**) aufgestellt.
4. Vorblick *(v)* wird abgelesen.
5. Höhenunterschied wird ermittelt: $\Delta h = i - v$
6. Höhe des Neupunktes wird ermittelt: $h_B = h_A + i - v$

Merke

Der **Rückblick** ist immer der Blick zum bekannten Höhenpunkt. Er ist immer positiv (+). Der **Vorblick** ist immer der Blick zum Neupunkt. Er ist immer negativ (-).

Vorgehensweise 4

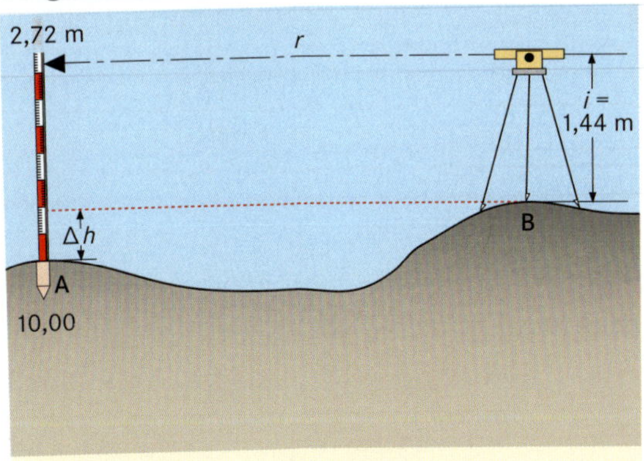

$\Delta h = r - i$
$= 2{,}72\ m - 1{,}44\ m$
$= \underline{1{,}28\ m}$

$h_B = h_A + r - i$
$= 10{,}00\ m + 2{,}72\ m - 1{,}44\ m$
$= \underline{11{,}28\ m}$

1 Aufstellung über dem Neupunkt

1. Nivellier wird über Punkt **B** aufgestellt.
2. Instrumentenhöhe *i* wird gemessen.
3. Nivellierlatte wird auf Punkt **A** aufgestellt.
4. Rückblick *(r)* wird abgelesen.
5. Höhenunterschied wird ermittelt: $\Delta h = + r - i$
6. Höhe des Neupunktes wird ermittelt: $h_B = h_A + r - i$

2.3.3 Streckennivellement

Das **Streckennivellement** wird durchgeführt, wenn mehrere Höhenpunkte, die in einer Richtung liegen, gemessen werden sollen oder der Neupunkt so weit vom bekannten Höhenpunkt entfernt liegt, dass weitere Zwischenpunkte, sogenannte Wechselpunkte, eingerichtet werden müssen. Auch beim Übertragen von absoluten Höhen auf die Baustelle wird dieses Verfahren angewandt.

Aufgabe:

Der Höhenunterschied (Δh) zwischen dem Festpunkt (**A**) und dem Neupunkt (**B**) soll ermittelt werden. Der Punkt liegt vom bekannten Höhenpunkt (**A**) so weit entfernt, dass zwei Zwischenpunkte (1 und 2) eingerichtet werden müssen (2).

Die Ablesungen werden in Tabellenform im Feldbuch festgehalten. Sollen auch die Höhen der Zwischenpunkte ermittelt werden, ist die Tabelle diesbezüglich zu ergänzen.

▶ **Ergebnis:** Es besteht ein Höhenunterschied von + 1,90 m (s. Tabelle).

Pkt. Nr.	Lattenablesung		Höhenunterschied	
	Rückblick (r)	Vorblick (v)	steigt	fällt
A	+ 2,50			
1		- 1,80	+ 0,70	
1	+ 0,90			
2		- 1,90		- 1,00
2	+ 3,10			
B		- 0,90	+ 2,20	
Summe	+ 6,50	- 4,60	+ 1,90	
Δh =	+ 1,90 Höhenunterschied AB[1]			

[1] Ist der Höhenunterschied positiv, steigt das Gelände an; ist er negativ, fällt es.

Tab. 1 Streckennivellement – Tabelle (zu 2)

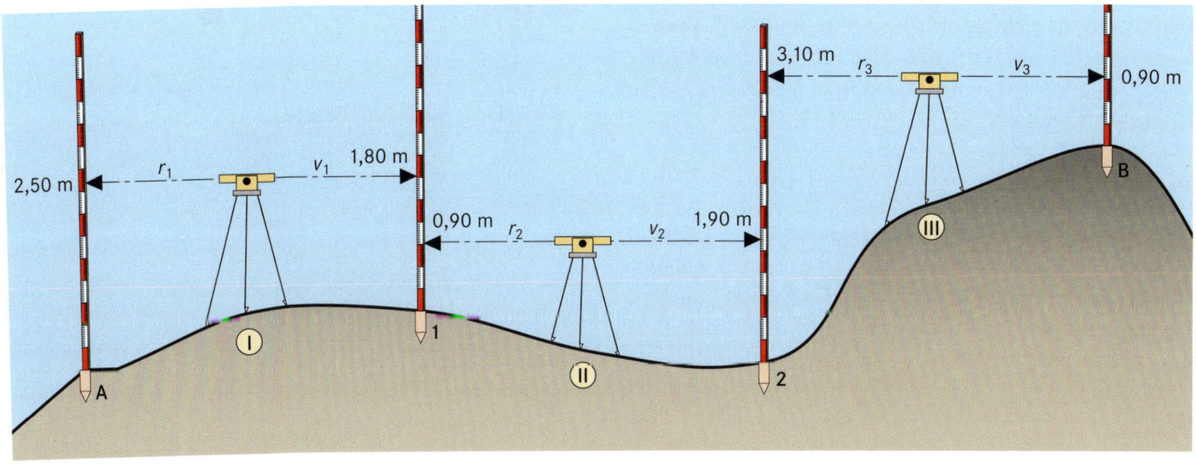

2 Streckennivellement

Vorgehensweise

1. Auf dem bekannten Punkt **A** und dem 1. Wechselpunkt (Entfernung zwischen den Punkten ≤ 50 m) wird je eine Messlatte lotrecht aufgestellt.
2. Der Gerätestandpunkt (I) wird etwa in der Mitte der Strecke (gleiche Zielweiten anstreben) so gewählt, dass der horizontale Rückblick nicht über das obere Lattenende in **A** und der Vorblick noch auf die Latte in Wechselpunkt 1 trifft.
3. Instrument wird horizontiert.
4. Rückblick (r_1) auf Punkt **A** und Vorblick (v_1) auf Wechselpunkt 1 ablesen. Werte werden im Feldbuch unter Rückblick bzw. Vorblick eingetragen.
5. Nivellier wird nach II versetzt und neu horizontiert.
6. Die Nivellierlatte bleibt in 1 stehen und wird vorsichtig gegen den neuen Gerätestandpunkt gedreht. Die Nivellierlatte wird auf Weisung des Beobachters von **A** nach Wechselpunkt 2 versetzt. Der Messgehilfe sorgt durch Abschreiten für das Einhalten etwa gleicher Zielweiten.
7. Rückblick (r_2) auf Wechselpunkt 1 und Vorblick (v_2) auf Wechselpunkt 2 ablesen und im Feldbuch eintragen.
8. Nivellier nach III versetzen.
9. Rück- (r_3) und Vorblick (v_3) werden abgelesen und im Feldbuch notiert.
10. Die Höhe des Neupunktes wird errechnet.

2.3.4 Flächennivellement

Soll die Geländeform eines Grundstücks erkennbar werden, müssen mehrere Höhenpunkte ermittelt werden. Geeignete Aufnahmeverfahren sind Profil- und Netznivellement, die auch zur Kontrolle von Erdmassenbewegungen eingesetzt werden.

Profilnivellement

Profile dienen zur höhenmäßigen Erfassung langer, schmaler oder unregelmäßig steigender Flächen. Das **Längsprofil** ist ein senkrechter Schnitt durch das Gelände. Die Profillinien müssen so verteilt werden, dass alle Erhebungen oder Mulden erfasst werden. Zwischen den Punkten wird der Geländeverlauf als geradlinig angenommen (1 und 3).

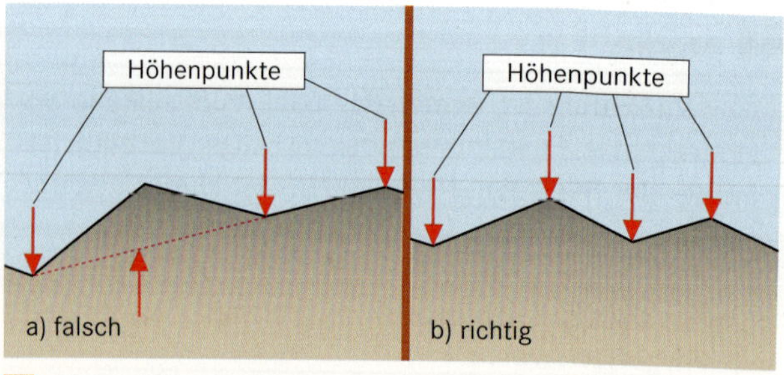

1 Längsprofil – der Abstand der Höhenpunkte ergibt sich aus dem Verlauf der Geländeoberfläche

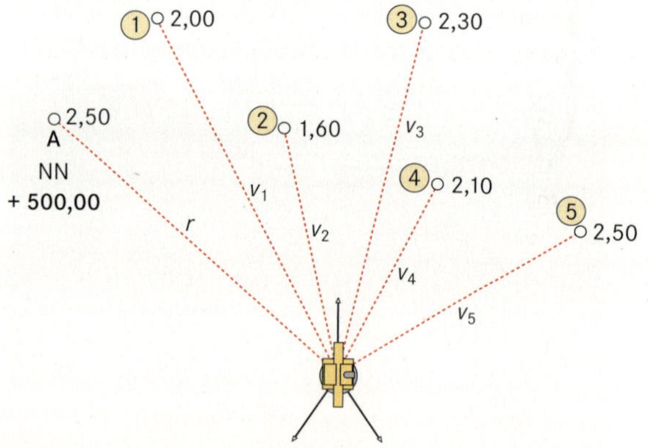

2 Flächennivellement – Aufnahme

Pkt. Nr.		Vorblick (m)	Absolute Höhe (m)
A	500,00		
r	+ 2,50		
⊕	+ 502,50		
1		- 2,00	+ 500,50
2		- 1,60	+ 500,90
3		- 2,30	+ 500,20
4		- 2,10	+ 500,40
5		- 2,50	+ 500,00
v_A	– 2,49		Kontrolle
A	500,01		

Tab. 1 Flächennivellement – Tabelle (zu 2)

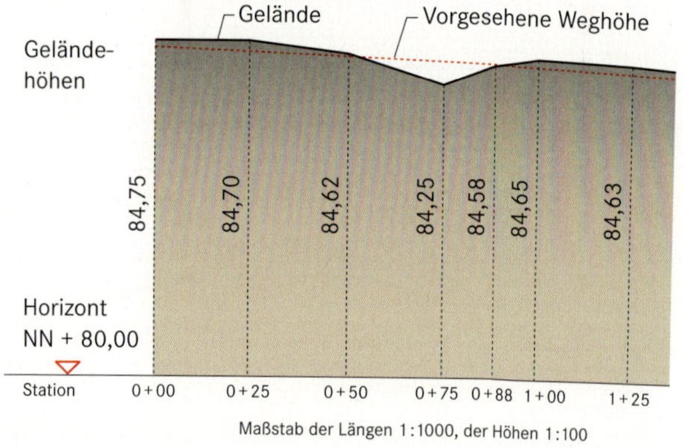

3 Längsprofil – Feldwegaufnahme

Vorgehensweise

1. Das Gelände wird besichtigt, um die Lage und den Verlauf der erforderlichen Profile festzulegen.
2. Anfang und Ende der Profile werden mit Fluchtstangen, die notwendigen Höhenpunkte mit Pflöcken markiert.
3. Die Punkte werden vermessen und im Feldbuch festgehalten.
4. Das Nivelliergerät wird so aufgestellt, dass möglichst viele Punkte anvisiert werden können.
5. Nivellieren: Der Blick zum Ausgangspunkt (**A**) wird als Rückblick, alle anderen als „Vorblick" behandelt. Die einzelnen Höhen erhalten wir, wenn wir die gemessenen Werte vom Instrumentenhorizont (⊕) = $h_A + r$ abziehen (Tab. 1, S. 72).
6. Zur Kontrolle, ob das Nivelliergerät während der Messung unverändert geblieben ist, wird am Schluss noch einmal die Richtlatte auf den Ausgangspunkt gestellt und abgelesen. Dieses Mal wird der Blick als Vorblick gewertet. Ziehen wir diesen Wert von der Instrumentenhöhe ab, müssen wir wieder die Höhe erhalten. Diese Kontrollmessung muss für jeden Gerätestandpunkt erfolgen.

Netznivellement

Beim Netznivellement (1), das vor allem zur Erdmassenberechnung bei einem Bodenauftrag oder -abtrag dient, wird die Fläche mit einem **Netz aus Höhenpunkten** überzogen. Dazu wird ein Raster aus sich kreuzenden Höhenlinien erstellt, sodass die Fläche in Punkte zerlegt wird. Der Abstand der Rasterpunkte zueinander und damit die Größe der einzelnen abzusteckenden Quadrate oder Rechtecke ergibt sich aus dem Verlauf der Erdoberfläche (z. B. 2-m-, 4 m , 5 m- oder 10-m-Raster).

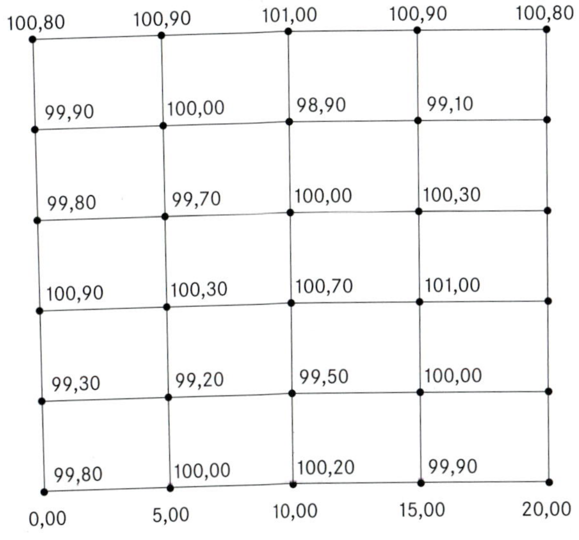

1 Netznivellement

Je gleichmäßiger der Geländeverlauf, desto weiter kann der Punktabstand sein, je ungleichmäßiger, desto engmaschiger muss das Raster ausfallen.

Ein Höhenplan entsteht, wenn man die Geländepunkte gleicher Höhe miteinander verbindet.

Vorgehensweise

1. Gelände besichtigen und Maschenweite des Rasters festlegen. Je größer die Höhenunterschiede, desto kleiner ist die Maschenweite zu wählen.
2. Rasterpunkte einmessen und mit Pflöcken, Fluchtstäben oder Zählnadeln markieren.
3. Die Höhen aller Kreuzungspunkte werden aufgenommen (auf 0,1 m Genauigkeit ablesen) und in das Feldbuch eingetragen.

Aufgaben

1. Wozu dient die Höhenmessung?
2. Was ist ein Höhenfestpunkt?
3. Wie stellt man die Höhe eines Punktes fest?
4. Unterscheiden Sie absolute und relative Höhen.
5. Warum legt man bei der Arbeit mit relativen Höhen den Höhenfestpunkt in der Regel auf + 10 m oder höher fest?
6. Nennen Sie fünf Geräte/Hilfsmittel zur Höhenmessung.
7. Beschreiben Sie die Höhenübertragung mit der Schlauchwaage.
8. Worauf beruht das Messprinzip der Schlauchwaage?
9. Zwischen zwei bekannten Höhen soll mithilfe von Visiertafeln eine Zwischenhöhe eingetafelt werden. Beschreiben Sie die Vorgehensweise.
10. Wie überprüft man die Genauigkeit einer Wasserwaage?
11. Woran können Sie ein automatisches (selbsthorizontierendes) Nivelliergerät erkennen?
12. Nennen Sie die häufigsten Fehlerquellen beim Nivellieren.

Aufgaben (Fortsetzung)

13. Beschreiben Sie das Messprinzip eines Baulasers.
14. Was versteht man unter einem Rotationslaser?
15. Beschreiben Sie den Einsatz des Lasers zur Steuerung von Baumaschinen beim Planieren.
16. Welche Sicherheitsmaßnahmen sind bei der Arbeit mit Baulasern zu ergreifen?
17. Bevor Höhenmessungen durchgeführt werden, sollte das Nivellier auf seine Genauigkeit hin überprüft werden. Wie kann dies erfolgen?
18. Füllen Sie den folgenden Lückentext auf einem Extrablatt zur Einstellung des Nivelliers richtig aus: Ins ... schauen und ... so lange drehen, bis das ... scharf und klar erscheint. Mit dem ... (oben auf dem Teleskop) das Ziel auf der Latte anvisieren. Ins ... blicken und Zielbild in die Mitte des Blickfeldes bringen, was mithilfe des ... geschieht. Durch Drehen des ... das Zielbild auf der Latte gegen das ... scharf einstellen. Wenn man feststellt, dass die ... innerhalb des schwarzen Kreises der Dosenlibelle steht, verläuft die Ziellinie genau ...
19. Benennen Sie die gekennzeichneten Teile innerhalb der Abbildung.

20. Sie messen mit dem Nivellier die Höhen für einen Weg ein. Die erste Ablesung auf der Messlatte beträgt 1,26 m. Die nächste Ablesung erfolgt in 14 m Entfernung bei 2 % Steigung. Wie lautet die Ablesung?
21. Ermitteln Sie in folgenden Fällen die Höhe des unbekannten Punktes.

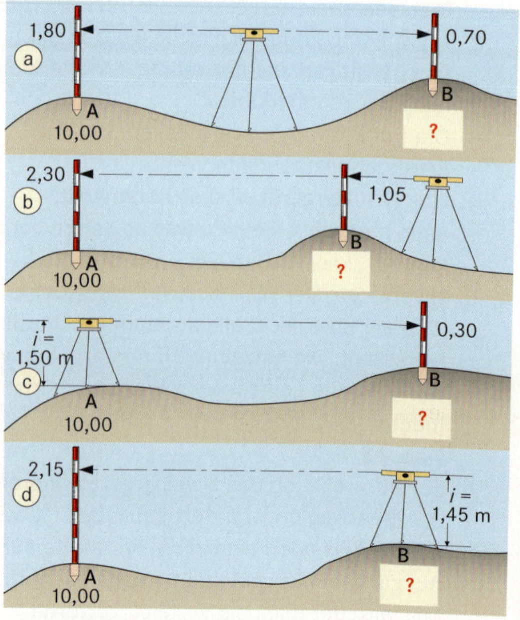

22. Ermitteln Sie den Höhenunterschied zwischen **A** und **B**.

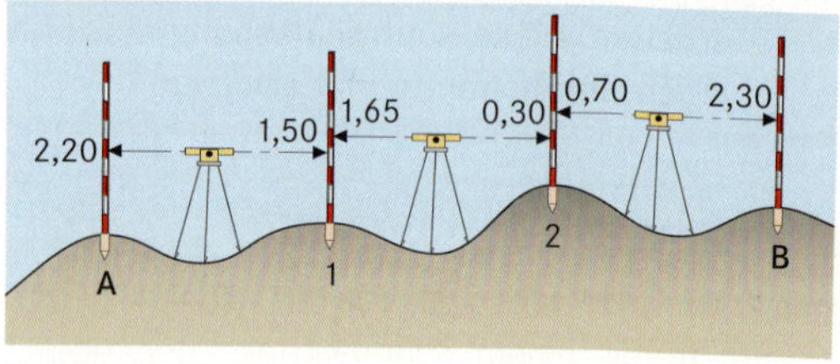

23. Ermitteln Sie die absoluten Höhen der einzelnen Punkte.

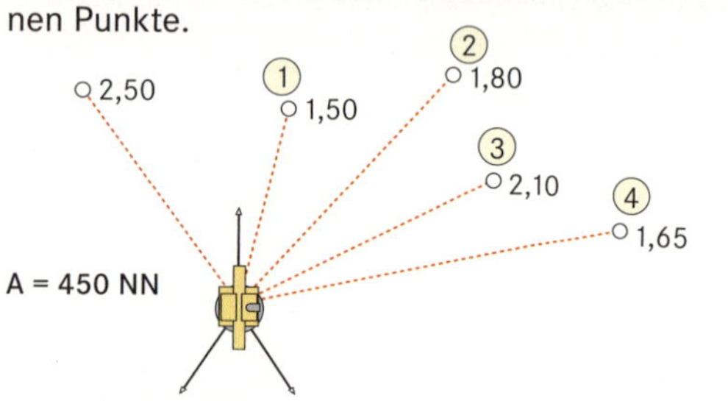

3 Absteckungen

Beim **Abstecken** wird die Lage von Bauwerken, Mauerfluchten, Pflanzflächen, Wegen, Höhen usw. aus dem Plan ins Gelände übertragen. Bei der Absteckung werden die gleichen Verfahren wie die zur Bestimmung von Lage- und Höhenpunkten (s. Kap. 1 und 2) eingesetzt. Dabei stehen im Vordergrund das Einmessen mit dem Koordinatenverfahren und die Höhenübertragung mit dem Nivellier.

3.1 Absteckpläne

Zur Übertragung von Lageplänen (Ausführungsplänen) ins Gelände dienen bei größeren Bauvorhaben **Absteckpläne**. Sie sind vom Landschaftsarchitekten angefertigt und enthalten in der Regel alle Maße, die für die Übertragung der Baumaßnahme notwendig sind. Liegt kein Absteckplan vor, müssen die erforderlichen Maße aus dem Plan entnommen werden.

Vorgehensweise

1. Über den Plan (Planpause) wird ein Koordinatensystem gelegt. Bei der Festlegung der Abszisse ist darauf zu achten, dass alle zu messenden Punkte auf diese abgelotet werden können und Ihre Übertragung ins Gelände ohne größeren Aufwand möglich ist. Gegebenenfalls sind mehrere Abszissen einzuzeichnen.
2. Die zu messenden Punkte werden auf die Abszisse(n) abgelotet.
3. Die Strecken werden gemessen, in Originalmaße umgerechnet und in den Plan eingetragen.

Bei kleineren Bauvorhaben wird in der Regel kein Absteckplan gezeichnet. Hier werden die Maße auf der Baustelle direkt aus dem Plan abgegriffen (z. B. mit Stechzirkel). Mithilfe eines Lineals und des angegebenen Maßstabs wird dann die tatsächliche Länge im Gelände ausgerechnet. Beim Abmessen mit **Dreikant-Maßstäben** ist eine Umrechnung in Originalmaße nicht erforderlich, die Maße können in cm und m direkt abgelesen werden. Beim Abgreifen der Maße aus den Plänen ist zu bedenken, dass Papier bei Schwankungen der Luftfeuchtigkeit nicht maßbeständig ist.

3.2 Geometrische Konstruktionen

3.2.1 Kreisbogenabsteckung

Neben geraden Strecken müssen auch immer wieder **Kreisbögen** (1) abgesteckt werden. Wesentlich für die Konstruktion ist dabei, ob der Kreismittelpunkt zugänglich ist oder nicht.

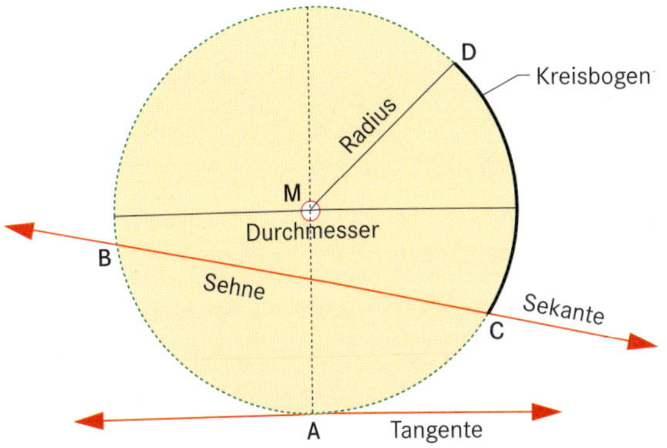

1 Bezeichnungen am Kreis

Kreismittelpunkt zugänglich

Beispiel 1

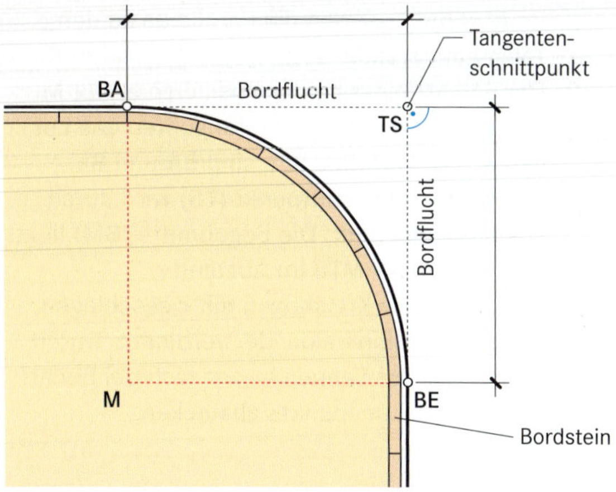

2 Bogenabsteckung vom Mittelpunkt aus

Gegeben sind der Bogenanfang **BA** und das Bogenende **BE**. Der Radius ist $r \leq 25$ m.

Vorgehensweise

1. In den Punkten **BA** und **BE** werden die Senkrechten errichtet. Ihr Schnittpunkt bildet den Kreismittelpunkt **M**.
2. Der Radius ***r*** wird gemessen.
3. Um **M** wird ein Kreisbogen mit ***r*** geschlagen, der **BA** und **BE** miteinander verbindet.

Beispiel 2

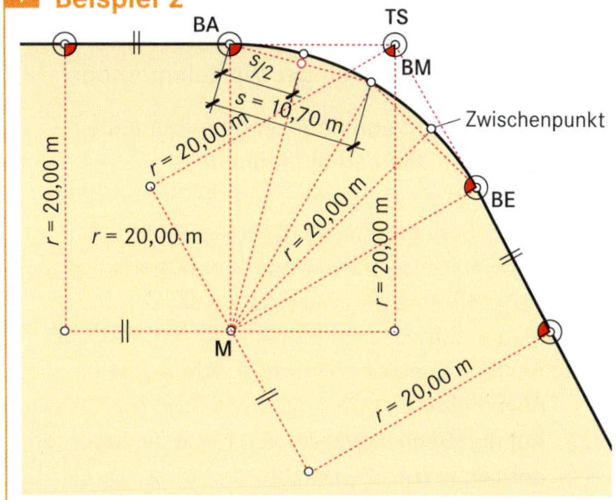

3 Bogenanfang und -ende sind nicht bekannt

Gegeben sind die an den Kreisbogen anschließenden Geraden (Tangenten). Der Radius ***r*** ist ≤ 25 m.

Vorgehensweise

1. Auf den Tangenten werden die Senkrechten errichtet.
2. Im Abstand ***r*** werden die Parallelen zu den Tangenten erstellt.
3. Der Schnittpunkt beider Parallelen ergibt **M**.
4. Von **M** aus wird auf beide Tangenten das Lot gefällt. Die Lotfußpunkte sind **BA** und **BE**.
5. Der Tangentenschnittpunkt **(TS)** wird durch Fluchten bestimmt. Die Bogenmitte **(BM)** liegt auf der Strecke $\overline{\mathbf{MTS}}$ im Abstand ***r***.
6. Um **M** wird ein Kreisbogen mit ***r*** geschlagen, der **BA** und **BE** miteinander verbindet. Durch Halbierung der Sehnen lassen sich bei Bedarf weitere Zwischenpunkte abstecken.

Kreismittelpunkt nicht zugänglich

Beispiel

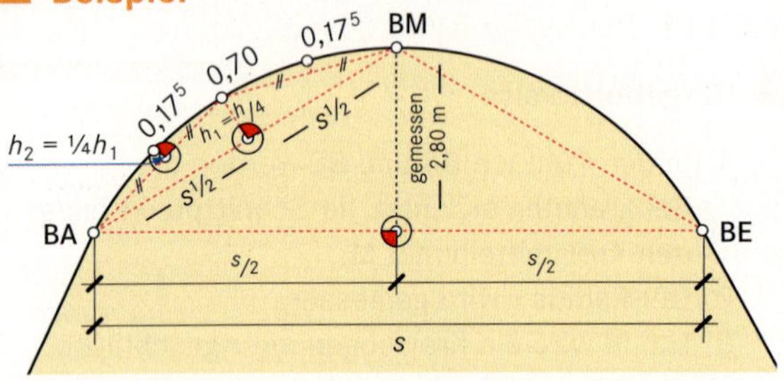

1 Absteckung von Zwischenpunkten nach der Viertelsmethode

Gegeben sind **BA**, **BM** und **BE**. Der Kreismittelpunkt ist im Gelände nicht zugänglich.

Vorgehensweise nach der Viertelsmethode

1. Bogenanfang und Bogenende miteinander verbinden. Man erhält Sehne ***s***.
2. Halbierung der Sehne ergibt die Sehnenmitte.
3. In der Sehnenmitte Senkrechte errichten.
4. Bogenmittelpunkt **BM** mit dem Bogenanfangspunkt **BA** und dem Bogenende **BE** verbinden. Man erhält die Sehnen **BA – BM** und **BM – BE**.
5. Abstand von Sehnenmitte zu **BM** ergibt Bogenhöhe ***h***.
6. Auf den Sehnen werden die Mittelsenkrechten der Länge $h_1 = h/4$ errichtet.
7. Endpunkte der Mittelsenkrechten sind Bogenpunkte im Viertelabstand ($1/4$ der Hauptbogenhöhe).
8. Das Verfahren mit den Sehnen zwischen den Viertelspunkten wiederholen: $h_2 = 1/4\, h_1$ usw., bis die gewünschte Punktdichte erreicht ist.

Gitterverfahren

Das **Gitterverfahren** (2), auch als **Schachtmeisterbogen** bezeichnet, stellt ein Näherungsverfahren dar. Mit diesem Absteckverfahren lässt sich nur annähernd ein Kreisbogen erzielen. Von Vorteil ist die einfache Durchführung.

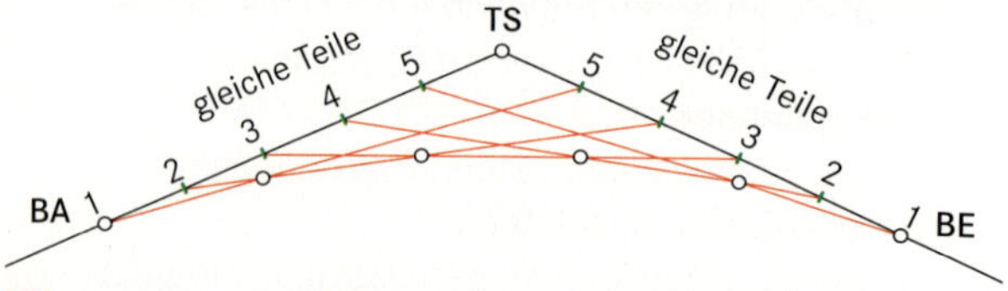

2 Abstecken von Zwischenpunkten mit dem Gitterverfahren (Schachtmeisterbogen)

Vorgehensweise

1. Tangenten verlängern, sodass man den Tangentenschnittpunkt **TS** erhält.
2. Bogenanfang **BA** und -ende **BE** festlegen.
3. **BA – TS** und **BE – TS** in gleiche Teile unterteilen.
4. Die Teile kreuzweise verbinden.
5. Die innen liegenden Schnittpunkte ergeben die Bogenpunkte.

Koordinatenverfahren

Kreisbögen können auch im Koordinatenverfahren (3) abgesteckt werden. Je dichter dabei die Fußpunkte auf der Abszisse liegen, desto genauer ist der Kreisbogen. Geeignet ist das Verfahren bei der Ausbildung größerer weich geschwungener Wege.

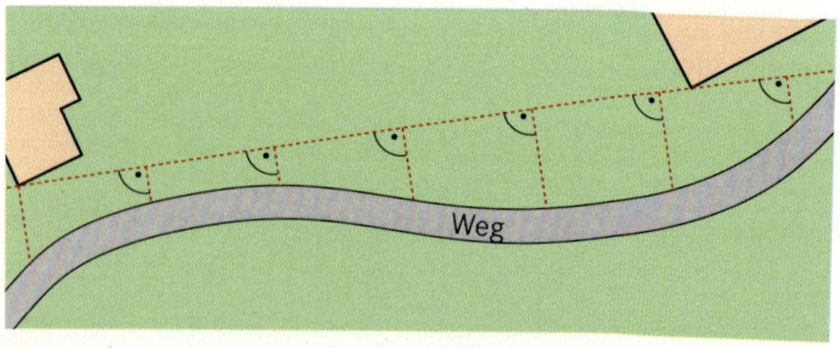

3 Abstecken von Zwischenpunkten (Koordinatenverfahren)

Satz des Thales

Beispiel

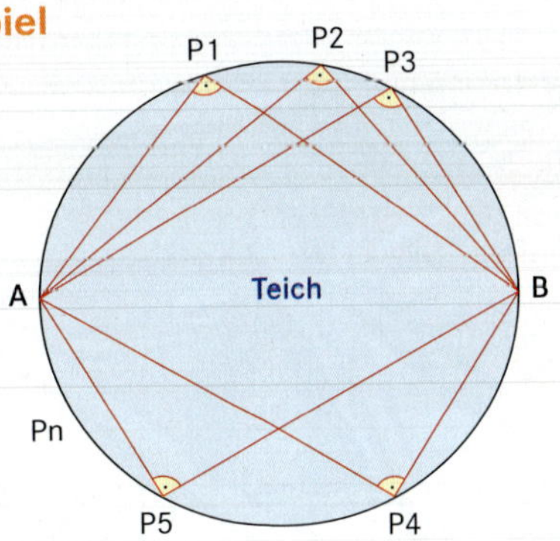

1 Satz des Thales

Um einen Teich soll ein kreisförmiger Weg angelegt werden. Der Mittelpunkt ist nicht zugänglich.

Lösung: Nach dem **Satz des Thales** (1) ist jeder Winkel, dessen Schenkel durch **A** und **B** gehen und dessen Scheitel auf dem Umfang des Halbkreises über **AB** liegt, ein rechter.

Vorgehensweise

A und **B** werden mit je einer Fluchtstange gekennzeichnet. Mithilfe des Doppelpentagons werden nun die Lotfußpunkte auf dem Halbkreis über **AB** gesucht.
Bringt man die rechte Fluchtstange (oberer Spiegel) mit der Fluchtstange in **B** (Durchsichtfenster) zur Deckung, weist das Schnurlot des Gerätes auf die Kreislinie. Auf diese Weise lassen sich die Zwischenpunkte für den Kreis ermitteln.

3.2.2 Weitere Konstruktionen

Halbierung eines Winkels

Beispiel

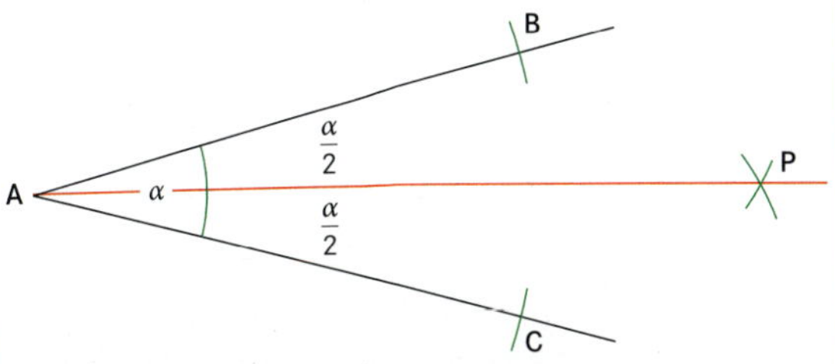

2 Halbierung eines Winkels

Der gegebene Winkel soll mithilfe einer Schnur halbiert werden.

Vorgehensweise

Zeichnen Sie um den Scheitel **A** einen Kreisbogen, der die Schenkel des Winkels in den Punkten **B** und **C** schneidet. Nun schlagen Sie um **B** und **C** beliebige, aber gleich große Kreisbögen, die sich in **P** schneiden. Die Verbindung **P – A** bildet die Winkelhalbierende.

Konstruktion einer Ellipse

Beispiel

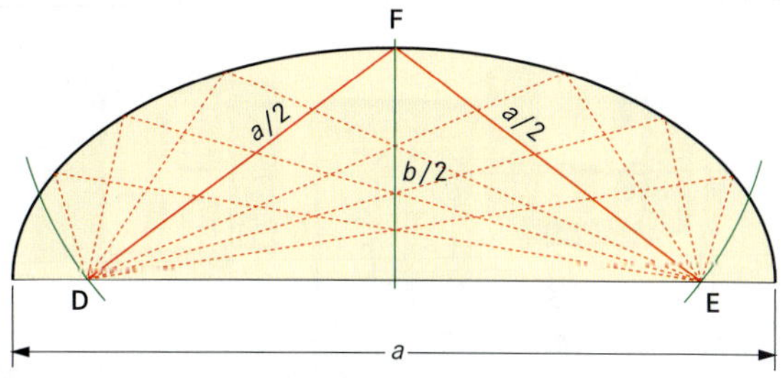

3 Konstruktion einer Ellipse

Ein Teich soll in Form einer Ellipse erstellt werden. Gegeben sind ***a*** (große Achse) und ***b*** (kleine Achse).

Vorgehensweise

Um **F** wird ein Kreisbogen mit dem Radius ***a*/2** geschlagen, der die *a*-Achse in **D** und **E** schneidet. **D** und **E** werden mit Pflöcken markiert. Um beide Punkte wird eine Schnur von der Länge **DFE** straff herumgeführt, sodass eine Ellipse entsteht.

Aufgaben

1. Wozu dienen Absteckungen?
2. Was versteht man unter a) einem Kreisbogen, b) einer Sekante, c) einer Sehne und d) einer Tangente?
3. Beschreiben Sie verschiedene Verfahren zur Absteckung von Kreisbögen.
4. Um eine dichte Baumgruppe soll ein kreisförmiger Weg angelegt werden. Der Kreismittelpunkt ist nicht zugänglich. Beschreiben Sie die Vorgehensweise.
5. Konstruieren Sie mit Zirkel und Lineal einen Winkel von 22,5°.
6. Beschreiben Sie die Konstruktion einer Ellipse.

GaLaBau

Bautechnische Maßnahmen

Erdbau

1 Begriffe

Auf fast jeder Baustelle des Garten- und Landschaftsbaus müssen Erdarbeiten und/oder Bodenarbeiten durchgeführt werden.

1.1 Erdarbeiten

Als **Erdarbeiten** bezeichnet man alle Arbeiten, bei denen Böden als **Baustoff** eingesetzt und/oder als **Baugrund** vorbereitet werden. Die dafür verwendeten Böden müssen grundsätzlich besonders strukturstabil, hohlraumarm und gut verdichtbar sein, damit später keine Bauschäden aufgrund von Setzungen auftreten. „Strukturstabil“ bedeutet, dass die Bodenteilchen stabil aufeinanderliegen und nicht verrutschen oder zerbrechen können.

Beispiele für Erdarbeiten sind die Herstellung von Lärmschutzwällen und ähnlichen Bodenmodellierungen (1) sowie von Fundamentgräben und Wegekoffern. Erdarbeiten stehen in der Regel ziemlich bald nach Baubeginn auf fast jeder Baustelle an.

1.2 Bodenarbeiten

Im Gegensatz zu Erdarbeiten sind **Bodenarbeiten** darauf ausgerichtet, den **Standort für Vegetation** herzustellen. Für Bodenarbeiten verwendete Böden müssen hohlraumreich und locker sein, um eine optimale Entwicklung von Pflanzen und Bodenlebewesen zu ermöglichen.

Zu den Bodenarbeiten zählen z. B. das Andecken von Oberboden für Gehölzpflanzungen und Rasenansaaten (1). Bodenarbeiten werden zumeist gegen Ende eines Bauvorhabens durchgeführt, nachdem alle technischen Bauwerke errichtet worden sind.

Für die Verwendung von Böden als Pflanzenstandort ist die DIN 18915 „Vegetationstechnik im Landschaftsbau – Bodenarbeiten“ eine wichtige Norm (s. Kap. Boden aus vegetationstechnischer Sicht).

1 Bau eines Lärmschutzwalls (Erdbaukörper im Vordergrund, Oberbodenandeckung im Hintergrund)

1.3 Oberboden, Unterboden und Untergrund

Beim Ausheben einer Bodengrube werden meist mehr oder weniger einheitliche, parallel zur Bodenoberfläche verlaufende Schichten sichtbar, die **Bodenhorizonte**. Es werden die folgenden drei Haupt-Horizonte unterschieden.

A-Horizont: Der mit organischer Substanz und Bodenlebewesen durchsetzte und durch Humusanreicherungen dunkel gefärbte **Oberboden** bildet die oberste Schicht. Er ist in der Regel ziemlich feinkörnig und zwischen 20 und 30 cm dick.

B-Horizont: Der humusarme, zumeist heller gefärbte **Unterboden** bildet die nächste Schicht. Auch er besteht meistens aus feineren Bodenkörnchen.

C-Horizont: Der **Untergrund**, das mehr oder weniger verwitterte mineralische Ausgangsmaterial der Bodenbildung, bildet den Abschluss nach unten.

Oberboden eignet sich weder als Baugrund für Bauwerke und Bauteile noch als Baumaterial für Erdbaukörper. Grund ist der mehr oder weniger große Anteil an organischer Substanz. Mit der Zeit würde die fortschreitende Mineralisierung dieser Humusanteile zu Setzungen führen, wodurch letztendlich Bauwerke und Baukörper zu Schaden kämen.

Als Standort für Vegetation ist Oberboden dagegen in der Regel besonders gut geeignet. Wird Oberboden jedoch zu hoch aufgeschüttet, kann dies schwerwiegende Folgen haben, da organische Substanz ab ca. 40 cm Tiefe wegen fehlenden Sauerstoffs nicht verrottet, sondern fault. Die aufsteigenden Faulgase können zur Schädigung von Bodenlebewesen und Vegetation führen.

Oberboden entsteht in der Regel durch extrem lange Bodenbildungsprozesse. Daher ist auch aus Bodenschutzgründen darauf zu achten, dass er vor dem Beginn von Baumaßnahmen sorgfältig abgetragen und abseits vom Baubetrieb zur Wiederverwendung zwischengelagert wird.

Eine Ausnahme gilt für den Wurzelbereich von Bäumen, der ungefähr deren Kronenausdehnung entspricht. Hier sollten aufgrund der Gefahr von Wurzelverletzungen jegliche Abgrabungen unterbleiben.

? Aufgaben

○ 1. Unterscheiden Sie **Erdarbeiten** und **Bodenarbeiten**.

○ 2. Nennen Sie Beispiele für Erdarbeiten.

2 Bodenklassifikation

Bodenklassifikation bedeutet, dass Böden nach bestimmten Gesichtspunkten wie Korngrößen, Korngrößenanteilen oder Wasseraufnahmefähigkeit eingeteilt werden. Nachfolgend werden zentrale Klassifikationen des Erdbaus erklärt.

2.1 Bodenklassifikation in Kornfraktionen (DIN EN ISO 14688)

Grundlegend werden Böden und Mineralgemische für den Erdbau in der DIN EN ISO 14688 „Benennung, Beschreibung und Klassifizierung von Boden“ nach der Größe der mineralischen Bodenkörner eingeteilt. Dabei werden **Korngrößenbereiche** und **Kornfraktionen** unterschieden (Tab. **1**).

Die DIN EN ISO 14688 hat 2007 die DIN 4022 „Benennen und Beschreiben von Boden und Fels“ abgelöst. Im Wesentlichen wurden in der DIN EN ISO 14688 die englischen Bezeichnungen der Kornfraktionen ergänzt und die Kurzzeichen angepasst.

Auch die „alten“ Kurzzeichen und Benennungen der DIN 4022 werden noch verwendet. Sie sind deshalb in den beiden rechten Spalten der Tabelle grau unterlegt wiedergegeben (Tab. **1**).

In der Natur liegen die in Tabelle 1 genannten Kornfraktionen selten in ihrer Reinform vor. Fast immer handelt es sich bei den Böden und Mineralgemischen, mit denen wir es in der Praxis zu tun haben, um Korngemische, die unterschiedliche Anteile der Kornfraktionen enthalten.

! Hinweis

DIN steht für deutschlandweit und EN für europaweit geltende Normen. ISO (griech. *isos:* „gleich“) ist die Abkürzung der Internationalen Organisation für Normung und steht für internationale Gültigkeit darüber hinaus. Die Kürzel und Bezeichnungen der DIN EN ISO 14688 werden von Fachleuten aus allen in der ISO vertretenen Ländern[1] verstanden.

[1] Derzeit sind 170 Staaten in der ISO vertreten.

DIN EN ISO 14688				DIN 4022	
Korngrößenbereich	**Kornfraktion** Benennung deutsch englisch **Kurzzeichen**	**Korngröße (in mm)**	**Größenvergleich**	**Kornfraktion** Benennung deutsch **Kurzzeichen**	**Korngrößenbereich**
sehr grobkörniger Boden	großer Block large boulder **lBo**	> 630		Blöcke **Y** (> 200 mm)	
	Block boulder **Bo**	> 200 bis 630	> Kopfgröße		
	Stein cobble **Co**	> 63 bis 200	< Kopfgröße > Hühnerei	Steine **X**	
grobkörniger Boden	Kies/gravel **Gr**	> 2 bis 63		Kieskorn **G**	Grobkornbereich (Siebkorn)
	Grobkies coarse gravel **cGr**	> 20 bis 63	< Hühnerei > Haselnuss	Grobkies **gG**	
	Mittelkies medium gravel **mGr**	> 6,3 bis 20	< Haselnuss > Erbse	Mittelkies **mG**	
	Feinkies fine gravel **fGr**	> 2 bis 6,3	< Erbse > Streichholzkopf	Feinkies **fG**	
	Sand/sand **Sa**	> 0,063 bis 2		Sandkorn **S**	
	Grobsand coarse sand **cSa**	> 0,63 bis 2	< Streichholzkopf > Grieß	Grobsand **gS**	
	Mittelsand medium sand **mSa**	> 0,2 bis 0,63	etwa Grieß	Mittelsand **mS**	
	Feinsand fine sand **fSa**	> 0,063 bis 0,2	< Grieß, aber Einzelkörner erkennbar	Feinsand **fS**	
feinkörniger Boden	Schluff/silt **Si**	> 0,002 bis 0,063		Schluffkorn **U**	Feinkornbereich (Schlämmkorn)
	Grobschluff coarse silt **cSi**	> 0,02 bis 0,063	Einzelkörner mit bloßem Auge nicht mehr erkennbar	Grobschluff **gU**	
	Mittelschluff medium silt **mSi**	> 0,0063 bis 0,02		Mittelschluff **mU**	
	Feinschluff fine silt **fSi**	> 0,002 bis 0,0063		Feinschluff **fU**	
	Ton/clay **Cl**	≤ 0,002	Einzelkörner mit bloßem Auge nicht mehr erkennbar	Tonkorn (Feinstes) **T**	

Tab. 1 Benennung und Beschreibung von Böden und Mineralgemischen in Anlehnung an DIN EN ISO 14688 und die bis 2007 geltende DIN 4022 (grau unterlegt)

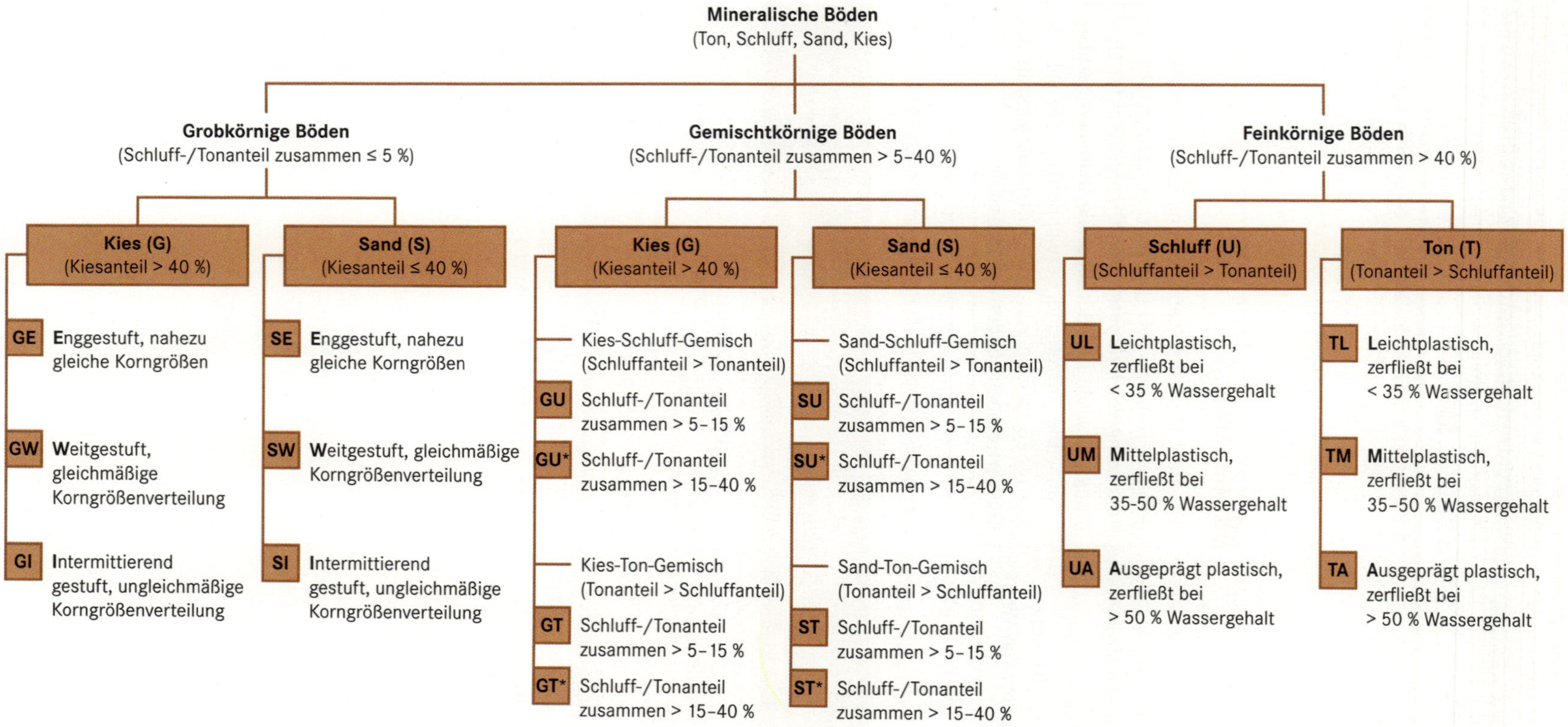

Hinweis: Alle Prozentangaben beziehen sich auf die Trockenmasse.

Grobkörnige Böden. Links ein enggestuftes Grobkorngemisch mit hohem Kiesanteil, rechts ein weitgestuftes mit hohem Sandanteil

Gemischtkörnige Böden mit zum Teil deutlich erkennbaren Kies- und Sandanteilen

Plastische Schluff-/Tonböden, hier beinahe ohne Kies- und Sandanteile

1 Bautechnische Bodenklassifikation in schematischer Darstellung in Anlehnung an DIN 18196 „Erd- und Grundbau - Bodenklassifikation für bautechnische Zwecke“

Bodengruppen (Beispiele gemäß DIN 18196)		Bautechnische Eignung als			
		Baugrund für Gründungen	Baustoff für		
Kurzzeichen Gruppensymbol	Beispiel (ortsübliche Bezeichnung)		Straßen- und Bahndämme	Dränagen	Abdichtungen
GE	Fluss- und Strandkies	gut geeignet	gut geeignet	sehr gut geeignet	ungeeignet
GW	Terrassenschotter	sehr gut geeignet	sehr gut geeignet	geeignet	ungeeignet
SE	Dünensand, Flugsand, Fließsand	gut geeignet	geeignet	gut geeignet	ungeeignet
SW	Moränensand, Terrassensand	sehr gut geeignet	gut geeignet	geeignet	ungeeignet
GU	Moränenkies	sehr gut geeignet	gut geeignet	weniger geeignet	weniger geeignet
GT*	Geschiebelehm	geeignet	geeignet	ungeeignet	gut geeignet
SU	Tertiärsand	sehr gut geeignet	geeignet	weniger geeignet	brauchbar
ST*	Geschiebelehm und Geschiebemergel	brauchbar	brauchbar	ungeeignet	gut geeignet
UL	Löss	geeignet	mäßig brauchbar	ungeeignet	brauchbar
TL	Geschiebemergel	brauchbar	mäßig brauchbar	ungeeignet	sehr gut geeignet

Tab. 1 Bautechnische Eignungshinweise für ausgewählte Bodengruppen in Anlehnung an DIN 18196 „Erd- und Grundbau – Bodenklassifikation für bautechnische Zwecke“

2.2 Bodenklassifikation in Bodengruppen (DIN 18196)

In der DIN 18196 „Erd- und Grundbau – Bodenklassifikation für bautechnische Zwecke“ werden **Korngemische** in Gruppen mit ähnlichen bautechnischen Eigenschaften eingeteilt. Die Hauptgruppen heißen grobkörnige, gemischtkörnige und feinkörnige Böden. Das Einteilungskriterium ist der Schluff- und Tonanteil (1, S. 82).

Grobkörnige Böden enthalten höchstens 5 % Schluff und Ton. Die weitere Einteilung erfolgt zunächst anhand des Kiesanteils (> 40 % oder ≤ 40 %) und dann nach der sogenannten „Stufung“ des Korngemisches. Dieser Fachbegriff umschreibt, ob ein Boden/Korngemisch aus nur einer Kornfraktion bzw. sehr wenigen Kornfraktionen besteht oder ob es viele unterschiedliche Korngrößenanteile enthält (s. S. 86). „GE“ steht z. B. für einen Kies mit annähernd gleichen Korngrößen (enggestuft) und „SW“ bezeichnet ein Sand-Kiesgemisch mit gleichmäßigerer Verteilung der Korngrößen (weitgestuft) (1, S. 82).

Gemischtkörnige Böden enthalten > 5 – 40 % Schluff und Ton. Die weitere Einteilung erfolgt auch hier zunächst anhand des Kiesanteils (> 40 % oder ≤ 40 %) und dann nach dem Schluff- und Tongehalt. „GU“ bezeichnet z. B. ein Korngemisch mit mehr als 40 % Kiesanteil, bei dem der Schluffanteil größer als der Tonanteil ist und Schluff und Ton zusammen > 5 – 15 % ausmachen (1, S. 82).

Feinkörnige Böden enthalten mehr als 40 % Schluff und Ton. Die weitere Einteilung erfolgt danach, ob der Schluff- oder Tonanteil überwiegt und bei welchem Wassergehalt die Böden vom verformbaren (plastischen) in den flüssigen Zustand übergehen (zerfließen). Dieser Wassergehalt wird „Fließgrenze“ (w_L) genannt. „UL“ steht für einen leichtplastischen Schluff, der bereits bei weniger als 35 % Wassergehalt zerfließt. „TM“ steht für einen mittelplastischen Ton, der bei einem Wassergehalt von 35 – 50 % zerfließt (1, S. 82).

In der DIN 18196 werden den beschriebenen Bodengruppen **bautechnische Eignungshinweise** zugeordnet, mit welchen sich die Eignung eines Bodens für ein Bauvorhaben grob einschätzen lässt (Tab. 1).

2.3 Bodenklassifikation in Homogenbereiche (DIN 18300)

Die DIN 18300 „Erdarbeiten“ enthält Regeln für die Ausschreibung, Durchführung und Abrechnung von Erdarbeiten. Spätestens beim Lesen eines Leistungsverzeichnisses hat man im Baubetrieb damit zu tun. In den meisten Leistungsverzeichnissen wurden die auf einer Baustelle vorhandenen und/oder einzubauenden Böden jahrzehntelang mithilfe von sieben Bodenklassen angegeben, die in der alten DIN 18300 definiert waren.

Bei der Überarbeitung der DIN 18300 im Zusammenhang mit der Umstrukturierung zahlreicher weiterer Erd- und Tiefbaunormen wurden diese Bodenklassen 2015 durch das nachfolgend beschriebene System der Homogenbereiche ersetzt.

2.3.1 Geotechnische Kategorien (GK)

Das Bauvorhaben bzw. der Baugrund muss zunächst in eine sogenannte **Geotechnische Kategorie** eingestuft werden, die im Leistungsverzeichnis anzugeben ist (Tab. 1, S. 84, und 1, S. 85).

Geotechnische Kategorien dienen der Kurzbeschreibung von Bauwerken und Baugrundverhältnissen in Abhängigkeit von ihrem bautechnischen Schwierigkeitsgrad. Einfa-

	GK 1	GK 2	GK 3
Baugrundverhältnisse	waagerecht bis schwach geneigt, erfahrungsgemäß tragfähig und setzungsarm	Tragfähigkeit muss rechnerisch nachgewiesen werden	schwierige Verhältnisse (z. B. fließende Böden, Bergsenkungsgebiet)
Grundwasserspiegel	unter der Gründungssohle/Baugrube	über der Gründungssohle	unter Druck stehendes Grundwasser
Bauwerke (Beispiele)	Einfamilienhäuser, Garagen, eingeschossige Hallen	mehrgeschossige Häuser, Ingenieurbauten	schwere Hoch- und Ingenieurbauten (z. B. Autobahnbrücke)
Stützbauwerke	bis 2 m Höhe	bis 10 m Höhe	über 10 m Höhe
Dämme	bis 3 m Höhe	bis 20 m Höhe	über 20 m Höhe

Tab. 1 Geotechnische Kategorien (GK 1 – GK 3) nach DIN 4020 „Geotechnische Untersuchungen für bautechnische Zwecke" (stark vereinfacht)

che bauliche Anlagen und Baugrundverhältnisse werden der Geotechnischen Kategorie 1 (GK 1) zugeordnet. Dazu gehören auch die meisten Bauvorhaben des GaLaBaus (Tab. 1).

2.3.2 Homogenbereiche

Nach der Festlegung der Geotechnischen Kategorie muss der Planer und/oder der Baugrundgutachter den Boden in sogenannte **Homogenbereiche** einteilen. Ein Homogenbereich ist *„ein begrenzter Bereich, bestehend aus einzelnen oder mehreren Boden- oder Felsschichten, der für Erdarbeiten vergleichbare Eigenschaften aufweist"* (DIN 18300). Jeder Homogenbereich ist also ein klar abgegrenztes Bodenvolumen, das hinsichtlich Lösbarkeit, Bearbeitbarkeit und eventueller Schadstoffbelastung usw. weitgehend **gleichartig** (**homogen**) ist.

Häufig folgt die Einteilung der Homogenbereiche den übereinanderliegenden natürlichen oder künstlichen Bodenhorizonten (s. Kap. 1.3). Aber auch nebeneinanderliegende Homogenbereiche sind denkbar. Meist wird für jeden Homogenbereich eine eigene Position im Leistungsverzeichnis erstellt.

Eigenschaften und Kennwerte	erforderliche Angaben bei GK 1 (DIN 4020)	erforderliche Angaben bei GK 2 und GK 3 (DIN 4020)
Bodengruppe/n (DIN 18196)	**ja**	**ja**
Korngrößenverteilung (DIN 18123)	nein	**ja**
Massenanteile Steine/Blöcke (DIN EN ISO 14688-1)	**ja**	**ja**
Dichte (DIN EN ISO 17892-2 oder DIN 18125-2)	nein	**ja**
undränierte Scherfestigkeit (DIN 4094-4)	nein	**ja**
Wassergehalt (DIN EN ISO 17892-1)	nein	**ja**
Konsistenzzahl (I_C) (DIN 18122-1)	nein	**ja**
Konsistenz (DIN EN ISO 14688-1)	**ja**	nein
Plastizitätszahl (I_P) (DIN 18122-1)	nein	**ja**
Plastizität (DIN EN ISO 14688-1)	**ja**	nein
Lagerungsdichte (DIN EN ISO 14688-2, DIN 18126)	**ja**	**ja**
organischer Anteil (DIN 18128)	nein	**ja**
ortsübliche Bezeichnung	nein	**ja**

Tab. 2 Erforderliche Angaben zu den Homogenbereichen nach DIN 18300 in Abhängigkeit von der Geotechnischen Kategorie. Die für den GaLaBau bedeutende Geotechnische Kategorie 1 (GK 1) ist zur Hervorhebung gerahmt.

Für jeden Homogenbereich sind je nach Geotechnischer Kategorie des Bauvorhabens bzw. Baugrunds bestimmte **Eigenschaften** und **Kennwerte** im Leistungsverzeichnis anzugeben (Tab. 2). Diese müssen in der Regel durch einen Baugrundgutachter ermittelt werden.

Die zu den Homogenbereichen gemachten Angaben ermöglichen dem GaLaBau-Betrieb, den Arbeitsaufwand für die Erdarbeiten einzuschätzen, die benötigten Maschinen einzuplanen, eventuelle Deponiegebühren zu ermitteln und auf dieser Basis die zu erwartenden Kosten umfassend zu kalkulieren (1, S. 85).

! Merke

Bodenschichten mit gleichen bzw. sehr ähnlichen erdbautechnischen Eigenschaften werden für das Leistungsverzeichnis in **Homogenbereiche** eingeteilt. Die zu den Homogenbereichen gemachten Angaben sind Grundlage für die Kalkulation und die Arbeitsplanung der Bauunternehmen.

Klassifikation von Böden bzw. Korngemischen nach		
DIN EN ISO 14688 ↓	DIN 18196 ↓	DIN 18300 ↓
Wichtig für die Einteilung von		
Korngrößen in **Kornfraktionen** und ihre Benennung	Böden/Korngemischen in **Bodengruppen** und die Abschätzung ihrer bautechnischen Eignung	Böden/Korngemischen in **Homogenbereiche** zur Kalkulation und Arbeitsplanung

Tab. 3 DIN-Normen zur Einteilung (Klassifikation) in Kornfraktionen, Bodengruppen und Homogenbereiche

Position 2.1

Boden für die Herstellung der Pflasterfläche in Position 4.1 profilgerecht lösen, fördern, laden und fachgerecht entsorgen.

- Baumaßnahme der Geotechnischen Kategorie GK 1
- Abtragsfläche: 50 m × 30 m = 1500 m²
- Schichtdicke/Abtragstiefe: 0,5 m
- Homogenbereich A mit 3 Bodengruppen gem. DIN 18196 Bodengruppe 1: GI/Bodengruppe 2: SE/Bodengruppe 3: GU
- Massenanteil Steine: 0–15 %
- Massenanteil Blöcke: 0–5 %
- Konsistenz: – (entfällt, da kein feinkörniger Boden)
- Plastizität: – (entfällt, da kein feinkörniger Boden)
- Lagerungsdichte: locker bis mitteldicht
- ortsübliche Bezeichnung (hier: Bezeichnung gem. Gutachten): Auffüllungen, kiesig
- Organischer Anteil: 4–7 %
- Förderwege: auf Homogenbereich B aus SU, ST, UA, TL TM Länge: 10–60 m/Breite (an schmalster Stelle): 6 m

750 m³ EP____________ GP____________

Baumaßnahme mit geringem Schwierigkeitsgrad im Hinblick auf Bauwerk und Baugrund

großflächige, lediglich 0,5 m tiefe Abtragsfläche, daher Abtrag mit breitem Baggerlöffel oder gleich mittels Radlader möglich

eher leicht lösbare grobkörnige und gemischtkörnige Bodengruppen

eher geringer Anteil an Steinen und Blöcken ermöglicht annähernd glatte Abtragsflächen

leicht lösbarer Boden aufgrund lockerer bis mittlerer Lagerungsdichte

ungeeignet als Füllmaterial an anderer Stelle aufgrund der organischen Bodenbestandteile

Förderwege z. T. mit plastischen Eigenschaften (Achtung bei nasser Witterung!), genügend Platz für größere Maschinen vorhanden

1 Beispiel für eine nach den Vorgaben der DIN 18300 formulierte Position in einem Leistungsverzeichnis mit den daraus ableitbaren Folgerungen für Kalkulation und Arbeitsplanung

Tab. **3** auf S. 84 zeigt die zuvor beschriebenen Klassifikationen und DIN-Normen im Überblick.

Wie eine nach den Anforderungen der DIN 18300 formulierte LV-Position aussehen könnte und welche Folgerungen daraus für die Kalkulation und Arbeitsplanung ableitbar sind, zeigt **1**.

? Aufgaben

○ 1. Mittels welcher Normen werden Böden bzw. Mineralgemische in
   a) Kornfraktionen,
   b) bautechnische Bodengruppen und
   c) Bodenschichten/-volumen mit für Erdarbeiten vergleichbaren Eigenschaften eingeteilt?

◑ 2. Welche Buchstabenkürzel werden gem. DIN 18300 zur Beschreibung der Korngemische in Homogenbereichen verwendet?

3 Bautechnische Bodenprüfung und Bodenverbesserung

Ob ein Boden die notwendigen bautechnischen Anforderungen erfüllt, kann u. a. durch die nachfolgend beschriebenen Prüfverfahren festgestellt werden. Oft wird in Leistungsverzeichnissen die Einhaltung bestimmter Prüfwerte mit entsprechenden Nachweisen verlangt.

3.1 Prüfung der Korngrößenverteilung mittels Sieb- und Schlämmanalyse

Die Mengenanteile verschiedener Kornfraktionen in einem Boden bzw. Mineralgemisch bestimmen wesentliche erdbautechnische Eigenschaften wie Frostempfindlichkeit, Tragfähigkeit und Wasserdurchlässigkeit. Es ist deshalb sehr wichtig, die Korngrößenanteile der eingesetzten Böden oder Mineralgemische genau zu kennen bzw. sie zumindest annähernd realistisch einschätzen zu können.

Zur Ermittlung der Massenanteile der verschiedenen Kornfraktionen in einer Bodenprobe werden im Rahmen von erdbautechnischen Standorterkundungen die grobkörnigen Anteile ausgesiebt (**Siebanalyse**) und die feinkörnigen Anteile abgeschlämmt (**Schlämmanalyse**) (**2**). Daher

2 Siebmaschine zur Bestimmung des Grobkorns (links) und Standzylinder mit Aräometer zur Bestimmung des Feinkorns (rechts)

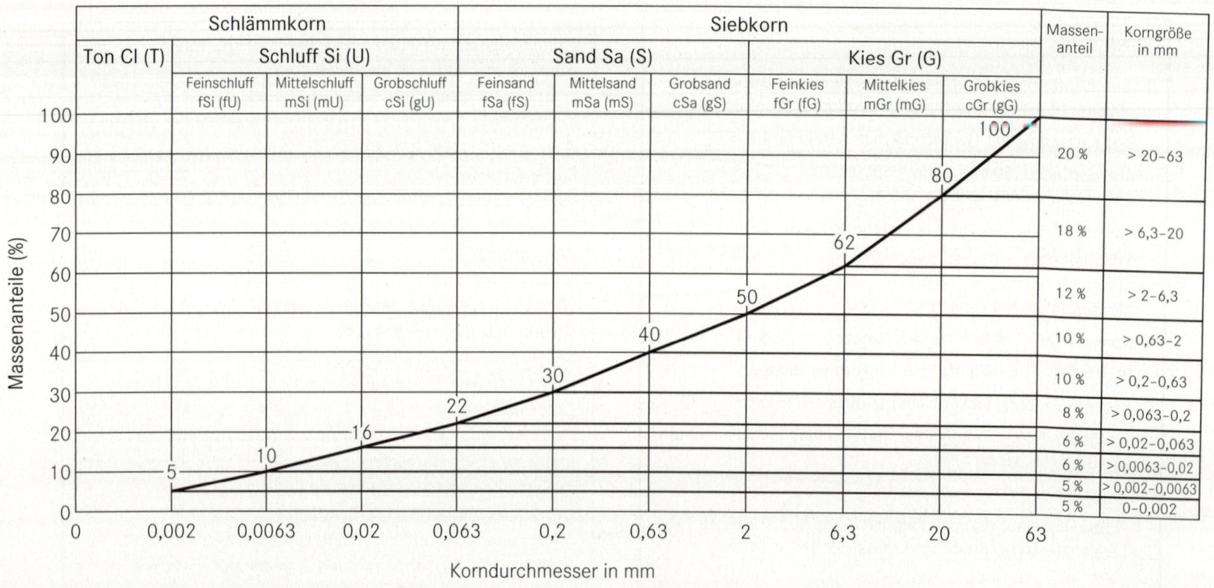

1 Ermittlung der Sieblinie eines Korngemischs (Größtkorn 63 mm) (s. auch **2**, S. 209)

nennt man die Grobkornanteile (bis einschließlich Feinsand) auch Siebkorn und die Feinkornanteile (Schluff und Ton) Schlämmkorn.

Die Massen der verschiedenen Körnungen werden als Prozentanteile in einem Koordinatensystem gegen die Korndurchmesser (in mm) aufgetragen. Durch Verbinden der einzelnen Punkte entsteht die sogenannte **Sieblinie** (**1**).

Beispiel:
Eine Mineralgemisch-Probe wiegt getrocknet insgesamt 10 kg (= 100 %) und enthält die folgenden Kornfraktionen. Deren Massenanteile berechnen sich wie folgt:
Körnung 20/63: 2,0 kg
Massenanteil: 2,0 kg : 10 kg · 100 % = **20 %**
Körnung 6,3/20: 1,8 kg
Massenanteil: 1,8 kg : 10 kg · 100 % = **18 %**
Körnung 2/6,3: 1,2 kg
Massenanteil: 1,2 kg : 10 kg · 100 % = **12 %**
Körnung 0,63/2: 1,0 kg
Massenanteil: 1,0 kg : 10 kg · 100 % = **10 %**
Körnung 0,2/0,63: 1,0 kg
Massenanteil: 1,0 kg : 10 kg · 100 % = **10 %**
Körnung 0,063/0,2: 0,8 kg
Massenanteil: 0,8 kg : 10 kg · 100 % = **8 %**
Körnung 0,02/0,063: 0,6 kg
Massenanteil: 0,6 kg : 10 kg · 100 % = **6 %**
Körnung 0,0063/0,02: 0,6 kg
Massenanteil: 0,6 kg : 10 kg · 100 % = **6 %**
Körnung 0,002/0,0063: 0,5 kg
Massenanteil: 0,5 kg : 10 kg · 100 % = **5 %**
Körnung 0/0,002: 0,5 kg
Massenanteil: 0,5 kg : 10 kg · 100 % = **5 %**

Durch Auftragen der Massenanteile gegen den Korndurchmesser in einem Koordinatensystem und das Verbinden der Markierungen entsteht die Sieblinie (**1**).

Aus Sieblinien können schnell und effektiv Rückschlüsse auf erdbautechnische Eigenschaften von Korngemischen gezogen werden (**1**, S. 87).

- Sieblinie C bildet ein Mineralgemisch aus nahezu gleich großen Sandkörnern ab. Es ist wenig verdichtbar, dafür aber gut durchlüftet und wasserdurchlässig. Eine solche Kornzusammensetzung wird als **enggestuft** bezeichnet.
- Die Sieblinien D und E zeigen Kies-Sand-Gemische mit vielen Kornfraktionen. Die kleineren Füllkörner (Sand) werden beim Verdichten zwischen die größeren Stützkörner (Kies) gerüttelt. Kies-Sand-Gemische sind gut verdichtbar und tragfähig. Eine solche Kornzusammensetzung wird **weitgestuft** genannt.
- Sieblinie B stellt einen Boden mit fehlenden Kornfraktionen dar, was aus dem teilweise waagerechten Sieblinienverlauf ablesbar ist. Korngemische mit fehlenden Kornfraktionen werden als **intermittierend gestuft** bezeichnet.
- Sieblinie A zeigt einen Boden, der beinahe ausschließlich aus Ton und Schluff besteht und dessen Kornzusammensetzung im **Übergangsbereich zwischen enger und weiter Stufung** liegt. Verdichtet und getrocknet bildet er eine harte Masse, bei ausreichender Wasserzufuhr wird er dagegen sehr gut knet- und formbar (plastisch).

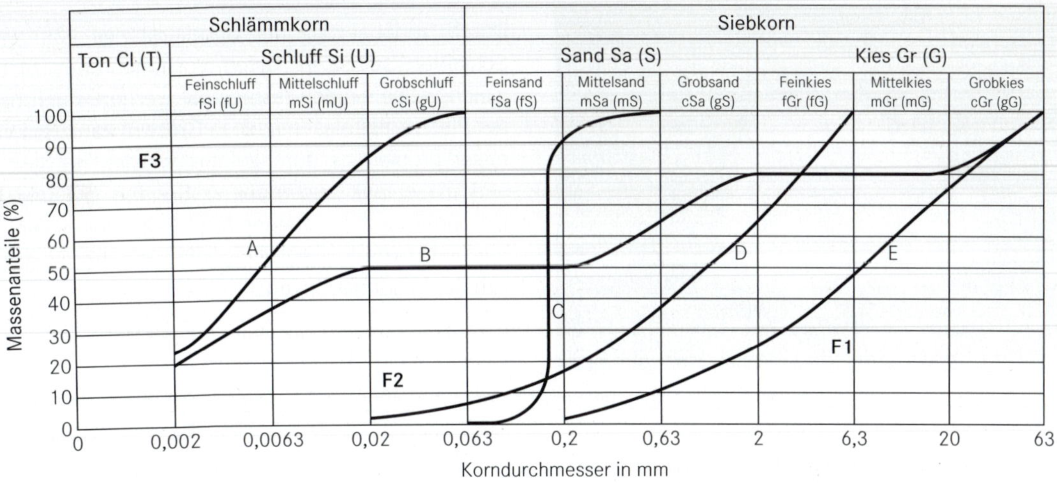

1 Sieblinien verschiedener Böden. Die Kürzel F1, F2 und F3 geben Hinweise auf die Frostempfindlichkeit (s. Kap. 3.1.1)

3.1.1 Frostempfindlichkeit

Die Frostempfindlichkeit eines Bodens bzw. Mineralgemischs wird einerseits durch dessen Feinkornanteil (0-Anteil, Schluff-/Tonanteil, Schlämmkornanteil) bestimmt. Andererseits spielt der Wassergehalt eine zentrale Rolle, da Wasser beim Gefrieren etwa 10 % mehr Volumen einnimmt. Es gibt gemäß den „Zusätzlichen Technischen Vertragsbedingungen für Erdarbeiten im Straßenbau" (ZTV E-StB) der „Forschungsgesellschaft für Straßen- und Verkehrswesen e.V." (FGSV e.V.) drei Frostempfindlichkeitsklassen (Tab. **1**).

Frostempfindlichkeitsklasse F1: Böden bzw. Mineralgemische mit einem Feinkornanteil von höchstens 5 % Massenanteil gelten als **nicht frostempfindlich**. Wasser kann darin gut durchsickern und Restwasser kann sich beim Gefrieren in den Grobporen ausdehnen.

Frostempfindlichkeitsklasse F2: Böden bzw. Mineralgemische mit einem Feinkornanteil von über 5 bis höchstens 15 % Massenanteil gelten als **gering bis mittel frostempfindlich**. Sie weisen bereits enge, oft wasserhaltige Poren auf. Das gefrierende Wasser kann sich nicht mehr ausreichend in den Grobporen ausdehnen und bildet vermehrt sogenannte „Eislinsen", die die Bodenteilchen auseinanderdrücken. Dadurch entstehen oberflächliche Wölbungen (**Frosthebungen**).

Frostempfindlichkeitsklasse F3: Böden bzw. Mineralgemische mit einem Feinkorngehalt von über 15 % Massenanteil gelten als **sehr frostempfindlich**. Ab diesem Feinkorngehalt beginnen die Kornanteile des Bodens untereinander zu „verkleben", er wird zunehmend bindig. Auch hier führt oberflächennahes Wasser bei Frost zur Bildung von Eislinsen. Außerdem steigt in diesen Böden durch die starke Kapillarwirkung der Feinporen oft zusätzlich Wasser aus tieferen Bodenschichten auf, wodurch es zur Bildung großer Eislinsen und deutlichen Frosthebungen kommt.

Frostempfindlichkeitsklasse	Frostempfindlichkeit	Bodengruppen gem. DIN 18196
F1	nicht frostempfindlich	GE, GW, GI, SE, SW, SI
F2	gering bis mittel frostempfindlich	GU, GT, SU, ST
F3	sehr frostempfindlich	GU*, GT*, SU*, ST*, UL, UM, UA, TL, TM, TA

Tab. 1 Frostempfindlichkeitsklassen und Bodengruppen nach ZTV E-StB der FGSV e. V.

3.1.2 Wasserdurchlässigkeit

Baumaßnahmen wie Regenversickerungsanlagen und Sportplätze erfordern eine bestimmte **Wasserdurchlässigkeit** des anstehenden Bodens. Auch diese wird wesentlich durch dessen Feinkornanteil beeinflusst (Tab. **2**).

Die Wasserdurchlässigkeit wird durch den sogenannten ***k_f*-Wert** (Durchlässigkeitsbeiwert) in m/s Versickerungsge-

Kornfraktion, Korngemisch	Durchlässigkeitsbeiwert	Durchlässigkeitsbereich
Ton, Löss, Lehm, Schluff	$< 10^{-8}$ m/s	sehr schwach durchlässig
Löss, Lehm, Schluff, schluffiger Sand	10^{-8} bis 10^{-6} m/s	schwach durchlässig
Feinsand, Mittelsand	10^{-6} bis 10^{-4} m/s	durchlässig
Feinkies, Grobsand	10^{-4} bis 10^{-2} m/s	stark durchlässig
Mittelkies, Grobkies, Geröll	$> 10^{-2}$ m/s	sehr stark durchlässig

Tab. 2 Grobe Zuordnung von Kornfraktionen zu Durchlässigkeitsbeiwerten

1 Messung der Versickerungsgeschwindigkeit mittels Schürfgrube

schwindigkeit bei wassergesättigtem Boden ausgedrückt. Viele Fachnormen geben Anforderungen an die Wasserdurchlässigkeit des Baugrunds vor.

Der Baugrund unter Platz- und Wegeflächen beispielsweise muss gemäß **ZTV-Wegebau** einen k_f-Wert von mindestens $5 \cdot 10^{-6}$ m/s (0,000005 m/s) aufweisen. Für wasserdurchlässige Beläge muss auch der Baugrund wasserdurchlässiger sein. Hier soll der k_f-Wert mindestens $5 \cdot 10^{-5}$ m/s (0,00005 m/s) betragen.

Da bei k_f-Wert-Messungen zumeist recht kleine Dezimalzahlen herauskommen, werden diese in der sogenannten Exponentialschreibweise wiedergegeben. Der negative Exponent gibt dabei die Nachkommastelle der vorne stehenden Ziffer an (Tab. 2, S. 87).

Der genaue k_f-Wert wird mit verschiedenen Verfahren projektbezogen vor Ort ermittelt, z. B. durch Messung der Versickerungsgeschwindigkeit in einer Schürfgrube (1).

3.2 Prüfung der Verdichtung

Die ausreichende Lagerungsdichte des Baugrunds ist eine wesentliche Voraussetzung für die Standfestigkeit und Stabilität der darauf errichteten Bauwerke. Somit ist die rechtzeitige Überprüfung der Verdichtung sehr wichtig (s. Kap. Planungs- und Baustellenablauf).

3.2.1 Rammsondierung

Die **Rammsondierung** ist ein im Garten- und Landschaftsbau vergleichsweise häufig eingesetztes Prüfverfahren. Mit ihr kann der Boden auf locker gelagerte Schichten oder gar Hohlräume untersucht werden.

Bei der Rammsondierung treibt ein genormtes Fallgewicht bei vorgegebener Fallhöhe eine genormte Sondierstange in den Boden. Es wird gezählt, wie viele Schläge für jeweils 10 cm Eindringtiefe nötig sind. Die Ergebnisse zeigt ein Sondierungsdiagramm (1, S. 89).

Durch Verlängerung der Sondierstange können lockere Schichten selbst in Tiefen von mehreren Metern vergleichsweise einfach festgestellt werden. Auch bei beengten Platzverhältnissen (z. B. in Gräben) kann das Verfahren meist problemlos durchgeführt werden. Es gibt manuell und maschinell angetriebene Sonden (2 und 3). Die Überprüfung der fachgerechten (lagenweise verdichteten) Verfüllung von Baugruben ist ein typischer Einsatzbereich von Rammsondierungen.

Rammsonden sind vor allem für die Untersuchung von relativ feinkörnigen Böden und Mineralgemischen geeignet. Unter manchen Bedingungen, z. B. bei steinigen oder nassen Böden, sind die aus einer Rammsondierung ableitbaren Aussagen jedoch nicht eindeutig.

3.2.2 Überfahrversuch

Der **Überfahrversuch** gemäß DIN 18035 „Sportplätze – Teil 4: Rasenflächen“ ist ein einfaches Verfahren zur Prüfung der **Tragfähigkeit** des Baugrundes. Das Verfahren hat seinen Ursprung im Rasensportplatzbau. Es wird in der ZTV-Wegebau aber als Prüfverfahren für den Baugrund von Belagsflächen der Nutzungskategorie 1 („begehbare, nicht mit Kraftfahrzeugen befahrbare Flächenbefestigungen außerhalb von Flächen des Straßenverkehrs“) anerkannt.

Für höher belastete Beläge kann der Überfahrversuch nur als erster Test der Tragfähigkeit dienen, zur normengerechten Prüfung sind andere Verfahren vorgeschrieben. Mit dem Überfahrversuch kann nur die Tragfähigkeit der überfahrenen Schicht festgestellt werden. Aussagen über tiefere Schichten können nicht getroffen werden.

Beim Überfahrversuch wird der Baugrund langsam mit einem Fahrzeug mit 5 t Gesamtgewicht überfahren. Fahrspuren bis 3 cm Tiefe sind erlaubt. Sind die Reifenspuren tiefer, muss die Fläche nachverdichtet werden.

2 Manuelle Rammsondierung

3 Maschinelle Rammsondierung

Institut für Materialprüfung | Dr. Schellenberg Ing. GmbH | Leipheim

Messprotokoll für Rammsondierungen nach DIN 4094

Auftragnehmer: Schmitt   Auftragsnummer: 37   Anlage: –

Objekt: Terrasse

Sondierung Nr: 1   Datum: 12. Oktober 20..

Ansatzpunkt (bezogen auf Bezugspunkt): –   Ansatzpunkt (bezogen auf m über NN): –

Sonstige Angaben: –

Tiefe	N_{10}	Tiefe	N_{10}	Tiefe	N_{10}
0,10	6	3,10		6,10	
0,20	8	3,20		6,20	
0,30	12	3,30		6,30	
0,40	15	3,40		6,40	
0,50	15	3,50		6,50	
0,60	10	3,60		6,60	
0,70	14	3,70		6,70	
0,80	1	3,80		6,80	
0,90	4	3,90		6,90	
1,00	10	4,00		7,00	
1,10	15	4,10		7,10	
1,20	16	4,20		7,20	
1,30	2	4,30		7,30	
1,40	2	4,40		7,40	
1,50	4	4,50		7,50	
1,60	10	4,60		7,60	
1,70	16	4,70		7,70	
1,80	20	4,80		7,80	
1,90	25	4,90		7,90	
2,00	25	5,00		8,00	
2,10		5,10		8,10	
2,20		5,20		8,20	
2,30		5,30		8,30	

Schläge / 10 cm Eindringtiefe N_{10}

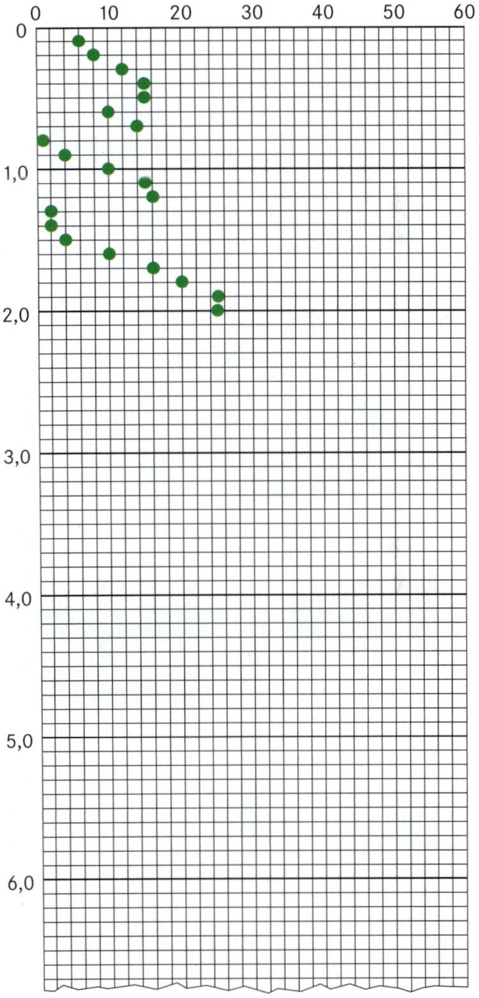

Grundwasser: m unter Ansatzpunkt

Unterschrift Geräteführer:

1 Aus dem **Messprotokoll und -diagramm einer Rammsondierung** kann abgelesen werden, in welcher Tiefe geringere Lagerungsdichten vorhanden sind.

3.2.3 Plattendruckversuche

Statischer Plattendruckversuch

Dynamischer Plattendruckversuch

Genauer kann der **Verdichtungszustand** einer Boden- oder Mineralgemisch-Schicht durch den **statischen** und den **dynamischen Plattendruckversuch** überprüft werden. Der Verdichtungszustand wird dabei durch die Verformungsmodule E_{v2} und E_{vd} mit den Einheiten Megapascal (MPa) oder Meganewton pro m² (MN/m²)[1] beschrieben.

Grundprinzip hierbei ist es, dass das Verformungsverhalten, also das Eindrück- oder auch Einsenkverhalten, von Böden und Mineralschichten durch gezielte Druckbelastung mit einer genormten runden Platte von 30 cm Durchmesser festgestellt wird.

Der **statische Plattendruckversuch** zur Feststellung des Verformungsmoduls E_{v2} ist in der DIN 18134 geregelt und ziemlich aufwendig. Um den notwendigen Druck aufzubauen, ist ein hohes Gegengewicht nötig. Meist wird ein beladener LKW, eine Walze oder Ähnliches genutzt. Der Auf- und Abbau für eine einzige Messung dauert etwa eine Stunde (1).

Der **dynamische Plattendruckversuch** zur Feststellung des Verformungsmoduls E_{vd} ist wesentlich einfacher durchzuführen, da die Messapparatur deutlich kleiner und handlicher ist und für eine Messung viel weniger Zeit benötigt wird. Der Druck wird mit einem auf die Prüfplatte auftreffenden Fallgewicht erzeugt, das durch eine Metallstange geführt wird (2).

1 Statischer Plattendruckversuch mit Walze als Gegengewicht. Der E_{v2}-Wert wird von einem elektronischen Messgerät („Koffer") ermittelt und angezeigt.

[1] 1 MPa Druckeinwirkung bzw. 1 MN/m² Krafteinwirkung entsprechen jeweils etwa der Last einer Masse von 100 t bzw. einem Druck von 10 bar verteilt auf die Fläche von einem Quadratmeter.

2 Dynamischer Plattendruckversuch mit Fallgewicht. Der E_{vd}-Wert wird ebenfalls von einem elektronischen Messgerät ermittelt.

Aus den ermittelten E_{vd}-Werten kann auf die E_{v2}-Werte rückgeschlossen werden. Allerdings sind die mit dem dynamischen Plattenversuch ermittelten E_{vd}-Werte weniger genau, weshalb manche Auftraggeber sie als alleinige Verdichtungsnachweise nicht anerkennen.

Welches Verformungsmodul für welche Schicht jeweils einzuhalten ist, kann in den entsprechenden Fachnormen (z. B. ZTV-Wegebau, RStO) nachgelesen werden.

Trotz der geringeren Genauigkeit ist der dynamische Plattendruckversuch wegen seiner Einfachheit ein auch im GaLaBau relativ oft eingesetztes Verfahren. Er wird vor allem als firmeninterne Selbstkontrolle zur schnellen Prüfung einer durchgeführten Verdichtung genutzt.

Vor allem der statische Plattendruckversuch wird meist von speziell geschulten Bautechnikern durchgeführt.

Wie der Überfahrversuch liefern auch beide Plattendruckversuche nur Aussagen über den Verdichtungszustand von Boden- bzw. Mineralgemisch-Schichten. Zur Verdichtungsprüfung tiefer als 30 – 40 cm sind sie nicht geeignet.

3.2.4 Proctorversuch

Mit dem sogenannten Proctorversuch wird der Verdichtungsgrad eines Bodens oder Mineralgemischs im Verhältnis zu seiner Proctordichte ermittelt. Es handelt sich im Gegensatz zu den bisher beschriebenen Verfahren um ein relativ aufwendiges Laborverfahren, das von dem amerikanischen Ingenieur Ralph Roscoe Proctor (1894 – 1962) Anfang der 1930er Jahre entwickelt wurde.

In vielen Fachnormen und damit auch in Leistungsverzeichnissen werden Qualitätsanforderungen an die Verdichtung von Böden oder Mineralgemischen auch als Verdichtungsgrad bezogen auf die Proctordichte angegeben.

Die **Proctordichte** (Proctor, ρ_{Pr}) ist die größtmögliche Trockendichte (Masse/Volumen), die für einen Boden oder ein Mineralgemisch in Abhängigkeit vom Wassergehalt vor dem Trocknen im genormten Proctorversuch erreicht werden kann. Die Vorgehensweise für die Versuchsdurchführung ist in der DIN 18125 und in der DIN 18127 geregelt.

1 Automatisches Verdichtungsgerät zur Bestimmung der Proctordichte

Die Versuchsdurchführung beginnt mit der Ermittlung der Proctordichte eines Bodens oder Mineralgemischs im Labor. Dieser Wert wird gleich 100% gesetzt. Anschließend wird eine Probe aus dem verdichteten Planum bzw. der verdichteten Mineralgemisch-Schicht genommen und deren Trockendichte ermittelt. Das Verhältnis der beiden Proben wird in Prozent ausgedrückt.

Beispiel

Ermittlung des Verdichtungsgrads

Die Proctordichte eines Baugrunds für eine zukünftige Pflasterfläche wird mit ρ_{pr} = 1,82 g/cm^3 im Laborversuch ermittelt und gleich 100% gesetzt.

Die Trockendichte der Baustellenprobe des verdichteten Baugrunds wird mit ρ_d = 1,80 g/cm^3 ermittelt.

Der Verdichtungsgrad wird als Verhältnis der Trockendichte der Probe und der Proctordichte mit D_{pr} = 98,9% (1,80 g/cm^3 : 1,82 g/cm^3 · 100%) berechnet.

Die ZTV-Wegebau verlangt als Verdichtungsgrad der oberen 30 cm des Baugrunds mindestens 93% der Proctordichte für N2-Flächen und mindestens 95% für N3-Flächen.

Mit 98,9% genügt der Baugrund beiden Anforderungen.

Der Proctorversuch ist im Gegensatz zu den Plattendruckversuchen ein direktes Verfahren zur Überprüfung des Verdichtungszustands eines Bodens bzw. eines Mineralgemischs. Er wird in der Regel von speziell geschulten Bautechnikern durchgeführt.

3.3 Bautechnische Bodenverbesserung

Genügt ein Baugrund den Anforderungen an Tragfähigkeit, Verdichtbarkeit, Frostsicherheit und Wasserdurchlässigkeit nicht, so muss er verbessert werden. Oft sind eine ungünstige Kornzusammensetzung und/oder ein zu hoher Wassergehalt die Hauptursachen für eine schlechte Baugrundqualität.

Folgende Maßnahmen kommen für eine bautechnische Bodenverbesserung in Frage:

- Zugabe der **fehlenden Korngröße/Korngrößen** zur Optimierung des Stütz-/Füllkornverhältnisses
- Einbau einer **Dränschicht** zur Baugrundentwässerung sowie ggf. **sonstige Dränagemaßnahmen**
- Untermischen von **Zement** bei **grobkörnigen, eher eng gestuften Korngemischen** zur Verfestigung
  Durch die Zementzugabe verkleben die Körner miteinander. Zur Verfestigung einer ca. 15 cm starken Kies-Sand-Schicht werden etwa 15 - 20 kg/m^2 Zement benötigt, für eine ca. 15 cm starke, eher gleichkörnige Sand-Schicht sind etwa 25 - 30 kg/m^2 Zement nötig.
- Untermischung von **Kalk** bei **feinkörnigen, bindigen Böden** zur Austrocknung
  Branntkalk und Kalkhydrat reagieren mit dem Bodenwasser und den Tonmineralen des Bodens, wodurch der Boden austrocknet und eine Krümelstruktur entsteht. Der Kalk wird dazu zunächst eingefräst und der Boden dann verdichtet. Die Aufwandmengen liegen je nach Schichtdicke und bautechnischen Erfordernissen bei etwa 10 - 40 kg/m^2 Branntkalk.
- **Einbau von Geotextilbahnen zwischen Baugrund und Tragschicht**
  Die Geotextilbahnen wirken als Filterschicht, sodass Feinteile aus dem Baugrund nicht in die Tragschicht gelangen können. Durch den Oberbau sickerndes Wasser kann somit schneller abfließen. Außerdem wirken die Bahnen als zugfeste Bewehrung und erhöhen so die Tragfähigkeit des Baugrunds. Gebräuchliche Stärken der Geotextilien liegen zwischen 80 - 300 g/m^2.

? Aufgaben

○ 1. Welche Ziele verfolgen die verschiedenen Verfahren zur bautechnischen Bodenprüfung?
○ 2. Warum sind bindige Böden frostempfindlich?
◑ 3. Unterscheiden Sie den **statischen** und **dynamischen Plattendruckversuch.**
○ 4. Weshalb ist der Proctorversuch sehr viel aufwendiger als alle anderen hier beschriebenen Verfahren zur Verdichtungsprüfung?
○ 5. Ein nasser Untergrund soll vor der Durchführung von Wegebauarbeiten verbessert werden. Nennen Sie mögliche Maßnahmen.

4 Erde als Baumaterial

Erde ist ein flexibel formbares Baumaterial, mit dem vielgestaltige Modellierungen und Aufschüttungen hergestellt werden können. Es handelt sich um ein relativ einfach zu beschaffendes, preiswertes Material. Als Aushub eines Kellers oder Gartenteichs steht es sogar völlig kostenlos zur Verfügung. Dennoch wurde Erdaushub in der Vergangenheit oft schnellstmöglich abgefahren und auf Deponien entsorgt.

4.1 Entsorgung von Erdaushub

Die Entsorgung von Erdmassen gestaltet sich aufgrund der Regelungen des 1996 eingeführten und zuletzt im Jahr 2012 novellierten **Kreislaufwirtschaftsgesetzes** (KrWG) zunehmend schwieriger. Ziel dieses Bundesgesetzes ist die Reduzierung von zu deponierenden Abfällen, wozu auch Erdaushub und Bauschutt gehören. Dies wird dadurch erreicht, dass die neuen Regelungen die Deponierung unattraktiver und die Verwendung des Materials am Entstehungsort einfacher machen.

Zur Deponierung von Erdaushub und Bauschutt sind dem Deponiebetreiber Nachweise über deren Schadstoffgehalt vorzulegen. Diese Nachweise sind im Wesentlichen auf der Basis des Beprobungs- und Einstufungssystems der **Bund-/Länder-Arbeitsgemeinschaft Abfall** (LAGA) zu erbringen. Dieses teilt Erdaushub und Bauschutt aufgrund bestimmter Schadstoffgehalte in unbelastet (Z0) bis deutlich belastetet (Z2) ein.

Der Aufwand für die Beprobung und die Deponierungskosten sorgen dafür, dass die Deponierung von Erdaushub zunehmend unterbleibt und dieser stattdessen wiederverwendet wird, z. B. zur Geländemodellierung.

4.2 Verwertung von Erdaushub

Für größere Erdbauwerke werden meist spezielle Ausführungspläne angefertigt, aus denen die gewünschten Formen und Höhenabstufungen genau ersichtlich sind. Bei kleineren Projekten befinden sich die die nötigen Eintragungen manchmal auch im Entwurfsplan (2, S. 93).

4.2.1 Höhenverläufe und Erdbauwerke zeichnen

Im Wesentlichen sind zwei Varianten für die zeichnerische Darstellung von Höhenunterschieden und Erdbauwerken gebräuchlich:

- Bei der relativ einfachen **Böschungssignatur** (1) werden zunächst die Oberkante und Unterkante einer Böschung festgelegt und aufgezeichnet. Rechtwinklig zu den Kanten zeigen lange und kurze Striche, dass es sich um eine geneigte Fläche handelt. Die langen Striche verbinden Ober- und Unterkante, die kurzen Striche setzen immer an der Oberkante an und enden etwa mittig. Kompliziertere Formen wie Ausmuldungen innerhalb einer Böschung sind damit nicht darstellbar.
- Bei der Darstellung mit **Höhenlinien** (1) können genaue Höhenverläufe abgebildet werden. Höhenlinien verbinden gleiche Höhenpunkte miteinander, verlaufen stets horizontal und bilden gewöhnlich regelmäßige Höhensprünge ab. Deutlich ist aus ihnen die Stärke der Neigung ersichtlich. Liegen die Linien weit auseinander, handelt es sich um sanft ansteigendes Gelände, liegen sie eng beieinander geht es steil bergauf. Höhenlinien sind u. a. aus topografischen Karten bekannt.

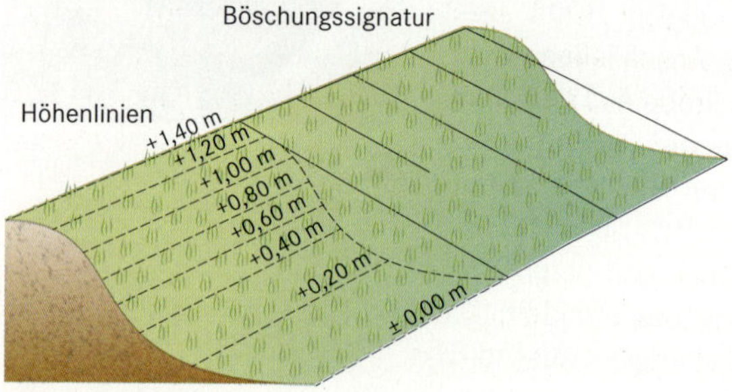

1 Darstellung eines Höhenunterschieds mittels Böschungssignatur und Höhenlinien

4.2.2 Anregungen zur Verwertung von Erdaushub

Erde kann auch im Rahmen kleinerer Hausgartenprojekte als Baumaterial z. B. zur Errichtung von Schutzwällen und zur Raumbildung eingesetzt werden.

Lärm-/Sichtschutzwall

Ein Lärmschutzwall aus Erde wirkt aufgrund seiner Masse besonders effektiv gegen Schalleinwirkungen. Dazu muss eine bestimmte Höhe aufgeschüttet werden, was auf kleinen Grundstücken aufgrund beengter Raumverhältnisse jedoch oft nicht möglich ist. Hier kann der Bau von Stützmauer am Hangfuß Abhilfe schaffen (1, S. 93).

Bei dem dort gezeigten Lärm-/Sichtschutzwall wird die außen liegende Wallflanke durch eine Stützmauer entlang der Grundstücksgrenze abgefangen, während auf der Gartenseite zwei weitere Mauern die Böschung terrassieren. Die Terrassierungen bewirken zusätzlich eine optische Milderung der Wallhöhe. Natürlich kann die untere Terrassierung auch weggelassen werden, um die ebene Gartenfläche ganz rechts zu vergrößern.

1 Schnitt durch einen Lärm-/Sichtschutzwall mit gartenseitiger Terrassierung

Raumbildung und Sichtschutz

Auf einem ebenen Grundstück kann mit Erdmodellierungen eine Einfassung geschaffen werden, die einerseits gestalterisch einrahmend wirkt (Raumbildung) und andererseits praktische Vorteile wie eine geschützte Lage der Liegewiese und Sichtschutz gegen unerwünschte Einblicke von Außen bietet (2 und 3).

2 Entwurfsplan mit Höhenlinien (ohne Maßstab)

3 Schnitt A-B (ohne Maßstab)

? Aufgaben

1. Was ist eine Erd- bzw. Geländemodellierung?
2. Welche Sicherheitsvorkehrungen sind bei der Arbeit in einem Leitungsgraben von 1,5 m Tiefe einzuhalten?

Exkurs Baugruben und Gräben – Böschungen, Verbau, Arbeitsraumbreiten (DIN 4124)

Im Gegensatz zu oberirdischen Erdbauwerken dienen Baugruben und Gräben meist nur dazu, die Errichtung von Hoch- und Tiefbau-Bauwerken vorzubereiten. Baugruben und Gräben müssen so angelegt werden, dass die darin tätigen Personen sicher arbeiten können und nicht durch plötzliches Rutschen oder Einbrechen der Erdwände verschüttet werden. Es müssen die Regeln der DIN 4124 „Baugruben und Gräben – Böschungen, Verbau, Arbeitsraumbreiten" beachtet werden.

Baugruben

Die Seitenwände von Baugruben müssen abgeböscht, also schräg verlaufend, angelegt werden (4). Dabei muss die Bindigkeit des Bodens beachtet werden, da sie dessen Neigung zum Rutschen bestimmt.

Kiese und Sande sind nicht bindig, sie rutschen schon bei recht flachen Neigungen ab und erfordern kleine Böschungswinkel. Ton-/Schluffgemische sind dagegen sehr viel bindiger, sodass steilere Böschungen mit größeren Böschungswinkeln möglich sind.

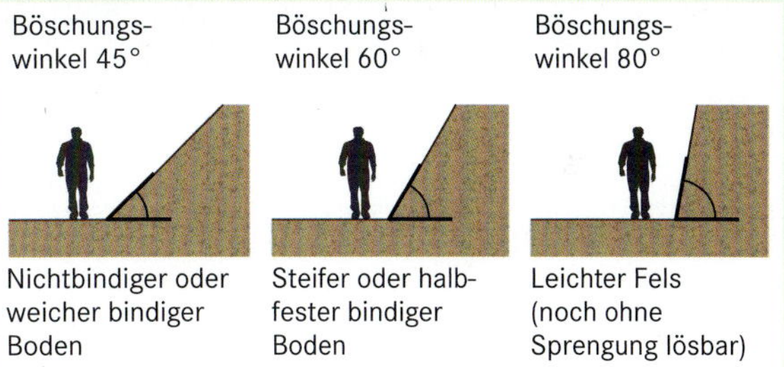

4 Maximale Böschungswinkel in Abhängigkeit von der Bodenbeschaffenheit

Gräben

Gräben **bis 1,25 m Tiefe** (1, S. 94) dürfen bei entsprechend standfesten Bodenverhältnissen mit senkrechten Wänden **ohne besondere Sicherungsmaßnahmen** hergestellt werden. Lediglich ein mindestens 0,60 m breiter Streifen muss entlang beider Grabenränder von jeglicher Belastung freigehalten werden. Die **Arbeitsraum-/Grabenbreite** $b_{a/g}$ muss ebenfalls mindestens 0,60 m betragen.

Gräben **bis 1,75 m Tiefe** (2, S. 94) dürfen in bindigen Böden mit senkrechten Wänden hergestellt werden, wenn die Grabenränder **abgeböscht** oder **teilverbaut** werden. Entlang beider Grabenränder ist zudem ein mindestens 0,60 m breiter Streifen von jeglicher Belastung freizuhalten. Die **Arbeitsraumbreite b_a** muss ebenfalls mindestens 0,60 m betragen. Somit muss die **Grabenbreite b_g** im Fall einer Verbauung entsprechend vergrößert werden.

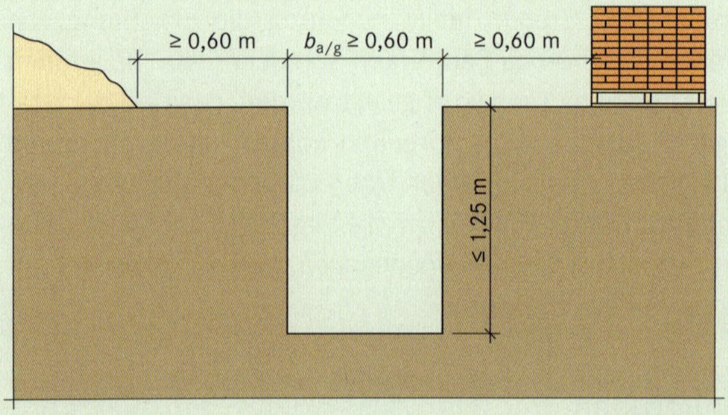

1 Regeln für Gräben bis 1,25 m Tiefe

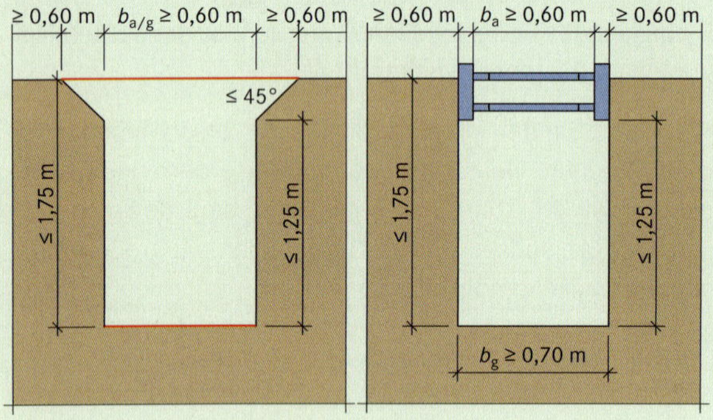

2 Regeln für Gräben bis 1,75 m Tiefe

Die Verbauung ist entweder durch mindestens 5 cm starke Holzbohlen oder mittels spezieller Verbauelemente herzustellen. Sie muss mit ihrer gesamten Fläche am Erdreich anliegen. Eventuelle Hohlräume zwischen Verbau und Erdreich müssen verfüllt werden.

Gräben von **über 1,75 m Tiefe** (**3**) müssen grundsätzlich **vollständig verbaut** werden, ein mindestens 0,60 m breiter Streifen entlang beider Grabenränder ist auch hier von Belastung freizuhalten. Die **Arbeitsraumbreite b_a** muss mindestens 0,80 m betragen, die tatsächliche **Grabenbreite b_g** hängt von der Stärke des Verbaus ab. Ein Vollverbau wird zumeist mit speziellen Verbauelementen durchgeführt.

Die Sozialversicherung für Landwirtschaft, Forsten und Gartenbau (SVLFG) fordert als Träger der gesetzlichen Unfallversicherung die Einhaltung dieser Regelungen der DIN 4124. Werden die Regelungen nicht eingehalten und geschieht aufgrund dessen ein Arbeitsunfall, kann dies Leistungskürzungen oder sogar Leistungsausfälle für den Verunglückten zur Folge haben.

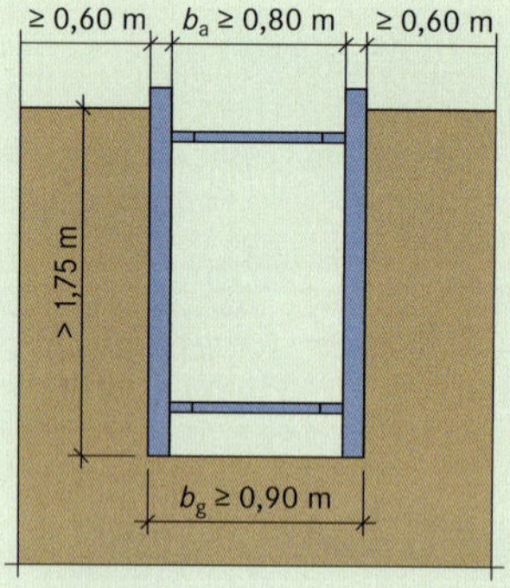

3 Regeln für Gräben über 1,75 m Tiefe

5 Berechnungen im Erdbau

5.1 Angabe und Berechnung von Steigungen bzw. Gefällen

Steigungen bzw. Gefälle werden meist entweder **in Prozent** einer waagerechten Strecke oder als **Steigungs- oder Böschungsverhältnis** von Höhe *h* zu waagerechter Strecke *l* angegeben[1].

Für die Berechnung von Steigungen und Gefällen ist folgende Skizze (Steigungsdreieck) hilfreich:

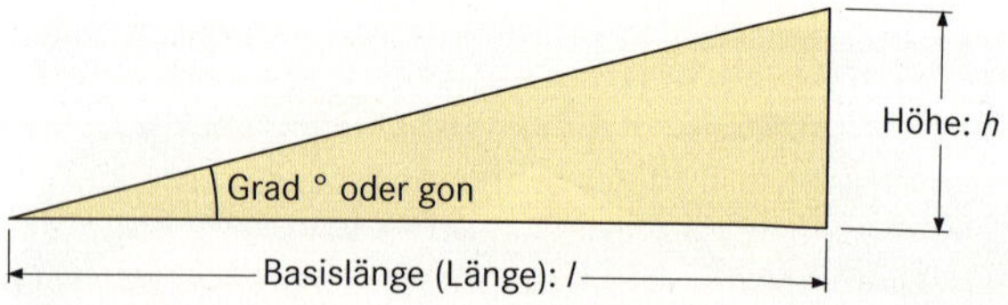

Steigung und Gefälle **in %** werden demnach folgendermaßen berechnet:

Steigung/Gefälle in % $= \frac{h}{l} \cdot 100\,\%$

Umformungen:

$$h = \frac{\text{Steigung/Gefälle in \%}}{100\,\%} \cdot l$$

$$l = \frac{h}{\text{Steigung/Gefälle in \%}} \cdot 100\,\%$$

[1] Manchmal werden Steigungen/Gefälle auch durch Angabe eines **Böschungs-** oder **Steigungswinkels** in Grad ° oder in gon definiert (s. Exkurs Baugruben und Gräben).

Das **Steigungs- oder Böschungsverhältnis** (1 : *x*) wird als Verhältnis von überwundener Höhe *h* zu waagerecht zurückgelegter Wegstrecke *l* angegeben:

$1 : x = h : l$

$x = l : h; \quad l = x \cdot h; \quad h = l : x$

Ein Steigungsverhältnis von z. B. 1 : 2 sagt aus, dass zur Überwindung einer Höhe von 1 m eine waagerechte Strecke von 2 m zurückgelegt werden muss. In Prozent ausgedrückt beträgt die überwundene Höhe 50 % der waagerechten Strecke.

Die folgende Zeichnung verdeutlicht den Zusammenhang zwischen Verhältnis- und Prozentangaben:

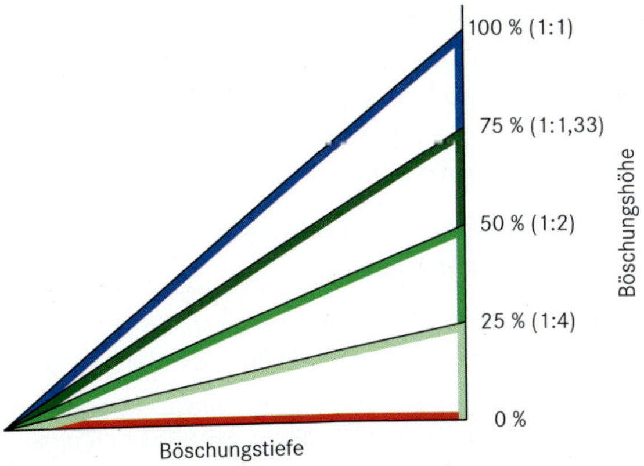

1 Zusammenhang von Verhältnis- und Prozentangaben

Beispiel 1

Aufgabe: Eine Böschung überwindet auf 5 m horizontaler Strecke eine Höhe von 2 m. Wie groß ist ihre Steigung/ihr Gefälle in %?

Lösung

$$\text{Steigung/Gefälle in \%} = \frac{h}{l} \cdot 100\,\% = \frac{2\text{ m}}{5\text{ m}} \cdot 100\,\% = 40\,\%$$

Beispiel 2

Aufgabe: Ein 85 m langer Entwässerungsgraben soll ein Gefälle von 0,8 % bekommen. Wie groß ist der Höhenunterschied zwischen Anfang und Ende des Grabens.

Lösung

$$h = \frac{\text{Gefälle in \%}}{100\,\%} \cdot l = \frac{0{,}8\,\%}{100\,\%} \cdot 85\text{ m} = 0{,}68\text{ m}$$

Beispiel 3

Aufgabe: Eine Rasenfläche hat eine Neigung von 15 %. Welche waagerechte Strecke wird bei einem Höhenunterschied von 1,2 m überwunden?

Lösung

$$l = \frac{h}{\text{Steigung/Gefälle in \%}} \cdot 100\,\% = \frac{1{,}2\text{ m}}{15\,\%} \cdot 100\,\% = 8\text{ m}$$

Beispiel 4

Aufgabe: Eine Garagenzufahrt überwindet auf 12 m waagerechter Strecke 0,5 m Höhe.

a) Wie groß ist die Steigung/das Gefälle der Auffahrt in %?

Lösung

$$\text{Steigung/Gefälle in \%} = \frac{h}{l} \cdot 100\,\% = \frac{0{,}5\text{ m}}{12\text{ m}} \cdot 100\,\% = 4{,}17\,\%$$

b) Wie groß ist das Steigungsverhältnis 1 : *x*?

Lösung

$$\text{Steigungsverh.} = \frac{1}{x} = \frac{h}{l}; \quad x = \frac{l}{h} = \frac{12\text{ m}}{0{,}5\text{ m}} = 24 \rightarrow 1:24$$

5.2 Berechnung von Erdmassen

Die Masse eines abzutragenden oder aufzutragenden Bodens wird in der Regel vor dessen Entnahme bzw. Einbau zumindest überschlägig berechnet. So können geeignete Maschinen sowie Fahrzeuge ausgewählt und zu erwartende Kosten kalkuliert werden.

1. Berechnung des Volumens

In Schritt 1 wird zunächst das abzutragende bzw. aufzubringende Erdvolumen berechnet. Bei Abtragsarbeiten wird das vorhandene, lagerungsdichte Erdvolumen (Koffervolumen) ermittelt, bei Einbauarbeiten das künftige Volumen nach der Verdichtung.

Bei der Berechnung des Erdmassenvolumens sind folgende Formeln hilfreich:

- **Gerade Körper**

Grundfläche × Abtragstiefe bzw. Auftragshöhe (z. B. bei Wegekoffern, Vegetationstragschichten)

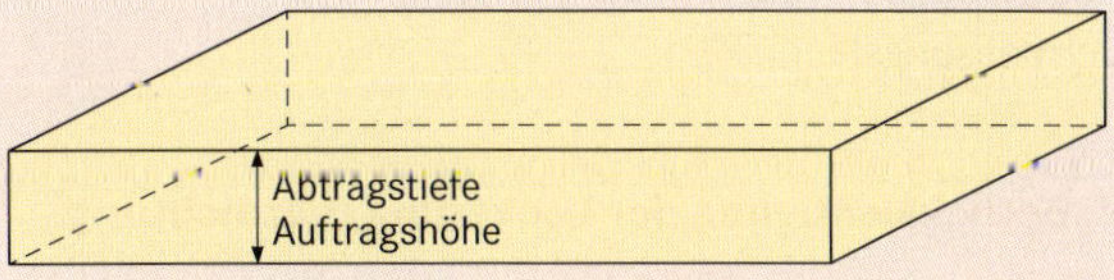

Volumen = Grundfläche · Abtragtiefe bzw. Auftragshöhe

Seiten- bzw. Querschnittsfläche × Länge (z. B. bei Wällen, Böschungen, Gräben)

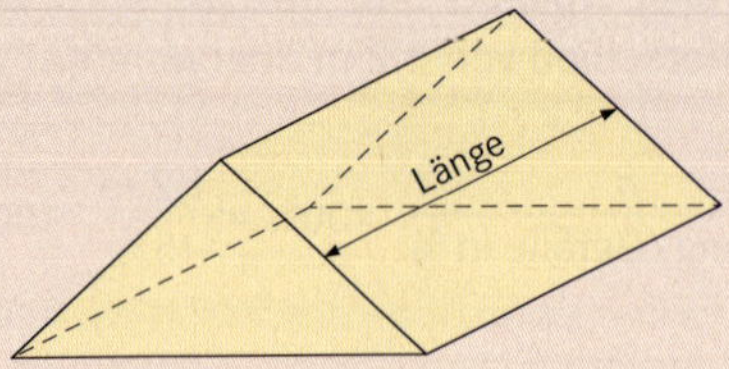

Volumen = Seiten- bzw. Querschnittsfläche · Länge

- **Körper mit ungleicher Deck- und Grundfläche**

$$\text{Volumen}_{(\text{angenähert})} = \frac{\text{Deckfläche} + \text{Grundfläche}}{2} \cdot \text{Höhe}$$

- **Körper mit regelmäßiger Grundfläche und ungleichen senkrechten Kantenhöhen**

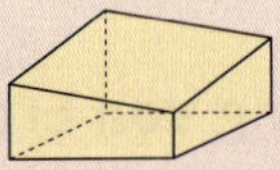

Volumen = Grundfläche · mittlere Kantenhöhe

wobei: mittlere Kantenhöhe

$$= \frac{\text{Summe der einzelnen Kantenhöhen}}{\text{Anzahl der senkrechten Kanten}}$$

- **Körper mit unregelmäßiger Grundfläche und ungleichen senkrechten Kantenhöhen**

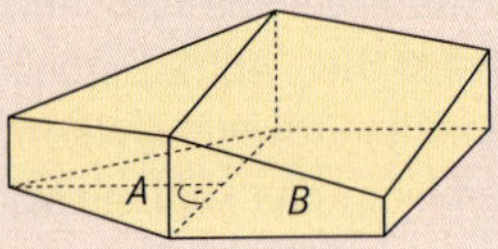

Teilfläche A = Dreieck
Teilfläche B = Quadrat

Bei Körpern mit unregelmäßiger Grundfläche und ungleichen senkrechten Kantenhöhen muss zunächst die unregelmäßige Grundfläche so in Teilflächen aufgeteilt werden, dass regelmäßige berechenbare Flächen entstehen. Dann werden diese Einzelflächen und deren zugehörige Volumina mit den zuvor genannten Formeln separat berechnet. Abschließend werden alle Teilvolumina addiert (s. Kap. Vermessungstechnik).

2. Berücksichtigung der Lockerung/Verdichtung

In Schritt 2 wird berücksichtigt, wie sich die **Lockerung** oder **Verdichtung** auf das Volumen auswirkt.

Erde lockert sich beim Ausheben auf. Sie nimmt dadurch ein größeres Volumen als vorher ein.

Beim Einbau von Erde und Schüttgütern werden diese in der Regel lagenweise aufgeschüttet und verdichtet. Die Dicke der Aufschüttung hängt von der Bodengruppe gemäß DIN 18196 (s. Kap. 2.2) sowie von der Art und dem Gewicht des Verdichtungsgeräts ab.. Üblich sind Lagendicken von etwa 20 bis 30 cm. Durch das Verdichten können die Erd- bzw. Schüttgutschichten künftige Bauwerks- und Verkehrslasten aufnehmen, spätere Sackungen werden verhindert.

Zur näherungsweisen Berechnung der abzufahrenden bzw. anzufahrenden Erd-/Schüttgutmassen werden auf das lagerungsdichte Abtragsvolumen bzw. auf das künftige, verdichtete Erdbaukörpervolumen etwa 20 % aufgeschlagen.

Dies geschieht am einfachsten, indem das in Schritt 1 berechnete Volumen mit dem Faktor 1,2 multipliziert wird. Für locker gelagerte Sandböden gilt ein Wert von etwa 15 % (Faktor 1,15), für dicht gelagerte Lehm- und Tonböden gelten ca. 25 – 30 % (Faktor 1,25 – 1,30).

3. Berechnung der Masse

In Schritt 3 wird die Masse des abzufahrenden bzw. anzuliefernden Materials berechnet, da Erde und Schüttgüter in der Entsorgung und im Einkauf in der Regel nach Gewicht berechnet werden. Dazu wird das in Schritt 2 berechnete Volumen mit der Schüttdichte (Tab. 1) des abzufahrenden bzw. anzuliefernden Materials multipliziert. Mit dem Ergebnis können die Entsorgungs- bzw. Bezugskosten erfragt werden.

Bodenart / Schüttgut / Mineralgemisch	Schüttdichte, ca.
Ton- und Schluffgemische	2,0 t/m³
Unterboden, lehmig	1,8 t/m³
Oberboden, lehmig	1,7 t/m³
Kies-Sand-Gemisch 0/32	1,8 t/m³
Bechsand-Splitt-Schotter-Gemisch 0/45	1,8 t/m³
Kies 16/32	1,7 t/m³
Kies 4/8	1,7 t/m³
(Basalt-)Lava 0/32, porenarmes Material	1,6 t/m³
Basaltsplitt 0/5	1,6 t/m³
Brechsand 0/4	1,6 t/m³
Basaltsplitt 2/5	1,5 t/m³
Sand 0/2	1,5 t/m³
Lava 0/32, poriges Material	1,4 t/m³
Lava 0/8, poriges Material	1,3 t/m³
Bims 0/8	0,8 t/m³
Blähschiefer	0,7 t/m³
Blähton	0,4 t/m³
Torf	0,2 t/m³

Tab. 1 Schüttdichte von Erdbaumaterialien (Näherungswerte)

4. Berechnung der Lkw-Ladungen

In Schritt 4 wird die Anzahl der für die An- bzw. Abfuhr benötigten Lkw-Ladungen mithilfe von Richtwerten ermittelt:

Lkw-Art mit zulässigem Gesamtgewicht in t	Nutzlast in t	Ladevolumen in m^3 (z. B. für Boden, Kies-Sand-Gemisch)
2-Achser (3,5 – 18 t)	ca. 1,8 – 11,5 t	ca. 1,0 – 6,5 m^3
3-Achser (26 t)	ca. 16 t	ca. 9,0 m^3
4-Achser (35 t)	ca. 21,5 t	ca. 12,0 m^3

Tab. 1 Lkw-Arten mit Richtwerten zu Nutzlast in t und Ladevolumen in m^3

Beispiel 1

Aufgabe: Wie viele Ladungen muss ein LKW mit rund 11,5 t Nutzlast abfahren, wenn 34,5 t Erdaushub anfallen?

Lösung

$$\text{Anzahl der Ladungen} = \frac{\text{Erdaushub}}{\text{Nutzlast}} = \frac{34{,}5\ \text{t}}{11{,}5\ \text{t}}$$

$= 3$ Ladungen

Beispiel 2

Aufgabe: Wie viele Ladungen muss ein LKW mit rund 9 m^3 Ladevolumen abfahren, wenn 36 m^3 Erdaushub anfallen?

Lösung

$$\text{Anzahl der Ladungen} = \frac{\text{Erdaushub}}{\text{Ladevolumen}} = \frac{36\ \text{m}^3}{9\ \text{m}^3}$$

$= 4$ Ladungen

Beispiel 3

Aufgabe: Eine längliche Baugrube mit unten stehendem Querschnitt soll auf 50 m Länge 2 m tief ausgehoben werden. Berechnen Sie das Koffervolumen.

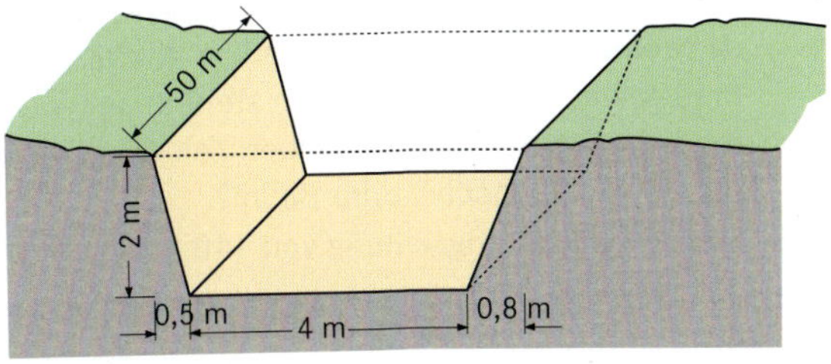

Lösung

Fläche Grubenquerschnitt

$$= \frac{(4{,}00\ \text{m} + 5{,}30\ \text{m})}{2} \cdot 2{,}00\ \text{m} = 4{,}65\ \text{m} \cdot 2{,}00\ \text{m}$$

$= 9{,}30\ \text{m}^2$

Koffervolumen $= 9{,}30\ \text{m}^2 \cdot 50\ \text{m} = 465{,}00\ \text{m}^3$

Beispiel 4

Aufgabe: 50 Fundamente mit folgenden Maßen sollen ausgehoben werden:
$D = 0{,}6$ m, $d = 0{,}4$ m, $h = 0{,}5$ m. Wie viele Kubikmeter Erde fallen bei 20 % Lockerung an?

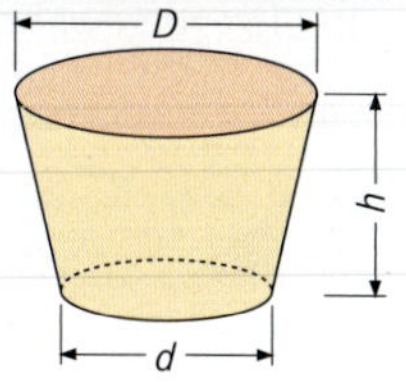

Lösung

Deckfläche $= (0{,}30\ \text{m})^2 \cdot \pi = 0{,}28\ \text{m}^2$

Grundfläche $= (0{,}20\ \text{m})^2 \cdot \pi = 0{,}13\ \text{m}^2$

$$\text{Durchschnittliche Fläche} = \frac{(0{,}28\ \text{m}^2 + 0{,}13\ \text{m}^2)}{2}$$

$= 0{,}21\ \text{m}^2$

Koffervolumen $= 0{,}21\ \text{m}^2 \cdot 0{,}5\ \text{m}$
$= 0{,}11\ \text{m}^3$ je Fundament

Volumen gelockerte Erde $= 0{,}11\ \text{m}^3 \cdot 50$ Fundamente $\cdot\ 1{,}2$
$= 6{,}60\ \text{m}^3$

Beispiel 5

Aufgabe: Eine Erdmasse soll abgetragen werden. Berechnen Sie die Menge an Erde in m^3, die Sie bei einer Lockerung von 25 % abfahren müssen.

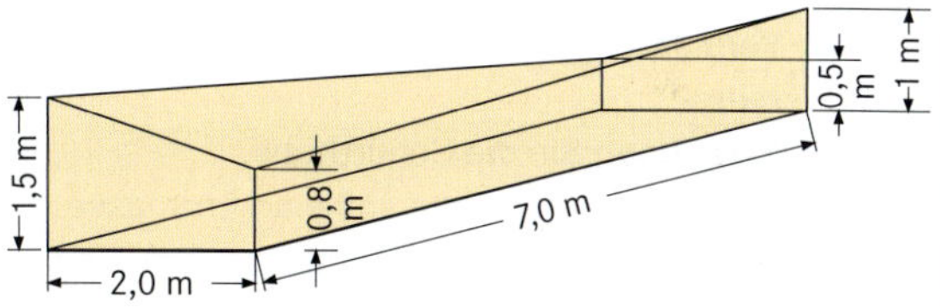

Lösung

Grundfläche $= 7{,}00\ \text{m} \cdot 2{,}00\ \text{m} = 14{,}00\ \text{m}^2$

Mittlere Kantenhöhe

$$= \frac{(1{,}50\ \text{m} + 0{,}80\ \text{m} + 1{,}00\ \text{m} + 0{,}50\ \text{m})}{4} = 0{,}95\ \text{m}$$

Koffervolumen $= 14{,}00\ \text{m}^2 \cdot 0{,}95\ \text{m} = 13{,}30\ \text{m}^3$

Volumen gelockerte Erde $= 13{,}30\ \text{m}^3 \cdot 1{,}25$
$= 16{,}63\ \text{m}^3$

Beispiel 6

Aufgabe: Die Seitenböschungen eines Damms mit trapezförmigem Querschnitt sollen eine Steigung von 1 : 10 erhalten. Die untere Breite soll 40 m sein, die obere Breite 10 m. Wie hoch muss der Damm aufgeschüttet werden, um dies zu gewährleisten?

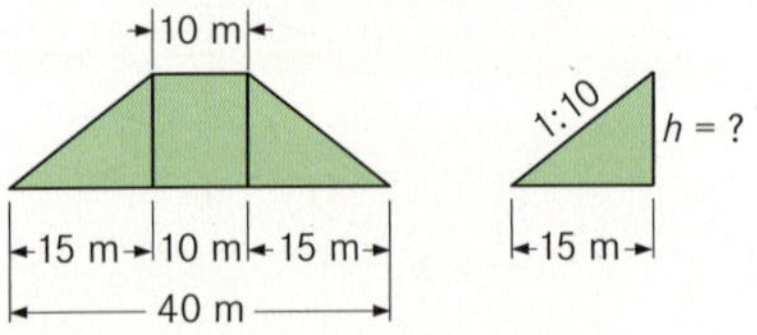

Lösung

Waagerechte Strecke der Böschungen

$$= \frac{(40 \text{ m} - 10 \text{ m})}{2} = 15 \text{ m (vgl. Skizze)}$$

Bei einer angestrebten Steigung von 1 : 10 entsprechen 15 m dem Wert 10.

Höhe = 15 m : 10 = 1,5 m

Aufgaben

◑ 1. Eine ebene, aus zwei Teilbereichen bestehende Grundstücksfläche soll durch Erdauftrag gleichmäßig um 0,25 m in verdichtetem Zustand erhöht werden. Teilbereich 1 ist 7 m lang und 5 m breit, Teilbereich 2 ist 9 m lang und 4 m breit.
   a) Wie viele Kubikmeter Erde müssen Sie vor dem Verdichten aufbringen, wenn mit einer Verdichtung von 15 % gerechnet werden muss?
   b) Berechnen Sie die Schütthöhe.

◑ 2. Auf einer ebenen Fläche soll eine Erdmasse aufgetragen werden. Die untenstehende Zeichnung zeigt den Grundriss mit den zu erreichenden Sollhöhen.

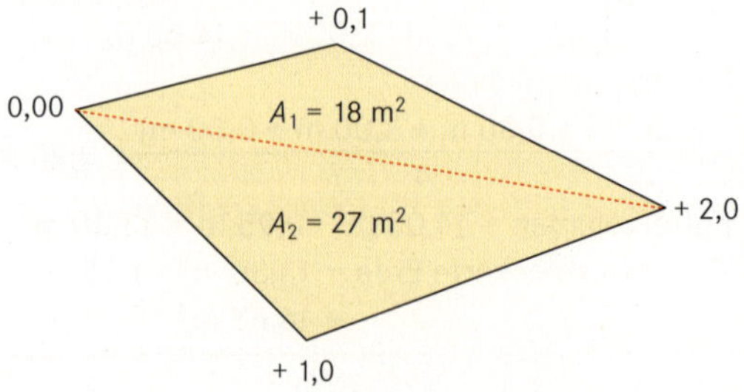

Wie viele Tonnen Erde (Verdichtung: 20 %, Schüttdichte: 1,60 t/m³) sind aufzutragen?

Aufgaben (Fortsetzung)

◑ 3. Für eine Auffahrt muss die vorhandene Erde ausgekoffert und abgefahren werden. Zielhöhe ist +/− 0,00. Die Abmessungen und die vorhandenen Höhen sind untenstehender Zeichnung zu entnehmen. Die Lockerung ist mit 25 % zu berücksichtigen, die Dichte der gelockerten Erde beträgt 1,80 t/m³.

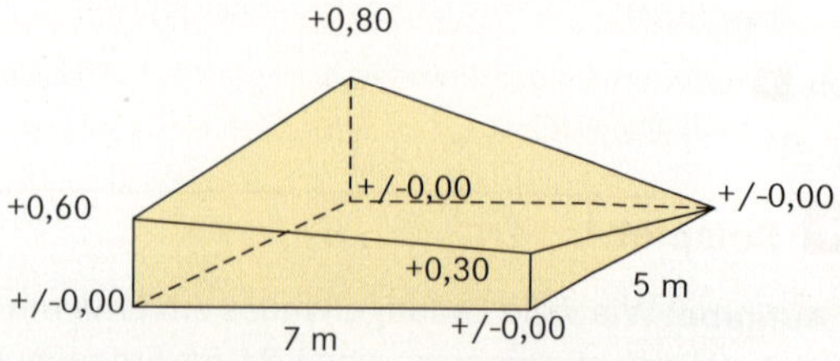

Wie viele Fuhren müssen für einen Lkw mit 15 t Zuladekapazität zum Abtransport der Erde eingeplant werden?

◑ 4. Die abgebildete Fläche mit absoluten Höhenangaben soll ebenflächig auf 217,5 m aufgeschüttet werden.

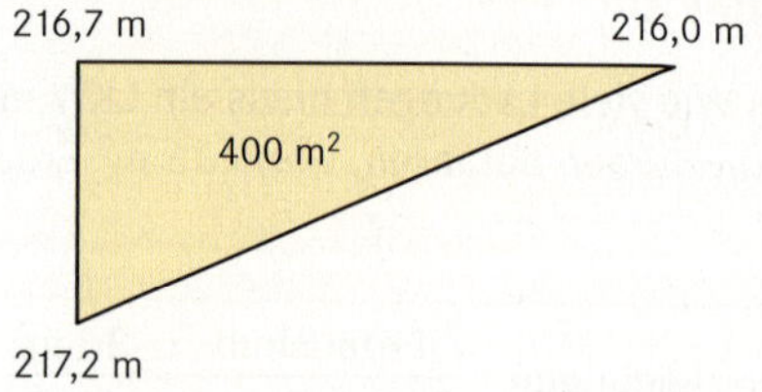

   a) Wie viele Kubikmeter lockere Erde müssen Sie anfahren, wenn für die Verdichtung 25 % veranschlagt werden?
   b) Wie viele Fuhren ergeben sich bei Nutzung eines Lastkraftwagens mit einem Transportvolumen von 5 m³?

● 5. Eine senkrecht in den Boden gesteckte 2,2 m lange Messlatte (Höhe über dem Boden = 2 m) wirft einen Schatten von 1,2 m. Ein großer gerade gewachsener Nadelbaum steht in der Nähe. Sein Schatten hat zur selben Zeit die Länge von 19 m. Wie hoch ist der Baum?

● 6. Eine Entwässerungsleitung von 140 m Länge soll mit einer Neigung von 1 : 75 verlegt werden.
   a) Welches Gefälle hat die Leitung in %?
   b) Welchen Höhenunterschied überwindet die Leitung?

6 Durchführung von Erdarbeiten

Bautechnische Erdarbeiten bestehen im Wesentlichen aus den Arbeitsschritten

- Erde lösen,
- Erde laden,
- Erde abtransportieren,
- Erde einbauen und
- Erde verdichten.

Da **Oberboden** als Baugrund nicht geeignet ist und aus Gründen des Bodenschutzes nicht verbaut werden darf, ist er vor der Durchführung von Baumaßnahmen abzutragen und – bei nicht sofortiger Wiederverwendung – abseits vom Baubetrieb in Form einer trapezförmigen **Bodenmiete** gesondert zu lagern (1). Bei einer Lagerung von länger als zwei Monaten während der Vegetationszeit ist diese mit einer **Zwischenbegrünung** zum Schutz vor unerwünschtem Aufwuchs und Erosion zu versehen. Soll Unterboden für Vegetationszwecke verwendet werden, ist er wie Oberboden zu behandeln.

Abtrag und Einbau von Oberboden sind getrennt von anderen Bodenbewegungen durchzuführen. Zur Vermeidung von Strukturschäden dürfen bindige Oberböden nur in ausreichend abgetrocknetem Zustand ab- oder aufgetragen werden. Als Hilfsmittel für die Prüfung der Bodenfeuchtigkeit wird die sogenannte **Rollprobe** durchgeführt. Dabei wird versucht, eine Bodenprobe zügig zwischen den Handtellern zu einer bleistiftdicken „Wurst" zu rollen. Gelingt dies, ist der Boden zu nass. Dann sollte die Baumaßnahme aufgeschoben werden.

1 Bodenmiete

6.1 Erde lösen, laden, transportieren und einbauen

Je nach Material, Lagerung des Bodens und Wassergehalt müssen unterschiedliche Maschinen und Geräte eingesetzt werden (s. S. 102f.). Die Auswahl der Maschinen sollte in Abhängigkeit der Baumaßnahme erfolgen, wobei die Wirtschaftlichkeit eine große Rolle spielt (2).

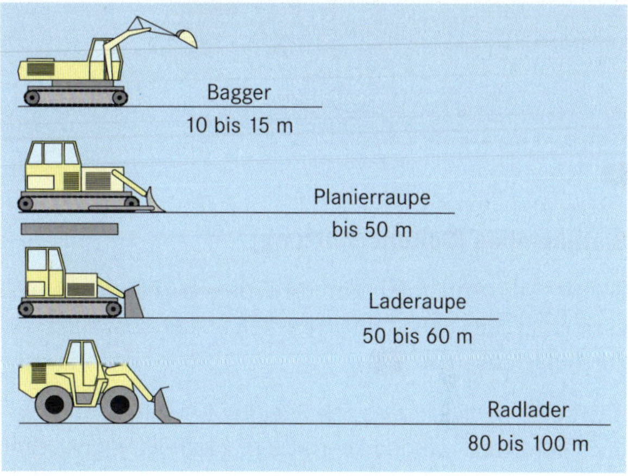

2 Wirtschaftliche Transportentfernungen

Oftmals wird jedoch die Maschine verwendet, die gerade verfügbar ist. Wichtig ist daher die richtige Vorplanung einer Baustelle (s. Kapitel Planungs- und Baustellenablauf). Nur so kann sichergestellt werden, dass die benötigte und wirtschaftlichste Maschine auch zum richtigen Zeitpunkt eingesetzt werden kann. Für größere Transportentfernungen werden Lastkraftwagen benutzt.

6.2 Erdeinbau

Bei jeder Erdbaustelle sollte grundsätzlich darauf geachtet werden, dass anfallendes Wasser ablaufen kann und Oberflächenwasser z.B. durch Gräben oder Aufschüttungen vom Baubereich ferngehalten wird. Sind Fahrspuren durch Erdbaumaschinen (Tab. 1, S. 102f.) entstanden, sollten diese deshalb bald ausplaniert und unter künftigen Vegetationsflächen zuvor auch sorgfältig aufgelockert werden. Wird Erde eingebaut, sollte sie möglichst schnell so planiert werden, dass Wasser über ein seitliches Gefälle ablaufen kann. Besteht Erosionsgefahr, ist die Fläche z.B. durch Abdeckung mit einer Baufolie zu schützen.

6.2.1 Einbauarten

Beim Bodeneinbau lassen sich zwei grundsätzliche Einbaumöglichkeiten unterscheiden.

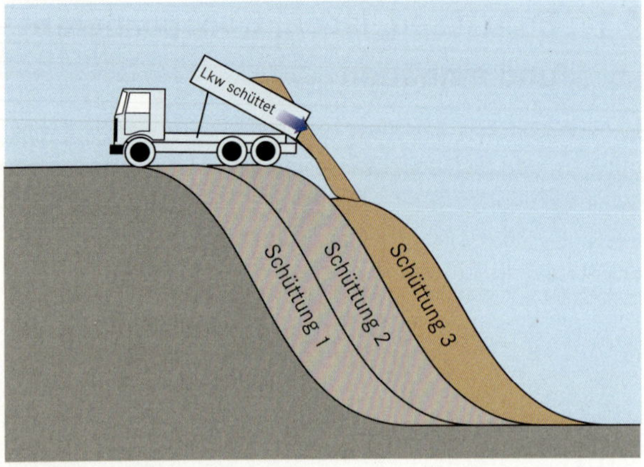

1 Seiteneinbau

Seiteneinbau (Seitenschüttung)

Bei der Seitenschüttung wird die Erde von oben herab eingeschüttet. Das Schüttgut lagert sich an der Böschung von unten nach oben an (1).

Nachteilig ist dabei, dass das Schüttgut nur im oberen Bereich verdichtet werden kann. Diese Methode eignet sich am besten zur Auffüllung von später nicht belasteten Mulden, da die schlecht verdichteten unteren Bereiche lang anhaltende Setzungen nach sich ziehen.

Lageneinbau

Beim Lageneinbau wird die Erde schichtweise eingebaut. Da die einzelnen Schichten gleichmäßig verdichtet werden sollen, ist je nach Verdichtungsgerät eine Einbaudicke von maximal 50 cm (besser 30 cm) angebracht. Der Lageneinbau ist im Erdbau üblich und weitverbreitet.

6.2.2 Oberbodeneinbau

Vor dem Auftrag von Oberboden muss der Unterboden gelockert werden.

Der Einbau des Oberbodens erfolgt meist im Lageneinbau, wobei die Transport- und Einbaumaschinen auf dem bereits eingebauten Material fahren sollten. Die entstehende oberflächliche Verdichtung kann nach Abschluss des Oberbodeneinbaus mit einfachen Mitteln, z. B. dem Pflug oder der Fräse, wieder behoben werden (2 oben).

Fahren die Transport- und Einbaumaschinen über den Unterboden, wird dieser verdichtet. Die Verdichtung liegt dann in tieferen Schichten und kann nur mit hohem Aufwand beseitigt werden (2 unten und 3).

Geräte zur Tiefenlockerung für größere Flächen sind der Heckaufreißer (4), der Tiefenpflug, der Tiefengrubber, der Hubschwenklockerer und der Wippscharlockerer.

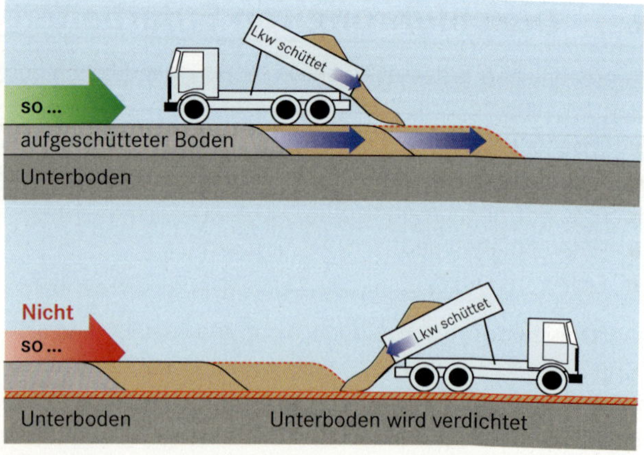

2 Lagenweiser Oberbodeneinbau. Bei der oberen Vorgehensweise wird der Unterboden nicht verdichtet, die befahrene Oberbodenschicht kann später vergleichsweise einfach aufgelockert werden.

3 Falscher Oberbodeneinbau kann schwerwiegende Folgen haben.

4 Heckaufreißer an einer Planierraupe

Bei kleinflächigen tiefer liegenden Verdichtungen können auch Pressluftverfahren wie Terralift, Bioturbator, Turbojet oder andere angewendet werden.

Ist das Befahren des Unterbodens unter künftigen Vegetationsflächen unumgänglich, so muss dafür gesorgt werden, dass die dadurch entstehenden Verdichtungen vor dem Oberbodenauftrag anderweitig (z. B. durch Aufreißen mittels Reißzahn am Baggerausleger) beseitigt werden.

6.2.3 Verdichtungsmaßnahmen

Damit zu errichtende Bauwerke langfristig stabil stehen und es später nicht zu Absackungen kommt, müssen die darunter liegenden Schichten fachgerecht verdichtet werden.

Bei der Verdichtung werden die Hohlräume zwischen den einzelnen Körnern, das sogenannte Porenvolumen, verkleinert. Dadurch werden die Tragfähigkeit und die Scherfestigkeit[1] des Baugrunds erhöht. Die Verdichtung nimmt die natürliche Setzung vorweg und lässt eine rasche Belastung ohne Schäden durch Setzungen zu. Einfluss auf die Verdichtung haben hauptsächlich die Bodengruppe gem. DIN 18196, die Kornform und der Wassergehalt.

Verdichtungsgeräte werden in zwei Hauptgruppen eingeteilt (1):

- Statisch wirkende Geräte: Sie wirken hauptsächlich durch ihr Eigengewicht. Glattradwalzen werden z. B. zur Verdichtung von bindigen, also ton- bzw. schluffhaltigen Böden eingesetzt.
- Dynamisch wirkende Geräte (stampfende und vibrierende Geräte): Neben dem Gewicht wirkt zusätzlich eine stampfende (z. B. Rüttelstampfer) oder vibrierende Kraft (z. B. Rüttelplatte). Sie lockern kurzfristig das Bodengefüge auf, sodass sich dann die kleineren Bodenteilchen zwischen den größeren Teilchen einlagern können. Es entsteht eine dichtere Packung. Diese Geräteart wird hauptsächlich zur Verdichtung von nichtbindigen Böden und Mineralstoffgemischen verwendet.

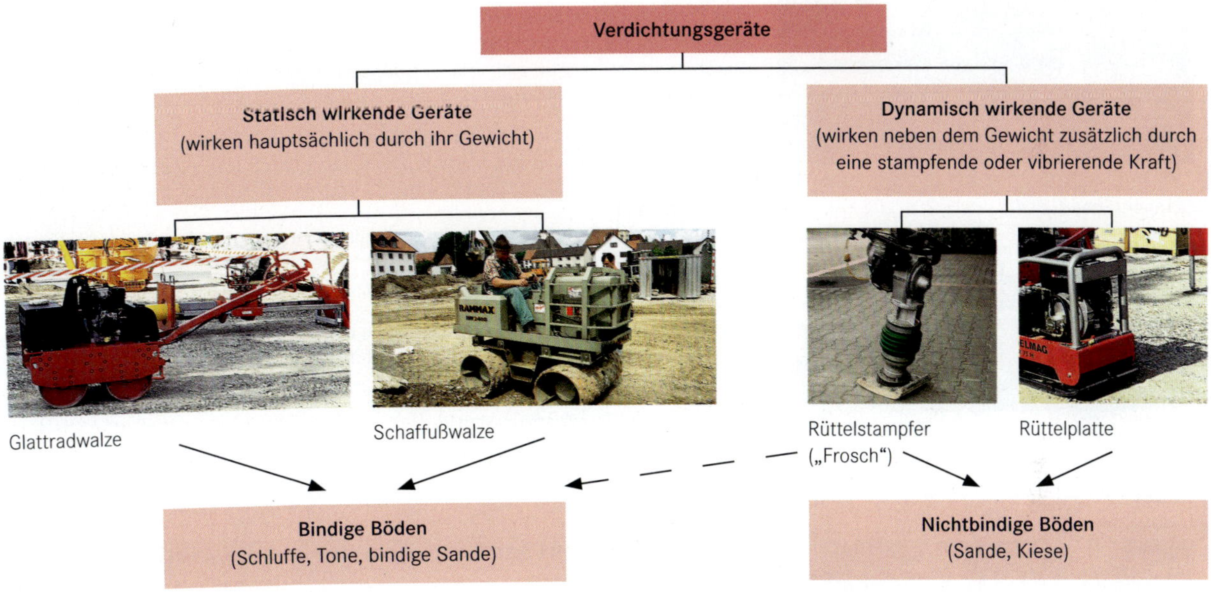

1 Geräte zum Verdichten von Böden

---

1 Scherfestigkeit: Widerstandskraft der Bodenteilchen gegen Auseinanderdrücken/-reiben

Planierraupe

Einsatzbereich
Planierraupen dienen zum flachen Abtragen unterschiedlicher Bodenschichten, zum Einebnen (Planieren), zum schiebenden Transport und zum Aufreißen von Bodenverdichtungen mittels Heckaufreißer; im Garten- und Landschaftsbau relativ selten

Bau und Funktion
Der Motor sitzt als Gegengewicht zum Planierschild vorne. Die Ketten bestehen zumeist aus relativ breiten Bodenplatten, die das Maschinengewicht gut verteilen.

⊕ große Kettenlauffläche, niedriger Bodendruck, hohe Griffigkeit der Bodenplatten, hohe Schubkraft
⊖ Ketten verursachen Schäden auf Belägen und Randbegrenzungen, geringe Manövrierfähigkeit, Tiefladertransport

Grader/Erdhobel

Einsatzbereich
Grader eignen sich zum Planieren, wobei kein großer Massentransport stattfindet. Besonders geeignet sind sie zum Einbau von Trag- und Dränschichten im Straßen- und Sportplatzbau, Grader sind nur auf größeren Flächen wirtschaftlich

Bau und Funktion
Das Planierschild ist zwischen den Achsen angebracht und horizontal und vertikal schwenkbar. Das Fahrwerk ist luftbereift und weist einen großen Radstand auf. Durch breite Reifen wird ein geringer Bodendruck erreicht. Lasergesteuerte Geräte können sehr genau planieren

⊕ geringer Bodendruck (Niederdruckbreitreifen), genaue Planie
⊖ geringe Transportleistung, hoher Kostenaufwand für Spezialeinsatzgebiet

Scraper/Schürfkübel

Einsatzbereich
Transport von Erde auf der Baustelle, schnelles Abschürfen und Auffüllen von kleinen Unebenheiten

Bau und Funktion
Der Scraper hat zwischen den Achsen einen Schürfkübel mit einem verschleißbaren Einlassschlitz. Durch Absenken des Kübels wird der Boden aufgenommen, durch Anheben abgegeben

⊕ Planier- und Transportfunktion
⊖ hoher Platzbedarf; im GaLaBau ohne Bedeutung

Lader

Laderaupe

Einsatzbereich
Dort wo Schubkraft und Standfestigkeit gefordert ist; Laden, Abräumen, Planieren, Transportieren

Bau und Funktion
Meist Frontlader, schmalere und kürzere Bauweise im Vergleich zu Planierraupen

⊕ im Vergleich zum Radlader: besserer Schutz der Grobplanie, höhere Wendigkeit, mehr Schubkraft, geringerer Bodendruck
⊖ im Vergleich zum Radlader: langsamer, Tiefladertransport nötig

Radlader

Einsatzbereich
Transportieren, Laden, Abräumen, Planieren (grob), auch kleine Geräte gut geeignet zur Einsparung von Handarbeit

Bau und Funktion
Luftbereift (evtl. mit Terrareifen[1]), Allradantrieb, Allradlenkung oder Knicklenkung, Heckmotor, Schwenklader können Ladung auch seitlich abkippen

⊕ im Vergleich zur Laderaupe: schneller auf festem Boden, kann Wege und Kanten überfahren, weniger Fahrwerkverschleiß, größere Transportweiten
⊖ im Vergleich zur Laderaupe: Verdichtungsgefahr größer

[1] Breite Reifen, die auch mit verringertem Reifendruck gefahren werden können → breite Auflage → geringer Bodendruck.

Tab. 1 Erdbaumaschinen – Übersicht

▶ Fortsetzung nächste Seite

Bagger

a) Tieflöffelbagger

b) Greifbagger

Einsatzbereich
Ausräumen, Auskoffern, Planieren (grob), Gräben ziehen, Laden, Heben, Böschungsanlage erstellen

Bau und Funktion
Dieselmotorgetriebener Hydraulikbagger, Fahrwerk mit Rädern oder Ketten

⊕ vielseitige Geräte, wenig Platzbedarf, genaue Arbeit
⊖ meist Tiefladertransport nötig (Ausnahme: Radbagger und geringe Entfernung zur Baustelle), geringe Leistung, unbeweglicher im Vergleich zum Radlader

- Tieflöffelbagger werden vorwiegend im Garten- und Landschaftsbau eingesetzt
- Minibagger eignen sich für kleine Baumaßnahmen
- Hochlöffelbagger sind im Garten- und Landschaftsbau eher selten

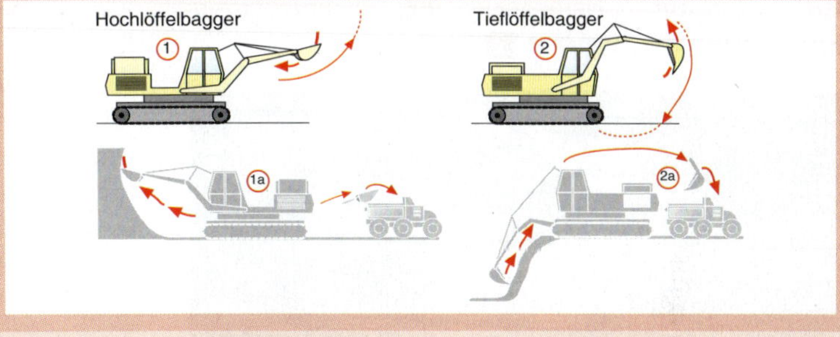

Baggerlader

Einsatzbereich
Vielfach kombinierte Bodenarbeiten, für mittlere und kleine Baustellen

Bau und Funktion
Grundgerät = Schlepper
Frontgerät = Lader
Heckgerät = Bagger

⊕ sehr vielseitig, mit Knicklenkung sehr beweglich
⊖ geringe Leistung, dadurch Gefahr von Verdichtung

Transporthilfen

Dumper

Einsatzbereich
Transport von Material auf der Baustelle

Bau und Funktion
Größe: vom motorgetriebenen Schubkarren bis zum Mini-Lkw

⊕ robustes Hilfsmittel zur Arbeitserleichterung, mit Raupenantrieb sehr geländegängig
⊕ vor allem auf größeren Baustellen nützliche Transportmaschinen

Tab. 1 Erdbaumaschinen – Übersicht (Fortsetzung)

? Aufgaben

○ 1. Welche Maßnahmen können Sie ergreifen, um Wasserschäden bei Erdarbeiten zu verhindern?

○ 2. Welchen Nachteil hat der Seiteneinbau?

○ 3. Warum sollte beim Oberbodeneinbau möglichst auf dem eingebauten Oberboden gefahren werden und nicht auf dem Baugrund?

○ 4. Beschreiben Sie die Arbeitsweise und Einsatzgebiete eines
a) Graders, b) Scrapers und c) Dumpers.

◑ 5. Ihr Vorgesetzter möchte sich eine neue Maschine für den Bau von Hofeinfahrten zulegen.
a) Für welche Maschine würden Sie sich entscheiden? Begründen Sie Ihre Entscheidung.
b) Diskutieren Sie Ihre Entscheidung in der Klasse.

Platz- und Wegebau

Mit Beginn des Industriezeitalters, Anfang des 19. Jahrhunderts, begann man in Deutschland mit der planmäßigen, flächendeckenden Befestigung von Wegen und Plätzen.

Die gestiegenen Bevölkerungszahlen in den Städten brachten hygienische Probleme mit sich, die nur durch eine konsequente Ableitung des Schmutz- und Regenwassers zu lösen waren. Unter vielen Straßen wurden Kanäle und Leitungen zur Ver- und Entsorgung verlegt. Wege und Plätze befestigte man zu dieser Zeit mit Feldsteinen oder mit von Hand beschlagenen Natursteinen (1). Darüber hinaus wurden viele Alleen angelegt (2).

1 Historischer Eselspfad

2 Alte Allee

Die Bäume entlang den Wegen hatten folgende Funktionen:

- Beschattung des Weges (z. B. für Pferdegespanne oder andere Reisende),
- Markierung der Wegeführung,
- Erhaltung der Luftfeuchtigkeit zum Schutz einfacher wassergebundener Wegedecken.

Mit der Erfindung des Automobils veränderten sich die Ansprüche an Wegebeläge. Fahrkomfort, Geschwindigkeit und die zu transportierenden Lasten bestimmten fortan die Gestalt und den Aufbau von Straßen, Wegen und Plätzen.

Konsequenzen

Im Bereich des Tiefbaus und des Garten- und Landschaftsbaus müssen funktionale Voraussetzungen zum Bau von Flächen erfüllt werden, damit eine Nutzung dauerhaft gewährleistet werden kann.

Gerade wegen der fortschreitenden Befestigung und Versiegelung von Freiräumen besteht vonseiten des Garten- und Landschaftsbaus eine Verpflichtung, die Verwendung von Pflanzen nicht zu vernachlässigen. So gehört das Anlegen von Wegen und Plätzen nur dann zum Garten- und Landschaftsbau, wenn der Auftrag „landschaftsgärtnerisch geprägt“ ist. Hier kommt es bei der Auftragsvergabe oft zu Überschneidungen mit dem Straßenbauhandwerk. Gerichte haben entschieden, dass kein Verstoß gegen die Handwerksordnung vorliegt, wenn ausschließlich Wege- und Flächenbefestigungen ausgeführt werden, die in einem landschaftsgärtnerisch geprägten Freigelände liegen.

1 Aufbau einer Wegedecke

Die **Dicke der einzelnen Schichten** ist abhängig

- von der Belastung des Weges,
- von dem verwendeten Material,
- vom Untergrund.

Nicht in jedem Fall sind alle Schichten erforderlich. Die Schichten werden getrennt eingebaut, ausplaniert und verdichtet.

Die **Auswahl des Materials** richtet sich in der Regel nach

- der Belastung,
- dem Pflegeaufwand,
- gestalterischen Gesichtspunkten,
- dem örtlichen Materialangebot,
- den finanziellen Mitteln.

Grundsätzlich werden unterschieden:

- **Ungebundene Bauweise:** Bettung und Fugen ungebunden, Tragschicht gebunden oder ungebunden ausgeführt
- **Gebundene Bauweise:** Bettung, Fugen und 2. Tragschicht gebunden ausgeführt

Außerhalb von Flächen des Straßenverkehrs können auch **Mischbauweisen** vorgesehen werden:

- **Gebundene Bettung:** Fugen und Bettung gebunden, Tragschicht ungebunden ausgeführt
- **Ungebundene Bettung:** Fugen gebunden, Bettung und Tragschicht ungebunden ausgeführt (s. S. 127 Hinweis)

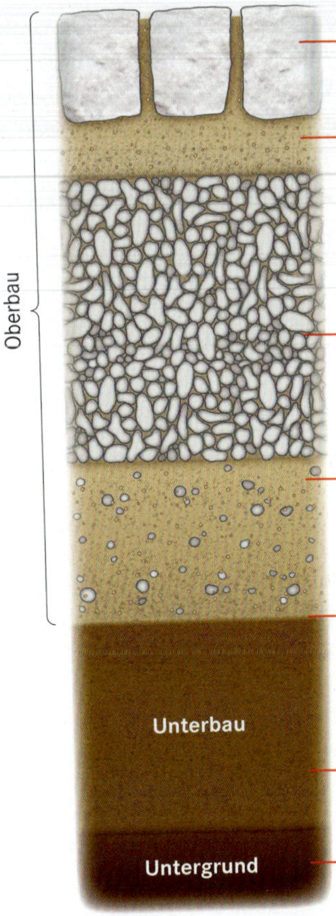

Bezeichnung, Aufgaben	Materialien
Deckschicht (Wegedecke) ■ bestimmt das Aussehen sowie die Begeh- und Befahrbarkeit ■ schützt die Tragschicht vor Verschleiß (Witterung, Verkehr)	z. B. Pflastersteine oder Platten aus Beton oder Natursteinen, Klinker, Mineralstoffgemische (z. B. 0/3, 0/5, 0/11, 0/16) bestehend aus Kies-Sand-Gemischen, Splitt-Sand-Gemischen oder Schotter-Splitt-Sand-Gemischen
Bettung (Ausgleichsschicht) ■ Ausgleich der Steintoleranz in der Dicke ■ zum Verlegen (Sandbett) ■ verhindert das Eindringen von Deckmaterial in die Tragschicht	z. B. Sand-Kies 0/4, 0/5, 0/8, Brechsand-Splitt 0/5, 0/8, gebundene Bettung: Dränbeton (4/8, 8/16) oder wasserdurchlässiger Asphalt[2]
2. Tragschicht[1] ■ Aufnahme und Verteilung der Verkehrslast	Mineralstoffgemische (z. B. 0/32, 0/45, 0/56) bestehend aus Kies-Sand-, Schotter-Splitt-Sand- oder Splitt-Sand-Gemischen, als gebundene Tragschicht mit bituminösen oder hydraulischen Bindemitteln hergestellt
1. Tragschicht (Frostschutzschicht[1]) ■ verhindert das Aufsteigen von Kapillarwasser ■ leitet durchsickerndes Wasser weiter (Dränschicht) ■ verhindert das Eindrücken der Tragschicht in den Unterbau (Sauberkeitsschicht)	Kiese und Kies-Sand-Gemische, Sande, Sand-Kies-Gemische, Gemische aus Splitt und Brechsand (0/5 bis 0/32), Gemische aus Schotter, Splitt und Brechsand (0/45, 0/56)
Planum (Koffersohle, Oberkante Unterbau) ■ leitet durchsickerndes Wasser aus dem Wegebereich ab	
Unterbau = unter dem Oberbau liegende Dammschüttung (z. B. durch Verdichtung oder Bodenschüttungen aus Fremdmaterialien) ■ trägt die Belastung	evtl. Zugabe von Mineralkorn der fehlenden Größe (bei Gleichkörnigkeit bei nicht bindigen Böden) oder Zugabe von Kalk (bei hohem Wassergehalt)
Untergrund (Baugrund, natürlich anstehender Boden)	

1 Standardisierter Schichtenaufbau

1.1 Untergrund (Baugrund)

In der Regel wird der Untergrund für die im Garten- und Landschaftsbau üblichen befestigten Wege und Flächen nicht weiter bearbeitet. Allerdings beeinflusst seine Beschaffenheit wesentlich den Aufbau des Unter- und Oberbaus. Sind zu viele bindige Bestandteile (Schluff- oder Tonanteile) enthalten, wird mit der Zugabe von grobkörnigen Materialien wie Sand oder Kies die Tragfähigkeit verbessert. Darüber hinaus ist die Wasserableitung des Untergrundes bei versickerfähigen Belägen entscheidend.

Böden mit einem Wasserdurchlässigkeitsbeiwert über 1×10^{-6} m/s sind als versickerfähiger Untergrund geeignet (s. Kap. Erdbau).

! Merke

Bei der Vorbereitung zum Auftragen des Unterbaus muss der Untergrund möglichst eben profiliert werden.

1.2 Unterbau

Der **Unterbau** wird dem geplanten Wegeprofil entsprechend ausgebildet. Die **Schüttungen** bestehen in der Regel aus tragfähigen Füllböden. Kann die Tragfähigkeit des Unterbaus durch alleiniges Auftragen und lagenweises Verdichten nicht gewährleistet werden, muss der Unterbau verbessert werden.

Der Abschluss des Unterbaus wird als **Planum** bezeichnet. Das Planum darf auf einer Messstrecke von vier Metern nicht mehr als drei Zentimeter von der Sollhöhe abweichen und sollte ein Mindestgefälle von 2 % aufweisen, damit durchsickerndes Wasser aus dem Wegbereich abgeführt werden kann.

---

1 Mindestdicke (DIN 18315) im verdichteten Zustand in Abhängigkeit vom Größtkorn
- bis 32 mm 12 cm
- bis 45 mm 15 cm
- bis 56 mm 18 cm
- bis 63 mm 20 cm

(bis 32 mm, 45 mm, 56 mm: ≙ 3-fachem Korndurchmesser)

2 Gemäß ATV DIN 18318 und ZTV-Wegebau können ebenfalls Körnungen 1/5, 2/5, 2/8 oder 2/11 verwendet werden.

1.2.1 Maßnahmen zur Verbesserung der Tragfähigkeit

- Nicht bindige Böden mit fehlender Kornabstufung können nicht verdichtet werden. Um die geforderte Verdichtung, bzw. Tragfähigkeit zu erreichen, werden **fehlende Körnungen** eingebracht.
- Mit der Einarbeitung von **Kalk** wird erreicht, dass ein zu hoher Wassergehalt bei trockener Witterung um 5 bis 9 % reduziert wird. Die Einarbeitung erfolgt mittels Fräse oder Egge.
- Durch Zugabe von **Zement** oder **Bindemitteln** kann die Tragfähigkeit entscheidend verbessert werden.

1.2.2 Überprüfung der Tragfähigkeit

Die Tragfähigkeit des Unterbaus und des Untergrunds kann mit speziellen Messmethoden (Plattendruck- und Proctorversuch) beurteilt werden (s. Kap. Erdbau).

Bei Baumaßnahmen wird häufig nicht geprüft, ob eine ausreichende Tragfähigkeit des Unterbaus und Untergrunds vorhanden ist. Es empfiehlt sich der Einsatz einer leichten Rammsonde. Bei dieser Methode wird gemessen, mit wie vielen Schlägen eine Messsonde in die vorhandene Schichtung oder den anstehenden Boden getrieben werden kann (s. Kap. Planungs- und Baustellenablauf). Kann die Rammsonde mit nur wenigen Schlägen mehrere Dezimeter tief eingeschlagen werden, deutet das auf eine fehlende Verdichtung hin.

1.3 Oberbau

1.3.1 1. Tragschicht (Frostschutzschicht)

Aufsteigendes Wasser gelangt im Boden bis in Schichten oberhalb der Frostgrenze von 60 bis 80 cm. Gefriert Wasser, entstehen Eislinsen, die den Oberbau samt Belag „ausbeulen“. Dieses hätte keine Folgen für den Belag, wenn die Verkehrsfläche bis zum Frühjahr nicht befahren würde. Da Unterbau und Oberbau allerdings z. T. wassergesättigt sind, kann die Tragfähigkeit nicht mehr gewährleistet werden. Die Folge von Hebungen und Senkungen in Verbindung mit Kfz-Verkehr sind Frostschäden in Gestalt von z. T. tiefen Löchern in der Fahrbahndecke.

Um Frostschäden zu vermeiden, wird die sogenannte **Frostschutzschicht**, auch als 1. Tragschicht bezeichnet, eingebaut. Sie besteht aus Mineralstoffgemischen, wie z. B. Kies-Sand-Gemischen 0/32, mit einem Feinkornanteil (Korngröße < 0,063 mm) < 7 Gewichtsprozent.

Der Feinkornanteil muss jedoch so hoch sein, dass frostempfindlicher Boden nicht in die Frostschutzschicht eindringen kann. Aufgrund ihres Anteils an luftgefüllten Grobporen verhindert sie das Aufsteigen von Kapillarwasser und leitet durchsickerndes Wasser aus der Tragschicht ab. In der Frostschutzschicht gefrierendes Wasser kann sich in den Hohlräumen ungehindert ausdehnen, ohne dass es zu Bauschäden kommt.

Im Garten- und Landschaftsbau kann aufgrund geringer Verkehrsbelastungen – in Abhängigkeit vom Untergrund – häufig auf den Einbau einer Frostschutzschicht verzichtet werden.

1.3.2 2. Tragschicht

Ungebundene Tragschicht

Die 2. Tragschicht übernimmt die Aufgabe, die Verkehrslast so zu verteilen, dass die darunter liegenden Schichten nicht weiter verformt werden. Dabei unterscheidet man zwischen **ungebundenen Tragschichten** (ohne Bindemittel) und **gebundenen Tragschichten** (mit Bindemittel: Kalk, Zement oder Bitumen). Im GaLaBau werden vorwiegend ungebundene Tragschichten eingesetzt. Geeignete Materialien sind **Mineralstoffgemische** in unterschiedlichen Korngrößen (z. B. 0/32).

Bei der Auswahl von Tragschichtmaterial sollte Folgendes beachtet werden:

- Gebrochenes Gestein weist aufgrund seiner Verzahnung eine höhere Stabilität auf als rundkörniges Gestein.
- Mineralgemische sind aufgrund ihrer unterschiedlichen Korngrößen besser zu verdichten als gleichförmige Körnungen.
- Je größer die Kornabstufung (z. B. 0/32), desto besser können die Hohlräume zwischen den einzelnen Körnern gefüllt und damit verdichtet werden.
- Raue Oberflächen verzahnen besser als glatte.
- Würfelförmige Steinformen verzahnen besser als flache Steine.
- Die Tragschichtdicke muss mindestens das Dreifache des Größtkorndurchmessers betragen (s. Fußnote S. 105).

Korngröße (mm)	Ungebrochene Gesteinskörnung	Lieferkörnung (Beispiele)	Gebrochene Gesteinskörnung	Lieferkörnung (Beispiele)
a) 0/2	Sand	0/2	Edelbrechsand	0/2
			Brechsand-Splitt (Mischung)	0/5
b) > 2/32	Kies	2/4, 4/8, 8/16, 16/32	Splitt	5/11, 11/22, 22/32
			Edelsplitt	2/5, 5/8, 8/11, 11/16, 16/22
c) > 32	Kies	32/63	Schotter	32/45, 45/56

Tab. 1 Gesteinskörnungen mit Bezeichnung der Lieferkörnung

Eine preiswerte Alternative zu Mineralstoffgemischen ist der Einbau von **Recyclingschotter**. Bei der Verwendung ist darauf zu achten, dass nur gütegeprüftes Material eingebaut wird. Problematisch wird die Verwendung von nicht gütegeprüften Eigenmischungen, da keine exakte Kornabstufung gewährleistet werden kann. Darüber hinaus sind Recyclingschotter gelegentlich mit Bewehrungseisen aus Betonaufbruch durchsetzt, wodurch Reifenschäden an Baufahrzeugen auftreten können.

Sind gemahlene Kalksandsteine im Recyclingschotter zu finden, besteht die Gefahr, dass Niederschlagswasser die Kalkbestandteile auflöst und so Hohlräume entstehen.

Bei **sickerfähigen Belägen** (Sonderbauweise) muss das Tragschichtmaterial im Oberbau eine rückstaulose Versickerung ermöglichen:

- Das Pflasterbett mit Fugenfüllung besteht aus Material mit Feinkornanteil < 3%; geeignet sind z.B. Splitt 1/3 und 2/5.
- Die 2. Tragschicht besteht aus grobkörnigen Mineralstoffgemischen mit ausreichender Filterstabilität gegenüber dem Pflasterbett; hierzu geeignet sind z.B. Schottertragschichten mit einem Feinkornanteil < 3% oder Kiestragschichten mit einem Feinkornanteil < 5%.
- Die Frostschutzschicht besteht aus Sand oder Kies mit einem Feinkornanteil < 5%.

Hinweis: Falls eine Durchmischung der einzelnen Schichten innerhalb des Oberbaus oder zwischen Ober- und Unterbau zu befürchten ist, kann ein Geo-Textil als Trenn- oder Filterlage eingebaut werden. Dabei muss auf die richtige Maschenweite geachtet werden, damit das Material nicht verschlämmt.

Gebundene Tragschicht

Gebundene Tragschichten werden mit hydraulischen Bindemitteln hergestellt:

- wasserundurchlässig, z.B. aus Beton
- wasserdurchlässig (dränfähig)

Druckfestigkeit: $\geq 8\ N/mm^2$
Lieferkörnung: ≥ 2 mm
Wasserinfiltrationsrate: $\geq 1 \times 10^{-3}\ m/s$
(Nach ZTV Wegebau ohne Verwendung von Gesteinskörnungen kleiner als 2 mm.)

1.3.3 Schichtdicken

Die Dicke der Schichten ist abhängig von

- der Verkehrsbelastung (Belastungsklasse/Nutzungskategorie),
- dem vorhandenen Untergrund (Frostempfindlichkeitsklasse) und
- dem verwendeten Material.

Belastungsklassen und Verkehrsbeanspruchung

Die Art des Schichtaufbaus und die gewählte Schichtstärke einer Verkehrsfläche wird durch die Beanspruchung festgelegt. Je nach Beanspruchung (10-t-Achsübergänge) wird die Belastungsklasse der Straße definiert (RStO 12/24)[1]. Je höher die Beanspruchung, desto dicker ist i.d.R. der Schichtaufbau zu wählen. Es wird hierbei von einer Nutzungsdauer der Straße von 30 Jahren ausgegangen.

Achsübergänge in Mio. (10 t)	Belastungsklasse	Straßenart (Beispiele)	Belastungsklasse
über 32	Bk 100	Industriestraße	Bk 3,2 bis Bk 100
über 10 bis 32	Bk 32	Hauptgeschäftsstraße	Bk 1,8 bis Bk 10
über 3,2 bis 10	Bk 10	Örtliche Einfahrtsstraße	Bk 3,2 bis Bk 10
über 1,8 bis 3,2	Bk 3,2	Quartierstraße	Bk 1,0 bis Bk 3,2
über 1,0 bis 1,8	Bk 1,8	Wohnstraße	Bk 0,3 bis Bk 1,0
über 0,3 bis 1,0	Bk 1,0	Wohnweg	Bk 0,3
bis 0,3	Bk 0,3		

Tab. 1 Beanspruchung, Belastungsklasse und Straßenart gem. RStO 12/24

Anforderungen gemäß ZTV-Wegebau

Bis zum Jahr 2013 wurden die Anforderungen im Wegebau in der ATV DIN 18318 und der RStO 12/24 geregelt. Somit galten die Normen für den verkehrsbelasteten Wegebau auch für Terrassen und private Hofeinfahrten. Die Dimensionierungen aus diesen Normen sind für viele Flächen des Garten- und Landschaftsbaus nicht notwendig und führten in der Vergangenheit häufig zu Streitfällen. Im Jahr 2013 wurden **„Zusätzliche Technische Vertragsbedingungen für den Bau von Wegen und Plätzen außerhalb von Flächen des Straßenverkehrs" (ZTV-Wegebau)** verabschiedet. Für Wege und Plätze außerhalb von Flächen des Straßenverkehrs kann die ZTV-Wegebau vereinbart werden. Seit 2019 sind die Anforderungen der ZTV-Wegebau in der DIN 18318 enthalten. Ab dem Jahr 2022 ist insbesondere der Bereich der keramischen Beläge im Außenbereich einheitlich geregelt.

Zur Festlegung des Oberbaus gibt es Nutzungskategorien:

Kategorie	Beschreibung	Beispiel
Nutzungskategorie 1 (N1)	begehbare, nicht von Kfz befahrene Flächen	Terrassen, Gartenwege, Sitzplätze
Nutzungskategorie 2 (N2)	befahrbar bis 3,5 t	Garagenzufahrten, Stellplätze
Nutzungskategorie 3 (N3)	gelegentlich befahrbar bis 20 t	Rettungswege, Garagen- und Gebäudezufahrten

Tab. 2 Nutzungskategorien gemäß ZTV-Wegebau

[1] Richtlinien für die Standardisierung des Oberbaus von Verkehrsflächen

Frosteinwirkung

Die Bundesrepublik Deutschland wird in drei **Frosteinwirkungszonen** unterteilt. So kann für unterschiedliche Regionen der frostsichere Oberbau bestimmt werden. Je nach Region werden Zu- oder Abschläge auf den gewählten Schichtaufbau aufgerechnet (Tab. 2 und 1). Darüber hinaus bestimmt die **Frostempfindlichkeitsklasse** des Bodens die Schichtdicke (Tab. 1).

RStO 12/24:

Frostempfindlichkeitsklasse	Mindestdicke in cm bei Belastungsklasse		
	Bk 100 bis Bk 10	Bk 3,2 bis Bk 1.0	Bk 0,3
F2	55	50	40
F3	65	60	50

ZTV-Wegebau:

Frostempfindlichkeitsklasse	Mindestdicke (cm)		
	N 1	N 2	N 3
F 1 (nicht frostempfindlich, < 5 % Schluffe und Tone)	27	30	32
F2 (gering bis mittel frostempfindlich, 5 bis 15 % Schluffe und Tone)	30	40	40
F3 (sehr frostempfindlich, 32 bis 40 % Schluffe und Tone)	32	50	50

Tab. 1 Ausgangswerte zur Bestimmung der Mindestdicke des frostsicheren Oberbaus gemäß RStO 12/24 und ZTV-Wegebau

Frosteinwirkung	Zone I	± 0 cm
	Zone II	+ 5 cm
	Zone III	+ 15 cm
Wasserverhältnisse im Untergrund	Kein Grund- oder Schichtenwasser bis 1,5 m Tiefe unter Planum	± 0 cm
	Grund- oder Schichtenwasser dauernd oder zeitweise höher als 1,5 m unter Planum	+ 5 cm
Entwässerung der Fahrbahn/ Ausführung der Randbereiche	Entwässerung über Mulden, Gräben oder Böschungen	± 0 cm
	Entwässerung über Rinnen, Abläufe und Rohrleitungen	- 5 cm

Tab. 2 Zuschlag/Abschlag je nach örtlichen Verhältnissen (RStO 12/24)

1.3.4 Bettung (Ausgleichsschicht)

Die **Bettung** beträgt im verdichteten Zustand 40 mm (+/− 10 mm), bei spaltrauem Material 50 mm (+/− 15 mm). Es ist unbedingt darauf zu achten, dass die Körnungen von Bettung und Tragschicht aufeinander abgestimmt sind, damit kein Bettungsmaterial in die Hohlräume der Tragschicht eindringt. Als Bettungsmaterial eignet sich u. a.

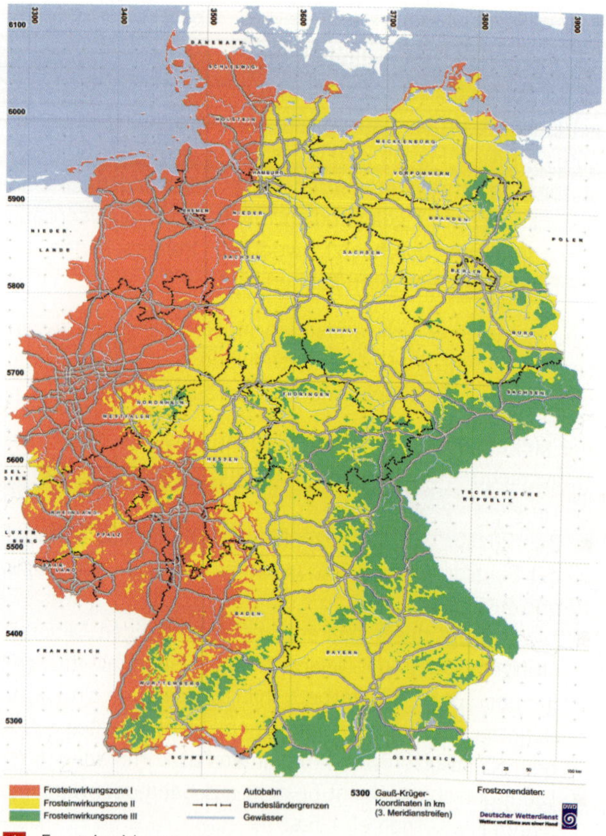

1 Frosteinwirkungszonen

Flusssand oder Brechsand. Wie groß die Unebenheiten innerhalb der erstellten Ausgleichsschicht bei Pflaster- und Plattenbelägen sein dürfen, hängt von der Nutzungskategorie (Tab. 3), der Belagsart und der Neigung der Fläche ab. Auf z. B. einer Fläche der Nutzungskategorie N1 mit einer Neigung von 1,0–2,0 % dürfen unter einer 4-m-Richtlatte die Abweichungen von der Ebenheit maximal 8 mm betragen (Tab. 2, S. 138).

Neben der regionalen Verfügbarkeit und den Preisunterschieden des Materials bestimmen weitere Eigenschaften die Auswahl des geeigneten Bettungsmaterials (Tab. 3).

Verwendung	Körnung (mm)
Nutzungskategorie N1 und N2	0/2[1], 0/4, 0/5, 0/8, 0/11, 1/3, 1/5, 2/5, 2/8, 2/11, 4/8[2], 4/11[2], 5/11[2]
Nutzungskategorie N3	0/4, 0/5, 0/8, 0/11, 1/3, 1/5, 2/5, 2/8, 2/11
Wasserdurchlässige Beläge	1/3, 1/5, 2/5, 2/8, 2/11
Begrünbare Beläge	0/4, 0/5, 0/8, 0/11

[1] bei 0/2 maximal 50 % < 1 mm
[2] insbesondere bei überdachten oder teilüberdachten Flächen (kapillarbrechende Wirkung)

Tab. 3 Geeignete Gesteinskörnungen für die Bettung (Ausgleichsschicht) gemäß ZTV-Wegebau

Gesteins-körnung	Vorteile	Nachteile
Sand, Kies (ungebrochen)	■ Einfacher Einbau	■ schlechte Verzahnung ■ Gefahr von Ausblühungen bei Pflasterklinkern ■ Bewuchs in Fugen ■ wird teilweise von Ameisen und Grabwespen herausgearbeitet
Brechsand, Splitt (gebrochener Sand/Kies)	■ Einbau auch bei feuchter Witterung ■ gute Verzahnung ■ kein Ausblühen bei Pflasterklinkern	■ teurer als Sand/Kies

Tab. 1 Vor-/Nachteile verschiedener Gesteinskörnungen

1.3.5 Deckschicht

Die **Deckschicht** ist die oberste Schicht, die der Verkehrslast und den Witterungseinflüssen direkt ausgesetzt ist. Die Wahl der Deckschicht erfolgt im Landschaftsbau nach gestalterischen und funktionalen Gesichtspunkten.

Entscheidungskriterien für die Auswahl der Deckschicht sind u. a.:

- Belastung
- Preis des Materials
- Umgebung der zu befestigenden Fläche
- Oberflächenstruktur und Größe eines Steines
- Farbgebung des Belages
- Rutschhemmung

Die in den folgenden Kapiteln vorgestellten Deckschichtmaterialien sind nur eine kleine Auswahl dessen, was tatsächlich zur Befestigung von Oberflächen eingesetzt wird. Viele unkonventionelle Lösungen sind zwar in keiner DIN-Norm zu finden, stellen allerdings oftmals einen reizvollen Kontrast zu Standardbelägen dar (1).

1 Barfußpfad

? Aufgaben

1. Erläutern Sie den Unterschied zwischen Untergrund, Unterbau und Oberbau.
2. Welche Aufgaben übernimmt die Tragschicht?
3. Ein Lkw hat laut Lieferschein mit Wiegekarte 15,5 t Mineralgemisch geliefert. Die Lkw-Pritsche war 4,0 m lang, 2,5 m breit und 0,8 m hoch beladen.
   Wie viel Tonnen wiegt 1 m^3 dieses Mineralgemisches?
4. Begründen Sie, welche Körnungen für Tragschichten und Bettung bevorzugt verwendet werden.
5. Welchen Vorteil hat Splitt als Bettungsmaterial bei der Verlegung von Pflasterklinkern?
6. Welche Vor- und Nachteile bietet die Verwendung von Recyclingschotter gegenüber natürlich gebrochenem Material?

2 Betondecken und bituminöse Bauweisen

2.1 Betondecken

Betondecken als Verkehrsfläche werden im Garten- und Landschaftsbau nur noch selten ausgeführt, denn Reparaturen sind kostspieliger als der Austausch einzelner Pflastersteine. Außerdem ist der Ausbau einer Betondecke erheblich teurer als das Aufnehmen von Pflastersteinen.

Da Betonflächen durch Regen, Wind, Frost und Streusalz angegriffen werden, ist eine schonende Pflege der Betondecke unbedingt erforderlich. Hierbei ist darauf zu achten, dass keine Mittel eingesetzt werden, die die Oberfläche angreifen. Selbst kleine Mängel im Belag sollten ausgebessert werden, damit durch Witterungseinflüsse (z. B. durch Frost) keine größeren Schäden entstehen können.

2.1.1 Dimensionierung, Bau und Pflege

Betondecken mit gelegentlichem Kfz-Verkehr müssen eine Stärke von mindestens 14 bis 16 cm aufweisen. Der passende Oberbau sollte mindestens 30 bis 40 cm betragen. Für den Bau einer dauerhaft angelegten Betondecke sollte werksgemischter Transportbeton verwendet werden (s. Betonbau, Kap. 5). Die Oberfläche ist so eben zu gestalten, dass auf einer Länge von 4 m die Abweichung max. 6 mm beträgt. Bevor eine Betonfläche für den Verkehr freigegeben wird, muss eine vorgeschriebene Druckfestigkeit des Betons erreicht werden. Bei einem Radweg aus Beton beträgt diese Festigkeit z. B. 20 N/mm^2.

Qualitätsmerkmale sind deshalb:

- ausreichende Druck- und Biegezugfestigkeit
- hoher Widerstand gegen Frost- und Tausalzeinwirkungen
- gute Griffigkeit und Ebenheit

Der Einbau des Betons erfolgt entweder von Hand oder durch spezielle Fertiger. Diese Maschinen bringen den Beton möglichst verdichtet auf und glätten die Oberfläche. Einzig die Nachbehandlung und Feinglättung wird von Hand durchgeführt.

2.1.2 Fugen

Da sich eine Betondecke wie eine große Betonplatte verhält, müssen zur Vermeidung von unkontrollierten Rissen in regelmäßigen Abständen **Fugen** eingeschnitten werden.

Man unterscheidet:

- **Scheinfugen**
  Zur Herstellung einer Scheinfuge werden dünne Folien oder Hartfaserplatten in den frischen Beton eingedrückt. Die Einschnitte gehen nur 20 bis 30 % in die Betondecke hinein. Somit bricht die Betondecke kontrolliert nur an den vorgesehenen Einschnitten.
- **Pressfugen**
  Sie trennen die gesamte Betondecke, ohne dass eine Längsverschiebung einzelner Betonplatten möglich ist.
- **Raumfugen**
  Auch eine Raumfuge trennt die gesamte Betondecke. Sie werden eingesetzt, wenn eine Betondecke an ein anderes Bauwerk anschließt und eine Beweglichkeit der Betondecke nicht behindert werden darf. Bereits beim Einbau des Betons werden senkrechte ca. 10 bis 15 mm starke Kunststoff- oder Holzbretter eingedrückt.

2.2 Bituminöse Bauweisen

Bitumen fällt als Rückstand bei der Heizöl- und Benzinherstellung an. Da es keinen festen Siede- oder Schmelzpunkt hat, wird Bitumen als Stoff mit „thermoplastischen Eigenschaften" bezeichnet. Bitumen ist äußerst reaktionsarm gegenüber Säuren, Laugen und Salzen und wird daher als dauerhafter Baustoff seit Jahrzehnten eingesetzt.

Im Gegensatz zu Bitumen ist **Teer** ein Nebenprodukt der Koks- und Kohleherstellung. Eine Mischung aus Mineralstoffen und Bitumen (Straßenbaubitumen) als Bindemittel nennt man **Asphalt**. Als Mineralstoffe eignen sich natürliche Mineralstoffe wie Schotter, Splitt und Edelsplitt. Die Einsatzgebiete für Asphalt im Garten- und Landschaftsbau liegen neben dem Verkehrswegebau im Sport- und Spielplatzbau.

2.2.1 Verarbeitungsformen

Bitumen ist in unterschiedlichen Verarbeitungsformen erhältlich:

- **Kaltbitumen** (Einbautemperatur < 30 °C)
  Durch die Zugabe von Lösungsmitteln ist Kaltbitumen auch ohne zusätzliche Erwärmung misch- und einsetzbar. Erst nach der Verflüchtigung des Lösungsmittels erhält Kaltbitumen seine geforderte Festigkeit.
- **Heißbitumen** (Einbautemperatur > 130 °C)
  Diese Verarbeitungsform ist am weitesten verbreitet. Das Bitumen wird in speziellen Kochern so weit erhitzt, bis es dünnflüssig und damit zu verarbeiten ist. Unmittelbar nach dem Erkalten tritt die Verfestigung ein.
- **Verschnittbitumen** (Einbautemperatur 50 bis 130 °C)
  Wie beim Kaltbitumen wird Lösungsmittel zugegeben, das die Verarbeitungstemperatur herabsenkt. Die Aushärtung findet nach dem Erkalten und der Verflüchtigung des Lösungsmittels statt.

1 Schwarzdeckenfertiger für Asphaltdecken

2.2.2 Asphaltmischungen

Die **Asphaltmischungen** werden nach Einsatz, Einbau und Mischungsgüte unterschieden:

- **Gussasphalt** wird sehr heiß und flüssig eingebaut. Dadurch entstehen nur wenig Hohlräume und Lufteinschlüsse. Eine Verdichtung ist nicht notwendig. Gussasphalt ist sehr hochwertig.
- **Asphaltbeton** ist die häufigste Asphaltart. Ebenso wie Gussasphalt wird durch den geringen Hohlraumanteil die Nachverdichtung überflüssig. Asphaltbeton wird werksseitig angemischt, mit Fertigern (1) eingebaut und abgewalzt.
- **Makadambauweise** (benannt nach dem Schotten McAdam)
  Die Körnungen des Mineralgemisches der Deckschicht werden entweder bauseits oder ab Werk mit Bitumenemulsion getränkt bzw. umhüllt. Der Einbau erfolgt lagenweise, eine Verdichtung ist erforderlich. Der Einsatz von Makadam beschränkt sich auf Flächen mit geringer Verkehrsbelastung.

Aufgaben

◑ 1. Betondecken müssen in regelmäßigen Abständen zur Vermeidung von Rissen durch Fugen unterbrochen werden.
Beschreiben Sie drei unterschiedliche Fugenarten.

◑ 2. Erklären Sie den Unterschied zwischen „Kaltbitumen“, „Heißbitumen“ und „Verschnittbitumen“.
Gehen Sie hierbei insbesondere auf die unterschiedlichen Verwendungsmöglichkeiten ein.

3 Pflasterdecken

Der Gebrauch von Steinen für den Bau von Wegen und Plätzen gehört zu den ältesten Arten der Flächenbefestigung. Bereits vor mehr als zweitausend Jahren wurden größere Handelsstraßen und Stadtplätze mit Natursteinen befestigt. Hierbei wurden sowohl bearbeitete Steine verlegt als auch Feld- und Flusskiese aus der jeweiligen Region.

Die prachtvollen ornamentalen Verlegemuster können auch heute noch an vielen Orten besichtigt werden (1).

1 Prachtvolles Verlegemuster

Heute werden Pflasterungen überall dort eingesetzt, wo die Geschwindigkeit von Fahrzeugen keine Rolle spielt (z.B. Parkplätze, Zuwegungen, Einfahrten, Wohnstraßen) oder eine kleinräumige Befestigung verlangt wird (z.B. Terrassen, Gehwege). Darüber hinaus lassen sich mit Pflasterbelägen auch Flächenprofile wie Wälle und Mulden befestigen.

Während der Bau von Beton- oder Asphaltdecken aufgrund fehlender Maschinen von Betrieben des Garten- und Landschaftsbaus in der Regel nicht selbst ausgeführt wird, ist der Bau von Pflasterflächen weit verbreitet. Dieses ist zum einen mit der Vielfältigkeit der Materialien zu begründen, zum anderen mit dem unproblematischen Einbau.

Die Auswahl des passenden Pflasterbelages hängt ab von
- der Verkehrsbelastung,
- der Tragfähigkeit des Baugrundes,
- den hydrologischen Verhältnissen,
- dem Budget des Kunden,
- der gestalterischen Einbindung und
- dem Geländeprofil.

Dabei spielen
- Oberflächenbeschaffenheit,
- Größe,
- Material,
- Umweltverträglichkeit,
- Belastbarkeit,
- Verlegemöglichkeit,
- Pflegebedarf,
- Dauerhaftigkeit und
- Preis des Materials eine Rolle.

Die Vielzahl der angebotenen Produkte macht es unmöglich, die gesamte Angebotspalette an Pflastersteinen zu berücksichtigen. Die Gegenüberstellung der Kunst- und Natursteine zeigt die unterschiedlichen Eigenschaften der Materialien:

Eigenschaften	Basalt	Klinker	Beton
Rohdichte in kg/dm^3	3	2,2	2,3
Druckfestigkeit in N/mm^2	300	75	60
Wasseraufnahme nach 24 h in %	0	3,1	1,2

Tab. 1 Materialeigenschaften

3.1 Betonsteine

Betonsteine sind in vielen Formen, Farben und Oberflächen lieferbar. Sie weisen eine hohe Haltbarkeit, Maßgenauigkeit (einfach zu verlegen) und Tragfähigkeit (v. a. als Verbundsteinpflaster) auf. Im Vergleich zu Natursteinen sind sie zudem relativ preiswert, auch bei der Verarbeitung.

Damit eine gleichbleibende Qualität gewährleistet werden kann, müssen Betonsteine die Gütebestimmung DIN EN 1338 erfüllen. Hieraus resultieren unter anderem folgende Qualitätsanforderungen:

- Mechanische Festigkeit: Bruchlast 250 N/mm^2, überwiegende Spaltzugfestigkeit > 3,6 N/mm^2
- Maßtoleranzen:
  a) für Steinhöhen < 100 mm: Länge, Breite ± 2 mm, Höhe ± 3 mm
  b) für Steinhöhen > 100 mm: Länge, Breite ± 3 mm, Höhe ± 4 mm
- Frost- und Tausalzwiderstandsfähigkeit: von Klasse 1 (keine Anforderung) bis Klasse 3 (hohe Frost- und Tausalzwiderstandsfähigkeit)

Von **Pflastersteinen** spricht man, wenn der Stein maximal 4-mal so lang ist wie dick. Wird dieses Verhältnis überschritten, so spricht man von einer **Platte**.

Typische Einsatzbereiche für **Betonpflastersteine** sind:
- Wohnstraßen
- Haltebuchten und Parkplätze
- Park- und Rastplätze
- Industrieflächen (Stellflächen und Zuwegungen)
- private Hof-, Wege- und Terrassenflächen
- Garagenzufahrten
- Böschungsbefestigungen
- Radwege

Arbeitsschritte zum Bau einer Pflasterfläche nach dem Tragschichteinbau:

1. Das Pflasterbett mit Überhöhung von 1 bis 2 cm aufbringen (Sollhöhe in verdichtetem Zustand: 40 mm (+/– 10 mm).
   Das Pflasterbett zwischen Lehren (Stahlrohre usw.) abziehen.
2. Steinlieferung prüfen (Format, Farbe, Menge). Die Steine werden mit einer Fugenbreite von 1 bis 3 mm verlegt (zusätzlich zum Abstandshalter am Stein; Steine mischen).
3. Fugen werden je nach Anforderung der Scherfestigkeit, Wasserdurchlässigkeit und Fugenbreite mit Sand 1/3 oder mit Brechsand-Splitt-Gemisch 0/5 verfüllt (aufbringen, einschlämmen und einfegen).
4. Die Fläche wird von den Rändern zur Mitte hin bis zur Standfestigkeit abgerüttelt (im trockenen Zustand).
5. Das Pflaster wird z. B. mit Sand eingeschlämmt und sauber abgefegt, zum Verfüllen der Fugen nochmals leicht nachsanden.

3.1.1 Grundsätze für das Verlegen von Pflastersteinen

Steine ohne Verbund werden von der Industrie in zahlreichen Variationen angeboten. Normgrößen gibt es nicht für jedes Produkt.

Die günstigsten und bekanntesten Pflastersteine sind **Betonrechteckpflastersteine**. Sie haben in der Regel die Maße
- 20 · 10 · 6 cm,
- 20 · 10 · 8 cm oder
- 20 · 10 · 10 cm.

Die Steingrößen variieren jedoch aufgrund verwendeter Abstandshalter am Stein. In direkter Verbindung zur Steingröße steht der Steinbedarf pro m^2 (Tab. 1).

Länge (cm)	Breite (cm)	Höhe (cm)	Steine/m^2
20	10	10	48
10	10	8	95
16	16	14	36
24	16	12	24

Tab. 1 Bedarf an Steinen pro m^2

3.1.2 Verbundsteinpflaster

Wird eine Pflasterfläche durch Fahrzeuge stärker und regelmäßig belastet, sollten sogenannte **„Verbundsteine"** verwendet werden. Man unterscheidet zwischen
- Steinen mit zweiseitiger Verzahnung und
- Steinen mit umlaufender Verzahnung.

Die **Verzahnung** verhindert eine Verschiebung des Pflasters durch Radieren von Fahrzeugreifen. Die einwirkenden Kräfte werden auf die angrenzenden Steine übertragen. Die Lage der Steine kann durch die Verzahnung untereinander nicht verändert werden.

Das Fugenmaterial für die Pflasterzwischenräume muss eingeschlämmt werden. Als Fugenmaterial eignen sich Sande mit hohem Feinanteil.

Ausführungshinweise
Verbundpflastersteine sollten im System verlegt werden. Dazu gehört die Verlegung von Eck- und Randsteinen. Bei einer Materialbestellung muss somit nicht nur die Fläche bekannt sein, sondern auch der Flächenumfang (Tab. 1, S. 113).

Rechenbeispiel
Die Flächen sollen mit Verbundsteinpflaster befestigt werden. Beide Flächen sind 225 m² groß. Bestellen Sie die benötigte Menge halber und ganzer Randsteine für den Flächenumfang.

Ganzer Stein (1): 22 cm · 11 cm
Halber Stein (2): 11 cm · 11 cm
Bedarf pro m: 9 Stück
vorgegebener Pflasterverband:

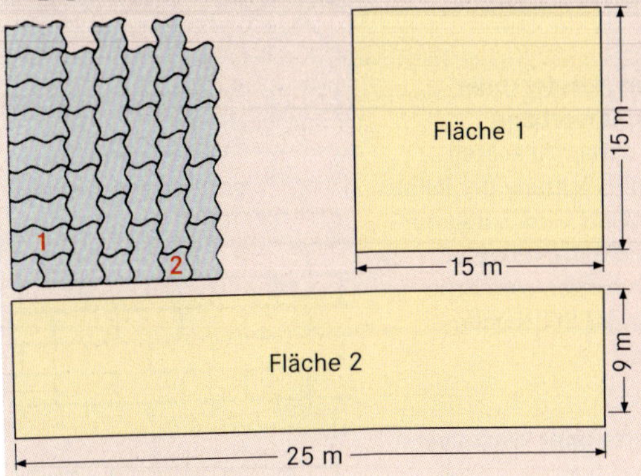

Überschlägige Berechnung:

Fläche 1:
Ganzer Abschlussstein:
15 m · 9 Stück · 2 = 270 Steine
4,5 Stück (pro lfdm) · 15 m · 2 = 135 Steine
Summe: 405 ganze Abschlusssteine
Halber Abschlussstein:
4,5 Stück (pro lfdm) · 15 m · 2 = 135 Steine
Summe: 135 halbe Abschlusssteine

Fläche 2:
Ganzer Abschlussstein:
9 Stück · 9 m · 2 = 162 Steine
4,5 Stück (pro lfdm) · 25 m · 2 = 225 Steine
Summe: 387 ganze Abschlusssteine
Halber Abschlussstein:
4,5 Stück (pro lfdm) · 25 m · 2 = 225 Steine
Summe: 225 halbe Abschlusssteine

Fläche 1 (15 m · 15 m = 225 m²)
405 ganze Steine 135 halbe Steine

Fläche 2 (25 m · 9 m = 225 m²)
387 ganze Steine 225 halbe Steine

(zuzüglich Verschnitt und Mehrmenge)

Tab. 1 Flächenumfang für Verbundsteinpflaster

1 Verlegen von Verbundsteinpflaster

! Merke

Beim Verlegen der Verbundsteine sollte mit Schnüren ständig die Richtung der Pflasterung kontrolliert werden. Ein späteres Ausrichten ist aufgrund der Verzahnung äußerst schwierig.

Rumpeln/Kollern In einer rotierenden Trommel werden die Kanten der Steine unregelmäßig gebrochen. Die Steine sehen „gebraucht“ (natürlicher, rustikaler) aus und verlieren ihre gleichmäßige Struktur.	
Schleifen Die oberste Schicht des Betonsteines besteht z. B. aus Natursteinsplitt (Natursteinvorsatz). Je nach Körnung der verwendeten Schleifmittel entstehen verschiedene glatte Oberflächen.	
Stocken Mit dem Stockhammer wird die oberste Schicht zerstört. So entsteht eine raue Oberfläche.	
Fein- und Kugelstrahlen Durch Wasser oder kleine Kugeln werden die z. T. mit Natursteinvorsatz versehenen Oberflächen gestrahlt. Die Oberfläche wird aufgeraut, die farbigen Zuschlagkörner freigelegt und teilweise gebrochen.	
Einfärben Dem frischen Beton werden bei der Herstellung Natursteinmehl, Farbpigmente (anthrazit, rot, sandsteinfarben) oder Betonzuschläge zugegeben. Nachteil: eingefärbte Betonsteine sind nur eingeschränkt farb- und lichtecht.	

Tab. 2 Oberflächenbearbeitung

3.1.3 Oberflächenbehandlung und Verlegemuster

Über die Standardgrößen hinaus haben viele Betonpflasterhersteller eigene Produktlinien mit unterschiedlichen Steinformaten und Oberflächenstrukturen entwickelt. Diese Produkte unterscheiden sich nicht nur in den Steinformaten, sondern auch in der Strukturierung der Oberfläche und Farbgebung. Die Ränder der verwendeten Steine sind unterschiedlich ausgebildet. Die Abrundung oder Kantung eines Steines wird **Fase** genannt. Neben den rundum gefasten Steinen gibt es teilweise gefaste und nicht gefaste Pflastersteine. Bei nicht gefasten Steinen ist darauf zu achten, dass die Steine niemals „knirsch", d. h. ohne Fuge, verlegt werden, da die Gefahr von „Abplatzungen" beim Abrütteln besteht.

3.1.4 Dränfähige Pflasterbeläge

Diese Beläge besitzen die Eigenschaft, Oberflächenwasser vertikal in den Ober- bzw. Unterbau abzuleiten. Aufgrund der Förderung von Versicker- und Rückhalteflächen seitens der Gesetzgeber werden an geeigneten Stellen immer häufiger diese Pflastersysteme verwendet. Bei der Erstellung ist darauf zu achten, dass wasserdurchlässige Beläge Sonderbauweisen darstellen, die nicht in der DIN 18318 geregelt werden. Die Ableitung des Oberflächenwassers kann auf unterschiedliche Weise erfolgen:

Steinsysteme mit aufgeweiteten Fugen

Die Fugenbreite von 10 bis 35 mm wird mit Abstandshaltern am Stein oder durch Kunststoffabstandshalter erreicht. Ein versickerfähiger Untergrund und Tragschichtaufbau sowie wasserdurchlässiges Fugenmaterial (Splitt/Brechsand) müssen beachtet werden (1).

1 Pflasterung mit aufgeweiteten Fugen

■ **Fischgrätverband** Wird häufig bei befahrenen Plätzen und Wegen verwendet. Die diagonal zur Fläche verlegten Steine zeigen eine Verbundwirkung. Durch die Lastverteilung auf viele Steine werden Spurrinnen vermieden.	
■ **Reihen-, Läufer- oder Halbsteinverband** Es ist darauf zu achten, dass die Richtung der Reihen kontrolliert wird. Längs zur Fahrtrichtung verlegte Reihen bergen eine hohe Gefahr der Spurrinnenbildung.	
■ **Kassette oder Winkelverband** Sehr dekorativ, gleiche Merkmale wie ein Reihen- bzw. Läuferverband; auch hier muss regelmäßig die Richtung mittels Schnur kontrolliert werden.	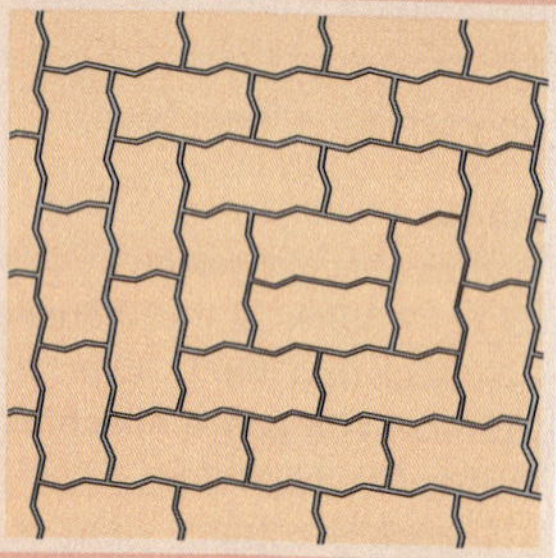
■ **Ellenbogenverband** Senkrecht angeordneter Fischgrätverband. Die Verlegung ist unproblematischer, da eine Gerade der Fläche immer als Verlegmaß vorhanden ist und keine speziellen Begrenzungssteine erforderlich sind.	
■ **Schachbrett-, Block- oder Parkettverband** Siehe Kassette/Winkelverband (nicht DIN-gerecht).	
■ **Kreisförmige Anordnungen** Dekorativer Pflasterverband.	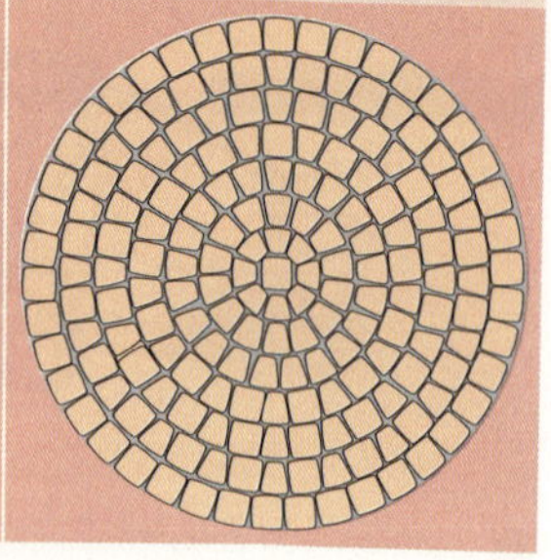

Tab. 1 Beispiele für unterschiedliche Verlegemuster

Steine mit Sickeröffnungen

In den Steinen befinden sich Öffnungen, die das Wasser vertikal ableiten. Bei einigen Steinsystemen wird das Oberflächenwasser durch eingelassene horizontale Kanäle an der Steinunterseite transportiert.

Hierzu gehören auch **Rasengittersteine** aus Beton (1 und 2). Sie werden dort eingesetzt, wo ein regelmäßiger Kfz-Verkehr nicht zu erwarten ist, z. B. in Feuerwehrzufahrten.

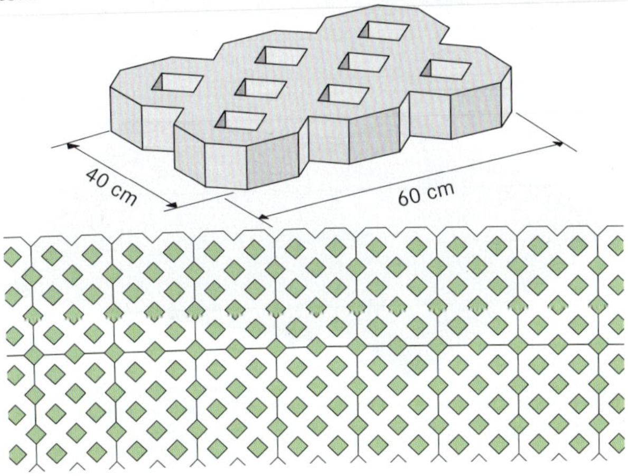

1 Rasengitterstein, Schema

Der Tragschichtaufbau ähnelt dem eines konventionellen Pflasterbelages. Über einer wasserdurchlässigen Tragschicht wird ein Sandbett verdichtet und abgezogen. Damit eine dauerhafte Rasenvegetation erreicht werden kann, sollten nur Gräser verwendet werden, die stark wurzeln und sehr trockenheitsresistent sind (s. Rasenbau, Kap. 2).

Das in die Kammern des Rasengittersteins eingebrachte Oberbodenmaterial sollte der Bodengruppe 2 oder 4 entsprechen (Oberboden-/Sandgemisch).

Es wird ein gut wasserdurchlässiger und für Rasen brauchbarer Boden verwendet (z. B. 50 % Kies 4/8, 50 % Oberboden). Nach dem Abrütteln soll der Boden ca. 2 bis 3 cm unter der Steinoberkante liegen. So werden die Gräser nicht aus den Kammern gerissen und der Boden wird nicht durch Fahrzeugreifen verdichtet.

2 Rasengittersteine

Dränbetonsteine

Dränbetonsteine (3) werden aus **Einkornbeton** hergestellt. Dieser Baustoff besteht aus einer einzigen Kornfraktion, sodass ein hohlraumreiches wasserdurchlässiges Gefüge entsteht.

Durch Schmutzeintrag von außen (z. B. Laub, Reifenabrieb) verschlämmen die Hohlräume mit der Zeit. Deshalb muss in regelmäßigen Abständen eine Reinigung mit Spezialgeräten stattfinden. Dränbetonsteine sind widerstandsfähig gegen Frost, jedoch nicht für den Tausalzeinsatz geeignet. Sie werden häufig als fragwürdige Kompromisslösung im Bereich befahrener Baumscheiben eingesetzt.

3 Dränbetonsteine

? Aufgaben

1. Welche unterschiedlichen Oberflächenbehandlungen von Pflastersteinen kennen Sie? Erklären Sie die Behandlungstechniken.
2. Aus ökologischen Gründen wird eine Entsiegelung von befestigten Flächen gefordert.
   a) Welche Möglichkeiten kennen Sie?
   b) Welche unterschiedlichen Steinsysteme sind Ihnen bekannt?
3. Zur Versickerung des Niederschlagswassers werden Einkornbeton-Pflastersteine als Deckschicht verwendet.
   a) Welche besonderen Eigenschaften hat ein Einkornbeton-Pflasterstein?
   b) Nennen Sie zwei Nachteile, die der Stein gegenüber einem herkömmlichen Pflasterstein hat.
4. Warum kann ein Mauerziegel nicht als Pflasterbelag verlegt werden? Beachten Sie die geforderten Eigenschaften eines Pflastersteines.

3.2 Betonplatten

Man spricht von **Platten**, wenn das Verhältnis Länge zur Dicke > 4 ist. Die größte Länge beträgt 1 m.

Wege und Plätze aus Platten findet man überall dort, wo kaum oder keine Fahrzeuge fahren. Platten aus Beton müssen frost- und tausalzresistent sein und gelegentlichen Fahrzeugüberfahrten standhalten.

Maße in mm[1]	Plattendicke in mm	Bedarf pro m^2	Gewicht in kg/Stück
300 · 300	40	11,1	ca. 8,6
350 · 350	50	8,2	ca. 14,7
400 · 400	50	6,25	ca. 19,2
500 · 500	60	4,0	ca. 36,0

[1] Die Platten sind auch als rechteckige „Binderplatten" mit der halben Kantenlänge erhältlich.

Tab. 1 Beispiele für übliche Betonplattenformen und -größen nach DIN EN 1339

Darüber hinhaus:
Plattenstärke für gelegentlichen Pkw-Verkehr:
60 bis 80 mm
Plattenstärke für gelegentlichen Lkw-Verkehr
(= Ladeverkehr in Fußgängerzonen):
80 bis 100 mm

Mögliche Einsatzgebiete von Betonplatten sind
- Gehsteige, Wege,
- Terrassen,
- Fußgängerzonen und
- Verkehrsinseln.

Ebenso wie bei Betonpflastersteinen sind die Möglichkeiten zur Oberflächenbearbeitung vielfältig. Außer Stocken, Färben oder Sandstrahlen kann die Betonoberfläche als **Waschbetonoberfläche** bearbeitet werden.

Die oberste Betonschicht wird bei der Herstellung mit Kies oder Splitt versetzt und vor dem Aushärten des Betons aus- bzw. feingewaschen. Die Splitt- oder Kieskörnungen bleiben an der Oberfläche. Je nach Beschaffenheit des Kieses oder Splitts und je nach Waschverfahren werden sehr unterschiedliche Schattierungen und Strukturen der Oberfläche erzielt.

Im Gegensatz zur rauen Waschbetonoberfläche steht die geschliffene oder polierte Betonoberfläche (**Betonwerkstein** (1)). Die matten oder glänzenden Platten werden auch in geschlossenen Räumen verwendet.

Platten werden für spezielle Zwecke auch aus Kunstkautschuk gefertigt. Besonders im Bereich von Spielplätzen oder Sportanlagen soll durch das Verlegen dieser Platten die Verletzungsgefahr verringert werden (2).

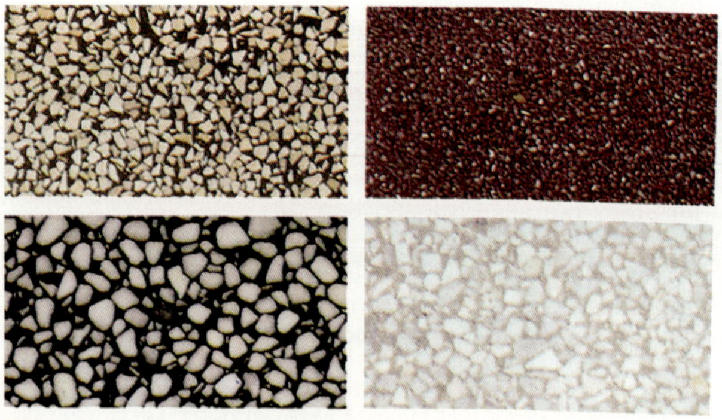

1 Betonwerksteinplatten (geschliffen)

2 Fallschutzplatten eignen sich als stoßdämpfender Fallschutzbelag unter Spielgeräten für Fallhöhen von bis zu 3 m

Parallel-, Streifen- oder Reihenverband ■ Fugen verlaufen in einer Richtung ■ Verwendung gleich breiter Platten ■ keine Kreuzfugen	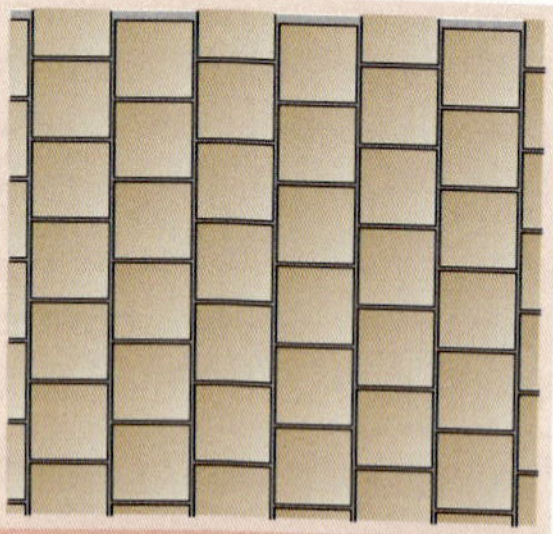
Schiffsverband oder unregelmäßiger Rechteckverband ■ durchgehende Fugen verlaufen in einer Richtung ■ keine Kreuzfugen ■ unterschiedliche Plattengrößen	
Kreuz- oder Schachbrettverband ■ baut auf Kreuzfugen auf ■ Verwendung gleicher Plattengrößen (nicht DIN-gerecht)	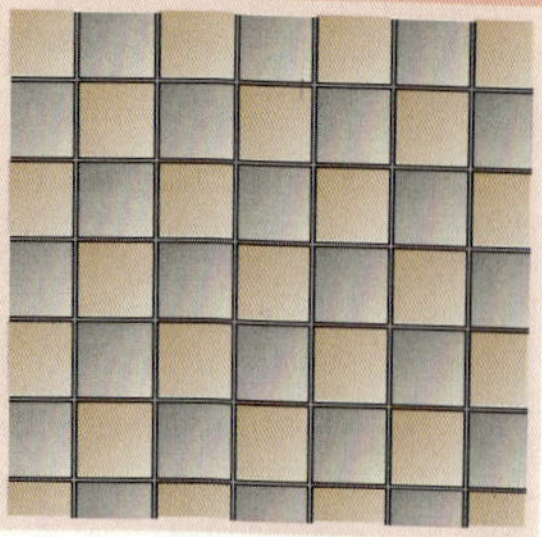

Tab. 1 Plattenverbände für den öffentlichen und privaten Bereich

▶ Fortsetzung nächste Seite

Diagonalverband ■ Verlegung wie Schachbrettverband, jedoch diagonal ■ Randeinfassung mit „Bischofsmützen"! (nicht DIN-gerecht)	
Wildverband ■ Verwendung mindestens drei unterschiedlicher Plattengrößen ■ unregelmäßige Verlegung ■ rechtwinkliger Fugenverband ■ keine Kreuzfugen ■ eine durchgehende Fuge soll nicht mehr als drei Platten berühren	
Römischer Verband Im Unterschied zum Wildverband durchzieht ein immer wiederkehrendes Grundmuster die Fläche	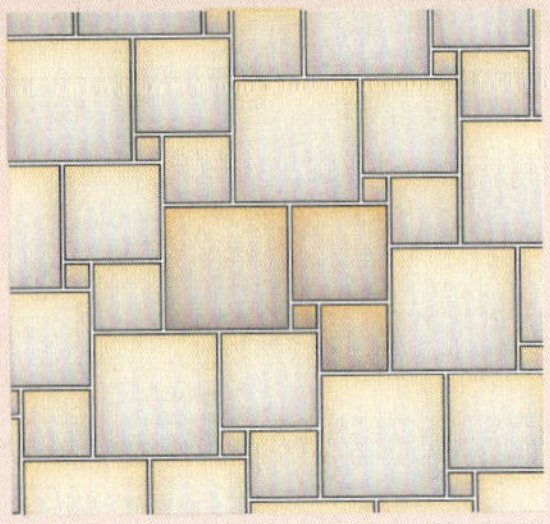

Tab. 1 Plattenverbände für den öffentlichen und privaten Bereich (Fortsetzung)

Werden Betonplatten eingesetzt, sollten für die Anschlüsse an seitliche Begrenzungen Pflastersteine aus Naturstein verlegt werden. Kleine Ecken oder runde Anschlüsse können nicht mit Betonplatten eingeschnitten werden. Hierzu wird auch aus gestalterischen Gründen oft Natursteinmosaikpflaster verwendet.

Schnitt- und Verlegeregeln

- Die Fuge beträgt bei Platten (Nenndicke ≤ 100 mm) 4 mm (+/− 2 mm).
- Das Plattenbett darf in verdichtetem Zustand nicht mehr als 3 bis 5 cm betragen.
- Bereits beim Verlegen der Betonplatten ist genügend Platz für die vorgesehene Bänderung zu lassen.
- Spitze Winkel (< 45 °) sollten vermieden werden.
- Es sollten keine geschnittenen Platten mit weniger als 1/3 der Ausgangsgröße verlegt werden.

Das eigentliche Verlegen der Platten erfolgt nach unterschiedlichen Arbeitstechniken:

1. Das Sandbett wird nur verdichtet und die Betonplatten werden einzeln verlegt und auf Höhe geschlagen. Verlegt wird (mit Fuge 3 bis 5 mm) hammerfest, d. h. mit schwerem Gummihammer oder Fäustel und Klopfholz.
2. Die Sandbettung wird verdichtet und mit Richtscheiten oder Abziehhobeln auf Höhe gebracht. Die Platten werden auf das Planum verlegt. Die Arbeitskraft steht auf den verlegten Platten (d. h. vorwärts verlegen).

Grundsätzlich sollten Betonplatten gegenüber Randeinfassungen und Anschlüssen mit einer Überhöhung von 5 mm nach dem Verdichten eingebaut werden, um bei einer eventuellen Setzung der Platte Stolperkanten zu vermeiden.

Als Fugenmaterial eignet sich Sand/Brechsand mit möglichst kleinen Korndurchmessern. Bänderungen aus Naturstein können darüber hinaus mit dauerelastischem Fugenverguss ausgegossen werden. Die Fugenbreite sollte ≥ 8 mm betragen.

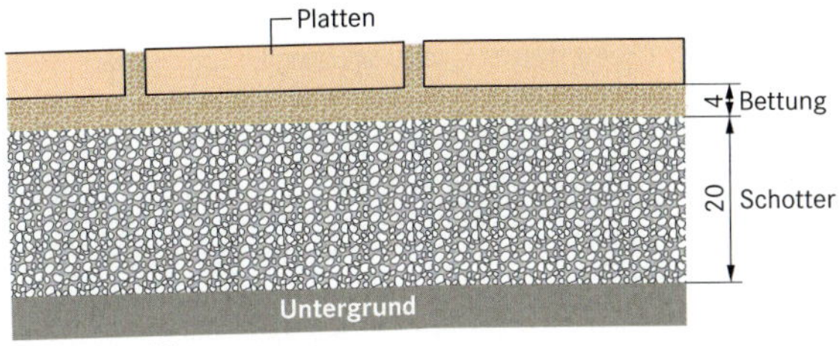

a) Gehwege N1

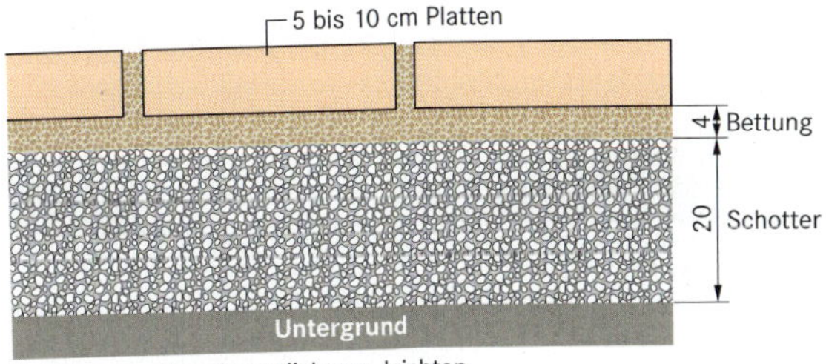

b) Gehwege, die gelegentlich von leichten Fahrzeugen befahren werden N2

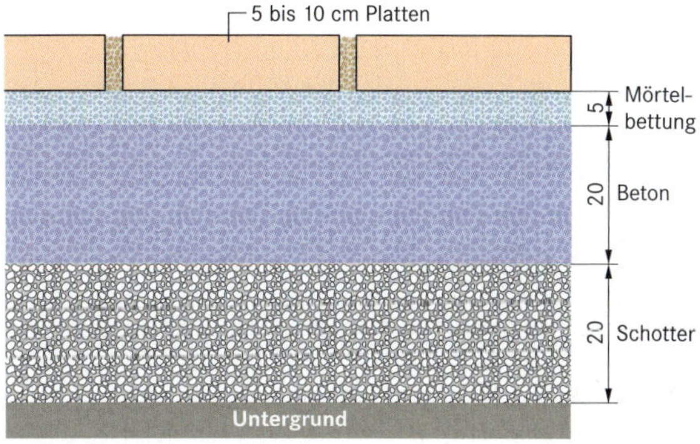

c) Für hohe Belastungen N3

1 Schichtenaufbau für das Verlegen von Betonplatten

3.3 Keramikplatten aus Feinsteinzeug

Seit einigen Jahren werden von verschiedenen Herstellern großformatige Platten aus Feinsteinzeug (1) angeboten.

Im Gegensatz zu Betonstein- oder Natursteinplatten (mit Schichtstärken ab 5 cm und einem Gewicht von 80 bis 100 kg/m²) wiegen großformatige Platten aus Feinsteinzeug (mit Schichtstärken ab 20 mm) deutlich weniger.

Gemäß ZTV-Wegebau beträgt die Nenndicke für die Nutzungskategorie 1 min. 30 mm bei ungebundener Bauweise, min. 20 mm bei gebundener Bauweise, für die Nutzungskategorie N2 immer min. 30 mm.

1 Keramikplatten können von Hand verlegt werden

Folgende Verlegearten sind möglich:

- Verlegung im Splittbett
- Verlegung auf Stelzlagern/Stelzfüßen oder auf Mörtelsäckchen
- Verlegung in gebundener Bauweise mit Dränbettungsmörtel und Dränbeton (2/5, 2/8, 5/8) und ggf. Dränmatten
- In der Nutzungskategorie N2 dürfen Keramikplatten nur in gebundener Bauweise (min. gebundene Bettung und gebundene Fugen) ausgeführt werden.

Für die Verlegung im Außenbereich ist die DIN 18318 bzw. die ZTV-Wegebau anzuwenden.

Keramikplatten dürfen in ungebundener Bauweise nicht auf befahrbaren Flächen verlegt werden. Zwar weist das Material eine hohe Dichte und Druckfestigkeit auf, allerdings sprechen folgende Gründe gegen ein Befahren mit Pkw oder gar Lkw:

- Abheben der Platte bei seitlicher punktförmiger Belastung
- aufgrund der glatten Belagsunterseite: geringe Haftung zur Bettung
- aufgrund der geringen Materialstärke: geringe seitliche Scherfestigkeit
- aufgrund des geringen Gewichts im Verhältnis zur Oberflächengröße: geringe Eigenbelagslagesicherheit

2 Verbundplatte

Für Stellplätze und private Zufahrten mit ausschließlicher Belastung durch PKW können sogenannte Verbundplatten (2) in ungebundener Bauweise gewählt werden.

Hier wird die Keramikplatte werksseitig mittels Kontaktschicht mit einem Betonkern verklebt.

3.3.1 Haftbrücke

Großformatige Platten von 2,0–2,5 cm Dicke haben eine große Oberfläche, aber ein geringes Eigengewicht. Aus diesem Grund sollte mindestens eine gebundene Bettung gewählt werden. Zusätzlich ist eine Haftbrücke (3), z. B. mittels eines Flexfliesenklebers, auf der Belagsunterseite aufzubringen. Nur so ist die Platte fest mit der Bettung verbunden und lagesicher.

Selbst bei ungebundener Verlegung können Scherfestigkeit und Lagefestigkeit der keramischen Beläge durch Aufbringen einer Haftbrücke erhöht werden.

3 Auftragen der Haftbrücke

3.3.2 Entwässerung

Sofern ein nicht ausreichend dränfähiger Baugrund vorliegt oder nur eine geringe Aufbauhöhe möglich ist, muss eine untere Entwässerungsebene mittels Dränagematte direkt auf dem Baugrund aufgebaut werden.

Gemäß ZTV-Wegebau ist für großformatige Plattenbeläge im Außenbereich eine **Mindestneigung von ≥ 1,0 %** für begehbare Flächen einzuhalten.

Es wird aus Gründen des Gleit-/Rutschwiderstandes allerdings empfohlen, ein Gefälle von min. 2,0 % einzubauen, da die Verweildauer des Wassers aufgrund der Struktur der Plattenoberfläche bei sehr geringem Gefälle zu hoch ist.

! Achtung

Feinsteinzeugplatten müssen entweder „nass“ geschnitten werden oder mittels speziellen glattrandigen Diamantscheiben. Arbeitet man mit üblichen Steintrennwerkzeugen für Betonstein, kann dies ein unsauberes Schnittbild oder ein Brechen der Platte zur Folge haben.

Für die Fugen ist kunststoffvergüteter Fugenmörtel, Fugenmörtel auf Kunstharzbasis oder Fugendichtungsmasse vorzusehen.

1 Verfugen durch Einschlämmen

3.4 Pflasterklinker

3.4.1 Material, Größe, Verwendung

Pflasterklinker werden aus Ton, Lehm und Zusätzen wie Sand hergestellt. Die geformten Steine werden bei ca. 1200 °C gebrannt. Der Brennvorgang bewirkt eine Härtung des Steines. Dadurch wird Pflasterklinker sehr druck- und wasserfest und damit widerstandsfähiger gegenüber Umwelteinflüssen wie Frost und Streusalzeinsatz. Er weist eine ebene Oberfläche auf, lässt sich gut bearbeiten (z. B. zuschlagen) und mit anderen Materialien kombinieren. Die Farbgebung reicht von Beige bis Schwarzblau.

Penter-Klinker aus der Region Osnabrück hat eine braunrötliche Färbung mit einer leicht strukturierten Oberfläche und einheitlicher Farbgebung. Durch die raue Oberfläche besteht auch bei nassen Steinen keine Rutschgefahr.	
Bockhorner Klinker stammt aus dem ostfriesischen Raum und zeigt ein auffallenderes Farbenspiel. Die unterschiedlichen Farbtöne entstehen zum einen durch die Art des Brandes, zum anderen durch den verwendeten Ton und Lehm.	

Tab. 1 Erscheinungsformen Pflasterklinker (Beispiele)

Die Güteüberwachung und Fertigung nach DIN EN 1344 „Pflasterziegel“ sichert die Qualität des Pflasterklinkers u. a. in Deutschland.

Pflasterklinker wird überall dort eingesetzt, wo der Flächenbelag repräsentativen Charakter hat:

- Fußgängerzonen
- Terrassen
- Garagenzufahrten
- Platzbefestigungen

3.4.2 Verlegearten

Pflasterklinker ist in der Regel teurer als Betonsteinpflaster. Die Kosten sind ein entscheidendes Kriterium bei der Verlegeart, denn ein Pflasterklinker kann sowohl flach als auch hochkant (Rollschicht) verlegt werden (2).

Der Materialpreis kann bei der Hochkantverlegung bis auf das Doppelte im Vergleich zur Flachverlegung steigen.

2 Hoch- und Flachverlegung

Der **Schichtenaufbau** zur Erstellung einer Fläche mit Pflasterklinker entspricht dem einer Betonpflasterfläche. Auch hier muss auf einen ausreichend dimensionierten und verdichteten Oberbau geachtet werden. Die Verwendung von Splitt anstelle von Sand als Bettungsmaterial unterbindet Kalkablagerungen auf dem Pflasterklinker.

Pflasterklinker sind sowohl mit, als auch ohne Fase erhältlich. Sie werden mit 4-mm-Fugen (+/− 2 mm) verlegt, um ein Abplatzen der Kanten zu vermeiden. Pflasterklinker sind in der Regel nicht so maßhaltig herzustellen wie Betonsteine. Aus diesem Grund müssen die Verlegerichtungen mithilfe von Schnüren regelmäßig kontrolliert werden.

Darüber hinaus haben Pflasterklinker herstellungsbedingt an einer Seite eine glatte, an der anderen Seite eine raue Oberfläche. Beim Verlegen in Reihenverbänden sollte immer nur entweder die raue oder die glatte Seite nach außen zeigen, da der Stein oftmals in sich gebogen ist und die Verlegerichtung sonst nicht gehalten werden kann.

Die verwendeten Steine sollten aus mehreren Paletten gemischt werden, da Pflasterklinker bei jedem Brand eine unterschiedliche Farbnuance erhalten.

Pflasterklinker dürfen nur mit geeigneten Geräten geschlagen oder geschnitten werden. Es empfiehlt sich hierbei der Einsatz von Schneidetischen, Steinknackern mit diamantbesetzten Schneideleisten oder bei kleinen Flächen der Einsatz einer Flex mit Diamantscheibe.

1 Klinkermosaikpflaster mit Natursteinbänderung

Neben dem „üblichen“ Pflasterklinker werden auch **Klinkermosaikpflaster** unterschiedlicher Hersteller angeboten. Hierbei handelt es sich um einen perforierten Pflasterklinker, der mit Hammerschlag in acht Teile geschlagen wird. Im Gegensatz zur Natursteinverarbeitung kann durch die gleiche Höhe der Mosaikpflastersteine auch ein Pflasterbett vorbereitet werden. Die Arbeitsleistung steigt dadurch beträchtlich (1).

3.4.3 Pflasterklinker fachgerecht verlegen

1 Hier entsteht eine Terrasse. Der Oberboden wird abgetragen und seitlich gelagert. Als Tragschicht wird ein Kies-Sand-Gemisch (0/32) aufgebracht.

2 Höhen und Gefälle für die Entwässerung werden festgelegt. Nach Bestimmung des Pflasterverbandes wird die Randeinfassung eingemessen und mit Schnurnägeln festgelegt.

3 Parallel zur späteren Oberfläche wird für den Oberbau ein Planum erstellt. Dazu wird eine Kies-Sand-Schüttung eingebracht und unter Berücksichtigung des Verdichtungsmaßes planiert. Anschließend wird die Fläche mit dem Rüttler gleichmäßig verdichtet.

4 Eine Randeinfassung wird mit Mörtelfuge auf die Betonunterlage (C12/C15) versetzt. Die Schnur ist auf der Seite der Pflasterfläche anzulegen.

5 Die Tragschicht aus kornabgestuftem Kies-Sand-Gemisch ist eingebracht, verdichtet und planiert.

6 Das Pflasterbett wird eingebracht (z. B. Brechsand 0/5) und unter Berücksichtigung des Verdichtungsmaßes in gleichmäßiger Schichtdicke (Abschnürung!) verteilt.

7 Mithilfe der Abziehlehren wird das Pflasterbett abgezogen.

8 Abschnittsweise (ca. 1,50 m) wird der Verlegeverband abgeschnürt, um die Fugenflucht zu erhalten. Die Fugenbreite soll 3 mm - max. 5 mm betragen.

9 Die Verlegerichtung ist immer vorwärts. Auch die Querflucht des Pflasters muss wiederholt geprüft werden.

10 Mit einer Nassschneidemaschine mit Diamantsägeblatt werden die Anschlussklinker passend zugeschnitten.

11 Sind die Fugenfluchten nochmals ausgerichtet, sollte sofort das Fugenmaterial (0/4, 0/5) eingefegt bzw. eingeschlämmt werden. Überschüssiges Fugenmaterial ist vor dem Abrütteln des Pflasters zu entfernen.

12 Vor der Verdichtung mit dem Flächenrüttler muss eine Absetzzeit eingeplant werden. Eine Hartgummimatte unter dem Rüttler schützt die Klinker.

13 Die fertige Terrasse muss vor der Übergabe einige Tage ruhen und mehrmals mit Fugenmaterial abgestreut werden.

? Aufgaben

◑ 1. a) Welche Arten der Pflasterklinkerverlegung kennen Sie? Recherchieren Sie.
b) Geben Sie Vor- und Nachteile der jeweiligen Verlegeart an.

○ 2. Ihnen ist beim Betanken einer Rüttelplatte Diesel auf die Pflasterfläche gelaufen.
Welche Maßnahmen sollten Sie ergreifen, um ein Versickern im Erdreich zu verhindern? Recherchieren Sie.

3.5 Natursteinpflaster

3.5.1 Materialien

Die älteste Form des Wegebelages ist das Natursteinpflaster. Naturstein besteht aus Mineralien (anorganische Bestandteile wie Quarz, Feldspat und Glimmer). Er wird in Steinbrüchen abgebaut und anschließend weiterverarbeitet. Das Gesteinsmaterial und die sichtbare Oberfläche der Steine zeigen die Geschichte ihrer Entstehung.

Vulkangesteine (Vulkanite und Plutonite)

Vulkangesteine (1) entstehen, wenn ein Vulkan flüssiges Material (Lava) aus dem Erdinneren nach oben an die Erdoberfläche befördert. Dort oder in geringer Tiefe erstarrt die glühend heiße Masse. Nach dem Abkühlen entstehen Gesteine wie **Basalt**, **Porphyr**, **Andesit** oder **Granit** (Ergussgesteine = Vulkanite).

Kühlt die Lava in größeren Tiefen ab, spricht man von **Plutoniten** oder **Tiefengesteinen**.

1 Vulkangestein

Sedimentgesteine (Absatzgesteine)

Aus dem Namen Sediment- oder Schichtgestein (2) lässt sich ableiten, dass bei der Gesteinsbildung hauptsächlich Ablagerungsprozesse beteiligt waren (sedimentieren = ablagern). Auf dem Land, im Wasser der Seen und Flüsse sowie in den Meeren lagerten sich im Laufe von Jahrmillionen Mineralien und andere Verwitterungsteile ab und verfestigten sich unter hohem Druck. Sedimentgesteine sind z. B. **Grauwacke**, **Sandstein** oder **Tonschiefer**.

2 Sedimentgestein

Metamorphe Gesteine (Umwandlungsgesteine = Metamorphite)

Unter „metamorph“ versteht man die Veränderung einer Zustandsform. Vulkan- oder Sedimentgestein kann durch sehr hohen Druck oder hohe Temperatur seine kristalline Struktur verändern. Es entsteht ein metamorphes Gestein (3) wie z. B. **Marmor**, **Quarzit** oder **Gneis**.

3 Metamorphes Gestein

3.5.2 Verwendung

Die verschiedenen Gesteinsarten unterscheiden sich stark im Hinblick auf Preise, Verarbeitbarkeit, Oberflächenbeschaffenheit, Einsatzmöglichkeiten und Haltbarkeit.

Preise

Natursteine sind erheblich teurer als Betonpflastersteine. Der Preis für das Material wird bestimmt

- vom natürlichen Vorkommen in der Region,
- von der Technik, den Stein zu brechen und zu bearbeiten,
- von der Größe des Natursteinvorkommens und
- von der Verarbeitung des Materials als Wegebelag.

Verarbeitbarkeit

Um die Eigenschaften eines Natursteines hinsichtlich der Verarbeitung besser eingrenzen zu können, unterscheidet man zwischen schwerer zu bearbeitendem **Hartgestein** und leichter zu bearbeitendem **Weichgestein** (Tab. 1).

Hartgestein	Weichgestein
Basalt	Grauwacke
Diabas	Kalkstein
Diorit	Sandstein
Gneis	Tonschiefer
Granit	
Porphyr	
Quarzit	

Tab. 1 Beispiele für Hart- und Weichgestein

Oberflächenbeschaffenheit

Ein weiteres Kriterium zur Auswahl von Natursteinen ist die Oberflächenbeschaffenheit. Die Natursteine unterscheiden sich grundlegend in ihrer Abriebfestigkeit. Während einige Sandsteinarten schnell verschleißen, ist Granit eine gute Wahl zur dauerhaften Befestigung von Verkehrsflächen.

Der Geh- oder Fahrkomfort auf Natursteinflächen hängt neben der Größe und Verlegbarkeit entscheidend auch von der Bearbeitung der Oberfläche ab (Tab. 1). Es gilt: je rauer die Oberfläche, desto besser die Griffigkeit des Belages bei Nässe.

Einsatzmöglichkeiten und Haltbarkeit

Naturstein kann als Belagsart überall dort eingesetzt werden, wo eine hohe Fahrgeschwindigkeit nicht erforderlich oder sogar unerwünscht ist.

Die Haltbarkeit von Naturstein ist je nach Gesteinsart unterschiedlich zu bewerten und von folgenden Einflussgrößen abhängig:

- Verkehrsbelastung
- Witterungseinflüsse
- chemische Einflüsse (Tausalz und Reinigungsmittel)
- Verlegeart

Da Naturstein sehr teuer ist und die Flächenleistungen beim Verlegen sehr gering sind, wird Naturstein dort eingesetzt, wo die gestalterische Wirkung gewünscht wird.

Solche Flächen sind z. B.:

- Fußgängerzonen
- Ortskerne
- repräsentative Plätze
- Flächen im Privatbereich
- Eingangsbereiche z. B. von Firmen oder öffentlichen Gebäuden

Aus den oben angesprochenen Anforderungen ergibt sich die Konsequenz, dass nicht alle Natursteinarten als Wegebelag angeboten werden.

3.5.3 Steinauswahl, Steingrößen, Güteklassen und Einsatzmöglichkeiten

Natursteinpflaster wird in Qualität und Größe nach DIN EN 1342 eingeteilt. Hier beträgt das Nennmaß von Natursteinen 50 bis 300 mm. Gemäß der Norm können bis zu 10 % der Steinlieferungen maximal 10 mm außerhalb der zulässigen Abweichungen liegen (Tab. 1, S. 126).

Spaltrau Die spaltraue Oberfläche betont die natürliche Charakteristik eines Steins und stellt zumeist die preiswerteste Bearbeitungsvariante dar. Die Bearbeitung erfolgt mit Fäustel und Spaltkeil. Spaltraue Oberflächen weisen eine hohe Rutschfestigkeit auf.	**Gestockt** Auch das Stocken verleiht Bodenbelägen eine trittsichere Beschaffenheit. Die Bearbeitung erfolgt traditionell mit dem Stockhammer oder automatisiert mit einer Maschine.

Gespitzt Das Spitzen verleiht Bodenoberflächen eine rutschfeste Beschaffenheit. Arbeitswerkzeuge sind Fäustel und Spitzeisen.	**Bossiert** Es handelt sich hierbei um eine raue und grobe Form der Natursteinbearbeitung. Die Herstellung erfolgt zumeist mithilfe des Bossierhammers.
	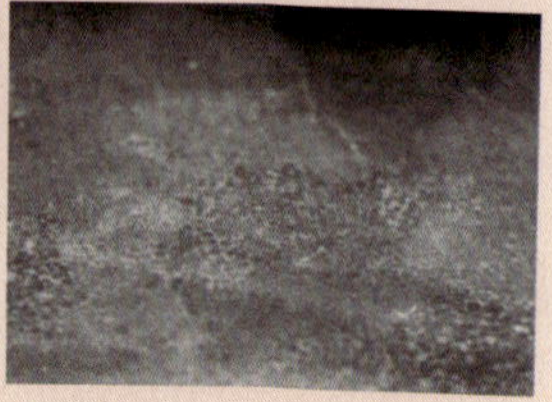
Geflammt Diese Oberfläche wird bevorzugt bei Natursteinen mit hohem Quarzgehalt, wie z. B. Granit. Durch die Hitzeeinwirkung (ca. 3200 °C) kommt es infolge der Volumenvergrößerung des Quarzes zu feinen Abplatzungen an der Gesteinsoberfläche, wodurch der Stein eine raue aber noch recht ebene Oberfläche erhält. Auf einer geflammten Oberfläche setzt sich deutlich weniger schnell Schmutz ab als auf einer gestockten oder gespitzten Oberfläche.	**Geschliffen** Die geschliffene Oberfläche verleiht Natursteinen eine hochwertige und edle Anmutung. Farben und Strukturen kommen gut zur Wirkung. Schleifgrade reichen vom Grobschliff, bei dem noch Schleifspuren und Poren sichtbar sind, über Halbschliff bis hin zum Feinschliff. Mit einem höheren Schleifgrad nimmt jedoch die Trittfestigkeit ab, sodass, je nach Schleifgrad, nicht alle Anforderungen an die Rutschfestigkeit von Bodenbelägen im Außenbereich (EN 1341 bzw. FGSV Merkblatt 407) erfüllt werden.

Tab. 1 Unterschiedliche Oberflächenbearbeitungen

Basalt
ist ein typisches Hartgestein und schwer zu bearbeiten. Als Wegebelag durchaus geeignet, verliert Basalt allerdings bei ständiger Verkehrsbelastung die Griffigkeit.
Farbe: blauschwarz.

Basalt

Sandstein
ist durch die hohe Wasseraufnahmefähigkeit verwitterungsanfällig. Durch hohen Abrieb ist Sandstein nur bedingt als Wegebelag geeignet.

Sandstein

Quarzit
ist gut spaltbar (Schichtgestein); ist als Wegebelag geeignet, unterschiedliche Farbgebung.

Porphyr/ Melaphyr
Von etwas feinerer Struktur als Granit und besser spaltbar.
Farbe: rötlichbraun.

Porphyr

Gneis
tritt als Schichtgestein auf, hat die gleiche chemische Struktur wie Granit, ist als Wegebelag ebenfalls geeignet.

Grauwacke
Sedimentgestein; trotz der etwas geringeren Abriebfestigkeit im Vergleich zu klassischen Hartgesteinen wie Granit und Basalt wird Grauwacke oft im Straßenbau verwendet.

Grauwacke

Granit
Bekannteste Natursteinart im Wegebau, große Vorkommen, sehr unterschiedliche Farbspiele.

Granit

Schwedischer Granit

Portugiesischer Granit

Türkischer Granit

Indischer Granit

Tab. 1 Steinauswahl

Art	Größe	1 Tonne ergibt	für 1 m² werden benötigt
Mosaikpflaster	3–5 cm 4–6 cm 5–7 cm 6–8 cm	10,0 m² 8,5 m² 7,5 m² 6,5 m²	ca. 200–400 Steine
Kleinpflaster	7–9 cm 8–10 cm 9–11 cm	5,5 m² 5,0 m² 4,5 m²	ca. 100–150 Steine
Großpflaster	13–15 cm 16–17 cm	3,3 m² 2,7 m²	ca. 35–40 Steine

Tab. 1 Gängige Pflastermaße

Bei der Bestellung von Natursteinpflaster muss diese Abweichung (s. S. 124 unten) immer berücksichtigt werden. Die Euro-Norm gibt überdies an, ob der Stein frostbeständig ist (Klasse 1/F1) oder nicht (Klasse 0/F0).

3.5.4 Verlegehinweise

Zur Vorbereitung einer Natursteinfläche gehört – ebenso wie bei allen anderen Wegebelägen – die richtige, auf die jeweiligen Anforderungen abgestimmte Dimensionierung des Unter- und Oberbaus.

Während der Unterbau z. T. unabhängig von der Belagsart vorbereitet wird, muss der Oberbau auf die jeweiligen Verkehrsbelastungen abgestimmt werden.

Wird keine erhöhte Scherfestigkeit der Pflastersteine verlangt, kann der Naturstein direkt in eine rund- oder gebrochenkörnige Sandbettung verlegt werden.

Benötigen die Steine untereinander mehr Halt, sollte die Tragschicht gebunden sein. Hierzu reicht oftmals das Einharken von Zement (Trasszement) mit dem Mischungsverhältnis 1 : 5 bis 1 : 6. Der Zement wird trocken eingestreut und mit dem Pflastersand vermischt.

Das Pflasterbett wird so verdichtet, dass eine hammerfeste Verlegung möglich ist. Hier sollte man darauf achten, dass die Verdichtung nicht zu stark ausfällt, denn sonst wird das Versetzen mit dem Hammer unnötig erschwert. Die verdichtete Bettung sollte bei Großpflaster 4 bis 6 cm, bei Mosaikpflaster 3 bis 4 cm betragen. Mit einem Pflasterhammer werden die Pflastersteine hammerfest eingeschlagen. Die Natursteine sollten direkt nach dem Setzen mindestens zu 1/3 bis 1/2 eingebunden sein (1).

Falls Einzelflächen nicht innerhalb eines Tages fertiggestellt werden können, empfiehlt sich das Abstreuen der Fläche mit dem Material der Sandbettung, bis ca. 2/3 Einbindung des Pflastersteines erreicht werden kann.

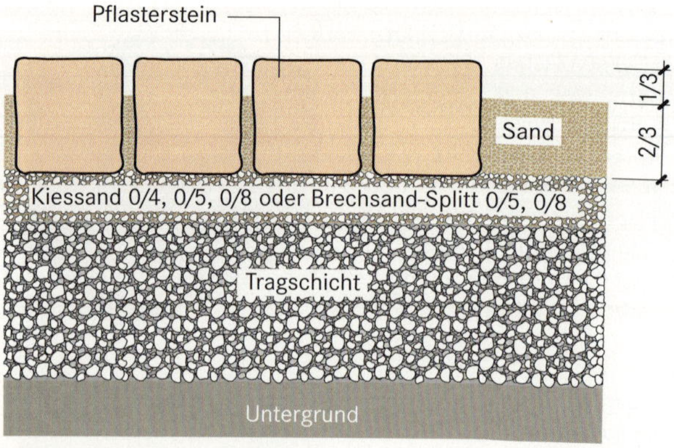

1 Versetzen von Großpflaster

Jeder Natursteinverband muss mit einer Randeinfassung versehen werden, da Natursteinpflaster keine Verbundwirkung besitzt (s. Randeinfassung, Kap. 5).

Bedingt durch die grobe Oberflächenstruktur einer Natursteinpflasterfläche sollte ein Gefälle zur Niederschlagswasserableitung stärker ausgebildet sein als bei glatten Platten- oder Betonsteinflächen. Das Quergefälle beträgt laut DIN 18318 mindestens 3 % bei befahrbaren Flächen. Bei der Anlage eines Weges sollte ein Überbogen gewählt werden.

Einige Pflasterverbände werden in einzelne **Felder** eingeteilt und eingemessen (2).

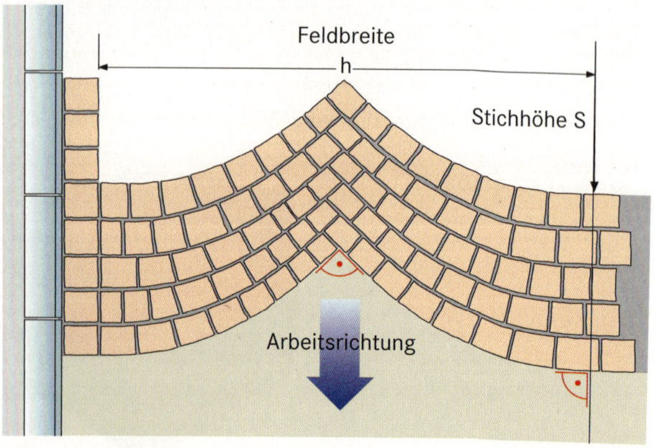

2 Einteilung in Felder

Diese Felder sollten bei der Pflasterung in Bögen folgende Abmessungen haben:

- Kleinpflaster: 1,00 bis 1,50 m
- Mosaikpflaster: 0,80 bis 1,25 m

Erst wenn diese Maße nicht unterschritten werden, lassen sich **Pressfugen** (enganliegende Steine) und **Keilfugen** vermeiden.

Der **Fugenabstand** der Steine untereinander steht in einem angemessenen Verhältnis zur Größe der einzelnen Steine. Hierbei sind folgende Richtmaße einzuhalten:

- Großpflaster: 15 mm +/− 5 mm
- Kleinpflaster: 10 mm +/− 5 mm (gebundene Fuge 15 mm +/− 5 mm)
- Mosaikpflaster: 10 mm +/− 5 mm

Bei der Wahl der endgültigen **Pflasterhöhe** sind der gewünschte Überstand der Steine an Anschlüssen und Einfassungen (7 mm +/− 3 mm) und die Setzung durch das Rütteln (1 bis 1,5 cm) unbedingt zu beachten.

Anschließend werden die Steine verfugt. Die Auswahl des Fugenmaterials wird durch die Anforderungen an den Wegebelag vorgegeben.

Für **Fußwege** und andere wenig reinigungsintensive Flächen reicht die Verwendung von gebrochenem Material mit Feinanteil (Brechsand). Brechsand ist kostengünstig und leicht einzufegen oder einzuschlämmen. Mit Brechsand ausgefugte Bereiche schützen allerdings nicht vor Wildkrautbewuchs.

Bei intensiv genutzten **Straßen**, **Plätzen** und in direkten **Eingangsbereichen** sollten Spezialmörtel oder Bitumen als Fugenmaterial eingesetzt werden.

Während der Gebrauch von bituminöser Masse den optischen Eindruck einer Pflasterung stark beeinträchtigen kann, werden mittlerweile Zementmörtel in vielen Farben angeboten.

Der Mörtel wird nass aufgebracht und mit einem Gummiwischer verteilt. Nachdem der Mörtel leicht angezogen hat und der Abbindeprozess beginnt, kann der überschüssige Rest abgeschrubbt und abgespült werden (1).

! Achtung

Die Verarbeitung muss äußerst sorgfältig erfolgen, um Mörtelreste auf der Pflasterfläche zu vermeiden.

1 Verarbeiten von Fugenmörtel

Seit einiger Zeit werden kunstharzgebundene Fugenmörtel angeboten. Ein Kunstharz-Sand-Gemisch wird auf die Pflasterung gebracht und eingefegt. Mit dieser Form der Verfugung soll der Wildkräuterbewuchs unterbunden und die Dränwirkung gewährleistet werden.

Die Verfugung ist nur dann dauerhaft, wenn der gesamte Schichtenaufbau aufeinander abgestimmt wird. Eine fachgerecht ausgeführte gebundene Tragschicht besteht z. B. aus Dränbeton (zum Teil mit konstruktiver Bewehrung) und die Bettung aus Dränbettungsmörtel. Wird nur die Verfugung gebunden ausgeführt, die Bettung und Tragschicht hingegen ungebunden, sind in der Praxis Schäden an der Verfugung nicht zu vermeiden (2).

2 Schadhafte Verfugung

! Merke

Viele Hersteller von Fugenmörtel empfehlen in ihren Verarbeitungshinweisen eine ungebundene Tragschicht in Kombination mit einer gebunden ausgeführten Fuge. Im Zweifelsfall sollte hierbei eine Haftungsfreistellung vereinbart werden.

? Aufgaben

◑ 1. Welche Maschinen und Geräte eignen sich zur Steintrennung?
   a) Geben Sie für die Steinmaterialien Beton, Klinker und Naturstein geeignete Geräte und Maschinen an
   b) Welche Sicherheitsmaßnahmen müssen Sie beim Einsatz dieser Geräte und Maschinen beachten?

›

Aufgaben (Fortsetzung)

◑ 2. Vergleichen Sie Granit, Sandstein, Pflasterklinker und Betonsteinpflaster hinsichtlich ihrer Materialeigenschaften und Einsatzmöglichkeiten.

◑ 3. a) Nach welcher Entstehungsart lassen sich Natursteine einteilen?
b) Welche Gesteinsart eignet sich nicht für befahrene Wege?

◑ 4. Sie verwenden Natursteinpflaster als Wegebelag. Jede Steingröße hat einen unterschiedlichen Gewichtsbedarf pro m^2.
Geben Sie als Faustformel an, wie viel m^2 mit den Steingrößen pro Tonne verlegt werden können.

Pflasterart	mögliche Fläche pro Tonne in m^2
Mosaikpflaster	ca.
Kleinpflaster	ca.
Großpflaster	ca.

◑ 5. a) Mit welchen Materialien können Natursteinpflasterflächen verfugt werden?
b) Geben Sie für die unterschiedlichen Fugenmaterialien geeignete Einsatzgebiete an.

3.6 Pflasterverbände

Pflasterverbände unterscheiden sich nicht nur im Aussehen, sondern auch in der Funktion der Verkehrsfläche und vor allem im Anspruch an das handwerkliche Können.

3.6.1 Reihenverband/Diagonalverband

Der Reihenverband/Diagonalverband (1) ist am einfachsten zu verlegen. Die Steine, ob Klein-, Groß- oder Mosaikpflaster, werden mit dem passenden Fugenabstand verlegt. Bei großen Flächen mit Verkehrsbelastung sind Kreuzfugen zu vermeiden.

1 Reihenverband

Um ein gleichmäßiges Fugenbild zu erhalten, sollten die einzelnen Pflastersteine nicht mit einer Seite direkt an der Schnur verlegt, sondern vermittelt werden.

Beim Reihenverband/Diagonalverband (2) werden die Reihen entweder senkrecht oder diagonal zur Fahrtrichtung verarbeitet und Flucht und Höhe regelmäßig mit Schnüren kontrolliert.

3.6.2 Netzverband

Der Netzverband entspricht von der Verlegetechnik einem diagonalen Reihenverband. Im Unterschied zum Reihenverband werden die Steine nicht durchlaufend als Reihe verlegt, sondern wechseln die Richtung im 90-Grad-Winkel zueinander. Der Netzverband wird mit einer Steingröße verlegt.

2 Diagonalverband

3.6.3 Passeverband

Der Passeverband (3) erfordert ein hohes Maß an handwerklichem Geschick. Die diagonal verlegten Steine dürfen beim Passeverband mit maximal drei Steinen als durchlaufende Fuge aufeinandertreffen. Der Verband endet zum Rand hin z. B. mit Segmentbögen. Wichtig beim Einbau ist sowohl, dass die Steine rechtwinklig verlegt werden, als auch das Zwischenschnüren, um Richtung und Höhe zu kontrollieren. Im Gegensatz zum Netzverband werden unterschiedliche Steingrößen verwendet.

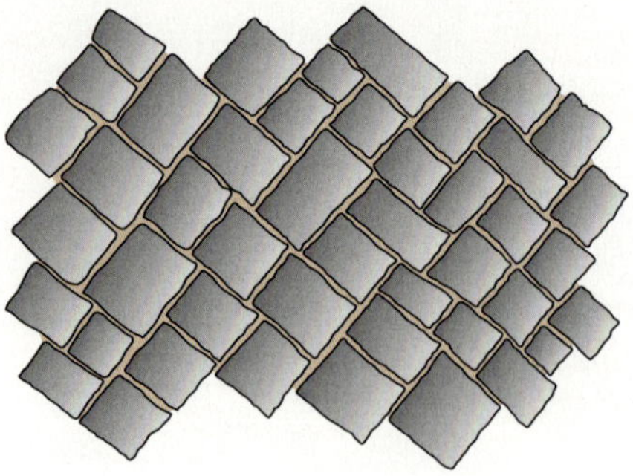

3 Passeverband

3.6.4 Schuppenverband

Dieser Verband (1) ist ähnlich dekorativ wie der Segmentbogen, allerdings ist die Verlegung noch aufwendiger.

Zunächst werden Halbkreise verlegt, die der für die Steingröße passenden Feldbreite entsprechen. Zwischen den Halbkreisen muss eine Steinbreite für die zu verlegende Schuppe freigehalten werden. Der Scheitel einer Schuppe wird mit einem Schnurgerüst abgesteckt. Die einzelnen Schuppen werden von innen nach außen verlegt. Das Innere der Schuppen wird so verlegt, dass keine Keilfugen entstehen. Hierzu ist es sinnvoll, nach Möglichkeit trapezförmige Steine zu verwenden.

1 Historischer Schuppenverband

3.6.5 Segmentbogenverband

Der Segmentbogen (2) ist ein traditionelles Natursteinverlegemuster. Die Bögen können sowohl auf kleinräumigen Flächen als auch im Verkehrswegebau verlegt werden. Grundvoraussetzung für eine Pflasterung im Segmentbogenverband ist die passende Auswahl der Steine durch das geübte Auge des Pflasterers. Das Prinzip des Segmentbogens ist das Ineinanderlaufen von mehreren Bogenabschnitten. Im Gegensatz zum Schuppenbogen werden die Steinreihen nicht getrennt verlegt, sondern zwei Segmentbögen teilen sich einen Endstein.

Zunächst wird die Feldbreite (2, S. 126) ermittelt. Nach einer Faustformel wird die Stichhöhe (maximale Bogenhöhe) berechnet:

Stichhöhe = 1/5 Feldbreite + 1 cm

In Abhängigkeit zur Steingröße ergeben sich empfohlene Maße für Bogenbreite und Stichhöhe:

Steingröße	Bogenbreite	Stichhöhe	Bogenradius
6/8 und 7/9	0,8 – 1,2 m	17 – 25 cm	0,57 – 0,85 m
8/10 und 9/11	1,1 – 1,5 m	23 – 31 cm	0,78 – 1,06 m
10/12	1,4 – 2,0 m	29 – 41 cm	0,99 – 1,41 m

Tab. 1 Steingrößen, Bogenbreiten und Stichhöhen

Das Verlegen der Bögen erfolgt aus der Mitte des Feldes (Grad) wechselseitig zum Bogenäußeren. Die Steinbreite nimmt von innen nach außen zu, wobei trapezförmige Steine die Bildung von Keilfugen vermeiden. Ein Richtmaß zur Verlegung sind die äußeren Begrenzungen. Die Bögen müssen immer im rechten Winkel auf Randeinfassungen oder Gebäudekanten stoßen. Aus der Mitte der Feldbreite sollte parallel zur Begrenzung regelmäßig mit der Schnur die Richtung überprüft werden.

2 Segmentbogenverband

3.6.6 Kopfstein- und Kieselpflaster

Die ursprünglichste Art der Pflasterung ist das Kopfsteinpflaster (3). Hierbei werden unbearbeitete (bzw. halbierte) Feldsteine oder Flusskiesel in ein Sandbett verlegt. Aufgrund der geringen Verzahnung der glatten Steinoberfläche mit der Bettung sollten kleine Steine nur in ein Mörtelbett verlegt werden.

3 Kieselpflaster

? Aufgabe

- a) Welche unterschiedlichen Verlegemuster von Naturstein kennen Sie?
- b) Nennen Sie wichtige Verlegeregeln.

3.7 Natursteinplatten

Platten aus Naturstein werden überwiegend auf nicht oder nur wenig befahrenen Flächen verlegt. Die Oberflächen von Natursteinplatten sind ebenso wie Natursteinpflaster unterschiedlich bearbeitet, nach DIN EN 1341 (Tab. 1, S. 124).

Es eignen sich nur Natursteinmaterialien, die witterungsbeständig und somit dauerhaft haltbar sind, z. B. Porphyr oder Granit.

Entscheidend für die Auswahl der Tragschicht ist neben der Verkehrslast die Dicke des jeweiligen Natursteinmaterials. Platten unter 3 bis 5 cm Stärke sollten in Mörtel verlegt werden, um ein Brechen und Verschieben der Platten zu vermeiden. Dieses gilt unabhängig von der gewählten Verlegeart.

3.7.1 Verlegehinweise

Natursteinplatten können im Gegensatz zu vorgeformten Betonplatten starke Schwankungen in der Materialstärke aufweisen. So sind gesägte Platten mit ca. 1 cm Schwankungen in der Materialstärke leichter zu bearbeiten und verlegen, als einfach gebrochene Platten mit bis zu 4 cm Unterschied in der Plattendicke. Die Platten werden einzeln verlegt und mithilfe eines Gummihammers oder eines Kantholzes mit Fäustel auf die vorgegebene Endhöhe geschlagen.

Die Vorbereitung der Mörteltragschicht ist entscheidend für die Arbeitsleistung und Qualität. Der Mörtel sollte erdfeucht eingebracht und nur leicht verdichtet werden. So kann die Platte besser auf die vorgegebene Höhe geschlagen werden. Bei unregelmäßiger Schichtdicke der Platte ist die Unterfütterung mit wenig verdichtetem Mörtel besser als eine stark vorverdichtete Tragschicht.

Sollen Natursteinplatten auf einer gegossenen Betonplatte verlegt werden, dürfen nur Platten mit gleichmäßiger Schichtstärke verwendet werden. Der Mörtel sollte mindestens 3 bis 4 cm stark unverdichtet aufgebracht werden. Befindet sich unter der Betonplatte ein Raum der abgedichtet werden muss, sollten Dachbahnen aus Bitumen o. Ä. auf die Betonplatte aufgebracht werden. Diese Arbeiten führen Dachdecker aus.

Wird auf die exakte Maßhaltigkeit des Belages nicht so viel Wert gelegt, genügt bei entsprechender Schichtdicke der Platte der Einbau von Splitt oder Sand als Tragschicht. Das Verlegen der Platten gestaltet sich einfacher als bei einer Mörteltragschicht, allerdings lässt sich ein Verschieben der Platten auf Dauer nicht vermeiden.

3.7.2 Verfugen

Die Fugenbreite einer Plattenfläche hängt sowohl von der gewählten Verlegeart als auch von der Plattenart ab. Eine Fuge aus dauerelastischem Fugenmörtel ist nur bei ausreichend dimensionierter Mörteltragschicht oder gegossener Betonplatte zu empfehlen. Durch Heben und Senken der Plattenfläche unter Frosteinfluss brechen die Fugen sonst nach wenigen Jahren aus (Fugenbreite bis 1,5 cm).

Eine Plattenfläche mit Sand- oder Splittbettung wird nur mit Brechsand eingeschlämmt oder eingefegt (Fugenbreite 10 mm +/− 5 mm bei nicht gesägtem Material).

! Hinweis

Unebene, bruchraue Natursteinflächen müssen mit einem Mindestgefälle von 3 % versehen werden. Je glatter die Oberfläche, desto geringer das erforderliche Gefälle (s. auch Entwässerung, Kap. 6).

3.8 Wassergebundene Wegedecken

Die wassergebundene Wegedecke ist eine der ältesten Belagsarten. Bereits im Mittelalter wurden verfestigte Deckschichten aus Sand auf Wege aufgetragen. Das Befahren war allerdings nur in der trockenen Jahreszeit möglich. Bedingt durch die fehlende Entwässerung weichten die Wege bei Regen stark auf.

Auch heute eignen sich solche Deckschichten mit geringer Verschleißfestigkeit nur für Wege ohne regelmäßigen Fahrzeugverkehr.

Damit die Standfestigkeit einer wassergebundenen Wegedecke dauerhaft gewährleistet werden kann, muss der Aufbau „korngestuft“ erfolgen. Das bedeutet eine Abnahme des Größtkorns von unten nach oben.

Die Deckschicht sollte aus gebrochenkörnigem Splitt mit 0-Anteil bestehen. Hier eignet sich besonders Lehmsand mit der Körnung 0/3.

Alle Schichten müssen exakt eingebaut und mit einer Walze verdichtet werden. Es empfiehlt sich eine Randeinfas-

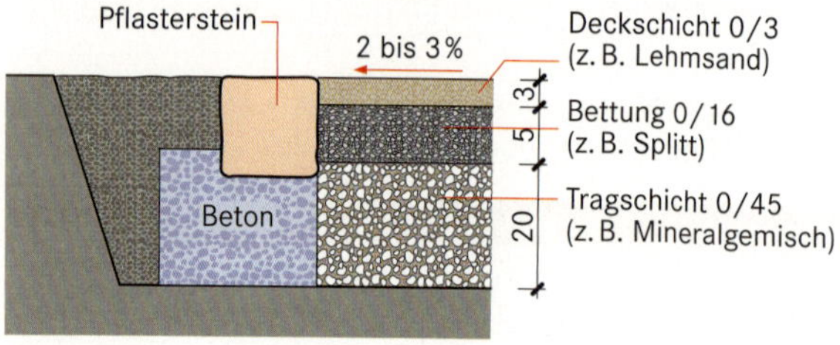

1 Der dargestellte Schichtaufbau zeigt exemplarisch eine wassergebundene Wegedecke für Fußgängerverkehr

sung aus Bordsteinen oder aus gestalterischen Gründen die Verwendung von Natursteingroßpflaster.

Die Entscheidung für den Bau einer wassergebundenen Wegedecke wird vielfach aus finanziellen und vermeintlich ökologischen Gründen getroffen. Hierbei gilt es zu bedenken, dass sie zwar geringere Herstellkosten als eine Pflasterdecke verursacht, allerdings erhebliche Reparatur- und Pflegekosten nach sich ziehen wird.

Eine wassergebundene Wegedecke
- kann im Winter nicht ohne Beschädigung der Deckschicht von Schnee geräumt werden,
- muss regelmäßig von Unkraut befreit werden,
- ist nur bedingt verschleißfest,
- sollte aufgrund des Schmutzeintrages nicht direkt an Hauseingängen eingebaut werden,
- ist nach einer Frostperiode bei Tauwetter stark aufgeweicht.

Darüber hinaus ist bekannt, dass der Versiegelungsgrad einer wassergebundenen Wegedecke dem einer Asphaltfläche entsprechen kann. Vorteilhaft sind dagegen das „natürliche" Aussehen, das angenehme Gehgefühl sowie der einfache Einbau.

Aufgrund des hohen Versiegelungsgrades muss auch bei einer wassergebundenen Wegedecke für eine ausreichende Niederschlagswasserableitung gesorgt werden. Hierbei kann der Einbau von Hof- oder Straßenabläufen zu Problemen führen, da bei Niederschlägen die Deckschicht ausgespült werden kann und der eingebrachte Schlamm die Rohrleitungen verstopft (1).

1 Verschlämmter Hofeinlauf auf einer wassergebundenen Wegedecke

Aufgaben

1. Eine Pkw-Zufahrt (4,0 m × 12,0 m) soll mit Granitkleinpflaster 9/11 erstellt werden.
   - Die Tragschicht aus Mineralgemisch soll eine Stärke von 25 cm aufweisen.
   - Die prozentuale Verdichtung beträgt 20 %.
   - Das spezifische Gewicht beträgt 1,8 t/m^3.
   - Der anstehende Boden ist lehmig und schwer.

   a) Wie viele Tonnen Tragschichtmaterial müssen bestellt werden?
   b) Wie viele Tonnen Kleinpflaster (9/11) müssen für die Pkw-Zufahrt bestellt werden?
   c) Schildern Sie die erforderlichen Baumaßnahmen unter Berücksichtigung des entsprechenden Maschineneinsatzes.
2. Für einen Parkplatz mit 8 Pkw-Einstellplätzen müssen Rasengittersteine bestellt werden. Die Parkfläche für einen Pkw ist 5,20 m lang und 2,60 m breit.
   Im Prospekt des Herstellers finden Sie folgende Angaben:
   - Rasengitterstein: 40 cm × 60 cm × 8 cm
   - Bedarf pro m^2: 4,17 Stück
   - Gewicht: 27,6 kg pro Stück

   a) Wie viele Tonnen Rasengittersteine müssen Sie bestellen, wenn Sie 10 % Verschnitt einrechnen?
   b) Wie oft muss der 7,5 t-Lkw fahren?
3. Wassergebundene Wegedecken werden auch aus Kostengründen häufig eingebaut.
   Welche Pflege- und Unterhaltungsmaßnahmen müssen bei einer wassergebundenen Wegedecke in regelmäßigen Abständen durchgeführt werden?

3.9 Holzpflaster

Eine wenig verbreitete Form des Wegebelages ist der Einbau von Holzpflaster (1). Beim Aufbau einer Tragschicht für Holzpflaster ist für eine ausreichende vertikale Wasserabfuhr zu sorgen. Als Ausgleichsschicht eignet sich Splitt oder Sand ohne 0-Anteil.

Der Holzbelag besteht z. B. aus Fichten- oder Kieferrundhölzern mit 8 bis 20 cm Durchmesser oder Rechteckhölzern mit den Maßen 10 x 10 cm oder 10 x 20 cm. Die Höhe beträgt 10 bis 15 cm.

Die verwendeten Hölzer sollten aufgrund des direkten Bodenanschlusses kesseldruckimprägniert sein. Sie dürfen auf keinen Fall gesägt werden, da sonst die Haltbarkeit entscheidend beeinträchtigt wird. Ein entscheidender Nachteil der Holzpflasterfläche ist die extreme Rutschgefahr bei Nässe.

1 Holzpflaster

3.10 Mulchweg

Eine Sonderform von Holz als Wegebelag ist die Verwendung von Rindenmulch oder Rindenhäcksel als Deckschicht (2).

Hierbei wird eine eingefasste Wegefläche mit Mulch oder Häcksel ca. 5 bis 10 cm stark abgestreut.

2 Mulchweg

Diese Art der Deckschicht eignet sich für Flächen mit geringem Fußgängerverkehr sowie für Flächen, die nach einer begrenzten Zeit zurückgebaut oder sich selbst überlassen werden, da die Haltbarkeit von Mulch als Deckschichtmaterial nur begrenzt ist.

Eine mögliche Verwendung von Mulch als Wegebelag ist der Pflegeweg in Gehölzflächen oder Staudenrabatten in öffentlichen Grünanlagen. Auf Spielplätzen wird gütegeprüftes Mulchmaterial verwendet.

4 Sonderformen

4.1 Belag aus Recyclingkunststoff

Die Verwendung traditioneller Baustoffe als Wege- und Flächenbelag wurde seit Beginn der Neunzigerjahre durch neue Materialien ergänzt. Insbesondere der Vormarsch von Recyclingkunststoffen als Baustoff macht die Herstellung vieler Belagsformen für unterschiedliche Situationen und Anforderungen möglich.

Der Kunststoff besteht in der Regel aus Polyethylen (PE) und Polypropylen (PP) der DSD- (Duales System Deutschland) Sammlung. Er ist witterungsbeständig, öl- und laugenfest.

4.1.1 Kunststoffwaben

Kunststoffwaben (3) sind geeignet als kurzfristige, bodenschonende Abdeckung von Vegetationsflächen und Baustellenzufahrten.

Die Voraussetzung für den Einbau von Kunststoffwaben ist lediglich eine geglättete Oberfläche. Die Waben werden zusammengesteckt und erlauben als fertiggestellte Fläche eine Reifenlast von bis zu 500 kg.

3 Kunststoffwaben

Nach Fertigstellung einer Baumaßnahme können die Kunststoffwaben wegen ihres geringen Gewichts schnell auf Paletten gestapelt und zum nächsten Einsatzort gebracht werden.

4.1.2 Kunststoffrasengitterstein

Das Prinzip des Kunststoffrasengittersteines (1) gleicht dem des Rasengittersteines aus Beton. Dies gilt auch für die verwendeten Substrate und den Tragschichtaufbau.

Ebenso wie bei den Kunststoffwaben bieten viele Hersteller ihre Produkte in unterschiedlichen Formen, Farben und Preisen an. Zwei Bauweisen sind weit verbreitet:

- Der **Kunststoffstein** gleicht dem Stein aus Beton. Maße, Aussehen und Einsatzgebiete sind identisch. Der Stein wird auf Feuerwehrzufahrten, Einstellplätzen oder anderen entsiegelten Flächen ohne fließenden Verkehr eingesetzt. Der Stein aus Kunststoff wiegt dabei erheblich weniger als sein Gegenstück aus Beton.
- Die **Rasengitterplatte aus Recyclingkunststoff** ist ca. 50 % leichter als die oben beschriebene. Mit einem Stecksystem werden alle Elemente untereinander verbunden, was ein Verschieben einzelner Wabenplatten verhindert. Die Wabenstruktur bietet eine hohe Stabilität bei geringem Materialverbrauch. Das maximale Gefälle ist zu beachten.

1 Rasengitterplatte aus Kunststoff

? Aufgabe

○ Recyclingmaterialien als Wegebelag finden immer größere Verbreitung.
Welche Gründe sprechen für den Einsatz von Recyclingkunststoffen im Wegebau?

4.2 Kunstharzgebundener Dränbelag

Die in den letzten 15 bis 20 Jahren geänderten Anforderungen an Flächenbeläge in Bezug auf Wasserdurchlässigkeit und Luftaustausch gaben den Ausschlag zur Entwicklung kunstharzgebundener Dränbeläge.

Dieser Flächenbelag besteht aus gebrochenen oder rundkörnigen Materialien ohne 0-Anteil mit einem maximalen Durchmesser von 5 bis 8 mm umhüllt von Epoxidharz. Die Körnungen verkleben ausschließlich an den Berührungspunkten und bilden somit eine dränfähige Deckschicht.

4.2.1 Flächenguss

Der Einbau des Materials erfolgt mithilfe spezieller Fertiger in ca. 3 cm Stärke. Der gesamte Tragschichtaufbau muss wasserdurchlässig ausgebildet werden. Der Schichtenaufbau ist abhängig vom anstehenden Baugrund sowie der zu erwartenden Verkehrsbelastung. Bei einer Verkehrsbelastung über 7,5 t beträgt die erforderliche Schichtstärke 6 bis 10 cm, wobei der Einbau einer Kunststoffrasengitterwabe der Deckschicht zusätzliche Stabilität verleiht. Das Prinzip des Einbaus gleicht dem einer Betondeckschicht.

4.2.2 Dränplatten

Eine Alternative zum Flächenguss stellt die Verlegung von Dränplatten dar. Hierbei werden werksseitig hergestellte Dränplatten mit den Maßen 40 × 40 × 3 cm auf eine ebenfalls dränfähige Trag- und Ausgleichsschicht verlegt.

4.3 Schotterrasen

Schotterrasen ist eine mit Rasen begrünte Fläche für gelegentliche Verkehrsbelastung (2). Beim fachgerechten Aufbau werden die Vorteile einer natürlich wirkenden Rasenfläche mit den Eigenschaften einer Schottertragschicht kombiniert.

2 Schotterrasenfläche (nicht fachgerecht erstellt)

Belastungsklassen	Fahrzeugtyp	Nutzungsfrequenz	Fahrzeugwechsel	Standzeiten	Standflächen (S) Fahrgassen (F)	Regelbauweise	Dicke der Tragschicht (cm)
1	Pkw bis 3,5 t	ganzjährig	1 bis 2 × wöchentlich	halbtägig	S/F	einschichtig	15 bis 20
2	Pkw bis 3,5 t,/ Lkw bis 11,5 t	periodisch	Pkw täglich 1 × Lkw gelegentlich	ganztägig	S	einschichtig	20 bis 25
3	Pkw bis 3,5 t,/ Lkw bis 11,5 t	halbjährlich	Pkw täglich 2 bis 3 × Lkw gelegentlich	ganztägig	S	einschichtig	25 bis 30
4	Lkw bis 16 t	ganzjährig, auf Einzelfälle beschränkt			F	zweischichtig	obere Schicht: 10 bis 15 untere Schicht: 20 bis 25

Tab. 1 Anforderungsprofil unterschiedlicher Belastungsklassen

Bau- und vegetationstechnische Anforderungen:

- Standfestigkeit (verkehrs- und bautechnische Anforderung)
- Dauerhafte Begrünung (vegetationstechnische Anforderung)
- Wasserdurchlässigkeit (entwässerungstechnische Anforderung)
- gestalterische Anforderung

Die Vegetationstragschichten bestehen aus Gerüstbaustoffen wie Mineralstoffen, Lavaschlacke oder Recyclingbaustoffen. Die Schichtdicken sind abhängig von der gewünschten Tragfähigkeit.

Die Gerüstbaustoffe werden mit maximal 10% organischer Substanz gemischt. Als Regelsaatgutmischung ist Strapazierrasen (s. Kap. Rasenbau) zu empfehlen.

Die Einteilung der **Belastungsklassen** ist abhängig von der Nutzungsdauer, der Nutzungsintensität sowie der Verkehrsbelastung (Tab. 1).

5 Randeinfassung

Fast alle in den vorhergehenden Kapiteln angesprochenen Flächenbeläge benötigen eine seitliche Begrenzung oder Einfassung. Die Aufgaben einer Randeinfassung werden in zwei Bereiche unterteilt:

- **gestalterische Aufgabe**
  Ob Straße oder Parkplatz, in vielen Planungssituationen spielt eine konsequente Abgrenzung zwischen Vegetations- und Verkehrsfläche eine große Rolle: Eine Wegeführung wird durch die entsprechende Randausbildung betont, der Verkehrsteilnehmer wird eindeutig geleitet.
- **technische Aufgabe**
  Die Randeinfassung übernimmt die Aufgabe des „Rahmens" einer befestigten Fläche. Durch den Einbau entsprechender Widerlager, zum Beispiel in Form von Bordsteinen, wird eine Pflasterung gegen Verschieben geschützt. Zusätzlich übernimmt die Randeinfassung oft die Aufgabe, das Niederschlagswasser abzuleiten.

5.1 Bordsteine

Die bekanntesten Randeinfassungen sind Hoch-, Tief- und Rasenbordsteine aus Beton (1, S. 135). Diese aus dem Straßenbau stammenden Betonfertigteile werden in unterschiedlichen Größen als Längs- oder Radialsteine angeboten.

Eine Alternative zu Betonbordsteinen sind Bordsteine aus Naturstein (DIN EN 1343, 1). Sie sind haltbarer, aber wesentlich teurer.

Der Arbeitsablauf zum Setzen von Hoch- und Tiefbordsteinen ist ähnlich, wobei die Bordsteine nur mit Bordsteinzangen oder Vakuumverlegezangen getragen und versetzt werden sollten (2, S. 135). Rückenstützen sind gemäß DIN 18318 mittels Schalung auszuführen. Bei begehbaren Flächen muss die Stärke des Fundaments mindestens 80 mm und die der Rückstütze 80 mm +/− 20 mm betragen. Bei befahrbaren Flächen muss das Fundament mindestens 200 mm stark, die Rückenstütze 150 mm +/− 20 mm stark ausgeführt werden. Folgende Abmessungen für Fundament und Rückenstütze sind ohne öffentliche Verkehrsbelastung möglich:

Nutzungskategorie	Dicke des Fundaments (cm)	Breite der Rückenstütze (cm)
N1	≥ 8	≥ 8
N2	≥ 10	≥ 10
N3	≥ 15	≥ 15

Tab. 2 Fundament und Rückenstütze für Einfassungen gemäß ZTV-Wegebau

1 Bordsteine aus Naturstein

1. Hochbord ohne Anlauf

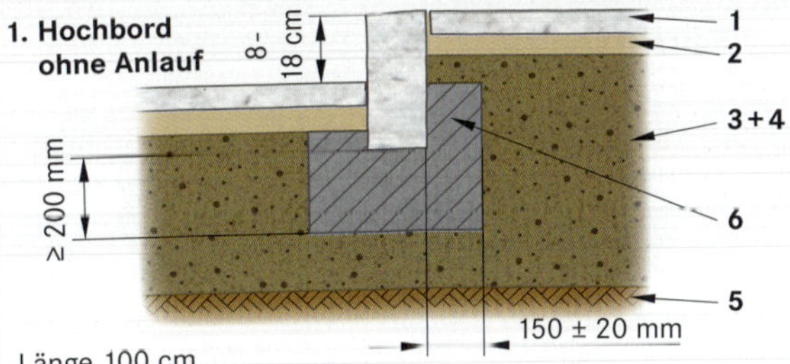

Länge 100 cm
18×30, 18×25, 15×30, 15×25 cm

2. Hochbord mit Anlauf und Rinnenstein

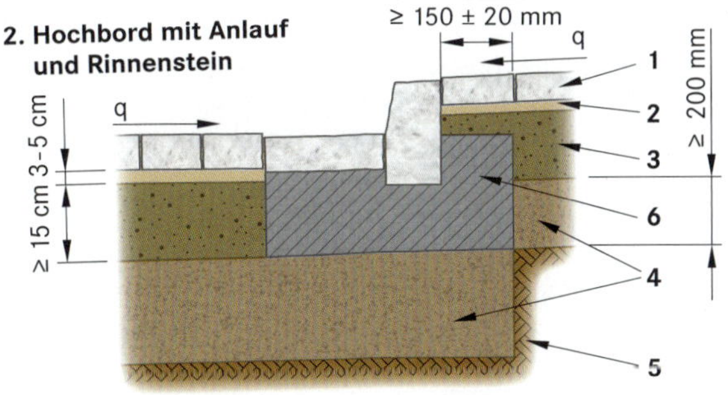

Länge 100 cm
10×30, 10×25, 8×25, 8×20 cm

3. Tiefbord

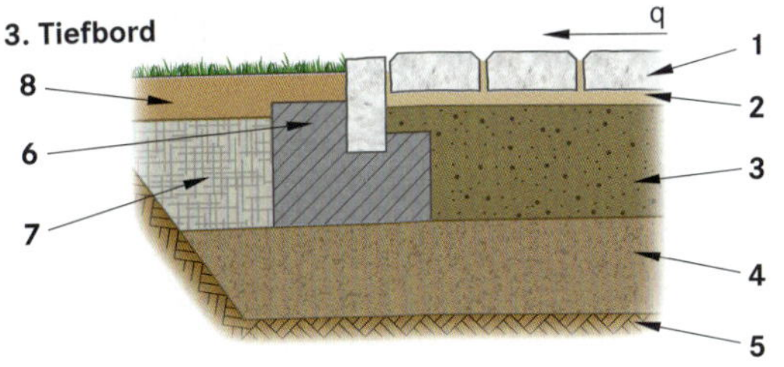

Länge 50, 75, 100 cm
6×25, 6×20, 8×25, 8×20 cm

4. Rasenbordstein/Rasenkantenstein auf Fundament mit ein- oder beidseitiger Rückenstütze

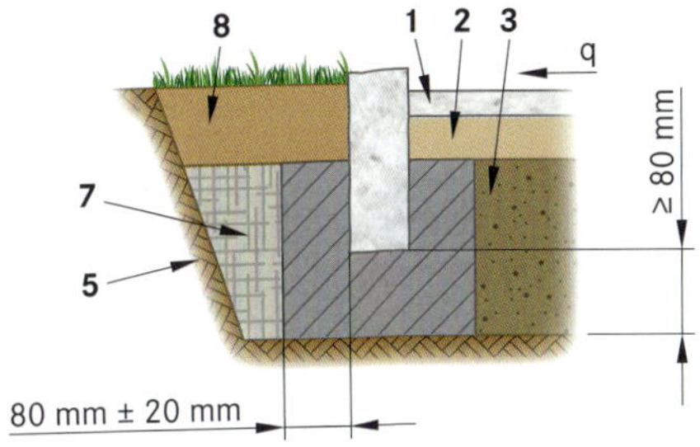

Länge 50, 75, 100 cm
6×25, 6×20, 5×25, 5×20 cm

1 Pflaster
2 Bettung 3 - 5 cm
3 Tragschicht ≥ 15 cm
4 Frostschutzschicht
5 Untergrund bzw. Unterbau
q Quergefälle
6 Betonfundament ≥ 200 mm aus Beton C20/25 (befahrbar) auf Frostschutzschicht gegründet
Rückenstütze 150 ± 20 mm
7 Füllboden
8 Oberboden

1 Bordsteine aus Beton, Fertigung nach DIN EN 1340

Neben den klassischen Randeinfassungen wie Hoch-, Tief- oder Rasenborden entwickelt die Industrie ständig neue Produkte, um den gestalterischen Ansprüchen des Garten- und Landschaftsbaus gerecht zu werden.

Einbau von Rasenborden aus Beton bei nicht befahrbaren Flächen (Beispiel)

- Zunächst wird mit der Schnur die Höhe und Richtung der Randeinfassung eingemessen.
- Die Fläche unter den Randsteinen wird ausgekoffert und anschließend verdichtet. Man muss darauf achten, dass mindestens 8 cm für das Betonbett eingerechnet werden.
- Der Beton (C16/20) wird verdichtet.
- Die Rasenborde werden so ausgelegt, dass eine Person ausschließlich mit dem Setzen beschäftigt ist.
- Die Rasenborde werden mit einem Gummihammer auf die richtige Höhe gebracht.
- Dabei sollten zwischen den Rasenborden ca. 2–6 mm breite Fugen gelassen werden, um ein Abplatzen der Ecken zu vermeiden.
- Nachdem die Rasenborde lot- und waagerecht versetzt worden sind, wird eine Rückenstütze aus Beton gebaut. Die dauerhafteste Lösung ist die einfache Schalung der Stütze (8 cm nach DIN 18318) mit Bohlen.
- Der Beton wird hinterfüllt und verdichtet. Die Rückenstütze sollte unmittelbar nach dem Versetzen der Bordsteine gebaut werden, da sich frischer Beton besser verbindet.
- Nach dem Abbinden wird die Schalung entfernt.

2 „Bordsteinzange"

? Aufgaben

○ 1. Für welche Einsatzbereiche eignen sich Rasenborde?

● 2. Sie müssen eine 40 m lange Wegeinfassung mit Tiefbordsteinen herstellen.
Planen Sie die Arbeitsschritte von der Materiallieferung bis zur Abrechnung.

◑ 3. Stellen Sie Vor- und Nachteile von Bordsteinen aus Beton- und Naturstein gegenüber.
Recherchieren Sie.

5.2 Einfassungselemente aus Kunststoff oder Metall

Diese Schienen sind in der Regel als L-Profil ausgebildet und werden auf Höhe der Pflasterung eingebaut und verankert. Sie haben zum einen den Vorteil des unkomplizierten Einbaus, zum anderen können sie einfach entfernt werden. Der gestalterische Vorteil liegt darin, dass der Übergang zwischen zwei unterschiedlichen Belagsarten kaum sichtbar erscheint.

- **Metallschienen** (1) bestehen aus verzinktem Stahl, Aluminium oder, um exklusiven Ansprüchen gerecht zu werden, aus Edelstahl.

1 Alu-Schiene als Randeinfassung

- **Kunststoffschienen** sind ebenso variabel einzusetzen wie Metallschienen. Abgesehen davon, dass sie sehr preisgünstig sind, liegt ein weiterer Vorteil in der möglichen flexiblen Gestaltung der Pflasterränder. Kunststoffschienen sind z. T. biegsam und können als Randeinfassung für kreis- und bogenförmige Pflasterungen eingesetzt werden.

Material	Dicke in mm
Baustahl	≥ 3
COR-TEN-Stahl	≥ 3
Edelstahl	≥ 3
Aluminium	≥ 4
Kunststoff (PP, PVC-U, PE-HD)[1]	≥ 2

[1] nur für Nutzungskategorie N1

Tab. 1 Mindestdicke für Einfassungen gemäß ZTV-Wegebau

5.3 Rollschicht, Binder und Läuferreihe

Wird als Abschluss einer befestigten Fläche auf Bordsteine oder Schienen verzichtet, besteht die Möglichkeit, mit Pflastersteinen aus Naturstein, Beton oder Klinker eine Begrenzung der Belagsfläche herzustellen. Diese Variante sollte allerdings nur dann gewählt werden, wenn die Flächen nicht ständig mit Kraftfahrzeugen befahren werden.

Die Pflastersteine werden bei einem **Binder** und einer **Läuferreihe** flach verlegt. Somit geht von diesen Schichten keine zusätzliche Stabilitätsfunktion aus. Im Gegensatz dazu wird die **Rollschicht** hochkant verlegt. Durch die tiefere Einbindung wird die Stabilität erhöht (2).

Die Steine einer Rollschicht werden in der Regel einzeln in Mörtel gesetzt. Es muss auf Höhe und Richtung geachtet werden, aber auch darauf, dass die einzelnen Steine „in Waage“ verlegt, bzw. dem Geländeverlauf angepasst sind.

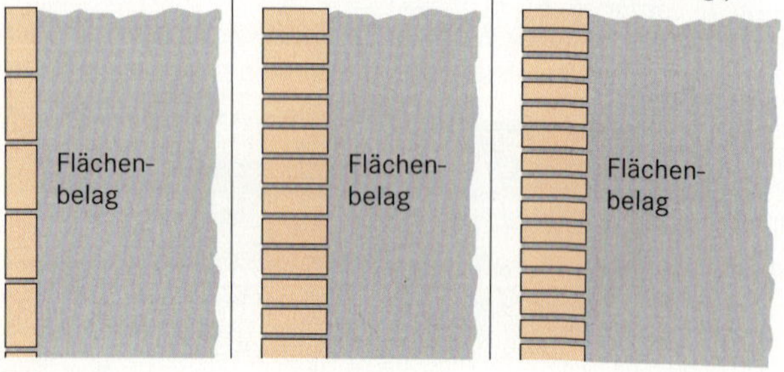

2 Läuferreihe, Binder und Rollschicht

Läufer- und Binderschichten werden auf Höhe des vorhandenen Pflasterbetts versetzt. Die Steine müssen sowohl von der Seite als auch von unten in ein Mörtelbett eingebunden sein.

! Achtung

Die Rückenstütze darf max. 1/3 der Steinhöhe betragen. Wird die Stütze zu hoch angebracht, bleibt eine unschöne Betonkante sichtbar.

5.4 Einfassung aus Natursteinpflaster

Häufig werden befestigte Flächen mit Natursteinpflaster begrenzt (1, S. 137). Zur Einfassung eignen sich nur Steine größer als 11 cm Kantenlänge. Die Steine werden im gleichen Verfahren verlegt wie eine Rollschicht (s. oben).

1 Einfassung aus Natursteingroßpflaster

! Hinweis

Vielfach wird der Fehler gemacht, dass die Steine verfugt werden, ohne dass ein ausreichend gegründetes Fundament vorgesehen ist. Solche Fugen platzen nach wenigen Jahren durch das Heben und Senken bei Frost ab.

5.5 Pflasterrinne

Zu Beginn dieses Kapitels wurde erwähnt, dass Randeinfassungen die Aufgabe der Niederschlagswasserableitung übernehmen können. Je nachdem wie viel Niederschlagswasser abgeführt werden muss, kann eine Rinne als 3-, 5- oder 7-zeilige Rinne ausgeführt werden (2).

2 3-zeilige Pflasterrinne

Viele Landschaftsarchitekten suchen eigene unkonventionelle Lösungen (3).

3 Eisenbahnschiene als Randeinfassung

? Aufgabe

a) Welche typischen Aufgaben übernehmen Randeinfassungen?

b) Skizzieren Sie die Betonbettung und Rückenstütze eines Tiefbordsteines.

6 Entwässerung

Niederschläge auf befestigten Flächen folgen immer dem Gesetz der Schwerkraft, das heißt, sie fließen zur tiefsten Stelle auf der Fläche. Diese Stellen sollten entweder am Rand der Fläche liegen oder aber so beschaffen sein, dass das Wasser schnell abfließen kann, sonst bilden sich Pfützen. Das kleinste Übel sind dann nasse Füße.

Bilden sich hingegen Pfützen auf befahrenen Straßen, besteht bei nicht schnell genug abfließendem Niederschlagswasser der sogenannte „Aquaplaningeffekt". Die Folge sind vermeidbare Unfälle.

4 Falsche Oberflächenausbildung

Des Weiteren können die Pfützen im Winter gefrieren und eine Gefahr für alle Verkehrsteilnehmer darstellen. Zusätzliche Probleme sind eine starke Schmutzablagerung sowie eine Vermoosung der Fläche. Gelangt viel Niederschlagswasser in den Oberbau, kann die Tragfähigkeit beeinträchtigt werden. Somit ist das oberste Ziel der Planung einer Wege- oder Platzfläche die **schnelle Niederschlagswasserableitung**.

? Aufgabe

Aus welchen Gründen ist es sinnvoll, auftretendes Niederschlagswasser möglichst schnell von einer befestigten Fläche abzuleiten?

6.1 Oberflächenausbildung und Regenwasserabfluss

Grundsätzlich wird unterschieden zwischen der horizontalen Entwässerung von versiegelten Flächen und der vertikalen Entwässerung durch entsiegelte Flächen.

6.1.1 Versiegelte Flächen

Versiegelte Flächen lassen kein oder nur wenig Niederschlagswasser in den Untergrund versickern. Aus diesem Grund muss es von der Fläche abgeleitet werden. Der **Abflussbeiwert** gibt an, wie viel der anfallenden Wassermenge abgeführt werden muss (Tab. 1).

Dachflächen	0,8–1,0
Asphaltflächen	0,9
Pflaster ohne Fugenverguss	0,5–0,8
unbefestigte Wege	0,15
Vegetationsflächen (abhängig von Gefälle und Vegetation)	0,0–1,0

Tab. 1 Abflussbeiwert Ψ

Asphaltdecken haben einen Abflussbeiwert von 0,9. Das bedeutet, dass 10 % des Niederschlagswassers aufgrund der Oberflächenstruktur auf der Asphaltfläche verbleiben und 90 % des Niederschlags abgeleitet werden müssen. Die abzuführende Wassermenge (Q in l/sec) ist abhängig von:

- der Größe der Fläche,
- dem Abflussbeiwert und
- der Menge des anfallenden Regenwassers (max. Abfluss-/Regenspende in l/sec und ha).

Beispiel

Ein 500 m² großer, gepflasterter Platz mit einem Abflussbeiwert von 0,5 soll entwässert werden. Die Abflussspende beträgt 100 l/sec und ha. Wie viel Liter sind maximal pro Sekunde abzuführen?

Lösung:
500 m² ▶ 0,05 ha · 0,5 · 100 l/sec und ha = 2,5 l/sec
2,5 Liter pro Sekunde sind maximal abzuführen.

Die Neigung der Fläche sollte so groß gewählt werden, dass zum einen das Wasser schnell zum Tiefpunkt gelangt, zum anderen die gewünschte Ebenheit der Fläche erhalten bleibt (Tab. 2).

Hinweis

Auf rauen Oberflächen fließt das Wasser langsamer ab als auf glatten Oberflächen.

Nutzungskategorie	Belagsart	Neigung (%)	Ebenheitsanforderungen (mm) unter der … 1-m-Latte	2-m-Latte	4-m-Latte
N1	■ Beton ■ Betonwerkstein ■ Klinker, Ziegel ■ Keramik ■ Naturwerkstein, bearbeitet	≥ 1,0–2,0	≤ 3	≤ 5	≤ 8
		≥ 2,0–2,5	≤ 4	≤ 6	≤ 10
		≥ 2,5	≤ 8	≤ 10	≤ 12
	■ Naturstein, unbearbeitet, spaltrau	≥ 2,0–3,0	≤ 5	≤ 7	≤ 10
		≥ 3,0	≤ 10	≤ 12	≤ 20
N2, N3	■ Beton ■ Betonwerkstein ■ Klinker, Ziegel ■ Keramik ■ Naturwerkstein, bearbeitet	≥ 2,0–2,5	≤ 3	≤ 5	≤ 8
		≥ 2,5	≤ 4	≤ 6	≤ 10
	■ Naturstein, unbearbeitet, spaltrau	≥ 3,0	≤ 10	≤ 12	≤ 15
N1, N2, N3	■ Wasserdurchlässige Beläge	≥ 1,0	≤ 5	≤ 8	≤ 10
	■ Begrünbare Beläge	≥ 1,0	≤ 8	≤ 10	≤ 12

Tab. 2 Mindestneigungen außerhalb des Straßenbaus gemäß ZTV-Wegebau

6.1.2 Entsiegelte Flächen

Von entsiegelten Flächen spricht man dann, wenn ein Luft- und Wasseraustausch von unten nach oben und von oben nach unten möglich ist. Bei einem Abflussbeiwert kleiner als 0,5 verdunstet oder versickert mehr Niederschlag auf der Fläche als abgeleitet werden muss. Die entwässerungstechnischen Bauwerke können kleiner dimensioniert werden. Das spart zum einen Kosten, zum anderen werden bei großen Niederschlagsmengen Kanalleitungen, Bäche und Flüsse weniger belastet, da das Wasser vor Ort verbleibt.

In den vorhergehenden Abschnitten wurden bereits technische Möglichkeiten zum Bau von entsiegelten Flächen angesprochen (Schotterrasen, Rasengittersteine, Dränsteine etc.). Es können jedoch nicht alle Flächen versickerungsfähig ausgeführt werden, da nicht jeder Untergrund dafür geeignet ist. In diesen Fällen findet eine Oberflächenentwässerung statt.

Aufgabe

- Erklären Sie den Begriff „Abflussbeiwert“. Recherchieren Sie.

6.2 Entwässerung der Oberfläche

6.2.1 Gräben/Vegetation

1 Rasenmulde

2 Versickermulde

Neben dem Verbleib des Niederschlagswassers **auf** der befestigten Fläche, ist die Ableitung direkt **neben** der befestigten Fläche eine günstige Möglichkeit zur Entwässerung.

Während im Straßenbau der Graben bekannt ist, wird er im Hausgarten wegen des großen Platzbedarfs nicht verwendet. Steht genügend Platz zur Verfügung, können **Rasenmulden** (linienförmig, 1) oder **Versickerschächte** (punktförmig, 2) anfallendes Wasser vertikal ableiten. Eine Grundvoraussetzung ist hierbei ein geeigneter durchlässiger Untergrund.

Viele Wege werden auch direkt in eine Vegetationsfläche entwässert. Diese Möglichkeit ist praktisch kostenfrei, da auf den Bau von entwässerungstechnischen Einrichtungen verzichtet werden kann.

Diese Möglichkeit eignet sich allerdings nur für kleine Flächen und kleine abzuleitende Niederschlagswassermengen.

Bei großen Wassermengen besteht die Gefahr, dass die Vegetation, insbesondere nässeempfindliche Stauden und Gehölze, Schäden davontragen. Darüber hinaus ist es möglich, dass der wassergesättigte Oberbau der Verkehrsfläche keine ausreichende Tragfähigkeit mehr besitzt. Folgeschäden der Deckschicht bleiben somit nicht aus.

Wird eine offene Entwässerung gewünscht, ist bei größeren Niederschlagsmengen und Flächen, bei gegebener Durchlässigkeit des Untergrundes, die Ausbildung einer Versickermulde vorzuziehen.

6.2.2 Punktentwässerung

Ist eine offene Entwässerung nicht möglich oder nicht gewünscht, kann das Niederschlagswasser durch Abläufe, Rinnen und Rohre der Kanalisation oder anderen Vorfluten wie Bächen oder Gräben zugeführt werden.

Straßenablauf/Hofablauf

Der **Straßen- oder Hofablauf** wird dort eingesetzt, wo anfallendes Niederschlagswasser zentral gesammelt und abgeleitet werden muss.

Ein **Ablauf** besteht in der Regel aus einem **Bodenteil** aus Beton, einem **Schaft** aus Beton sowie einem tragfähigem, **Aufsatz** aus Gusseisen, in einfacher Ausführung aus Stahl. Hinzu kommen ein **Rost** als Abdeckung und ein **Eimer** als Schlammfang (3).

Die Wahl des geeigneten Ablaufs ist abhängig von
- der Einzugsfläche,
- der Geschwindigkeit der zu erwartenden Niederschlagsmenge und
- der Verkehrsbelastung.

Die maximale **Einzugsfläche** für Hofabläufe wird überschlägig mit 200 m^2 angegeben. Als Faustregel gilt: 1 cm^2

Hofablauf mit:

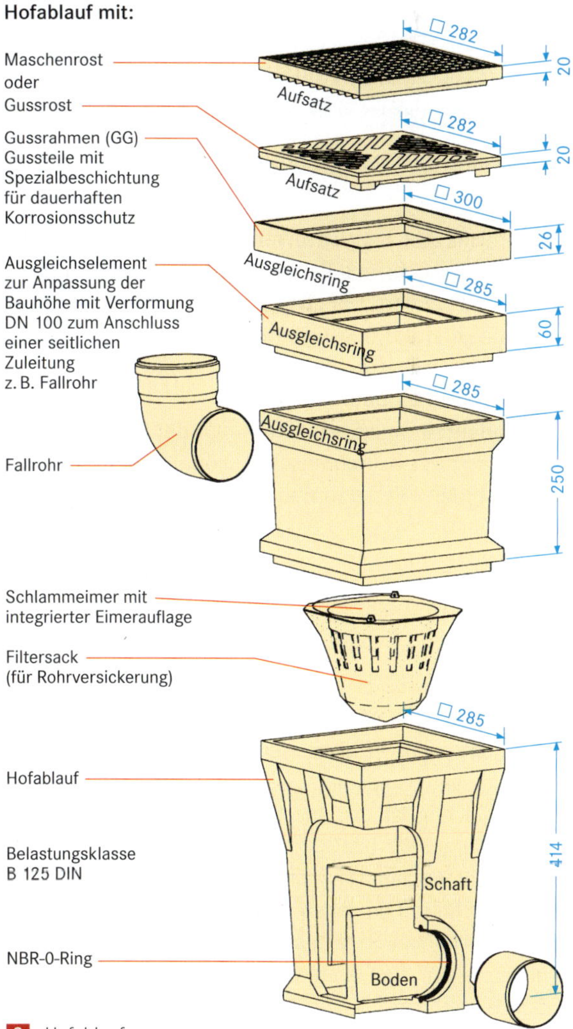

3 Hofablauf

Belastungsklasse	Einsatzbereich	Geeignet für
A 15	Fußgänger Radfahrer Rollstühle	Verkehrsflächen, die ausschließlich von Fußgängern und Radfahrern benutzt werden und vergleichbare Flächen, z. B. Grünflächen
B 125	Pkw Lieferwagen	Gehwege, Fußgängerbereiche und vergleichbare Flächen, Pkw-Parkflächen und Pkw-Parkdecks
C 250	Lkw, Lieferverkehr, Feuerwehrzufahrt	nur für Aufsätze im Bordrinnenbereich, der maximal 0,5 m in die Fahrbahn und 0,2 m in den Gehweg hineinreicht, sowie für Seitenstreifen von Straßen

Tab. 1 Belastungsklassen nach DIN EN 124 (Auswahl)

Einlaufquerschnitt = 1 m² Einzugsfläche. Ein Straßenablauf weist eine Einzugsfläche von ca. 800 m² (Einlaufquerschnitte 720 bis 1085 cm²) auf. Bei befahrenen Wegen muss auf einen schnellen Wasserabfluss geachtet werden. Die Abstände der einzelnen Abläufe sind so einzuplanen, dass die Fließstrecke des Wassers möglichst gering bleibt. Hinweise zur richtigen Dimensionierung geben die einschlägigen Richtlinien zur Anlage von Straßen.

Ein wichtiges Kriterium ist die **Belastung durch Fahrzeuge**. Aufsätze der Abläufe sind, wie in Tab. 1, S. 141 dargestellt, in unterschiedlichen Belastungsklassen erhältlich. Im Garten- und Landschaftsbau werden überwiegend die Belastungsklassen A, B und C eingebaut.

Die Art des Aufsatzes (Abflussrost) muss berücksichtigt werden.

Für Bereiche mit Fahrradverkehr müssen die Stege des Abdeckrostes quer zur Fahrtrichtung eingebaut werden. Bei überwiegendem Fußgängerverkehr sollen die Stege der Roste gefahrlos begangen werden können.

Hinweise zum Einbau:

Das **Bodenteil** muss entsprechend der vorgegebenen Ablaufkonstruktion (Rohranschlusshöhe) standsicher eingebaut werden. Hierzu wird es auf ein Mörtelbett bzw. auf eine Betonplatte gesetzt. Bei tragfähigen Böden kann diese Konstruktion entfallen.

Der **Schaft** wird aufgesetzt und mit Mörtel oder elastischen Dichtungsbändern (besser) abgedichtet.

Der **Aufsatz** wird durch eine angepasste Fugendicke (< 3,5 cm) auf die gewünschte Höhe gebracht. Kann die Einbauhöhe nicht erreicht werden, können **Ausgleichsringe** in verschiedenen Stärken aufgesetzt werden. Äußerst wichtig ist das anschließende Verfüllen um den Ablauf. Bis auf 20 bis 30 cm Tiefe kann Kies verdichtet eingebracht werden. Die letzten 20 bis 30 cm des Ablaufs sollten mit Mörtel umgeben werden. Dieser Mörtelring erhöht zum einen die Scherfestigkeit gegenüber radierenden Fahrzeugreifen, zum anderen wird ein Unterspülen des Aufsatzes verhindert.

! Achtung

- Der Ablauf sollte 7 mm +/− 3 mm unter der umliegenden Fläche oder Ablaufrinne liegen!
- Es empfiehlt sich, die Entwässerung außerhalb der Fläche zu legen und die Abläufe mit Rinnen zu verbinden. Wird eine Entwässerung in der Fläche gewünscht, sind Trichtergefälle nicht zu vermeiden.

6.2.3 Linienentwässerung

Linienentwässerungen werden dort eingesetzt, wo die Entwässerung auf ganzer Breite gewünscht oder verlangt wird. Bei einem ebenerdigen Hauseingang muss gemäß DIN eine Entwässerungsrinne eingebaut werden, um bei Starkregen Schäden im Haus zu vermeiden. Dieses gilt für alle Anschlusshöhen < 15 cm.

Kastenrinne

Die Profilierung der Gefällestrecken erfolgt nicht zwangsläufig an der Oberfläche, denn es werden oft Kastenrinnen eingesetzt, die durch ein eingebautes Eigengefälle eine Niederschlagswasserableitung ermöglichen.

Der Einbau einer **Kastenrinne** aus Polymerbeton[1] **ohne Eigengefälle** mit Geländeverlauf gestaltet sich recht einfach: Entlang einer Höhen- und Richtungsschnur werden die einzelnen Elemente der Kastenrinne nach dem Prinzip „Nut und Feder“ auf ein 8 bis 10 cm dickes Bett aus erdfeuchtem Beton (z. B. C12/15; Betongruppen s. Beton, Kap. 3.2) versetzt. Man beginnt die Arbeit am tiefsten Punkt, da dort die Rinne mit vorgeschaltetem Einlaufkasten und Sandfang an das Entwässerungsrohr angeschlossen wird.

Bei **Kastenrinnen mit Eigengefälle** ist darauf zu achten, dass das Betonbett entsprechend der Höhe der Kastenrinne vorbereitet wird. Beträgt das Eigengefälle 0,5 %, vergrößert sich die Bauhöhe der Kastenrinne jeweils nach 20 m um 10 cm.

---

[1] Polymerbeton ist ein Werkstoff aus trockenen Füllstoffen (z. B. Quarzsand) und Reaktionsharzen als Bindemittel.

1 Kastenrinne

3 Schlitzrinne

Nach den Anforderungen an die Belastung durch Fahrzeuge werden Kastenrinnen (1) mit entsprechenden **Abdeckrosten** für unterschiedliche Einsatzbereiche angeboten (Tab. 1).

Belastungsklasse/Einsatzbereiche	A 15	B 125	C 250
Zarge verzinkt, Stegrost verzinkt	■		
Zarge verzinkt, Maschenrost verzinkt	■	■	
Zarge verzinkt, Stegrost Guss	■	■	■
Zarge verzinkt, Doppelstegrost, Maschenrost oder Lochrost verzinkt	■	■	■
Zarge Edelstahl, Stab-, Doppelsteg-, Maschen- oder Lochrost Edelstahl	■	■	■

Tab. 1 Abdeckroste und Belastungsklassen

Neben den **zweiteiligen Kastenrinnen** gibt es **Monoblocksysteme** aus Polymerbeton für den Einsatz im Garten- und Landschaftsbau.

Der Vorteil der Monoblockbauweise liegt in der erhöhten Stabilität der Rinne. Zur Reinigung werden Zwischenstücke mit abnehmbarem Rost eingebaut, die den Zugang eines Spülschlauches zur Rinne ermöglichen.

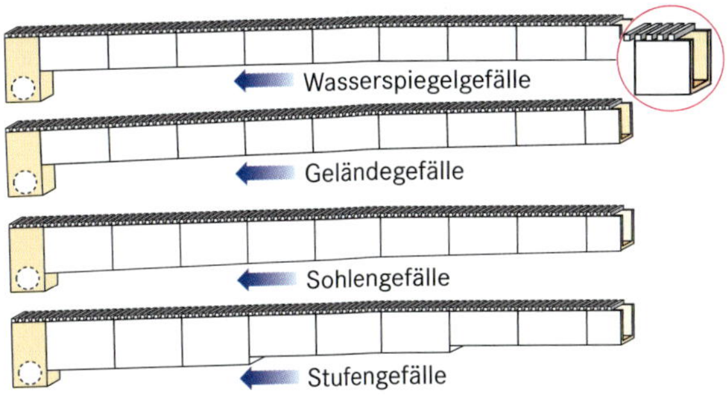

2 Gefällearten bei Kastenrinnen

Schlitzrinne

Zusammenhängende Flächen werden optisch durch Kastenrinnen zerteilt. Eine Alternative ist die **Schlitzrinne** (3). Nach dem Prinzip der Kastenrinne ersetzt an der Oberfläche ein durchlaufender 15 mm breiter Schlitz den Rost.

Der Schlitzrahmen besteht aus verzinktem Stahl oder Edelstahl. Mit der Schlitzrinne kann die Oberflächenentwässerung so unauffällig wie möglich gestaltet werden, ohne die Funktionalität der Kastenrinne zu verlieren.

? Aufgaben

- ○ 1. Erklären Sie den Unterschied zwischen Hof- und Straßenablauf.
- ○ 2. Erklären Sie den Unterschied zwischen Schlitz- und Kastenrinne.
- ◑ 3. Abdeckroste von Straßenabläufen sind nach unterschiedlichen Belastungsklassen eingeteilt. Nach welchen Einsatzbereichen werden die Ihnen bekannten Belastungsklassen unterteilt?

6.3 Beispiele von Oberflächenprofilierungen

Im Folgenden wird exemplarisch gezeigt, welche unterschiedlichen Alternativen der Oberflächenentwässerung in Linien- oder Punktentwässerungen möglich sind.

Grundsätzlich müssen bei der Planung die umliegenden festen Höhen und die Nutzungsform berücksichtigt werden.

Beispiele für Planungsfehler:

- Ein Trichtergefälle auf einer Terrasse verursachte ein ständiges Wackeln des Tisches.
- Ein Gefälle zum Gebäude kann zu Feuchtigkeit im Mauerwerk führen (4).

4 Schadhaftes Mauerwerk

6.3.1 Rechteckige Abmessung

Die **einseitige Neigung der Ebene** (1) eignet sich besonders für Flächen, die als Terrasse genutzt werden. Mit einem Gefälle von z. B. 2 % bleibt der Eindruck einer waagerechten Fläche erhalten.

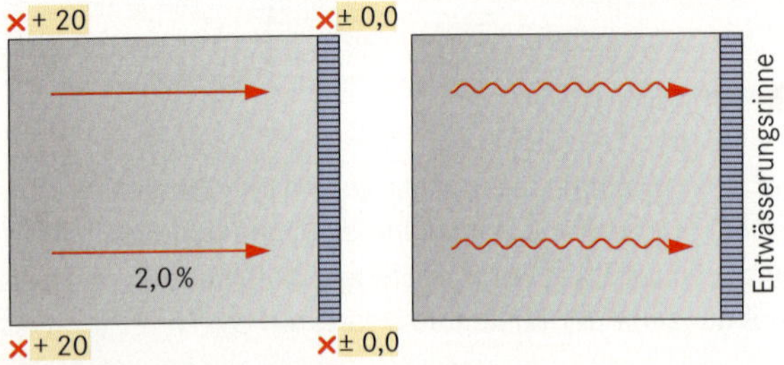

1 Einseitige Neigung

Die Ausbildung eines **Dachgefälles** (2) bietet sich dort an, wo eine Entwässerung außerhalb oder am Rand der befestigten Fläche gewünscht wird.

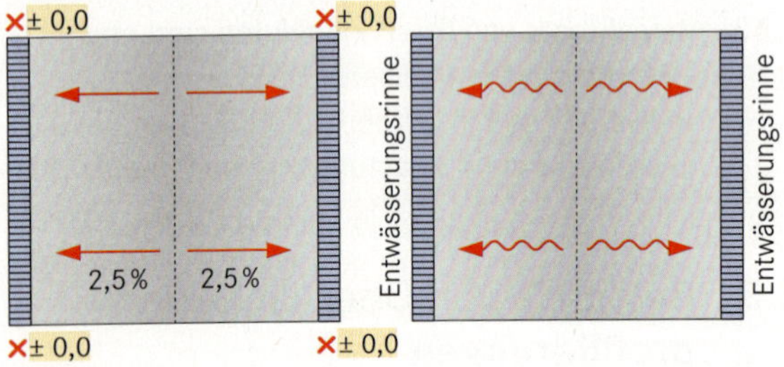

2 Dachgefälle

Diese Entwässerung kann sowohl durch Kastenrinnen als auch durch Straßenabläufe und Pflasterrinnen erfolgen. Bei großen Plätzen sollten mehrere Teilflächen als Dachgefälle ausgebildet werden.

Das **Trichtergefälle** (3) ist das Gegenteil des Dachgefälles. Die tiefste Stelle ist innerhalb des zu entwässernden Platzes. Diese Ausbildung eignet sich dort, wo eine komplett umbaute Fläche entwässert werden muss.

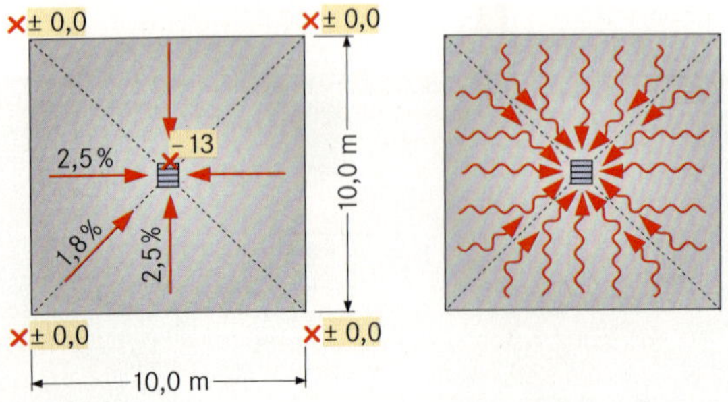

3 Trichtergefälle

Wie bei der Ausbildung des Dachgefälles können große Platzflächen durch mehrere Trichter punktförmig entwässert werden.

Die Ausbildung einer **Kehle** (4) ist die Kombination aus Längs- und Querneigung. Drei Höhenpunkte können auf gleicher Höhe liegen. Es wird zu einem Eckpunkt entwässert. Für Terrassenflächen eignet sich diese Form der Entwässerung nur bedingt, da die kürzeren Strecken stärker geneigt sein müssen, damit die Kehle ein ausreichendes Gefälle besitzt.

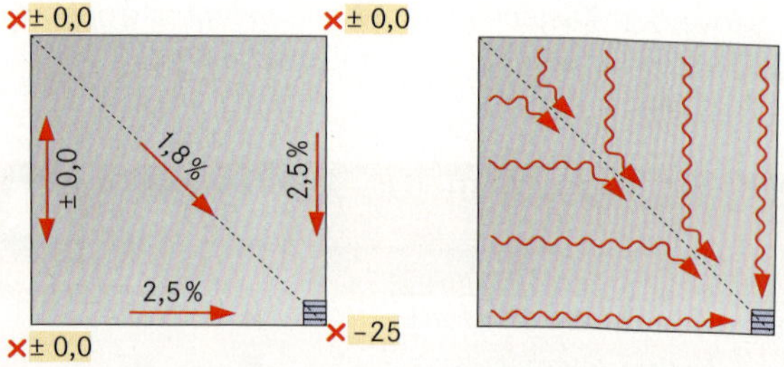

4 Kehle

6.3.2 Wegeflächen

Das Niederschlagswasser auf befahrenen Wegen und Straßen sollte nach Möglichkeit auf der kürzesten Strecke von der befestigten Fläche abgeleitet werden. Die kürzeste Strecke ist die Straßenbreite.

Somit ergibt sich die Anforderung, mit einem **Quergefälle** (q) von mindestens 2,5 % das auftretende Niederschlagswasser abzuleiten.

Die **Längsneigung** (s) eines Weges ergibt sich zwangsläufig aus dem Geländeverlauf.

Die Kombination aus Längs- und Querneigung ergibt die Schrägneigung (p).

Die **Schrägneigung** zeigt den genauen Abfluss (Fließrichtung und Neigung, 1, S. 143).

$$\text{Schrägneigung (p)} = \sqrt{s^2 + q^2}$$

Das Quergefälle wird ein- oder zweiseitig ausgebildet. Die Entscheidung, welches Querprofil geeignet ist, ergibt sich zum einen aus den gestalterischen Anforderungen, zum anderen aus den technischen Notwendigkeiten (2, S. 143).

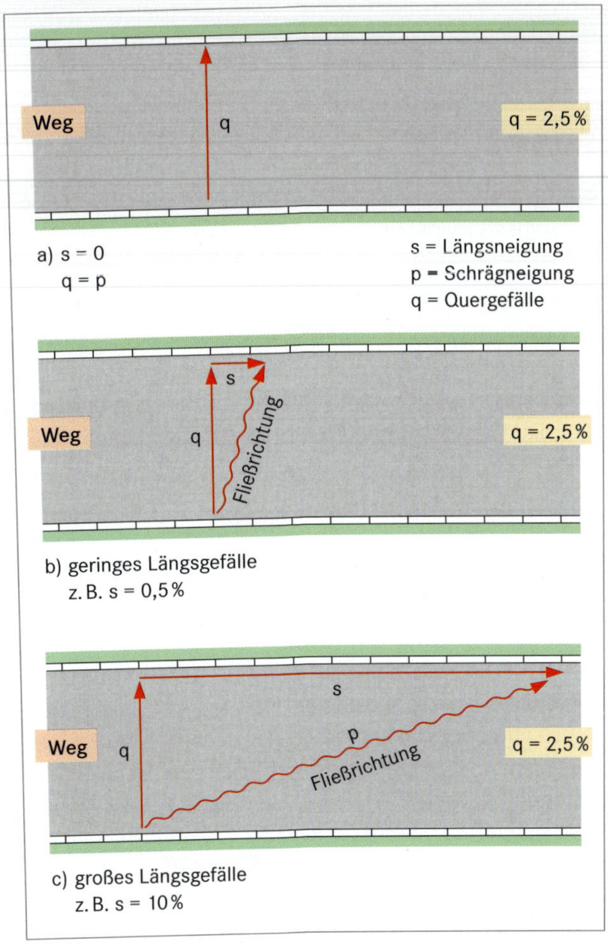

1 Fließrichtung und Schrägneigung in Abhängigkeit vom Längsgefälle

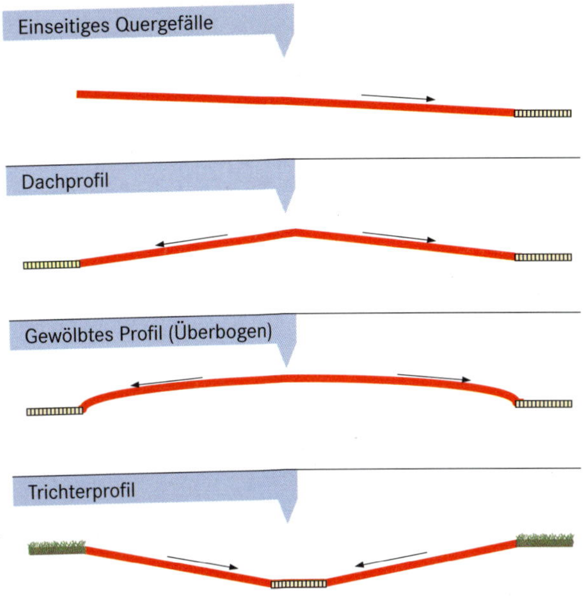

2 Die gebräuchlichsten Profile

> **Beispiel**
>
> Befindet sich eine Garageneinfahrt zwischen zwei Gebäuden, sollte zur Mitte hin entwässert werden. Der Schutz der Gebäude vor auftretendem Niederschlagswasser hat hierbei höchste Priorität.

Am Rand der Wege- oder Straßenfläche wird das anfallende Wasser entweder in

- Vegetationsflächen,
- Gräben oder
- Straßenabläufe abgeleitet.

Während die Wasserableitung in die Vegetation oder in Gräben keine besonderen technischen Bauwerke verlangt, muss bei einer geregelten Entwässerung in **Straßenabläufe** das vorhandene Längsgefälle exakt einberechnet werden. Das Niederschlagswasser wird durch sogenannte **Straßenrinnen** den Abläufen zugeführt. Bei einem Längsgefälle der Fahrbahn unter 0,5 % muss die Straßenrinne so ausgebildet sein, dass diese entweder genügend Wasserspeicherraum bietet (Spitzrinne) oder mit Eigengefälle versehen wird (Pendelrinne).

> **Aufgabe**
>
> ◑ Unter welchen Voraussetzungen ist der Bau einer Pendelrinne sinnvoll?

6.4 Entwässerung/Ableitung unter der Oberfläche

Entwässert wird durch Rohre unter der Oberfläche entweder Schmutz- oder Niederschlagswasser. Während früher beide abzuleitenden Wasserarten in ein sogenanntes Mischsystem zusammengeführt und in Kläranlagen gereinigt wurden, werden Schmutz- und Regenwasser heute in der Regel getrennt abgeleitet (Trennsystem).

6.5 Bauwerke

6.5.1 Kontrollschächte

Grundregeln des Rohrleitungsbaus: Es muss ein **Kontrollschacht** (1, S. 144) eingebaut werden bei

- Strecken > 50 m,
- Höhenänderungen,
- Richtungsänderungen.

Kontrollschächte dienen der Reinigung des Rohrsystems. Jede Richtungsänderung der Leitung kann eine potentielle Sammelstelle für Ablagerungen darstellen

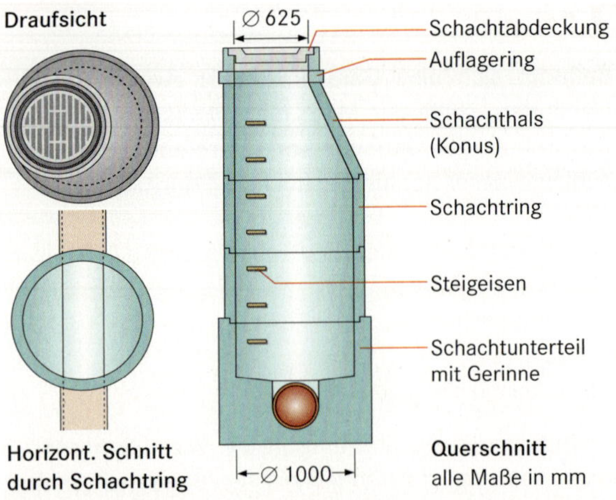

1 Kontrollschacht

Kontrollschächte können begehbar mit offenem Gerinne oder als Schacht mit Reinigungsöffnung verbaut werden.

6.5.2 Abscheider

Auf Flächen, auf denen Leichtflüssigkeiten wie Öl und Benzin in die Kanalisation gelangen können, sollte ein **Leichtflüssigkeitsabscheider** vorgeschaltet werden.

Das ist ein Sammelbecken, in welchem sich die leichten Flüssigkeiten wie Öl und Benzin absetzen. Diese Flüssigkeiten müssen fachgerecht entsorgt werden.

6.5.3 Rohrarten

Rohre, die für die Ableitung von Schmutz- oder Regenwasser eingesetzt werden, müssen unempfindlich gegen die durchfließenden Flüssigkeiten sein.

Das bedeutet im Einzelnen:

- Salz- und Säurebeständigkeit,
- Widerstandsfähigkeit gegen schleifende Sande und andere feste Stoffe,
- Temperaturbeständigkeit und
- Tragfähigkeit (Auflast des Erdreichs, der Verkehrsflächen und der Verkehrslast).

Damit eine **rückstaulose** Entwässerung und Selbstreinigung dauerhaft funktionieren, müssen die Leitungen Mindestgefälle aufweisen. Werden diese Neigungen unterschritten, besteht die Gefahr, dass Leitungen bei zu geringer Fließgeschwindigkeit verstopfen.

Beton

Betonrohre werden u.a. für größere Regenwasserleitungen verwendet. Sie werden in Durchmesser, Querschnittsform, Wanddicke, Verbindung und Auflager unterschieden.

Neben den geschlossenen Rohrsystemen werden Filter- und Teilsickerrohre ebenfalls aus Beton angeboten.

Steinzeug

Steinzeugrohre werden überwiegend für Schmutzwasserableitungen verwendet.

Steinzeug ist eine Mischung aus Ton und Schamott, welches unter hohem Druck geformt wird. Viele Steinzeugrohre werden nach dem Brand glasiert, was die Haltbarkeit weiter erhöht. Bedingt durch die aufwendige Herstellung sind Rohre aus Steinzeug sehr teuer. Steinzeugrohre werden bis ca. 1,5 m Durchmesser und 2,0 m Länge hergestellt.

Das Verlegen solcher Rohre gehört in den Aufgabenbereich von Tiefbaufirmen!

Kunststoff

Bei der Grundstücksentwässerung im Garten- und Landschaftsbau werden in der Regel Rohre aus PVC eingesetzt. Kunststoffrohre sind leicht zu transportieren, widerstandsfähig gegen chemische und mechanische Einflüsse und leicht zu verlegen. Sie sind in unterschiedlichen Längen, Winkeln und Nennweiten erhältlich, sodass auch kleinräumig gearbeitet werden kann (Tab. 1 und 2, S. 145).

> **! Hinweis**
>
> **Beim Verlegen der Kunststoffrohre ist zwingend auf die Fließrichtung des Wassers zu achten. Der Einbau muss immer mit den passenden Dichtungsringen erfolgen, da sonst Wurzeln in die Leitungen dringen können bzw. die Rohre dadurch undicht werden.**

Die **erforderliche Nennweite** (innerer Durchmesser) der Rohre ergibt sich aus der abzuführenden Wassermenge in l/sec und ha (s. Kap. 6.1.1) und dem Leitungsgefälle (je geringer, desto größer die Nennweite). Sie kann aus Tabellen oder Diagrammen entnommen werden. Auf privaten Grundstücken dürfen Mindestnennweiten von 100 mm, im öffentlichen Bereich von 150 mm nicht unterschritten werden (Tab. 1, S. 145).

Dränrohre und Sickerrohre

Man unterscheidet zwischen „Sickern“ und „Versickern“.

Sickern: Das Sickerwasser wird dem Boden entzogen und abgeleitet.

Versickern: Das in den Rohren transportierte Wasser wird an den Boden abgegeben.

Im Gegensatz zu den dichten Rohren zur Wasserableitung haben **Drän- und Sickerrohre** die Aufgabe, anstauendes Wasser aufzunehmen und abzuleiten. Sickerrohre können aus Ton, Beton oder Kunststoff bestehen. Je nach Querschnitt können diese Rohre von allen Seiten (Vollsickerrohr) oder von oben (Teilsickerrohr) im Boden auftretendes Wasser aufnehmen und ableiten. Drän- oder Sickerrohre werden dort verbaut, wo das auftretende Wasser schädliche Einflüsse auf Bauwerke, Verkehrseinrichtungen oder Böschungen haben kann.

DN (Durchmesser nominal = innerer Durchmesser)	Rohre Außen Ø mm	Wanddicke mm	Baulänge mm	Bogenstücke	Abzweige 45 °			
100	110	3,0	500 1000 2000 5000	15 ° 30 ° 45 ° 67,5 ° 87,5 °	100/100			
125	125	3,0			125/100	125/125		
150	160	3,6			150/100	150/125	150/150	
200	200	4,5		15 ° 30 ° 45 ° 87,5 °	200/100	200/125	200/150	200/250
250	250	6,1	1000 2000 5000		250/100	250/125	250/150	250/200
300	315	7,7			300/100	300/125	300/150	300/200
400	400	9,8			400/100	400/125	400/150	400/200
500	500	12,2			500/150	500/200		
600	630	15,4						

Tab. 1 Kunststoffrohre: Nennweiten/Bogen- und Längenmaße[1]

Bezeichnung	Beschreibung	Querschnittsform	Farbe	Lieferbare Nennweiten (mm)	Lieferbare Längen	Rohrverbindung	Wassereintrittsfläche pro m Rohr	Anwendungsbereiche
Dränrohr	kreisförmig, quergewellt, quergeschlitzt, flexibel, (auch ungelocht; auch mit Kokos-ummantelung)		gelb	50, 65, 80, 100, 125, 160, 200	in Rollen 50 – 200 m	Doppel-steckmuffe	> 25 cm^2/m	Garten- und Landschaftsbau, Landwirtschaft keine hohen Verkehrslasten
Dränrohr	kreisförmig, vollwandig, längsge-schlitzt (auch quergeschlitzt)		schwarz	40, 50, 65, 75, 80, 90, 100, 110, 125, 140, 160 (80, 100, 150)	in Stangen 5 m	angeformte Steckmuffe	> 8 cm^2/m (> 50 cm^2/m)	Garten- und Landschaftsbau, Landwirtschaft keine hohen Verkehrslasten Straßenbau, hohe Verkehrslasten
Teilsickerrohr oder Mehrzweck-rohr	tunnelförmig, teilgewellt, quergeschlitzt	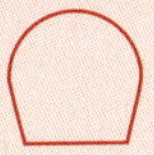	blau	65, 80, 100, 150, 200, 250, 350	in Stangen 6 m	Doppel-steckmuffe einseitig aufgesteckt	> 50 cm^2/m	Straßen- und Wegebau, Sportplatzbau mittlere Verkehrs-lasten
Teilsickerrohr oder Mehrzweck-rohr	tunnelförmig, vollwandig, quergeschlitzt, längsgerieft	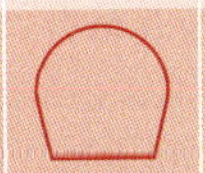	blau	80, 100, 150, 200, 250, 350	in Stangen 5 m	angeformte Steckmuffe	> 50 cm^2/m	alle Arten von Verkehrswegebau, Sportplatzbau hohe Verkehrs-lasten

Tab. 2 Drän- und Sickerrohre aus Kunststoff[1]

[1] nach Taschenbuch f. d. Garten-, Landschafts- und Sportplatzbau; Blackwell Wissenschaftsverlag, Berlin

1 Rigolenversickerung

Rohr- und Rigolenversickerung

Wird eine Ableitung des Wassers in den Boden gewünscht, übernehmen Filterrohre die Aufgabe, das eingeleitete Wasser nach außen in eine sickerfähige Schicht abzugeben. Diese **Rohrversickerung** wird dort eingesetzt, wo nicht belastetes Oberflächenwasser wegen des durchlässigen Untergrundes vor Ort vertikal abgeleitet werden kann. Sie spart erhebliche Kosten durch den Wegfall aufwendiger Kanalleitungen.

Eine kleinräumige Variante der Versickerung ist die **Rigolenversickerung** (**1**). Hierbei wird das anfallende Wasser in einen unterirdischen Speicherraum, z. B. bestehend aus grobkörnigem Mineralgemisch, eingeleitet und zwischengespeichert. Der gefüllte Rigolenraum wird nach und nach vertikal entwässert. Wie bei der Rohrversickerung kann auf kleinerem Raum eine größere Menge Niederschlagswasser versickern.

? Aufgaben

○ 1. Erklären Sie den Unterschied zwischen „Sickern“ und „Versickern“.

○ 2. Aus welchen unterschiedlichen Materialien können Rohre für Schmutz- und Regenwasser bestehen?

● 3. Eine Wegefläche soll mit einem Quergefälle von 2,5 % und einem Längsgefälle von 1,5 % eingemessen werden.
Wie viel Prozent beträgt die Schrägneigung?

◑ 4. Der Abflussbeiwert gibt u. a. an, welcher Anteil Niederschlagswasser von Flächen abfließt.
Bei einer Pflasterfläche gibt der Hersteller den Abflussbeiwert 0,7 an.
Wie viel Liter Niederschlagswasser müssen auf einer 1000 m^2 großen Fläche bei einer Niederschlagsmenge von 3 l pro m^2 abgeleitet werden?

7 Winterdienst

2 Schlepper mit Schneepflug

Um die Sicherheit von Fußgängern und Verkehrsteilnehmern auch im Winter zu gewährleisten, werden bei Schneefall oder Eisbildung Straßen, Wege und Plätze geräumt und gestreut (**2** und Tab. **1**, S. 147). **Winterdienst** ist für viele Garten- und Landschaftsbaubetriebe eine Möglichkeit, in der arbeitsarmen Jahreszeit von November bis März den Umsatz zu steigern, die Maschinen auszulasten und die Mitarbeiter ganzjährig voll zu beschäftigen.

Für den Winterdienst werden im Allgemeinen **Schneepflüge** und **Schneefräsen, Streugeräte** (Schleuder-, Kasten- oder Kombinationsstreuer) und **Kehrmaschinen** eingesetzt. Dazu werden in der Regel im Betrieb vorhandene Maschinen mittels entsprechender **Anbaugeräte** umgerüstet.

Fahrzeuge im Winterdienst sind besonders harten Bedingungen (Kälte, Nässe, Salz) ausgesetzt, sodass sie einem erhöhten **Verschleiß** und einer schnelleren **Korrosionsbildung** unterliegen. Entsprechend sind die Maschinen regelmäßig zu warten. Vor den Einsätzen sollten sie gut eingewachst und nach den Einsätzen gewaschen werden.

Kommt es aufgrund nicht ordnungsgemäßer Erfüllung der **Räum- und Streupflicht** zu einem Unfall, kann der Verkehrssicherungspflichtige für den entstandenen Schaden haftbar gemacht werden. Zur **Glättebildung neigende Gefahrenpunkte** müssen deshalb besonders beachtet werden. Hierzu zählen vor allem Überwege, Treppen, Rampen und Kellereingänge. Zwecks Beweisführung sind tägliche **Räum- und Streuberichte** sowie **Wetteraufzeichnungen** zu führen.

Mit Winterdienst beauftragte Personen sollten zum **Schutz vor Kälte und Nässe** entsprechend warmhaltende Klei-

Streumittel	Vorteile	Nachteile
Streusalz	Gut auszubringen, bei niedriger Fahrgeschwindigkeit und hohem Verkehrsaufkommen gut geeignet	Gefahr von Salzschäden an Straßenbepflanzung und Fahrzeugen, Verbrennungen an den Pfoten von Hunden (gelangt durch Ablecken in den Magen!), Verwehung bei höheren Fahrgeschwindigkeiten, wenig wirksam bei dicker Schneedecke, Schäden an wassergebundenen Decken und empfindlichen Natursteinoberflächen möglich
Feuchtsalz	Wirkt schneller und länger, reduziert den Salzverbrauch, haftet besser	Hohe Investitions- (Fahrzeugausstattung) und Wartungskosten, weitere Nachteile s. Streusalz
Splitt/Sand	Gute Wirkung bei Eisglätte und -regen, umweltschonend, kann unter Streusalz gemischt werden	Lackschäden an Fahrzeugen möglich, Verstopfungsgefahr von Hof- und Straßenabläufen, versinkt bei Tauphasen leicht im Schnee (Überfrieren möglich), muss nach Beendigung des Winters wieder aufgenommen und entsorgt werden (Sondermüll!), kann zwischen die Zehen von Hunden gelangen

Tab. 1 Streumittel im Winterdienst

1 Schäden an Bordstein und Pflaster

dung tragen, die zudem wasserabweisend ist sowie einen guten Luft- und Feuchtigkeitsaustausch gewährleistet. Sicherheitsschuhe (wasserdicht, gefüttert) schützen vor Fußverletzungen und erhöhen die Trittsicherheit (ggf. mit Eiskrallen). Im öffentlichen Verkehrsbereich ist **Warnkleidung** nach DIN EN 471 Pflicht.

Beim manuellen wie beim maschinellen Räumen von Schnee und Eis besteht die Gefahr, dass die Deckschicht von Wegen und Straßen beschädigt wird (1). Während glatte Oberflächen problemlos geräumt werden können, muss bei rauen Oberflächen erheblich vorsichtiger vorgegangen werden. Gegebenenfalls sind hier mehrere Arbeitsgänge mit begleitender Handarbeit erforderlich.

Um nicht für bereits vorhandene Schäden haftbar gemacht zu werden, ist es hilfreich in der schnee- und eisfreien Zeit eine Ortsbegehung durchzuführen und eventuelle Schäden zu protokollieren.

Die **Ausschreibung** des Winterdienstes wird insbesondere durch die Nutzung der Gebäude und Freiflächen bestimmt. Während Hauseingänge und Garagenhöfe nicht permanent eis- und schneefrei gehalten werden müssen, muss der Eingangsbereich z. B. eines Krankenhauses ständig begehbar sein. Diese Unterschiede sind in der Kalkulation zu berücksichtigen.

! Hinweis

Winterdienst ist nicht Inhalt des Ausbildungsplans. Lediglich der „Einsatz von Maschinen und Geräten" rechtfertigt die Beschäftigung von Auszubildenden im Winterdienst. Das Jugendarbeitsschutzgesetz und die tariflichen Arbeitszeiten müssen eingehalten werden.

? Aufgabe

◑ Erstellen Sie einen Bericht über den Winterdienst in Ihrem Ausbildungsbetrieb.

Mauerbau

1 Üppig bewachsene Gartenmauer aus Klinker

2 Gestrichene Kalksandsteinmauer als Terrassenbegrenzung

Mauern können sehr abwechslungsreich gestaltet werden und vielfältige Aufgaben übernehmen. So können sie vor kaltem Wind, unerwünschten Blicken oder Lärm schützen, Grenzen markieren, zum Abstützen von Hängen, als Einfassung oder Sitzmauer dienen oder als Südmauer ein günstiges Kleinklima schaffen, das Weinreben und Obstspaliere gedeihen lässt. Vor allem innerhalb größerer Gartenanlagen kommt ihnen als Gestaltungselement eine wachsende Bedeutung zu. Besonders reizvoll und natürlich wirken mit Pflanzen begrünte Mauern (**1**).

Mauern werden im Allgemeinen aus natürlichen oder künstlichen Bausteinen mit Mörtel als Bindemittel oder ohne Bindemittel, als sogenannte Trockenmauern, errichtet.

1 Mauern aus künstlichen Steinen

Nach der Art der verwendeten Materialien kann man unterscheiden:

1.1 Ziegelmauerwerk

Ziegelsteine bestehen aus Lehm, Ton oder tonhaltiger Masse, die über Tage abgebaut wird. Nachdem die Rohstoffe in Formen gepresst wurden und getrocknet sind, werden sie bei Temperaturen von 900 bis 1100 °C gebrannt. Da die Ausgangsstoffe dabei gewissermaßen miteinander verbacken, spricht man auch von **Backsteinen**.

Bereits bei den Etruskern und Römern waren Mauern aus gebrannten Ziegeln weit verbreitet.

Für den Bau von Gartenmauern werden frostbeständige Steine, wie Klinker oder Vormauerziegel, verwendet. Im Garten- und Landschaftsbau sind Klinker gebräuchlich. Obwohl beide, Klinker und Ziegel, aus dem gleichen tonhaltigen Material bestehen, unterscheiden sie sich in ihren Eigenschaften:

- **Klinker** (gesinterte Ziegel) sind Ziegelsteine, die bei Temperaturen von 1100 °C bis zur Sinterung (Schmelzgrenze der Oberfläche) gebrannt werden. Bei Brenntemperaturen oberhalb von 1000 °C verschmelzen die einzelnen Körner des Ausgangsmaterials miteinander. Dadurch erhält man einen porenlosen und somit sehr festen, harten Stein, der kein Wasser mehr aufnehmen kann. Entsprechend sind Klinker frostbeständig (!) und weisen eine hohe Druckfestigkeit und damit Belastbarkeit auf. Zudem sind sie säurebeständig und frei von ausblühenden Salzen.
- Die als **Ziegel** (nicht gesinterte Ziegel) bezeichneten Steine werden niedriger gebrannt (900 bis 1000 °C), sodass sie relativ große Poren haben und weicher sind. Entsprechend weisen sie eine geringere Druckfestigkeit und damit Belastbarkeit auf. Da sie aufgrund ihres kapillaren Porensystems Wasser aufnehmen können, sind sie frostempfindlicher als Klinker. Außerdem sind sie gegenüber Säuren sehr empfindlich.

Im süddeutschen Raum ist es üblich, Ziegelsteinmauern zu verputzen und anschließend zu streichen.

Zum Bau von Gartenmauern werden im Allgemeinen ungelochte **Vollklinker** verwendet. Klinker lassen sich von Ziegeln dadurch unterscheiden, dass ihre Farbe wesentlich dunkler ist und sie einen klaren Klang (gedämpfter Ton bei Ziegel) abgeben, wenn man mit einem Hammer gegen den Stein schlägt. Aufgrund von Abweichungen in der Rohstoffzusammensetzung sowie im Herstellungsverfahren reicht ihre Farbskala von Hellgelb über Braun und die verschiedensten Rottöne bis Schwarz. Ihre Oberflächenstruktur kann glatt oder rau sein.

1.1.1 Ziegelsteinformate

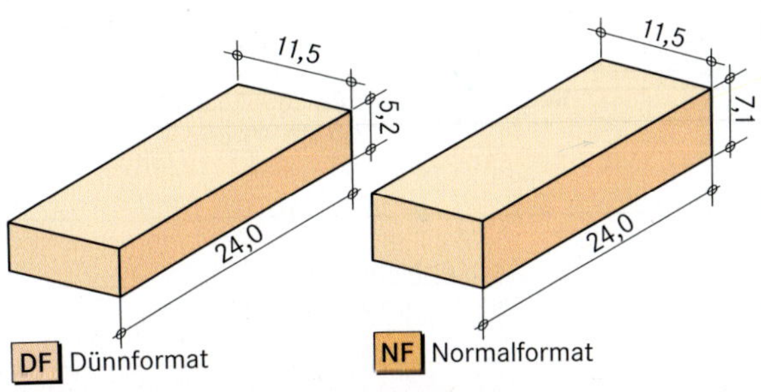

Bezeichnung	Maße in cm		
	Länge	Breite	Höhe
DF (Dünnformat)	24	11,5	5,2
NF (Normalformat)	24	11,5	7,1
2 DF	24	11,5	11,3
3 DF	24	17,5	11,3

1 Steinformate (Vorzugsgrößen)

halber Stein

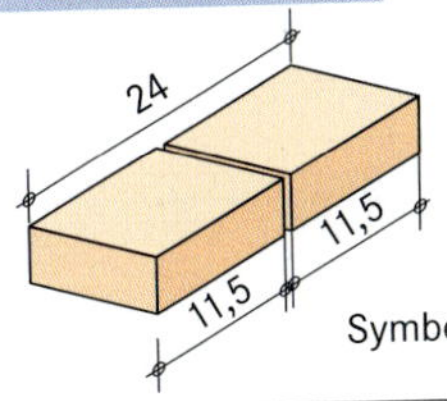

Berechnung:
24 cm – 1 cm (Fuge) = 23 cm

$\frac{23}{2}$ cm = 11,5 cm

Symbol: 

Viertelstein

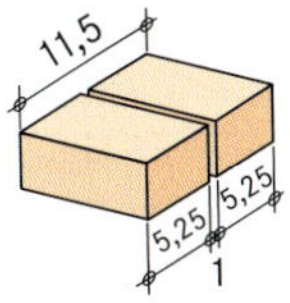

Berechnung:
11,5 cm – 1 cm = 10,5 cm

$\frac{10,5}{2}$ cm = 5,25 cm

Symbol: 

Dreiviertelstein

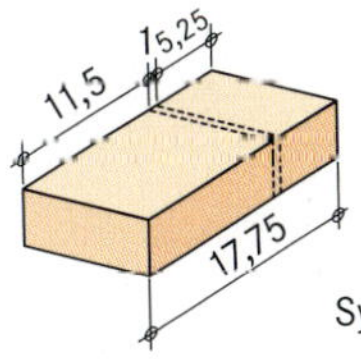

Berechnung:
11,5 cm + 5,25 cm + 1 cm = 17,75 cm

Symbol: 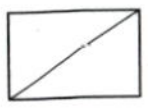

2 Teilsteine

Die Formate sind nach DIN 105 genormt. Das gebräuchlichste **Ziegelsteinformat** ist das sogenannte **Dünnformat (DF)**. Das **Normalformat (NF)** unterscheidet sich nur in der Höhe des Steines. Alle anderen Steinformate werden als Vielfaches von 1 DF hergestellt und bezeichnet (**1**).

Zur Erstellung von Mauersteinverbänden (s. Kap. 1.3) sind auch Teilsteine erforderlich. Dabei unterscheidet man **Halb-**, **Viertel-** und **Dreiviertelsteine** (**2**).

1.1.2 Baurichtmaß

Die Länge eines Ziegels (24 cm) plus Fuge (1 cm) ergibt das Baurichtmaß 25 cm:

> **Steinlänge (24 cm) + Fuge (1 cm) =**
> **Baurichtmaß (25 cm)**

Die Breite eines Ziegels (11,5 cm) plus Fuge (1 cm) ergibt mit 12,5 cm ein halbes Baurichtmaß.

Die Höhe eines Ziegels im Dünnformat (5,2 cm) ergibt mit Fuge (1,05 cm) 6,25 cm, also ein Viertel vom Baurichtmaß. Somit lassen sich alle steingerechten Mauermaße in Länge, Breite (Tiefe) und Höhe auf das Baurichtmaß (25 cm) zurückführen.

1.1.3 Maßordnung

Mauerlängen

Als Grundlage für die Berechnung von Mauerlängen dient die Breite (Kopfmaß/Binder) des Normalformats (NF) plus Fugendicke (Stoßfuge). Da dies 1/8 eines Meters ist (100 cm : 12,5 cm = 8), bezeichnet man die 12,5 cm auch als **Achtelmeter (am)**.

Die Mauermaße sollten immer ein Vielfaches von 1 am betragen, da alle Steingrößen auf diesem Maß aufbauen und so auch verschiedene Steingrößen miteinander kombiniert werden können.

Bei den Maßangaben unterscheidet man:
- **Baurichtmaß** (Rohbaurichtmaß). Es ist ein Vielfaches des Achtelmeters. Baurichtmaße werden in Entwurfszeichnungen angegeben.
- **Baunennmaß** (Nennmaß). Es handelt sich dabei um die tatsächlichen Mauermaße. Sie werden aus dem Baurichtmaß zuzüglich oder abzüglich der für das Mauerwerk festgelegten Fugendicke berechnet. Nennmaße werden in Ausführungszeichnungen angegeben.

Nach der Begrenzung der Mauer kann man bei der Berechnung der Nennmaße zwischen Außen-, Innen- und Anbaumaßen unterscheiden (1).

Auch bei guter Planung ist nicht immer auszuschließen, dass eine Mauerlänge zustande kommen kann, die nicht der Maßordnung entspricht. In solchen Fällen lässt sich mit schmaleren oder breiteren Stoßfugen ein Ausgleich herstellen.

Mauerhöhen

Die Höhe einer Mauer ergibt sich aus der Anzahl der Schichten, wobei die Dicke der einzelnen Schichten aus der Steinhöhe und der Dicke der Lagerfugen resultiert (Tab. 1):

> Mauerhöhe = Steinhöhe + Lagerfugendicke · Anzahl der Schichten

Mauerdicken

Die Dicke einer Mauer ergibt sich aus den Steinformaten und dem gewählten Verband (1, S. 151). Die Benennung einer Mauer erfolgt nach ihrer Dicke in Zentimeter, z. B. 11,5er Mauer, 24er Mauer, 36,5er Mauer.

Anzahl der Schichten	5,2 cm $h = x \cdot 6{,}25$ cm	7,1 cm $h = x \cdot 8{,}33$ cm	11,3 cm $h = x \cdot 12{,}5$ cm
	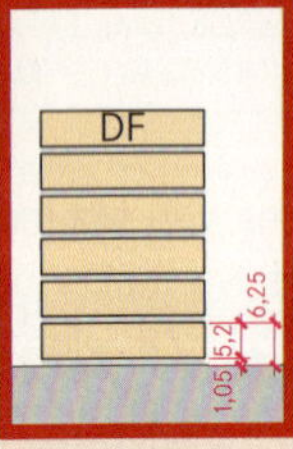 	 	
1	6,25	8,33	12,50
2	12,50	16,67	25,00
3	18,75	25,00	37,50
4	25,00	33,33	50,00
5	31,25	41,67	62,50
6	37,50	50,00	75,00
7	43,75	58,33	87,50
8	50,00	66,67	100,00
9	56,25	75,00	112,50
10	62,40	83,33	125,00
11	68,75	91,75	137,50
12	75,00	100,00	150,00
13	81,25	108,33	162,25
14	87,50	116,67	175,00
15	93,75	125,00	187,50
16	100,00	133,33	200,00

Tab. 1 Mauerhöhen (Nennmaße) in Abhängigkeit von der Steinhöhe und Lagerfugendicke

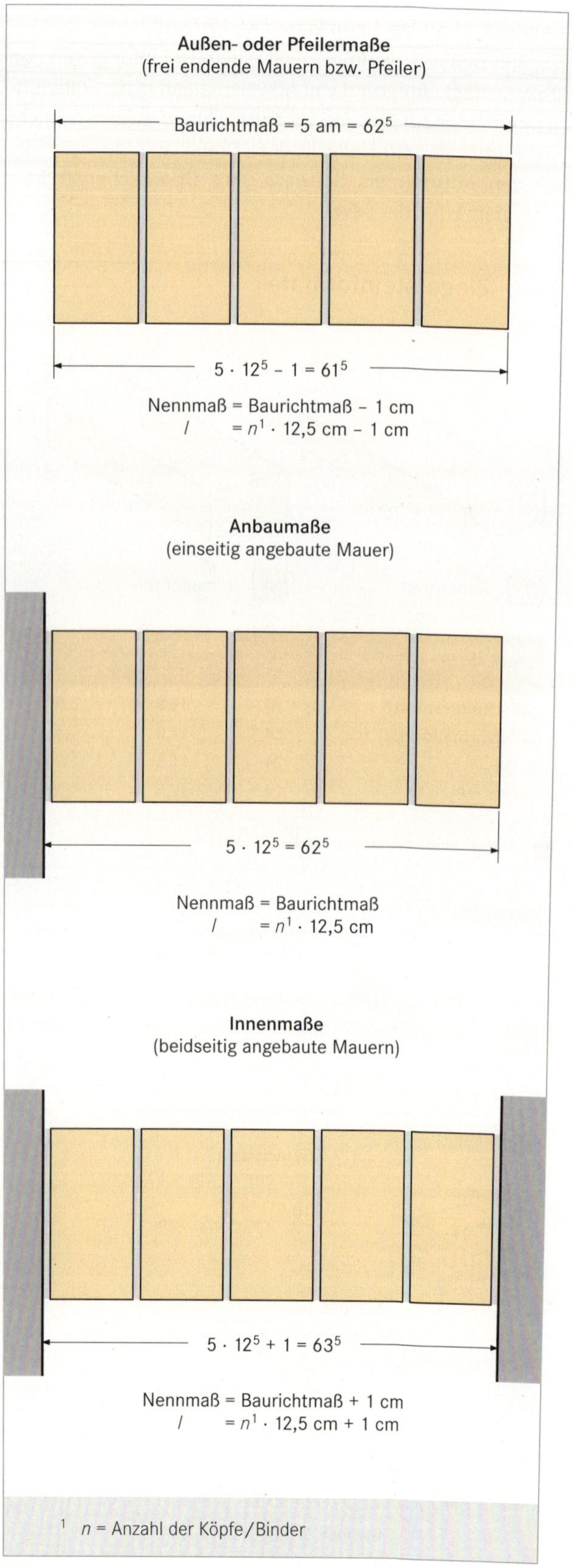

1 Nennmaße – die tatsächlichen Baumaße

Format	Mauerdicken					
	11,5	17,5	24	30	36,5	49
DF/NF	Läufer 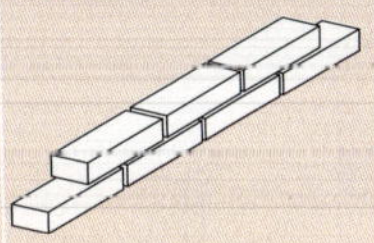 24 × 11,5 × 5,2 24 × 11,5 × 7,1		Block 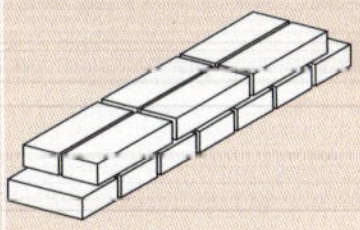 24 × 11,5 × 5,2 24 × 11,5 × 7,1	Läufer mit versetzten Stoßfugen aus 2 DF und 3 DF	Block  24 × 11,5 × 5,2 24 × 11,5 × 7,1	Block 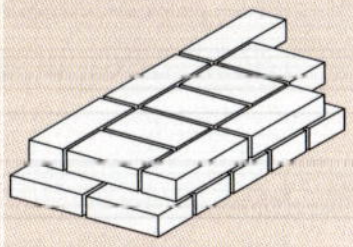 24 × 11,5 × 5,2 24 × 11,5 × 7,1
2 DF	Läufer 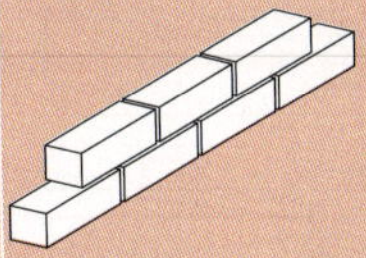 24 × 11,5 × 11,3		Block 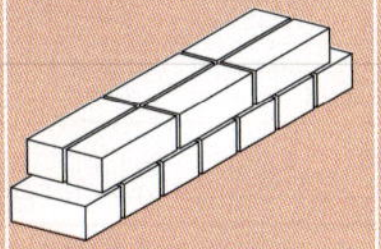 24 × 11,5 × 11,3	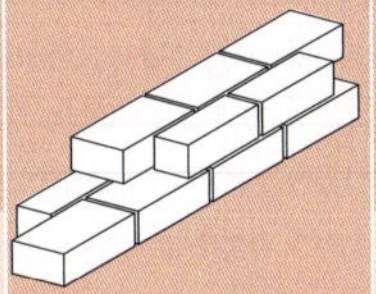	Block  24 × 11,5 × 11,3	Block  24 × 11,5 × 11,3
3 DF		Läufer 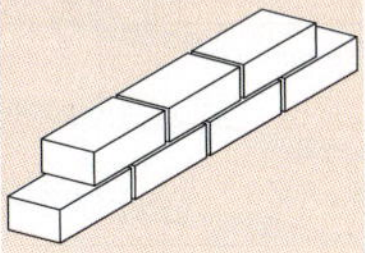 24 × 17,5 × 11,3	Binder 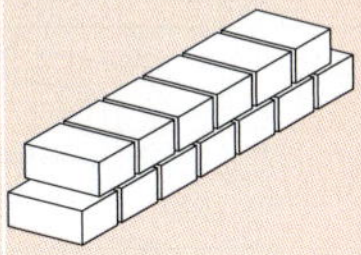 24 × 17,5 × 11,3	24 × 11,5 × 11,3 24 × 17,5 × 11,3		

1 Mauerdicken (cm) in Abhängigkeit von Steinformaten und Verband

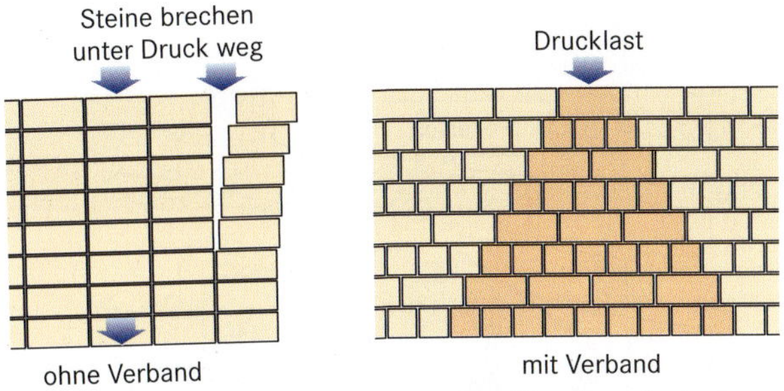

2 Der Mauerverband soll die gleichmäßige Verteilung der Lasten und Kräfte im Mauerkörper gewährleisten

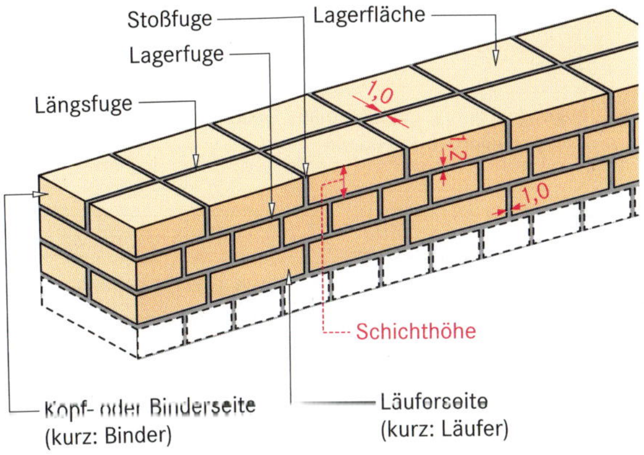

3 Bezeichnungen

1.2 Kalksteinmauerwerk

Genau wie Ziegel wurden Kalksteine schon sehr früh zum Bau von Mauern eingesetzt (**2**, S. 148). So verwendeten die Ägypter bereits in frühen Zeiten gebrochenes Felsgestein aus Kalkstein als Baumaterial.

Bei **Kalksandsteinen** handelt es sich um ungebrannte Mauersteine aus Kalk, Quarzsand und Wasser. Die gemischten Rohstoffe werden zu Rohlingen gepresst, die bei Temperaturen von 160 bis 220 °C unter Dampfdruck gehärtet werden. Für Außenmauern werden frostbeständige **Kalksandvormauersteine** und **Kalksandverblender** verwendet. Sie werden in den gleichen Größen wie die Mauerziegel angeboten.

1.3 Mauersteinverbände

Die Bausteine müssen beim Mauern so angeordnet werden, dass Lasten und Kräfte gleichmäßig im Baukörper verteilt werden. Nur so sind der Zusammenhalt des Mauerwerks und größtmögliche Stabilität gewährleistet. Die Art der Anordnung ergibt den **Mauersteinverband** (**2**).

Die einzelnen Schichten einer Mauer bestehen aus **Läufersteinen** (kurz: Läufer), die parallel zur Mauerflucht angeordnet sind, und/oder **Bindersteinen** (kurz: Binder), die senkrecht zur Mauerflucht angeordnet sind (**3**). Bei der Anordnung der Läufer bzw. Binder sind folgende **Grundregeln** einzuhalten:

- Die **Lagerfugen** (Dicke bis 1,25 cm) müssen waagerecht sein und durch die ganze Mauer verlaufen (3, S. 151).
- Läufer und Binder sind so anzuordnen, dass die Steine bzw. **Stoßfugen** (vertikale Fugen) schichtweise gegeneinander versetzt sind (Dicke 1 cm). Es darf nie Stoßfuge auf Stoßfuge treffen (Fugendeckung). In der Ansicht würde dies eine Kreuzfuge ergeben (3, S. 151).
- Durch das Versetzen der übereinander angeordneten Steine kommt es zu einer **Überbindung (Ü)**. Diese – auch als Fugenversatz bezeichnet – richtet sich nach der Steinhöhe und muss laut DIN 1053 mindestens das 0,4fache der Steinhöhe betragen und darf nicht kleiner als 4,5 cm sein:

Beispiel

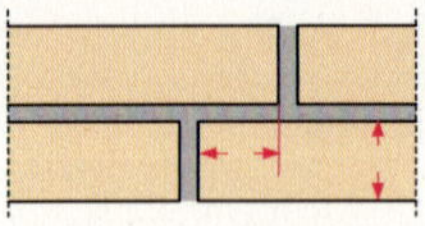

Mindestüberbindemaß = 0,4 · Steinhöhe ≥ 4,5 cm

Steinhöhe 11,3 cm ▶ 11,3 cm · 0,4 = 4,5 cm (= ½ am) muss das Überbindemaß mindestens betragen.

- Läuferschichten gehen bei Ecken, Anschlüssen und Kreuzungen durch:

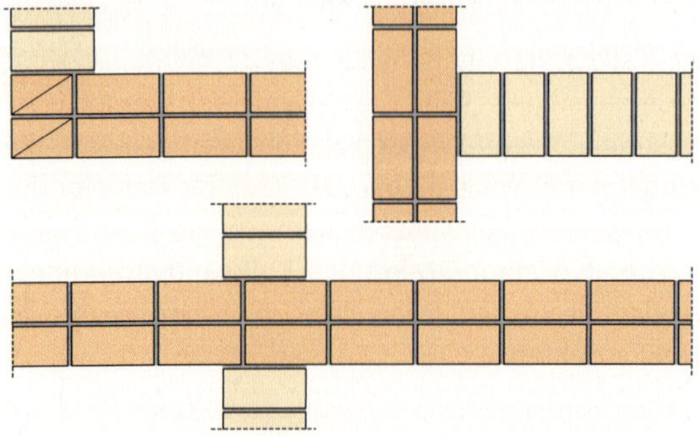

Je nachdem, wie die Bausteine zusammengefügt werden, ergeben sich verschiedene **Mauersteinverbände**. Neben den **Tragverbänden** (Tab. 1, S. 153) gibt es **Zierverbände** (Verblendverbände[1]) (Tab. 1, S. 154). Ihre Hauptaufgabe besteht darin, über ihr Fugenbild das Aussehen des Mauerwerks zu verschönern. Da bei Zierverbänden Steine und Fugen sichtbar bleiben – sogenanntes **Sichtmauerwerk** –, müssen die Arbeiten besonders sorgfältig durchgeführt werden.

[1] Verblendung: Das Verblenden (Verkleiden) eines Mauerwerkes mit besseren (schöneren) Steinen (Blendsteinen).

Damit sich in den Fugen weder Wasser noch Schmutz absetzen können, ist vollfugig zu mauern (1).

a)

b)

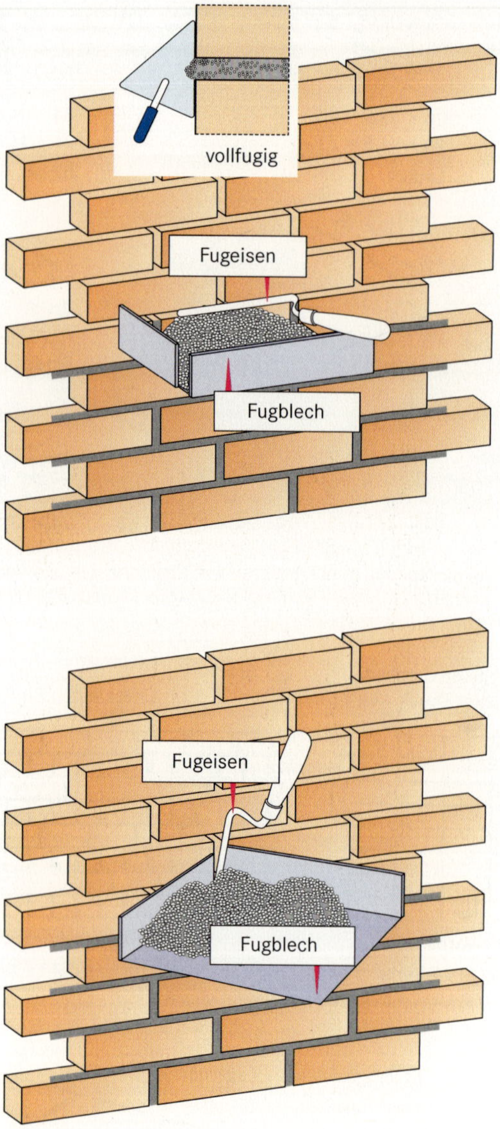

1 Fugenausbildung bei Sichtmauerwerk
a) Lagerfugen, b) Stoßfugen

1.4 Ausführung

Zum Mauern werden verschiedene Werkzeuge benötigt (1, S. 155).

Als Hilfsmittel zur Erstellung von waage- und senkrechten Mauerkanten werden Schichtlatten („Lügenhölzer"), auf denen die einzelnen Steinschichten mit Strichmarkierungen aufgetragen werden, benutzt (2, S. 155).

Mauersteinverband	Kennzeichen
Läuferverband 	■ Alle Schichten bestehen aus Läufern (Steine in Längsrichtung vermauert) ■ Schichten sind um eine halbe Steinlänge versetzt ■ Stoßfugen liegen in Steinmitte ■ Fugenversatz 12,5 cm (1 am) ■ Für Mauern von der Dicke eines Halbsteins (11,5 cm) ■ Im Normalfall beginnt und endet die 11,5 cm dicke Mauer mit einem ganzen (1. Schicht) bzw. halben Stein (2. Schicht) ■ Ausführung mit DF-, NF- oder 2-DF-Steinen ■ Hauptsächlich für unbelastete Wände und Verblendmauerwerk. Lange und hohe Mauern müssen mit Pfeilern gesteift oder als Doppelmauer gebaut werden
Binderverband 	■ Alle Schichten bestehen aus Bindern ■ Schichten sind um eine halbe Steinbreite versetzt ■ Für Mauern von der Dicke eines Steines (24 cm) ■ Hoher Steinbedarf
Blockverband 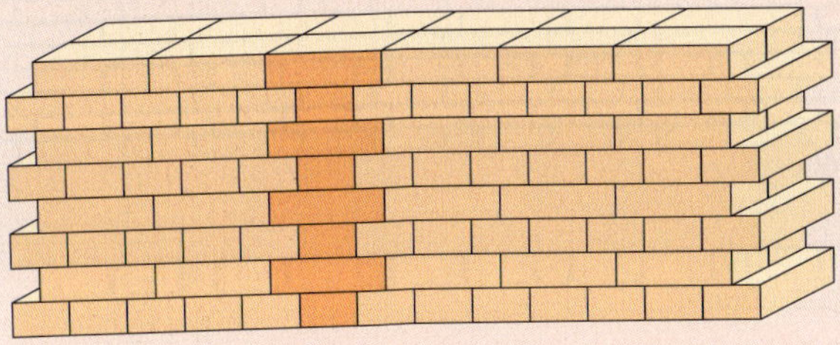	■ Binder- und Läuferschichten wechseln sich ab ■ Die Binderschicht beginnt und endet mit einem Binder ■ Fugen sind um $\frac{1}{4}$ Stein versetzt ■ Stoßfugen der gleichartigen Schichten liegen senkrecht übereinander ■ Für Mauern von der Dicke eines (24 cm) oder mehrerer Steine (z. B. $1\frac{1}{2}$-Stein-Mauer: 36,5 cm[1]) ■ Die Läuferschicht beginnt und endet mit so vielen Dreiviertelsteinen, wie die Mauer am dick ist (z. B. bei 24 cm sind dies 2 Dreiviertelsteine). Bei 24er-Mauern aus 2-DF-Steinen kann das arbeitsaufwendige Schlagen von Dreiviertelsteinen entfallen, wenn an den Mauerenden 3-DF-Steine verwendet werden ■ Hat die Mauer eine Länge von einer geraden Anzahl am, muss in der Läuferschicht hinter den Dreiviertelsteinen ein Binder eingefügt werden. Dies geschieht entweder immer am Anfang oder Ende der Mauer ■ Starke Doppelmauer, als Gartenmauer weit verbreitet
Kreuzverband 	■ Binder- und Läuferschichten wechseln sich ab ■ Stoßfugen der Binderschichten liegen senkrecht übereinander ■ Die Binderschicht beginnt und endet mit einem Binder ■ Die Läuferschicht beginnt und endet mit so vielen Dreiviertelsteinen, wie die Mauer am dick ist (z. B. bei 24 cm sind dies 2 Dreiviertelsteine) ■ Stoßfugen zweier aufeinanderfolgender Läuferschichten sind um eine halbe Steinlänge (1 am = 12,5 cm) versetzt

[1] Bei der 36,5 cm dicken Mauer besteht jede einzelne Schicht aus Läufern und Bindern. Die Seite, von der aus man die Mauer betrachtet, wird als Bundseite bezeichnet.

Tab. 1 Übersicht Tragverbände

Holländischer oder flämischer Verband
Kennzeichen: Auf eine durchgehende Binderschicht folgt eine Schicht, in der Läufer- und Bindersteine abwechseln

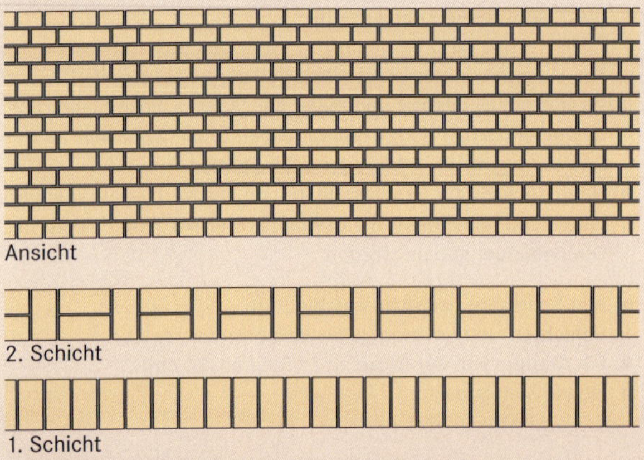

Schlesischer Verband
Kennzeichen: In den einzelnen Schichten folgt auf drei Läufersteine ein Binderstein

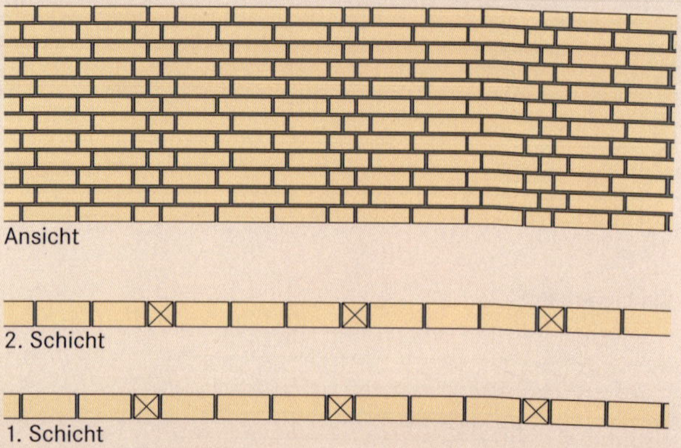

Englischer Verband
Kennzeichen: Auf eine Binderschicht folgen zwei oder drei Läuferschichten

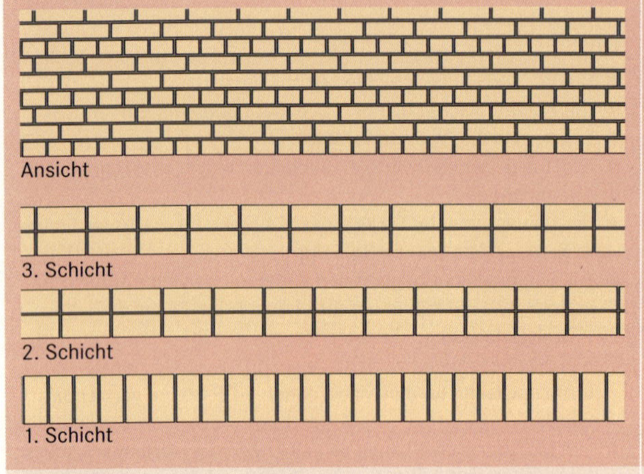

Märkischer Verband
Kennzeichen: In einer Schicht folgen auf einen Binder zwei Läufer

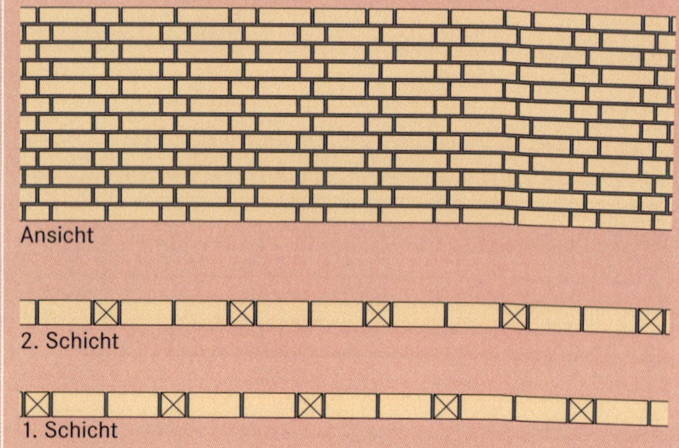

Gotischer oder polnischer Verband
Kennzeichen: In den einzelnen Schichten wechseln sich Binder- und Läufersteine ab.

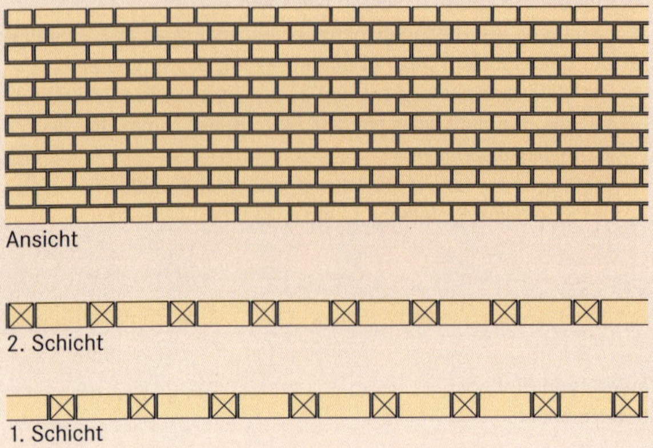

Wilder Verband
Kennzeichen: Anordnung von Läufer- und Bindersteinen in den einzelnen Schichten beliebig, jedoch nicht mehr als 5 Läufer hintereinander

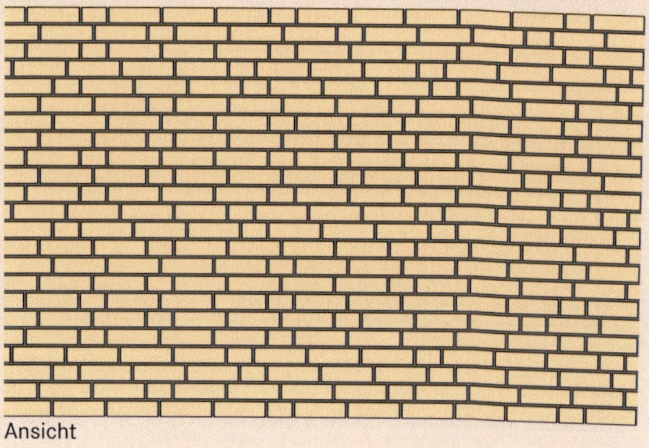

Tab. 1 Übersicht Zierverbände

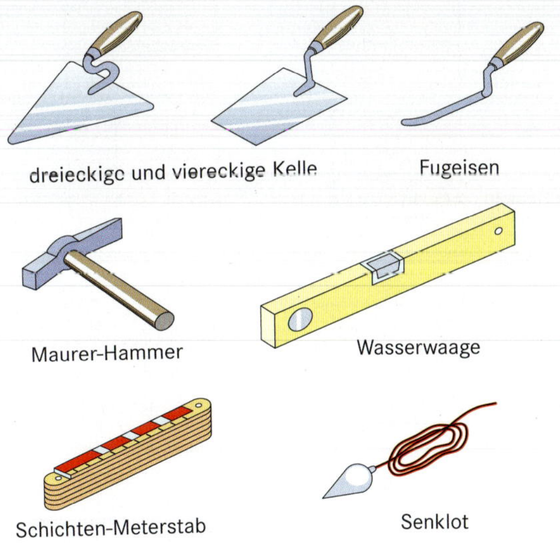

1 Werkzeuge zum Mauern

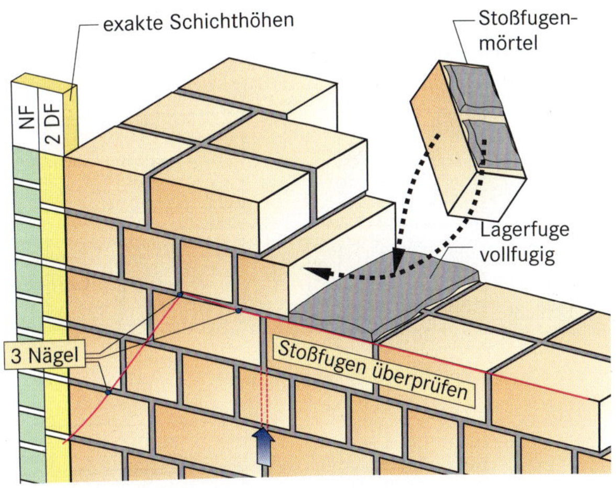

2 Schichthöhen und Schichtmesslatte

Mörtelgruppe	Mischungsverhältnis (Raumteile)	Verwendung
I (Kalkmörtel)	1 Kalk : 3 Sand	Mauern in frostfreien Räumen
II (Kalkzementmörtel)	1 Zement : 2 Kalk : 8 Sand	Verputzte Mauern im Freien
III (Zementmörtel)	1 Zement : 4 Sand	Unverputzte Mauern im Freien

Fertigmörtel als:
- **Werk-Frischmörtel** = Gebrauchsfertiger Mörtel
- **Werk-Trockenmörtel** = Fertige Mischung, der noch Wasser zugegeben werden muss

Tab. 1 Mörtelgruppen

1.4.1 Vorgehensweise

- Zunächst werden die Mauerecken lotrecht hochgemauert. Dabei ist darauf zu achten, dass jeder Stein genau waage- und senkrecht ausgerichtet ist. Zur Mitte hin werden die Ecken abgetreppt. Die Abstufungen dienen zur Befestigung der Fluchtschnur (**4**).
- Als Nächstes wird von Ecke zu Ecke die Fluchtschnur gespannt. Sie dient zur waage- und fluchtrechten Errichtung des Zwischenmauerwerks. Die Schnur darf weder durchhängen noch die Steine berühren (**3**).
- Die Steine müssen genau nach der Schnur in **Mörtel** (Tab. **1**) gesetzt werden (**4**). Die exakten Schichthöhen lassen sich mit der Schichtmesslatte überprüfen (**2**). Mit ihrer Hilfe wird die Maurerschnur Schicht um Schicht nach oben geführt.

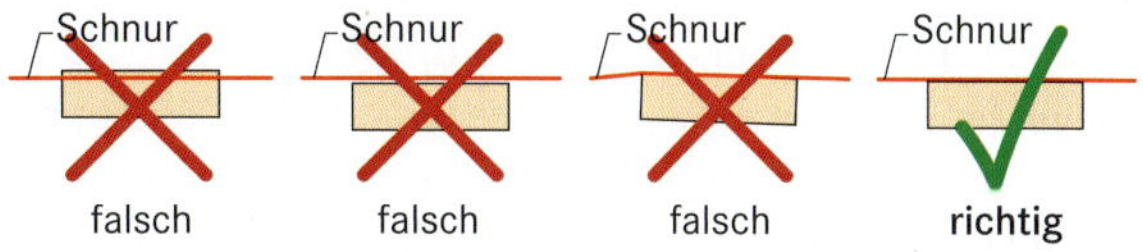

3 Oberkante Stein = Schnurhöhe

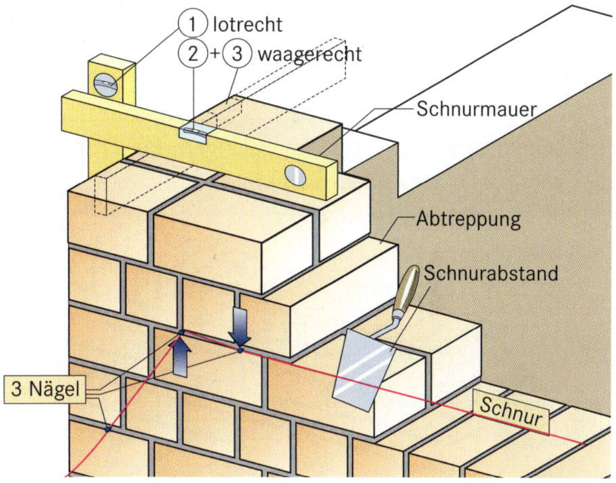

4 Anlegen der Mauerecke – Spannen der Schnur

1.4.2 Mauerkrone

Ausblühungen (**1**, S. 156) beeinträchtigen das optische Erscheinungsbild einer Mauer. Sie sind in erster Linie die Folge von eindringender Feuchtigkeit in das Mauerwerk. Das Wasser löst in der Mauer Salze. Verdunstet es, verbleiben die gelösten Salze an der Maueroberfläche zurück. Entsprechend wichtig ist der Schutz der Mauer vor eindringender Feuchtigkeit aus dem Boden wie auch von oben. Salzablagerungen, die nicht von selbst aufgrund von Witterungseinflüssen verschwinden, sollten mit der Drahtbürste entfernt werden.

1 Ausblühungen

Damit von oben kein Niederschlagswasser in die Mauer eindringt, muss sie eine **Abdeckung** (2) erhalten. Dabei spielen funktionelle wie auch gestalterische Gesichtspunkte eine Rolle. Als oberer Mauerabschluss können z. B. Kupferbleche, Abdeckplatten (z. B. bei Sitzmauern) oder andere Abdecksteine dienen. Häufig bilden auch **Rollschichten** den oberen Mauerabschluss. Damit das Wasser abfließen kann, sollte die Abdeckung abgeschrägt oder gerundet sein oder gar ein kleines Dach haben und möglichst über die Mauerfläche hinausragen und **Tropfkanten** (Tropfnasen) aufweisen. Sonst kann das Niederschlagswasser über die Plattenunterseite zur Lagerfuge gelangen. Bei Frost kann dies zum Lösen der Abdeckplatte führen.

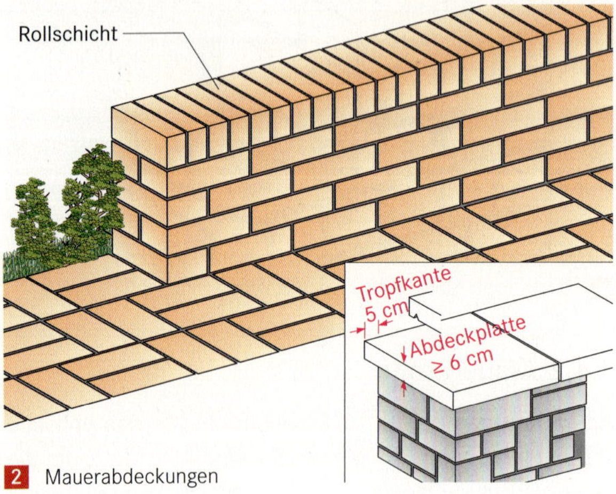

2 Mauerabdeckungen

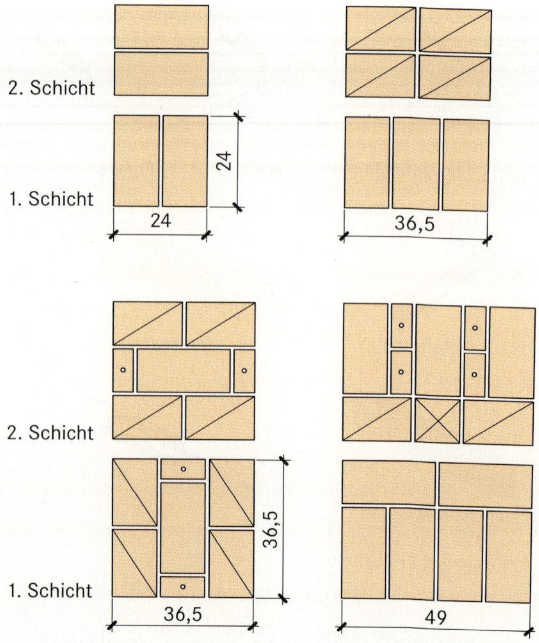

3 Pfeiler aus kleinformatigen Steinen (NF- oder 2-DF-Steine)

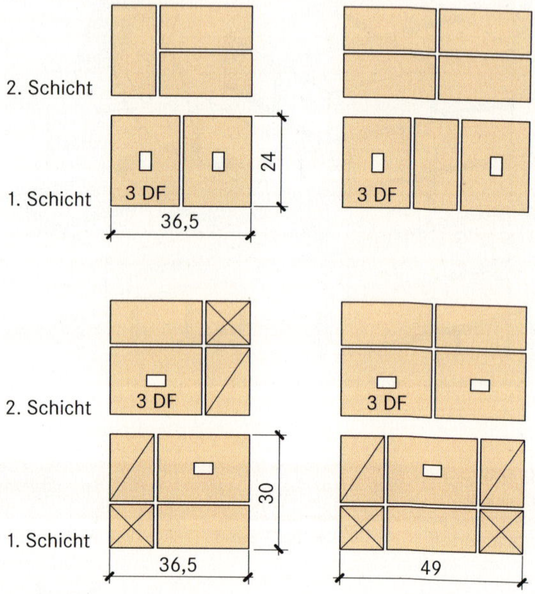

4 Pfeiler aus mittelformatigen Steinen (3-DF- und 2-DF-Steine)

1.4.3 Mauerpfeiler

Pfeiler werden wie eine Mauer mit zwei Enden gemauert. Im Gegensatz zu Pfeilern aus kleinformatigen Steinen (DF-, NF- oder 2-DF-Steinen) werden für Pfeiler aus mittelformatigen Steinen (2-DF- und 3-DF-Steinen) nur wenige Teilsteine benötigt, wodurch das Schlagen der Steine entfällt (3 und 4).

1.4.4 Fundamente

Aufgrund ihres hohen Gewichts benötigen Mauern ein Fundament aus Beton (C 25/30), das die Last gleichmäßig auf den Baugrund überträgt. Seine Tiefe sollte 80 bis 100 cm betragen. Die Breite richtet sich nach der Mauerstärke. Als Faustregel gilt: auf jeder Seite 5 cm breiter als die Mauer.

Aufgaben (KÜNSTLICHE STEINE)

1. Welchem Zweck dienen Mauern im GaLaBau?
2. Unterscheiden Sie Klinker und Ziegel.
3. Erläutern Sie das Baumaß 25 cm bei künstlichen Mauersteinen.
4. Was bedeuten die Bezeichnungen DF, NF, 2 DF und 3 DF bei Mauersteinen und welche Maße weisen sie auf?
5. Von welchem Format geht man bei der Bezeichnung der einzelnen Steine aus?
6. Welche Maße weisen Halb-, Viertel- und Dreiviertelstein auf?
7. Was versteht man unter einem „am“?
8. Unterscheiden Sie das Rohbaurichtmaß (Baurichtmaß) und das Nennmaß (Baunennmaß).
9. Geben Sie zu folgenden am die Rohbaurichtmaße und Nennmaße an: a) Türöffnung in Mauer 8 am, b) Mauernische 5 am, c) Mauerpfeiler 3 am, d) Mauervorsprung 2 am, e) Mauerfenster 14 am.
10. Die Steinhöhe beträgt 7,1 cm, die Mauerhöhe soll 1,50 m betragen. Wie viele Schichten müssen gemauert werden?
11. Warum erfolgt die Anordnung der Steine im Mauerwerk im Verband?
12. Unterscheiden Sie Läufer und Binder.
13. In welchem Verband wird die 11,5er-Mauer gemauert?
14. In welchen Tragverbänden wird in der Regel die 24 cm dicke Mauer gemauert?
15. Im Kreuzverband sind die Stoßfugen der Läuferschichten jeweils um 1 am = 12,5 cm versetzt. Wie erreicht man dies?
16. Welche Regeln sind beim Hochführen der Mauerschichten zu beachten?
17. Warum müssen Kreuzfugen vermieden werden und wie kann dies geschehen?
18. Was versteht man unter Überbindung bzw. Fugenversatz?
19. Wovon hängt das Mindestüberbindemaß der Steine ab, und wie groß muss es mindestens sein?
20. Warum sind Mauerziegel bei heißem Wetter anzunässen?
21. Zeichnen Sie zu den Ansichten der folgenden 24 cm dicken Mauern jeweils
    a) die ersten beiden Schichten in der Draufsicht, wenn im Blockverband gemauert wird,
    b) die ersten vier Schichten in der Draufsicht, wenn im Kreuzverband gemauert wird.

c) 1 = ungerade Anzahl am

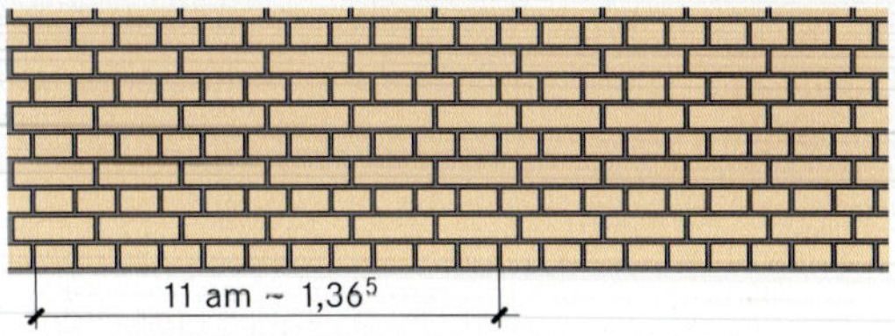

d) 1 = gerade Anzahl am

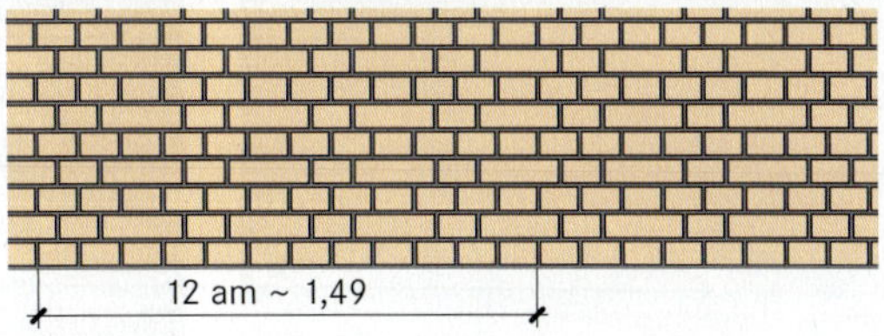

22. Benennen Sie die folgenden Verbände:

23. Warum müssen die Ecken einer Mauer besonders sorgfältig gemauert werden?
24. Wozu dient die Abtreppung einer Mauer?
25. Womit können die waagerechte Ausrichtung der Schichten und die Genauigkeit der Schichthöhen überprüft werden?
26. Wodurch ergibt sich die große Variation von Ziegelmauern?
27. Was versteht man unter Ausblühungen, wie kommen sie zustande und wie können sie verhindert werden?
28. Was ist bei der Erstellung eines Mauerfundaments zu beachten?

2 Mauern aus Naturstein

Obwohl nicht gerade preiswert, gewinnen Gartenmauern aus Naturstein wegen ihres schönen und natürlichen Aussehens zunehmend an Bedeutung. Natursteine werden in Steinbrüchen gewonnen.

Um die Transportkosten niedrig zu halten und ein harmonisches Einfügen in die Landschaft zu gewährleisten, wird häufig auf Material aus der näheren Umgebung zurückgegriffen, wobei Importe aus Brasilien, China und Indien in der Regel billiger angeboten werden als Natursteine aus heimischer Produktion.

Zyklopenmauerwerk aus Findlingen: In Norddeutschland als sogenannter Friesenwall weitverbreitet

Wechselmauerwerk

Schichtenmauerwerk

Höchste Bearbeitungsstufe einer Zyklopenmauer

Bruchsteinmauerwerk

1 Natursteinmauern als Trockenmauern

2.1 Hart- und Weichgestein

Nach ihrer Bearbeitbarkeit kann man Natursteine in **Hart-** (z. B. Granit, Gneis, Quarzit, Basalttuff) und **Weichgestein** (z. B. Kalk- und Sandsteine) unterteilen. Aufgrund ihrer leichteren Bearbeitbarkeit und ihres verbreiteten Vorkommens haben Weichgesteine für den Bau von Natursteinmauern die größere Bedeutung (Tab. 1).

Muschelkalkstein
Dauerhafter Kalkstein, mit erkennbaren Organismenresten;
Farbe: dunkelgrau bis bläulich

Konglomerat (Nagelfluh)
Ablagerungsgestein aus gerundeten Trümmern. Durch Ausbruch einzelner Steine entstehen die typischen runden Löcher.
Farbe: grau, gelblich, rötlich

Kalkstein
Hier Jurakalk; in Blöcken für den Mauerbau geeignet;
Farbe: weißlich gelb bis cremefarben

Sandsteine
Sandsteinmauer bauen
Am meisten verwendetes Gestein im GaLaBau, sandkörnig, geschichtet, verwitterungsgefährdet;
Farbe: dunkelrot, hellrot, braunrot, hellbraun, weiß bis gelblich, grünlich

Kalktuffe
Kalkgestein mit stark poröser Struktur;
Farbe: weiß bis gelb, braun, rötlich

Grauwacke
Ein sehr fester, dunkler Sandstein

Brekzien
Ablagerungsgestein aus eckigen Gesteinstrümmern (Trümmergestein). Durch Ausbruch einzelner Steine entstehen die typischen eckigen Löcher.
Farbe: grau, rötlich, bunt

Schiefer (Tonschiefer)
Leicht spaltbar in Schieferungsrichtung, wetterfest;
Farbe: bläulich, grünlich bis tiefschwarz

Tab. 1 Häufig verwendete Weichgesteine

2.2 Natursteinbearbeitung

Natur-
steine
vorbereiten

! Achtung

Bei der Bearbeitung von Sandsteinen entsteht lungengängiger **Feinstaub** (Quarzstaub), der extrem gesundheitsschädlich ist. Das häufige/regelmäßige Einatmen über längere Zeit hinweg kann zu einer **Staublunge** (Quarzstaublunge, Silikose) führen. Sie endet in der Regel mit einem langen und qualvollen Tod. Aufgrund der langen Latenzzeit zeigen sich die ersten Krankheitssymptome häufig erst nach Jahren oder Jahrzehnten.

Bei der Bearbeitung von Sandsteinen ist darauf zu achten, dass der Staub an der Entstehungsstelle abgesaugt wird (Absaugaufsätze/-geräte) oder gar nicht erst entsteht (Nassschneiden von Steinen). Lässt sich die Staubbelastung nicht effektiv verringern, sind Halbmasken mit Partikelfilter der Kategorie P2 oder filtrierende Halbmasken (FFP2-Filter) zu tragen.

Grundsätzlich ist zum Schutz der Gesundheit der Beschäftigten bei allen Arbeiten (!) die Freisetzung von Staub zu vermeiden bzw. zu minimieren.

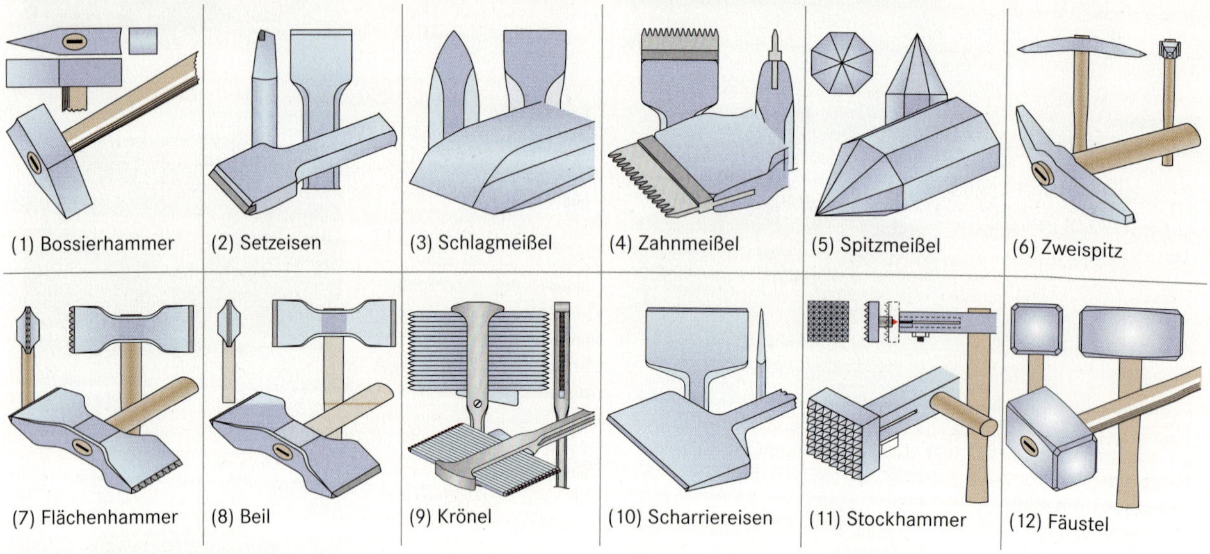

1 Werkzeuge zur Natursteinbearbeitung

Die Bearbeitung von Natursteinen setzt gute Fachkenntnisse und handwerkliches Geschick voraus. Heute wird in der Regel das Material vorgefertigt angeliefert, sodass auf der Baustelle nur noch geringfügige Nacharbeiten erforderlich sind.

Die erste rohe Bearbeitung des gebrochenen Felsgesteins, das sogenannte Bossieren, wird mit dem **Bossierhammer** (1) durchgeführt. Dabei wird das Gestein unter Belassen einer unregelmäßigen Oberfläche (Bossen = abzuarbeitendes Material) zu winkelrechten Blöcken (Rohform) bearbeitet. Das **Setzeisen** (2) (Stemmer, Preller, Sprengeisen) dient zum Bekanten, Spalten und Abschlagen größerer Teile. Mit dem **Schlagmeißel** (3) (Schlageisen, Flachmeißel) werden die Ecken und Kanten vorsichtig bearbeitet. Zur Beseitigung stehen gebliebener Bossen bedient man sich des **Zahnmeißels** (4) (Zahneisen), des **Spitzmeißels** (5) (Spitzeisens) und der **Zweispitze** (6).

Nach dem Spitzen erfolgt das Flächen. Mit dem **Flächenhammer** (7), dem **Zahnmeißel** (4) oder dem **Beil** (8), einem sehr breiten Flächenhammer, werden die gröbsten Unebenheiten in den Lager- und Sichtflächen geflächt.

Mit dem **Krönel** (9) (Kröneleisen), bestehend aus 12 bis 15 Spitzeisen, erhalten die Flächen ein gleichmäßiges grob gekörntes Aussehen. Nach dem Kröneln werden mit dem **Scharriereisen** (10) (Spalteisen) alle Unebenheiten beseitigt. Dazu werden breite, parallel zueinander geführte Schläge über die Fläche geführt, sodass die Fläche mit gleichmäßig breiten Rillen überzogen wird. Hartgesteine werden nicht gekrönelt oder scharriert, sondern mit dem **Stockhammer** (11) grob, fein oder schleifgerecht gestockt. Dabei ist darauf zu achten, dass die Schläge nicht senkrecht auftreffen, sondern der Hammer beim Stocken gezogen wird. Zum Treiben der Meißel dient der **Fäustel** (12).

2.3 Verlege- und Verbandsregeln

Um eine hinreichende Stabilität zu gewährleisten, müssen beim Aufsetzen von Natursteinmauern bestimmte Regeln eingehalten werden:

- Das Fundament sollte bei vermörtelten Mauern frostsicher (≥ 80 cm), bei Trockenmauern ≥ 40 cm gegründet sein.
- Die verwendeten Steine dürfen keine Verwitterungsschäden aufweisen und müssen frostbeständig sein.
- An den Ecken und am Sockel sind die größten Steine, gegebenenfalls in der Höhe von 2 Schichten, einzubauen.
- Geschichtete (lagerhafte) Steine müssen entsprechend ihrer natürlichen Schichtung (Lagerung) vermauert werden.
- Die Länge der Läufer soll das 4- bis 5-fache ihrer Höhe nicht übertreffen und die Steinhöhe nicht unterschreiten. Ihre Tiefe soll etwa gleich der Steinhöhe sein (1).
- An den Sichtflächen dürfen nicht mehr als 3 Fugen zusammenstoßen (keine Kreuzfugen, 2).
- Keine Stoßfuge darf durch mehr als 2 Schichten gehen (3).
- Die Überbindung der Stoßfugen muss beim Schichtenmauerwerk mindestens 10 cm, beim Quadermauerwerk mindestens 15 cm betragen (4).
- Um eine ausreichende Verankerung des Mauerwerks zu gewährleisten, sind genügend Binder zu verwenden (Läufer : Binder = 2 : 1) oder Läufer- und Binderschichten müssen sich abwechseln (5).
- Zwischenräume oder weite Fugen sind zu vermeiden oder mit Steinstücken auszufüllen (auszuzwicken, 5), damit sich keine Mörtelnester bilden bzw. bei Trockenmauern Stabilität zwischen den Steinen entsteht, und zu vermörteln.
- Die Tiefe (Dicke) der Binder muss mindestens 30 cm und möglichst das $1\,^1\!/_2$-fache der Schichthöhe betragen. Ihre Breite soll das 2-fache ihrer Höhe nicht übertreffen und die Steinhöhe nicht unterschreiten (6).

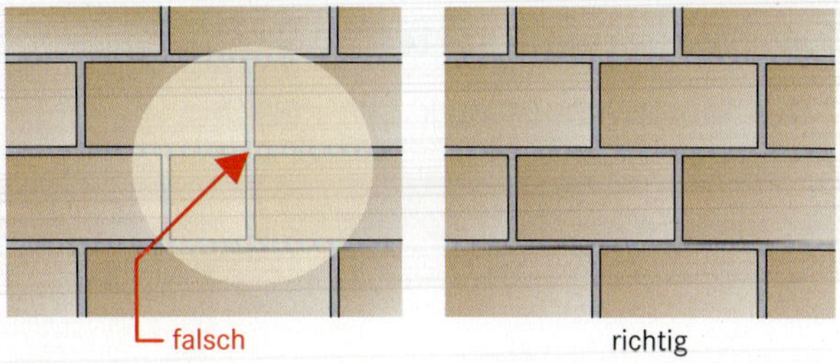

2 Keine Kreuzfugen!

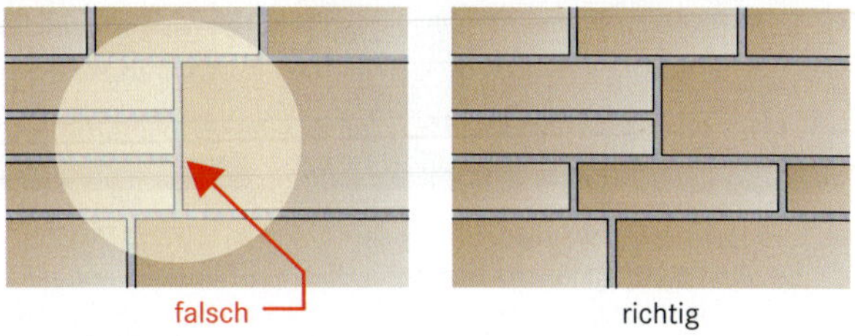

3 Stoßfuge nur durch zwei Schichten

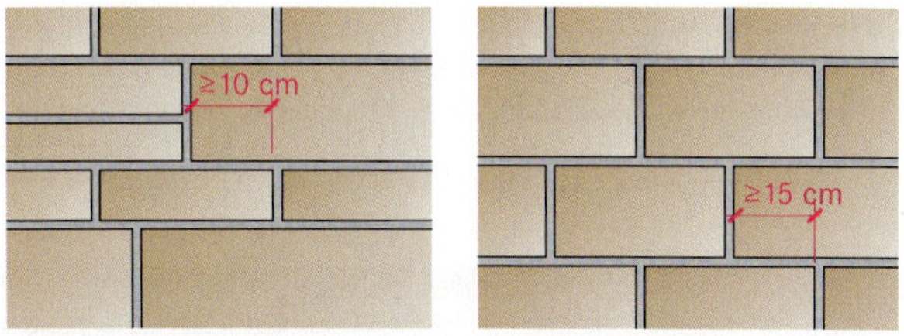

4 Überbindung der Stoßfugen bei Schichten- und Quadermauerwerk

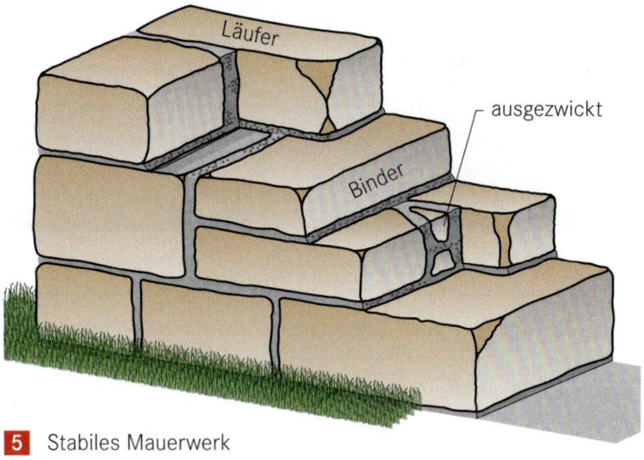

5 Stabiles Mauerwerk

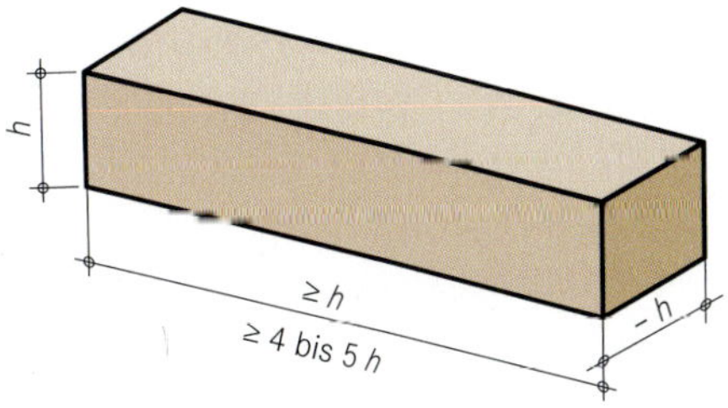

1 Verhältnis von Länge, Breite und Höhe beim Läufer

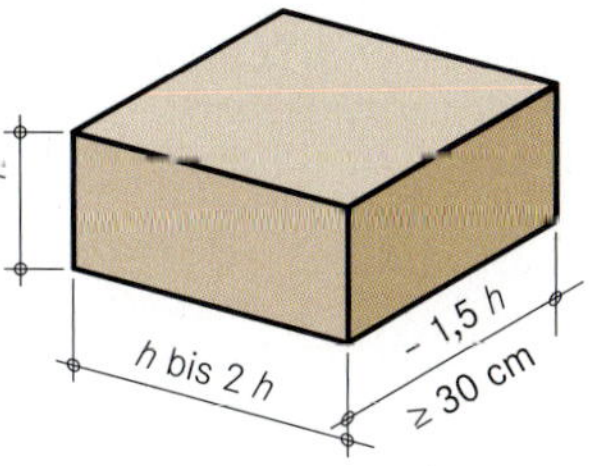

6 Verhältnis von Länge, Breite und Höhe beim Binder

2.4 Mauerwerksarten

2.4.1 Mörtelmauerwerk

Naturstein-mauer bauen

Hangmauer bauen

Zyklopenmauerwerk

- Unregelmäßige, weitgehend unbearbeitete, häufig rundliche Bruch-, Feld- oder Findlingssteine
- Steine satt in Mörtel verlegt
- Unregelmäßiges Fugenbild
- Kein Verband
- Breite Fugen
- Höchstens alle 1,50 m Schichten der Höhe nach waagerecht abgleichen[1]
- Auch als Trockenmauerwerk

Bruchsteinmauerwerk

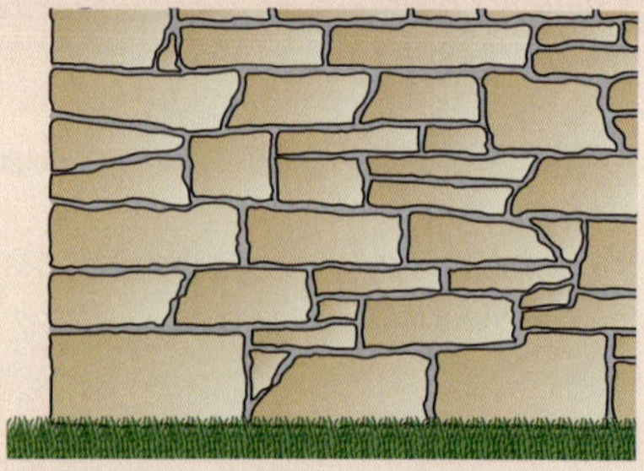

- Lagerhafte Steine mit weitgehend ebenen und parallelen Bruchflächen
- Steine nur leicht bearbeitet
- Verschiedene Steingrößen und -formen
- An Mauerecken größere Steine, die wechselseitig überbinden
- Unregelmäßiges Fugenbild
- Ohne erkennbaren Verband
- Fugen verkeilt und mit Mörtel verfüllt
- Mind. alle 1,50 m Schichten abgleichen[1]
- Auch als Trockenmauerwerk

Hammergerechtes Schichtenmauerwerk

- Steine hammergerecht auf mindestens 12 cm Tiefe grob zugeschlagen
- Unterschiedliche Steinformate
- Fugenbild entspricht dem unregelmäßigen Schichtenmauerwerk
- Steinhöhen in den einzelnen Schichten können verschieden sein
- Mindestens alle 1,50 m Schichten abgleichen[1]
- Auch als Trockenmauerwerk

Unregelmäßiges Schichtenmauerwerk (Wechselmauerwerk)

- Steine auf mindestens 15 cm Tiefe bearbeitet
- Stoß- und Lagerfugen senkrecht zueinander
- Fugenstärke ≤ 3 cm
- Überdeckung der Stoßfugen ≥ 10 cm
- Lagerfugen durch größere Steine, sog. Wechsler, unterbrochen
- Häufig wechselnde Schichthöhen innerhalb einer Schicht wie auch zwischen den verschiedenen Schichten
- Nach Wechsler mit anderer Schichthöhe weitergemauert
- Mindestens alle 1,50 m Schichten abgleichen[1]
- Selten als Trockenmauerwerk

Regelmäßiges Schichtenmauerwerk

- Steine regelmäßig verlegt
- Lagerflächen der Steine in ganzer Tiefe bearbeitet
- Steine innerhalb einer Schicht gleich hoch, zwischen den Schichten Wechsel in der Steinhöhe möglich
- Stoß- und Lagerfugen senkrecht zueinander
- Erkennbarer Verband
- Fugenstärke ≤ 3 cm
- Überdeckung der Stoßfugen ≥ 10 cm
- Jede Schicht ist abzugleichen[1]
- Anfertigung nach Versetzplan möglich, einzelne Steine nach Schicht und Reihenfolge nummeriert
- Auch als Trockenmauerwerk

Quadermauerwerk

- Steine in ganzer Tiefe bearbeitet (Quader)
- Stoß- und Lagerfugen senkrecht zueinander
- Fugenstärke ≤ 3 cm
- Überdeckung der Stoßfugen ≥ 15 cm
- Alle Schichten gleich hoch
- Sehr stabiles Mauerwerk
- Auch als Trockenmauerwerk

[1] durchgehende Lagerfuge herstellen (Mauerwerk horizontieren)

Tab. 1 Natursteinmauerwerksarten

Hinweis

Eine spezielle Zementart ist **Trasszement**, der durch das Vermahlen von **Trass**, einem vulkanischen Gestein mit puzzolanischen Eigenschaften (s. S. 206 f.), hergestellt wird. Er wird aufgrund seiner Eigenschaften für den Bau von Natursteinmauern bevorzugt. Trass verbindet sich bei der Bildung von Zementstein mit Calciumhydroxiden, sodass diese nicht in gelöster Form an die Oberfläche gelangen können, wo sie sich mit dem CO_2 der Luft zu schwerlöslichem Kalk (Calciumcarbonat, $CaCO_3$) verbinden und nach der Verdunstung des Wassers weiße Salzschleier, sogenannte **Ausblühungen**, zurückbleiben (1, S. 156):

$$Ca^{2+}(OH)^-_2 + CO_2 \rightarrow Ca^{2+}CO_3^{2-} + H_2O$$

Calciumhydroxid (in Wasser gelöst) + Kohlendioxid (aus der Luft) → Calciumcarbonat (Kalk) + Wasser

2.4.2 Trockenmauerwerk

Trockenmauer bauen

1 Trockenmauer im Weinberg

3 Aufsetzen einer Natursteinmauer mittels Greifbagger

Die ursprüngliche Form der Natursteinmauer ist die Trockenmauer (1). Bereits im Mittelalter legten die Winzer ihre am Hang gelegenen Weinberge mithilfe von Trockenmauern terrassenförmig an. Ihre auch heute noch große Beliebtheit lässt sich vor allem daraus ableiten, dass sie

- hohen ästhetischen Anforderungen genügen,
- sich harmonisch in den Garten bzw. die Landschaft einfügen und
- ökologisch wertvoll sind, indem sie zahlreichen Tier- und Pflanzenarten Lebensraum und Unterschlupf bieten.

Eine **Trockenmauer** besteht aus nur leicht bearbeiteten Bruchsteinen, die ohne Mörtel und damit „trocken" zu einer Mauer aufgesetzt sind (3). Im Allgemeinen wird sie als **Stützmauer** zur Böschungssicherung oder Terrassierung hängigen Geländes gebaut. Die Steine werden mit einer leichten Neigung zur Böschung hin aufgesetzt. Diese Neigung nennt man **Anlauf** oder **Dossierung**. Sie liegt zwischen 5 bis 20 % der Mauerhöhe (2).

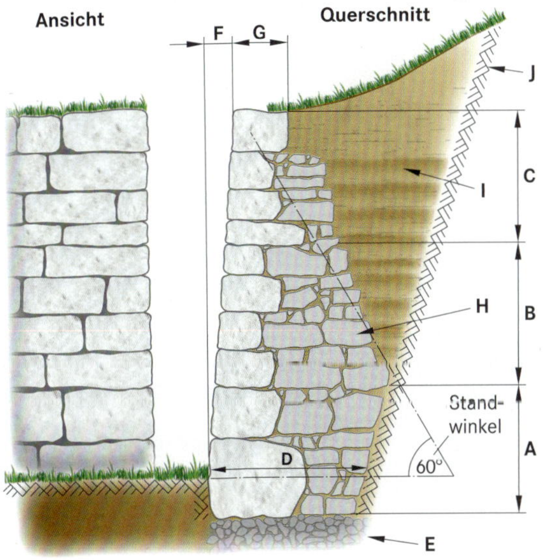

A untere Mauerpartie (größere Steine)

B mittlere Mauerpartie (mittelgroße Steine)

C obere Mauerpartie (kleinere Steine plus schwere Mauerkronsteine)

D Mauerdicke am Mauerfuß mind. ⅓ bis ½ der Mauerhöhe

E Fundament (Material Kies oder Schotter), Tiefe ≥ 40 cm

F Anlauf/Dossierung (zwischen 5 und 20 % der Mauerhöhe)

G Mauerkrone (Breite unabhängig von der Mauerhöhe ≥ 40 cm)

H Hintermauerung

I schichtweise Auffüllung mit Bodenmaterial

J gewachsener Boden

2 Aufbau einer Trockenmauer mit Hintermauerung

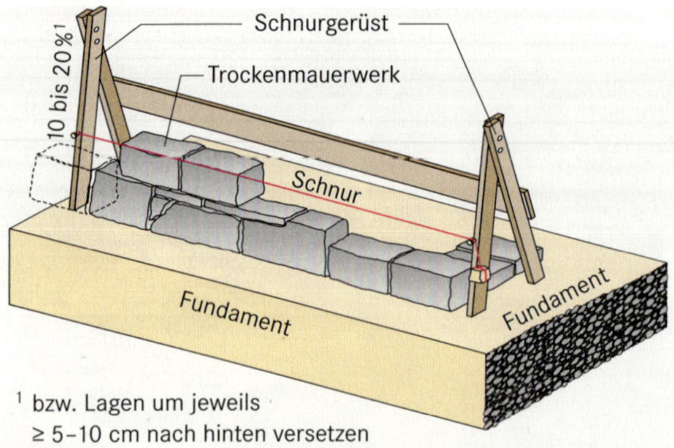

1 Schnurgerüst

Statt die Natursteinmauer mit Kies oder Schotter zu hinterfüllen, werden immer häufiger nach traditioneller Bauweise der Weinbergsmauern zeitgleich mit dem Hochziehen der Sichtreihen Bruchsteine als **Hintermauerung** eingebaut (**2**, S. 163). Verbliebene Hohlräume sind mit Mineralgemisch (8/16) zu schließen. Diese Bauweise erhöht nicht nur die Stabilität und Lebensdauer der Mauer, sie fördert auch das Ableiten des anfallenden Wassers (Dränschicht).

Arbeitsablauf im Überblick

1. Verlauf der Mauer abstecken.
2. Boden 20 bis 40 cm tief für das Fundament auskoffern (muss auf gewachsenem Boden stehen).
3. Kies oder Schotter einbringen, gut verdichten und im Neigungswinkel der Mauer abziehen.
4. Schnurgerüst aufstellen, Anlauf mit Schnurlehren fixieren (**1**).
5. Steine der Sichtfläche mit möglichst engen Fugen und einer leichten Neigung zur Böschung hin aufsetzen. Als Hilfsmittel dient die Richtschnur, die mit den Steinreihen nach oben gezogen wird (Regeln s. S. 161).
6. Nach jeder Schichtreihe sichtbarer Bausteine den Leerraum zum dahinter liegenden Erdreich[1] mit Bruchsteinen sorgfältig ausfüllen. Hohlräume unter größeren Steinen so mit Steinkeilen (Steinsplittern) unterlegen, dass sie nicht mehr wackeln. Die restlichen Zwischenräume durch Einpassen kleinerer Steine schließen (nicht nur hineinschütten!).
7. Mauerabschluss mit Steinen erstellen, möglichst die gesamte Mauerdicke überspannen.

[1] Bei frei stehenden Mauern wird der Bereich zwischen den beiden Mauerschalen mit Bruchsteinen ausgefüllt.

2.4.3 Verblendmauerwerk

Um die hohen Lohn- und vor allem Materialkosten einzusparen, werden häufig Scheintrockenmauern in Form von **Verblendmauerwerk** (**2**) erstellt. Sie bestehen aus einer sichtbaren Natursteinverblendung und einer dahinter stehenden Mauer aus künstlichen Steinen oder Beton. Zur Verhinderung von Ausblühungen (s. S. 155 f.) sind Betonwände gegen das Erdreich mit einem Isolieranstrich vor eindringender Feuchtigkeit zu schützen.

Wird beim Hochmauern des Verblendmauerwerks aus natürlichen oder künstlichen Steinen gleichzeitig der Beton geschüttet und verdichtet bzw. die Hintermauerung durch-

Stützwand als Verblendmauerwerk (unregelmäßiges Schichtenmauerwerk)

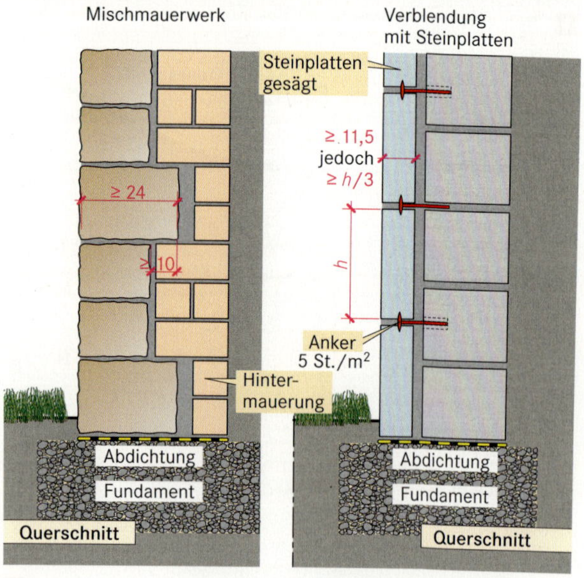

2 Verblendmauerwerk

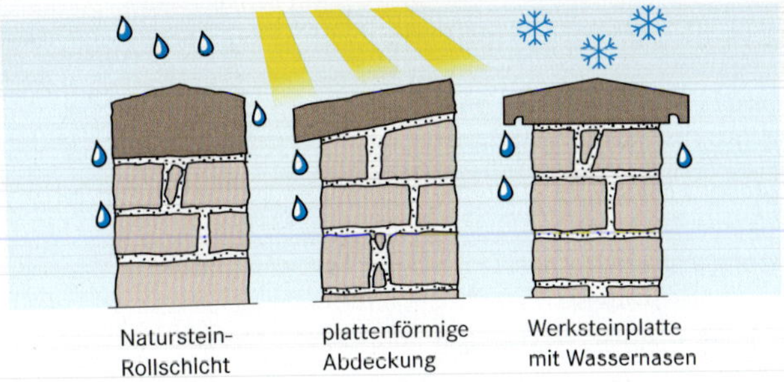

1 Eine Mauerabdeckung kann eine Mauer nicht nur optisch aufwerten, sie schützt sie auch vor eindringendem Regenwasser und einer vorzeitigen Verwitterung.

geführt, spricht man von einem **Mischmauerwerk**. Sollen Mischmauerwerke eine tragfähige Einheit bilden, müssen folgende Regeln eingehalten werden:

- Das Verblendmauerwerk muss mit der Hintermauerung durch mindestens 30 % Bindersteine, gleichmäßig über die Fläche verteilt, verbunden sein.
- Bei einer Hintermauerung aus künstlichen Mauersteinen darf nur jede dritte Schicht der Natursteinmauer aus Bindern bestehen.
- Die Binder müssen mindestens 24 cm tief sein und mindestens 10 cm in die Hintermauerung einbinden.
- Mauerkronen vor eindringendem Regenwasser schützen, z. B. durch Rollschichten aus schräg stehenden Platten. Abdeckhauben oder -platten z. B. aus Edelstahl, Zinkblech oder Naturstein wie Sandstein, Granit oder Schiefer (**1**).

2.5 Pflanzen für Trockenmauern

Auf der Maueroberfläche oder in den Fugen einer Trockenmauer herrschen extreme Lebensbedingungen. Nur Pflanzen, die an Trockenheit und Nährstoffarmut angepasst sind, wie Flechten oder Sedum- und Sempervivum-Arten, die in ihren dickfleischigen Blättern Wasser speichern, können hier auf Dauer überleben. Andererseits entstehen

Pflanzenart	Standort	Fuge	Mauerkrone
Alyssum montanum (Bergsteinkraut)	○	X	X
Anaphalis triplinervis (Perlkörbchen)	○	–	X
Anthemis marschalliana (Goldkamille)	○	–	X
Arabis caucasica (Gänsekresse)	○	X	X
Asplenium trichomanes (Brauner Streifenfarn)	◑ – ●	X	–
Aster alpinus (Frühlingsaster)	○	X	X
Aster bellidiastrum (Alpenmaßliebchen)	○ – ◑	–	X
Aubrieta-Arten (Blaukissen)	○	X	X
Aurinia saxatilis (Felsensteinkraut)	○	X	X
Campanula carpatica (Karpatenglockenblume)	○ – ◑	X	X
Campanula cochleariifolia (Zwergglockenblume)	○ – ◑	X	X
Campanula garganica (Glockenblume)	○ – ◑	X	X
Campanula portenschlagiana (Glockenblume)	○ – ◑	X	X
Campanula poscharskyana (Glockenblume)	○ – ◑	X	X
Centranthus ruber (Spornblume)	○	X	X
Cerastium tomontosum (Hornkraut)	○	X	X
Cymbalaria muralis (Zimbelkraut)	○	X	–
Dianthus deltoides (Heidenelke)	○	–	X
Draba aizoides (Hungerblümchen)	○	X	X
Dryas x suendermannii (Silberwurz)	○	X	X
Erigeron karvinskianus (Zwergfeinstrahlaster)	○	X	X
Gentiana acaulis (Stängelloser Enzian)	○ – ◑	–	X
Gentiana septemfida var. lagodechiana (Sommerenzian)	○	–	X
Gentiana sino-ornata (Herbstenzian)	○ – ◑	–	X
Geranium dalmaticum (Storchschnabel)	○ – ◑	X	X
Geranium sanguineum (Blutstorchschnabel)	○ – ◑	X	X
Geranium cinereum subsp. subcaulescens (Zwergstorchschnabel)	○ – ◑	X	X
Gypsophila repens (Teppichschleierkraut)	○	X	X
Iberis sempervirens (Immergrüne Schleifenblume)	○	X	X
Inula ensifolia (Zwergalant)	○	X	X
Lavandula angustifolia (Lavendel)	○	–	X
Lewisia cotyledon (Bitterwurz)	○	X	X
Limonium latifolium (Meerlavendel)	○	–	X
Linum flavum (Goldflachs)	○	X	X

Tab. 1 Geeignete Stauden zur Bepflanzung von Mauern

▶ Fortsetzung nächste Seite

Pflanzenart	Standort	Fuge	Mauerkrone
Linum perenne (Alpenlein)	○	X	X
Morina longifolia (Steppendistel)	○	–	X
Papaver nudicaule (Islandmohn)	○	–	X
Petrorhagia saxifraga (Felsennelke)	○	X	X
Phlox douglasii (Phlox)	○	X	X
Phlox subulata (Teppichphlox)	○	X	X
Potentilla crantzii (Zottiges Fingerkraut)	○ - ◑	X	X
Primula x pubescens (Gartenaurikel)	○ - ◑	X	X
Pulsatilla vulgaris (Küchenschelle)	○	–	X
Rhodiola wallichiana (Fetthenne)	○	X	–
Saponaria ocymoides (Seifenkraut)	○	X	X
Saxifraga pedemontana (Steinbrechgewächs)	◑	X	X
Saxifraga trifurcata (Steinbrech)	○	X	X
Sedum-Arten (Mauerpfeffer)	○	X	X
Sempervivum-Arten (Hauswurz)	○	X	X
Silene schafta (Leimkraut)	○	X	X
Thymus doerfleri (Thymian)	○	X	X

Tab. 1 Geeignete Stauden zur Bepflanzung von Mauern (Fortsetzung)

je nach Lage der Mauer, z. B. in praller Sonne oder im Schatten großer Bäume, unterschiedliche Mikroklimata und damit Lebensräume. So bietet ein schattiger, kühler und feuchter Standort Algen, Moosen und Farnen einen idealen Lebensraum. Die Auswahl der Pflanzen zur Begrünung einer Trockenmauer hängt also in erster Linie von der Lage der Mauer zur Sonne ab (Tab. 1, S. 165 f. und 1).

Die **Bepflanzung** sollte möglichst während des Baus der Mauer erfolgen. An den Stellen, an denen die Pflanzen eingesetzt werden, müssen die Stoßfugen notwendigerweise breiter gehalten werden[1]. Dabei ist zu bedenken, dass bei einer Trockenmauer möglichst enge Fugen angestrebt werden. Nicht nur aus diesem Grund ist eine zu dichte Bepflanzung zu vermeiden.

Das Mauerwerk sollte weitgehend sichtbar bleiben, denn gerade im Kontrast zwischen Naturstein und Pflanze liegt der besondere Reiz einer Trockenmauer.

[1] Stoßfugenfüllung zur Bepflanzung: z. B. Sand-Kies 0/8, Kalkschotter 0/8 + 20 % Blähtonschiefer 2/8

Anaphalis triplinervis (Perlkörbchen), △, VII - VIII

Asplenium trichomanes (Brauner Streifenfarn), △

Aster bellidiastrum (Alpenmaßliebchen), △, IV - VI

Aubrieta columnae (Blaukissen), ΛΛ>, △, IV - V

Aubrieta deltoidea (Griechisches Blaukissen), ΛΛ>, △, IV - V

Aurinia saxatilis (Felsensteinkraut), ħ - ♃, △, ▽, IV - V

1 Stauden

Campanula carpatica (Karpatenglockenblume), △, VI – VII

Centranthus ruber (Spornblume), V – VII

Cymbalaria muralis (Zimbelkraut), ⋀⋀⋀>, ≷, △, VI – IX

Erigeron karvinskianus (Zwergfeinstrahlaster), ⋀⋀⋀>, △, ⋀, V – IX

Geranium sanguineum (Blutstorchschnabel), △, V – IX

Iberis sempervirens (Schleifenblume), ℏ, i, △, V

Morina longifolia (Steppendistel), ⋀, VI – VIII

Papaver nudicaule (Islandmohn), △, VI – IX

Petrorhagia saxifraga (Felsennelke), △, VI – IX

Phlox douglasii (Phlox), △, ⋀⋀⋀>, V – VI

Potentilla crantzii (Zottiges Fingerkraut), △, VI – VII

Primula x pubescens (Gartenaurikel), IV – VI

1 Stauden (Fortsetzung)

Rhodiola wallichiana (Fetthenne), VI

Saxifraga pedemontana (Steinbrechgewächs), △, ▽, VI

Sedum kamtschaticum (Fetthenne), VII – VIII

1 Stauden (Fortsetzung)

2.6 Gabionen

2 Gabionen als Grundstücksabgrenzung zur Verkehrsstraße

Gabionen (2) sind mit Steinen oder anderen Materialien gefüllte Drahtkörbe. Ihre **Drahtgitterstruktur** besteht in der Regel aus verzinktem Stahl, teilweise auch Edelstahl. Es gibt sie in verschiedenen Formen, wobei rechteckige Drahtkörbe am häufigsten verwendet werden. Gabionen werden zur Stabilisierung von Böschungen, Hängen und Uferbereichen, zum Lärmschutz in Form von Schallschutzwänden entlang von Straßen und Eisenbahnstrecken, als Sichtschutz sowie gestalterisch zur Schaffung von Mauern, Sitzgelegenheiten oder Gartenstrukturen verwendet. Die Auswahl des richtigen Füllmaterials ist wichtig, um eine stabile Mauer zu schaffen. Typischerweise wird Schotter verwendet (Drahtschotterkörbe), aber auch andere Materialien wie Natursteine oder Recyclingmaterialien können je nach den Anforderungen und der gewünschten Ästhetik verwendet werden. Gabionen können bereits im Werk oder von Hand am Ort der Verwendung gefüllt werden:

- Bei **werkseitig gefüllten Gabionen** wird das Füllmaterial am Produktionsstandort maschinell in die Drahtkörbe eingebracht und sorgfältig verdichtet. Dadurch wird eine gleichmäßige und stabile Füllung gewährleistet. Da eine manuelle Befüllung auf der Baustelle entfällt, ermöglicht die Verwendung werkseitig gefüllter Gabionen eine hohe Produktivität und einen schnellen Baufortschritt.
- Bei **von Hand gefüllten Gabionen** werden die Drahtkörbe vor Ort aufgebaut und von Hand mit Füllmaterial befüllt. Dabei wird das Füllmaterial Schicht für Schicht eingefüllt, wobei es von Hand platziert und verdichtet werden muss, um eine stabile und gleichmäßige Füllung zu gewährleisten. Nach der Füllung werden die Deckel verschlossen, um die Stabilität zu gewährleisten. Handgefüllte Gabionen erfordern mehr Zeit und Arbeitsaufwand.

Gabionen können also entweder vor Ort zusammengebaut und befüllt oder in vorgefertigter Form geliefert und dann vor Ort aufgestellt werden. Um größere Strukturen wie Mauern zu erstellen, können die Körbe miteinander verbunden werden. Zur Gewährleistung der Stabilität sollten die Körbe auf einer stabilen, ebenen Oberfläche platziert werden.

Vorteile

Gabionen sind aufgrund ihrer Konstruktion äußerst stabil, robust, langlebig und vielseitig einsetzbar. Sie können relativ einfach an unterschiedliche Geländegegebenheiten und Projekterfordernisse angepasst werden. Mit ihnen lassen sich Mauern schnell errichten und auch wieder abbauen. Sie sind umweltfreundlich (natürliches Material) und recyclingfähig. Sie ermöglichen eine gute Wasser- und Luftdurchlässigkeit und bieten Lebensraum für Pflanzen und Tiere.

Nachteile

Obwohl Gabionen im Allgemeinen wenig Wartung erfordern, ist es doch erforderlich, sie regelmäßig zu überprüfen und gegebenenfalls Steine nachzufüllen oder beschädigte Drahtgitter zu reparieren. Außerdem sind sie von Schmutz, Blättern oder anderen Ablagerungen zu reinigen. Ästhetisch passen sie nicht zu jedem architektonischen oder landschaftlichen Stil und werden insbesondere bei nicht sorgfältiger Planung und Gestaltung als weniger ansprechend empfunden.

? Aufgaben

○ 1. Unterscheiden Sie Hart- und Weichgestein.

○ 2. Nennen Sie jeweils drei gebräuchliche Hart- und Weichgesteine zum Bau von Natursteinmauern.

◑ 3. Benennen Sie die abgebildeten Werkzeuge.

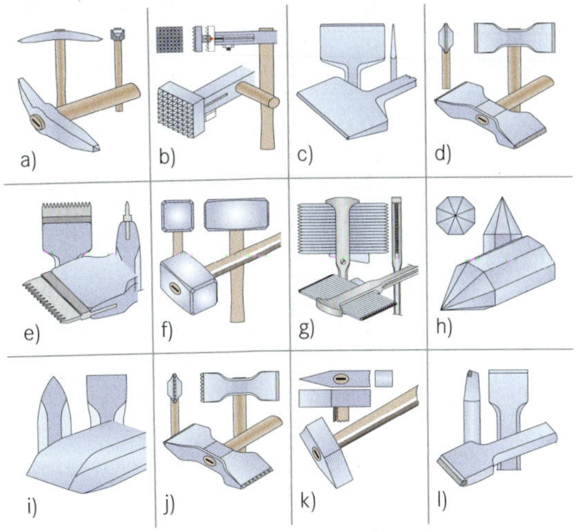

◑ 4. Bei einer Vielzahl von Arbeiten kann es zu einer erheblichen Staubbelastung kommen.
   a) Begründen Sie, warum Staub, auch wenn er keine chemischen Stoffe enthält, gesundheitsschädlich ist.
   b) Nennen Sie Schutzmaßnahmen zur Vermeidung bzw. Verringerung von Staubbelastungen.

◑ 5. Was versteht man unter folgenden Bezeichnungen im Mauerbau: a) Läufer, b) Binder, c) Stoßfugen, d) Lagerfugen, e) Überdeckung/Überbindung, f) Wechsler, g) lagerhafte Steine, h) Knirsch- oder Pressfuge, i) Quader, j) Einbindtiefe, k) Anlauf/Dossierung?

● 6. Nennen Sie zu den gekennzeichneten Punkten die einzuhaltenden Vermauerungsgrundsätze.

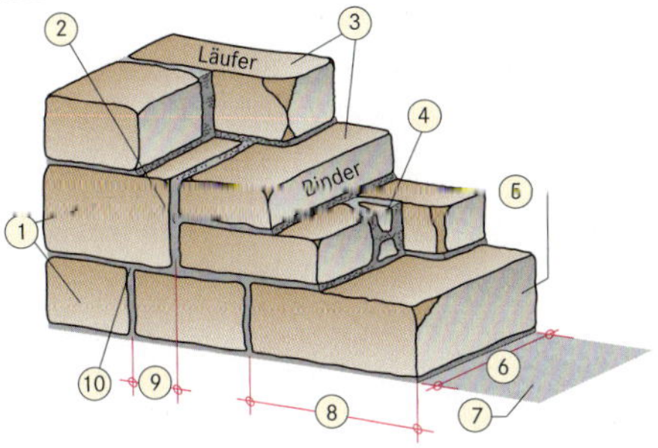

○ 7. Welche Mauerwerksarten werden beim Bau von Natursteinmauern unterschieden?

◑ 8. Beurteilen Sie die abgebildeten Mauerausschnitte auf ihre fachliche Richtigkeit.

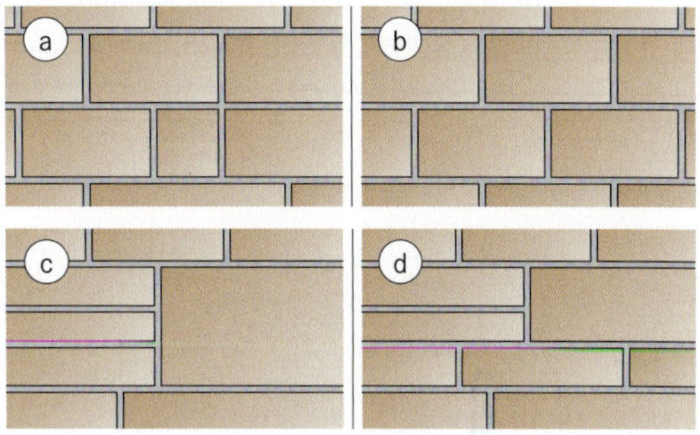

● 9. Benennen Sie die abgebildeten Mauerwerksarten und nennen Sie typische Kennzeichen.

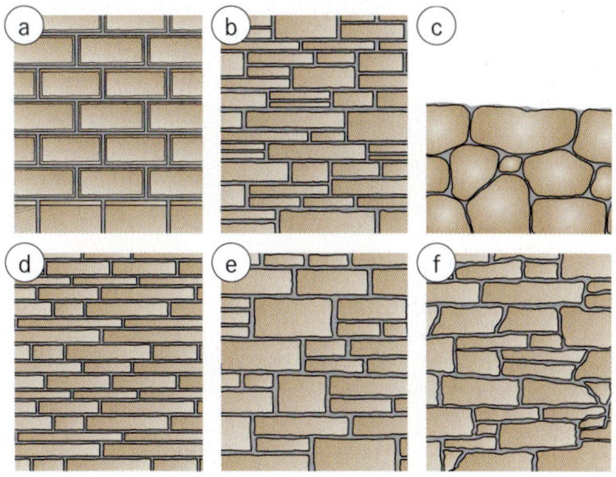

◑ 10. Warum sollten Binder keine keilige Form haben?

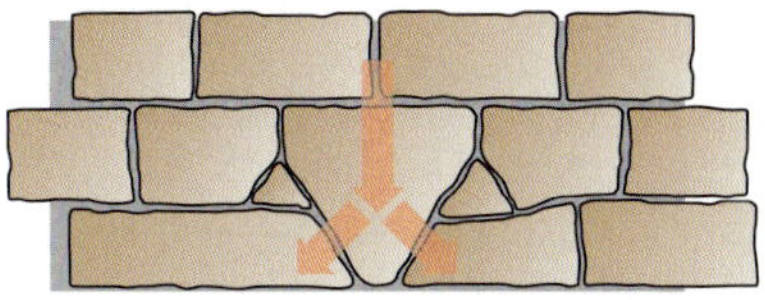

○ 11. Wie groß soll die Überbindung beim
   a) Schichtenmauerwerk und
   b) Quadermauerwerk mindestens sein?

◑ 12. Was versteht man unter einer Trockenmauer und worin ist ihre ökologische Bedeutung zu sehen?

○ 13. Wie sollte das Fugenbild aussehen?

○ 14. Trockenmauern werden in der Regel als Stützmauern errichtet. Wie groß muss der Anlauf sein?

›

Aufgaben (Fortsetzung)

○ 15. Wie sollte das Fundament einer Trockenmauer beschaffen sein?

○ 16. Wie breit sollten der Mauerfuß und die Mauerkrone mindestens sein?

○ 17. Nennen Sie drei Möglichkeiten für den oberen Mauerabschluss.

◑ 18. Warum besteht bei Trockenmauern keine Gefahr von Frostschäden?

◑ 19. Was versteht man unter Verblend- und Mischmauerwerk und welche Vorteile bieten sie gegenüber reinen Natursteinmauerwerken?

● 20. Worauf ist beim Erstellen von Verblend- und Mischmauerwerk zu achten?

◑ 21. Eine Trockenmauer in Südlage soll bepflanzt werden. Nennen Sie zehn geeignete Stauden mit ihren botanischen Namen.

○ 22. Was sind Gabionen?

○ 23. Wofür werden Gabionen verwendet?

◑ 24. Welche Vorteile und Nachteile haben Gabionen?

◑ 25. Unterscheiden Sie a) werkseitig und b) handgefüllte Gabionen.

○ 26. Wie erfolgt die Wartung von Gabionen?

Treppenbau

Funktion von Treppen

1 Funktion von Treppen

1 Treppen als Blickfang des Gartens

Treppen dienen in erster Linie zur Überwindung von Höhen, um unterschiedliche Ebenen miteinander zu verbinden. Sie sind dann angebracht, wenn die Steigung eines Weges so groß ist, dass ein bequemes Begehen nicht mehr möglich ist. Allgemein gilt dies für Steigungen über 10 % bzw. ab 8 % bei glatten Belägen, älteren oder gehbehinderten Personen.

Darüber hinaus sind Treppen aufgrund der Vielfalt an unterschiedlichen Materialien, Oberflächenstrukturen/-bearbeitungen und Bauweisen reizvolle architektonische Elemente in der Gartengestaltung (1). Über ihre reine Nutzfunktion hinaus können Stufen und Podeste zum Aufstellen von Pflanzen, Skulpturen u. Ä. wie auch zum Sitzen und Entspannen dienen.

Für Fahrzeuge, z. B. Rollstuhl oder Pflegefahrzeug, bieten sich Rampen (Schrägen) an.

Fachbegriffe

2 Fachbegriffe (1, S. 172)

- Auftritt

Auftritt = nutzbare Stufentiefe

- Stufenhöhe (Steigung)

Stufenhöhe = Höhe einer Stufe

- Steigungsverhältnis

Das Steigungsverhältnis einer Treppe ergibt sich aus dem Verhältnis Stufenhöhe zu Auftritt (2, S. 172):

$$\textbf{Steigungsverhältnis} = \frac{\text{Stufenhöhe}}{\text{Auftritt}}$$

Beispiel: Stufenhöhe = 15 cm
Auftritt = 35 cm

$$\text{Steigungsverhältnis}^1 = \frac{15\text{ cm}}{35\text{ cm}} = 15/35$$

Das Steigungsverhältnis einer Treppe sollte ein bequemes Begehen ermöglichen. Erfahrungen haben gezeigt, dass dies gewährleistet ist, wenn mit einem Schritt 2 × die Stufenhöhe und 1 × der Auftritt überwunden werden können. Dabei rechnet man in der Regel mit einem **Schrittmaß**[2] von 59 bis 65 cm (2, S. 172). Entsprechend lautet die **Schrittmaßregel** zur Berechnung von Auftritten bzw. Stufenhöhen:

2 · Stufenhöhe + Auftritt = Schrittmaß

Die Stufe darf nicht zu hoch (schweres Begehen) und nicht zu niedrig (Stolpergefahr) sein. Nach Möglichkeit sollte in Gärten und Grünanlagen eine Mindeststufenhöhe von 10 cm und eine maximale Stufenhöhe von 16 cm nicht unter- bzw. überschritten werden.

Beispiel:
Wie lang ist der Auftritt bei a) 10 cm Stufenhöhe und b) 16 cm Stufenhöhe, wenn als Schrittmaß 65 cm zugrunde gelegt werden?

a) 2 · 10 cm + ? = 65 cm
20 cm + 45 cm = 65 cm
Ergebnis: Bei einer Stufenhöhe von 10 cm beträgt der Auftritt 45 cm (Steigungsverhältnis 10/45).

[1] Nach DIN 18065 wird das Steigungsverhältnis in mm angegeben, in der Praxis findet sich jedoch häufig die Angabe in cm.

[2] durchschnittliche Schrittlänge eines Erwachsenen

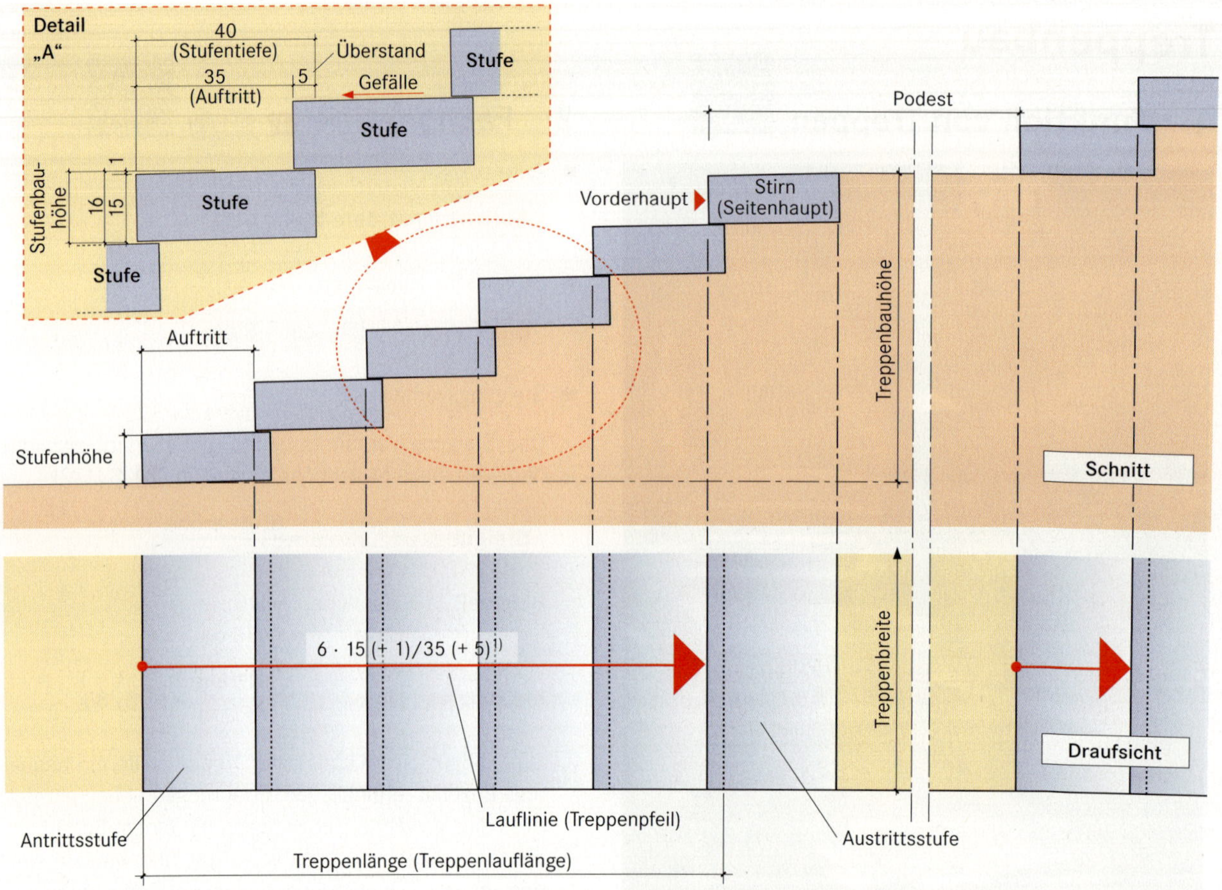

1) 6 Stufen mit einer Steigungshöhe von 15 cm + 1 cm (Stufengefälle) und einem Auftritt von 35 cm und einem Stufenüberstand von 5 cm

1 Fachbegriffe

b) 2 · 16 cm + ? = 65 cm
32 cm + 33 cm = 65 cm

Ergebnis: Bei einer Stufenhöhe von 16 cm beträgt der Auftritt 33 cm (Steigungsverhältnis 16/33).

! Merke

Je höher eine Stufe, desto kürzer ist der Auftritt und umgekehrt!

Die Treppenlauflinie (Treppenpfeil) kennzeichnet den üblichen Weg bei der Benutzung der Treppe (**1**). Er verläuft in Richtung Steigung und reicht von der untersten bis zur Vorderkante der obersten Stufe.

- Stufenbauhöhe

Stufenbauhöhe = Stufenhöhe + Gefälle

Das Stufengefälle soll anfallendes Niederschlagswasser rasch ableiten und eine Vereisung der Stufenoberflächen im Winter vermeiden. Es wird nach vorne angelegt und liegt bei 1 cm/Stufe bzw. 1 bis 3 %.

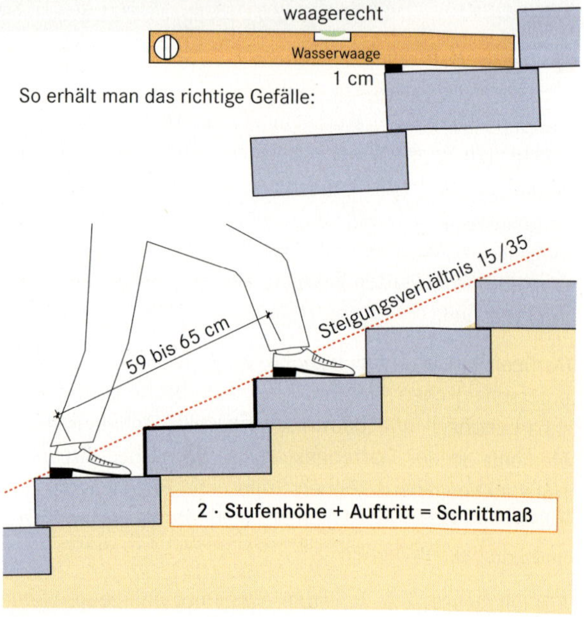

2 Das Steigungsverhältnis

- Treppenbauhöhe

Treppenbauhöhe = Stufenbauhöhe · Anzahl der Stufen

- Treppenlänge (Treppenlauflänge)

Treppenlänge = Auftritt · Anzahl der Stufen

Eine Treppe besteht aus mindestens drei Stufen.

- Podeste (Treppenabsätze)

Podeste dienen zur Unterbrechung zu langer und damit unbequemer Treppen sowie als gestalterische Elemente.

Podeste

Schrittregel für Podeste

Folgen mehrere Treppen aufeinander, soll jede Treppe mit einem anderen Bein betreten werden. Dazu muss auf dem Podest ein Schrittwechsel erfolgen. Man erreicht dies, indem auf eine gerade Stufenzahl auf dem Podest eine ungerade Schrittzahl folgt und umgekehrt (1).

Im Gegensatz zur rechnerischen Podestlänge ergibt sich die optische (tatsächliche) Länge des Podests aus der Schrittzahl plus dem Auftritt der Austrittsstufe (1, S. 172).

Treppe mit ungerader Stufenzahl

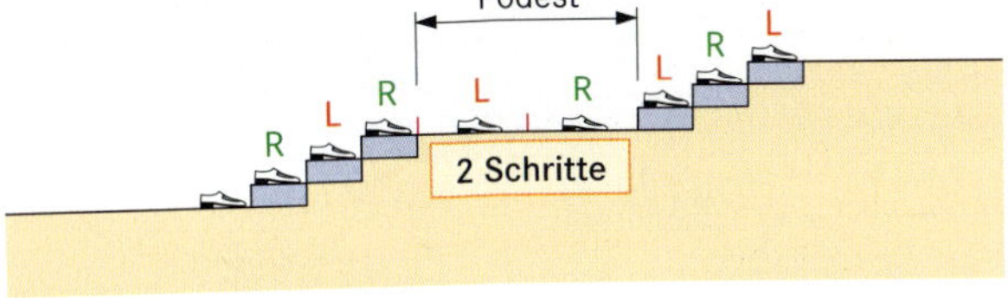

Treppe mit gerader Stufenzahl

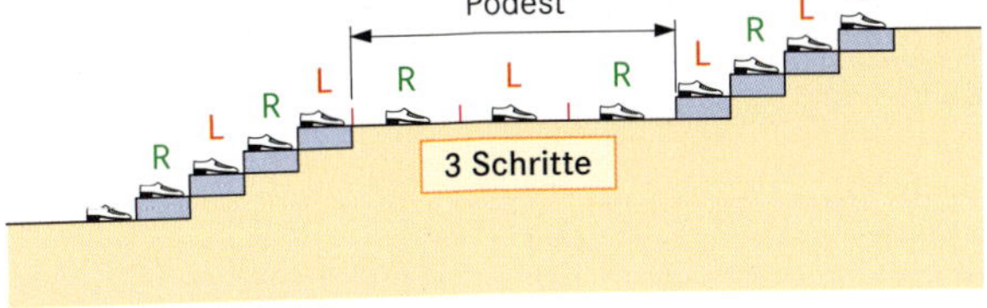

1 Schrittwechsel auf dem Podest

Aufgaben

1. Wie errechnet man das richtige Steigungsverhältnis einer Treppe?
2. Nennen Sie jeweils drei mögliche Podestlängen für Treppen mit a) ungerader und b) gerader Stufenzahl (angenommenes Schrittmaß 65 cm).
3. Das gewünschte Steigungsverhältnis einer Treppe ist 15/35. Auf dem geplanten Zwischenpodest sollen 3 Schritte gemacht werden. Welche Podestlänge ergibt sich?

3 Treppenläufe

Gerade Treppenläufe

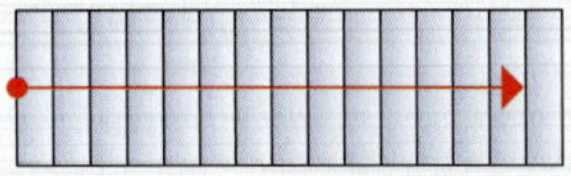

a) Einläufige gerade Treppe

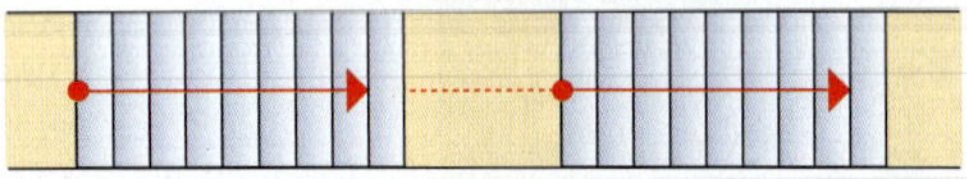

b) Zweiläufige gerade Treppe mit einem Zwischenpodest

Gewinkelte Treppenläufe

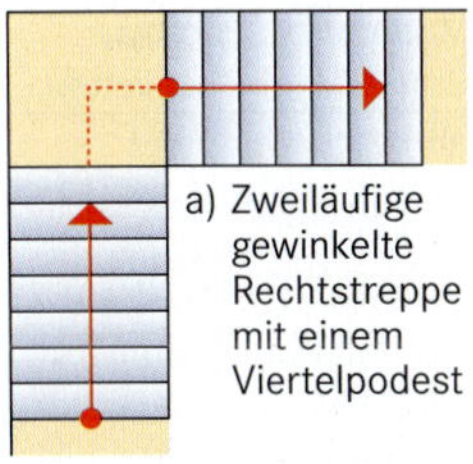

a) Zweiläufige gewinkelte Rechtstreppe mit einem Viertelpodest

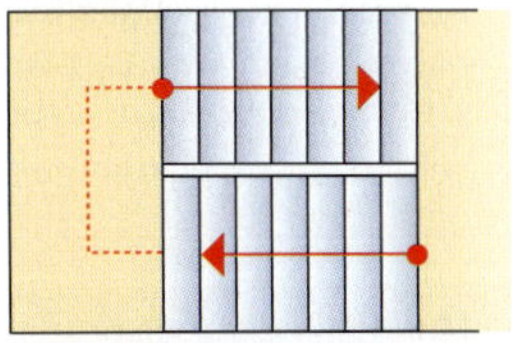

b) Zweiläufige gegenläufige Rechtstreppe mit einem Halbpodest

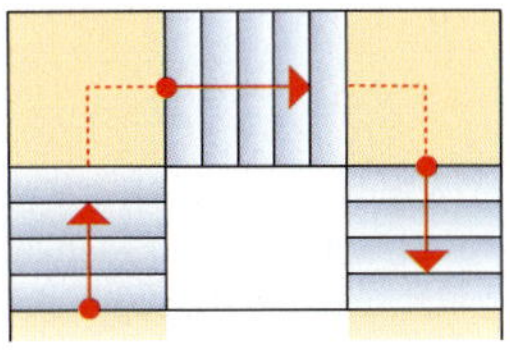

c) Dreiläufige zweimal abgewinkelte Rechtstreppe mit zwei Viertelpodesten

Gewendelte Treppenläufe

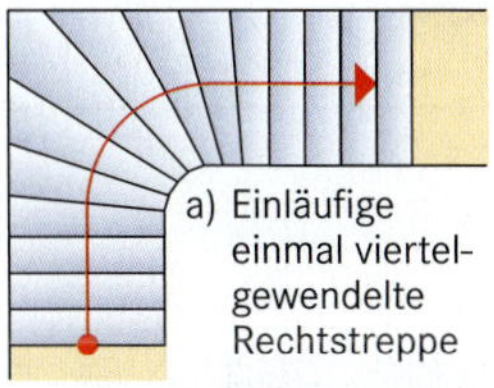

a) Einläufige einmal viertelgewendelte Rechtstreppe

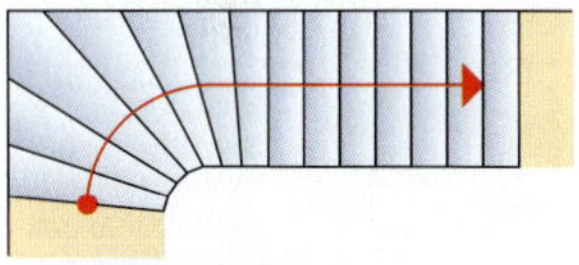

b) Einläufige im Antritt viertelgewendete Rechtstreppe

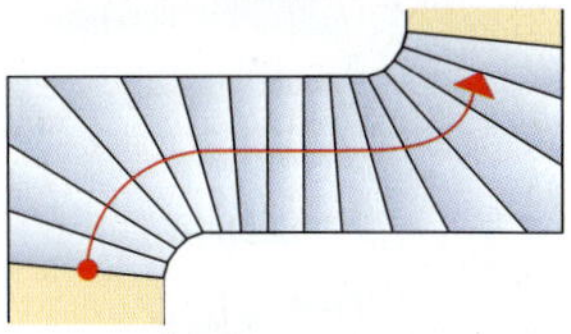

c) Einläufige zweimal entgegengesetzt viertelgewendelte Rechtstreppe

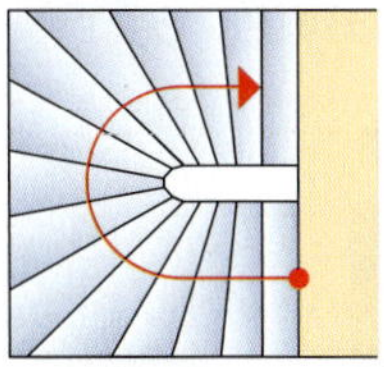

d) Einläufige einmal halbgewendelte Rechtstreppe

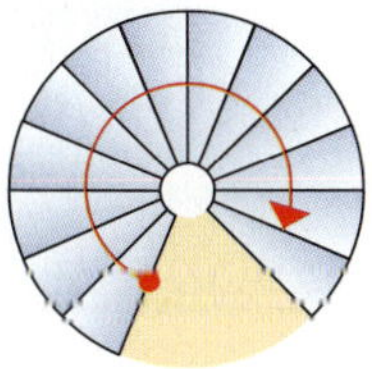

e) Einläufige Wendeltreppe

2 Grundrisse unterschiedlicher Treppenformen

Aufgabe

Skizzieren und benennen Sie ergänzend zu 2 drei zusätzliche Treppenläufe.

Stufenarten Sitzstufen

4 Stufenarten

<table>
<tr><th>Stufenarten</th><th>Kennzeichen und Materialien</th><th>Bemerkungen</th></tr>
<tr><td>Blockstufen
</td><td>Stufen aus einem Stück. Bei wenigen Stufen auf tragfähigem Untergrund aufgrund des hohen Eigengewichts in der Regel kein Betonfundament erforderlich. Gut verdichtetes Kies-Sand-Gemisch (0/32) mit einer Auflage von 3 bis 5 cm Sand ausreichend. Ggf. unter Antrittsstufe Fundament aus Beton C 25/30, Tiefe > 60 cm und Stufen in Mörtel setzen. Verlegung erfolgt mit leichtem Überstand (≥ 2 cm).

Materialien: Porphyr, Granit, Gneis, Sandstein, Muschelkalk, Beton</td><td>Sehr schön und repräsentativ, relativ teuer, sehr stabil aufgrund hohen Eigengewichts. Maschinen bzw. Geräte zum Verlegen erforderlich. Bei Natursteinen Sonder- und Maßanfertigungen üblich.
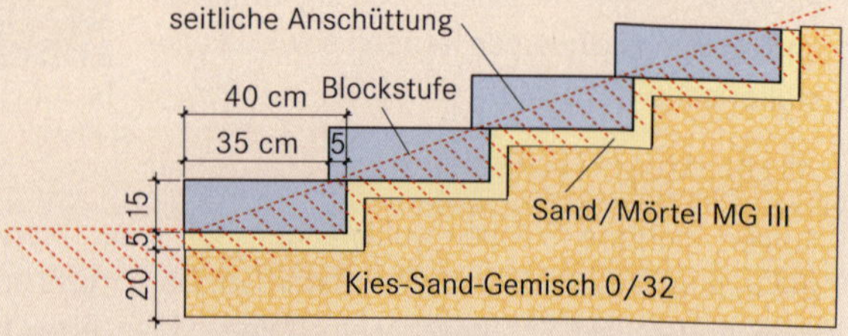
</td></tr>
<tr><td>Legestufen (Plattenstufen)
</td><td>Stufenplatten von 2 bis 10 cm Stärke, die mit Unterlagen (Breite ≤ 1/4 Auftritt) aus gleichem Material unterlegt werden; Platten werden mit 2 bis 6 cm Überstand (Schattenlinie) auf gestuftem Betonunterbau mit oder ohne Verblendstein verlegt; Auftrittsbreite meist zwischen 30 bis 40 cm, gebräuchliche Plattenbreiten zwischen 0,80 und 1,50 m.

Materialien: Porphyr, Granit, Gneis, Sandstein, Beton, Holz, Metall</td><td>Letztendlich nicht preiswerter als Blockstufen, da Arbeitsaufwand größer (Fundament erforderlich); über die Stärke der Unterlage kann die Stufenhöhe reguliert werden; üblicherweise werden Platten und Unterlagen mit Mörtel verbunden; Ansichtsflächen von Platten und Unterlagen sollten gleiche Bearbeitung aufweisen.
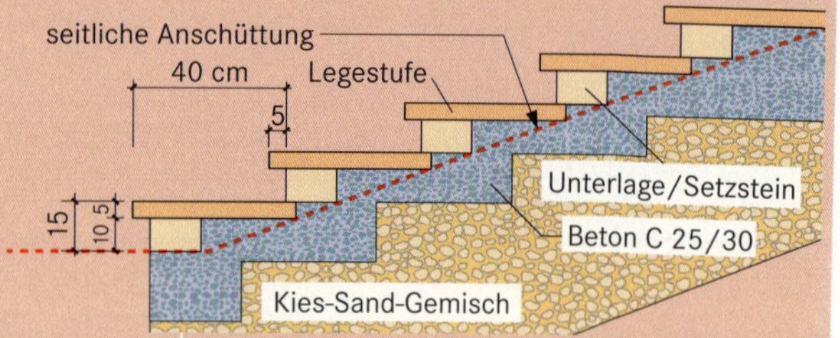
</td></tr>
<tr><td>Stellstufen (Setzstufen)
</td><td>Stufenplatten sind gestellt. Höhe der Rückenstützen treppenabwärts ≥ 1/3, treppenaufwärts ≥ 1/2 der Stellkantenhöhe. Der ausgekofferte Auftritt kann z. B. ausgepflastert, bekiest, mit Platten belegt oder mit Rindenmulch ausgefüllt werden. Als Stellstufen eignen sich auch kurze Palisaden (etwa 40 cm) aus Holz oder Beton, Kantensteine oder L-Steine.

Materialien: Porphyr, Granit, Gneis, Sandstein, Beton, Klinker, Holz, Metall</td><td>Einfache Treppenform; im Allgemeinen weniger robust als bei Block- und Legestufen.
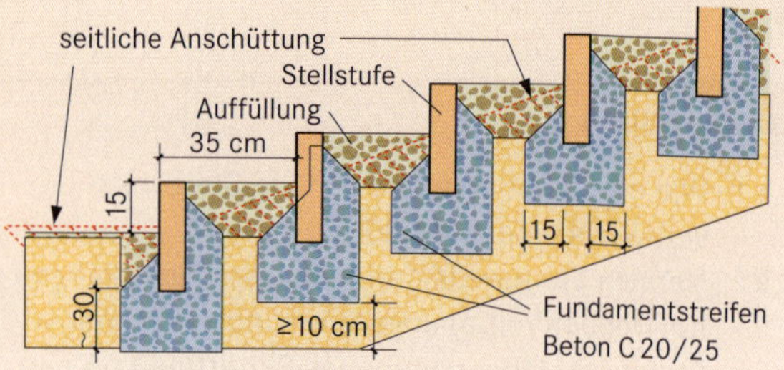
</td></tr>
</table>

Tab. 1 Gebräuchliche Stufenarten

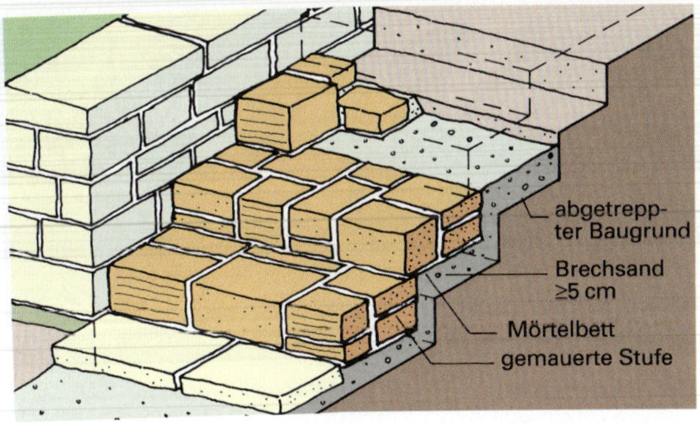

a) Natursteinstufen im Sandbett

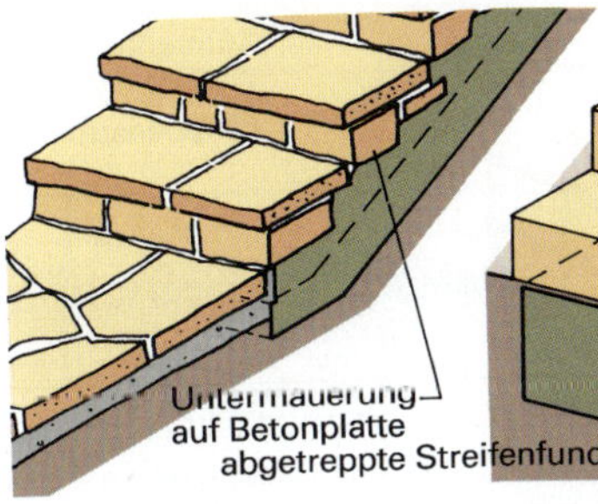

b) Natursteinstufen mit Trittplatten

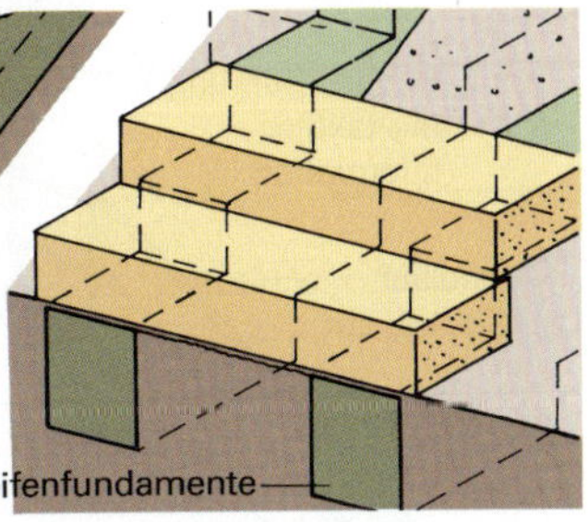

c) Naturstein-Blockstufen auf Streifenfundamenten

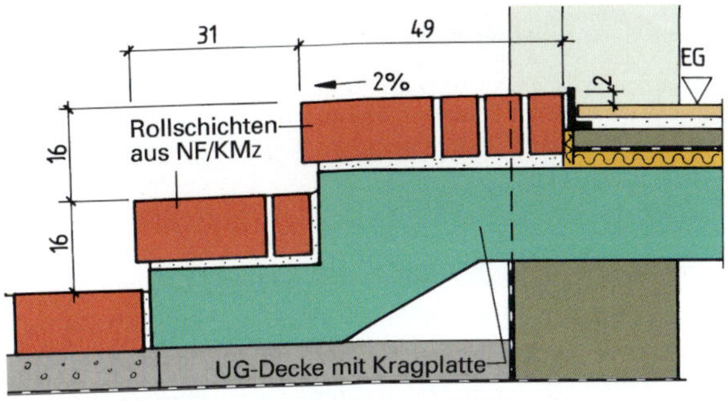

d) Hauseingangstreppe aus Vollklinkern (KMz)

1 Gemauerte Treppen

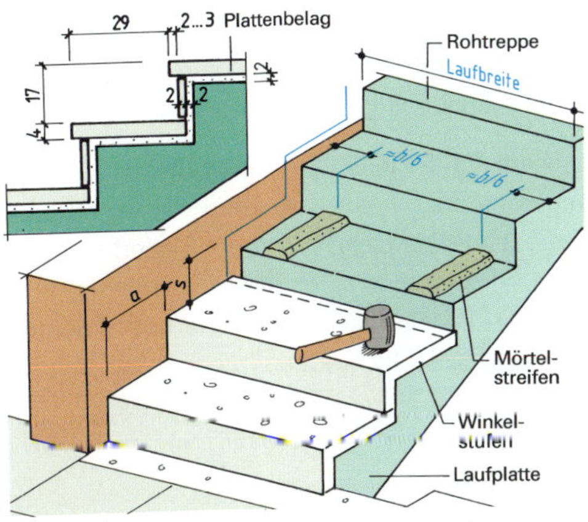

2 Treppenlaufplatte aus Ortbeton-/Stahlbetonfertigteilen mit aufbetonierten Stufen auf die z. B. Winkelstufen/Plattenbeläge aufgemörtelt werden

Aufgaben

1. Unterscheiden Sie Block-, Lege- und Stellstufen.
2. Beschreiben und begründen Sie die Treppengründung bei Block-, Lege- und Stellstufen.
3. Benennen Sie die folgenden Stufenarten.

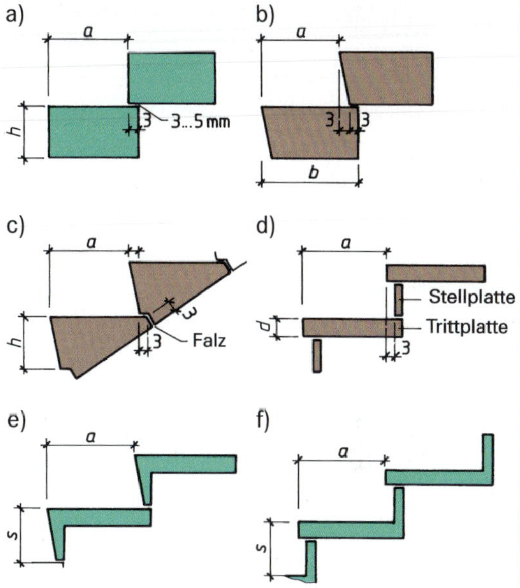

5 Gründungen

Die **Gründung** (Fundamentierung) stellt die Verbindung zwischen dem Bauwerk (der Treppe) und dem Baugrund her. Zur Vermeidung von Setzungsschäden soll sie eine bestmögliche Übertragung der Bauwerkslasten (Eigengewicht + Verkehrslast) auf den Baugrund gewährleisten. Deswegen sind auch Treppenfundamente immer waagerecht einzubauen (keine schrägen Fundamentsohlen!). Bei ausreichender Tragfähigkeit kann der gewachsene Boden als Auflager für die Stufen dienen.

Bei der **Fundamentierung** kann zwischen unstarren und starren Fundamenten unterschieden werden:

- **Unstarre Fundamente** bestehen aus ungebundenen Schüttstoffen, z. B. Kies-Sand-, Schotter-Splitt-Gemischen (0/32) oder Splitt (8/32, **1 a**),
- **starre Fundamente** bestehen aus gebundenen Schüttstoffen, also Beton (**1 b**, **1 c**, **1 d** und **2**).

Welche Art der Gründung durchgeführt wird, hängt in erster Linie von der Größe der Treppe (Anzahl der Stufen), der Verkehrsbelastung und der Lage ab. So können Blockstufen bei wenigen Stufen (≤ 10) aufgrund ihres hohen Eigengewichts in der Regel ohne Betonfundament in einem gut verdichteten Kies-Sand-Gemisch (0/32) verlegt werden. Gleiches gilt für Legestufen bis 5 Stück. Bei größeren und vor allem öffentlich zugänglichen Treppen werden hingegen in der Regel starre Gründungen (Betonfundamente) vorgezogen.

Bei gering belasteten Treppen (z. B. in Hausgärten) mit bis zu 5 Stufen kann statt einer **frostfreien** (Einbaudicke ≥ 80 cm) eine **frostbeständige Gründung** erstellt werden. Bei dieser lagert das ≥ 40 cm dicke Betonfundament auf einer Frostschutzschicht. Beide zusammen müssen eine Dicke von ≥ 80 cm aufweisen. Die Gefahr von Bauschäden durch Frost ist zwar minimiert, jedoch nicht vollkommen auszuschließen.

Vollfundamente unterfangen die gesamte Treppe in voller Länge, Breite und Tiefe. Sie bilden sozusagen einen Betonblock unter der Treppe. Bei längeren Treppen (mehr als 5 Stufen) wird aus Kostengründen die Fundamentsohle abgestuft. Um Risse aufgrund unterschiedlicher Baugrundbelastungen zu vermeiden, ist hier Stahlbeton zu verwenden. Die preiswerteste Form der starren Gründung bilden längs zur Laufrichtung verlaufende **Streifenfundamente** (1), weshalb sie im Garten- und Landschaftsbau bevorzugt eingebaut werden.

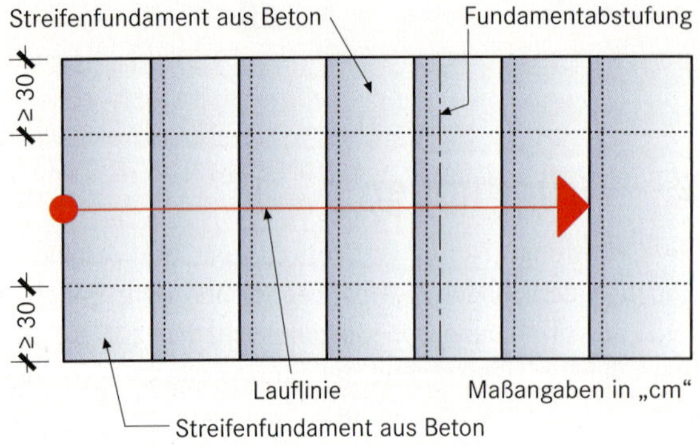

1 Streifenfundamente längs zur Laufrichtung

6 Verkehrssicherheit von Treppen

Treppenunfälle (2) sind eine häufige Ursache für Verletzungen mit unterschiedlichen Schweregraden bis hin zu tödlichen Unfällen. Im Hinblick auf den demografischen Wandel gewinnt zudem ein seniorengerechtes Bauen immer mehr an Bedeutung. Doch nicht nur im Hinblick auf ältere Menschen müssen Treppen besonders sicher gestaltet werden. Die Gefahr, beim Begehen einer Treppe einen Unfall zu haben, kann von verschiedenen Faktoren abhängen. Dazu gehören unter anderem der Zustand der Treppe, die Witterungsbedingungen, die Aufmerksamkeit des Be-

2 Treppen stellen ein erhöhtes Gefahrenpotenzial dar

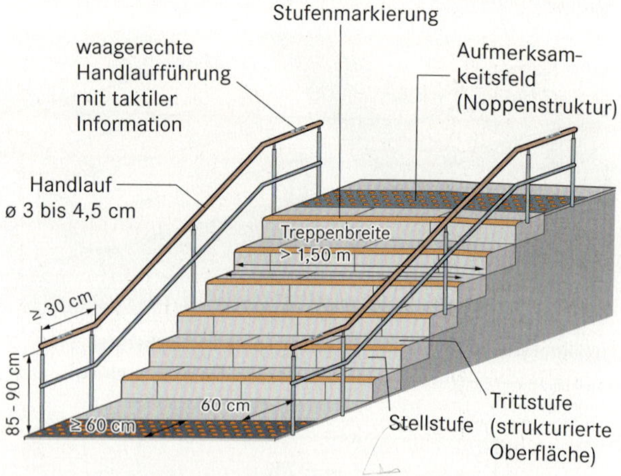

3 Details einer für Sehbehinderte und Blinde barrierefrei zugänglichen Außentreppe im öffentlichen Bereich nach DIN 1804-01 und DIN 32984

nutzers und die Einhaltung von Sicherheitsmaßnahmen. Besonders häufig ereignen sich Stürze am Anfang und Ende einer Treppe, wobei die Mehrzahl der schweren Treppenunfälle sich beim Abwärtsgehen am unteren Ende der Treppe ereignen. Die Verkehrssicherheit von Treppen wird in den jeweiligen **Bauordnungen der Länder** geregelt. Daher ist es ratsam, sich vor Baumaßnahmen über örtliche Bauvorschriften und Sicherheitsrichtlinien zu informieren und gegebenenfalls Rücksprache mit zuständigen Behörden oder Fachleuten zu halten.

Die Umsetzung der folgenden **Maßnahmen zur Unfallverhütung** kann dazu beitragen, das Risiko von Stürzen und Verletzungen zu reduzieren und die Sicherheit der Benutzer zu gewährleisten (s. auch 3). Es ist wichtig, dass diese Maßnahmen bereits bei der Planung und Errichtung von Treppen berücksichtigt werden.

Ein **Knieleistengeländer** besteht aus einem Handlauf auf der Oberseite (mindestens 80 cm, maximal 115 cm), einer waagerechten Leiste (Knieleiste) in der Mitte der Stützpfosten und einer mindestens 10 cm hohen, 1 cm über der Laufebene angebrachten Fußleiste. Ein Knieleistengeländer ermöglicht es einer Person, sich mit den Händen auf dem Handlauf abzustützen und gleichzeitig das Knie gegen die Leiste zu drücken, was zusätzliche Stabilität und Sicherheit beim Begehen der Treppe bietet.

Ein **Füllstabgeländer** besteht aus einem Handlauf auf der Oberseite und senkrechten Füllstäben oder Gitterelementen, die zwischen den Stützpfosten angebracht sind. Die Füllstäbe dienen dazu, den Raum zwischen den Pfosten zu füllen und das Durchrutschen von Personen zu verhindern. Sie können verschiedene Formen und Abstände haben. Das Füllstabgeländer ist dem Knieleistengeländer grundsätzlich vorzuziehen.

1 Geländer als Absturzsicherungen

1. Kontrastreiche Stufenvorderkanten: Stufenvorderkanten sollten deutlich sichtbar sein, um die Treppe gut erkennbar zu machen. Ein kontrastreicher Farbunterschied zwischen den Stufen und dem umgebenden Bodenbelag, z. B. in Form von Betonblockstufen oder Winkelstufen mit dauerhaft eingesetzter Stufenkantenmarkierung (maschinelle Fertigbauweise) oder einer Markierung mit Farbaufstrich (nicht dauerhaft haltbar → regelmäßige Erneuerung), können dazu beitragen. Auch Elemente, die über den Tastsinn wahrgenommen werden (taktile Wahrnehmung), können helfen, Stufenkanten klar zu markieren und somit die Stolpergefahr zu verringern. Letzteres ist besonders hilfreich für Menschen mit Sehbehinderung. Als optimal gelten 4 bis 5 cm breite Markierungen, die bis zur Treppenstufenkante reichen und diese umschließen.

2. Rutschfeste Beläge: Das Material, aus dem die Treppenstufen bestehen, sollte eine strukturierte Oberfläche aufweisen, die eine gute Haftung der Schuhe auch bei nassen oder rutschigen Bedingungen ermöglicht. Auch die Verwendung rutschfester Beläge aus Gummi, Fliesen, speziellen Beton oder Beschichtungen stellt eine effektive Maßnahme zur Vermeidung von Stürzen dar.

3. Handläufe und Geländer: In der Regel ist ein Handlauf vorgeschrieben, wenn eine Treppe mehr als drei Stufen hat. Er muss sich entlang der Treppe erstrecken und einen festen Halt sowie Unterstützung beim Auf- und Absteigen der Treppe bieten. Der Handlauf ist in Abwärtsrichtung gesehen an der rechten Seite anzubringen. Bei Stufenbreiten über 1,50 m, beim barrierefreien Bauen oder im öffentlichen Bereich ist grundsätzlich ein beidseitiger Handlauf vorgeschrieben.

Handläufe sollten ergonomisch geformt sein, um eine sichere und bequeme Griffposition zu ermöglichen. Wichtig ist, dass ihre Enden am Anfang und Ende der Treppenläufe noch mindestens 30 cm waagerecht weitergeführt werden, um ein Abrutschen der Hand zu vermeiden. Handläufe sollten in einer angenehmen Höhe angebracht sein, die eine einfache Benutzung für Personen aller Größen ermöglicht (3, S. 176). Bei einer seitlichen Absturzhöhe von > 1 m ist zusätzlich eine **Absturzsicherung** erforderlich. Besteht das Geländer aus Stäben oder Gittern, dürfen die Zwischenräume nicht breiter als 12 cm sein, damit kein Kinderkopf hindurchpasst (1).

4. Beleuchtung: Eine angemessene Beleuchtung der Außentreppe ist ein weiterer wichtiger Aspekt, um die Sicherheit zu gewährleisten. Eine gut platzierte Beleuchtung entlang der Treppe, insbesondere an den Treppenstufen, ermöglicht es den Benutzern, die Stufen klar zu erkennen und Stolperfallen zu vermeiden (2).

2 Eine Treppenbeleuchtung ermöglicht das klare Erkennen der Treppenstufen bei Dunkelheit

5. Regelmäßige Wartung: Durch regelmäßige Inspektionen und Instandhaltungsmaßnahmen können potenzielle Gefahren entdeckt und behoben werden, bevor es zu Unfällen kommt.

? Aufgaben

◑ 1. Häufig kommt es zu Unfällen beim Begehen von Treppen aufgrund von Unachtsamkeiten. Nennen Sie Beispiele.

◑ 2. Durch die Umsetzung geeigneter Sicherheitsmaßnahmen kann das Risiko beim Begehen einer Treppe einen Unfall zu haben deutlich verringert werden. Beantworten Sie folgende Fragen:

a) Wo auf einer Treppe ereignen sich besonders häufig Unfälle?

b) Welche Art von Belägen kann auf Treppenstufen verwendet werden, um das Rutschrisiko zu reduzieren?

c) Ab welcher Anzahl von Stufen ist ein Handlauf vorgeschrieben?

d) Welche Funktion erfüllt eine Absturzsicherung bei Treppen?

e) Warum ist das Füllstabgeländer dem Knieleistengeländer grundsätzlich vorzuziehen?

f) Wie sollten Handläufe geformt sein, um eine sichere Benutzung zu gewährleisten?

g) Wo sollten Handläufe entlang einer Treppe angebracht werden?

h) Wann ist grundsätzlich ein beidseitiger Handlauf vorgeschrieben?

i) Wie kann eine ausreichende Beleuchtung zur Unfallverhütung beitragen?

j) Warum ist eine regelmäßige Wartung von Treppen ein wichtiger Aspekt der Unfallverhütung?

k) Unfälle beim Begehen einer Treppe können nie vollständig ausgeschlossen werden. Welches Verhalten ist daraus bei der Benutzung einer Treppe abzuleiten?

7 Treppenberechnungen

Planung einer Treppe ohne Podest

Vorgaben:

- Höhenunterschied 1,28 m
- Höhe der verwendeten Stufen 15 cm

Gefragt sind

a) die Bauhöhe einer Stufe,

b) die Länge des Auftritts und

c) die Länge der Treppe.

Rechengang:

a) Die Anzahl der benötigten Stufen wird errechnet:
128 cm : 15 cm = 8,5
▶ **Es sind 8 Stufen erforderlich.**
15 cm · 8 = 120 cm werden mit der Treppe überbrückt.
128 cm – 120 cm = 8 cm verbleiben für das Stufengefälle.
8 cm : 8 (Anzahl der Stufen) = 1 cm beträgt das Gefälle pro Stufe.
15 cm (Stufenhöhe) + 1 cm (Gefälle) = 16 cm
▶ **Die Bauhöhe einer Stufe muss 16 cm betragen.**

b) 2 · Stufenhöhe + Auftritt = 65 cm
2 · 16[1] cm + ? = 65 cm
32 cm + 33 cm = 65 cm
▶ **Der Auftritt muss 33 cm lang sein.**

c) Treppenlänge = Auftritt · Anzahl Stufen
= 33 cm · 8 = 264 cm
▶ **Die Länge der Treppe muss 264 cm betragen.**

Planung einer Treppe mit Podest

Vorgaben:

- Terrassenhöhe 4,50 m
- Rasenhöhe 2,50 m
- Entfernung 10 m
- Blockstufen 15/40/120 cm

Rechengang:

Es ist sinnvoll, zunächst einmal eine kleine Skizze zu erstellen, die die Sachlage veranschaulicht.

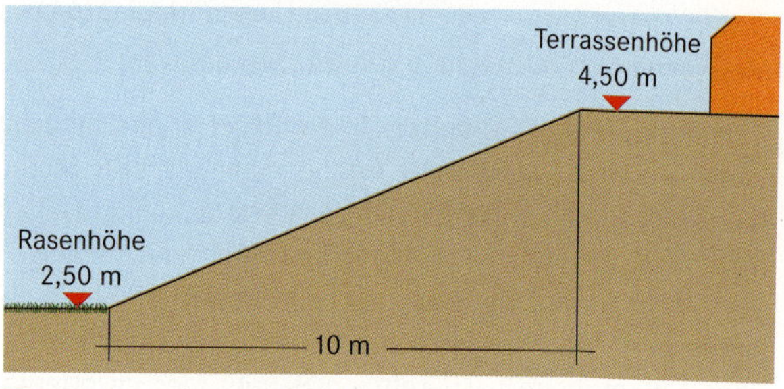

1 Skizze zur Treppenplanung

[1] Gefälle berücksichtigt

1. **Höhenunterschied**
   4,50 m – 2,50 m = 2 m

2. **Erforderliche Stufenzahl**
   200 cm : 16 cm (15 + 1 cm Gefälle) = 12,5
   ▶ 12 Stufen
   16 cm (Stufenbauhöhe) · 12 = 192 cm
   200 cm – 192 cm = 8 cm

5. **Baulänge der Treppe**

2 · Stufenhöhe	+ Auftritt	=	65 cm
2 · 16[1] cm	+ 33[2] cm	=	65 cm
10 · 0,33 m	+ 2 · 0,40 m	=	4,10 m

6. **Podestlängen**
   10 m – 4,10 m = 5,90 m verbleiben für Podeste.
   Geplant sind ein Eingangs-, Zwischen- und Ausgangspodest.

a) Eingangspodest (2 Schritte)	=	1,30 m
b) 6 Stufen (5 · 0,33 m + 0,40 m)	=	2,05 m
c) Zwischenpodest (3 Schritte)	=	1,95 m
d) 6 Stufen (5 · 0,33 m + 0,40 m)	=	2,05 m
		7,35 m
e) Ausgangspodest (10 m – 7,35 m)	=	2,65 m
		10,00 m

7. **Gefälle der Podeste**
   Es stehen für das Gefälle 8 cm zur Verfügung.
   a) + c) + e) = 1,30 m + 1,95 m + 2,65 m = 5,90 m

$$\text{Gefälle} = \frac{8\text{ cm}}{5{,}90\text{ m}} = 1{,}4\text{ cm auf } 1\text{ m} = 1{,}4\,\%$$

a) 1,4 % von 130 cm = 1,82 cm	=	2 cm
c) 1,4 % von 195 cm = 2,73 cm	=	3 cm
e) 1,4 % von 245 cm = 3,43 cm	=	3 cm
		8 cm

8. **Probe**
   Es galt 200 cm Höhenunterschied zu überwinden:

a) Eingangspodest	=	2 cm
b) 1. Treppenlauf (16 cm · 6)	=	96 cm
c) Zwischenpodest	=	3 cm
d) 2. Treppenlauf (16 cm · 6)	=	96 cm
e) Ausgangspodest	=	3 cm
		200 cm

[1] Gefälle berücksichtigt
[2] 5 cm Überstand

Aufgaben

● 1. Zeichnen Sie aus Kap. 7 „die Treppe mit Podest“ in einem Maßstab Ihrer Wahl (Grundriss, Schnitt) mit allen für den Bau erforderlichen Maßen.

◑ 2. Es soll mithilfe einer Treppe ein Höhenunterschied von 117 cm überwunden werden. Die Stufenhöhe beträgt 12 cm, das Schrittmaß 65 cm. Berechnen Sie a) die Bauhöhe einer Stufe und b) die Länge der Treppe.

● 3. Vorgaben: EFH (Erdgeschoss-Fußboden-Höhe) 250,63 m, Straße 246,78 m, Entfernung Haus – Straße 11,25 m, Blockstufen 12/40/120, Steigungsverhältnis 12/39. Berechnen und stellen Sie den Treppenverlauf zeichnerisch dar. Kopieren Sie Ihre Zeichnung auf Folie und diskutieren Sie Ihr Ergebnis mithilfe eines Overheadprojektors in der Klasse.

● 4. Beschreiben Sie die Vorgehensweise bei der Planung einer Treppe.

8 Rampen

Rechtliche Vorgaben

Rampen und Treppen

1 Rampen ermöglichen eine stufenlose Überwindung von Höhenunterschieden

Mithilfe von **Rampen** (1) können Höhenunterschiede stufenlos und damit barrierefrei überwunden werden. Sie ermöglichen Menschen mit Mobilitätseinschränkungen, z. B. Rollstuhlfahrern, Personen mit Gehhilfen, blinden oder sehbehinderten Menschen, den einfachen Zugang zu Gebäuden oder bestimmten Bereichen. Rampen sind allgemein leichter und sicherer (geringere Stolpergefahr) zu begehen als Treppen, da sie weniger körperliche Anstrengung erfordern. Zudem bieten sie die Möglichkeit, sperrige Gegenstände wie Kinderwagen, Rollstühle, Einkaufswagen oder Rollkoffer einfach zu transportieren, ohne sie tragen zu müssen.

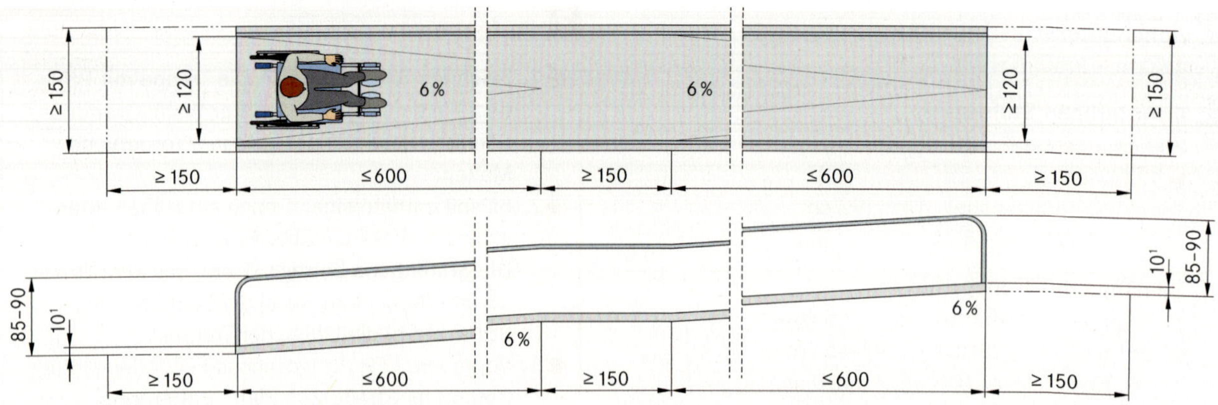

1 Rampen (Grundriss und Längsschnitt) im öffentlichen Bereich und im Mietwohnungsbau sind nach DIN 18040-1 mit max. 6 % Steigung/Neigung und ohne Quergefälle auszuführen

[1] Radabweiser

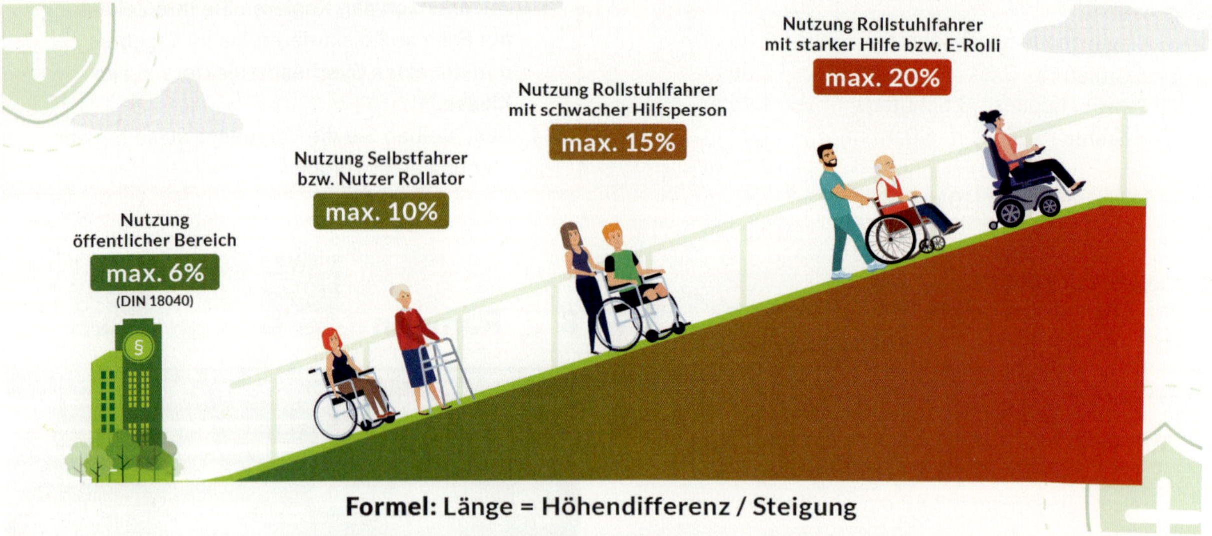

2 Im privaten Bereich für Menschen mit Beeinträchtigungen bewährte Steigungen/Neigungen von Rampen

Damit für alle eine gute Nutzbarkeit gewährleistet wird, ist im öffentlichen Bereich die Steigung von Rampen auf maximal 6 % (= 6 cm auf einem Meter) begrenzt. Dadurch ergeben sich schon für die Überwindung geringer Höhenunterschiede beträchtliche Baulängen (Länge = Höhendifferenz : Steigung).

Für eine zu überwindende Höhe von 36 cm werden beispielsweise 6 m benötigt. Hinzu kommt, dass am Anfang und Ende einer Rampe Bewegungsflächen von 150 cm × 150 cm sowie ab 600 cm Rampenlänge ein Zwischenpodest als Ruhefläche von mindestens 150 cm Länge eingeplant werden müssen (**1**). Im privaten Bereich können Rampen auch steiler ausgeführt werden (**2**). Aber auch hier sollte auf Menschen mit körperlichen Einschränkungen Rücksicht genommen und die DIN 18040-1 bei der Vertragsgestaltung beachtet werden.

! Merke

Die Wahl zwischen einer Rampe und einer Treppe hängt von verschiedenen Faktoren, z. B. den Bedürfnissen und Anforderungen der Nutzer, dem verfügbaren Platz, den Gesetzen und Vorschriften, den Baukosten, der Ästhetik oder architektonischen Gestaltung, ab.

Eine **Rampentreppe** ist eine spezielle Art von Treppe, die eine Kombination aus einer Rampe und einer herkömmlichen Treppe darstellt (**1**, S. 181). Im Gegensatz zu einer herkömmlichen Treppe weist sie eine geringere Steigung und eine längere horizontale Fläche zwischen den Stufen auf, sodass sie auch von Personen mit Mobilitätseinschränkungen genutzt werden kann. Im Vergleich zu Rampen benötigen Rampentreppen weniger Platz, erfordern aber beim Begehen eine größere körperliche Anstrengung im Vergleich zu Treppen oder Rampen.

1 Eine Rampentreppe – eine Kombination aus einer Rampe und einer Treppe

? Aufgaben

○ 1. Was ist eine Rampe?

◑ 2. Wofür werden Rampen verwendet?

◑ 3. Berechnen Sie die fehlenden Werte zum Bau einer Rampe.

Rampenlänge (cm)	150	400	500		400	
Rampensteigung (%)	6		20	12		6
Höhendifferenz (cm)		48		30	48	30

● 4. Eine Rampe und eine Treppe haben jeweils ihre Vor- und Nachteile. Erläutern Sie dies anhand von Beispielen.

◑ 5. Worin unterscheidet sich eine Rampentreppe von einer Treppe?

Holzbau

1 Baustoff Holz

1 Sichtschutzzaun in modernem Design aus Rhombus-Leisten

2 Holzdecks sind unter anderem auch als Poolumrandung beliebt.

Holzbauwerke spielen in vielen Gärten gestalterisch und funktional eine wichtige Rolle (**1**, **2**).

Holz wurde in allen Epochen der Menschheitsgeschichte als Baustoff verwendet. Anfangs entstanden Behausungen, Zäune, Brücken, Werkzeuge usw. in vergleichsweise einfacher Bauweise. Später folgten parallel zum technischen Fortschritt immer komplexere Variationen und Ausführungen.

Vor allem das **relativ geringe Gewicht**, die **vergleichsweise einfache Bearbeitbarkeit** bei **recht guter Festigkeit** und die **Eigenschaft, dass Holz nachwächst**, machen es zu einem begehrten Baumaterial. In den aktuellen Diskussionen über nachhaltige Ressourcennutzung zählt gerade diese Erneuerungsfähigkeit durch Nachwachsen als gewichtiges Argument.

Außerdem liefern die verschiedenen Baumarten mit ihrem zum Teil deutlich voneinander abweichenden Holzaufbau Baumaterial für zahlreiche unterschiedliche Anwendungsgebiete: Vom Bau erdberührter oder gar im Wasser stehender Bauteile über Möbel bis hin zu stabilen Rahmen- und Dachstuhlkonstruktionen im Hochbau – für alle Einsatzzwecke gibt es geeignete Holzarten.

1.1 Aufbau, Verhalten und Handelsformen

1.1.1 Stammaufbau (**3**)

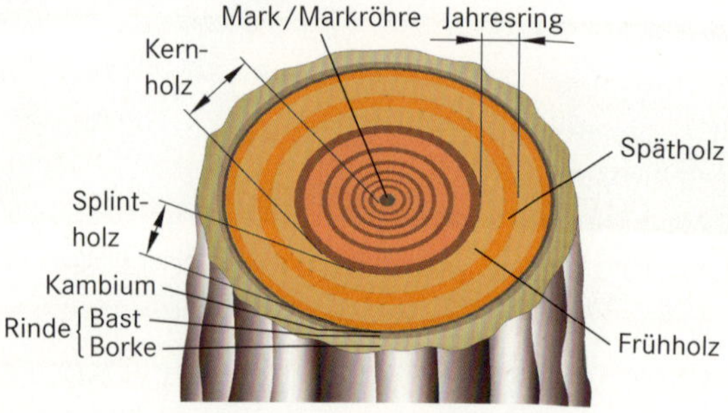

3 Stammaufbau

Borke (Schutzgewebe)

Borke ist ein Schutzgewebe aus verkorkten, absterbenden Zellen. Die äußersten Bereiche blättern ab.

Bast (Leitgewebe – Phloem)

Im Bast befinden sich die Leitungsbahnen des Phloems, die Assimilate aus den Blättern abtransportieren.

Kambium (Teilungsgewebe, Meristem)

Das Kambium ist eine sehr dünne Zellschicht, die das Holz von Stämmen, Ästen und Zweigen wie ein sehr dünner Schlauch umhüllt. Es ist verantwortlich für das sekundäre Dickenwachstum. Die nach außen entstehenden Zellen werden zu Bast/Phloem-Leitungsbahnen, die nach innen entstehenden zu Splintholz/Xylem-Leitungsbahnen.

Splintholz (Leitgewebe – Xylem)

Splintholz besteht aus den Zuwächsen der letzten Jahre. Vor allem in den jüngsten Jahresringen findet der Wassertransport von der Wurzel zu den Blättern im sogenannten Xylem statt. Manche Bäume bestehen fast ausschließlich aus Splintholz, dazu gehören z. B. Birke (**1**, S. 183) sowie Ahorn, Hainbuche und Rosskastanie.

Kernholz (Stützgewebe)

Kernholz besteht aus den inneren, älteren Jahresringen. Hier werden von den meisten Bäumen Harze, Fette, Öle sowie Gerb- und Farbstoffe gebildet, die in die Holzzellen ein-

Birke (kein Gartenbauholz)

Fichte (kein Gartenbauholz)

Eiche

Robinie

Lärche

Douglasie

1 Stammquerschnitte durch Birke (Splintholzbaum), Fichte (Reifholzbaum), Eiche, Robinie, Lärche und Douglasie (Kernholzbäume)

gelagert werden, diese letztlich zum Absterben bringen und sie auf natürliche Weise imprägnieren.

Im Kernholz findet kein Wassertransport mehr statt, dafür ist es durch die natürliche Imprägnierung zumeist ziemlich dauerhaft und stabil. Kernholz ist häufig deutlich dunkler gefärbt als Splintholz.

Typische **Kernholzbäume** sind Eiche, Robinie, Lärche, Douglasie (**1**) sowie Edelkastanie und Kiefer.

Reifholz ist eine Sonderform des Kernholzes. Es reift wie Kernholz durch die oben genannten Einlagerungen, verfärbt sich aber nicht bzw. weniger stark. Typische Reifholzbäume sind Fichte (**1**) sowie Tanne und Linde.

Mark (Speicher-/Belüftungsgewebe)

Das Mark (**2**) ist das innerste Gewebe von Sproß und Wurzel. Es ist zumeist ziemlich weich und stirbt bei älteren Bäumen ab, wodurch die sogenannte Markröhre entsteht. Das Mark dient der Stärkeeinlagerung und (über die Mark-/Holzstrahlen) dem Gasaustausch mit der Außenluft.

Markstrahlen, Holzstrahlen (Speicher-/ Belüftungs-/ Leitgewebe)

Mark- und Holzstrahlen (**2**) durchziehen das Holz quer zur Wuchsrichtung strahlenförmig von der Markröhre zur Rinde. Die Zellen dieses Gewebes sind wie das Mark weich und dienen dem Transport von Wasser, Nährstoffen, Harzen und Luft sowie der Speicherung von Reservestoffen.

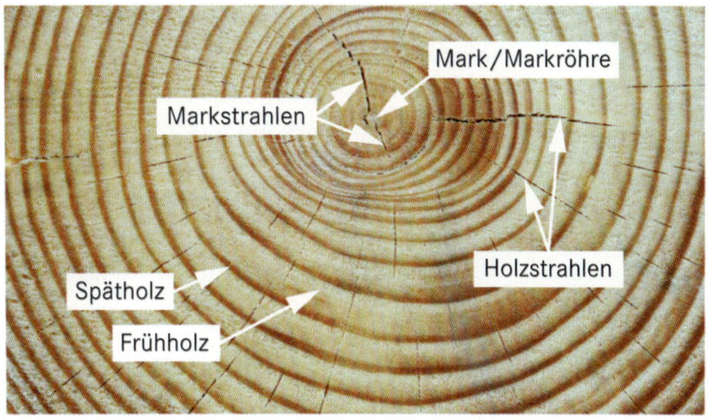

2 Mark, Markstrahlen und Jahresringe, bestehend aus Früh- und Spätholz

Jahresringe, bestehend aus

Frühholz

Frühholz wächst etwa ab dem Austreiben des Baumes bis in den Hochsommer hinein zu. Da in diesem Zeitraum ein schnelles Wachstum stattfindet, sind die Zellen des Frühholzes oft großvolumig. Dies führt im Ergebnis zu weicherem Holz. Frühholz ist deshalb meist auch heller als das Spätholz (**2**).

Spätholz

Spätholz wächst ab dem Spätsommer bis in den Frühherbst hinein zu. In dieser Zeit verlangsamt sich das Wachstum zunehmend, sodass die Zellen ein kleineres Volumen aufweisen. Dadurch ist das Spätholz dichter, fester und dunkler als das Frühholz (**2**).

1.1.2 Holzfeuchte und Verformungsverhalten

Lebendes Holz hat je nach Zellstruktur und Jahrringdichte einen Wassergehalt von etwa 50 bis 150 % seiner Trockenmasse. Das leichte, im Modellbau beliebte Balsaholz kann sogar bis zu 400 Masse-% Wasser aufnehmen.

Die meisten im GaLaBau gebräuchlichen heimischen Holzarten haben waldfrisch überschlägig einen Wassergehalt von rund 50–70 Masse-% bezogen auf das wasserfreie (darrtrockene) Holz (Tab. 1).

Holzfeuchte[1]	waldfrisch (ca. 50–70 %)	lufttrocken (ca. 12–18 %)	darrtrocken (ca. 0 %)
Fichte	ca. 800 kg/fm	ca. 470 kg/fm	ca. 430 kg/fm
Douglasie	ca. 800 kg/fm	ca. 540 kg/fm	ca. 470 kg/fm
Lärche	ca. 850 kg/fm	ca. 630 kg/fm	ca. 550 kg/fm
Eiche	ca. 1200 kg/fm	ca. 750 kg/fm	ca. 650 kg/fm

[1] Holzfeuchte = im Holz enthaltene Wassermasse : Trockenmasse des Holzes × 100 %

Tab. 1 Massenänderung vor und nach der Holztrocknung für verschiedene Holzarten (fm = Festmeter)

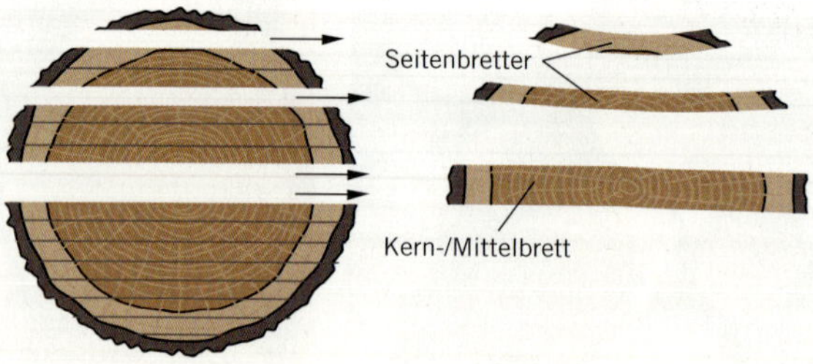

1 Kern- und Seitenbretter aus dem Stamm

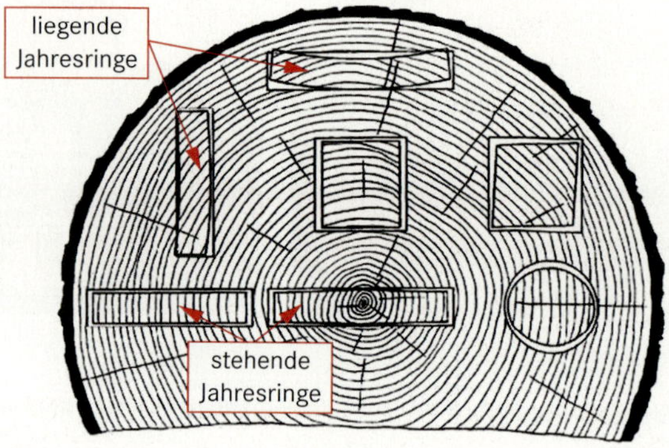

2 Formänderung von Holzquerschnitten infolge der Schwindung

Bevor Holz zu Bauzwecken verwendet werden kann, muss dieser Wassergehalt reduziert werden, d. h. das Holz muss vor seiner Verwendung getrocknet werden. Durch das Trocknen werden negative Auswirkungen für das Bauwerk wie mangelnde Festigkeit, zu starke Formveränderungen und Pilzbefall vermieden bzw. minimiert.

In Mitteleuropa wird im **Außenbereich** in der Regel **lufttrockenes Holz (ca. 12–18 % Holzfeuchte)** verwendet.

Kommt lufttrockenes Holz bei Schlechtwetterperioden mit Wasser in Berührung, so nimmt es dieses teilweise auf und vergrößert dadurch sein Volumen **(Quellung)**. In Schönwetterperioden gibt es das Wasser wieder ab, sodass sich auch das Holzvolumen wieder verringert **(Schwindung)**. Diese Vorgänge werden in der Praxis als **„Arbeiten des Holzes“** bezeichnet.

Bedingt durch die Zell- und Jahrringstruktur laufen die Quell- und Schwindvorgänge stark in Abhängigkeit davon ab, wo sich das Holzwerkstück ursprünglich im Stamm befunden hat (1). Die in Richtung Rinde liegende Seite eines Seitenbretts wird als **linke Seite** bezeichnet und verformt sich meist hohl (konkav). Die in Richtung Stammmitte liegende Seite eines Seitenbretts wird als **rechte Seite** bezeichnet und verformt sich meist rund (konvex).

Kern- bzw. Mittelbretter haben die Markröhre in der Brettmitte. Am Hirnholz (Schnittfläche quer zur Wuchsrichtung) erscheinen die **Jahresringe** als **„stehend“** (etwa 90° zur Brettseite, 2).

Seitenbretter entstehen beim Einschnitt außerhalb der Markröhre. Am Hirnholz erscheinen die **Jahresringe „liegend“** (etwa 45° und weniger zur Brettseite (2)).

Kern- bzw. Mittelbretter verformen sich in deutlich geringerem Maße als Seitenbretter.

1.1.3 Holzfehler

Die Eignung von Holz als Baumaterial kann durch verschiedene sogenannte **„Holzfehler“** eingeschränkt sein.

Abholzigkeit

Von Abholzigkeit (1, S. 185) spricht man bei einer Stammverjüngung in Zopfrichtung (Baumwipfelrichtung) um mehr als 1 %.

Krumm- und Gabelwuchs

Krumm- und Gabelwuchs (1, S. 185) sind baumartenabhängig (z. B. Robinie) oder entstehen durch Umwelteinflüsse (z. B. durch Baumstandorte an rutschenden Hängen („Alphorn-Fichten“) oder herausgebrochene Leittriebe).

Drehwuchs

Drehwuchs (1, S. 185) liegt vor, wenn die Holzfasern eines Baums nicht geradlinig parallel, sondern spiralförmig

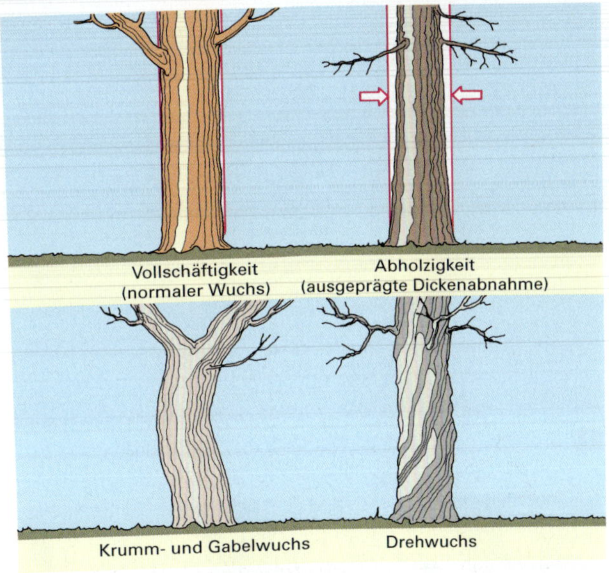

1 Abweichungen vom normalen Wachstum

2 Rissbildung bei Drehwuchs

3 Verdrehte Pfette

nach oben gewachsen sind. Er kann durch Umwelteinflüsse und/oder genetische Veranlagung entstehen.

Bei frischem Holz ist der verdrehte Faserverlauf meist schwer zu erkennen. Er wird erst mit der Trocknung und der damit verbundenen Rissbildung ersichtlich (2). Bei der Trocknung kommt es oft zu verstärkten Verdrehungen von Holzbauteilen (3).

4 Ringschäle an einem Edelkastanienstamm

5 Zerstörung durch Ringschäle

6 Splitterbildung durch Ringschäle

Ringschäle/Ringrisse

Risse entlang der Jahresringe, ausgelöst z. B. durch extreme Witterungseinflüsse, werden als Ringschäle/Ringrisse bezeichnet (4 und 5). Dadurch können auf Terrassenbelägen unangenehme Splitter entstehen (6).

Kernrisse/Schilferrisse

Kern- oder Schilferrisse (1, S. 186) verlaufen mehr oder weniger quer zu den Fasern. Sie entstehen durch übermä-

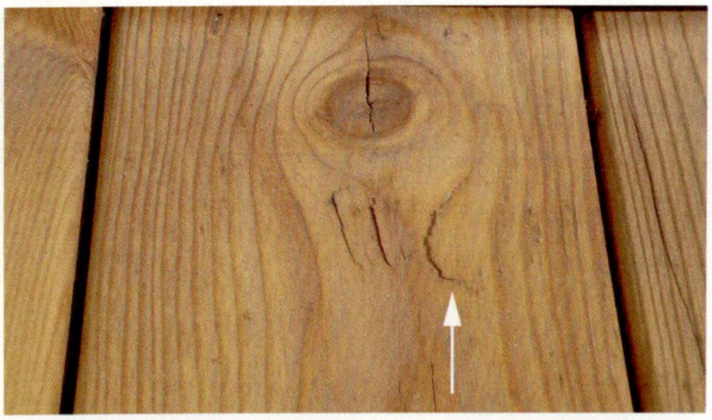

1 Kernrisse/Schilferrisse

2 Druckholz ist in Form dunkler Jahresringe erkennbar.

ßige Biegebeanspruchung des Baumstamms durch Wind, Schnee oder bei der Fällung. Solche Risse können auf Terrassenbelägen ebenfalls zu unangenehmen Splittern führen.

Druckholz

Druckholz (stabile Jahresringe mit zahlreichen, stark ligninhaltigen Zellen, 2) wird durch jahrelange einseitige Belastung (z. B. Winddruck, aufliegender anderer Baum) des Baums gebildet. Es kann starke Verformungen bei der Trocknung zur Folge haben.

Manche Holzfehler sind einfach durch die **natürlichen Werkstoffeigenschaften** des Baustoffs Holz bedingt:

Nicht verwachsene (Durchfall-)Äste (3) können in Schalungen oder Fußbodendielen zu unerwünschten Löchern führen.

Radiale Risse (4) entlang der Mark-/Holzstrahlen sind häufig zu beobachten und kaum vermeidbar. Besonders große Risse können auch durch zu schnelle Holztrocknung entstehen.

Manche Holzarten enthalten **wasserlösliche Inhaltsstoffe** (5), die durch Niederschläge ausgewaschen werden. Dem ist mit konstruktiven Lösungen (z. B. geregelte Wasserableitung – hier durch Dielenüberstand und ggf. Tropfnase möglich) zu begegnen.

Bis zu einem gewissen Grad müssen die oben genannten Fehler toleriert werden, da es sich bei Holz um einen natürlichen Baustoff handelt. Sind in einer Lieferung z. B. einzelne gekrümmte Bretter/Balken enthalten, sind sie auf den geraden Teil zurückzuschneiden oder gegebenenfalls auch ganz auszusortieren. Durch Bestellung hochwertiger (und damit in der Regel teurerer) Ware können solche Ärgernisse meist minimiert werden.

3 Durchfalläste

4 Radiale Risse

5 Ausgewaschene Inhaltsstoffe (häufiger bei Bangkirai zu beobachten)

1.1.4 Handelsformen des Holzes

Baurundholz

Baurundholz wird aus Baumstämmen oder Stammabschnitten hergestellt, die entastet, entrindet und rundgefräst werden. Rundhölzer reißen nicht selten entlang der Mark-/Holzstrahlen bis zum Mark des Baums (auch „Herz“ genannt) auf. Dies kann durch fachgerechte Trocknung teilweise eingedämmt werden. Die Qualitätsanforderungen für Baurundholz werden z. B. in der DIN 4074-2 „Sortierung von Holz nach der Tragfähigkeit – Teil 2: Baurundholz (Nadelholz)“ beschrieben. Im GaLaBau werden Rundhölzer vor allem für **Spielgeräte** (1), **Baum- und Zaunpfähle** sowie für **Palisaden** benötigt.

Auch für **Krainerwände** (s. Kap. Ingenieurbiologie) und für **Leitungsmasten** werden sie verwendet. Eine Sonderform stellen die in der Regel natürlich **krummwüchsigen Stammabschnitte** der Robinie im Spielplatzbau dar (2).

1 Spielgeräte aus Rundholz

2 Robinie im Spielplatzbau

Bauschnittholz

Zur Herstellung von Bauschnittholz werden Baumstämme oder Stammteile der Länge nach in Abschnitte mit rechtwinkligem Querschnitt zersägt. Dabei wird zwischen verschiedenen **Einschnittarten** unterschieden (3). Im Ganzholz sind Risse zu erwarten (3, oben links).

DIN 4074-1 „Sortierung von Holz nach der Tragfähigkeit – Teil 1: Nadelschnittholz“ definiert u. a. die Begriffe **„Kantholz“**, **„Bohle“**, **„Brett“** und **„Latte“** in Abhängigkeit von den Querschnittsabmessungen (3 und 4).

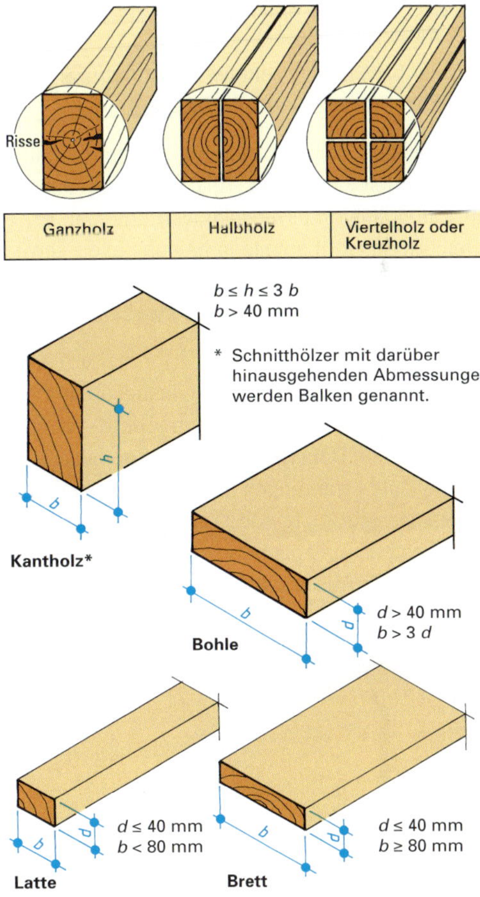

3 Einschnittarten Bauschnittholz

4 Sägeraue Kanthölzer (links) und Bretter (rechts)

Bauschnittholz weist einen (annähernd) rechteckigen Querschnitt mit scharfen Kanten auf. Manchmal sind auch noch Konturreste des Stammes erkennbar.

Konstruktionsvollholz (KVH)

Konstruktionsvollholz ist veredeltes Bauschnittholz, das insbesondere für **sichtbare Holzkonstruktionen** aus Vollholz verwendet wird. Es gelten gegenüber dem einfachen Schnittholz folgende erhöhte Qualitätsanforderungen:

- gehobelte Oberfläche, gefaste Kanten (1)
- keine bzw. abgesägte Fehlstellen
- fast keine Risse und Stammkonturen
- etwa 15 % Holzfeuchte
- herzfreier bzw. herzgetrennter Einschnitt (1)
- in der Regel keilgezinktes Produkt (2)

Durch Keilzinkung können störende Holzmerkmale, z. B. große Äste oder Harzgallen, relativ einfach ausgekappt werden. Die stabilen Keilverzinkungen erlauben es, annähernd fehlerfreie Holzbauteile in beinahe allen gewünschten Längen zu produzieren. Im bewitterten Außenbereich ist Konstruktionsvollholz mit Keilzinkverbindungen ungeschützt nicht zugelassen.

Für den GaLaBau ist die Keilzinkung insbesondere bei Terrassendielen aus europäischen Laubhölzern mit einer erhöhten natürlichen Dauerhaftigkeit wie Robinie oder Eiche interessant. Gute Erfahrungen mit diesem noch recht neuartigen Produkt gibt es bei der Verwendung im geschützten/überdachten Außenbereich. Im tragenden Bereich (aufgeständerte Terrassen, Balkone) sind keilgezinkte Dielen nicht zugelassen.

1 Konstruktionsvollholz (Oberfläche, Kanten und Einschnitt)

2 Konstruktionsvollholz (Verbindung mittels Keilzinkung)

Brettschichtholz (BSH)

3 Brettschichtholz

4 Konstruktion aus Brettschichtholz

Durch Brettschichtholz (Leimbinder, 3) werden die naturgegebenen Abmessungen der Baumstämme nahezu vollends überwunden. Mit Keilzinkenverbindungen können annähernd endlos lange Werkstücke produziert werden, die schichtenweise Verleimung ermöglicht zusätzlich fast unbegrenzte Querschnittsdimensionen (4). Bei Verwendung im Außenbereich (z. B. Carports) muss auch Brettschichtholz grundsätzlich vor Witterungseinflüssen geschützt werden.

1.2 Holzarten für den Garten- und Landschaftsbau

1.2.1 Gebrauchsklassen

In der DIN 68800 „Holzschutz im Hochbau" werden sogenannte „Gebrauchsklassen" für Holz definiert. Diese beschreiben Umgebungsbedingungen für Holzbauwerke (ähnlich den Expositionsklassen für Betonbauwerke). Für den GaLaBau sind insbesondere folgende Gebrauchsklassen von Bedeutung:

GKL 3.1 Holz, in der Regel **der Witterung ausgesetzt.** Das Wasser kann schnell ablaufen bzw. abtrocknen, sodass es zu **keiner nennenswerten Anreicherung von Wasser** im Holz kommt.

Beispiele: Fassaden, Zäune, Terrassen überdacht

GKL 3.2 Holz ist **der Witterung ausgesetzt**. Das Wasser kann nur langsam ablaufen bzw. abtrocknen, sodass es zu **stärkerer, länger anhaltender Anfeuchtung** des Holzes kommt.

Beispiel: Terrassendielen voll bewittert

GKL 4 Holz im **Erd- oder Süßwasserkontakt**, vorwiegend bis ständig **feuchte Umgebungsbedingungen**. Es besteht die Gefahr von Moderfäule.

Beispiele: Fugen von hölzernen Gehwegbelägen, Zaunpfähle (unterirdischer Teil), Palisaden, Pfosten für Bootsanleger

1.2.2 Dauerhaftigkeitsklassen

In der DIN EN 350 „Dauerhaftigkeit von Holz und Holzprodukten" werden Holzarten in fünf sogenannte „Dauerhaftigkeitsklassen" eingeteilt. Dabei wird im Wesentlichen die **Dauerhaftigkeit des Kernholzes gegen holzzerstörende Pilze** betrachtet, deren Auftreten durch **Feuchtigkeit** begünstigt wird (Tab. 1).

Für eine fachgerechte Holzauswahl müssen zunächst die Umgebungsbedingungen des zu errichtenden Holzbauwerks bekannt sein. Dann kann die Gebrauchsklasse eingeschätzt und anschließend eine geeignete Holzart ausgewählt werden, die für diese Verhältnisse dauerhaft genug ist (Tab. 1).

Derzeit gebräuchliche Hölzer sind in Tab. 1, S. 190 wiedergegeben. Auch das Zusammenspiel zwischen Gebrauchs- und Dauerhaftigkeitsklassen ist daraus ersichtlich.

1.3 Behandeltes Holz und Holz-Ersatz-Materialien für den Garten- und Landschaftsbau

1.3.1 Kesseldruckimprägniertes Holz (KDI)

1 Anlage zur Kesseldruckimprägnierung

2 Grünfärbung und Salzablagerungen nach Kesseldruckimprägnierung

Bei der **Kesseldruckimprägnierung** werden Holzschutzmittel unter Druck in die Holzzellen eingepresst (1). Dadurch kann selbst im nicht dauerhaften Splintholz eine vergleichsweise hohe Dauerhaftigkeit erzielt werden. Vor allem Fichten- und Kiefernholz werden für das Gartenmarktsegment häufig kesseldruckimprägniert angeboten. Kesseldruckimrägnierte Hölzer sind an der grünlichen Farbe des oft kupferhaltigen Holzschutzmittels und gelegentlichen Salzablagerungen zu erkennen (2) .

Klasse	Dauerhaftigkeit[1]	Lebensdauer[2]	Holzarten
1	sehr dauerhaft	mindestens 25 Jahre	Afzelia, Iroko, Merbau, Teak
1 bis 2	sehr dauerhaft bis dauerhaft		Robinie
2	dauerhaft	ca. 15 bis 25 Jahre	Angelique, Bongossi, Mahagoni
2 bis 3	dauerhaft bis mäßig dauerhaft		Dark Red Meranti, Sipo, Western Red Cedar, Weißeiche
3	mäßig dauerhaft	ca. 10 bis 15 Jahre	Khaya, Kirschbaum, Nussbaum, Sapelli
3 bis 4	mäßig bis wenig dauerhaft		Douglasie, Kiefer, Lärche, Light Pitch Pine, Light Red Meranti
4	wenig dauerhaft	ca. 5 bis 10 Jahre	Fichte, Roteiche, Tanne
5[3]	nicht dauerhaft	weniger als 5 Jahre	Abachi, Ahorn, Birke, Buche, Esche, Hainbuche, Koto, Pappel

[1] Dauerhaftigkeit des **Kernholzes** gegen holzzerstörende Pilze bei **gemäßigten Klimabedingungen**
[2] ungefähre Lebensdauer – kann durch konstruktiven und/oder chemischen Holzschutz (vgl. Kapitel 2) beeinflusst werden
[3] für Außen- und Fassadenbereich nicht geeignet

Tab. 1 Dauerhaftigkeitsklassen gem. DIN EN 350

DKL[a]	Laubhölzer	Kurzzeichen DIN EN 13556	GKL[b]		
			3.1	3.2	4
1	**Afzelia** *Afzelia spp.*	AFXX			
1	**Ipé/Lapacho** *Tabebuia spp.*				
1	**Massaranduba** *Manilkara spp.*	MNXX			
1	**Teak** *Tectona grandis*	TEGR			
1–2	**Cumarú** *Dipteryx odorata*	DXOD			
1–2	**Garapa** *Apuleia leiocarpa*				
1–2	**Iroko/Kambala** *Chlorophorea excelsa*				
1–2	**Robinie** *Robinia pseudoacacia*	ROPS			
2	**Bangkirai/Yellow Balau** *Shorea subg. Shorea*	SHBL			
2	**Bongossi/Azobe** *Lophira alata*	LOAL			
2	**Chem. modif. Hölzer – prozessabhängig**	CMT			
2	**Edelkastanie** *Castanea sativa*	CTST			
2	**Eiche** *Quercus robur, Quercus petraea*	QCXE			
2	**Thermohölzer – verfahrens- und holzartenabhängig**	TMT			
3–4	**Red Balau** *Shorea spp., subg. Rubroshorea*	SHRB			
DKL[a]	**Nadelhölzer**	**Kurzzeichen DIN EN 13556**	**GKL[b]**		
			3.1	**3.2**	**4**
1–2	**Nadelhölzer KDI** *Lärche, Douglasie, Kiefer*				
2–3	**Yellow Cedar** *Chamaecyparis nootkatensis*	CHNT			
2–3	**Western Red Cedar** *Thuja plicata*	THPL			
3	**Sibirische Lärche** *Larix sibirica*	LAGM			
3–4	**Douglasie** *Pseudotsuga menziesii*	PSMN			
3–4	**Europäische Lärche** *Larix decidua*	LADC			
3–4	**Kiefer** *Pinus sylvestris*	PNSY			

Legende | Einsatzbereiche:

- bauaufsichtlich tragender Bereich
- bauaufsichtlich nicht tragender Bereich
- einsetzbar im nicht tragenden Bereich, bei Inkaufnahme von evtl. kürzerer Nutzungsdauer

[a] Dauerhaftigkeitsklasse (DKL):
- in DIN 68800-1 aufgeführt
- Klassifizierung der Dauerhaftigkeit in DIN EN 350-2
- nicht in Normen klassifiziert, aber gesicherte Einstufung von Forschungsinstituten, z. B. J. H. von Thünen-Institut, Hamburg

[b] Gebrauchsklasse (GKL):

3.1 Holz der Witterung ausgesetzt; das Wasser kann schnell ablaufen, so dass es zu keiner Anreicherung von Wasser im Holz kommt. Beispiel: Fassaden, Zäune, Terrassen überdacht; Holz gelegentlich feucht, aber keine länger anhaltende Wasseranreicherung im Holz

3.2 Holz horizontal der Witterung ausgesetzt, so dass es zu stärkeren länger anhaltenden Auffeuchtungen im Holz kommen kann. Beispiel: Terrassendielen voll bewittert – Gefahr: Pilzbefall

4 Holz im Erdkontakt oder im Süßwasser. Erde, Laub, Schmutz in den Fugen von hölzernen Gehwegbelägen, in denen sich Regenwasser sammelt – Gefahr von Moderfäule

Tab. 1 Holzarten (nur Kernholz) – Einsatzbereiche und Gebrauchsklassen, aus: GD Holz e. V. 2013: Terrassen- und Balkonbeläge – Produktstandards und Anwendungsempfehlungen, 3. Auflage, Selbstverlag, Berlin, S. 6, leicht bearbeitet.

Nachteilig ist die Umweltgefährlichkeit/-schädlichkeit der eingesetzten Holzschutzmittel: KDI-Hölzer müssen nach Gebrauch als Sondermüll entsorgt werden – Verbrennung oder Ähnliches kommt nicht in Frage.

1.3.2 Chemically Modified Timber (CMT)

Zunehmend kommen Verfahren zum Einsatz, bei denen umweltverträglichere Stoffe in das Holz eingepresst werden, die das Holz (oft Kiefernholz) durch Veränderung seines chemischen Aufbaus haltbarer machen. Bekannte Beispiele für chemisch verändertes Holz (Chemically Modified Timber) sind **Accoya** (**1**, S. 191) und **Kebony** (**2**, S. 191). Accoya (acetyliertes Holz) wird durch Einpressen von Essigsäureanhydrit und Kebony (furfuryliertes Holz) wird durch Einpressen von Furfurylalkohol hergestellt. Die Verfahren verändern die chemische Holzstruktur in Richtung höherer Dauerhaftigkeit, sind aber kaum bzw. nicht um-

1 Accoya-Holzdielen werden durch Einpressen von Essigsäureanhydrit haltbar gemacht.

2 Bei Kebony-Holz sorgt Furfurylalkohol für mehr Haltbarkeit.

weltschädlich. Im Einbauzustand fällt die schokoladenbraune Färbung auf.

1.3.3 Thermally Modified Timber (TMT)

Thermoholz (Thermally Modified Timber) wird ein bis zwei Tage lang unter Sauerstoffentzug auf 170 bis 250 °C erhitzt. Dabei wird es auf 0 % Holzfeuchte heruntergetrocknet. Während dieses Vorgangs kommt es im Holz zu chemischen Veränderungen (u. a. starke Absenkung des pH-Werts), die das Holz vor Feuchtigkeit/Mikroorganismen schützen, es aber auch spröder und brüchiger machen. Aus diesem Grund kommen für dieses Verfahren eher von Natur aus dichtere und stabilere Laubholzarten (vornehmlich Esche) infrage. Je höher die Temperaturen sind, denen das Holz ausgesetzt wird, desto dunkler ist anschließend seine Farbe (3).

3 Eschenholz vor und nach der thermischen Behandlung

1.3.4 Wood-Plastic-/Polymer-Composites (WPC)

4 WPC-Diele in massiver Bauweise

5 WPC-Diele in Hohlkammerbauweise

WPC-Werkstoffe bestehen im Wesentlichen aus einem Gemisch aus Holzmehl/-fasern (ca. 70 %) und Kunststoffen (Polypropylen, seltener Polyethylen) (ca. 30 %). Dieses Gemisch kann in entsprechenden Formen zu den gewünschten Bauteilen gepresst werden. WPC-Werkstoffe sind zwar gegenüber Feuchtigkeit und Abrieb nicht völlig resistent, weisen aber grundsätzlich eine insgesamt bessere Widerstandsfähigkeit gegenüber Bewitterung auf als viele Holzarten.

WPC kann als nachhaltiges Material betrachtet werden, wenn der Recyclinggedanke bei der Produktion konsequent umgesetzt wird (Aufbereitung und Vermischung von Holz- und Kunststoffabfällen). Zudem müsste das Material in der Nähe des Verarbeitungsorts produziert werden, um Transportwege zu minimieren. Beide Anforderungen werden in der Praxis jedoch häufig leider nicht erfüllt.

WPC-Terrassendielen gibt es massiv (4) und in Hohlkammerbauweise (5). Grundsätzlich sind die stabileren Massivdielen zu bevorzugen. Hohlkammerdielen können aber eine Alternative sein, wenn Gewicht eingespart werden soll. Zu beachten ist, dass WPC eine sehr gleichförmige Oberflächenoptik hat, da die typische Holzmaserung fehlt.

1.3.5 Bamboo-Plastic/Polymer-Composites (BPC)

In BPC-Werkstoffen wird der Holzanteil durch Bambusfasern ersetzt, die aus den schnell nachwachsenden Bambusgräsern gewonnen werden. BPC besitzen ähnliche Eigenschaften wie WPC.

1.4 Oberflächenprofile von Terrassendielen

Terrassendielen gibt es mit verschiedenen **Oberflächenprofilen** (1). Typisch sind Dielen mit genuteter, geriffelter oder glatter Oberfläche. Seltener kommt das französische Profil zum Einsatz, das eine Kombination aus geriffelter und glatter Oberfläche darstellt. Bombierte (leicht gewölbte) Querschnitte mit glatter Oberfläche sind ebenfalls erhältlich (2).

Die Profilierung hat vor allem eine gestalterisch-optische Wirkung. Regional betrachtet wird in Norddeutschland eher das genutete und in Süddeutschland eher das geriffelte Profil bevorzugt. Ob genutete bzw. geriffelte Dielen bei Bewitterung im Laufe der Zeit einen besseren Schutz gegen Ausrutschen bieten, wird zwischen Fachleuten kontrovers diskutiert.

Grundsätzlich sind folgende Überlegungen bei der Wahl der Oberfläche zu berücksichtigen:

- **Genutete Profile** eigenen sich besonders gut für stärker beanspruchte Geh- und Fahrwege (z. B. auf Brücken). Die linearen Holzoberflächen zwischen den Nuten dienen dabei als eine Art Verschleißschicht. Die Verschraubung muss hier unbedingt im Nutengrund erfolgen.
- **Glatte Profile** trocknen schneller ab und sind grundsätzlich pflegeleichter. Risse und Schäden sind jedoch besonders deutlich sichtbar.
- **Bombierte Dielen** können waagerecht ohne jede Terrassenneigung eingebaut werden – das Wasser läuft dennoch in die Zwischenräume ab. Dieses Profil ist besonders für Einbausituationen geeignet, bei denen die Herstellung einer Neigung konstruktiv herausfordernd ist (z. B. auf Balkonen). Nachteilig ist, dass Gartenmöbel auf bombierten Dielen zum Kippeln neigen.

2 Terrassendielen mit bombiertem Querschnitt

a genutet

b geriffelt

c glatt

d französisch

1 Oberflächenprofile von Terrassendielen

Aufgaben

1. Wodurch unterscheiden sich Kern-, Splint- und Reifholzbäume?
2. Warum ist Splintholz nicht so dauerhaft wie Kern- oder Reifholz?
3. Nennen Sie je drei Kern-, Splint- und Reifholzbäume.
4. Was bedeutet es, wenn vom „Arbeiten des Holzes“ gesprochen wird?
5. Warum sollte nasses Holz nicht verbaut werden?
6. Was sind Bohlen und Latten?

2 Konstruktiver und chemischer Holzschutz

Zur Optimierung der Lebensdauer von Holzbauwerken sind grundsätzlich zunächst witterungsresistente Holzarten zu wählen, die schadfrei und trocken verarbeitet werden müssen. Zusätzlich sind **konstruktive** und/oder **chemische Holzschutzmaßnahmen** durchzuführen.

2.1 Konstruktiver Holzschutz

Konstruktive Holzschutzmaßnahmen sind alle **baulichen Vorkehrungen**, die verhindern, dass **Feuchtigkeit** in ein Holzbauwerk **eindringen kann**, bzw. dafür sorgen, dass sie **schnell abgeführt** wird.

Holz verrottet bei Erdkontakt vor allem an der Übergangsstelle zwischen Erde und Luft. Deshalb sollte Erdkontakt grundsätzlich vermieden werden. Beim Einbau von Zaun- und Pergolapfosten bietet sich dafür die Verwendung sogenannter **Pfostenanker** an. Verbreitet sind Pfostenanker aus Flachstahl in **U-** und in **H-Form**. Es sind auch Varianten aus Winkelstahl, einem mittig in den Pfosten einzupassenden Flachstahl ((umgekehrte) T-Form) oder Rundstahl mit Gewinde in Gebrauch (1).

Die Anker werden so einbetoniert, dass der **Abstand zwischen Holz und Boden** mindestens **10 cm** beträgt. Bei einfachen, gering belasteten Holzbauwerken wie einem kleineren Gartenzaun kann dieser Abstand je nach verwendetem Pfostenanker auch einmal geringer ausfallen, er sollte jedoch keinesfalls unter 5 cm betragen.

1 Pfostenanker sind in zahlreichen Ausführungen erhältlich.

2 Maßnahmen des konstruktiven Holzschutzes an einer Holzterrassenunterkonstruktion

Abgedecktes Hirnholz

Abgeschrägter Zaunriegel

Gerundeter Zaunpfahl

Folie hinter gefasten Holzpalisaden

1 Beispiele für konstruktiven Holzschutz

Die Unterkonstruktion von Holzterrassen wird häufig auf **Tiefborden** oder **Betonplatten** aufgelagert, um den Kontakt mit dem Untergrund zu verhindern. Unterkonstruktion (z. B. aus Kanthölzern) und Borde/Platten werden dabei durch sogenannte **Terrassenpads** aus Gummigranulat getrennt, die von oben einsickernde Feuchtigkeit abführen bzw. den Wasseraufstieg von unten verhindern. Die Abdeckung der Kanthölzer durch **Bleche**, **Bitumenbahnstreifen** oder **Terrassentape** erhöht deren Lebensdauer deutlich (2, S. 193).

Weitere Maßnahmen des konstruktiven Holzschutzes sind z. B. die **Abdeckung**, **Abschrägung**, **Abrundung** und **Abfasung** von Holzbauteilen sowie das Hinterlegen von Holzpalisaden mit (Noppen-)**Folie** (1).

2.2 Chemischer Holzschutz

Chemischer Holzschutz erfolgt durch den Einsatz von **Lasuren**, **Lacken** und **Ölen**. Besonders bei starker Bewitterung (z. B. bei West- bzw. Nordexposition eines Holzbauwerks) unterstützt ein Anstrich die Haltbarkeit von Holz im Außenbereich. Durch Anstriche und Imprägnierungen (z. B. Kesseldruckimprägnierung) können grundsätzlich auch von Natur aus weniger dauerhafte Hölzer im Außenbereich verwendet werden. Zu bedenken ist allerdings, dass die Wirkung von Anstrichen mit der Zeit nachlässt, da Anstrich und Holz durch die Einwirkung von Feuchtigkeit, Pilzen, Insekten und UV-Strahlung verwittern. Deshalb müssen Anstriche immer wieder erneuert werden, um ihre Schutzwirkung zu erhalten. Es ist daher zu empfehlen, grundsätzlich mindestens Holz mittlerer Dauerhaftigkeit (z. B. Lärche, Douglasie) im Außenbereich zu verwenden und einen Anstrich als zusätzlichen Schutz zu betrachten.

Lasuren gibt es als **Dünnschichtlasuren** und als **Dickschichtlasuren** (2). Grundsätzlich bestehen Lasuren aus den eigentlichen Holzschutzchemikalien und Lösungsmitteln (z. B. Ethylenglykole, Acrylate, Aldehyde oder – in wasserlöslichen Lasuren – auch Wasser). Oft sind auch Farbpigmente zur Unterstützung eines gewünschten Farbtons beigegeben. Lasuren wirken, indem ihre Bestandteile mit dem Lösungsmittel in das Holz einziehen und dieses dann verdunstet.

2 Chemischer Holzschutz mit Dickschichtlasur

Dünnschichtlasuren sind besonders dünnflüssig. Sie ziehen tief in das Holz ein und entfalten für die meisten Gartenholzbauwerke und Gartenmöbel eine gute Schutzwirkung. Die natürliche Holzmaserung bleibt komplett sichtbar. Eine Erneuerung des Anstrichs ist in der Regel recht unkompliziert möglich.

Dickschichtlasuren sind durch einen höheren Anteil zähflüssiger bzw. fester Bestandteile dickflüssiger. Sie ziehen weniger tief ein, bilden dafür aber eine feuchtigkeitsabweisende Schutzschicht aus. Die Holzmaserung wird in der Regel stärker überdeckt.

Dickschichtlasuren werden zumeist für Holzfenster, Balkone und ähnliche Bauteile verwendet. Vor der Erneuerung des Anstrichs muss die Schutzschicht in der Regel intensiv abgeschliffen werden.

Lacke schützen das Holz, indem sie eine **dicke Schutzschicht** ausbilden. Vor allem nach mehrmaligem Auftrag überdecken farbige Lacke die Holzmaserung (1, S. 195). Alte, verwitterte Lackschichten blättern oft unschön ab

1 Weiß lackierter Friesenzaun

2 Terrassendielen, links geölt, rechts noch unbehandelt

und müssen vor dem Auftrag neuer Anstriche aufwändig abgeschliffen werden.

Holzöle eignen sich ebenso wie Lasuren gut für die meisten Gartenholzbauwerke und -möbel. Sie ziehen ebenfalls in das Holz ein (wenn auch in der Regel weniger tief als eine Dünnschicht-Lasur) und härten dort aus. Eine oberflächlich deckende Schicht wird grundsätzlich nicht ausgebildet. Dadurch wird ein **tiefgründiger Schutz** erreicht und die **Holzmaserung** kommt in der Regel **besonders gut zur Geltung**. In der Praxis werden Holzöle daher gern für die Behandlung von **Holzdecks** verwendet (2).

2.3 Unfallschutz und Entsorgung

Holzschutzmittel sind für Menschen grundsätzlich gesundheitsschädlich. Sie müssen als Gefahrstoffe gekennzeichnet sein und sorgfältig verschlossen aufbewahrt werden. Beim Arbeiten mit Holzschutzmitteln sind gemäß den Bestimmungen des Arbeitsschutzes entsprechende Schutzmaßnahmen einzuhalten. Während des Arbeitens darf nicht geraucht und nicht gegessen werden. Nach der Arbeit sind Hände und Gesicht gründlich zu reinigen.

Reste von Holzschutzmitteln, die nicht mehr verwendet werden, und von behandelten (imprägnierten) Holzabfällen gelten als Sondermüll. Bei der Abfallbeseitigung muss der Umweltschutz beachtet werden.

? Aufgaben

◑ 1. Diskutieren Sie die Problematik von überseeischen Hölzern in Ihrer Klasse.
Besorgen Sie sich Informationen zum Thema „Kontrollierter Anbau von tropischen Hölzern".

○ 2. Warum ist Holzschutz notwendig?

○ 3. Welche Arten von Holzschutz werden unterschieden?

○ 4. Was versteht man unter konstruktivem Holzschutz?

○ 5. Nennen Sie Maßnahmen des konstruktiven Holzschutzes.

○ 6. Welche Sicherheitsmaßnahmen sollten Sie beim Umgang mit chemischen Holzschutzmitteln beachten?

3 Holzdecks – Fachbegriffe, Bauregeln und Konstruktionsbeispiele

3.1 Unterkonstruktion (1, S. 196)

Auf dem planierten, verdichteten **Untergrund (a)** wird zunächst eine Tragschicht **(b)** aus wasserdurchlässigen, gut verdichteten **Mineralstoffen** eingebaut (z. B. Kies-Sand- oder sonstige Mineralgemische 0/32 bzw. 0/45). Alternativ können auch planierte Fundamentgräben zur Aufnahme hochkant zu versetzender Kantensteine hergestellt werden. Der Boden zwischen den Fundamentgräben kann später ggf. mit Bändchengewebe abgedeckt werden. Untergrund und Tragschichtoberfläche bzw. Fundamentgräben verlaufen mit einem Gefälle von ca. 1,5–2,0 % vom Haus weg.

Als **Auflager (c)** für die Unterzüge dienen flach verlegte **Beton-Kantensteine** (z. B. 5 × 25 × 100 cm) oder **Beton-Platten** (z. B. 5 × 25 × 25 cm) auf ca. 5 cm starkem Betonbett C16/20. Alternativ sind hochkant gesetzte Beton-Kantensteine auf ca. 10 cm starkem Betonfundament C16/20 mit beidseitiger Rückenstütze möglich. Zwischen den Kantensteinen/Platten und auflagernden Unterzügen sind unbedingt kapillarbrechende **Abstandhalter** (z. B. Terrassenpads, 2, S. 193) einzufügen.

Der rechtwinklige Abstand zwischen den Kantensteinen bzw. Platten von Mitte zu Mitte wird als **Achsabstand (d)** bezeichnet. Dieser Abstand hängt entscheidend von Material und Abmessung der Unterzüge sowie der geplanten Belastung der Terrasse ab.

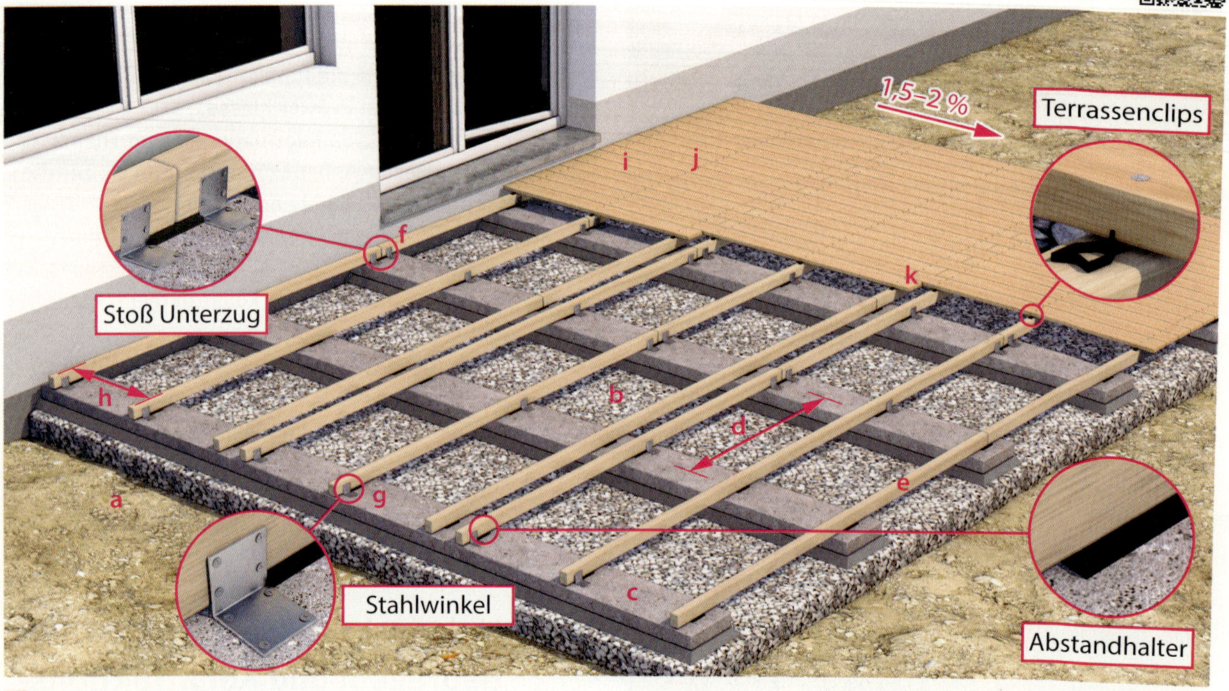

1 Aufbau einer Holzterrasse

Für Standardholzdecks in Hausgärten sind die folgenden Achsabstände als **ungefähre Richtwerte** zu betrachten:

- Achsabstand ca. **50–60 cm** bei den verbreiteten handelsüblichen Unterzugabmessungen von ca. **7 cm** × 4,5 cm (Höhe × Breite)
- Achsabstand ca. **80–90 cm** bei Unterzugabmessungen von ca. **9 cm** × 6 cm (Höhe × Breite)
- Achsabstand ca. **100–120 cm** bei Unterzugabmessungen von ca. **11 cm** × 8 cm (Höhe × Breite)

Das Holz der **Unterzüge**[1] **(e)** sollte mindestens der Witterungsbeständigkeit der Belagsdielen entsprechen. Eine höhere Dauerhaftigkeitsklasse ist möglich. Eine **Abdeckung** durch Bleche, Bitumenbahnstreifen oder Terrassentape trägt zur Erhöhung der Haltbarkeit bei (**2**, S. 193 f.).

Verbreitet sind Abmessungen von ca. **7 cm × 4,5 cm.** Stärkere Abmessungen sind ebenfalls im Handel. Die Unterzüge sind grundsätzlich **hochkant** zu befestigen. Falls davon abgewichen wird, müssen die Achsabstände der Auflager angepasst werden. Die **Stöße (f)** sind immer mit ca. 1 cm Fuge auszuführen.

Die Verankerung der Unterzüge erfolgt durch **Stahlwinkelverschraubung (g)** oder durch **Rahmendübel mit Senkkopfschrauben** (**2**).

Als Unterzüge können auch **Aluminium-Vierkantrohre** mit einer Wandstärke von ca. 4 mm dienen. Sie sind im Gegensatz zu Holzunterzügen immer sehr gerade, maßhaltig und darüber hinaus praktisch unverwüstlich. Hinsichtlich der Dielenverschraubung ist zu beachten, dass Schrauben mit Aluminium schneidender Spitze (auch: Bohrspitze, Cut-Spitze) verwendet werden müssen (**3**, S. 197).

2 Rahmendübel mit Senkkopfschraube

Für Standardholzdecks in Hausgärten sind für den **Achsabstand zwischen den Unterzügen (h)** folgende **grobe Richtwerte** anzunehmen.

- Achsabstand Unterzüge ca. **50 cm** bei der handelsüblichen Belagsdielenstärke von ca. **28 mm**
- Achsabstand Unterzüge ca. **100 cm** bei Belagsdielenstärken von ca. **50 mm**

Auch dabei spielen die Holz-/Materialart und die Abmessungen der Belagsdielen sowie die zu erwartende Belastung der Terrasse eine entscheidende Rolle.

[1] Die Unterzüge werden im Baustellenalltag oft auch einfach als Kanthölzer oder Konstruktionshölzer bezeichnet.

3.2 Terrassendielen (1, S. 196)

1 Verlegung von Terrassendielen (hier Douglasie-Dielen auf Aluminium-Vierkantrohren)

2 Terrassenclips sorgen für schnelle Abtrocknung durch Belüftung (konstruktiver Holzschutz). Bei genuteten Dielen-Schmalseiten kann der Clip wie hier zusätzlich zur „unsichtbaren" Verschraubung genutzt werden.

Das **Verlegen der Dielen (i** und **1)** soll grundsätzlich so erfolgen, dass das Holzdeck wie andere Belagsflächen ein **Gefälle** von etwa **1,5–2,0 %** aufweist. Das Gefälle ist so auszuführen, dass Niederschlagswasser vom Gebäude weggeführt wird, und muss bereits durch den Bau der Unterkonstruktion vorgegeben werden. Bei geriffelten und genuteten Dielen ist das Gefälle in Richtung der Riffelung bzw. Nutung auszuführen, damit sich das Wasser nicht in den Riffeln bzw. Nuten anstaut.

Ein **Luftraum** zwischen Unterzügen und Dielen ist grundsätzlich empfehlenswert. Er gewährleistet ein schnelleres Abtrocknen eindringender Feuchtigkeit und verringert die Gefahr des Abscherens (Abreißens) der Schrauben durch Verzug. Die Gefahr des Abscherens besteht vor allem bei Hartholzdielen. Durch den Luftraum entsteht eine Art „Biegezone". Zum Erzeugen des Luftraums können z. B. spezielle **Kunststoff-Abstandhalter** oder **Befestigungsclips** (2) verwendet werden. Letztere sind vor allem geeignet, wenn seitlich genutete Belagsdielen zur unsichtbaren Verschraubung eingesetzt werden.

Die **Dielen** sind in **seitlichen Abständen** von **etwa 6 mm** (bei ca. 10 cm Dielenbreite) und **etwa 9 mm** (bei ca. 14,5 cm Dielenbreite) zueinander zu verlegen. Auch hier helfen Abstandhalter beim Einhalten des gewünschten Maßes. Sie werden nach Befestigung der Dielen wieder herausgezogen.

Die **Ränder eines Holzdecks** einschließlich Unterkonstruktion sollten **zu angrenzenden Bauteilen** einen **Mindestabstand von rund 2 cm** aufweisen, um eine ausreichende Abtrocknung und Durchlüftung zu gewährleisten. Der Abstand kann natürlich auch größer sein und bei Bedarf mit Gitterleisten, Stegrosten usw. überbrückt werden. Ein direkter Erdkontakt des Holzes (z. B. bei höhengleich angrenzenden Rasenflächen) ist unbedingt zu vermeiden.

Für die **Verschraubung (j)** sind aus Gründen der Stabilität und Dauerhaftigkeit mindestens **V2A-Edelstahlschrauben** zu verwenden. Diese müssen bei **28 mm Dielenstärke** mindestens **70 mm Schraubenlänge** aufweisen. Optimierte Produkte, z. B. mit kleinen Torx-Köpfen mit unterseitigen Fräsrippen und Reibschaft, minimieren das Aufkanten von Holzsplittern beim Festdrehen der Schraube (3). Grundsätzlich ist vor der Verschraubung ein **Vorbohren** und **Senken** (max. 1 bis 2 mm Tiefe) zu empfehlen, um ein sauberes Schraubbild zu erzielen.

3 Edelstahl-Terrassenschraube (V2A) mit kleinem Torx-Kopf und unterseitigen Fräsrippen, Reibschaft und Cut-Spitze für Aluminium-Unterkonstruktion

Dielenstöße (k) sind **grundsätzlich auf zwei Unterzügen** aufzuschrauben. Zwischen den Stößen ist ein **Abstand** von **etwa 7 mm** einzuhalten.

Der Abstand der Schrauben vom abgesägten **Brettende** sollte zwischen **5 cm** und **10 cm** liegen. **Zum längsseitigen Brettrand** sollte der Abstand der Schrauben **etwa 2,5 cm** betragen. Es sind grundsätzlich **zwei Verschraubungen pro Brettbreite** vorzusehen.

Bei **genuteten Dielen** ist die **Verschraubung auf dem Nutengrund** gegenüber einer Verschraubung auf den erhöhten Stegoberflächen zu empfehlen. Auf diese Weise ist das gesamte Schraubenbild weniger sichtbar und die Schraubenköpfe stehen auch nach Jahren der Abnutzung der Brettoberfläche nicht hervor. Dabei ist zu beachten, dass die Schraubenköpfe möglichst bündig mit dem Nutengrund abschließen, um das Abfließen von Regenwasser nicht zu behindern.

4 Holzzäune – Fachbegriffe, Bauregeln und Konstruktionsbeispiele

Zäune dienen der Abgrenzung von Grundstücken, dem Schutz vor Wind und als gestalterisches Element. Holzzäune bestehen im Prinzip aus **Pfosten**, **Querriegeln** (Rahmen, Bahnlatten) und **Latten**. Diese Grundelemente können vielfältig gestalterisch verwendet werden.

4.1 Zaunarten

Grundsätzlich werden schräge, waagerechte und senkrechte Holzzäune unterschieden.

Zu den **schrägen Holzzäunen** gehören die sogenannten Jägerzäune (1). Diese Zaunart wurde bis vor etwa 25 Jahren sehr häufig gebaut.

Waagerechte Zäune (2) werden überwiegend zur optischen Abgrenzung eingesetzt. Hierzu gehören z. B. der Rancherzaun (3) aus rustikalen, waagerechten, unbesäumten Brettern, der Lamellenzaun und der waagerechte Halbrundholzlattenzaun.

Die **senkrechten Zäune** (Latten- und Staketenzäune, 4) sind derzeit am weitesten verbreitet. Durch die unterschiedliche Verarbeitung ergeben sich große Variationsmöglichkeiten. Die einfachste Art eines Lattenzauns ist der Staketenzaun aus halbrunden Hölzern.

1 Jägerzaun

2 Waagerechter Zaun mit gesägten Brettern

3 Rancherzaun

4 Staketenzaun

4.2 Zaunmontage

Bei der Zaunmontage sind Pfosten zu verankern sowie Querriegel und Latten anzubringen.

Pfosten sind das tragende Element des Zauns. Sie bestehen meist aus Rund- oder Kanthölzern mit einem Durchmesser von ca. 9 bis 15 cm. Es gibt aber auch Zaunpfosten aus anderen Materialien wie T-Profil-Stahlstäben oder Beton. Sie werden auf unterschiedlichste Art und Weise befestigt: Die sicherlich einfachste Art ist das Einrammen eines angespitzten Pfostens in den Boden. Durch vorheriges Einschlagen eines Locheisens oder durch Vorbohren mit einem Erdbohrer (Durchmesser etwa halber Pfostendurchmesser) werden die optimale Führung und ein fester Sitz des Pfostens gewährleistet. Nachteil dieser Befestigungsart ist der direkte Kontakt des Holzes mit dem Boden und damit eine verkürzte Lebensdauer je nach Holzart und -imprägnierung.

Für eine längere Lebensdauer des Zauns sorgt die Verwendung von Pfostenankern (vgl. S. 193). Nachteilig ist, dass manche Pfostenanker gut sichtbar und optisch meist nicht sehr ansprechend sind (1). Außerdem besteht die Gefahr des Abkippens nach vorne oder hinten, wenn der Metall-Beton-Kontakt zu gering bzw. die Verschraubung unzureichend ist. Stabiler und gestalterisch befriedigender ist z. B. die fachgerechte Befestigung der Pfosten an einem T-Profilstahl (2). Dazu werden die Pfosten an der hinteren Seite eingenutet und der T-Profilstahl wird mit Schrauben neben der Nut befestigt. Die Befestigung ist nur auf der Pfostenrückseite sichtbar. Weitere Befestigungsmöglichkeiten sind das Anbringen des Pfostens an einem T- oder H-Pfostenanker (3).

Wichtig ist das exakte Ausrichten der Pfosten, die in allen Richtungen senkrecht stehen und die gleiche Höhe besitzen sollen. Dazu werden zuerst die Tür- oder Eckpfosten gesetzt und mit einer Richtschnur verbunden. Diese gibt die Höhe der restlichen Pfosten vor. Danach werden die dazwischenliegenden Pfosten eingepasst. Der Abstand der Pfosten zueinander sollte möglichst gleichmäßig auf der Länge verteilt sein. Er richtet sich nach der gebräuchlichen Länge der Querrahmen, das sind z. B. 200, 250, 275, 300 (350, 400) cm (1 bis 3, S. 200).

An den Pfosten werden die **Querrahmen/Riegel** angebracht (5 und 6, S. 200). Der Abstand der beiden Rahmen ist so groß wie die halbe Zaunhöhe. Der Abstand von der Pfostenoberkante zum Rahmen und vom Boden zum Rahmen sollte gleich sein. Gemessen wird dabei stets bis zur Rahmenmitte:

! Merke

Rahmenabstand = $\frac{1}{2}$ · Zaunhöhe
Abstand des obersten Rahmens von der Pfostenoberkante = $\frac{1}{4}$ · Zaunhöhe

Beispiel: Zaunhöhe 100 cm

Rahmenabstand = $\frac{1}{2}$ · 100 cm = 50 cm,
Abstand des obersten Rahmens von der Pfostenoberkante = $\frac{1}{4}$ · 100 cm = 25 cm

Bei Jägerzäunen müssen die Querriegel so befestigt werden, dass sie hinter den Kreuzungspunkten der Latten liegen.

Bei halbrunden Riegeln wird die Schnittfläche so am Pfosten angebracht, dass später die Latten auf die abgerundete Seite genagelt oder geschraubt werden können. So ist die Verbindungsfläche zwischen Riegel und Latte relativ klein und die Feuchtigkeit kann besser abtrocknen. Bei gesägten Riegeln ist oft eine Seite abgeschrägt (Trapezprofil). Solche Riegel werden so angebracht, dass das Wasser von den Latten weglaufen kann.

1 Pfostenanker in U-Form, verschraubt auf Kantensteinen – eine gestalterisch unbefriedigende und zumeist weniger stabile Verbindung

2 T-Profilstahl, einbetoniert

3 T-Pfostenanker, verschraubt auf niedriger Gartenmauer

Danach werden die **Latten** mit nicht rostenden Nägeln oder Schrauben befestigt (7, S. 200).

Der Abstand der Latten zueinander beträgt ca. 2/3 bis eine ganze Lattenbreite. Der Abstand vom Boden sollte 3 cm bis 5 cm betragen, damit wenig Spritzwasser an das Holz gelangen kann.

Die Latten können auch vor der Querrahmenmontage mit den Querrahmen verbunden werden. Man spricht dabei von sogenannten **Zaunfeldern**. Diese müssen dann nur noch mit den Pfosten verbunden werden.

Ablauf beim Bau eines Zauns

1 Ausheben der Löcher für die Pfosten

2 Eckpfosten setzen

3 Restliche Pfosten in einer Flucht und auf eine Höhe setzen

4 Kantensteine zwischen den Pfosten setzen

5 Querriegelbefestigung vorbereiten

6 Querriegel befestigen

7 Montage der Latten mithilfe von Abstandhaltern

8 Fertig montierter Zaun

Aufgaben

- ○ 1. Erstellen Sie eine Liste mit den benötigten Materialien, Werkzeugen und Maschinen, die Sie für den Bau eines Holzzauns benötigen.
- ○ 2. Beschreiben Sie den Arbeitsablauf für den Bau des Holzzauns.

5 Pergolen – Fachbegriffe, Bauregeln und Konstruktionsbeispiele

5.1 Einführung

1 Traditionelle Pergola entlang eines mediterranen Wohnhauses

Eine Pergola (lat. „pergula“ = „Anbau, Vorbau“, 1) ist ein Bauwerk, das zur Schaffung einer grünen Überdachung durch Rankpflanzen (ursprünglich v. a. durch Weinreben – Vitis vinifera) dient. Es hat seinen Ursprung vor allem im warm-heißen Mittelmeerraum, wo es seit der Antike der Beschattung von intensiv genutzten Grundstücksteilen dient.

Traditionell besteht eine Pergola aus zwei parallelen Reihen von Steinpfeilern oder -säulen mit einer aufgelagerten Holzkonstruktion (1). Anstelle von Steinpfeilern werden heute meist Holzpfosten sowie manchmal auch Stahlrohre und Stahlgitterelemente verwendet. Zur Herstellung des Dachgerüsts wird ebenfalls häufig Holz eingesetzt, aber auch hier gibt es Bauweisen aus Stahlrohren, Stahlgitterelementen und Stahlseilen. Eine klassische Pergola wird auch als zweihüftige oder zweireihige Pergola (2) bezeichnet. Im Gegensatz dazu besteht eine einhüftige oder einreihige Pergola, die auch einfach Rankgerüst genannt wird, hauptsächlich aus nur einer Reihe Pfosten mit auf einer Pfettenreihe mittig angebrachten kurzen Auflagehölzern, sogenannten „Reitern“ (1, 2, S. 202).

5.2 Konstruktion (2 und 1, S. 202)

Die **Abstände der Pfosten (a)** sind stark **abhängig von den örtlichen Gegebenheiten**, z. B. Breite des Wegs oder Größe des Sitzplatzes, der überspannt werden soll. Als Richtwert kann jedoch ein Pfostenabstand von **etwa 3,0 m** angenommen werden.

Eine Pergola sollte eine lichte **Höhe (b) von etwa 2,5 m** aufweisen, damit herabhängende Pflanzenteile den Durchgang nicht behindern.

Als **Pfosten (c)** werden häufig **Kanthölzer** mit quadratischem Querschnitt und **9–12 cm Kantenlänge** verwendet. Geringere Abmessungen sind in der Regel nicht stabil genug, höhere Kantenlängen führen zu einem massiveren Erscheinungsbild und höheren Baukosten. Natürlich sind auch Pfosten aus Rundhölzern, Stein usw. möglich.

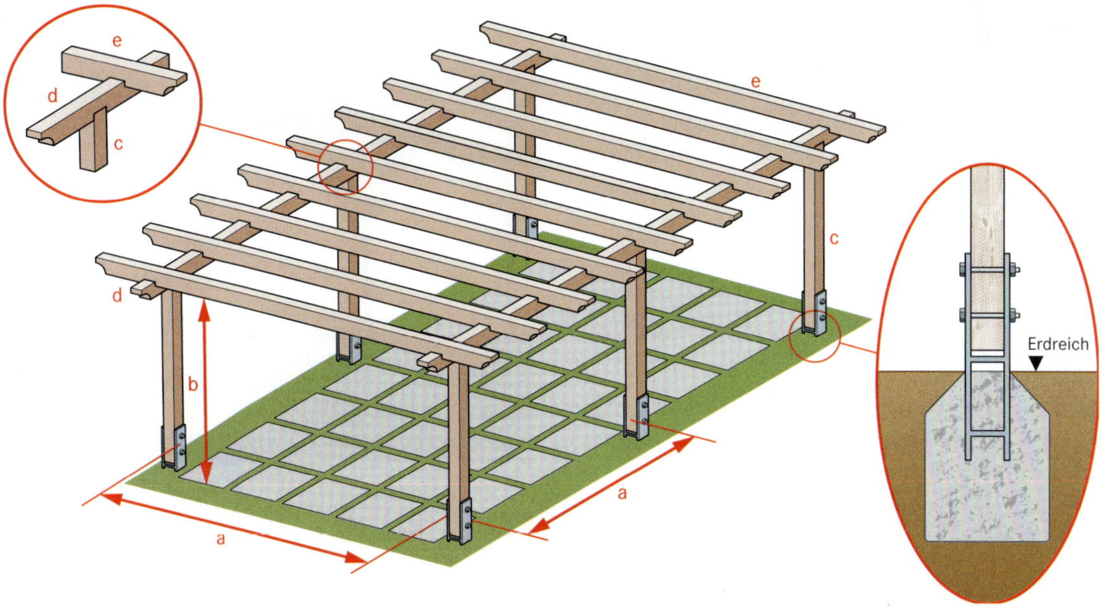

2 Zweihüftige Pergola

Bei der **Verankerung** der Pfosten im Boden sollten aus Gründen des konstruktiven Holzschutzes **Pfostenanker** aus feuerverzinktem Stahl verwendet werden. Zwischen unterem Pfostenende und Boden sollten mindestens 5 cm, besser **10 cm Luft** verbleiben, damit das Pfostenende nach Regenfällen schnell abtrocknet und kein Wasser in das Holz einziehen kann (vgl. S. 193).

Die aufliegenden **Pfetten (d)** sollten so breit sein, dass sie das **Hirnholz des Pfostens** als Schutz vor eindringendem Wasser vollständig **abdecken**.

Die **Höhe** der **Pfetten** sollte aus Gründen der Stabilität in der Regel **einige Zentimeter mehr betragen als die Breite**. Sie liegt in der Praxis oftmals zwischen **12–15 cm**. Allgemeingültige Richtwerte zu nennen ist nicht möglich, da die Höhe stark von der verwendeten Holz-/Materialart und der zu erwartenden Lasteinwirkung abhängt.

An der Verbindungsstelle zwischen Pfette und Pfosten kann die Pfette etwa 2–3 cm ausgespart werden, um den Pfosten aufzunehmen. In diesem Fall muss die ausgesparte Tiefe bei der Wahl der Pfettenhöhe zusätzlich berücksichtigt werden. Die Aussparung sorgt für zusätzliche Stabilität der Verbindung, verteuert aber auch die Baukosten, da höhere Pfetten benötigt werden. Eine **Abdeckung** der Pfetten z. B. durch gekantete **Bleche** trägt zur Erhöhung der Haltbarkeit bei (vgl. S. 194).

Über die Pfetten werden **Auflagehölzer (e)** in **Abständen von 50–60 cm** angebracht. Hier können zum Beispiel **Bohlen** von etwa **5 cm Dicke** und **12 bis 15 cm Höhe** verwendet werden. Mit diesen Abmessungen können Entfernungen bis 3,0 m in der Regel problemlos überspannt werden.

Die Auflagehölzer sind an der Verbindungsstelle mit den Pfetten mit einer **2–4 cm tiefen Nut** zu versehen, auf die Pfetten aufzustecken (= Aufkämmung) und auszurichten. Nachdem die Auflagehölzer endgültig ausgerichtet worden sind, werden sie mit den Pfetten verschraubt.

Auch bei den Auflagehölzern kann eine **Abdeckung** zur Erhöhung der Haltbarkeit beitragen, meist ist es jedoch wirtschaftlicher, einzelne morsch gewordene Auflagehölzer nach Jahren ganz zu ersetzen.

Ein **Pfettenstoß (f)** kann mit einer **schrägen Überblattung** (auch Gerberstoß genannt) durchgeführt werden. Vorteile der schrägen Überblattung sind, dass ein vergleichsweise großer Pfettenquerschnitt erhalten und damit statisch wirksam bleibt (die Pfette wird quer zum Holzfaserverlauf ja nur wenige Zentimeter eingesägt) und dass keine waagerechte Fläche entsteht, auf der evtl. Feuchtigkeit stehen bleibt.

Unter der Überblattung sollte sich ein **Pfosten** befinden, der dem Stoß Stabilität verleiht. Die **Überblattung** ist **mit dem Pfosten** von oben zu **verschrauben. Diagonalstreben (g)** sorgen bei Bedarf für **zusätzliche Stabilität**. Sie erhöhen grundsätzlich die Tragkraft der Pfetten. Zudem sichern sie eventuelle Überblattungen gegen waagerechtes Ausbrechen.

Es besteht auch die Möglichkeit der **seitlichen Pfettenmontage (h)**. Dabei werden die Pfetten an den **Pfostenseiten** angebracht. Die Pfetten können **einteilig** oder **zweiteilig** ausgeführt werden. Bei **zweiteiliger Ausführung** werden beidseitig des Pfostens starke Bretter (ca. 3 cm breit und 12–15 cm hoch) angebracht, bei **einteiliger Ausführung** werden stärkere Querschnitte verwendet (ca. 5 cm breit und 12–15 cm hoch). Die **Verbindung mit den Pfosten** erfolgt durch Verschraubung mit **Schlossschrauben**.

Durch die vergleichsweise dünnen Pfetten sinken bei der seitlichen Pfettenmontage Gewicht und Kosten. Nachteilig ist, dass das Hirnholz der Pfosten frei liegt.

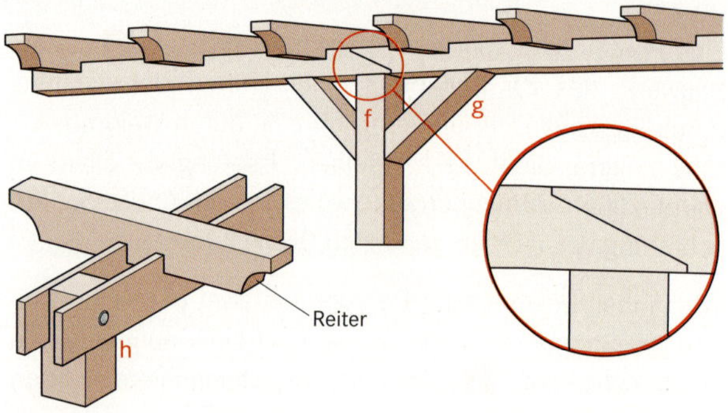

1 Konstruktionsdetails

2 Reiter auf einer einhüftigen Pergola mit Diagonalstreben

Aufgaben

○ 1. Erklären Sie die Begriffe Pfosten, Pfette und Rankgerüst.

○ 2. Welche konstruktiven Holzschutzmaßnahmen sind für den Bau einer Pergola bedeutsam?

6 Palisaden – Fachbegriffe, Bauregeln und Konstruktionsbeispiele

Palisaden sind aus der Gartengestaltung nicht mehr wegzudenken. Sie fassen Beete ein, verstecken Mülltonnen und fangen Geländesprünge ab.

Grundsätzlich sind dafür Holzarten mit hoher Dauerhaftigkeit zu empfehlen, z. B. Robinie. Neben Rundhölzern werden auch rechteckige Holzquerschnitte verwendet.

Werden **Palisaden zur Hangsicherung** eingesetzt, sollte die zum Hang gerichtete Seite der Palisadenwand mit wasserundurchlässigem Material, z. B. Bitumenbahnen oder (Noppen-)Folie, vor Wechselfeuchte geschützt werden. Zudem dient diese Schutzlage dazu, dass durch eventuell vorhandene konstruktionsbedingte Fugen kein Erdmaterial in Richtung der Vorderseite der Palisadenwand durchrieseln kann. Zur Hinterfüllung eignen sich am besten Schüttmaterialien, die Wasser rasch nach unten abführen. So wird der Druck auf die Palisaden bei anstehendem Hangwasser verringert. Die Einbautiefe der Palisaden im Boden richtet sich nach der Höhe des abzufangenden Geländesprungs, der zu erwartenden Belastung und dem vorhandenen Boden (1). Zur statischen Absicherung sollte ein Architekt oder Statiker hinzugezogen werden.

Einbauempfehlung
a) bei gleichem Erdniveau

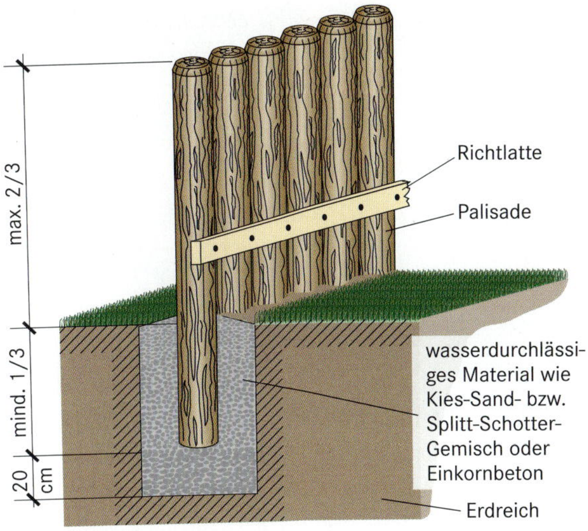

Einbau bei gleichem Erdniveau

1. Graben ausheben
2. Ca. 20 cm Kies-Sand- bzw. Splitt-Schotter-Gemisch einbringen, um ein schnelleres Versickern von Wasser zu erreichen und das Aufsteigen von Kapillarwasser zu verhindern
3. Palisaden dicht an dicht einstellen: konische Palisaden wechselseitig mit dünnem und dickem Ende nach oben
4. Palisaden ausrichten und durch Anheftung einer Richtlatte fixieren; evtl. Höhenunterschiede ausgleichen
5. Graben mit Kies-Sand- bzw. Splitt-Schotter-Gemisch (0/32 bis 0/56) oder Einkornbeton auffüllen und verdichten; Richtlatte entfernen

b) bei unterschiedlichem Erdniveau

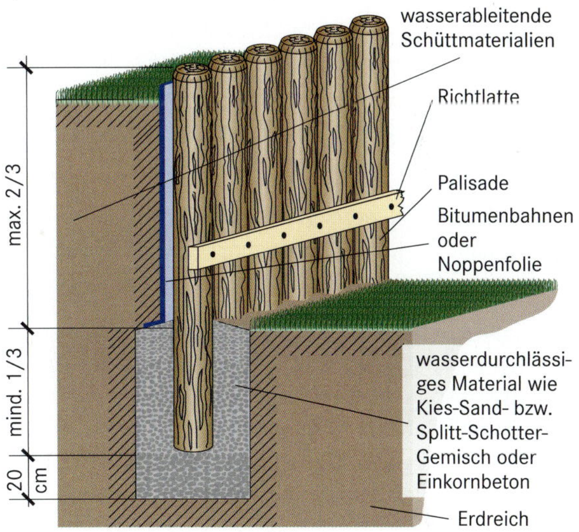

Einbau bei unterschiedlichem Erdniveau

1. – 5. gleich
6. Bitumenbahnen oder Noppenfolie hinter den Palisaden anbringen und Graben auffüllen

1 Palisadeneinbau

? Aufgaben

○ 1. Wie tief sollten Palisaden mindestens im Boden verankert sein?

○ 2. Worauf ist beim Einbau von Palisaden zur Hangsicherung zu achten?

Holzverwertung

Betonarbeiten

Ob zur Herstellung von Fundamenten, Wege- und Pflasterbelägen, Mauern, Treppen, Pflanztrögen, Bordsteinen, Rohren, Palisaden, Skulpturen und vielen anderen Bauteilen, Beton ist ein preisgünstiger, vielseitig zu verwendender und langlebiger Baustoff, der in verschiedenartigste Formen und Farben gebracht werden kann und dadurch ein breites Feld ideenreichen Gestaltens eröffnet.

Aufgaben

○ 1. Woraus besteht Beton?

◑ 2. Was versteht man unter
a) Frischbeton,
b) Festbeton,
c) Baustellenbeton,
d) Ortbeton,
e) Transportbeton,
f) Stahlbeton?

1 Begriffsdefinitionen

Gesteinskörnung
\+ Zement
\+ Wasser
= Beton

Beton ist ein künstlicher Stein, der aus einem Gemisch von Zement, Wasser und Gesteinskörnungen (z. B. Sand, Kies, Splitt) hergestellt wird.

Zur Unterscheidung des Baustoffs „Beton“ werden verschiedene Begriffe verwendet:

Als **Zementmörtel** bezeichnet man Beton, dessen Gesteinskörnungen (alte Bezeichnung: Zuschlag) auf die Korngruppe 0/4 (Sand-Kies-Gemisch) beschränkt sind.

In der Praxis sind noch eine Reihe weiterer Bezeichnungen für Beton geläufig, wie z. B. **Fließbeton** (nach der Konsistenz); **Stampf-** und **Rüttelbeton** (nach der Art der Verdichtung); **Pump-**, **Schütt-** und **Spritzbeton** (nach der Art des Förderns/Einbringens); **Sicht-** und **Waschbeton** (nach der Oberfläche des Festbetons, Tab. 1).

2 Bestandteile des Betons

2.1 Zement

Vom Kalkstein zum Zement

1 Zement ist nicht gleich Zement

Zemente sind fein gemahlene, hydraulische Bindemittel, d. h., sie erhärten durch Hydratation (chemische Wasserbindung) sowohl an der Luft als auch unter Wasser. Verwendet werden sie vor allem zur Herstellung von Beton, Mörtel, Betonsteinen und Betonfertigteilen (1).

Die Bezeichnung für Beton richtet sich nach				
dem Erhärtungszustand	**dem Ort der Herstellung**	**dem Ort der Erhärtung**	**der Trockenrohdichte (kg/dm^3 oder t/m^3)**	**der Bewehrung**
Frischbeton ■ nicht erhärtet, noch verarbeitbar	**Baustellenbeton** ■ wird auf der Baustelle hergestellt	**Ortbeton** ■ erhärtet am Ort seiner Verwendung	**Leichtbeton** ■ Blähschiefer, Blähton, Hüttenbims, Naturbims ■ ≤ 2,0	**bewehrter Beton** ■ mit Stahleinlagen verstärkt (bewehrt), wird auch als Stahlbeton bezeichnet
Festbeton ■ erhärtet, nicht mehr verarbeitbar	**Transportbeton** ■ Frischbeton, der vom Betonwerk zur Baustelle transportiert wird ■ einbaufertiger Zustand	**Betonfertigteile, Betonwerksteine** ■ werden erhärtet zur Baustelle geliefert	**(Normal-)Beton**[1] ■ Sand, Kies, Splitt, Hochofenschlacke ■ > 2,0 – 2,6	**unbewehrter Beton** ■ ohne Stahleinlagen
			Schwerbeton ■ Schwerspat, Stahlsand, Stahlschrott ■ > 2,6	

[1] Sind Verwechselungen mit Schwer- oder Leichtbeton nicht möglich, wird der Normalbeton als Beton bezeichnet. Im Garten- und Landschaftsbau ist die Verwendung von Normalbeton üblich.

Tab. 1 Bezeichnungen für Beton

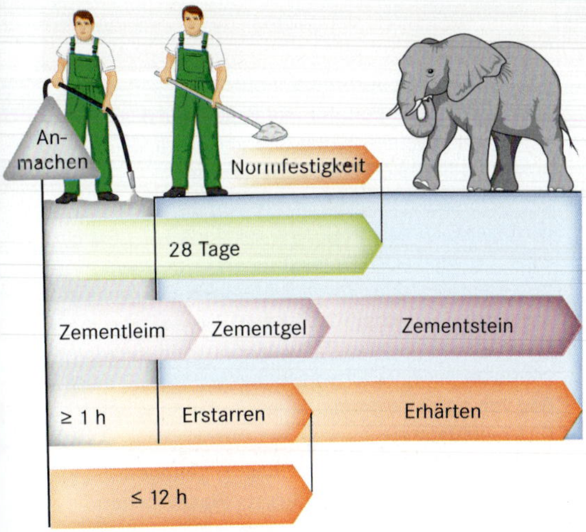

1 Erstarren und Erhärten des Betons

Mischt man Zement mit Wasser, entsteht **Zementleim**, der die Gesteinskörnungen umhüllt und miteinander verbindet. Die zwischen Zement und Wasser einsetzende chemische Reaktion führt dazu, dass die Zementbestandteile Wasser binden. Der Beton erstarrt, aus dem Zementleim wird ein starres Zementgel. Damit genügend Zeit für die Verarbeitung des Betons oder Mörtels zur Verfügung steht, darf dieser Vorgang nicht zu schnell erfolgen. Laut DIN-Vorschrift frühestens eine Stunde nach dem Mischen des Zements mit Wasser.

Nach spätestens zwölf Stunden muss das **Erstarren**, eine Vorstufe des Erhärtens, abgeschlossen sein. Die fortwährende Wasserbindung bewirkt mit der Zeit eine **Erhärtung** des Betons, wobei aus Zementgel **Zementstein** wird.

Der Vorgang der Erhärtung läuft in den ersten 28 Tagen sehr schnell, danach nur noch langsam ab. Er ist zeitlich nicht begrenzt und kann sich über viele Jahre hinziehen (**1**).

2.1.1 Herstellung

Zement wird aus den Rohstoffen Kalkstein und Ton hergestellt. Dazu werden die in Steinbrüchen gewonnenen Ausgangsstoffe zunächst gebrochen, fein gemahlen und miteinander vermischt, bevor sie in einen Drehrohrofen, der bis zu 200 m Länge haben kann, gegeben werden.

Das **Rohmehl** durchwandert den schräg liegenden, sich drehenden Ofen, wobei es in verschiedenen Wärmezonen erhitzt und bei einer Temperatur von etwa 1400 bis 1500 °C bis zur beginnenden Schmelze (**Sinterung**) gebrannt wird. Dabei wird der gesamte Kalk mit den Si-, Al- und Fe-Oxiden der Tonminerale chemisch verbunden. Es entstehen etwa walnussgroße, steinharte, grauschwarze Klinkerkörner, die unbegrenzt gelagert werden können.

Unter geringem Zusatz von Gips, der ein zu schnelles Erhärten des Zements beim Anmachen mit Wasser verhindert, wird der **Zementklinker** bei Bedarf in großen Mühlen zu **Zement** (**1**, S. 204) vermahlen.

2.1.2 Arten und Bezeichnungen

Zur Herstellung von Beton werden im Allgemeinen **Normzemente** benutzt. Sie unterliegen einer regelmäßigen Güteüberwachung durch Hersteller (Eigenüberwachung) und anerkannte Prüfstellen (Fremdüberwachung).

Eine weit verbreitete hochwertige Zementart ist **Portlandzement**[1] (Kurzbezeichnung CEM I, **2**). Er besteht zu 100 bis 95% aus gemahlenen **Portlandzementklinkern**[2]. Nachteilig ist der hohe Energiebedarf bei der Herstellung und die damit erhöhte CO_2-Emission.

Verschiedene Bauanforderungen und Umweltbedingungen können unterschiedliche Eigenschaften von Zement erfordern. Deshalb werden in der DIN EN 197-1 noch vier weitere Zementarten mit verschiedenen Unterarten aufgeführt. Alle wurden aus Portlandzement als Ausgangsbasis entwi-

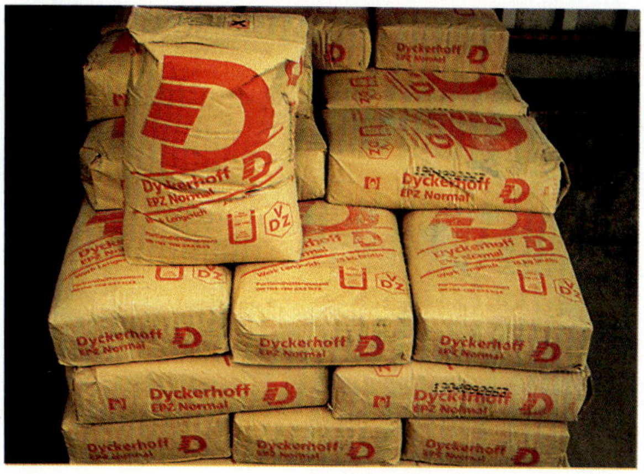

2 Portlandzement 32,5 R

[1] 1824 stellte Joseph Aspdin einen Zement durch Brennen einer Ton-Kalkstein-Mischung her. Er benannte ihn nach der englischen Halbinsel Portland, aus deren Steinbrüchen er den Kalkstein gewann, als Portlandzement.

[2] **Portlandzementklinker** werden durch das Brennen einer Mischung aus Kalkstein, Ton und anderen Materialien bei sehr hohen Temperaturen (etwa 1450 °C) in einem Zementofen (Drehrohrofen) hergestellt. Sie haben eine grobkörnige Struktur, eine hell- bis dunkelgraue oder bräunliche Farbe und eine Größe von einigen Millimetern bis zu wenigen Zentimetern. Zementklinker können in Silos fast unbegrenzt gelagert werden. In der Zementindustrie werden sie als Ausgangsmaterial für die Herstellung von Zement verwendet. Dazu werden sie zu einem feinen Pulver vermahlen, das dann mit Gips und anderen Zusätzen gemischt wird. Die Herstellung von Zementklinker erfordert einen hohen Energieaufwand.

Kurz-bezeichnung	Zementart	Zementklinker	Neben-bestandteile	Eignung
CEM I	Portlandzement	100–95 %	≤ 5 %	hochwertig, weit verbreitet, hohe Festigkeitswerte, gute Verarbeitbarkeit, für alle Expositionsklassen (s. S. 214) geeignet, hoher Energieverbrauch und hohe CO_2-Emission bei der Herstellung
CEM II	Portlandkompositzement Portlandhüttenzement Portlandpuzzolanzement Portlandflugaschezement Portlandschieferzement Portlandkalksteinzement	94–65 %	6–35 % H, P, F, S oder K	ggf. geringere Festigkeitswerte als CEM I (geringerer Klinkeranteil); Verwendung wie CEM I, wenn Umweltverträglichkeit (Energieverbrauch, CO_2-Emission) oder spezifische Anwendungsanforderungen im Vordergrund stehen. Hoher Puzzolananteil (= Trass): Portlandpuzzolanzement (=Trasszement) → für wasserdichten Mörtel, beim Bau von Natursteinmauern zur Vermeidung von Kalkausblühungen
CEM III	Hochofenzement	64–5 %	36–95 % H	verlangsamte Anfangserhärtung → geringere Wärmeentwicklung → geringerer Wasserbedarf → geringere Volumenverminderung (= Schwinden) → Gefahr von Spannungsrissen reduziert → gut geeignet zum Betonieren massiger Bauteile
CEM IV	Puzzolanzement	89–45 %	11–55 % P	Bauprojekte in maritimer Umgebung oder in der Nähe chemischer Industrie, im Teich- und Schwimmteichbau oder anderen Anwendungen, bei denen der Beton eine erhöhte Beständigkeit gegenüber Sulfatangriffen oder aggressiven Chemikalien aufweisen muss; für wasserdichten Mörtel beim Bau von Teichen, Wasserbecken (Dichtigkeit) und Natursteinmauern zur Vermeidung von Kalkausblühungen
CEM V	Kompositzement	64–20 %	36–80 % P	Zemente mit erweiterter Sulfatbeständigkeit oder besonderen Eigenschaften für spezielle Anwendungen, z. B. als puzzolanhaltigen Zement (s. CEM II und IV)

H = Hüttensand, P = Puzzolane, F = Flugasche, S = Schiefer, K = Kalkstein

Tab. 1 Die Auswahl eines bestimmten Zementtyps hängt von den Anforderungen des Bauprojekts ab

Gefahrenpiktogramme	 
Signalwort	Gefahr
Gefahrenhinweise	■ Verursacht schwere Augenschäden ■ Verursacht Hautreizungen ■ Kann die Atemwege reizen
Sicherheitshinweise	■ Schutzhandschuhe/Schutzkleidung/Augenschutz/Gesichtsschutz tragen ■ BEI BERÜHRUNG MIT DEN AUGEN: Ggf. Kontaktlinsen entfernen. Augen unter fließendem Wasser einige Minuten lang behutsam ausspülen. Falls möglich isotonische Kochsalzlösung (0,9 % NaCl) verwenden. Augenarzt konsultieren. ■ BEI BERÜHRUNG MIT DER HAUT: Trockenen Zement entfernen und mit viel Wasser und Seife waschen. Bei Hautreizung ärztlichen Rat einholen. ■ Einatmen von Staub vermeiden. BEI EINATMEN: Person an die frische Luft bringen. Staub aus Hals und Nasenbereich entfernen. Bei Unwohlsein, Husten oder Reizung Arzt rufen. ■ BEI VERSCHLUCKEN: Kein Erbrechen herbeiführen. Mund ausspülen und reichlich Wasser trinken. Arzt oder Vergiftungsinformationszentrale konsultieren. ■ Darf nicht in die Hände von Kindern gelangen. ■ Reste zu geeigneten Abfallsammelpunkten bringen.
Ergänzende Informationen	Bei sachgerechter trockener Lagerung für mindestens 6 Monate ab Herstelldatum chromatarm.

Tab. 2 Sicherheitsmaßnahmen im Umgang mit Zement

ckelt. Bei ihrer Herstellung werden Ersatzstoffe hinzugefügt, die ähnlich hydraulisch reagieren wie Zementklinker. Dadurch können sowohl der Anteil an Zementklinker und damit der Energiebedarf bei der Zementherstellung reduziert als auch andere spezifische Eigenschaften erreicht werden. Bei den Ersatzstoffen handelt es sich in erster Linie um Abfallprodukte aus anderen Herstellungsprozessen wie **Hüttensand** (= granulierte Hochofenschlacke), **Flugasche** (Asche = Verbrennungsrückstände) oder **Puzzolane**[1] (Tab. 1, S. 206).

Bei der Arbeit mit Zement (1, S. 204) ist das Tragen von Schutzbrille und Schutzhandschuhen unbedingt erforderlich, da er bei Kontakt schwere Augenschäden und Hautreizungen verursachen kann (Tab. 2, S. 206).

2.1.3 Zementfestigkeitsklassen

Zemente werden entsprechend ihrer **Druckfestigkeit nach 28 Tagen** in Festigkeitsklassen eingeteilt.

Die Minimal- und Maximalwerte der jeweiligen Klasse dürfen während dieser Zeit nicht unter- oder überschritten werden. **Normzemente** werden in den drei Festigkeitsklassen 32,5, 42,5 und 52,5 hergestellt.

Die Zahlen, die zur Kennzeichnung der Festigkeitsklasse auf Verpackung und Lieferschein aufgeführt werden, geben die **Mindestdruckfestigkeit in N/mm²** (N = Newton) an. Eine zusätzliche Kennzeichnung erfolgt durch die Farbe des Zementsacks (**Kennfarbe**) und die Farbe des Aufdrucks. Besondere Eigenschaften des Zements werden zusätzlich hervorgehoben. So werden Zemente mit hoher Anfangserhärtung hinter der Festigkeitsklasse mit dem Buchstaben R (rapid) und normal erhärtende mit dem Buchstaben N gekennzeichnet (Tab. 1 und 2).

Festigkeitsklasse	Druckfestigkeit in N/mm²			
	Anfangsfestigkeit		Normfestigkeit	
	2 Tage	7 Tage	28 Tage	
32,5 N	–	≥ 16	≥ 32,5	≤ 52,5
32,5 R	≥ 10	–		
42,5 N	≥ 10	–	≥ 42,5	≤ 62,5
42,5 R	≥ 20	–		
52,5 N	≥ 20	–	≥ 52,5	–
52,5 R	≥ 30	–		

Tab. 1 Festigkeitsklassen der Normzemente (nach DIN 1164)

Festigkeitsklasse	Kennfarbe (Grundfarbe des Sackes)	Farbe des Aufdruckes	Erstarrungsbeginn in Minuten
32,5 N	hellbraun	schwarz	≥ 75
32,5 R		rot	
42,5 N	grün	schwarz	≥ 60
42,5 R		rot	
52,5 N	rot	schwarz	≥ 45
52,5 R		weiß	

Tab. 2 Kennfarben der Zementfestigkeitsklassen

Zemente höherer Festigkeitsklassen zeigen vor allem eine schnellere Anfangserhärtung. In der Endfestigkeit unterscheiden sie sich hingegen nur unwesentlich von denen der niedrigeren Festigkeitsklassen. Die Auswahl der Zementfestigkeitsklasse erfolgt also in erster Linie nach der erforderlichen Frühfestigkeit. Im Garten- und Landschaftsbau werden hauptsächlich Portlandzemente der Festigkeitsklasse 32,5 R verwendet (2, S. 205).

2.2 Gesteinskörnungen

Als **Gesteinskörnungen** (früher Zuschlag) werden Stoffe bezeichnet, die dem Bindemittel Zement zugeschlagen werden. Sie bilden das tragende Gerüst des Betons und verleihen ihm bestimmte Eigenschaften, wie z. B. Verarbeitbarkeit und Druckfestigkeit.

2.2.1 Arten und Bezeichnungen

Zur Herstellung von Normalbeton werden **natürliche Gesteinskörnungen** aus Kiesgruben (Flüssen, Seen) und Steinbrüchen gewonnen. Seltener werden **künstliche Körnungen**, wie z. B. Hochofenschlacke, verwendet.

Gesteinskörnungen werden in gebrochener und ungebrochener Form sowie in unterschiedlichen Korngrößen geliefert. Nach ihrer Korngröße werden sie in **Korngruppen** unterteilt, deren Bezeichnung nach ihrem **Kleinst- und Größtkorn** in mm (z. B. 8/16) erfolgt (Tab. 1, S. 208). Die Korngruppe 8/16 besagt, dass der überwiegende Teil der Körnung durch ein 16-mm-Sieb fällt und auf einem 8-mm-Sieb liegen bleibt.

[1] **Puzzolane** sind natürliche oder künstliche Materialien, die reaktive Bestandteile enthalten und in Kombination mit Kalk eine chemische Reaktion eingehen können. Dies führt zu einer Stärkung und Verdichtung des Zementmörtels, was ihn weitgehend wasserdicht macht und z. B. die Gefahr von Kalkausblühungen verringert (s. S. 155 f.).

Korngröße (mm)	Bezeichnung der Korngruppen		
	ungebrochene Gesteinskörnung (natürlich)	gebrochene Gesteinskörnung	
		natürlich	recycelt
0/2	Sand	Brechsand, Edelbrechsand[1]	Betonbrechsand, Bauwerkbrechsand
2/32	Kies	Splitt, Edelsplitt[1]	Betonsplitt, Bauwerksplitt
32/63	Grobkies	Schotter	–

[1] mehrfach (i.d.R. doppelt) gebrochen

Tab. 1 Korngruppenbezeichnungen

Gemische verschiedener Korngruppen werden nach ihrer Zusammensetzung – z. B. als Kiessand – bezeichnet. Gebräuchliche Mischungen für die Betonherstellung sind 0/2; 0/4; 2/8; 4/8; 8/16; 8/32 und 16/32.

Einzelkörner, die größer als das Größtkorn oder kleiner als das Kleinstkorn der jeweiligen Korngruppe sind, werden als **Über-** bzw. **Unterkorn** bezeichnet. Die zulässigen Über- und Unterkornanteile sind in der DIN 4226 festgelegt.

2.2.2 Eigenschaften

Die Korngröße und -form der Einzelkörner sowie die Zusammensetzung der Gesteinskörnungen beeinflussen ganz entscheidend die Qualität des Betons.

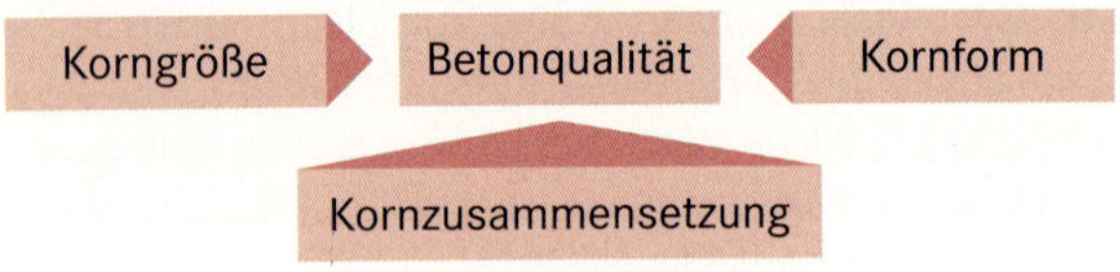

Korngröße

Das Größtkorn (i. d. R. ≤ 32 mm) ist so groß zu wählen, wie es das Mischen, Transportieren, Einbauen, Verdichten und Abziehen des Betons auf der Baustelle zulassen. Je feiner die Betonarbeiten oder je dichter z. B. die Bewehrung im Stahlbeton, desto kleiner muss das Größtkorn gewählt werden. Dabei darf es 1/3 der kleinsten Bauteilabmessung nicht überschreiten.

Kornform

Gedrungene, also runde oder würfelige Körner sind länglichen oder plattigen Körnern vorzuziehen. Bei gleichem Volumen hat ein rundes, gedrungenes oder würfeliges Korn eine kleinere Oberfläche als ein längliches oder plattiges Korn, sodass weniger Zementleim – Wasser und Zement (!) – zur Umhüllung aller Körner benötigt wird (1).

Zudem lässt sich Beton mit gedrungenen Körnern besser verdichten. Mäßig raue Kornoberflächen verbessern die Haftung des Zementleims und sind deswegen vor allem für hohe Druckfestigkeitsklassen von Vorteil.

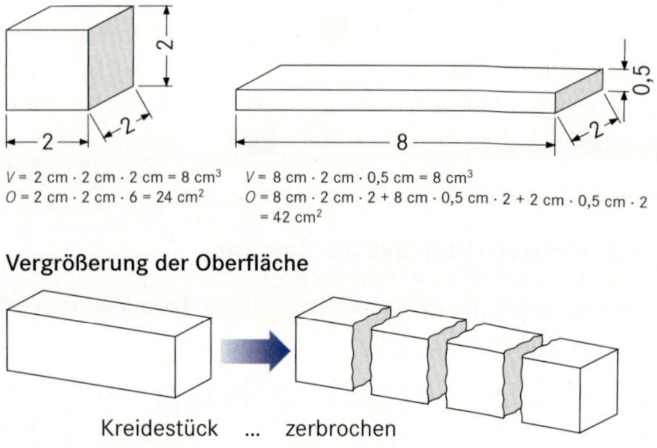

1 Kornoberfläche in Abhängigkeit von der Kornform

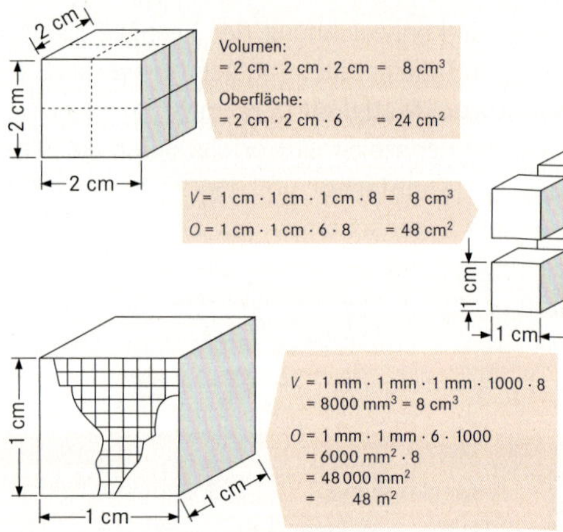

2 Kornoberfläche in Abhängigkeit von der Korngröße

Kornzusammensetzung

Um eine hohe Betonfestigkeit zu erreichen, müssen die Gesteinskörnungen gut miteinander verkittet und ihre Oberfläche vollständig mit Zementleim umhüllt werden. Je kleiner die Einzelkörner sind, desto größer ist die Gesamtoberfläche pro Volumeneinheit (2), desto mehr Zementleim wird benötigt. Bei der Verwendung möglichst großer Körner ist zwar die gesamte Oberfläche kleiner, jedoch nehmen die Hohlräume zwischen den Körnern zu, die nun ihrerseits mit zusätzlichem Zementleim ausgefüllt werden müssten. Neben einem erhöhten Zementverbrauch und

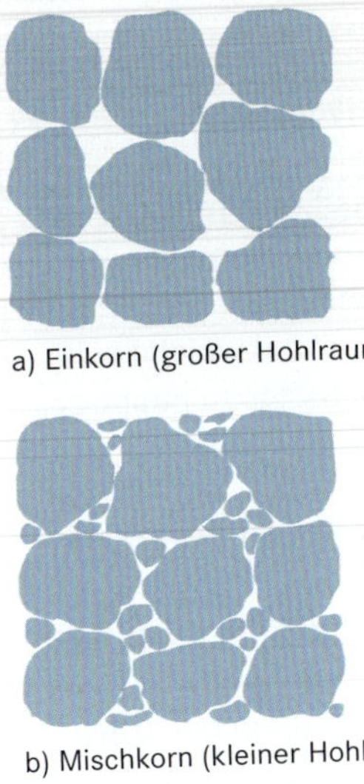

1 Die Kornzusammensetzung bestimmt den Hohlraum der Gesteinskörnungen

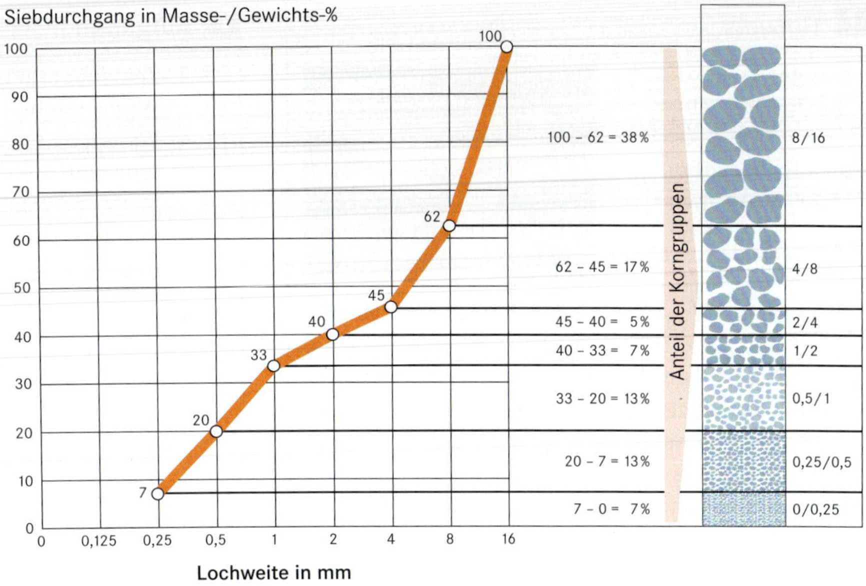

2 Ermittlung einer Sieblinie eines Korngemisches mit einem Größtkorn von 16 mm

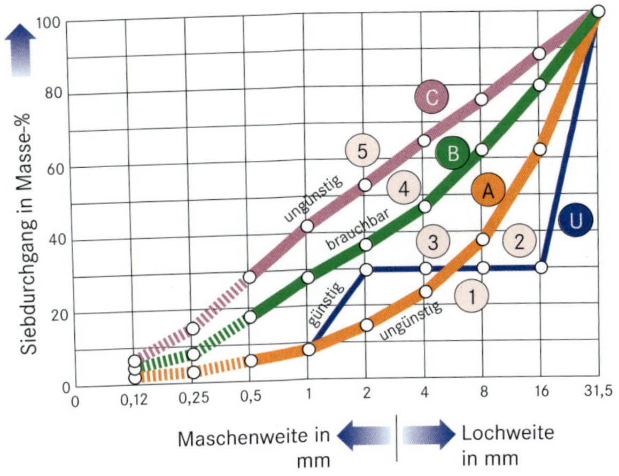

3 Sieblinienbereiche nach DIN 1045 für Korngemische 0/32

damit steigenden Kosten würde dies vor allem eine geringere Druckfestigkeit des Betons mit sich bringen. Deswegen verwendet man **abgestufte Korngemische**, bei denen die kleineren Körner die Hohlräume zwischen den größeren Körnern ausfüllen (**1**). Eine gut abgestufte Kornzusammensetzung lässt sich zudem wesentlich besser verdichten. Die Kornzusammensetzung wird durch Absieben festgestellt und durch Sieblinien dargestellt (**2**).

In der DIN 1045 sind die **Regelsieblinien für die Gesteinskörnungen** 0/8, 0/16, 0/32 und 0/63 angegeben. Für jeden Sieblinienbereich sind drei Sieblinien aufgeführt, die mit A, B und C bezeichnet werden (**3**).

Die Gesteinskörnungen sollen im **„günstigen"** (3), zwischen A und B, bzw. im **„brauchbaren Sieblinienbereich"** (4), zwischen B und C, liegen. Bezüglich des Zementleimbedarfs (Wasser + Zement) ist die Lage einer Sieblinie zwischen A und B günstiger als zwischen B und C (hoher Wasser- und Zementanspruch).

Fehlen in der Kornzusammensetzung eines Zuschlaggemisches einzelne Kornabstufungen, spricht man von **Ausfallkörnung**. Ausfallkörnungen müssen zwischen der Sieblinie U und C verlaufen.

Gesteinskörnungen, deren Sieblinien in andere Bereiche fallen, sind unbrauchbar.

2.3 Wasser

Wasser ist zum **Abbinden** (Erhärten) des Zements erforderlich. Von größter Bedeutung für die Betonfestigkeit ist die Menge des Wasserzusatzes (s. Wasserzementwert, S. 211 f.). Da Wasser den Beton verarbeitbar macht, indem es ihn in die notwendige Form bringt, wird die Menge des Anmachwassers von der erforderlichen Konsistenz bestimmt. Für erdfeuchten Beton (Stampfbeton) ist sie am geringsten, für fließfähigen Beton am höchsten. Bei der Bemessung der Wasserzugabe muss auch die Eigenfeuchtigkeit der Gesteinskörnungen berücksichtigt werden. Bei einem Korngemisch 0/32 liegt sie im Allgemeinen bei 3 bis 5 Gewichtsprozent.

Als Anmachwasser kann jedes Wasser verwendet werden, soweit es sich nicht um Meerwasser, Moorwasser oder kohlensäurehaltiges Wasser handelt und es keine Bestandteile enthält, die das Erhärten oder die Qualität des Betons ungünstig beeinflussen. Leitungswasser ist auf jeden Fall geeignet.

Hinweis

Mangelware Sand

Den meisten ist es noch nicht bewusst, aber Sand wird zur Mangelware, dem Spruch „wie Sand am Meer" zum Trotz.

Sand ist die **Grundlage unserer modernen Gesellschaft**. Er steckt in fast allem: in Häusern, Straßen, Glas, Bildschirmen, Elektronik, Computerchips, Solarzellen, Flugzeugen, Filtermedien für die Wasser- und Abwasseraufbereitung, Kosmetika, Lebensmitteln – in Form von aus Sand gewonnenem Siliciumdioxid (SiO_2) und daraus entwickelten Produkten. Unser Leben ist buchstäblich auf Sand gebaut.

Der Sandverbrauch hat sich in den letzten 20 Jahren aufgrund weltweit steigender Bautätigkeit in etwa verdreifacht. **Der geschätzte Verbrauch liegt bei 50 Milliarden Tonnen pro Jahr** und der Hunger nach Sand wächst immer weiter. Somit ist Sand nach Wasser der weltweit am meisten nachgefragte Rohstoff.

Auch die riesigen **Sandmengen der Wüsten** können keine Entwarnung geben, da der Wüstensand vom Wind derart feinkörnig und rund geschliffen wurde, dass er als Bausand nicht geeignet ist.

Die **Sandgewinnung** erfolgt immer mehr vom Grund der Flüsse, Seen und Meeresküsten mit teilweise verheerenden Folgen für die empfindlichen Ökosysteme: Flussbetten sinken ab, Küsten erodieren, die Fauna in den Ozeanen wird zerstört.

Die große Nachfrage, verbunden mit Knappheit und hohen Profiten, führte bereits zu internationalen Konflikten, illegalem Abbau (in Marokko wurde bereits die Hälfte der Sandstrände widerrechtlich abgetragen) und Gewalt durch kriminelle Gruppen wie die mächtigste kriminelle Organisation in Indien, die Sandmafia.

Experten arbeiten an der Entwicklung von **Alternativen**. Als vielversprechend gelten Baustoffrecycling und die Nutzbarmachung des Wüstensandes für das Bauen.

Aufgaben

○ 1. Was ist Zement?
○ 2. Woraus besteht Zementleim und welche Aufgaben hat er?

Aufgaben (Fortsetzung)

○ 3. Zemente erhärten durch Hydratation. Was versteht man darunter?
○ 4. Warum darf der Beginn des Erstarrens frühestens eine Stunde nach dem Mischen von Zement und Wasser eintreten?
○ 5. Welche Zementarten gibt es und welche werden im Garten- und Landschaftsbau hauptsächlich für Betonarbeiten verwendet?
○ 6. Was ist CEM I-Zement?
◑ 7. Was ist der Unterschied zwischen CEM I und CEM II?
◑ 8. Wofür wird a) CEM I-Zement und b) CEM II-Zement verwendet?
◑ 9. Welche Schutzmaßnahmen sollten bei Arbeiten mit Zement ergriffen werden, um Augenschäden und Hautreizungen zu verhindern?
○ 10. Was gibt die Zementfestigkeitsklasse auf den Zementsäcken an?
◑ 11. Was besagt die Kennzeichnung 32,5 R auf einem Zementsack?
○ 12. Nennen Sie die Farbe des Zementsackes und des Aufdruckes von Portlandzement der Festigkeitsklasse 32,5 R.
◑ 13. Wonach erfolgt in erster Linie die Auswahl der Zementfestigkeitsklasse?
○ 14. Wofür steht die Kurzbezeichnung CEM I?
◑ 15. Wozu dienen die Gesteinskörnungen im Beton?
○ 16. Nach ihren Korngrößen werden Gesteinskörnungen in Korngruppen unterteilt. Wonach erfolgt deren Bezeichnung?
○ 17. Nennen Sie die Korngrößen von Sand, Kies und Grobkies.
○ 18. Wie lautet die Bezeichnung für gebrochenen
a) Sand,
b) Kies und
c) Grobkies?
◑ 19. Wie groß ist das Größtkorn für die Betonherstellung zu wählen?
◑ 20. Erklären Sie, welchen Einfluss die Kornzusammensetzung der Gesteinskörnungen auf die Betonfestigkeit hat.
◑ 21. Warum bestimmt in erster Linie die Qualität des Zementsteins die Festigkeit des Betons?
○ 22. Wonach werden Kornabstufungen/-verteilungen in Korngemischen hergestellt?
◑ 23. Für jeden Sieblinienbereich sind drei Sieblinien aufgeführt. In welchem Bereich sollte eine ideale Sieblinie verlaufen?
◑ 24. Wozu ist Wasser bei der Betonherstellung notwendig?

? Aufgaben (Fortsetzung)

◑25. Wovon hängt der Wasserbedarf des Frischbetons ab und wodurch kann er gesenkt werden?

◑26. Wie würde sich eine zu geringe Wasserzugabe bei der Betonherstellung auswirken?

◑27. Wodurch zeichnet sich eine gute Kornzusammensetzung einer Gesteinsmischung aus?

3 Eigenschaften des Betons

3.1 Frischbeton

3.1.1 Konsistenz und Verarbeitbarkeit

Die **Konsistenz** („Steife/Zusammenhang des Betons") ist ein Maß für die Verarbeitbarkeit des Frischbetons auf der Baustelle. Sie wird vom Wassergehalt der Betonmischung bestimmt. Je höher der Wassergehalt, desto weicher oder fließfähiger wird der Beton.

Man unterscheidet **7 Konsistenzklassen**: sehr steif, steif, plastisch, weich, sehr weich, fließfähig und sehr fließfähig (Tab. 1). Ihre Bezeichnung erfolgt nach der Art der Konsistenzprüfung.

Bevorzugte Prüfverfahren sind die Prüfung des **Ausbreitmaßes (Bezeichnung F)** und für steifere Betone des **Verdichtungsmaßes (Bezeichnung C)**. Bei dem im Garten- und Landschaftsbau verwendeten Beton der Überwachungsklasse 1 (früher Betongruppe I) ist die Konsistenz zum Zeitpunkt der Verwendung bzw. Lieferung stichprobenartig durch Inaugenscheinnahme zu beurteilen (1). In Zweifelsfällen ist eine Konsistenzmessung vorzunehmen.

Konsistenzbeschreibung	Klasse	Ausbreitmaß (mm)	Verdichtungsmaß
sehr steif	C0	–	≥ 1,46
steif	C1	–	1,45 bis 1,26
	F1	≤ 340	–
plastisch	C2	–	1,25 bis 1,11
	F2	350 bis 410	–
weich	C3	–	1,10 bis 1,04
	F3	420 bis 480	–
sehr weich[1]	F4	490 bis 550	–
fließfähig[1]	F5	560 bis 620	–
sehr fließfähig[1]	F6	≥ 630	–

[1] ist mit Fließmittel herzustellen

Tab. 1 Konsistenzklassen des Frischbetons

F 1 (steifer Beton)

F 2 (plastischer Beton)

F3 (weicher Beton)

F4 (sehr weicher Beton)

F5 (fließfähiger Beton)

F6 (sehr fließfähiger Beton)

1 Konsistenzklassen (Quelle: Betonbild)

3.1.2 Wasserzementwert und Betonqualität

Der richtige Wasserzusatz ist von großer Bedeutung für die Güte des Betons. Je größer die Wassermenge, desto mehr verschlechtert sich im Allgemeinen die Betonfestigkeit.

Da Zement nur etwa 40 % seines Gewichts binden kann, ist zum ordnungsgemäßen Erhärten des Betons (Bildung des Zementsteins) nur eine verhältnismäßig geringe Wassermenge notwendig. Überschüssiges Wasser, das vom Zement nicht gebunden werden kann, muss verdunsten. Dabei hinterlässt es ein System feiner, miteinander verbundener Kapillarporen, die seine Dichtigkeit und Festigkeit (der Zementstein wird porös) verringern. Aufgrund der schnelleren Austrocknung kann es zudem zu Spannungsrissen kommen.

Bei dünnflüssigem, wasserreichem Zementleim besteht zudem verstärkte Entmischungsgefahr mit der Folge eines späteren Absandens der Oberflächen. Deswegen sollte einer Betonmischung nie mehr Wasser zugesetzt werden, als unbedingt notwendig ist.

Mit erdfeuchtem Beton erreicht man höchste Festigkeit nur bei starker Verdichtung. Beim Einsatz von Flächenrüttlern sollte der Beton gerade plastisch, d. h. etwas weicher als erdfeucht sein.

Für Stahlbeton verwendet man weichen Beton, damit die Stahleinlagen gut umhüllt werden.

Ein Maß für den Wasseranteil im Frischbeton ist der **Wasserzementwert** (w/z). Er gibt das Gewichtsverhältnis von Wasser (w) zu Zement (z) im Frischbeton an:

$$\text{Wasserzementwert (w/z)} = \frac{\text{Gewicht des Wassers (kg)}}{\text{Gewicht des Zements (kg)}}$$

Ein Wasserzementwert von 0,4 ist ideal:

Beispiel: 300 kg Zement
40 % von 300 kg = 120 kg Wasser

$$w/z = \frac{\text{120 kg Wasser}^1}{\text{300 kg Zement}} = 0{,}4$$

! Merke

Je höher die Anforderungen an den Beton, desto niedriger muss der Wasserzementwert sein.

3.2 Festbeton

Beton-festigkeit prüfen

3.2.1 Druckfestigkeitsklassen

Die wichtigste Eigenschaft des Betons ist seine **Druckfestigkeit**. Die Einordnung der Betone in **Druckfestigkeitsklassen** erfolgt nach ihrer Druckfestigkeit nach 28 Tagen Erhärtungszeit in N/mm² (Tab. 1, S. 207).

Die Überprüfung der Festigkeit kann mithilfe von zwei verschiedenen Gefäßformen durchgeführt werden: a) Zylinder mit 150 mm Durchmesser und 300 mm Länge oder b) Würfeln mit 150 mm Kantenlänge. Die erste Zahl hinter dem Buchstaben C (engl. concrete = Beton) bezieht sich auf die **Druckfestigkeitsprüfung** in einem Zylinder, die zweite auf die in einem Würfel (Tab. 1).

Da in Deutschland in der Regel die Festigkeit nur am Würfel geprüft wird, ist nur der zweite Wert für uns interessant. Bei den Festigkeitsklassen ≤ C25/30 der Überwachungsklasse 1 reicht es aus, wenn zum Zeitpunkt ihrer Verwendung

Druckfestigkeitsklasse	Zylinderdruckfestigkeit (N/mm²)	Würfeldruckfestigkeit² (N/mm²)
	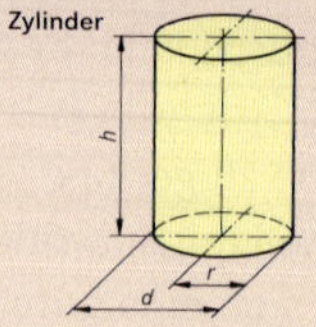 ∅ 150 mm, h = 300 mm	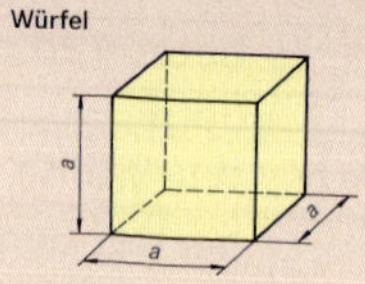 Kantenlänge 150 mm
Überwachungsklasse 1 (Betongruppe I)		
C8/10² (B10)	8	10
C12/15² (B15)	12	15
C16/20	16	20
C20/25 (B25)	20	25
C25/30	25	30
Überwachungsklasse 2 (Betongruppe II)		
C25/30³	25	30
C30/37 (B35)	30	37
C35/45 (B45)	35	45
C40/50	40	50
C45/55 (B55)	45	55
C50/60	50	60

² nur für unbewehrte Betone, ³ als Spannbeton

Tab. 1 Druckfestigkeitsklassen für Normalbeton nach DIN 206-1/DIN 1045-2 (in Klammern frühere Bezeichnungen)

bzw. Lieferung die Konsistenz des Betons stichprobenartig durch Inaugenscheinnahme überprüft wird. Für die Herstellung und Verarbeitung von Beton der Überwachungsklassen 2 (≥ C30/37 und ≤ C50/60) und 3 (≥ C55/67) sind umfangreichere Prüfungen vorgeschrieben.

3.2.2 Expositions- und Feuchtigkeitsklassen

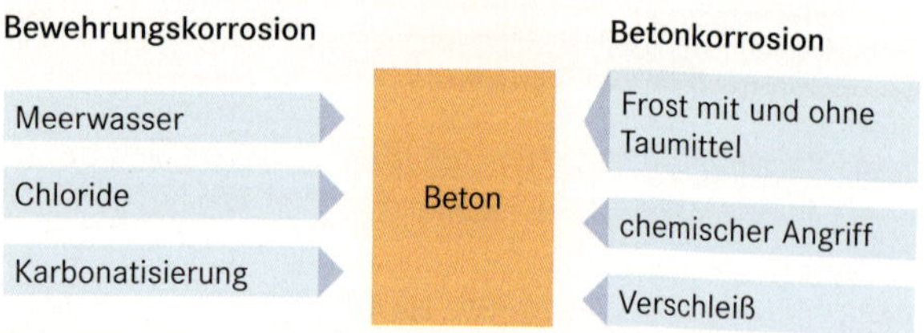

1 Beton unterliegt zahlreichen Umwelteinflüssen

Damit Beton dauerhaft ist, muss er widerstandsfähig gegenüber den vorherrschenden Umweltbedingungen sein. Die Anforderungen an Betone sind in der DIN EN 206-1 in Abhängigkeit von Expositions- und Feuchtigkeitsklassen festgelegt. Entscheidend für ihre Zuordnung zu einer der

¹ Eigenfeuchte der Gesteinskörnung + Zugabewasser (Anmachwasser)

21 **Expositionsklassen** sind die Umgebungsbedingungen, die die Dauerhaftigkeit beeinflussen, indem sie auf die Bewehrung (Bewehrungskorrosion) oder den Beton (Betonkorrosion) direkt schädigend einwirken (1, S. 212). Liegen mehrere schädigend einwirkende Bedingungen vor, so ist die Expositionsklasse auszuwählen, die eine höhere Belastung des Betons ermöglicht.

Damit der Beton so hergestellt wird, dass er den gegebenen Umgebungsbedingungen gerecht wird, ist dem Betonhersteller neben der Expositionsklasse auch die spezifische **Feuchtigkeitsklasse** anzugeben. Sie wird durch die Buchstabenkombinationen WO, WF und WA dargestellt und beschreibt den Feuchtigkeitszustand, dem der Beton ausgesetzt sein wird (Tab. 1). Dabei geht es darum, mögliche Schäden durch die **Alkali-Kieselsäure-Reaktion** (AKR-Reaktion) zu minimieren. Bei der **AKR-Reaktion** handelt es sich um eine chemische Reaktion, die im Beton auftreten kann. Sie entsteht, wenn Alkali- und Hydroxid-Ionen (K^+, Na^+ und OH^-) der Porenlösung im Beton mit der Kieselsäure in den Mineralien der Gesteinskörnung reagieren (1). Diese Reaktion führt zu einem quellfähigen **Alkali-Kieselgel**. Durch Wasseraufnahme aus der Umgebung kommt es zur Quellung und damit zu einer Volumenvergrößerung im Beton, sodass Quelldrücke auftreten, die zu Verformungen, Netzrissbildung, Ausblühungen und Abplatzungen führen können (2). Wenn ein Betonbauteil einer Feuchtigkeitsklasse mit erhöhtem Wasserkontakt ausgesetzt ist, erhöht sich das Risiko einer solchen chemischen Reaktion. Die Alkali-Kieselsäure-Reaktion, auch als **Betonkrebs** bezeichnet, ist ein langsam fortschreitender Prozess und kann über mehrere Jahre hinweg stattfinden. Um die Wahrscheinlichkeit einer solchen Reaktion zu verhindern oder zu minimieren, können verschiedene Maßnahmen ergriffen werden. Dazu gehören die Verwendung von reaktionsarmen Gesteinskörnern, die Zugabe Zusatzmitteln zur Verringerung der Alkalireaktionen oder die Begrenzung des Wasserkontakts.

Klasse	Umgebung
WO	Beton, der während der Nutzung weitgehend trocken bleibt.
WF	Beton, der während der Nutzung häufig oder längere Zeit feucht ist.
WA	Beton, der zusätzlich zu der Beanspruchung nach Klasse WF häufiger oder langzeitiger Alkalizufuhr von außen ausgesetzt ist (z. B. Meerwasser- oder Tausalzeinwirkung).

Tab. 1 Feuchtigkeitsklassen

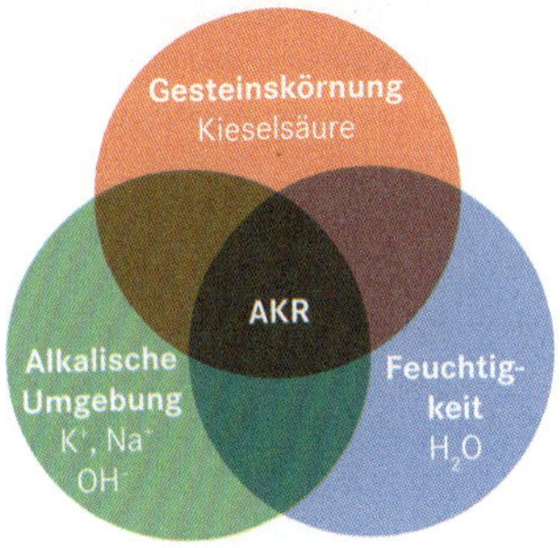

1 Voraussetzungen für eine AKR

2 Stark AKR-geschädigte Betonfläche

Mit der Einteilung in Expositionsklassen werden gleichzeitig die Anforderungen an die Zusammensetzung des Betons festgelegt (Tab. 1, S. 214).

! Merke

Aus den Expositions- und Feuchtigkeitsklassen ergeben sich eventuell zusätzliche Anforderungen an die Gesteinskörnung, den Zement oder die Betonzusammensetzung.

3.3 Stahlbeton

3.3.1 Eigenschaften

Als **Stahlbeton** bezeichnet man Beton, der durch Stahleinlagen verstärkt wurde. Er wird in der Regel überall dort, wo Zugspannungen auftreten können, in den Betonkörper gelegt (Bewehrung). Als Erfinder des Stahlbetons gilt der französische Gärtner **Monier**, der 1861 Pflanzkübel aus Beton mit Drahteinlagen herstellte. Nach ihm wurden später die Bewehrungseisen „Moniereisen“ benannt. Stahlbeton oder bewehrter Beton ist somit ein **Verbundbaustoff** – Stahl und Beton verbinden sich in ihm zu einem Baustoff.

Da Beton zwar eine hohe Druckfestigkeit, aber nur eine geringe Zugfestigkeit aufweist, haben die Stahleinlagen, die über eine hohe Zugfestigkeit verfügen, die Aufgabe, auftretende Zugkräfte aufzunehmen (1, S. 215). Somit kann Beton durch die Verwendung von Stahl bei allen Bauteilen eingesetzt werden.

Expositions-klasse[1]	Umweltbedingungen	max. w/z	Mindest-druckfes-tigkeits-klasse	Mindest-zement-gehalt (kg/m³)	Beispiele
XO	kein Korrosions- oder Angriffsrisiko	–	C8/10	–	Unbewehrter Beton in nicht angreifender Umgebung (z. B. unbewehrte Fundamente ohne Frost, unbewehrte Innenbauteile)
XC	**Bewehrungskorrosion, ausgelöst durch Karbonatisierung** Bewehrter Beton, der Luft und Feuchtigkeit ausgesetzt ist.				
XC 1	trocken oder ständig nass	0,75	C16/20	240	Bauteile in Innenräumen mit üblicher Luftfeuchte (Küche, Bad, in Wohnräumen); Beton, der ständig in Wasser getaucht ist
XC 2	nass, selten trocken				Wasserbehälter, Gründungsbauteile
XC 3	mäßige Feuchte	0,65	C20/25	260 (240)	Bauteile, zu denen die Außenluft häufig oder ständig Zugang hat, z. B. offene Hallen, Innenräume mit hoher Luftfeuchtigkeit (gewerbliche Küchen, Bäder, Viehställe ...)
XC 4	wechselnd nass und trocken	0,60	C25/30	280/270	Außenbauteile mit direkter Beregnung (Niederschläge), z. B. Betonmauern
XD	**Bewehrungskorrosion, verursacht durch Chloride (einschließlich Tausalze)** Bewehrter Beton, der chloridhaltigem Wasser, einschließlich Tausalz, ausgenommen Meerwasser, ausgesetzt ist.				
XD 1	mäßige Feuchte	0,55	C30/37	300 (270)	Bauteile im chloridhaltigen Sprühnebelbereich von Verkehrsflächen; Einzelgaragen
XD 2	nass, selten trocken	0,50	C35/45	320 (270)	Solebäder und Bauteile, die chloridhaltigen Abwässern ausgesetzt sind
XD 3	wechselnd nass und trocken	0,45	C35/45	320 (270)	Teile von Brücken mit häufiger Spritzwasserbeanspruchung; Fahrbahndecken; Parkdecks
XS	**Bewehrungskorrosion, verursacht durch Chloride aus Meerwasser** Bewehrter Beton, der Chloriden aus Meerwasser oder salzhaltiger Seeluft ausgesetzt ist.				
XS 1	salzhaltige Luft, aber kein direkter Kontakt mit Meerwasser	0,55	C30/37	300 (270)	Außenbauteile in Küstennähe
XS 2	unter Wasser	0,50	C35/45	320 (270)	Bauteile in Hafenbecken, die ständig unter Wasser liegen
XS 3	Tidebereiche, Spritzwasser und Sprühnebelbereiche	0,45	C35/45	320 (270)	Kaimauern in Hafenanlagen
XF	**Frostangriff mit und ohne Taumittel** Durchfeuchteter Beton, der erheblichem Angriff durch Frost-Tau-Wechsel ausgesetzt ist.				
XF 1	mäßige Wassersättigung, ohne Taumittel	0,60	C25/30	280 (270)	Außenbauteile, z. B. Fundamente
XF 2	mäßige Wassersättigung	0,55	C25/30	300	Bauteile im Sprühnebel- oder Spritzwasserbereich von taumittelbehandelten Verkehrsflächen, soweit nicht XF 4
	mit Taumittel	0,50	C35/45	320	Bauteile im Sprühnebelbereich von Meerwasser
XF 3	hohe Wassersättigung	0,55	C25/30	300 (270)	offene Wasserbehälter
	ohne Taumittel	0,50	C35/45	320 (270)	Bauteile in Wasserwechselzone von Süßwasser
XF 4	hohe Wassersättigung mit Taumittel	0,50	C30/37	320	Mit Taumitteln behandelte Verkehrsflächen; überwiegend horizontale Bauteile im Spritzwasserbereich von taumittelbehandelten Verkehrsflächen
XA	**chemischer Angriff** Beton, der chemischem Angriff durch natürliche Böden und Grundwasser ausgesetzt ist.				
XA 1	chemisch schwach angreifende Umgebung	0,60	C25/30	280 (270)	Behälter von Kläranlagen, Güllebehälter
XA 2	chemisch mäßig angreifende Umgebung und Meeresbauwerke	0,50	C35/45	320 (270)	Bauteile, die mit Meerwasser in Berührung kommen; Bauteile in betonangreifenden Böden
XA 3	chemisch stark angreifende Umgebung	0,45	C35/45	320 (270)	Industrieabwasseranlagen mit chemisch angreifendem Abwasser
XM	**Verschleißbeanspruchung** (für GaLaBau keine Bedeutung)				

[1] Die Ziffer hinter dem Buchstaben gibt den Angriffsgrad der jeweiligen Beanspruchung an. Je höher die Ziffer, desto stärker die Beanspruchung. Im GaLaBau häufig erforderliche Expositionsklassen sind rot gekennzeichnet.

Tab. 1 Expositionsklassen

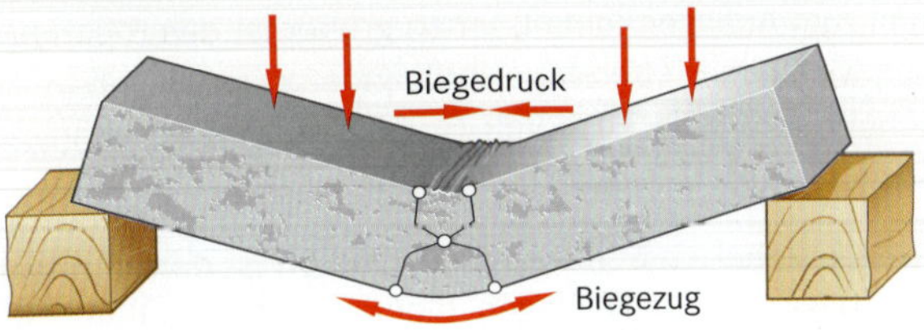

1 Wirkung der Zugkräfte

Die erzielte Verbundwirkung kommt zustande, weil
1. die Baustoffe fest aneinander haften,
2. die Wärmeausdehnung von Beton und Stahl nahezu gleich groß ist,
3. der Beton den Stahl aufgrund seiner Dichtheit und alkalischen Reaktion vor Korrosion schützt.

Ein weiterer Vorzug des Stahlbetons ist seine leichte Formbarkeit, die die Ausführung beliebig gestalteter Bauteile gestattet.

3.3.2 Betonstahlstäbe und -matten

Stahl wird in Form einzelner **Betonstahlstäbe** (Einzelstabbewehrung) oder **Betonstahlmatten** (Mattenbewehrung) eingebaut (2).

Betonstahlmatten bestehen aus Einfach- oder Doppelstahlstäben (3). Bei Matten mit der Bezeichnung Q sind die Stäbe quadratisch (Tragstäbe in Längs- und Querrichtung), bei Matten mit der Bezeichnung R rechteckig angeordnet (Tragstäbe in Zugrichtung).

Die gerippte Oberfläche der Stäbe führt zu einer verbesserten Haftung zwischen Beton und Stahl und damit zu einer besseren Verbundwirkung zwischen den beiden Baustoffen. Da Schmutz, Öle, Fette oder loser Rost eine ausreichende Haftung zwischen Beton und Stahl verhindern, müssen die Stahleinlagen vor ihrer Verwendung gegebenenfalls gereinigt werden (z. B. losen Rost mit einer Drahtbürste entfernen).

2 Einbringen der Bewehrung

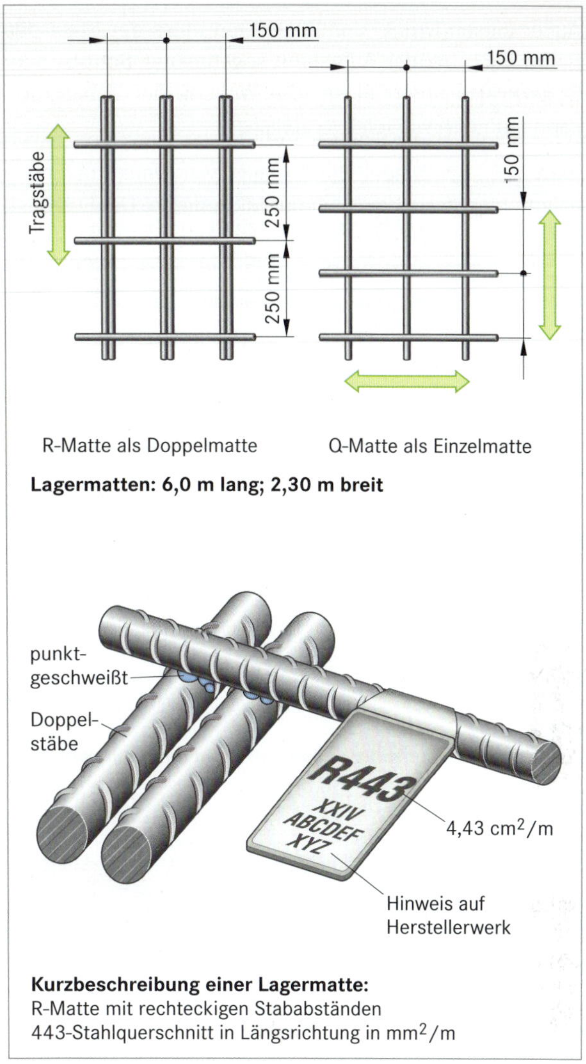

3 Betonstahlmatten als Bewehrung

3.3.3 Einbau der Bewehrung

Damit der eingebaute Stahl die Zugkräfte aufnehmen kann, muss die Bewehrung stets in der **Zugzone** liegen (4). **Zugkräfte** treten immer dort auf, wo sich der Baukörper strecken will und ohne Bewehrung Risse bekommen oder gar brechen würde.

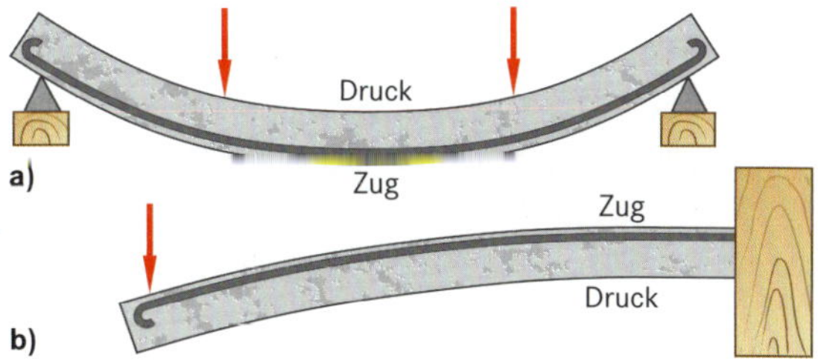

4 Die Bewehrung muss stets in der Zugzone liegen

Außer diesen Druck- und Zugkräften muss der Stahl den Beton auch bei der Aufnahme sogenannter **Schub-** oder **Scherkräfte** unterstützen. Die Wirkung der Scherkräfte kann man sich wie folgt vorstellen:

Wird z.B. ein Stapel Bretter auf zwei Unterstützungen gelegt, biegen sich diese in der Mitte durch. Die Folge ist, dass sich an den beiden Enden (Auflager) die Bretter gegeneinander verschieben, während in der Mitte des Stapels die Bretter genau übereinander liegen bleiben (1).

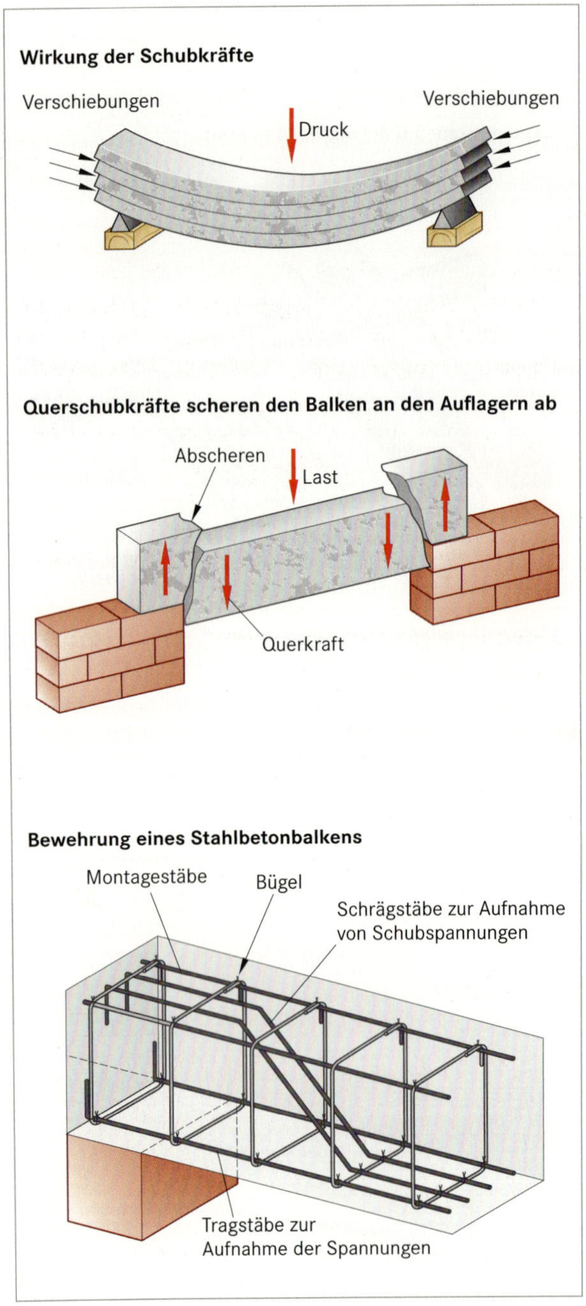

1 Wirkung und Aufnahme der Schub-/Scherkräfte

Übertragen auf den Stahlbeton bedeutet dies: Je näher man zum Auflager kommt, umso größer ist das Bestreben, sich wie beim Bretterstapel ineinander zu verschieben. Die Schubkräfte müssen durch Stahlbügel und aufgebogene Bewehrungsstäbe aufgefangen werden (1).

Zum dauerhaften **Schutz vor Korrosion** ist darauf zu achten, dass die Stahleinlagen dicht und ausreichend dick (allgemein sind 2 bis 4 cm ausreichend) von Beton umgeben sind (2). Durch den Einbau von **Abstandhaltern**, die zwischen der Schalung und der Bewehrung oder auf den Stäben angebracht werden, wird die vorgeschriebene Betondeckung eingehalten (3).

Die Durchführung von Bewehrungsarbeiten setzt eine genaue Kenntnis der auftretenden Kräfte und ihre richtige Verteilung auf Stahl und Beton voraus.

Die Stahleinlagen, ihre Abmessungen, ihre Form, ihre Verbindung untereinander und ihre Lage müssen aufs Genaueste den Anforderungen angepasst sein, damit der Stahl-

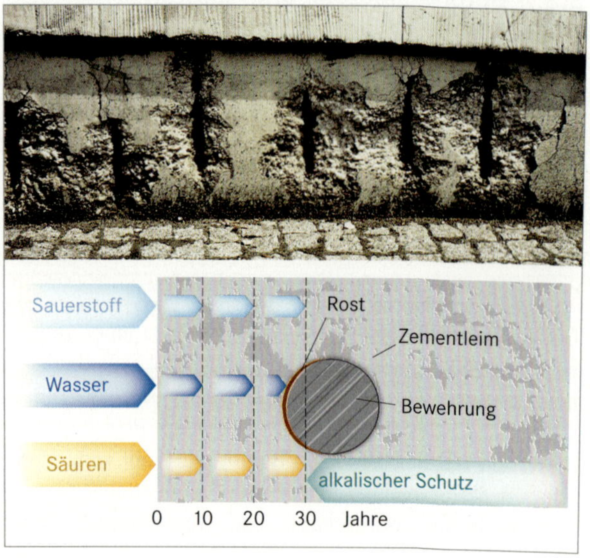

2 Korrosion der Stahleinlagen infolge ungenügender Betondeckung

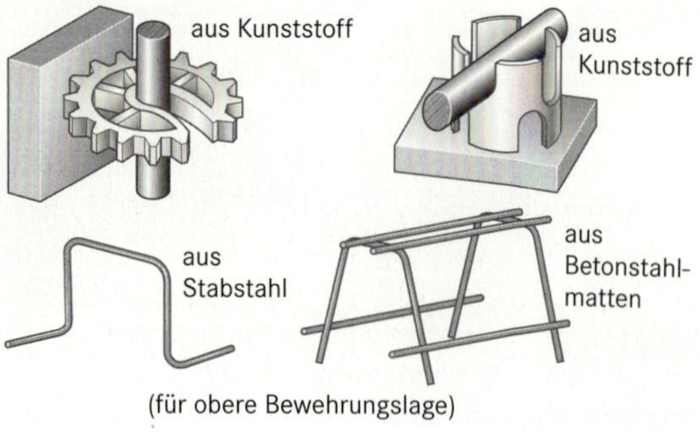

3 Abstandhalter

beton allen Beanspruchungen mit hinreichender Sicherheit gewachsen ist. Das bedingt, dass bei Bewehrungsarbeiten in den überwiegenden Fällen ein **Statiker** zurate gezogen werden muss. Dieser erstellt einen genauen **Bewehrungsplan** und nimmt die Bewehrung vor dem Betoneinbau ab.

? Aufgaben

○ 1. Was beschreiben die Feuchtigkeitsklassen WO, WF und WA im Betonbau?
◑ 2. Wofür stehen die Feuchtigkeitsklassen a) WO, b) WF und c) WA bei Betonbauteilen?
◑ 3. Was versteht man unter der Alkali-Kieselsäure-Reaktion im Betonbau?
● 4. Welche Faktoren begünstigen die Alkali-Kieselsäure-Reaktion im Beton?
◑ 5. Welche Auswirkungen hat die Alkali-Kieselsäure-Reaktion auf den Beton?
● 6. Wie kann die Alkali-Kieselsäure-Reaktion im Betonbau verhindert werden?
○ 7. Wie bezeichnet man die Beschaffenheit des Frischbetons in Abhängigkeit von seinem Wassergehalt?
○ 8. Welche Konsistenzbereiche werden unterschieden?
◑ 9. Was gibt der Wasserzementwert an?
◑ 10. Erklären Sie, warum mit zunehmendem Wasserzementwert die Festigkeit des Betons abnimmt.
◑ 11. Wie kann ein zu hoher Wasserzementwert vermieden werden, wenn aus Gründen der Verarbeitbarkeit mehr Wasser zugegeben werden muss, als zur Erhärtung des Betons notwendig ist?
◑ 12. Wodurch wird die Festigkeit des Betons bestimmt?
◑ 13. Welche Betonfestigkeitsklassen zählen zu der Gruppe der Standardbetone?
◑ 14. Worauf beruht die Tragfähigkeit und Beständigkeit des Stahlbetons?
◑ 15. Wann wird Stahlbeton benötigt?
◑ 16. Wo im Bauwerk wird der Stahl eingebaut?
○ 17. Welche Betonfestigkeitsklasse ist für Stahlbeton vorgeschrieben?
◑ 18. Worüber geben Bewehrungspläne Auskunft und wer fertigt sie in aller Regel an?
◑ 19. Wovon ist die zu wählende Expositionsklasse abhängig?
◑ 20. Welche Expositionsklasse ist für ein unbewehrtes Streifenfundament zum Setzen von Bordsteinen auszuwählen?
◑ 21. Wonach sind Betone zu bestellen?

? Aufgaben (Fortsetzung)

◑ 22. a) Bisher wurde im GaLaBau im Außenbereich als „Universalbeton“ Beton der Festigkeitsklasse B25 eingesetzt. Welche Betonfestigkeitsklasse muss nun mindestens verwendet werden, wenn der Beton Frost ausgesetzt ist?
b) Welche Expositionsklasse und Festigkeitsklasse muss der Beton in Küstennähe (salzhaltige Luft) erfüllen?

4 Herstellung des Betons

4.1 Anlieferung und Lagerung der Ausgangsstoffe

Gesteinskörnungen können nach Korngruppen getrennt, ungetrennt oder werksgemischt bezogen werden. Wegen der Entmischungsgefahr ist besondere Vorsicht beim Entladen notwendig (1). Bei **Lagerung auf der Baustelle** muss eine Verunreinigung durch Mutterboden, herabfallendes Laub usw. unbedingt vermieden werden. Auch dürfen die Gesteinskörnungen nicht mit abschlämmbaren Teilchen (< 0,063 mm) verunreinigt sein, da diese den Wasseranspruch des Betons erhöhen und dadurch seine Festigkeit (s. Wasserzementwert, S. 211 f.) vermindern. Aus diesem Grunde werden Gesteinskörnungen gewaschen angeliefert.

Zement wird in Säcken (25 kg) oder lose angeliefert. Da er stark wasseranziehend (hygroskopisch) ist, muss er in geschlossenen, trockenen Räumen oder im Freien auf Paletten unter Folienabdeckung gelagert werden. Nicht vollständig entleerte Säcke müssen wieder sorgfältig verschlossen werden, damit es nicht zur Klumpenbildung und Festigkeitsminderung kommt.

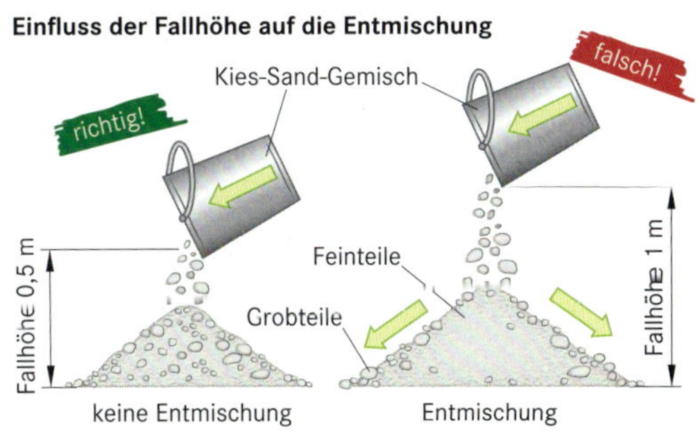

1 Maßnahmen zur Verhinderung einer Entmischung

▶ Fortsetzung nächste Seite

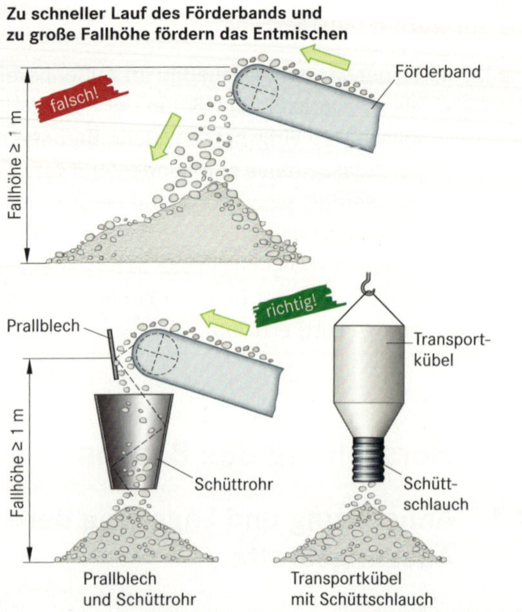

1 Maßnahmen zur Verhinderung einer Entmischung (Fortsetzung)

Zement sollte generell spätestens 1 bis 2 Monate nach seiner Lieferung verarbeitet sein.

4.2 Standardbeton

Zur Gruppe der **Standardbetone** zählen Betone der Festigkeitsklassen C8/10, C12/15 und C16/20. Sie können auf den Baustellen des Garten- und Landschaftsbaus selbst hergestellt werden, wobei folgende Beschränkungen gelten (Tab. 1):

- Verwendung natürlicher Gesteinskörnungen,
- keine Verwendung von Zusatzmitteln oder -stoffen,
- Mindestzementgehalt nach Tab. 1.

Die Herstellung derartiger Betone kann nach **Rezepten** erfolgen, die Richtwerte für die Bestandteile von 1 m^3 verdichteten Betons enthalten (Tab. 1).

Die Zementgehalte müssen **erhöht** werden um:

- 10 % bei einem Größtkorn von 16 mm
- 20 % bei einem Größtkorn von 8 mm

Die Zementgehalte dürfen **verringert** werden um:

- 10 % bei Zementfestigkeitsklasse 42,5
- 10 % bei einem Größtkorn von 63 mm

Konsistenz	Druckfestigkeitsklasse	Sieblinienbereich	Baustoffbedarf/m^3 verdichteten Betons: Zement kg	Gesteinskörnung kg	Wasser kg
steif C1, F1	C8/10	3	230	2045	140
		4	250	1975	160
	C12/15	3	290	1990	140
		4	320	1915	160
	C16/20	3	310	1975	140
		4	340	1895	160
plastisch C2, F2	C8/10	3	250	1975	160
		4	270	1900	180
	C12/15	3	320	1915	160
		4	350	1835	180
	C16/20	3	340	1895	160
		4	370	1815	180
weich C3, F3	C8/10	3	280	1895	180
		4	300	1825	200
	C12/15	3	350	1835	180
		4	380	1755	200
	C16/20	3	380	1810	180
		4	410	1730	200

Tab. 1 Mindestzementgehalt für Standardbeton bei einem Größtkorn von 32 mm und einer Zementfestigkeitsklasse 32,5 nach DIN EN 197-1

Beispiel Mischungsberechnung

Gefordert:

- Standardbeton C16/20
- Zement der Festigkeitsklasse 32,5
- Größtkorn des Korngemisches 32 mm
- Sieblinienbereich 3 (günstig)
- Konsistenz weich (C3)

Lösung:

1. **Baustoffbedarf für 1 m^3 verdichteten Beton**
   Zement: 380 kg (Tab. 1)
   Gesteinskörnung: 1810 kg (Tab. 1)
   Wasser: 180 l (Tab. 1)

2. **Stoffmengen für eine Mischerfüllung**
   Es steht ein Mischer mit einem Nenninhalt von 150 l (0,15 m^3) zur Verfügung.

Nenninhalt des Mischers nach DIN 459 (m^3)	0,15	0,25	0,33	0,50	0,75	1,00
Nutzinhalt (m^3) für						
steif	0,15	0,25	0,33	0,50	0,75	1,00
plastisch	0,18	0,30	0,40	0,60	0,90	1,20
weich	0,20	0,34	0,45	0,67	1,01	1,35

Tab. 2 Nutzinhalt von Betonmischern

Die Werte für den Baustoffbedarf für 1 m³ verdichteten Beton sind mit dem Nutzinhalt des Mischers zu multiplizieren:

Zement:	380 kg · 0,2 =	76 kg
Gesteinskörnung:	1810 kg · 0,2 =	362 kg
Wasser:	180 l · 0,2 =	36 l
		▶ 18 bis 25 l[1]

4.3 Mischung der Ausgangsstoffe

4.3.1 Maschinenmischung

Zur Mischung der Ausgangsstoffe wird der Betonmischer entsprechend der jeweiligen Betonrezeptur gefüllt. Wird die Wasserzugabe zur besseren Verarbeitung des Betons erhöht, muss zur Einhaltung des Wasserzementwertes (s. S. 211 f.) auch mehr Zement hinzugefügt werden. Als Faustzahl gilt: Pro Liter mehr zugegebenen Wassers muss die Zementmenge um zusätzliche 2 kg erhöht werden.

Im Garten- und Landschaftsbau werden zur Betonmischung hauptsächlich **Kipptrommelmischer** eingesetzt (1). Es handelt sich dabei um sogenannte **Freifallmischer**, bei denen das Mischgut beim Drehen der Mischtrommel mittels schaufelartiger Rippen gehoben wird und von oben im freien Fall nach unten zurückfällt, wodurch es gemischt wird. Die Mischzeit sollte nach Zugabe aller Stoffe mindestens eine Minute betragen. Die Entleerung des Mischers erfolgt durch Kippen der Trommel.

Bei sogenannten **Zwangsmischern** wird das Mischgut in einem fest stehenden Mischbehälter mithilfe von Scharen, Schaufeln oder Schnecken durchgearbeitet. Bei ihnen reicht eine Mindestmischzeit von einer halben Minute aus.

4.3.2 Handmischung

Das Mischen von Hand kommt nur für geringe Betonmengen der Festigkeitsklassen C8/10 infrage (Tab. 1). Dabei sollte niemals auf der Erde gemischt werden, sondern immer auf einer sauberen Unterlage (z. B. auf einem Bretterboden, einer Folie oder einer Sauberkeitsschicht aus Kiessand oder Beton, 3 × 3 bis 4 × 4 m).

1 Kipptrommelmischer

Vorgehensweise

- Gesteinskörnungen und Zement werden mindestens zweimal trocken durchschaufelt, bis eine gleichmäßige Graufärbung erreicht ist.
- Anschließend wird mit einer Gießkanne mit Brause unter ständigem Mischen Wasser zugegeben.
- Die feuchte Mischung wird mindestens noch zweimal durchmischt. Dies geschieht durch Umschaufeln des Mischgutes bei gleichzeitigem Harken.

Druckfestigkeitsklasse	Mischungsverhältnis Zement : Gesteinskörnungen
C8/10	1:9/1:6
C12/15	1:4
C20/25	1:3

Tab. 1 Mischungsverhältnisse aus der Praxis für kleinere Handmischungen

4.3.3 Trockenbeton

Eine einfachere Handhabung bietet **Trockenbeton**, auch als **Fertigmischung** bezeichnet. Es handelt sich um vorgefertigte Betonmischungen, die aus Zement, Gesteinskörnungen und anderen Zusatzstoffen bestehen. Sie werden in trockener Form geliefert und müssen vor dem Einsatz lediglich mit Wasser gemischt werden (Tab. 1, S. 220).

[1] Bei der Wassermenge 36 l handelt es sich um den Gesamtbedarf. Da die Eigenfeuchte der Gesteinskörnung im Allgemeinen bei 3 bis 5 Gew.-% liegt, müssen bei 362 kg Gesteinskörnung etwa 18 bis 25 l Wasser pro Mischung zugegeben werden.

Daten zur Orientierung:
25-kg-Sack (Lagerfähigkeit ca. 6–12 Monate), Körnung 0/8, Ergiebigkeit ca. 13 l/Sack, Wasserbedarf 2,5–3 l/Sack (Mehrverbrauch von ca. 10 % sind zu berücksichtigen), nach ca. 1 Stunde leicht und nach 24 h voll belastbar, Festigkeitsklasse C 12/15, Druckfestigkeit 20 N/mm², Verarbeitung bei Temperaturen von 5–30 °C, Verarbeitungszeit 10 min.

Verarbeitung:
1. Trockenbeton in ausgehobene und angefeuchtete Grube (nach allen Seiten 10–30 cm größer als zu befestigendes Bauteil) in Lagen von 10 cm um das fixierte Bauteil einfüllen.
2. Langsam mit Wasser bis zur leichten Sättigung befeuchten.
3. Ca. 3 Minuten warten.
4. Nächste Lage einbauen.
5. Das Ganze so lange wiederholen, bis die Grube gefüllt ist.
6. Oberfläche mit einer Kelle glattstreichen.
7. Zum Schutz gegen Sonne und Wind während der Erhärtungsphase mit Folie abdecken.

Tab. 1 Trockenbeton (Fertigmischung) – geeignet für nicht DIN-relevante Betonarbeiten wie Befestigung von Zaunpfosten, Wäschespinnen, Gartenlampen, Briefkästen usw.

? Aufgaben

○ 1. Wann sollte Zement spätestens verbraucht sein?

◑ 2. a) Worauf ist beim Entladen von Gesteinskörnungen zu achten?
b) Worauf muss beim Lagern von Gesteinskörnungen geachtet werden?

○ 3. Was enthalten Betonrezepte?

● 4. Wovon hängen die Mindestzementgehalte bei der Herstellung von Rezeptbeton ab?

◑ 5. Welche Betone dürfen als Rezeptbeton hergestellt werden?

● 6. Warum erübrigt sich bei Rezeptbeton die Angabe eines Wasserzementwertes?

● 7. Gefordert: Betonfestigkeitsklasse C8/10, Konsistenz F2 (plastisch), Zement der Festigkeitsklasse 32,5, Größtkorn der Gesteinskörnung 32 mm, Sieblinienbereich 3 (günstig). Berechnen Sie den Baustoffbedarf für eine Mischung, wenn der Mischer einen Nenninhalt von 250 l aufweist.

● 8. Folgende Betonmischung ist herzustellen: 5 m³ Beton C16/20, Zementfestigkeitsklasse 32,5, Konsistenz C2, Sieblinienbereich 3.
a) Wie viel Sack Zement (25 kg), Tonnen Gesteinskörnung und Liter Wasser werden zur Herstellung benötigt?

? Aufgaben (Fortsetzung)

b) Wie viel Wasser muss zugeführt werden, wenn die Eigenfeuchte der Gesteinskörnung 3 Gew.-% beträgt?
c) Wie hoch ist der Wasserzementwert?
d) Um wie viel müssen die Wasser- und Zementzugaben bei der Verwendung von Gesteinskörnung mit dem Sieblinienbereich 4 erhöht werden?

● 9. Ein Streifenfundament soll in C12/15, Zementfestigkeitsklasse 32,5, Größtkorn 32, Sieblinienbereich 3, Konsistenz C2 hergestellt werden. Die Tiefe des Fundamentes beträgt 80 cm, die Breite 50 cm, die Länge 8 m. Wie viel Sack Zement (à 25 kg) und Gesteinskörnungen sind zu bestellen?

○ 10. Welche Mindestmischzeiten sind bei der Betonherstellung einzuhalten?

○ 11. Wann ist eine Handmischung zulässig?

◑ 12. Was ist Trockenbeton?

5 Transportbeton

Unter **Transportbeton** versteht man Frischbeton, der vom Betonwerk zur Baustelle transportiert wird.

Der Transport erfolgt in der Regel in Fahrzeugen mit Mischvorrichtungen – **Transportbetonmischern** mit einem Fassungsvermögen von 4 bis 10 m³ (1). Nur Beton der Konsistenz F1 darf auf normalen Lkws transportiert werden und kann von Kunden selbst abgeholt werden (Selbstabholer). Solche Betone kommen meist zum Einsatz, wenn geringere Mengen benötigt werden. Die **Mischung** kann im Werk (werksgemischt) oder im Fahrzeug während der Fahrt oder nach dem Eintreffen auf der Baustelle (fahrzeuggemischt) erfolgen.

1 Betontransportfahrzeug

5.1 Vorteile

Der große **Vorteil von Transportbeton** ist, dass Betone aller Festigkeitsklassen und Konsistenzen in genauer und garantierter Zusammensetzung einbaufertig geliefert werden können (Sicherheit!). Im Betonwerk können Gesteinskörnungen und Zement exakt nach dem Gewicht bemessen sowie die Eigenfeuchtigkeit der Zuschlagstoffe bei der Wasserzugabe genau berücksichtigt werden. Zeitaufwendige Mischarbeiten auf der Baustelle entfallen ebenso wie die Lagerung von Gesteinskörnungen und Zement. Entsprechend wird bei Betonarbeiten im Garten- und Landschaftsbau überwiegend Transportbeton verwendet.

5.2 Zusatzmittel

Betonzusatzmittel werden dem Beton zugesetzt, um die Eigenschaften des Frisch- oder Festbetons zu verändern. Dabei ist zu beachten, dass Zusatzmittel oft auch unerwünschte Nebenwirkungen aufweisen (Tab. 1).

Wirkungsgruppe (Kurzzeichen)	Beeinflussung der Betoneigenschaften	Mögliche Nebenwirkungen
Betonverflüssiger (BV)	verbesserte Verarbeitbarkeit, Verminderung der Wasserzugabe (5–15 %)	Luftporenbildung, Festigkeitsminderung, Erstarrungsverzögerung
Fließmittel (FM)	verbesserte Fließfähigkeit, verbesserte Verarbeitbarkeit, Verminderung der Wasserzugabe	Luftporenbildung, Festigkeitsminderung, Erstarrungsverzögerung
Luftporenbildner (LP)	Bildung kleinster, kugelförmiger Luftporen → Widerstandsfähigkeit gegen Frost (gefrierendes Wasser kann sich ausdehnen) und Tausalze (Unterbrechung der Kapillaren) erhöht	Minderung der Betonfestigkeit
Verzögerer (VZ)	Verzögerung der Abbindezeit um 2–12 Stunden → Verlängerung der Verarbeitungszeit	stärkere Ausblühungen, Farbunterschiede bei Sichtbeton, ggf. erhöhtes Schwinden
Beschleuniger (BE)	Erhärten des Betons wird beschleunigt	Minderung der Betonfestigkeit, geringere Wasserdurchlässigkeit, Umkehr der Wirkung (Umschlagen) bei Fehldosierung

Tab. 1 Zusatzmittel verändern die Eigenschaften von Beton

5.3 Angaben zur Bestellung

Für einen reibungslosen Betonierablauf sind bei der Bestellung von Transportbeton folgende Angaben notwendig:

Wer ist der Rechnungsempfänger und Besteller?
Wohin soll geliefert werden (Baustellenanschrift)?
Wann soll geliefert werden (Tag, Datum, Uhrzeit)?
Was genau soll geliefert werden (Festigkeitsklasse, Konsistenz, Größtkorn ...)?
Wie viel soll geliefert werden (Menge)?
Wie schnell kann entladen werden (m^3/h)?
Was muss sonst berücksichtigt werden (z. B. Zufahrts- und Rangiermöglichkeiten, Gewichtsbeschränkungen)?

5.4 Mengenberechnung

Beispiel: Bodenplatte für ein Gartenhaus

- Maße 4,50 m × 3,50 m (Länge x Breite)
- Höhe 0,25 m
- Konsistenz steif (C1)
- Verdichtungsmaß 1,45 bis 1,26
- Sicherheitszuschlag 3 %

1. Berechnung des Volumens der Bodenplatte
   Volumen = Länge × Breite × Höhe
   = 4,5 m × 3,5 m × 0,25 m
   = 3,938 m^3
2. Berücksichtigung des Verdichtungsmaßes (Sicherheitshalber mit Höchstmenge rechnen.)
   Volumen vor Verdichtung = Volumen × Verdichtungsmaß
   = 3,938 m^3 × 1,45
   = 5,709 m^3
3. Berücksichtigung des Sicherheitszuschlags
   Sicherheitszuschlag = 3 % × Volumen vor Verdichtung
   = 0,03 × 5,709 m^3
   = 0,171 m^3
4. Berechnung der Gesamtmenge an Beton
   Gesamtmenge = Volumen vor Verdichtung + Sicherheitszuschlag
   = 5,709 m^3 + 0,171 m^3
   = 5,88 m^3 = 6 m^3 (gerundet)

Es werden 6 m^3 benötigt.

Hinweise

- Im Internet findet man **Betonrechner** zur Berechnung der Betonmenge.
- Es sollte lieber etwas mehr als zu wenig Beton bestellt werden (Baustellenstillstand, teure Nachlieferung). Als **Sicherheit** werden allgemein Mehrmengen von etwa 0,1 bis 0,2 m³ empfohlen.
- Bei Rücknahme größerer Restmengen können **Entsorgungskosten** anfallen.
- Bei größeren Bestellmengen kann es sinnvoll sein, die Gesamtmenge mit **Restabruf** zu bestellen.
  Beispiel: Es werden 20 m³ Beton bestellt. Das Fassungsvermögen eines Betontransportfahrzeugs beträgt 7,5 m³. Dann würden zunächst zwei Fahrzeuge mit je 7,5 m³ geliefert. Nach Entladung des zweiten Fahrzeugs wird dann der restliche Bedarf genau berechnet und nachbestellt.

5.5 Entladen und Verarbeiten

Entladen (max. sechs Minuten für 1 m³ Beton) und Verarbeiten von Transportbeton sollten schnell erfolgen. Dazu ist sicherzustellen, dass

- die Schalungsarbeiten beendet sind,
- eine freie und sichere Zufahrtsmöglichkeit für das Mischfahrzeug vorhanden ist,
- genügend Personal und Geräte (Pumpe, Rüttler, Schubkarren usw.) für Abnahme, Förderung, Einbau, Verdichtung und Nachbehandlung zur Verfügung stehen.

Auftretende Fragen/Probleme sind bei der Bestellung mit dem Lieferwerk zu klären.

Bei einer Betonlieferung erhält der Kunde einen Lieferschein, der vor dem Entleeren des Fahrzeugs auf die Richtigkeit folgender Angaben überprüft werden muss:

Merke

Der Lieferschein enthält:

- Anschrift der Baustelle
- Betonsortennummer
- Festigkeitsklasse
- Konsistenz (auch in Augenschein nehmen!)
- Größtkorn
- Besondere Anforderungen/Eigenschaften

Nach dem Entladen und Überprüfen auch aller restlichen Angaben wird unterschrieben. Die Betonlieferung ist vom Baustellenleiter im Tagesbericht (s. Kap. Kalkulation) festzuhalten. Dabei ist zu vermerken, welche Lieferung (Lieferschein-Nummer) wo eingebaut wurde.

Aufgaben

● 1. Für die Errichtung eines Gartenhauses soll eine Stahlbetonplatte hergestellt werden:
   - Maße 825 cm × 330 cm (Länge x Breite)
   - Tiefe 35 cm
   - Konsistenz weich (C3/F3)
   - Verdichtungsmaß 1,10–1,04
   - Sicherheitszuschlag 3 %

   a) Berechnen Sie die zu bestellende Betonmenge.
   b) Welche Expositions- und Feuchtigkeitsklasse müssen Sie bei der Bestellung angeben?
   c) Welche Betondruckfestigkeitsklasse ist mindestens erforderlich?

◑ 2. Welche Vorteile hat die Verwendung von Transportbeton?

◑ 3. Welche Betonzusatzmittel wären in den folgenden Fällen gegebenenfalls geeignet?
   a) Der Beton muss über größere Entfernungen transportiert werden, sodass längere Verarbeitungszeiten erforderlich sind.
   b) Bei kalten Temperaturen soll betoniert werden.
   c) Der Beton soll sich gut um die Bewehrungsstäbe verteilen.

6 Verarbeitung des Frischbetons

6.1 Schalung

Bevor mit dem Betonieren begonnen werden kann, muss zuerst die Form hergestellt werden, in die der Beton eingebracht werden soll. Man bezeichnet diese Form als **Schalung**. Sie muss maßgenau, dicht, ausreichend stabil und sauber sein. Zudem darf die Schalung dem eingebrachten Frischbeton kein Wasser entziehen, muss ein leichtes Ausschalen nach dem Erhärten ohne Beschädigung der Betonoberfläche ermöglichen und außerdem leicht zu reinigen sein.

Neben der klassischen Art der Einschalung mit Schalbrettern oder Schaltafeln aus massivem Holz werden auch Furnier-, Span-, Stahl- und Kunststoffplatten für Schalungsarbeiten verwendet.

Eine Schalung besteht aus der **Schalhaut**, der **Unterkonstruktion** und einer **Abstützung** (1, S. 223):

Schalhaut
Als Schalhaut bezeichnet man den Teil der Schalung, der direkten Kontakt mit dem Frischbeton hat, ihn wie eine

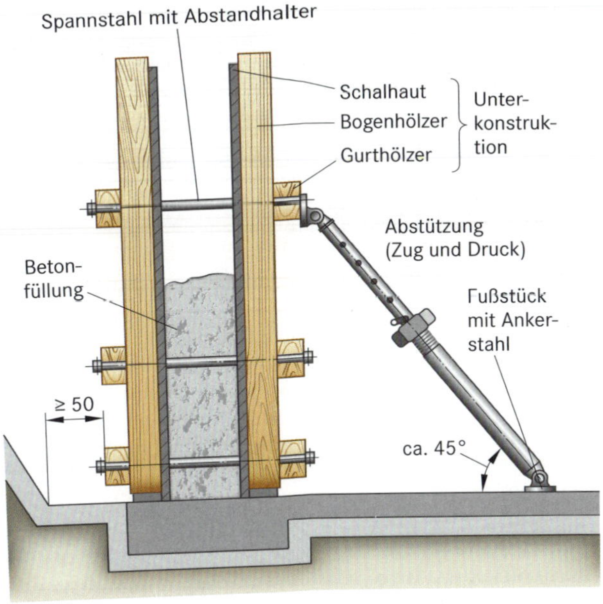

1 Wandschalung

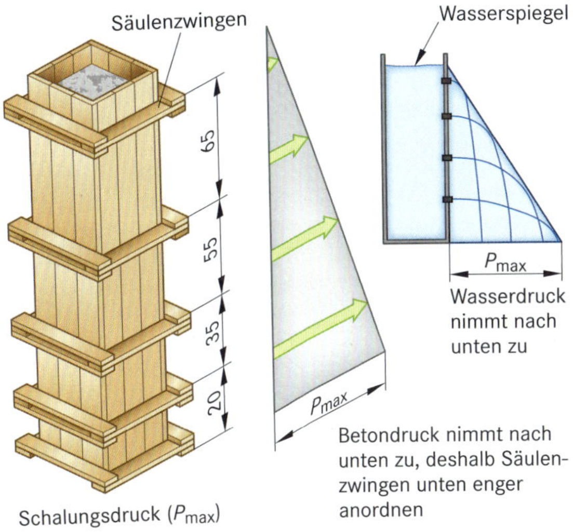

2 Säulenschalung

zweite „Haut" umgibt - also Schalbretter oder Schalungsplatten. Sie verleiht dem Beton Form und Aussehen. Vor allem Kunststoffschalungen mit ihren glatten Oberflächen eignen sich zur Herstellung von Sichtbeton. Als Strukturschalungen verleihen sie Betonoberflächen besondere Strukturen.

Unterkonstruktion

Die Schalhaut wird gegen senkrecht stehende Kanthölzer (**Bogenhölzer**) genagelt, die ihrerseits über quer verlaufende Kanthölzer (**Gurthölzer**) miteinander verbunden sind (1). Der Abstand der Gurthölzer verkleinert sich nach unten hin aufgrund des zunehmenden Betondrucks (2).

Bogen- und Gurthölzer bilden die Unterkonstruktion. Sie tragen die Schalhaut, steifen sie aus und schützen sie vor Verformungen. Die auf sie einwirkenden Kräfte werden auf die Abstützung übertragen.

Abstützung

Abstützungen bestehen in der Regel aus Kanthölzern oder Stahl. Da sie die einwirkenden Kräfte auf den Untergrund weitergeben, müssen sie einen festen, unverrückbaren Stand haben. Der Vorteil von Stahlrohrstützen gegenüber Stützen aus Kanthölzern ist vor allem in ihrer einfachen Handhabung zu sehen. Mithilfe von Ausziehvorrichtungen lassen sich ihre Längen einfach und schnell variieren.

6.2 Verarbeitungszeit

Beton erhärtet relativ schnell, sodass er sofort nach dem Mischen und ohne Unterbrechung (Pausen) verarbeitet werden muss.

Allgemein gilt, dass Beton bei trockener, warmer Witterung innerhalb einer halben Stunde, bei kühler, nasser Witterung innerhalb einer Stunde eingebracht und verdichtet sein sollte (3). Beim **Selbstabholen** sollte der Beton 45 Minuten nach der Wasserzugabe zum Zement (Uhrzeit s. Lieferschein) verarbeitet sein. Durch Zugabe von Verzögerer kann es zu Konsistenzveränderungen kommen.

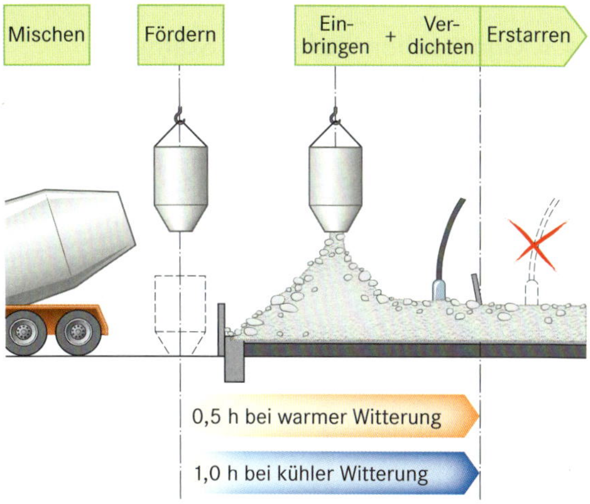

3 Verarbeitungszeit für Frischbeton

6.3 Fördern und Einbauen

Frischbeton wird auf der Baustelle mit Schubkarren, Transportbändern, Pumpleitungen (**Pumpbeton**) u. a. gefördert. Beim Befördern des Betons von der Misch- zur Verarbeitungsstelle ist darauf zu achten, dass sich der Beton nicht entmischt. **Die Entmischungsgefahr ist umso größer, je wasserreicher der Beton ist.** Weicher oder flüssiger Beton sollte deswegen nicht über längere Strecken transportiert werden. Auch beim Herabstürzen von Beton besteht Entmischungsgefahr. Sie steigt mit zunehmender Fallhöhe, sodass Beton nicht tiefer als 1 m frei fallen sollte. Bei größeren Höhen muss mit geeigneten Maßnahmen, z. B. mithilfe von Rutschen, Schläuchen oder Fallrohren, der Beton beim Fallen zusammengehalten werden (1, S. 217 f.). Bei Schalungen ist darauf zu achten, dass diese vorgenässt und ggf. mit einem geeigneten Trennmittel versehen sind. Der Beton wird mittig eingefüllt.

6.4 Verdichten

Frischbeton enthält luftgefüllte Hohlräume, die die Festigkeit des Betons mindern. Deshalb muss Beton verdichtet werden. Je nach Konsistenzstufe geschieht dies durch **Stampfen**, **Rütteln**, **Stochern** bzw. **mehrmaliges Abziehen** oder **Klopfen** an der Schalung.

Je weicher/fließender der Beton ist, desto vorsichtiger muss wegen der steigenden Entmischungsgefahr die Verdichtung erfolgen. Auch geht der notwendige Verdichtungsaufwand zurück, da die Reibungskräfte zwischen den Zuschlagstoffen mit zunehmender Konsistenz geringer werden (Tab. 1).

6.4.1 Oberflächenrüttler und Stampfer

Oberflächenrüttler (z. B. **Rüttelplatte**, 2) und **Stampfer** (Hand- oder Motorstampfer, 1) werden auf die Oberfläche des zu verdichtenden Betons aufgesetzt. Zur Verdichtung wird steifer Frischbeton in Schichtdicken von 15 bis 25 cm eingebracht. Die verdichtete Schicht sollte in der Regel nicht dicker als 15 cm sein. Es wird so lange verdichtet, bis die Oberfläche matt feucht erscheint (überschüssiges Wasser entweicht an die Oberfläche). Dabei beginnt man

1 Motorstampfer (Vibrationsstampfer)

Konsistenzbereich	Eigenschaften beim Schütten	Verdichtungsart	Verarbeitungsaufwand
sehr steifer und steifer Beton (C0, C1, F1)	lose, krümelig, etwas feuchter als erdfeucht	kräftiges Rütteln mit Oberflächenrüttler (Platte, Bohle) oder kräftiges Stampfen	sehr hoch
plastischer Beton (C2, F2)	schollig bis knapp zusammenhängend	Rütteln mit Oberflächenrüttler (Bohle), Innenrüttler, Außenrüttler (Schalungsrüttler), zusätzliches Klopfen an der Schalung	hoch
weicher und sehr weicher Beton (C3, F3, F4)	schwach fließend	Rütteln mit Oberflächenrüttler (Bohle), Innenrüttler, Außenrüttler, Stochern bzw. mehrmaliges Abziehen, zusätzliches Klopfen an der Schalung	mäßig
fließfähiger und sehr fließfähiger Beton (F5, F6)	fließend	Entlüften durch leichtes Rütteln (Innenrüttler), Außenrüttler, Oberflächenrüttler (Bohle); Stochern bzw. mehrmaliges Abziehen, zusätzliches Klopfen an der Schalung	gering

Tab. 1 Konsistenzbereiche des Frischbetons und die sich daraus ergebende Verdichtung

2 Rüttelplatte (Vibrationsplatte)

längs der Schalung und an den Schalungsecken. Vor dem Einbringen einer weiteren Schicht wird die Oberfläche der verdichteten Schicht zur besseren Verzahnung der Schichten untereinander aufgeraut. Oberflächenrüttler und Stampfer werden vorwiegend bei unbewehrtem Beton und Fundamenten verwendet.

Rüttelbohlen oder **Vibrationsbohlen** bestehen aus einem Schwingungserreger, der auf einer Bohle angebracht ist. Die Bohle wird auf Schienen oder Abziehlehren über Beton, Estrich oder Sandschüttungen geführt, wobei diese abgezogen, verdichtet und geglättet werden.

Neben handgeführten Geräten gibt es Rüttel-/Vibrationsbohlen auch als Anbaugeräte an Maschinen. Die Verdichtungstiefe liegt zwischen 10 und 40 cm, die Arbeitsgeschwindigkeit zwischen 0,6 bis 1,5 m/Minute.

6.4.2 Innenrüttler

Bei der Verwendung von Innenrüttlern, auch als **Rüttelflasche**, **Tauchrüttler** oder **Innenvibrator** bezeichnet, wird der Beton in einer Schichtdicke von 30 bis 100 cm eingebaut. Beim Eintauchen ist darauf zu achten, dass sich die Wirkungsbereiche der Rüttelflasche überschneiden (1, 2. Zeichnung von oben). Sie sind am Feuchtwerden der Betonoberfläche zu erkennen.

Um eine Rüttelverbindung zwischen den Schichten zu erreichen, wird die Rüttelflasche beim Eintauchen noch 10 bis 20 cm in die zuletzt verdichtete Schicht eingeführt (sogenanntes Vernadeln). Die Rüttelflasche wird zügig eingetaucht und nach Erreichen der tiefsten Lage sofort wieder (Hand über Hand) langsam (4 bis 8 cm pro Sekunde) und senkrecht herausgezogen. Wegen der Gefahr einer Entmischung sollte ein Abstand von etwa 20 cm zur Schalung eingehalten werden. Vorhandene Stahleinlagen dürfen nicht berührt werden (1).

Beim Betonieren dünner Betonschichten (z. B. Betondecken) werden die Rüttelflaschen schräg eingetaucht und durch den Beton gezogen. Neigung und Richtung der Flasche beim Eintauchen sollten immer gleich sein und die sich bildenden Streifenspuren müssen sich überschneiden.

6.4.3 Außenrüttler

Außenrüttler, auch als **Schalungsrüttler** oder **Außenvibrator** bezeichnet, werden außen an der Schalung befestigt, über die sie die verdichtenden Schwingungen in den Frischbeton übertragen (1, S. 226).

Ihre Tiefenwirkung beträgt etwa 30 cm. Die richtige Platzierung der Geräte erfordert viel Erfahrung.

Innenrüttler, Wirkungsweise

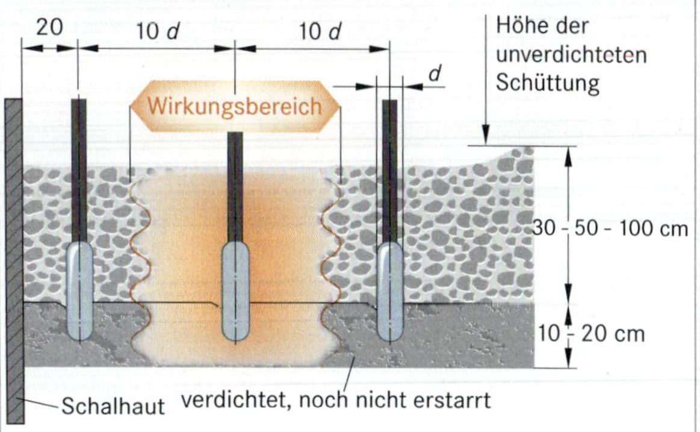

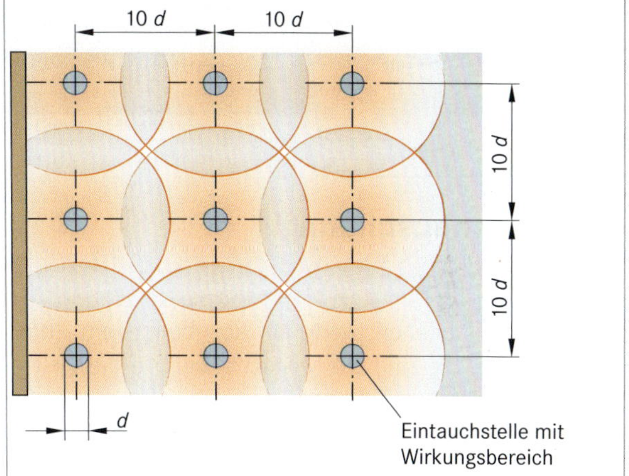

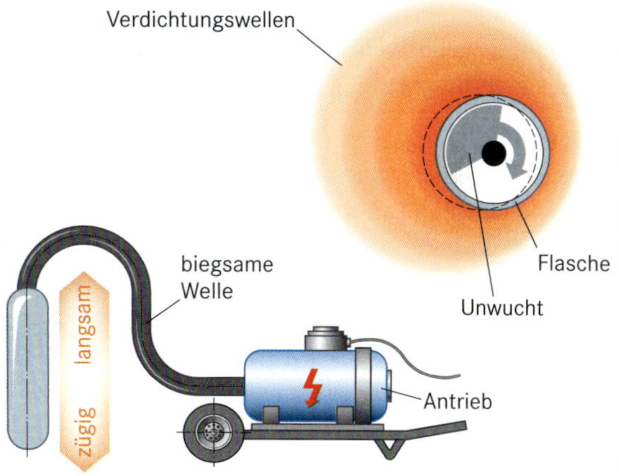

Innenrüttler im Einsatz

1 Einsatz und Wirkungsweise des Innenrüttlers

1 Außenrüttler

6.5 Fugenausbildung

6.5.1 Arbeitsfugen

Arbeitsfugen entstehen, wenn auf abgebundenem Beton betoniert wird. Sie sind unerwünscht, weil sie die Festigkeit des Bauwerks herabsetzen und Ausgangspunkte für Rissbildungen, Frostschäden, Wasserdurchtritte und Ausblühungen sind. Arbeitsfugen sind jedoch nicht zu umgehen, wenn Betonierarbeiten unterbrochen werden müssen, da z. B. aus schalungstechnischen Gründen erst die Erstarrung des eingebrachten Betons abgewartet werden muss.

Je höher der Beton geschüttet und verdichtet wird, desto größer ist die Gefahr, dass die Schalung unten durch den stark zunehmenden Druck auseinandergeht und zerbricht. Abgesehen davon können Arbeitsunterbrechungen durch Witterungsumschläge, Maschinenschäden oder sonstige Betriebsstörungen erzwungen werden. Bei größeren Betonierungsarbeiten sollten von vornherein Arbeitsfugen – bevorzugt an weniger beanspruchten Stellen – eingeplant werden.

Ausführung

Schwachstellen im Betonbau sind die Verbindungen zwischen Alt- und Neubeton (= Arbeitsfugen). Hier ist auf die Ausführung der Arbeitsfugen besonderer Wert zu legen.

Vorgehensweise

- Säubern des Altbetons mittels Drahtbürste oder Sandstrahlgebläse;
- Abkehren bzw. Abspritzen des Mauerwerks durch scharfen Wasserstrahl;
- Annässen des Altbetons, um Wasserentzug aus Neubeton zu vermeiden;
- Anschlussfläche mit einem zementreicheren (fetten) Beton bestreichen bzw. in Hohlräume einbürsten;
- Betonzwischenschicht von 5 bis 7 cm auftragen und gut verdichten (hier etwas höherer Zementgehalt);
- Fortfahren mit den Betonierarbeiten.

6.5.2 Dehnungsfugen

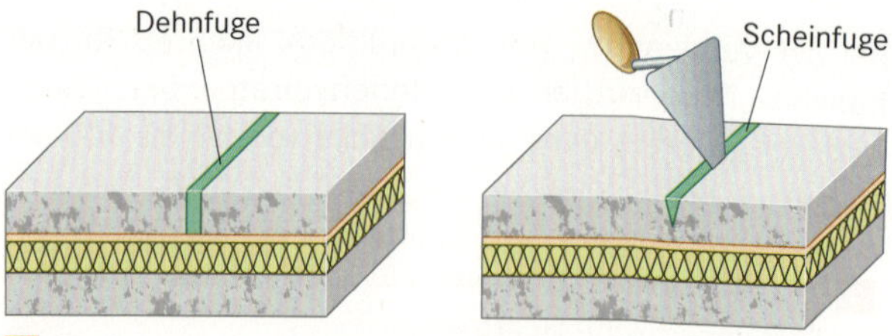

2 Fugen zur Vermeidung von Rissbildungen

Beton dehnt sich bei Wärme aus und zieht sich bei Abkühlung zusammen. Zur Vermeidung von Rissbildungen infolge der entstehenden Spannungen müssen bei größeren Betonflächen Dehnungsfugen eingeplant werden.

Häufig genügen auch **Scheinfugen**. Sie durchschneiden nicht die gesamte Betonschicht, sondern sind nur Einkerbungen im Beton (2). Zur Anlage von Scheinfugen werden im Abstand von 6 bis 12 m Latten in die Schalung genagelt, Styropor o. Ä. eingelegt.

Bei Überschreitung seiner Zugfestigkeit reißt der Beton an diesen durch Querschnittsverringerung geschwächten Stellen (Sollbruchstellen). Da sich die Risse in den tiefer liegenden Fugen bilden, sind sie nicht zu sehen. Nach dem Entfernen der Einlagen werden die Fugen mit einem Spezialkitt abgedichtet. In Beton, der wasserundurchlässig sein muss, erfolgt die Fugenabdichtung durch das Einlegen von Fugenbändern.

Aufgaben

○ 1. Welche Aufgaben hat die Schalung?

○ 2. Wie nennt man den Teil der Schalung, der dem Beton die gewünschte Form und Oberflächenbeschaffenheit verleiht?

Aufgaben (Fortsetzung)

- ○ 3. Warum sollten Schalwände aus Holz vor dem Betonieren vorgenässt werden?
- ○ 4. Wie viel Zeit steht im Allgemeinen zur Verarbeitung (Fördern, Einbauen, Verdichten) von Beton auf der Baustelle zur Verfügung?
- ◑ 5. Warum muss Beton verdichtet werden?
- ◑ 6. Wonach richtet sich die Art der Verdichtung des Betons?
- ◑ 7. Mit welchen Geräten bzw. Maßnahmen können
  - a) steifer,
  - b) plastischer,
  - c) weicher und
  - d) fließfähiger Beton verdichtet werden?
- ◑ 8. Beschreiben Sie die Verdichtung mittels Rüttelflasche (Innenrüttler).
- ◑ 9. Worauf ist bei der Verdichtung mittels Rüttelflasche besonders zu achten?
- ◑ 10. Wie entstehen Arbeitsfugen und warum sollten sie nach Möglichkeit vermieden werden?
- ◑ 11. Wozu dienen Dehnungsfugen?

7 Nachbehandlung des Betons

Alle Maßnahmen, die durchgeführt werden, um den Beton ungestört erhärten zu lassen, fallen unter den Begriff **„Nachbehandlung"**. Die Nachbehandlung soll vor allem ein vorzeitiges Austrocknen mit der Folge von Erhärtungsstörungen (verminderte Festigkeit, Rissbildung, absandende Oberfläche, verringerter Rostschutz bei bewehrtem Beton) vermeiden. Geeignete **Maßnahmen** sind:

- die Abdeckung des Betons mit (wärmedämmender) Folie oder angefeuchteten und ständig feucht gehaltenen Abdeckmatten (z. B. aus Jute),
- ein längeres Belassen der Schalung, wobei Wasser aufsaugende Holzschalung möglichst feucht gehalten werden sollte,
- ein häufiges Benetzen des Betons mit Wasser (nicht mit kaltem Wasser abschrecken, d. h., die Temperaturunterschiede zwischen der Betonoberfläche und dem Wasser dürfen nicht zu groß sein) oder das Aufsprühen von flüssigen Nachbehandlungsmitteln (**1**).

Erschütterungen während des Erhärtens sind zu vermeiden.

Die **Dauer der Nachbehandlung** hängt von den **Witterungsbedingungen** und der Festigkeitsentwicklung des Betons ab (**2**). Bei kühler Witterung oder Frost kann es zu Erhärtungsverzögerungen kommen. Deswegen sollte bei Temperaturen < + 5 °C nicht betoniert werden. Genaue Angaben für das Betonieren bei kühler Witterung und bei Frost sind in der **DIN 1045** zu finden.

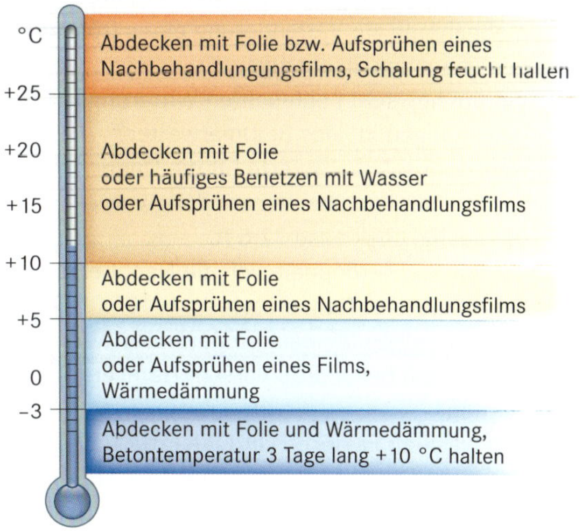

1 Nachbehandlungsmaßnahmen

Einzelumgebungsbedingungen → **Maßgebende Umgebungsbedingung = ungünstigste Umgebungsbedingung**

Sonneneinstrahlung		Wind		relative Luftfeuchtigkeit	
stark (wolkenlos)	(III)	stark	III	< 50 %	III
mittel (bewölkt)	II	mittel	II	50–80 %	(II)
schwach (bedeckt)	I	schwach	(I)	> 80 %	I

Betonzusammensetzung: Zementfestigkeitsklasse	Betonzusammensetzung: Wasserzementwert	Betonfestigkeitsentwicklung	Mindestnachbehandlung in Tagen (24 h): I	II	(III)
≥ 42,5 R	< 0,50	schnell	1	1	2
32,5	< 0,50	mittel	2	3	4
≥ 32,5 R	0,50–0,60				
32,5-NW/HS	< 0,50	(langsam)	2	4	(5)
(32,5)	(0,50–0,60)				

Beispiel mit folgenden Bedingungen:
wolkenlos (III), schwacher Wind (I),
relative Luftfeuchte 60 % (II), 32,5, w/z = 0,55

Ergebnis: Mindestbehandlungsdauer = 5 Tage

Bei Temperaturen < 10 °C Nachbehandlungszeit verdoppeln!

2 Mindestnachbehandlungsdauer in Tagen für Außenbauteile bei Betontemperaturen über + 10 °C

Aufgaben

◑ 1. Warum muss Beton unmittelbar nach dem Betonieren nachbehandelt werden?

◑ 2. Nennen Sie geeignete Nachbehandlungsmaßnahmen zur Verhinderung eines frühzeitigen Feuchtigkeitsentzugs.

◑ 3. Warum herrscht bei feuchten Witterungsbedingungen ideales Betonierwetter?

◑ 4. Nennen Sie Anhaltswerte für die Dauer der Nachbehandlung bei Verwendung von Zement der Festigkeitsklasse 32,5 R.

◑ 5. Um wie viel verdoppelt sich die Nachbehandlungsdauer bei Temperaturen < + 10 °C?

○ 6. Bis zu welchen Mindesttemperaturen kann Beton ohne besondere Vorschriften verarbeitet werden?

● 7. Von welchen Faktoren wird die Erhärtung und damit die Güte des Betons beeinflusst?

8 Sichtbeton

Beim **Sichtbeton** bleibt die Betonoberfläche sichtbar. Nach seiner Oberflächengestaltung kann man unterscheiden zwischen:

Schalungsbeton

Beim Schalungsbeton bleibt die Betonoberfläche nach dem Ausschalen unbehandelt. So kann z. B. mit einer ungehobelten Bretterschalung eine raue Oberfläche (Holzstruktur) hergestellt werden. Mit Kunststoff oder Metallplatten lassen sich hingegen besonders glatte Oberflächen erzielen. Mithilfe von Strukturschalungen aus Kunststoff, die auf die Trägerschalung genagelt oder geklebt werden, oder anderen Materialien (Rundhölzer oder Schilfmatten), die in die Schalung eingelegt werden, lassen sich besondere Strukturen auf der Betonoberfläche erzeugen (1).

Waschbeton

Als Waschbeton wird Beton bezeichnet, bei dem durch Ausbürsten und anschließendes Auswaschen des Zementleims und Feinkorns aus der Betonoberfläche die groben Zuschlagstoffe freigelegt wurden. Um eine Lockerung zu vermeiden, müssen sie noch zu 2/3 von Zementleim umgeben sein. Die Auswaschung hat vor dem völligen Erstarren des Zementleims zu erfolgen (1, S. 229).

Gesandstrahlter Beton

Hierbei wird mithilfe von Druckluft feiner Quarzsand aus der Düse eines Sandstrahlgebläses auf die erhärtete Betonoberfläche gestrahlt. Durch das Wegblasen der Zementhaut werden die Spitzen der Zuschläge freigelegt (3, S. 229).

Steinmetzmäßig bearbeiteter Beton

Hierbei wird die Betonoberfläche nach dem Erhärten durch Bossieren, Spitzen, Stocken oder Scharrieren bearbeitet. Mit dem **Bossier**hammer oder einem Setzeisen wird der Beton so bearbeitet, dass deutliche Einschläge (5 bis 6 mm tief) sichtbar werden (2, S. 229). Beim **Spitzen** wird mit einem Spitzeisen Schlag neben Schlag gesetzt, sodass eine grobe Oberfläche entsteht. Durch das Anspalten größerer Zuschlagskörner entstehen farbige Kieselbruchflächen (4, S. 229). Beim **Stocken** wird mit dem Stockhammer die Oberfläche gleichmäßig leicht aufgeschlagen (5, S. 229). Beim **Scharrieren** werden mit einem meißelartigen Scharriereisen in die zunächst glatte Oberfläche parallele Furchen geschlagen, sodass eine gleichmäßige Aufrauung erfolgt (6, S. 229).

a) Sägeraue Brettstruktur

b) Industrieschalung, Holzstruktur

c) Glatte Betonoberfläche mit Farbbeschichtung

1 Schalungsbeton

1 Waschbeton

2 Sichtbeton mit bossierter Oberfläche

3 Gesandstrahlter Beton

4 Gespitzte Oberfläche

5 Gestockte Oberfläche

6 Scharrierte Oberfläche

Aufgaben

○ 1. Was ist Sichtbeton?

◑ 2. Unterscheiden Sie Sichtbeton nach der Art seiner Oberflächengestaltung.

GaLaBau

Vegetationstechnische Maßnahmen

Boden aus vegetationstechnischer Sicht

1 Standortbedingungen – Grundlage für die Pflanzenauswahl

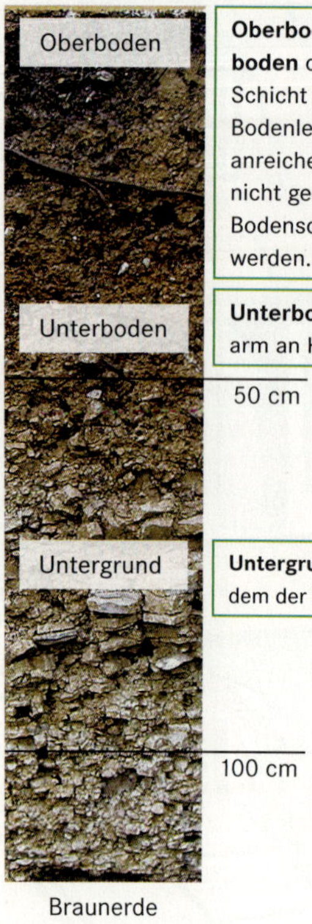

Oberboden (A-Horizont), auch als **Mutterboden** oder Krume bezeichnet; Schicht mit organischer Substanz und Bodenlebewesen durchsetzt; durch Humusanreicherung dunkel gefärbt; als Baugrund nicht geeignet; darf aus Gründen des Bodenschutzes nicht verbaut oder vernichtet werden.

Unterboden (B-Horizont), hell gefärbt; arm an Humus, Bodenleben und Nährstoffen

Untergrund (C-Horizont), Ausgangsgestein, aus dem der Boden entstanden ist

2 Bodenhorizont (Braunerde)

1 Standortbedingungen

Eine optimale Pflanzenentwicklung ist nur gewährleistet, wenn die ausgewählten Pflanzen den Standortbedingungen angepasst sind. Dabei müssen vor allem die Wärme-, Licht- und Feuchtigkeitsansprüche der Pflanzen berücksichtigt werden (1).

Im Gegensatz zu den Klimaverhältnissen, die im Freiland nur wenig beeinflussbar sind, können die Eigenschaften eines Bodens durch gezielte Maßnahmen verändert werden.

2 Bodenentstehung

Boden ist die mit Wasser, Luft und Lebewesen durchsetzte Verwitterungsschicht der festen Erdkruste, die Pflanzen als Standort, Wasser- und Nährstoffquelle dient und die Existenz aller Lebensformen direkt oder indirekt ermöglicht.

Die Böden Mitteleuropas entstanden nach der letzten Eiszeit – vor 10 000 bis 14 000 Jahren – unter dem Einfluss des Klimas, des Ausgangsgesteins und der Lebewesen. Über viele tausend Jahre entwickelten sie sich aus der Verwitterung freigelegter Felsen und den von den Eiszeitgletschern mitgebrachten Verwitterungsprodukten skandinavischer Gebirge. Diese gewaltigen Zeiträume vom Fels zum Boden bedingen, dass Boden, bis auf wenige Ausnahmen der Landgewinnung, praktisch nicht vermehrbar ist.

Hebt man eine Bodengrube aus, erkennt man parallel zur Bodenoberfläche verlaufende, mehr oder weniger einheitliche Zonen, die **Bodenhorizonte**, die die Entwicklung des Bodens aufzeigen (2)

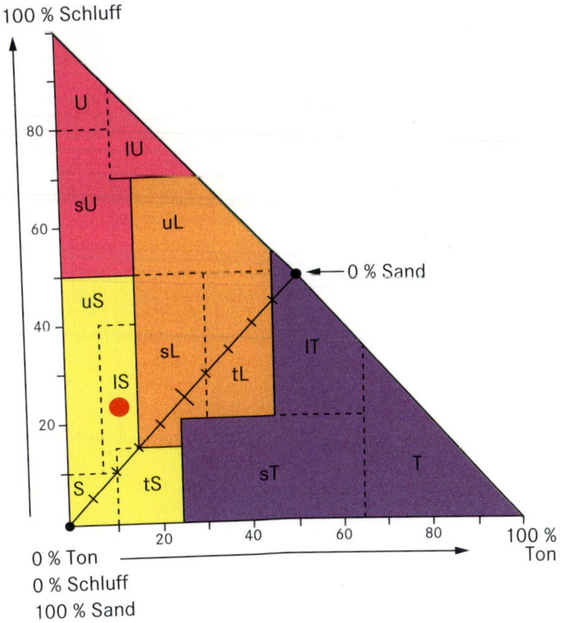

Beispiel: Der Punkt entspricht einem Gehalt des Bodens an der Fraktion Ton = 10 %, Schluff = 25 % und Sand = 65 % → lS = lehmiger Sand

1 Dreiecksdiagramm (nach Ämter für Bodenforschung) zur Bestimmung der Bodenart

Aufgaben

1. Was ist Boden?
2. Warum ist Boden nicht vermehrbar?
3. Nennen und beschreiben Sie die drei Haupthorizonte eines Bodens.
4. Woran können Sie Oberboden (Mutterboden) vom Unterboden unterscheiden?

Sandboden	Tonboden
■ gute Wasserführung	■ schlechte Wasserführung (Gefahr der Staunässe)
■ gute Durchlüftung	■ schlechte Durchlüftung (Gefahr von Sauerstoffmangel)
■ schnelle Erwärmung und schnelle Abkühlung	■ langsame Erwärmung und langsame Abkühlung
■ geringes Wasser- und Nährstoffhaltevermögen (→ leichte Nährstoffauswaschung, schnelle Austrocknung)	■ hohes Wasser- und Nährstoffhaltevermögen
■ geringer Nährstoffgehalt	■ hoher Nährstoffgehalt
■ schlechte Pufferung (→ Düngefehler und pH-Veränderungen werden schlecht aufgefangen)	■ gute Pufferung (→ Düngefehler und pH-Veränderungen werden gut aufgefangen)
■ gute Durchwurzelbarkeit	■ schlechte Durchwurzelbarkeit
■ leichte Bearbeitbarkeit „leichte Böden")	■ schwere Bearbeitbarkeit („schwere Böden")
Lehmboden nimmt eine Mittelstellung zwischen Sand- und Tonboden ein.	

Tab. 1 Die Bodenart bestimmt die Bodeneigenschaften

Sandboden (S)	Sandkörnung sichtbar und fühlbar (rau), beschmutzt Finger und Handflächen nicht bzw. kaum, nicht formbar
lehmiger Sand (lS)	raue Bestandteile, beschmutzt leicht, etwas formbar (zerbröckelt)
sandiger Lehm (sL)	raue Bestandteile, beschmutzt merklich, deutlich formbar
Lehmboden (L)	wenig raue Bestandteile, beschmutzt stark, gut formbar
Tonboden (T)	keine Körnung sichtbar oder fühlbar, bindig (klebrig), gut form- und ausrollbar, Gleitfläche glatt und glänzend

Tab. 2 Bodenarten. Mit etwas Übung kann mithilfe der **Fingerprobe** die Bodenart erfühlt werden.

3 Bodenbeschaffenheit

Pflanzenwachstum ist nur möglich, wenn der Boden den Pflanzen als Standort dienen und der Wurzel in ausreichenden Mengen Wasser, Sauerstoff und Nährstoffe zur Verfügung stellen kann. Entsprechend sollten Ober- und Unterboden krümelig, gut durchlüftet und leicht durchwurzelbar sein.

3.1 Korngrößenverteilung

Durch die Verwitterung des Ausgangsgesteins entsteht ein Gemisch aus verschiedenen Korngrößen. Alle Bodenteilchen mit einer Korngröße größer als 2 mm bilden den **Grobboden**. Dabei unterscheidet man zwischen **Kiesen** (> 2 mm), **Steinen** (> 63 mm) und **Blöcken** (> 200 mm). Die Teilchen mit einer Korngröße kleiner als 2 mm bilden den **Feinboden**. Nach ihrer Korngröße spricht man von **Sand** (< 2 mm), **Schluff** (< 0,063 mm) und **Ton** (< 0,002 mm), s. auch Tab. 1, S. 81.

Der Anteil an den Korngrößen Sand, Schluff und Ton bestimmt die **Bodenart** (1 und Tab. 2) und damit die Struktur und das Porenvolumen eines Bodens, wovon wiederum sein Nährstoff-, Wasser-, Luft- und Wärmehaushalt sowie seine Bearbeitbarkeit beeinflusst werden (Tab. 1).

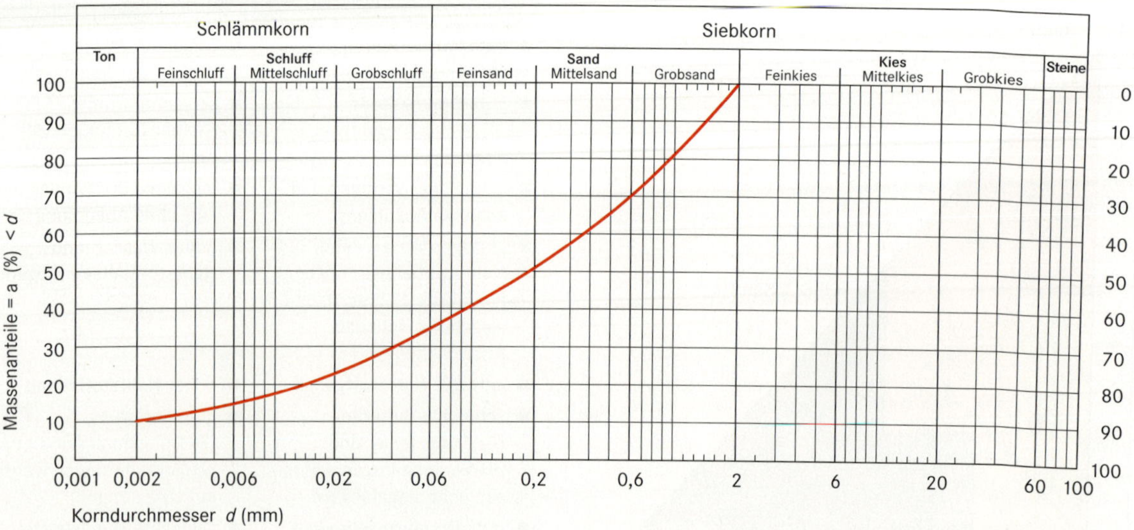

1 Anhand ihrer Körnungskurven, die mittels Sieb- und Schlämmanalyse in einem Labor ermittelt werden, werden Böden den Bodengruppen zugeordnet

Bodengruppe		Benennung	Massenanteile in % für Korngrößen: Bei 100 % Siebdurchgang ≤ 0,063 mm: ≤ 0,063 mm	> 2 mm ≤ 63 mm	Zusätzlich bei 100 % Siebdurchgang ≤ 200 mm: > 63 mm ≤ 200 mm	Kurzzeichen nach DIN 18196
1		organische Böden	–	–	–	HN, HZ
2	2a	nicht bindiger, sandiger Boden	≤ 5	≤ 40	–	SE, SW, SI
	2b	nicht bindiger, kiesiger Boden	≤ 5	> 40	≤ 5	GE, GW, GI
	2c	nicht bindiger, steiniger Boden	≤ 5	> 40	> 5 ≤ 30	GE, GW, GI
3	3a	schwach bindiger, sandiger Boden	> 5 bis 15	≤ 40	–	SU, ST
	3b	schwach bindiger, kiesiger Boden	> 5 bis 15	> 40	≤ 5	GU, GT
	3c	schwach bindiger, steiniger Boden	> 5 bis 15	> 40	> 5 ≤ 30	GU, GT
4	4a	bindiger, sandiger Boden	> 15 bis 40	≤ 40	–	SU*, ST*
	4b	bindiger, kiesiger Boden	> 15 bis 40	> 40	≤ 5	GU*, GT*
	4c	bindiger, steiniger Boden	> 15 bis 40	> 40	> 5 ≤ 30	GU*, GT*
5	5a	stark bindiger, sandiger/kiesiger Boden	> 40	≤ 60	≤ 5	UL, UM, UA, TL, TM, TA
	5b	stark bindiger, steiniger Boden	> 40	≤ 60	> 5 ≤ 30	UL, UM, UA, TL, TM, TA
6		stark steiniger Boden	–	–	> 30	–

Tab. 1 Bodengruppen für vegetationstechnische Zwecke (DIN 18915)

3.2 Bodengruppen

Zur Abschätzung der Verwendbarkeit und Bearbeitbarkeit von Böden für vegetationstechnische Zwecke erfolgt ihre Einteilung anhand ihrer **Körnungskurven** (**1**) in **6 Bodengruppen** (mit Unterteilungen 13). Nach den Anteilen an Schluff und Ton wird zwischen **nicht bindigen** (Bodengruppe 2, ≤ 5 %), **schwach bindigen** (Bodengruppe 3, über 5 bis 15 %), **bindigen** (Bodengruppe 4, über 15 bis 40 %) und **stark bindigen Böden** (Bodengruppe 5, über 40 %) unterschieden. Je höher der Schluff- und Tongehalt, desto bindiger ist ein Boden. Zur Bodengruppe 1 zählen organische Böden, z. B. Hoch- und Niedermoorböden, bei der Bo-

Konsistenzbereich	Feuchtigkeit	Tongehalt > 17 %	Tongehalt ≤ 17 %	Bearbeitbarkeit	Befahrbarkeit	Verdichtungsgefahr
1 fest (hart)	trocken	nicht ausrollbar und knetbar	staubig	mittel bis ungünstig[1]	optimal	gering
2 halbfest (brockelig)	schwach feucht	noch ausrollbar (Dicke 3 mm), aber nicht knetbar, da bröckelnd		optimal	mittel	mittel
3 steif (plastisch)	feucht	ausrollbar (Dicke 3 mm), schwer knetbar	Finger werden etwas feucht	nach Nomogramm[2]	nach Nomogram[2]	hoch
4 weich (plastisch)	sehr feucht	ausrollbar (Dicke < 3 mm), optimal knetbar	Finger werden deutlich feucht	nicht bearbeitbar, unzulässig	nur auf Baustraßen und Baggermatten	hoch
5 breiig (plastisch)	nass	ausrollbar, kaum knetbar, quillt beim Pressen in der Faust zwischen den Fingern hindurch	durch Klopfen am Bohrer deutlicher Wasseraustritt aus den Poren	s. o.	nicht befahrbar, unzulässig	–
6 zähflüssig	sehr nass	nicht ausrollbar und knetbar, da fließend	–	s. o.	s. o.	–

1 Bearbeitbarkeit von stark ausgetrockneten Böden mit Tongehalten über 25 % wegen starker Klumpenbildung nur bedingt möglich.
2 Diagramm, aus dem der maximal zulässige Kontaktflächendruck von Maschinen abgelesen werden kann.

Tab. 1 Sensorische Beurteilung der Bearbeitbarkeit und Befahrbarkeit von gemischt- und feinkörnigen Böden in Abhängigkeit vom Ton- und Wassergehalt (in Anlehnung an DIN 18915)

dengruppe 6 handelt es sich um stark steinige Böden, z. B. leichter Fels.

Entsprechend den Anteilen an Sand, Kies und Steinen werden die Böden mit dem Zusatz **sandig** (Buchstabe a), **kiesig** (Buchstabe b) oder **steinig** (Buchstabe c) bezeichnet. Bei der Bodengruppe 3a handelt es sich demnach um einen schwach bindigen, sandigen Boden (Tab. 1, S. 234).

3.3 Konsistenz

Die **Konsistenz** eines bindigen Bodens, d. h. seine Beschaffenheit in Abhängigkeit vom Wassergehalt, ist entscheidend für seine Bearbeitbarkeit. Ein trockener, fester Boden verliert mit steigendem Wassergehalt seine Festigkeit und damit Tragfähigkeit. Schließlich wird er weich oder breiig und damit leicht verformbar. Je höher der Ton- und Schluffgehalt eines Bodens ist, desto größer ist die Gefahr, desto niedriger muss sein Wassergehalt zum Zeitpunkt der Bearbeitung oder Bewegung sein, um Strukturschäden zu vermeiden. Für nicht bindige (grobkörnige) Böden gibt es keine Beschränkungen.

Während der Bauausführung sind **fein- und gemischtkörnige Böden** hinsichtlich ihrer Bearbeitbarkeit und Befahrbarkeit zu überwachen. Dies geschieht durch ihre Zuordnung zum Konsistenzbereich 1 bis 6, was über die Bestimmung des Wassergehaltes (nach DIN EN ISO 17892 oder DIN 18121), der Wasserspannung (nach DIN EN ISO 11276) oder durch Bodenansprache mit sensorischer Beurteilung (Tab. 1) erfolgen kann.

? Aufgaben

1. Erklären Sie, wie die Korngrößenverteilung die Eigenschaften eines Bodens beeinflusst.
2. Begründen Sie die Eigenschaften von Sand- (leichte Böden) und Ton (schwere Böden), Tab. 1, S. 233.
3. In der DIN 18915 werden Oberböden für vegetationstechnische Zwecke in Bodengruppen eingeteilt. Wozu und wonach erfolgt die Einteilung?

! Merke

Durch die Bearbeitung oder das Befahren zu nasser bindiger Böden kann es zu schweren Strukturschäden kommen, die nur langfristig und mit großem Aufwand behoben werden können.
Bauernregel: „Wenn der Boden an den Füßen klebt, der Bauer nicht auf den Acker geht."

Aufgaben (Fortsetzung)

- ◑ 4. Um was für Böden handelt es sich bei folgenden Bodengruppen: 2a, 3a, 4a, 2b, 3b, 4b, 2c, 3c, 4c (Tab. 1, S. 234)?
- ◑ 5. Wie hoch ist der Schluff- und Tongehalt (Korngröße ≤ 0,063 mm) bei a) nicht bindigen, b) schwach bindigen und c) bindigen Böden?
- ◑ 6. Nach dem Ton- und Schluffanteil wird zwischen a) grobkörnigen, b) gemischtkörnigen und c) feinkörnigen Böden unterschieden. Wie hoch sind die Anteile jeweils (1, S. 82)?
- ◑ 7. Welche Böden sind a) während der Bauausführung hinsichtlich ihrer Bearbeitbarkeit und Befahrbarkeit zu überwachen und b) wie erfolgt diese Überwachung?
- ● 8. Erklären Sie, warum die Belastbarkeit eines bindigen Bodens mit zunehmendem Wassergehalt abnimmt. Welche Schlussfolgerungen lassen sich daraus ableiten?
- ◑ 9. Welche Einschränkungen gibt es bei nichtbindigen Böden (U + T < 5 %) mit steigendem Wassergehalt hinsichtlich der Bearbeitung?
- ◑ 10. Erklären Sie, warum vor allem bei stark belasteten Rasenflächen (Strapazierrasen) Wert auf einen hohen Sand und möglichst geringen Schluff- und Tonanteil im Oberboden gelegt wird.

4 Bodenschutz

Das Ökosystem Boden ist ein knappes Gut, das unter strengem Schutz steht (Bundesbodenschutzgesetz (BBodSchG), Bundes-Bodenschutz- und Altlastenverordnung (BBodSchV) und weitere Rechtsvorschriften). Entsprechend ist mit Boden verantwortungsvoll umzugehen. Ein schonender Umgang beim Abtragen, Lagern oder Einbauen von Boden ist eine wesentliche Voraussetzung für den Schutz unserer Böden und stellt einen wichtigen Beitrag zum Umweltschutz dar (1).

4.1 Baustelleneinrichtungsplan

Ober- und Unterboden sind möglichst wenig zu belasten und zu befahren. Um dies zu gewährleisten, ist zum Schutz des Bodens ein **Baustelleneinrichtungsplan** zu erstellen. Er sollte mindestens Auskunft geben können über:

- Abgrabungsflächen und Lagerflächen für Ober- und Unterboden
- Flächen, die nicht befahren und durch einen Bauzaun geschützt werden können

1 Was tun?

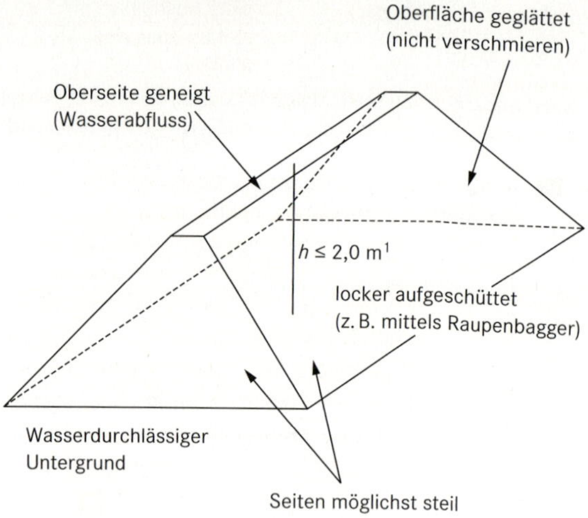

[1] bei Unterboden für Vegetationszwecke ≤ 3,0 m

2 Die Zwischenlagerung von Boden in Form einer Bodenmiete. Der Aufbau hat so zu erfolgen, dass eine Vernässung und anaerobe Verhältnisse vermieden werden

- Flächen für notwendige Baustraßen
- Flächen, auf denen Oberboden abgetragen werden muss, weil sie befahren werden oder als Lagerflächen für Baumaterialien und Pflanzen, Stellplätze für Maschinen und Geräte, Bauunterkünfte u. a. dienen und ein ausreichender Schutz durch z. B. Baggermatten nicht möglich ist

4.2 Bodenabtrag

Zur Schonung der Bodenstruktur sind folgende Punkte zu beachten:

- Zeitraum: nur während trockener Perioden und bei ausreichend abgetrocknetem Oberboden. → Witterungsbedingte Bauunterbrechungen und alternative Arbeiten einplanen!

- Baustoffreste und Verunreinigungen vor dem Abtrag von der Fläche entfernen.
- Pflanzenbewuchs ist zu entfernen (Fäulnisgefahr). Kleinere Mengen können nach intensiver Zerkleinerung eingebaut werden.
- Ober- und Unterboden getrennt, schichtweise und in ausreichender Tiefe abtragen.
- Ober- und Unterboden nicht vermischen.
- Möglichst nicht schiebende Geräte verwenden. Raupenbagger arbeiten „vor Kopf“: der Bagger trägt rückwärts fahrend den Boden ab, wobei er auf dem Oberboden oder, bei feuchten Böden, auf Bodenschutz-/Baggermatten (Baggermatratzen, mobile Fahrstraßen) steht.
- Raupenfahrzeuge oder Radfahrzeuge, wenn nicht anders möglich, mit möglichst breiten Reifen (Breitreifen) verwenden. → Verringerung des Bodendrucks (Kontaktflächendrucks, 1).

4.3 Bodenlagerung

Die Zwischenlagerung von Boden hat fachgerecht zu erfolgen:

- Bei nicht sofortiger Wiederverwendung ist der Boden in Form trapezförmiger **Bodenmieten** (Bodendepots) abseits vom Baubetrieb (zur Vermeidung von Verunreinigungen) zu lagern (2, S. 236).
- Er ist im trockenen Zustand zu lockeren Bodenmieten aufzuschütten.
- Ober- und Unterboden (auch wenn letzterer wie Oberboden verwendet werden soll) sind getrennt zu lagern.
- Bei Lagerung von mehr als zwei Monaten während der Vegetationszeit ist eine **Zwischenbegrünung** zum Schutz vor unerwünschten Aufwuchs, Bodenerosion und Vernässung einzusäen. Gut geeignet sind Saatgutmischungen aus tiefwurzelnden, wasserzehrenden und ggf. winterharten Pflanzen (z. B. Lupine, Luzerne, Ölrettich, Roggen, Senf).

! Hinweis

Auch eine **Zwischenlagerung auf dem eigenen Betriebsgelände** (Lagermenge begrenzt) zwecks späterer Wiederverwendung bei anderen Projekten ist möglich. Jedoch ist davon auszugehen, dass Boden aus Privatgärten häufig mit Schadstoffen (z. B. Schwermetallen, Pflanzenschutzmittel) belastet ist, sodass ggf. mit einer Beprobung und damit mit nicht unerheblichen zusätzlichen Kosten gerechnet werden muss.

Raupenbagger +

Laderaupe (+)

Planierraupe –

Radlader –

Raupendumper +

1 Baufahrzeuge für einen schonenden Bodenabtrag und -einbau: + gut geeignet, (+) bedingt und – nicht geeignet

4.4 Entsorgung von Bodenaushub

Oberboden unterliegt einem besonderen Schutz. Laut § 202 **Baugesetzbuch (BauGB)** ist ausgehobener Oberboden *„... in nutzbarem Zustand zu erhalten und vor Vernichtung oder Vergeudung zu schützen."* Eine Entsorgung als Abfall ist somit nicht zulässig. Es sei denn, der Boden ist mit Schadstoffen oder Verunreinigungen belastet. Ansonsten ist Mutterboden viel zu wertvoll, um ihn auf Deponien zu lagern.

Sobald Boden von der Baustelle abtransportiert wird oder angelieferter Boden eingebaut werden soll, greift der Bodenschutz. **Länderspezifische Regelungen** machen jedoch die geltende Gesetzgebung hinsichtlich der Anforderungen recht unübersichtlich.

Liegen keine Anhaltspunkte für eine Verunreinigung vor, muss der Boden in der Regel nicht labortechnisch untersucht werden. Sind Schadstoffbelastungen bekannt oder sind sie zu vermuten, ist hingegen eine Untersuchung erforderlich. Nach den gemessenen Schadstoffkonzentrationen erfolgt dann die Zuordnung des Bodenmaterials nach **LAGA M20** in die **Einbauklassen** Z0, Z1 (Z1.1, Z1.2) und Z2. Liegt auch nur ein Parameter über den Zuordnungswert für Z2, ist eine bauliche Verwertung nur noch in Ausnahmefällen möglich. Gegebenenfalls kann, je nach Art der Schadstoffbelastung, eine **Bodenaufbereitung** erfolgen. Ansonsten ist nur eine **Ablagerung auf einer Deponie** möglich (Tab. 1).

Enthält der Boden z. B. Asbest, auch nur in geringen Mengen (z. B. Bruchstücke von Wellasbestplatten), wird er als „asbesthaltiger Abfall" eingestuft und muss einer Sondermülldeponie zugeführt werden.

Generell ist davon auszugehen, dass bei der Entsorgung von Boden eine Bodenanalyse gefordert wird.

Erforderliche bodentechnische Untersuchungen und der ohnehin knappe Deponieraum können zu hohen Kosten führen. Gegebenenfalls ist, vor allem bei größeren Bauvorhaben, ein **bodenkundlicher Baubegleiter** (Büros für bodenkundliche Leistungen) mit ins Boot zu holen, der die Planung und Kontrolle von Maßnahmen zum Schutz des Bodens übernimmt. Auch die GaLaBau-Verbände können Ansprechpartner beim Umgang mit Boden sein.

Z0	uneingeschränkter Einbau
Z1	eingeschränkter offener Einbau, unterteilt nochmals in Z1.1 und Z1.2. Einbau ist in Flächen möglich, die im Hinblick auf ihre Nutzung als unempfindlich anzunehmen sind (z. B. begleitende Erdbaumaßnahmen im Straßenbau; Industrie-, Gewerbe- und Lagerflächen; bergbauliche Rekultivierungsflächen)
Z2	eingeschränkter Einbau mit definierten technischen Sicherheitsmaßnahmen
> Z2	muss auf dafür zugelassenen Deponien entsorgt werden

Tab. 1 Zuordnungskategorien nach LAGA M20 (Länderarbeitsgemeinschaft Abfall Mai 2020) nach der die Behandlung und Beseitigung von Bodenaushub geregelt wird

! Merke

Ziel sollte es sein, möglichst viel **Bodenaushub** vor Ort zu belassen und sinnvoll wiederzuverwenden, z. B. als **Gestaltungsmittel zur räumlichen Modellierung** des Geländes, zur Errichtung von **Wällen/Wallhecken** als Sicht-, Lärm- und Windschutz, zur Auffüllung von Beeten. Dabei ist zu beachten, dass standfeste Schüttungen nur mit Unterboden zu erreichen sind und Oberboden nur zur Andeckung der späteren Vegetationstragschicht dient.

4.5 Herstellung der Vegetationstragschicht

Als **Vegetationstragschicht** können genutzt werden:
- Oberboden
- Substrate
- anstehender oder eingebauter Unterboden

Der Einbau erfolgt im Allgemeinen auf oder in eine durchwurzelbare Bodenschicht, zur Wiederherstellung einer zuvor abgetragenen oder zur Herstellung einer neuen durchwurzelbaren Bodenschicht. Auch der **Bodenauftrag** hat bodenschonend zu erfolgen, insbesondere Verdichtungen sind zu vermeiden. Um dies zu gewährleisten, ist der Einbau bei ausreichend trockenen Bodenbedingungen (Tab. 1, S. 235) und mit geeigneten Maschinen durchzuführen. Die **Dicke des Bodenauftrags** richtet sich nach der vorgesehenen Vegetation. Ein Auftrag von 10 bis 40 cm gilt allgemein als ausreichend (Rasenflächen 10 bis 20 cm, Stauden- und Gehölzpflanzungen 20 bis 40 cm). Nach dem Auftrag sollte die Schichtdicke des gesamten Oberbodens nicht mehr als 40 cm betragen. Auch Unterboden kann für vegetationstechnische Zwecke genutzt werden. Werden Ober- und Unterboden eingebaut, ist der Einbau horizontweise, erst der Unterboden und dann der Oberboden, durchzuführen.

Bei der **Anlieferung von Boden** ist auf schadstoffarmes Material zu achten (Herkunftsnachweis!). Gegebenenfalls ist ein Prüfbericht mit den Standarduntersuchungsparametern gemäß BbodSchV § 9 Abs. 1 zu fordern, der nachweist, das keine schädlichen Bodenveränderungen vorliegen.

Humusgehalt (%)	1 - 2	2 - 4	4 - 8	8 - 16
TOC-Gehalt (%)	0,5 - 1	1 - 2	2 - 4	4 - 8
Oberboden (m)	1	0,5	0,3	0,15

Tab. 1 Mögliche Mächtigkeit des Oberbodenauftrags in Abhängigkeit vom Humus-/TOC-Gehalt

4.5.1 TOC-Gehalt

Der **Humusgehalt** eines Bodens wird über den **Gehalt an organischen Kohlenstoff** (TOC = total organic carbon) im Boden bestimmt.

Vereinfacht gilt: Humusgehalt = TOC-Gehalt × 2

Der Humusgehalt von Acker- und Gartenflächen liegt im Allgemeinen zwischen 1 und 4 % (TOC 0,5 bis 2 %), der von Grünflächen zwischen 4 und 15 % (TOC 2 bis 7,5 %). Für Sandböden gelten Humuswerte von 1,5 bis 2 %, für Schluff- und Lehmböden von 2,5 bis 4 % als günstig.

Im Vergleich zum Unterboden haben Oberböden einen höheren Humusgehalt und damit auch höhere **TOC-Gehalte**. Mit dem Humusgehalt steigt die Fruchtbarkeit eines Bodens, sodass höhere Werte durchaus erwünscht sind. Lediglich bei der Mächtigkeit des Oberbodenauftrags ist der Gehalt zu berücksichtigen (Tab. 1).

Anders verhält es sich bei der **Verwertung von Unterboden unterhalb der durchwurzelten Bodenschicht**. Nach LAGA M20 (Länderarbeitsgemeinschaft Abfall Stand Mai 2020) ist für die Verwertung in bodenähnlicher Anwendung ein TOC-Gehalt von bis zu 0,5 % bzw. 1 % (bei einem C-N-Verhältnis von > 25 : 1) erlaubt. Je größer das C-N-Verhältnis, desto stärker ist die Zersetzung der organischen Substanz gehemmt und desto geringer ist die N-Auswaschungsgefahr. Bei höheren TOC-Werten sollte eine Einzelfallprüfung zusammen mit der Wasserbehörde zwecks Verwertung entsprechend dem **Kreislaufwirtschaftsgesetz** nach dem Motto „Verwertung vor Beseitigung" (KrWG § 6) erfolgen.

4.5.2 Bodenvorbereitung zur Ansaat oder Pflanzung

Vor dem Aussäen oder Bepflanzen ist die Vegetationstragschicht zur Gewährleistung einer optimalen Pflanzenentwicklung entsprechend vorzubereiten:

1. Säuberung der Fläche

Die Fläche ist von Unrat zu säubern. Größere Steine (Durchmesser > 5 cm) sind abzusammeln.

Ist die Fläche verunkrautet, ist zur Verringerung des späteren Pflegeaufwands eine sorgfältige Unkrautbekämpfung

Spatenmaschine

Fräse

Rüttelegge

Kreiselegge

Grubber

1 Geräte zur Bodenbearbeitung

Pflanzenart	Seite
Gehölze	271
Rosen	310
Stauden	326

Hinweise zu **Düngemittel** gibt die Düngemitteldatenbank für den Landschafts- und Sportplatzbau der FLL: https://duengemittel.fll.de

Tab. 1 Hinweise zum Nährstoffbedarf von Pflanzflächen

Kategorie	Stichmaß als Grenzwert bei Messpunktabstand		Empfohlener Anwendungsbereich
	4 m (cm)	2 m (cm)	
0	k. A.	k. A.	Extensive Flächen, Rekultivierungsflächen, Wiesen, Straßenbegleitgrün
1	10	8	Flächen in der Landschaft, Straßenbegleitgrün, Extensive Flächen, Rekultivierungsflächen, Wiesen
2	7	5	Flächen in der Landschaft, Straßenbegleitgrün
3	5	4	öffentliches Grün, Wohnsiedlungen, Hausgärten, Freizeitsport- und Spielflächen, Liegewiesen, Repräsentationsgrün
4	3	2	Hausgarten, Repräsentationsgrün

Tab. 2 Zulässige Abweichungen von der Ebenheit (DIN 18917)

Glattwalze

Rauwalze

1 Walzen zur Rückverfestigung des Bodens

durchzuführen. Je nach Ausmaß der Verunkrautung und geplanter Ansaat bzw. Pflanzung sind verschiedene Maßnahmen denkbar:

- Fläche mechanisch, z. B. mittels Kreiselegge oder Fräse, zwei- bis dreimal im Abstand von 14 Tagen durcharbeiten. Beim Vorhandensein von Wurzelunkräutern (z. B. Quecke, Giersch, Ackerschachtelhalm, Große Brennnessel, Sauerampfer) sollte der Boden nicht gefräst werden, da dieses zur vegetativen Vermehrung der Pflanzen führt.
- Einbau gesiebten Oberbodens (Entfernung von Wurzelunkräutern)
- Austausch des Oberbodens durch ein entsprechend optimiertes Substrat
- Nutzung des mit Pflanzensamen weniger belasteten Unterbodens als Vegetationstragschicht

2. Bodenlockerung

Zur Beseitigung von Verdichtungen ist der Boden gleichmäßig 20 bis 30 cm tief (mindestens 15 cm) zu lockern. Geeignete Geräte sind z. B. Spatenmaschine, Fräse, Rüttelegge, Kreiselegge und Grubber. Vor allem Eggen und Grubber ermöglichen eine strukturschonende Bodenbearbeitung (**1**, S. 239).

3. Düngung

Eine unzureichende Nährstoffversorgung der Pflanzen führt zu Mangelkrankheiten. Andererseits kann es durch eine erhöhte Nährstoffzufuhr zu Überdüngungsschäden kommen. Die Höhe der Düngung hängt allgemein vom **Nährstoffbedarf der Pflanzenart** (Tab. **1**) und dem **Nährstoffgehalt des Bodens** ab. Entsprechend sollte zur Feststellung der notwendigen Düngermenge eine **Bodenuntersuchung** durchgeführt werden, bei der gleichzeitig auch der **pH-Wert** zu bestimmen ist.

Neben mineralischen Düngern stehen auch organische und organisch-mineralische Dünger zur Verfügung. Besonders **organische Dünger** (z. B. Kompost) führen über die Förderung des Bodenlebens und die Anreicherung mit Humus zu einer Verbesserung der Bodenstruktur. Besonders wirkungsvoll ist eine **Zwischenbegrünung**, weil sich die positive Wirkung nicht nur auf die Humusanreicherung und Nährstoffzuführung nach der Einarbeitung in den Boden erstreckt, sondern bereits der Pflanzenbestand nachhaltig die Fruchtbarkeit des Bodens fördert.

Bei der **Ausbringung von Düngemitteln** ist darauf zu achten, dass sie zeitlich und mengenmäßig so ausgebracht werden, dass die Nährstoffe von den Pflanzen weitgehend ausgenutzt werden, um Nährstoffverluste durch Auswaschung zu vermeiden.

4. Feinplanum der Vegetationstragschicht

Zur **Herstellung des Feinplanums** sind vor allem Rüttel- und Kreiseleggen gut geeignet (1, S. 239). **Pflanzflächen** (Gehölze, Stauden, Zwiebel- und Knollengewächse usw.) dürfen auf 4-m-Messstrecke nicht mehr als 5 cm von der Ebenheit abweichen. Anschlüsse müssen bündig sein und können nach unten bis 3 cm abweichen (DIN 18916:2016-06). Die Anforderungen an die Herstellung ebener **Rasenflächen** sind in der DIN 18917 aufgeführt (Tab. 2, S. 240) und liegen in der Regel zwischen 3 und 5 cm bei einem Messpunktabstand von 4 m bzw. zwischen 2 und 4 cm bei einem Messpunktabstand von 2 m (Tab. 2, S. 240). Anschlüsse sollen bündig sein, können aber nach unten bis zu 2 cm abweichen.

Erfolgt bei Rasenflächen zur Herstellung des Feinplanums eine Bodenlockerung tiefer als 5 cm, ist vor der Herstellung des Feinplanums eine gleichmäßige Rückverdichtung, z. B. mit Rütteleggen oder Walzen, vorzunehmen. Neben Glattwalzen sind vor allem Rauwalzen gut geeignet, da sie die Oberfläche aufrauen und damit die Wasserverdunstung des Bodens reduzieren (1, S. 240).

? Aufgaben

● 1. Erstellen Sie zu einer Baustelle Ihres Ausbildungsbetriebes einen Baustelleneinrichtungsplan und diskutieren Sie diesen in der Klasse. Was ist gut, was kann man besser machen?

◑ 2. Wie kann ein schonender Bodenabtrag gewährleistet werden?

◑ 3. Warum sind für die Bodenbearbeitung Raupenfahrzeuge im Allgemeinen besser geeignet als Radfahrzeuge?

◑ 4. Welche Vorteile hat der Einsatz eines Raupenbaggers gegenüber einem Radlader?

◑ 5. Worauf ist beim Einsatz von Radfahrzeugen zu achten?

◑ 6. Die Zwischenlagerung von Boden hat fachgerecht zu erfolgen. Was ist beim Aufsetzen einer Bodenmiete zu beachten?

◑ 7. Wozu dient die Zwischenbegrünung einer Bodenmiete?

◑ 8. Oberboden unterliegt einem besonderen Schutz. Was besagt § 202 Baugesetzbuch (BauGB)?

◑ 9. Wie verfahren Sie in Ihrem Ausbildungsbetrieb mit Bodenaushub und der Anlieferungen von Boden? Gibt es Probleme und wenn ja, welche?

◑ 10. a) Was regelt die LAGA M20? b) Welche Einbauklasse kann uneingeschränkt eingebaut werden?

◑ 11. Welche Aufgabe hat eine bodenkundliche Baubegleitung?

◑ 12. Wie sollte möglichst mit Bodenaushub verfahren werden?

◑ 13. Was kann als Vegetationstragschicht dienen?

◑ 14. Eine Vegetationstragschicht soll hergestellt werden. Wie dick sollte der Oberbodenauftrag sein?

◑ 15. Worauf ist bei der Anlieferung von Boden zu achten?

◑ 16. Was geben die TOC-Gehalte an?

◑ 17. Humus: a) Wie hoch ist üblicherweise der Humusgehalt eines Bodens und welchen TOC-Gehalten entspricht dies? b) Welche Humuswerte gelten als günstig?

◑ 18. Welche TOC-Gehalte sind bei der Verwertung von Unterboden unterhalb der durchwurzelten Bodenschicht erlaubt?

◑ 19. Wie lautet das Motto des Kreislaufwirtschaftsgesetzes (KrWG)?

◑ 20. Eine für die Pflanzung von Stauden vorgesehene Fläche ist stark verunkrautet. Der Einsatz chemischer Pflanzenschutzmittel ist nicht erwünscht. Welche Maßnahmen zur Unkrautbekämpfung sind denkbar?

◑ 21. Bodenlockerung: a) Wie tief ist i. d. R. die Vegetationstragschicht zu lockern? b) Welche Geräte sind besonders gut zur strukturschonenden Bearbeitung geeignet?

● 22. Erstellen Sie eine Tabelle mit den Düngern Ihres Ausbildungsbetriebes, aus der die jeweiligen Nährstoffgehalte, die Form und der Verwendungszweck hervorgehen.

◑ 23. Erstellen Sie eine Tabelle mit den Bodenbearbeitungsgeräten in Ihrem Ausbildungsbetrieb und den Arbeiten zu denen sie eingesetzt werden.

◑ 24. In einer Ausschreibung für die Herstellung einer Rasenfläche wird die Bodengruppe mit 3b angegeben und für das Feinplanum die Kategorie 3 gefordert. Was heißt das?

Gehölze

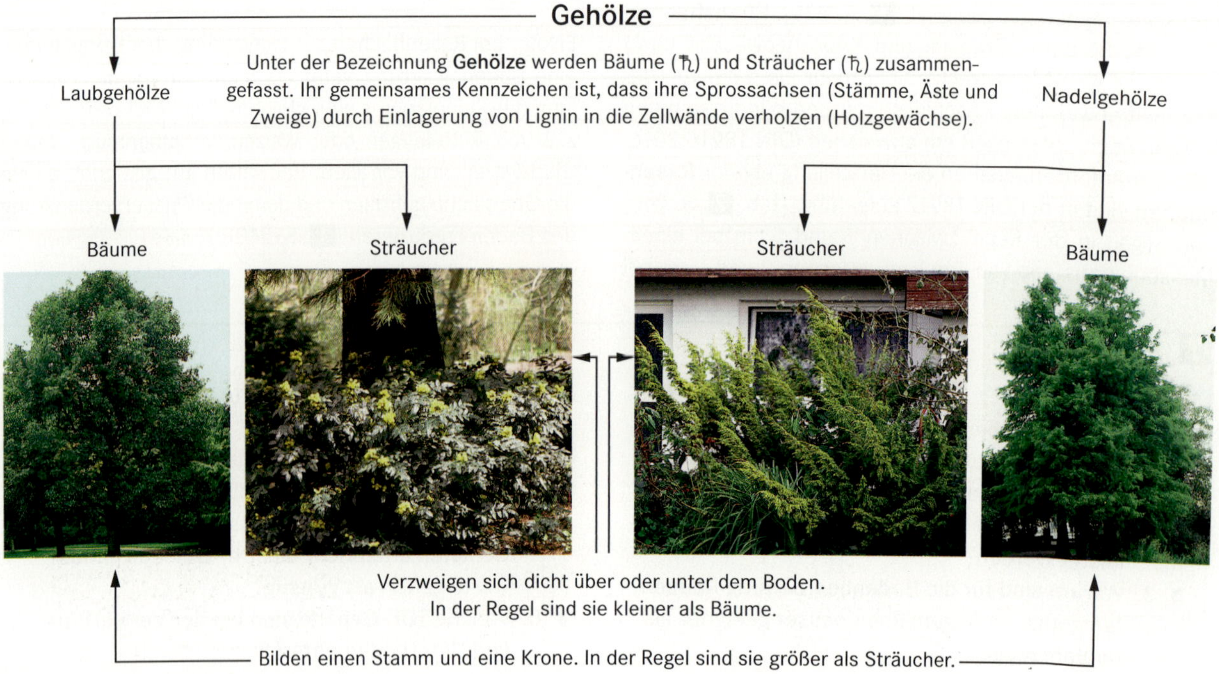

1 Einteilung der Gehölze

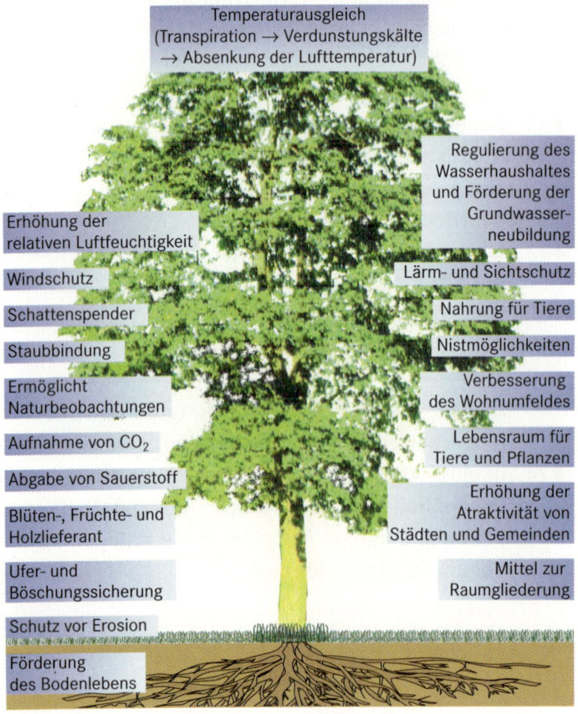

2 Bäume, wichtige ökologische Elemente und Gestaltungsmittel für Gärten, Landschaften und Städte

1 Bäume und Sträucher

*Jede zehnte Baumart ist vom Aussterben bedroht. Das geht aus der **„Weltliste der bedrohten Bäume“** hervor, die am 25. August 1998 in Genf vorgestellt wurde. 77 Baumarten sind bereits verschwunden. 80 % der weltweit 80 000 bis 100 000 Baumarten stehen in den Tropen. 18 Arten sind heute nur noch in botanischen Gärten vorhanden.*

Bedrückende Zahlen, gehören Bäume doch zu den bemerkenswertesten Erscheinungen in der Natur. Sie stellen die größten (*Sequoiadendron giganteum* mit über 120 m Höhe) und ältesten Lebewesen (*Pinus aristata* mit über 4600 Jahren der älteste Baum der Welt) auf dieser Erde dar. Durch ihr stattliches Wachstum und ihre Langlebigkeit prägen sie maßgeblich das Bild einer Landschaft, einer Stadt oder eines Gartens. Entsprechend sind sie für den Garten- und Landschaftsbau die wichtigsten Gestaltungsmittel. Mit ihrer Hilfe lassen sich Räume bilden und gliedern. Aufgrund ihrer herausragenden ökologischen Bedeutung verbessern sie unsere Umwelt und Lebensbedingungen nachhaltig, was auch ihre besondere Bedeutung für den städtischen Ballungsraum erklärt (2).

1.1 Laubbäume

1.1.1 Größe und Wuchsformen

Das Wachstum und damit die zu erwartende Wuchshöhe sowie die Wuchsform eines Baumes sind die wichtigsten Gesichtspunkte bei der Gestaltung mit Bäumen (1 und 2 sowie S. 244 ff.). Sie entscheiden maßgeblich mit darüber, ob Bäume als Solitär, in Form von Baumreihen, Alleen oder in kleineren oder größeren Gruppen gepflanzt werden (Tab. 1, S. 245).

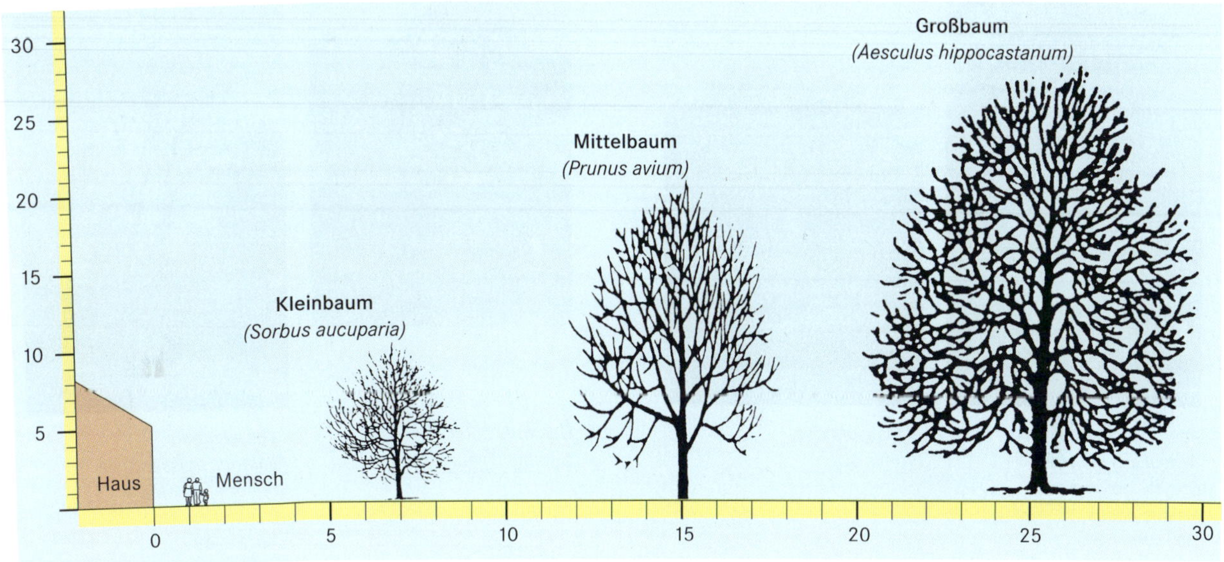

1 Bäume in Höhe und Breite

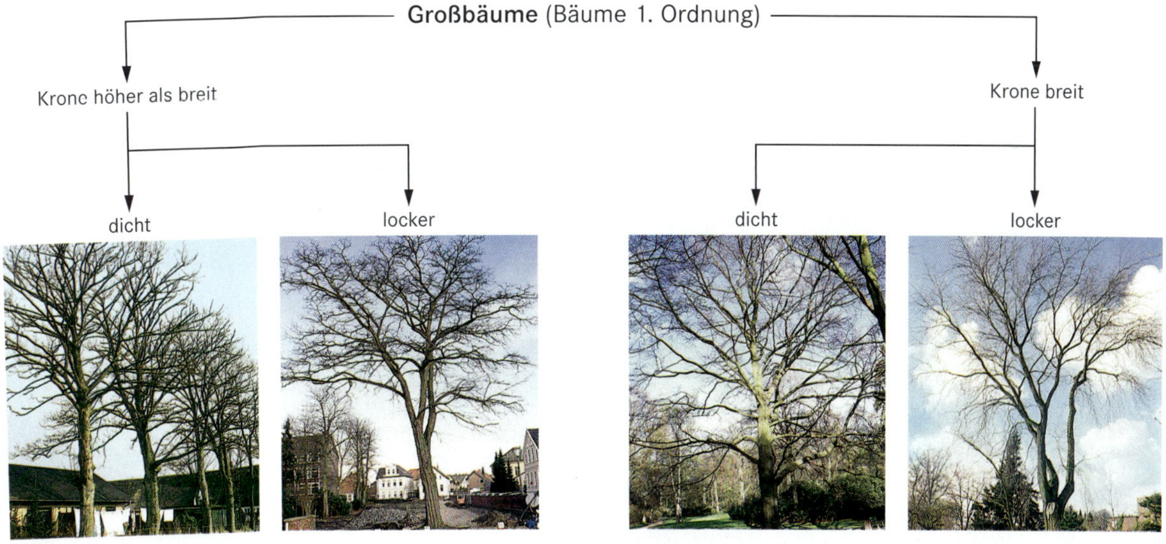

Acer platanoides
Acer pseudoplatanus
Aesculus hippocastanum
Liriodendron tulipifera
Ulmus glabra

Betula pendula
Fraxinus excelsior
Gleditsia triacanthos
Liquidambar styraciflua
Robinia pseudoacacia

Castanea sativa
Fagus sylvatica
Juglans regia
Platanus x hispanica
Tilia platyphyllos
Tilia tomentosa

Acer saccharinum
Populus nigra
Quercus robur
Quercus rubra

2 Großbäume (Höhe bis etwa 30 m, Breite bis etwa 10 m)

Mittelbäume (Bäume 2. Ordnung)

Krone höher als breit

dicht

Acer campestre
Aesculus x carnea
Corylus colurna
Prunus padus
Tilia x euchlora

locker

Alnus glutinosa
Prunus avium

Krone breit

dicht

Carpinus betulus
Catalpa bignonioides

locker

Acer negundo
Ailanthus altissima[1]
Sophora japonica

[1] s. S. 248

1 Mittelbäume (Höhe bis etwa 20 m, Breite bis etwa 6 m)

Kleinbäume (Bäume 3. Ordnung)

dicht

Crataegus crus-galli
Crataegus laevigata 'Paulii'
Prunus cerasifera 'Nigra'
Sorbus intermedia

locker

Acer palmatum
Koelreuteria paniculata
Malus-Arten
Salix matsudana 'Tortuosa'
Sorbus aucuparia

kugelförmig

Acer platanoides 'Globosum'
Catalpa bignonioides 'Nana'
Fraxinus excelsior 'Nana'
Robinia pseudoacacia 'Umbraculifera'

2 Kleinbäume (Höhe bis etwa 10 m, Breite bis etwa 4 m)

Sonderform

Populus nigra 'Italica'
Quercus robur 'Fastigiata'
Robinia pseudoacacia 'Pyramidalis'

3 Säulenformen

1.1.2 Formen der Raumbildung

Ob einzeln stehend, in Reihen oder in Gruppen angeordnet, Bäume sind die bedeutendsten räumlich wirkenden Gestaltungselemente im Garten- und Landschaftsbau. Mit ihrer Hilfe lassen sich verschiedene Bereiche voneinander trennen, Räume bilden und gliedern sowie Orts- und Landschaftsbilder verschönern.

Nach der Art ihrer Anordnung kann man unterscheiden zwischen Solitärbäumen, Baumreihen, Alleen und Baumgruppen (Tab. 1).

Solitärbaum
Ein einzeln stehender Baum, der aufgrund seiner markanten Erscheinung, z. B. des Wuchses, der Blüte oder der Blattfärbung, besonders auffallend ist. Entsprechend steht er an einer hervorgehobenen Stelle. Solitärbäume finden gleichermaßen im privaten und öffentlichen Grün sowie in der freien Landschaft Verwendung.

Baumreihe
Einreihige, in gleichen Abständen angeordnete Bäume. Als wichtiges ökologisches Mittel und Gestaltungselement häufig angepflanzt. Als weitverzweigtes Netz verleihen sie der Landschaft ein unverwechselbares Aussehen.

Allee
Beidseitig einer Straße oder eines Weges zueinander parallel angeordnete Baumreihen bilden eine Allee. Häufig verwendete Bäume sind Eiche, Buche, Ahorn, Kastanie, Linde, Esche, Pappel, Birke und Platane. Obstbäume, wie Apfel, Birne und Kirsche, sollten viel mehr Verwendung finden. In Ostdeutschland stehen Alleen in einer Gesamtlänge von über 5 000 Kilometern auf der Liste des erhaltenswerten Kulturgutes.
Die Abbildung links zeigt eine zu einem Bauernhof führende Grundstückszufahrt mit einer Allee aus Kastanien *(Aesculus hippocastanum)*. Aufgrund der dichten Pflanzung sind die Kronen ineinander gewachsen, sodass eine „geschlossene Allee" entstanden ist.

Baumgruppe
In regelmäßigen oder unregelmäßigen Gruppen angeordnete Bäume. Nach Anzahl und Anordnung unterscheidet man:

- **Baumpaare:** zwei nebeneinander stehende Bäume. Sie dienen vor allem zur Einrahmung von Eingängen, Sitzplätzen, Treppen usw.
- **Baumpakete:** kleine Gruppe von Bäumen in regelmäßiger, geometrischer Anordnung
- **Rasterpflanzung:** größere Anzahl von Bäumen in regelmäßiger, geometrischer Anordnung (z. B. Obstplantagen, Wirtschaftswälder in Monokultur, Barockgärten)
- **Streupflanzung:** Bäume in unregelmäßiger, verstreuter Anordnung (z. B. Streuobstwiesen, Naturlandschaften, Bauerngärten, Landschaftsgärten, Parks)

Tab. 1 Bäume – verschiedene Gestaltungselemente

1.1.3 Großbäume (Bäume 1. Ordnung)

Acer platanoides (Spitzahorn)
Höhe 20 bis 30 m, Breite 15 bis 20 m
Eigenschaften:
- Flachwurzler
- sehr frosthart
- hitzeverträglich
- trockenheitsresistent
- sehr windfest
- schattenverträglich
- stadtklimafest
- Bienenweide
- Vogelnährgehölz
- **Befall durch:** Verticillium-Welke

Aesculus hippocastanum (Rosskastanie)
Höhe 25 bis 30 m, Breite 15 bis 20 m
Eigenschaften:
- Tief- und Flachwurzler
- sehr frosthart
- empfindlich gegen Luftverschmutzung
- salzempfindlich
- Bienenweide
- Kastanien sind ein wertvolles Futter für Rotwild
- stark schattenwerfend
- Lebenserwartung 300 Jahre
- **Befall durch:** Blattbräune *(Guignardia aesculi)*, Kastanienminiermotte *(Cameraria ohridella)*, Rindenkrankheit *(Pseudomonas syringae pv. aesculi)*, Phytophthora-Arten

Betula pendula (Sand-/Weißbirke)
Höhe 18 bis 30 m, Breite 7 bis 12 m
Eigenschaften:
- Flachwurzler
- sehr frosthart
- trockenheitsresistent
- Schnittmaßnahmen nur während Vegetationsruhe
- Vogelnährgehölz (Nüsschen)
- Lebenserwartung 90 bis 120 Jahre

Fagus sylvatica (Rotbuche)
Höhe 25 bis 30 m, Breite 25 bis 30 m
Eigenschaften:
- hohe Schattenverträglichkeit
- frosthart
- windfest
- etwas spätfrostgefährdet
- liebt hohe Luftfeuchtigkeit
- empfindlich gegen Staunässe und längere Trockenheit
- empfindlich gegen Luftverschmutzung
- stark schattenwerfend
- Früchte: Bucheckern
- Vogelnährgehölz
- Lebenserwartung 300 bis 400 Jahre

Fraxinus excelsior (Esche)
Höhe 25 bis 40 m, Breite 20 bis 30 m
Eigenschaften:
- junge Bäume spätfrostempfindlich
- windfest
- Rinde wird gerne von Wild und Vieh verbissen
- empfindlich gegen Luftverschmutzung
- wärmeliebend
- Bienenweide
- wertvolles Holz
- Lebenserwartung 200 Jahre
- gefährdet durch das Eschentriebsterben (Pilzkrankheit, *Chalara fraxinea*)
- **Befall durch:** Eschentriebsterben *(Hymenoscyphus pseudoalbidus)*, Nebenfruchtform *(Chalara fraxinea)*

Juglans regia (Walnuss)
Höhe 15 bis 30 m, Breite 10 bis 20 m
Eigenschaften:
- Tiefwurzler
- spätfrostempfindlich
- wärmeliebend
- stadtklimafest
- lichtbedürftig
- Vogelnährgehölz
- Bienenweide
- wertvolles Holz
- Früchte: Walnüsse: Sämlinge tragen nach dem 10. bis 15. Lebensjahr
- Schnittmaßnahmen nur im Sommer bei vollem Laub (August) durchführen, da der Baum ausbluten kann
- Lebenserwartung 600 Jahre

Tab. 1 Großbäume (Auswahl)

▸ siehe Fortsetzung nächste Seite

Platanus x hispanica (Platane)
Höhe 20 bis 30 m, Breite 15 bis 25 m
Eigenschaften:
- frosthart
- wärmeliebend
- trockenheitsresistent
- für Stadtklima sehr gut geeignet
- leicht verpflanzbar
- Schnittmaßnahmen bis ins alte Holz werden gut vertragen

Quercus robur (Stieleiche)
Höhe 25 bis 40 m, Breite 15 bis 25 m
Eigenschaften:
- frosthart
- wärmeliebend
- trockenheitsresistent
- stadtklimafest
- empfindlich gegen Grundwasserabsenkung
- sturmfest
- wertvolles Holz
- Früchte: Eicheln
- Lebenserwartung 500 bis 1000 Jahre
- **Befall durch:** Eichenprozessionsspinner (*Thaumetopoea processionea*)

Robinia pseudoacacia (Robinie, Scheinakazie) Höhe 20 bis 25 m, Breite 10 bis 20 m
Eigenschaften:
- frosthart
- Jungbäume etwas empfindlich gegen Früh- und Spätfröste
- wärmeliebend
- wertvolles Holz
- hitze- und trockenheitsresistent
- für Stadtklima sehr gut geeignet
- lichthungrig
- Symbiose mit Knöllchenbakterien
- Bienenweide
- Wurzelausläuferbildung

Salix alba (Silberweide)
Höhe 15 bis 25 m, Breite 10 bis 20 m
Eigenschaften:
- Flachwurzler
- frosthart
- wärmeliebend
- verträgt Überschwemmungen
- windresistent
- stadtklimafest
- zweihäusig
- wichtige Bienenweide (Vorfrühlingsblüher)
- Vogelnährgehölz (Kapseln)
- Lebenserwartung 80 bis 200 Jahre

Tilia cordata (Winterlinde)
Höhe 15 bis 30 m, Breite 10 bis 20 m
Eigenschaften:
- Tiefwurzler
- sehr frosthart
- wärmeliebend
- hitzetolerant
- trockenheitsresistent
- stadtklimaverträglich
- schnittverträglich
- windfest
- Bienenweide
- wird nicht so stark von Blattläusen befallen wie die Sommerlinde (Honigtau)
- gut verpflanzbar
- Lebenserwartung über 1000 Jahre

Ulmus glabra (Bergulme)
Höhe 25 bis 40 m, Breite 15 bis 20 m
Eigenschaften:
- frosthart
- verträgt kurzzeitige Überflutung
- windfest
- Bienenweide
- Lebenserwartung 400 Jahre
- **Befall durch:** Borkenkäfer (Ulmensterben)

Tab. 1 Großbäume (Höhe > 20 m) sind vor allem für die freie Landschaft, weiträumige Grünanlagen und parkartige Gärten geeignet (Auswahl)

1.1.4 Mittelgroße Bäume (Bäume 2. Ordnung)

Botanischer Name (Deutscher Name)	Größe (m)		Schmuckwirkung			Wurzelwachstum		Parkbaum (Solitär/Gruppe)	Straßenbaum			Standort[2]	Bienenweide	Vogelnähr-/-schutzgehölz
	Höhe	Breite	Frucht	Rinde/Herbstfärbung	Blüte (Blütezeit)	Tief	Flach		Innerstädtischer Raum[1]	Aufgelockerte Bebauung	Freie Landschaft			
Acer campestre (Feldahorn)	5–20	5–10		X H			X		X	X	X	○–◑		X
Acer negundo (Eschenahorn)	15–20	10–15	X	X H	X (III–IV)		X	X				○–◑	X	
Acer platanoides 'Faassen's Black' (Spitzahorn)	10–20	8–15		H	X (IV)		X	X	X	X		○–◑		
Aesculus x carnea (Rotblühende Rosskastanie)	10–20	8–15		H	X (V)	X		X	X	X		○–◑	X	
Aesculus x carnea 'Briotii' (Scharlachrosskastanie)	10–15	8–12		H	X (V)	X		X	X	X		○–◑	X	
Ailanthus altissima[3] (Götterbaum)	15–20	10–20	X		X (VII)		X	X		X		○	X	X
Alnus glutinosa (Schwarzerle)	10–20	8–12	X		X (III–IV)	X				X	X	○–◑	X	X
Alnus incana (Grauerle)	6–20	4–12	X		X (III–IV)		X			X	X	○–◑	X	X
Betula papyrifera (Papierbirke)	15–20	10–15		X H	X (IV)		X	X			X	○		
Betula pendula 'Tristis' (Hängebirke)	15–20	6–10		X H			X	X			X	○		X
Carpinus betulus (Hainbuche, Weißbuche)	10–20	7–12		H				X	X		X	○–◑		X
Carpinus betulus 'Fastigiata' (Pyramidenhainbuche)	15–20	4–5		H				X	X	X		○–◑	X	X
Catalpa bignonioides (Trompetenbaum)	10–15	6–10	X	H	X (VI–VII)		X	X	X	X		○–◑	X	X
Corylus colurna (Baumhasel)	15–20	8–12	X	X	X (III–IV)			X	X	X	X	○–◑		X
Paulownia tomentosa[4] (Paulownie)	12–15	12–15	X		X (IV–V)	X		X				○	X	
Populus tremula (Zitterpappel, Espe)	10–20	5–10		H		X		X		X	X	○–◑	X	
Prunus avium (Kirsche)	15–20	10–15	X	X H	X (IV–V)			X			X	○–◑	X	X

[1] Die Ständige Konferenz der Gartenamtsleiter (GALK) gibt in gewissen Abständen eine Liste mit der Beurteilung von Baumarten für die Verwendung im städtischen Straßenraum heraus.

[2] Die meisten Baumarten sind hinsichtlich der verschiedenen Bodenarten recht anpassungsfähig.

[3] Im Juli 2019 wurde *Ailanthus altissima*, der Götterbaum (s. S. 244), als erstes Gehölz auf die **Liste invasiver gebietsfremder Arten von unionsweiter Bedeutung (Unionsliste)** der Europäischen Union gesetzt. Damit unterliegt er einem Handelsverbot.

[4] Ab 01.09.2024 als invasive Art in der Schweiz verboten. Pflanzen, die sich bereits in Gärten befinden, sind vom Verbot nicht betroffen

Hinweis: In der freien Natur dürfen nur gebietsheimische Pflanzen ausgebracht werden (§ 40 BNatSchG).

Tab. 1 Mittelgroße Bäume (Auswahl) werden bis etwa 20 m hoch. Sie können wie Großbäume verwendet werden. Daneben sind sie als Solitär (z. B. als Hausbaum) auch für kleinere Gärten geeignet.

1.1.5 Kleinbäume (Bäume 3. Ordnung)

Botanischer Name (Deutscher Name)	Größe (m)		Schmuckwirkung			Wurzelwachstum		Parkbaum (Solitär/Gruppe)	Straßenbaum			Standort[2]	Bienenweide	Vogelnähr-/-schutzgehölz
	Höhe	Breite	Frucht	Rinde	Blüte (Blütezeit)	Tief	Flach		Innerstädtischer Raum[1]	Aufgelockerte Bebauung	Freie Landschaft			
Crataegus laevigata 'Paul's Scarlet' (Rotdorn)	4 – 6	3 – 6			X (V)	X		X	X	X		○ – ◑		X
Fagus sylvatica 'Purpurea Pendula' (Hängeblutbuche)	6 – 10	3 – 5	X (essbar)				X	X				○		
Fraxinus ornus (Blumenesche)	8 – 10	4 – 8			X (V – VI)		X	X		X		○ – ◑		
Ilex aquifolium 'Pyramidalis' (Stechpalme)	6 – 8	2 – 3	X (giftig)			X		X				○ – ●	X	X
Laburnum x watereri 'Vossii' (Goldregen)	5 – 6	3 – 4	X (giftig)	X	X (V – VI)			X		X		○ – ◑	X	
Magnolia kobus (Kobushi-Magnolie)	10	4 – 8			X (IV – V)		X	X				○ – ◑		
Magnolia soulangiana (Tulpen-Magnolie)	4 – 8	4 – 8			X (IV – VI)		X	X				○		
Malus sp. (Apfel)	2 – 8	2 – 12	X (essbar)		X (IV – V)		X	X				○	X	X
Nothofagus antarctica (Scheinbuche)	6 – 10	4 – 6					X	X				○ – ◑		
Prunus cerasifera 'Nigra' (Blutpflaume)	5 – 7	3 – 6	X (essbar)	X	X (III – IV)	X		X	X	X		○	X	
Prunus padus (Traubenkirsche)	6 – 10	4 – 8	X		X (IV – V)	X		X				○ – ◑		
Prunus serrulata 'Kanzan' (Nelkenkirsche)	7 – 10	5 – 8			X (III – IV)	X		X	X			○		
Rhus typhina (Essigbaum)	3 – 5	3 – 7	X	X			X	X				○	X	
Robinia pseudoacacia 'Tortuosa'	8 – 12	5 – 8				X		X				○		
Salix caprea (Salweide)	5 – 8	3 – 6			X (III – IV)		X	X				○ – ◑	X	X
Salix matsudana 'Tortuosa' (Korkenzieherweide)	4 – 8	3 – 4					X	X				○		
Salix udensis 'Sekka' (Japanische Drachenweide)	3 – 5	4 – 8		X	X (IV)		X	X				○	X	
Sorbus aucuparia (Vogelbeere, Eberesche)	6 – 12	4 – 6	X		X (V – VI)		X	X			X	○ – ◑	X	X

[1] Die Ständige Konferenz der Gartenamtsleiter (GALK) gibt in gewissen Abständen eine Liste mit der Beurteilung von Baumarten für die Verwendung im städtischen Straßenraum heraus.

[2] Die meisten Baumarten sind hinsichtlich der verschiedenen Bodenarten recht anpassungsfähig.

Tab. 1 Kleinbäume, auch für kleinere Gärten geeignet (Auswahl)

1.1.6 Bestimmungsübungen – Wer bin ich?

1

2

3

4

5

6

7

8

9

10

11

12

Lösung s. S. 556

13

14

15

16

17

18

19

20

21

22

23

24

1.2 Sträucher

1.2.1 Zierwert

Wuchsform

Aufrecht (*Rhus typhina*)

Breitbuschig (*Buddleja davidii*)

1 Im Gegensatz zu breitbuschigen Formen können solche mit aufrechtem Wuchs unterpflanzt werden

Sträucher gibt es in den verschiedensten Größen und Formen. Zusammen mit den Bäumen bilden sie das Grundgerüst einer Pflanzung. Die Unterscheidung zwischen beiden ist nicht immer einfach, da die Übergänge fließend sind. So gibt es baumartige Sträucher und strauchartige Bäume. Ihre Blüten, Früchte, Blätter und Rinde machen Sträucher auf vielfältige Weise dekorativ (**1** und **2** sowie S. 253 f.).

Blüte

Laburnum x watereri 'Vossii'

Ribes sanguineum

Cytisus x praecox

Paeonia suffruticosa

Prunus serrulata 'Kanzan' ħ, ħ

Philadelphus coronarius

Spiraea japonica

2 Die Blütenvielfalt der Sträucher ist unendlich groß. Ein zusätzlicher Reiz ist der Duft vieler Blüten.

Belaubung

Immergrün (*Nerium oleander*)

Weißbunt (*Pieris japonica* 'Variegata')

Gelblich/Gelbbunt (*Buxus*)

Silbergrau/Silberblau (*Salvia*)

Schwarzrot (*Prunus cerasifera* 'Nigra')

Rötlich/Braunrot (*Cotinus*)

1 Durch die richtige Auswahl der Laubfarben lässt sich eine starke Wirkung erzielen

Herbstfärbung

Gelb (*Hamamelis*)

Orange (Japanischer Ahorn)

Rötlich (*Euonymus*)

2 Besonders reizvoll, die Herbstfärbung vieler Sträucher

Fruchtschmuck

Rot (*Gaultheria procumbens*)

Orange (*Pyracantha coccinea*)

Auffallende Fruchtformen

(*Mespilus germanica*)

Blau (*Mahonia aquifolium*)

Rot/Schwarz (*Viburnum lantana*)

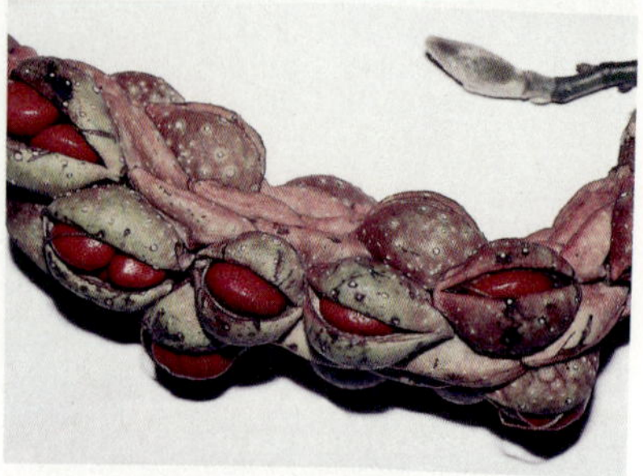

(*Magnolia x soulangiana*)

1 Früchte zieren vom Spätsommer bis in den Winter hinein und sind für viele Vögel wichtige Überlebenshilfen

Rindenschmuck

Hellgelb-grün (*Cornus sericea* 'Flaviramea')

Schwärzlich (*Prunus cerasifera* 'Nigra')

Grün mit weißen Längsstreifen

Rot (*Cornus alba* 'Sibirica')

Grün (*Kerria japonica*)

2 Besonders im Winter kommen die prachtvoll gefärbten Zweige vieler Sträucher zur Wirkung

1.2.2 Ziersträucher im Überblick

Botanischer Name (Deutscher Name)	Höhe (m)	Breite (m)	Blütezeiten (Farben)	Weitere Hinweise
Amelanchier lamarckii (Kupferfelsenbirne)	4 – 6	6 – 8	IV – V (weiß)	○ – ◑ B V ♣ ħ – ħ
Buddleja alternifolia (Schmalblättriger Sommerflieder, Schmetterlingsstrauch)	2 – 3	2 – 4	X (hellviolett)	○ D B ∧
Buddleja davidii[1] (Sommerflieder, Schmetterlingsstrauch)	3 – 4	3 – 4	VII – X (diverse)	○ B ∧
Chaenomeles japonica (Japanische Zierquitte)	1	1	III – IV (rot)	○ – ◑ D B V ♣
Cornus mas (Kornelkirsche)	4 – 7	4 – 7	III – IV	○ – ◑ D B V ♣ ħ – ħ
Corylus avellana (Haselnuss)	5 – 7	5	III – IV (gelb)	○ – ● B V ♣ ħ – ħ
Cotinus coggygria (Perückenstrauch)	3 – 5	3 – 5	VI – VII (unschein-bar)	○ ♣ ☠
Cotoneaster bullatus (Runzlige Zwergmispel)	3	4	V – VI (rosa/ rot)	○ – ○ B V ♣
Cotoneaster salicifolius var. floccosus (Weidenblättrige Strauchmispel)	3 – 4	3 – 4	VI – VII (weiß)	○ – ◑ i B ♣
Cytisus scoparius (Besenginster)	0,5 – 2	0,5 – 2	IV – V (gelb)	○ D B ☠
Deutzia gracilis (Zierliche Deutzie)	0,8	0,8	V – VI (weiß)	○ B
Deutzia scabra 'Plena' (Deutzie)	3 – 4	2 – 2,5	VI – VII (weiß/rosa)	○ – ◑ B
Enkianthus campanulatus (Prachtglocke)	2 – 3	1,5 – 3	V (hellgelb/ -rosa)	◑ – ●
Euonymus alatus (Flügelspindelstrauch)	2 – 3	2 – 4	unscheinbar	○ – ◑ B ♣ ☠
Euonymus europaeus (Pfaffenhütchen)	2 – 6	2 – 4	unscheinbar	○ – ◑ B V ♣ ☠ ħ – ħ
Forsythia x intermedia (Forsythie)	2 – 3	2	IV – V (gelb)	○
Hamamelis japonica (Japanische Zaubernuss)	3 – 4	3 – 4	I – IV (gelb)	○
Hamamelis mollis (Chin. Zaubernuss)	3 – 5	3 – 5	I – III (gelb)	○
Hibiscus syriacus (Roseneibisch)	1,5 – 2	1 – 1,5	VIII – IX (diverse)	○ B ✂
Hippophae rhamnoides (Sanddorn)	3 – 6	2 – 3	III – IV (unschein-bar)	○ B V ♣

Botanischer Name (Deutscher Name)	Höhe (m)	Breite (m)	Blütezeiten (Farben)	Weitere Hinweise
Hydrangea macrophylla (Gartenhortensie)	0,5 – 1,5	0,5 – 1,5	VI – X (diverse)	○ – ◑ ∧
Hydrangea paniculata 'Grandiflora' (Rispenhortensie)	2 – 3	2 – 3	VII – IX (weiß)	○ – ◑ ♣
Kerria japonica (Ranunkelstrauch)	1,5 – 2	1,5 – 2	IV – V (gelb)	○ – ●
Kolkwitzia amabilis (Kolkwitzie)	2 – 3	2 – 3	V – VI (rosa)	○ – ◑ B V
Magnolia liliiflora 'Nigra' (Purpurmagnolie)	3 – 4	2 – 3	V – VI (rot)	○
Magnolia stellata (Sternmagnolie)	2 – 3	2 – 3	III – IV (weiß)	○ D
Mahonia aquifolium (Mahonie)	1	1	IV – V (gelb)	○ – ● i B V ♣
Philadelphus coronarius (Falscher Jasmin, Pfeifenstrauch)	2 – 3	1,5 – 2	V – VI (weiß)	○ – ◑ D B
Pieris floribunda (Amerikanische Lavendelheide)	1,5 – 2	1,5 – 2	IV – V (weiß)	◑ – ● i
Pieris japonica (Japanische Lavendel-heide)	2 – 3	2 – 3	III – V (weiß)	◑ – ● i ☠
Potentilla fruticosa (Fingerstrauch)	1,5	1,5	V – VIII (gelb)	○ – ◑ B
Pyracantha coccinea (Feuerdorn)	1 – 4	1 – 4	V (weiß)	○ – ◑ i B V ♣
Ribes sanguineum (Zierjohannisbeere)	1,5 – 4	1,5 – 3	VI – V (rot)	○ – ◑ B V
Spiraea japonica 'Little Princess' (Zwergspiere)	0,5	1	VI – VII (rosa)	○ B
Spiraea x vanhouttei (Prachtspiere)	2 – 3	2 – 3	V – VI (weiß)	○ – ◑ B
Symphoricarpos albus (Schneebeere)	2	2 – 3	VII – VIII (rosaweiß)	○ – ◑ B V ♣ ☠
Syringa-Hybriden (Flieder)	4 – 6	4 – 5	V (diverse)	○ – ◑ D B V ħ – ħ
Viburnum farreri (Duftschneeball)	2 – 3	2 – 3	II – IV, (XI – I) (rosa)	○ – ◑ D
Viburnum lantana (Wolliger Schneeball)	3 – 5	3 – 5	V – VI (weiß)	○ – ◑ B V ♣ ☠
Viburnum opulus (Gewöhnlicher Schneeball)	2 – 4	3 – 4	V – VI (weiß)	○ – ◑ B V ☠
Weigela-Hybriden (Weigelie)	2 – 3	3 – 4	V – VII (rot)	○ – ◑ B V

[1] Ab 01.09.2024 als invasive Art in der Schweiz verboten. Pflanzen, die sich bereits in Gärten befinden, sind vom Verbot nicht betroffen.

○ = Sonne
◑ = Halbschatten
● = Schatten
D = Duft
i = immergrün
☠ = giftig
B = Bienennährgehölz (u. a. Insekten)
V = Vogelnähr-/Vogelnist-/Vogelschutzgehölz
♣ = Fruchtschmuck
∧ = bei strengen Wintern Winterschutz
✂ = Schnitt
ħ/ħ = Strauch/Baum

Tab. 1 Sträucher mit auffallendem Blüten-/Fruchtschmuck (Auswahl)

1.3 Nadelgehölze

Wuchsgrößen

Auch die **Nadelhölzer** oder **Koniferen** (lat. Zapfen tragend) wachsen zu unterschiedlich großen und geformten Bäumen, selten auch zu Sträuchern, heran (Tab. 1 und 1, S. 257). Kennzeichnend sind ihre zahlreichen nadel- oder schuppenförmig ausgebildeten Blätter sowie ihre verholzten weiblichen Blütenstände, die typischen **Zapfen**.

In der Regel sind Nadelgehölze immergrün (2, S. 257). Eine Ausnahme bilden z. B. Lärche *(Larix)*, Sumpfzypresse *(Taxodium distichum)*, Urweltmammutbaum *(Metasequoia glyptostroboides)* und die Goldlärche *(Larix amabilis)*, die ihre Nadeln alljährlich im Herbst abwerfen.

Nadelgehölze können, je nach Größe und Wuchsform, einzeln, in Gruppen, flächig oder als Hecke gepflanzt werden. Ihre Vielfalt an Formen, Farben und Strukturen eröffnet viele Verwendungs- und Gestaltungsmöglichkeiten.

Größe < 50 cm
Juniperus horizontalis 'Glauca', *Juniperus squamata* 'Blue Star', *Juniperus squamata* 'Blue Carpet', *Picea abies* 'Echiniformis', *Picea abies* 'Little Gem', *Pinus mugo* 'Mini Mops'

Größe bis 1 m
Abies balsamea 'Nana', *Picea abies* 'Procumbens', *Taxus baccata* 'Summergold', *Tsuga canadensis* 'Nana'

Größe bis 2 m
Chamaecyparis obtusa 'Nana Gracilis', *Chamaecyparis pisifera* 'Filifera Aurea Nana', *Chamaecyparis pisifera* 'Filifera Nana', *Picea abies* 'Nidiformis'

Größe bis 10 m
Abies koreana, Cedrus atlantica 'Aurea', *Chamaecyparis lawsoniana* 'Alumigold', *Chamaecyparis lawsoniana* 'Columnaris', *Chamaecyparis lawsoniana* 'Golden Wonder', *Cryptomeria japonica* 'Cristata', *Juniperus communis, Picea abies* 'Inversa', *Taxus baccata, Taxus baccata* 'Fastigiata', *Thuja occidentalis* 'Smaragd'

Größe bis 20 m
Abies procera 'Glauca', *Cedrus atlantica* 'Glauca', *Cedrus deodara, Chamaecyparis lawsoniana* 'Alumii', *Chamaecyparis nootkatensis* 'Pendula', *Cryptomeria japonica, Larix kaempferi* 'Diana', *Picea breweriana, Picea pungens* 'Glauca', *Pinus cembra, Pinus contorta, Pinus leucodermis, Thuja occidentalis, Thujopsis dolabrata, Tsuga canadensis*

Größe über 20 m
Abies nordmanniana, Abies veitchii, Larix decidua, Larix kaempferi, Metasequoia glyptostroboides, Picea abies, Picea orientalis, Picea sitchensis, Picea strobus, Pinus nigra, Pinus strobus, Pinus sylvestris, Pinus wallichiana, Pseudotsuga menziesii, Sequoiadendron giganteum, Taxodium distichum

Tab. 1 Von sehr klein bis sehr groß (Auswahl)

Wuchsformen

Kegelförmig (*Metasequoia glyptostroboides*)

Buschförmig (*Chamaecyparis lawsoniana* 'Robusta Glauca')

Kugelförmig (*Picea sitchensis* 'Nana')

Nestförmig (*Picea abies* 'Nidiformis')

Säulenförmig (*Juniperus communis*)

Kriechend (*Juniperus procumbens* 'Nana')

Hängend (*Chamaecyparis nootkatensis* 'Pendula')

1 Nadelgehölze weisen eine Vielfalt an Wuchsformen auf

Belaubung

Grün (*Abies nordmanniana*)

Silberblau (*Picea sitchensis* 'Silberglanz')

Gelblich/Gelbbunt (*Chamaecyparis pisifera* 'Gold Spangle')

Blaugrün/Graublau (*Chamaecyparis lawsoniana* 'Ellwoodii')

2 Die Farbpalette der Nadelgehölze setzt sich aus verschiedenen Grün-, Gelb- und Blautönen zusammen

1.4 Giftpflanzen

1 Besonders giftig: *Daphne mezereum*, der Seidelbast

Dass viele Pflanzen sehr giftige Inhaltsstoffe aufweisen, ist dem Menschen seit Jahrtausenden bekannt. So benutzten die Griechen in der Antike Pflanzengifte zur Hinrichtung. Unter anderem wurde Sokrates mit einem Schierlingssaft (*Conium maculatum*, Gefleckter Schierling) enthaltenden Trank zum Selbstmord veranlasst („Schierlingsbecher"). Die Indianer Südamerikas und die Buschmänner Afrikas benutzen noch heute Pfeilgifte pflanzlichen Ursprungs zur Jagd.

Auch viele Pflanzen, mit denen wir tagtäglich umgehen, sind giftig. Sie enthalten Substanzen (Toxine), die durch Berührung oder Aufnahme in den Körper bei Mensch und Tier Vergiftungserscheinungen hervorrufen. Die Symptome reichen von Durchfall, Übelkeit, Erbrechen, Fieber, Krämpfen, Herzrhytmusstörungen, Kreislaufkollaps bis zur tiefen Bewusstlosigkeit und Tod. Obwohl weitaus mehr Pflanzen giftig sind als gemeinhin bekannt, sind doch nur wenige so giftig, dass sie schon in geringen Mengen zum Tode führen. **Informationszentren für Vergiftungsunfälle** geben Tag und Nacht Auskünfte bei Unfällen.

Da vor allem Kinder und insbesondere Kleinkinder gefährdet sind, sollte auf das Anpflanzen von besonders giftigen Pflanzen auf Spielplätzen und anderen Grünflächen, wo Kinder gefährdet sein könnten, verzichtet werden. Nach dem Motto „Gefahr erkannt, Gefahr gebannt" gilt es, Kindern möglichst früh beizubringen, welche Pflanzen und Pflanzenteile Gefahren in sich bergen können.

Auf der anderen Seite werden Giftpflanzen in geringen Dosen als Heil- oder Arzneipflanzen verwendet, wie z. B. der Rote Fingerhut *(Digitalis purpurea)* oder der Schlafmohn *(Papaver somniferum)*. Andere wiederum dienen als Genussmittel (z. B. Nikotin und Koffein). Bereits Paracelsus (1493 - 1541) erkannte, dass der Unterschied zwischen Arznei- und Giftpflanze in der Dosis liegt.

Pflanzenart Botanischer Name (Deutscher Name)	Giftige Pflanzenteile	Gefährlichkeitsgrad[1]
Buxus sempervirens (Buchsbaum)	Blätter (tödliche Dosis für Rinder 300 bis 1000 g, Hunde 5 g/kg Körpergewicht), Früchte	+ +
Colutea arborescens (Blasenstrauch)	Samen, Blätter	+
Cytisus scoparius (Besenginster)	Ganze Pflanze	+
Daphne mezereum (Seidelbast, 1)	Alle Pflanzenteile, besonders die roten Beeren (tödliche Dosis für Erwachsene 10 bis 12 Beeren)	+ + +
Euonymus europaeus (Pfaffenhütchen)	Alle Pflanzenteile, vor allem Früchte	+ +
Hedera helix (Efeu)	Blätter, Beeren	+
Ilex aquifolium (Stechpalme)	Beeren (tödliche Dosis für Erwachsene 20 bis 30)	+ +
Juniperus sabina (Sadebaum)	Alle Pflanzenteile, vor allem Zweigspitzen	+ + +
Juniperus virginiana (Virginische Zeder)	Alle Pflanzenteile	+ + +
Laburnum anagyroides (Goldregen)	Alle Pflanzenteile, vor allem Hülsen und Samen (tödliche Dosis für Kleinkinder 3 bis 4 Früchte bzw. 15 bis 20 Samen)	+ + +
Ligustrum vulgare (Liguster)	Beeren, Blätter, Rinde	+
Lonicera-Arten	Rote und schwarze Beeren	+
Nerium oleander (Oleander)	Alle Pflanzenteile	+ +
Rhododendron-Arten	Blüten, Blätter	+ +
Robinia pseudoacacia (Robinie, Scheinakazie)	Ganze Pflanze, besonders Rinde und Früchte	+ +
Sophora japonica (Schnurbaum)	Rinde, Samen, besonders Fruchtschale	+ +
Symphoricarpos albus (Schneebeere)	Beeren	+
Taxus baccata (Eibe)	Alle Pflanzenteile, ausgenommen der rote Samenmantel	+ +
Thuja occidentalis (Lebensbaum)	Zweigspitzen, Zapfen, Holz	+ + +
Viburnum-Arten (Schneeball)	Beeren, Rinde, Blatt	+
Wisteria sinensis (Glyzinie, Blauregen, Wisterie)	Früchte, Zweige, Wurzel	+

\+ giftig
\+ + stark giftig, kann zu schweren Vergiftungserscheinungen führen
\+ + + sehr stark giftig, schon geringe Mengen lebensgefährlich

[1] Die Giftigkeit ein- und derselben Art kann je nach Klima, Standort und Jahreszeit schwanken.

Tab. 1 Giftige Laub- und Nadelgehölze

Aufgaben

1. Wodurch verbessern Bäume unsere Umwelt- und Lebensbedingungen? Nennen Sie fünf Punkte.
2. Nennen Sie jeweils mit botanischem Namen fünf a) Großbäume, b) Mittelgroße Bäume und c) Kleinbäume.
3. Nennen Sie zwei Großbäume, die für das Stadtklima sehr gut geeignet sind.
4. Nennen Sie vier Möglichkeiten, um Bäume anzuordnen.
5. Was ist das Kennzeichen folgender Baumgruppen: a) Baumpaare, b) Baumpakete, c) Rasterpflanzungen, d) Streupflanzungen?
6. Nennen Sie jeweils drei Laubbäume mit a) kugelförmiger und b) säulenförmiger Krone.
7. Nennen Sie jeweils drei Laubgehölze mit a) weißbunter, b) gelblicher und c) rötlicher Belaubung.
8. Nennen Sie jeweils drei Laubgehölze mit auffallender a) Rinde, b) Herbstfärbung und c) Wuchsform.
9. Nennen Sie jeweils drei a) kleinkronige Laubgehölze für enge Pflanzräume, b) Gehölze zur Uferbefestigung, c) Gehölze zur Grabbepflanzung, d) Bienen- und Vogelnährgehölze, e) Gehölze, die mit Knöllchenbakterien eine Symbiose eingehen, f) als Alleebäume geeignete Gehölze, g) Pioniergehölze.
10. Nennen Sie fünf immergrüne Laubgehölze und fünf sommergrüne Nadelgehölze.
11. Nennen Sie jeweils zwei Nadelgehölze mit a) kegelförmigem, b) nestförmigem, c) kugelförmigem, d) kriechendem, e) hängendem und f) säulenförmigem Wuchs.
12. Nennen Sie jeweils drei Nadelgehölze mit einer Wuchsgröße kleiner 50 cm.
13. Nennen Sie drei Gehölze, die wegen ihrer Giftigkeit nicht auf Kinderspielplätzen und Grünflächen, wo Kinder sich aufhalten, gepflanzt werden sollten. Welche Pflanzenteile sind giftig?
14. Nennen Sie 10 Laubgehölze mit Fruchtschmuck.
15. Wie viele Pflanzen der folgenden Gehölze empfehlen Sie pro m^2 für eine Bodendeckerpflanzung: *Gaultheria procumbens, Hedera helix, Mahonia aquifolium, Pachysandra terminalis, Potentilla fruticosa, Rosa nitida, Vinca minor?*
16. Nennen Sie je drei Ziergehölze mit a) weißer, b) roter, c) gelber und d) blauer Blütenfarbe.
17. Ein Kunde wünscht sich über das ganze Jahr Blühendes in seinem Garten. Stellen Sie ein passendes Gehölzsortiment zusammen.

2 Pflanzenlieferung

2.1 Qualitätskriterien

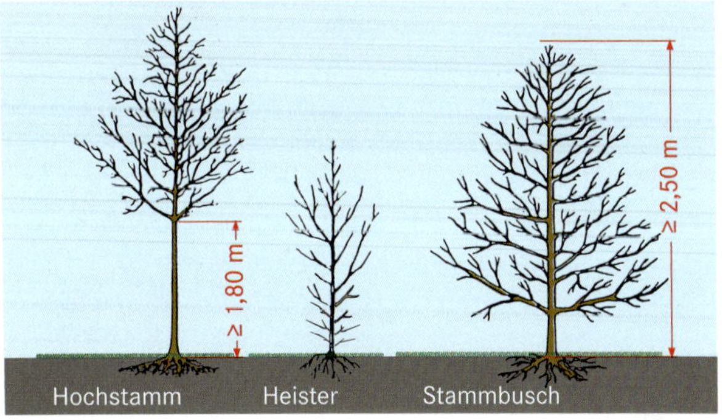

1 Anzuchtformen

Die gelieferten Pflanzen müssen bestimmte **Qualitätsanforderungen** (Gütebestimmungen) erfüllen. Maßgebend ist die **TL-Baumschulpflanzen** (Technische Lieferbedingungen für Baumschulpflanzen), die seit dem 01. Juli 2021 die **„Gütebestimmung für Baumschulpflanzen"** ersetzt.

Bei Bauverträgen, deren Grundlage die Allgemeinen Vertragsbedingungen für die Ausführung von Bauleistungen **(VOB/B)** sind, wird sie automatisch Vertragsbestandteil. Ist die VOB/B nicht vereinbart, kann die TL-Baumschulpflanzen auch gesondert vereinbart werden.

Zudem ist in der **DIN 18916** verbindlich festgelegt, dass **Pflanzen aus Anzuchtbetrieben** den Gütebestimmungen entsprechen müssen.

Bei der Erstellung der Technischen Lieferbedingungen haben folgende **Verbände** mitgewirkt:

- Arbeitsgemeinschaft Sachverständige Gartenbau – Landschaftsbau – Sportplatzbau e. V. **(AGS)**
- Bund deutscher Baumschulen e. V. **(BdB)**
- Bund Deutscher Landschaftsarchitekten e. V. **(bdla)**
- Bundesverband Garten-, Landschafts- und Sportplatzbau e. V. **(BGL)**,
- Fachverband geprüfter Baumpfleger e. V.
- Forschungsgesellschaft für Straßen- und Verkehrswesen e. V. **(FGSV)**
- Deutsche Gartenamtsleiterkonferenz **(GALK**e. V.**)**.

2.1.1 Zahl der Verpflanzungen

Vor allem die **Zahl der Verpflanzungen** ist mitentscheidend für die Qualität (Förderung der Ballenbildung) und damit den Anwachserfolg, die Weiterentwicklung und den Preis (Arbeitsaufwand) eines Gehölzes.

Entsprechend wird in der Gütebestimmung für Baumschulpflanzen die Anzahl der geforderten Verpflanzungen

Zeitraum	Stammumfang	
	mit Umpflanzung	ohne Umpflanzung
1. Jahr		
2. Jahr		
3. Jahr		
4. Jahr (Umpflanzung)		
5. Jahr	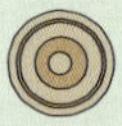	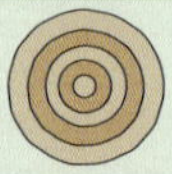
6. Jahr		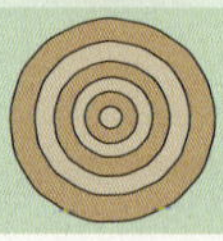

Tab. 1 Mit der Jahresringanalyse kann überprüft werden, ob, wann und wie oft ein Baum verpflanzt wurde

aufgeführt. Bei Umgehung der Qualitätsanforderungen könnte ein höherer Preis erzielt werden. Zur Erholung vom Umpflanzschock (Wurzelverluste!) benötigen Bäume mindestens 2 bis 3 Jahre, sodass nicht umgepflanzte Bäume im Vergleich einen deutlich größeren Stammumfang aufweisen als umgepflanzte.

Bei Streitigkeiten kann mithilfe einer **Jahresringanalyse** geklärt werden, ob, wann und wie oft ein Baum verpflanzt wurde. Dazu wird dem Stamm ein etwa bleistiftstarker Bohrkern entnommen. Da durch das Verpflanzen Wurzelverluste auftreten und damit weniger Nährstoffe und Wasser aufgenommen werden können, ist die Entwicklung des Baumes und damit sein sekundäres Dickenwachstum gehemmt, sodass der dem Verpflanzen folgende Jahresring deutlich schmaler ausfällt. In den folgenden Jahren nimmt dann das Dickenwachstum und damit die Breite der Jahresringe wieder zu (Tab. 1).

2.1.2 Bäume und Sträucher

Bäume (♄) werden nach Anzuchtformen (1, S. 259) und Größensortierungen unterschieden. Es gibt Hochstämme, Heister, Stammbüsche, Solitärbäume, Alleebäume und Nadelgehölze (Tab. 1, S. 261).

Sträucher (♄) bilden keinen Stamm, sondern verzweigen sich oberhalb oder unterhalb des Erdbodens, sodass sie mehrtriebig sind. Von **Halbsträuchern** (♄) spricht man, wenn strauchartig gewachsene Gehölze nur im unteren Teil verholzen. Der obere Teil bleibt krautig und friert im Winter zurück (z. B. *Lavandula latifolia*). Die Gütebestimmung für Baumschulpflanzen unterscheidet u. a. leichte Sträucher, Solitärsträucher, Heckenpflanzen, Bodendecker und Containerpflanzen (Tab. 1, S. 261).

2.2 Lieferung

Großbaum versenden

Großbaum abladen

Die Pflanzenbestellung erfolgt bei einer Ausschreibung entsprechend der dem Leistungsverzeichnis beiliegenden Pflanzenliste, in der die gewünschten Pflanzen in Größe, Menge und Qualität aufgeführt sind.

Der **Transport** hat sachgemäß zu erfolgen. Eine Beschädigung der Pflanzen durch Austrocknung, Frost oder unsachgemäßes Laden muss vermieden werden. Transporte auf offenem Wagen, auch auf kurzen Strecken, sind nicht zulässig (Austrocknung durch Fahrtwind!).

Die Pflanzenlieferung ist beim Eintreffen anhand des Lieferscheins auf Übereinstimmung mit der Bestellung, Vollzähligkeit, Art, Sorte, Größe, Qualität, Krankheits- und Schädlingsbefall, Transportschäden und andere Verletzungen zu überprüfen. Mängel sind unverzüglich zu rügen. Zur Vereinfachung werden Abkürzungen verwendet.

Nachfolgend eine Auswahl aus den **Kennzeichnungsvorschriften:**

Anzuchtformen
lStr = leichter Strauch; vStr = verpflanzter Strauch, vHei = verpflanzter Heister, Hei = Heister, Stbu = Stammbusch, ha = Halbstamm, lH = leichter Hochstamm, H = Hochstamm, Al = Alleebaum/Hochstämme für Verkehrsflächen, Sol = Solitärgehölz, He = Heckenpflanze
Anzuchtstand
j. = jährig, v. = verpflanzt, 3xv = 3-mal verpflanzt
Wurzelbeschaffenheit
bew. = bewurzelt, we = wurzelecht, oB = ohne Ballen, wvp = wurzelverpackt, mB = mit Ballen, mDb = mit Drahtballen, P = mit Topf (kleiner 2 Liter), C = mit Container (ab 2 Liter)
Anzuchtarten
Abl = Ableger, Abr = Abrisse, Ausl = Ausläufer, Hvg = Handveredlung, merist M = aus Meristemvermehrung, pik.S = pikierter Sämling, S = Sämling, St = Steckling, Sth = Steckholz, Vg = Veredlung, Ws = Wurzelschnittling
Maßarten
h = hoch, br = breit, StU = Stammumfang, Ø = Durchmesser, Sth. = Stammhöhe, mehrst. = mehrstämmig, Tr. = Triebe, Krbr. = Kronenbreite. Höhe, Breite und Stammumfang werden in cm, der Durchmesser in mm angegeben.

Tab. 2 Abkürzungen laut Kennzeichnungsvorschriften

Bäume		Sträucher
Hochstämme (H) ■ Bäume in Stamm und Krone gegliedert ■ Hochstämme 2xv (leichte Hochstämme), Sth. ≥ 180 cm, StU 7/8, 8/10, 10/12 ■ Hochstämme 3xv, Sth. ≥ 200 cm, StU (Tab. 1, S. 262) ■ Mindestballen- und Mindestcontainergrößen in Abhängigkeit vom StU (Tab. 1, S. 262) ■ Wurzelanlauf[1] soll sichtbar sein, obere Schwach- und Grobwurzeln dürfen maximal mit 5 cm Erde überdeckt sein ■ Größensortierung erfolgt nach dem Stammumfang, gemessen in 1 m Höhe vom Erdboden ■ Stammverlängerung reicht in der Regel bis zur Kronenspitze	**Solitärbäume** (Sol) ■ Hochstämme (Solitärhochstämme) oder Stammbüsche (Solitärstammbüsche) aus „extra weitem Stand" können auch mehrstämmig sein ■ mindestens viermal verpflanzt (4xv), mit Drahtballen oder im Container ■ werden nach Gesamthöhe, Kronenbreite und Stammumfang gehandelt. Bei mehrstämmigen Pflanzen ergibt sich der Gesamtumfang aus der Summe der Einzelstammumfänge, wobei die Anzahl der Grundstämme (Gst.) angegeben wird	**Leichte Sträucher** (lStr)/ **verpflanzte Sträucher** (vStr) ■ mindestens 2 bis 3/2 bis 8 gut entwickelte Basistriebe, mindestens 1xv ■ mindestens einmal verpflanzt ■ Größensortierung (Höhe) 25/40, 40/70, 70/90 bzw. 15/20, 20/30, 30/40, 40/60, 60/100, 100/150, 150/200 **Solitärsträucher** (Sol) ■ zur Einzelstellung ■ mindestens dreimal verpflanzt ■ Größensortierung 60/80, 80/100, 100/125, 125/150, weiter in 25- (schwachwüchsige Arten) bzw. 50-cm-Stufen (starkwüchsige Arten) ■ Ballen- oder Containerpflanzen
Heister (Hei) ■ Baumartig wachsende Gehölze ohne Krone ■ Stamm auf voller Länge mit Ästen und Zweigen besetzt (garniert) ■ Heister 2xv (verpflanzte Heister 1xv) ■ Größensortierung nach Höhe über dem Erdboden: 125/150 cm, weiter in 50-cm-Stufung (verpflanzte Heister 60/80, 80/100, 100/150 weiter in 50-cm-Stufung) ■ wegen der geringen Kosten eignen sich Heister zur großflächigen Bepflanzung. Aufwendige Pflegemaßnahmen, wie wässern, düngen oder verankern, können in der Regel entfallen	**Alleebäume** (Al) ■ Hochstämme für Straßenbepflanzung ■ gerade Stammverlängerung ■ Stammhöhe ab 16 bis 25 cm StU ≥ 220 cm, ab 25 cm StU ≥ 250 cm ■ geeignet für besonders hohe Aufastung: Bei Straßenbäumen muss der Kronenansatz bei 2,50 m (Geh- und Radwege) bzw. 4,50 m (Fahrbahnen) liegen. Man spricht in diesem Zusammenhang vom Lichtraumprofil ■ Sortierung wie bei Hochstämmen und Solitärbäumen	**Heckenpflanzen** (He) ■ schnittverträgliche Strauch- und Baumarten (z. B. *Fagus sylvatica, Carpinus betulus, Acer campestre*) ■ Verzweigung muss bis zur unteren Maßangabe vorhanden sein ■ Größensortierung 2xv, Höhe 80/100, 100/125 weiter in 25-cm-Stufung, 3xv, Höhe 175/200, weiter in 25-cm-Stufung ■ ab 2xv Lieferung mit Ballen oder im Container **Bodendecker** ■ mit mehr oder weniger flach ausgebreiteten Trieben ■ mindestens 1 x zurückgeschnitten (Förderung einer gleichmäßigen und dichten Verzweigung), Ausnahme Gaultheria u. ä. ■ Größensortierung nach Höhe und/oder Breite bzw. Triebzahl (z. B. Pachysandra und Vinca)
Stammbüsche (Stbu) ■ Stammbüsche sind Heister, deren Stammumfang mindestens 12 cm und deren Höhe mindestens 2,50 m beträgt ■ Größensortierung nach StU ab 12/14 (3xv) bzw. 18/20 cm (4xv), ansonsten wie Hochstämme ■ Lieferung mit Drahtballen oder im Container ■ Verwendung zur Einzel- und Gruppenpflanzung auf großen Flächen	**Nadelgehölze** ■ volle Bezweigung vom Boden an ■ art- und sortentypische Benadelung und Ausfärbung ■ bei Baumformen durchwachsende Stammverlängerung ■ Größensortierung nach Höhe und Breite in cm ■ sind mit Ballen, im Container oder im Topf zu liefern	**Containerpflanzen** (C) ■ müssen als solche gekennzeichnet sein (C) ■ Behälterinhalt ≥ 2 Liter (Topfware < 2 Liter, Kennzeichnung P) ■ Sortierung und Pflanzenhöhe sind anzugeben

1 Verdickter Übergangsbereich des Stammes in die Wurzel

Tab. 1 Anzuchtformen und Größensortierungen von Bäumen und Sträuchern; zur Erläuterung der Abkürzungen Tab. 2, S. 260

Die Überprüfung der Lieferung erfordert aufgrund des großen Arten- und Sortenspektrums sowie den umfangreichen Qualitätsvorschriften sehr gute Pflanzenkenntnisse. Entsprechend sollte sie nur von speziell geschultem Fachpersonal und möglichst im Beisein des Architekten vorgenommen werden. Auftretende Mängel sind schriftlich festzuhalten. In diesem Fall wird auf dem Lieferschein „Annahme nur unter Vorbehalt" notiert. Ein unterschriebener Lieferschein würde die Abnahme ohne Beanstandung bedeuten. Gegebenenfalls ist die Annahme auch zu verweigern.

2.3 Zwischenlagerung und Einschlag

Nach der Lieferung sollten die Pflanzen möglichst umgehend gepflanzt werden. Ist dies nicht möglich, sind sie vor Austrocknung, Frost oder Überhitzung zu schützen.

Erfolgt die Pflanzung innerhalb der nächsten 48 Stunden (2 Tage), reicht eine einfache **Zwischenlagerung** aus. Bei dieser werden die Pflanzen durch Abdecken mit z. B. Strohmatten oder Sackleinen geschützt (1, S. 262). Können die Pflanzen nicht innerhalb von 48 Stunden gepflanzt werden,

StU	∅ Ballen (cm, gemittelt) ≥	Container (Liter) ≥	StU	∅ Ballen (cm, gemittelt) ≥	Container (Liter) ≥
10/12	30	20	25/30	70	–
12/14	35	30	30/35	80	–
14/16	40	40	35/40	90	–
16/18	45	50	40/45	100	–
18/20	50	65	45/50	120	–
20/25	60	–	50/60	130	–

Tab. 1 Mindestballen- und Containergröße von Hochstämmen, Alleebäumen und Stammbüschen nach TL-Baumschulpflanzen (2020)

sollten sie eingeschlagen werden. Beim **Einschlag** werden Gräben ausgehoben, in die die Pflanzen mit ihren Wurzeln eingestellt werden (2). Gebündelte Pflanzen sind gegebenenfalls auseinanderzuziehen, damit alle Wurzeln Bodenkontakt erhalten. Nach dem Anfeuchten der Pflanzen werden die Gräben zugeschaufelt, sodass die Wurzeln mit lockerer Erde bedeckt sind. Anschließend wird leicht angetreten und gegebenenfalls eingeschlämmt.

1 Zwischenlagerung

Sollen die Pflanzen den Winter im Einschlag verbringen, wird bei ballenlosen Pflanzen der Wurzelschnitt vor dem Einschlag und nicht erst im Frühjahr beim Pflanzen durchgeführt. Sonst würde man die im Herbst und über Winter neu gebildeten Wurzeln wieder abschneiden.

2 Einschlag

Häufig wird die Lage des Einschlagplatzes durch den Auftraggeber oder Architekten vorgegeben. Dabei ist darauf zu achten, dass er gewisse Anforderungen erfüllt. So sollte er gut mit dem Lkw erreichbar, schattig und windgeschützt sein und über lockeren Boden sowie einen Wasseranschluss verfügen. Wenn notwendig, ist der Platz zum Schutz vor Wildverbiss oder Diebstahl einzuzäunen.

? Aufgaben

◑ 1. Pflanzenlieferungen müssen sofort kontrolliert werden. Geben Sie stichwortartig die wesentlichen Kontrollpunkte an.

○ 2. Warum darf bei festgestellten Mängeln der Lieferschein nur „unter Vorbehalt" unterschrieben werden?

◑ 3. Begründen Sie, warum Gehölztransporte auf offenem Wagen nicht zulässig sind.

○ 4. Ab welchen Temperaturen darf der Pflanzentransport nur mit Zustimmung des Empfängers erfolgen?

◑ 5. Wann muss eine Zwischenlagerung und wann ein Einschlag erfolgen?

◑ 6. Welche Anforderungen sollte ein Einschlagplatz erfüllen?

◑ 7. Warum wird bei einem Wintereinschlag der Wurzelschnitt vor dem Einschlag vorgenommen und nicht im Frühjahr bei der Pflanzung?

◑ 8. Was wird nach Ihren Erfahrungen beim Beladen eines Lkws häufig falsch gemacht?

◑ 9. Was bedeuten folgende Kennzeichen auf einem Lieferschein?
- Hydrangea anomala ssp. petiolaris Sol, 3xv, C
- Acer palmatum 'Dissectum' Str., 3xv, mB
- Acer platanoides H, 3xv, StH. 300, StU 14 – 16
- Ligustrum vulgare He, 5 – 7 Tr., 80 – 100 h
- Taxus baccata 4xv, 80 – 100 br, 100 – 125 h

◑ 10. Unterscheiden Sie Strauch, Hochstamm, Heister und Stammbusch voneinander.

3 Gehölzpflanzung

Die Pflanzung von Gehölzen ist eine bedeutende Maßnahme, um Gärten, Parks oder andere Grünflächen zu bereichern und zu gestalten. Bevor jedoch der erste Spatenstich getan wird, ist es entscheidend, sich gründlich über verschiedene Kriterien zur Pflanzenauswahl Gedanken zu machen (1, S. 263). Eine sorgfältige Planung in dieser Phase legt den Grundstein für eine gesunde Entwicklung der Gehölze und trägt dazu bei, dass der Garten oder die Grünanlage in ihrer Gesamtheit harmonisch und ansprechend wirkt.

3.1 Pflanzzeiten (2, S. 263)

Gehölze mit (Ballenware) oder ohne Ballen (wurzelnackte Ware) können bei offenem Boden während der Wachstums-

Bei der Verwendung von Gehölzen sind verschiedene Kriterien zu berücksichtigen, um die richtigen Pflanzen für den jeweiligen Standort und die gewünschten gestalterischen Ziele auszuwählen:

1. Wuchshöhen und -formen Beachten Sie die natürliche Wuchsform und die zu erwartende Größe der Gehölze. Entscheiden Sie, ob hohe Bäume, mittelgroße oder niedrig wachsende Gehölze benötigt werden. Berücksichtigen Sie dabei auch den verfügbaren Platz und die räumlichen Bedingungen.

2. Laubwerk Betrachten Sie das Laubwerk der Gehölze in Bezug auf Form, Textur, Farbe und Blattstruktur. Unterschiedliche Laubtypen wie immergrüne oder laubabwerfende Gehölze können unterschiedliche visuelle Effekte erzeugen und das Erscheinungsbild des Standorts über das ganze Jahr hinweg beeinflussen.

3. Blüten und Früchte Berücksichtigen Sie die Blütezeit und den Blütenreichtum der Gehölze. Entscheiden Sie, ob es blühende Gehölze für einen bestimmten Zeitraum oder/und Gehölze mit auffälligen Früchten für dekorative Akzente sein sollen.

4. Ökologie Beurteilen Sie, ob die ausgewählten Pflanzen zur Förderung der Biodiversität (biologische Vielfalt) beitragen, indem sie z. B. Lebensraum oder Nahrung für verschiedene Tierarten bieten.

5. Standortbedingungen Achten Sie auf die spezifischen Anforderungen der Gehölze an Licht, Bodenbeschaffenheit und Klima. Wählen Sie Gehölze aus, die mit den vorhandenen Standortbedingungen kompatibel sind, um eine optimale Entwicklung und Gesundheit zu gewährleisten.

6. Pflegeaufwand Beachten Sie den erforderlichen Pflegeaufwand. Einige Gehölze benötigen regelmäßige Schnittmaßnahmen, Bewässerung oder Düngung, während andere pflegeleicht sind.

1 Kriterien, die bei der Pflanzenauswahl helfen

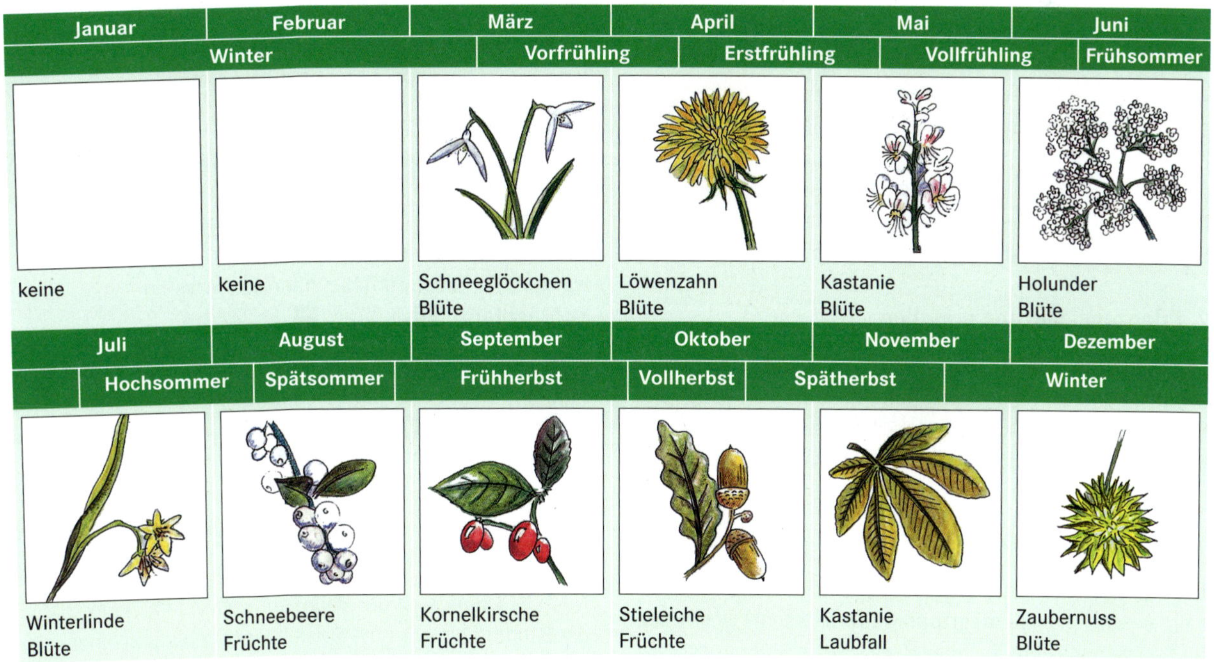

2 Die zehn phänologischen Jahreszeiten (biologischer oder naturnaher Kalender) unterteilen den Jahresverlauf in feinere Abschnitte und ermöglichen das Erkennen lokaler Unterschiede.

ruhe von Oktober bis April gepflanzt werden. Günstige Pflanzzeiten sind das Frühjahr (März bis Mai, vor dem Laubaustrieb) und der Herbst (Oktober bis Mitte Dezember, nach dem Laubfall), wobei im Allgemeinen die **Herbstpflanzung** zu bevorzugen ist. Bis zum Austrieb im Frühjahr (starke Wasserverdunstung!) haben die Pflanzen genügend Zeit, um ausreichend neue Wurzeln zur Sicherung der Wasserversorgung zu bilden. Zudem ist Trockenheit bei der Herbstpflanzung wegen der meist folgenden Winterfeuchtigkeit weniger gefährlich als im Frühjahr. In Gebieten mit starken Winterfrösten (Gebirgslagen) und auf sehr schweren, zur Nässe neigenden Böden kann die **Frühjahrspflanzung** vorteilhafter sein.

Immergrüne Nadelgehölze sollten etwas früher im Herbst (Mitte August bis September) und etwas später im Frühjahr (April bis Mai) gepflanzt werden. Da sie über ihre Blätter laufend Wasser verdunsten, müssen sie rasch einwurzeln bzw. ihre Mykorrhiza entwickeln, was durch höhere Bodentemperaturen zu den genannten Zeiten gefördert wird.

Containerpflanzen (in Gefäßen ≥ 2 Liter kultivierte Pflanzen) können ganzjährig – außer bei Frost und Schnee – gepflanzt werden.

3.2 Baumpflanzung (1)

Baum pflanzen

Großbaum pflanzen

1. Pflanzloch ausheben

Das Pflanzloch sollte mindestens 1,5-mal so tief und breit ausgehoben werden wie die Wurzel bzw. der Wurzelballen groß ist (1). Bei Straßenbäumen in der Stadt sollten 6 m^3 (2 m · 2 m · 1,5 m) nicht unterschritten werden. Bei der Pflanzung von Baumreihen haben sich bei notwendigen Bodenverbesserungen Pflanzgräben bewährt.

Pflanzanleitung „Hochstämme“

Beim Aushub ist darauf zu achten, dass Ober- und Unterboden getrennt gelagert, d. h. nicht miteinander vermischt werden. Die Sohle des Pflanzlochs – wie auch Verfestigungen der Seitenwände – sind mit dem Spaten zu lockern. Liegen undurchlässige Schichten vor, müssen zur Vermeidung von Staunässe ein bis drei Löcher bis in den sickerfähigen Untergrund gebohrt und mit Kies verfüllt werden. Steine > 5 cm sind zu entfernen.

2. Pflanzensicherung erstellen

Eine Sicherung soll den Baum vor Windschiefe und -bruch schützen und vor allem verhindern, dass es durch Hin- und Herbewegen im Wind über Hebelbewegungen zum Abreißen der sich neu bildenden feinen Wurzelhaare und damit zur Hemmung der Wasser- und Nährstoffaufnahme kommt.

Oberirdische Sicherungen

Baumpfähle müssen geschält und mindestens zwei Jahre haltbar sein. Ihre **Mindestzopfstärke** (Durchmesser) sollte für Bäume mit einem Stammumfang (StU) bis 18 cm mindestens 8 cm und bei über 18 cm mindestens 10 cm betragen. Sind die Köpfe der Pfähle aufgespalten, müssen sie nachgeschnitten werden, damit das Regenwasser ablaufen kann.

Die **Auswahl der Pflanzensicherung** (Tab. 1, S. 265) richtet sich nach der Baumgröße, der Pflanzenqualität (StU, Ballen- oder Wurzelware) und dem Standort:

Für Hochstämme bis 16 cm StU wird in der Regel ein **Senkrechtpfahl** (1 und Tab. 1, S. 265 a)) (Kiefer/Fichte) ge-

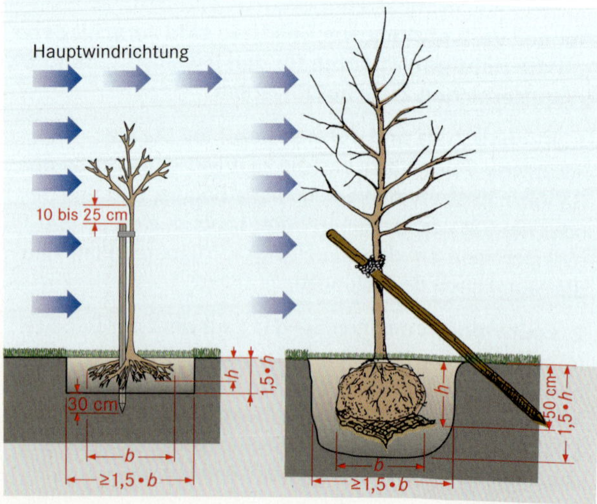

1 Senkrecht- und Schrägpfahl

nommen. Er wird zum Schutz der Wurzel vor dem Pflanzen des Baumes etwa 30 cm tief in den gewachsenen Boden des Pflanzlochs geschlagen. Dabei ist darauf zu achten, dass er gerade und zur Hauptwindrichtung steht. Um Verletzungen der Äste durch ein Scheuern am Stamm zu vermeiden, darf der Pfahl nicht in die Krone reichen. Bei Hochstämmen bis 250 cm Stammhöhe sollte er höchstens 10 cm und mindestens 25 cm unter dem Kronenansatz enden.

Die Bindung darf nicht zu tief liegen, weil sonst ein Hebeleffekt entsteht, der bei Windbelastung sehr schnell zum Brechen des Stammes führen kann. Da sie zwischen Pfahl und Stamm etwa eine Handbreite betragen soll, können **Ballenpflanzen** nicht mit einem Senkrechtpfahl gesichert werden. Für kleinere Ballenpflanzen verwendet man einen **Schrägpfahl**[1] (1 und Tab. 1, S. 265 b)).

Pflanzen, die so nicht ausreichend gesichert werden können, benötigen ein **Pfahlgerüst** aus zwei (Zweibock), drei (Dreibock) (Tab. 1, S. 265 c) und d)) oder vier Pfählen (Vierbock).

Stangenscheren (Tab. 1, S. 265 e)) dienen in der Regel nur der vorläufigen Baumsicherung.

Nach 3–4 Jahren ist der Baum gut verwurzelt. Dann sollten die Baumpfähle entfernt werden, um die Bildung einer kräftigen Wurzel und eines kräftigen Stamms anzuregen.

Die Aufgaben von Senkrechtpfählen können auch **Drahtseilverspannungen** (Tab. 1, S. 265 f)) übernehmen. Dazu werden drei mindestens 2 mm dicke, verzinkte Stahlseile in der Krone befestigt, im Winkel von 45° zum Boden geleitet und verankert. Wegen der Stolper- und Verletzungsgefahr sind sie nur an für die Öffentlichkeit unzugänglichen Stellen verwendbar.

[1] Gefahr von Reibungsschäden

a) Senkrechtpfahl

oB | mB | H | Hei, Stbu, Nadelb. | Großb.

b) Schrägpfahl[1]

oB | mB | H | Hei, Stbu, Nadelb. | Großb.

c) Zwei Senkrechtpfähle

oB | mB | H | Hei, Stbu, Nadelb. | Großb.

d) Dreibock (gebräuchlichste Form)

oB | mB | H | Hei, Stbu, Nadelb. | Großb.

e) Stangenschere

oB | mB | H | Hei, Stbu, Nadelb. | Großb.

f) Drahtseilverspannung (© GEFA Produkte®)

oB | mB | H | Hei, Stbu, Nadelb. | Großb.

g) Ballenanker, StU ≥ 20 cm, Ballen-ø ≥ 60 cm (© GEFA Produkte®)

oB | mB | H | Hei, Stbu, Nadelb. | Großb.

h) Verankerung mittels Baustahlmatte (© GEFA Produkte®), wo eine Ballenverankerung mit Ankern nicht möglich ist

i) Niedrig angebrachte Baumbindung (© GEFA Produkte®)

oB | mB | H | Hei, Stbu, Nadelb. | Großb.

j) Verankerung mit Doppelspieß (arbofix®))

k) vernachlässigte Pflanzung, leider kein Einzelfall

oB = ohne Ballen
mB = mit Ballen
H = Hochstamm
Hei = Heister
Stbu = Stammbusch
Nadelb. = Nadelbaum
Großb. = Großbaum (StU > 30 cm)

Tab. 1 Baumverankerungen – Versuche haben gezeigt, dass Bäume ab StU 30/35 und entsprechendem Ballendurchmesser (etwa 130 cm) auf innerstädtischen Standorten kein Sicherungssystem benötigen

[1] zusätzlicher Bambusstab verhindert Hebeleffekt

Unterirdische Sicherungen

Eine unauffällige Fixierung des Baumes ermöglichen in die Pflanzgrube eingebrachte Verankerungssysteme. Im Gegensatz zu den starren, oberirdischen Anbindungen fördern bei ihnen die durch den Wind verursachten Belastungsreize frühzeitig die Ausbildung von Zug- und Druckholz im Stamm, das Dickenwachstum des Stammes sowie die Ausbildung von kräftigen Wurzeln.

Unterirdische Sicherungen haben gemeinsam, dass sie einen intakten, gut durchwurzelten Ballen einer Qualitätsbaumschule erfordern. Eine dieser sogenannten **Unterflurverankerungen** ist der **Ballenanker** (Tab. **1**, S. 265 g)). Zur Fixierung des Ballens werden breit aufliegende Spanngurtbänder an drei Stellen über den **ungeöffneten** Ballen gespannt und an unterhalb der zukünftigen Erdoberfläche endenden Erdankern (z. B. unverzinkte Schraubanker) befestigt und z. B. mittels einer Ratsche gespannt. Zur besseren Verteilung des Spanndrucks und damit der Schonung der Wurzeln sollte der Ballen zuvor mit verrottungsfähigen Auflagen (z. B. Kokosscheiben) abgedeckt werden. Voraussetzung für eine derartige Verankerung ist ein gut durchwurzelter, fester, möglichst flacher Ballen. **Alle verwendeten Materialien sollten so beschaffen sein, dass sie im Lauf der Zeit verrotten.** Durch **intensive Wässerung** wird dieser Prozess gefördert. Um ein Einwachsen zu verhindern, sollte der oberste Spanndraht des Drahtgeflechts am Ballen nach einem Jahr durchtrennt werden. Da sich der Wurzelballen noch setzt, sollten die Spanngurte vier Wochen nach der Pflanzung nachgespannt werden.

Anders die **Unterflurverriegelung** mit dem Doppelspieß arbofix („Pfahlwurzel aus Eisen"). Der in verschiedenen Größen erhältliche Doppelspieß wird von unten in den Ballen geschlagen. Eine in der Mitte des Spießes angebrachte Stoppscheibe begrenzt die Eindringtiefe, wodurch Wurzelverletzungen weitgehend vermieden werden sollen. Nach dem Einschlagen des Dorns wird der Baum mit Ballen angehoben und senkrecht ins Pflanzloch herabgelassen, sodass die untere Spießhälfte in die Sohle des Pflanzlochs eindringt und den Ballen gegen Drehbewegungen sichert. Ein geschlossener Draht-/Juteballen ist Voraussetzung für dieses Verankerungsprinzip (Tab. **1**, S. 265 j)).

Der gleiche positive Effekt wie durch eine unterirdische Sicherung lässt sich durch eine **tiefere Anbindhöhe** an Baumpfählen (1 m) erreichen (Tab. **1**, S. 265 i)). Auch hier kann sich der Baum im Wind hin- und herbewegen, ohne dass die Bewegung auf die Wurzel übertragen wird.

Das Wichtigste zur raschen Einwurzelung ist ausreichendes Wässern (s. S. 269 f.).

3. Bodenverbesserung

Zur Bodenverbesserung wird der Aushub (Oberboden) mit gut zersetztem Kompost – auf 2 Teile Aushub 1 Teil Kompost oder auf 1 Teil Aushub 1 Teil Pflanzerde + 10 % Kompost – vermischt. Organische Substanz sollte nicht tiefer als 35 cm eingearbeitet werden, da es aufgrund des geringeren Sauerstoffgehaltes in größerer Tiefe leicht zur Fäulnis und damit zur Schädigung der Wurzel kommen kann.

Als **Startdünger** sind Mehrnährstoffdünger in Form von Depotdünger (Frühjahrspflanzung 3 bis 6 Monate, Herbstpflanzung 9 bis 12 Monate) geeignet. Die Höhe der Düngung ergibt sich aus der empfohlenen N-Menge in Abhängigkeit vom Stammumfang (Tab. **1**).

Stammumfang (StU)	N-Menge/Baum
12 – 14	15 g
16 – 18	18 g
20 – 25	24 g
25 – 30	30 g

Tab. 1 Startdüngung bei der Baumpflanzung

Bei Straßenpflanzungen in der Stadt ist der Aushub in der Regel nicht verwendbar. Um jedoch einen **„Blumentopfeffekt"** – ein zu nährstoffreiches Substrat in der Pflanzgrube fördert nicht die Durchwurzelung des angrenzenden Bodens – zu vermeiden, wird der Aushub zu 50 Gewichts-% wiederverwendet und mit 50 % geeignetem Füllboden vermischt. Für die oberen 30 bis 40 cm ist nährstoffhaltiger Oberboden geeignet, der mit Langzeitdüngern und das Bodenleben fördernden Präparaten angereichert werden kann. Auf eine zu starke Anreicherung mit Humus im Oberboden wird bei Stadtbäumen häufig verzichtet, da dies zu einer starken Wurzelkonzentration in der Nähe der Bodenoberfläche führt und die Tiefendurchwurzelung stark zurücktritt. Zur Erhöhung der Standfestigkeit, wie auch der Nährstoff- und Wasserversorgung, ist aber eine tiefe Wurzelausbildung notwendig. Unabdingbare Voraussetzung dafür ist eine gute Sauerstoffversorgung im Unterboden, was mit porenreichem Material, wie z. B. Lava und Bims, erreicht werden kann. Sie weisen eine hohe Wasserspeicherfähigkeit und eine gute Wasser- und Sauerstoffleitung auf, sind strukturstabil und trittfest und wirken so einer Verdichtung entgegen.

Anforderungen an Bodensubstrate für Stadtbäume:

- struktur- und verdichtungsstabil
- hoher Anteil an luftführenden Grobporen (20 bis 30 %)
- hohe Wasserleitfähigkeit zur Vermeidung von Staunässe
- gute Wasserversorgung (Anteil an wasserführenden Mittelporen 30 bis 40 %)
- gute Nährstoffversorgung und nicht zuletzt
- kostengünstig und standortgerecht (Tab. **1**, S. 267)

Unterbodensubstrat:
60 Vol.-% Leichtlava „Lavapor 800“ 8/16
40 Vol.-% Feinboden
Zusammensetzung des Feinbodens:
75 Vol.-% Sand 0/3 (Schluffgehalt 15 – 20 %)
25 Vol.-% Perlite „Agriperl“ 0/3
zzgl. je m^3 15 kg Bentonit-Tongranulat,
15 kg Rindenhumus 0/20
Oberbodensubstrat:
25 Vol.-% Leichtlava „Lavapor 800“ 8/16
25 Vol.-% Sand 0/3 (Schluffgehalt 15 – 20 %)
20 Vol.-% Rindenhumus 0/20
20 Vol.-% Perlite „Agriperl“ 0/3
zzgl. je m^3 10 kg Bentonit-Tongranulat

Tab. 1 Beispiel für einen zweischichtigen Substrataufbau (Ober- und Unterbau) für Stadtbäume (auch einschichtige Substrate möglich)

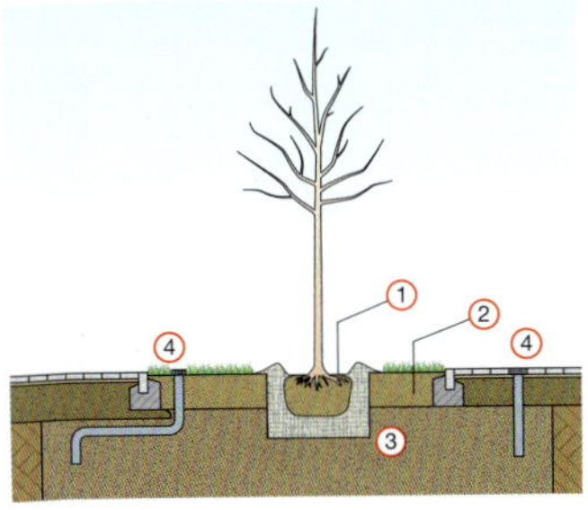

1 Belüftungsrohr

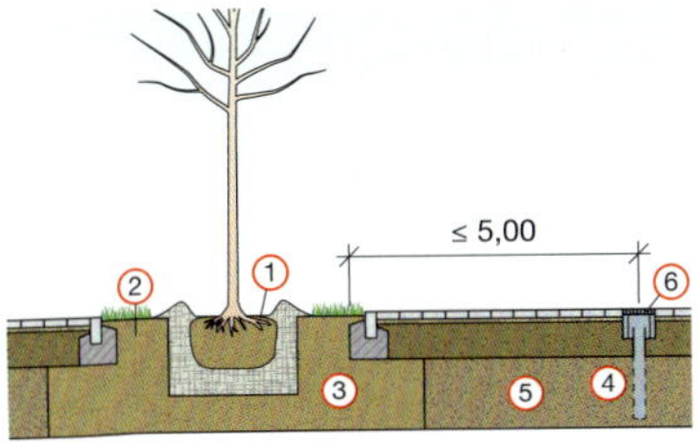

2 Grabenbelüftung

Zur Belüftung und zusätzlichen Versorgung der Bäume mit Wasser und Nährstoffen wurden häufig Dränrohre aus PVC ringförmig in 40 bis 50 cm Tiefe um den Wurzelbereich gelegt. Diese Maßnahme hat sich nicht bewährt, da der Einbau von Dränrohren vor allem zu einer schnellen Wasserabführung führt, sodass die Austrocknung des Ballens gefördert wird. Zudem kann es im Laufe der Zeit zu einer Feinkornverlagerung und damit zur Bildung von Sperrhorizonten kommen. Als Alternative bietet sich der vertikale Einbau von **Belüftungsrohren** an (**1**). Bei der **Grabenbelüftung** wird die Luftzufuhr über einen an die Pflanzgrube grenzenden Graben gefördert. Der Graben sollte mindestens 30 cm breit, so tief wie die Pflanzgrube und mit Material der Korngröße 8/22 mm oder gröber verfüllt sein (**2**).

4. Pflanzschnitt

Bei Laubgehölzen ist der **Pflanzschnitt** in der Regel ein **Auslichtungsschnitt**, d. h., nur verletzte, kranke, zu dicht stehende Äste und Konkurrenztriebe werden entfernt (**2**, S. 277). Dabei sollte auf ein **Gleichgewicht** zwischen Spross (Versorgung der Wurzel mit Assimilaten) und der Wurzel (Versorgung des Sprosses mit Wasser und Nährstoffen) geachtet werden. Dies gilt umso mehr, als durch Schnittmaßnahmen auch der **Hormonhaushalt der Pflanzen** gestört wird. So wird Cytokinin, das das Sprosswachstum anregt, hauptsächlich in der Wurzel gebildet. Hingegen wird die Indolylessigsäure (IES), die das Wachstum der Wurzel steuert, in den Blättern gebildet. Bei einem Kronenschnitt wird also die IES-Produktion und damit das Wurzelwachstum gehemmt. Umgekehrt wird durch den Wurzelschnitt wiederum das Sprosswachstum verringert. Entsprechend wird die Krone soweit ausgelichtet, dass ein angemessenes Verhältnis zwischen der durch den Rodevorgang verminderten Wurzelmasse und dem Kronenvolumen (Verringerung der Verdunstungsfläche!) erreicht wird. Dabei ist die natürliche Wuchsform zu erhalten. Am besten werden ganze Äste/Zweige herausgenommen. Dabei kommt es auf eine fachgerechte Schnittführung an (s. Exkurs Fachgerechte Schnittführung). Der stammverlängernde Leittrieb darf nicht eingekürzt werden, es sei denn, dieser ist im Verhältnis zur Länge erheblich zu dünn, sodass ohne Rückschnitt keine gerade Weiterentwicklung gewährleistet ist. Das Gleiche gilt für die Seitenäste. Sie sollten nur zurückgeschnitten werden, wenn der letzte Jahrestrieb im Verhältnis zur Baumhöhe zu lang ist. Auch hier hat der Auslichtungsschnitt Vorrang.

Ballenpflanzen sollten leicht ausgelichtet werden, da auch sie einen Teil ihrer Wurzeln bei der Herausnahme aus dem Boden verloren haben. Eine Ausnahme bilden **Heckenpflanzen** und **Obstbäume**, bei denen ein stärkerer Schnitt erfolgt. Bei ihnen ist der Pflanzschnitt ein **Rückschnitt** (s. Hecken, Kap. 6.3) bzw. ein **Erziehungsschnitt** (s. Obstbaumschnitt, Kap. 8.3).

Baumbiologen haben festgestellt, dass der günstigste Zeitpunkt für den Pflanzschnitt das Frühjahr kurz vor dem Austrieb ist, also nicht beim Pflanzen. Durch die einsetzende Fotosynthese stehen mehr Assimilate für die Wundheilung zur Verfügung. Bei der Herbstpflanzung ist ein geringerer Auslichtungsschnitt erforderlich als bei der Frühjahrspflanzung, da die Wurzelbildung bereits über Winter erfolgt. Je später die Pflanzung im Frühjahr, desto stärker muss der Pflanzschnitt zur Reduzierung der Verdunstung durchgeführt werden.

Wunden mit einem Durchmesser > 3 cm sind laut VOB mit **Wundbehandlungsmittel** zu behandeln. Diese Maßnahme ist umstritten, da sie bei manchen Baumarten mehr geschadet als genützt hat. Fest steht, dass verschiedene Baumarten unterschiedlich auf Wundverschlussmittel reagieren, sodass keine pauschale Antwort möglich ist.

Bei Straßenbäumen muss ein **Lichtraumprofil** (Abstand der unteren Kronenäste vom Boden) von 4,50 m freigehalten werden. Die Aufastung sollte möglichst bald, spätestens im zweiten Standjahr, jedoch nicht zusammen mit dem Pflanzschnitt erfolgen, da der entstehende Verlust an Fotosynthesefläche zu groß ist. Sogenannte **„Bluter“**, z. B. Birken, sollten nicht vor dem Blattaustrieb (Saftdruck wird reduziert) geschnitten werden (Walnuss nicht vor August), da sie sonst „verbluten“ können.

An den Wurzeln darf aufgrund der bereits hohen Wurzelverluste nicht mehr als unbedingt notwendig geschnitten werden. Beim **Wurzelschnitt** sind entsprechend nur beschädigte Wurzeln zu entfernen. Dabei ist darauf zu achten, dass die Schnittstellen nach unten zeigen und scharfe Werkzeuge benutzt werden. Quetschungen sind die Hauptursache für Wurzelfäule. Ein leichtes „Anschneiden“ der Wurzelspitzen (wenige cm) fördert über den entstehenden Wundreiz (Wundkallusbildung) die Wurzelentwicklung.

Exkurs Fachgerechte Schnittführung

Bäume schneiden

Einsatz von Scheren

Wunden an Gehölzen stellen **Eintrittspforten für holzzerstörende Pilze** dar. Zum Schutz bilden Bäume bei Verletzungen im Gewebe eine **Sperrzone**, um die Ausbreitung von Krankheitserregern zu verhindern, und äußerlich **Wundgewebe** zur Schließung der Wunde. Damit die natürliche Schutzzone nicht durchbrochen wird, ist so nah wie möglich am **Astring** zu schneiden, da sich in ihm das Gewebe für die Bildung der Sperrzone befindet (1, ②). Schneidet man stammparallel (1, ①), wird diese natürliche Schutzzone durchbrochen. Stummel („Kleiderhaken“) sollten nicht belassen werden (1, ③), da diese absterben und wiederum Eintrittspforten für Pilze bilden.

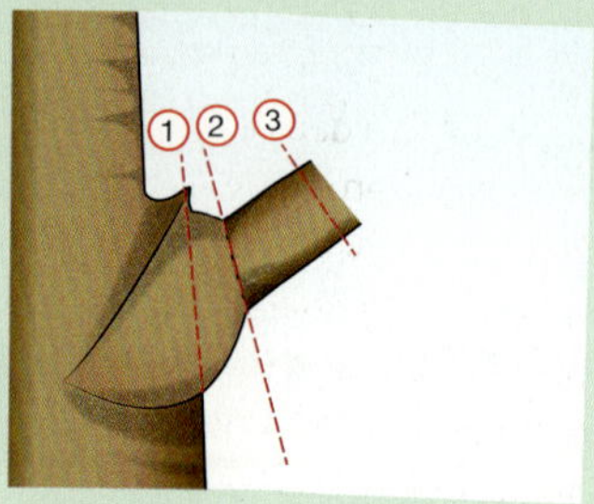

1

Beim **Steinobst** (z. B. Kirsche, Pflaume, Pfirsich oder Aprikose) hat sich aufgrund der hohen Infektionsgefahr durch **Monilia** (Pilzkrankheit) bei der Entfernung größerer Äste das Stehenlassen von Stummeln bewährt, weil die Bäume durch den **Stummelschnitt** (Pilz muss zunächst durch den Stummel wachsen) mehr Zeit für die innere Abschottung erhalten.

Größere Äste werden fachgerecht in drei Schnitten entfernt (2).

Der Ast wird von der Unterseite etwas eingeschnitten (Entlastungsschnitt, ①) und dann von oben abgesägt ②. Anderenfalls könnte der Ast beim Abbrechen durch sein Gewicht Rinde und Holz herausreißen und den Stamm beschädigen. Das verbleibende Aststück wird nun durch einen **„Schnitt auf Astring“**, d. h. direkt vor dem Wulst zur Astseite hin, abgesägt.

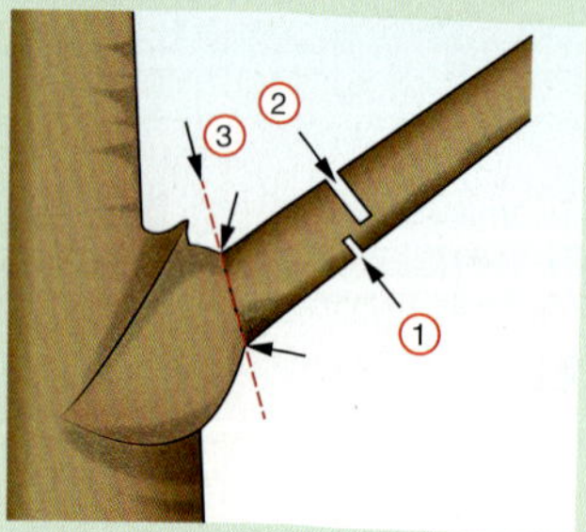

2

Beim **Einkürzen von Ästen** ist auf nach außen zeigende Augen (Knospen) zu schneiden (3).

① falsch, Zapfen zu lang
② falsch, zu schräg → große Schnittfläche → Gefahr, dass Auge vertrocknet/ausbricht
③ falsch, Schnitt zu dicht am Auge; durch den Wasserverlust der Wunde kann das Auge vertrocknen, sodass das darunterliegende, nach innen wachsende Auge austreiben würde
④ richtig, ½ cm über dem Auge geschnitten; Schnitt verläuft leicht schräg nach oben, sodass Regenwasser schnell ablaufen kann → Schutz vor Fäulnis (s. auch Exkurs Fachgerechter Kronenschnitt, S. 277 ff.)

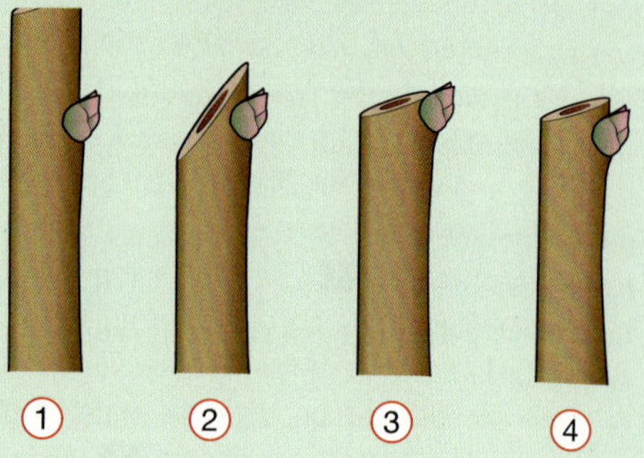

3

5. Einsetzen des Baumes

Das Eintauchen der Wurzel in Wasser vor dem Pflanzen fördert das Anwachsen. Ballenpflanzen dürfen nie mit trockenem Ballen gepflanzt werden, da die Aufnahme von Feuchtigkeit in den Ballen aus dem umgebenden Erdreich zu lange dauert, wodurch das Anwachsen erschwert wird. Trockene Ballen sind so lange in Wasser zu tauchen, bis keine Luftblasen mehr aufsteigen.

Das **Einpflanzen** sollte von zwei Personen durchgeführt werden, wobei die eine den Baum gerade in das Pflanzloch hält und die andere die Erde einfüllt. Dabei ist darauf zu achten, dass die Wurzeln gut verteilt sind. Die Pflanze sollte genauso tief gepflanzt werden, wie sie in der Baumschule gestanden hat, was an der dunklen Verfärbung am Wurzelhals erkennbar ist.

Besonders Flachwurzler, z. B. Birken, reagieren empfindlich auf ein zu tiefes Pflanzen. Bereits 2 cm können bei bindigen Böden das Anwachsen gefährden. Bei zu tiefer Pflanzung erhalten die sich neu bildenden, sehr atmungsaktiven Wurzeln nicht genügend Sauerstoff. Da der Boden sich im Laufe der Zeit noch setzt, sollte etwa 5 cm höher gepflanzt werden. Vor allem bei Straßenbäumen ist die aufgrund der tieferen Pflanzlöcher nicht unerhebliche Setzung des Bodens zu berücksichtigen.

Aus Steckhölzern gezogene Gehölze können im Allgemeinen 5 cm tiefer als vorher gepflanzt werden, da sie aus dem überschütteten Stammabschnitt Wurzeln bilden. Bei Obstbäumen muss sich die Veredlungsstelle mindestens eine Handbreit (5–10 cm) über dem Boden befinden, weil sich sonst die Edelsorte „freimacht“, d. h. Wurzeln bildet. Am besten überprüft man die Pflanztiefe nach dem Einsetzen des Baumes, indem man den Spaten über das Pflanzloch legt. Ballenpflanzen werden so tief gepflanzt, dass der Wurzelballen ganz dünn (ca. 2 cm) mit Erde überdeckt ist. Ballentücher und Drahtballen sind aufzuknüpfen und verbleiben im Pflanzloch. **Ballentücher** bestehen entweder aus einem Mischgewebe aus Natur- und Kunststofffasern (z. B. Konitex) oder reinen Naturfasern, wie z. B. Jute. Nach Verrottung des Naturfaseranteils zerfällt der Rest des Gewebes innerhalb von 4 bis 6 Monaten. Ballentücher aus reinen Kunststofffasern (z. B. Balledur) dürfen nicht mehr verwendet werden. Für **Drahtballen** werden unverzinkte Drahtgeflechte, deren Dicke je nach Größe des Ballens 0,8 bis 2,5 mm beträgt, verwendet. Sie beginnen bereits nach 4 Monaten zu zerfallen und sind spätestens nach 2 Jahren verschwunden. Zur Vermeidung von Wurzelschäden (Drahteinwüchse) sollten die Drahtgeflechte nach dem Einsetzen des Baumes geöffnet und heruntergedrückt werden.

Während des Einfüllens der Erde (Unterboden zuerst!) sollten ballenlose Gehölze leicht hoch und runter gerüttelt werden, damit sich die Erde gut zwischen die Wurzeln legt und Hohlräume vermieden werden. Nach dem Füllen des Pflanzloches wird die Erde angetreten.

6. Anbinden

Ziel des Anbindens ist es, eine feste und dennoch elastische, nichtscheuernde, luftdurchlässige und gegen Nässe und Temperaturschwankungen unempfindliche Verbindung zwischen Pfahl und Baumstamm herzustellen. Als **Baumbindematerialien** haben sich vor allem Kokosstrick (7-fach gezopft) und (Elastofix-)Gummibänder bewährt. Nachteil der Gummibänder ist, dass sie nach Gebrauch entsorgt werden müssen.

Beim Anbinden ist besonders darauf zu achten, dass keine Rindenverletzungen auftreten. Zur Vermeidung von Einschneidungen sollte die Auflagefläche mindestens 4 cm breit sein. Die **Bindung mit Kokosstrick** erfolgt, indem der doppelt genommene Strick zunächst um Stamm und Pfahl in Form einer 8 geschlungen und dann zwischen Stamm und Pfahl vom Stamm zum Pfahl hin umwickelt wird, sodass die Wicklung einen stabilen Abstandshalter (etwa Handbreite) bildet, der ein Andrücken des Stammes an den Pfahl verhindert. Da sich der Boden noch setzt, sollte die Bindung etwas schräg nach oben angelegt sein. Gegen ein Verrutschen wird das Tauende mit einer Krampe am Pfahl befestigt. Überhängende Stücke werden abgeschnitten. Für die Bindung an einem Senkrechtpfahl benötigt man in etwa eine Taulänge von drei Armspannweiten, für einen Dreibock mit 40 cm Abstand zwischen Pfahl und Stamm etwa 380 cm. Die Bindungen sind mindestens im halbjährlichen Abstand zu kontrollieren, damit es durch das Dickenwachstum des Stammes nicht zu Einschnürungen kommt.

7. Wässern

Nach dem Einpflanzen des Baumes wird ein **Gießring** geformt und mehrmals mit Wasser gefüllt (20 bis 50 Liter). Er sollte etwa doppelt so groß wie der Durchmesser des Ballens/der Wurzel sein und, je nach Größe des Baumes, eine Tiefe von 10 bis 30 cm aufweisen, damit die benötigte Staumenge vorhanden ist. Durch das Einschlämmen (durchdringendes Wässern) wird der notwendige Bodenschluss zur kapillaren Wasseraufnahme hergestellt. Der Gießring sollte mindestens 2 Jahre erhalten bleiben. Zur besseren Wasserausnutzung sollte zunächst der Innendurchmesser des Gießrandes dem Ballendurchmesser entsprechen, sodass sich die Innenseite des Gießrandes über dem äußeren Rand des Ballens befindet (1, S. 270). So wird gewährleistet, dass das gesamte Gießwasser dem Ballen zugeführt wird. Mit zunehmendem Wurzelwachstum ist der Gießring zu vergrößern.

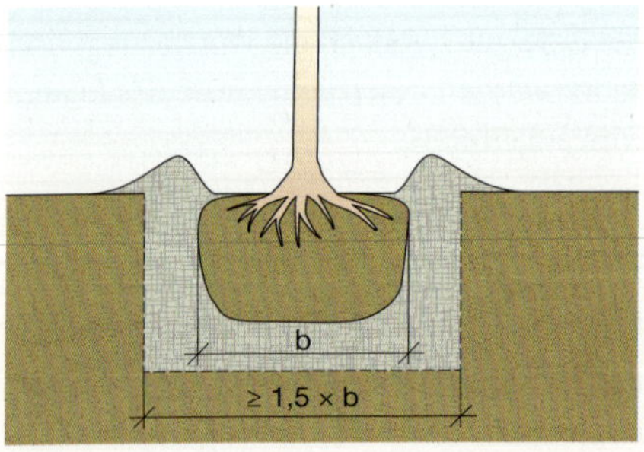

1 Zur effizienten Wassernutzung sollte der Gießranddurchmesser zunächst der Ballengröße entsprechen.

Bei Trockenperioden im Frühjahr und Sommer des Pflanzjahres ist unbedingt zu wässern, wobei während des Austriebs im Frühjahr und in der zweiten Triebphase (**Johannistrieb**, um den 24. Juni) der größte Wasserbedarf vorliegt. Fallen an einem Tag in der Woche mehr als 20 mm Niederschlag, braucht nicht gewässert zu werden (Ausnahme Großbäume und Kübelpflanzen). Ansonsten haben sich Bewässerungsabstände von 10 Tagen bewährt. Spätestens bis Mitte April sollte jeder neu gepflanzte Baum einmal gründlich gewässert worden sein. Die Bewässerungsmaßnahmen sind mindestens so lange durchzuführen, bis die Wurzeln die Kronentraufe (Regentraufe) des Baumes erreicht haben.

8. Mulchen

Zum Schutz des Bodens vor Austrocknung, Erosion und Wildkrautwuchs ist das Mulchen des Bodens mit **Rindenmulch** (Schichtdicke 5 bis 10 cm) zu empfehlen.
Es handelt sich dabei um die Wiederverwendung der in Sägewerken in großen Mengen anfallenden Baumrinde. Gängige Größen sind 10 bis 40, 10 bis 80 und 20 bis 80 mm. Der Feinanteil kleiner 10 mm sollte 10 % nicht überschreiten, da sonst die Fläche zu langsam abtrocknet, was die Keimung anfliegender Wildkrautsamen begünstigt. Da Rindenmulch ein weites C:N-Verhältnis aufweist, ist zur Vermeidung von N-Festlegungen vor der Ausbringung eine N-Ausgleichsdüngung (1,5 bis 2 kg N/m^3 oder 3 g N/m^2) durchzuführen. Natürlich muss die verwendete Rinde auch frei von Schadstoffen sein. Gewährleistet wird dies in den Produkten der Betriebe, die sich in der **„Gütegemeinschaft Rinde für Pflanzenbau e. V.“** zusammengeschlossen haben. Ihre Produkte unterliegen einer laufenden freiwilligen Kontrolle durch unabhängige Wissenschaftler.

9. Schutz des Stammes vor Verdunstung und starker Sonneneinstrahlung

Die **Hauptursache für Stammschäden** an frisch gepflanzten Bäumen ist eine **hohe Sonneneinstrahlung**. Besonders gefährdet an sonnenexponierten Standorten ist die nach Süden bis Südwest zeigende Rindenoberfläche.

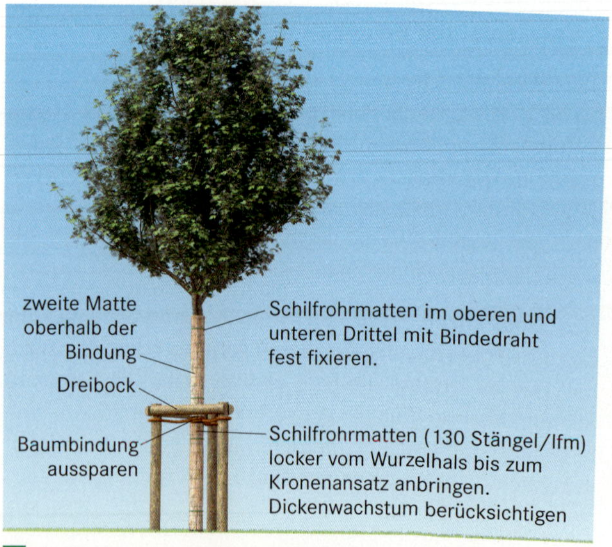

2 Schilfrohrmatte richtig eingesetzt

Zum Schutz vor Hitzeschäden haben sich **flexible Matten aus Schilfrohr** und anderen Materialien sowie **Anstriche mit weißer Farbe** bewährt. Bei frisch gepflanzten größeren Gehölzen (StU > 30 cm) sowie empfindlichen Pflanzen ist es zudem wichtig, die **Verdunstung** einzuschränken.

Das Umwickeln von Stämmen und größeren Ästen (Lentizellen!) mit in Lehmbrei getränkten Jutebandagen ist an Standorten mit starker Sonneneinstrahlung nicht zu empfehlen[1]. Bewährt haben sich flexible, drahtgebundene, nicht zu dichte Matten (luft- und lichtdurchlässig) aus Schilfrohr (2), Reet (Ried), Weiden, Bambus oder Kokus. Sie reduzieren die Verdunstung und schützen den Stamm vor Überhitzung (Gefahr von Stammrissen).

Der **Stammschutz** ist unmittelbar nach der Pflanzung locker vom Wurzelhals bis dicht unter den Kronenansatz anzubringen. Die Bindung darf nicht auf der Matte aufliegen. Bei Bäumen mit einem hohen Kronenansatz ist eine zweite Matte oberhalb der Bindung anzubringen (2). Dies gilt auch für die bei einer Aufastung freigelegten Stammbereiche.

Untersuchungen haben gezeigt, dass der Stammschutz mindestens 5 Jahre (besser 7 bis 8 Jahre) belassen werden sollte[2]. Erfahrungen haben gezeigt, dass Schilfrohrmatten mehr als 10 Jahre am Stamm halten können. Ihr allmählicher Zerfall ermöglicht es dem Baum, sich langsam an die zunehmende Sonneneinstrahlung zu gewöhnen.

Stammanstriche mit weißer Farbe, im Obstbau schon seit über 100 Jahren praktiziert, stellen eine gute Alternati-

1 Bei starker Sonneneinstrahlung können unter Jutebandagen sehr hohe Temperaturen (bis über 50 °C) entstehen.

2 Als Materialreserve (Dickenwachstum) kann der Stammschutz auf der Nordseite überlappend gelegt werden.

ve zu **Stammschutzmatten** dar. Die weiße Farbe reflektiert die auftreffenden Sonnenstrahlen und reduziert so die Oberflächentemperatur. Zudem werden **Frostrisse am Stamm** vermieden: Im Winter und zeitigem Frühjahr kommt es zu großen Temperaturschwankungen zwischen Tag und Nacht. Die Sonne gewinnt zunehmend an Kraft, während in der Nacht noch Minustemperaturen herrschen. Diese Temperaturschwankungen sind auf der Südseite des Stammes besonders groß, sodass es hier zu starken Gewebespannungen kommt, die letztendlich zu tiefen Rindenrissen, sogenannten „Frostrissen", führen können.

Der Farbanstrich ist, wie die Stammschutzmatten, unmittelbar nach der Pflanzung vom Stammfuß bis mindestens zum Kronenansatz anzubringen. Die verwendete spezielle **Langzeitschutzfarbe** (z. B. ARBO-Flex) sollte möglichst lange, mindestens 5 Jahre, halten. Voraussetzung dafür ist eine gute Haftung. Dazu ist es notwendig, den Stamm vor dem Anstrich von z. B. losen Rindenschuppen, Flechten, Algen und Moosen zu reinigen und einen speziellen **Voranstrich** (z. B. bei ARBO Flex LX 60) aufzutragen. Nach Antrocknung (grifffest) erfolgt der Anstrich deckend. Im Laufe der Zeit reißt der Anstrich sukzessive netzartig mit dem Dickenwachstum auf, ohne sich von der Rinde zu lösen, sodass sich die Rinde langsam an die veränderte Strahlung anpassen kann (s. auch Video „Frostrisse vermeiden", S. 286).

Weitere mögliche Verfahren zur Reduzierung der Verdunstung sind z. B.:

- **Blatt- und Stammspritzungen** mit verdunstungshemmenden Mitteln, z. B. Wachsemulsionen (Wirksamkeit etwa 8 Wochen).
- Aufbau von **Wind-/Sonnensegel**, vor allem bei immergrünen Pflanzen an windigen/sonnigen Standorten.
- **Kronenberegnung** durch Einbau einer Sprühnebelanlage. Dazu werden eine oder mehrere Sprühdüsen in der Krone des Baumes befestigt. Die Wasserzufuhr erfolgt über Schläuche.

10. Schutz vor Verbiss

Durch Wild (Hasen, Kaninchen, Rehe), Weide- oder Nagetiere (Mäuse) gefährdete Pflanzen sind vor Verbiss durch

- **Einzäunungen** mit Draht (Maschendraht bei Rehen mindestens 1,80 m hoch; bei Hasen und Kaninchen 1 m hoch, Maschenweite 4 mm, 30 cm tief in den Boden eingraben),
- **Plastikspiralen** oder feinmaschige **Drahtgeflechte**, die um die Stämme der Bäume gelegt werden (schützen vor dem gefährlichen Benagen der Rinde) oder
- das Anstreichen bzw. Spritzen von **Wildverbissmittel** zu schützen.

3.3 Fertigstellungspflege

Durch die **Fertigstellungspflege** soll ein **abnahmefähiger Zustand** entsprechend der DIN 18916 (Pflanzen und Pflanzarbeiten) erreicht werden, der die artgerechte Weiterentwicklung der Pflanzen erwarten lässt. Pflanzungen sind abnahmefähig, wenn sie angewachsen sind. Ersichtlich ist dies am Durchtrieb der Pflanzen, was im Allgemeinen im letzten Drittel des Junis (ab dem 24. Juni, Johannistrieb) der Fall ist (frühestmöglicher Zeitpunkt der Abnahme!). Weil die erfolgreiche Durchführung der Fertigstellungspflege überhaupt erst den Anwachserfolg und damit die Abnahmefähigkeit herbeiführt, muss sie im Auftragsangebot immer mitangeboten werden. Sie kann nur aus dem Angebot herausgenommen werden, wenn der Auftragnehmer dies wünscht. In diesem Fall sollte der Auftragnehmer zur eigenen Absicherung den Auftraggeber schriftlich über die damit verbundenen Risken hinweisen. Zudem ist dem Auftraggeber eine für den Laien **verständliche Pflegeanleitung** zu übergeben.

Zur **Fertigstellungspflege** gehören folgende Arbeiten:

- Lockern und Säubern der Pflanzfläche von z. B. unerwünschten Wildkräutern.
- Überprüfung der Bindungen und Verankerungen.
- Entfernung trockener und beschädigter Pflanzenteile.
- Entfernung von Unrat und Steinen > 5 cm Durchmesser.
- Wässern bei Trockenheit. Immergrüne Pflanzen sind auch im Winter bei frostfreiem Wetter und trockenem Boden durchdringend zu wässern.
- Düngungs- und Pflanzenschutzmaßnahmen.

3.4 Entwicklungs- und Erhaltungspflege

An die Fertigstellungspflege schließen sich die Entwicklungs- (dient der Erzielung eines funktionsfähigen Zustandes) und Erhaltungspflege (dient der Erhaltung des funktionsfähigen Zustandes) nach DIN 18919 an. Sie umfassen u. a. folgende Leistungen:
Bodenpflege, Pflanzenschutz-, Schnitt- und Düngemaßnahmen (Tab. 1)

N	P_2O_5*	K_2O*	MgO*
bis 5 g/m^2	3 - 4 g/m^2	6 - 8 g/m^2	0,8 - 1 g/m^2
*aufgeteilt in 2 Gaben (März/April; Juni/Juli)			

Tab. 1 Jährlicher Düngerbedarf von Gehölzen

3.5 Großbaumverpflanzung

Der Spruch „Einen alten Baum verpflanzt man nicht" ist heute wie auch früher schon nicht ganz zutreffend. Mit dem notwendigen Know-how ist eine erfolgreiche Umsiedelung selbst von Großbäumen durchaus möglich (1).

Als **Großbäume** gelten Bäume mit einem Stammumfang von mehr als 30 cm, gemessen in 1 m Höhe über dem Erdboden. Hinweise für das Verpflanzen von Großbäumen und **Großsträuchern** (ab ca. 2 m Breite/Durchmesser) finden sich in den **ZTV-Großbaumverpflanzung** (Zusätzliche Technische Vertragsbedingungen für das Verpflanzen von Großbäumen und Großsträuchern).

Ob ein Baum verpflanzfähig ist oder nicht, hängt in erster Linie von seinem Alter, seiner Größe und seinem Gesundheitszustand ab. Daneben spielen auch seine ökologische und kulturelle Bedeutung wie die voraussichtlichen Kosten der Verpflanzaktion eine Rolle. Im Gegensatz zu Großbäumen aus der Baumschule, die aufgrund des regelmäßigen Umstechens und Verpflanzens einen gut ausgebildeten Wurzelballen aufweisen, hat sich das Wurzelsystem bei den „freiwachsenden" Gehölzen nach außen hin entwickelt (2). Ein Herausnehmen derartiger Pflanzen aus dem Boden verursacht große Wurzelverluste, was ein Anwachsen enorm erschwert bzw. unmöglich macht. Entsprechend wichtig ist eine sorgfältige Vorbereitung des Baumes.

1 Großbaumverpflanzung, das Verpflanzen von Großbäumen, die nicht aus regelmäßig verpflanzten Anzuchtbeständen stammen

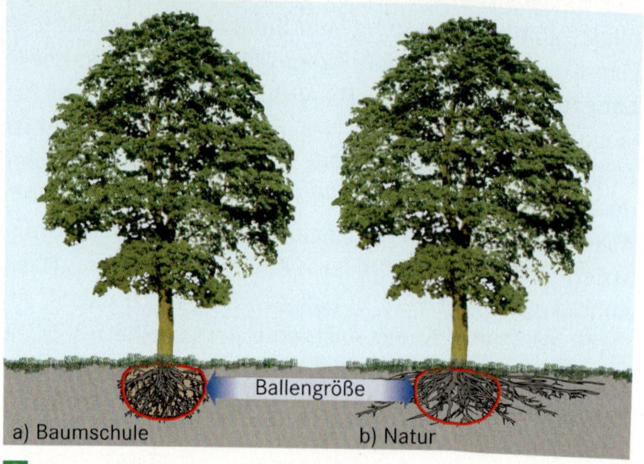

2 Unterschiedliche Wurzelentwicklung

3.5.1 Vorbereitende Maßnahmen

Mindestens eine, möglichst zwei Vegetationsperioden vor dem Verpflanztermin sollte begonnen werden, einen **Wurzelvorhang** zu erstellen. Dazu wird um den künftigen Ballen, der mindestens den 10-fachen Durchmesser des Stammes (wenn kein Ballen, dann mindestens den 12-fachen Stammdurchmesser) aufweisen sollte, ein Graben bis unter den Hauptwurzelbereich von mindestens 20 cm Breite ausgehoben (Graben wird zum späteren Ballen dazugerechnet). Das Freigraben sollte zur Schonung des Baumes abschnittsweise erfolgen (1, S. 273). Der Graben wird mit einem lockeren, nährstoffreichen Substrat (z.B. Komposterde mit Torf vermischt) verfüllt und feucht gehalten, sodass die Wurzelbildung in diesem Bereich gefördert und ein Großteil der verlorengegangenen Wurzeln ersetzt werden kann. Um ein Herauswachsen der neugebildeten Wurzeln aus dem Ballenbereich zu verhindern, ist die Grabenaußenseite mit einer luftdurchlässigen Schalung (z.B. Maschendraht abgedeckt mit Sackleinen) bzw. Vlies auszukleiden. Wurden größere Wurzelabschnitte durchtrennt, sind ausgleichende Schnittmaßnahmen in der Krone durchzuführen (s. S. 268 und 2, S. 277). Die Wurzeln sind glatt durchzuschneiden, wobei größere Wundflächen mit Wundverschlussmitteln zu behandeln sind. Ist durch das Abtrennen der Wurzeln die Standsicherheit des Baumes beeinträchtigt, muss er verankert werden (s. S. 265).

Großbaum verpflanzen

Großba verpflan zung

3.5.2 Verpflanzarbeiten

Nach ein bis zwei Vegetationsperioden wird der Baum herausgenommen. Dabei ist darauf zu achten, dass Großbäume nur am Ballen/Wurzelwerk angehoben und transportiert werden. Stamm, Krone und Wurzeln sind vor Verletzungen durch z.B. Umwickeln mit Kokosstrick oder die Verwendung von Ballentüchern zu schützen.

Die **Pflanzgrube** muss folgende Größe aufweisen: Tiefe = Ballentiefe (Setzmaß berücksichtigen!), Breite = Ballenbreite + 30 cm nach allen Seiten. Beim Einsetzen des Baumes ist darauf zu achten, dass die Südseite des Stammes wieder genau nach Süden hin ausgerichtet wird (Südseite kennzeichnen), da sich im Laufe der Jahre das hier gebildete Gewebe an die starken Temperaturschwankungen auf der Südseite angepasst hat. Wird eine andere Stammseite nach Süden ausgerichtet, können die im Gewebe auftretenden Spannungen zu tiefen Rissen in der Rinde führen.

Beim Pflanzen mit einer **Großbaumverpflanzmaschine** (Rundspatenmaschine) muss nachträglich ein 40 cm breiter und 20 cm unter den Hauptwurzelbereich reichender

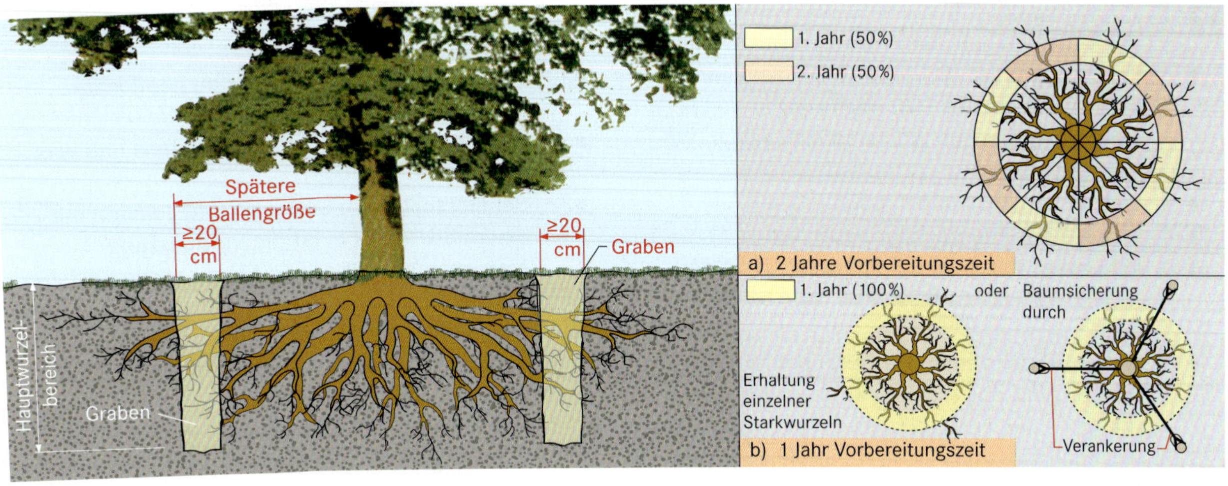

1 Erstellung eines Wurzelvorhanges

Graben, die sogenannte **Rehazone**, um den Ballen herum ausgehoben werden. Der Graben wird mit einem besonders wachstumsfördernden Substrat (z.B. Aushub gemischt mit Kompost, Rindensubstrat, Pferdemist und Hygromull) gefüllt. Damit keine wurzelschädigenden Stoffe (z.B. Methan) entstehen, sollte organische Substanz nicht tiefer als 60 cm in den Boden eingearbeitet werden. Nach dem Verfüllen des Pflanzloches sind Stamm und größere Äste vor Verdunstung und starker Sonneneinstrahlung zu schützen (s. S. 270f.). Anschließend wird durchdringend gewässert. Die Verankerung (s. S. 265) ist entsprechend der Größe des Baumes, dem Standort sowie ästhetischen Gesichtspunkten auszuwählen. Das Kronenvolumen muss durch Schnittmaßnahmen (nach **ZTV-Baumpflege**) dem verringerten Wurzelvolumen angepasst werden.

3.5.3 Fertigstellungspflege

Für die Fertigstellungspflege bei Großbaum- und Großstrauchverpflanzungen sind in der Regel drei Jahre erforderlich. Neben den üblichen Maßnahmen (s. Kap. 3.3) ist besonderes Augenmerk auf das Wässern und Düngen zu legen.

Wässern

Laut ZTV-Großbaumverpflanzung sind unter den üblichen Witterungs- und Standortbedingungen

- im 1. Jahr bis zu 20 Bewässerungsgänge,
- im 2. Jahr bis zu 15 Bewässerungsgänge,
- im 3. und 4. Jahr bis zu 10 Bewässerungsgänge erforderlich.

Die erforderliche Wassermenge ergibt sich aus der Baumgröße und den Witterungsbedingungen (Tab. **1**).

Baumgröße (StU in cm)	Wassermenge in l/Bewässerung	
	Regelmenge	extreme Bedingungen
30 - 50	200 - 300	- 500
> 50 - 80	300 - 500	- 1000
> 80	400 - 600	- 1500

Tab. 1 Wassermenge in Abhängigkeit von Baumgröße und Witterungsbedingungen

Düngen

Die Düngung sollte nach einer Bodenanalyse erfolgen. Mithilfe der Flüssigdüngung können dem Baum schnell Nährstoffe zur Verfügung gestellt werden. Eine Faustzahl besagt z.B. 150 l Nährlösung/m^3 Ballen. Gedüngt wird ab Anfang März in 3 Gaben im Abstand von 3 bis 4 Wochen (0,2 bis 0,3%).

? Aufgaben

○ 1. Gehölze werden am besten während der Wachstumsruhe verpflanzt. Wann beginnt und wann endet diese?

◑ 2. Nennen und begründen Sie günstige Pflanzzeiten (Monatsangaben) für a) Laubgehölze und b) immergrüne Nadelgehölze.

○ 3. Wann können Containerpflanzen gepflanzt werden?

◑ 4. Warum ist das Pflanzen bei Frost oder Schnee unzulässig?

○ 5. Wie tief und breit sollte das Pflanzloch für einen Baum mindestens ausgehoben werden?

◑ 6. Wie sollten Bodensubstrate für Stadtbäume beschaffen sein?

›

Aufgaben (Fortsetzung)

◑ 7. Bei Stadtbäumen werden häufig kokosummantelte Dränrohre aus PVC ringförmig in 40 bis 50 cm Tiefe um den Wurzelbereich gelegt. Wozu dienen diese?

◑ 8. Welche Aufgaben haben Baumpfähle?

◑ 9. Was soll der Pflanzschnitt bewirken?

◑ 10. Bei Laubgehölzen ist der Pflanzschnitt in der Regel ein Auslichtungsschnitt. Was besagt dies?

◑ 11. Warum ist der günstigste Zeitpunkt für den Pflanzschnitt das Frühjahr kurz vor dem Austrieb?

○ 12. Wie hoch muss das Lichtraumprofil an a) Geh- und Radwegen und b) Fahrbahnen sein?

◑ 13. Das Aufasten sollte möglichst bald, aber nicht zusammen mit dem Pflanzschnitt erfolgen. Wann sind „Bluter", wie Birke und Walnuss, zu schneiden?

◑ 14. Was ist beim Wurzelschnitt zu beachten?

◑ 15. Warum muss bei Obstbäumen die Veredlungsstelle über dem Boden liegen?

◑ 16. Was ist bei der Pflanzung von Ballenpflanzen zu beachten?

◑ 17. Welche Verankerungen kommen infrage für a) Hochstämme ohne Ballen, b) Hochstämme mit Ballen, c) Heister und Stammbüsche, d) Nadelbäume und e) Großbäume?

◑ 18. Welche Folgen kann das Einschnüren der Bindung in den Baumstamm haben? Welche Maßnahmen zur Vorbeugung leiten Sie daraus ab?

◑ 19. Wie groß sollte der Gießring sein und wie lange sollte er mindestens erhalten bleiben?

◑ 20. Wann und wie lange ist ein neu gepflanzter Baum zu wässern?

◑ 21. Wozu dient das Mulchen des Bodens und was ist dabei zu beachten?

◑ 22. Bei empfindlichen Gehölzen und solchen mit einem StU > 30 cm ist die Verdunstung einzuschränken. Nennen Sie mögliche Verfahren.

◑ 23. Durch Wild, Weide- oder Nagetiere gefährdete Gehölze sind vor Verbiss zu schützen. Nennen Sie mögliche Maßnahmen.

● 24. Welche Fehler werden am häufigsten bei der Pflanzung eines Baumes gemacht?

◑ 25. Wozu dient die Fertigstellungspflege und welche Arbeiten gehören dazu?

◑ 26. Was versteht man unter einem „Blumentopfeffekt" und wie kann er verhindert werden?

◑ 27. Tab. 1, S. 271 gibt Hinweise auf die Höhe der jährlichen Düngermenge von Gehölzen. Wählen Sie einen geeigneten Dünger aus und geben Sie die erforderlichen Düngermengen in g/m^2 an.

○ 28. Ab wann gilt ein Baum nach der ZTV Großbaumverpflanzung als Großbaum?

◑ 29. Beschreiben Sie die Erstellung eines Wurzelvorhangs.

● 30. Was ist beim Verpflanzen eines Großbaumes zu beachten?

◑ 31. Wie tief darf organische Substanz maximal (z. B. bei schwachbindigen Böden) in das Pflanzloch eingebracht werden?

○ 32. Über welche Zeit erstreckt sich die Fertigstellungspflege einer Großbaumverpflanzung?

4 Pro und Kontra heimische Gehölze in der Stadt

Heimische oder fremdländische Gehölze?

Umweltschützer: „Nicht nur in der freien Landschaft[1], sondern auch in der Stadt sollten nur einheimische Gehölze verwendet werden.“

Landschaftsarchitekt: „Wir reden von heimischen Gehölzen. Können wir eigentlich definieren, was heimische und was nicht heimische Gehölze sind?“

Baumschuler: „Das ist nicht so einfach. Die Kastanie ist z. B. die meisten Deutschen ein deutscher Baum. Sie ist aber nicht einheimisch. Es gibt eine ganze Reihe von Gehölzen bei uns, die schon vor Jahrhunderten eingebürgert wurden.“

Umweltschützer: „Die Bevölkerung gewöhnt sich wahrscheinlich schneller an eine neue Baumart als dies Käfer oder Schmetterlinge tun. Eine Kastanie wird z. B. nur von wenigen Insektenarten heimgesucht.“

Baumschuler: „Mit den extremen Standortbedingungen in der Stadt werden nur wenige Pflanzen wie Platane und Robinie fertig. Außerdem gibt es auch fremdländische Pflanzen, die heimischen Tierarten als Nahrungs- und Lebensraum dienen, z. B. der Schmetterlingsstrauch (Buddleja davidii).“

Landschaftsarchitekt: „In den Innenstädten gibt es keine natürlichen Standorte. Hier ist selbst die Auswahl standortgemäßer fremdländischer Pflanzen stark eingeschränkt. Es geht eigentlich nur noch um die Frage, welche Pflanzen können unter diesen Bedingungen gedeihen? Da muss es uns egal sein, wo diese herkommen.“

Baumschuler: „Ja, hier kann es nicht um Ideologien gehen. Da ist man auf Züchtungen und nicht heimische Pflanzen angewiesen, sonst wird es in Teilen der Stadt nicht mehr grün.“

Umweltschützer: „Wir müssen die Standortverhältnisse in der Stadt so beeinflussen bzw. ändern, dass dort wieder heimische Gehölze wachsen können.“

Baumschuler: „Es gibt auch in der Stadt viele Standorte, an denen einheimische Gehölze gut wachsen können. Dies sind z. B. Parkanlagen und große Grünflächen. Das Problem ist aber das Straßenbegleitgrün.“

Landschaftsarchitekt: „Ist die Forderung nach heimischen Gehölzen in der Stadt eigentlich ökologisch noch vertretbar? Ist es sinnvoll bei Hausgartenbesitzern dafür zu werben?“

Umweltschützer: „Ganz sicher! Es ist eine der letzten Möglichkeiten, Natur in die Stadt zu holen und zu erhalten. Gerade Gehölze können der heimischen Tierwelt helfen, in der Stadt Fuß zu fassen.“

Landschaftsarchitekt: „Da steckt auch eine große Gefahr darin, wenn man Tiere anlockt. Tiere, die sich in der Stadt ansiedeln, können dem Straßenverkehr zum Opfer zu fallen. Zudem handelt es sich dabei um Inselbiotope. Die dort lebenden Tiere sind von anderen Populationen abgeschnitten.“

Umweltschützer: „Das sehe ich nicht so. Tiere aus der Umgebung werden mit Sicherheit nicht angelockt, wenn man von Vögeln einmal absieht, die aber in dem Maße auch nicht gefährdet sind.“

Baumschuler: „Die Leute möchten Gehölze mit schönen Blüten, leuchtender Herbstfärbung usw. in ihren Gärten haben. Fast alle sogenannten Blütengehölze sind fremdländisch.“

Umweltschützer: „Das gibt es auch bei heimischen Gehölzen.“

Baumschuler: „So, was blüht denn im Winter?“

Umweltschützer: „Muss man denn im Winter blühende Pflanzen erleben? Überhaupt könnten die Baumschulen als Anbieter und die Landschaftsarchitekten als Planer versuchen, den naturfremden Kunden zu leiten, indem sie mehr einheimische Pflanzen anbieten bzw. verwenden.“

Baumschuler: „Wir verweigern dem Kunden ja nicht die heimische Gehölzhecke. Eine Baumschule ist aber auch ein Wirtschaftsunternehmen. Wir müssen uns danach richten, was der Kunde verlangt. Der Markt umfasst auch nicht nur Deutschland, sondern inzwischen haben wir einen gesamteuropäischen Markt. Entsprechend ist die Anforderung an die Baumschulen groß, was das Sortiment betrifft. Die Baumschulen müssen den Markt beobachten und sich fragen, was wird in 5 bis 10 Jahren verlangt? Und dann kommt mit einem Male, wenn die Investitionen zehn Jahre geflossen sind, eine völlig andersartige Forderung: Nur noch heimische Gehölze! Dazu ist eine Baumschule nicht in der Lage.“

www.stadtbaum.at (Plattform rund um Stadtbäume)

Aufgabe

- Diskutieren Sie die Frage: „Einheimische oder nicht einheimische Gehölze in die Stadt?“

[1] **Hinweis:** Seit dem 1. März 2020 dürfen in der freien Natur nur noch gebietsheimische Pflanzen ausgebracht werden.

5 Gehölzschnitt

Das Schneiden von Gehölzen stellt immer einen großen Eingriff in das Leben eines Baumes oder Strauches dar. Werden Gehölze entsprechend den Standortbedingungen richtig ausgewählt, sodass sie sich optimal entwickeln können, kann in der Regel auf größere Schnittmaßnahmen verzichtet werden.

5.1 Pflanzschnitt

Bei Bäumen ist der Pflanzschnitt in der Regel ein **Auslichtungsschnitt** (s. S. 267 f.). Das Pflanzen von Sträuchern unterscheidet sich von Baumpflanzungen dadurch, dass bei Pflanzen ohne Ballen der Pflanzschnitt ein **Rückschnitt** ist. Dabei wird der oberirdische Teil um etwa ein Drittel eingekürzt. Ballenpflanzen werden nur leicht, Containerpflanzen gar nicht beschnitten.

5.2 Aufbauschnitt

Der **Aufbauschnitt** erfolgt bereits in der Baumschule. Ziel ist ein arteigener, natürlicher Aufbau. In den ersten Jahren nach der Pflanzung können korrigierende Maßnahmen zur Entwicklung eines ausgewogenen Astgerüsts erforderlich werden. Diese beinhalten meist die Entfernung überflüssiger, schlecht platzierter oder schwach entwickelter Triebe.

5.3 Erhaltungsschnitt

Hierbei geht es um die Erhaltung des arttypischen, natürlichen Wuchses und der Funktionsfähigkeit der Gehölze.

Beispiele: *Amelanchier, Corylopsis, Cotoneaster, Daphne mezereum, Hamamelis, Ilex, Laburnum, Magnolia, Prunus laurocerasus, Pyracantha, Rhododendron, Stranvaesia, Viburnum.*

Beim Schneiden anderer Sträucher ist vor allem der Zeitpunkt der Blütenbildung zu berücksichtigen.

5.3.1 Blüte am einjährigen Holz

Blüte im Frühjahr bzw. Frühsommer

Bei zu dichtem Wuchs oder nachlassender Blühwilligkeit kann ein Auslichtungsschnitt unter Wahrung des Wuchscharakters durchgeführt werden. Dabei werden zu dicht stehende, schwache und alte Triebe herausgeschnitten. Gleiches kann durch das Schneiden von Zweigen für die Vase erreicht werden.

Da bei Sträuchern, die im Frühjahr und Frühsommer blühen, die Blütenknospen bereits an den Trieben des vorjährigen Jahres (am vorjährigen Holz) angelegt werden, sind sie **unmittelbar nach der Blüte** zu schneiden. Wird später geschnitten, werden die für das nächste Jahr angelegten Blütenknospen mit entfernt bzw. die sich neu bildenden Triebe haben nicht genügend Zeit, Blütenknospen für das nächste Jahr zu bilden.

Beispiele: *Buddleja alternifolia, Clematis montana, C. alpina, C. macropetala, Cornus; Deutzia, Erica carnea, Forsythia* (auch an zweijährigem Holz), *Jasminum nudiflorum, Kerria japonica, Kolkwitzia, Philadelphus, Rhododendron, Ribes sanguineum, Spiraea arguta, Syringa, Viburnum, Weigela.*

Blüte im Sommer oder Herbst

Bei diesen Pflanzen werden die Blüten im Jahr der Blüte, also am diesjährigen Holz, angelegt. Zur Förderung der Blüte erfolgt **jährlich im Frühjahr**, wenn kein starker Frost mehr zu erwarten ist, **ein starker Rückschnitt** auf ein mehr oder weniger dauerhaftes Astgerüst. Wird dieses im Laufe der Jahre zu dicht, können einige ältere Triebe ganz entfernt werden. Neue sich an der Basis entwickelnde Triebe können bei Bedarf in das Astgerüst einbezogen werden.

Beispiele: Beet- und Edelrosen (s. Kap. Rosen), *Buddleja davidii, Calluna vulgaris, Clematis-Hybriden* (z. B. 'The President', 'Nelly Moser', 'Jackmannii', 'Perle d' Azure'), *Clematis viticella, Hibiscus syriacus, Hydrangea paniculata, Lavandula angustifolia, Perovskia abrotanoides, Spirea bumalda.*

5.3.2 Blüte am zweijährigen Holz

Beim Auslichten dieser Pflanzen ist darauf zu achten, dass im Hinblick auf die Blüte **genügend älteres Holz erhalten** wird.
Beispiele: Zieräpfel und Zierkirschen.

5.4 Verjüngungsschnitt

Wenn Sträucher in der Blühwilligkeit nachlassen, von unten her verkahlen, verwahrlost oder für den Standort zu groß geworden sind, kann durch das Zurückschneiden auf junge Triebe oder, falls diese Maßnahme nicht ausreichend ist, durch einen radikalen Rückschnitt ins alte Holz eine Verjüngung erfolgen. Im letzteren Fall werden alle Haupttriebe auf 30 bis 60 cm über den Boden zurückgeschnitten.
Zu beachten ist, dass nicht alle Sträucher einen derart starken Eingriff vertragen.

Exkurs Fachgerechter Kronenschnitt

1 Baumverstümmelung (Robinie): Das Kappen des Stammes und der dicken Äste wird in der Baumpflege als baumzerstörendes Absetzen der Krone bezeichnet.

1. Die Wuchsform des Baumes erhalten

Durch einen falschen Schnitt können Bäume ernsthaft geschädigt werden. Die als Negativbeispiel fotografierte Robinie 1 dokumentiert einen nicht fachgerechten Schnitt. Der Baum wurde durch die rigorose Kappung aller starken Äste und das Herausschneiden des gesamten Feinastmaterials extrem geschädigt. Er wurde nicht nur seiner Schönheit beraubt, sondern auch sein Abwehrsystem wurde zerstört und seine Lebenszeit stark reduziert.

Folgerungen:
- Bevor Sie anfangen zu schneiden, schauen Sie sich den Baum genau an.
- Der ursprüngliche Habitus, seine Wuchsform, soll erhalten bleiben (2).

2 Die Wuchsform des Baumes ist zu erhalten.

2. Das Abwehrsystem des Baumes

Das **Abwehrsystem des Baumes** gegen Krankheitserreger funktioniert anders als das Immunsystem von Mensch oder Tier. Ein Baum wehrt sich gegen Krankheitserreger wie holzzersetzende Pilze, indem er versucht, ihr Eindringen zu verhindern. Gelingt ihm dies nicht, versucht er, die Verletzung auf einen möglichst kleinen Raum zu begrenzen (kompartimentieren) und so vom übrigen Gewebe abzuschotten.

Diese Abwehrmechanismen kosten Energie und laufen im Splintholz ab, nicht aber im Kernholz. Dieses besteht aus toten Zellen und kann entsprechend auf einen Befall nicht mehr reagieren. Freigelegtes Kernholz ist somit einer Pilzinfektion schutzlos ausgesetzt.

Je größer der Durchmesser eines Astes, desto älter ist er und umso mehr Kernholz ist vorhanden.

3 Beispiel für das Absetzen/Ableiten eines größeren Astes auf einen kleineren (Zurückschneiden eines Triebs bis zu einer Gabelung)

Folgerungen:
- große Wunden, Schnitte stärkerer Äste (Durchmesser > 5 cm oder > 10 cm) sowie starke Rückschnitte der Krone möglichst vermeiden
- das Grundgerüst eines Baumes möglichst frühzeitig, in jungen Jahren, aufbauen
- keine Kappungen
- alle Schnitte an den Astgabeln durchführen, nicht durch die Internodien (3)
- nicht übermäßig schneiden, da mit dem Verlust lebenden Gewebes auch gespeicherte Energievorräte verloren gehen, was wiederum das Wachstum und die Abwehr schwächt
- bei der Entfernung ganzer Äste nicht stammparallel, sondern auf Astring schneiden (kleinere Wunden), da

beim stammparallelen Schnitt in das Stammgewebe geschnitten und dadurch das natürliche Abwehrsystem des Baumes durchbrochen wird

3. Das Schneiden auf Astring

1 Fachgerechter Schnitt auf Astring

2 Bei einem fachgerechten Schnitt bildet sich um die Wunde herum Wundholz (Wundholzring).

3 Hier wurde kein fachgerechter Schnitt durchgeführt. Wundholz hat sich nicht an allen Seiten der Schnittfläche gebildet *(Quercus robur)*.

4 Aststubben besitzen kein Abwehrsystem. Damit stellen sie Eintrittspforten für Pilze dar und sollten entfernt werden *(Quercus robur)*

5 Ohne erkennbaren Astring erfolgt der Schnitt außerhalb des Rindengrats. Bei *Betula pendula* ist dieser auf dem weißlichen Holz als dunkle Linie gut zu erkennen (s. links)

6 Auch ein längliches ovales Wundholz ist ein Zeichen für einen nicht fachgerechten Schnitt. Hier ist der Ast durch falschen Schnitt gebrochen. Beim Abbrechen hat er durch sein Gewicht Rinde und Holz herausgerissen und den Stamm beschädigt *(Aesculus hippocastanum)*

7 Vor allem bei stammparallelen, aber auch bei starken Schnittmaßnahmen können sich übermäßig viele Nebentriebe (Wassertriebe) bilden. Sie dienen zur Energiegewinnung für die Wundheilung *(Quercus robur)*

8 Die Kappung von Stämmen oder Starkästen führt aufgrund von Energiemangel zu einer extremen Bildung von Austrieben aus schlafenden Knospen. Die Energie dient zur Schließung der Wunde *(Salix matsudana)*. Die rechte Abb. zeigt die richtige Schnitttechnik bei der Einkürzung von stärkeren Ästen

> **! Hinweis**
>
> Durch das Schneiden auf Astring bei der Entfernung ganzer Äste wird nur das Astgewebe durchtrennt, die Wunde klein gehalten und die natürliche Schutzzone des Baumes erhalten (s. Exkurs S. 268).

Ist kein Astring erkennbar, wird der Schnitt **außerhalb des Rindengrats** (aufgerichtete Rinde in der Astgabel) angesetzt und gerade am Stamm entlang geschnitten. Es darf nie hinter dem Rindengrat geschnitten werden, sonst wird die Schutzzone des Baumes zerstört (**5**).

1 Das Herausschneiden von Totholz ist nicht nur eine Sicherheits-, sondern auch eine Gesundheitsmaßnahme

Folgerungen:

- Verlauf des Astrings suchen
- den Schnitt so dicht wie möglich am Astring durchführen, ohne ihn zu verletzen (1 und 2, S. 278)
- keine Aststubben stehen lassen (4, S. 278)

4. Der Feinastanteil

Wird der Baum durch einen übermäßigen Schnitt seines gesamten laubtragenden Feinastanteils beraubt (1, S. 277), findet zunächst keine Fotosynthese statt, sodass die vielen großen Schnittstellen nur langsam oder gar nicht geschlossen werden können. Das Risiko von Pilzinfektionen nimmt stark zu. Zudem führt die verstärkte Nutzung der Reservestoffe zu einer Mangelversorgung der Wurzel.

Folgerungen:

- nicht übermäßig schneiden
- besser, einen großen Ast ganz herausnehmen, als viele kleine Äste schneiden
- Krone durch das Entfernen toter, absterbender und verletzter Äste ausdünnen (1)
- nicht mehr als maximal $\frac{1}{4}$ bis $\frac{1}{3}$ des Feinastmaterials entfernen

Aufgaben

◑ 1. Unterscheiden Sie a) Pflanz-, b) Aufbau-, c) Erhaltungs- und d) Verjüngungsschnitt.

◑ 2. Zur Förderung der Blüte soll bei Forsythien im Rahmen des Erhaltungsschnittes jährlich ein Teil der Triebe, die bereits geblüht haben, entfernt werden. Buddleja davidii hingegen soll jährlich im Frühjahr stark zurückgeschnitten werden. Begründen Sie diese Maßnahmen.

● 3. Der Schnitt von Gehölzen erfolgt häufig im Winter. Warum ist dieser Zeitpunkt ungünstig?

6 Hecken

2 Weite Teile Norddeutschlands sind von Wallhecken, den Knicks, geprägt (Hecken-/Knicklandschaft)

6.1 Geschichte

Im Jahre 1770 vollzog der dänische König Christian VII., König von Dänemark und Norwegen, Herzog von Schleswig und Holstein, eine Landreform. Er ordnete an, dass jeder Bauer sein Land mit lebenden Zäunen, die auf Erdwällen gepflanzt werden sollten, zu umgeben hat. Dies war die Geburtsstunde der norddeutschen **Wallhecken**[1], auch **Knicks**[2] genannt (2).

Daneben bildete sich bei uns ein zweiter Typ von Hecke, die **Lesesteinhecke**. Auf den von den Feldern gelesenen und an den Rändern zu Wällen aufgeschichteten Steinen siedelten sich mit der Zeit Gehölze an.

[1] Auf einen Erdwall (Breite mindestens 2,50 m, Höhe bis 3 m) gepflanzte Hecke

[2] Durch das Umknicken einzelner Äste machten die Bauern ihre Wallhecken für das Weidevieh undurchlässig

6.2 Bedeutung

Obwohl Hecken vom Menschen geschaffen wurden, bilden sie naturnahe Lebensräume, wobei gerade ihre Lage inmitten unserer intensiv genutzten Kulturlandschaft ihre große Bedeutung für die Natur ausmacht.

Neben ökologischen Aufgaben erfüllen Hecken noch vielfältige weitere Funktionen, sodass sie ein wichtiger Bestandteil der Garten- und Landschaftsgestaltung sind:

Hecken

- bieten zahlreichen Tier- und Pflanzenarten Zuflucht, Rückzugsmöglichkeiten, Nahrungs- und Lebensraum (z. B. für über 80 Vogelarten)
- mit blühenden Randstreifen fördern die Entwicklung vieler nützlicher Insektenarten, die sich als erwachsene Tiere hauptsächlich von Nektar und Pollen ernähren.
- verbinden Ökosysteme miteinander und erhöhen somit die Überlebenschancen wildlebender Tier- und Pflanzenarten
- schützen vor Staub, Lärm, Wind, Frost, Austrocknung und Erosion des Bodens
- schützen vor neugierigen Blicken
- dienen als Raumteiler, Begrenzung, Einfriedung und Einfassung
- liefern Früchte, z. B. Schlehen, Holunderbeeren, Brombeeren, Himbeeren, Wildäpfel und Hagebutten
- stellen nachwachsende Rohstoffquellen dar
- machen eine Landschaft, einen Garten oder Park abwechslungsreicher und erhöhen ihren Erholungswert

Hecken zählen zu den artenreichsten Ökosystemen. Trotzdem wurden sie in der Vergangenheit, vor allem im Rahmen der Flurbereinigung, verstärkt gerodet. So ist von dem dichten Heckennetz Schleswig-Holsteins, das fast 100 000 km zählte, die Hälfte verschwunden. Heute dürfen Wallhecken ohne behördliche Genehmigung nicht mehr entfernt werden. Die Anpflanzung von Hecken, ob in der freien Landschaft, in öffentlichen Grünanlagen oder in Gärten, stellt eine wichtige ökologische Maßnahme dar, die teilweise auch finanziell gefördert wird.

6.3 Arten

Ob sommergrüne, immergrüne, durch Schnitt streng geformte oder frei wachsende Laub-, Blüten- oder Nadelholzhecken, die Auswahl an Heckenpflanzen ist recht groß, sodass sich für jede Situation eine passende Lösung finden lässt. Besonders naturnah sind Hecken aus ortstypischen einheimischen Pflanzen wie Weiß- und Rotbuche, Feldahorn, Liguster und Berberitze sowie gemischte Hecken aus z. B. Schlehe, Wildrosen, Holunder, Weißdorn, Schneeball, Haselnuss, Felsenbirne, Wildrosen, Flieder, Brombeeren und Himbeeren. Während im Garten auch fremdländische Arten gut geeignet sind, sollten in der freien Landschaft nur einheimische Arten verwendet werden. Bei der Wahl zwischen einer geformten und einer frei wachsenden Hecke ist neben dem Verwendungszweck vor allem der vorhandene Platz, z. B. die Größe des Gartens, entscheidend.

Hecke schneiden

6.3.1 Formhecken

Ist der Garten relativ klein und soll die Hecke vor allem Sichtschutz und Grenze sein, eignet sich sehr gut die **Formhecke** (1). Damit sie in Form und schön dicht bleibt, wird ein- oder mehrmals im Jahr geschnitten. Wird bei laubabwerfenden Gehölzen ein zweimaliger Schnitt durchgeführt, erfolgt der erste Schnitt gewöhnlich nach dem Frühjahrsaustrieb Ende Juni, bei nistenden Vögeln Ende Juli, und der zweite Schnitt im September. Bei einem einmaligen Schnitt sommergrüner Gehölze ist der Spätsommerschnitt (August/September) bis in den Herbst hinein gut geeignet. Immergrüne Gehölze werden nach dem Triebabschluss Anfang September nur leicht zurückgeschnitten. Aufgrund ihres langsameren Wachstums reicht bei ihnen im Allgemeinen ein Schnitt im Jahr aus. Kunstformen, wie z. B. Pyramiden und Kugeln, werden zweimal im Jahr, im Juni und September, in Form gebracht.

Alte, von unten verkahlte laubabwerfende Hecken lassen sich neu aufbauen, indem zunächst die eine Seite bis zum Stamm und im nächsten Jahr die andere Seite bis zum Stamm zurückgeschnitten wird (2).

1 Formhecke

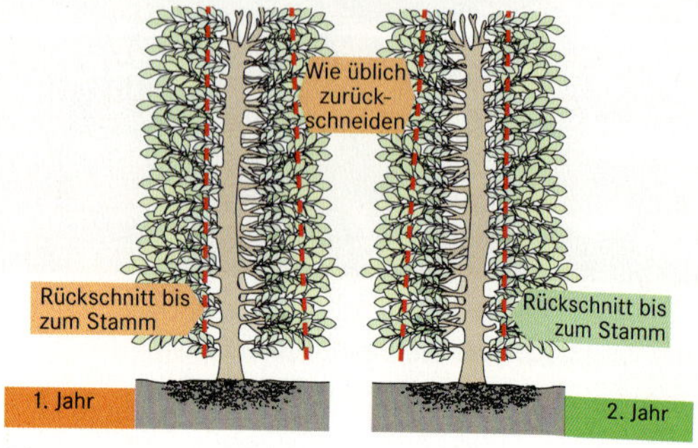

2 Rückschnitt einer Hecke zum Neuaufbau

Damit die Hecke im Laufe der Zeit aufgrund von Lichtmangel nicht von unten her verkahlt, ist darauf zu achten, dass die Seitenwände nach oben nicht senkrecht, sondern trapezförmig zulaufen. Pro Meter Heckenhöhe werden beidseitig 5 bis 10 cm weggeschnitten. In Gegenden mit starkem Schneefall sollten die Hecken oben spitz zulaufen, damit der Schnee nicht darauf liegen bleibt und es zu Schneebrüchen kommt. Beim Schneiden ist auf eine gleichmäßige Schnittführung zu achten. Eine gespannte Schnur kann zur Orientierung dienen (1, S. 282).

Für eine Formhecke sind grundsätzlich alle Sträucher geeignet, die einen Schnitt gut vertragen und schön dicht werden. Über die Auswahl der Pflanzenart und den Schnitt lässt sich die Höhe der Hecke steuern (Tab. 1, S. 283, und Tab. 1, S. 284).

6.3.2 Frei wachsende Hecken

In größeren Gärten, Parks oder der freien Landschaft können auch **frei wachsende Hecken** (1) angelegt werden. Diese zeichnen sich dadurch aus, dass sie nicht durch regelmäßigen Schnitt geformt werden. Alle drei bis vier Jahre sollte ein **Auslichtungsschnitt** erfolgen. Damit sie biologisch am Leben bleiben, sollten sie zur Verjüngung alle 8 bis 15 Jahre bis kurz über den Boden zurückgeschnitten **(auf den Stock gesetzt)** werden. Bei längeren Hecken sollte dies in Abschnitten erfolgen, um das biologische Gleichgewicht nicht zu sehr zu stören. Dabei verbleiben einzelne Bäume als sogenannte **Überhälter** in Abständen von 20 bis 50 m ungeschnitten (2).

1 Frei wachsende Hecke

2 Verjüngung frei wachsender Hecken

Nach dem **Bundesnaturschutzgesetz** (§ 39 BNatSchG) sind in der Zeit vom **1. März bis zum 30. September** größere Schnittmaßnahmen an Hecken oder das „Auf den Stock setzen“ sowie das Fällen von Bäumen verboten.

Gesetzliche Ausnahmen:
- **Bäume auf gärtnerisch genutzten Grundflächen** (z. B. Haus- und Kleingärten) dürfen ganzjährig geschnitten oder auch gefällt werden, sofern es keine Baumschutzsatzung gibt, die das Fällen verbietet bzw. genehmigungspflichtig macht.
- Bäume im Wald
- Schonende **Form- und Pflegeschnitte** (z. B. Beseitigung von Totholz und beschädigten Ästen sowie der Rückschnitt der Hecke um den Zuwachs einer Saison)
- Beseitigung von geringfügigem **Gehölzbewuchs**, wenn dies zur Verwirklichung einer Baumaßnahme erforderlich ist und das Bauvorhaben zugelassen ist
- Zeitnah notwendige Maßnahmen zur Wiederherstellung der **Verkehrssicherheit**, wenn keine Alternativen ersichtlich sind

Ohne diese Verjüngung würden sich im Laufe der Zeit lichte Baumreihen entwickeln. In Gärten dienen natürlich wachsende Hecken vor allem als Blüten- und Fruchthecken. Sie können auch allmählich über den alle drei bis vier Jahre stattfindenden Auslichtungsschnitt verjüngt werden. Der Vorteil ist, dass diese Maßnahme mit dem Schneiden von Zweigen für die Vase verknüpft werden kann.

6.4 Grenzabstand

Vor der Pflanzung ist der genaue Grenzverlauf festzustellen, um spätere Rechtsstreitigkeiten mit dem Nachbarn zu vermeiden. Die **Nachbarrechtsgesetze** der jeweiligen Bundesländer (Ländersache) enthalten Vorschriften über die Grenzabstände bei Anpflanzungen. Grundsätzlich gilt, dass in einem Grenzstreifen von 0,5 m keine Gehölze angepflanzt werden dürfen. Ansonsten muss der einzuhaltende Grenzabstand in der Regel $\frac{1}{3}$ bis $\frac{1}{2}$ der künftigen Höhe des Baumes, Strauches oder der Hecke betragen. Da die Vorschriften jedoch je nach Bundesland sehr unterschiedlich sein können und Streitigkeiten über Grenzabstände von Pflanzen an erster Stelle nachbarschaftlicher Auseinandersetzungen stehen, empfiehlt sich unbedingt das Nachbarrechtsgesetz des eigenen Bundeslandes zu besorgen. Gemessen wird der Abstand von der Mittelachse des Baumes, Strauches oder der Hecke waagerecht und rechtwinklig zur Grundstücksgrenze. Am besten wäre eine Absprache mit den Nachbarn, sodass auf der Grundstücksgrenze auch eine gemeinsame Hecke gepflanzt werden kann.

Hecke pflanzen

6.5 Pflanzung

Günstige Pflanzzeiten sind:

- **Laubabwerfende Gehölze** vor dem Laubaustrieb im Februar bis März und nach dem Laubfall im Oktober bis November.
- **Immergrüne Gehölze** im April bis Mai und August bis September.

Die Pflanzung kann ebenerdig oder auf einem aufgeschütteten Erdwall (1 und 2) durchgeführt werden. Der Pflanzenbedarf pro laufendem Meter (lfm) ist von der jeweiligen Pflanzenart und -größe abhängig (Tab. 1, S. 283, und Tab. 1, S. 284). Gepflanzt wird ein- oder zweireihig.

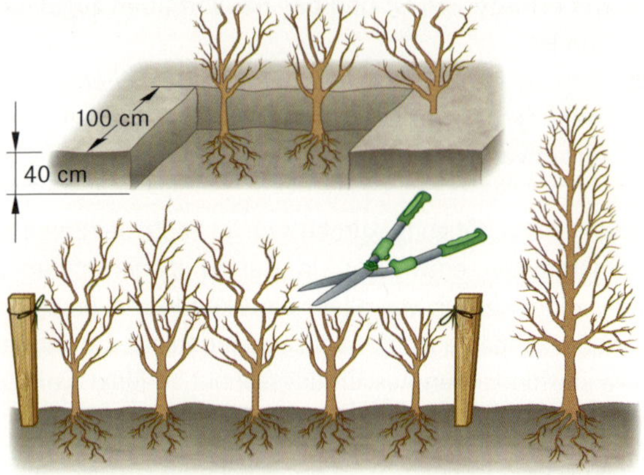

1 Heckenpflanzung

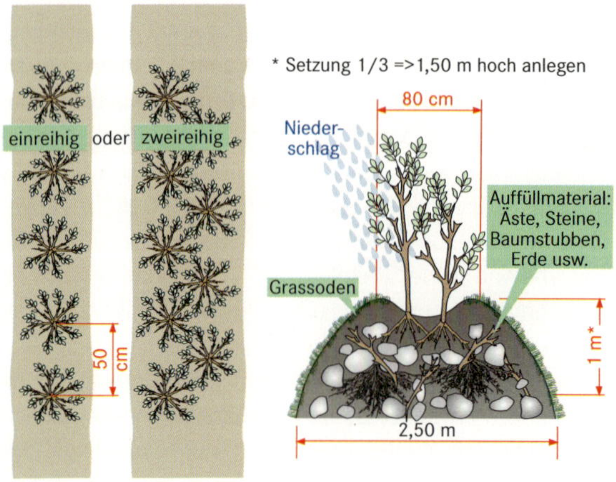

2 Aufbau einer Wallhecke

Die Pflanzung erfolgt in folgenden Arbeitsschritten:

1. Schnur spannen
2. Ausheben eines Pflanzgrabens und Lockerung des Unterbodens. Alternativ kann auch das Pflanzloch für jede einzelne Pflanze gegraben werden. Der Aushub dient dann dazu, das vorherige Pflanzloch zu schließen.
3. Verbesserung des Aushubs mit Kompost (auf 2 Teile Aushub 1 Teil Kompost/Pflanzerde, etwa 1 Sack für 2 bis 3 m)
4. Wurzelschnitt und Auslegen der Pflanzen
5. Pflanzen verteilen und aufstellen, trockene Ballen vorher in Wasser tauchen, bis keine Luftblasen mehr aufsteigen
6. Graben zuschaufeln
7. Erde festtreten, dabei Pflanzen ausrichten
8. Gießrand herstellen
9. Kräftig angießen (einschlämmen)
10. Rückschnitt ($\frac{1}{3}$ bis $\frac{1}{2}$) durchführen. Nadelgehölze und Ballenpflanzen nur leicht einkürzen, sodass sie eine einheitliche Höhe haben. Containerpflanzen werden nicht geschnitten.

Die Pflanzung frei wachsender Hecken erfolgt im Unterschied zur Formhecke weniger schematisch. Ziel dabei ist der Aufbau einer möglichst vielfältigen Pflanzengemeinschaft. Ein preiswertes Verfahren ist die Erstellung einer sogenannten **Benjeshecke** (Totholzhecke, 3). Dazu wird dort, wo die Hecke geplant ist, Schnittgut von Gehölzen aufgehäuft. Die dadurch angelockten Vögel hinterlassen mit ihren Ausscheidungen Samen, aus denen sich Pflanzen entwickeln können.

Ein einfaches und preiswertes Verfahren ist die Erstellung einer **Benjeshecke**. Sie besteht aus locker aufgehäuften Ästen und Zweigen, die im Rahmen von Garten- und Landschaftspflegearbeiten anfallen. Ihren Namen hat die **Totholzhecke** nach Hermann Benjes (1937–2007), der diese

3 Erstellen einer Benjeshecke – aus Totholz wird wieder Leben

Methode in den 1980er Jahren populär machte. Vorrangiges Ziel war es, durch die Wiederverwertung von Abfällen aus dem Gehölzschnitt eine nachhaltige Nutzung zu ermöglichen und gleichzeitig zur ökologischen Vielfalt beizutragen. Die Hecke bietet zahlreichen Vogelarten (Amsel, Zaunkönig, Rotkehlchen) Schutz und Nistmöglichkeiten. Auch Kleinsäuger (Igel, Siebenschläfer), kleine Reptilien (Zauneidechsen), Amphibien (Erdkröte) sowie Insekten (Wildbienen) beziehen die Benjeshecke gerne. Das Totholz bietet aber nicht nur Lebensraum, es bringt auch selbst wieder Leben hervor. Aus den von Vögeln und anderen Tieren sowie dem Wind eingetragenen Pflanzensamen entwickeln sich Pflanzen, sodass mit der Zeit eine lebende Hecke entsteht. Durch das zusätzliche Einbringen von Pflanzen und das Entfernen unerwünschter Arten lässt sich Einfluss auf die Artenzusammensetzung und das Erscheinungsbild der Hecke nehmen.

6.6 Heckenpflanzen

Botanischer Name (Deutscher Name) * = einheimisch	Angemessene Höhe (cm)	Mindestbreite (cm), i = immergrün	Pflanzen pro lfm.
*Acer campestre** (Feldahorn) – Feldahorn	100 – 300	100	2 – 3
Berberis thunbergii 'Atropurpurea' (Blutberberitze) – Blutberberitze	80 – 100	70	3 – 4
Buxus sempervirens var. arborescens (Hoher Buchsbaum) – Buchsbaum	80 – 300	100, i	2 – 3
Buxus sempervirens 'Suffruticosa' (Einfassungs-Buchsbaum)	20 – 100	10, i	4 – 8
*Carpinus betulus** (Hainbuche) – Hainbuche	100 – 400	100	2 – 3
Chamaecyparis lawsoniana (Scheinzypresse) – Scheinzypresse Lebensbaum	150 – 400	100, i	1 – 2
*Cornus mas** (Kornelkirsche) – Kornelkirsche	60 – 250	100	2 – 3
*Crataegus monogyna** (Weißdorn) – Weißdorn	120 – 300	100	2 – 3
*Fagus sylvatica** (Rotbuche) – Rotbuche, Blutbuche	120 – 400	100	2 – 3
*Ilex aquifolium** (Stechpalme) – Stechpalme	100 – 300	100, i	1 – 2
*Larix decidua** (Europäische Lärche) – Lärche	150 – 300	100	3 – 4
Larix kaempferi (Japanische Lärche)	150 – 300	100	3 – 4
Ligustrum ovalifolium (Wintergrüner Liguster)	100 – 150	70	2 – 3
*Ligustrum vulgare** (Gewöhnlicher Liguster) – Liguster	100 – 300	100, i	2 – 3
Prunus laurocerasus[1] (Kirschlorbeer) – Kirschlorbeer	200 – 300	100, i	2 – 3
Prunus laurocerasus[1] 'Otto Luyken' (Kirschlorbeer)	100	70, i	2 – 3
Pyracantha coccinea (Feuerdorn)	150 – 300	100	2 – 3
*Ribes alpinum** (Alpenbeere)	100 – 200	100	2 – 3
*Taxus baccata** (Eibe) – Eibe	100 – 500	100, i	1 – 2
Thuja occidentalis (Lebensbaum)	150 – 400	100, i	2 – 3

[1] Ab 01.09.2024 als invasive Art in der Schweiz verboten. Pflanzen, die sich bereits in Gärten befinden, sind vom Verbot nicht betroffen.

Tab. 1 Pflanzen für geschnittene Hecken (Auswahl)

Botanischer Name (Deutscher Name) * = einheimisch	Höhe (m)	Blütezeit, Blütefarbe, Fruchtschmuck
Amelanchier lamarckii (Kupferfelsenbirne)	3 - 8	IV - V, weiß, ꕤ
Buddleja davidii (Schmetterlingsstrauch)	2 - 3	VII - X, diverse
Chaenomeles japonica (Japanische Zierquitte)	1 - 2	III - IV, rot, ꕤ
Cornus alba 'Sibirica' (Tatarischer Hartriegel)	2	V, gelblich weiß
Cornus kousa (Japanischer Blütenhartriegel)	5 - 7	V - VI, weiß, ꕤ
*Cornus mas** (Kornelkirsche)	5 - 6	III/IV, gelb, ꕤ
*Cornus sanguinea** (Roter Hartriegel)	3	V - VI, weiß, ꕤ
*Corylus avellana** (Haselnuss)	5	III - IV, gelb
Corylus maxima 'Purpurea' (Bluthasel)	3 - 4	III - IV, rot, ꕤ
*Crataegus monogyna** (Weißdorn)	5	V - VI, weiß, ꕤ
*Euonymus europaea** (Pfaffenhütchen)	3 - 5	V - VI, gelblich grün, ꕤ
Forsythia x intermedia (Forsythie)	2 - 3	IV - V, gelb
Kerria japonica (Ranunkelstrauch)	1,50	IV - V, gelb
Kolkwitzia amabilis (Kolkwitzie)	2,50 - 3	V - VI, rosa
*Lonicera xylosteum** (Gemeine Heckenkirsche)	3 - 4	V - VI, weiß, ꕤ
Philadelphus coronarius (Pfeifenstrauch)	3 - 5	V - VI, weiß
*Prunus padus** (Traubenkirsche)	10 - 15	IV - V, weiß, ꕤ
*Rosa canina** (Hundsrose)	2 - 3	V - VII, weiß/rosa, ꕤ
*Rosa glauca** (Hechtrose)	2 - 3	VI - VII, purpurrot, ꕤ
*Rosa rubiginosa** (Weinrose)	2 - 3	VI - VII, hellrosa, ꕤ
Rosa rugosa (Kartoffelrose)	1,50 - 2	VI - X, rosa, weiß, ꕤ
*Rubus sect. Rubus** (Brombeere)	1 - 2	VI - VII, weiß/rosa, ꕤ
*Sambucus nigra** (Schwarzer Holunder)	7	VI - VII, weiß, ꕤ
Spiraea x arguta (Spitzblättriger Spierstrauch)	2	IV - V, weiß
Syringa vulgaris (Flieder)	5 - 7	V - VI, diverse
*Viburnum lantana** (Wolliger Schneeball)	3 - 5	V, weiß, ꕤ
*Viburnum opulus** (Gewöhnlicher Schneeball)	2 - 4	V - VI, weiß, ꕤ

Tab. 1 Pflanzen für frei wachsende Hecken (Auswahl)

Aufgaben

1. Welche Funktionen können Hecken übernehmen?
2. Nennen Sie jeweils drei geeignete Gehölze für geschnittene a) sehr niedrige, einfassende b) niedrige (bis 1 m), c) mittelhohe, noch überschaubare (bis 1,50 m) und d) hohe, nicht überschaubare Hecken (über 1,80 m).
3. Eine als Sichtschutz dienende Formhecke (Endhöhe 2,50 m) soll gepflanzt werden. Wie groß muss in der Regel der Grenzabstand sein und wie wird er gemessen?
4. Ein preiswertes Verfahren ist die Erstellung einer Benjeshecke. Beschreiben Sie das Verfahren.
5. Beschreiben Sie den Aufbau einer Wallhecke.
6. Was ist beim Schnitt von a) Formhecken und b) frei wachsenden Hecken zu beachten?
7. Eine alte Buchenhecke ist von unten verkahlt. Wie kann sie neu aufgebaut werden?

7 Streuobstwiese

7.1 Geschichte und Bedeutung

„Und wenn ich wüßte, dass morgen die Welt unterginge, ich würde noch heute ein Apfelbäumchen pflanzen."

(Martin Luther)

Der Obstanbau hat eine lange Tradition. Bereits in der Antike pflanzten Perser und Ägypter Obstgehölze. Bei uns begann sich der Obstbau etwa im 15. Jahrhundert vermehrt auszubreiten. Nach einem starken Rückgang infolge des Dreißigjährigen Krieges (1618 - 1648), erlebte er im 18. und 19. Jahrhundert einen großen Aufschwung.

Gesetze, nach denen jeder ortsansässige, zuziehende oder heiratende Bürger einen Obstbaum zu pflanzen und zu pflegen hatte, zeigen die große Bedeutung, die den Obstgehölzen zur damaligen Zeit beigemessen wurde (1, S. 285). Deutlich wird dies auch in einer Formulierung von Johann Caspar Schiller, dem Vater von Friedrich Schiller, der von 1775 bis 1796 im Schloss Solitude bei Stuttgart eine Obstbaumzucht leitete:

„Die Baumzucht verschafft denjenigen, die sich damit bemühen, einen angenehmen Teil ihrer Nahrung. Sie gereicht

1 Streuobstwiesen – nicht nur ökologisch wertvoll, sondern auch kulturelles Erbe, das es zu erhalten gilt

2 Die Blüte von **Apfel**, **Birne** oder **Kirsche** kann mit jedem anderen Ziergehölz konkurrieren

zur Zierde eines Landes, zur Reinigung der Luft, zum Schutz und Schatten und hat überhaupt in vielen Dingen ihren trefflichen Nutzen, zur Notdurft, Lust und Bequemlichkeit des Lebens für Menschen und Tiere.“

Die locker in der Landschaft in kleineren und größeren Gruppen „verstreuten“ Obstgehölze, bestehend aus Apfel, Birne, Pflaume und Kirsche, umzogen die Ortschaften wie ein „grünes Band“ (1 und 2).

In den fünfziger und sechziger Jahren führten die wachsende Konkurrenz und der Importdruck im Tafelobstanbau sowie veränderte Konsumgewohnheiten dazu, dass immer mehr Obsthochstämme (großer Platzbedarf, hoher Ernte- und Pflegeaufwand aufgrund ihrer Höhe) der Rodung zum Opfer fielen. So wurden allein in Baden-Württemberg von 1957 bis 1974 14 000 ha Streuobstwiesen vernichtet. Zählte man Mitte der zwanziger Jahre noch 22 Millionen Obstbäume in Bayern, so sind es heute noch 1,5 Millionen, konzentriert in Obstplantagen, wo auf Niederstämmen (Niederstammobstbau) marktgerechte Sorten gezogen werden. Die Folgen sind ein verändertes Landschaftsbild und ein Rückgang der Sortenvielfalt.

Streuobstwiesen haben sich über Jahrhunderte zu einem Lebensraum für viele verschiedene Lebewesen entwickelt, sodass sie zu unseren artenreichsten Kulturlandschaften zählen, deren ökologischer Wert sich kaum in Zahlen fassen lässt. Das Ökosystem Streuobstwiese ist aber nicht nur aus Gründen des Natur- und Umweltschutzes schützens- und erhaltenswert, sondern bildet auch ein kulturelles Erbe, das es zu bewahren gilt. Heute erleben Obsthochstämme als Hausbaum, Heckenpflanze, Straßenbegleitgrün oder in Form von Streuobstwiesen eine Renaissance.

7.2 Anlage und Pflege

7.2.1 Anlage

Im Unterschied zum intensiven Erwerbsobstanbau, der auf wenige marktgängige Sorten spezialisiert ist, versucht man im Streuobstanbau möglichst viele alte, robuste Obstbaumsorten zu erhalten (Tab. 1 bis 3, S. 286). Dies gilt

Sorte	Pflückreife/Genussreife
Brettacher	Mitte Okt./Feb. - Mai
Danziger Kantapfel	Sept./Nov. - Dez.
Dülmener Herbstrosenapfel	Mitte Sept./Sept. - Dez.
Gewürzluiken	Mitte Okt./Okt. - März
Jakob Fischer	Anfang Sept./Sept. - Nov.
Jakob Lebel	Anfang Okt./Okt. - Jan.
Kaiser Wilhelm	Sept. - Okt./Nov. - März

Tab. 1 Altbewährte Apfelsorten (Beispiele)

Sorte	Pflückreife/Genussreife
Clapps Liebling	Mitte - Ende Aug./Aug. - Okt.
Gellerts Butterbirne	Anfang Okt./Mitte - Ende Okt.
Köstliche von Charneu	Mitte Sept./Okt. - Feb.
Pastorenbirne	Ende Okt./Okt. - Jan.

Tab. 2 Altbewährte Birnensorten (Beispiele)

Sorte	Reifezeit
Frühe Rote Meckenheimer	2. - 3. Kirschwoche
Große Schwarze Knorpelkirsche	5. Kirschwoche
Van	4. - 5. Kirschwoche
Werdersche Braune	3. Kirschwoche

Tab. 3 Altbewährte Süßkirschensorten (Beispiele)

vor allem für solche Sorten, die nur noch in wenigen Exemplaren existieren. Damit stellen Streuobstwiesen wertvolle „Genbanken“ dar, mit deren Hilfe vielfältige Erbanlagen für die Zukunft gesichert werden.

Wird als Unterpflanzung eine Wiese (s. Kap. Blumenwiese) gewählt und werden die Bäume später mit ausreichend Nistkästen und Wohnhöhlen für Vögel, Fledermäuse, Insekten und Kleinsäuger versehen, sind die Belange von Natur- und Umweltschutz gut berücksichtigt. Baupläne oder fertige Kästen sind im Handel, z. B. beim Naturschutzbund Deutschland (NABU), erhältlich.

7.2.2 Pflege

Streuobstbestände sind heute in erster Linie durch Überalterung und Verwilderung gefährdet. Was häufig vergessen wird: Auch Obstbaumwiesen brauchen Pflege. Diese besteht vor allem aus dem regelmäßigen Schnitt der Bäume (s. Kap. 8) und dem Mähen der Wiese (s. Kap. Blumenwiese).

Als Tafelobst geeignete Früchte werden gepflückt, der Rest wird vom Baum geschüttelt und zu Most verarbeitet. Aus einem Zentner Mostobst erhält man etwa 35 Liter Süßmost. Überschüssiges Obst kann in der Natur bleiben, wo es zersetzt wird bzw. den Tieren als willkommene Nahrung dient. Auch alte Bäume, die nur wenig Ertrag bringen, wie

1 Wenn es sich hier auch nicht um einen Obstbaum handelt, Totholz schafft Leben. In diesem Fall ist der Verkehrssicherungspflicht auch Genüge getan

auch Totholz, bieten Lebensraum für zahlreiche Tier- und Pflanzenarten (1). Das Stehenlassen alter oder abgestorbener Obstbäume ist aus ökologischer Sicht durchaus sinnvoll, sollte aber im Verhältnis zum gesamten Baumbestand gesehen werden. Um die Altersstruktur der Streuobstbestände zu erhalten, sind von Zeit zu Zeit entstandene Lücken durch neue Hochstämme zu schließen.

? Aufgaben

- ● 1. Welche Bedeutung haben Streuobstwiesen und wie kann ihre Anlage gefördert werden?
- ○ 2. An manchen Obstbäumen findet man gelbe Bänder. Was sollen diese signalisieren?

Obstbaumschnitt - Tipps 1

8 Obstbaumschnitt

Obstb... schni... Tipps

Frostr... verme...

Der **Obstbaumschnitt** dient zum Aufbau einer stabilen, licht- und luftdurchfluteten Krone mit einem ausgewogenen Verhältnis zwischen Trieb- und Fruchtwachstum als Voraussetzung für frühzeitig einsetzende und gleichbleibend hohe Erträge, bestehend aus gesunden, qualitativ hochwertigen Früchten (1, S. 287).

Apfelbäume schneiden

8.1 Kronenaufbau

Eine naturgemäße Obstbaumerziehung gewährleistet die sogenannte **Pyramidenkrone** (2, S. 287), auch als **Vollkrone** bezeichnet. Sie besteht aus einem Mitteltrieb, der Stammverlängerung, und drei bis vier Leitästen mit Seiten- und Fruchtästen, die wiederum das Fruchtholz tragen.

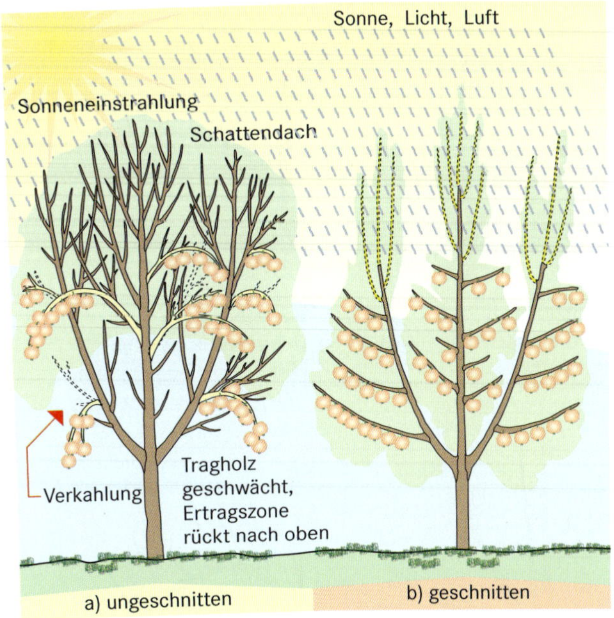

1 Kronenentwicklung eines ungeschnittenen und eines regelmäßig geschnittenen Obstbaumes

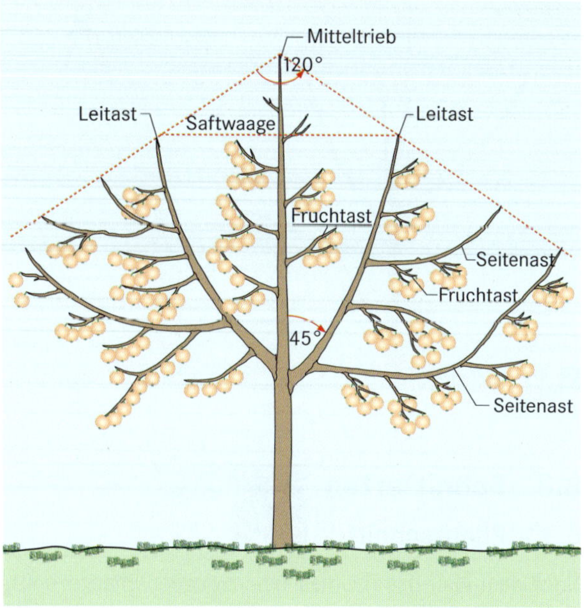

2 Die Pyramidenkrone gewährleistet eine naturnahe Obstbaumerziehung

Jede einzelne Astart hat ihre ganz bestimmte Aufgabe innerhalb der Krone zu erfüllen (**2**):

- Der **Mitteltrieb** bildet zusammen mit den **Leitästen** das tragende Gerüst der Krone. Letztere sollten zur Gewährleistung einer ausreichenden Stabilität sowie Förderung des Wachstums im Winkel von 45° vom Stamm abgehen, gleichmäßig um den Mitteltrieb herum verteilt sein und möglichst nicht aus einem Punkt entspringen, sondern in unterschiedlicher Höhe am Stamm (etwa 15 bis 20 cm höhenversetzt) sitzen. Steilere Äste können durch Abspreizen, flachere durch Aufbinden in die gewünschte Lage gebracht werden.
- **Seitenäste** tragen das Fruchtholz. Pro Leitast werden nicht mehr als drei Seitenäste belassen. Damit ausreichend Licht und Sonne in die Krone gelangen kann, sollte ihr Abstand zum Stamm mindestens 80 cm, zueinander etwa 1 m betragen. Da sich die Zweige durch den späteren Fruchtansatz senken, muss ihr Wachstum leicht schräg nach oben verlaufen (im Winkel von 60 bis 70° zum Mitteltrieb). Seitentriebe an der Spitze sind zu entfernen.
- Seitentriebe der Leitäste, die nicht als Seitenäste gezogen werden können, werden als **Fruchtäste** genutzt. Fruchtäste tragen ebenfalls Fruchtholz und damit Früchte. Um zu verhindern, dass sie mit den Seitenästen in Wachstumskonkurrenz treten, werden sie so gelenkt, dass ihre Triebspitzen waagerecht oder leicht abwärts zeigen. Fruchtäste, für die kein Platz ist, werden weggeschnitten.

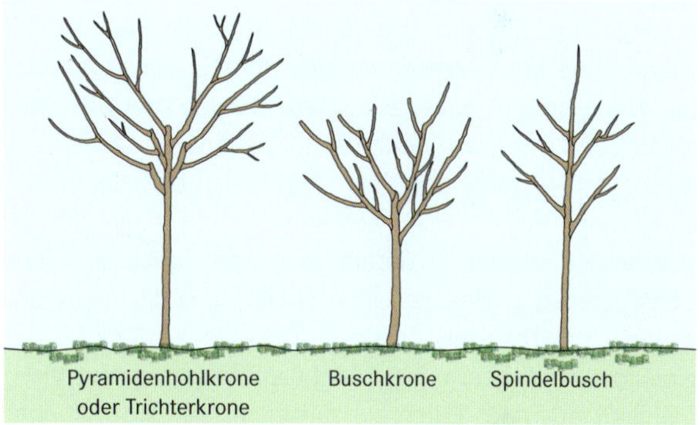

3 Verschiedene Kronenformen

- Bei Obstbäumen bilden das **Fruchtholz** die blüten- und fruchttragenden **Kurztriebe**. Da sie frühzeitig Blüten ansetzen, bleiben sie im Wuchs stark gestaucht (≤ 10 bis 30 cm).

Blüten- und Holzknospen

Neben der Pyramidenkrone findet man, je nach Zielrichtung und Tradition, auch noch andere Kronenformen in den Gärten (**3**).

Obstbaumschnitt

8.2 Wachstumsgesetze

Das Wachstum der Gehölze erfolgt nach ganz bestimmten Wachstumsgesetzen. Die ganze Kunst des Obstbaumschnitts besteht nun darin, diese richtig anzuwenden, d. h. die Reaktion des Baumes auf die jeweilige Schnittmaßnahme vorherzusehen (Tab. **1**, S. 288).

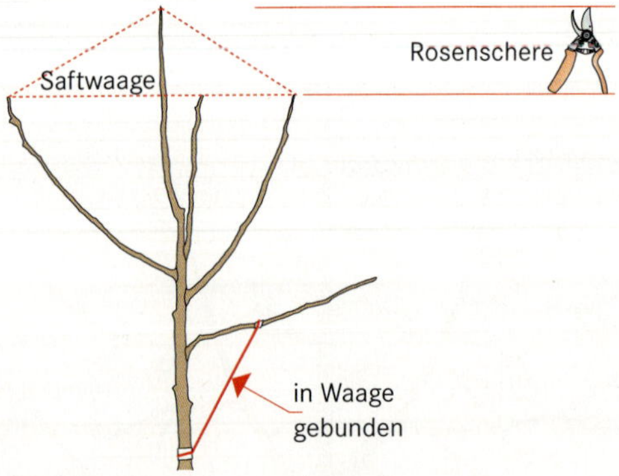

1 Pflanzschnitt

8.3 Schnittarten

Obstbaum pflanzen

8.3.1 Pflanzschnitt

Nach dem Alter des Baumes kann zwischen Pflanzschnitt, Erziehungs- oder Aufbauschnitt, Erhaltungsschnitt und Verjüngungsschnitt unterschieden werden.

Der **Pflanzschnitt** (1) wird vor oder nach der Pflanzung durchgeführt. Mit ihm wird die bereits in der Baumschule vorgeformte Krone dem durch das Umpflanzen verkleinerten Wurzelsystem angepasst. Dazu werden drei oder vier als Leitäste geeignete Seitentriebe ausgewählt und um $^1/_3$ (Kernobst), $^1/_2$ (Steinobst) bis $^2/_3$ (Pfirsich und Nektarine) ihrer Länge auf ein nach außen zeigendes Auge zurückgeschnitten. Dabei ist darauf zu achten, dass sich ihre Schnittstellen in gleicher Höhe befinden, sodass eine sogenannte **Saftwaage** entsteht. Dies gewährleistet eine gleichmäßige Ernährung der Triebe und damit einen gleichmäßigen Austrieb. Entsprechend ist es ratsam mit dem schwächsten Trieb zu beginnen. Der Mitteltrieb wird auf eine Scherenlänge über der Saftwaage eingekürzt. Höher stehende Seitentriebe werden auf Astring geschnitten, tiefer stehende waagerecht gebunden.

8.3.2 Erziehungs- oder Aufbauschnitt

Dem Pflanzschnitt folgt im zweiten Jahr der Erziehungsschnitt (1, S. 289). Aufgrund der Wachstumsgesetze wird der Kronenaufbau fortgesetzt:

Leitäste

- Unter Berücksichtigung der Saftwaage schräg nach außen ziehen.
- Auf gleiche Winkel zum Stamm achten.
- Auf einheitliche Schnittebene (Saftwaage) bringen. Starker Rückschnitt fördert ihr Triebwachstum, schwacher ihre Seitenverzweigung.
- Über die Saftwaage hinwegragende, nach innen wachsende oder überzählige Triebe entfernen.

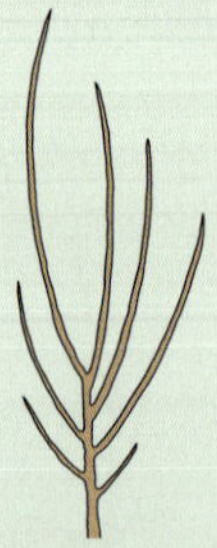	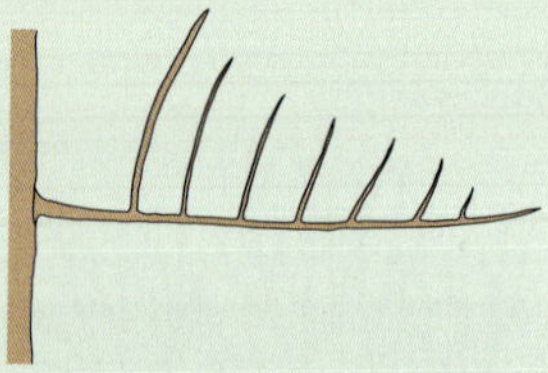
Spitzenförderung Der höchste Trieb wächst am stärksten.	**Basisförderung** Der am dichtesten am Mitteltrieb stehende Trieb wächst am stärksten.
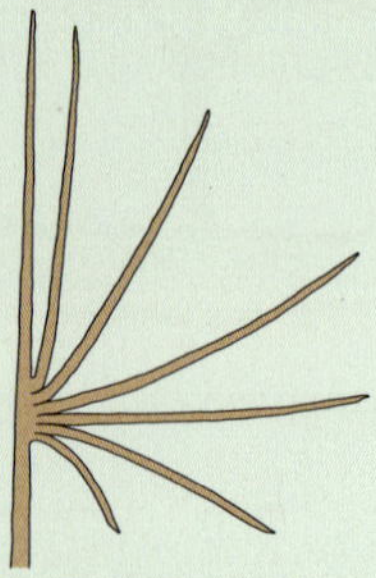	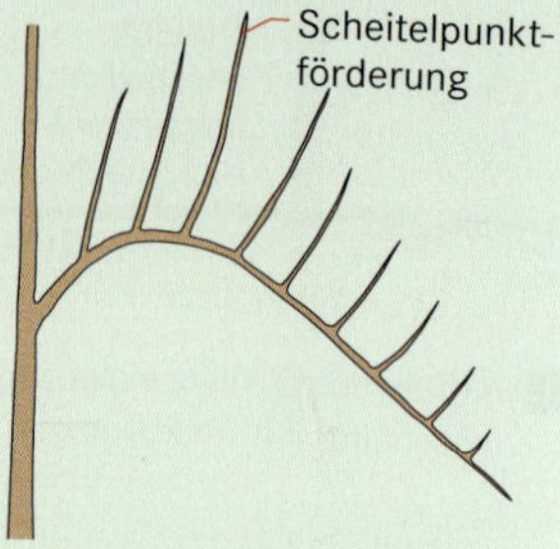
Winkelförderung Der steilere Trieb wächst am stärksten.	**Oberseitenförderung** Der am höchsten Punkt befindliche Trieb wächst am stärksten.
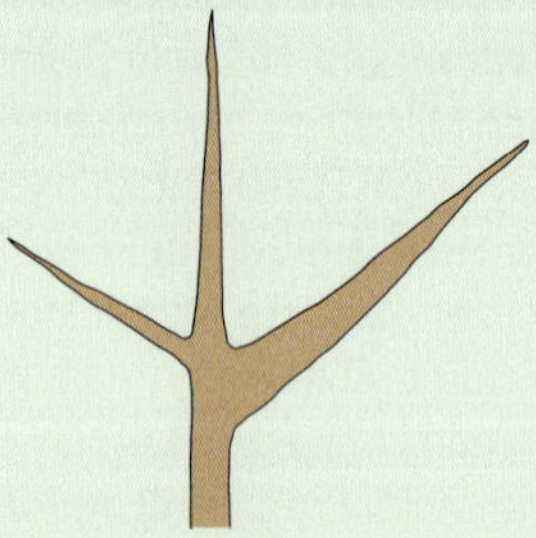	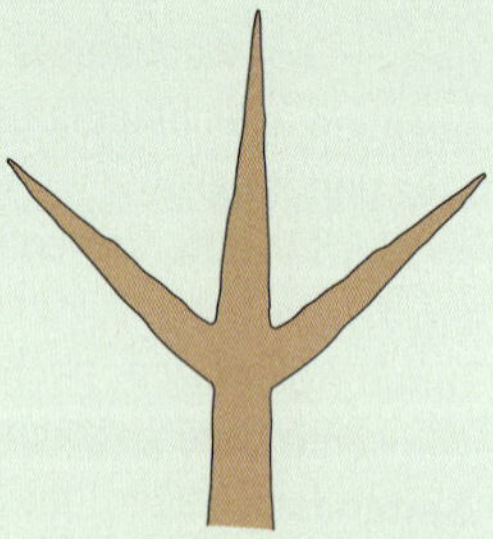
Dickenförderung a) Der dickere Trieb wächst am stärksten.	b) Gleiche Triebe wachsen gleich stark.
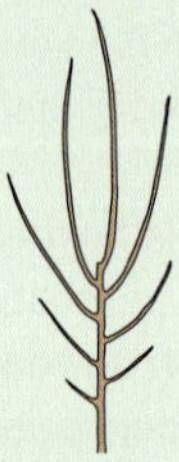	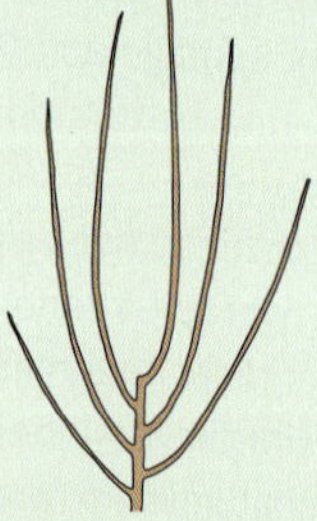
Austriebsreaktionen auf verschieden starken Rückschnitt a) schwacher Rückschnitt	b) starker Rückschnitt

Tab. 1 Wachstumsgesetze

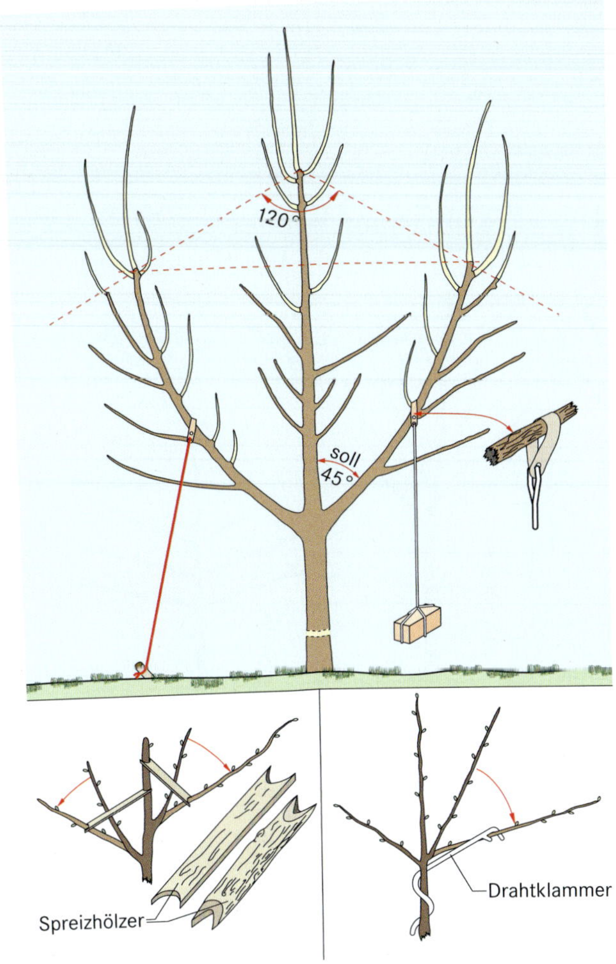

1 Erziehungs- oder Aufbauschnitt

- Zu steile Triebe herabbinden oder nach unten ableiten.
- Stellen mit zu dicht stehenden Trieben auslichten.

Mitteltrieb

Bearbeitung nach dem Schneiden der Leittriebe:

- Mitteltrieb zurückschneiden. Seine Höhe ergibt sich durch einen gedachten dachartigen Winkel von 120° zu den Leitastspitzen.
- Bei sehr schwachem Wachstum des Mitteltriebes Schnittwinkel steiler ansetzen (Mitteltrieb lang über Saftwaage) sowie möglichst viele Seitentriebe belassen und waagerecht binden (Fruchtäste).
- Bei sehr starkem Wachstum des Mitteltriebes Schnittwinkel flacher ansetzen (Mitteltrieb kurz über Saftwaage) sowie alle stark wachsenden, steil stehenden Triebe am Mitteltrieb entfernen und alle übrigen Triebe durch Ableiten auf waagerecht stehende Äste zu Fruchtästen verwandeln.
- Konkurrenztriebe und überzählige Triebe entfernen.
- Seitentriebe als Fruchtholz ziehen, dabei kegelförmigen Aufbau anstreben.

Diese Maßnahmen werden etwa drei bis fünf Jahre fortgesetzt, bis die Krone voll entwickelt ist. Mit zunehmendem Alter gewinnt der Auslichtungsschnitt als Schnittmaßnahme immer mehr an Bedeutung.

Hinweis

Die hessische Obstbaummanufaktur der Kommune 34260 Niederkaufungen bietet die Weiterbildung zum Obstbaumpfleger an. Sie verläuft in 8 Wochenend-Modulen, die über 2 Jahre verteilt sind.

8.3.3 Erhaltungsschnitt

Der Erhaltungsschnitt dient dazu, die einmal aufgebaute Krone möglichst lange zu erhalten. Im Vordergrund steht der **Auslichtungsschnitt**, bei dem nach innen wachsende, sich kreuzende, zu dicht und zu steil stehende Triebe entfernt werden. Überalterte Triebe werden auf Neutriebe abgesetzt. Ziel ist es, ein ausgewogenes Verhältnis zwischen Wachstum und Fruchtbildung zu erhalten.

8.3.4 Verjüngungsschnitt

Obstbaumschnitt - schwaches Wachstum

Obstbaumschnitt - starkes Wachstum

Obstbaumschnitt - ausgeglichenes Wachstum

Kennzeichen zunehmenden Alters eines Obstbaumes ist das Nachlassen des Triebwachstums und die starke Zunahme des Fruchtholzes sowie des Anteils an minderwertigen Früchten aufgrund von Überhang, Lichtmangel und Erschöpfung wegen des viel zu großen Blütenansatzes. Zur Verjüngung wird der sogenannte **Verjüngungsschnitt** durchgeführt, der in erster Linie aus Auslichtung und Rückschnitt besteht. Ziel ist die Verjüngung des Fruchtholzes.

8.4 Baumhöhen und Platzbedarf

Die 4 Baumformen

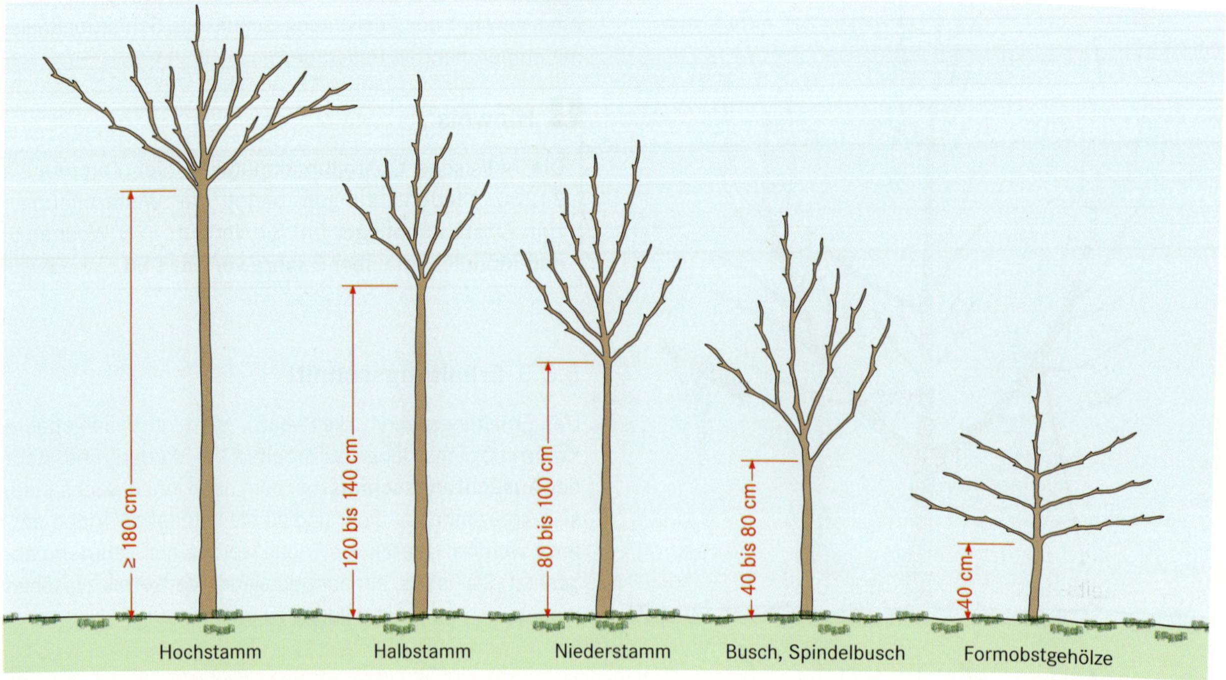

1 Stammmhöhen und ihre Bezeichnungen

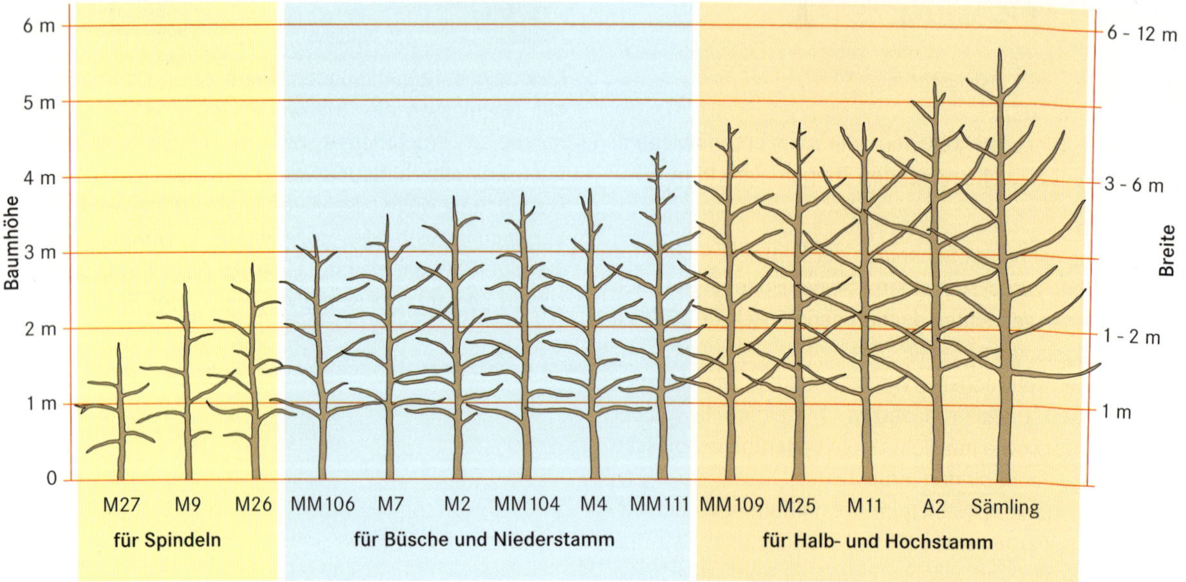

2 Wuchsstärke der wichtigsten Apfelunterlagen, maßgebend für Baumhöhe und Pflanzabstände

In den Baumschulen werden Obstbäume in unterschiedlichen **Stammhöhen** (Höhe vom Erdboden bis zum untersten Kronentrieb) angeboten (**1**).

Da die meisten Obstbäume veredelt sind, hängt die spätere Baumhöhe und damit der erforderliche Pflanzabstand nicht unbedingt von der Stammhöhe, sondern von der Wüchsigkeit der Unterlage ab (**2**).

8.5 Alternanz

8.5.1 Die Bedeutung von Alternanz und ihre Entstehung

Bei Obstbäumen, vor allem beim Apfel, kommt es häufig zur Alternanz. **Unter Alternanz versteht man stark schwankende Fruchterträge.** In einem Jahr bricht der Baum fast unter der Last seiner Früchte zusammen (sogenannte Apfeljahre), im nächsten Jahr bringt er nur einen geringen bis gar keinen Ertrag. Solche schwankenden Erntemengen sind ganz normal. Der Fruchtertrag verläuft über die Jahre wellenförmig. Dies liegt daran, dass der Baum bereits im Frühjahr in Abhängigkeit von seinem Blüten- und Fruchtansatz die Blüten für das nächste Jahr ausbildet. Das heißt, wenn er in einem Jahr sehr viele Blüten ausbildet, werden für das folgende Jahr nur wenige oder gar keine Blüten ausgebildet und umgekehrt. Ein gleichmäßiger jährlicher Ertrag bleibt aus. Auch andere Faktoren wie Wasser- und Nährstoffversorgung, Witterung, Spätfröste, Krankheits- und Schädlingsbefall, Stress oder Bienenflug/Bestäubung beeinflussen über die Blüten- und Fruchtausbildung das Auftreten von Alternanz. Die Anfälligkeit für Alternanz variiert je nach Sorte. So zeigt z. B. 'Elstar' im Vergleich zu 'Gala' oder 'Jonagold' eine ausgeprägte Neigung zur starken Alternanz.

8.5.2 Alternanz überwinden: Gründe und Motivation

Auch wenn diese jährlichen Schwankungen ganz normal sind, versucht man sie möglichst gering zu halten bzw. eine bereits vorhandene Alternanz zu durchbrechen, um eine gleichmäßigere und zuverlässigere Ernte über die Jahre hinweg zu erreichen. Die Gründe dafür sind, dass sich zu viele oder zu wenige Früchte negativ auf die Qualität und den Ertrag auswirken. Sehr viele Blüten führen zu vielen kleinen, wenig ausgereiften Früchten mit schlechter Ausfärbung und wenig Aroma sowie einer geringen Ausbildung von Blütenknospen im Folgejahr. Zudem kann das hohe Gesamtgewicht der Früchte zu Astbrüchen führen. Sehr wenige Früchte hingegen bewirken, neben einer schlechten Ernte, recht große und wenig haltbare Früchte sowie eine starke Ausbildung von Blütenknospen im Folgejahr.

Obstart	Fruchtausdünnung auf
Apfel	eine Frucht/Blütenstand
Aprikosen	einen Fruchtabstand von 8 cm
Pfirsich	einen Fruchtabstand von 15 cm
Pflaumen/Zwetschen	
■ großfrüchtig	einen Fruchtabstand von 8 cm
■ kleinfrüchtig	einen Fruchtabstand von 4 cm

Tab. 1 Fruchtausdünnung

8.5.3 Strategien zur Überwindung von Alternanz

Alternanz vermeiden

1 Fruchtausdünnung beim Apfel

2 Alternanz am Beispiel von Säulenäpfeln: Der erste, zweite und vierte Baum von links sind anders als der dritte und fünfte Baum im Vorjahr nicht ausgedünnt worden und tragen im Folgejahr keine Blüten.

Zur Vermeidung oder Durchbrechung einer bereits vorhandenen Alternanz wird über die Jahre ein relativ gleichmäßiger Fruchtertrag angestrebt. Die Optimierung dieses Ertragsziels erfolgt durch gezielte Maßnahmen, wie beispielsweise das Entfernen überschüssiger Blüten und Früchte **(Ausdünnung**, Tab. **1**) die Anregung eines ausgewogenen Fruchtansatzes mithilfe von Schnittmaßnahmen, regelmäßiger Düngung und Bewässerung oder den Einsatz von Bienen zur effizienten Bestäubung.

Obstbäume zeigen in der Regel eine überreiche Blüte. Da lediglich 7 bis 8 % der Blüten für einen Vollertrag benötigt werden und die meisten Apfelsorten mehr Früchte ansetzen, als sie bis zur Ernte in guter Qualität entwickeln können, ist eine jährliche Fruchtausdünnung in der Regel notwendig. Pro Blütenstand können sich bis zu acht Einzelblüten entwickeln. Von den daraus resultierenden Früchten wird lediglich die größte und schönste pro Blütenstand ausgewählt und belassen (1, S. 291). Bei schwacher Blüte auch zwei. Während der Fruchtentwicklung können beschädigte, kranke, unterentwickelte und überzählige Früchte sowie Schattenfrüchte (Früchte aus dem Inneren der Baumkrone) jederzeit entfernt werden. Je später aber dies erfolgt, desto geringer sind die Auswirkungen auf die Blütenknospenbildung (2, S. 291) für das nächste Jahr und damit auf die Alternanz. Entsprechend sind überzählige Früchte bis spätestens Ende Mai/Anfang Juni zu entfernen.

8.5.4 Selbstregulation durch Nachblütefall und Junifruchtfall: Baummechanismen in der Fruchtproduktion

1 Junifruchtfall

Obstbäume verfügen über eigenständige Mechanismen zur Regulation ihrer Fruchtmenge. Dies umfasst die Abstoßung von nicht befruchteten Blüten, was als **Nachblütefall** bezeichnet wird. Etwa 4 bis 8 Wochen nach der Blüte erfolgt der **Junifruchtfall**, bei dem der Baum unterentwickelte Früchte, insbesondere jene mit wenig Samen, abwirft (1). Es besteht eine wechselseitige Beeinflussung zwischen dem Nachblütefall und dem Junifruchtfall: Ein stärkerer Nachblütefall führt in der Regel zu einem schwächeren Junifruchtfall und umgekehrt. Dennoch ist in den meisten Fällen sowohl der Blüten- als auch der Fruchtfall zu gering. Zudem ist der Junifruchtfall zeitlich zu spät, um Einfluss auf die Blütenknospenbildung für das Folgejahr zu nehmen.

Aufgaben

1. Warum werden Obstbäume geschnitten, obwohl sie auch ohne Schnitt Früchte tragen?
2. Beschreiben Sie den Aufbau einer Pyramidenkrone.
3. Das Wachstum der Gehölze erfolgt nach Wachstumsgesetzen. Erklären Sie diese.
4. Beschreiben Sie den Pflanzschnitt zum Aufbau einer Pyramidenkrone.
5. Wovon hängt die spätere Baumhöhe und damit der Pflanzabstand eines Obstbaumes ab?
6. Was versteht man unter dem Begriff „Alternanz“?
7. Was ist die wesentliche Ursache für das Auftreten von Alternanz?
8. Welche Probleme können auftreten, wenn die Alternanz nicht angemessen behandelt wird?
9. Welche Maßnahmen können zur Verhinderung von Alternanz ergriffen werden?
10. Welche natürlichen Mechanismen nutzen Apfelbäume zur Selbstregulierung ihrer Fruchtmenge?

9 Rhododendren

2 Rhododendren eignen sich sehr gut zur Unterpflanzung alter, lichtdurchlässiger Bäume; Hauptblütezeit M. V bis A. VI

9.1 Sortengruppen

Rhododendren (Alpenrosen) zählen mit zu den schönsten und beliebtesten Blütengehölzen (2). Die Gattung aus der Familie der Heidekrautgewächse (Ericaceae) umfasst etwa 1000 Arten mit über 10 000 Sorten. Dabei kann man zwischen immergrünen und laubabwerfenden Sträuchern

Gruppe	Kennzeichen
Immergrüne Rhododendren	
***Rhododendron-Catawbiense*-Hybriden** *(Rhododendron catawbiense)*, z. B. 'Catawbiense Grandiflorum', 'Madame Carvalho', 'Small Wonder'	**Höhe 2 bis 5 m** Große, schmal-elliptische Blätter; dichter, breitbuschiger bis kugeliger Wuchs; besonders großblumige, prachtvolle Blüten
***Rhododendron-Williamsianum*-Hybriden** *(Rhododendron williamsianum)* z. B. 'Gartendirektor Rieger', 'Glockenspiel'	**Höhe bis etwa 1,5 m** Rundovale Blätter; dichter, kugelförmiger Wuchs; bronzefarbener Austrieb; große glockenförmige Blüten
***Rhododendron-Yakushimanum*-Hybriden** *(Rhododendron yakushimanum)* z. B. 'Babette', 'Blankenese', 'Blurettia', 'Flava', 'Koichiro Wada', 'Schneewolke', 'Silver Lady'	**Höhe bis etwa 1,0 m** Kompakter bis aufrecht lockerer Wuchs; Blätter dick, länglich, am Rand gewölbt, häufig auf der Blattunterseite behaart und im Austrieb silbergrau-filzig; großblütig
***Rhododendron-Repens*-Hybriden** *(Rhododendron repens)* z. B. 'Bad Eilsen', 'Buketta', 'Frühlingszauber', 'Scarlet Wonder'	**Höhe bis etwa 50 cm** Kompakt wachsende Zwergsträucher mit leuchtend roten Blüten und dunkelgrünem Laub
Sommergrüne Rhododendren („Azaleen")	
Die verschiedenen Gruppen (z. B. *Genter-*, *Mollis-*, *Knapp-Hill*-Hybriden), *R. Luteum* und ihre Sorten werden unter der Sammelbezeichnung **„Azaleen"** zusammengefasst; z. B. 'Fireball', 'Gibraltar', 'Homebusch', 'Kondyke', 'Persil'	**Höhe 1 bis 5 m** Wuchs: je nach Sorte schwach bis stark Blüten: erscheinen vor dem Laubaustrieb, reichblütig, leuchtende Farben Herbstfärbung: orange bis scharlachrot; werfen ihre Blätter im Herbst ab
Wintergrüne Rhododendren („Japanische Azaleen")	
Entsprechend ihrer Abstammung können sie in verschiedene Gruppen unterteilt werden (z. B. Diamant-, Arendsii- und Aronense-Azaleen) Da japanische Wildarten die Grundlage für ihre Züchtung bildeten, werden sie unter der Sammelbezeichnung **„Japanische Azaleen"** zusammengefasst; z. B. 'Ramapo', 'Alice', 'Diamant Lachs', 'Hatsugiri'	**Höhe 0,5 bis 1 m** Aussehen: kleinblättrig, große Ähnlichkeit mit Topfazaleen *(Rhododendron simsii)*; behalten in geschützten Lagen Blätter bis zum Frühjahr; dichtbuschig, bilden je nach Sorte eine Vielzahl kleiner oder großer Blüten aus

Tab. 1 Rhododendren – Gruppen und Kennzeichen

sowie Bäumen unterscheiden. Von den weltweit vorkommenden Arten sind bei uns nur zwei in den Alpen beheimatet, nämlich *Rhododendron ferrugineum* (Rostblättrige Alpenrose) und *Rhododendron hirsutum* (Bewimperte Alpenrose). Hauptverbreitungsgebiete der Rhododendren sind Asien, Nordamerika, Australien und der Kaukasus.

Rhododendren werden nach Merkmalen (Habitus, Blüten, Belaubung usw.) in **Sortengruppen** zusammengefasst. Die Zuordnung zu den unterschiedlichen Gruppen ist nicht einfach und auch für den Spezialisten nur schwer durchschaubar. Für die Verwendung bietet sich daher ein vereinfachtes Verfahren nach **Wuchshöhe und Lebensdauer der Blätter** an (Tab. 1). Von den Wildarten finden nur wenige Arten Verwendung, wie z. B. *Rhododendron impeditum* (wächst kissenförmig, Höhe 30 bis 40 cm, Blütezeit Ende April/Anfang Mai).

9.2 Standortbedingungen

Nach den Wachstumsbedingungen am Wildstandort (Waldsaum/Gebirge) lassen sich folgende Standortbedingungen für Rhododendren ableiten:

Boden: sauer **(pH 4,5 bis 5,5)**, locker, humos, wasserdurchlässig und trotzdem ausreichend feucht sowie nährstoffreich. Gut geeignet sind humusreiche Sandböden oder humose sandige Lehmböden. Wenig geeignet sind schwere Lehm- und Tonböden aufgrund ihrer schlechteren Bodenstruktur (Gefahr von Staunässe) und von Natur aus höheren pH-Werten. Eine Ausnahme bilden sogenannte **INKARHO®-Rhododendren**[1]. Es handelt sich dabei um Sorten, die auf kalktolerante Unterlagen veredelt sind. Derartige Pflanzen können auch auf Böden mit pH-Werten von 5,5 bis 6,5 wachsen. Ziel ist es, in absehbarer Zukunft derartige Pflanzen in allen Sorten anbieten zu können.

Licht/Sonne: Ideal sind Standorte im lichten Schatten tiefwurzelnder Bäume (keine Wurzelkonkurrenz), wie z. B. Eiche, Lärche, Kiefer oder Obstbäume, die genügend Licht zur Fotosynthese hindurchlassen, die Pflanzen aber vor der heißen Mittagssonne schützen (2, S. 292). Bei ausreichender Bodenfeuchtigkeit und relativ hoher Luftfeuchtigkeit kann auch ein vollsonniger Standort gewählt werden.

Wind: Zum Schutz vor austrocknenden Winden, Verdunstungskälte und Frosttrocknis im Winter (immergrüne Arten!) sollte der Standort windgeschützt sein.

[1] **IN**teressengemeinschaft **KA**lktoleranter **RHO**dodendronunterlagen

9.3 Pflanzung

Günstige **Pflanzzeiten** für Rhododendren sind der Herbst (Anfang September bis Mitte November) und das Frühjahr (Anfang März bis Mitte Mai).

Zur Überprüfung der Wasserdurchlässigkeit kann eine 50 cm tiefe Grube ausgehoben und mit Wasser gefüllt werden. Bleibt das Wasser länger als vier bis acht Stunden stehen, muss eine Dränage erfolgen. Zum Beispiel kann das Pflanzloch um zusätzliche 10 bis 20 cm vertieft und grober Kies als Dränschicht eingebracht werden. Bei schweren Böden sollte der Aushub zur Verbesserung der Wasserführung und Durchlüftung mit viel Sand durchmischt bzw. noch besser ein Bodenaustausch auf einer Tiefe von 40 bis 50 cm durchgeführt werden.

Vor dem Pflanzen ist zunächst der pH-Wert zu ermitteln. Dazu wird eine Mischprobe bis zu einer Tiefe von 30 cm entnommen und die Bodenreaktion mithilfe z. B. des Calcitests gemessen. Bei einem pH-Wert > 5,5 ist unaufgekalkter, gut durchfeuchteter Torf mit dem Aushub im Verhältnis 1 : 1 zu vermischen.

Das Pflanzloch sollte drei- bis viermal breiter und doppelt so tief sein wie der Wurzelballen. Zur Erhöhung der organischen Substanz wird der Aushub mit z. B. Lauberde, verrottetem Laub oder altem Rinderdung gut durchmischt. Die Pflanze wird so tief gepflanzt, dass der Ballen nur ganz leicht mit Erde bedeckt ist. Da sich der Ballen noch setzt, ist er etwa 5 cm höher zu pflanzen. Zuvor ist er so lange in Wasser zu tauchen, bis keine Luftblasen mehr aufsteigen. Nach dem Pflanzen wird ein Gießring geformt, angegossen und eine 10 bis 15 cm hohe Mulchschicht aus Laub, Torf, Rindenmulch o. Ä. erstellt.

! Hinweis

***Rhododendron ponticum* als invasive Bedrohung**

Rhododendron ponticum, mit seinen leuchtenden Blüten ein wahrer Hingucker, birgt eine dunkle Seite. Als invasive Art breitet er sich unaufhaltsam aus und bildet dichte Büsche, die mit ihrem dichten Blattwerk alles Überwuchern und Beschatten. Dadurch verdrängt er heimische Pflanzen und Tiere. Besonders betroffen sind die Wälder Großbritanniens – insbesondere Schottlands –, der Killarney-Nationalpark in Irland sowie Regionen in Belgien, den Niederlanden, Spanien und Portugal. Die Bekämpfung ist aufgrund der hohen Samenproduktion, der Verwurzelung und der schnellen Bewurzelung aufliegender Triebe eine Herausforderung. Aufgrund der giftigen Blätter werden die Pflanzen von Rehen gemieden, was die Verbreitung zusätzlich begünstigt.

Rhododendren wachsen am besten, wenn sie dicht beisammen stehen und sich dadurch Schutz geben (Tab. 1).

Pflanzgröße	Pflanzabstand
40/60 cm	So dicht pflanzen, dass nach 5 Jahren jede zweite Pflanze umgepflanzt werden muss (≥ 1 m)
60/80 cm	Gleich auf Endabstand (2 bis 3 m) pflanzen
Niedrig bleibende Rhododendren und Japanische Azaleen	50 bis 60 cm
Hochwachsende Azaleen	≥ 1,50 m

Tab. 1 Pflanzabstände

9.4 Pflegemaßnahmen

Die Pflegemaßnahmen können sich in der Regel auf das Wässern bei Trockenheit (Regenwasser bzw. kalkfreies Wasser), das Zuführen von Nährstoffen und die Ergänzung der Mulchschicht beschränken. Wichtig ist eine langsam fließende, gleichmäßige Nährstoffzufuhr während der Wachstumszeit (April bis Oktober). Geeignete Dünger sind z. B. Nitrophoska blau spezial (12 : 12 : 17) oder Nitrophoska perfekt (15 : 5 : 20), die ihre Nährstoffe über zwei bis drei Monate abgeben. Entsprechend sind zwei Düngetermine erforderlich:

- 1. Düngung Anfang April (70 bis 90 g/m²)
- 2. Düngung Anfang Juni (40 bis 60 g/m²)

Bei Düngern mit einer Wirkungsdauer von vier bis fünf Monaten kann der gesamte Nährstoffbedarf mit einer Düngung verabreicht werden, z. B. ENTEC perfekt (14 : 7 : 17), (Tab. 2).

Pflanzengröße in Höhe und Breite	Düngermenge (in g)	Hände voll
40 cm	35 – 40	1
100 cm	100 – 120	3
150 cm	170 – 200	4 – 5
200 cm	200 – 250	5 – 6

Tab. 2 Dünger mit einer Wirkungsdauer von 4 bis 5 Monaten

Dünger dünn unter dem Blattbereich verteilen (10 cm Abstand von der Sprossachse halten!) und leicht in den Boden einarbeiten.

? Aufgaben

◑ 1. Nennen Sie günstige Standortbedingungen für Rhododendron.

◑ 2. Was zeichnet INKARHO-Rhododendren aus?

Rosen

1 Mit Rosen gestalten

Ob auf Rabatten, den Weg entlang, an Wänden, Pergolen, als undurchlässige Hecke oder für flächige Pflanzungen in Gärten, Parks und öffentlichen Grünanlagen, Rosen gehören seit jeher zu den beliebtesten Ziergehölzen (1).

Als Partner für Rosen kommen vor allem Stauden aus den Lebensbereichen Beet, Freifläche und sonniger Gehölzrand infrage. Wuchshöhe, Blütezeit und -farbe sind aufeinander abzustimmen (s. Kap. Stauden).

1 Botanik

1.1 Morphologie

Einfache Blüten (4 bis 7 Petalen), *Rosa canina* (Wildrose)

Halbgefüllte Blüten (ab 10 Petalen), 'Westerland' (Strauchrose)

Gefüllte Blüten (ab 20 Petalen), 'Schneewittchen' (Strauchrose)

Stark gefüllte Blüten (ab 40 Petalen), 'Mme Isaak Pereire' (Bourbonrose)

1 Die Anzahl der Petalen bestimmt die Blütenfüllung

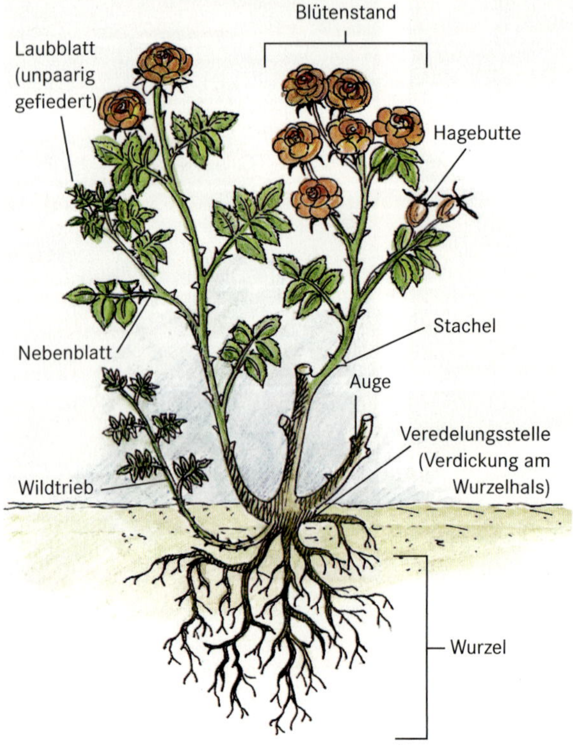

2 Merkmale einer Rose

Die Gattung **Rosa** aus der Familie der Rosaceae (Rosengewächse) umfasst mehr als 100 Arten mit unzähligen, in den verschiedensten Farben blühenden und zum Teil sehr schön duftenden Sorten. Es handelt sich dabei um sommergrüne, mehr oder weniger winterharte Sträucher mit stacheligen Trieben und unpaarig gefiederten Blättern, bei denen die Nebenblätter mit den Blattstielen verwachsen sind. Als Tiefwurzler sind Rosen nach der Einwachsphase sehr trockenheitsresistent.

Die Anzahl der Blättchen, aus denen sich ein gefiedertes Blatt zusammensetzt, kann je nach Art und Sorte variieren. Die Blätter der Edel- und Beetrosen weisen im Allgemeinen drei oder fünf Blättchen auf. Je näher aber die Pflanze den Wildrosen steht, d.h. je geringer ihre züchterische Bearbeitung, desto mehr (7, 9, 11, 13, 15) und kleinere Blättchen weisen ihre Blätter in der Regel auf. **Wildrosentriebe**, die bei veredelten Rosen unterhalb der Veredlungsstelle entspringen können, lassen sich folglich leicht an ihren siebenzähligen Blättern erkennen.

Die Blüten stehen entweder einzeln (Edelrosen) oder in doldigen beziehungsweise rispigen Blütenständen (2). Nach der Anzahl der **Petalen** (Blüten- oder Kronblätter) unterscheidet man Rosen mit einfachen, halb gefüllten, gefüllten und stark gefüllten Blüten (1).

1 *Rosa chinensis* 'Viridiflora' – eine grün blühende Rose

2 Die Hagebutte – eine Sammelnussfrucht

Ein Kuriosum ist *Rosa chinensis* 'Viridiflora', eine grün blühende Rose. Bei ihr haben sich die Blüten- und Staubblätter zu Laubblättern zurückentwickelt (1).

Sofern Früchte angesetzt werden, sind sie rot oder schwarz gefärbt und werden als **Hagebutten** bezeichnet. Botanisch gesehen handelt es sich dabei um Sammelnussfrüchte, in deren Fruchtfleisch zahlreiche Einzelfrüchte (Nüsschen) eingebettet sind (2). Hagebutten enthalten sehr viel Vitamin C und werden zu Hagebuttenmarmelade oder -tee verarbeitet. Für viele Vogelarten sind sie wichtiges Winterfutter.

Wildrosen sind wesentlich robuster und wüchsiger als die gezüchteten Gartenformen. Dies nutzt man aus, indem Rosensorten zur Vermehrung in der Regel auf Wildrosen veredelt (okuliert) werden. Als Unterlagen dienen üblicherweise die Zuchtform der Hundsrose *(Rosa canina)*, die sogenannte „Edel-Canina", *Rosa laxa, Rosa multiflora* und, bei der **Winterhandveredlung**[1], *Rosa canina* 'Inermis'.

1.2 Blühverhalten

Die Rosenblüte erstreckt sich vom Mai bis zu den ersten Frösten im Herbst. Die Kenntnis über das Blühverhalten der jeweiligen Art bzw. Sorte ist nicht nur wichtig für den Planer, sondern auch für die Art der durchzuführenden Schnittmaßnahmen (s. S. 312 f.). Generell kann zwischen einmal und öfter blühenden Rosen unterschieden werden, wobei die Übergänge fließend sind:

- **Einmal blühende Rosen** zeigen im Jahr nur einen Blütenflor, der bis zu fünf Wochen andauern kann (z. B. Wildrosen).
- **Öfter blühende Rosen** zeigen nach der ersten Hauptblüte im Juni/Juli einen zweiten Blütenflor im August/September. Dies ist bei den meisten Gartenrosen der Fall. Wie nun die Übergänge zwischen den beiden Blütenhöhepunkten verlaufen, ob z. B. nach dem ersten Blütenflor weiterhin laufend neue Blüten gebildet werden oder eine deutliche Ruhepause bis zum zweiten Blütenflor eingelegt wird, hängt von der jeweiligen Sorte ab (3).

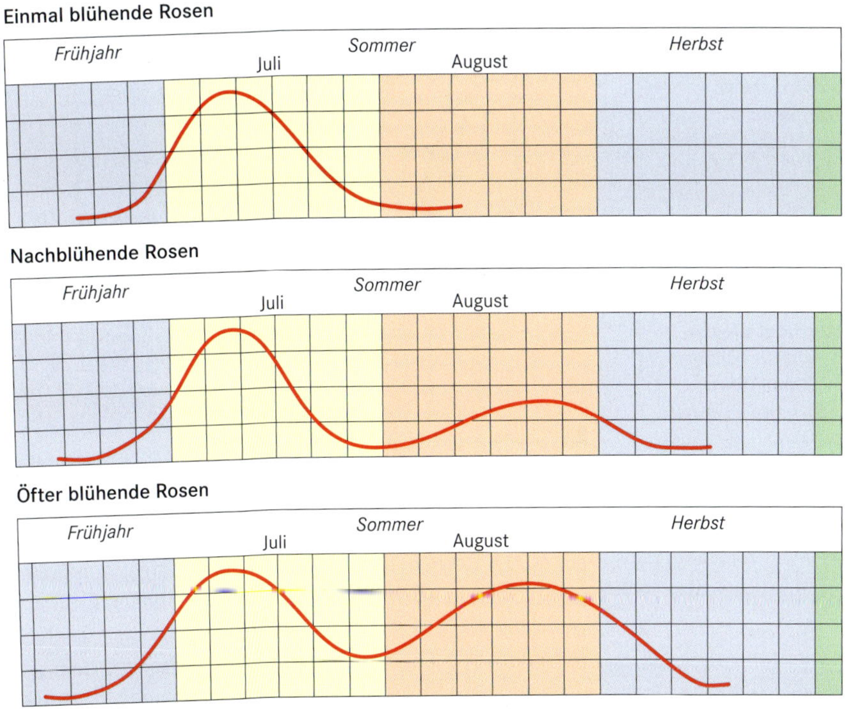

3 Blühverhalten

[1] Kopulation (schräg angeschnittenes Edelreis wird auf fingerdicke Unterlage aufgesetzt) in der Zeit von XII bis IV im beheizten Gewächshaus

1.3 Wuchsformen

	**Niederliegend und schwachwüchsig** Bodendeckerrosen: 'Nozomi', 'Snow Carpet'
	**Niederliegend und starkwüchsig** Bodendeckerrosen: 'Heidekönigin', 'Immensee', 'Magic Meidiland', 'Max Graf', 'Repens Alba'
	**Zwergartiger Wuchs** Zwergrosen: 'Mandarin', 'Orange Meillandina', 'Sonnenkind', 'Starina', 'White Gem', 'Top Marks', 'Zwergkönig 78'
	**Steif aufrechter Wuchs** Edelrosen: 'Chrysler Imperial', 'Crimson Glory', 'Duftgold', 'Duftrausch', 'Gloria Dei', 'Ingrid Bergmann', 'Sutter's Gold'
	**Buschiger Strauchwuchs** Beetrosen: 'Mariandel' Strauchrosen: 'Westerland' Bodendeckerrose: 'Apfelblüte', 'The Fairy'
	**Überhängender Strauchwuchs** Strauchrosen: 'Abraham Darby', 'Blossomtime', 'Ferdy', 'Frühlingsgold', 'Heritage', 'Raubritter'
	**Kletternder Wuchs** Kletterrosen: 'Compassion', 'Coral Dawn', 'Goldfassade', 'Lawinia', 'New Dawn', 'Rosarium Uetersen'

Tab. 1 Wuchsformen

Die **Wuchsform** der Rosen ist in den meisten Fällen aufrecht. Sie kann jedoch auch kriechend oder kletternd sein (Tab. 1).

1.4 Wuchshöhe

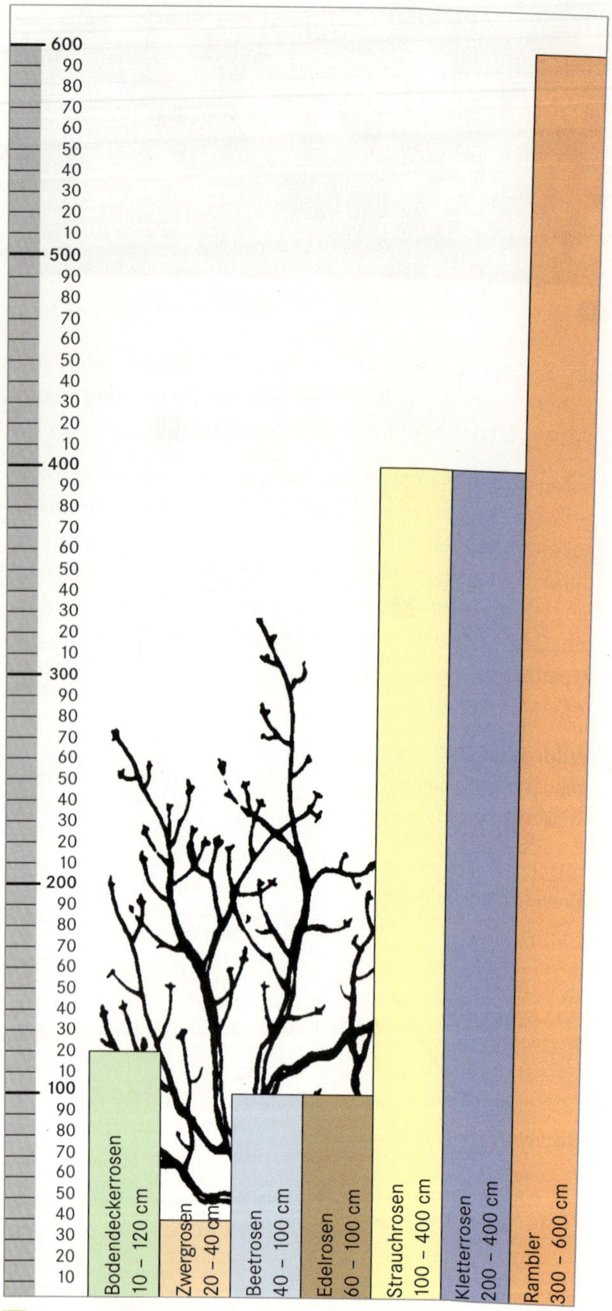

1 Wuchshöhen

Ein wichtiges Auswahlkriterium bei der Verwendung von Rosen ist ihre **Wuchshöhe**. Sie reicht von den selten höher als 40 cm werdenden Zwergrosen über riesige, 4 m hohe und breite Strauchrosen bis hin zu den mit besonders langen Trieben ausgestatteten Kletterrosen, sogenannten **Ramblern** (Schlingrosen), die mit ihren auffallend dünnen und weichen Trieben bis zu 7 m in lichte Bäume hineinklettern können (1).

1.5 Rosen als wichtige Pollenspender

1 Kennzeichen insektenfreundlicher Rosen

Seit einigen Jahren ist ein dramatischer Rückgang an Insekten in Deutschland zu verzeichnen. Besonders betroffen sind **Wildbienen** und **Hummeln**, aber auch die **Honigbiene** *(Apis mellifera)*[1], die etwa 80 % der Obst- und Gemüsepflanzen bestäubt, ist in unserer monotonen Agrarlandschaft in ihrer Ernährung gefährdet.

Bienen ernähren sich von Nektar, Honigtau, Pollen und Wasser. Der aus den Nektarien der Blüten ausgeschiedene **Nektar**, eine zuckrige Flüssigkeit, liefert ihnen Energie. Aus ihm produzieren sie Honig, der dem Bienenvolk als Nahrungsvorrat dient. Als Ersatz für den Honig stellt der Imker den Bienen Zuckerwasser zur Verfügung. Auch **Pollen** bildet eine wichtige Nahrungsgrundlage. Er besteht hauptsächlich aus **Eiweiß** und dient in erster Linie zur Aufzucht der Brut. Pro Jahr benötigt ein Bienenvolk für die notwendige Eiweißversorgung zwischen 10 und 40 kg Blütenpollen.

Rosen als oft verwendete Gartenpflanzen und gute Pollenspender können eine wichtige Rolle bei der Versorgung von Honigbienen, den verschiedenen Wildbienen- und Hummelarten sowie anderen Insekten mit eiweißreicher Nahrung spielen. Ihr Nektarangebot ist jedoch zweitrangig.

Rosen werden meist wegen ihrer wunderschönen, häufig gefüllten Blüten (s. S. 296) angepflanzt. Für Insekten sind jedoch gefüllte Blüten wenig attraktiv. Grund ist, dass die **Blütenfüllung** einer Pflanze u.a. durch die Umwandlung von Staubblättern zu Blütenblättern erfolgt. Somit nimmt mit zunehmender Blütenfüllung die Anzahl der Antheren und damit die Menge des produzierten Pollens ab. Deshalb sind vor allem Wildrosen (z. B. *Rosa canina*) wie auch Rosensorten mit einfachen, ungefüllten oder halbgefüllten Blüten gute bis sehr gute **Pollenspender**. Zudem bilden viele dieser Rosen im Herbst **Hagebutten** aus, die nicht nur einen Fruchtschmuck darstellen, sondern auch Vögeln und anderen Tieren als Nahrung dienen können.

Ein Nachteil von Wildrosen und vielen einfach blühenden Rosensorten ist ihre relativ kurze **Blütezeit**. Im Gegensatz zu öfter oder mehrfach blühenden (remontierenden) Rosen, die von Juni bis in den Herbst hinein blühen, blühen sie nur einmal im Jahr für bis zu fünf Wochen. Je länger die Blütezeit, desto wertvoller ist eine Rose für Insekten (1).

? Aufgaben

◑ 1. Warum werden Rosen veredelt?
○ 2. Wie nennt man die Früchte der Rosen?
◑ 3. Nennen Sie jeweils drei Rosensorten mit a) einfachen, b) halb gefüllten, c) gefüllten und d) stark gefüllten Blüten?
◑ 4. Beschreiben Sie das Blühverhalten von a) einmal blühenden, b) nachblühenden und c) öfter blühenden Rosen. Nennen Sie je ein Beispiel.

[1] Eine Biene besucht bis zu 2000 Blüten an einem Tag.

2 Rosengruppen und ihre Verwendung

2.1 Übersicht

Rosengruppen	Kennzeichen	Verwendung	Pflanzenweiten
Edelrosen (Teehybriden)	edel geformte, große, zumeist gefüllte und einzeln stehende Blüten auf einem langen Stiel	Einzelstellung (z. B. in Staudenrabatten) oder Gruppenpflanzung, Schnittblume	30 bis 40 cm 6 bis 11 Pflanzen/m²
Beetrosen (Polyantharosen, Floribundarosen, Floribunda-Grandiflora-Rosen)	**Polyantharosen:** zahlreiche doldenähnliche Blütenstände, einfach oder halb gefüllt. **Floribundarosen** (= *Polyantha*-Hybriden): Einkreuzung von Remontantrosen[1] und Teehybriden → mehr Edelrosencharakter. **Floribunda-Grandiflora-Rosen:** Kreuzung zwischen Floribundarosen und Teehybriden → sehen wie vielblütige Teehybriden aus (1).	Beet- und Flächenbepflanzung; besonders wirkungsvoll Pflanzung einer Sorte in großer Stückzahl; wenn breitere Farbskala erwünscht, dann beste Wirkung, wenn jeweils 3 oder 4 Pflanzen einer Sorte in Gruppen angeordnet werden; bei Reihenpflanzung 2 bis 3 pro m; Schnittblume	s. Edelrosen
Strauchrosen	starkwüchsiger als Edel- und Beetrosen: zwischen 1 und 4 m in Höhe und Breite, einfache bis edelrosenähnliche Blüten, einmal blühende (Parkrosen) oder öfter blühende	Einzelstellung (Solitär) z. B. im Rasen oder zwischen Gehölzen, Gruppenpflanzung (3 Rosen), frei wachsende Hecke (gut geeignet einmal blühende Rosen), Schnittblume; großwüchsige Strauchrosen können auch als Kletterrosen Verwendung finden	1 bis 2 m, als Hecke 60 bis 100 cm
Zwergrosen	Höhe 20 bis 40 cm, bilden eine Fülle kleiner Blüten aus. In Erdnähe anfällig gegenüber Sternrußtau. → Für das Freiland wenig geeignet	Pflanzgefäße, größere Balkonkästen, Kübel, Einfassung, Steingärten, Terrassen- und Grabbepflanzung	20 bis 30 cm
Kletterrosen	Triebe neigen zum Klettern; benötigen jedoch einen Halt (Spreizklimmer, s. Kap. Fassadenbegrünung). Kletterrosen mit besonders starkem Wuchs, langen, weichen, biegsameren Trieben werden auch als **Rambler** (Schlingrosen) bezeichnet. Im Gegensatz zu Ersteren **(Climber)** bringen sie kleinere Blüten in Büscheln hervor und blühen nur einmal im Jahr.	Begrünung von Spalieren, Mauerkronen (hängen herunter), Zäunen, Pergolen, Rosenbögen, Gerüsten, Hauswänden, lichten Bäumen (möglichst Tiefwurzler) wie auch zum Bewachsen von Böschungen oder Hügeln	2 bis 6 m
Bodendeckerrosen (Flächenrosen, Kleinstrauchrosen)	Triebe breiten sich über dem Boden aus und bilden im Laufe der Jahre eine geschlossene Decke; Höhe 10 bis 120 cm, Triebe 3 bis 6 m lang. In öffentlichen Grünanlagen zunehmend wurzelechte Sorten (können keine Wildtriebe bilden)	Flächenbepflanzung (interessante Mischpflanzungen aus verschiedenen Sorten gleicher Farbrichtung, z. B. rosa, mit Gruppen von je 5 bis 7 Pflanzen) in Gärten, Parks und öffentlichen Grünanlagen, als Straßenbegleitgrün, auf Böschungen; Gruppenpflanzung, Solitär oder Kübelpflanze	1 bis 6 Pflanzen/m², im Durchschnitt 3 Pflanzen/m²
Wildrosen	Wildformen bzw. züchterisch wenig bearbeitete Arten, anspruchslos und robust, einmalige Blüte im Jahr, einfache Blüte, i. d. R. reicher Hagebuttenbehang, gute Pollenspender	s. Strauchrosen, Böschungsbefestigung (Ausläuferbildung), gutes Vogel- und Bienennährgehölz, Unterlagen für Rosenzüchtungen	s. Strauchrosen

[1] Remontantrosen: Anfang des 19. Jahrhunderts entstanden, wichtiges Bindeglied zwischen den alten und modernen Rosen, da sie die Fähigkeit zum Remontieren haben. Nach dem Hauptblütenflor folgt bei ihnen nach einer deutlichen Ruhepause ein zweiter Blütenflor.

Tab. 1 Die Vielzahl der Rosen wird in Rosengruppen zusammengefasst

Um in die unüberschaubare Vielzahl von Rosen eine Ordnung zu bringen, werden sie in Gruppen mit ähnlichen Wuchseigenschaften und ähnlichem Verwendungszweck eingeteilt. Die Übergänge zwischen den Gruppen sind fließend, was die Zuordnung nicht immer ganz einfach gestaltet (Tab. 1). **Rosarien** bieten eine sehr gute Möglichkeit sich über Rosen zu informieren. Ein Rosarium ist die Anlage einer Sammlung zahlreicher Rosenarten und -sorten. Die größte Rosensammlung der Welt, mit über 8 600 Rosensorten und -arten, befindet sich im Europa-Rosarium Sangerhausen im Südharz.

Polyantharosen × Remontantrosen/Teehybriden

↓

Floribundarosen × Teehybriden

↓

Floribunda-Grandiflora-Rosen

1 Beetrosenkreuzung

2.2 Sortenbeschreibung[1]

2.2.1 Edelrosen

'Banzai 83'

'Burgund 81'

'Piroschka'

'Polarstern'

'The McCartney Rose'

'Mildred Scheel'

Sorte	Blütenfarbe	Blütenfüllung	Duft	Wuchshöhe (cm)	ADR[1]-Rose	Züchter/ Herkunft
Banzai 83	gelb mit orange-rotem Rand	stark gefüllt	X	80 bis 100	X	Meilland
Burgund 81	blutrot	gefüllt/stark gefüllt	X	60 bis 80	–	Kordes
Mildred Scheel	rot	stark gefüllt	X	80 bis 100	X	Tantau
Piroschka	lachsrosa	gefüllt	X	60 bis 70	–	Tantau
Polarstern	weiß	gefüllt	X	80 bis 100	–	Tantau
The McCartney Rose	rosa	gefüllt	X	60 bis 80	–	Meilland

[1] ADR = Allgemeine Deutsche Rosenneuheitenprüfung bestanden

Tab. 1 Edelrosen (Auswahl)

2.2.2 Beetrosen

'Amber Queen'

'Bernstein Rose'

'La Sevillana'

[1] Bis eine Neuzüchtung auf den Markt kommt, vergehen i. d. R. 8 bis 10 Jahre.

'Lilli Marleen'

'Royal Bonica'

'Sarabande'

Sorte	Blütenfarbe	Blütenfüllung	Duft	Wuchshöhe (cm)	ADR[1]-Rose	Züchter/ Herkunft
Amber Queen	orange	gefüllt/stark gefüllt	–	40 bis 60	–	Harkness
Bernstein Rose	bernsteingelb	gefüllt/stark gefüllt	–	60 bis 80	–	Tantau
La Sevillana	rot	halb gefüllt	–	60 bis 80	X	Meilland
Lilli Marleen	rot	gefüllt	–	60 bis 80	X	Kordes
Royal Bonica	rosa	gefüllt	–	60 bis 80	–	Meilland/Martens
Sarabande	rosa	halb gefüllt	–	40 bis 60	–	Tantau

[1] ADR = Allgemeine Deutsche Rosenneuheitenprüfung bestanden

Tab. 1 Beetrosen (Auswahl)

2.2.3 Strauchrosen

'Frühlingsgold'

'Eden Rose 85'

'Maiden's Blush'

'Rosenresli'

'Schneewittchen'

'Westerland'

Sorte	Blüten-farbe	Blüten-füllung	Duft	Blühverhalten	Hage-butten	Wuchshöhe (cm)	Wuchsform	ADR[1]-Rose	Züchter/ Herkunft
Eden Rose 85	rosa	gefüllt	X	öfter blühend	–	150 bis 200	aufrecht	–	Meilland
Frühlingsgold	gelb	einfach	X	einmal blühend	–	150 bis 200	überhängend	–	Kordes
Maiden's Blush	rosa	gefüllt	X	einmal blühend	–	100 bis 150	überhängend	–	unbekannt
Rosenresli	orange-rosa	gefüllt	X	öfter blühend	–	150 bis 200	überhängend	–	Kordes
Schneewittchen	weiß	gefüllt	(X)	öfter blühend	X	100 bis 150	buschig	X	Kordes
Westerland	apricot	halb gefüllt	X	öfter blühend	–	150 bis 200	buschig	X	Kordes

[1] ADR = Allgemeine Deutsche Rosenneuheitenprüfung bestanden

Tab. 1 Strauchrosen (Auswahl)

2.2.4 Zwergrosen

'Pink Symphonie'

'Sonnenkind'

'Zwergkönig 78'

Sorte	Blütenfarbe	Blütenfüllung	Duft	Wuchshöhe (cm)	ADR[1]-Rose	Züchter/ Herkunft
Pink Symphonie	rosa	gefüllt	–	30 bis 40	–	Meilland
Sonnenkind	gelb	gefüllt	–	30 bis 40	–	Kordes
Zwergkönig '78	rot	gefüllt	–	30 bis 40	–	Kordes

Tab. 2 Zwergrosen (Auswahl)

2.2.5 Kletterrosen

'Compassion'

'Dortmund'

'New Dawn'

Sorte	Blüten-farbe	Blüten-füllung	Duft	Blühverhalten	Hage-butten	Wuchshöhe (cm)	ADR[1]-Rose	Züchter/ Herkunft
Compassion	lachsrosa	stark gefüllt	X	öfter blühend	–	200 bis 300	X	Harkness
Dortmund	rot mit Auge	einfach	–	öfter blühend	X	200 bis 300	X	Kordes
New Dawn	hellrosa	gefüllt	X	öfter blühend	X	200 bis 300	–	Somerset

[1] ADR = Allgemeine Deutsche Rosenneuheitenprüfung bestanden

Tab. 3 Kletterrosen (Auswahl)

2.2.6 Bodendeckerrosen (Flächenrosen, Kleinstrauchrosen)

'Apfelblüte'

'Dagmar Hastrup'

'Heidetraum'

'Lovely Fairy'

'Mirato'

'Red Yesterday'

'Satina'

'The Fairy'

'White Hedge'

Sorte	Blütenfarbe	Blütenfüllung	Duft	Blühverhalten	Wuchshöhe (cm)	Wuchsform	ADR[1]-Rose	Züchter/Herkunft
Apfelblüte	weiß	einfach	–	öfter blühend	80 bis 100	niedrig, buschig	X	Noack
Dagmar Hastrup	rosa	einfach	X	nachblühend	60 bis 80	aufrecht	–	Hastrup
Heidetraum	rosa	halb gefüllt	–	öfter blühend	60 bis 80	buschig	X	Noack
Lovely Fairy	rosa	gefüllt	–	öfter blühend	60 bis 80	buschig	–	Vurens/Spek
Mirato	rosa	gefüllt	–	öfter blühend	40 bis 60	buschig	X	Tantau
Red Yesterday	rot mit weißem Auge	einfach	–	öfter blühend	60 bis 80	überhängend	X	Harkness
Satina	rosa	gefüllt	–	öfter blühend	40 bis 60	buschig	–	Tantau
The Fairy	rosa	gefüllt	–	öfter blühend	60 bis 80	buschig	–	Bentall
White Hedge	weiß	einfach	–	öfter blühend	80 bis 100	buschig	–	unbekannt

[1] ADR = Allgemeine Deutsche Rosenneuheitenprüfung bestanden

Tab. 1 Bodendeckerrosen (Auswahl)

2.2.7 Wildrosen

Rosa gallica (Essigrose)

Rosa canina (Hundsrose)

Rosa rugosa (Kartoffelrose)

Name	Blüten-farbe	Blüten-füllung	Duft	Blühverhalten	Hagebutten	Wuchshöhe (cm)	Wuchsform A = Ausläufer bildend
Rosa canina (Hundsrose)	zartrosa	einfach	(X)	einmal blühend	X (rot)	200 bis 300	überhängend
Rosa gallica (Essigrose)	rosa	einfach	X	einmal blühend	X (braun-rot)	50 bis 100	niederliegend bis aufrecht, A
Rosa nitida (Glanzrose)	rosa	einfach	X	einmal blühend	X (rot)	60 bis 80	buschig
Rosa rubiginosa (Weinrose/ Schottische Zaunrose)	rosa	einfach	(X)	einmal blühend	X (orangerot)	200 bis 300	überhängend
Rosa rugosa (Kartoffelrose)	rosa, purpurn oder weiß	einfach	(X)	einmal blühend	X (rot)	150 bis 200	buschig
Rosa spinosissima[1] (Dünen-/Bibernellrose)	cremeweiß	einfach	X	einmal blühend	X (schwarz)	80 bis 100	buschig A
Rosa villosa (Apfelrose)	rosa	einfach	(X)	einmal blühend	X (rot)	150 bis 200	buschig, A

[1] früher *R. pimpinellifolia*

Tab. 1 Wildrosen (Auswahl)

2.3 Alte oder historische Rosen

Viele der im 18. und 19. Jahrhundert verbreiteten Rosen erfreuen sich nach wie vor aufgrund ihres besonderen Flairs großer Beliebtheit. Typisch sind ihre üppig gefüllten, pastellartig gefärbten und meist mit wunderbarem Duft ausgestatteten Blüten. **Alte Rosen** (vor 1867 in Kultur) bilden keine eigenständige Rosengruppe, sondern werden entsprechend ihrem äußeren Erscheinungsbild den sieben Rosengruppen zugeordnet. Bei den meisten handelt es sich um einmal blühende Strauchrosen. Bedeutende alte Rosen sind:

Bourbonrosen

Ihre Heimat ist die Insel Bourbon (heute La Réunion) im Indischen Ozean. Kennzeichen: kräftiger Wuchs; wenige, aber starke Stacheln; meistens helle zarte Blütenfarben; schöne und reiche Blüte; öfter blühend.
Beispiele: 'Louise Odier' (1, S. 306), 'Souvenir de la Malmaison', 'Mme Isaak Pereire' (1, S. 296).

Damaszenerrosen

Man unterscheidet die zweimal blühenden Herbstdamaszenerrosen (Blüte im Sommer, Nachblüte im Herbst) und die einmal blühenden Damaszenerrosen. Kennzeichen sind das graugrüne Laub, kräftig gebogene Stacheln, die weichen Triebe sowie der herrliche Duft dieser Rosen. Das aus den Blütenblättern der Damaszenerrose *Rosa damascena* 'Trigintipetala' gewonnene Rosenöl findet in der Parfümindustrie für kostbare Parfüms Verwendung. Für 1 l Rosenöl werden ca. 3 t Blütenblätter (= 1 ha Anbaufläche) benötigt. Entsprechend begehrt und teuer ist es.
Beispiel: 'Rose de Resht' (1, S. 306), 'Blush Damask', 'Celsiana', 'Pink Leda', 'Quatre Saisons')

Portlandrosen

Ihre Abstammung ist ungeklärt. Eine enge Verwandtschaft mit den Damaszenerrosen wird ihnen nachgesagt.
Kennzeichen: kleine gefüllte Blüten, öfter blühend.
Beispiele: 'Jacques Cartier', 'Comte de Chambord'

Centifolien

Kennzeichen sind ihre stark gefüllten und wunderbar duftenden Blüten. Da sie zum Auseinanderfallen neigen, benötigen die bis 2 m lang werdenden Triebe mancher Sorten während der Blütezeit Stützen.
Beispiel: Rosa centifolia. Hierzu eine Reihe von Sorten, darunter verschiedene „Moosrosen". Bei den meisten Moosrosen handelt es sich um Sports[1].

[1] Sport: Durch Mutation im Spross (Sprossmutation) und anschließende vegetative Vermehrung entstandene neue Pflanze.

'Louise Odier' (Strauchrose, öfter blühend, Duft, 150 bis 200 cm)

'Rose de Resht' (Beetrose, öfter blühend, Duft, 80 bis 100 cm)

Rosa centifolia 'Muscosa' (Strauchrose, einmal blühend, Duft, 80 bis 100 cm)

1 Historische Rosen (Auswahl)

Das auffälligste Kennzeichen, das sie von allen anderen Rosen unterscheidet, ist der moosartige, drüsigpelzige, grüne, rötliche oder braune Bezug an Kelchblättern und Blütenstielen.
Beispiel: *Rosa centifolia* 'Muscosa' (**1**).

Teerosen

Kennzeichen sind ihr andauernder Flor (öfter blühend) und ihr breites Farbspektrum. Der Name stammt von der Pekinger Baumschule „Tee" ab. Sie sind frostempfindlich und benötigen entsprechenden Winterschutz. **Beispiel:** 'Gloire de Dijon'

Albarosen

Die Albarosen sind seit dem Altertum in Kultur. Vermutlich handelt es sich bei *Rosa x alba* um eine Kreuzung *Rosa arvensis* (Kriechende Rose), *Rosa gallica* (Essigrose) und einer weiteren nicht bekannten Art. Kennzeichen: kräftiger, meist straff aufrechter Wuchs und schöner Duft der weißen bis rosa gefärbten Blüten. **Beispiel:** 'Maiden's Blush'

2.4 Englische Rosen

Auch bei den sogenannten „Englischen Rosen" – für jeden Rosenliebhaber ein Begriff – handelt es sich nicht um eine eigenständige Rosengruppe, sondern um Züchtungen (Beet-, Edel-, Strauch- und Kletterrosen) des britischen Rosenzüchters David Austin[1] (1926 – 2018). Austin ist es in hervorragender Weise gelungen, Aussehen (Form und Farbe), Duft und Robustheit alter (historischer) Sorten mit der Öfterblütigkeit und Farbenvielfalt moderner Rosen zu vereinen, indem er beide Gruppen miteinander kreuzte. Mit seinen fantastischen Rosenzüchtungen gehört David Austin zu den zurzeit erfolgreichsten Züchtern der Welt.

'Crown Princess Margareta' (80 bis 100 cm)

'Teasing Georgia' (100 bis 120 cm)

'Wife of Bath' (80 bis 100 cm)

2 Englische Beetrosen (Auswahl)

[1] Inzwischen wurden Rosen dieses Typs auch von deutschen, französischen u. a. Rosenzüchtern geschaffen, z. B. die französischen Romantica-Sorten 'Leonardo da Vinci' und 'Colette' (Meilland).

'Abraham Darby' (200 bis 300 cm)

'Heritage' (100 bis 150 cm)

'Graham Thomas' (100 bis 150 cm)

'Eglantyne' (100 bis 150 cm)

'Constance Sprey' (100 bis 150 cm)

'William Shakespeare 2000' (120 bis 150 cm)

1 Englische Strauchrosen (Auswahl)

2.5 Stammrosen

2 Hochstammrose

Stammrosen sind auf eigens dafür gezogene Stämmchen veredelte Rosen. Auf Stämmchen veredelte Kletterrosen bezeichnet man aufgrund ihrer bogig herabhängenden Triebe als **Trauerrosen**. Durch das Einsetzen von zwei oder drei Augen bekommt man einen gleichmäßigeren Kronenaufbau. Die Höhe der Okulation bestimmt den Kronenansatz. Entsprechend unterscheidet man zwischen Fuß-, Halb-, Hoch- und Kaskadenstämmen (3).

3 Stammrosen

Aufgaben

◑ 1. Nennen Sie die sieben Rosengruppen und ihre Verwendungsmöglichkeiten.
◑ 2. Worin unterscheiden sich Edel-, Polyantha- und Floribundarosen im äußeren Erscheinungsbild?
○ 3. Sie sollen a) Beetrosen und b) Bodendeckerrosen pflanzen. Wie viele Pflanzen rechnet man pro m^2?
◑ 4. Nennen Sie zu den einzelnen Rosengruppen jeweils drei Sorten mit Blütenfarbe.
◑ 5. Welche Vorteile hat die Verwendung von wurzelechten Bodendeckerrosen zur großflächigen Bepflanzung?
◑ 6. Alte oder historische Rosen: a) Was versteht man darunter? b) Welches sind die typischen Kennzeichen?
◑ 7. Englische Rosen: a) Wofür steht die Bezeichnung? b) Was ist dem Züchter gelungen?
◑ 8. Was versteht man unter a) Stamm- und b) Trauerrosen?
○ 9. Nennen Sie die Stammhöhen bei Fuß-, Halb-, Hoch- und Kaskadenstämmen.

3 Pflanzung

1 Rosenblüte in einer Rosenbaumschule: ab III Auspflanzung 1-jähriger Sämlinge, im Sommer Okulation, im Herbst des Folgejahres werden die Pflanzen für den Verkauf gerodet

3.1 Pflanzzeit

Geeignete **Pflanzzeiten** sind das **Frühjahr** vor dem Austrieb (Mitte März bis Ende Mai), sobald der Boden abgetrocknet ist und sich gut bearbeiten lässt, und der **Herbst** (Mitte Oktober bis Mitte Dezember), solange der Boden frostfrei ist. Die Herbstpflanzung ist zu bevorzugen, da die Frühjahrsrosen den Winter im Einschlag oder in Klimaräumen überdauern, sodass sie geschwächt werden. Zudem müssen sie im Frühjahr anwachsen und austreiben, wohingegen sie bei der Herbstpflanzung über die Herbst- und Wintermonate genügend Zeit für das Anwachsen haben, sodass im Frühjahr beim beginnenden Blattaustrieb genügend Wurzeln zur Deckung des Wasserbedarfs zur Verfügung stehen. Lediglich in besonders kalten Lagen oder auf extrem schweren Böden ist die Frühjahrspflanzung zu bevorzugen. Kann nicht sofort gepflanzt werden, sind die Rosen einzuschlagen. Dabei ist die Erde mindestens 10 cm über die Veredlungsstelle anzuhäufeln. **Container-** und **Topfrosen** können ganzjährig gepflanzt werden. Nachteilig sind der höhere Preis und das geringere Sortenangebot.

3.2 Standort

Rosen lieben einen sonnigen (mindestens 4 bis 5 Stunden Sonne am Tag) und luftigen Standort. Er gewährleistet ihnen reichlich Licht für die Fotosynthese und ein schnelles Abtrocknen der Blätter nach einem Regen, die wichtigste vorbeugende Maßnahme gegen Pilzbefall. Heiße (Südwände) und windstille Lagen sind wenig geeignet.

Der Boden (bevorzugt sandiger Lehm) sollte tiefgründig gelockert (Tiefwurzler, Mindesttiefe 60 bis 80 cm), beschattet sowie humus- und nährstoffreich sein. Dort, wo Rosen schon jahrelang gestanden haben, ist vor einer Neupflanzung zum Schutz vor Bodenmüdigkeit der Boden auf 50 cm Tiefe auszutauschen.

3.3 Gütebestimmungen[1]

Die Sortierung der Rosen erfolgt nach Güteklassen. Dabei unterscheidet man:

- Güteklasse A

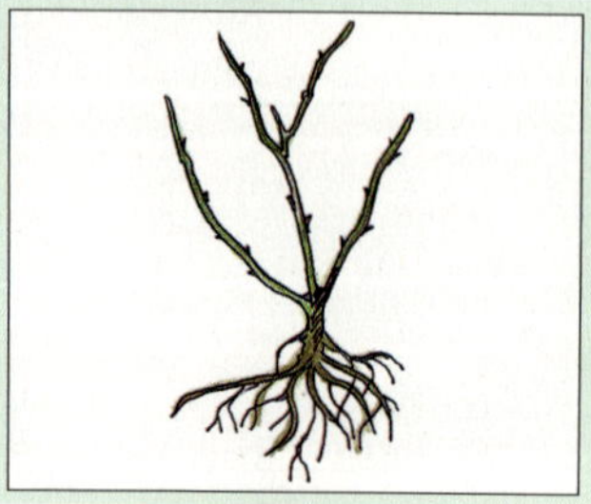

Rosen der **Güteklasse A** müssen mindestens drei normal entwickelte Triebe aufweisen, von denen mindestens zwei aus der Veredlungsstelle kommen müssen, während der dritte Trieb bis 5 cm darüber entspringen darf.

- Güteklasse B

Rosen der **Güteklasse B** müssen zwei normal entwickelte, aus der Veredlungsstelle entspringende Triebe aufweisen.

[1] laut TU Baumschulpflanzen

Wurzelechte Rosen (aus Stecklingen oder Steckholz vermehrte Rosen) müssen – je nach Wuchsstärke – mindestens zwei (z. B. 'Dagmar Hastrup') oder drei (z. B. 'White Hedge') Triebe aufweisen.

Bei **Containerrosen** gelten folgende Mindestbehälterinhalte:

Rosengruppen	Mindestbehälterinhalt
Beet- und Edelrosen (Teehybriden)	3,0 Liter
Strauch- und Kletterrosen	5,0 Liter
Stammrosen ■ Sth ≤ 60 cm ■ Sth > 60 cm	 5,0 Liter 7,5 Liter

Tab. 1 Mindestbehälterinhalte für Container- und Topfrosen

Stammrosen (3, S. 307) müssen einen geraden und kräftigen Stamm aufweisen. Der Stammdurchmesser, unmittelbar unterhalb der Veredlungsstelle gemessen, beträgt mindestens 9 mm.

Die Krone muss mindestens drei stark entwickelte, aus zwei Veredlungsstellen entspringende Triebe haben (Güteklasse A). Bei Stammrosen der Güteklasse B darf die Krone aus nur einer Veredlung gewachsen sein. Sie weisen mindestens zwei normal entwickelte Triebe auf.

Die **Bündelung** der Rosen (Wurzelhalsveredelung) wird nach folgenden Vorschriften durchgeführt:

Güteklasse	Bündelung
A	5 Stück je Bund, 2-fach gebunden
B	10 Stück je Bund, 2-fach gebunden
Stammrosen A + B	5 Stück je Bund, 3-fach gebunden

Tab. 2 Vorschriften zur Bündelung von Rosen

ADR-Rose = Rose, die die **A**llgemeine **D**eutsche **R**osenneuheitenprüfung bestanden hat. Nach einem Punkteschema wird über drei bis vier Jahre in neutralen Prüfungsgärten mit unterschiedlichen Boden- und Klimaverhältnissen die Widerstandsfähigkeit gegen Blattkrankheiten, Blütenmerkmale, Wüchsigkeit, Winterhärte usw. bewertet. Da die Pflanzen nicht mit chemischen Pflanzenschutzmitteln behandelt werden, hat die Widerstandsfähigkeit gegen Krankheiten eine große Bedeutung. Seit 2018 wird das ADR-Qualitätszeichen befristet auf 15 Jahre verliehen. Danach wird die Sorte neu geprüft oder aus der ADR-Liste gestrichen.

Jedes Jahr im Juni findet in Baden-Baden (Baden-Württemberg) im Rosenneuheitengarten der **Rosenneuheiten-Wettbewerb** statt. Eine internationale Jury vergibt die höchste Auszeichnung Deutschlands für Rosen, die **„Goldene Rose von Baden-Baden"**.

3.4 Angebotsformen

Rosen können wurzelnackt sowie im Container (Inhalt ≥ 2 l) oder Topf (Inhalt < 2 l) angeboten werden:

- **Wurzelnackte Rosen** werden ohne Erdballen geliefert. Entsprechend wichtig ist der Schutz der Wurzeln vor Austrocknung durch Wind oder direkte Sonneneinstrahlung. Dies gilt auch für kurze Transportstrecken, z. B. auf der Baustelle.
- In Baumärkten oder Gartencentern werden in der Regel **wurzelverpackte Rosen** angeboten. Bei ihnen befinden sich die Wurzeln zum Schutz vor Austrocknung in einem mit feuchtigkeitshaltendem Material (z. B. Moos) gefüllten Folienbeutel oder einer Kunststoffbox. Derartige Rosen sollten beim Kauf noch nicht ausgetrieben haben. Bei der Entfernung der Wurzelverpackung ist vorsichtig vorzugehen, um Verletzungen bereits neu gebildeter Feinwurzeln zu vermeiden.
- **Wurzelballierte Rosen** verfügen über einen kleinen Erdballen, der von einem Netz und einer zusätzlichen Folie oder einem Karton umgeben ist. Derartige Rosen können gepflanzt werden, wie sie gekauft wurden. Lediglich bei der Netzballierung ist zuvor die Folie zu entfernen. Netz und Pflanzbox lösen sich hingegen im Boden auf. Vor der Pflanzung sind sie fünf Minuten ins Wasser zu stellen. Derartige Rosen dürfen beim Kauf bereits ausgetrieben haben.
- **Container- und Topfrosen** sind in Töpfen bzw. Containern herangezogene Rosen. Sie können ganzjährig – außer bei Frost und Schnee – gepflanzt werden. Da es auf Baustellen nicht immer möglich ist, die Wurzeln der Pflanzen optimal vor Austrocknung zu schützen, werden wurzelechte Rosen, deren Wurzeln besonders empfindlich sind, für den Garten- und Landschaftsbau häufig generell in 1,5-Liter-Töpfen geliefert.

Rosen einpflanzen

3.5 Pflanzvorgang

Vorgehensweise

1. Vor dem Pflanzen sollten Rosen zwei bis vier Stunden **in Wasser gelegt** werden (im Frühjahr möglichst zwölf Stunden, z. B. über Nacht), damit sich das ausgetrocknete Pflanzengewebe vollsaugen kann.

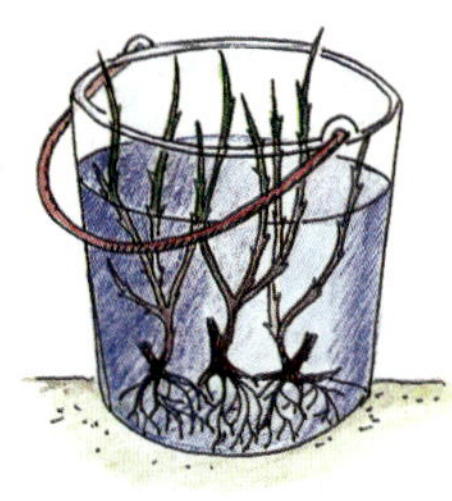

►

2. Die Wurzeln werden zur **Förderung der Wurzelbildung** (Wundreiz) leicht zurückgeschnitten. Maximal 20 bis 30 cm unter der Veredlungsstelle (Verdickung am Wurzelhals) einkürzen.

3. Bei der **Herbstpflanzung** erfolgt kein Rückschnitt, da die Triebe über Winter zurückfrieren. Lediglich zu lange, störende Triebe können eingekürzt werden. Der eigentliche **Pflanzschnitt** wird im Frühjahr, wenn kein nennenswerter Frost mehr zu erwarten ist, nachgeholt.

Bei der **Frühjahrspflanzung** erfolgt er beim Pflanzen, und zwar auf drei (schwache Triebe) bis fünf Augen (kräftige Triebe). Eine Ausnahme bilden Strauch- und Wildrosen, die auf die Hälfte eingekürzt, sowie Kletterrosen, die auf zehn Augen zurückgeschnitten werden. Geschnitten wird $\frac{1}{2}$ cm über einem nach außen stehenden Auge mit einer Rosenschere, wobei darauf zu achten ist, dass der Schnitt schräge nach oben und glatt verläuft.

4. Ausreichend großes **Pflanzloch** ausheben und Sohle mit Grabegabel lockern. Die Wurzeln dürfen nicht eingezwängt werden oder nach oben umknicken. Wichtig ist, dass die Veredlungsstelle, aus der die Edeltriebe entspringen, 5 cm[1] (ca. drei Finger breit), bei sehr schweren Böden 3 cm unter der Erdoberfläche liegt (Frostschutz, Unterlage treibt nicht so leicht durch). Ein quer über das Pflanzloch gelegter Stab/Spaten kann beim richtigen Abschätzen der Tiefe helfen. Bei Stammrosen muss sich die sogenannte Zapfenschnittstelle oberhalb der Erdoberfläche befinden.

5. Die Pflanze wird mit der einen Hand in das Pflanzloch gehalten, während mit dem Spaten die Erde (Aushub mit einem halben Spaten guter Komposterde gemischt) gleichmäßig eingefüllt wird. Dabei ist der Rosenstock leicht hoch und runter zu rütteln, sodass sich die Erde gut zwischen den Wurzeln verteilt. Pflanzen mit Wurzelballen sind vor dem Einsetzen so lange in einen Eimer mit Wasser zu tauchen, bis keine Luftblasen mehr aufsteigen. Vor dem Setzen der Stammrosen wird ein Stützpfahl zum Halt der Pflanzen in das Pflanzloch geschlagen. Das Bindematerial, mit dem die Rose einmal unter der Krone und einmal auf halber Stammhöhe befestigt wird, darf nicht in die Rinde der Pflanze einschneiden.

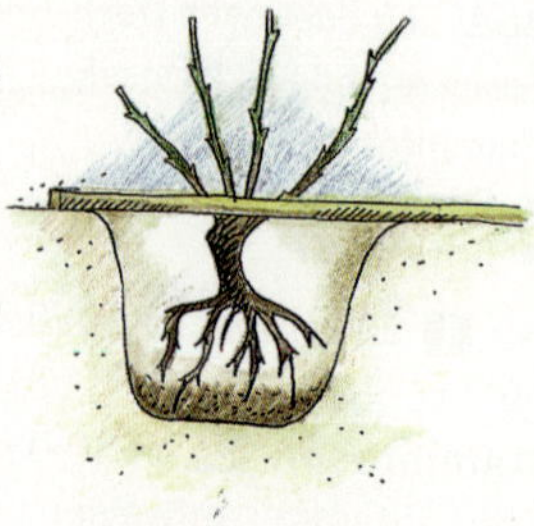

6. Zur Beseitigung der Hohlräume und um der Pflanze einen festen Stand zu geben, wird die Erde um die Rose herum von der Seite her leicht angetreten.

7. Nach Ausformung einer kleinen **Gießmulde** wird zur Erreichung des Bodenschlusses (Wiederherstellung der Kapillarität) kräftig angegossen (eingeschlämmt). In den nachfolgenden Wochen ist bei Trockenheit unbedingt zu wässern.

[1] Wurzelnackte Pflanzen können durchaus auch tiefer als 5 cm gepflanzt werden. Vorteile: besserer Frostschutz, Edelsorte kann eigene Wurzel bilden.

8. Das **Anhäufeln,** maulwurfshügelhoch (Erde 20 bis 25 cm kegelförmig hochziehen), erfolgt mit Erde, strohigem Mist, Kompost oder Laub zum Schutz vor Frost (ab Dezember) und/oder Austrocknung durch Wind/Sonneneinstrahlung im Frühjahr. Abgeäufelt wird, wenn die Pflanzen austreiben und kein Frost mehr zu erwarten ist (Ende April/Anfang Mai).

Aufgaben

1. Warum ist die Herbstpflanzung der Frühjahrspflanzung vorzuziehen?
2. Welche Rosen können ganzjährig gepflanzt werden?
3. Nennen Sie optimale Standortbedingungen für Rosen.
4. Worin unterscheiden sich a) Beet- und Edelrosen sowie b) Stammrosen der Güteklassen A und B?
5. Was versteht man unter ADR-Rosen?
6. Was ist bei den verschiedenen Angebotsformen von Rosen zu beachten?
7. Beschreiben Sie die Pflanzung von Rosen.
8. Warum wird der eigentliche Pflanzschnitt im Frühjahr und nicht im Herbst vorgenommen?
9. Wie tief sind Rosen zu pflanzen?
10. Worauf ist bei der Schnittführung zu achten?

4 Pflegemaßnahmen

4.1 Düngen und Wässern

Bei Bedarf wird je nach Bodenart und Witterung im März/April und Juni/Juli gedüngt (z. B. 50 bis 100 g Nitrophoska spezial/m^2 bzw. nach Bodenuntersuchung). Bei Verwendung von organischen oder organisch-mineralischen Rosendüngern reichen zwei bis drei Düngergaben pro Jahr. Die erste Düngung sollte Anfang April, die zweite nach der ersten Blüte Ende Juni bis Anfang Juli und ggf. eine dritte Düngung zur Förderung der Frosthärte Mitte bis Ende August gegeben werden (Tab. 2). Die Abschlussdüngung ist kaliumbetont und stickstofffrei durchzuführen. Ab Mitte August sollte kein Stickstoff mehr gegeben werden, da dies den **Triebabschluss** (Verholzung der Triebe) verzögert und die **Frostresistenz** verringert, was bei plötzlich eintretendem Frost zum Tode nicht nur einzelner Triebe, sondern der gesamten Pflanze führen kann. Hingegen fördert eine Kaliumdüngung ab M. bis E. VIII die Holzreife und senkt die Frostanfälligkeit. Mit jeder Düngergabe sollte eine ausreichende Bewässerung verbunden sein, um die Nährstoffe möglichst rasch an die Wurzel zu bringen.

N	P_2O_5	K_2O	MgO
8 - 16 g/m^2	6 - 10 g/m^2	8 - 16 g/m^2	1 - 2 g/m^2

Tab. 1 Jährlicher Düngerbedarf von Rosen. Aufteilung in 2 Gaben: 1. zu Wachstumsbeginn; 2. etwa Juni/Juli

Düngezeitpunkt	Düngeform	Düngermenge	Wirkungsdauer
A. IV	organisch (z. B. Oscorna Rosendünger), organisch-mineralisch (z. B. Manna Rosendünger)	80 bis 100 g/m^2	2 bis 3 Monate
E. VI - A. VII (nach der ersten Blüte)	s. o.	80 bis 100 g/m^2	2 bis 3 Monate
M. - E. VIII	mineralisch (z. B. Kalimagnesia = Patentkali)	40 g/m^2	3 bis 5 Wochen

Tab. 2 Die Düngung von Rosen

Bei Trockenheit ist zu wässern, wobei darauf zu achten ist, dass möglichst nicht über die Blätter beregnet wird (Pilzkrankheiten!). Gut geeignet sind perforierte (mit Löchern versehene) Schläuche, die zwischen den Pflanzen auf dem Boden verlegt werden. Die Löcher müssen so angeordnet sein, dass die austretenden Wasserstrahlen nicht das Laub der Pflanzen benetzen. Statt vieler kleiner Wassergaben, sollte während regenarmer Zeiten seltener, dafür aber durchdringend gewässert werden (50 bis 100 l/m^2 etwa alle vier Wochen).

Rosen lieben nährstoffreiche, schwere (lehmige) Böden. Zur Verbesserung des Lufthaushaltes bei stark tonigen Böden ist die Einarbeitung von Perlite oder gebrannten Tonkugeln gut geeignet. Die Wasser- und Nährstoffhaltekraft leichter Böden lässt sich durch das Einarbeiten von Tonerde, Bentonit oder Urgesteinsmehl verbessern. Gut geeignet zur Bodenverbesserung leichter wie auch schwerer Böden ist das Einarbeiten von organischer Substanz, z. B. Kompost oder Pferdemist. Ab September sind die zusätzlichen Wassergaben zur Förderung der Holzausreife einzustellen.

4.2 Schnittmaßnahmen

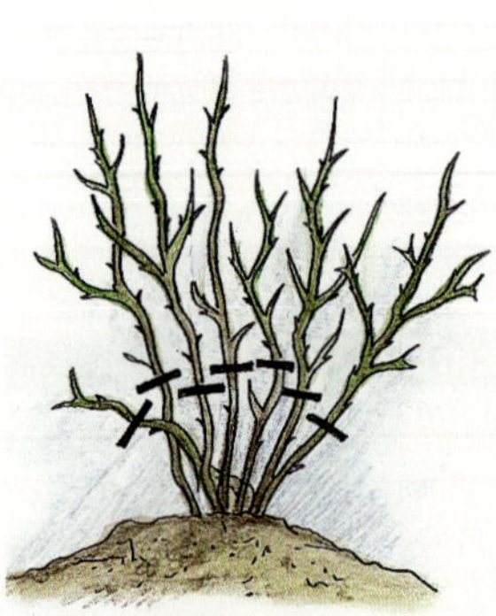

1 Rückschnitt von Beet- und Edelrosen

2 Auslichtungsschnitt bei Strauchrosen

Wild wachsende Rosen produzieren zur Verjüngung aus der Basis heraus laufend neue Triebe. Da mit zunehmendem Alter Wuchs und Blütenbildung abnehmen, wird mit gezielten Schnittmaßnahmen dieser natürliche Vorgang der Erneuerung gefördert. Gleichzeitig werden Lichtverhältnisse und Durchlüftung im Rosenstock verbessert.

4.2.1 Der jährliche Frühjahrsschnitt

Der richtige Zeitpunkt für Schnittmaßnahmen ist das Frühjahr, wenn keine stärkeren Fröste mehr zu erwarten sind (April/Mai, Zeitpunkt Forsythienblüte). Grundsätzlich kann bei Bedarf an allen Rosen ein sogenannter **Auslichtungsschnitt** durchgeführt werden. Das heißt, kranke, abgestorbene oder zu dicht stehende sowie schwache Triebe werden entfernt. Dabei sind je nach Rosengruppe unterschiedliche Schnittmaßnahmen erforderlich.

Beet- und Edelrosen

Der stärkste Rückschnitt erfolgt bei den Beet- und Edelrosen und entspricht dem Pflanzschnitt (**1**). Rosen dieser Gruppen werden auf drei (schwach entwickelte Triebe) bis fünf Augen (stark entwickelte Triebe) zurückgeschnitten (etwa 15 bis 25 cm). Je stärker der Rückschnitt, desto kräftiger der Durchtrieb. Entsprechend werden sehr kräftig wachsende Sorten, wie z. B. ‘Gloria Dei’, nicht ganz so tief, sondern nur auf sechs bis neun Augen eingekürzt. Zwergrosen werden handbreit (etwa 10 bis 15 cm) über dem Boden zurückgeschnitten.

Strauchrosen

Bei den Strauchrosen muss zwischen einmal und öfter blühenden Sorten unterschieden werden:

3 Öfter blühende Kletterrosen: Abgeblühte Seitentriebe der möglichst waagerecht gezogenen Langtriebe werden auf 3 bis 5 Augen eingekürzt. Zur Förderung junger Langtriebe werden alte Triebe entfernt bzw. auf starkwüchsige neue Triebe zurückgeschnitten

- **Einmal blühende Strauchrosen**
  Einmal blühende Strauchrosen bilden nicht am diesjährigen, sondern am alten Holz, also an ein- und mehrjährigen Trieben, Blüten tragende Seitentriebe. Entsprechend findet nur, sofern notwendig, ein Auslichtungsschnitt statt, bei dem auch von Zeit zu Zeit ältere, wenig Blüten ansetzende Triebe an der Basis herausgeschnitten werden können, um einem Neuaustrieb Platz zu machen (**2**).
- **Öfter blühende Strauchrosen**
  Die öfter blühenden Strauchrosen bilden nach dem ersten Blütenflor noch einen zweiten. Im Gegensatz zu den einmal blühenden Strauchrosen blühen sie nicht nur am alten Holz, sondern auch an diesjährigen Trieben. Da sie auch ohne Schnitt sehr blüh- und wuchsfreudig sind, werden sie nur bei Bedarf leicht ausgelichtet. Zur Erhaltung der Blühfreudigkeit wird empfohlen, alle vier bis fünf Jahre ältere Triebe direkt am Ansatz über dem Boden herauszuschneiden (**3**), alternativ alle 3 bis 5 Jahre komplett zurückzuschneiden.

Kletterrosen

Auch bei den Kletterrosen muss zwischen einmal und öfter blühenden Sorten unterschieden werden.

- **Einmal blühende Kletterrosen**
  Auch sie bilden ihre Blüten nicht am diesjährigen, sondern am ein- und mehrjährigen Holz. Entsprechend gelten für sie die gleichen Schnittmaßnahmen wie für die einjährigen Strauchrosen. Lediglich bei Platzmangel ist ein Einkürzen der Triebe erforderlich.
- **Öfter blühende Kletterrosen**
  Öfter blühende Kletterrosen blühen am diesjährigen wie auch am ein- und mehrjährigen Holz. Bei ihnen werden

nach der Blüte im Frühjahr die Seitentriebe auf drei bis fünf Augen (etwa 15 cm) eingekürzt. Zur Förderung der Blühfreudigkeit und der Entwicklung neuer, bodennaher Triebe sollten alte, nur noch schwach blühende Langtriebe von Zeit zu Zeit ganz entfernt werden (1, S. 312).

Bodendeckerrosen

Bodendeckerrosen werden alle drei bis vier Jahre radikal zurückgeschnitten. In kleinen Gruppen gepflanzte öfter blühende Sorten werden wie Beet- und Edelrosen behandelt, wobei die Pflanzen allerdings nur auf 30 cm Höhe eingekürzt werden. Bei wurzelechten Pflanzen kann dies zeitsparend mit der Heckenschere oder einem Mähbalken erfolgen.

Wildrosen

Wildrosen werden wie einmal blühende Strauchrosen behandelt.

Alte oder historische Rosen

Da alte Rosen im Allgemeinen nur am alten (ein- und mehrjährigen) Holz blühen, werden auch sie wie einmal blühende Strauchrosen geschnitten.

Englische Rosen

Einmal blühende Sorten werden wie einmal blühende, öfter blühende Sorten wie öfter blühende Strauchrosen geschnitten.

Stammrosen

Die Kronen der Fuß-, Halb- und Hochstämme werden wie Beet- und Edelrosen auf drei bis fünf Augen (15 bis 20 cm), die Kaskaden- oder Trauerrosen entsprechend den Regeln für Kletterrosen (einmal/öfter blühend) zurückgeschnitten.

4.2.2 Der jährliche Sommerschnitt

Neben dem jährlich durchzuführenden **Frühjahrsschnitt**, beschränkt sich das Schneiden der Rosen auf die Entfernung verwelkter Blüten[1], wobei auf das erste nach außen weisende Auge unterhalb der Blüte bzw. des Blütenstandes zurückgeschnitten wird (1). Unnötige Blattverluste sind zu vermeiden. Durch diesen sogenannten **Sommerschnitt** werden Wachstum und Blütenbildung gefördert. Da einmal blühende Rosen nach der ersten Blüte keine weiteren Blüten mehr bilden, darf bei erwünschtem Hagebuttenansatz kein Sommerschnitt durchgeführt werden.

Aus der Unterlage herauswachsende **Wildtriebe** (2) sind direkt am Ansatz unterhalb der Veredlungsstelle zu entfernen. Geschieht dieses nicht, unterdrückt der Wildling die Edelsorte (3).

1 Das richtige Entfernen verblühter Blüten

2 Wildtriebe sind an ihren kleineren, hellgrünen Blättern mit sieben oder mehr Blättchen erkennbar

3 Ein Wildtrieb droht die Edelsorte zu unterdrücken

[1] Rosen mit einfachen (ungefüllten) Blüten **„putzen sich selbst"**, indem die verwelkten Blütenblätter von selbst abfallen **(selbstreinigend)**.

4.3 Pflanzenschutz

Krankheit	Bekämpfungsmaßnahmen
a) Echter Mehltau[1] *(Sphaerotheca pannosa)* 	Beim Wässern Blätter nicht befeuchten, nicht zu eng pflanzen, luftige Standorte vorziehen, weniger anfällige Sorten bevorzugen (z. B. ADR-Rosen), Vernichtung befallener Pflanzenteile (auch abgefallener Blätter), Rückschnitt (Echter Mehltau)
b) Sternrußtau *(Marssonia rosae, NF)* 	Chemische Bekämpfung: a) wiederholt im Abstand von 7 Tagen spritzen (z. B. Euparen, Saprol Neu, Baymat fl., Curol) b) + c) bei Befallsbeginn wiederholt spritzen mit Saprol Neu oder Baymat fl. d) Spritzen mit Euparen
c) Rosenrost *(Phragmidium mucronatum)* 	d) Grauschimmel *(Botrytis cinerea)* 

[1] An Rosen tritt auch der Falsche Mehltau (Peronospora sparsa) auf.

Schädling	Bekämpfungsmaßnahmen
Schabefraß (Fensterfraß) durch Larven der Rosenblattwespe 	Larven/befallene Blätter entfernen; bei starkem Befall ggf. mit Insektiziden gegen beißende Insekten spritzen

Schädling	Bekämpfungsmaßnahmen
Blattläuse 	Förderung natürlicher Feinde, Misch- statt Monokultur, Gelbtafeln oder -fallen, mit scharfem Wasserstrahl abspritzen. Chemische Bekämpfung mit z.B. Pirimor G, Pirimor Granulat oder Metasystox R Spezial.
Rosenzikadenschaden 	 Trockene, heiße Standorte meiden. Bei starkem Befall spritzen mit z.B. Pirimor G, Pirimor Granulat oder Metasystox R Spezial
Spinnmilben 	Natürliche Feinde (z.B. Raubmilben, Marienkäfer, Raubwanzen) fördern (kein Pestizideinsatz). Einsatz von Raubmilben. Lufttrockene, heiße Standorte meiden. Stark befallene Pflanzenteile entfernen. Bei starkem Befall ggf. spritzen mit z. B. Metasystox R Spezial, Roxion oder mineralölhaltigen Mitteln
Rosenblattrollwespenschaden 	 Abgelegte Eier (glasklar) am Blattrand (ab Mai) zerdrücken, eingerollte Blättchen frühzeitig entfernen. 1 Gen./Jahr, Flugzeit IV-VI, Fraß V-VI, Überwinterung als Larve im Boden, natürl. Feinde Schlupfwespen, Raubwanzen, Raupenfliegen, Vögel

Tab. 1 Wichtige Schaderreger an Rosen. (Um auf einen chemischen Pflanzenschutz zu verzichten, sollten Rosen eine hohe Resistenz gegenüber Pilzkrankheiten aufweisen → ADR-Rosensorten.)

Frostschutz für Rosen

4.4 Winterschutz

Beet- und Edelrosen
Ab Dezember 20 bis 25 cm hoch mit lockerer Erde, strohigem Mist, Kompost oder Laub anhäufeln. Die noch herausschauenden Triebe werden mit Tannen- oder Fichtenreisig geschützt.

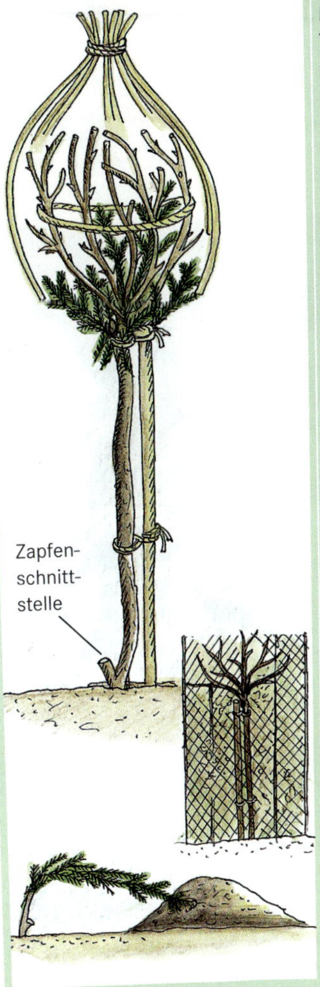

Stammrosen
Die Kronen werden in Tannen- oder Fichtenreisig, Stroh, Holzwolle oder Sackleinen (Jutesäcke) eingepackt. Weder Hitze- noch Feuchtigkeitsstau dürfen auftreten! Vor allem muss die Veredlungsstelle vor dem Erfrieren geschützt sein. Hoch- und Kaskadenstämme können auch niedergelegt werden. Dazu wird der Stamm in Richtung seiner natürlichen Krümmung (über die Zapfenstelle hinweg) so weit gebogen, bis er auf dem Erdboden aufliegt (Stamm festhaken). Bereits beim Pflanzen ist darauf zu achten, dass in Biegerichtung ausreichend Platz vorhanden ist. Krone und Stamm werden mit lockerer Erde oder gut zersetztem Kompost bedeckt.
Um ältere Stämme kann bis über die Krone ein Käfig aus Maschendraht gebaut und mit Laub oder Stroh ausgefüllt werden.
Bodendeckerrosen benötigen aufgrund ihrer sehr guten Frosthärte i. d. R. keinen Winterschutz, ggf. nach harten Wintern Rückschnitt bis zum Boden.

Strauch- und Kletterrosen
Ab Dezember anhäufeln (s. o.). Öfter blühende Strauch- und Kletterrosen sind für einen Frost- und Sonnenschutz aus Tannenreisig o. Ä. dankbar.
Wildrosen benötigen aufgrund ihrer Frosthärte keinen Winterschutz.

Aufgaben

◑ 1. Was ist beim Düngen und Wässern von Rosen zu beachten?
● 2. Beschreiben Sie den jährlichen Frühjahrsschnitt bei den einzelnen Rosengruppen.
◑ 3. Wie werden Stammrosen geschnitten?
◑ 4. Welchen Winterschutz empfehlen Sie?

Stauden

1 Lebensbereiche

1 Stauden des Lebensbereichs **„Gehölz"** benötigen oder ertragen lichten Schatten, z. B. unter Bäumen oder im Schatten von Mauern, und lieben humose Böden (herbstlicher Laubfall).

2 Stauden des Lebensbereichs **„Gehölzrand"** sind für halbschattige Standorte, z. B. vor und zwischen Gehölzen, im Schatten von Mauern, und – bei ausreichender Bodenfeuchtigkeit – auch für sonnige Plätze geeignet.

3 Stauden des Lebensbereichs **„freie Fläche"** lieben offene, warme, sonnige Standorte, wie Böschungen, Trockenmauern, Tröge, Terrassen, sommertrockene Plätze und Dachgärten.

4 Stauden des Lebensbereichs **„Steingarten"** wirken vor allem zusammen mit Steinen. Sie sind in der Regel recht genügsam und lieben wasserdurchlässige (steinige), frische bis trockene Böden in meist sonniger Lage. Verwendung finden sie für Steingärten, Mauerkronen und -fugen (s. Kap. Mauerbau), Terrassen, Tröge, Dachgärten und in Verbindung mit Stufen und Plattenbelägen.

5 Stauden des Lebensbereichs **„Beet"** lieben humus- und nährstoffreiche, frische Böden, deren Oberflächen durch flaches Hacken oder Mulchen offen gehalten werden. Derartige Pflanzen, wegen ihrer prachtvollen Blüten auch als **Prachtstauden** bezeichnet, erfordern einen relativ hohen Pflegeaufwand.

! Merke

Stauden (♃) sind mehrjährige krautige Pflanzen. Ihre oberirdischen Teile sterben im Allgemeinen nach der Blüte oder während des Winters ab und erneuern sich im darauf folgenden Jahr. Die Überwinterung erfolgt in Form von Knollen, Zwiebeln oder Wurzelstöcken. Aufgrund ihrer riesigen Arten- und Sortenvielfalt sind die Gestaltungsmöglichkeiten mit Stauden nahezu unbegrenzt. Zur standortgerechten Verwendung sind ihre natürlichen **Lebensbereiche** zu berücksichtigen. Stauden der Lebensbereiche **„Wasserrand und Sumpf"** und **„Wasser"** s. Kap. Teich- und Bachbau, **„Wiese"** s. Kap. Blumenwiese.

? Aufgaben

1. Was sind Stauden?
2. Welche Standortansprüche stellen Stauden der Lebensbereiche a) Gehölz, b) Gehölzrand, c) freie Fläche, d) Steingarten und e) Beet?

2 Pflanzenbeispiele

2.1 Lebensbereich Gehölz

Anemone hupehensis (Herbstanemone)
Ranunculaceae, VIII - IX, 100 cm[1], 2[2], ✂

Aruncus dioicus (Geißbart)
Rosaceae, VI - VII, 150 cm, 1, ✂, ☠, ▽

Astilbe-Arendsii-Hybriden (Prachtspiere)
Saxifragaceae, VI - VII, 50 - 100 cm, 3 - 4, ✂

Astrantia major (Sterndolde)
Apiaceae, VI - VII, 60 cm, 3, ✂

Athyrium filix-femina (Frauenfarn)
Athyriaceae, 70 cm, 1 - 2

Dicentra eximia (Doppelsporn)
Fumariaceae, V - VI, 20 cm, 3

Dicentra spectabilis (Tränendes Herz)
Fumariaceae, IV - V, 60 cm, 2, ✂

Hepatica nobilis (Leberblümchen)
Ranunculaceae, III - IV, 10 cm, 2 - 3

Hosta ventricosa (Funkie)
Liliaceae, VII - VIII, 60-90 cm, 1 - 2

Lamium galeobdolon (Goldnessel)
Lamiaceae, IV - VI, 30 cm, 3 - 5

Luzula sylvatica (Waldmarbel)
Juncaceae, IV - V, 50 cm, 2 - 3

Rodgersia podophylla (Schaublatt)
Saxifragaceae, VI - VII, 110 cm, 1 - 2

---

1 Mittlere Wuchshöhe 2 Geselligkeitsstufe, s. S. 307

2.2 Lebensbereich Gehölzrand

Alchemilla mollis (Frauenmantel)
Rosaceae, VI - VII, 40 cm, 2, ✂

Astilbe chinensis var. pumila (Prachtspiere)
Saxifragaceae, VIII - IX, 40 cm, 5

Betonia officinalis (Ziest)
Lamiaceae, V - VII, 50 cm, 2

Buphthalmum salicifolium (Ochsenauge)
Asteraceae, VI - IX, 50 cm, 2

Geranium x magnificum
(Kaukasusstorchschnabel) Geraniaceae, VI - VII, 60 cm, 2 - 4

Geranium sanguineum (Blutstorchschnabel)
Geraniaceae, V - VIII, 30 cm, 4

Geum coccineum (Nelkenwurz)
Rosaceae, V - VII und IX, 25 cm 4, i

Lavatera thuringiaca (Thüringer Malve)
Malvaceae, VII - IX, 150 cm, 2

Ligularia przewalskii 'The Rocket' (Kreuzkraut)
Asteraceae, VIII - IX, 120 cm, 1 und 3

Physalis alkekengi (Lampionblume)
Solanaceae, VII (Früchte IX), 100 cm, 4, ✂, ∞

Potentilla atrosanguinea 'Gibson's Scarlet'
(Fingerkraut) Rosaceae, VII - IX, 50 cm, 2

Pulmonaria saccharata (Lungenkraut)
Boraginaceae, IV - V, 20 cm, 2, ▽

2.3 Lebensbereich freie Fläche

Achillea millefolium (Schafgarbe)
Asteraceae, VI - IX, 60 cm, 2, ✂

Anaphalis margaritacea (Silberimmortelle)
Asteraceae, VII - IX, 60 cm, 2 - 3

Armeria maritima (Grasnelke)
Plumbaginaceae, V - VI, 15 cm, 2, ∇, i

Centaurea macrocephala (Riesenflockenblume)
Asteraceae, VII - VIII, 120 cm, 1

Euphorbia myrsinites (Walzenwolfsmilch)
Euphorbiaceae, V - VI, 25 cm, 1 - 2

Liatris spicata (Prachtscharte)
Asteraceae, VII - IX, 80 cm, 2

Oenothera tetragona (Nachtkerze)
Onagraceae, VI - VIII, 60 cm, 2

Salvia nemorosa 'Blauhügel' (Salbei)
Lamiaceae, VI - VII, 80 cm, 2 - 3

Santolina chamaecyparissus (Heiligenblume)
Asteraceae, VII - VIII, 40 cm, 2, i, ħ, D, Λ

Sedum spectabile (Fetthenne)
Crassulaceae, VIII - IX, 40 cm, 1

Stachys byzantina (Wolliger Ziest, Eselsohr)
Lamiaceae, VI - IX, 30 cm, 5

Yucca filamentosa (Virginische Palmlilie)
Agavaceae, VII - VIII, 120 cm, 1, i

2.4 Lebensbereich Steingarten

Arabis caucasica (Gänsekresse)
Brassicaceae, III – IV, 20 cm, 2

Aurinia saxatilis (Felsensteinkraut)
Brassicaceae, IV – V, 25 cm, 2, ▽, ♄ – ♃

Cerastium biebersteinii (Hornkraut)
Caryophyllaceae, V – VI, 20 cm, 3, ʌʌʌ>

Chamaemelum nobile (Römische Kamille)
Asteraceae, VI – VIII, 15 cm, 3, Olf.

Eryngium bourgatii (Edeldistel)
Apiaceae, VII – VIII, 35 cm, 2

Horminum pyrenaicum (Drachenmaul)
Lamiaceae, VI – VIII, 25 cm, 3, ▽

Papaver nudicaule (Islandmohn)
Papaveraceae, VI – IX, 30 cm, 2 – 3

Bistorta affinis (Teppichwiesenknöterich)
Polygonaceae, VIII – IX, 20 cm, 5, ʌʌʌ>

Primula vialii (Orchideenprimel)
Primulaceae, VI – VIII, 40 cm, 2, ∧

Pulsatilla vulgaris (Küchenschelle)
Ranunculaceae, III – IV (Früchte VI – VIII), 20 cm, 1, ▽, ☠

Saponaria ocymoides (Seifenkraut)
Caryophyllaceae, V – VII, 15 cm, 2, ʌʌʌ>

Thymus x citriodorus 'Doone Valley' (Zitronenthymian)
Lamiaceae, VI – VII, 20 cm, 3, D, V

2.5 Lebensbereich Beet

Achillea filipendulina (Goldgarbe)
Asteraceae, VI - VIII, 120 cm, 2 - 3, ✂

Aster amellus (Bergaster)
Asteraceae, VII - IX, 60 cm, 2 - 3, ▽

Aster dumosus (Kissenaster)
Asteraceae, VIII - X, 40 cm, 3

Delphinium-Hybriden (Rittersporn)
Ranunculaceae, VI - IX, 120 cm, 2, ✂

Echinacea purpurea (Roter Sonnenhut)
Asteraceae, VII - IX, 100 cm, 2, Olf.

Helenium-Hybriden (Sonnenbraut)
Asteraceae, VII - IX, 120 cm, 2, ✂

Hemerocallis-Hybriden (Taglilie)
Hemerocallidaceae, V - VIII, 80 cm, 2

Kniphofia-Hybriden (Fackellilie) Liliaceae,
VII - IX, 100 cm, 2, ✂, ∧

Monarda-Hybriden (Indianernessel)
Lamiaceae, VII - IX, 100 cm, 2

Paeonia lactiflora (Pfingstrose) Paeoniaceae,
V - VI, 80 cm, 1

Phlox-Paniculata-Hybriden (Phlox)
Polemoniaceae, VI - VIII, 120 cm, 2, ✂

Rudbeckia fulgida (Sonnenhut)
Asteraceae, VIII - X, 70 cm, 2 - 3, ✂

Aufgaben

● 1. Erstellen Sie zu den Lebensbereichen jeweils eine Tabelle mit 6 Spalten: Botanischer Name (in Klammern deutscher Name), Familie, Blütezeit und -farbe, Wuchshöhe in cm, Geselligkeitsstufe, Bemerkungen (sollte das enthalten, was Sie noch für wichtig halten). Ordnen Sie die unter Kap. 2 aufgeführten und die folgenden Pflanzen ein. Hilfsmittel: Staudenbücher/-kataloge.

Lebensbereich Gehölz
Aconitum carmichaelii, Anemone japonica, Anemone nemorosa, Asperula odorata, Astilboides tabularis, Bergenia cordifolia, Blechum spicant, Brunnera macrophylla, Campanula latifolia, Cimicifuga racemosa, Dryopteris filix-mas, Helleborus niger, Hepatica nobilis, Lamium maculatum, Lathyrus vernus, Omphalodes verna, Osmunda regalis, Oxalis acetosella, Phyllitis scolopendrium, Primula vulgaris, Saxifraga fortunei, Saxifraga umbrosa, Smilacina racemosa, Symphytum grandiflorum, Thalictrum dipterocarpum, Tiarella cordifolia, Waldsteinia geoides, Waldsteinia ternata.

Lebensbereich Gehölzrand
*Anemone sylvestris, Aquilegia vulgaris, Chrysogonum virginianum, Dianthus deltoides, Dictamnus fraxinella, Digitalis grandiflora, Dodecatheon meadia, Eupatorium purpureum, Geranium macrorrhizum, Helenium hoopesii, Heuchera-*Hybriden, *Inula magnifica, Lathyrus latifolius, Lavatera thuringiaca, Lychnis viscaria, Lysimachia nummularia, Lysimachia punctata, Polemonium caeruleum, Polygonatum odoratum, Potentilla nepalensis, Primula veris, Prunella grandiflora, Thalictrum aquilegifolium, Veronica virginica, Viola odorata.*

Lebensbereich freie Fläche
Achillea tomentosa, Anaphalis triplinervis, Anthemis biebersteiniana, Asphodeline lutea, Aster linosyris, Aster togolensis, Centranthus ruber, Ceratostigma plumbaginoides, Eremurus robustus, Eriophyllum lanatum, Eryngium alpinum, Eryngium planum, Gypsophila paniculata, Lewisia cotyledon, Opuntia polyacantha, Origanum vulgare, Phlomis samia, Platycodon grandiflorus, Salvia pratensis, Sorghastrum nutans.

Lebensbereich Steingarten
*Achillea argeratifolia, Adonis vernalis, Antennaria dioica, Aster alpinus, Campanula carpatica, Carlina acaulis, Corydalis lutea, Dianthus gratianopolitanus, Dianthus plumarius, Dryas x suendermannii, Gentiana acaulis, Gentiana lagodechiana, Geranium dalmaticum, Geranium subcaulescens, Iberis saxatilis, Iberis sempervirens, Inula ensifolia, Matricaria caucasica, Morina longifolia, Nepeta x faassenii, Phlox x subulata, Potentilla aurea, Primula pubescens, Sagina subulata, Saxifraga-Arendsii-*Hybriden, *Saxifraga trifurcata, Sedum album, Sempervium arachnoideum, Silene maritima, Veronica incana, Veronica prostata, Viola cornuta, Wulfenia carinthiaca.*

Lebensbereich Beet
*Anchusa azurea, Centaurea dealbata, Chelone obliqua, Chrysanthemum leucanthemum, Chrysanthemum maximum, Coreopsis lanceolata, Coreopsis verticillata, Echinops bannaticus, Erigeron-*Hybriden, *Filipendula rubra, Gaillarda aristata, Heliopsis scabra, Hemerocallis lilioasphodelus, Lychnis chalcedonica, Papaver orientale, Penstemon barbatus, Scabiose caucasica, Solidago-*Hybriden, *Symphyotricum* (früher Aster) *novae-angeliae, Symphotricum novi-belgii, Tradescantia-Andersoniana-*Hybriden, *Veronica longifolia.*

● 2. Erstellen Sie zu den Lebensbereichen Blütezeitkalender, aus denen die Blütezeiten, -farben und die Wuchshöhe der Stauden hervorgehen:

Lebensbereich Gehölz					
Staude	Höhe (cm)	Jan.	Feb.	März	April usw.
Anemone nemorosa	15			weiß	

◑ 3. Nennen Sie Stauden, die zu schweren Vergiftungen führen können.

○ 4. Nennen Sie fünf für den Schnitt geeignete Stauden.

◑ 5. Nennen Sie jeweils drei Stauden für eine a) sonnige und b) schattige Rabatte.

◑ 6. Ein schattiger Standort soll mit bodendeckenden Stauden bepflanzt werden. Welche Stauden (drei Beispiele) würden Sie empfehlen?

◑ 7. Ein Steingarten in vollsonniger Lage soll bepflanzt werden. Nennen Sie drei geeignete Stauden.

3 Gütebestimmungen

In der **„Gütebestimmung für Stauden“**, herausgegeben von der Forschungsgesellschaft Landschaftsentwicklung Landschaftsbau e. V. (FLL), sind die Anforderungen an die Beschaffenheit von Stauden festgelegt. Im **Arbeitskreis „Gütebestimmungen für Stauden“** sind vertreten: Bund Deutscher Landschaftsarchitekten e. V. (bdla), Bund Deutscher Staudengärtner e. V. (BdS), Bundesverband Garten-, Landschafts- und Sportplatzbau e. V. (BGL), Ständige Konferenz der Gartenamtsleiter beim Deutschen Städtetag (GALK).

Stauden müssen vor allem gesund, gut entwickelt (ausgewogenes Verhältnis zwischen Wurzel und Spross) und für das Freiland abgehärtet sein, sodass ihre weitere Entwicklung nicht gefährdet ist. Beim Verkauf aus dem Gewächshaus muss dies dem Kunden mitgeteilt werden. Zudem müssen Stauden laut Gütebestimmung sortenecht sein. Entsprechend sind sie in der Regel vegetativ vermehrt. Pflanzen von samenechten Sorten müssen als solche deutlich mit „S“ wie Sämling markiert werden. Stauden aus Meristemvermehrung müssen die Aufschrift „TC“ (Tissue Culture) tragen. **Wildware** (Stauden, die nicht aus gärtnerischen Anbau stammen) muss als solche deutlich gekennzeichnet sein.

Gewährleistet werden die geforderten Qualitätskriterien vor allem beim Kauf in **anerkannten Staudengärtnereien**, die am **Qualitätszeichen Stauden** erkennbar sind. Derartige Betriebe unterziehen sich einer regelmäßigen und unabhängigen Überwachung.

Qualitätszeichen Stauden
Zentralverband Gartenbau e.V., Bonn

Im Durchschnitt kultiviert ein Betrieb um die 1500 Arten und Sorten. Bei Stauden, die unter Artenschutz stehen, ist nach der **Bundesartenschutzverordnung** (BartSchV) entsprechend dem **Washingtoner Artenschutzübereinkommen** (WA) eine genaue Buchführung über Erwerb (Bezugsquelle und Dokumente, die zum Erwerb berechtigen), Kultur und Verkauf (Zeitpunkt, Name und Anschrift des Empfängers) bzw. Verbleib gefährdeter Pflanzenarten vorgeschrieben.

Die entsprechenden Aufzeichnungs- und Begleitpapiere werden entsprechend dem Washingtoner Abkommen als **CITES-Papiere** bezeichnet: „Übereinkommen über den internationalen Handel mit gefährdeten Arten frei lebender Tiere und Pflanzen“ (engl. „Convention on International Trade in Endangered Species of Wild Fauna and Flora“, abgekürzt CITES).

Aufgaben

1. Was besagen die Geselligkeitsstufen 1 bis 5 bei der Pflanzung von Stauden?
2. Was ist beim Erwerb von Stauden, die unter Artenschutz stehen, zu beachten? Was versteht man unter CITES-Papiere bzw. -Bescheinigung?

4 Kleine Farbenlehre

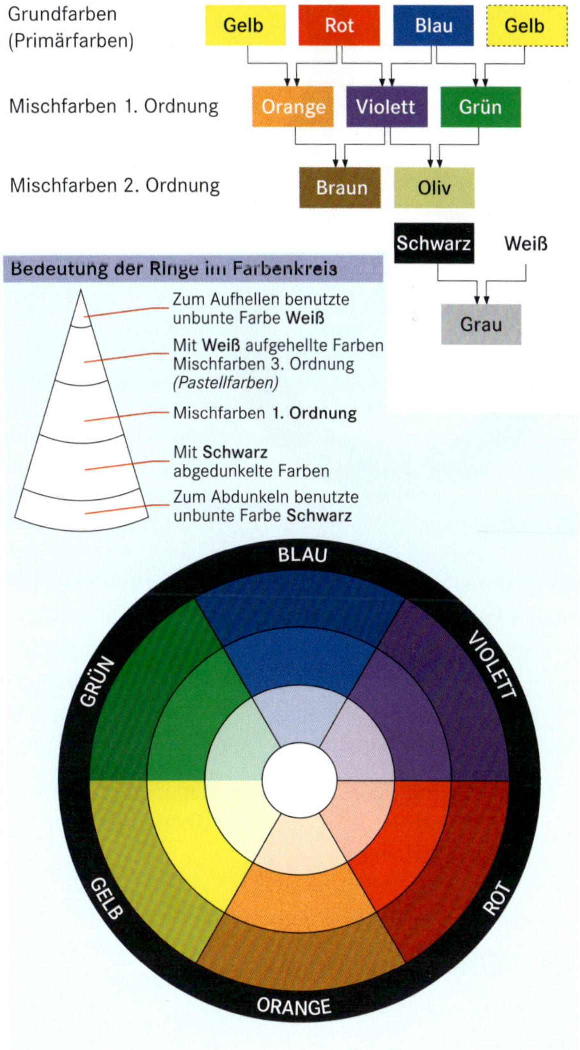

1 Einteilung der Farben

Stauden werden vor allem wegen der Farbwirkung ihrer Blüten gepflanzt. Bei der Auswahl für gemischte Pflanzungen ist darauf zu achten, dass sich die Blütenfarben der Nachbarpflanzen nicht „beißen“, sondern sich gegenseitig ergänzen. Ziel ist eine aufeinander abgestimmte, miteinan-

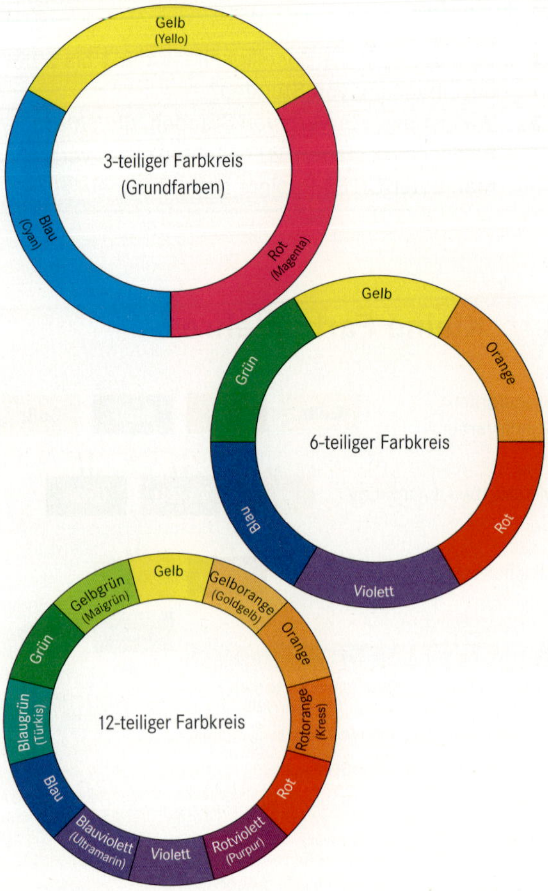

1 Farbkreise

der in Einklang stehende Farbwirkung. Eine derart **harmonische Farbwirkung** ist vor allem durch die Verwendung von Stauden mit gegensätzlichen (konträren) Blütenfarben zu erreichen. Je größer die **Farbkontraste** (Farbunterschiede), desto größer ist die entstehende Spannung und damit Wirkung der Farben.

Der Umgang mit Farben ist nicht immer ganz einfach, Grundkenntnisse in der Farbenlehre können jedoch das Gestalten mit Farben erleichtern.

4.1 Einteilung der Farben

Aus der Mischung der drei **Grundfarben** Gelb, **Rot** und **Blau** ergeben sich alle anderen Farben. So entstehen durch Mischung gleicher Anteile zweier Grundfarben, z. B. Gelb und Rot, **Mischfarben 1. Ordnung**, z. B. Orange. Durch Mischung von zwei Mischfarben 1. Ordnung oder durch Mischung der drei Grundfarben ergeben sich **Mischfarben 2. Ordnung**. Schwarz und Weiß sind keine Farben. Sie dienen zum Abdunkeln bzw. Aufhellen der Farben. Gemischt ergeben Schwarz und Weiß Grau. Die sogenannten **Pastellfarben (Mischfarben 3. Ordnung)** entstehen durch Mischen einer Grundfarbe, Mischfarbe 1. oder 2. Ordnung mit einem mehr oder weniger starken Weißanteil (1, S. 323).

4.2 Farbkreise

Ordnet man die drei Grundfarben Gelb, Rot und Blau in einem Kreis an und setzt die Mischfarben aus jeweils gleichen Anteilen der benachbarten Grundfarben dazwischen, erhält man einen **6-teiligen Farbkreis** mit den Farben Gelb, Orange, Rot, Violett, Blau und Grün. Mischt man die benachbarten Farben erneut mit gleichen Anteilen, erhält man einen **12-teiligen Farbkreis** (1).

Farbkreise sind gute Hilfsmittel beim Umgang mit Farben. Mit ihrer Hilfe lassen sich Farbzusammenstellungen überprüfen bzw. die jeweiligen Nachbar- und Komplementärfarben ablesen und entsprechende Farbkombinationen aufstellen. Als **Nachbarfarben** werden die nebeneinander auf dem Farbkreis liegenden Farben bezeichnet. **Komplementärfarben** stehen sich im Farbkreis gegenüber (= Gegenfarben).

4.3 Harmonische Farbzusammenstellung

Mithilfe des Farbkreises lassen sich Farben zusammenstellen, die grundsätzlich miteinander harmonieren.

4.3.1 Harmonie mit kleinen Kontrasten

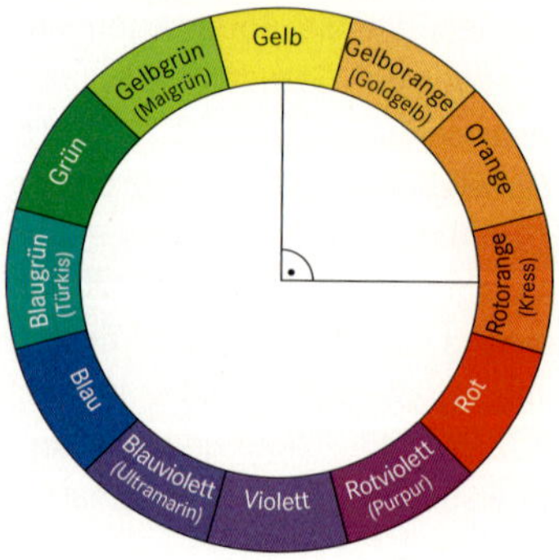

2 Farbharmonie der Nachbarfarben

Hier werden Farben miteinander kombiniert, die im Farbkreis dicht nebeneinander liegen (Nachbarfarben). Im Farbkreis lassen sich diese Farben mit einem rechten Winkel erfassen. Dabei ist zu beachten, dass eine Harmoniebildung nur gewährleistet ist, wenn keine der Farben bei der Zusammenstellung übersprungen wird.

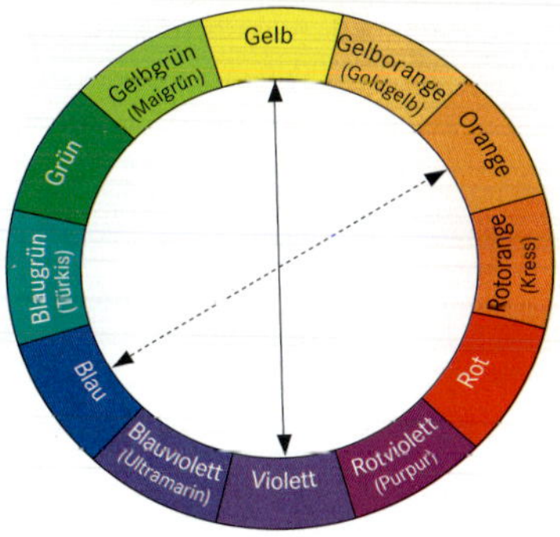

1 Zweiklänge aus Komplementärfarben

4.3.2 Harmonie mit großen Kontrasten

Hier werden Farben miteinander kombiniert, die im Farbkreis weit entfernt voneinander liegen. Dabei kann man zwischen Zwei-, Drei- und Vierfarbenklängen unterscheiden:

Zweiklänge

Da sich Komplementärfarben aufgrund ihres großen Kontrastes in ihrer Farbwirkung am meisten steigern, wird die größtmögliche Wirkung im **Zweiklang** durch die Kombination einer Farbe mit ihrer jeweiligen Gegenfarbe im Farbkreis (z. B. Orange und Blau oder Gelb und Violett) erzielt. Zudem wirken derartige Farbzusammenstellungen sehr harmonisch, weil in den beiden Komplementärfarben die drei Grundfarben Gelb, Rot und Blau enthalten sind (**1**).

„Eine Primärfarbe kommt am besten neben einer Mischung der anderen beiden Primärfarben zur Wirkung."

Vincent van Gogh

Dreiklänge

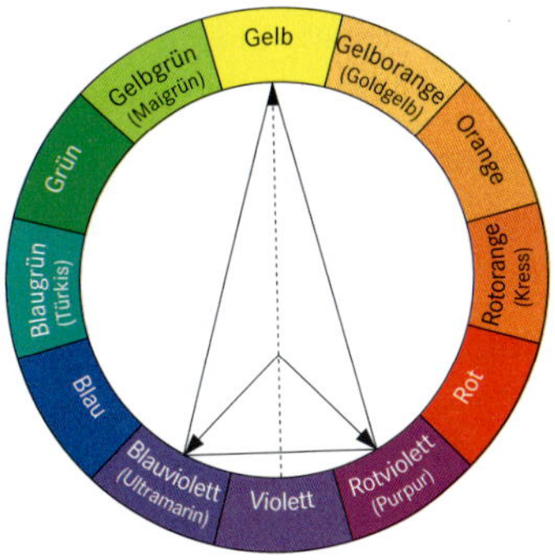

2 Dreiklänge, Hilfsmittel gleichschenkliges Dreieck

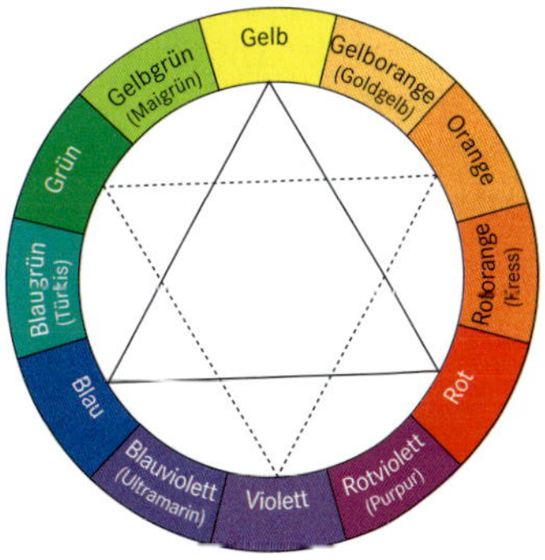

3 Dreiklänge, Hilfsmittel gleichseitiges Dreieck

Alle Zweiklänge lassen sich in harmonisierende **Dreiklänge** verwandeln. Man braucht dazu nur eine der beiden Komplementärfarben durch deren zwei Nachbarfarben zu ersetzen. Mithilfe des entstehenden **gleichschenkligen Dreiecks** lassen sich verschiedene Dreiklänge aus dem 12-teiligen Farbkreis entwickeln, wobei jeweils zwei der drei Farben relativ dicht beieinander stehen, die dritte hingegen einen größeren Abstand und damit Kontrast aufweist.

Verwendet man statt eines gleichschenkligen Dreiecks ein **gleichseitiges Dreieck**, erhält man Dreiklänge, deren Farben gleich weit voneinander entfernt liegen und damit größere Kontraste aufweisen, wie z. B. Gelb, Rot und Blau (**3**).

Vierklänge

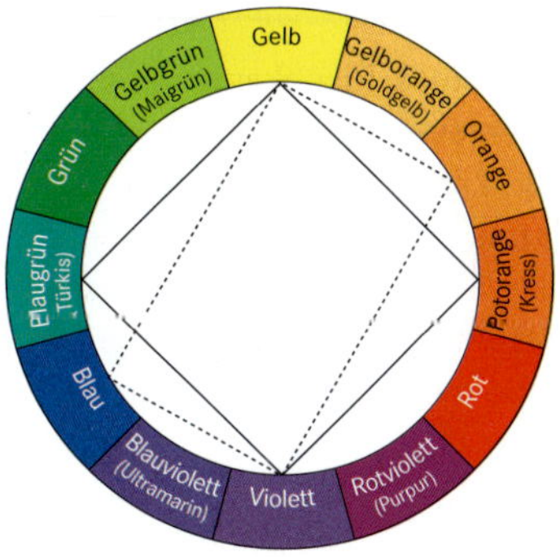

4 Vierklänge, Hilfsmittel Vierecke

Mithilfe von Vierecken lassen sich harmonisierende **Vierklänge** zusammenstellen. Sie bestehen aus komplementären Farbenpaaren. Bei einem Quadrat weisen die Farben im Farbkreis gleiche, bei einem Rechteck ungleiche Abstände auf. Fehlt eine der vier Farben, entsteht ein Dreiklang, sodass trotzdem noch eine Harmonie in der Farbzusammenstellung besteht.

4.3.3 Harmonie mit gemischten Kontrasten

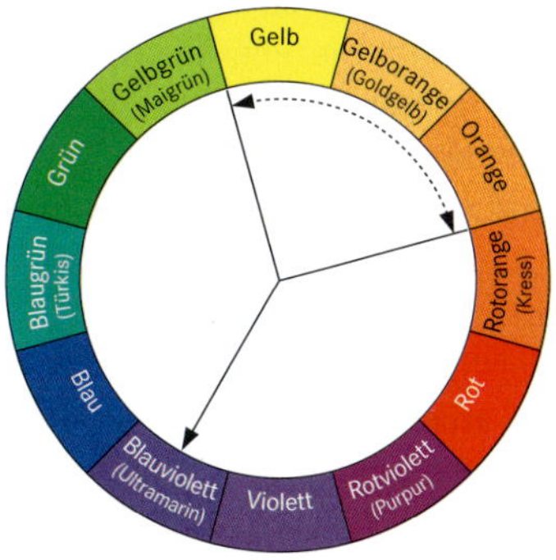

5 Harmonie der gemischten Kontraste

Die Harmonie der gemischten Kontraste entsteht durch Verwendung von mindestens drei oder vier Nachbarfarben plus einer entsprechenden Komplementärfarbe (**5**).

Alle Farbkombinationen können durch **weiße Blüten** ergänzt werden, ohne dass die Harmonie gestört wird. Weiß verstärkt nicht nur die Wirkung aller Farben, sondern kann auch zur optischen Trennung verschiedener oder nicht harmonierender Farbzusammenstellungen eingesetzt werden.

Neben dem **Farbton** (Farbabstufung, z. B. verschiedene Rottöne) bestimmen auch die **Helligkeit** und **Leuchtkraft** sowie der **mengenmäßige Anteil** die Wirkung einer Farbe. Überdies löst jede Farbe beim Betrachter Empfindungen aus.

So können z. B. Gelb, Orange und Rot als **warme, belebende** und Blau und Grün als **kalte Farben** bezeichnet werden.

? Aufgaben

◑ 1. **Erstellen Sie mithilfe eines Tuschkastens mit den drei Grundfarben einen a) 3-teiligen, b) 6-teiligen und c) 12-teiligen Farbkreis.**

● 2. **Erstellen Sie Pflanzpläne für eine möglichst ganzjährig blühende Staudenrabatte nach der a) Harmonie mit kleinen, b) Harmonie mit großen und c) Harmonie mit gemischten Kontrasten.**

5 Pflanzung und Pflege

5.1 Pflanzung

Geeignete **Pflanzzeiten** sind der Herbst und das Frühjahr nach der Blüte. Entsprechend erfolgt die Pflanzung bei frühjahrsblühenden Stauden im Frühjahr bzw. Frühsommer, bei sommer- und herbstblühenden im Herbst bzw. Frühjahr (Container- und Topfpflanzen ganzjährig).

Vor der Pflanzung ist der Boden gründlich zu lockern und von Wurzelunkräutern zu befreien. Die Pflanzen sind mit feuchten Ballen zu pflanzen. Trockene Wurzelballen sollten so lange in Wasser getaucht werden, bis keine Luftblasen mehr aufsteigen. Die Pflanzen werden so tief gesetzt, dass der Ballen 1 bis 2 cm mit Erde bedeckt ist. Nach dem Auffüllen des Pflanzlochs mit Erde wird der Wurzelballen zur Gewährleistung der Standfestigkeit kurz angedrückt. Nach der Pflanzung ist die Fläche gründlich zu wässern.

Die **Anordnung der Stauden** kann grundsätzlich nach zwei Gestaltungsprinzipien erfolgen:

1. Klassische Staudenpflanzung („English Border")
Hierbei werden die Stauden nach Farbenpracht, Duft, Strukturen und Wuchsformen, also nach ihrem Zierwert, ausgewählt, kombiniert und auf Beeten längs von Wegen,

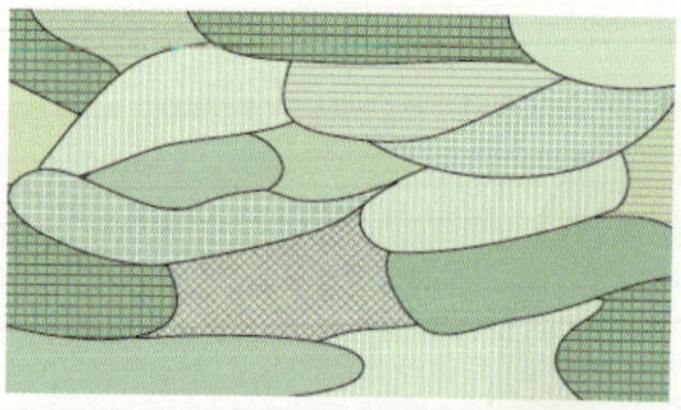

1 Anordnung der Stauden in sogenannten „Drifts". Die Driftpflanzung ist eine auf Gertrude Jekyll (1843 – 1932) zurückgehende Verwendungsform von Beetstauden.

Rasenflächen, Mauern, Zäunen oder Schnitthecken gepflanzt.

Gewöhnlich setzt man bei einem nach vorne ausgerichteten Beet, z. B. entlang einer Mauer, einer Hecke, eines Zauns, die hohen Pflanzen in den Hintergrund und stuft bis zu den niedrigsten im Vordergrund ab, sodass mehrere Ebenen entstehen und keine Pflanzen verdeckt werden. Bei Beeten, die von allen Seiten zu sehen sind, wird von innen (Beetmitte) nach außen gearbeitet. Die Rabatten sollten mindestens 1,5 m breit sein.

Stauden eines Typs werden zu mehreren in Gruppen – je kleiner die Pflanze, desto größer die Gruppe – gepflanzt und in schmalen, langgezogenen, in der Breite variierenden und sich an den Enden verjüngenden Bändern, den sogenannten **Drifts**, quer zur Blickrichtung des Betrachters angeordnet (**1**). Diese Anordnung ermöglicht sehr differenzierte Höhenstaffelungen, gute Farb- und Formkontraste durch die unmittelbare Benachbarung und das Ineinanderübergehen verschiedener Staudengruppen. Bei richtiger Anordnung werden nach der Blüte einziehende oder unansehnliche Pflanzen durch die davor angeordneten verdeckt. Da bei der Auswahl der Pflanzen auf die unterschiedlichen Lebensbedingungen wenig Rücksicht genommen wird, sind derartig angelegte Staudenrabatten entsprechend aufwendig in der Pflege und Unterhaltung.

Werden neben Stauden auch andere Pflanzen wie Gehölze, Rosen oder Sommerblumen verwendet, spricht man von **gemischten Rabatten** (Mixed Borders).

2. Naturnah gestaltete Staudenpflanzung
Vorbild bei naturnah gestalteten Staudenpflanzungen sind natürliche Pflanzengesellschaften. Ziel ist eine standortgerechte und damit langlebige, stabile, pflegeleichte Staudenpflanzung. Ob eine Art eher einzeln, in kleinen oder größeren Gruppen, flächig bzw. großflächig gepflanzt werden sollte, hängt vor allem von der Entwicklung und dem Konkurrenzverhalten (Ausbreitungsverhalten) der einzelnen Arten/Sorten ab und wird in **Geselligkeitsstufen** (Tab. **1**, S. 327) ausgedrückt.

Geselligkeitsstufe	Pflanzung	
1	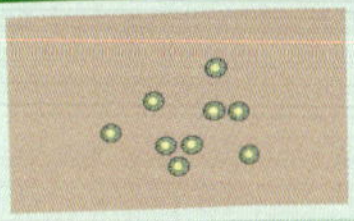	einzeln oder in kleinen Gruppen
2	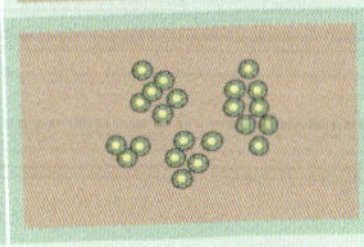	in kleinen Gruppen von 3 bis 10 Stück
3	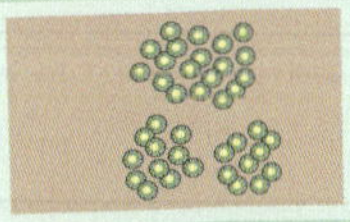	in Gruppen von 10 bis 20 Stück
4	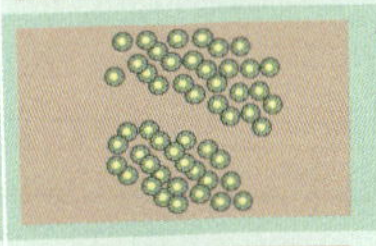	flächig in Kolonien zu mehr als 20 Stück
5	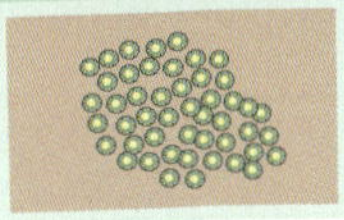	vorwiegend großflächig

Tab. 1 Geselligkeitsstufen für Stauden

Naturnahe Pflanzungen entstehen demgemäß durch die Auswahl der Stauden nach ähnlichen **Lebensbereichen** (s. Kap. Lebensbereiche) und ihre **Anordnung nach Geselligkeitsstufen**[1]. Vor der Pflanzung werden die Stauden ausgetopft und auf der Fläche verteilt. Gepflanzt wird nach folgendem Schema:

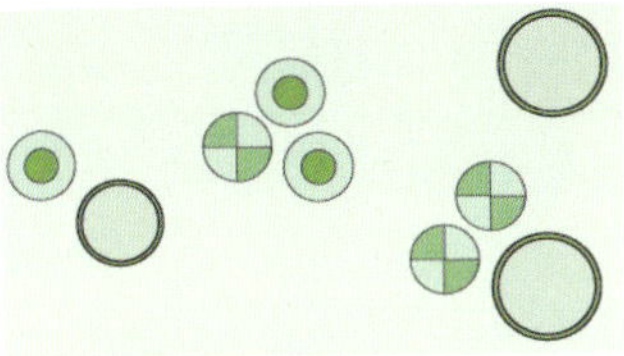

1. Pflanzung der **Leitstauden** (Gerüstbildner), Stauden, die aufgrund ihres Aussehens (z. B. Wuchshöhe) besonders auffallen und das Bild der Pflanzung bestimmen. Sie bilden in rhythmischen Wiederholungen aber ungleichen Abständen das Grundgerüst der Rabatte, an denen sich alle nachfolgenden Stauden in Blütezeit, Farbe und Wuchshöhe orientieren (Geselligkeitsstufe 1 bis 2).

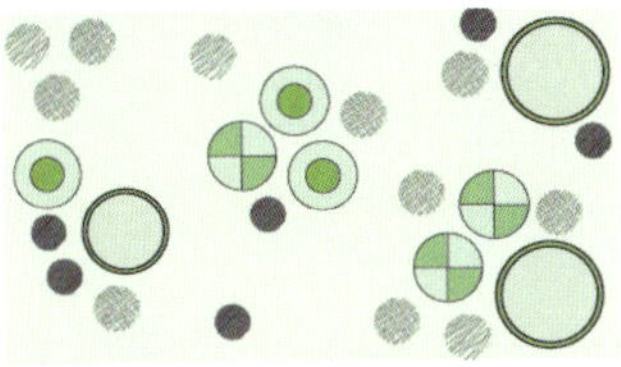

2. Im zweiten Schritt werden **Begleitstauden** (Gruppenstauden) in rhythmischer Wiederholung und räumlicher Nähe zu den Leitstauden in kleineren oder größeren Gruppen (Geselligkeitstufe 2 bis 3) angeordnet. Begleitstauden sollen die Wirkung der Leitstauden steigern.

[1] Pflanzungen nach Geselligkeitsstufen folgen den von Richard Hansen und Herrmann Müssel an der FH Weihenstephan erarbeiteten Gruppierungsempfehlungen für Staudenarten und -sorten.

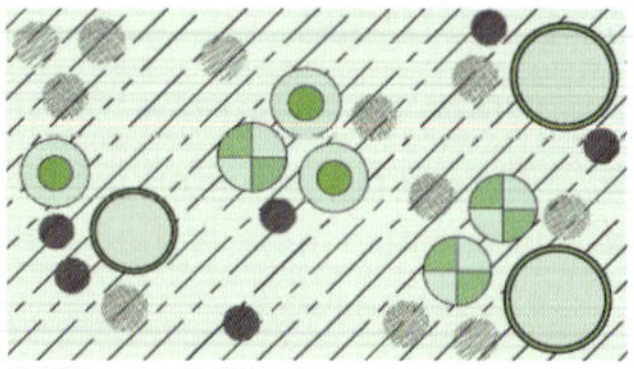

3. Auf die verbleibende Fläche zwischen Leit- und Begleitstauden werden **Füllstauden** in größeren Gruppen oder auch flächendeckend **(flächendeckende Stauden)** angeordnet (Geselligkeitsstufe 4). Zumeist handelt es sich um niedrigere Stauden, die farblich mit den Leit- und Begleitstauden harmonieren.

4. Falls vorgesehen, werden im 4. Schritt **Streupflanzen** gesetzt. Es handelt sich dabei i. d. R. um Stauden, die sich versamen. Sie werden einzeln über die gesamte Fläche verstreut gesetzt. Sie suchen sich ihre Lücken und „wandern“ so von Jahr zu Jahr durch die Pflanzung, was für eine gewisse Abwechslung sorgt.

Empfehlenswert ist auch das Setzen von **Blumenzwiebeln** (Herbst) für eine Blüte im Frühjahr. Sie werden in lockeren Tuffs von 10 bis 100 Stück zwischen den Stauden gesetzt (s. Kap. Zwiebel- und Knollengewächse).

Schrittweise Vorgehensweise bei der Planung:

1. Standort für das Staudenbeet festlegen.
2. Lebensbereich bestimmen bzw. Standortbedingungen einschätzen.
3. Pflanzen entsprechend auswählen (Hilfe: Suchkriterien in Staudendatenbank eingeben) und nach Größe, Blütenfarbe und -zeit sortieren.
4. Leit-, Begleit- und Füllstauden für die Jahreszeiten Frühjahr (IV – V), Frühsommer (VI – VII) Hochsommer (VII – VIII) und Frühherbst/Herbst (IX – XI) festlegen (= Folgestaudenpflanzung).
5. Pflanzplan (Maßstab 1 : 20 bis 1 : 50) erstellen und mit Hilfsraster (Abstand der Hilfslinien 1 m → Rastergröße 1 m^2) überziehen.
6. Standort der Leit-, Begleit- und Füllstauden (harmonische Farbzusammenstellung, abwechslungsreiche Höhenstaffelung) bestimmen.
7. Genaue Stückzahlen der Pflanzen ermitteln.
8. Planung überprüfen.

5.2 Pflege

Die **Pflege von Stauden** umfasst:

- Wässern bei anhaltender Trockenheit
- Nährstoff- und Humuszuführung entsprechend der Pflanzenauswahl

Stauden	N	P_2O_5	K_2O	MgO
schwachzehrend[1]	≤ 5	2 bis 4	4 bis 6	0,6 bis 0,8
starkzehrend	≤ 10	4 bis 6	6 bis 8	0,8 bis 1,2

[1] Aufteilung in zwei Gaben: 1. Wachstumsbeginn (März/April) 2. Juni/Juli

Tab. 1 Nährstoffbedarf von Pflanzflächen in g/m²

- Entfernung der verblühten Blüten zur Verlängerung der Blütezeit (Samenansatz!)
- Eingrenzung stark wuchernder Arten
- Jäten von Wildkräutern. Durch eine Bodenabdeckung mit Rindenmulch (5 cm = 50 l/m²) können Samenunkräuter weitgehend unterdrückt werden. Zur Vermeidung von N-Mangel sollte eine N-Ausgleichsdüngung vor dem Mulchen durchgeführt werden (etwa 12 g N/m², bei Wald-/Waldrandstauden 3 g N/m², je zur Hälfte in Form von z. B. Hornspänen und einem schnell wirkenden N-Dünger). Nährstoffversorgung des Bodens berücksichtigen. Gegebenenfalls kann es durch die im Rindenmulch enthaltenen Gerbstoffe zu Pflanzenschäden kommen

  Eine Alternative stellen mineralische Mulchmaterialien (z. B. Ziegelbruch, Lava, Sand, Kies, Splitt, Schotter) dar. Sie führen zu keiner N-Festlegung und bieten aufgrund ihrer verschiedenen Farben und Formen vielfältige Gestaltungsmöglichkeiten.
- Stützung der Stauden, die auseinanderfallen.
- Abdecken nicht ganz winterharter Stauden (z. B. Fackellilie) vor Frostbeginn mit Tannenreisig.
- Teilung und Verpflanzung älterer Stauden bei nachlassender Wüchsigkeit und Blühwilligkeit. Daneben gibt es auch Stauden, die jahrzehntelang am selben Standort stehen können, ohne negativ zu reagieren. So sollten z. B. Tränendes Herz, Pfingstrosen, Schleierkraut und Mohn nach Möglichkeit am selben Standort belassen werden, da sie ein Verpflanzen nur schlecht vertragen.
- Vermehrung: Die einfachste, schnellste, sicherste und damit die gebräuchlichste Art ist das Teilen der Pflanzen.
- Bei manchen (remontierenden) Stauden (z. B. Bergflockenblume, Rittersporn, Lupinen, Salbei, Schafgarbe) lässt sich durch einen starken Rückschnitt (5 bis 10 cm über dem Boden) nach der Blüte ein zweiter Blütenflor erzielen.
- Nachmulchen.

Aufgaben

1. **Unterscheiden Sie Leit- und Begleitstauden sowie flächendeckende Stauden.**
2. **Was versteht man unter Solitärstauden? Nennen Sie drei Beispiele.**

Zwiebel- und Knollengewächse

1 Botanische Kennzeichen

1.1 Lilien-, Narzissen- und Irisgewächse

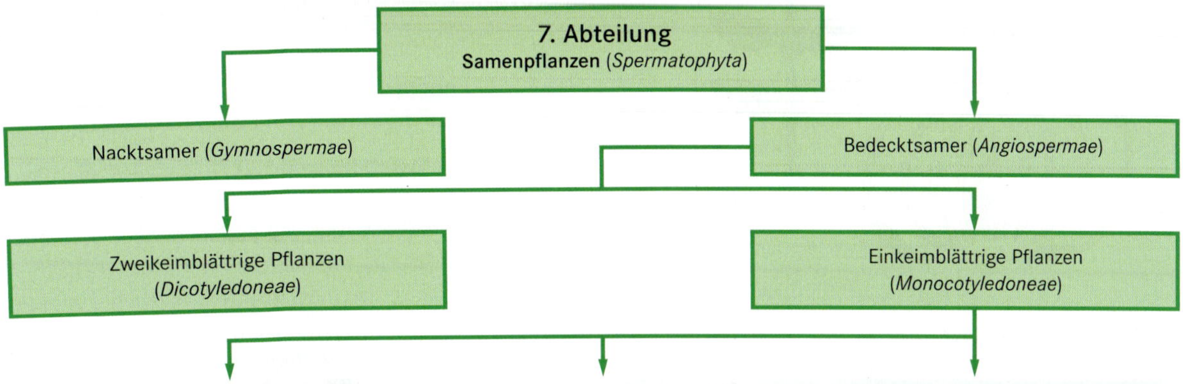

Liliengewächse (Liliaceae)

Camassia, Chionodoxa, Colchicum, Eremurus, Erythronium, Eucomis, Fritillaria, Galtonia, Hyacinthoides, Ipheion, Lilium, Ornithogalum, Puschkinia, Tulipa

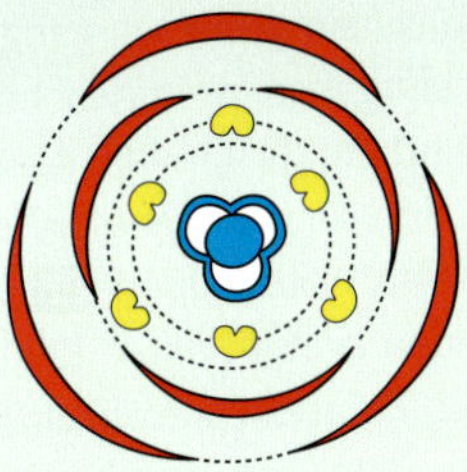

- radiär
- Perigon aus 2 dreizähligen Kreisen (Kelch- und Blütenblätter)
- 2 Staubblattkreise mit jeweils drei Staubblättern
- oberständiger Fruchtknoten aus drei miteinander verwachsenen Fruchtblättern

Narzissengewächse (Amaryllidaceae)

Galanthus, Leucojum, Narcissus

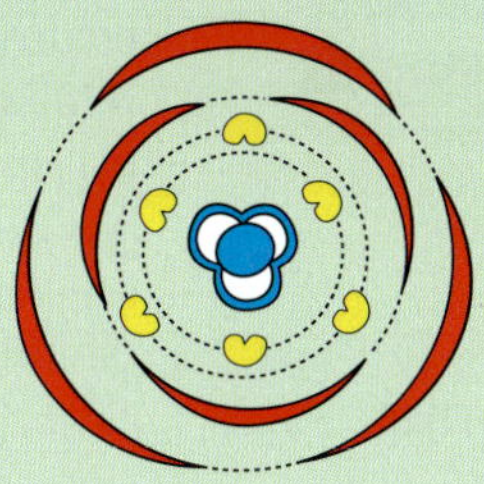

- radiär
- Perigon aus 2 dreizähligen Kreisen (Kelch- und Blütenblätter)
- 2 Staubblattkreise mit jeweils drei Staubblättern
- unterständiger Fruchtknoten aus drei miteinander verwachsenen Fruchtblättern

Irisgewächse (Iridaceae)

Acidanthera, Crocus, Crocosmia, Gladiolus, Iris, Ixia, Sparaxis

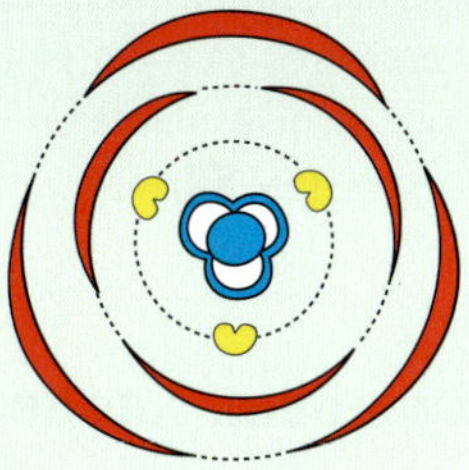

- radiär bis leicht zygomorph (z. B. Gladiole)
- Perigon aus 2 dreizähligen Kreisen (Kelch- und Blütenblätter)
- 1 Staubblattkreis mit drei Staubblättern
- unterständiger Fruchtknoten aus drei miteinander verwachsenen Fruchtblättern

1 Systematik

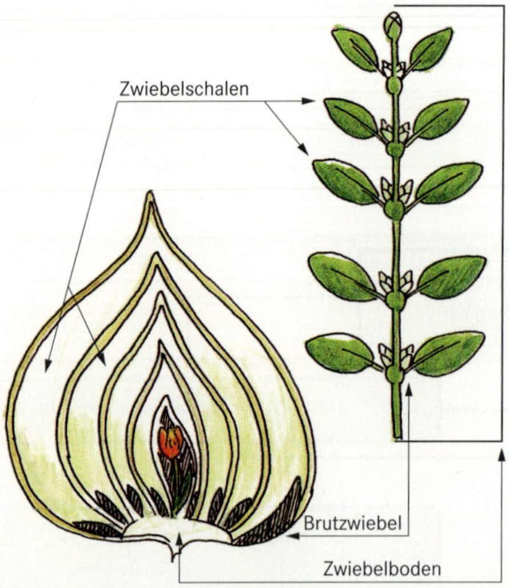

1 Die Zwiebel – eine Sprossmetamorphose

Familien	Gattungen
Asteraceae/Compositae (Astergewächse/Korbblütler)	*Dahlia*
Begoniaceae (Begoniengewächse)	Knollenbegonien-Gruppe
Cannaceae (Blumenrohrgewächse)	*Canna-Indica*-Gruppe
Oxalidaceae (Sauerkleegewächse)	*Oxalis*
Papaveraceae (Mohngewächse)	*Corydalis*
Primulaceae (Primelgewächse)	*Cyclamen*
Ranunculaceae (Hahnenfußgewächs)	*Anemone, Eranthis*

Tab. 1 Zweikeimblättrige „Blumenzwiebeln"

Bei den meisten der verwendeten Zwiebel- und Knollengewächse handelt es sich um einkeimblättrige Pflanzen (1, S. 329), nur wenige stammen aus der Klasse der Zweikeimblättrigen (Tab. 1).

1.2 Zwiebeln, Knollen und Rhizome

Zwiebel- und Knollengewächse sind mehrjährige, krautige Pflanzen (Stauden), die ungünstige Jahreszeiten, wie Trocken- oder Winterzeiten, mithilfe unterirdischer Speicherorgane überdauern (**Erdpflanzen** oder **Geophyten** genannt). Nach der Art des Speicherorgans unterscheidet man zwischen Zwiebeln, Knollen und Rhizomen.

1.2.1 Zwiebeln

Bei den Zwiebeln ist die Sprossachse so stark gestaucht, dass sie nur noch einen dünnen **Zwiebelboden** (Zwiebelscheibe/-kuchen) bildet. Die Assimilate werden in den fleischig verdickten Blättern, den **Zwiebelschalen**, eingelagert. In der Mitte der Zwiebelscheibe zwischen den fleischig verdickten Blättern befindet sich die Hauptknospe, aus der sich die neue Pflanze entwickelt. In den Blattachseln wie auch am Zwiebelboden entwickeln sich kleine Tochterzwiebeln, sogenannte **Brutzwiebeln**. Sie benötigen bis zur vollen Entwicklung je nach Größe 2 bis 3 Jahre (1).

Nach der **Lebensdauer** kann man zwischen einjährigen, zweijährigen und mehrjährigen Zwiebeln unterscheiden:

- **Einjährige Zwiebeln** sind z. B. Tulpenzwiebeln. Bei ihnen werden die in den Zwiebelschalen gespeicherten Assimilate während der Vegetationsperiode verbraucht, sodass die Mutterzwiebel nach der Blüte abstirbt. Als Ersatz entwickelt sich die größte Brutzwiebel direkt neben dem Blütenschaft im Laufe des Sommers (Mai bis August) zur **Ersatzzwiebel,** die im nächsten Jahr die Blüte hervorbringt (1, S. 331). Die Entwicklung der Ersatzzwiebel bestimmt also die Tulpenblüte im nächsten Jahr. Entsprechend sollten beim Blumenschnitt nie alle Laubblätter entfernt werden, da sich ansonsten die Ersatzzwiebel nicht optimal entwickeln kann.
- **Zweijährige Zwiebeln** weisen im Gegensatz zu den einjährigen Zwiebeln zwei Jahrgänge von Zwiebelschalen auf. Während der Vegetationsperiode werden nur die in den älteren Zwiebelschalen eingelagerten Assimilate verbraucht, die im jüngeren Jahrgang eingelagerten Nährstoffe dienen der Überwinterung der Zwiebel (z. B. bei Schneeglöckchen).
- **Mehrjährige Zwiebeln** setzen sich aus drei bis sechs Jahrgängen zusammen, wobei die fleischigen Blätter nebeneinander stehen. Im Lauf der Vegetationsperiode werden die Nährstoffe aus dem ältesten Jahrgang verbraucht, wobei parallel dazu ein neuer Jahrgang gebildet wird und die anderen Jahrgänge weiterwachsen (z. B. bei Narzissen und Hyazinthen). Nach dem Abfallen der leer gesaugten äußeren Schalen gelangen die im Innern gebildeten Tochterzwiebeln nach außen (2, S. 331). Derartige Zwiebeln können sich im Laufe der Jahre zu einem ganzen Bündel von Zwiebeln entwickeln. Zur Vermehrung werden die mehrteiligen Zwiebeln getrennt (3, S. 331).

1.2.2 Knollen

Bei den Knollen lassen sich Spross- und Wurzelknollen unterscheiden. Bei den **Sprossknollen** handelt es sich um unter- oder oberirdische Speicherorgane. Sie entstehen durch Stauchung und Verdickung von Abschnitten der Sprossachse. Entsprechend weisen Sprossknollen keinen schalenförmigen Aufbau wie die Zwiebeln auf (4, S. 331). Pflanzen mit Knollen sind z. B. Cyclamen, Knollenbegonie,

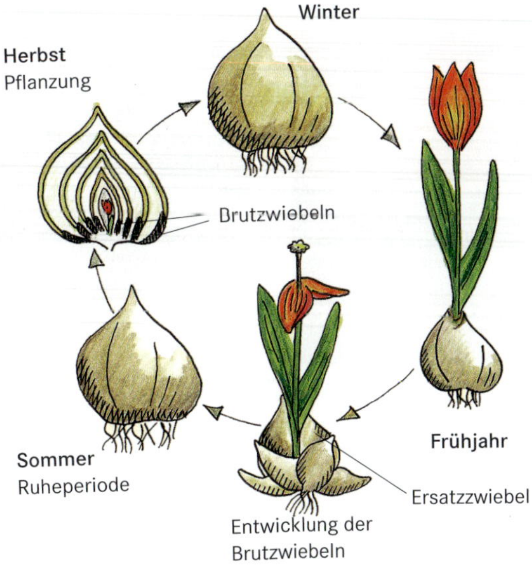

1 Entwicklungsverlauf bei Tulpenzwiebeln

2 Tochterzwiebeln sind nach außen gelangt, sodass die Narzissenzwiebel eine Doppelnase bildet

Gladiole, Krokus, Herbstzeitlose und Winterling. An der Basis der Mutterknollen bilden sich **Brutknollen**. Bei Gladiolen schwankt die Zahl zwischen 5 und 30. Je nach Größe kommen sie nach 2 bis 3 Jahren zur Blüte (5).

Von **Wurzelknollen** spricht man, wenn Seiten- oder Adventivwurzeln zu Speicherorganen entwickelt wurden (z. B. Dahlien, 6).

Auch bei den Knollen kann man zwischen ein- und mehrjährigen unterscheiden:

- **Einjährige Knollen** sterben nach einer Vegetationsperiode ab. Die gespeicherten Assimilate werden verbraucht und es entwickeln sich eine oder mehrere neue Knollen (z. B. bei Krokus und Gladiole).
- Bei den **mehrjährigen Knollen** wird während des Austriebs nur ein Teil der gespeicherten Reservestoffe verbraucht und während der Vegetationsperiode wieder aufgefüllt. Dabei kommt es zum Wachstum der Knollen

3 Büschel von Narzissenzwiebeln, links zur Vermehrung abgetrennte Tochterzwiebeln

4 Unterscheidung: links Zwiebel (Tulpe), rechts Knolle (Krokus)

5 Gladiolenknollen mit Brutknollen

6 Die Wurzelknollen der Dahlien müssen ein Stück Stängel mit Augen enthalten, um austreiben zu können

1 'Elvira'. Vor dem Frost werden die Gladiolenknollen aus dem Boden genommen, von den Resten der Mutterknolle befreit, an der Luft getrocknet und kühl überwintert. Die Färbung des „Knollenfleisches“ gibt Hinweise auf die spätere Blütenfarbe: dunkel = dunkle Blüte, hell = helle Blüte

2 'Bertini'. Knollen von Knollenbegonien weisen auf der Oberseite Augen auf. Beim Teilen ist darauf zu achten, dass jedes Stück mindestens ein Auge besitzt

3 Spross- und Wurzelknollen

4 Rhizom (Wurzelstock) des Maiglöckchens

(z. B. bei Cyclamen und Knollenbegonien), sodass diese mit zunehmendem Alter größer werden.

1.2.3 Rhizome

In der Praxis umfasst der Begriff „Zwiebel- und Knollengewächse“ auch Pflanzen mit Rhizomen, wie Maiglöckchen, Buschwindröschen, Montbretie, Steppenkerze und Sauerklee.

Rhizome oder **Wurzelstöcke** sind unterirdische, verdickte und gestauchte Sprossachsen, die horizontal wachsen und sprossbürtige Wurzeln besitzen. Die Blätter sind zu kleinen Schuppenblättchen (Niederblätter) reduziert. In den Achseln dieser Blättchen befinden sich Knospen, aus denen sich während der Vegetationsperiode „normale“ Luftsprosse entwickeln (4).

Aufgaben

1. Was sind Geophyten?
2. Unterscheiden Sie Zwiebeln, Knollen, Rhizome.
3. Nennen Sie jeweils drei „Zwiebel-/Knollengewächse“ aus der Familie der Lilien-, Narzissen- und Irisgewächse.
4. Zwiebeln können ein-, zwei- oder mehrjährig sein. Nennen Sie jeweils ein Beispiel.
5. Erklären Sie, warum man beim Schneiden von Tulpen nicht alle Blätter entfernen sollte.
6. Unterscheiden Sie Spross- und Wurzelknollen.
7. Nennen Sie jeweils ein Beispiel für einjährige und mehrjährige Knollen.

2 Pflanzenbeschreibung

2.1 Tulpen

Im 16. Jahrhundert kamen die ersten Tulpenzwiebeln aus Vorder- und Zentralasien über die Türkei nach Westeuropa. Vor allem der niederländische Botaniker Carolus Clusius (1526 – 1609), einer der Begründer der beschreibenden Pflanzenkunde im 16. Jahrhundert, hat maßgeblich dazu beigetragen, dass die Tulpe in den Niederlanden bekannt wurde, wo sie seitdem in großem Umfang gezüchtet und angebaut wird und zu einem milliardenschweren Wirtschaftszweig geworden ist.

Die Gattung **Tulipa** aus der Familie der Liliengewächse umfasst etwa 100 Arten mit zahllosen Sorten. Als **Gartentulpen** werden zahlreiche in den Gärten kultivierte Tulpensorten bezeichnet, deren Herkunft nicht zu klären ist. Neben Gartentulpen gewinnen auch immer mehr die ursprünglichen Arten **(Wildtulpen)** oder **botanische Tulpen**, wie *T. kaufmanniana*, *T. fosteriana* und *T. greigii*, im privaten und öffentlichen Grün an Bedeutung. Ihre zahlreichen Sorten sind als **Kaufmanniana-**, **Fosteriana-** und **Greigii-Tulpen** im Handel.

Um in die Vielfalt des Tulpensortiments einen Überblick zu bekommen, wurde es von der englischen *Royal Horticultural Society* und der holländischen *Koninklije Algemeene Vereening voor Bloembollenculture* in **15 Klassen** eingeteilt, die ihrerseits nach der Blütezeit zu vier Gruppen zusammengefasst wurden: frühe, mittelfrühe und späte Tulpen sowie Wildarten und ihre Sorten.

Blütezeiten		
früh	**mittelfrüh**	**spät**
M. IV – E. IV	E. IV – A. V	A. V – E. V

Tab. 1 Übersicht Blütezeiten

Früh blühende Tulpen
(Blütezeit Mitte bis Ende April)

1. Einfache früh blühende Tulpen

'Couleur Cardinal'

'Brilliant Star'

Kennzeichen: niedrig wachsende (30 bis 40 cm), kräftige Pflanzen mit breiter Farbpalette und einfacher Blüte. Gut geeignet für Beete, Rabatten und Pflanzgefäße.

'Apricot Beauty'

'Arma'

2. Gefüllte früh blühende Tulpen

'Orange Nassau'

'Peach Blossom'

Kennzeichen: im Wuchs große Ähnlichkeit mit 1. Klasse: Niedriger Wuchs (25 bis 30 cm), kräftige Pflanzen, jedoch mit größeren und gefüllten Blüten. Gut geeignet für Beete, Rabatten und Pflanzgefäße.

Mittelfrüh blühende Tulpen
(Blütezeit Ende April bis Anfang Mai)

3. Triumph-Tulpen

'Golden Melody'

'Leen van der Mark'

Kennzeichen: Sie sind aus Kreuzungen zwischen einfachen frühen Tulpen und verschiedenen spät blühenden Tulpen (u. a. Darwin-Tulpen, eine früher wichtige langstielige Klasse) entstanden. Kräftige 40 bis 60 cm hohe Pflanzen mit vielen zweifarbigen Sorten in schönen Farbkombinationen. Gut geeignet für Beete und Rabatten.

4. Darwin-Hybrid-Tulpen

'Apeldoorn'

'Apeldoorns Elite'

'Golden Apeldoorn'

Kennzeichen: langstielige (55 bis 75 cm), sehr schöne Gartentulpen, die aus Kreuzungen zwischen Darwin-Tulpen und Fosteriana-Rassen entstanden sind. Bedeutende Schnittblumen.

Spät blühende Tulpen *(Blütezeit Mai)*

5. Einfache spät blühende Tulpen

'Gander'

'Pink Diamond'

Kennzeichen: spät blühende Tulpen (in der Regel nach Mitte Mai), die sich den anderen Klassen nicht zuordnen lassen. U. a. sind ihnen die heute weniger bedeutenden Darwin- und Cottage-Tulpen (stammen aus englischen Bauern- und Landhausgärten) zugeordnet. Entsprechend heterogen ist diese Klasse im Aussehen. Höhe zwischen 25 und 65 cm. Aufgrund der späten Blüte sind sie in einem warmen Frühjahr relativ schnell verblüht. Als Gartentulpe für lockere Pflanzungen und zum Schnitt geeignet.

6. Lilienblütige Tulpen

'Aladdin'

'West Point'

'White Triumphator'

Kennzeichen: lange, schmale Blüten mit spitz zulaufenden Blütenblättern, die sich beim Aufblühen nach hinten biegen. Form ähnelt Lilienblüten. Blüte nach Mitte Mai. Aufgrund ihrer langen (50 bis 60 cm) und nicht so kräftigen Stiele, besteht eine gewisse Windempfindlichkeit. Sehr apart in Gruppen; gut zum Schnitt und für Rabatten geeignet.

7. Gefranste Tulpen

'Burgundi Lace'

'Fancy Frills'

Kennzeichen: Blütenblätter am Rande ausgefranst. Heute geringe Bedeutung.

! Hinweis

Ab 1610 entwickelte sich, vor allem in Holland, ein lebhafter Tulpenzwiebelhandel, der zu wilden Spekulationsgeschäften **(Tulpomanie)** führte. Die Preise für Tulpenzwiebeln stiegen rasant: 1634 waren fünf Tulpenzwiebeln so viel wert wie ein vornehmes Grachtenhaus. **1637** brach der Markt über Nacht zusammen und viele Menschen standen vor dem Ruin.

8. Viridiflora-Tulpen

'Spring Green'

'Groenland'

Kennzeichen: Tulpen mit teilweise grünlich gefärbten Blüten (viridiflorus = grünblütig). Im Allgemeinen wenig empfehlenswert.

9. Rembrandt-Tulpen

'Rembrandt mixed'

Kennzeichen: Blüten weisen mindestens zwei Farben auf, von denen die eine den Grundton bildet und die zweite auf dieser in Form von Flecken, Streifen oder Flammen (geflammt) auftritt. Viele dieser bizarren Blüten sind durch Viruskrankheiten verursacht, die die Pflanze schwächen, sodass sie schließlich sterben. Ein Grund, warum der Anbau dieser meist sehr alten und früher sehr beliebten Tulpen immer mehr zurückgeht.

10. Papagei-Tulpen

'Estella Rynveld'

'Blue Parrot'

Kennzeichen: Mutationen von Sorten, die es bereits vor 300 Jahren gab. Ihre Blüten zeigen ein auffälliges Farbenspiel (Papagei) in Form von Adern oder geflammten Musterungen in von der Grundfarbe abweichenden Farben. Die sehr großen, auf einem relativ schwachen Stiel sitzenden Blüten sind an ihren Rändern auffallend gewellt, gekräuselt, zerschlitzt oder federartig gefranst. Verwendung finden sie als Schnittblumen. Ansonsten haben sie nur Liebhaberwert.

11. Gefüllte späte Tulpen

'Mount Tacoma'

'Angelique'

Kennzeichen: große gefüllte Blüten, die an Päonien erinnern („Päonienblütige Tulpen"). Höhe 40 bis 65 cm. Die in der zweiten Maihälfte blühenden Pflanzen sind vor allem zum Schnitt geeignet.

Wildtulpen und ihre Sorten
(Blütezeit früh, mittelfrüh und spät)

12. Kaufmanniana-Tulpen

'Giuseppe Verdi'

'Heart's Delight'

'Johann Strauss'

'Showwinner'

Kennzeichen: früh blühend (III – IV), Blätter manchmal braun gestrichelt, Höhe 20 bis 30 cm. Die meist zweifarbigen, schmalen und spitz zulaufenden Blütenblätter spreizen sich bei sonnigem Wetter weit auseinander, sodass sie waagerecht abstehen und an Seerosen erinnern, was ihnen die Bezeichnung Seerosen-Tulpen einbrachte. Eine der schönsten Wildtulpen, die sich sehr gut für den Garten eignet und in Steingärten oder verwildert zwischen Gräsern und niedrig wachsenden Gehölzen besonders gut zur Wirkung kommt.

13. Fosteriana-Tulpen

'Madame Lefeber'

'Purissima'

'Candela'

'Orange Emperor'

Kennzeichen: früh blühend (III – IV), kräftig gebaut, mit großen, sehr schönen, leuchtenden Blüten. Die äußeren drei Blütenblätter weisen leicht zurückgebogene Spitzen auf, die inneren sind abgerundet. Blätter häufig mit schmalem roten Rand, bei manchen Sorten braungestrichelt. Höhe 20 bis 40 cm. Gut geeignet für Beete, Rabatten, Steingärten, Schnitt und Pflanzgefäße.

14. Greigii-Tulpen

'Oriental Beauty'

'Red Riding Hood'

'Cape Cod'

'Toronto'

Kennzeichen: mittelfrühe Blüte (IV – V), Blätter auffällig braunrot getupft oder gestrichelt. Große glockenförmige Blüte mit spitz zulaufenden Blütenblättern. Höhe 10 bis 30 cm. Sehr gut für Beete, Rabatten, Steingärten und Pflanzgefäße geeignet.

15. Wildtulpen (Tulipa species)

In dieser Gruppe sind alle anderen Arten enthalten. Sie werden auch als botanische Tulpen bezeichnet. Geeignet sind sie vor allem für Steingärten und naturnahe Gärten.

Beispiele:

Tulipa clusiana

Tulipa humilis (T. pulchella)

Tulipa tarda

2.2 Narzissen

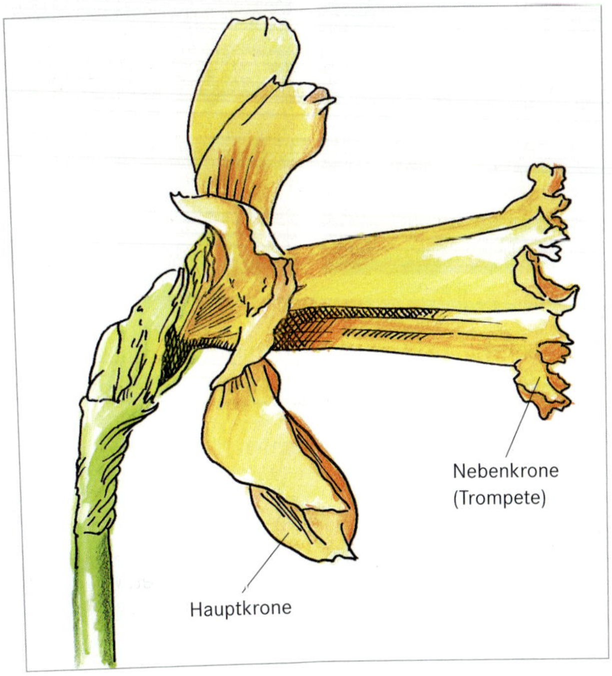

1 Morphologie der Narzissenblüte

Die **Gattung Narcissus**[1] gehört mit ihren etwa 50 Arten zu den beliebtesten Frühlingsblühern. Aufgrund des riesigen Sortiments – es existieren mehr als zwanzigtausend Sorten – wurde von der englischen *Royal Horticultural Society* eine Einteilung nach Blütenmerkmalen (**1**) in 12 Klassen (Divisionen) vorgenommen:

1. Trompetennarzissen (Osterglocken)

'Golden Harvest'

'Mount Hood'

Kennzeichen: Trompete (Nebenkrone) gleich lang oder länger als die Blätter der Hauptkrone. Überwiegend frühe Sorten (Blüte ab März). Höhe 35 bis 50 cm.
Verwendung: Beete, Rabatten, Rasen, Wiese, Gehölzränder, Pflanzgefäße.

[1] Alle Narzissen enthalten giftige Alkaloide. Nach dem Schnitt gelangt giftiger Schleim ins Vasenwasser.

2. Großkronige Narzissen

'Carlton'

'Flower Record'

Kennzeichen: Nebenkrone länger als ein Drittel, aber kürzer als die Gesamtlänge eines Blattes der Hauptkrone. Blüte ab Anfang April, Höhe 35 bis 40 cm.
Verwendung: Beete, Rabatten, Rasen, Wiese, Gehölzränder, Pflanzgefäße.

3. Kleinkronige Narzissen

'Barrett Browning'

Kennzeichen: Nebenkrone kürzer als ein Drittel eines Blattes der Hauptkrone. Blüte Mitte April, Höhe 40 bis 50 cm.
Verwendung: Beete, Rabatten, Rasen, Wiese, Gehölzränder, Pflanzgefäße.

4. Gefüllt blühende Narzissen

'Cheerfulness'

'Rip van Winkle'

Kennzeichen: Kronen gefüllt, eine oder mehr Blüten pro Stiel. Blüte April bis Mai, Höhe 35 bis 50 cm.
Verwendung: Beete und Rabatten.

5. Triandrus-Narzissen (Engelstränen-Narzissen)

'Hawera' (2 bis 6 Blüten)

'Thalia' (2 bis 3 Blüten)

Kennzeichen: meistens mehrblütig (1 bis 6 Blüten pro Stiel). Blüten hängend oder nickend. Hauptkrone häufig zurückgeschlagen, Nebenkrone trompetenförmig oder großkronig. Blüte Ende April bis Anfang Mai, Höhe 15 bis 50 cm.
Verwendung: Rabatten, Steingärten, Verwilderung.

6. Cyclamineus-Narzissen (Alpenveilchen-Narzissen)

'Jack Snipe'

'Tete-a-Tete'

Kennzeichen: nickende Blüten (fast im 90°-Winkel), Blätter der Hauptkrone zurückgeschlagen. Blüte Mitte März bis Ende April, Höhe 20 bis 30 cm.
Verwendung: Steingärten, Verwilderung an feuchten Standorten.

7. Jonquillen-Narzissen

'Baby Moon'

Kennzeichen: intensiv duftend, überwiegend mehrblütig und spät blühend (April bis Mai), Höhe 30 bis 40 cm.
Verwendung: Steingärten, Verwilderung an trockenen Standorten.

8. Tazetten-Narzissen (Straußnarzissen)

'Geranium'

'Minnow'

Kennzeichen: mehrere, straußförmig angeordnete Einzelblüten pro Stängel. Stark duftend, wenig winterhart. Blüte Anfang Mai, Höhe 35 bis 40 cm.
Verwendung: Steingarten, Rabatten (Winterschutz!).

9. Poeticus-Narzissen (Dichternarzissen)

'Actaea'

'Recurvus'

Kennzeichen: Hauptkrone weiß, kleine Nebenkrone meist gelb mit rotem Saum. Schöner, zarter Duft. Wenige meist späte bis sehr späte Sorten (Mai). Höhe 45 cm.
Verwendung: Beete, Rabatten, Verwilderung.

10. Wildnarzissen
Diese Klasse enthält Arten und Wildformen.
Beispiele: *Narcissus cyclamineus* (Alpenveilchen-Narzisse): Blüte Februar bis März, feuchte bis nasse Böden. *Narcissus pseudonarcissus* (Trompetennarzisse): Blüte März bis April.
Verwendung: zum Verwildern.

11. Geschlitztkronige Narzissen
Kennzeichen: Die Nebenkronen sind flach. Keine weitere Bedeutung.

12. Sonstige Narzissen
Narzissen, die den Klassen 1 bis 11 nicht zugeordnet werden können (neue Formen).

2.3 Dahlien

1. Einfach blühende Dahlien
Ein Kreis Zungenblüten, in der Mitte Röhrenblüten, zu ihnen zählen auch Mignon- und Topmix-Dahlien

2. Anemonenblütige Dahlien
Ein oder mehrere Kreise Zungenblüten, in der Mitte dichte Gruppe von Röhrenblüten

3. Halskrausen-Dahlien
Röhrenblüten werden von einer „Halskrause" aus kleineren und größeren Zungenblüten umgeben

4. Seerosen-Dahlien
Nach innen gerollte Zungenblüten umschließen kleine Gruppen von Röhrenblüten

5. Dekorative Dahlien (Schmuck-Dahlien)
Dicht stehende Zungenblüten, an den Rändern leicht nach innen oder außen gewellt. Blütenkopf gewölbt

6. Ball-Dahlien
Blüte rundlich, Zungenblüten spiralig angeordnet und über mehr als die Hälfte nach innen gerollt

7. Pompon-Dahlien
Wie Balldahlien, Blüten jedoch runder und kleiner

8. Kaktus-Dahlien
Zungenblüten spitz, schmal und röhrenförmig eingerollt

9. Semi-Kaktus-Dahlien
Zungenblüten in der Form zwischen Schmuck- und Kaktusdahlien

1 Dahlienklassen (Der Klasse 10 **Diverse Dahlien** werden alle Dahlien zugeordnet, die in keine der bisherigen Gruppen passen, z. B. Hirschgeweih-Dahlien.)

Die Gattung **Dahlia**[1] aus der Familie der Compositae umfasst ca. 30 Arten mit etwa 20 000 registrierten Sorten. Die in Mittelamerika, überwiegend in Mexiko, beheimateten Pflanzen wurden zu Beginn des 19. Jahrhunderts bei uns eingeführt. Sie blühen vom Sommer (Juli/August) bis zu den ersten Frösten. Mit ihrer Formen- und Farbenvielfalt eignen sich Dahlien vor allem für Beete, Rabatten und Pflanzgefäße sowie zur Gewinnung von Schnittblumen. Nach der Blütenform werden sie in Klassen eingeteilt.

[1] Nach Andreas Dahl, einem Schüler von Linné, benannt

2.4 Zwiebel- und Knollenpflanzensortiment

1 *Allium aflatunense* (Zierlauch)

2 *Allium cernuum* (Nickender Lauch)

3 *Allium moly* (Goldlauch)

4 *Canna-Indica*-Gruppe (Indisches Blumenrohr)

5 *Chinodoxa luciliae* (Schneestolz)

6 *Convallaria majalis* (Maiglöckchen)

7 *Cyclamen coum* (Alpenveilchen)

8 *Eranthis hyemalis* (Winterling)

9 *Eremurus robustus* (Riesensteppenkerze)

10 *Eremurus stenophyllus* (Schmalblättrige Steppenkerze)

11 *Fritillaria imperialis* (Kaiserkrone)

12 *Fritillaria meleagris* (Schachbrettblume)

1 *Galanthus nivalis* (Schneeglöckchen)

2 *Galtonia candicans* (Sommerhyazinthe)

3 *Hyacinthoides hispanica* (Blaustern)

4 *Hyacinthoides non-scripta* (Hasenglöckchen)

5 *Leucojum vernum* (Märzbecher)

6 *Lilium candidum* (Madonnenlilie)

7 *Lilium regale* (Königslilie)

8 *Muscari armeniacum* (Traubenhyazinthe)

9 *Narcissus pseudonarcissus* (Gelbe Trompetennarzissen, Osterglocken)

10 *Narcissus pseudonarcissus* (Weiße Trompetennarzissen)

11 *Ornithogalum umbellatum* (Milchstern)

12 *Scilla siberica* (Blaustern, weiße Form)

Botanischer Name (Deutscher Name)	Blütezeit, Standort	Höhe in cm	Pflanzabstand[1] in cm	Pflanztiefe in cm	Pflanzzeit (H = Herbst, F = Frühjahr, S = Sommer)	Verwendung
Acidanthera bicolor (Sterngladiole)	VI – VIII, ○	60 – 100	12	10	F (E IV)	Rabatte, Schnitt, nicht winterhart
Allium aflatunense (Zierlauch)	V – VI, ○	60 – 100	20 – 25	20	H (IX/XI)	Rabatte, Solitär, Schnitt, bei strengem Frost Winterschutz
Allium cernuum (Nickender Lauch)	VI – VII, ○	30 – 45	10	10	H (IX/XI)	Rabatte, Steingarten
Allium christophii (Sternkugellauch)	VI – VII, ○	60 – 80	25	15	H (IX/XI)	Rabatte, Solitär, Schnitt
Allium giganteum (Riesenlauch)	VI – VII, ○	bis 150	30	20	H (IX/XI)	Rabatte, Solitär, Schnitt, bei strengem Frost Winterschutz
Allium karataviense (Blauzungenlauch)	IV – V, ○	20 – 25	15 – 20	15	H (IX/XI)	Rabatte, Steingarten
Allium moly (Goldlauch)	V – VI, ○	25 – 30	5 – 10	10	H (IX/XI)	Rabatte, Steingarten
Allium oreophilum (Rosenlauch)	V – VI, ○	15 – 20	5 – 10	10	H (IX/XI)	Rabatte, Steingarten
Allium schoenoprasum (Schnittlauch)	VI – VII, ○ – ◑	bis 50	15 – 25	5	H (IX/XI)	Rabatte, Schnitt, Nutzpflanze
Allium ursinum (Bärlauch)	V – VI, ◑ – ●	bis 30	5 – 10	5	H (IX/XI)	Verwilderung unter Sträuchern und Bäumen, Rabatte, starke Ausbreitung
Anemone blanda (Balkanwindröschen)	III – IV, ○ – ◑	10 – 15	5	5	H (IX/XI)	Rabatte, Steingarten, Wiese, ausdauernd und verwildernd
Anemone coronaria (Kronenanemone)	VI – VII, ○	20 – 40	8 – 10	5	H/F	Schnitt, Rabatte, Steingarten, Winterschutz
Anemone nemorosa (Buschwindröschen)	III – IV, ◑	10 – 12	5 – 10	5	H (IX/XI)	Verwilderung unter Bäumen oder Sträuchern
Begonia-Knollenbegonien (Knollenbegonie)	VI – X, ◑	20 – 40	25	leicht bedeckt	F (V)	Beete, Blumenkästen, nicht winterhart
Camassia quamash (Prärielilie)	VI – VII, ○ – ◑	30 – 50	10 – 15	12	H (IX)	Rabatte, Verwilderung unter Stauden und Gehölzen, Wasserrand, Wiese
Canna-Indica-Gruppe (Indisches Blumenrohr)	VIII – X, ○	bis 150	40 – 60	leicht bedeckt	F (E.V)	Beete, Pflanzgefäße, nicht winterhart; bei ca. 15 °C Knollen überwintern. Ab II eintopfen und bei 18 °C halten
Chionodoxa luciliae (Schneestolz)	III – IV, ○ – ◑	15	6 – 8	8	H (IX/X)	Rabatte, Steingarten, zw. Stauden, unter Sträuchern, Samenausbreitung
Colchicum autumnale (Herbstzeitlose)	VIII – IX, ○ – ◑	10	15 – 20	20	S (VII)	Verwilderung unter Bäumen und Sträuchern, Rasen (feuchte Stellen)
Convallaria majalis (Maiglöckchen)	V – VI, ◑	15 – 30	10	5	H/F	Verwilderung unter Bäumen und Sträuchern, Wiese, Schnitt
Crocus chrysanthus (Frühlingsblühender Krokus)	II – IV, ○	10	8	10	H (IX)	Verwilderung im Rasen, unter Bäumen und Sträuchern; Bienenweide
Crocus flavus (Goldkrokus)	III, ○	8 – 15	8	10	H (XI)	Verwilderung im Rasen, unter Bäumen und Sträuchern; Bienenweide
Crocus vernus (Frühlingskrokus)	III – IV, ○	10 – 20	8	10	H (IX/XI)	Verwilderung im Rasen, unter Bäumen und Sträuchern, verschiedene Farben; Bienenweide
Crocus speciosus (Herbstblühend. Krokus)	IX – XI, ○ – ◑	10 – 20	8	10	S (VIII)	Verwilderung unter Bäumen und Sträuchern, Steingarten
Cyclamen coum (Alpenveilchen)	III – IV, ◑ – ●	10 – 15	5 – 10	leicht bedeckt	H (IX/XI)	Verwilderung unter Bäumen und Sträuchern, Steingarten, Wiese
Cyclamen purpurascens (Alpenveilchen)	VII – IX, ◑ – ●	10 – 15	5 – 10	leicht bedeckt	F/S	Unter Bäumen und Sträuchern, Steingarten, giftig, Winterschutz
Dahlia-Hybriden (Dahlien)	VII – X, ○	50 – 100	30 – 50	Stängel herausragend	F (M. IV/V)	Beete, Rabatten, Schnitt (voll aufgeblüht schneiden), nicht winterhart
Eranthis hyemalis (Winterling)	I – III, ○ – ●	5 – 15	5 – 7	8	H (IX/XI)	Verwilderung unter Bäumen und Sträuchern, Rabatte, Steingarten

[1] Abhängig von Sorte, Standort und Verwendung

Tab. 1 Überblick Zwiebel- und Knollengewächse

▶ Fortsetzung nächste Seite

Botanischer Name (Deutscher Name)	Blütezeit, Standort	Höhe in cm	Pflanzabstand[1] in cm	Pflanztiefe in cm	Pflanzzeit (H = Herbst, F = Frühjahr, S = Sommer)	Verwendung
Eremurus robustus (Riesensteppenkerze)	VI – VII, ○	bis 250	50 – 100	15	H (IX/X)	Verwilderung unter Bäumen und Sträuchern, Rabatte, Steingarten
Eremurus stenophyllus (Schmalblättrige Steppenkerze)	V – VI, ○	bis 150	50 – 60	15	H (IIX/X)	Solitär, Rabatte, Schnitt, Wurzeln im Pflanzloch ausbreiten, Winterschutz
Erythronium dens-canis (Hundszahn)	III – V, ◑ – ●	15	8	10	H (IX/XI)	zur Unterpflanzung von Bäumen und Sträuchern, Rabatte, Steingarten
Fritillaria imperialis[2] (Kaiserkrone)	IV – V, ○ – ◑	60 – 100	20 – 30	20	H (E.VIII – X)	Rabatte, Beete, Verwilderung unter Bäumen und Sträuchern
Fritillaria meleagris[2] (Schachbrettblume)	IV, ◑	20 – 25	5 – 10	10	H (E.VIII – X)	Verwilderung zwischen Stauden und Gehölzen, Rabatte, Wiese
Galanthus nivalis (Schneeglöckchen)	II – III, ◑	10 – 20	2 – 3	4 – 5	H (IX/XI)	Verwilderung in Rasen, unter Bäumen und Sträuchern, Steingarten, Rabatte
Galtonia candicans (Sommerhyazinthe)	VII – IX, ○	bis 120	20 – 30	15	F (IV)	Solitär, Rabatte, nicht winterhart, Zwiebeln bei 10 °C überwintern
Gladiolus-Hybriden (Gladiolen)	V – IX, ○	40 – 100	10	10	F (IV)	Schnitt, nicht winterhart, vor dem ersten Frost aufnehmen
Hyacinthoides hispanica (Spanisches Hasenglöckchen)	IV – V, ◑	50	10	10	H (IX/XI)	Verwilderung unter Bäumen und Sträuchern, Schnitt
Hyacinthoides non-scripta (Hasenglöckchen)	IV – V, ◑ – ●	25	12	10	H (IX/XI)	Verwilderung unter Bäumen und Sträuchern, naturnahe Gärten, Wiese
Hyacinthus orientalis (Hyazinthe)	IV – V, ○	25	10	15	H (IX – XII)	Beete, Rabatten, Pflanzgefäße, mit vielen Sorten
Ipheion uniflorum (Frühlingsstern)	IV – V, ○ – ◑	20 – 25	5 – 10	7	H (IX/XI)	Verwilderung unter Bäumen und Sträuchern, Winterschutz
Iris danfordiae (Schwertlilie)	III – IV, ○	10	5 – 10	6 – 8	H (IX/XI)	Steingarten, Winterschutz
Iris reticulata (Schwertlilie)	II – III, ○	10 – 20	6 – 8	7	H (IX/XI)	Steingarten, Winterschutz bei strengem Frost
Ixia-Hybriden (Klebschwertel)	V – VII, ○	45	3 – 4	7	H (XI/XII)	Schnitt, Rabatte, Winterschutz
Leucojum aestivum (Knotenblume)	V – VI, ○	30 – 50	8	8 – 10	H (IX/XI)	Verwilderung unter Bäumen und Sträuchern, feuchte Wiesen
Leucojum vernum (Märzbecher)	III – IV, ○ – ●	10 – 20	8	6 – 8	H (IX/XI)	Verwilderung unter Bäumen und Sträuchern, Rabatte, Wasserrand
Lilium auratum (Goldbandlilie)	VII – IX, ○ – ◑	bis 150	30	15	H/F (IX – IV)	Rabatte, Kübel, Schnitt, bildet Stängelwurzel
Lilium candidum (Madonnenlilie)	VI – VII, ○	100	30	3	H/F (IX – IV)	Rabatte, Kübel, Schnitt; so flach pflanzen, dass Zwiebel gerade bedeckt ist
Lilium martagon (Türkenbundlilie)	VI – VII, ◑ – ●	100	30	15	H/F (IX – IV)	Rabatte, Gehölzrand, bildet Stängelwurzeln
Lilium regale (Königslilie)	VII, ○ – ◑	bis 150	30	15	H/F (IX – IV)	Rabatten, Pflanzgefäße, bildet Stängelwurzeln
Muscari armeniacum (Traubenhyazinthe)	IV, ○	10 – 20	5	10	H (IX/XI)	Rabatten, Beete, Steingärten, Gehölzränder, Verwilderung, Pflanzgefäße. Alle Traubenhyazinthen behalten nach der Blüte ihre grasartigen Blätter.
Muscari botryoides (Straußhyazinthe)	IV – V, ○ – ◑	15	5	10	H (IX/XI)	
Muscari comosum (Federhyazinthe)	IV – V, ○	30	10	10	H (IX/XI)	
Narcissus pseudonarcissus (Trompetennarzisse, Osterglocke)	III – V, ◑	40	15	10 – 20	H (IX)	Rabatte, Beete, Pflanzgefäße, Rasen, Unterpflanzung von Gehölzen, Steingarten, Wiese, Verwilderung
Ornithogalum nutans (Nickender Milchstern)	IV – V, ◑	30 – 50	5 – 10	8 – 10	H (IX/XI)	Verwilderung unter Gehölzen, Rabatten
Ornithogalum umbellatum (Doldenmilchstern)	V – VI, ○ – ◑	20	5	5 – 8	H (IX/XI)	unter Bäumen und Sträuchern, Wiese, Verwilderung
Scilla siberica (Sibirischer Blaustern)	III – IV, ◑	20	8	6 – 8	H (IX/XI)	unter Bäumen und Sträuchern, Steingärten, Rabatten, Wiese, Pflanzgefäße
Tulipa gesneriana (Gartentulpe)	IV – VI, ○	10 – 40	10	15	H (IX/XI)	Rabatten, Beete, Wiese, Steingarten, Verwilderung, Pflanzgefäße, Schnitt

[1] Abhängig von Sorte, Standort und Verwendung [2] Frühes Pflanzen garantiert das Austreiben im Frühjahr

Tab. 1 Überblick Zwiebel- und Knollengewächse (Fortsetzung)

? Aufgaben

● 1. In welche 15 Klassen wird das Tulpensortiment eingeteilt?
○ 2. Nach wem ist *Tulipa clusiana* benannt worden?
○ 3. Was versteht man unter botanischen Tulpen?
● 4. In welche 12 Klassen wird das Narzissensortiment eingeteilt?
◑ 5. Suchen Sie mithilfe von Blumenzwiebelkatalogen zu denen im Buch aufgeführten a) Tulpen-, b) Narzissenklassen weitere Sorten.
● 6. In welche Gruppen werden Dahlien eingeteilt? Finden Sie zu jeder Gruppe eine Sorte.
● 7. Welche Zwiebel-/Knollengewächse würden Sie einem Kunden für die Pflanzung a) im Rosenbeet, b) am Wasserrand, c) in der Wiese, d) im Naturgarten, e) in Kübeln oder sonstigen Pflanzgefäßen (mobiles Grün) empfehlen?
◑ 8. Was versteht man unter a) Verwilderung und b) dem Einziehen von „Blumenzwiebeln“?
◑ 9. Nennen Sie fünf Zwiebel-/Knollenpflanzen, die zur Verwilderung gut geeignet sind.

3 Verwendung

Zwiebel- und Knollenpflanzen gibt es in den verschiedensten Farben, Formen und Größen. Mit ihrem Blütenflor können sie privates und öffentliches Grün nicht nur im Frühjahr, sondern über das ganze Jahr verschönern (1, S. 345).

3.1 Lebensraum Gehölz und Gehölzrand

Zur Pflanzung unter sommergrünen Laubbäumen und für Gehölzränder eignen sich vor allem Zwiebel-/Knollenpflanzen, die sich frühzeitig im Jahr entwickeln und noch vor der vollen Laubausbildung der Bäume zur Blüte kommen. Dies trifft für die **Frühjahrsblüher** zu, wie Schneeglöckchen, Märzbecher, Winterling, Schneestolz, Buschwindröschen, Alpenveilchen, Blaustern, Lerchensporn, Hasenglöckchen, Schachbrettblume, Krokusse und Narzissen, die typische Vertreter des Waldrandes und der Auenwälder sind (1 bis 3). Sie lieben einen frischen, lockeren, humosen Boden. Nach dem Laubfall können herbstblühende Zwiebel- und Knollengewächse wie Alpenveilchen und Krokusse oder Herbstzeitlose Farbtupfer setzen. Für alle Frühjahrsblüher gilt: Sie lieben etwas Sonne, verblühen aber schnell, wenn es zu warm wird.

1 Zwischen Bäumen Kolonien verwilderter Krokusse

2 Der natürliche Lebensraum des Buschwindröschens sind der Gehölzrand und die Laubwälder

3 Trupps gelber Osterglocken eignen sich sehr gut zur Unterpflanzung von Bäumen und Sträuchern

1 Mithilfe von Zwiebel- und Knollengewächsen ist eine ganzjährige Blüte möglich

3.2 Lebensraum Beet und Rabatte

Bei der Bepflanzung von **Beeten** geht es weniger um die Schönheit der einzelnen Pflanze, sondern vielmehr um den farblichen Gesamteindruck der Pflanzung (1 und 5). Die Pflanzen müssen miteinander harmonieren. Höchste Vollendung ist erreicht, wenn jeder beliebig ausgewählte Ausschnitt – auch das gesamte Beet – wie ein Blumenstrauß wirkt. Besonders beliebt im öffentlichen Grün sind Figuren, Wappen oder Sprüche aus Zwiebel- und Knollengewächsen (1). **Pflanzen:** u. a. Tulpen, Narzissen, Hyazinthen, Traubenhyazinthen und Blaustern.

Bei einer **Rabatte** handelt es sich um ein längliches, schmales Beet. Es begleitet Wege, Rasenflächen, Mauern, Hecken u. a. Bepflanzt sind Rabatten im Allgemeinen mit Stauden und ggf. kleineren Gehölzen. Bei der Auswahl der Zwiebel- und Knollengewächse ist darauf zu achten, dass sie zu der vorhandenen Bepflanzung passen (2 und 4).

1 Beetbepflanzung mit Traubenhyazinthen und Bellis

2 Rabatte mit Tulpen

3.3 Lebensraum Rasen

Blumenzwiebeln im Rasen

Für Rasenflächen in Hausgärten, öffentlichen Grünanlagen und an Straßenrändern sind Zwiebel- und Knollengewächse geeignet, die blühen, bevor das Graswachstum richtig

3 Rasenböschung bepflanzt mit weißen Narzissen

4 Rabatte mit Tulpen, Kaiserkronen und Stiefmütterchen

5 Beetbepflanzung mit Tulpen

einsetzt. Zudem sollten sie gut verwildern. Unter **Verwilderung** versteht man die Fähigkeit zur Vermehrung durch Samen und/oder Brutzwiebeln, sodass sich die Pflanzen unter günstigen Bedingungen im Laufe der Jahre immer mehr ausbreiten. Besonders schön machen sich Krokusse in Rasenflächen. Um einen natürlichen Eindruck zu erwecken, sollten sie locker ausgestreut und dort gepflanzt werden, wo sie gerade hingefallen sind.

Flächen, in denen Blumenzwiebeln wachsen, dürfen erst nach dem Einziehen der Pflanzen (Absterben der Blätter) gemäht werden. Nur so ist gewährleistet, dass ausreichend Assimilate in die Zwiebel bzw. Knolle eingelagert werden. Ansonsten können sich die Zwiebeln/Knollen auf Dauer nicht gegenüber den Gräsern behaupten. Spät einziehende Pflanzen, wie z. B. Narzissen (Mitte Juni), können in Gruppen gepflanzt werden, sodass um sie herum gemäht werden kann.

Pflanzen: u. a. Krokusse, Schneeglöckchen, Narzissen, Schneestolz, Herbstzeitlose, Milchstern, Märzbecher, Camassie und Hasenglöckchen.

3.4 Lebensraum Steingarten

Der Steingarten ist Lebensraum für alpine Pflanzen. Der Standort ist sonnig und der Boden gut wasserdurchlässig. Zwiebel- und Knollenpflanzen sind diesen Bedingungen in der Regel gut angepasst. Für den Steingarten sind vor allem kleinwüchsige, feinblättrige Pflanzen geeignet, die die Entwicklung der alpinen Pflanzen nicht unterdrücken.

Pflanzen: u. a. Blauzungenlauch, Goldlauch, Rosenlauch, Schneestolz, Alpenveilchen, Winterling, Schachbrettblume, Schneeglöckchen, kleinwüchsige Narzissen, botanische Tulpen.

? Aufgaben

◑ 1. Nennen Sie drei Zwiebel-/Knollengewächse, die im a) Februar/März, b) April/Mai, c) Juni/Juli und d) August/September blühen.

◑ 2. Nennen Sie drei Zwiebel-/Knollengewächse für den Lebensraum a) Gehölz und Gehölzrand, b) Beet und Rabatte, c) Rasen und d) Steingarten.

◑ 3. Warum sind vor allem Frühjahrsblüher zur Unterpflanzung von sommergrünen Gehölzen geeignet?

◑ 4. Warum dürfen Rasenflächen mit Zwiebel- oder Knollengewächsen erst nach dem Einziehen der Zwiebelblätter gemäht werden?

● 5. Skizzieren Sie gut gelungene Zwiebel- und Knollenpflanzungen.

4 Pflanzung

1. Flache Grube in erforderlicher Tiefe ausheben

2. Untergrund lockern und Zwiebeln leicht in den Boden drücken

3. Kreis- und Vierecksformen sollten vermieden werden

4. Zwiebeln mit Erde abdecken, andrücken und angießen

1 Das Setzen von Blumenzwiebeln

Zwiebel	Siebmaß
Tulpen	10/12
Botanische Tulpen	6/7
Gladiolen	10/12, 12/14
Hyazinthen	15/+
Knollenbegonien	3/4, 4/+
Narzissen	Je größer und je mehr „Nasen", desto besser
Sommerhyazinthen	16/18, 18/+
Sterngladiolen	6/8, 8/+

Tab. 1 Gute Siebmaße (Umfang in cm)

4.1 Kauf und Lagerung

Blumenzwiebeln werden nach ihrem Siebmaß (Umfang in cm) verkauft: Frühjahrsblüher im Herbst, Sommerblüher im Frühjahr. Allgemein kann man sagen: Je größer die Zwiebel, desto besser ist die Qualität (Tab. 1).

Nach dem Eintreffen sollten die Zwiebeln sofort ausgepackt und auf Beschädigungen und Krankheitsbefall untersucht werden. Kann nicht sofort gepflanzt werden, sind die Zwiebeln trocken und dunkel zu lagern. Für eine ausreichende Belüftung ist zu sorgen.

1. a) Zwiebeln locker über Fläche verteilen

1. b) Mit Zwiebelpflanzer Pflanzloch ausheben

2. a) Grabegabel in Boden stechen und hin- und herbewegen

2. b) In jedes Loch kommt eine Zwiebel

1 Pflanzung von Krokussen in Rasenflächen

Zwiebeln, die keine schützende Haut besitzen, wie *Lilium, Fritillaria, Eranthis, Erythronium* und *Leucojum,* sind zum Schutz vor Austrocknung in Sand, Torfmull oder Sägespänen aufzubewahren.

4.2 Standortansprüche

Neben Zwiebel- und Knollengewächsen, die einen sonnigen Standort lieben, gibt es auch solche, die einen schattigen Bereich bevorzugen (Tab. 1, S. 342 f.). Im Prinzip ist jeder Boden geeignet, sofern er locker ist und nicht zur Nässe neigt (Fäulnisgefahr!). Gegebenenfalls sind Kompost oder Sand einzuarbeiten. Wichtig ist vor allem, dass die Pflanzen in Ruhe einziehen können. Dafür sollten nach der Blüte etwa sechs Wochen veranschlagt werden.

4.3 Pflanzzeit

Im Frühling und Frühsommer blühende Zwiebel und Knollen werden im Herbst (IX/X), evtl. noch im November, Sommer- und Herbstblüher im Frühjahr (III bis V) bzw. Sommer (VII/VIII) gepflanzt (Tab. 1, S. 342 f.). Bei der Frühjahrspflanzung ist darauf zu achten, dass frostempfindliche Pflanzen, wie Dahlien und Knollenbegonien, zeitlich so gepflanzt werden, dass sie erst nach den Eisheiligen (Mitte Mai) aus dem Boden kommen. Weniger frostempfindliche Pflanzen, wie z. B. Lilien und Gladiolen, können bereits im März gepflanzt werden.

Beim Pflanzen sollten Wuchshöhe, Blütezeit und Blütenfarbe berücksichtigt werden. Dekorativ wirken Pflanzen in Gruppen (Tuffs) von 10 bis 25 und mehr. Statt die Blumenzwiebeln einzeln zu pflanzen, kann auch eine flache Grube geschaufelt werden. Ein Angießen nach dem Pflanzen fördert die Wurzelbildung und damit die Entwicklung der Pflanzen. Zur Erzielung eines natürlichen Effekts sollten Kreis- und Vierecksformen vermieden werden (1, S. 347). Zwischen Gehölzen oder bei Pflanzungen im Rasen können spezielle Zwiebelpflanzer verwendet werden (2).

Die **Pflanztiefe** richtet sich nach der Zwiebel-/Knollengröße. Eine **Faustregel** besagt: etwa zwei- bis dreimal so tief pflanzen, wie die Zwiebel bzw. Knolle hoch ist. Abweichend davon erfolgt die Pflanzung von Dahlien so, dass noch ein Stückchen des alten Stängels aus dem Boden herausschaut. Knollenbegonien und Indisches Blumenrohr werden nur 1 bis 2 cm mit Erde bedeckt. Lilien, die an ihren Sprossachsen Adventivwurzeln bilden, sollten relativ tief (20 cm) gepflanzt werden.

4.4 Pflege

Der Pflegeaufwand ist gering bis hoch. Verwelkte Blüten sollten entfernt werden. Nicht winterharte Knollen (z. B. Dahlien, Knollenbegonien und Gladiolen) müssen nach den ersten Frühfrösten aus dem Boden genommen und an einem luftigen, frostfreien Ort überwintert werden. Für die Düngung nach der Blüte sind langsam wirkende Mineraldünger oder organische Dünger (z. B. Horn-Knochenmehl) gut geeignet.

Trotz guter Pflege und Auswahl des richtigen Standortes ist die Lebensdauer vieler Zwiebel- und Knollengewächse, z. B. vieler Tulpensorten, begrenzt. Dies liegt daran, dass es sich bei den meisten Pflanzen um **Kulturformen** handelt, die ihre Fähigkeit zur natürlichen Vermehrung und Verbreitung eingebüßt haben. So sollte man sich im Zweifelsfall beim Kauf von Zwiebel- bzw. Knollengewächsen erkundigen, ob die jeweilige Sorte mehrjährig (ausdauernd) ist oder nicht.

? Aufgaben

1. Wann und wie tief werden Zwiebel- und Knollengewächse gepflanzt?
2. Als Pflanzabstände für Krokusse, Tulpen und Narzissen werden 8, 10 und 20 cm empfohlen. Wie viele Zwiebel sind das jeweils pro m^2?

Sommerblumen

Alcea rosea (Stockmalve), ⊙ – ⚇, VII – IX, ✂

Amaranthus caudatus (Gartenfuchsschwanz), ⊙, VII – X, ✂

Antirrhinum majus (Gartenlöwenmaul), ♃ (⊙ kultiviert), VI – IX, ✂

Brachycome multifida (Blaues Gänseblümchen), ⊙, VI – IX

Calendula officinalis (Gartenringelblume), ⊙, VI – X, ✂

Chrysanthemum segetum (Saatwucherblume), ⊙, VII – X, ✂

Clarkia amoena ssp. lindley (Atlasblume, Godetia), ⊙, VI – IX, ✂

Cleome spinosa 'Violettkönigin' (Spinnenpflanze), ⊙, VII – X

Coreopsis tinctoria (Färbermädchenauge), ⊙, VII – IX, ✂

1 Einjährige Sommerblumen

Unter dem Begriff „Sommerblumen" werden in erster Linie einjährige Pflanzen (⊙), aber auch zweijährige (⚇), die im Sommer blühen, sowie nicht winterharte Stauden und Gehölze, die bei uns wie einjährige Pflanzen behandelt werden, zusammengefasst.

Die Bedeutung der **Sommerblumen** ist in ihrer üppigen Blüten- und Farbenpracht sowie langen Blühdauer, die bei vielen Pflanzen vom Frühsommer bis zu den ersten Frösten reichen kann, zu sehen. Viele von ihnen sind dankbare Schnittblumen. Im Hausgarten wie im öffentlichen Grün werden sie vor allem dort verwendet, wo eine besondere Farbwirkung erreicht werden soll:

Sei es zur großflächigen Bepflanzung in öffentlichen Anlagen, zur Schließung von Lücken zwischen Stauden und Gehölzen, als Einfassungspflanzen, auf Beeten entlang von Wegen, Hecken, Mauern und Gehölzrändern oder zur Bepflanzung von Kübeln, Pflanztrögen und Balkonkästen (s. S. 351 f.).

Sommerblumen werden im April direkt an Ort und Stelle ausgesät oder als vorkultivierte Jungpflanzen ab Mitte Mai (nach den Eisheiligen) gepflanzt. Bei der Zusammenstellung der Farben ist auf eine harmonische Wirkung zu achten (s. Stauden, Kap. 4). Von wenigen Ausnahmen abgesehen, lieben Sommerblumen einen vollsonnigen und warmen Standort.

Dianthus barbatus (Bartnelke),
⊙ - ♃, VI - VIII, ✂

Digitalis purpurea (Roter Fingerhut),
⊙, VI - VII, ☠

Dipsacus laciniatus (Schlitzblättrige Karde),
⊙, VII - VIII

Eschscholzia californica (Schlafmützchen, Kalifornischer Kappenmohn), ⊙ - ♃, VI - IX

Helianthus annuus (Sonnenblume),
⊙, X, ✂

Nemesia strumosa (Nemesie),
⊙, VI - IX

Salvia sclarea (Muskatellersalbei),
⊙, VI - VII, D

Sanvitalia procumbens 'Mandarin Orange' (Goldrandblümchen, Husarenknopf),
⊙, VIII - X, ✂

Verbascum nigrum (Königskerze),
⊙, VI - IX

Verbascum phlomoides (Windblumenkönigskerze), ⊙, VII - IX

1 Zweijährige Sommerblumen

Aufgaben

◑ 1. Nennen Sie Verwendungsbereiche für Sommerblumen.

◑ 2. Erstellen Sie einen Pflanzplan für ein Beet mit Sommerblumen.

◑ 3. Sprechen Sie mit Mitarbeitern städtischer Gartenämter über ihre Erfahrungen mit Sommerblumen im öffentlichen Bereich (Akzeptanz, Pflegeaufwand usw.).

Beet- und Balkonpflanzen

1 „Beet- und Balkonpflanzen" bieten vielfältige Gestaltungsmöglichkeiten

Die Bezeichnung **„Beet- und Balkonpflanzen"** umfasst in erster Linie Sommerblumen (s. S. 349 f.), die für die Bepflanzung von Beeten und Balkonkästen gut geeignet sind. Sie prägen ab Ende April/Anfang Mai die sommerliche Hauptsaison auf Balkon und Beet und lösen damit die im Frühjahr dominierenden Blumenzwiebeln und Stiefmütterchen ab. Neben den klassischen Balkonpflanzen wie Pelargonien (im Volksmund Geranien genannt), Fuchsien und Petunien stehen eine Fülle weiterer Gattungen mit zahlreichen Arten und Sorten zur Auswahl (s. S. 352). Mit ihrer Hilfe lassen sich vor allem im städtischen Wohnumfeld eintönige Häuserfassaden abwechslungsreich gestalten und ein natürliches Gegengewicht zu Asphalt und Stein setzen. Im Herbst können immergrüne Pflanzen, wie z. B. Zwergkoniferen (s. S. 256) und Winterheide (s. S. 355 f.), ihren Platz einnehmen und als Fassadenschmuck über Winter bzw. als Dauerbegrünung dienen.

Als **Pflanzsubstrate** für Gefäße eignen sich Einheitserden, Torfkultursubstrate (TKS) und Rindenkultursubstrate. Eine eigene Mischung könnte wie folgt aussehen: 1 Teil lehmhaltige Gartenerde : 1 Teil gut zersetzter Kompost : 2 Teile Torf/Rindenhumus, das Ganze vermischt mit etwas Sand.

Düngung: 4 bis 6 Wochen nach der Pflanzung (so lange reicht im Allgemeinen der Nährstoffvorrat in den Substraten) wird das erste Mal gedüngt. Geeignet sind Flüssigdünger, 0,2 %ig im Abstand von 1 bis 2 Wochen (Festdünger alle 2 bis 3 Wochen). Um nicht zu oft nachdüngen zu müssen, können auch Depotdünger verwendet werden. Je nach Wirkungsdauer reichen dann ein bis zwei Düngergaben aus (Tab. 1, S. 352). Als Faustzahl für eine Saison gelten 5 bis 10 g Dünger pro Liter Substrat.

Diascia-Hybriden 'Coral Belle' ○

Erigeron karvinskianus 'Blütenmeer' ○

Cuphea ignea 'Harlekin' ○ – ◑

Fuchsia-Hybriden 'Reviera' ◑ – ●

Bidens ferulifolia 'Peter's Goldteppich' ○

Diascia-Hybriden 'Strawberry Sundae' ○

Brachyscome iberidifolia 'Strawberry Mousse' ○

Begonia Tuberhybrida-Gruppe (Knollenbegonien) 'Illumination Lachsrosa' ◑ – ●

1 Hängende Balkonpflanzen

Wirkungsdauer (je nach Dünger)	Hinweise zur Düngung
2 bis 3 Monate	**Beetpflanzen** Dünger gleichmäßig auf die zu düngende Fläche ausbringen und leicht einarbeiten. **Balkon-, Topf- und Kübelpflanzen** Dünger mit dem Substrat vermischen und Pflanzen in die aufgedüngte Erde pflanzen. **Düngermenge** laut Herstellerangaben verwenden **Vermeidung von Mikroplastik im Boden** nur Depotdünger mit vollständig biologisch abbaubarer Umhüllung einsetzen
3 bis 4 Monate	
5 bis 6 Monate	
8 bis 9 Monate	
12 bis 14 Monate	
16 bis 18 Monate	

Tab. **1** Depotdünger ermöglichen eine Langzeitversorgung der Pflanzen mit Nährstoffen

? Aufgaben

◑ 1. Nennen Sie zu den hier aufgeführten Arten weitere zehn Pflanzen, die sehr gut für die sommerliche Balkonbepflanzung geeignet sind.

◑ 2. Nennen Sie für das Frühjahr und den Herbst/Winter jeweils drei Pflanzen, die zur Balkonbepflanzung geeignet sind.

◑ 3. Nennen Sie vier „Beet-/Balkonpflanzen“, die schattigere Plätze bevorzugen.

◑ 4. Erstellen Sie für die Sommerbepflanzung drei verschiedene Bepflanzungsvorschläge für den Nord- und den Südbalkon.

Bauerngarten

1 Der Bauerngarten – eine geglückte Verbindung von Nützlichkeit und Schönheit

Der **Bauerngarten** erfreut sich seit einigen Jahren wieder wachsender Beliebtheit. Handelt es sich doch um einen naturnahen Garten mit jahrtausendealter Geschichte, der bis heute seinen ursprünglichen Charakter weitgehend bewahrt hat. Der Grund ist darin zu sehen, dass er in hervorragender Weise Nutzen und Schönheit miteinander verbindet. Möglich wird dies durch eine streng formale Aufteilung des Gartens in geometrische, von geschnittenen Buchsbaum eingefasste Formen auf der einen und dem kunterbunten Nebeneinander von Gemüse, Kräutern und Blumen auf der anderen Seite. Der Bauerngarten verbindet somit Merkmale des barocken Herrschaftsgartens mit einem wildromantischen Pflanzendurcheinander.

Obwohl jede Zeit und Region ihre eigenen Bauerngärten entwickelte, weisen doch alle ähnliche Grundelemente auf.

Typische **Gestaltungsmerkmale eines Bauerngartens** (1, S. 354) sind:

- Grundriss meistens rechteckig oder quadratisch.
- Klare Gliederung durch rechtwinklig angeordnete, schnurgerade verlaufende Wege und Beete sowie einen in der Mitte des Gartens verlaufenden Hauptweg (Mittelweg).
- Wegekreuz (Übernahme aus den mittelalterlichen Klostergärten) zur Gliederung des Gartens in vier gleiche Teile und Betonung der Mitte. Häufig Abwandlung zum Blumenrondell (Barockgarten) oder als Platz für einen Brunnen genutzt.
- Buchsgesäumte Wege, an den Ecken vielfach kunstvoll geformt (eine Erfindung der Römer), geben dem Garten einen festen Rahmen und bringen Ruhe in das pflanzliche „Durcheinander“.

Gemüse
Artischocken, Bohnen, Endivien, Erbsen, Feldsalat, Feuerbohne, Gurken, Kartoffeln, Kohl, Kohlrabi, Kopfsalat, Kresse, Kürbis, Mangold, Melonen, Möhre, Pastinak, Porree, Portulak, Puffbohnen, Rettich, Rote Bete, Schalotten, Schwarzwurzeln, Sellerie, Spinat, Spargel, Tomate, Zwiebel
Heil- und Gewürzkräuter
Anis, Baldrian, Basilikum, Beifuß, Beinwell, Bohnenkraut, Borretsch, Dill, Eberraute, Estragon, Fenchel, Kamille, Kerbel, Knoblauch, Koriander, Kümmel, Liebstöckel, Majoran, Meerrettich, Oregano, Petersilie, Pfefferminze, Pimpinelle, Raute, Rosmarin, Salbei, Schnittlauch, Senf, Thymian, Wermut, Ysop, Zitronenmelisse
Blumen
Akelei, Alant, Aster, Aurikel, Balsamine, Bartnelke, Bauernrose, Brennende Liebe, Christrose, Dahlie, Eisenhut, Federnelke, Fetthenne, Feuerlilie, Fingerhut, Frauenmantel, Fuchsschwanz, Gänsekresse, Gartennelke, Gedenkemein, Gemswurz, Geranien, Gladiole, Glockenblume, Goldlack, Goldrute, Herbstaster, Hyazinthe, Iris, Jakobsleiter, Judassilberling, Jungfer im Grünen, Kapuzinerkresse, Kaiserkrone, Karthäusernelke, Klatschmohn, Königskerze, Lavendel, Mädesüß, Malve, Margerite, Mariendistel, Märzenbecher, Mauerpfeffer, Milchstern, Monarde, Montbretie, Muskatellersalbei, Mutterkraut, Nachtkerze, Nachtviole, Narzisse, Orientalischer Mohn, Pfingstnelke, Pfingstrose, Phlox, Purpurglöckchen, Primel, Rittersporn, Schachbrettblume, Schafgarbe, Schleierkraut, Schneeglöckchen, Sommeraster, Sonnenauge, Sonnenblume, Sonnenbraut, Sonnenhut, Stiefmütterchen, Stockrose, Strohblume, Tagetes, Tränendes Herz, Traubenhyazinthe, Tulpe, Türkenbundlilie, Veilchen, Vergißmeinnicht, Wegwarte, Wicke, Winterling, Wurmfarn, Zinnie
Gehölz
Alte Rosen, Apfelbaum, Apfelrose, Bibernellrose, Birnbaum, Buchsbaum, Damaszener Rose, Efeu, Eibe, Essigrose, Falscher Jasmin, Flieder, Glyzinie, Goldregen, Haselnuss, Hochstammrosen, Holunder, Jelängerjelieber, Johannisbeere, Kartoffelrose, Kirschbaum, Kornelkirsche, Mispel, Pflaumenbaum, Quitte, Sadebaum, Schlingknöterich, Schmetterlingsstrauch, Schneeball, Stachelbeere, Trompetenblume, Waldrebe, Wein, Weiße Rose, Wilder Wein, Zentifolie, Zimtrose

Tab. 1 Pflanzen für den Bauerngarten (Auswahl)

Die Grundform des Bauerngartens kann, je nach Gartengröße und eigenen Bedürfnissen, vielfältig abgewandelt werden. So können Vierecke durch runde oder ovale Formen ersetzt oder langgestreckte Quartiere durch parallel verlaufende Wege in kleinere Beete unterteilt, wie auch Frühbeete, Gewächshäuser und Gartenlauben aufgenommen oder die Gemüsebeete durch Rasenflächen ersetzt werden. Wichtig ist nur, dass ein klares, einfaches Ordnungsschema und die Natürlichkeit des Gartens erhalten bleiben. Der Bauerngarten als Vorgarten wird meist als Ziergarten gestaltet und dient Repräsentationszwecken.

Flieder – aus Bauerngärten nicht mehr wegzudenken

Buxus sempervirens var. arborescens ist sehr gut zum Aufbau aller möglichen Formen und Figuren geeignet

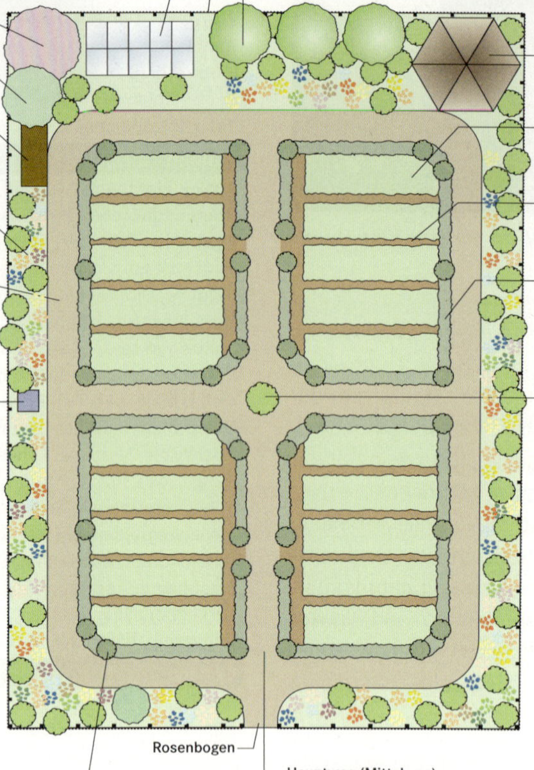

Sonnenblumen stellen keine großen Ansprüche

Buxus sempervirens 'Suffruticosa' oder 'Blauer Heinz', die bedeutendsten Buchsbäume für Beeteinfassungen

1 Klassische Form des Bauerngartens

Aufgaben

◑ 1. Nennen Sie die typischen Gestaltungselemente des Bauerngartens.

◑ 2. Woraus lässt sich die zeitlose Schönheit des Bauergartens erklären?

● 3. Besichtigen Sie Gärten, die nach dem Vorbild des Bauerngartens gestaltet sind. Welche Elemente des Bauerngartens wurden übernommen? Skizzieren Sie Grundriss und Pflanzenbestand. Beurteilen Sie die Gartenanlagen.

● 4. Der seit 2004 in Deutschland auftretende Pilz *Cylindrocladium buxicola* hat im verheerenden Ausmaß zum Buchsbaumsterben geführt.
   a) Beschreiben Sie das Schadbild.
   b) Welche Bekämpfungsmaßnahmen sind zu empfehlen?
   c) Nennen Sie Alternativen zum Buchsbaum.

Heidegarten

1 Heidegarten – dem Naturvorbild zum Verwechseln ähnlich

2 *Calluna vulgaris* (links), *Erica carnea* (rechts)

	Calluna vulgaris	Erica carnea
Wuchs	Zwergstrauch, 0,2 bis 1 m hoch	Zwergstrauch, 0,15 bis 0,6 m hoch
Blätter	Immergrün, gegenständig, schuppenförmig	Immergrün, wechselständig, nadelförmig, in Quirlen angeordnet
Blüte	Juli bis August, rosalila Glöckchen in bis 20 cm langen Trauben	Februar bis April; rosafarbene, glockige Einzelblüten in 3 bis 10 cm langen Trauben
Standort	Sonnig	Sonnig bis lichter Schatten
Boden	Nährstoffarm, sauer (pH 3,8 bis 4,8), mäßig trocken bis feucht. Verträgt sommerliche Hitze- und Trockenzeiten sehr gut	Sehr bodentolerant, von sauer bis alkalisch, mäßig trocken bis frisch. Verträgt Trockenheiten nur sehr kurzfristig
Rückschnitt	1 × jährlich scharfer Rückschnitt nach der Blüte	In Abständen von 3 bis 5 Jahren nach der Blüte zurückschneiden

Tab. 1 Gegenüberstellung von Calluna vulgaris und Erica carnea

1 Geschichte

Vorbild unserer Heidegärten sind die weiten Heidelandschaften Nordwesteuropas. Am bekanntesten – nicht zuletzt durch die Heimatfilme der 50er-Jahre – ist die in Niedersachsen im Norddeutschen Tiefland zwischen Elbe und Aller gelegene **Lüneburger Heide** mit einer Fläche von etwa 7400 km². Jedes Jahr kommen vor allem zur Heideblüte[1] rund 5 Millionen Besucher. Die Lüneburger Heide steht auf der roten Liste der bedrohten Lebensräume. Die größte Bedrohung geht vom Tourismus (Trittverwüstungen), der militärischen Nutzung und der Grundwasserabsenkung durch die Wasserwerke aus. Mit der Zerstörung der letzten Heideflächen würden auch viele seltene Tier- und Pflanzenarten vom Aussterben bedroht sein.

Die Voraussetzungen für das Entstehen der Heide schuf der Mensch, indem er gegen Ende des Mittelalters den Wald großflächig rodete, um den Holzbedarf der Lüneburger Salinen[2] und für den Schiffsbau in Lübeck, Bremen und Hamburg zu decken.

Bis ins 18. Jahrhundert wurden die Flächen von der bäuerlichen Bevölkerung als Heidschnuckenweiden genutzt, was dazu führte, dass sich auf den entwaldeten, nährstoffarmen, zunehmend versauernden Sandböden (Podsol) keine neuen Bäume, mit Ausnahme des gegen Verbiss unempfindlichen Wacholders *(Juniperus communis)*, ansiedeln konnten. Das war die Voraussetzung für die Entwicklung einer weiten Heidelandschaft.

[1] Wichtige Bienenweide. Viele Imker fahren zur Blütezeit mit ihren Bienenvölkern in die Lüneburger Heide.

[2] Lüneburg war während des Mittelalters eine der führenden Salzgewinnungs- und Salzhandelsstädte Norddeutschlands. In dieser Zeit zählte es zu den bedeutenden Hansestädten. In der Saline in Lüneburg wurde von 956 bis 1980 Salz gewonnen.

Pflanze	I	II	III	IV	V	VI	VII	VIII	IX	X	XI	XII
Sommerheide *(C. vulgaris)*						■	■	■	■	■		
Winterheide *(E. carnea)*	■	■	■	■								■
Englische Heide *(E. darleyensis)*	■	■	■	■	■						■	■
Grau- oder Aschenheide *(E. cinerea)*						■	■					
Cornwallheide *(E. vagans)*								■	■	■		
Glocken-/ Moorheide *(E. tetralix)*						■	■	■	■			
Irische Glockenheide *(Daboecia cantabrica)*							■	■	■	■		
Schottische Glockenheide *(Daboecia x scotica)*							■	■	■	■		

Tab. 1 Ganzjährige Blüte im Heidegarten

1 Damit Callunen nicht von unten verkahlen und in der Blühwilligkeit nachlassen, müssen sie einmal im Jahr nach der Blüte scharf zurückgeschnitten werden

2 In der Natur halten Heidschnucken die Heide jung

2 Heidekraut

Dominierende Pflanze des Lebensbereichs **Zwergstrauchheide** und damit Charakterpflanze des Heidegartens ist

- ***Calluna vulgaris***, die Besenheide[1] oder das Heidekraut. Sie ist das Blümchen „Erika" der Volkslieder und blüht in der Lüneburger Heide von Juli bis August, was ihr auch den Namen Sommerheide einbrachte.
- Obwohl ***Erica carnea***, die Glocken-, Winter- oder Schneeheide, die bereits im Winter blüht (Februar bis April), gar nicht zur „echten" Heide gehört, wird sie aufgrund ihres Aussehens im Heidegarten verwendet (Tab. **1**, S. 355).

Der Handel bietet eine große Anzahl von Sorten mit unterschiedlichen Blüten- und Blattfarben sowie Blütezeiten[2]. Bei geschickter Sortenzusammenstellung und der Verwendung weiterer Heidearten lässt sich im Heidegarten eine ganzjährige Blüte erzielen (Tab. **1**).

3 Pflanzung und Pflege

Gepflanzt wird in größeren Gruppen (10 bis 20 Pflanzen/m^2), wobei darauf zu achten ist, dass gleiche Sorten und Farben zusammen angeordnet werden. Nur so lässt sich die Weite einer Heidelandschaft vermitteln. Die Teppichbildung dauert etwa 2 bis 3 Jahre.

Geeignete **Beipflanzen** sind z. B. Wacholder *(Juniperus communis* 'Hibernica', 'Hornibrookii', 'Pendula', 'Repanda', 'Suecica', *J. virginiana* 'Skyrocket'), Birken *(Betula pendula, B. utilis* 'Doorenbos'), Kiefern *(Pinus sylvestris* 'Watereri', *P. strobus* 'Radiata', *P. mugo* 'Gnom', *P. parviflora* 'Glauca'), Besenginster *(Cytisus scoparius, C. x praecox)*, Hemlockstanne *(Tsuga canadensis)*, Prachtglocke *(Enkianthus campanulatus)*, Rhododendron, Scheinbeere *(Gaultheria procumbens)*, Preiselbeere *(Vaccinium vitis-idaea)*, Horstgras *(Festuca ovina)*, Bibernellrose *(Rosa pimpinellifolia)*.

? Aufgaben

◑ 1. Schildern Sie, was bei Anlage und Pflege eines Heidegartens zu beachten ist.

◑ 2. Machen Sie einen Pflanzvorschlag für einen Heidegarten im Vorgartenbereich.

---

1 **Besenheide**, weil die Pflanze zur Anfertigung von Kehrbesen diente.

2 **Knospenblüher**, *Callunen*-Sorten, deren Blütenknospen nicht aufblühen, sondern im Knospenstadium verharren. Sie blühen gut doppelt so lange (8 bis 10 Wochen) wie herkömmliche Sorten, weil sie nicht bestäubt und damit befruchtet werden können.

Rasenbau

1 Bedeutung von Rasenflächen

1 Ein **Rasen** besteht in erster Linie aus unzähligen, dicht an dicht stehenden, durch Schnitt relativ kurz gehaltenen Gräsern aus der Familie der Süßgräser. Je nach Verwendungszweck kann ein Rasen aber auch mit Kräutern durchsetzt sein und wiesenähnliche Eigenschaften aufweisen.

Durch Rasenansaaten lassen sich offene Flächen relativ schnell und einfach in grüne Pflanzenteppiche (**1**) verwandeln. Sie bieten zahlreichen Tieren, wie z. B. Vögeln, Insekten und Bodenlebewesen, Nahrung und Lebensraum. Vor allem in unseren Städten bewirken Rasenflächen eine Verbesserung des Klimas: Sie produzieren Sauerstoff, binden CO_2 und Staub, erhöhen die Luftfeuchtigkeit und wirken einer Überhitzung (Temperaturminderung um bis zu 7 °C) entgegen. Außerdem mindern sie die Lärmentwicklung und fördern aufgrund ihrer Wasserdurchlässigkeit die Grundwasserneubildung. Als gestalterische Elemente prägen sie Form und Stil von Gärten, Wohnsiedlungen und öffentlichem Grün. Ihre Nutzung reicht vom dichten, teppichartigen Repräsentationsgrün englischen Stils über strapazierfähige Sport- und Spielflächen, Liegewiesen und Parkplätze bis hin zu extensiv genutzten, artenreichen wiesenähnlichen Flächen.

? Aufgabe

◑ Wozu können Rasenflächen dienen?

2 Auswahl des Rasens

Bevor ein Rasen angelegt wird, muss zunächst geklärt werden, welche Aufgaben er übernehmen soll und wie viel Zeit für seine spätere Pflege aufgewandt werden kann. Soll er z. B. vor allem zur Zierde dienen oder mehr zum Begehen, Liegen und Herumtollen genutzt werden? Im ersten Fall wäre ein **Zierrasen**, im zweiten ein sogenannter **Gebrauchsrasen** – eine Art „Wohnrasen“ – das Richtige. Im Gegensatz zum Zierrasen, der einen hohen Pflegeaufwand erfordert, ist ein Gebrauchsrasen üblicherweise relativ pflegeleicht.

! Merke

Rasen ist nicht gleich Rasen!

Es gibt nämlich nicht nur eine Grasart, sondern viele verschiedene Rasengräser mit unterschiedlichen Eigenschaften und Ansprüchen. Je stärker z. B. die Belastung einer Rasenfläche ist, desto strapazierfähiger müssen die ausgewählten Gräser sein. So findet man auf belastbaren Flächen vor allem das **Deutsche Weidelgras** *(Lolium perenne)* und die **Wiesenrispe** *(Poa pratensis)*. Bei einem Zierrasen hingegen kommt es vor allem auf die Auswahl feinblättriger, intensiv grün gefärbter Gräser an. Geeignet sind vor allem ***Agrostis*-Arten**[1] (Straußgräser), wie z. B. das **Rote Straußgras** *(Agrostis capillaris)*, und ***Festuca*-Arten** (Schwingelgräser), wie z. B. der **Rotschwingel** *(Festuca rubra)*.

Weitere **Anforderungen an Rasengräser** sind:
- gute Schnittverträglichkeit,
- hohes Regenerationsvermögen,
- dichte Narbenbildung,
- Trockenheitsverträglichkeit,
- geringe Krankheitsanfälligkeit (hohe Resistenz) sowie
- Eignung für eine intensive oder extensive Pflege.

Zwar gibt es kein Rasengras, das alle diese Anforderungen gleich gut erfüllt, die unterschiedlichen Grasarten und -sorten ermöglichen jedoch die Zusammenstellung von geeigneten **Gräsermischungen** für die verschiedenartigsten Standortbedingungen und Verwendungsmöglichkeiten.

[1] In der RSM (s. S. 364 f.) ist in der empfohlenen Saatgutmischung für Zierrasen (RSM 1.1) *Agrostis* durch *Lolium perenne* ersetzt worden. Dies war möglich, nachdem die Pflanzenzüchtung entsprechend geeignete Sorten entwickelt hat.

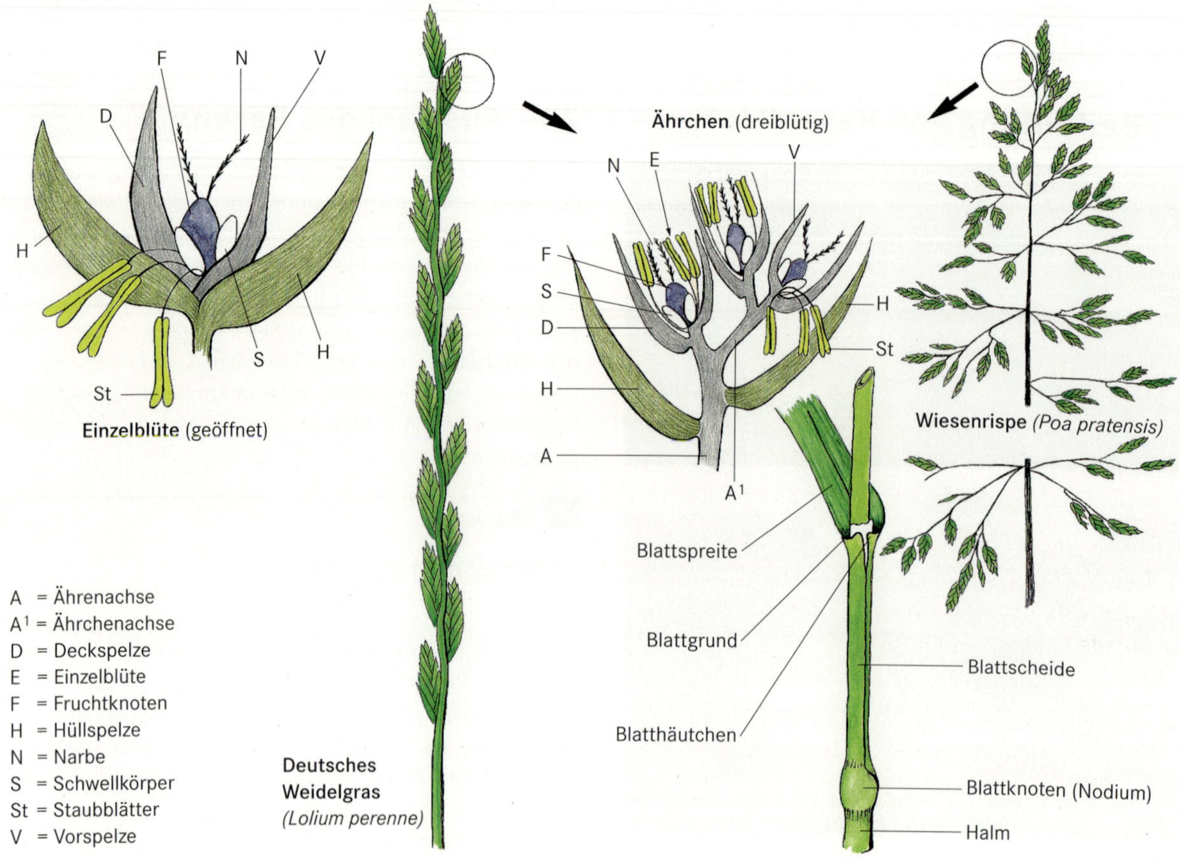

1 Gräseraufbau

2.1 Rasengräser

Gräser sind einkeimblättrige, einjährige oder ausdauernde, meist krautige Pflanzen, die weltweit vorkommen. Man unterscheidet zwei Familien, die der Süß- und der Sauergräser (Riedgräser).

Bei den **Sauergräsern** (Cyperaceae), zu denen z. B. die Segge *(Carex)*, das Wollgras *(Eriophorum)*, die Simse *(Scirpus)* und das Sumpfried *(Eleocharis)* zählen, handelt es sich um krautige, grasähnliche Pflanzen, die vor allem in Sümpfen und Mooren beheimatet sind.

Wenn wir von Gräsern sprechen, meinen wir in erster Linie Pflanzen aus der etwa 8500 Arten umfassenden Familie der **Süßgräser** (Gramineae/Poaceae). Im Unterschied zu den Sauergräsern, deren Stängel dreikantig sind, weisen die Süßgräser runde und deutlich durch Knoten (Nodien) gegliederte Halme auf.

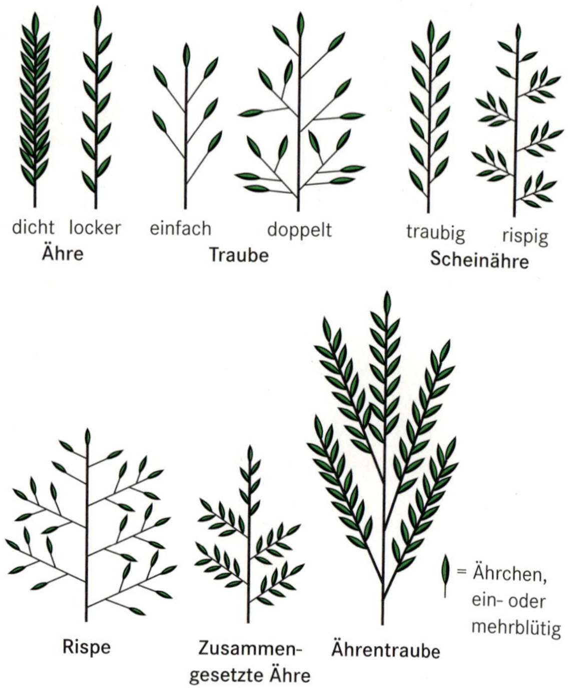

2 Blütenstände der Gräser

2.1.1 Bestimmungsmerkmale

Das **Bestimmen der Gräserarten** erfolgt im Allgemeinen nach dem Aufbau ihrer Blütenstände und Blätter sowie ihrer Wuchsform. Vor allem für den Anfänger ist es nicht immer ganz einfach, die Gräserart zu bestimmen. Entsprechend bedarf das Erlernen der Gräsererkennung vor allem der Übung im Gelände unter der Anleitung einer erfahrenen Fachkraft.

Blütenaufbau

Die **zweigeschlechtlichen Einzelblüten** der Gräser sind zu **ein- oder mehrblütigen Ährchen** (Teilblütenstand) angeordnet. Die wiederum sind zu größeren ährigen, traubigen oder rispigen **Blütenständen** (Gesamtblütenstand) zusammengefasst (2, S. 358).

Das **Ährchen** (1, S. 358) wird von zwei Hochblättern, den sogenannten **Hüllspelzen**, umhüllt. Zusätzlich sind die einzelnen Blüten des Ährchens noch von zwei weiteren **Spelzen**[1], einer äußeren, der **Deckspelze**, und einer inneren, der **Vorspelze**, umgeben. Die **Einzelblüten** selbst bestehen im Allgemeinen aus drei Staubblättern und einem oberständigen Fruchtknoten, der zwei bis drei federartig ausgebildete Narben trägt. Zwei kleine Schwellkörper am Grunde der Blüte erleichtern die **Windbestäubung**, indem sie durch das Auseinanderdrücken der Spelzen die Blüte öffnen. So werden die Narben freigelegt und die Staubbeutel können heraustreten.

Die **Frucht der Gräser** ist eine Unterform der Nussfrucht. Bei ihr ist die hautartige Fruchtwand mit der Samenschale verwachsen. Man bezeichnet diese Fruchtform als **Grasfrucht** oder **Karyopse**.

Blattaufbau

Die paralleladerigen, zweizeilig angeordneten Blätter der Gräser weisen eine linealische bis lanzettliche Form auf (1). Vor allem im nichtblühenden Zustand erfolgt anhand ihres äußeren Aufbaus die Bestimmung der Gräserarten.

1 Blattform

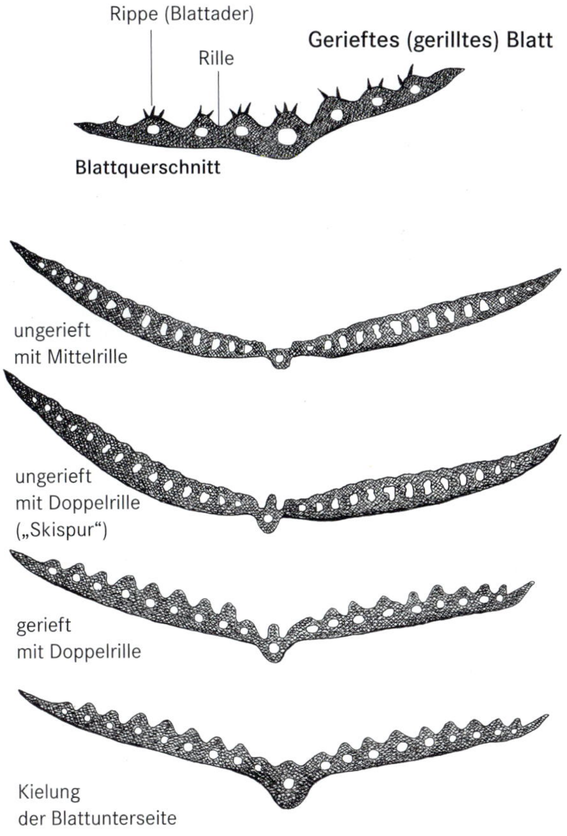

2 Riefung und Kielung der Blattspreite

---

1 **Spelzen:** trockenhäutige Hochblätter im Blütenstand der Gräser

1 Blatthäutchen – wichtige Bestimmungsmerkmale

2 Wuchsformen der Gräser

Die wichtigsten **Bestimmungsmerkmale** sind die Ausbildung der Blattscheide, der Blattspreite, des Blattgrundes und des Blatthäutchens (**1**).

■ **Blattscheide**

Bei den Gräsern ist der untere Teil des Blattes (Unterblatt) zu einer röhrenförmigen, stängelumfassenden Scheide entwickelt. Ihre Ansätze bilden die Blattknoten (Nodien). Die Blattscheiden tragen zur Stabilisierung der häufig recht dünnen Halme bei. Je nach Gräserart können sie mehr rund (röhrenförmig) oder platt gedrückt, mit der Sprossachse verwachsen (geschlossen) oder nicht verwachsen (offen), behaart oder nicht behaart, glatt oder rau sein.

■ **Blattspreite**

Die Blattspreite ist der obere, von der Sprossachse abstehende Teil des Blattes (Oberblatt), der der Fotosynthese dient. Wichtige Bestimmungsmerkmale sind Form, Größe, Farbe, Behaarung und Oberflächengestaltung (**2**, S. 359 und S. 361 f.).

■ **Blattgrund**

Der Übergang von der Blattscheide zur Blattspreite wird als **Blattgrund** bezeichnet. Auch er kann unterschiedlich geformt und gefärbt sein. Bildet er seitliche Verbreiterungen aus, spricht man von **Öhrchen**. Auch ihre Form und Färbung kann zur Bestimmung herangezogen werden (**1**).

■ **Blatthäutchen**

Reißt man nach unten ziehend ein Blatt von einem Grashalm ab, so erkennt man in der Blattachsel ein zartes, mehr oder weniger stark ausgebildetes häutiges Gebilde: das Blatthäutchen (Ligula). Das Blatthäutchen schließt die Blattscheide nach oben ab, wodurch ein Eindringen von Feuchtigkeit und Schädlingen verhindert wird. Seine Länge und Form stellen wichtige Bestimmungsmerkmale dar (**1** und S. 361 f.).

Wuchsformen

Nach der **Wuchsform** (**2**) kann man zwischen horstbildenden und Ausläufer treibenden (bzw. rhizombildenden) Gräsern unterscheiden:

- Bei den **horstbildenden Gräsern** erfolgt die Bestockung der Pflanze sehr dicht an der Mutterpflanze, sodass scharf abgegrenzte Horste entstehen, die sich nur sehr langsam flächig ausbreiten.
- **Ausläufer treibende Gräser** bringen hingegen **oberirdisch** oder **unterirdisch** waagerecht wachsende Seitentriebe („Kriechtriebe") hervor.

2.1.2 Gräserbeschreibung

■ ***Elymus repens***[1] (Gewöhnliche Quecke)

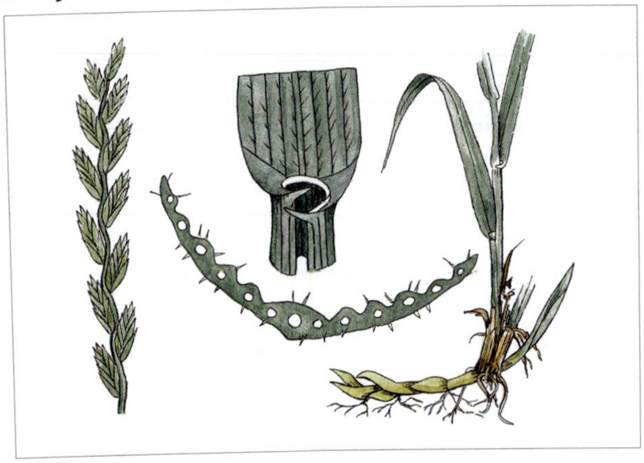

Merkmale:
Blüte: lockere Ähre
Blattspreite: grau bis blaugrün, unbehaart bis stark behaart, mittelbreit bis sehr breit (3 bis 9 mm), schwach gerieft, sehr lange, dünne, stängelumfassende und übereinander greifende Öhrchen (!)
Blatthäutchen: sehr kurz (nur als kurzer Saum sichtbar), weiß
Wuchsform: treibt unterirdische Ausläufer

■ ***Agrostis capillaris*** (Rotes Straußgras)

Merkmale:
Blüte: Rispe
Blattspreite: sattgrün, lanzettlich, schmal bis mittelbreit (2 bis 3 mm), deutliche Riefung, keine Öhrchen
Blatthäutchen: ziemlich kurz (bis 2 mm)
Wuchsform: bildet lockere Horste, treibt aber auch kurze unterirdische Ausläufer

[1] früher: *Agropyron repens*

■ ***Festuca ovina*** (Schafschwingel)

Merkmale:
Blüte: Doppeltraube
Blattspreite: grau- bis blaugrün, meist unbehaart, stark zusammengefaltet (haarförmig bis borstenförmig gerollt), fein bis sehr fein (bis 1 mm), keine Öhrchen, Blattgrund beidseitig zu einem rundlichen Lappen emporgezogen
Blatthäutchen: sehr kurz
Wuchsform: bildet dichte, kleine Horste

■ ***Festuca rubra*** (Rotschwingel)

Merkmale:
Blüte: Doppeltraube
Blattspreite: graugrün, meist unbehaart, stark zusammengefaltet (haarförmig bis borstenförmig gerollt), fein bis schmal (0,8 bis 2 mm), starke Riefung, keine Öhrchen
Blatthäutchen: sehr kurz
Wuchsform: treibt unterirdische Ausläufer.

- ***Lolium perenne*** (Deutsches Weidelgras)

Merkmale
Blüte: lockere Ähre, Länge bis 20 cm
Stängel: an der Basis häufig hell- bis blutrot gefärbt
Blattspreite: dunkelgrün, linealisch, kahl, deutlich gerieft, schmal bis mittelbreit (2 bis 3 mm), Unterseite stark glänzend und gekielt, Öhrchen sehr klein
Blatthäutchen: ziemlich kurz (1 mm)
Wuchsform: horstbildend, evtl. Bildung kurzer unterirdischer Ausläufer

- ***Phleum pratense*** (Wiesenlieschgras))

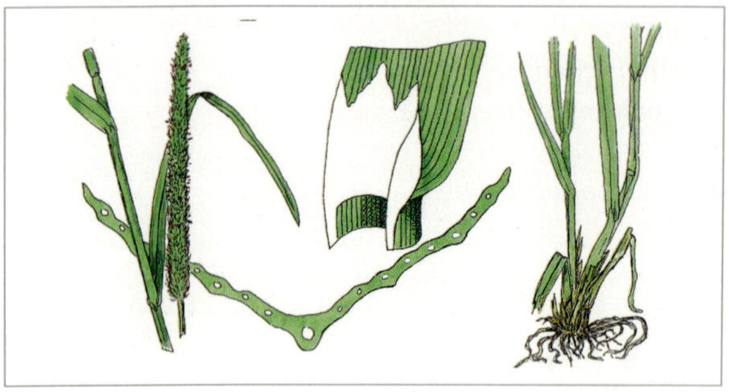

Merkmale
Blüte: Scheinähre
Blattspreite: hellgrün bis graugrün, mittelbreit bis sehr breit (3 bis 6 mm), ungerieft, keine Öhrchen
Blatthäutchen: lang, weiß und fein gezähnt, in der Mitte spitz, an den Seiten zu je einem „Eckzahn“ hochgezogen
Wuchsform: bildet lockere Horste

- ***Poa annua*** (Einjähriges Rispengras)

Merkmale
Blüte: Rispe
Blattspreite: hellgrün, schmal bis breit (2 bis 4 mm), deutliche Doppelrille und breite Kahnspitze, ungerieft, oft quer gewellt (!), keine Öhrchen
Blatthäutchen: lang, weiß, ganzrandig
Wuchsform: horstbildend

- ***Poa pratensis*** (Wiesenrispe)

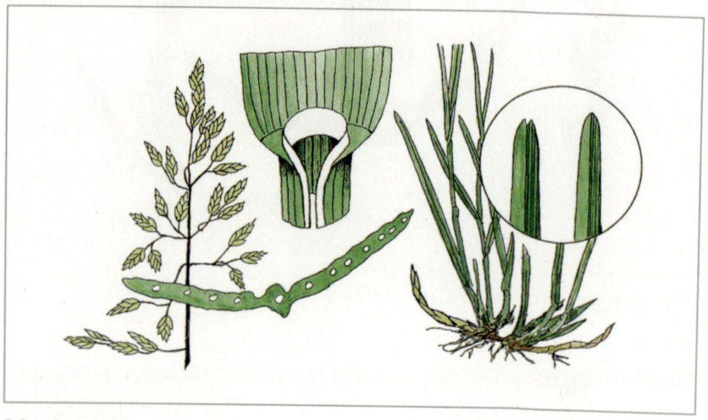

Merkmale
Blüte: Rispe
Blattspreite: dunkel- bis bläulich grün, schmal bis breit (2 bis 4 mm), teilweise fein behaart, linealisch mit breiter Kahnspitze, deutliche Doppelrille, ungerieft, häufig rinnig zusammengefaltet, gekielt
Blatthäutchen: sehr kurz (bis 1 mm)
Wuchsform: treibt unterirdische Ausläufer

- ***Poa trivialis*** (Gemeines Rispengras)

Merkmale
Blüte: Rispe
Blattspreite: grün bis gelblich grün, fein bis mittelbreit (1 bis 3 mm), spitz zulaufend, stark glänzend, deutliche Doppelrille, ungerieft, gekielt
Blatthäutchen: häufig sehr lang, spitz hochgezogen
Wuchsform: treibt oberirdische Ausläufer

Rasengräser	Wuchsform			Kornzahl in g	Keimdauer in Tagen	Standorteignung		
	horstbildend	Ausläufer				trockenwarm	gemäßigt	nasskalt
		unterirdisch	oberirdisch					
Weidelgräser (*Lolium*-Arten)								
Lolium perenne (Deutsches Weidelgras)	×			500 – 700	7 – 14	+/–	++	+/–
	wichtiges Rasengras, schnelle Anfangsentwicklung → kann andere Grasarten unterdrücken (vorteilhaft bei Unterdrückung von *Poa annua*), trittfest und strapazierfähig, Blätter schmal bis mittelbreit, trockenheitsverträglich, dient im Extensivrasen (Landschaftsrasen) als Ammengras (ohne Düngung und Belastung nach 2 bis 4 Jahren verschwunden); nachdem durch Züchtung Sorten entstanden sind, die eine feine, dichte Grasnarbe bilden, auch für Zierrasen geeignet							
Rispengräser (*Poa*-Arten)								
Poa pratensis (Wiesenrispe)		×		3300 – 3800	14 – 28	+	++	–
	häufiges Rasengras, langsame Anfangsentwicklung, lange Ausläuferbildung, bildet dichte Grasnarben, mittelbreite Blätter, gute Regenerationsfähigkeit und Belastbarkeit, trockenheitsverträglich							
Poa supina (Lägerrispe)			×	4000	14 – 21	–	++	+
	hohe Schattenverträglichkeit (Bestandteil sogenannter Schattenrasen), mittelbreite Blätter, starkes Wachstum → kann andere Arten verdrängen, trittfest und strapazierfähig, trockenheitsempfindlich							
Schwingelgräser (*Festuca*-Arten)								
Festuca rubra subsp. rubra (Rotschwingel)		×		900 – 1400	9 – 15	+	++	+
	schließt aufgrund langer Ausläufer schnell Lücken, bildet etwas lockere Grasnarben, mittelfeine Blätter, verträgt hohe Sommertemperaturen, trockenheitsverträglich, mäßig trittfest							
Festuca nigrescens[1] (Horstrotschwingel)	×			800 – 1200	9 – 15	++	+	+/–
	gehört zu den wichtigsten Rasengräsern, feine Blätter, schnelle Anfangsentwicklung, gutes Regenerationsvermögen, tiefschnittverträglich, trockenheitsverträglich, mäßig trittfest							
Festuca trichophylla[2] (Haarblättriger Schwingel)		×		900	9 – 15	++	+	+
	feine Blätter, bildet dichte Grasnarbe, toleriert Trockenheit und Schattenwurf, ähnlich Horstrotschwingel							
Straußgräser (*Agrostis*-Arten)								
Agrostis capillaris (Rotes Straußgras)	×	×	×	15 000	12 – 20	+	++	+
	feine bis mittelbreite, sattgrüne Blätter; bildet dichte, feinblättrige Grasnarbe, kann auf andere Grasarten verdrängend wirken, trockenheitsempfindlich, gute Tiefschnittverträglichkeit, mäßig trittfest							
Agrostis stolonifera (Flechtstraußgras)			×	17 000	12 – 20	–	+	++
	mittelbreite Blätter, dichtes Wachstum, gut tiefschnittverträglich							

[1] Synonym: *Festuca rubra ssp. Commutata*
[2] Synonym: *Festuca rubra ssp. Trichophylla*

++ = sehr gut geeignet   + = gut geeignet   – = nicht geeignet

Tab. 1 Die wichtigsten Rasengräser und ihre Eigenschaften

2.2 Pflegeansprüche

Die Pflegeansprüche eines Rasens hängen von der Rasenmischung, den Standortverhältnissen und der Art der Nutzung ab. Je intensiver ein Rasen genutzt wird, desto belastbarer muss seine Grasnarbe sein, desto häufiger muss er gemäht werden. Das Mähen führt dazu, dass sich die Gräser ständig von unten bestocken[1], sodass eine dichte, belastbare Grasnarbe entsteht. Da ein häufiges Schneiden ein starkes Graswachstum voraussetzt, muss entsprechend verstärkt gedüngt und gewässert werden. Je stärker also ein Rasen beansprucht wird, desto höher sind seine Pflegeansprüche. Auch ein **Zierrasen**, der in erster Linie als Repräsentationsgrün dient, muss zur Ausbildung einer dichten, teppichartigen Grasnarbe häufig gemäht, gedüngt und gewässert werden, sodass seine Pflegeansprüche in der Regel ebenfalls hoch bis sehr hoch sind. Wenig Pflege hingegen benötigen im Allgemeinen **wiesenähnliche Grünflächen**, die gar nicht oder nur ein- bis dreimal im Jahr geschnitten werden. Ihre Grasnarben sind dementsprechend nicht oder nur gering belastbar und zum Betreten wenig geeignet.

[1] Unter Bestockung versteht man die Bildung von bewurzelten Seitentrieben (bis zu 12/Pflanze) aus den dicht unter der Bodenoberfläche liegenden Halmknoten (Nodien).

2.3 Rasentypen

Entsprechend der Nutzung des Rasens unterscheidet die **DIN 18917** (Rasen und Saatarbeiten) zwischen **4 Rasentypen** (Tab. 1, S. 364):

- **Zierrasen**,
- **Gebrauchsrasen**,
- **Strapazierrasen** und
- **Landschaftsrasen** (Extensivrasen)

Rasentyp	Anwendungszweck	Eigenschaften[1]	Pflegeansprüche
Zierrasen	Repräsentationsgrün	dichte teppichartige Narbe aus feinblättrigen Gräsern, Belastbarkeit gering	hoch bis sehr hoch
Gebrauchsrasen	Öffentliches Grün, Wohnsiedlungen, Hausgärten u. Ä.	Belastbarkeit mittel, widerstandsfähig gegen Trockenheit	mittel bis hoch
Strapazierrasen	Sport- und Spielflächen, Liegewiesen, Parkplätze	Belastbarkeit hoch (ganzjährig)	mittel bis sehr hoch
Landschaftsrasen (Extensivrasen)	extensiv genutzte und/oder gepflegte Flächen im öffentlichen und privaten Grün, in der Landschaft, an Verkehrswegen, für Rekultivierungsflächen, artenreiche, wiesenähnliche Flächen	Rasen mit großer Variationsbreite je nach Ziel und Standort, z. B. Erosionsschutz, Widerstandsfähigkeit auf extremen Standorten, Grundlage zur Entwicklung von standortgerechten Biotopen, in der Regel nicht oder nur wenig belastbar	gering bis mittel, in Sonderfällen sehr hoch

[1] Dichte und Belastbarkeit nehmen mit zunehmendem Schatten ab

Tab. 1 Rasentypen (nach DIN 18917)

2.4 Regelsaatgutmischungen

Weil eine Gräserart nicht alle an einen Rasen gestellten Anforderungen erfüllen kann, werden für Rasenansaaten **Mischungen verschiedener Gräser** zusammengestellt. Der **Arbeitskreis Regel-Saatgut-Mischungen Rasen der Forschungsgesellschaft Landschaftsentwicklung Landschaftsbau e. V. (FLL)** stellt für die jeweiligen Rasentypen Mischungen geeigneter Gräserarten zusammen.

Sie werden in der jährlich aktualisierten Broschüre **„Regel-Saatgut-Mischungen Rasen (RSM)"** veröffentlicht. Zur Auswahl stehen verschiedene Mischungsvorschläge mit Variationen und einem Spielraum bei den prozentualen Mischungsanteilen sowie geeignete Sorten. So stehen Mischungen für die unterschiedlichsten Bodenarten, Witterungsbedingungen und Nutzungen zur Verfügung.

Trotzdem besteht die Gefahr, dass die RSM zu einer gewissen Standortnivellierung hinsichtlich des Artenbesatzes führt. Vor allem auf Extensivflächen ist eine differenziertere Betrachtung notwendig, um eine standorttypische Vegetation zu erhalten bzw. zu schaffen (s. Kapitel Blumenwiese). Zur Begrünung mit gebietseigenem (autochthonem) Saatgut sind Regelsaatgutmischungen nicht geeignet.

Die Qualität eines Rasens wird nun nicht nur von den verwendeten **Grasarten**, sondern auch ganz entscheidend von den ausgewählten **Sorten** bestimmt. Von allen Rasengräsern sind eine Vielzahl von Sorten auf dem Markt. Mit ca. 120 Sorten ist das Deutsche Weidelgras *(Lolium perenne)* die Grasart mit dem breitesten Sortenspektrum. Die neu erscheinenden Sorten werden vom **Bundessortenamt** auf ihre Tauglichkeit für Rasenflächen getestet und bewertet. Die Ergebnisse sind in der alle zwei Jahre erscheinenden **„Beschreibenden Sortenliste – Rasengräser"** des Bundessortenamtes[1] nachzulesen. Die in der RSM aufgeführten Regelsaatgutmischungen und Sorten bilden die Grundlage für Ausschreibungen von Ansaaten und für die Beurteilung von Saatgutangeboten. Aus den verfügbaren Sorten sollten immer die besten, die mit den höchsten **Eignungs-/Bewertungsnoten** (von 3 für bedingt geeignet bis 9 für sehr gut geeignet) für den jeweiligen Rasentyp, ausgewählt werden (Tab. 1, S. 366). Durch die jährliche Veröffentlichung der RSM wird eine größtmögliche Aktualität in Bezug auf geeignete Sorten und deren Verfügbarkeit auf dem Markt gewährleistet.

Laut DIN 18917 sind Saatgutmischungen für Rasen unter **Berücksichtigung** der **RSM** auszuwählen. Die RSM sind nicht zwingend vorgeschrieben, Abweichungen, z.B. zur Anpassung an besondere Standort- oder Marktbedingungen, sind möglich.

1. Zierrasen
RSM 1.1 Zierrasen (Variante 1, Belastbarkeit gering bis mittel[1]; Variante 2, Belastbarkeit gering)

2. Gebrauchsrasen
RSM 2.1 Gebrauchsrasen – Standard (gestrichen)[3]
RSM 2.2 Gebrauchsrasen – Trockenlagen (Variante 1, Belastbarkeit gering bis mittel; Variante 2, Belastbarkeit mittel bis hoch, auch für Halbschatten)
RSM 2.3 Gebrauchsrasen – Spielrasen[2] (Belastbarkeit mittel bis hoch; Pflegeansprüche mittel; Regelaussaatmenge 25 g/m²) (Stand 2021, leicht verändert)

Art		Mischungsanteil in Gewichts-%		Mindesteignung
		Regelwert	Spielraum	
Festuca nigrescens		20	(10 – 30)	7
Festuca rubra subsp. rubra[4]		10	(5 – 15)	5
Festuca trichophylla		10	(5 – 15)	7
Lolium perenne	bedeutet jeweils 2 verschiedene Sorten	20	(15 – 25)	7
Lolium perenne		10	(5 – 15)	6
Poa pratensis	bedeutet jeweils 2 verschiedene Sorten	20	(10 – 30)	7
Poa pratensis		10	(5 – 15)	6

Tab. 2 Regel-Saatgut-Mischungen Rasen (Beispiele)

▶ Fortsetzung nächste Seite oben

[1] Bundessortenamt, Osterfelddamm 80, 30627 Hannover

RSM 2.4 Gebrauchsrasen – Kräuterrasen[7]
(Pflegeansprüche gering bis sehr gering, Belastbarkeit sehr gering, Boden sollte nicht zu nährstoffreich sein, 4–8 Schnitte/Jahr, Schnitthöhe 4–5 cm, Regelaussaatmenge 10 g/m²)

Art	Mischungsanteil in Gewichts-%		Mindest-eignung
	Regel-wert	Spiel-raum	
Agrostis capillaris	5,0	0–5	6
Festuca brevipila	10,0	5–15	6
Festuca nigrescens	15,0	10–20	6
Festuca rubra ssp. rubra	15,0	10–20	5
Festuca trichophylla	15,0	10–20	7
Lolium perenne	3,0	–	6
Poa pratensis	20,0	15–25	6
*Achillea millefolium**	0,5	Schafgarbe	
Bellis perennis	0,3	Gänseblümchen	
*Centaurea jacea**	0,5	Wiesenflockenblume	
Crepis capillaris	0,5	Kleinköpfiger Pippau	
Dianthus deltoides	1,0	Heidenelke	
Galium mollugo	0,2	Kleinblütiges Wiesenlabkraut	
*Galium verum**	0,2	Echtes Labkraut	
Leontodon autumnalis	0,5	Herbstlöwenzahn	
*Leontondon hispidus**	0,8	Rauer Löwenzahn	
*Leucanthemum vulgare**	2,0	Margerite	
*Lotus corniculatus**	1,0	1–1,5	Hornklee
Medicago lupulina	0,5	0–0,5	Hopfen-klee
*Plantago lanceolata**	1,0	Spitzwegerich	
Potentilla tabernaemontani	0,5	Frühlingsfingerkraut	
*Prunella vulgaris**	2,0	Gewöhnliche Braunelle	
*Salvia pratensis**	1,5	Wiesensalbei	
Sanguisorba minor	1,0	Kleiner Wiesenknopf	
Thymus pulegioides	1,5	Feldthymian	
Trifolium incarnatum	1,0	Inkarnatklee	
Trifolium pratense	0,5	Rotklee	

3. Sportrasen
RSM 3.1 Sportrasen – Neuanlage[2]
RSM 3.2 Sportrasen – Regeneration[2]

4. Golfrasen
RSM 4.1 Golfrasen – Grün, Vorgrün (Variante 1 bis 4)
RSM 4.3 Golfrasen – Abschlag
RSM 4.4 Golfrasen – Spielbahn, Vorgrün (Variante 1 bis 4)
RSM 4.5 Golfrasen – Semirough/Playable Rough (Variante 1 und 2)

5. Parkplatzrasen
RSM 5.1 Parkplatzrasen (Variante 1 und 2)

6. Dachbegrünung
RSM 6.1 Extensive Dachbegrünung[7]

7. Landschaftsrasen

7.1 Landschaftsrasen – Standard
RSM 7.1.1 Landschaftsrasen – Standard ohne Kräuter
RSM 7.1.2 Landschaftsrasen – Standard mit Kräutern[7]

7.2 Landschaftsrasen – Trockenlagen
RSM 7.2.1 Landschaftsrasen – Trockenlagen ohne Kräuter
RSM 7.2.2 Landschaftsrasen – Trockenlagen mit Kräutern[7]

7.3 Landschaftsrasen – Feuchtlagen
RSM 7.3 Landschaftsrasen[6] – Feuchtlagen

7.4 Landschaftsrasen – Halbschatten
RSM 7.4 Landschaftsrasen[6] – Halbschatten

8. Biotopentwicklungsflächen
RSM 8.1 Biotopflächen[7] (artenreiches Extensivgrünland), (Variante 1 bis 4)

* Abbildungen im Wiesenpflanzenlexikon, S. 445 ff.
1 20 % *Lolium perenne* enthalten
2 Nach **DIN 18917** Strapazierrasen
3 Gestrichen, weil sich in der Praxis mittlerweile die RSM 2.3 als „Standard" etabliert hat
4 In schattigen, feuchten Lagen kann die Verwendung von *Poa supina* sinnvoll sein: Mischungsanteil 5 % zu Lasten von *Festuca rubra*, Mindesteignung 7, in Höhenlagen zu Lasten von *Lolium perenne*
5 Synonym *Festuca trachyphylla* (Raublättriger Schafschwingel)
6 In erster Linie für ingenieurbiologische Sicherungsbauweisen
7 Bei Mangel an Kräutersaatgut können bis zu zwei Arten entfallen. Deren prozentuale Anteile können frei auf die anderen Kräuter verteilt werden.

Tab. 2 Regel-Saatgut-Mischungen Rasen (Beispiele) (Fortsetzung)

2.5 Saatgutkategorien

Der Handel mit Rasensaatgut unterliegt dem **Saatgutverkehrsgesetz**. Nur amtlich **anerkanntes Saatgut** darf in den Handel kommen. Für eine begrenzte Zeitdauer können weitere Saatgutkategorien zugelassen werden **(zugelassenes Saatgut)**. Voraussetzung für die **Zulassung einer neuen Sorte** durch das Bundessortenamt ist, dass sich die Neuzüchtung von den bereits vorhandenen unterscheidet sowie hinreichend homogen und beständig in ihren Eigenschaften ist.

2.5.1 Anerkanntes Saatgut

Basissaatgut

Die Entwicklung einer neuen Rasensorte dauert etwa 14 Jahre. Ist eine neue Züchtung gelungen, wird die neue Sorte in der **Sortenliste des Bundessortenamtes** eingetragen. Dann erfolgt die Saatgutvermehrung für die Vermarktung. Dazu sät der Züchter auf ausgewählten Flächen Saatgut der neuen Sorte aus. Dieses Saatgut, das nicht in den Handel gelangt, wird als **Basissaatgut** bezeichnet. Die Saatguterträge liegen unter günstigen Bedingungen in Abhängigkeit von Grasart und -sorte um die 300 bis 1500 kg/ha.

Art	Sorte	Eignung für				
		Zier-rasen	Gebrauchs-rasen	Strapazier-rasen	Tiefschnitt-rasen	Landschafts-rasen
Agrostis capillaris (Rotes Straußgras)	Heriot	7	7	–	8	8
	Jorvik	8	8	–	8	7
	Polana	8	9	–	8	7
Agrostis stolonifera (Flechtstraußgras)	Indepen-dence	8	–	–	9	7
Festuca nigrescens (Horstrotschwingel)	Barlineus	9	9	–	9	7
	Eurocarina	9	9	–	9	7
	Musica	9	9	–	9	7
	Ramona	9	9	–	–	7
Festuca rubra ssp. rubra (Ausläuferrotschwingel)	Aponga	7	7	–	–	6
	Rockefeller	6	7	–	–	5
	Rossinante	6	7	–	–	7
	Spice	6	7	–	–	6
Festuca trichophylla (Rotschwingel mit kurzen Ausläufern)	Euromarie	8	8	–	9	7
	Finesto	8	8	–	9	7
	Musette	8	8	–	9	7
	Sake	9	9	–	9	7
Lolium perenne (Deutsches Weidelgras)	Amiata	8	9	9	–	6
	Bargold	8	9	9	–	6
	Barolympic	8	9	9	–	6
	Brentano	8	9	9	–	6
	Corsica	8	9	9	–	5
	Eurocool	8	9	9	–	6
	Eventus	8	9	9	–	6
Poa pratensis (Wiesenrispe)	Cocktail	–	9	8	–	6
	Joker	–	9	8	–	6
	Julius	–	9	8	–	6
	Limousine	–	9	8	–	6
	Linares	–	9	8	–	6
Poa supina (Lägerrispe)	Supranova	–	9	8	–	–
	Supreme	–	9	9	–	–

Sorteneignung: 9 = sehr gut geeignet; 8 = gut bis sehr gut geeignet; 7 = gut geeignet; 6 = geeignet bis gut geeignet; 5 = geeignet; 4 = bedingt geeignet bis geeignet; 3 = bedingt geeignet (nur bei Landschaftsrasen)

Tab. 1 Geeignete Sorten laut RSM 2023 (Beispiele, ca. 300 Sorten zur Rasennutzung)

Das geerntete Saatgut muss hinsichtlich seiner Qualität, z. B. Reinheit, Keimfähigkeit und Fremdartenbesatz[1], den Anforderungen nach dem Saatgutverkehrsgesetz entsprechen. Führende EU-Länder in der Vermehrung von Gräsersamen sind Dänemark und die Niederlande.

Zertifiziertes Saatgut

Dieses Saatgut wird von Pflanzen gewonnen, die aus Basissaatgut hervorgegangen sind. Es ist **arten- und sortenecht** und wird als Rasensaatgut vermarktet. Zur farblichen Kennzeichnung dienen **blaue Etiketten**.

2.5.2 Zugelassenes Saatgut

Handelssaatgut

Als **Handelssaatgut** wird Saatgut bezeichnet, das **nicht sortenecht**, sondern nur artenecht ist. Zur farblichen Kennzeichnung dienen **braune Etiketten**.

Behelfssaatgut

Es ist zwar auch artenecht, die Anforderungen an seine Werteigenschaften hinsichtlich Reinheit, Keimfähigkeit und Fremdartenbesatz sind jedoch gering. Dementsprechend ist **Behelfssaatgut nur für Notzeiten** gedacht, wenn kein anderes Saatgut in ausreichenden Mengen auf dem Markt zur Verfügung steht.

2.5.3 Saatgutmischungen

Im Garten- und Landschaftsbau ist die Verwendung von **Saatgutmischungen, bestehend aus verschiedenen Arten und Sorten**, üblich. Dabei handelt es sich in der Regel um zertifiziertes Saatgut (Sortenechtheit!). Saatgutmischungen werden mit **grünen Etiketten** gekennzeichnet (1, S. 369).

2.6 Gebietsheimisches Saatgut (Regiosaatgut/Regiosaaten)

Seit März 2020 darf **in der freien Natur**[2] laut **§ 40 Bundesnaturschutzgesetz (BNatSchG)** nur noch Saat- und Pflanzgut von **gebietsheimischen Arten** ausgebracht werden. Diese Regelung verfolgt das Ziel, die Ausbreitung gebietsfremder Arten und damit eine Florenverfälschung zu

[1] Darunter versteht man fremde Pflanzensamen von z. B. unerwünschten Wildkräutern und Gräsern (**„Ungräser"**)

[2] Nicht als freie Natur gelten ertragsorientierte landwirtschaftlich und forstwirtschaftlich genutzte Flächen, Parks, Friedhöfe, Sportstätten und Privatgärten.

Regionen im VWW

22 Ursprungsgebiete
8 Produktionsräume

Zertifiziertes Wildpflanzensaatgut
VWW-Regiosaaten®
Verband deutscher Wildsamen- und Wildpflanzenproduzenten e.V.
Betriebs-Nr. 00 099 Kontrollstelle ABCert

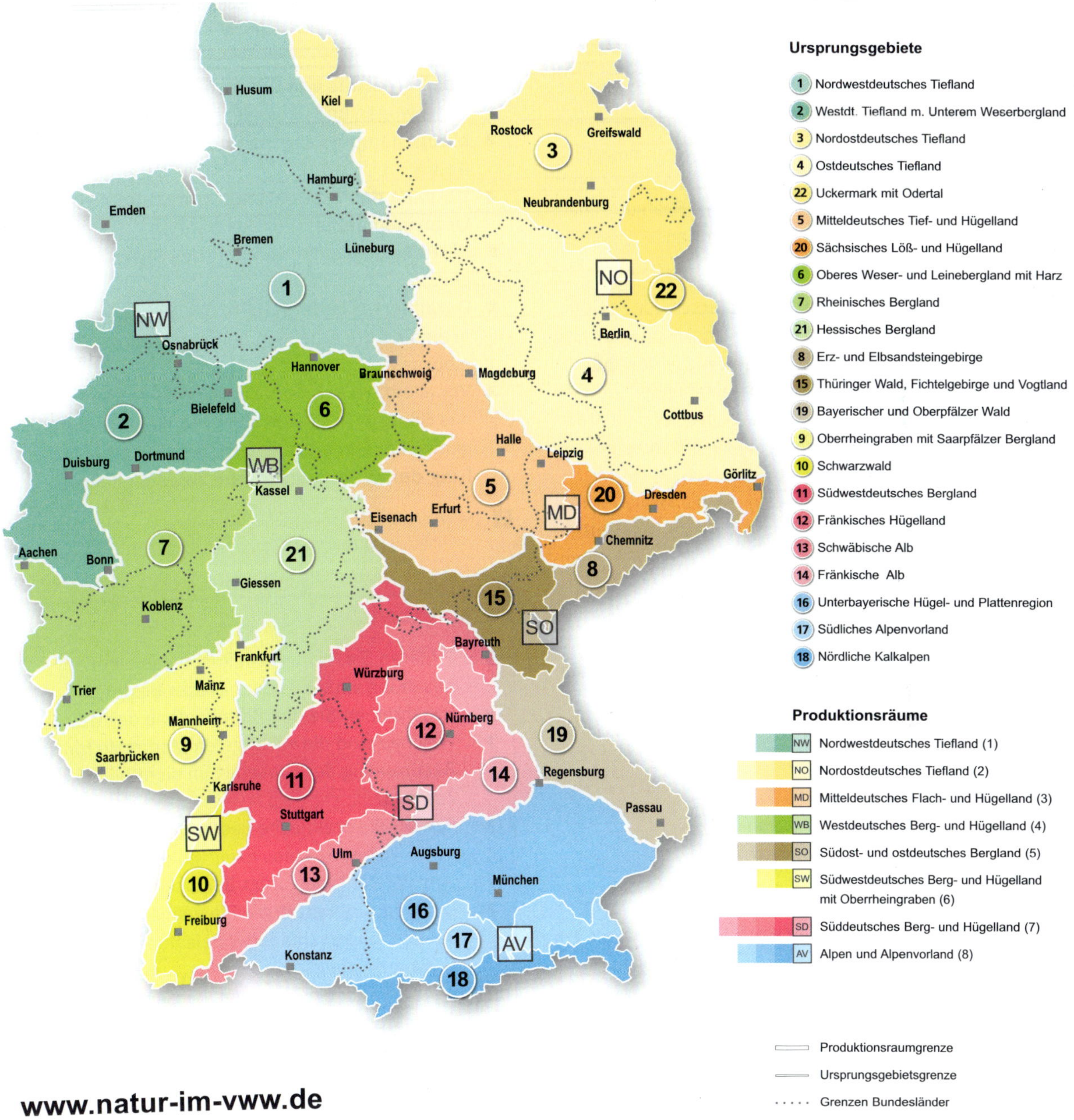

www.natur-im-vww.de

1 Die **Regionenkarte** zeigt die Einteilung Deutschlands in 22 Ursprungsgebiete für regionales gebietseigenes Saat- und Pflanzgut krautiger Arten.

vermeiden sowie die heimische Biodiversität (biologische Vielfalt) zu erhalten und zu fördern. Um die Umsetzung dieser Vorgabe zu erleichtern, wurde Deutschland zur Abgrenzung unterschiedlicher Naturräume in **22 Ursprungsgebiete** unterteilt. Ähnliche Ursprungsgebiete wurden zu **Produktionsräumen** zusammengefasst, innerhalb derer die Vermehrung der Arten der jeweils zugeordneten Ursprungsgebiete zulässig ist (1, S. 367). Das Ausbringen **gebietsfremder Arten**[1] bedarf einer Genehmigung durch die Untere oder Obere Naturschutzbehörde. Sie darf nicht erfolgen, wenn eine Gefährdung von Ökosystemen, Biotopen oder Arten nicht auszuschließen ist. Regelsaatgutmischungen der RSM Rasen sind nicht für Begrünungen in der freien Landschaft geeignet, weil bei ihnen nicht nach Herkünften unterschieden wird und das Saatgut zudem nicht von Wildpflanzen stammt (s. auch Kapitel „Blumenwiese", S. 427 ff.).

Bei der **Auswahl von Saatgut** stehen verschiedene Optionen zur Verfügung, um den individuellen Ansprüchen und den regionalen Gegebenheiten gerecht zu werden (1):

- **Standardmischungen** von Saatgutanbietern bieten eine breite Palette an Auswahlmöglichkeiten von Kräutersaatgut und Wildblumenmischungen für verschiedene Standortbedingungen.
- Für eine noch stärkere Anpassung an die lokalen Bedingungen empfehlen sich **regionalisierte Saatgutmischungen**. Diese werden speziell für die Gegebenheiten des Standorts zusammengestellt und berücksichtigen klimatische, bodenspezifische und andere regionale Erfordernisse.
- Eine besonders individuelle Herangehensweise ermöglicht die **eigene Zusammenstellung** von Saatgut nach den spezifischen Anforderungen der Region. Dabei sollte auf die fachliche Beratung durch Saatgutfirmen oder Botaniker zurückgegriffen werden. Zusätzliche Orientierung bei der Pflanzenzusammenstellung bieten die Mischungsvorschläge der Forschungsgesellschaft Landschaftsentwicklung Landschaftsbau (FLL), sogenannten Regio-Saatgutmischungen.

Ablauf bei der Saatgutvermehrung: Saatgut wird von gebietsheimischen Wildpflanzen innerhalb eines Ursprungsgebiets (Herkunftsregion) gewonnen, in einem dem Ursprungsgebiet zugeordneten Produktionsraum vermehrt und innerhalb des Ursprungsgebiets wieder ausgebracht.

Darauf sollte beim Kauf von gebietsheimischem Saatgut geachtet werden!

- Eine **präzise Benennung der enthaltenen Bestandteile.** Dies beinhaltet die genaue Auflistung aller Gräser und Kräuter in der Mischung.
- Das **Verhältnis von Gräsern zu Kräutern** sollte ausgewogen und ökologisch sinnvoll sein.
- **Mengenangabe** sogenannter **wertgebender Arten**[2].
- **Vorgabe des Produktionsraums und des Ursprungsgebiets** für das Saatgut.
- **Zertifikate**, die die Herkunft des Saatguts belegen.
- **Detaillierter Lieferschein**, der alle enthaltenen Arten und die Anteile in der Mischung genau angibt.
- Vor allem bei der Bestellung größerer Mengen, ist das **Saatgut in Einzeltüten** und nicht als bereits gemischte Einheit zu liefern, um eine **Überprüfung der Mischungsanteile** zu ermöglichen.

1 Beschaffung gebietsheimischen Saatguts – Qualitätsstandards und Kontrollmechanismen

Aufgaben

1. Erklären Sie, warum ein Rasen aus einer Mischung verschiedener Gräser besteht.
2. Beschreiben Sie den Blütenaufbau der Gräser.
3. Welches sind die wichtigsten Merkmale für die Bestimmung der Gräserart im nicht blühenden Zustand?
4. Führen Sie praktische Bestimmungsübungen unter Anleitung eines Experten durch.
5. Was versteht man unter Bestockung?
6. Erklären Sie, warum die Pflegeansprüche eines Rasens mit zunehmender Belastung seiner Grasnarbe steigen.
7. Warum weist ein Zierrasen, dessen Grasnarbe ja nur wenig belastet wird, ebenfalls hohe bis sehr hohe Pflegeansprüche auf?
8. Warum sind wiesenähnliche Grünflächen nicht oder nur gering belastbar?

[1] Nach § 40 (1) BNatSchG gelten Arten, die in dem betreffenden Gebiet nicht oder seit mehr als 100 Jahren nicht mehr vorkommen, als gebietsfremd.

[2] Als wertgebende Arten gelten solche, deren Sammlung, Anbau oder Ernte besonders aufwendig ist und somit maßgeblich den Preis einer Saatgutmischung beeinflusst.

Aufgaben (Fortsetzung)

○ 9. Welche vier Rasentypen werden laut DIN 18917 entsprechend ihrer Nutzung unterschieden?

◑ 10. Welche Rasentypen würden Sie für folgende Nutzung empfehlen: a) Als Repräsentationsgrün vor öffentlichen Gebäuden, b) als Liegewiese im Schwimmbad, c) zur Böschungsbegrünung in der freien Landschaft, d) als Spielwiese im Kindergarten, e) als Straßenbegleitgrün, f) als Spiel- und Liegefläche im privaten Hausgarten, g) als Parkplatzrasen und h) als Sportplatzrasen?

◑ 11. Wovon hängt die Qualität einer Rasenmischung ab?

○ 12. Wo findet man Hinweise für geeignete Mischungszusammensetzungen?

● 13. Überprüfen Sie Ihre Gräserkenntnisse: a) Welche Gräser sind vor allem für hochbelastbare Rasenflächen geeignet? b) Warum sind Straußgräser für Strapazierrasen wenig geeignet? c) Warum findet man Horstrotschwingel und Haarblättrigen Schwingel häufig in Zierrasenmischungen? d) Warum ist Poa pratensis nicht und Lolium perenne neuerdings für Zierrasenmischungen geeignet? e) Warum ist Poa annua auf Rasenflächen nicht erwünscht?

○ 14. Wer ist für die Eignungsprüfung von Rasengräsern zuständig und wo können die Ergebnisse nachgelesen werden?

● 15. Warum können DIN-Normen und RSM bei der Neuanlage von Extensivflächen eher hinderlich als nützlich sein?

◑ 16. Im Garten- und Landschaftsbau wird im Allgemeinen mit grünen Etiketten gekennzeichnetes Rasensaatgut verwendet. Was besagt dies?

◑ 17. Welches sind die Voraussetzungen für die Zulassung einer neuen Sorte durch das Bundessortenamt?

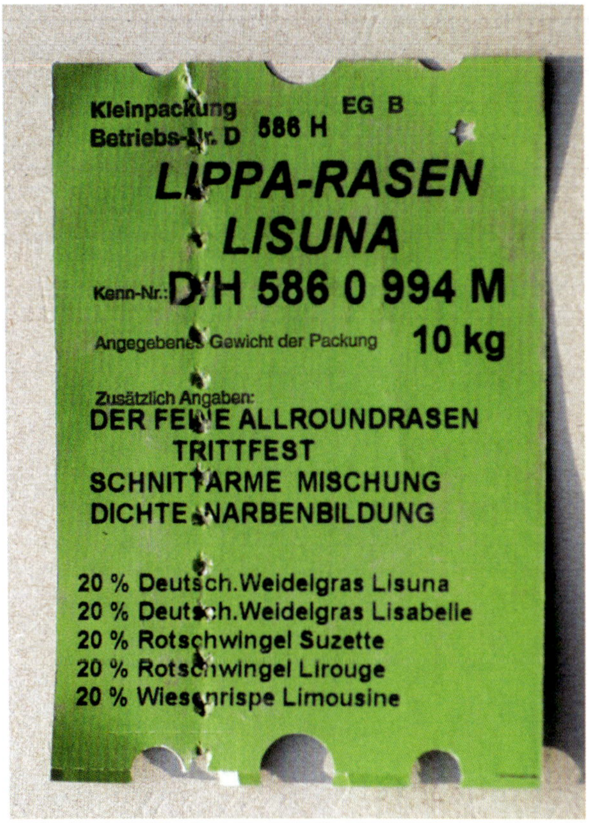

1 Saatgutmischung

3 Herstellung eines Rasens

(1, S. 371)

3.1 Bodenvorbereitung

Beim Rasen – ausgenommen Extensivrasen – handelt es sich um eine stark zehrende Dauerkultur dicht an dicht stehender Gräser. Anders als bei anderen Kulturpflanzen wird auf jenen gelaufen, gespielt und sogar gefahren. An Gräser und Boden eines Rasens werden also besonders hohe Anforderungen gestellt. Berücksichtigt man noch, dass die Bodenstruktur einer fertigen Rasenfläche nachträglich nur noch mit großem Aufwand verbessert werden kann, wird verständlich, dass die Bodenvorbereitung vor einer Rasenaussaat besonders gründlich erfolgen sollte.

3.1.1 Säuberung der Fläche

Die zur Einsaat vorgesehene Fläche wird von Unrat (Plastik, Glas usw.) und Steinen (Durchmesser > 5 cm) gesäubert. Auf größeren Flächen können mithilfe von **Steinsammelmaschinen** Steine mit einem Durchmesser von 2,5 bis 25 cm und sonstige Verunreinigungen abgesammelt werden.

3.1.2 Bodenlockerung

Zur Beseitigung von Verdichtungen wird der Boden auf eine Tiefe von 20 bis 30 cm (mindestens 15 cm) gelockert (gefräst). Dabei sollten Wurzelunkräuter, wie z. B. Quecke, Giersch oder Huflattich, sorgfältig entfernt werden. Bei einem Gefälle von > 1 : 2,5 ist die Fläche laut DIN 18915 nur aufzurauen (Erosionsgefahr!).

3.1.3 Bodenverbesserung/Düngung

Erfolgt die **Grunddüngung** über mineralische oder organisch-mineralische Dünger, gelten als Richtwerte 50 g eines mineralischen bzw. 100 g eines organisch-mineralischen Volldüngers/m^2. Der Dünger wird in die oberen 5 cm des Bodens eingearbeitet.

Die Grundlage für einen gesunden und strapazierfähigen Rasen ist eine optimale **Bodenstruktur**. Besonders gut geeignet zur Verbesserung der Bodenstruktur und Aktivierung des Bodenlebens sind organische Substanzen:

- **Stallmist** (300 bis 600 kg/100 m^2) oder **Kompost** (10 bis 30 l/m^2)
- Steht genügend Zeit zur Verfügung, kann eine **Gründüngung** durchgeführt werden. Sie fördert bereits als Pflanzenbestand durch die Durchwurzelung und Beschattung des Bodens die Bodenstruktur. Zudem werden Wildkräuter unterdrückt. Besonders empfehlenswert sind **Leguminosen**, die den Boden zusätzlich mit Stickstoff aus der Luft versorgen. Die Aussaatmenge bei Lupinen sollte z. B. 20 bis 25 g/m^2 betragen. Ca. 10 Wochen nach Aussaat können die Pflanzen in den Boden eingearbeitet werden. Auf dem Markt werden auch verschiedene Samenmischungen (z. B. Gelbsenf, Lupinen, Ölrettich, Serradella und Sommerwicken) zur Bodenverbesserung angeboten.
- Bei stark bindigen Böden (schweren Ton- und Lehmböden) kann zur Verbesserung der Wasserdurchlässigkeit die Einarbeitung von **Sand** (etwa 4 bis 5 m^3 der Körnung 0/2 pro 100 m^2), **Lava, Blähton** etc. notwendig werden. Dies ist erforderlich, wenn Rasenflächen auf bindigen Böden auch bei Nässe intensiven Belastungen ausgesetzt sind, da anderenfalls ihre Bodenstruktur zerstört wird.

Der **pH-Wert von Rasenflächen** sollte zwischen 5,8 und 7,2 liegen, wobei für belastbare Flächen ein Bereich von pH 6,5 bis 7,2 als optimal gilt.

Voraussetzung für eine **Bodenuntersuchung** ist die **Entnahme einer repräsentativen Bodenprobe**, von der 200 bis 500 g zur Analyse eingeschickt werden.

! Merke

Genaue Hinweise bezüglich der erforderlichen Bodenverbesserung, Düngung und der passenden Rasenmischung liefert eine Bodenuntersuchung in einem entsprechenden Prüflabor der landwirtschaftlichen Untersuchungsanstalten (LUFA) oder anderen Bodenuntersuchungsinstituten. Auch Samenzuchtbetriebe und der Samengroßhandel führen Beratungen durch.

3.1.4 Grobplanum

Die Fläche wird zunächst grob planiert. Gewünschte Modellierungen sind weitläufig und gleichmäßig anzulegen. Waren größere Unebenheiten vorhanden, muss die Fläche nach dem Grobplanum noch einmal gefräst werden, um eine gleichmäßige Lockerung zu erreichen und ungleichmäßige Setzungen zu vermeiden. Man kann die so vorbereitete Fläche 3 bis 4 Wochen liegen lassen, damit im Boden vorhandenen Wildkrautsamen keimen und bekämpft werden können.

3.1.5 Anwalzen

Damit keine späteren Setzungen und damit Unebenheiten eintreten, muss die Rasenfläche vor der Einsaat gut abgesetzt, d. h. trittfest (ein bis zwei Wochen ruhen lassen), oder angewalzt sein. Kleinere Flächen können auch mit Trittbrettern festgetreten werden.

3.1.6 Feinplanum

Mittels Holzharken oder Eggen wird die Fläche möglichst eben planiert (1 und 1, S. 371). Das Feinplanum soll bei Gebrauchs-, Zier- und Strapazierrasen nicht mehr als 3 cm auf 4-m-Messstrecke von der Sollhöhe abweichen. Bei Landschaftsrasen (Extensivrasen) sind 5 cm erlaubt (DIN 18917). Anschlüsse an Kanten, Plattenbelägen usw. müssen bündig sein, dürfen aber, da sich der Rasen im Laufe der Zeit nach oben erhöht, nach unten bis 2 cm abweichen.

1 Rüttel- und Kreiseleggen leisten gute Dienste beim Lockern, Krümeln und Planieren des Bodens

1. Steine und Fremdkörper entfernen

2. Bodenlockerung

3. Grobplanum

4. Vorwalzen

5. Feinplanum

6. Aussaat

7. Einharken

8. Abwalzen

1 Arbeitsschritte beim Anlegen einer Rasenfläche

! Hinweis

Umkehrfräsen sind geeignet, Grünflächen oder steinige Böden in einem Arbeitsgang in ein keimfähiges Saatbeet zu verwandeln. Im Gegensatz zur herkömmlichen Fräse arbeitet der mit Fräsemessern bestückte Rotor gegen die Fahrtrichtung. Dabei wird der Boden gegen eine Art Trennrechen aus Stahlzinken oder ein Stahlgitter geworfen, sodass grobe Bestandteile wie Steine, Wurzelunkräuter oder Grasstücke nach unten auf die Sohle fallen und mit der durch den Trennrechen fliegenden feinkrümeligen Erde 5 bis 10 cm hoch bedeckt werden. Eine nachlaufende Gitterwalze drückt den gelockerten Boden fest und planiert die Oberfläche. Mit einer angebauten Aussaatvorrichtung lässt sich die Saatfläche in einem Arbeitsgang erstellen.

3.2 Einsaat

3.2.1 Zeitpunkt

Zur **Keimung** benötigen **Samen** ausreichende Feuchtigkeit, einen gut gelockerten Boden und Wärme. Günstig sind Bodentemperaturen ab 8 °C (optimal 16 bis 23 °C).

Bei Aussaaten nach Mitte Oktober besteht die Gefahr, dass ein Teil der keimenden Gräser durch Nachtfröste geschädigt wird. Entsprechend sollten Aussaaten im Zeitraum (Mitte April) **Mai bis September** (Mitte Oktober) durchgeführt werden. Bei früheren oder späteren Aussaaten können sich unerwünschte **Verschiebungen in der Gräserzusammensetzung** ergeben. Die Gräsermischung entspricht dann nicht mehr dem gewünschten Rasentyp.

3.2.2 Saatgutmenge

Bei Saatgutmischungen sind die in den Regelsaatgutmischungen angegebenen Mengen zu beachten. Je nach Bodenverhältnissen, Standortbedingungen und Begrünungsziel liegt die erforderliche Saatgutmenge im Allgemeinen zwischen **25 und 30 g/m²**.

3.2.3 Ausbringung

Zum Zeitpunkt der Aussaat sollte Windstille herrschen, um eine gleichmäßige Verteilung zu ermöglichen. Der Boden sollte trocken sein, damit das Saatgut beim Einharken und Anwalzen nicht an Schuhen und Geräten kleben bleibt.

Handeinsaat

Bei der **Handeinsaat** kommt es vor allem auf eine gleichmäßige Verteilung der Grassaat an. Für den ungeübten Säer bedarf dies einer gewissen Übung. Um einen Blick für die richtige Saatgutdichte pro Quadratmeter zu erhalten, kann man z. B. mit Stöcken ein Quadrat von 1 m Kantenlänge abstecken und mit der vorgesehenen Saatgutmenge pro m^2 einsäen. Das Saatbild sollte man sich für die folgende Aussaat einprägen:

1. **Schritt**
   Die erforderliche Saatgutmenge abwiegen und halbieren.
2. **Schritt**
   Die eine Hälfte breitwürfig ausstreuen, indem man in gleichmäßigen Abständen über die Fläche hin und her geht. Die andere Hälfte genauso ausbringen, nur geht man nun quer zum ersten Mal über die Fläche. Größere Flächen unterteilen. Lediglich an den Kanten sollte etwas dichter gesät werden. Zur Erzielung scharfer Rasenränder können z. B. Folienbahnen oder Bretter als Begrenzungen ausgelegt werden.
   Um eine Entmischung zu vermeiden, hin und wieder das Saatgut durchmischen. Leguminosen und sonstige Kräuter mit stark abweichenden Korngrößen gesondert ausbringen.
3. **Schritt**
   Zum Schutz vor einer schnellen Austrocknung durch Sonne und Wind während des Keimvorganges die Grassaat mit der Harke oder Igelwalze flach – **0,5 bis 1,0 cm tief** – in den Boden einarbeiten. Daneben hilft diese Maßnahme, den Saatgutverlust durch Vogelfraß einzuschränken.
4. **Schritt**
   Damit der Samen **Bodenschluss** (Wiederherstellung der unterbrochenen Kapillarität) und damit Feuchtigkeit zum Keimen bekommt, die Rasenfläche nun noch einmal walzen. Dabei wird die Bodenoberfläche auch geglättet, eine Voraussetzung für das spätere Mähen.

1 Rasenbaumaschine

Maschineneinsaat

Im Garten- und Landschaftsbau werden zur Rasenansaat im Allgemeinen **Rasenbaumaschinen** (1) eingesetzt. Sie ermöglichen nicht nur eine sehr genaue und gleichmäßige Verteilung der Saat, sondern verringern auch den Arbeitsaufwand, da Vorwalzen, Saatgutverteilen, Einarbeiten/Einigeln mittels Igel-/Stachelwalze und Anwalzen (Glatt- oder Gitterwalze) in einem Durchlauf erledigt werden. Maschinen mit Arbeitsbreiten von 50 bis 100 cm erzielen eine Flächenleistung von 1200 bis 7500 m^2/h. Auf größeren Flächen werden **Saatmaschinen** (2 und 3) verwendet.

2 Saatmaschine (Traktor mit Anbausämaschine)

3 Selbstfahrsägerät mit klappbaren Trittflächen

1 Originelle Werbung für Spritzbegrünung (Saat mit Haftklebern); geeignet für steile Böschungen

Auch einfache **Streuwagen** (Kastenstreuer) gewährleisten eine genaue Verteilung der Saat. Hier muss jedoch anschließend eingearbeitet und gewalzt werden. Vor Beginn der Arbeit sollten die Maschinen auf die geforderte Aussaatmenge (g/m^2) hin überprüft, d.h. **geeicht** werden. Dazu wird mit der Maschine eine Folienfläche bekannter Größe überfahren. Das ausgestreute Saatgut wird zusammengekehrt, gewogen und die Saatgutmenge in Gramm pro Quadratmeter ausgerechnet. Weicht die ermittelte Menge von der geforderten ab, ist die Maschine neu einzustellen und der Vorgang zu wiederholen.

Rasenbaumaschinen lassen sich auf eine gewisse Aussaatmenge je m^2 einstellen. Die Rasenbaumaschine wird dabei im Stand mit einer Handkurbel betrieben, sodass das Saatgut aus dem Saatgutstreuer in eine Auffangeinrichtung fällt. Das bei einer bestimmten Anzahl von Umdrehungen (oft 10–12) herausgefallene Saatgut kann dann gewogen werden. Es ergibt sich die Saatgutmenge je m^2.

Anspritzbegrünung oder Nassansaat

Um schwer erreichbare oder nicht befahrbare Flächen wie steile Böschungen effektiv zu begrünen und vor Erosion zu schützen, kann das Anspritzverfahren oder die Nassansaat (Hydroseeding) angewendet werden. Dabei wird eine Mischung aus Saatgut, Wasser, Dünger, Mulchstoffen, Bodenverbesserungsmitteln und Haftkleber auf die Fläche gespritzt (s. Kap. Ingenieurbiologische Sicherungsbauweisen).

3.3 Beregnung

Solange der Samen nicht keimt, kann er durch Trockenheit nicht geschädigt werden. Trockenheit während der Keimung führt jedoch unweigerlich zum Tode der Gräser. Wenn nach der Aussaat beregnet wird, die **Keimung** also einsetzt, muss die Saat bis zum Auflaufen feucht gehalten werden. Entsprechend sollte nach der Aussaat nur eine Beregnung vorgenommen werden, wenn eine Bewässerung während nachfolgender Trockenperioden gewährleistet werden kann. Es gilt der **Grundsatz: Einmal feucht – immer feucht**. Zum Beregnen kleinerer Flächen eignet sich der Gartenschlauch mit einer aufsetzbaren Düse (kein Platzregen), für größere Flächen ein Regner, der das Wasser gleichmäßig und in feinen Tropfen auf der Fläche verteilt. Beim Bewässern ist die Regel: nicht zu oft, dafür aber durchdringend bis zu einer Tiefe von 10 bis 15 cm. Der Boden darf nicht verschlämmen, auch dürfen sich keine Pfützen bilden, die das Saatgut zusammenschwemmen.

Die **Keimdauer** beträgt bei mindestens 8 °C Bodentemperatur durchschnittlich **2 bis 3 Wochen**.

3.4 Schnitt und Düngung

Der **erste Schnitt** fördert die Bestockung. Er erfolgt bei einer Höhe von 6 bis 10 cm auf eine Schnitthöhe von 4 cm. Dabei ist darauf zu achten, dass die Schnitthöhe nicht weniger als die Hälfte der Aufwuchshöhe beträgt: z. B. Wuchshöhe 10 cm → Schnitthöhe 6 cm. Bei den nachfolgenden Schnitten wird dann die Schnitthöhe nach und nach auf 4 cm bzw. die angestrebte Höhe (Tab. **1**, S. 377) gesenkt. Die ersten Schnitte (mit anschließendem Abwalzen) sollten besonders behutsam durchgeführt werden. Gut geeignet sind **Sichelmäher**. Gleichgültig, welcher Mäher verwendet wird, scharfe Messer sind eine unabdingbare Voraussetzung, da die jungen Gräser leicht entwurzeln.

Falls nichts anderes vereinbart wurde, werden nach dem ersten Schnitt zur gezielten Nährstoffversorgung der noch sehr flach wurzelnden Rasengräser **5 g N/m^2 in Form eines schnell wirkenden Stickstoffdüngers** verabreicht:

Beispiel

$$\text{Düngermenge in g/m}^2 = \frac{\text{Nährstoffbedarf in g/m}^2 \cdot 100\,\%}{\text{\%-Gehalt des verwendeten Düngers}}$$

Bedarf: 5 g N/m^2
Dünger: Kalksalpeter (16 % N)

$$\frac{5\text{ g N} \cdot 100\,\%}{16\,\%\text{ N}} = 31{,}25\text{ g Kalksalpeter müssen pro m}^2$$

ausgebracht werden

Mit der Grassaat auflaufende Wildkräuter sind im Allgemeinen als unproblematisch zu beurteilen, da sie einen häufigen Schnitt nicht vertragen. Sie können sogar eine Art **Ammenwirkung** ausüben: Die rasch auflaufenden Wildkräuter schützen den Boden vor Erosion und Austrocknung und die jungen Graskeimlinge vor sengender Sonne und Platzregen. So schaffen sie in ihrer Umgebung ein Mikroklima, das die Entwicklung der heranwachsenden Gräser günstig beeinflusst.

Aufgaben

◑ 1. Warum sind mit der Grassaat auflaufende Wildkräuter im Allgemeinen als unproblematisch bzw. sogar als förderlich für die auflaufende Grassaat zu bewerten?

○ 2. Wie stark darf laut DIN 18917 das Feinplanum von der Ebenheit abweichen?

○ 3. Rasenanschlüsse an Kanten, Platten usw. sollen bündig sein. Wie stark darf laut DIN 18917 die Abweichung nach unten sein?

○ 4. Warum muss die Rasenfläche vor der Aussaat gut abgesetzt oder angewalzt sein?

◑ 5. In welchem Zeitraum sollten Rasenaussaaten durchgeführt werden (Monatsangaben)? Begründen Sie Ihre Angaben.

○ 6. Wie viel Gramm Grassaat müssen im Allgemeinen pro m^2 ausgesät werden?

◑ 7. Bei der Aussaat besteht die Gefahr, dass sich das Saatgut entmischt. a) Wie erklärt sich dies? und b) Wie kann dem vorgebeugt werden?

◑ 8. Obwohl Gräser Lichtkeimer sind, sollte ihre Saat 0,5 bis 1,0 cm tief in den Boden eingearbeitet werden. Erklären Sie dies.

◑ 9. Wozu dient das Anwalzen der Fläche nach der Aussaat?

○ 10. Welche Arbeiten führt eine Rasenbaumaschine in einem Arbeitsgang durch?

◑ 11. Erklären Sie, warum nach der Aussaat im Sommer nur beregnet werden sollte, wenn eine Bewässerung während nachfolgender Trockenperioden gewährleistet werden kann.

◑ 12. Warum kann während der Keimung bereits ein kurzzeitiges Austrocknen des Bodens die Entwicklung des Gräserbestandes stark gefährden?

○ 13. Mit welcher Keimdauer sollte bei Rasengräsern gerechnet werden?

○ 14. Bei welcher Höhe und auf welche Höhe sollte der erste Rasenschnitt nach dem Auflaufen der Gräser erfolgen?

○ 15. Falls nichts anderes vereinbart wurde, erfolgt nach dem ersten Schnitt zur gezielten Nährstoffversorgung der noch sehr flachwurzelnden Gräser eine Stickstoffdüngung. Wie hoch sollte diese sein und in welcher Düngeform sollte sie verabreicht werden?

◑ 16. Die Rasenfläche beträgt 250 m^2. Wieviel kg Kalkammonsalpeter (27,5 % N) müssten Sie ausbringen, um 5 g N/m^2 zu düngen?

4 Fertigrasen (1 bis 8, S. 375)

4.1 Kennzeichen

Eine Alternative zur Raseneinsaat bietet das Verlegen von **Fertigrasen**[1]. Weil die maschinell geschälten Rasenstücke bei der Ernte aufgerollt werden, spricht man auch von **Rollrasen** (Tab. 1). Die übliche **Standardrolle**, auch als **Kleinrolle** bezeichnet, ist 250 cm lang, 40 cm breit (= 1 m^2) und 15 bis 18 mm dick. Daneben werden auch andere Rollengrößen angeboten (Tab. 1). Die speziellen Maschinen, mit denen sie aus dem Boden herausgeschält werden, sind mit verschiedenartigen Messern ausgestattet.

Ein Abhackmesser, das alle 2,50 m nach unten fällt, bestimmt die Länge der Soden. Zwei Vertikalmesser schneiden die Soden auf 40 cm Breite vor. Schließlich schneidet ein höhenverstellbares Schälmesser das Rasenstück aus dem Boden heraus. Die Nennschäldicke beträgt häufig nur 10 mm. Bei dickeren Soden ist nicht nur der Bodenverlust größer, es nehmen auch die Transportkosten zu und es können Probleme beim Anwachsen auftreten. Das Schnei-

[1] **Fertigrasen** = flach abgestochene/geschälte Rasenstücke aus Anzuchtbeständen. **Rasensoden** = Rasenstücke aus Nichtanzuchtbeständen.

Rolle	Länge	Breite	Fläche	Stärke	Gewicht	Verwendung
40er Kleinrolle	**250 cm**	**40 cm**	**1 m^2**	**15 – 18 mm**	**15 – 20 kg**	**Standardrolle**, Handverlegung, für Flächen bis 1.000 m^2 gut geeignet
60er Kleinrolle	173 cm	58 cm	1 m^2	15 – 18 mm	15 – 20 kg	
Mittelrolle	bis 30 m	0,6 m	≤ 18 m^2	z. B. 18 mm	350 kg	maschinelle Verlegung, 3 Tage für Sportplatz, bespielbar nach 6 Wochen
Großrolle	12,5 m	1,20 m	≥ 15 m^2	≥ 35 mm	> 1.000 kg	maschinelle Verlegung, meist als Dicksode, 2 Tage für Sportplatz, sofort bespielbar
Jumbo-Rolle	bis 40 m	2,20 m	≤ 88 m^2	10 – 40 mm	2,4 t	maschinelle Verlegung, sofort bespielbar
Blockrasen (engl. Slaps)	0,45 m	0,45 m	0,2 m^2	45 mm	ca. 15 kg	zum Austausch auf kleineren, hoch belasteten Stellen (z. B. Fünfmeterraum), sofort bespielbar

Tab. 1 Beispiele für häufig verwendete Rollengrößen

1 Fertigrasen wird geschält und aufgerollt

2 Palette mit Kleinrollen (40 × 250 cm)

3 Laden des Rollrasens

4 Vorbereitung der Rasenfläche zum Verlegen

5 Verlegen des Rollrasens (1)

6 Verlegen des Rollrasens (2)

7 Walzen des Fertigrasens

8 Gründlich wässern (15 l/m^2)

den durch die Wurzelzone fördert über den erzeugten Wundreiz die Wurzelverzweigung und damit das für das Anwachsen so wichtige Wurzelwachstum. Es bedingt jedoch auch, dass die Soden so schnell wie möglich verlegt werden müssen (Gefahr der Wurzelaustrocknung!). Zudem steigt die Bruchgefahr. Die geschnittenen Rasensoden wandern in ein Rollaggregat, wo sie automatisch gerollt werden. Die Soden werden auf Paletten zu je 50 Sodenrollen gestapelt (2, S. 375). Je nach Witterung (Durchfeuchtung) wiegt eine Rolle bzw. 1 m^2 Fertigrasen zwischen 15 bis 20 kg. Die Schälzeit endet in der Regel im Oktober. Fertigrasenproduzenten bieten neben RSM-Mischungen ein vielfältiges Sortiment an. Von speziellen Gräsermischungen für Hitze oder Halbschatten über bienenfreundlichen Wildblumenrasen bis hin zu Duftrasen, in dem Kräuter ätherische Öle freisetzen, ist fast alles erhältlich.

4.2 Qualität und Vorteile

Die **Qualität des Fertigrasens** hängt ab von:

- den Anzuchtbedingungen,
- den verwendeten Gräserarten und -sorten,
- der Schälstärke,
- der verwendeten Bodenart,
- den Standortbedingungen (Boden und Klima) sowie
- dem Pflegeprogramm (Mähen, Düngen, Wässern).

Nach DIN 18917 muss Fertigrasen den Anforderungen der **TL Fertigrasen** entsprechen. Fertigrasen wird vor allem dort eingesetzt, wo eine sofortige Begrünung erwünscht ist, z. B. bei Hallen- und Freilandschauen, bei erosionsgefährdeten Böden, auf Sportplätzen oder in Schwimmbädern.

Vorteile des Fertigrasens:

- Die Gräserzusammensetzung kann sofort überprüft werden und wird vom Hersteller entsprechend dem Verwendungszweck garantiert.
- Die Gefahr eines ungleichmäßigen Auflaufens der Saat bzw. einer Verschiebung in der Gräserzusammensetzung entfällt.
- Die Fertigstellungspflege ist weniger aufwendig, da die Entwicklungsphase der Gräser entfällt.
- Es wird eine sofortige Begrünung erzielt.
- Fertigrasen kann während des ganzen Jahres, außer bei Frost und Schnee, verlegt werden.
- Die dichte Grasnarbe verhindert die Entwicklung von Wildkräutern.
- Schon nach 3 bis 5 Wochen kann der Rasen genutzt werden (Aussaat nach 3 bis 4 Monaten).
- Sofortiger Erosionsschutz.

Aufgrund dieser Vorteile gewinnt die Verwendung von Fertigrasen auch in Privatgärten und im öffentlichen Grün zunehmend an Bedeutung. Nachteilig sind die höheren Kosten (im Durchschnitt doppelt bis dreimal so teuer wie eine Ansaat).

! Hinweis

Rollrasen soll nach 1 Woche gemäht werden. Nach ca. 2 Wochen haben sich die Soden im Allgemeinen mit dem Boden verwurzelt und bereits 3 bis 5 Wochen nach dem Verlegen kann der Rasen strapaziert werden. Der Zeitvorsprung gegenüber einer Ansaat beträgt somit etwa 6 bis 8 Monate.

4.3 Herstellung

Der zur Anzucht von Fertigrasen verwendete Boden sollte der Bodengruppe 2 (nichtbindiger Boden) oder 4 (schwachbindiger Boden) angehören (DIN 18915). Er darf nicht erheblich bindiger sein als am Verlegeort.

Gut geeignet sind steinfreie, schwach humose Sandböden, auf denen sich dichte, hohlraumfreie Grasnarben gewinnen lassen. Die Gräserzusammensetzung muss mit dem gewünschten Rasentyp übereinstimmen (RSM, s. S. 364 ff.). Erntereif, d. h. schälfertig ist Fertigrasen im Allgemeinen nach 12 bis 15 Monaten.

4.4 Transport und Lagerung

Zur Vermeidung von Austrocknungsschäden darf Fertigrasen im aufgerollten Zustand nicht länger als 3 Tage gelagert oder transportiert werden. Beim Abladen ist darauf zu achten, dass Rollrasen nicht geworfen wird (Bodenverluste, Wurzelschäden, Bruchgefahr!). Am sichersten ist eine Palettenbe- und -entladung. Auf der Baustelle müssen die Rollen vor Überhitzung und Austrocknung geschützt werden. Gut geeignet sind Strohmatten (keine Folien!). Die Stapelhöhe der Rollen soll 80 cm nicht übersteigen (Gewichtsbelastung!). Kann nicht umgehend verlegt werden, müssen die Soden ausgerollt und feucht gehalten werden. Die Stapel sollten nicht höher als 60 cm sein, wobei Wurzel auf Wurzel und Gras auf Gras liegen. **Um eine Schädigung zu vermeiden, sollte die Lieferung von Rollrasen so eingeplant werden, dass er sofort nach dem Eintreffen verlegt werden kann** (möglichst binnen 24 Stunden nach der Ernte). Bei größeren Flächen sind ggf. Teillieferungen zu vereinbaren. Auch bei noch so sorgfältiger Vorgehensweise lässt sich ein Verlust durch Bruch oder Eintrocknung nie ganz vermeiden. Üblich ist ein Verlust bis zu 5 %.

Rasentyp	Bestand	Projektive Bodenbedeckung[1] im geschnittenen Zustand	Anzahl der notwendigen Schnitte (im Regelfall)	Letzter Schnitt vor der Abnahme
Zier-, Gebrauchs-, Strapazierrasen	gleichmäßig in Wuchs und Verteilung	mind. 70 %	6[2] (bei Fertigrasen 4)	darf nicht länger als 1 Woche her sein
Landschaftsrasen (Extensivrasen)	s. o.[3]	mind. 40 %[4], Ansaaten mit gebietseigenem Saatgut mind. 30 %[3, 4]	im vorgesehenen Umfang mindestens 1	darf nicht länger als 2 Wochen her sein

1 Fläche wird senkrecht von oben betrachtet
2 Die Schnitte erfolgen bei einer Grashöhe von 6 bis 10 cm auf eine Schnitthöhe von 4 bis 6 cm
3 Bei besonderen Begrünungszielen oder auf extremen Standorten können andere Festlegungen erfolgen
4 Andere nicht störende Gräser und Kräuter können berücksichtigt werden

Tab. 1 Abnahmefähiger Zustand von Rasenflächen (nach DIN 18917)

4.5 Verlegen

Fertigrasen kann das ganze Jahr über, außer bei Frost, Schnee und Nässe, verlegt werden, da bereits bei + 2 bis + 5 °C das Wurzelwachstum einsetzt. Die Bahnen sind eng aneinander zu legen, sodass keine Fugen entstehen. Durchlaufende Querfugen sind durch Versetzen zu vermeiden. Mit 5 % Verlust durch Verschnitt ist zu rechnen. Beim Verlegen sollte das Feinplanum möglichst nicht mehr betreten werden, d. h., der Verlegende befindet sich auf den bereits verlegten Soden (s. S. 375). Der Transport des Rollrasens über die bereits verlegten Rasenstücke erfolgt auf ausgelegten Bohlen. Eine Arbeitskraft kann pro Tag etwa 150 bis 200 m^2 verlegen. Die Verlegeleistung bei Verwendung von Großrollen liegt bei bis zu 2000 m^2 pro Tag und Maschine. Die Bodenvorbereitung erfolgt wie bei Ansaatflächen (s. Kap. 3.1). Zur Beschleunigung des Einwurzelns hat sich bewährt, 50 g eines anorganischen, phosphorbetonten Volldüngers pro m^2 (bis zu 8 g N/m^2) in die oberen 3 cm des Bodens einzuarbeiten. Durch das Anfeuchten der Bodenoberfläche vor dem Verlegen der Rasenstücke wird das Einwurzeln in die Vegetationstragschicht gefördert.

Unmittelbar vor dem Verlegen wird die Fläche mit einer Harke leicht aufgeraut, sodass ein besserer Kontakt zwischen Rasensoden und Boden entsteht. Auf Böschungen wird mit dem Verlegen am Böschungsfuß begonnen. Bei einer Neigung von > 1 : 2 sind die Rasenstücke mit Holznägeln zu befestigen. Entstandene Fugen müssen durch das Einfegen eines Boden-Sand-Gemischs (1 : 1) geschlossen werden.

Anschließend wird der Rasen zur Förderung des Bodenschlusses mit einer 100 bis 400 kg/m schweren Glattwalze diagonal überfahren (nach dem ersten Mähen wiederholen). Danach wird gründlich gewässert (15 l/m^2). Solange die Rasensoden nicht mit dem Boden fest verwurzelt sind (ca. 14 Tage), muss bei Trockenheit unbedingt gewässert werden. Je nach Witterungsverlauf sind pro Woche bis zu 3 Beregnungsvorgänge mit 10 bis 15 l/m^2 einzuplanen. Der Boden sollte dabei bis 5 cm tief durchfeuchtet werden. Dies ist immer wieder durch das Anheben von Soden zu kontrollieren. Besonders die Randbereiche sind aufgrund der schnellen Austrocknung intensiv zu wässern. Nach 5 Tagen ist der Rasen zum ersten Mal und danach mindestens einmal wöchentlich zu mähen.

4.6 Abnahme

Fertigrasen ist abnahmefähig, wenn er gleichmäßig und fest mit dem Boden verwachsen ist. Die projektive Bodenbedeckung (senkrecht von oben gesehen) muss der des jeweiligen Rasentyps entsprechen. Der letzte Schnitt vor der Abnahme darf, je nach Rasentyp, nicht länger als ein bis zwei Wochen zurückliegen (Tab. 1).

! Hinweis

Tipps und Wissenswertes zum Thema Fertigrasen bietet der 2004 gegründete
Deutsche Rollrasenverband e. V. (DRV)
http://www.rollrasen-verband.de

sowie die

Deutsche Rasengesellschaft e. V. (DRG)
http://www.rasengesellschaft.de

? Aufgaben

● 1. Fertigrasen wird immer aktueller. Beantworten Sie folgende Kundenfragen: a) Was versteht man unter Fertigrasen? b) Warum wird Fertigrasen auch als Rollrasen bezeichnet? c) Welche Maße weisen die üblichen Kleinrollen auf? d) Wovon hängt die Qualität eines Fertigrasens ab? e) Bei der Ernte der Rasenstücke wird durch die Wurzelzone geschnitten. Welchen wesentlichen Vor und Nachteil bringt dies mit sich? f) Wie lange darf Fertigrasen im aufgerollten Zustand maximal gelagert oder transportiert werden? g) Wann kann Fertigrasen ›

? Aufgaben

verlegt werden? h) Worauf ist beim Verlegen zu achten? i) Wann ist Fertigrasen abnahmefähig?j) Wie viel Wochen nach dem Verlegen kann ein Fertigrasen in der Regel genutzt werden?

◑2. Wie sollte der zur Anzucht von Fertigrasen verwendete Boden beschaffen sein?

○3. Nach welcher Zeit ist Fertigrasen im Allgemeinen erntereif (schälfertig)?

◑4. Welche Maßnahmen sind nach dem Verlegen von Fertigrasen durchzuführen?

○5. Auch bei noch so sorgfältiger Vorgehensweise beim Verlegen von Rollrasen lässt sich ein Verlust durch Bruch oder Eintrocknung nie ganz vermeiden. Mit welchem Verlust ist üblicherweise zu rechnen?

5 Fertigstellungspflege

Der Rasen ist fertiggestellt, wenn die Gräser einen gleichmäßigen Bestand in Wuchs und Verteilung bilden und eine weitgehend geschlossene Rasenfläche im geschnittenen Zustand vorliegt (Tab. 1, S. 377). Alle Leistungen, wie Beregnen, Düngen, Mähen und gegebenenfalls Pflanzenschutzmaßnahmen, die zur Erreichung dieses **abnahmefähigen Zustandes** erforderlich sind, fallen unter den Begriff der **Fertigstellungspflege** und müssen vertraglich vereinbart werden.

Der Umfang der einzelnen Leistungen wird in erster Linie vom Rasentyp, den Standortbedingungen und dem Witterungsverlauf bestimmt. Nach DIN 18917 ist bei Rasenansaaten, bei denen eine Fertigstellungspflege nicht üblich oder nicht vorgesehen ist, ein abnahmefähiger Zustand erreicht, wenn die Saat gleichmäßig aufgelaufen ist.

? Aufgaben

○1. Welches Ziel hat die Fertigstellungspflege?

◑2. Welche Leistungen zählen zur Fertigstellungspflege und wovon wird der Umfang der einzelnen Leistungen in erster Linie bestimmt?

○3. Wer haftet für Schäden, die während der Fertigstellungspflege entstehen?

○4. Wann ist laut DIN 18917 bei Rasenansaaten, bei denen eine Fertigstellungspflege nicht üblich oder nicht vorgesehen ist, ein abnahmefähiger Zustand erreicht?

6 Unterhaltungspflege

Die Rasenpflege nach der Abnahme, die sogenannte **Unterhaltungspflege**, dient der Erhaltung eines funktionsfähigen Rasens. Art, Umfang und Zeitpunkt der dazu notwendigen Leistungen haben sich an dem Begrünungsziel (Nutzung), den Standortbedingungen, dem Entwicklungsstand sowie an ökologischen Gesichtspunkten zu orientieren.

6.1 Regelmäßig erforderliche Leistungen

6.1.1 Mähen

Soll der Rasen dicht und begehbar bleiben, muss ein regelmäßiger Schnitt erfolgen. Der Schnittzeitpunkt, die Schnitthöhe und die Häufigkeit der Schnitte richten sich nach dem Rasentyp/der -funktion und dem Wachstum der Gräser (Tab. 2, S. 379). Bei zu spätem Schnitt werden die **Untergräser,** d. h. die langsamer wachsenden Gräser, durch Beschattung durch die schnellwachsenden Gräser in ihrer Entwicklung gehemmt. Sie bekommen weniger Licht, sterben ab und es entstehen Lücken.

Es sollte nie mehr als $^1/_3$ bis maximal die Hälfte der Blattmasse entfernt werden. Bei einer Höhe von 6 cm wird z. B. auf 4 cm geschnitten.

Je tiefer geschnitten wird, desto größer ist die Belastung für die Gräser und desto stärker ist die Austrocknung des Rasens bei Trockenheit. In Trockenperioden sollte deshalb nicht unter 4 cm Höhe geschnitten werden. **Der erste Schnitt findet gewöhnlich im April, der letzte im November statt** (der Rasen soll kurz in den Winter gehen). Befinden sich Blumenzwiebeln im Rasen, sollte erst nach dem Einziehen (Vertrocknen) der Blätter gemäht werden. In der Regel werden zunächst Wendestreifen und dann die Fläche in leicht überlappenden Streifen gemäht (1, S. 379). Wird so häufig gemäht, dass sich keine Grasschwaden bilden, kann das Mähgut als organischer Dünger liegen bleiben. Eine zusätzliche Düngung kann dadurch stark reduziert werden oder entfallen.

Maschinenauswahl

Neben **selbst fahrenden Mähern** werden vor allem Mäher zum Anbau an **Mehrzweckmaschinen** (Multifunktionsfahrzeuge) eingesetzt. Der Trend in der Grünflächenpflege geht zu möglichst vielseitig einsetzbaren, umweltschonenden und mit einem hohen Fahr- und Bedienungskomfort ausgestatteten Maschinen. Neben der **Standardausführung** des Kompaktschleppers – große Hinter- und kleine Vorderräder sowie Hinterachsenantrieb mit zuschaltbarem Allradantrieb – gewinnt die sogenannte **Truck-Bauweise**

Hohe Flächenleistung	Hoher Fahr- und Bedienungskomfort	Umweltschonende Technik
■ leichte und einfache Bedienung ■ hoher Fahrkomfort ■ ausreichend starke Motoren (15 bis 80 kW und mehr): → größere Arbeitsbreiten und höhere Fahrgeschwindigkeit → hohere Tragfähigkeit → Anbau von Gerätekombinationen → bei einer Überfahrt lassen sich mehrere Arbeitsgänge gleichzeitig durchführen ■ gute Wendigkeit bzw. enger Wendekreis → gute Ausmäheigenschaften ■ ausreichend große Sammelbehälter mit Füllstandanzeige ■ rasche Entleerung der Sammelbehälter (Hochraumentleerung) ■ breites Anbauprogramm → vielseitiger und ganzjähriger Einsatz (z. B. Winterdienst, Kehrarbeiten) ■ Kombination verschiedener Mähwerke, z. B. Front- und Seitenmähwerke → Vergrößerung der Gesamtschnittbreite ■ Möglichkeit zum einzelnen oder gemeinsamen Einsatz der Mähwerke ■ Mähwerke wahlweise mit Heckauswurf, Seitenauswurf oder als Mulchmähwerk ■ ausreichend große Tanks → nicht so häufiges Nachtanken erforderlich	■ einfache Bedienung (Schnellverschlüsse zum Gerätewechsel) ■ stufenlos verstellbarer hydraulischer Fahrantrieb zur leichteren Anpassung der Arbeitsgeschwindigkeit ■ erschütterungsgedämpfte und schallisolierte Vollkabine ■ ergonomisch gestaltete Fahrerkabine: bequeme, gefederte und stoßgedämpfte ergonomisch geformte Sicherheitssitze, verstellbare Lenksäule ■ voll verglaste Kabine mit Sichtfenster im Fußraum (Rundumblick auf alle Anbauräume!) ■ sichere Bauweise, z. B. vom Fahrersitz zu betätigende Schnellkuppler-Dreipunkt-Aufnahme für Arbeitsgeräte (Vermeidung von Quetschungen!) ■ automatische Abschaltung des Mähwerks beim Absteigen von der Maschine ■ Straßenverkehrsausstattung (Verkehrstauglichkeit) ■ Allradantrieb, Servolenkung	■ bodenschonende Niederdruckbreitreifen ■ recyclingfähige Materialien ■ niedrige Abgasemissionen ■ Betrieb mit nachwachsenden Rohstoffen, wie Rapsöl und Rapsmethylester, grünem Strom, synthetischen Kraftstoffen (E-Fuels) ■ geringer Kraftstoffverbrauch ■ Abgaskatalysatoren, Rußfilter bei Dieselfahrzeugen ■ chromat- und bleifreie Lackierung ■ asbestfreie Brems- und Kupplungsbeläge ■ Hydraulikanlagen mit biologisch abbaubarem Hydrauliköl (Bio-Hydrauliköl) ■ niedriger Geräuschpegel (Elektromäher mit Wechselakkus, leise und umweltfreundlich)

Tab. 1 Kriterien für die Maschinenauswahl

Rasentyp nach DIN 18917	Schnittzeitpunkt			Schnitthäufigkeit[1]
	minimale Wuchshöhe cm	maximale Wuchshöhe cm	Schnitthöhe cm	
Zierrasen	3	6	2 bis 3	30 bis 60
Gebrauchsrasen	6	10	3 bis 4	10 bis 20
Strapazierrasen	6	8	3	15 bis 30
Landschaftsrasen (Extensivrasen)[2]	–	–	6 bis 10	1 bis 3

1 Abhängig vom/n Leistungsziel, Standortverhältnissen, Witterungsverlauf, Nutzung und Pflegemaßnahmen, ökologischen Aspekten hinsichtlich Flora und Fauna sind erhebliche Abweichungen möglich.
2 Gilt auch für wiesenähnliche Flächen.

Tab. 2 Schnittzeitpunkt, -höhe und -häufigkeit laut DIN 18919

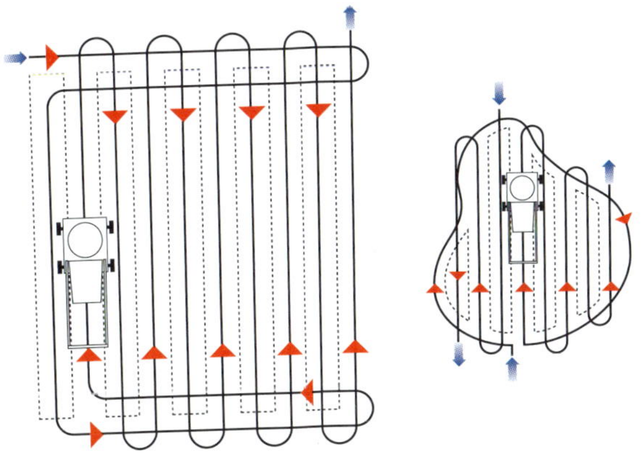

1 Zweckmäßiges Vorgehen beim Mähen von Rasenflächen

immer mehr an Bedeutung. Kennzeichen sind etwa gleich große Vorder- und Hinterräder sowie ein weiter Radabstand, der es ermöglicht, den Schwerpunkt der Maschine nach unten zu verlagern und damit die Standsicherheit, vor allem im hängigen Gelände, zu erhöhen (2, S. 384).

! Merke

Mähwerke gibt es für den Front-, Seiten-, Heck- und Zwischenachsenanbau. Man unterscheidet:

- Spindelmähwerke,
- Sichelmähwerke,
- Schlegelmähwerke,
- Balkenmähwerke und
- Kreiselmähwerke,

die an Mehrzweckmaschinen oder selbst fahrenden Mähern angebracht sind.

Spindelmäher

Beim **Spindelmäher**, auch als Walzenmäher bezeichnet, befinden sich an einer horizontalen Welle, der Spindel, schräg zur Achse angebrachte Messer, die von einer Walze bewegt werden (1, S. 382). Beim Rotieren der Trommel drehen sich diese gegen ein fest stehendes Untermesser (Scherenschnittprinzip). Entsprechend zeigen Spindelmäher den saubersten Schnitt. Probleme ergeben sich bei längerem Gras (höher als Mittelpunkt der Spindelwelle → Spindel kann Gras nicht einziehen und abschneiden), sodass Spindelmäher nur für intensiv gepflegte Flächen (z. B. Repräsentationsgrün, Strapazierrasen) geeignet sind. Besonderes Augenmerk ist auf die richtige Messereinstellung zu legen. In der Regel ist ein Rückwärtslaufen der Spindel zur Beseitigung von Verstopfungen möglich. Durch die Kombination mehrerer Messerwalzen (bis zu 5 m Arbeitsbreite) lassen sich hohe Flächenleistungen erzielen (2, S. 382). Ist der Mäher mit einem Walzenantrieb statt einem Radantrieb ausgestattet, können durch die beim Überfahren in eine Richtung gedrückten Gräser die klassischen Streifen im Rasen (s. Fußballübertragung im Fernsehen) erzeugt werden. Beim Blick in Fahrtrichtung wirken die Streifen hell, gegen die Fahrtrichtung dunkel. Je schwerer die Walze, desto deutlicher das Streifenmuster. Bei enger Schnittfolge, in der Hauptwachstumszeit zweimal wöchentlich, kann das Schnittgut liegenbleiben. Nachteilig ist die hohe Empfindlichkeit gegenüber Fremdkörpern und damit einhergehend die deutlich höheren Wartungskosten gegenüber Sichelmähern.

Sichelmäher

Sichelmäher sind die verbreitetsten Rasenmäher. Kennzeichen ist der an einer senkrechten Achse horizontal angebrachte Messerbalken, der mit hoher Geschwindigkeit (50 bis 60 m/s) um seine eigene Achse rotiert (3, S. 382). Durch die Rotation wird ein Sog verursacht, der das Gras vor seinem Schnitt (schlagender Schnitt) aufrichtet. Sichelmäher sind robuster als Spindelmäher und eignen sich auch zum Mähen von höherem Gras. Ihre Schnittqualität ist im Vergleich zum Spindelmäher jedoch nur befriedigend. Im Hinblick auf die Schnittqualität sind **Frontsichelmäher** (Mähwerk vor den Vorderrädern) den **Zwischenachsensichelmähern** (Mähwerk zwischen Vorder- und Hinterachse) vorzuziehen, da sie das Gras schneiden, bevor es von den Vorderrädern überrollt und platt gedrückt wird. Zur Erhöhung der Schnittleistung werden **Kombinationsmäher (Großflächenmäher)** mit mehreren Sichelmesser-Einheiten eingesetzt (4, S. 382). Mit ihnen können Arbeitsbreiten bis zu 5 m erreicht werden. Sichelmäher sind gut für den Gebrauchsrasen, aber auch für Spiel- und Liegewiesen geeignet. Wird weniger als 2-mal pro Woche geschnitten, ist es sinnvoller, den Rasenschnitt abzukehren und zu kompostieren bzw. zum Mulchen zu verwenden.

Mulchmäher oder **Recycler-Mäher** besitzen speziell konstruierte und angeordnete Sichelmesser, die das Schnittgut möglichst lange in Schwebe halten und dadurch extrem fein häckseln. Mit dem Luftstrom des Messerwerks wird das zerkleinerte Grün zwischen die Grashalme geblasen, wo es als Gründünger (Reduzierung der Düngung um ⅓) liegen bleibt (2 und 3, S. 383). Das Aufsammeln, Entleeren sowie Entsorgungskosten entfallen. Umso kürzer der Schnitt, desto weniger Grasschnitt kann ein Rasen aufnehmen. Entsprechend sollte er nicht tiefer als 4 bis 5 cm geschnitten werden. Eine schnelle Zersetzung (ansonsten Verfilzungsgefahr!) erfordert keine zu große Schnittgutmenge, sodass alle 4 bis 5 Tage, mindestens aber einmal wöchentlich gemäht werden sollte. Die Arbeitsgeschwindigkeit eines Mulchmähers ist etwas langsamer als die des Sichelmähers, die Schnittqualität ist aber besser. Probleme können bei zu hohem (ab 15 cm) und nassem Gras auftreten. Auch höherer Aufwuchs lässt sich beseitigen, jedoch sind dann zwei Übergänge mit abgestuften Schnitthöhen notwendig. Häufig sind Recycler-Mäher so ausgerüstet, dass sie bei Bedarf vom Mulchmähwerk auf das normale Mähwerk mit Heck- oder Seitenauswurf umgestellt werden können. Bei einer Kombination von Mulch- und Auswurfmäher sind zwei von der Luftströmung recht gegensätzliche Aufgaben miteinander zu vereinen. Mulchmäher sind auch für die Laubbeseitigung gut verwendbar, da sie auch die Blätter derart zerkleinern, dass sie auf der Fläche verbleiben können.

Mähroboter sind Mulchmäher, die selbstständig Rasenflächen mähen können (1, S. 381). Zahlreiche Sportplätze werden heute bereits mithilfe von Großflächenrobotern (Schnittbreite 105 cm, für Rasenflächen bis 20.000 m²) automatisch gemäht, z. T. mit GPS-Unterstützung. Auch immer mehr Privatleute verwenden Mähroboter zur Pflege ihrer Rasenflächen. Als Außenbegrenzung der zu mähenden Flächen dient in der Regel ein Draht, der an einen Signalgeber angeschlossen wird (Induktionsschleife) und direkt auf oder flach in den Boden verlegt wird, sodass der Mähroboter seine Mähflächen erkennen kann (2, S. 381). Hindernissen wie Bäumen oder Gartenmobiliar weicht er aus. Nach mehrstündiger Arbeitszeit kann er zum Aufladen seine Garage aufsuchen und bei Bedarf die Mäharbeit anschließend fortsetzen. Geräte, die die Rasenbegrenzung über Sensoren erkennen, benötigen kein Begrenzungskabel.

Punkte, auf die beim **Kauf eines Mähroboters** geachtet werden sollte: Flächenleistung, Schnittbreite und -höhe, Akkuleistung und -kosten, Ladezeit, Lautstärke (möglichst leise, da Dauerbetrieb), Softwareausstattung, Ausstattung mit Sensoren (z. B. Regensensor), Diebstahlsicherung (Alarm, Sperre, PIN-Code), Verhalten bei Steigungen/Gefälle sowie unebenen Flächen und Hindernissen.

Da Mähroboter nahezu alles zerkleinern, was auf dem Rasen liegt, stellen sie auch eine Gefahrenquelle dar. Vor allem Kleinkinder und Tiere können bei ungenügendem Abstand mit ihren Gliedmaßen in das laufende Messer geraten, was schwerste Schnittverletzungen zur Folge haben kann (1, S. 383). Zudem können erfasste Gegenstände weggeschleudert werden und defekte Messerteile wegfliegen.

1 Mähroboter

Entsprechend sollten **Sicherheitsmaßnahmen** eingehalten werden:

- während des Betriebs sichere Distanz einhalten
- während des Mähens Gerät nicht unbeaufsichtigt lassen
- nicht mähen, wenn sich Kinder, Haustiere oder andere Personen in der Nähe befinden
- regelmäßige Wartung und Pflege des Mähroboters.

2 Mähroboter im Einsatz
a) Mähroboter (4) fährt nach dem Zufallsprinzip die Fläche ab.
b) Mähroboter mit Navigationssystem vermisst die Fläche und berechnet eine effiziente Route. Der Rasen wird in parallel verlaufenden Bahnen gemäht.
(1) Begrenzungskabel zur Begrenzung der Mähfläche. Damit der Mäher das Kabel nicht durchschneidet, wird es glatt auf dem Boden verlegt und mit Haken befestigt. Nach wenigen Monaten ist es überwachsen. Gegebenenfalls können auch mit dem Spaten Schlitze gestochen werden und das Kabel 5 bis 10 cm tief in den Boden gelegt werden.
(2) Das Leitkabel, das mit dem Begrenzungskabel verbunden wird, weist dem Mäher den Weg zurück zur Ladestation (3), wenn der Timer den Befehl gibt oder der Mähroboter wieder aufgeladen werden muss.

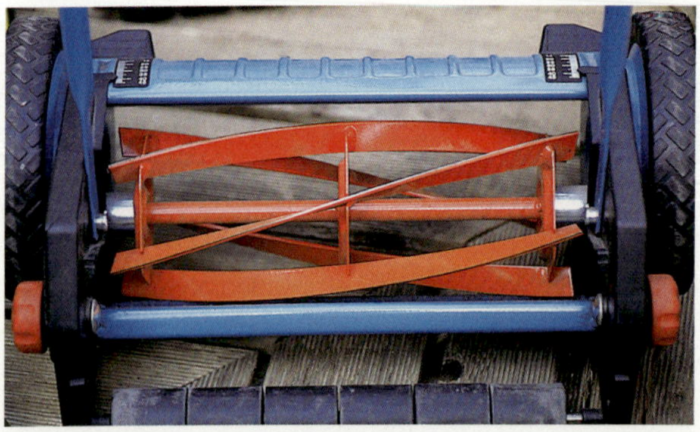

1 Messerspindel

2 Hohe Flächenleistung durch Kombination mehrerer Spindeln

3 Messerbalken eines Sichelmähers

4 Kombinationsmäher mit mehreren Sichelmesser-Einheiten

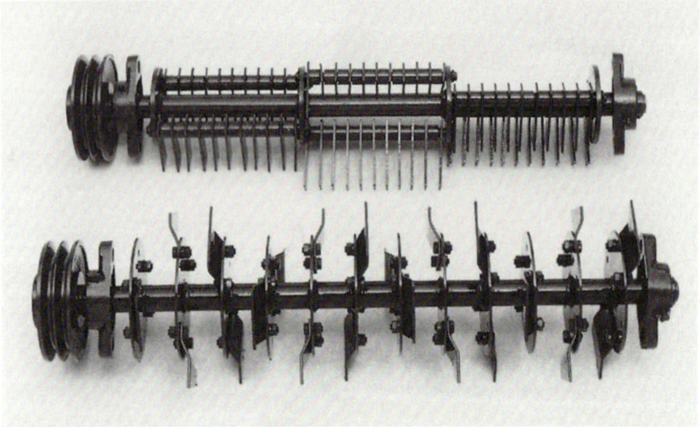

5 Messerwelle für Schlegelmäher (oben), für Vertikutierer (unten)

6 Schlegelmäher am Ausleger

7 Balkenmäher

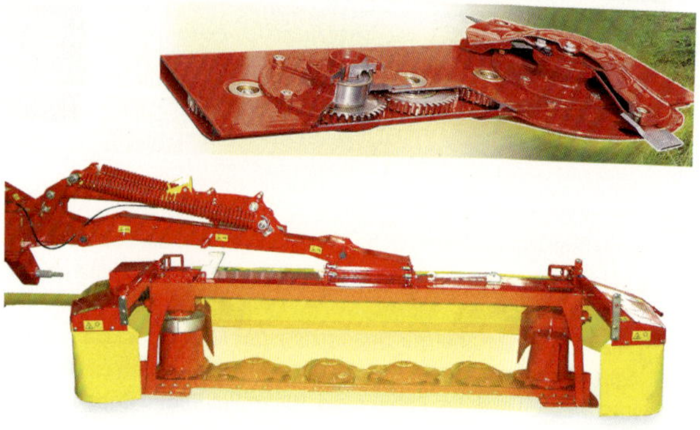

8 Kreisel-/Scheibenmäher

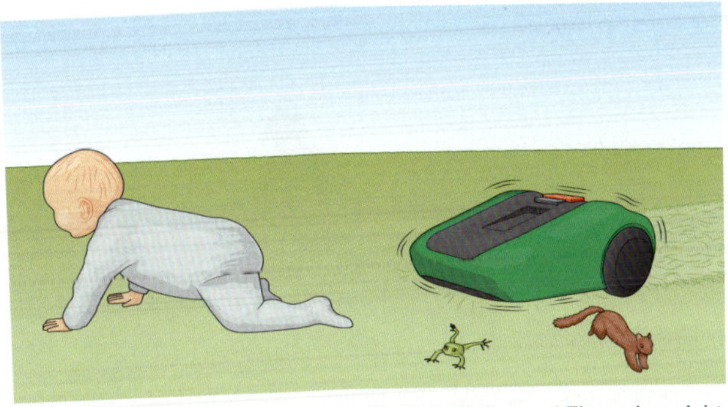

1 Mähroboter stellen vor allem für Kleinkinder und Tiere eine nicht zu unterschätzende Gefahr dar. Nach Einbruch der Dämmerung sollten sie zum Schutz nachtaktiver Kleintiere, z. B. Igel, nicht eingesetzt werden.

2 Recycler-Mäher mit drei Messerkreisen

Das geschnittene Gras gelangt in die nach außen geschlossenen Mulchgehäuseglocken, wo es verwirbelt wird.

Durch besonders angeordnete Spezialmesser wird das Gras in zwei Ebenen geschnitten.

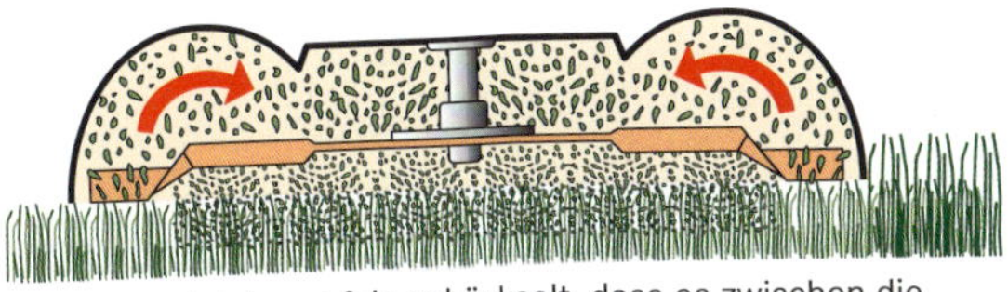

Das Gras wird derart fein gehäckselt, dass es zwischen die Grashalme fällt.

3 Funktionsweise eines Recycler-Mähers

4 Mähwerk eines Feinschnittschlegelmähers

Schlegelmäher

Bei den **Schlegelmähern** sind an einer horizontalen Welle frei schwingende winkel- oder Y-förmige Messer montiert (5 und 6, S. 382). Schlegelmäher sind besonders robust, weil die Schlegelmesser aufgrund ihrer Anbringung Steinen oder sonstigen Fremdkörpern ausweichen können und auch Bodenunebenheiten und groben, hohen Bewuchs nicht nachtragen. Beim Mähen rotiert die Welle gegen die Fahrtrichtung. Das Mähgut wird so fein zerschlagen (8 bis 15 cm), dass es auf der Fläche liegen bleiben kann. Ihre Schnittqualität ist jedoch nur für extensiv gepflegte Flächen ausreichend (z. B. Straßenböschungen, Gräben). Die Messer lassen sich einfach auswechseln. Auch können sie in aller Regel gegen Vertikutiermesser ausgetauscht werden. Es kann auch gleichzeitig gemäht und vertikutiert werden.

Feinschnittschlegelmäher (4) stellen eine Weiterentwicklung der robusten Extensivschlegelmähertechnik dar. Sie zerkleinern das Mähgut auf 3 bis 5 cm, sodass ihre Schnittqualität mit der eines durchschnittlichen Sichelmähers vergleichbar ist. Entsprechend sind derartige Mäher für den Schnitt von Gebrauchsrasen- wie auch Extensivrasenflächen geeignet. Vorteilhaft ist ihre geringe Empfindlichkeit gegenüber Fremdkörpern auf der Mähfläche → geringere Wartungs- und Reparaturkosten. Im Vergleich zu Spindelmähern sind höhere Schnitthöhen möglich → verlängerte Mähintervalle → geringere Betriebskosten (Kraftstoff, Personal). Vorteilhaft gegenüber Sichelmähern sind die besseren Mulchergebnisse, vor allem bei feuchter Witterung, und die geringere Steinschlaggefahr.

Balkenmäher

Balkenmäher (7, S. 382) werden zum Mähen von hohem Gras (z. B. an Böschungen, im Hangbereich, Straßenrändern und Gräben), Schilfflächen und Blumenwiesen eingesetzt. Die Mähbalken werden als Fingermähwerke (Fingerbalken, (1, S. 384) und Doppelmessermähwerke/-balken (2 und 3, S. 384) angeboten. Obwohl Balkenmäher das Gras scherenartig abschneiden, ist ihre Schnittqualität nur für extensiv gepflegte Flächen geeignet.

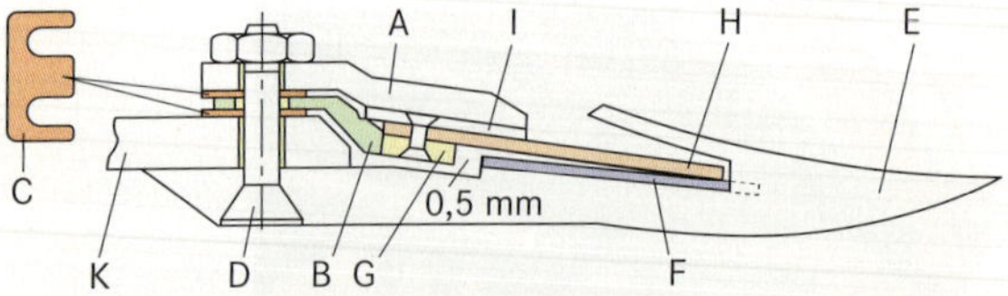

A Messerhalter, B Messerführungsplatte, C Ausgleichslamellen, D Fingerschraube, E Finger, F Fingerplatte, G Messerrücken, H Messerklinge, I Räumplatte, K Fingerbalken

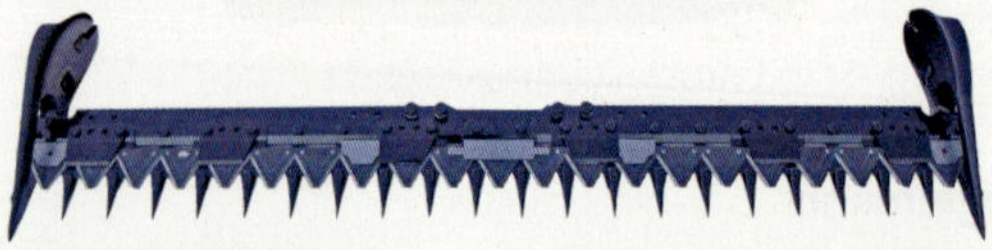

1 Fingermähwerk

2 Doppelmessermähwerk als Frontbalkenmäher, Arbeitsbreiten von 210 bis 375 cm

3 Anfahrsicherung: Beim Kontakt des Schneidewerks mit einem Hindernis weicht das Mähwerk nach hinten/oben aus; das Schneidwerk bleibt stehen, wenn ein Fremdkörper ins Messer gelangt

Kreisel- oder Scheibenmäher

Kreisel- oder Scheibenmäher (**8**, S. 382) verfügen über horizontal rotierende Kreisel/Scheiben (Kreisel-/Scheibenmähwerk), an denen zwei oder vier bewegliche (pendelnde), austauschbare Messer angebracht sind. Zwei Kreisel arbeiten gegenläufig zusammen. Wegen der hohen Messergeschwindigkeit (60 bis 80 m/s) benötigen sie keine Gegenschneide. Das Schnittgut wird in Schwaden abgelegt (Schwadenmäher). Zum Schutz vor wegschleudernden Steinen sind Schutztücher am Mähwerk angebracht.

4 Freischneider

Kreiselmäher dienen zum Mähen von hohem Gras und werden vor allem in der Landwirtschaft oder beim Mähen in schwierigem Gelände eingesetzt. Auch für den Schnitt von Wiesen/Blumenwiesen sind sie gut geeignet. Kreiselmäher weisen eine hohe Flächenleistung auf. Durch Kombination zweier Mähwerke lässt sich diese weiter erhöhen. Auf sehr weichem Untergrund (z. B. auf Feuchtwiesen oder Mooren), wo herkömmliche Maschinen aufgrund ihres Gewichtes einsinken würden, werden mit Kreiselmähwerken ausgerüstete Raupenfahrzeuge eingesetzt.

Freischneider

Freischneider (**4**), auch als **Rasentrimmer** bezeichnet, dienen zum Grasschnitt an für Mäher schwer zugänglichen Stellen, z. B. zwischen Gehölzen oder entlang von Zäunen. Freischneider, die nach dem Heckenscherenprinzip arbeiten, bieten dem Anwender mehr Sicherheit und schützen die empfindliche Rinde der Gehölze vor Verletzungen (**1**, S. 385).

Schnittgutaufnahme

Grasauffangvorrichtungen (**2**, S. 385) sollten nicht zu klein bemessen sein, da der Aufwand für das Entleeren sonst größer ist, als der Einsatz einer Kehrmaschine.

Rasenkehrmaschinen sind in der Regel auch zur Aufnahme von Laub, Vertikutier- und geschlegeltem Mulchmaterial geeignet (**3**, S. 385). **Großflächenmäher** sind in aller Regel mit Materialaufsammelsystemen ausgestattet, deren Mähcontainer üblicherweise ein Fassungsvermögen von 300 bis 900 Liter aufweisen (**1**, S. 386). **Großraumaufnahmegeräte** bringen es bis auf 6500 Liter.

Mehr Sicherheit bietet ein Freischneider, der nach dem Heckenscherenprinzip arbeitet. Durch die gegenläufig schneidenden Messer werden Schnittgut oder Fremdkörper nicht fortgeschleudert.

Sinnvolles Freischneiderzubehör, z. B. Freischneider mit zurückklappbarem Kanten- und Rindenschutz, vermeidet Verletzungen an der empfindlichen Rinde der zu pflegenden Kulturen und schützt das Schneideblatt vor Beschädigungen.

Vor dem Anbau des Grasschneideblatts muss der Schutz für Metallschneidwerkzeuge angebaut sein. Auf korrekte Montage, festen Sitz und einwandfreien Zustand des Schneidewerkzeugs ist zu achten.

Rückentragbare Freischneider verteilen das Maschinengewicht auf beide Schultern, wobei die Last auf dem Rücken günstiger zu handhaben ist als bei seitlich getragenen Geräten.

1 Sicherer Umgang mit Freischneidern

2 Mäher mit Grasauffangvorrichtung

3 Rasenkehrmaschine

4 Hochkippentleerung

1 Großflächenmäher mit Mähcontainer

Üblich sind Sichelmäher, bei denen das geschnittene Gras mithilfe eines Sauggebläses am Auswurf abgesaugt und über einen seitlich oder zentral angebrachten Absaugkanal/-schlauch in den Container geblasen wird (1). Mit einer hydraulischen **Hochkippentleerung** können die Container (Sammelbehälter, Hochkippbunker) auch in höhere Behälter oder auf Transportfahrzeuge mit Bordwand rasch entleert werden (4, S. 385). Bei der Verwendung von Spindelmähern wird das Schnittgut, wenn erforderlich, von Rasenkehrmaschinen aufgesammelt.

Unfallverhütung (2)

> **! Achtung**
>
> Da es beim Einsatz von Mähgeräten immer wieder zu Unfällen mit vor allem schweren Hand- und Fußverletzungen kommt, ist bei der Arbeit mit diesen Geräten besonders auf ein sicherheitsgerechtes Verhalten zu achten!

6.1.2 Düngen

Düngermenge

Ein Rasen kann sich nur optimal entwickeln und die gewünschten Eigenschaften zeigen, wenn er entsprechend seinem Bedarf mit Nährstoffen versorgt wird. Von besonderer Bedeutung für das Wachstum der Gräser ist der Stickstoff, der sozusagen der „Motor" des vegetativen Wachstums ist. Der **N-Bedarf** (Tab. 2, S. 387) der Rasenflächen hängt in erster Linie von deren Nutzung und damit vom Rasentyp ab. Je häufiger der Rasen geschnitten wird, desto höher sind seine Nährstoffansprüche, da zusammen mit dem Schnittgut Nährstoffe abgeführt werden. Bleibt das Schnittgut hingegen liegen, kann die **Düngung** reduziert werden: Auf schwach wachsenden Flächen um 5 g N/m^2, auf stark wachsenden Flächen um 10 g N/m^2.

Zur Vermeidung von Verbrennungen (Verätzungen) und N-Auswaschungen sollte beim Einsatz von schnell wirkenden (wasserlöslichen) Düngern die **N-Menge pro Düngergabe** 5 g N/m^2 nicht überschreiten. Bei Verwendung von **Depotdüngern** kann entsprechend den Herstellerangaben erhöht werden, bei Depotdüngern mit mittlerer Langzeitwirkung (etwa 3 bis 4 Monate, z. B. Isodur) auf 12 g N/m^2 und bei längerer Wirkungsdauer auf 25 g N/m^2.

Bei **N-Mangel** kommt es zu Wachstumshemmungen (schwache Blatt- und Wurzelentwicklung) und einer hellgrünen bis gelben Verfärbung (Vergilbung) der Gräser. Eine **N-Überdüngung** führt nicht nur zu einer dunkelgrünen Färbung der Gräser, sondern auch zu einem höheren Mähaufwand, einer verstärkten N-Auswaschung und krankheitsanfälligeren Pflanzen.

Eine **umweltschonende Düngung** setzt eine genaue Nährstoffbedarfsermittlung anhand einer **Bodenuntersuchung** voraus. Zur **Bestimmung des N-Bedarfs** ist zu Beginn der Vegetationsperiode der im Boden pflanzenverfügbare N-Vorrat mithilfe der N_{min}-Methode zu ermitteln. Dazu wird eine **repräsentative Bodenprobe** bei Extensivrasenflächen aus einer Bodentiefe von 0 bis 30 cm, 30 bis 60 cm und 60 bis 90 cm, ansonsten aus 0 bis 30 cm genommen.

Die Höhe der N-Düngung ergibt sich aus dem N-Bedarf des Rasens (Tab. 2, S. 387) **minus dem N-Gehalt des Bodens**. In Wasserschutzgebieten sollte zur Vermeidung von N-Auswaschungen die N-Düngung um 20 % verringert werden (Risikoabschlag). Anhand der Analyseergebnisse

2 Die Persönliche Schutzausrichtung (PSA) ist eine Ausrüstung zum Schutz gegen ein Risiko oder mehrere Risiken. Die Abbildung zeigt die Persönliche Schutzausrüstung bei der Durchführung von Grünpflegearbeiten.

Rasentyp	Jan.	Feb.	März	April	Mai	Juni	Juli	Aug.	Sept.	Okt.	Nov.	Dez.
Zierrasen				30 g/m²		30 g/m²		30 g/m²				
Gebrauchsrasen				15 g/m²		15 g/m²		15 g/m²				
Strapazierrasen				30 g/m²		30 g/m²		30 g/m²				
Verwendeter Dünger	Rasendünger mit Langzeitwirkung 20 : 5 : 8 : 2											

Tab. 1 Jahresdüngepläne (Praxisbeispiele) – die Verwendung von Rasendünger gewährleistet eine ausgeglichene Nährstoffversorgung

Rasentyp nach DIN 18917	Stickstoff (Rein-N) g/m² je Jahr	P_2O_5[1] g/m² je Jahr	K_2O[2] g/m² je Jahr
Zierrasen	15 bis 20	0 bis 8	0 bis 16
Gebrauchsrasen	6[3] bis 10		
Strapazierrasen	15 bis 20		
Landschaftsrasen[4]	0 bis 3		

1 Je nach Bodenvorrat und Jahresstickstoffdüngung.
2 In Abhängigkeit von Tongehalt und Kalivorrat des Bodens etwa 40 bis 60 % der jährlichen Stickstoffgabe.
3 Wird nicht regelmäßig gedüngt, sind gegebenenfalls Erhaltungsdüngungen erforderlich.
4 Gilt auch für wiesenähnliche Flächen.

Tab. 2 Nährstoffbedarf von Rasenflächen nach DIN 18919

wird ein **Düngeplan** zur Nährstoffversorgung für das laufende Vegetationsjahr aufgestellt (Tab. 1).

Bei der **Untersuchung auf Phosphor, Kalium und Magnesium** ist eine Probeentnahme aus einer Bodentiefe von 0 bis 10 cm, an 10 bis 15 Stellen des Rasens, ausreichend. Eine Mischprobe von 300 bis 500 g reicht für eine Standarduntersuchung. Im Gegensatz zur N-Untersuchung, die jährlich erfolgen sollte, genügt es im Allgemeinen, wenn die P-, K- und Mg-Gehalte des Bodens in Abständen von 2 bis 3 Jahren überprüft werden.

Düngerauswahl

> **! Merke**
>
> Bei der Auswahl der N-Dünger kommt es vor allem auf eine möglichst gleichmäßige und bedarfsgerechte Nährstoffversorgung der Gräser über die gesamte Wachstumsperiode an.

Weitere **Auswahlkriterien** sind:

- Wirkungsgeschwindigkeit
- Dauer der Düngewirkung
- physiologische Wirkung, sauer oder alkalisch
- Anzahl notwendiger Düngegänge
- Kosten
- Nährstoffgehalt
- sonstige Bestandteile (z. B. Kalk, Spurennährelemente)
- Nährstoffverhältnis
- Ausbringungsmöglichkeit
- Streufähigkeit
- Verbrennungs-/Überdüngungsgefahr
- Auswaschungsverluste
- Geruchsentwicklung
- erforderliches Lagervolumen

Der Toleranzbereich der Rasengräser im Hinblick auf den **pH-Wert** des Bodens ist zwar recht groß, je nach Gräserart liegt er zwischen pH 5,0 und 7,5, das Optimum für die belastbaren Rasengräser *(Lolium perenne und Poa pratensis)* liegt jedoch bei pH 6,5. Deswegen sollten bei einem **pH-Wert < 5,0 physiologisch alkalisch wirkende Dünger**, die den pH-Wert erhöhen, und bei einem **pH-Wert > 6,5 physiologisch sauer wirkende Dünger**, die den pH-Wert absenken, eingesetzt werden.

Bei der **Verwendung von Mehrnährstoffdüngern** ist auf das richtige **Nährstoffverhältnis** zu achten. Als günstig gilt im Allgemeinen ein Verhältnis von
$N : P_2O_5 : K_2O : MgO = 1 : 0{,}3 : 0{,}8 : 0{,}2$.

Düngezeitpunkt

Für eine optimale Düngung ist auch die **Wahl des richtigen Düngezeitpunktes** von Bedeutung. Obwohl der richtige Düngetermin je nach Bodenart, Nutzungsintensität, Witterungsverlauf und Art des Düngers variiert, kann die Aufteilung der Düngergaben wie folgt aussehen:

1. Düngung:

- bei **leichten Böden** im **März/April**, vor Beginn des natürlichen Wachstumsschubs, zur Anregung des Wachstums
- bei **schweren Böden Ende Mai/Anfang Juni**, wenn das natürliche Wachstum nachlässt

1 Kastenstreuer

2 Schleuderstreuer

Restliche Düngergaben
Je nach Bedarf **zwischen Juni und Oktober/November**

Bei Gefahr von Pilzinfektionen sollte ab etwa Mitte August keine N-Düngung mehr durchgeführt werden. **In Wasserschutzgebieten darf zwischen dem 15. Oktober und 1. Februar nicht gedüngt werden!** Bei der Verwendung von schnell wirkenden Mineraldüngern liegen die **Dünge-intervalle** bei etwa 3 bis 4 Wochen. Der Einsatz von Depotdüngern führt zu einer Verringerung der Düngegänge.

Ausbringung

Um eine gleichmäßige Nährstoffversorgung zu gewährleisten und Verbrennungsschäden durch Düngeranhäufungen zu vermeiden, ist bei der Düngerausbringung unbedingt auf eine gleichmäßige Verteilung zu achten. Gewährleistet wird dies durch den Einsatz von **Kastenstreuern** (1), die in unterschiedlichen Größen und Arbeitsbreiten (90 bis 300 cm) angeboten werden. Beim Überfahren der Rasenfläche sollen sich die Fahrstreifen nicht überlappen. Werden **Schleuderstreuer** (2) eingesetzt, wird die erforderliche Düngermenge halbiert, um dann die eine Hälfte in Längs- und die andere Hälfte in Querrichtung auszustreuen. Die Düngerverteilung erfolgt etwa auf einer Breite von 2 bis 10 m. Geräte mit anbringbaren Randbegrenzern ermöglichen ein randgenaues Arbeiten. Beim Einsatz von **Schleuderstreuern** ist mit Überlappungen zu arbeiten (1, S. 389). Regnet es nicht nach der Düngung, sollte beregnet werden (2 × 10 bis 15 l/m²).

6.1.3 Wässern

Reichen die natürlichen Niederschlagsmengen nicht aus, muss gewässert werden (2, S. 389). Die **Wassergabe pro Gießvorgang** sollte den Boden mindestens 10 bis 15 cm tief durchfeuchten, damit genügend Wasser in die Wurzelzone gelangt. Dies fördert nicht nur die Entwicklung der Gräser, sondern aufgrund des damit angeregten tieferen Wurzelwachstums auch eine geringere Empfindlichkeit der Pflanzen während Trockenzeiten. Die verabreichten Wassermengen (10 – 12 l/m², 2 mal/Woche) können mithilfe von einfachen Regenmessern oder Wasseruhren (Wassermenge je Zeiteinheit ablesen und auf die bewässerte Fläche umrechnen) kontrolliert werden.

Faustregel: Lieber selten viel wässern als häufig wenig!

In diesem Zusammenhang darf nicht unerwähnt bleiben, dass das Bewässern größerer Rasenflächen auch eine Kostenfrage ist. Eine Möglichkeit zur Wassereinsparung und Reduzierung der Blattnässedauer ist das Bewässern in den frühen Morgenstunden, wenn die Verdunstung am geringsten ist.

! Hinweis

Es ist äußerst unwahrscheinlich, dass das **Wässern des Rasens bei intensiver Sonneneinstrahlung** zu Verbrennungen an den Blättern führt. Dies liegt daran, dass die Wassertropfen nicht die Form eines Brennglases aufweisen. Sie können das einfallende Licht deshalb nicht so bündeln, dass ein Brennglaseffekt auftritt. Allerdings besteht bei behaarten Blättern die Möglichkeit von Sonnenbranderscheinungen, da hier die Struktur der Haare gegebenenfalls zu einer Bündelung der Lichtstrahlen auf der Blattoberfläche führen kann. Im Wasser gelöste Salze, die nach dem Verdunsten des Wassers auf der Blattoberfläche zurückbleiben, können hingegen unter Umständen zu einer Schädigung des Blattgewebes führen. Daher ist es ratsam, auf die Qualität des Wassers zu achten, um Pflanzenschäden zu vermeiden.

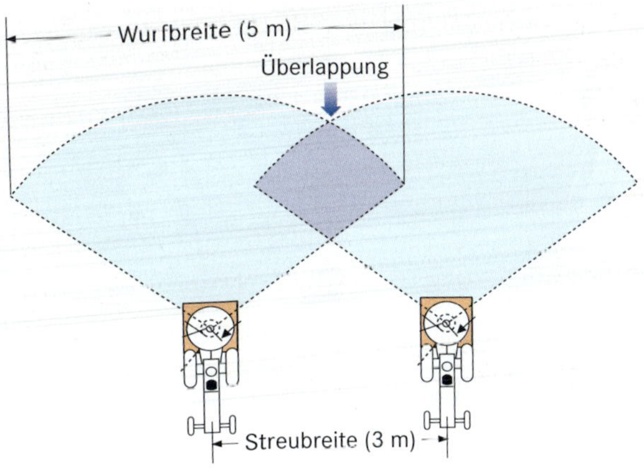

1 Düngerausbringung mit Schleuderstreuer

2 Viereckregner, gut geeignet zur Beregnung von quadratischen und rechteckigen Flächen

Bei längeren Trockenzeiten im Sommer und Wasserverknappungen muss zeitweilig ein vergilbter und auch verdorrter Rasen akzeptiert werden. Nach dem ersten Regen erholt er sich recht schnell wieder. Zur Beregnung von Rasenflächen stehen verschiedene **Regner** zur Verfügung. Auf größeren, intensiv genutzten Grünflächen wie Sport- und Golfplätzen werden **Beregnungsanlagen** eingebaut. Mit modernen Bewässerungssystemen lässt sich die Bewässerung der unterschiedlichsten Flächen bequem, genau, flächendeckend und vollautomatisch durchführen. Die Hersteller liefern genaue Planungs- und Verlegehilfen (s. Kap. Automatische Bewässerungsanlagen).

6.1.4 Laubbeseitigung

Anfallendes Laub ist von Zier-, Gebrauchs- und Strapazierrasen zu entfernen. Auf Extensivrasenflächen verbleibt es, wenn nichts anderes vereinbart wurde (DIN 18915). Eine Beseitigung kann z. B. aus Gründen der Verkehrssicherheit oder unerwünschten Vegetationsbeeinflussung erforderlich werden. Unrat muss ebenfalls im vereinbarten Umfang beseitigt werden.

6.2 Unregelmäßig erforderliche Leistungen

Die Erfahrungen haben gezeigt, dass – vor allem auf stark belasteten wie auch auf älteren, unzureichend gepflegten Rasenflächen – Düngung, Beregnung und Schnitt alleine nicht immer ausreichend sind, um über Jahre hinweg einen funktionsfähigen Rasen zu erhalten. Ist der Boden verdichtet, sind die Rasenflächen verfilzt, vermoost und verunkrautet, müssen tief greifende Pflegemaßnahmen, wie das **Vertikutieren** und **Aerifizieren**, durchgeführt werden. Zur langfristigen Verbesserung der Bodenstruktur sollten diese Maßnahmen zusammen mit einer **Besandung der Flächen** (s. Kap. 6.2.3) erfolgen. Gegebenenfalls sind auch **Nachsaaten** (s. Kap. 6.2.4) erforderlich.

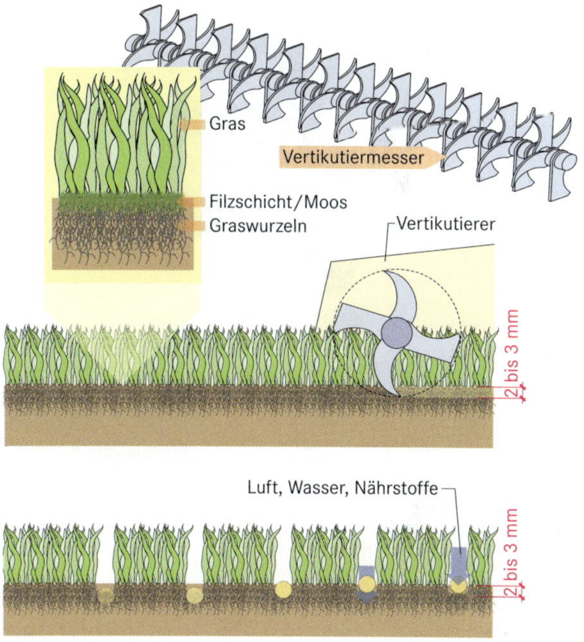

3 Vertikutieren

6.2.1 Vertikutieren (Senkrechtschneiden, 3)

Abgestorbene, nicht zersetzte Pflanzenreste können sich im Laufe der Zeit derartig miteinander verflechten, dass eine dichte Filzschicht im Bereich der Wurzelhalszone der Gräser entsteht, die das Eindringen von Wasser und Luft stark behindert. Auf kleineren Flächen kann dieser Rasenfilz mithilfe von Eisenrechen zerrissen und herausgeharkt werden – eine anstrengende Arbeit, die sich durch Verwendung spezieller **Vertikutierrechen**, mit denen der Rasen bei Bedarf kreuzweise durchkämmt wird, erleichtern lässt (1, S. 390).

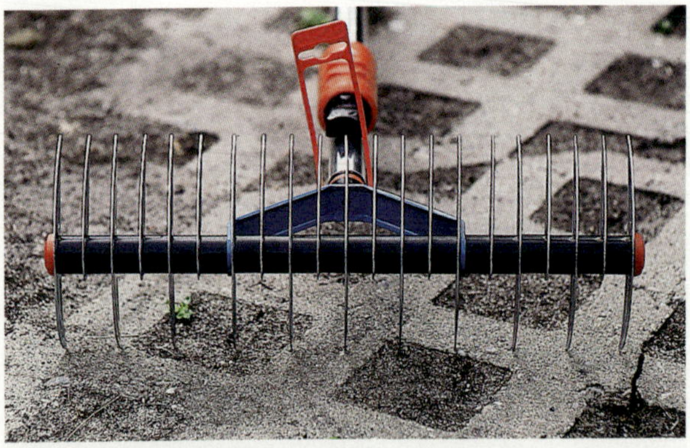

1 Vertikutierrechen

2 Schuhe mit Nägeln

3 Vertikutierer (s. auch 5, S. 382)

4 Schlitzmesser eines Aerifiziergerätes

5 Aerifiziergerät mit Hohlspoons

6 Besandungsgerät, Selbstlader

7 Schleppnetz

8 Bürstenmaschine

Noch einfacher, vor allem aber schneller, geht es mit **Vertikutiermaschinen** (**3**, S. 390), bei denen an einer mit hoher Geschwindigkeit rotierenden Welle senkrechte Messer dicht an dicht (Messerabstand ca. 2,5 bis 3,5 cm) angebracht sind. Durch die senkrecht schneidenden Messer wird die Filzschicht in der Wurzelhalszone zerschnitten und teilweise herausgerissen (**3**, S. 389). Lose aufgehängte Messer können, im Gegensatz zu festen, Steinen ausweichen.

Die Arbeitstiefe darf 2 bis 3 mm nicht überschreiten. Eine Tiefe von 4 bis 5 mm kann bereits die Grasnarbe stark schädigen. Da die Verletzungen der Blätter und Wurzeln den Wasserhaushalt der Gräser negativ beeinflussen, sollte nur während **guter Wachstumsbedingungen** und möglichst **feuchtwarmer Witterung** vertikutiert werden. Der herausgearbeitete Rasenfilz ist wegen seiner auflockernden Wirkung gut zum Mischen mit zum Kompostieren vorgesehenem Rasenschnitt oder auch zum Mulchen geeignet. Zur Aufnahme des Filzmaterials sind **Rasenkehrmaschinen** gut geeignet. Sind diese mit einer Vertikutiermesserwelle ausgestattet, lassen sich Vertikutieren und Aufnahme des Filzmaterials in einem Arbeitsgang durchführen. Die **Sammelcontainer** weisen allgemein eine Größe von 5 bis 7 m³ und mehr auf. Die Entladung erfolgt über **Hochkippeinrichtungen**, sodass das Material gleich auf ein bereitstehendes Transportfahrzeug abgekippt werden kann.

Durch das **Vertikutieren**

- werden Verfilzungen im Bereich des Wurzelhalses und Moosteppiche zerschnitten,
- werden verkrustete Bodenoberflächen aufgerissen,
- werden Rosetten bildende Wildkräuter geschwächt und dezimiert, Ausläufer bildende Wildkräuter (s. Kap. 7.2) können hingegen flächendeckend verbreitet werden,
- wird über eine verbesserte Belüftung der Grasnarbe das Wurzelwachstum der Gräser begünstigt,
- werden Bodenbakterien über eine bessere Sauerstoffversorgung gefördert, sodass Mähreste schneller abgebaut werden und einer Verfilzung entgegengewirkt wird,
- werden bei Ausläufer treibenden Gräsern die Tochterpflanzen von den Mutterpflanzen getrennt, sodass sie eigenständige Pflanzen bilden (dichte Grasnarbe),
- werden durch das Anschneiden der Grasnarbe die Gräser in ihrem Austrieb (Bestockung) gefördert.

Nach dem Vertikutieren und Entfernen des herausgeschnittenen Materials wird die Rasenfläche besandet (s. Kap. 6.2.3), gedüngt und gewässert. Die durch das Herausarbeiten von Rasenfilz und Moos entstandenen Lücken sollten durch Nachsaat (s. Kap. 6.2.4) schnell geschlossen werden, damit Wildkräuter sich nicht ansiedeln können. Der Rasen darf erst wieder betreten werden, wenn die Grasnarbe dicht geschlossen ist.

Arbeitsschritte beim Vertikutieren

1. Rasen auf etwa 2 cm Tiefe mähen und Mähgut entfernen
2. Fläche mit dem Vertikutiergerät überfahren
3. Herausgearbeitetes Material (Rasenfilz, Moos) entfernen (in der Regel sehr viel!) → als Mulchmaterial verwenden oder kompostieren
4. Besanden (2 bis 3 l/m², Körnung 0/2)
5. Fläche mit Schleppnetzen/Bürsten überfahren
6. Rasen düngen[1] und wässern
7. Rasen erst wieder betreten, wenn die Grasnarbe dicht geschlossen ist

Das Vertikutieren von nicht professionell genutzten Rasenflächen ist umstritten. Argumente dagegen sind:

- Auf **professionell genutzten Sportflächen** ist das oberste Ziel einen bei jedem Wetter bespielbaren Platz zu gewährleisten (Ziel hohe Belastung und Wasserdurchlässigkeit). Entsprechend besteht die Rasentragschicht fast nur noch aus Sand. In derartigen Böden **fehlt das Bodenleben**, das den entstehenden Rasenfilz abbauen könnte. Normale Gartenböden hingegen sind reich an Bodenorganismen.
- Moosbesatz ist nicht gleich Rasenfilz. **Hauptursache für Moos im Rasen ist vor allem N-Mangel.** Wird Stickstoff ausreichend gedüngt, verschwindet es von selbst.
- Die Entfernung von Moos durch senkrecht schneidende Messer verursacht zahlreiche Verletzungen (→ hohe Verdunstung), die die ohnehin schon gestressten Rasengräser zusätzlich schwächen. Zudem führt das Herausarbeiten von Moos zu großflächigen Kahlstellen im Rasen und schafft damit **Landebahnen für Wildkräuter**.

Merke

Das Vertikutieren ist eine Regenerationsmaßnahme, die nur bei Bedarf (Filzschicht > 10 mm) **und im Abstand von mehreren Jahren durchgeführt werden sollte.**

Hauptfehler: Es wird **zu früh, zu tief** und **zu oft** vertikutiert.

6.2.2 Aerifizieren (Belüften)

Das Aerifizieren dient zur Beseitigung oberflächennaher Verdichtungen auf belasteten Rasenflächen, d. h. im Bereich des Wurzelhorizontes. Dazu werden mit **Schlitz-**

[1] Am besten 10 Tage vorher

Ziel	Maßnahme	Bearbeitungstiefe	Häufigkeit (bei Bedarf)	Besandung (l/m²)
Beseitigung oberflächennaher Verdichtungen	Aerifizieren ■ Hohlwerkzeuge ■ Schlitzwerkzeuge	10 cm	 ■ 2- bis 3-mal/Jahr ■ monatlich	 ■ 5 ■ 3
Beseitigung von Rasenfilz und Vermoosung	Vertikutieren	2 bis 3 mm (!)	im Abstand von mehreren Jahren	2 bis 3

Tab. 1 Gegenüberstellung Aerifizieren und Vertikutieren

messern oder **Hohlwerkzeugen** Löcher in den Rasen geschnitten bzw. gestochen. Über diese Öffnungen gelangen Sauerstoff, Wasser und auch Nährstoffe leichter in den Wurzelbereich. Außerdem fördert die Lockerung des Bodens die Ausbreitung der Wurzel. Für das **Belüften** stehen neben **Nagelwalze** und **Grabegabel** oder **Schuhen mit Nägeln** (2, S. 390) zwei Arten von Geräten zur Verfügung, die in Form von selbst fahrenden Maschinen und Anhängegeräten angeboten werden.

Geräte mit Schlitzmessern

An einer rotierenden Welle befinden sich im Abstand von etwa 15 cm **Schlitzmesser** (4, S. 390), die die verdichtete Rasentragschicht aufschlitzen bzw. aufreißen. Eine Arbeitstiefe von 10 cm ist in der Regel ausreichend. Nach dem Aerifizieren wird die Fläche besandet. Bei Bedarf kann die Rasenfläche monatlich bearbeitet werden.

Da beim Einsatz von Schlitzwerkzeugen der Boden durch die Arbeitsweise der Messer dreiseitig verdichtet wird, muss vor dem Einsatz geprüft werden, ob der Rasen diese Verdichtungen noch aufnehmen kann. Ist dies nicht der Fall, sollten die effektiveren Hohllöffelwerkzeuge (Spoons) verwendet werden.

Geräte mit Hohlwerkzeugen

An einer rotierenden Welle befinden sich sogenannte **Hohl- oder Löffelwerkzeuge** (Spoons), die Erdkegel aus dem Boden herausstechen und durch einen Federmechanismus herauswerfen (5, S. 390). Auf dem Markt werden Geräte mit Hohlwerkzeugen von 1 bis 3 cm Durchmesser und Arbeitstiefen von 0,5 bis 40 cm (teilweise sogar bis 60 cm) angeboten. Der Boden sollte beim Aerifizieren nicht zu trocken sein, weil sonst durch das Nachrieseln des Bodens die Arbeitstiefe zu gering wird. Die **Tiefenlockerung**, bei der **Vollspoons** (keine Hohlspoons) eingesetzt werden, wird z. B. auf Sport- und Golfplätzen durchgeführt, wenn tiefere Bodenverdichtungen zu beheben sind und die Bespielbarkeit nicht wesentlich gestört werden soll. Durch eine hebelnde Bewegung der bei langsamer Fahrt eingestochenen Zinken wird der Boden gelockert und angehoben. Tiefer liegende Verdichtungen werden beseitigt, ohne die Grasnarbe zu zerstören. Durch eine nachlaufende Gitterwalze wird die Rasenoberfläche wieder leicht angedrückt.

Die Arbeitsbreiten der Maschinen liegen bei 60 bis 300 cm, die Anzahl der erzielbaren Löcher zwischen 50 und 700 pro m^2. Letztere hängt von der eingestellten Getriebedrehzahl (Zapfwellendrehzahl), der Arbeitsgeschwindigkeit und der Anzahl der Spoons ab. Laut VOB, DIN 18919 soll die **Zahl der Löcher pro m^2 mindestens 200** betragen.

Noch wichtiger als die Anzahl der Löcher ist ihre Tiefe. **Eine Arbeitstiefe von 10 cm gilt allgemein als ausreichend** (laut DIN 18919 Mindesttiefe 5 cm und Mindestdurchmesser 1 cm). Nach der Bearbeitung müssen die kleinen Erdkegel bei Böden ab Bodengruppe 4 entfernt werden. Bei leichten (sandigen) Böden können die durch das Abschleppen bzw. Kehren der Fläche zerkleinerten und aufgelockerten Bodenkegel direkt oder vermischt mit aufgefahrenem Sand in die Fläche eingeschleppt/-gekehrt werden. Wegen ihrer gleichmäßigen Entnahme sind sie auch gut zum Ausgleichen von geringfügigen Unebenheiten in der Rasenfläche geeignet.

Eine Bearbeitung der Rasenfläche mit Löffelwerkzeugen sollte höchstens 2 bis 3-mal pro Jahr (Tab. 1) erfolgen.

Neben Aerifiziergeräten mit Schlitz- oder Löffelwerkzeugen gibt es auch solche, an denen wahlweise Schlitz- oder Löffelwerkzeuge montiert werden können.

Arbeitsschritte beim Aerifizieren

1. Rasen mähen und abkehren
2. Fläche mit Aerifiziergerät überfahren
3. Besanden (3 bis 5 l/m^2, Körnung 0/2)
4. Fläche mit Schleppnetzen/Bürsten überfahren
5. Bei Bedarf düngen und wässern
6. Rasenfläche 3 bis 4 Wochen nicht betreten

6.2.3 Besanden

Vor allem bei bindigen Böden sollte zusammen mit dem Vertikutieren und Aerifizieren eine **Besandung** erfolgen. Durch das Verfüllen der Luftlöcher mit Sand kann über die Erhöhung des Grobporenanteils eine **dauerhaftere Verbesserung der Bodenstruktur** erreicht werden.

So lässt sich durch wiederholtes Aerifizieren mit anschließendem Besanden die Kornzusammensetzung des gesamten Oberbodens im Laufe der Zeit zugunsten des Sandanteils verändern. Diese Veränderung in der Kornzusammensetzung schwerer Böden fördert neben einer verbesserten Wasseraufnahme und Durchlüftung auch deren **Scherfestigkeit** (Widerstandskraft gegen Verformung/Verschiebung aufgrund von Kräften, die parallel zur Oberfläche wirken), was besonders für Strapazierrasen von Bedeutung ist.

Zum Besanden werden **Sande der Körnung 0/2** verwendet. Gut geeignet sind gewaschene (geringerer Schluff- und Tonanteil), mittel- und grobsandreiche Sande (Tab. 1), die eine enge Kornabstufung und eine raue Oberflächenstruktur (z. B. Lavasand) aufweisen.

Sande mit einem hohen Feinsandanteil und einer breiten Kornabstufung sind aufgrund ihrer höheren Wasserspeicherung und besseren Kapillarität zur Förderung der Wasserdurchlässigkeit und Durchlüftung des Bodens weniger geeignet. Aus dem gleichen Grund sollte der Schluff- und Tonanteil der verwendeten Sande möglichst gering sein. Andererseits fördern feinsandreiche Sande über eine Vergrößerung der Oberfläche die Angriffsflächen für Mikroorganismen, sodass organische Substanz, wie Mährückstände, schneller abgebaut wird. Damit wird einer Verfilzung des Rasens entgegengewirkt und auch der Düngeraufwand aufgrund der verstärkten Mineralisierung (Nährstoffrückführung) verringert.

Laut DIN 18919 soll der Schluffanteil höchstens 6 Gew.-%, der Feinsandanteil 20 bis 30 Gew.-% betragen. Als günstig gilt ein hoher Mittelkornanteil (35 bis 50 %, Tab. 1). Der pH-Wert der verwendeten Sande sollte mäßig sauer bis neutral sein.

Die Sande werden mithilfe von speziellen **Besandungsgeräten** in Mengen von 3 bis 5 Liter bzw. 2 bis 3 Liter/m^2 (ohne vorheriges Lüften) gleichmäßig auf die Fläche verteilt (6, S. 390). Um ein unnötiges Befahren mit schwerem Gerät und damit eine erneute Verdichtung des Rasens zu vermeiden, sollte die Kapazität der Geräte nicht zu klein bemessen sein. **Großstreuer** haben ein Ladevolumen von 2 bis 5 m^3. Ferner sollten Besander eine gleichmäßige Materialverteilung und eine möglichst stufenlos regelbare Ausbringmenge gewährleisten.

Bezeichnung	Korngröße
Grobsand	2 - 0,63 mm
Mittelsand	0,63 - 0,2 mm
Feinsand	0,2 - 0,063 mm

Tab. 1 Kornfraktion Sand

Aufgrund des hohen Gewichts von Sand müssen Besandungsgeräte mit Breitreifen ausgestattet sein. Viele Anbaubesander ermöglichen eine Selbstbeladung des Sandbehälters im Einmannverfahren (6, S. 390). Nach dem Verteilen wird der Sand mithilfe von **Schleppnetzen** (7, S. 390), **Bürstenmaschinen** (8, S. 390), **Stahlmatten** oder speziellen **Egalisiermatten** (egalisieren = ausgleichen), auf kleinen Flächen auch mit einem **Besen**, in die Aerifizierlöcher eingebracht. Als optimal gilt, wenn 30 bis 40 % des aufgebrachten Sandes in die Aerifizierlöcher gelangt.

6.2.4 Nachsaat

Zum Nach- oder Übersäen größerer Rasenflächen stehen spezielle **Nach-/Übersägeräte** (Overseeder) zur Verfügung. Schlitzmesser öffnen die Grasnarbe und legen den Samen einzeln ab.

Ein andere Möglichkeit ist der Austausch der Vorsatze bei der Rasenbaumaschine durch eine Perforierwalze, die Löcher in die Grasnarbe sticht, in die die Grassaat eingebracht wird.

Nachsaat von Fehlstellen im Rasen: Aufharken, Einsäen, Festtreten

! Hinweis

Ein **Nachsäen** (Übersäen) ist immer dann zu empfehlen, wenn

1. größere Lücken im Rasen, z. B. infolge von ungleichmäßiger Aussaat, unzureichender Bewässerung, Krankheits- oder Schädlingsbefall, auftreten,
2. die Grasnarbe überwiegend aus minderwertigen Gräsern besteht oder stark mit unerwünschten Wildkräutern durchsetzt ist,
3. die Gräserzusammensetzung nicht mehr den Anforderungen genügt oder
4. der bestehende Gräserbestand mit neuen Grasarten oder -sorten aufgefrischt bzw. ergänzt werden soll.

6.2.5 Regeneration – Rasenerneuerung ohne Umbruch

Nicht immer ist die Neuanlage eines Rasens notwendig. Bei bestehenden Rasenflächen ist häufig eine **Regeneration** ausreichend. Wiederholtes Regenerieren einer Fläche kann jedoch teurer werden, als den Rasen gleich umzubrechen und mit einer neuen Mischung einzusäen.

Arbeitsschritte bei der Rasenregeneration

1. Rasen extrem tief (≤ 2 cm) mähen und abkehren
2. Bei Bedarf Fläche mit dem Vertikutiergerät überfahren
3. Herausgearbeitetes Material entfernen
4. Fläche mit dem Aerifiziergerät (Hohlwerkzeuge) überfahren
5. Erdkegel entfernen
6. Besanden (3 bis 5 l/m², Körnung 0/2)
7. Fläche mit Schleppnetzen/Bürsten überfahren
8. Nachsäen (20 bis 30 g/m²)
9. Saatgut einarbeiten/mit Erde abdecken
10. Fläche leicht abwalzen
11. Düngen[1] und Kalken laut Bodenuntersuchung (bzw. 40 bis 50 g eines Depotdüngers pro m²; bei pH < 5,5 120 bis 150 g Kohlensaurer Kalk/m²)
12. Wässern, danach ggf. mit licht- und luftdurchlässiger Folie (z. B. Schlitzfolie) abdecken → kein Zuflug von Wildkrautsamen, günstiges Mikroklima
13. Rasen erst wieder betreten, wenn die Grasnarbe dicht geschlossen ist (6 bis 8 Wochen)

[1] Am besten 10 Tage vorher

6.2.6 Ausbesserungsarbeiten

1. Schadhafte Stelle markieren und mit dem Spaten herausstechen

2. Gelöste Sode so weit vorrücken, bis der beschädigte Teil über die Rasenkante hinausragt

3. Entlang eines auf der Rasenkante gelegten Brettes schadhafte Stelle mit dem Spaten abstechen

4. Passend zugeschnittene Rasensode in die Lücke einsetzen

5. Eingesetzte Sode andrücken

6. Abschließend leicht sanden und gründlich wässern

1 Reparatur beschädigter Rasenkanten

1. Schadhafte Stelle mit dem Spaten herausstechen

2. Boden der freigelegten Stelle lockern und mit Komposterde vermischen

3. Boden gleichmäßig andrücken und leicht aufharken

4. Neue Rasensode auf die Lücke legen und passend zuschneiden. Andrücken, absanden und gründlich wässern

2 Reparatur schadhafter Stellen im Rasen

Hinweis

Beschädigte Stellen im Rasen können ausgebessert werden, indem sie nachgesät oder mit Fertigrasen neu ausgelegt werden (**2**).

6.3 Pflege naturnaher Grünflächen

Letztendlich kann nur eine Fülle an unterschiedlichen Lebensräumen die Artenvielfalt in der Natur sichern. Der Erhalt bzw. die Schaffung naturnaher Grünflächen trägt dazu

1. Unebene Stelle kreuzförmig einschneiden

2. Rasendecke vorsichtig zurückschlagen

3. Vertiefungen mit Mutterboden auffüllen; bei Erhebungen Boden abtragen

4. Rasendecke auflegen, andrücken, absanden und gründlich wässern

1 Behebung von Vertiefungen oder Erhebungen im Rasen

! Merke

Eine naturnahe Grünflächenpflege, die das Ziel hat, möglichst vielfältige Lebensgemeinschaften zu erhalten bzw. zu schaffen, bedarf differenzierter Pflegekonzepte.

Obwohl sich eine naturnahe Grünflächenpflege in erster Linie an ökologischen Grundsätzen zu orientieren hat, darf bei der Erstellung von Pflegekonzepten auch nicht der berechtigte Anspruch der Bevölkerung auf Nutzung öffentlicher Grünflächen als Freizeit- und Erholungsraum außer Acht gelassen werden. Hinzu kommt, dass extensiv gepflegte Flächen unter Umständen eine höhere Akzeptanz in der Bevölkerung benötigen, wenn auch „Unordnung" von Seiten der Bevölkerung toleriert wird.

Anzahl der Schnitte	auf:
1 Schnitt alle 2 Jahre	1 % der Fläche
1 bis 2 Schnitte/Jahr	40 % der Fläche
3 bis 4 Schnitte/Jahr	7 % der Fläche
5 bis 7 Schnitte/Jahr	5 % der Fläche
8 bis 12 Schnitte/Jahr	14 % der Fläche
13 bis 20 Schnitte/Jahr	28 % der Fläche
über 20 Schnitte/Jahr	5 % der Fläche

Tab. 2 Pflegeintensität am Beispiel städtischer Grünflächen (Ergebnis einer Erhebung unter 15 Städten)

bei. Dies kann z. B. die Tolerierung von Trampelpfaden im Rasen, auf denen sich sogenannte Trittgesellschaften[1] etablieren, beinhalten (**1**, S. 396).

[1] Trittgesellschaften setzen sich aus Pflanzen zusammen, die trittfest sind und auf stark verdichteten Böden gedeihen können wie z. B. Breitwegerich, Weißklee, Vogelknöterich, Einjährige Wiesenrispe oder das Deutsche Weidelgras.

Vielschnitt (10 Mähgänge pro Jahr)	Zweimaliger Schnitt (Juni/Juli und Sept./Okt.)	Einmaliger Schnitt (Juli/August)
Positiv ■ sauberer, gepflegter Eindruck ■ Mähgut kann in der Regel auf der Fläche belassen werden ■ hohe Akzeptanz in der Bevölkerung ■ Pflegekosten häufig niedriger als bei 1- bis 2-maliger Mahd	**Positiv** ■ erhöhte Artenvielfalt ■ abwechslungsreiche, blühende Grünflächen ■ vielfältiges Angebot an Nahrung und Lebensräumen für Tiere ■ erhöhter Naturerlebnis- und Erholungswert ■ weniger Lärmbelästigung durch Mähgeräte	**Positiv** ■ s. zweimaliger Schnitt, aber geringere Artenvielfalt gegenüber einem zweimaligen Schnitt
Negativ ■ artenarm ■ geringes Angebot an Nahrung und Lebensräumen für Tiere ■ eintöniges Einheitsgrün ■ geringer Naturerlebniswert ■ höhere Lärmbelästigung durch Mähgeräte	**Negativ** ■ unsauberes Schnittbild ■ Unratansammlung ■ hoch wachsendes Grün wird häufig von Menschen und Hunden zertreten ■ Mähgutentsorgung durch Kompostierung ■ Entsorgungsprobleme bei Mähgut von den Rändern stark befahrener Straßen ■ hoher Aufwand für Öffentlichkeitsarbeit (zusätzliche Kosten!) ■ häufig höherer Pflegeaufwand als bei Intensivflächen	**Negativ** ■ s. zweimaliger Schnitt ■ ungepflegtes Erscheinungsbild durch umgedrücktes Gras, vor allem während der Wintermonate ■ Verkehrsbeeinträchtigung durch hohen Aufwuchs ■ aus Verkehrssicherheitsgründen zusätzliche kostenaufwendige Mahd (u. a. an Straßenkreuzungen und -einmündungen) ■ kaum Akzeptanz in der Bevölkerung ■ zusätzlicher Aufwand für die Bearbeitung von Bürgerprotesten

Tab. 1 Mögliche positive und negative Auswirkungen bei naturnaher Pflege von Grünflächen am Beispiel von Straßenbegleitgrün

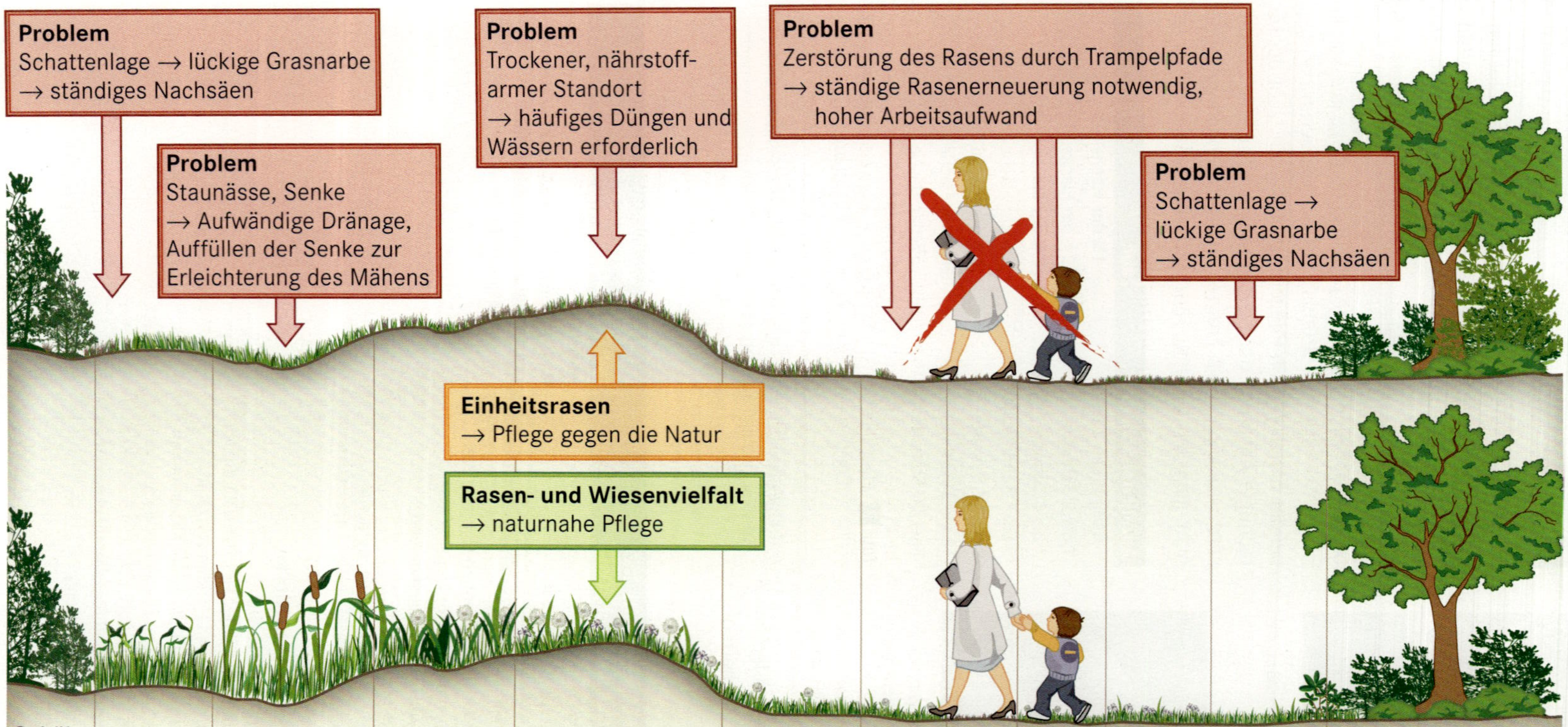

Gehölzsaum	Wiese	Feuchtwiese	Wiese	Magerrasen	Rasen	Trittrasen	Weg	Trittrasen	Rasen	Gehölzsaum	Bäume und Sträucher
0 – 1	1 – 2	1 – 2	1 – 2	1 – 2	8 – 20	0 – 5	–	0 – 5	8 – 20	0 – 1	Anzahl der Schnitte pro Jahr
← Balkenmäher, Schlegelmäher, Kreiselmäher →					Sichelmäher Spindelmäher		–	Sichelmäher Spindelmäher		Balken-, Schlegel-, Kreiselmäher	Geeignete Mähertypen
–	–	–	–	–	n. Bedarf		–	n. Bedarf			Düngen und Wässern

1 Eine naturnahe Grünflächenpflege bedarf differenzierter Pflegekonzepte
(nach: Niedersächsisches Landesverwaltungsamt, Fachbereich Naturschutz, Hannover)

pflegte Flächen häufig als ungepflegt empfunden und als wilde Müllkippen genutzt werden. Zudem hat sich herausgestellt, dass die extensive Pflege von Grünflächen im öffentlichen Bereich keineswegs unbedingt weniger Kosten verursacht als eine Vielschnittfläche. Häufig sind sie sogar höher, wozu neben den notwendigen unterschiedlichen Pflegekonzepten vor allem die Schnittgutentsorgung (zusätzliche Arbeitsgänge, hohe Kompostierungskosten) beiträgt (Tab. 2, S. 395).

! Merke

Die Pflege öffentlicher Grünflächen hat sich an den Besonderheiten des jeweiligen Standortes und der Art der Flächennutzung unter Berücksichtigung ökologischer und ökonomischer Aspekte zu orientieren.

? Aufgaben

◑ 1. Was versteht man unter der Unterhaltungspflege und wozu dient sie?

◑ 2. Sie übernehmen die Unterhaltungspflege für eine Rasenfläche. Mit welchen a) regelmäßigen und b) unregelmäßigen Leistungen müssen Sie rechnen?

◑ 3. Warum muss ein Rasen regelmäßig gemäht werden?

◑ 4. Wonach haben sich Schnittzeitpunkt, -höhe und -häufigkeit in erster Linie zu richten?

● 5. Kriterien für eine Maschinenauswahl zur Rasenpflege können z. B. sein a) hohe Flächenleistung, b) hoher Fahr- und Bedienungskomfort sowie c) umweltschonende Technik. Nennen Sie jeweils fünf Beispiele, wodurch diese Kriterien erfüllt werden können.

◑ 6. Was könnte für den Einsatz von Elektrofahrzeugen in öffentlichen Grünanlagen (z. B. Park- und Friedhofsflächen) sprechen?

● 7. Erstellen Sie zu den unterschiedlichen Mähwerken bei den Rasenmähern eine Tabelle mit den Spalten: Art des Mähwerks, Aufbau, Arbeitsweise, Vor- und Nachteile.

○ 8. Warum ist die Schnittqualität von Sichelmähern mit dem Mähwerk vor den Vorderrädern besser als von solchen mit dem Mähwerk zwischen Vorder- und Hinterachse?

● 9. Bei enger Schnittfolge – in der Hauptwachstumszeit zweimal wöchentlich – kann das Schnittgut liegen bleiben. Beurteilen Sie die Auswirkungen auf den Rasen.

›

? Aufgaben (Fortsetzung)

○ 10. Was versteht man unter einem Mulchschnitt?

◑ 11. Warum gewinnt in der öffentlichen Grünflächenpflege die Mulchtechnik immer mehr an Bedeutung?

◑ 12. Beschreiben Sie die Funktionsweise eines sogenannten Mulch- oder Recycler-Mähers.

◑ 13. Warum sind Mulch- oder Recycler-Mäher in erster Linie für intensiv gepflegte Flächen geeignet?

◑ 14. Worauf sollte aus arbeitswirtschaftlicher Sicht bei Rasenmähern mit Grasauffangvorrichtungen geachtet werden?

◑ 15. Was gehört zur persönlichen Schutzausrüstung bei der Durchführung von Mäharbeiten?

● 16. Nachfolgend sind mögliche Gefährdungen beim Umgang mit handgeführten Sichelmähern aufgeführt. Nennen Sie mögliche Folgen und Schutzmaßnahmen: a) Sofortiger Messeranlauf nach dem Starten, b) Unterschreitung des Fußabstandes zum Messer, c) Hände geraten an laufendes Messer, d) Wegschleudern erfasster Gegenstände durch hohe Messerdrehzahlen, e) Wegfliegen von Messerteilen, f) Unwucht des Messers, g) Brand, Explosion, h) heiße Teile, i) Abgase, j) Lärm.

● 17. Nachfolgend sind mögliche Gefährdungen beim Umgang mit Freischneidern aufgeführt. Nennen Sie mögliche Folgen und Schutzmaßnahmen:
a) Ungleichmäßige Belastung der Schultern,
b) Belastung der Handgelenke und Arme,
c) Unterschreitung des Abstandes zu den Schneidemessern, d) Lärm, e) Wegschleudern erfasster Gegenstände durch das Arbeitswerkzeug.

◑ 18. Warum ist der Einsatz von Saugmähern unter ökologischen Gesichtspunkten kritisch zu sehen?

◑ 19. Das Grüngut des Straßenbegleitgrüns von stark befahrenen Straßen kann erhöhte Schadstoffkonzentrationen aufweisen. Was bedeutet dies für die Entsorgung?

◑ 20. Wonach hat sich die Höhe der Düngung in erster Linie zu richten?

›

Aufgaben (Fortsetzung)

● 21. Machen Sie Vorschläge zur Höhe der N-Düngung pro m^2 und Vegetationsperiode für folgende Fälle:
a) Gebrauchsrasen, Schnittgut wird abgefahren,
b) Gebrauchsrasen mit mittlerer Belastung, Schnittgut wird zum Teil abgefahren,
c) Gebrauchsrasen mit mittlerer Belastung, Schnittgut wird nicht abgefahren,
d) Repräsentationsgrün, Schnittgut wird abgefahren,
e) Repräsentationsgrün, Schnittgut wird nicht abgefahren,
f) Sportplatz, Schnittgut wird nicht abgefahren,
g) Gebrauchsrasen in einem Wassereinzugsgebiet, Schnittgut wird abgefahren.

● 22. Tabelle 1, S. 387, zeigt Praxisbeispiele für Jahresdüngepläne. Beurteilen Sie diese im Hinblick auf den Nährstoffbedarf von Rasenflächen (Tab. 2, S. 387).

● 23. Überprüfen und beurteilen Sie die Jahresdüngepläne für Rasenflächen, die von Ihrem Betrieb gepflegt werden.

◑ 24. Für die Düngung eines Gebrauchsrasens mit mittlerer Belastung sind drei Düngergaben vorgesehen. Welche Düngetermine wären günstig?

○ 25. In welchen Intervallen sollte bei Grünflächen der Boden auf seinen Gehalt an Phosphor, Kalium und Magnesium untersucht werden?

● 26. Nennen Sie Kriterien, nach denen die Düngerauswahl erfolgen sollte.

◑ 27. Wie hoch sollten die Wassergaben pro Beregnungsvorgang bemessen sein?

○ 28. Warum sollte an heißen Sommertagen die Bewässerung über Nacht, am späten Abend oder frühmorgens erfolgen?

◑ 29. Vertikutieren – wozu dient es, wie wird es durchgeführt und worauf ist dabei zu achten?

◑ 30. Begründen Sie, warum gute Wachstumsbedingungen und feuchtwarme Witterung gute Voraussetzungen für das Vertikutieren sind.

◑ 31. Welche Nachteile bringt das Vertikutieren mit sich?

◑ 32. Warum tritt Moos bevorzugt im Bereich von Bäumen, Sträuchern und Hecken auf?

◑ 33. Was sind die Hauptfehler beim Vertikutieren?

● 34. Was spricht für ein Vertikutieren auf professionell genutzten Flächen, z. B. Sportplätzen?

◑ 35. In welchen Zeitabständen sollte das Vertikutieren durchgeführt werden?

◑ 36. Aerifizieren – wozu dient es, wie wird es durchgeführt und worauf ist dabei zu achten?

○ 37. Wie häufig kann das Aerifizieren mit a) Schlitzmessern und b) Hohlwerkzeugen erfolgen?

○ 38. Wie viel Sand sollte pro m^2 beim a) Aerifizieren und b) Vertikutieren ausgebracht werden?

◑ 39. Welche Eigenschaften sollten Sande zum Besanden von Rasenflächen aufweisen?

◑ 40. Warum sind Sande mit einem hohen Feinsandanteil und einer breiten Kornabstufung weniger zum Besanden im Rahmen des Aerifizierens geeignet?

● 41. Welche Vorteile hat die Verwendung von feinsandreichen Sanden beim Vertikutieren?

◑ 42. Warum sollte die Kapazität der Besandungsgeräte nicht zu klein bemessen sein?

◑ 43. Welche Vorteile bieten Maschinen, bei denen das Aerifizieren und Besanden in einem Arbeitsgang durchgeführt werden kann?

○ 44. Warum sollten Rasenbesandungsgeräte mit Niederdruckbreitreifen ausgestattet sein?

◑ 45. Wann ist ein Nachsäen zu empfehlen?

◑ 46. Beschreiben Sie die Arbeitsschritte bei der Rasenregeneration.

● 47. Worin liegt das wesentliche Ziel einer naturnahen Grünflächenpflege?

● 48. Diskutieren Sie mögliche positive und negative Effekte einer zwei-/einmaligen Mahd von Grünflächen.

○ 49. Warum genießt der traditionelle Vielschnitt von öffentlichen Grünflächen unter der Bevölkerung eine große Akzeptanz?

◑ 50. Warum ist eine zweimalige Mahd von öffentlichen Grünflächen nicht unbedingt preiswerter, häufig sogar teurer als eine Vielmahd?

● 51. Woran sollte sich die Pflege öffentlicher Grünflächen orientieren?

● 52. Warum bedarf die naturnahe Grünflächenpflege einer differenzierten Pflege und eines gesamtheitlichen Denkens?

◑ 53. Starten Sie eine Umfrage mittels Fragebogen unter den Passanten einer Fußgängerzone zum Thema Pflege öffentlicher Grünflächen (Tab. 1, S. 395). Werten Sie die Fragebögen aus und präsentieren und diskutieren Sie die Ergebnisse in der Klasse. Zu welchen Schlussfolgerungen sind Sie gekommen?

7 Pflanzenschutzmaßnahmen

7.1 Tierische Schaderreger

■ Blatthornkäfer

Engerling des Maikäfers

Schaden:
Wurzelfraß durch im Boden lebende Engerlinge → Welken und Absterben der Gräser → Vergilbungen und Verbräunungen im Rasen. Gefahr von Folgeschäden durch z. B. Krähen oder Wildschweine auf der Suche nach den Larven.

Maßnahmen:
Der bekannteste Käfer aus der Familie der Blatthornkäfer ist der Gemeine Maikäfer: Feld- *(Melolontha melolontha)* und Waldmaikäfer (*Melolontha hippocastani)*. Indirekte Bekämpfung von Engerlingen durch Förderung natürlicher Feinde, wie Vögel, Kröten, Igel und Zauneidechsen, direkt durch Einsatz von parasitierenden Nematoden (Steinernema-Arten) und Pilzen.

Gemeiner Maikäfer *(Melolontha melolontha)*

■ Drahtwürmer *(Agriotes-Arten)*

Drahtwürmer *(Schnellkäferlarven)*

Schaden:
Die gelbbraunen, harten, drehrunden Larven der Schnellkäfer leben drei bis fünf Jahre im Boden und schädigen die Graspflanzen durch Fraß an den Wurzeln und am Stängelgrund.

Maßnahmen:
Förderung der natürlichen Feinde, wie Laufkäfer, Vögel, Spitzmäuse und Igel. Zur Feststellung der Befallsstärke können halbierte Kartoffeln mit der Schnittstelle nach unten in den Boden gedrückt werden. Nach einer Woche werden die Knollen kontrolliert. Die kritische Schadensschwelle liegt bei etwa 50 Larven/m^2. Auf kleineren Flächen kann dieses Verfahren auch zur Bekämpfung eingesetzt werden, indem die befallenen Kartoffelstücke eingesammelt und vernichtet werden.

■ Erdraupen *(Agrostis-Arten)*

Gammaeule *(Autographa gamma)*

Erdraupe, zusammengerollt

Schaden:
Fraß an Wurzeln und Stängelgrund der Graspflanzen. Verursacher sind nackte, fleischige Raupen aus der Schmetterlingsfamilie der Eulen (Nachtfalter). Typisch ist ihr Zusammenrollen bei Störungen. Tagsüber sind sie meistens im Boden verborgen. Nachts oder bei trübem Wetter fressen sie auch an den oberirdischen Pflanzenteilen.

Maßnahmen:
Förderung der natürlichen Feinde, wie Vögel, Kröten, Igel und Spitzmaus.

■ Engerlinge → Blatthornkäfer

■ Eulen → Erdraupen

■ Feldmäuse *(Microtus arvalis)*

Schaden:
Zahlreiche Laufgänge und Mäuselöcher im Rasen, Fraßschäden an Wurzeln und oberirdischen Pflanzenteilen.

Maßnahmen:
Förderung der natürlichen Feinde, wie Greifvögel, Eulen, Schlangen, Igel, Wiesel und Fuchs; Rasen kurz halten (Schutz fehlt!); Einsatz von mit Ködern (Apfelstückchen, Nusskernen, Rosinen) bestückten Schlagfallen im Herbst, Winter oder zeitigen Frühjahr; Auslegung vergifteter Köder (z. B. Giftweizen) in sogenannten Köderstationen (verdeckt und für andere Tiere nicht zugänglich!).

> **! Achtung**
>
> Bei der Verwendung von Giftködern ist die Gebrauchsanweisung strengstens zu beachten! Ein Einsatz chemischer Gifte (Rodentizide) hat nur nach Beratung durch das zuständige Pflanzenschutzamt zu erfolgen (Schutz von Greifvögeln und Eulen!).

- **Käfer → Blatthornkäfer**
- **Maikäfer → Blatthornkäfer**
- **Maulwurf → Wühlmaus**
- **Schnake → Wiesenschnake**
- **Schnellkäfer → Drahtwürmer**
- **Tipula → Wiesenschnake**
- **Wiesenschnake** *(Tipula palodosa)*

Wiesenschnake *(Tipula)*, Eiablage VIII/IX im Boden

Tipulalarven

Schaden:
Fraßschäden (IX/X und IV/V) an Wurzeln und oberirdischen Pflanzenteilen (zerfaserte Blattränder) durch die im Boden lebenden Tipulalarven → Vergilbungen und Kahlstellen im Rasen.

Maßnahmen:
Förderung natürlicher Feinde, wie Amseln, Stare, Spitzmäuse und Igel. Besonders Stare *(Sturnus vulgaris)*, die sich durch das Aufhängen von Nistkästen (Höhlenbrüter) leicht ansiedeln lassen, sind emsige Vertilger von im Boden lebenden Schadinsekten.

Star *(Sturnus vulgaris)*

Auf einer regelmäßig von Flugverbänden dieser Singvögel angeflogenen Rasenfläche wird sich zudem das Belüften der Grasnarbe weitgehend erübrigen.

Mithilfe der **Salzwasserprobe** lässt sich der Larvenbesatz feststellen. Dazu werden ausgestochene Grassoden (25 x 25 cm, 3 bis 5 cm dick) für 20 bis 30 Minuten in eine mit Viehsalz gesättigte Lösung (2 kg Viehsalz/10 l Wasser) gelegt. In den Soden vorhandene Larven kommen hervorgekrochen.

Bei mehr als 30 Larven/m^2 (Anzahl Larven in der Sode x 16) wird eine gezielte Bekämpfung empfohlen, z. B. auf kleinen Flächen 35 g Kalkstickstoff pro m^2. Auf eine gleichmäßige Verteilung ist unbedingt zu achten, da sonst der Rasen geschädigt wird! Zur direkten Bekämpfung können auch parasitäre Nematoden (Steinernema-Arten) oder Indische Laufenten eingesetzt werden.

- **Wühl-/Schermaus**
  (Arvicola terrestris)

Schaden:
Unterhöhlung des Rasens durch flach unter der Erdoberfläche verlaufende Gänge. Graswurzeln werden angefressen und durch die wühlende Tätigkeit vom gewachsenen Boden gelöst → Pflanzen welken, vergilben und vertrocknen; unregelmäßig große und flache Erdhaufen auf der Rasenfläche.

Maßnahmen:
Förderung natürlicher Feinde, wie Greifvögel, Eulen, Schlangen, Igel, Wiesel und Fuchs; Räucher- bzw. Be-

gasungspatronen in Gänge legen **(Nicht in der Nähe bewohnter Gebäude und in Wasserschutzgebieten erlaubt! Unter Einwirkung von Feuchtigkeit entwickelt sich ein Gas, das die Atemluft vergiftet!)**; Einleitung von Auspuffgasen (giftiges Kohlenmonoxid!) in das Gangsystem (Zeitdauer 5 Minuten; auf leichten Böden häufig geringe Wirkung, da Gas leicht aus dem Boden entweichen kann); Einleitung von CO_2-Gas in das Gangsystem (schwerer als Luft → dringt bis in die tiefsten Stellen des Baues vor und bewirkt einen schmerzlosen Erstickungstod); Einsatz von Wühlmausfallen.

! Achtung

Vor einer Bekämpfung hat man sich davon zu überzeugen, dass es sich nicht um einen Maulwurfsbau handelt (1). Obwohl der Maulwurf durch seine Grabtätigkeit den Rasen schwer schädigen kann, überwiegt sein Nutzen. Er lockert und durchmischt den Boden und vertilgt zahlreiche Bodenschädlinge, wie Drahtwürmer, Erdraupen, Engerlinge und andere Insektenlarven. Gegebenenfalls ist er mit Lebendfallen zu fangen oder mit Vergrämungsmitteln zu vertreiben. **Der Maulwurf *(Talpa europaea)* steht unter Artenschutz und darf nicht getötet werden!**

Wühlmaus

- Erdauswürfe unregelmäßig groß, flach und seitlich vom Auswurfloch
- Erdauswürfe mit klein genagten Pflanzenresten durchsetzt
- Geöffnete Gänge[1] werden relativ schnell wieder geschlossen (abgedichtet)

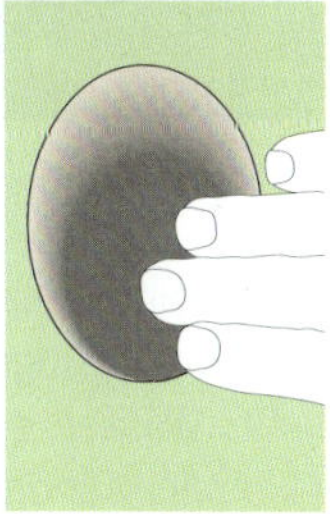

- Auswurflöcher hochoval (Höhe > Breite), Platz für etwa 4 Finger

Maulwurf

- Erdauswürfe regelmäßige Kegel liegen genau über dem Auswurfloch
- Wirft weit mehr Haufen als die Wühlmaus
- Geöffnete Gänge[1] werden nicht so schnell wieder geschlossen. Zum Schließen wird der geöffnete Gang mit einem neuen Gang unterwühlt

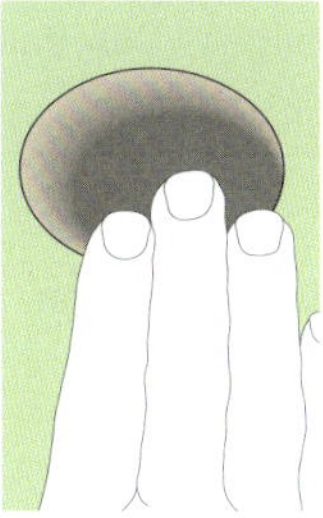

- Auswurflöcher rund bis breitoval (Höhe ≤ Breite), Platz für höchstens 2 bis 3 Finger

1 Unterscheidung Wühlmaus- und Maulwurfsbau

[1] Bei der sogenannten **Verwühlprobe** wird der Gang an mehreren Stellen auf einer Länge von etwa 30 cm geöffnet; an der Art, wie der Gang wieder geschlossen wird, kann man erkennen, ob es sich um einen Wühlmaus- oder Maulwurfsgang handelt

7.2 Wildkräuter

1 Wildkräuter können einen Rasen beleben

In jedem Boden befindet sich eine Vielzahl von Wildkrautsamen, die unter günstigen Bedingungen keimen und im Konkurrenzkampf um Licht, Wasser und Nährstoffe die Rasengräser verdrängen können. Auf den Einsatz von Herbiziden sollte aus Gründen des Umweltschutzes möglichst verzichtet werden. Es kommt vielmehr darauf an, die Ursache(n) für einen übermäßigen Wildkrautbesatz zu erkennen und zu beheben.

Bei richtiger Ernährung, ausreichendem Wässern und regelmäßigem Mähen können sich Wildkräuter kaum gegenüber Rasengräsern behaupten, da die meisten von ihnen Rasenschnitt nicht vertragen. Das damit einhergehende dichte Wachstum der Gräser bewirkt zudem, dass die besonders schwer zu bekämpfenden **Rosetten bildenden Wildkräuter**, wie z. B. Breitwegerich, Gänseblümchen und Löwenzahn, gezwungen werden, ihre Blätter so zum Licht zu strecken, dass sie von den Messern des Rasenmähers erfasst werden können. Aus diesem Grunde sollte auch auf Flächen mit extremem Tiefschnitt bei Problemen mit Wildkräutern der Rasen für eine gewisse Zeit nicht zu früh und auch nicht zu tief (nicht unter 4 cm) geschnitten werden. Durch den ständigen Verlust an Blattmasse werden auch „Wurzelunkräuter“, wie z. B. der Löwenzahn, derart geschwächt, dass sie sich gegenüber den Rasengräsern nicht mehr behaupten können. Wird hingegen nicht ausreichend gedüngt und gewässert, verringert sich zwar die Anzahl der Mähgänge, der Rasen verliert jedoch auch seine dichte Grasnarbe, d. h., er wird lückenhaft. Die Folge ist, dass sich vor allem Rosetten bildende Wildkräuter ansiedeln können, die, da sie ja genügend Licht bekommen, ihre Blätter dicht über dem Boden ausbreiten und so den Mähmessern entgehen. Im Laufe der Zeit werden diese Wildkräuter immer mehr die Rasengräser verdrängen. Bekämpft werden können Wildkräuter auch durch tiefes Herausstechen (Wurzelunkräuter) sowie den Einsatz **selektiv wirkender Herbizide.** Sie bekämpfen nur die zweikeimblättrigen Kräuter, nicht die einkeimblättrigen Gräser. Die Bekämpfung **Ausläufer bildender Kräuter** (⋀⋁⋀>) bleibt jedoch auch mit diesen Mitteln schwierig. Schnittgut, welches evtl. Ausläuferstücke oder Samen enthält, sollte deswegen von der Fläche entfernt, Mäh- und Pflegegeräte (Verbreitung!) gewissenhaft gesäubert werden. Bekommt man das Wildkrautproblem nicht in den Griff, bleibt als Maßnahme häufig nur noch der Umbruch des Rasens mit anschließender Neuansaat.

Bedenkt man:

- den ökologischen Nutzen der Wildkräuter,
- die belebende Wirkung eines mit Gänseblümchen oder Löwenzahn durchsetzten Rasens gegenüber dem sonst so eintönigen Einheitsgrün (1),
- dass aus Gründen des Umweltschutzes die Stickstoffdüngung zur Vermeidung von Nitratauswaschungen reduziert werden sollte und
- dass in Zeiten der Wasserverknappung nicht gewässert werden darf bzw. generell der Einsatz von Trinkwasser ökologisch bedenklich ist,

wird man in vielen Rasenflächen die Anwesenheit von Wildkräutern dulden müssen.

Eine Konsequenz ist z. B. die Regelsaatgutmischung 2.4 Gebrauchsrasen – Kräuterrasen (Tab. 1, S. 364). Infolgedessen kann das Ziel einer Wildkrautbekämpfung auch nicht in jedem Fall der absolut wildkrautfreie Rasen sein.

! Merke

Ursachen für einen übermäßigen Wildkrautbesatz:

- Nährstoffmangel (vor allem N)
- Trockenheit
- Lichtmangel
- Bodenverdichtungen (z. B. Trittpfade)
- Staunässe
- seltenes Mähen → lückige Grasnarbe
- extremer Tiefschnitt (< 3 cm)
- Schädlings-/Krankheitsbefall
- hoher Wildkrautbesatz im Boden
- falsche Bodenvorbereitung
- Verwendung ungeeigneter Gräserarten und/oder -sorten
- falsche Rasenpflege

Gänseblümchen
(Bellis perennis) ♃, III - XI

Löwenzahn
(Taraxacum sect. Ruderale) ♃, IV - VII

Weißklee
(Trifolium repens) ♃, ʌʌʌ>, V - X

Hirtentäschel
(Capsella bursa-pastoris) ⊙ - ⊙, I - X

Fadenehrenpreis
(Veronica filiformis) ♃, ʌʌʌ>, III - VI

Schafgarbe
(Achillea millefolium) ♃, VI - IX

Kriechender Günsel
(Ajuga reptans) ♃, ʌʌʌ>, V - VI

Kriechendes Fingerkraut
(Potentilla reptans) ♃, ʌʌʌ>, VI - VIII

Kriechender Hahnenfuß
(Ranunculus repens) ♃, ʌʌʌ>, V - VIII

Mittlerer Wegerich *(Plantago media)* ♃, V - IX,
Breitwegerich *(Plantago major)* ♃, VI - X

Braunelle
(Prunella vulgaris) ♃, VI - IX

Vogelmiere
(Stellaria media) ⊙, I - XI

1 Die häufigsten Wildkräuter im Rasen

7.3 Moose

1 Moose bilden einen trittfesten Moosteppich, der in schattigen und feuchten Bereichen optimale Entwicklungsbedingungen findet

Merke

Die **Hauptgründe für Moos im Rasen** sind:
- Nährstoffmangel (Stickstoff!),
- Lichtmangel und
- Staunässe/Bodenverdichtungen (Sauerstoffmangel!).

Das Kalken oder Streuen von Eisensulfat ($FeSO_4$) beseitigt Moos nur kurzfristig. Die Wirkung beruht auf der schnellen pH-Veränderung des Bodens, auf die die Moospflänzchen sehr empfindlich reagieren. Es ist jedoch nur eine Frage der Zeit, bis sie wieder erscheinen, wenn nicht die Ursache(n) für ihr Auftreten beseitigt werden. Zudem kann ein Rasen auch nicht beliebig aufgekalkt oder der Boden mit Eisen (Spurennährelement und Schwermetall!) angereichert werden. Kann die Ursache, z. B. Lichtmangel durch höhere Bäume, nicht beseitigt werden, sollte man sich überlegen, ob man das Moos, das ja einen trittfesten Moosteppich ausbildet, wachsen lässt (1).

7.4 Hunde

2 Auch Hunde können einen Rasen durch Verrichtung ihrer Notdurft schädigen

3 Typische Schadsymptome sind: braune, abgestorbene Flecken (Verbrennungsschäden) mit schmalen, kräftig grünen Rändern (N-Überdüngung)

4 Vorbeugende Maßnahmen: Hunde fern halten oder nach Verrichtung der Notdurft kräftig wässern

7.5 Pilzkrankheiten

■ Blattfleckenkrankheit
(Helminthosporium-Arten)

Bodenverdichtungen, Verfilzungen des Rasens und eine intensive Rasenpflege mit überhöhter N-Düngung begünstigen die Ausbreitung der Krankheit.

Symptome:
Vor allem bei feuchter und kühler Witterung während der Sommermonate bilden sich an den Blättern der Gräser ovale, dunkelbraun umrandete Flecken, die später von innen her eine weißliche Färbung annehmen. Starker Befall führt zum Absterben der Blätter.

Maßnahmen:
- Mähgut (Infektionsquelle!) besonders gründlich entfernen,
- Bodenverdichtungen und Rasenverfilzungen beseitigen,
- N-Düngung reduzieren,
- Rasen nicht zu tief (< 2 cm) schneiden.

■ Dollarfleckenkrankheit
(Sclerotinia homoeocarpa)

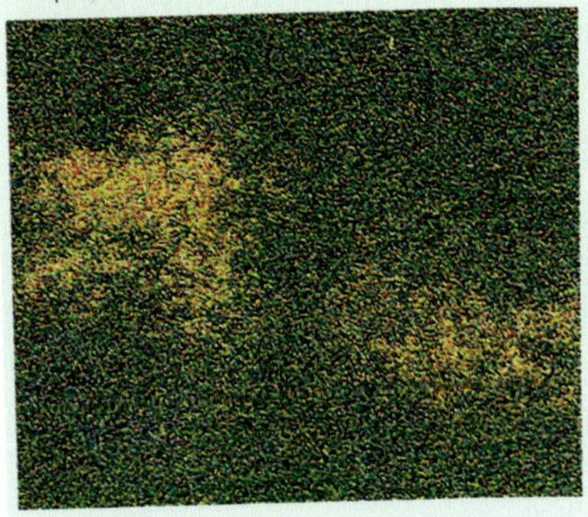

Schadbild am Grashalm

Der Pilz tritt bevorzugt auf sehr feuchten, schlecht durchlüfteten Böden mit einem sehr dichten und hohen Pflanzenbestand auf.

Symptome:
Im Rasen treten gelbe, rundliche Flecken in der Größe von Dollarstücken (Durchmesser 1 bis 5 cm) auf.

Maßnahmen:
- Beseitigung von Bodenverdichtungen und Rasenfilz,
- Rasen tiefer und häufiger mähen.

■ Echter Mehltau
(Erysiphe graminis)

Die wichtigsten Ursachen für den Befall durch Echten Mehltau sind Lichtmangel durch Schatten oder ein zu seltenes Mähen, hohe N-Düngung und feuchtwarme Witterung.

Symptome:
Chlorotische und nekrotische Blattverfärbungen; vertrocknende und absterbende Blätter; weißlich grauer, mehlartiger Belag auf Blattober- und Blattunterseiten.

Maßnahmen:
- Verbesserung der Lichtverhältnisse,
- regelmäßiger Schnitt auf 2,5 bis 3,0 cm,
- Reduzierung der N-Düngung.

■ Hexenringe
Nelken-Schwindling
(Marasmius oreades) u. a.

Verursacht werden die Symptome durch Humus abbauende Bodenpilze (etwa 60 Arten kommen infrage). Findet eine Spore dieser Pilze günstige Bedingungen, wie tief gehende Bodenverdichtungen (mangelnde Durchlüftung!) und nährstoffarme Böden, keimt sie aus und bildet ein Myzel, das sich kreisförmig nach außen ausbreitet. Im Laufe der Zeit sterben die älteren Teile des Pilzgeflechtes aufgrund von Nahrungsmangel ab. Da das Myzel von innen her abstirbt, vom Kreisrand sich aber immer weiter nach außen ausbreitet und bei günstiger Witterung auch Fruchtkörper bildet, erscheinen die Fruchtkörper – wie von „Hexenhand“ – ringförmig angeordnet.

Symptome:
Mitte Mai bis Oktober bilden sich ringförmige, abgestorbene Zonen im Rasen, die beidseitig von dunkelgrünen

Gräsern begrenzt werden. Gräser im Innern der Kreise können vergilben und absterben. Auftretende Fruchtkörper sind in Kreisen (Ø bis 30 m) angeordnet.

Maßnahmen:
- Befallene Stellen mit Grabegabel bis zu 25 cm Tiefe durchlöchern und gründlich wässern (dichte Myzelmasse verhindert die Wasseraufnahme durch die Wurzeln der Gräser);
- auf größeren Flächen aerifizieren; vorhandene Fruchtkörper (Sporenflug!) absammeln und vernichten;
- für eine ausgewogene Nährstoffversorgung (N und K) sorgen.
- Die abgestorbenen Bereiche schließen sich in der Regel von selbst wieder.

Rostpilze *(Puccinia-Arten)*

Rostpilze treten häufig nach längeren Trockenperioden im Sommer auf. Unzureichende Ernährung, zu niedriger Schnitt während der Sommermonate und zu hohes Gras fördern den Befall.

Symptome:
Während der Sommermonate treten an den Blättern Chlorosen und gelbbraune bis rostrote, sichtbar stäubende Flecken (Pusteln) auf. Blätter welken und vertrocknen, Wachstum der Pflanzen ist gehemmt.

Maßnahmen:
- Ausreichend wässern und düngen (vor allem N und K),
- regelmäßiges Mähen (Gras nicht zu hoch werden lassen),
- während der Sommermonate auf 3,5 bis 4 cm schneiden (nicht zu tief).

Rotspitzigkeit
(Laetisaria fuciformis)

Das rote, die Blattspitzen verklebende Pilzmyzel wird durch feuchtwarme Witterung, hohe Luftfeuchtigkeit und wechselnden Temperaturen in seiner Entwicklung begünstigt. Die Entwicklung des Pilzes, der weniger die Grasnarbe schädigt, sondern vielmehr das Rasenbild stört, wird durch Nährstoffmangel und hohe Feuchtigkeit gefördert. Als besonders anfällig gelten Schwingelgräser.

Symptome:
An den Blättern der Gräser bilden sich gelbe, später rötliche, gallertartige Wucherungen, welche die Blattspitzen miteinander verkleben.

Maßnahmen:
- Ausreichende Nährstoffversorgung (vor allem mit N, K und Mg),
- Rasen nicht zu feucht halten,
- nicht zu tief mähen,
- krankheitsresistente/widerstandsfähige Sorten verwenden.

Schneeschimmel
(Microdochium nivale)

Hohe Luftfeuchtigkeit, häufige Niederschläge und gehemmter Luftaustausch (O_2-Mangel und CO_2-Anreicherung) in der oberen Wurzelzone sowie N-Überschuss fördern den Befall.

Symptome:
Vor allem zwischen September und April, besonders nach der Schneeschmelze, entwickeln sich bis 30 cm große, gelblich braune bis silbergraue, kreisförmige Flecken im Rasen.

Maßnahmen:
- Flächen vertikutieren und aerifizieren,
- ausgewogene Düngung,
- keine zu späten N-Gaben,
- Rasen regelmäßig mähen (nicht zu hoch werden lassen),
- nicht zu kurz (erhöhte Anfälligkeit) in den Winter gehen lassen.

Wurzel- und Stängelgrundfäule
(Pythium-Arten)

Pythium ist ein typischer Schwächeparasit, der die Pflanzen über die Wurzel befällt. Entsprechend wird er durch ungünstige Bedingungen, wie Staunässe, Bodenverdichtungen, falsche Düngung, Lichtmangel usw., in seiner Entwicklung gefördert. Häufig treten zusammen mit Pythium auch noch andere Schwächeparasiten auf, wie z. B. Pilze der Gattungen Fusarium, Rhizoctonia, Phytophthora und andere.

Symptome:
Braune Verfärbungen und Fäule an Wurzel, Wurzelhals und Stängelgrund. Befallene Pflanzen welken und sterben ab.

Maßnahmen:
- Verbesserung der Wasser- und Luftdurchlässigkeit des Bodens,
- ausgewogene Düngung,
- Pflegemaßnahmen überprüfen.

Aufgaben

◑ 1. Welche im Boden lebenden Insekten können Gräser durch Fraß an Wurzeln oder oberirdischen Pflanzenteilen schädigen?

◑ 2. Beschreiben Sie, wie mithilfe der Salzwasserprobe der Besatz mit Tipulalarven festgestellt werden kann.

◑ 3. Ab wann und wie sollte eine Bekämpfung der Tipulalarven erfolgen?

○ 4. Nennen Sie wichtige natürliche Feinde der Feldmäuse.

◑ 5. Was ist bei der Verwendung von Giftködern zur Feldmausbekämpfung zu beachten?

◑ 6. Wodurch kann die Wühl- oder Schermaus den Rasen schädigen?

◑ 7. Woran können Sie erkennen, ob es sich um einen Wühlmaus- oder Maulwurfsbau handelt?

○ 8. Warum darf der Maulwurf nicht getötet werden?

◑ 9. Nennen Sie Maßnahmen zur Wühlmausbekämpfung.

◑ 10. Warum ist der Bekämpfungserfolg mit Räucher-/Begasungspatronen oder Auspuffgasen auf leichten Böden oft unzureichend?

○ 11. Nennen Sie natürliche Feinde der Wühlmäuse.

● 12. Nennen Sie mögliche Ursachen für einen übermäßigen Wildkrautbesatz im Rasen.

◑ 13. Worauf ist bei der Bekämpfung rosettenbildender Wildkräuter (z. B. Breitwegerich, Löwenzahn, Gänseblümchen) zu achten?

◑ 14. Worauf deutet ein zunehmender Kleebesatz hin?

○ 15. Warum können sich Wildkräuter in einem gut gepflegten Rasen im Allgemeinen gegenüber den Gräsern nicht behaupten?

◑ 16. Warum kann das Ziel einer Wildkrautbekämpfung nicht in jedem Fall der absolut wildkrautfreie Rasen sein?

○ 17. Nennen Sie die Hauptgründe für Moos im Rasen.

◑ 18. Ein Rasen weist braune, abgestorbene Flecken mit schmalen, kräftig grünem Rand auf. a) Was könnte die Ursache sein? b) Was kann zur Vorbeugung getan werden?

● 19. Kontrollieren Sie Rasenflächen auf Pilzkrankheiten. Versuchen Sie mithilfe der Seiten 382 bis 384 die Krankheitserreger zu bestimmen. Schlagen Sie Bekämpfungsmaßnahmen vor (keine Pestizide!).

● 20. Informieren Sie sich über den Zustand der Rasenflächen an Ihrer Schule. Bilden Sie Teams, die die Flächen hinsichtlich ihrer Nutzung, den Standortbedingungen und dem Entwicklungszustand untersuchen. Diskutieren Sie die Ergebnisse unter Berücksichtigung ökologischer Gesichtspunkte und führen Sie notwendige Pflege-/Regenerationsmaßnahmen durch. Erstellen Sie abschließend einen Jahresplan für eine naturnahe Grünflächenpflege, der über Art, Umfang und Zeitpunkt der Unterhaltungspflege informiert, und übergeben Sie diesen dem Hausmeister.

● 21. Führen Sie an Ihrer Schule einen Beratungstag zum Thema Rasen durch. Bilden Sie Teams zur Arbeitsteilung. Werten Sie die Ergebnisse des Tages aus. Was würden Sie beim nächsten Mal anders machen?

Automatische Bewässerungsanlagen

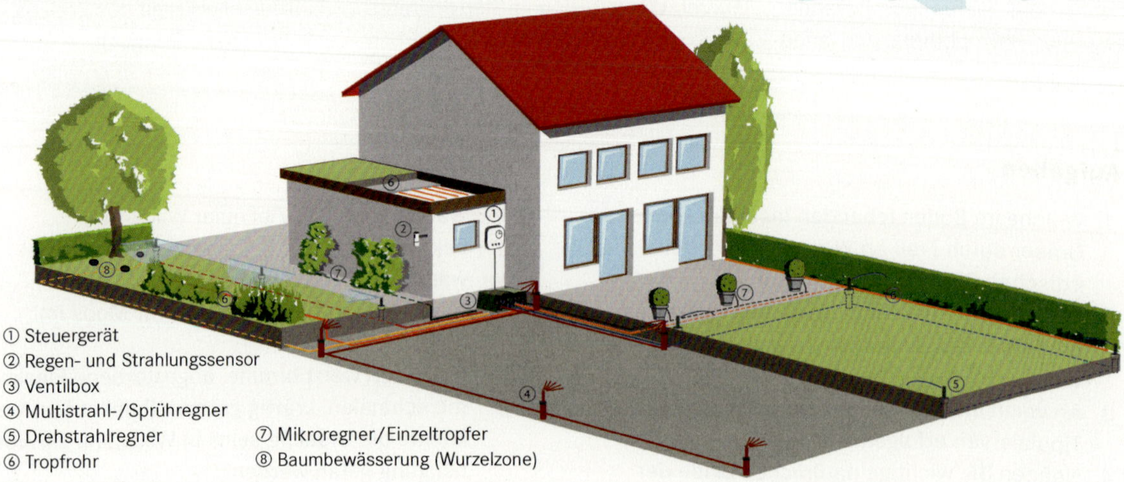

1 Schema einer Bewässerungsanlage

Reichen die natürlichen Niederschlagsmengen nicht aus, muss gewässert werden. Auf größeren, intensiv genutzten Grünflächen wie Sport- und Golfplätzen sind Beregnungsanlagen schon lange unerlässlich. Aber auch immer mehr Gartenbesitzer wünschen sich eine automatische Bewässerungsanlage, ermöglicht sie doch eine zuverlässige, gleichmäßige, bequeme und vollautomatische Bewässerung der unterschiedlichsten Flächen.

1 Physikalische Grundlagen

1.1 Druckarten

Wasser wird mithilfe von Rohren oder Schläuchen zum Ort des Bedarfs transportiert. Dabei steht es unter **Druck.** Je nach Fließzustand unterscheidet man zwischen verschiedenen Druckarten.

- Der **statische Druck** ist der Druck, den eine Flüssigkeit auf die Rohrwandung ausübt. Fließt kein Wasser (Ruhezustand), ist dieser Druck am größten und entspricht dem **Gesamtdruck.** Dieser sogenannte **Ruhedruck** ist in jeder Richtung gleich groß.

> Im Ruhezustand ist:
> - Gesamtdruck = statischer Druck
> - Ruhedruck = statischer Druck von ruhenden Flüssigkeiten

- Um eine Flüssigkeit zu bewegen, muss ein Teil des statischen Drucks dafür verwendet werden. Dieser Teil des statischen Drucks wird als **dynamischer Druck** bezeichnet. Er wirkt in Strömungsrichtung und verleiht dem Wasser die Fließgeschwindigkeit.

Je größer die Strömungsgeschwindigkeit, desto größer der dynamische Druck.

> Im Fließzustand ist:
> - Gesamtdruck = statischer Druck + dynamischer Druck

- Der statische Druck wird um den Wert kleiner, um den der dynamische Druck größer wird. Der restliche statische Druck wird als **Fließdruck** bezeichnet. Somit ist der Fließdruck der statische Druck von strömenden Flüssigkeiten.

> Im Fließzustand ist:
> - Gesamtdruck = dynamischer Druck + Fließdruck
> - Fließdruck = Gesamtdruck – dynamischer Druck
> - Dynamischer Druck = Gesamtdruck – Fließdruck

1.2 Druckverluste

Beim Strömen durch gerade Rohrstrecken kommt es aufgrund von **Reibung** an der Rohrwandung wie auch innerhalb des strömenden Mediums zwischen Flüssigkeitsschichten verschiedener Strömungsgeschwindigkeit (= innere Reibung) zu Druckverlusten. Diese sind vor allem abhängig von

- der Strömungsgeschwindigkeit des Mediums,
- dem Rohrinnendurchmesser und
- der Länge der Rohre.

Neben den Druckverlusten durch Reibung entstehen auch Druckverluste durch **Umlenkungen** in Armaturen (z. B. Ventilen) und Formstücken (z. B. Winkel, Bögen, Abzweige, Reduzierungen).

Die zur Druckmessung in Flüssigkeiten und Gasen verwendeten Geräte werden als **Manometer** bezeichnet. Zur Messung von sehr kleinen Drücken benutzt man die **Einheit Pascal (Pa)**, bei größeren Drücken die **Einheit Bar (bar)**, um nicht mit so großen Zahlen hantieren zu müssen.

1 bar = 100 000 Pa = 100 000 N/m² = 10 N/cm²
1 mbar = 100 Pa = 1 hPa

? Aufgaben

○ 1. Was spricht für eine automatische Bewässerungsanlage?

○ 2. Unterscheiden Sie:
a) statischer Druck, b) Fließdruck.

◑ 3. Woraus setzt sich der Gesamtdruck a) im Ruhezustand und b) im Fließzustand zusammen?

◑ 4. Wovon hängt der dynamische Druck ab?

◑ 5. Wie wirkt sich eine Verringerung des Rohrinnenquerschnittes auf den statischen und dynamischen Druck aus?

○ 6. Wodurch kommt es zu Druckverlusten?

○ 7. Wie nennt man die zur Druckmessung a) in Flüssigkeiten und Gasen und b) des atmosphärischen Luftdrucks verwendeten Geräte?

○ 8. In welchen Einheiten wird der Druck angegeben?

○ 9. Wie viel m Wassersäule entspricht 1 bar?

! Hinweis: Trinkwasserschutz

Wenn eine **unterirdisch verlegte Bewässerungsanlage (Unterflurbewässerung)** mit Trinkwasser betrieben werden soll, so ist die DIN EN 1717/DVGW zum Trinkwasserschutz zu beachten. Die erforderliche **Sicherheitseinrichtung** ergibt sich aus der Einstufung in eine Flüssigkeitskategorie von 1 bis 5. Eine unterirdisch verlegte Bewässerungsanlage ist der höchsten **Flüssigkeitskategorie 5** (Gesundheitsgefährdung durch mikrobielle und virale Krankheitserreger) zuzuordnen. Deshalb muss die Trinkwasserleitung mit einem **Systemtrenner** versehen werden, der verhindert, dass kein Wasser durch Rückfließen, -drücken oder -saugen aus der Bewässerungsanlage in das Trinkwassernetz zurückfließt. Der Systemtrenner basiert auf dem **Prinzip des freien Auslaufs**. Das Wasser fließt im freien Auslauf in einen Behälter. Wird Wasser zur Bewässerung benötigt, springt eine Pumpe an und pumpt das Wasser aus dem Behälter in die Bewässerungsleitung. Als Alternative zum **Puffertank** kann eine **Regenwasserzisterne mit integrierter Tauchpumpe und automatischer Trinkwassernachspeisung** dienen. Es ist zu beachten, dass Arbeiten am Trinkwassernetz ausschließlich von zugelassenen Fachbetrieben oder dem Wasserversorgungsunternehmen durchgeführt werden dürfen. **Überflurbewässerungsanlagen** (Aufstellregner, Regner auf Stativen, Schlauchbrausen) werden der Flüssigkeitskategorie 3 zugeordnet. Als Sicherheitseinrichtung reichen **Schlauchanschlüsse mit Rückflussverhinderer**.

2 Planung

2.1 Planungsschritte

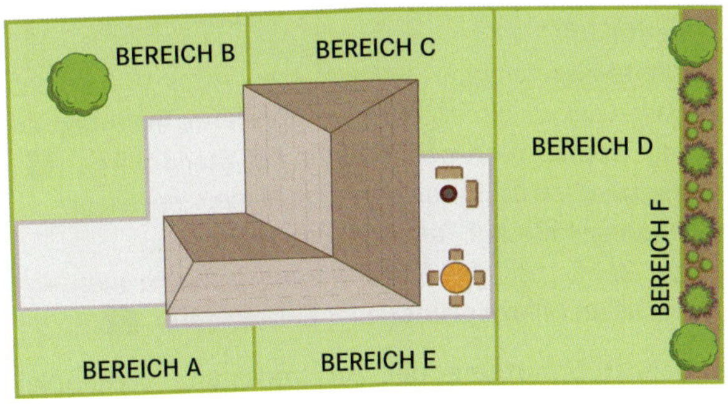

1 Einteilung des Grundstücks in zu bewässernde Bereiche

1. Schritt: Erstellung eines Gartenplans

Ein maßstabsgerechter Plan (z. B. 1 : 100, 1 : 50, 1 : 200) des Grundstücks wird erstellt. Er sollte alle wichtigen Teile wie Wege, Terrassen, Teiche, Wasserentnahmestellen (Wasserhähne, Brunnen, Zisterne), Rasenflächen, Beete, größere Bäume, Hecken usw. enthalten. Vorhandene Pläne können als Grundlage dienen. Die zu bewässernden Flächen werden in möglichst große rechteckige Bereiche eingeteilt, markiert und in den Plan übertragen (**1**).

2. Schritt: Auswahl der zu bewässernden Flächen und Bewässerungsart

Nachdem die zu bewässernden Flächen festgelegt und markiert wurden, wird die geeignete Art der Bewässerung ausgewählt.

- **Rasenflächen**
Zur Beregnung von Rasenflächen sind **Versenkregner** oder **Versenksprühregner** gut geeignet. Versenkregner sind dauerhaft unterirdisch installiert und über ein Leitungssystem mit dem Wasseranschluss verbunden. Beim Einschalten der Bewässerungsanlage werden die Regner durch den Wasserdruck aus dem Boden gehoben, um nach der Beregnung wieder in das Gehäuse im Boden zu verschwinden.

Rotierende Regner (Drehstrahl-/Getrieberegner)	Sprühregner	Sprühregner mit rotierenden Düsen

■ wirft einzelnen Wasserstrahl (45 bis 360°) ■ hohe Wurfweiten (10 bis 12 m) ■ nicht für kleine Flächen mit Wurfweiten < 5 m geeignet ■ wenig windanfällig	■ flächige Wasserverteilung (0 bis 360°) ■ geringe Wurfweiten (bis 5 m) ■ für kleine Flächen ■ hohe Niederschlagsrate (bis 140 mm/h) → auf schweren Böden Gefahr von ungenutzten Oberflächenabfluss ■ hoher Wasserbedarf → mehr Ventile (Bewässerungsabschnitte) ■ windanfällig	■ Wasserverteilung über rotierende Düsen (45 bis 360°) ■ flexible Wurfweiten (2,5 bis 10,7 m) ■ für kleine und große Flächen ■ sehr geringe Niederschlagsrate (10 bis 15 mm) ■ geringer Wasserbedarf → wenig Ventile (Bewässerungsabschnitte) ■ gleichmäßige Bewässerung ■ wenig windanfällig aufgrund feiner, einzelner Wasserstrahlen

Tab. 1 Verschiedene Regnertypen im Vergleich

1 Tropfrohre und Regner auf Standrohren

Bereiche mit einem Radius > 5 m erhalten **rotierende Regner** (Drehstrahl-/Getrieberegner), < 5 m **Sprühregner** mit einstellbaren (Kreissegmenten, s. u.) **Sprühregner mit rotierenden Düsen** (Multistrahlregner) stellen eine Kombination aus beiden Regnertypen dar. Sie weisen Wurfweiten bis zu 10 m auf. Aufgrund ihrer unterschiedlichen Niederschlagsmengen dürfen rotierende Regner und Sprühregner nie gemeinsam in einer Bewässerungseinheit kombiniert werden (Tab. 1).

◔ = 90°, ◑ = 180°, ◕ = 270°, ● = 360°

2 Mikrosprüher und Einzeltropfer

- **Staudenflächen, Hecken, Blumen- und Gemüsebeete**
  Zur Bewässerung von Staudenflächen und Hecken werden ober- oder unterirdisch verlegte **Tropfrohre mit integrierten Tropfkörpern** oder **Regner auf Standrohren** (1), die zwischen die Pflanzen gesetzt werden, verwendet.
- **Pflanzgefäße auf Terrasse und Balkon**
  Zur Bewässerung von Pflanzen in Gefäßen eignen sich vor allem **Mikrosprüher** oder **Einzeltropfer** (2).

3. Schritt: Ermittlung der zur Verfügung stehenden Wassermenge

Grundvoraussetzung für den Einbau einer Bewässerungsanlage ist, dass die Anschlussstelle genügend Wasser liefert. Die Bestimmung der verfügbaren Wassermenge (**Anschlusswert**) kann recht einfach mit dem **Eimer-Test** erfolgen (1, S. 411).

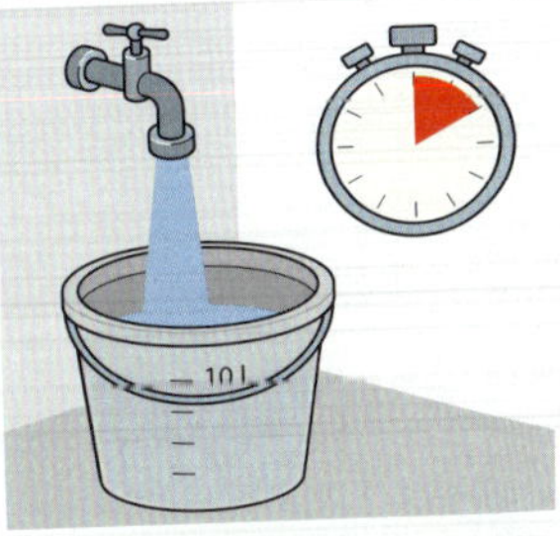

Zeit (s)	Leistung der Wasserquelle
10	sehr gut
15	gut
20	befriedigend
25	ausreichend
> 27	nicht ausreichend

Tab. 1 Füllzeiten 10-Liter-Eimer

Beispiel: Gemessene Eimer-Füllzeit 15 Sekunden

$$\frac{10\ (l) \times 3{,}6}{15\ \text{Sek.}} = 2{,}4\ m^3/h$$

Ergebnis: Es stehen 2,4 m^3/h oder 2.400 l/h oder 40 l/min für die Bewässerung zur Verfügung.

Der Eimer-Test

Zur Bestimmung des Anschlusswerts wird der Wasserhahn an der Entnahmestelle vollständig geöffnet. Sobald das Wasser mit maximaler Leistung aus dem Hahn strömt, wird ein 10-Liter-Eimer positioniert und die Zeit bis zur vollständigen Füllung des Eimers mit einer Stoppuhr gestoppt (s. Tab. 1). Auf diese Weise lässt sich die verfügbare Wassermenge leicht mit folgender Formel in Kubikmeter oder Liter pro Stunde ermitteln:

$$\frac{\mathbf{10\ l \times 3{,}6}}{\textbf{Füllzeit in Sek.}} = \mathbf{m^3\ Wasser/h}$$

Zum genauen Abmessen sollte der Eimer auf der Innenseite eine eingeprägte Liter-Skala aufweisen.

1 Bestimmung der verfügbaren Wassermenge an der Anschlussstelle

4. Schritt: Ermittlung der zur Verfügung stehenden Wassermenge bei einem bestimmten Druck

Zur Vermeidung von Druckschwankungen und der damit verbundenen unregelmäßigen Wasserabgabe muss die vorhandene Wassermenge druckabhängig gemessen werden. Vom **Fließdruck** hängt es ab, wie viele Regner gleichzeitig betrieben werden können.

Aus ökonomischer Sicht sollte der **Fließdruck mindestens 2,5 bar bei einer Wassermenge von ca. 2 m^3/h** betragen (Tab. 2). Liegt der Fließdruck über 4 bis 5 bar, muss ein **Druckminderer** zwischengeschaltet werden. Bei

Art der Bewässerung	Benötigter Druck in bar[1]
Tropfbewässerung und/oder Sprühregner	2,1 bar (≈ 21 m)
Regner im Hausgartenbereich	2,5 bis 3 bar (≈ 25 – 30 m)
Sportanlagen	bis über 10 bar (≈ 100 m)

[1] **1 bar** entspricht dem Druck einer Wassersäule von 10 332 mm ≈ 10 m Höhe

Tab. 2 Notwendiger Druck in Abhängigkeit von der Art der Bewässerung

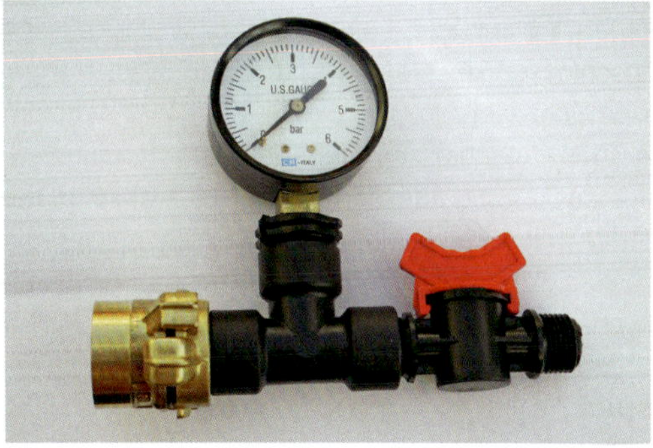

2 Wasserfluss-Testgerät bestehend aus einer Rohrverbindung mit einem Wassermanometer im oberen Bereich und einem Ventil im unteren Bereich, das mit einem Drehgriff (rot) stufenweise geöffnet oder geschlossen werden kann

Sprühdüsen und Mikrobewässerung ist dies bereits bei 2,5 bar der Fall.

Die **druckabhängige Durchflussmenge** kann relativ einfach gemessen werden: An den Wasserhahn wird ein mit einem Absperrhahn versehenes Manometer angeschlossen (2). Der Wasserhahn und der Hahn des Messgerätes werden voll aufgedreht, sodass man als Messwert die Wassermenge bei freiem Auslauf erhält. Anschließend wird der Hahn am Messgerät so weit zugedreht, bis das Manometer den gewünschten Druck, z. B. 2,5 bar, anzeigt. Jetzt wird das herausströmende Wasser in einen 10-Liter-Eimer aufgefangen und die Füllzeit gestoppt. Aus der gemessenen Zeit wird der Wasserdurchfluss bei einem bestimmten Druck in Liter/Stunde bzw. m^3/h berechnet (1). Auf diese Weise lassen sich der optimale Druck und die passenden Regner im Hinblick auf Wurfweite und Wasserdurchfluss ermitteln. Ein zu hoch angesetzter Wasserdruck kann dazu führen, dass die durchfließende Wassermenge zu niedrig ausfällt. Die Bestimmung für verschiedene Druckwerte ermöglicht die Erstellung eines Diagramms (y-Achse → bar-Werte, x-Achse → Liter-Werte), aus dem für jeden Druckwert die zugehörige Wasserdurchflussmenge abgelesen werden kann. Bei Verwendung eines **Durchflussmengenmessgeräts** (2, S. 418) kann die Wassermenge direkt am Gerät abgelesen werden, sodass der Eimer-Test nicht notwendig ist.

> **! Hinweis**
>
> Bei einem Anschlusswert kleiner 1300 l/h (Füllzeit länger als 27 Sekunden) und einem Fließdruck kleiner 2 bar lässt sich eine **Rasenbewässerung** nur schwer realisieren. Für die **Bewässerung von Töpfen, Beeten oder Hecken** sollte der Anschlusswert mindestens 800 l/h (Füllzeit kürzer als 45 Sekunden) bei einem Fließdruck von mindestens 1,5 bar betragen.

Die in der Tab. 2 auf S. 411 aufgeführten Werte müssen an den Anschlüssen der Regner und Tropfbewässerungsleitungen erreicht werden. Da es auf dem Weg von der Pumpe zu den Anschlüssen aufgrund von Reibung zu Druckverlusten kommt, müssen diese bei Messung der Wassermenge mit berücksichtigt werden. Je größer die Fließgeschwindigkeit, desto höher die Reibung und damit die Druckverluste.

Beispiel

Benötigter Druck am Regner	2,5 bar (≈ 25 m)
Druckverlust in der Leitung (bei z. B. 100 m Länge)	1,0 bar
	3,5 bar (≈ 35 m)

Ergebnis:
Der notwendige Fließdruck an der Wasserentnahmestelle sollte bei 3,5 bar liegen.

Dies bedeutet, dass bei der Messung der Wassermenge das Durchflussmessgerät auf einen Druck von 3,5 bar einzustellen ist, damit dann tatsächlich die benötigten 2,5 bar am Regner ankommen. Die bei 2,5 bar durchfließende Wassermenge lässt sich aus einem zuvor erstellten Diagramm einfach ablesen (Wert bei 3,5 bar ablesen!). Beim Einsatz einer Pumpe ist die Wassermenge der **Pumpenkennlinie** bei 35 m abzulesen (3, S. 418). Aber auch hier ist es sinnvoll, zusätzlich eine Messung mit einem Durchflussmessgerät durchzuführen.

Hinweis

Bei der Nutzung von Trinkwasser zur Gartenbewässerung kann unter Umständen der Einbau eines **Gartenwasserzählers** sinnvoll sein, da für das im Garten verwendete Wasser keine Abwassergebühren anfallen. Zuvor ist aber zu prüfen, ob sich ein Einbau wirtschaftlich wirklich lohnt, da je nach Wasserversorgungsunternehmen zusätzliche Kosten anfallen, wie der frostfreie Einbau eines geeichten und verplombten Kaltwasserzählers. Zudem kommen zusätzliche Kosten für den Austausch bzw. Prüfkosten für Verlängerung der Eichlaufzeit nach Ablauf der Eichgültigkeit von 6 Jahren hinzu.

Merke

Trinkwasser ist eigentlich zum Gießen zu kostbar. Besser ist es Regenwasser zu nutzen (s. Kap. Regenwassernutzung). Regenwasser ist kostenlos und das beste Gießwasser.

5. Schritt: Platzierung der Regner

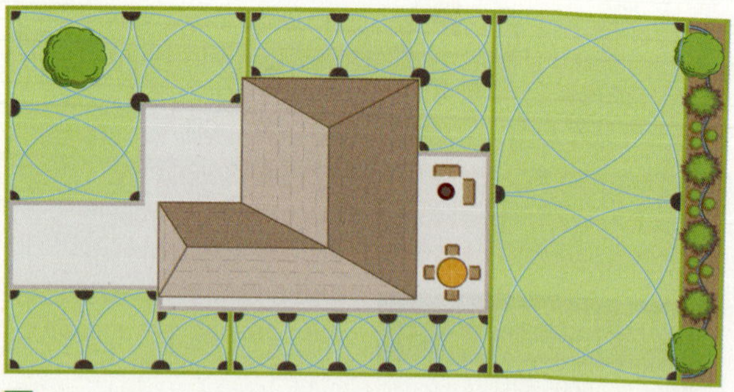

1 Die „Kopf-zu-Kopf-Aufstellung“ der Regner ist Voraussetzung für eine möglichst gleichmäßige Bewässerung einer Fläche.

Bei der Beregnung mit Kreisregnern ist darauf zu achten, dass sich ihre Bewässerungsradien vollständig überlappen. Nur so ist eine gleichmäßige Beregnung gewährleistet. Dies wird dadurch sichergestellt, dass der Abstand der Regner untereinander gleich ihrer Wurfweite gewählt wird, sodass jeder Regner den Kopf des nächsten Regners erreicht. Man spricht von einer **„Kopf-zu-Kopf-Aufstellung“** (1, 2 und 3).

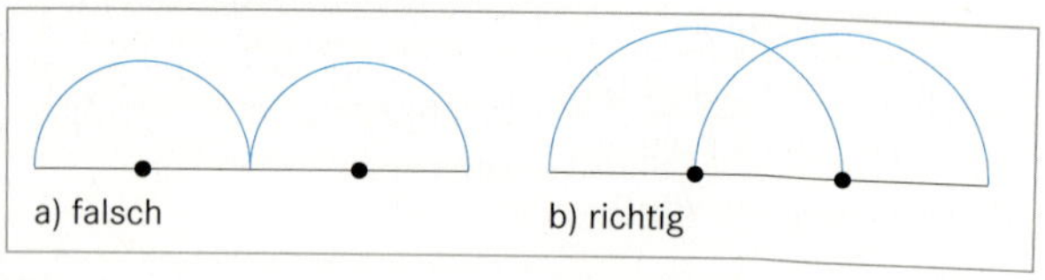

2 Kopf-zu-Kopf-Aufstellung: Die Regner werden so angeordnet, dass der Wurfkreis des einen Regners bis zum Kopf des benachbarten Regners reicht, sie sich also überlappen.

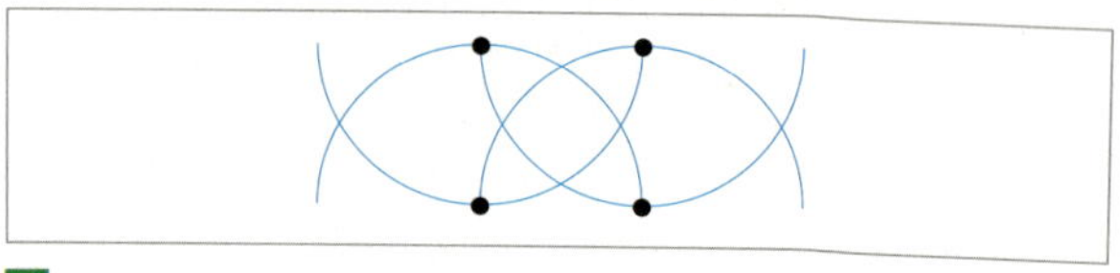

3 Auch der Wurfkreis des gegenüber liegenden Regners muss bis zum Regner reichen. Dieses **Prinzip der doppelten Überlappung** ist immer einzuhalten.

Die richtige **Platzierung der Regner** ist Voraussetzung für eine möglichst gleichmäßige Bewässerung einer Fläche. Dabei wird zwischen der Quadratformation und der Dreiecksformation unterschieden. Die **Quadratformation** (Viereckverband) ist einfacher anzuwenden und besonders gut für rechteckige Flächen geeignet. Bei dieser Methode werden jeweils vier Regner so platziert, dass sie ein Quadrat bilden (1, S. 413). Die **Dreiecksformation** (Dreiecksverband) ist besonders gut für die Beregnung von kreisförmigen Flächen geeignet (2, S. 413).

Vorgehensweise

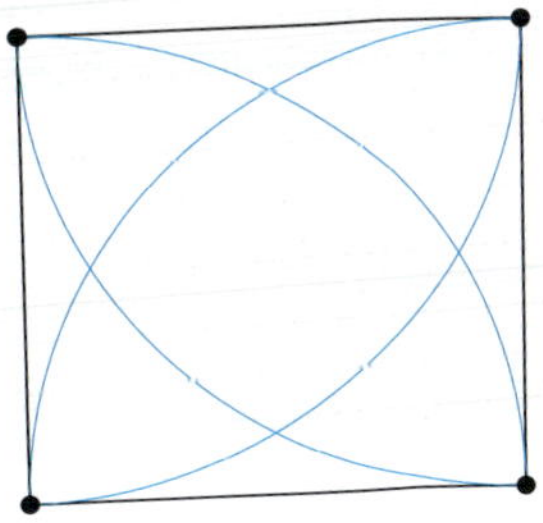
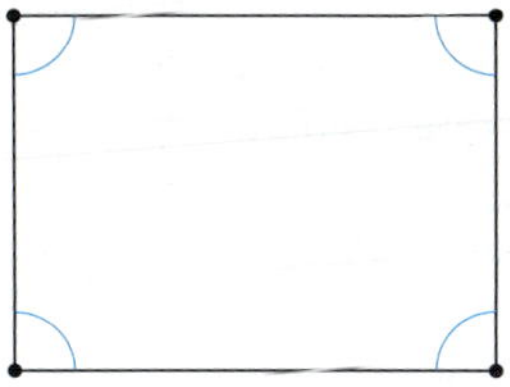

1. Die Beregnungsfläche in möglichst große Vierecke einteilen, die wiederum in Rechtecke unterteilt werden. Mit dem größten Rechteck beginnen. Die Eckbereiche mit 90°-Regnern (Viertelkreisregner) belegen. Der Abstand zwischen den Regnern entspricht ihrer Wurfweite, sodass sich benachbarte Regner zu 100 % überdecken (überlappen).

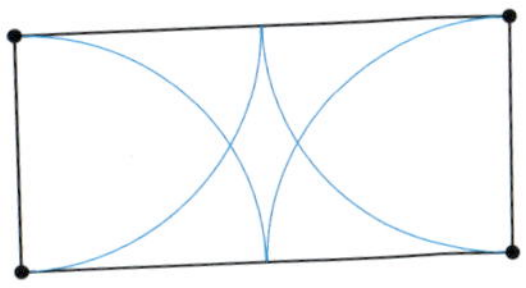
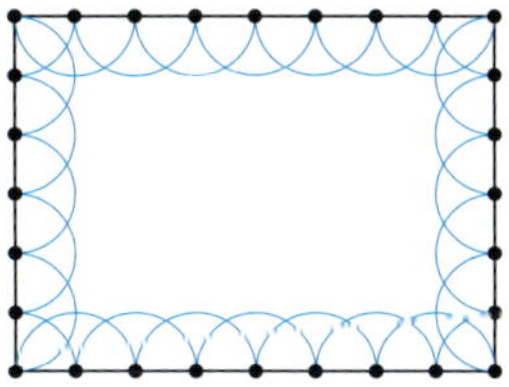

2. Die Randbereiche werden mit 180°-Regnern (Halbkreisregner) aufgefüllt. Sie weisen Wurfweiten wie die 90°-Regner auf und reichen bis zu ihrem benachbarten rechten und linken Regner.

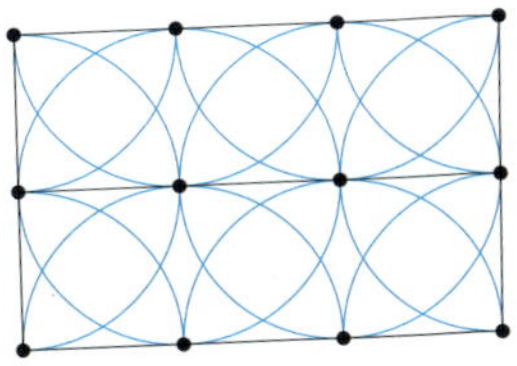
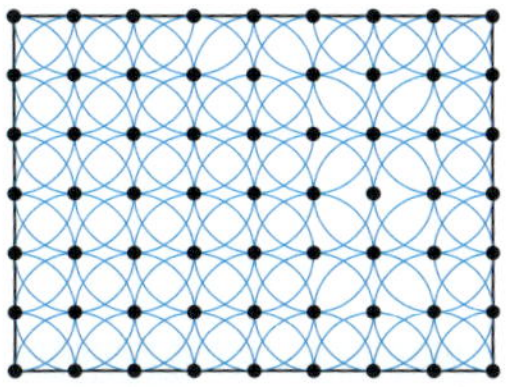

3. Verbleibende Restflächen in der Mitte werden mit 360°-Regnern (Vollkreisregner) abgedeckt. Das Setzen von Hilfslinien erleichtert das Einzeichnen und Platzieren: Gegenüberliegende Regner miteinander verbinden (Schnittpunkte = Regnerstandorte).

1 Vorgehensweise bei der Belegung von Flächen mit Regnern (Quadratformation). Die Kreisbögen werden mit einem Zirkel in den Plan eingezeichnet, wobei der Radius der Wurfweite der einzelnen Regner entspricht. Die Verwendung einer **Planungssoftware** ermöglicht eine zeitsparende und flexible Gestaltung des Bewässerungssystems sowie die schnelle Umsetzung von Änderungen.

Regnerpositionierung

1. Kreisumfang in Geraden (Wurfweite) zerlegen und in den Eckpunkten Regner setzen

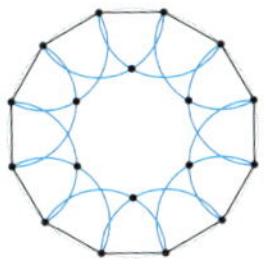

2. Halbkreisbögen mit Wurfweite als Radius zeichnen

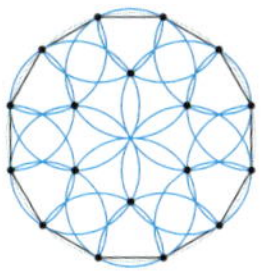

3. Bildung der Dreiecksformation durch Setzen von Vollkreisregnern an jedem zweiten Dreieck

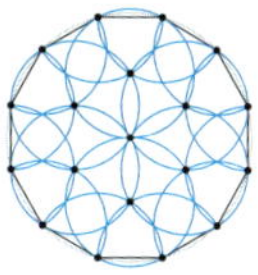

4. Zum Abschluss wird ein Vollkreisregner in die Mitte des Kreises gesetzt

2 Dreiecksformation zur Bewässerung kreisförmiger Flächen

6. Schritt: Wahl der richtigen Düsengröße

Bei der Verwendung unterschiedlicher Sektorenregner zur Rasenbewässerung ist sicherzustellen, dass alle Bereiche die gleiche Wassermenge erhalten. Dies geschieht über die **Regulierung der Durchflussrate.** Andernfalls würde auf einer Halbkreisfläche oder Viertelkreisfläche die gleiche Wassermenge pro Zeiteinheit wie auf einer Vollkreisfläche verteilt werden, das wäre also doppelt oder viermal so viel Wasser. Über die **Verwendung verschiedener Düsengrößen** kann die Niederschlagsmenge der Regner an die jeweilige Größe des Kreisausschnittes angepasst werden. Halbkreisregner erhalten Düsen mit doppelt so hohem Durchfluss wie Viertelkreisregner und Vollkreisregner Düsen mit doppelt so hohem Durchfluss wie Halbkreisregner. Problematisch dabei ist, dass mit einer abnehmenden Düsengröße auch die Wurfweite des Regners geringer wird, was wiederum zu einer ungleichmäßigen Bewässerung führt. Dies lässt sich durch Verwendung moderner **MPR-Düsen** (engl. „Matched Precipitation Rate" = angepasste Niederschlagsrate) vermeiden. Bei diesen sind die Durchflussmengen der unterschiedlichen Düsen (90°, 120°, 180°, 360°) in einem **Düsenset** so aufeinander abgestimmt, dass sie bei gleichem Wasserdruck die gleiche Niederschlagsrate und Wurfweite aufweisen. Farbige Düsencodierungen ermöglichen eine schnelle Identifikation nach Wurfweite und Sektorgröße. **Regner mit integrierter MPR-Funktion** passen bei einer Veränderung der Wurfweite oder des zu beregnenden Kreisausschnitts den Wasserdurchfluss automatisch an, sodass die Niederschlagsrate immer gleich bleibt.

Beispiel

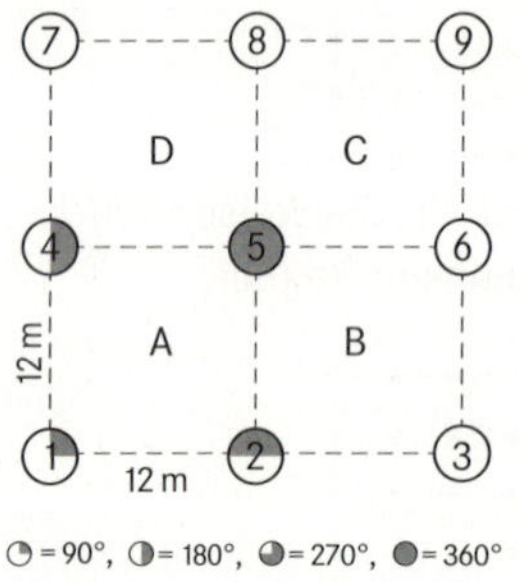

1 Bewässerungsabschnitt mit neun Regnern (Quadratformation)

Regner	Wasserdruck	Wurfweite	Durchfluss
Versenkregner zur Rasenbewässerung	3 bar	12 m	2 m^3/h Vollkreisregner (2.000 l/h)

1. Niederschlagsberechnung für die Fläche A

a) Alle Düsen weisen dieselbe Durchflussmenge auf

Regner-Nr.	Regnerart	Düsendurchflussmenge	Wasserabgabe	
(1)	Viertelkreisregner	2,0 m^3/h	100 %	2,0 m^3/h
(2)	Halbkreisregner	2,0 m^3/h	50 %	1,0 m^3/h
(4)	Halbkreisregner	2,0 m^3/h	50 %	1,0 m^3/h
(5)	Vollkreisregner	2,0 m^3/h	25 %	0,5 m^3/h
			Gesamtwasserabgabe	4,5 m^3/h

<u>**Ergebnis:**</u> Die Wasserverteilung ist sehr ungleichmäßig. Die mit dem Viertelkreisregner beregnete Fläche bekommt im gleichen Zeitraum vier mal und die mit Halbkreisregnern beregneten Flächen bekommen doppelt so viel Wasser ab, wie die mit dem Vollkreisregner beregnete Fläche.

b) Regner mit angepassten Düsengrößen

Regner-Nr.	Regnerart	Düsendurchflussmenge	Wasserabgabe	
(1)	Viertelkreisregner	0,5 m^3/h	100 %	0,5 m^3/h
(2)	Halbkreisregner	1,0 m^3/h	50 %	0,5 m^3/h
(4)	Halbkreisregner	1,0 m^3/h	50 %	0,5 m^3/h
(5)	Vollkreisregner	2,0 m^3/h	25 %	0,5 m^3/h
			Gesamtwasserabgabe	2,0 m^3/h

<u>**Ergebnis:**</u> Die Wasserverteilung ist gleichmäßig. Jeder Viertelkreis bekommt pro Stunde 0,5 m^3 bzw. 500 Liter Wasser.

2. Berechnung der Niederschlagsrate in mm/h

$$\text{Niederschlagsrate} = \frac{\text{Wasserabgabe } (m^3/h) \times 1.000^{1}}{\text{Fläche } (m^2)} = mm/h$$

[1] zur Umwandlung von m in mm

$$\text{Niederschlagsrate} = \frac{2{,}0\ m^3/h \times 1.000}{144\ m^2} = \mathbf{13{,}9\ mm/h}$$

Hinweis

In den **Herstellerangaben zu Regnern** wird die **Niederschlagsrate** bei einem spezifischen Wasserdruck und einer bestimmten Düse angegeben, wobei auf die **Quadrat- oder Dreiecksformation** verwiesen wird. Dies beinhaltet, dass die angegebene **Niederschlagsmenge von beispielsweise 13,9 mm** nicht auf einen einzelnen Regner, sondern auf die **Gesamtheit der in Quadrat- oder Dreiecksformation betriebenen Regner** zutrifft. Diese Angabe gilt zudem nur bei entsprechender **Überlappung** der Bewässerungsbereiche.

7. Schritt: Einteilung der zu bewässernden Fläche in Bewässerungsabschnitte (= Anzahl der Ventile)

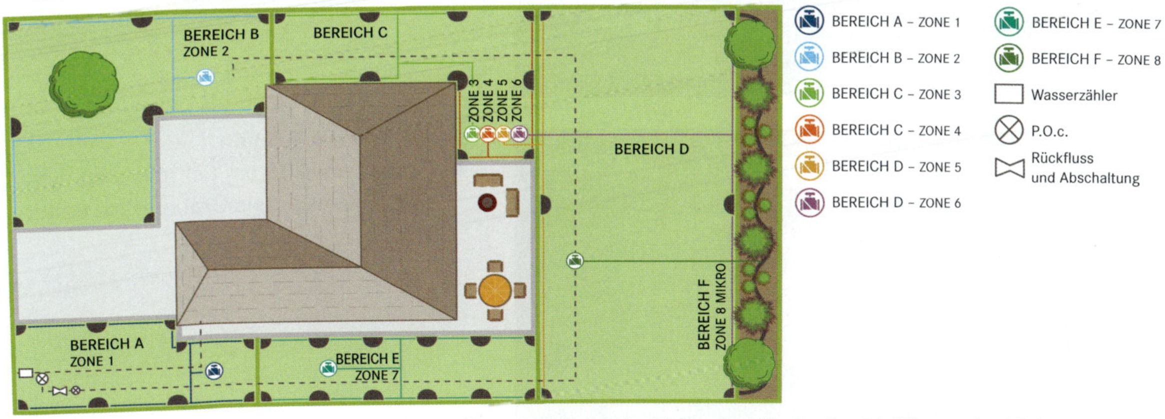

1 Jeder Bewässerungsabschnitt erhält ein eigenes Magnetventil, das den Wasserfluss für den Bereich öffnet und schließt

Anhand der Angaben in den **Düsentabellen** oder den **technischen Angaben zu den verschiedenen Bewässerungsprodukten** wird berechnet, wie viel Wasser pro Stunde die gesamte Anlage im Betrieb benötigt. Liefert der Wasseranschluss oder die Pumpe bei dem erforderlichen Fließdruck eine geringere Durchflussmenge als benötigt, muss die Anlage in kleinere Bewässerungseinheiten, die nacheinander über Elektromagnetventile angesteuert werden, aufgeteilt werden. Die Größe der einzelnen Abschnitte ist so zu bemessen, dass bei der Bewässerung nicht mehr als die maximal verfügbare fließdruckabhängige Durchflussmenge benötigt wird. Generell gilt:

Beispiel

$$\frac{\text{Wasserverbrauch aller Regner in einem Bereich } \left(\frac{m^3}{h}\right)^1}{\text{verfügbare Wassermenge } \left(\frac{m^3}{h}\right)^1}$$

= Anzahl der Bewässerungsschritte (Stationen) in einem Bereich[2]

$$\frac{3{,}528 \left(\frac{m^3}{h}\right)^1}{2{,}940 \left(\frac{m^3}{h}\right)^1} = 1{,}2 \quad \rightarrow \quad \text{2 Bewässerungsabschnitte}$$

[1] Angabe auch in l/h oder l/min,
[2] Ergebnis auf ganze Zahl aufrunden

Die einzelnen Bewässerungsabschnitte (Stationen, Zonen) werden in den Plan eingezeichnet (**1**).

Neben der verfügbaren Wassermenge spielt auch die Art der Pflanzen, die Lage sowie die Art der Bewässerung für die Einteilung der Bewässerungsabschnitte eine Rolle. Auch dürfen nie unterschiedliche Regnertypen oder Tropfbewässerungen einen Bewässerungsstrang bilden, da die abgegebenen Wassermengen sehr unterschiedlich sein können, sodass einzelne Bereiche zu stark und andere zu schwach bewässert würden.

2.2 Einbau

Vor dem Einbau ist die Lage der Leitungen (Strom, Gas, Telefon, Wasser etc.) auf dem Grundstück zu ermitteln.

- Im Innern des Hauses werden meist **Metallrohre** oder **Verbundwerkstoffrohre** verwendet, im Erdreich **Kunststoffrohre aus Polyethylen (PE).** Sie werden in verschiedenen **Druckstufen** angeboten. Für Bewässerungsanlagen reichen Druckstufen von PN8 (8 bar) bis PN12,5 (12,5 bar) aus. Bei manchen Anlagen sind auch PN4 oder PN6 ausreichend. Im professionellen Bereich werden als Standard PN10 und PN12,5 verwendet. PE-Rohre sollten mit einer PE-Rohrschere gekürzt werden, beim Sägen können Späne zurückbleiben, die die Regner verstopfen. Arbeitsschritte beim Einbau einer Bewässerungsanlage (Tab. **1**, S. 416 f.).

Arbeitsschritte beim Einbau einer Bewässerungsanlage

1. Markierung

- Verlauf der Rohrleitungen sowie die Standorte der Regner markieren (Markierungsspray, Fähnchen).
- Rohrverlauf möglichst direkt, mit möglichst wenigen Biegungen und Richtungsänderungen, planen.

2. Aushub der Gräben

- Gräben etwa 30 cm tief und breit ausheben bzw. mittels Grabenfräse erstellen.

3. Rohrverlegung

- Rohrleitungen und Verbindungsstücke gemäß Verlegeplan entlang der Gräben auslegen:
  Für 1 bis 2 Stunden in die Sonne gelegte PE-Rohre werden geschmeidiger und lassen sich leichter verlegen.
- PE-Rohre auf richtige Länge zuschneiden (PE-Rohrschere) und entgraten.
- Sauber arbeiten, damit kein Schmutz in das Rohrsystem gelangt

4. Setzen der Ventilboxen

- Ventilboxen an den festgelegten Stellen auf ein Drainagefließ setzen und mit ca. 3 cm Kies füllen.

Tab. 1 Arbeitsschritte beim Einbau einer Bewässerungsanlage

▶ Fortsetzung nächste Seite

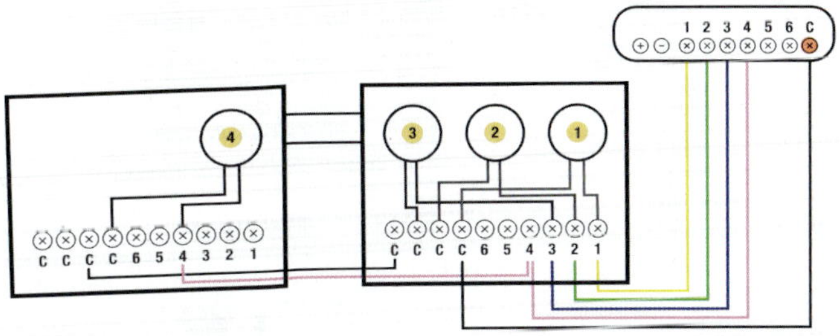

5. Steuerkabel verlegen

- Steuerkabel von der Ventilbox zum Steuergerät verlegen: pro Magnetventil eine Ader, eine zusätzliche Ader als Masse für alle Ventile in der Box sowie ggf. Erweiterungen mit weiteren Ventilen einplanen

6. Verbindung der Ventile

- Ventile in Ventilbox setzen und mit Steuerkabel verbinden: Über das Steuerkabel erfolgt der Impuls an die Magnetventile zum Öffnen oder Schließen des Wasserdurchflusses. Ohne Stromanschluss wäre eine Steuerung mittels Bluetooth oder auch manuell möglich.
- Die einzelnen Bewässerungsabschnitte beschriften (wichtig für die spätere Programmierung)
- Rohre mit den einzelnen Ventilen verbinden.

7. Regner installieren

- Regner an den vorgesehenen Stellen installieren.
- Vor dem Einsetzen der Düsen die Rohrleitung durchspülen, um evtl. Verunreinigungen zu entfernen, dabei Dichtigkeit des Rohrnetzes überprüfen.
- Passende Düsen (Wurfweite, Winkel) einsetzen.
- Höhe etwa einen Finger breit unter der Grasnarbe
- auf genaue Ausrichtung (Sprührichtung, -bereich, -weite) achten

8. Verfüllung der Gräben

- Gräben sorgfältig verfüllen

Tab. 1 Arbeitsschritte beim Einbau einer Bewässerungsanlage (Fortsetzung)

- **Bewässerungsanlage winterfest machen:** Um mögliche Schäden insbesondere an Magnetventilen, Membranen und Sprühgehäusen durch das Einfrieren von Wasser zu verhindern, ist es wichtig, die Bewässerungsanlage vor Frostbeginn zu entleeren. Da Magnetventile nicht leerlaufen und bereits geringe Restwassermengen beim Gefrieren die Ventilmembranen dauerhaft verformen können, ist die Anlage mittels Druckluft zu entleeren. Falls vorhanden, kann dies über den Druckluftanschluss in der Ventilbox erfolgen (›). Ansonsten kann die Anlage auch über den Hauswasseranschluss entleert werden (›).

Einwinterung mit Druckluft

Einwinterung über Hauswasseranschluss

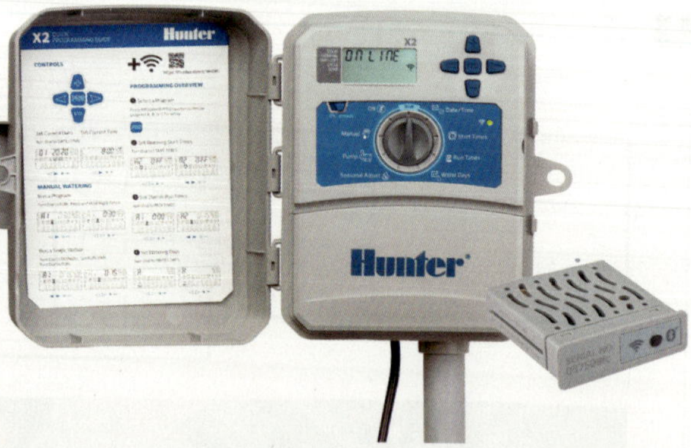

1 Steuergeräte ermöglichen die Automatisierung der Bewässerung und auch die individuelle Bewässerung verschiedener Gartenbereiche unter Einbeziehung von Online-Wetterdaten zur täglichen Anpassung des Bewässerungsplans.

2.3 Steuerung

Mithilfe von **Steuergeräten** (1) lässt sich programmieren, an welchen Tagen, zu welcher Uhrzeit und wie lange jeder Abschnitt bewässert werden soll. Wichtig ist eine einfache Handhabung und Übersichtlichkeit. So sollte deutlich erkennbar sein, welcher Bewässerungsabschnitt bzw. welches Magnetventil gerade programmiert wird. Bodenunabhängige **Regensensoren** melden einen Wasserbedarf, wenn die im Gerät aufgefangenen Niederschläge wieder verdunstet sind. **Bodenfeuchtesensoren** messen die Feuchtigkeit des Bodens. Ist dieser zu trocken oder ausreichend feucht, wird automatisch eine Bewässerung durchgeführt bzw. ein geplanter Bewässerungszyklus übersprungen. Batteriebetriebene Steuergeräte bieten Unabhängigkeit vom Stromanschluss. Sensoren mit Funkübertragung benötigen keinen Kabelanschluss.

Bei kühlem, nicht zu trockenen Klima reichen allgemein 25 mm Niederschlag pro Woche, an heißen, sehr trockenen Tagen 50 mm. Wegen der geringeren Verdunstungsverluste erfolgt die Bewässerung am besten frühmorgens.

> Fachhändler und Hersteller bieten Unterstützung bei der Planung einer Bewässerungsanlage an. Eine Teilnahme an einer Schulung ist empfehlenswert. Im Internet findet man kostenlose **Bewässerungs-Planer**.

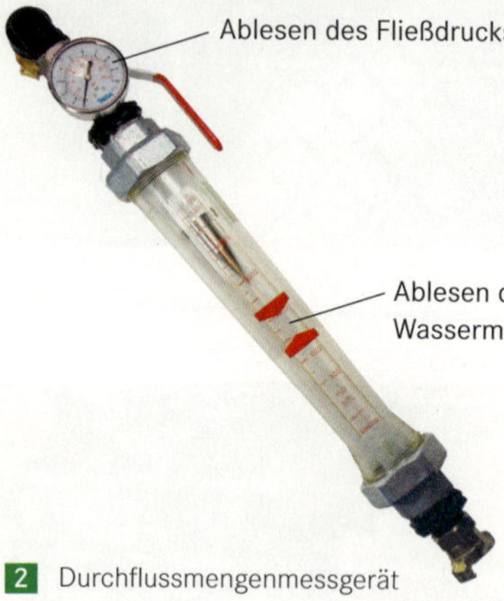

2 Durchflussmengenmessgerät

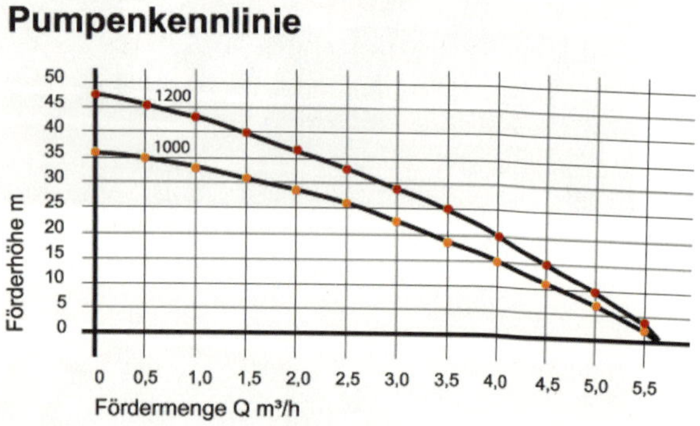

3 Pumpenkennlinie

Aufgaben

1. Nennen Sie die Planungsschritte beim Bau einer automatischen Bewässerungsanlage.
2. Welche Bewässerungsarten sind geeignet für die Bewässerung von a) Rasenflächen, b) Stauden und Hecken, c) Pflanzgefäßen auf Terrasse und Balkon?
3. Voraussetzung für den Einbau einer Bewässerungsanlage ist, dass die Anschlussstelle genügend Wasser liefert.
   a) Beschreiben Sie den Eimer-Test zur Bestimmung des Anschlusswerts.

›

Aufgaben (Fortsetzung)

b) Es wurden 20 Sekunden zur Befüllung des Eimers gemessen. Berechnen Sie den Wasserdurchfluss in m^3/h, l/h und l/min.

○ 4. Wie groß sollten der zur Verfügung stehende Fließdruck und die Wassermenge mindestens sein?

◑ 5. Wie kann die druckabhängige Durchflussmenge festgestellt werden; welche Möglichkeiten bestehen, wenn die Wassermenge nicht ausreicht?

○ 6. Worüber geben Pumpenkennlinien Auskunft?

○ 7. Wie kann gewährleistet werden, dass es bei Verwendung von Kreisregnern zu einer gleichmäßigen Bewässerung der Fläche kommt?

○ 8. Wie viele Kreisregner werden mindestens zur gleichmäßigen Bewässerung einer quadratischen Rasenfläche benötigt?

◑ 9. Beschreiben Sie die Vorgehensweise bei der Belegung der zu bewässernden Fläche mit Kreisregnern.

◑ 10. Zur Bewässerung kreisförmiger Flächen ist die Anordnung der Regner im Dreiecksverband (Dreiecksformation) die geeignete Methode. Vergleichbar der Tortenstücke einer Torte. Beschreiben Sie die Vorgehensweise.

● 11. 1, S. 414, zeigt einen Bewässerungsabschnitt mit neun Regnern in Quadratformation. Berechnen Sie nach der Beispielrechnung auch für die Flächen B, C und D jeweils die Niederschlagsmengen als Gesamtwasserabgaben in m^3/h und als Niederschlagsraten in mm/h bei Verwendung von a) gleichen und b) angepassten Düsen. Wie ist Ihr Fazit?

○ 12. Wie kann bei der Verwendung unterschiedlicher Sektorenregner (90°, 120°, 180°, 270°, 360°) sichergestellt werden, dass alle Bereiche die gleiche Wassermenge erhalten?

◑ 13. Die Gesamtwasserabgabe aller Regner beträgt 4,5 m^3/h, die maximale Wasserabgabe an der Anschlussstelle 2 m^3/h.

a) Ermitteln Sie die Anzahl der Bewässerungsabschnitte.

b) Wie viel Magnetventile werden benötigt?

c) Woraus ergibt sich die Anzahl der notwendigen Bewässerungsabschnitte?

◑ 14. Welche Rohrleitungen zur Bewässerung sind richtig und welche sind falsch verlegt? Begründen Sie Ihre Meinung.

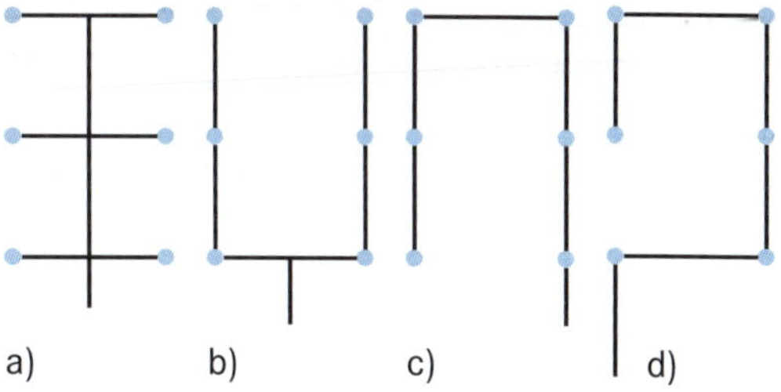

○ 15. Wie kann eine Bewässerungsanlage winterfest gemacht werden?

● 16. Bei einer Bewässerung mit Trinkwasser ist der Trinkwasserschutz zu beachten.

a) Was muss dabei auf jeden Fall verhindert werden?

b) Wovon hängt die erforderliche Sicherheitseinrichtung ab?

c) Welche Gefährdungsklassen werden unterschieden?

d) In welche Kategorie wird eine Überflur- bzw. Unterflurbewässerung eingestuft?

e) Welche Schutzeinrichtungen sind für die Flüssigkeitskategorien 3 und 5 erforderlich?

f) Warum werden unterirdisch verlegte Bewässerungssysteme der Flüssigkeitskategorie 5 zugeordnet?

● 17. Systemtrenner mit freiem Auslauf.

a) Wozu dient er?

b) Erklären Sie das Prinzip des freien Auslaufs.

◑ 18. Ein Kunde möchte zur Trinkwasserschonung seine Unterflurbewässerung mit Regenwasser betreiben. Dazu dient ihm eine Regenwasserzisterne mit integrierter Tauchpumpe und, zur Überbrückung niederschlagsarmer Zeiten, eine automatische Trinkwassernachspeisung. Welcher Gefährdungsklasse ist die Bewässerung mit der Zisterne zuzuordnen? Begründen Sie Ihre Meinung.

● 19. Warum wird bei der Nutzung einer Regenwasserzisterne mit automatischer Trinkwassernachspeisung zur Absicherung des Trinkwasserkreislaufs kein Systemtrenner, sondern ein Regenwasserwerk eingesetzt?

Aufgaben (Fortsetzung)

◑20. Die natürlichen Niederschlagsmengen reichen nicht aus, sodass der Rasen (500 m^2) zweimal in der Woche mit 10 l/m^2 Leitungswasser beregnet wird. An Kosten fallen an:
a) Wasserkosten 1,95 €/m^3 plus 7 % Ust.
b) Abwassergebühr 2,84 €/m^3
Wie hoch sind die wöchentlichen Bewässerungskosten?

◑21. Bei der Nutzung von Trinkwasser zur Gartenbewässerung können durch den Einbau eines Gartenwasserzählers die Abwassergebühren für das Bewässerungswasser eingespart werden. Lediglich das gelieferte Frischwasser wird berechnet. Zuvor ist aber zu prüfen, ob sich der Einbau wirklich lohnt, da Einbaukosten für den Kaltwasserzähler und nach Ablauf der Eichgültigkeit (6 Jahre) zusätzliche Kosten für den Austausch des Zählers bzw. für die Verlängerung der Eichlaufzeit anfallen. Je nach Landkreis sind weitere Gebühren möglich.

Beispiel:
- Einbaukosten 170,00 €
- Abwassergebühren 2,84 €/m^3

Wie hoch müsste der Wasserverbrauch/Jahr mindestens sein, damit sich der Einbau eines Gartenwasserzählers lohnt?

Regenwassernutzung

Die Schonung der Trinkwasserreserven gewinnt eine zunehmende Bedeutung. Möglichkeiten dazu sind, neben einem sparsamen Umgang mit Wasser, das **Versickern des Regenwassers** von Dächern oder befestigten Flächen auf dem eigenen Grundstück (1 und 2) sowie die **Nutzung von Regenwasser** in den Bereichen des täglichen Lebens, wo eine mindere Wasserqualität genügt, z. B. zur Gartenbewässerung, Toilettenspülung, zum Putzen und für die Waschmaschine. In Haushalten können so 30 bis 40 % des Trinkwassers eingespart werden. Für einen 3 bis 4 Personenhaushalt werden etwa 100 m² Dachgrundfläche zum Auffangen des Regenwassers gerechnet.

Alle Bau- und Nutzungsmaßnahmen sollten darauf abzielen, dass die Einleitung von Regenwasser in die Kanalisation möglichst bald der Vergangenheit angehört. Vielmehr sollte es im Boden versickern oder sich in Gewässern anreichern können. Vor allem im urbanen Raum kann es zur Schaffung von Erholungsraum und zur Kühlung während Hitzeperioden genutzt werden (s. Kap. 3).

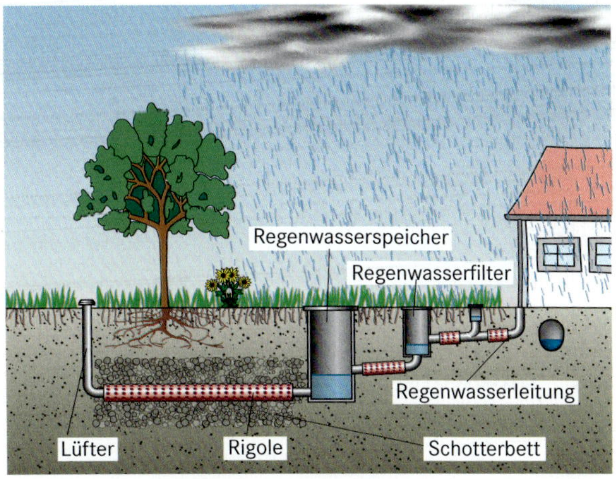

1 Regenwasserversickerung in Rigolen

2 Sickerkasten aus Kunststoff

1 Bauteile

Die Bauteile einer **Regenwassernutzungsanlage** (3) sind:

- Filter,
- Zuleitungen zur Zisterne,
- Zisterne,
- Pumpe mit Leitungen und Schalteinrichtungen.

1.1 Filter

Filter (Maschenweite 0,2 mm) säubern das Dachablaufwasser von Grob- und Feinschmutz. Gut geeignet sind **selbstreinigende Filter,** die in das Fallrohr (1, S. 422) oder bei mehreren Fallrohren als Sammelfilter in die Grundleitung zur oder direkt in die Zisterne eingebaut werden (2, S. 422). Zwecks Reinigung sollten sie leicht zugänglich sein. Selbstreinigende Filter sind zweimal jährlich zu warten, Korbfilter öfter.

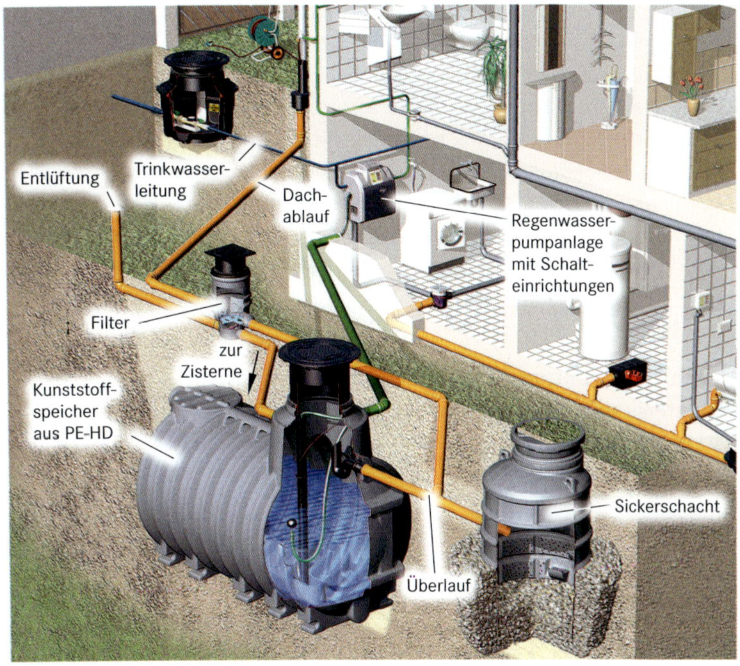

3 Regenwassernutzungsanlage

1 Selbstreinigender Filter für Fallrohre

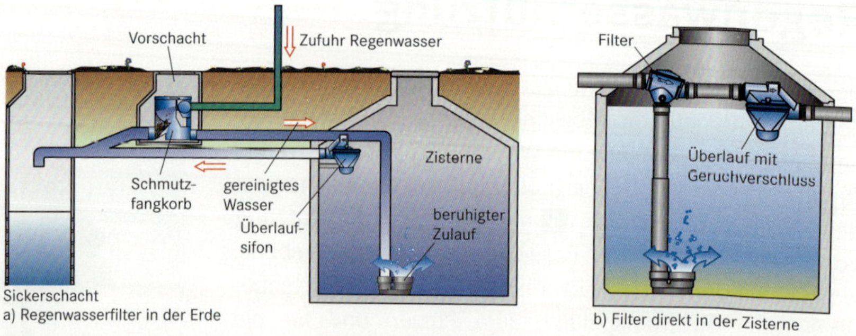

2 Zisterne mit Filter, beruhigtem Zulauf, Überlauf und Sickerschacht

1.2 Zuleitungen zur Zisterne

Beim Zufluss von Regenwasser in die Zisterne ist darauf zu achten, dass der abgesetzte Feinschlamm nicht aufgewirbelt wird. Ein beruhigter Zulauf lässt sich dadurch erreichen, dass der Auslauf in einem „Auslauftopf" endet (2).

1.3 Zisterne

Eine **Zisterne** ist ein unterirdischer Behälter (Überdeckung > 80 cm) zum Sammeln und Speichern des von Dächern oder besonderen Auffangflächen zufließenden Niederschlagswassers. Damit das Wasser auch bei längerer Speicherung seine Qualität behält, muss es kühl und lichtgeschützt aufbewahrt werden. Entsprechend sollen Zisternen mit mindestens 80 cm Überdeckung (frostsicher) ins Erdreich eingebaut werden. Überschüssiges Wasser muss durch einen **Überlauf** abfließen können. Da das Regenwasser über das Fallrohr Luft in die Zisterne mitreißt (bei Starkregen ca. 25 l Luft/l Wasser), die in die Regenwasserzuleitung zurückdrückt und dadurch erhebliche Turbulenzen im Filter verursachen kann, was wiederum den Filterwirkungsgrad erheblich mindern kann, sollte eine Zisterne eine **Entlüftung** aufweisen.

! Merke

Beim Erdeinbau von Zisternen sind unbedingt die Herstellerangaben und Unfallverhütungsvorschriften zu beachten. Die Grubenwände sind nach UVV „Bauarbeiten" abzustützen!

1.3.1 Bauarten

Als Regenwasserspeicher können Speicher aus Beton oder Kunststoff sowie stillgelegte Klärgruben oder Heizöltanks dienen.

- **Beton-Speicher** können aus einem Stück (Monolithtanks), aus vor Ort zusammengefügten Betonfertigteilen oder aus einzelnen Betonringen bestehen.
- **Kunststoff-Speicher** bestehen aus PE-HD (**P**oly**e**thylene, **H**igh **D**ensity = Polyethylen hart), 3, S. 421.
- **Stillgelegte Klärgruben** sind nach der Reinigung gegebenenfalls neu zu verputzen und abzudichten. **Heizöltanks** müssen von einer zugelassenen Fachfirma gereinigt werden. **Stahltanks** sind neu zu beschichten oder mit einer Kunststoffhülle auszukleiden.

1.3.2 Größe

Die **Zisternengröße** ist abhängig

- von der **Niederschlagsmenge** (1, S. 423). In der Bundesrepublik Deutschland beträgt die durchschnittliche jährliche Niederschlagsmenge etwa 750 mm. Dies entspricht 750 l Wasser/m^2 (1 mm = 1 l/m^2).
- von der **Auffangfläche (m^2),** z.B. Dachgrundfläche (Gebäudegrundfläche + Dachvorsprungsfläche).
- vom **Abflussbeiwert.** Er gibt an, wie viel der anfallenden Wassermenge abgeführt werden muss. Ein Abflussbeiwert von 0,8 besagt, dass 80% des anfallenden Wassers zur Verfügung stehen (Tab. 1, S. 423).
- vom **Filterwirkungsgrad** (1).
- vom Wasserbedarf (Tab. 1, S. 423) plus gewünschter **Sicherheitsreserve** (in der Regel 21 Tage).

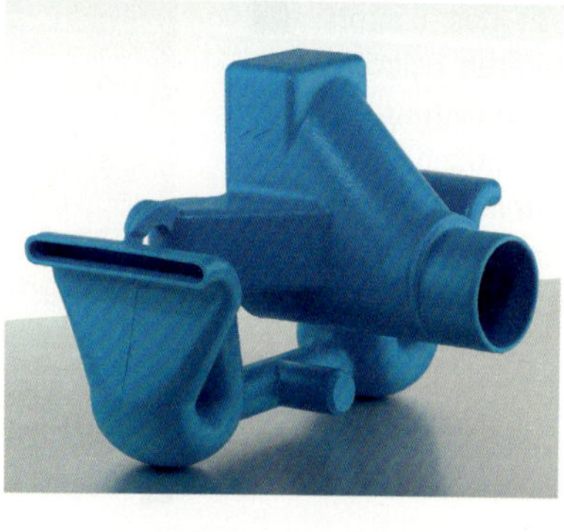

3 Geruchsverschluss

Jährlicher Regenwasserertrag									
Dachgrundfläche in m² (Grundfläche Haus + Dachüberstand)	×	**jährliche Niederschlagsmenge** (mm = l/m²) 1	×	**Abflussbeiwert** Hartdach (Neigung > 15°): ■ Tonziegel gebrannt, glasiert ■ Schiefer-, Beton-, Tonziegel	0,9 0,8	×	**Filterwirkungsgrad** (1, S. 422)	=	**Regenwasserertrag** (l/Jahr)
Beispiel: 140	×	750	×		0,8	×	0,9	= =	**75 600 l** **75,6 m³**
Jährlicher Regenwasserbedarf									
WC-Spülung		pro Person und Jahr 8,8 m³ (24 l/Tag)				×	3 Personen	=	26,4 m³
Waschmaschine		pro Person und Jahr 3,7 m³ (10 l/Tag)				×	3 Personen	=	11,1 m³
Putzen		pro Person und Jahr 1,1 m³ (3 l/Tag)				×	3 Personen	=	3,3 m³
Gartenbewässerung		60 l/m² und Jahr				×	200 m²	=	12,0 m³
							Zwischensumme	=	**52,8 m³**
+ Sicherheitszuschlag für 21 Tage = 52 800 l : 365 Tage x 21 Tage : 1000								=	3,04 m³
							Regenwasserbedarf	= =	**55,84 m³/Jahr** **4,65 m³/Monat**
Ergebnis: Eine Zisterne mit einem **Speichervolumen von 5000 l** wäre optimal.									

Tab. 1 Rechenbeispiel für die Berechnung der optimalen Zisternengröße

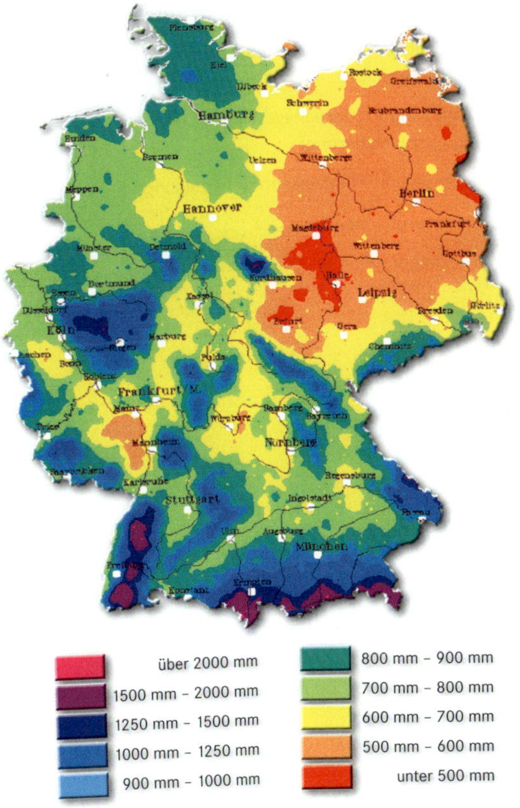

1 Regenwasserkarte (Niederschlag in mm)

Im **Rechenbeispiel** (Tab. 1) würde eine Zisterne mit einem Volumen von 5000 l den Monatsbedarf der Familie decken. Aus wirtschaftlicher Sicht wäre eine größere Zisterne nicht sinnvoll. Zudem ist es durchaus erwünscht, die Zisterne von Zeit zu Zeit überlaufen zu lassen, da dadurch die schmutzige Schwimmschicht, die ansonsten in gewissen Intervallen abgefischt werden müsste, weggespült und der Geruchsverschluss (3, S. 422) aufgefüllt wird.

1.4 Pumpe mit Leitungen und Schalteinrichtungen

- **Leitungen und Förderpumpen (Kreiselpumpe** im Gebäude bei Saughöhen < 7 m und Ansauglängen < 20 m, ansonsten **Unterwasserpumpe** in Zisterne) müssen wegen des sauren Regenwassers (pH 4,0 bis 5,6 → aggressiv) aus **korrosionsbeständigem Material** (Edelstahl oder Kunststoff, z. B. PE-HD, PE-X, PP, PVC, PB) bestehen.
- Ein **Trockenlaufschutz** schaltet die Pumpe ab, bevor Luft in die Saugleitung gelangt und die Pumpe ohne Wasserschmierung und -kühlung trocken läuft.
- Während der regenarmen Zeit ist eine **automatische Nachfüllung** (Höhe etwa ein Tagesbedarf) mit Trinkwasser vorzusehen. **Vollautomatische Regenwasserstationen** (Pumpe außerhalb der Zisterne) pumpen das Wasser nicht erst in die Zisterne, sondern speisen es direkt in den Saugstutzen der Pumpe ein.
- Die Regenwassernutzungsanlage wird über ein **zentrales Steuergerät** gesteuert (1, S. 424).
- Über **Leerrohre** (≥ DN 100) können Saug-/Druckleitungen oder Steuerleitungen gelegt werden.
- Moderne Steuerungen (**KIM**-**K**abelloses **I**ntelligentes **M**anagement) arbeiten ohne Kabel und Schaltorgane in der Zisterne.

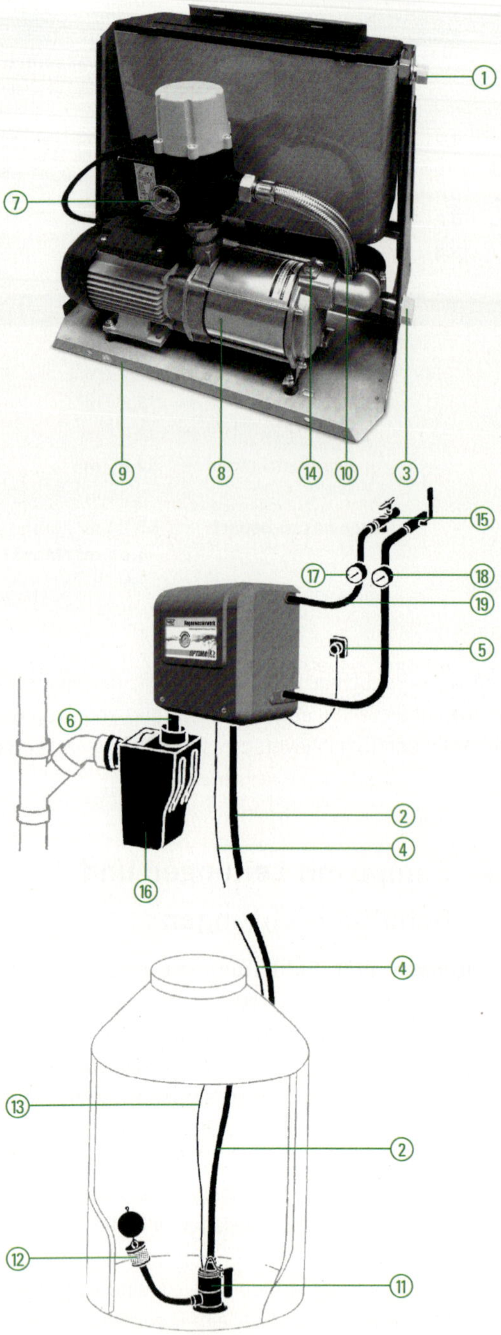

① Trinkwasser-Anschluss (Nachspeisung)

② Regenwasserdruckleitung (Tauchpumpe)

③ Druckleitung-Anschluss (Hausversorgung)

④ Kabel der Multigo, Länge 25 m, 4-adrig, mit 7-Pol-Stecker (Mehrpolstecker) für Anschluss an das Wandgerät im Gebäude

⑤ Netzstecker Gesamtanlage

⑥ Kanalanschluss Notüberlauf (DN 70)

⑦ Anzeige Betriebsdruck (Manometer)

⑧ Normalsaugende Kreiselpumpe

⑨ Grundrahmen

⑩ Verbindungsschlauch zur Hausversorgung

⑪ Unterwasser-Druckpumpe Multigo mit Schwimmerschalter und 25 m Kabel

⑫ Schwimmender Ansaug-Fein-Filter (SAFF)

⑬ Trageseil zur Sicherung, Entnahme der Multigo

⑭ Verschlussschraube zum Entlüften/Auffüllen

⑮ Absperrhähne für Trinkwasserleitung und Regenwassernetz

⑯ Multisiphon (Geruchsverschluss und Rückstausicherung)

⑰ Wasseruhr/Trinkwassernachspeisung

⑱ Wasseruhr/Regenwasser

⑲ flexible Verbindungsschläuche

1 Ein Regenwasserwerk umfasst die Förder- und Steuerungstechnik einer Regenwasseranlage. Es versorgt die Verbraucher wie WC, Waschmaschine und Bewässerung mit gesammeltem Regenwasser. Bei leerer Zisterne erfolgt automatisch eine Trinkwasser-Nachspeisung über einen Freien Auslauf gemäß DIN EN 1717.

2 Sicherheitsvorschriften

Die Absicherung des Trinkwassernetzes vor Beeinträchtigungen, zum Beispiel vor der Gefahr des Rücksaugens aus Regenwasserleitungen ist unbedingt zu beachten! Hierzu sind die **Vorschriften der Trinkwasserverordnung** und der **Allgemeinen Versorgungsbedingungen für Wasser** einzuhalten, unter anderem:

- Es darf keine Verbindung zwischen dem Regenwassersystem und dem Trinkwassersystem vorhanden sein (farblich unterschiedliche Leitungen).

- Die Nachfülleinrichtung aus der öffentlichen Trinkwasserversorgung darf nur im **freien Auslauf mit mindestens 20 mm Abstand** in das Regenwassersystem erfolgen.

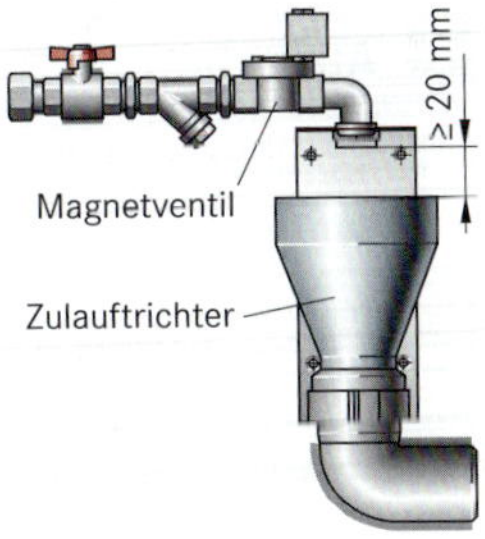

- Entnahmestellen für Nichttrinkwasser (auch für Regenwasseranlagen) müssen mit den Worten **„kein Trinkwasser“** oder bildlich mit entsprechenden Verbotszeichen beschildert und gegen unbefugtes Benutzen gesichert (möglichst hoch anordnen, abnehmbarer Griff) werden.
- Bei Wartungsarbeiten in Schächten oder Speichern muss eine **zweite Person außerhalb sichern** können (UVV beachten!).

Die **Wartungsarbeiten** beschränken sich darauf:
- das mit Sediment vermischte Regenwasser alle 10 bis 15 Jahre mit einer Tauchpumpe abzupumpen,
- das Reinigen der Filter in gewissen Intervallen und
- ggf. das Abfischen der sich bildenden Schwimmschicht in der Zisterne.

! Merke

Bau und Betrieb von Regenwassernutzungsanlagen müssen **vor** Baubeginn dem zuständigen Wasserversorgungsunternehmen und der Gemeinde angezeigt werden. Für den GaLaBau empfiehlt sich, beim Bau von Regenwassernutzungsanlagen mit einem Sanitärinstallateur zusammenzuarbeiten.

3 Wasser in der Stadt der Zukunft – die Vision der Schwammstadt

Köln wird Schwammstadt

Mehr als drei Viertel der europäischen Bevölkerung leben im urbanen Raum. Klimawandel und Umweltverschmutzung haben die **Trinkwasserreserven** vielerorts auf einen besorgniserregenden Niedrigstand fallen lassen. **Starkregenereignisse** und **Hitzeperioden** nehmen in Häufigkeit, Intensität und Dauer zu. In den Städten ist die Hitzebelastung durch die Aufheizung der Straßen- und Gebäudeflächen besonders groß.

Abhilfe könnte ein neues Verständnis im Umgang mit Wasser in der Stadt schaffen, das mit dem Begriff der „Schwammstadt“ umschrieben wird. Der Begriff der

1 Wasser kann einen großen Beitrag zur Schaffung lebenswerter Städte leisten

„Schwammstadt“ bezieht sich auf eine Stadtplanung, die sich durch eine besonders nachhaltige und ökologische Wasserbewirtschaftung auszeichnet. Sie ist darauf ausgerichtet, den Niederschlag wie ein Schwamm aufzusaugen (zu sammeln), zu speichern, zu reinigen und zu nutzen, um die Auswirkungen von Starkregenereignissen zu minimieren, die Wasserversorgung in Trockenzeiten zu verbessern und die städtische Umweltqualität zu steigern. **Entsprechend sollten alle Bau- und Nutzungsmaßnahmen darauf abzielen, dass die Einleitung von Regenwasser in die Kanalisation möglichst bald der Vergangenheit angehört.** Regenwasser sollte im Boden versickern, sich in Gewässern anreichern können oder in Pflanzflächen geleitet werden. Statt in der Kanalisation zu verschwinden, kann es zur Gestaltung von Außenräumen genutzt werden, indem z.B. Grundstücke Zugang zum Wasser erhalten, Wasser in kleinen Bächen und offenen Rinnen durch die Stadt fließt, Spielplätze, Kindergärten und Schulen in Wasserlandschaften eingebunden werden.

Das verdunstende Wasser sorgt für Kalt- und Frischluftzufuhr und vor allem während Hitzeperioden für Kühlung. Zudem reichert es die trockene Stadtluft mit Feuchtigkeit an.

Mithilfe des Wassers lassen sich in der Stadt Erholungsräume für die Bewohner und Lebensräume für Pflanzen und Tiere schaffen, die die biologische Vielfalt erhöhen und das Erleben von Natur inmitten von Städten ermöglichen. Grün- und Wasserflächen führen zu einer guten und gesunden Lebensumgebung, fördern über eine hohe Aufenthaltsqualität im öffentlichen Raum Begegnungen, Kommunikation, Nachbarschaft und Freizeitaktivitäten. Sie erhöhen die **Lebensqualität der Bewohner** und die **Lebenswertigkeit einer Stadt** (**1**, S. 425).

Woran erkennt man nun eine lebenswerte Stadt? Darauf hat Jan Gehl, der einflussreichste Stadtplaner der Welt, eine einfache Antwort: *„Schauen Sie, wie viele Kinder und alte Menschen auf Straßen und Plätzen unterwegs sind ...“*.

? Aufgaben

- ○ 1. Was spricht für die Nutzung von Regenwasser?
- ◑ 2. Nennen Sie Maßnahmen zum sparsamen Umgang mit Wasser.
- ◑ 3. Zu welchen Nachteilen/Problemen kann eine verringerte Trinkwasserabnahme evtl. führen?
- ○ 4. Wofür kann Regenwasser genutzt werden?
- ○ 5. Welche Vorteile hat die Regenwasserversickerung?
- ◑ 6. Beschreiben Sie Möglichkeiten zur Regenwasserversickerung.
- ◑ 7. Welche Vorteile bieten Sickerkästen aus Kunststoff?

? Aufgaben (Fortsetzung)

- ◑ 8. Unter welchen Bedingungen könnte die Nutzung von Dachablaufwasser als problematisch angesehen werden?
- ○ 9. Beschreiben Sie die Funktionsweise eines selbstreinigenden Filters zum Einbau in ein Fallrohr.
- ○ 10. Wie groß sollte die Maschenweite eines Filters sein und wie oft sollte er gereinigt werden?
- ○ 11. Nennen Sie die einzelnen Bauteile einer Regenwassernutzungsanlage und ihre Aufgaben.
- ◑ 12. Wovon ist die Größe einer Zisterne abhängig?
- ○ 13. Was besagt der Abflussbeiwert?
- ● 14. Familie Regenreich, zwei Erwachsene und zwei schulpflichtige Kinder, aus Hamburg möchte zur Toilettenspülung und Gartenbewässerung Regenwasser verwenden. Ihr ziegelbedecktes Einfamilienhaus weist eine Dachneigung von 30° und eine Dachgrundfläche von 150 m^2 auf. Der Garten hat eine Größe von 250 m^2. Es wird davon ausgegangen, dass über die Filter etwa 90 % des Dachablaufwassers der Zisterne zugeleitet werden. Bestimmen Sie die Größe der Zisterne.
- ◑ 15. Warum sollen Zisternen mit > 80 cm Überdeckung in den Boden eingebaut werden?
- ○ 16. Warum sind beim Erdeinbau von Zisternen die Grubenwände unbedingt abzustützen?
- ◑ 17. Warum sollten Zisternen entlüftet sein?
- ○ 18. Warum ist auf einen beruhigten Zulauf in der Zisterne zu achten?
- ○ 19. Warum sollten Förderpumpen und Regenwasserleitungen aus korrosionbeständigem Material sein?
- ○ 20. Was versteht man bei modernen Steuerungen unter der Bezeichnung KIM?
- ◑ 21. Welche Maßnahmen sind zu ergreifen, um eine Gefährdung des Trinkwassers durch Regenwasser auszuschließen?
- ● 22. Sie erhalten mit Ihrem Team (z.B. Dreiergruppe) den Auftrag, die Stadt der Zukunft zu planen. Dabei soll Wasser eine besondere Bedeutung zukommen. Dazu ist es notwendig alte Denkmuster zu durchbrechen und neue, kreative Wege zu gehen. Die Maßnahmen in Bild **1**, S. 425, können als Anregung dienen, durch eigene Ideen erweitert oder verändert werden.
  Stellen Sie ihre Ergebnisse in der Klasse zur Diskussion und wählen Sie aus den Entwürfen der verschiedenen Gruppen die „Stadt der Zukunft“.

Blumenwiese

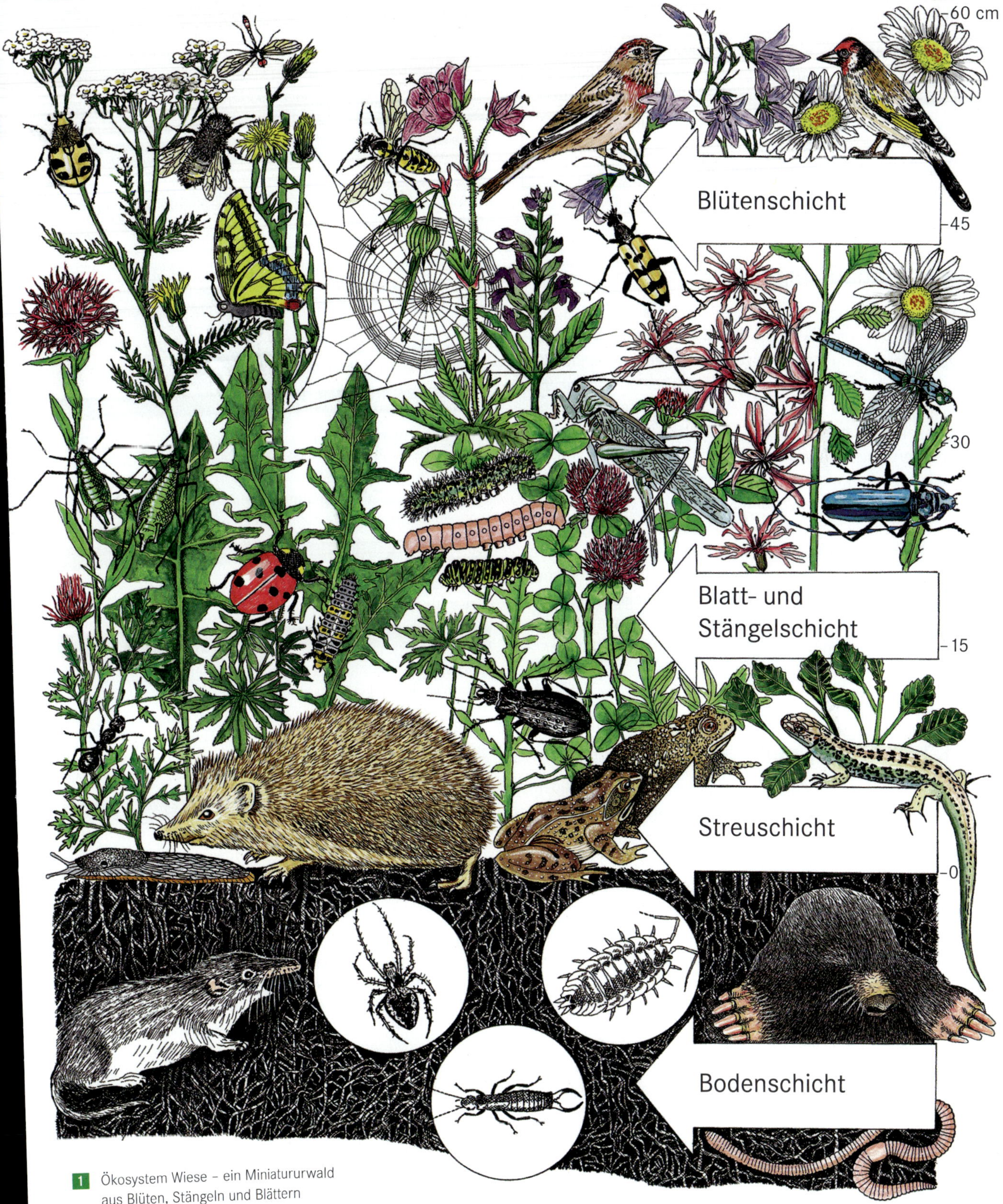

1 Ökosystem Wiese – ein Miniaturwald aus Blüten, Stängeln und Blättern

1 Lebensraum Wiese

Merke

Die Wiese, auch als Blumenwiese bezeichnet, gilt zu Recht als ein Symbol für ökologische Vielfalt. Ihr stockwerkartiger Aufbau aus verschiedenartigen Pflanzen bietet unterschiedliche Kleinklimate und ein reichhaltiges Angebot an Nahrung und Lebensraum für eine artenreiche Tierwelt (1, S. 427).

1.1 Entstehung

Unter natürlichen Bedingungen wäre Mitteleuropa von Laubwäldern bedeckt. Erst durch die Rodung von Waldgebieten, d. h. durch die Umgestaltung der Naturlandschaft durch den Menschen, konnten sich bei uns über Jahrtausende hinweg artenreiche Lebensgemeinschaften, bestehend aus einer Vielzahl verschiedenartiger krautiger Pflanzen, sogenannte **Wiesen**, entwickeln. Eine Ausnahme bilden die Bergwiesen jenseits der Baumgrenze, die Salzwiesen innerhalb der Verlandungszone des Wattenmeeres, die Trockengebiete Osteuropas (Steppen) oder die häufig von Buschbränden heimgesuchten Prärien (von frz. prairie „Wiese") Nordamerikas, auf denen sich unter natürlichen Bedingungen Gehölze auf Dauer nicht etablieren können. Bei den unter diesen Bedingungen entstandenen Wiesen handelt es sich nicht um Kultur- sondern um Naturlandschaften.

1.2 Wiesentypen

Obwohl immer von „der Wiese" gesprochen wird, gibt es „die Wiese" nicht, da sich in Abhängigkeit von den Bodeneigenschaften und den klimatischen Standortbedingungen sowie der Nutzung und Pflege durch den Menschen unterschiedliche **Wiesenpflanzengesellschaften** bilden (1, S. 429). Folglich kann man zwischen mehr als 300 verschiedenen **Wiesentypen** unterscheiden. Zur Vereinfachung erfolgt ihre Einteilung nach den jeweiligen Standortfaktoren in **Wiesenbiotoptypen** (Tab. 1).

Merke

Besonders schöne, artenreiche und damit ökologisch wertvolle Wiesen sind auf trockenen, nährstoffarmen, leicht sauren bis neutralen Böden in sonniger Lage zu finden.

Nährstoffe
Magerwiesen: unfruchtbare, d. h. nährstoffarme, trockene Böden; geringer Futter- und Heuertrag
Fettwiesen: fruchtbare, d. h. nährstoffreiche Böden mit hohem Grundwasserstand; hoher Futter- und Heuertrag
Wasser
Trockenwiesen: trockene, wasserdurchlässige Böden, verbunden mit hoher Sonneneinstrahlung
Halbtrockenwiesen: aufgrund geringerer Sonneneinstrahlung, z. B. im Bereich des Hausgartens an Ost- und Nordseiten, weniger Wassermangel
Feuchtwiesen: nasse Böden mit hohem Grundwasserstand
Bodenreaktion, Nährstoffe, Wasser
Kalkmagerwiesen: nährstoffarme, trockene Böden mit einem hohen pH-Wert
Saure Magerwiesen/Sandmagerwiesen: nährstoffarme, trockene Böden mit einem niedrigen pH-Wert
Nutzung
Mähwiesen: Grünfutter- und Heugewinnung
Standort
Salzwiesen: innerhalb der Verlandungszone des Wattenmeeres; sehr salz- und nährstoffreich
Bergwiesen: oberhalb der Baumgrenze gelegen, sog. Matten
Pflanzen
Glatthaferwiesen: charakteristische Pflanzenart Glatthafer *(Arrhenaterum elatius)*, typische Pflanze der Fettwiesen unterhalb einer Meereshöhe von ca. 600 m → Talfettwiesen
Goldhaferwiesen: charakteristische Pflanzenart Goldhafer *(Trisetum flavescens)*, typische Pflanze der Fettwiesen oberhalb etwa 600 m Meereshöhe → Bergfettwiesen
Pfeifengraswiesen: charakteristische Pflanzenart Pfeifengräser *(Molinia caerulea)*, typische Pflanze der Magerwiesen

Tab. 1 Die Bezeichnung der Wiesentypen erfolgt im Allgemeinen nach den prägenden Standortfaktoren

1 Wiese ist nicht gleich Wiese: Je nach Standortbedingungen und in Abhängigkeit von Nutzung und Pflege setzt sich eine Wiese aus ganz verschiedenen Pflanzen zusammen

1.3 Gefährdung des Ökosystems Wiese

So vielfältig und kompliziert das **Ökosystem Wiese** aufgebaut ist, so empfindlich ist es auch gegenüber menschlichen Eingriffen. Prägten noch in den 30er-Jahren Wildblumenwiesen das Bild unserer Landschaft, stehen Wiesen heute auf der **Roten Liste der gefährdeten Biotope**. Versiegelungen der Landschaft durch Tief- und Hochbau, Trockenlegung ganzer Landstriche, Flussbegradigungen und Flurbereinigungen sowie die intensive landwirtschaftliche Nutzung von Grünlandflächen (großflächiger Pestizideinsatz, hohe Düngermengen, Verwendung starkwüchsiger Grassorten, häufiger Schnitt) haben zu einem rasanten Verlust an Wiesenblumen mit der entsprechenden Begleitfauna geführt. Doch es hat ein Umdenken eingesetzt, sodass heute ein verstärktes Bemühen erkennbar ist, Blumenwiesen zu neuem Leben zu erwecken.

Aufgaben

1. Wiese ist nicht gleich Wiese. Begründen Sie diese Aussage.

Aufgaben (Fortsetzung)

2. Wiesen stehen auf der Roten Liste der gefährdeten Biotope. Was hat dazu geführt?
3. Nennen Sie optimale Standortbedingungen für die Entwicklung einer artenreichen Wiese.
4. Ein Kunde erwartet eine Wiese wie im Bilderbuch. Was sagen Sie ihm?
5. Warum ist bei der Anlage naturnaher Grünflächen eine Vereinheitlichung des Standortes wie bei Rasenflächen durch Bodenverbesserungsmaßnahmen und Planierung der Bodenoberfläche nicht erwünscht?

2 Anlegen einer Wiese

2.1 Bedeutung

Gerade beim Lebensraum Wiese kann jeder, der einen Garten besitzt oder für die Anlage und Pflege von Grünflächen in öffentlichen oder privaten Anlagen zuständig ist, zur Artenvielfalt, zum Artenerhalt und damit zum Naturschutz beitragen. Durch Schaffung naturnaher Gärten und Grünflächen können statt monotoner Rasenflächen artenreiche Blumenwiesen das Bild einer Landschaft prägen (1 bis 8, S. 430).

2.2 Größe

Eigentlich sollte eine Wiese mindestens 16 m^2 groß sein, damit sich ein stabiles Ökosystem aufbauen kann. Doch bereits Klein- und Kleinstflächen können wertvolle ökologische Nischen bilden. Sie müssen nur eng genug beieinander liegen, sodass eine Vernetzung solcher Kleinbiotope entsteht, die eine Kontaktaufnahme zwischen den jeweiligen Populationen ermöglicht bzw. eine Verbindung zwischen größeren Wiesenflächen schafft.

2.3 Geeignete Orte

Da eine Wiese im Gegensatz zu einem Rasen **keine belastbare Grasnarbe (!)** ausbildet, also nicht zum Betreten, Liegen oder gar Herumtollen genutzt werden kann, sollte die Frage auch nicht lauten: Blumenwiese oder Rasen?

Vielmehr ist eine Kombination aus beiden anzustreben:
- Teile des Gartens/der Grünfläche, die nicht betreten werden, werden zur Blumenwiese umgestaltet.
- Kleinere Flächen werden von der regelmäßigen Mahd ausgenommen.

1 Bergwiesen sind außerordentlich artenreich und der Traum eines jeden Wiesenliebhabers

2 Löwenzahnwiesen – Kennzeichen stark gedüngter Böden (Fettwiesen/-weiden); kurze Blütezeit im Frühjahr, artenarm

3 Heckenpflanzungen – in Kombination mit Wildblumensäumen wertvolle Lebensadern unserer Kulturlandschaft

4 Straßen-, Weg- und Feldränder stellen riesige Flächen für Wiesenpflanzen dar

5 Wiesenpflanzen können aus Gräben wertvolle Grabenbiotope machen

6 Bereits kleinste Wiesenflächen bilden im Rahmen einer Biotopvernetzung wertvolle ökologische Nischen

7 Kulturformen – für Hausgärten tauglich, für die freie Landschaft nicht geeignet

8 Blumen-/Kräuterrasen – ein Kompromiss zwischen Rasen und Wiese

1 Rasenwege machen eine Wiese begehbar

- Rasen-/Grünflächen können mit einer Blumenwiesenumrandung umgeben werden.
- Wiesen als Übergänge zwischen verschiedenen Teilen des Gartens, z. B. zwischen Teich und Rasen oder Rasen und Gehölzgruppen, einplanen.
- Blumenwieseninseln in Rasen- und Grünflächen anlegen.
- Auch zur Begrünung von Dächern (s. Kap. Dachbegrünung) oder zur Begrünung von Flächen zur Regenwasserversickerung haben sich Wiesenpflanzen gut bewährt.

So kann ein begehbarer grüner Teppich erhalten werden, ohne dass auf ein Stück Wiese mit all ihren Vorteilen verzichtet werden muss. Zum Begehen größerer Wiesenflächen können 1 bis 2 m breite Wege gemäht werden, die wie ein Rasen kurz gehalten werden. Ist der Verlauf der Wege bereits vor der Ansaat bekannt, sollten diese Flächen von vornherein mit Rasengräsern bzw. Blumenrasen (s. Kap. Rasenbau) eingesät werden (1).

Im **öffentlichen Bereich** eignen sich Wiesen vor allem für extensiv genutzte Flächen:
- in Parks und auf Friedhöfen
- zur Begrünung von Böschungen, Dämmen, Gräben, Mülldeponien, Abraumhalden, Kiesgruben und Rekultivierungsflächen[1]
- als Straßenbegleitgrün (Mittel- und Randstreifen)
- zur Einsaat am Rande von Gewässern (Teichen, Flüssen, Seen) und Feldwegen,
- als Säume entlang von Gehölzpflanzungen (z. B. Hecken)

! Hinweis

Gerade Heckenpflanzungen in der freien Landschaft werden erst durch Wildblumensäume zu wertvollen Lebensadern in unserer Kulturlandschaft.

Eine Blumenwiese kann prinzipiell auf zwei Wegen erreicht werden. Eine preiswerte, aber langwierigere und häufig nicht so erfolgreiche Methode ist die **Umwandlung einer bestehenden Rasenfläche** durch eine selbstständige Ansiedlung von Wiesenpflanzen. Schneller und erfolgreicher, dafür aber auch aufwendiger und teurer, ist die **Erstellung einer Wiese durch Ansaat**.

2.4 Umwandlung einer bestehenden Rasenfläche

Die Umwandlung einer bestehenden Rasenfläche ist im Allgemeinen nur von Erfolg gekrönt, wenn folgende Bedingungen erfüllt sind:
- Eine **natürliche Artenvielfalt** (großes Artenpotenzial) in der näheren Umgebung, die eine Zuwanderung der erwünschten Wildstauden ermöglicht. Oder im Boden befindet sich noch eine große Vielfalt an keimfähigen Wiesenblumensamen.
- Ein **nährstoffarmer Boden** (magerer Standort) begünstigt die Ausbreitung der Wildstauden und benachteiligt die Gräser.
  Anderenfalls könnten die starkwüchsigen Rasengräser über Jahrzehnte hinweg die Ansiedlung und Ausbreitung von Wildblumen verhindern.

Sind diese Bedingungen erfüllt, wird als Erstes die Grünflächenpflege von einer intensiven auf eine extensive umgestellt:

1. **Einstellung von Düngung und Bewässerung**
   Je nährstoffarmer der Boden, desto besser können sich Wildkräuter durchsetzen. Ist der Boden sehr nährstoffreich, muss eine Vermagerung stattfinden.
2. **Verringerung der Mähgänge**
   Ein häufiges Mähen fördert die Entwicklung der schnittverträglichen Gräser und unterdrückt die sich langsamer entwickelnden, weniger schnittverträglichen Wildstauden. Folglich sind bei der Umstellung einer Rasenfläche die Mähintervalle zu verlängern, sodass letztlich nur noch 1- bis 3-mal pro Jahr gemäht wird.
   Auf Rasenflächen, die über hohe Nährstoffgehalte im Boden verfügen, kann in der ersten Zeit der Umstellung auch ein häufigeres Mähen zur Verarmung des Bodens an Nährstoffen erforderlich sein. Beginnt das Wachstum der Gräser nachzulassen, wird die Anzahl

›

[1] Rekultivieren (franz.): unfruchtbar gewordenen Boden wieder nutzbar machen

der Mähgänge entsprechend verringert. Auf nährstoffreichen, schweren Böden muss eventuell die Grasnarbe abgeschält werden.

3. **Richtige Wahl des Schnittzeitpunktes**
   Der Schnittzeitpunkt liegt nach der Blüte bzw. Samenreife der erwünschten Wildkräuter (s. S. 441).
4. **Entfernung des Schnittguts**
   Um die Bodenfruchtbarkeit nicht zu erhöhen, ist das Schnittgut von der Fläche zu entfernen (Unterbrechung des Nährstoffkreislaufes). Eine Ausnahme bilden lediglich sehr nährstoffarme Standorte.
   Das Mähgut, das als Heu verfüttert, zur Kompostierung oder als Mulchmaterial verwendet werden kann, sollte an Ort und Stelle getrocknet und mehrmals gewendet werden, damit die Samen auf der Fläche verbleiben.
5. **Erhöhung der Artenzahl**
   Wissenschaftliche Untersuchungen haben gezeigt, dass eine nennenswerte Selbstansiedelung von Wiesenblumen nur stattfinden kann, wenn die gewünschten Arten innerhalb von 100 bis 200 m im Umkreis vorkommen. Deswegen ist zur Erhöhung der Artenzahl die **Einsaat einer Wiesenblumenmischung** in den bestehenden Rasen zu empfehlen. Zuvor sollte dieser jedoch kurz gemäht und scharf vertikutiert (s. Kap. Rasenbau) werden. In die lückige Grasnarbe werden dann die gewünschten Wildblumen gezielt eingesät.

Eine andere, preiswertere Methode ist die Anlage von **Wildblumeninseln** im Rasen, von denen sich die Wildstauden im Laufe der Zeit über die angrenzende Fläche ausbreiten. Dazu werden mehrere, mindestens 1 bis 2 m² große Stücke des Rasens von Grassoden befreit und gezielt mit Wiesenblumen eingesät oder bepflanzt (1).

Hinweis

Eine gezielte Ansaat oder/und Pflanzung von Wiesenpflanzen ist immer dann zu empfehlen, wenn mit einem Anflug der gewünschten Wildkräuter nicht zu rechnen ist.

1 Wiesenblumeninseln – ein preiswertes Verfahren zur Erhöhung der Artenvielfalt im Rasen

2.5 Ansaat einer Blumenwiese

Die Ausbreitungsdistanz der meisten Wiesenpflanzen ist sehr begrenzt, sodass in den wenigsten Fällen mit einer Selbstansiedlung ökologisch wertvoller Wiesenpflanzen zu rechnen ist. Deswegen ist zur Schaffung artenreicher Wiesenbiotope in aller Regel eine gezielte Wildblumenansaat notwendig (1, S. 433).

2.5.1 Bodenvorbereitung

Anforderungen an den Boden

Im Gegensatz zur Rasenansaat wird bei der Anlage einer Wiese zur Förderung der Artenvielfalt keine Bodenverbesserung und Düngung durchgeführt. **Grundlage ist die Erkenntnis, dass sich die artenreichsten und ökologisch wertvollsten Wiesen auf nährstoffarmen Böden entwickeln.**

Auf nährstoffreichen (gut mit Stickstoff versorgten) Böden unterdrücken und verdrängen vor allem die stark wachsenden Gräser und andere raschwüchsige Arten, wie Wiesenmargerite *(Chrysanthemum leucanthemum)* und Schafgarbe *(Achillea millefolium)*, die sich langsamer entwickelnden Wildstauden.

Auf mageren Böden ist hingegen das Wachstum der N-zehrenden und damit stark wachsenden Pflanzen gebremst.

Auf sehr sauren Böden (pH-Wert < 5,0) sollte lediglich eine Aufkalkung (z. B. Algenkalk oder kohlensauren Kalk in die oberen 5 bis 10 cm des Bodens einarbeiten) erfolgen.

Als günstig gilt ein pH-Wert zwischen 6 und 7. Dabei ist jedoch zu bedenken, dass durch eine Aufkalkung Mikroorganismen gefördert werden. Dadurch wird der im Boden in organischer Form gebundene Stickstoff verstärkt freigesetzt, sodass wiederum die Gräser in ihrem Wachstum gefördert und die Wildstauden gehemmt werden können.

Maßnahmen zur Verringerung der Bodenfruchtbarkeit

Falls notwendig, bieten sich folgende Methoden zur Verringerung der Bodenfruchtbarkeit an:

- **Einarbeitung von Sand**
  Vor allem bei schweren Böden wird zur Verringerung ihrer Wasser- und Nährstoffhaltekraft Sand (5 bis 10 cm dicke Schicht) in die oberen 20 cm des Bodens eingearbeitet. Gut geeignet ist Flusssand der Körnung 0/2 mit einem hohen Mittelsandanteil (Tab. 1, S. 393).
- **Aussaat stark zehrender Pflanzen als Vorkultur**
  Eine andere Möglichkeit, den Nährstoffgehalt (N-Gehalt) des Bodens zu senken, ist die Aussaat stark zehrender Pflanzen, z. B. Raps, Sonnenblumen oder Ackersenf. Vor dem Aussamen werden diese abgemäht und von der Fläche entfernt.
- **Einarbeitung organischer Substanz mit einem weiten C:N-Verhältnis**
  Durch das Einarbeiten von organischer Substanz mit einem weiten C:N-Verhältnis, z. B. klein gehäckseltes Holz, Sägemehl, Rindenmulch, Stroh, Kiefern- oder Lärchennadeln, lässt sich der N-Gehalt des Bodens und damit seine Fruchtbarkeit für 2 bis 3 Jahre reduzieren.
- **Abtrag des nährstoffreichen Mutterbodens**
  Soll auf schweren, sehr nährstoffreichen Böden eine Magerwiese etabliert werden, bleibt im Allgemeinen nichts anderes übrig, als den nährstoffreichen Oberboden abzutragen. Die Wiesensaat wird dann in den freigelegten, nährstoffarmen Unterboden eingesät.

Ist eine Auffüllung notwendig, eignet sich Kalkschotter sehr gut. Für die Erstellung von Feucht- oder Fettwiesen ist ein Abschieben des nährstoffreichen Oberbodens nicht erforderlich.

Entfernung unerwünschter Wildkräuter

Da eine Bekämpfung von unerwünschten Wildkräutern in einer Wiese nur noch mit sehr hohem Aufwand möglich ist, sollte eine Wiesenansaat mit einer „sauberen“ Fläche beginnen. So werden Wurzelstöcke unliebsamer Pflanzen, wie Quecke *(Elymus repens)* oder Brennnessel *(Urtica dioica)*, entfernt. Auch stark wuchernde Pflanzen, wie Großer Sauerampfer *(Rumex acetosa)*, Weißer Gänsefuß *(Chenopodium album)* oder die Gemeine Kratzdistel *(Cirsium vulgare)*, sind zu beseitigen.

„Verunkrautete“ Flächen, d. h. Böden, in denen sich viele Samen von sogenannten **Allerweltsarten** (Vogelmiere, Franzosenkraut, Hirtentäschelkraut, Knöterich usw.) befinden, sollten nach Möglichkeit einige Wochen brachliegen und feucht gehalten werden, damit die im Boden enthaltenen Samen keimen und die auflaufenden Pflanzen bekämpft werden können. So kann z. B. die Bodenvorbereitung im Sommer und die Ansaat im Frühjahr durchgeführt werden.

> **! Merke**
>
> **Erfolgt keine vorbeugende Wildkrautbekämpfung auf stark „verunkrauteten“ Flächen, besteht die Gefahr, dass sich Allerweltsarten einstellen, die die Ansiedelung wertvoller Wildblumen verhindern bzw. diese später unterdrücken (1, S. 434).**

Oberflächenbeschaffenheit

Um eine optimale Keimung und Entwicklung der ausgesäten Wildblumen zu gewährleisten, sollte das **Saatbett** wie bei einer Rasenansaat feinkrümelig und gelockert sein.

1 Gelungene Wiesenansaat in einem Hausgarten

1 Nicht alle Wildkräuter sind auf einer Wiese willkommen

Dabei ist es häufig schon ausreichend, wenn nur die oberen 5 bis 10 cm gefräst werden.

So gelangen nur wenige der im Boden ruhenden Samen an die Bodenoberfläche. Ein genaues Planieren der Fläche ist nicht erwünscht. Gerade unterschiedliche Formen der Erdoberfläche, wie Hügel, Bodensenken, Furchen oder Rinnen, schaffen unterschiedliche Kleinstbiotope/Mikroklimate und damit die Voraussetzungen für die Ansiedlung und Entwicklung unterschiedlicher Pflanzen- und Tierarten. Auf der anderen Seite sollte die Bodenoberfläche so gestaltet sein, dass notwendige Schnittmaßnahmen problemlos durchgeführt werden können.

! Hinweis

Eine Vereinheitlichung des Standortes durch Bodenverbesserungsmaßnahmen und einer Einebnung der Fläche, wie dies bei der Anlage von Rasenflächen üblich ist, ist nicht erwünscht, da sie die Artenvielfalt der späteren Wiese verringern würde.

2.5.2 Saatgutauswahl

Alle Pflanzen haben sich im Laufe der Evolution an bestimmte Standort-/Lebensbedingungen angepasst, unter denen sie sich gut entwickeln und im Kampf um Licht, Wasser und Lebensraum überleben können. Entsprechend hat sich die Pflanzenauswahl für eine Wiese an den natürlichen Pflanzengemeinschaften der jeweiligen Standorte zu orientieren.

Es kann durchaus lohnend sein, in Feld und Flur nach Samen geeigneter Wildkräuter Ausschau zu halten. In der Natur dürfen jedoch nur kleine Mengen gesammelt werden. Für kommerzielle Zwecke ist das Sammeln in der Natur nicht gestattet. Die 1954 gegründete **Internationale Florahilfe e.V.** verschickt Samen bedrohter Wildblumen zur Aussaat an Mitglieder im In- und Ausland.

Der Handel bietet eine große Auswahl von **Kräutersaatgut** und fertigen **Wiesenblumenmischungen** für verschiedene Standortbedingungen an. Sie bestehen aus mehrjährigen oder ein- und mehrjährigen Pflanzenarten.

Gut geeignet sind sogenannte **Universalmischungen** (Tab. 1 und 2, S. 435). Sie bestehen aus Pflanzen mit

Achillea millefolium (Schafgarbe)
Agrimonia eupatoria (Odermennig)
Anthemis tinctoria (Färberkamille)
Anthyllis vulneraria (Wundklee)
Armeria maritima (Gemeine Grasnelke)
Bupthalmum salicifolium (Ochsenauge)
Campanula patula (Wiesenglockenblume)
Carduus crispus (Krause Diestel)
Carum carvi (Kümmel)
Centaurea jacea (Wiesenflockenblume)
Cerastium arvense (Ackerhornkraut)
Cichorium intybus (Wegwarte)
Crepis biennis (Wiesenpippau)
Daucus carota (Wilde Möhre)
Echium vulgare (Natternkopf)
Galium mollugo (Wiesenlabkraut)
Galium verum (Echtes Labkraut)
Geranium pratense (Wiesenstorchschnabel)
Geranium sanguineum (Blutroter Storchschnabel)
Knautia arvensis (Witwenblume)
Leucanthemum vulgare (Wiesenmargerite)
Lotus corniculatus (Hornklee)
Malva moschata (Moschusmalve)
Ononis spinosa (Dornige Hauhechel)
Pimpinella saxifraga (Kleine Bibernelle)
Plantago lanceolata (Spitzwegerich)
Potentilla erecta (Aufrechtes Fingerkraut)
Prunella vulgaris (Gemeine Braunelle)
Salvia pratensis (Wiesensalbei)
Sanguisorba officinalis (Großer Wiesenknopf)
Saponaria officinalis (Seifenkraut)
Scabiosa columbaria (Taubenskabiose)
Silene nutans (Nickendes Leimkraut)
Silene vulgaris (Taubenkropf-Leimkraut)
Stachys officinalis (Ziest)
Thalictrum flavum (Gelbe Wiesenraute)
Anthoxanthum odoratum (Gemeines Ruchgras)
Cynosurus cristatus (Gemeines Kammgras)
Trisetum flavescens (Goldhafer)

Tab. 1 Universalblumenwiesenmischung für den sonnigen Hausgartenbereich

Achillea millefolium (Schafgarbe)
Ajuga reptans (Aufrechter Günsel)
Alchemilla xanthochlora (Gemeiner Frauenmantel)
Astrantia major (Sterndolde)
Bellis perennis (Gänseblümchen)
Campanula glomerata (Knaulblütige Glockenblume)
Campanula persicifolia (Pfirsichblättrige Glockenblume)
Cardamine pratensis (Wiesenschaumkraut)
Centaurea jacea (Wiesenflockenblume)
Crepis biennis (Wiesenpippau)
Dactylorhiza incarnata (Fleischfarbenes Knabenkraut)
Daucus carota (Wilde Möhre)
Fritillaria meleagris (Schachbrettblume)
Galium mollugo (Wiesenlabkraut)
Geranium pratense (Wiesenstorchschnabel)
Geum urbanum (Echte Nelkenwurz)
Knautia arvensis (Witwenblume)
Leontodon hispidus (Rauher Löwenzahn)
Leucanthemum vulgare (Wiesenmargerite)
Lychnis flos-cuculi (Kuckuckslichtnelke)
Pastinaca sativa (Pastinak)
Pimpinella major (Große Bibernelle)
Plantago lanceolata (Spitzwegerich)
Primula elatior (Hohe Schlüsselblume)
Prunella vulgaris (Gemeine Braunelle)
Ranunculus acris (Scharfer Hahnenfuß)
Rumex acetosa (Großer Sauerampfer)
Silene dioica (Rote Lichtnelke)
Symphytum officinale (Gemeiner Beinwell)
Thalictrum aquilegifolium (Wiesenraute)
Tragopogon pratensis (Wiesenbocksbart)
Valeriana officinalis (Echter Baldrian)
Agrostis capillaris (Rotes Straußgras)
Anthoxanthum odoratum (Gemeines Ruchgras)
Cynosurus cristatus (Kammgras)
Festuca nicrescens (Horstrotschwingel)
Trisetum flavescens (Goldhafer)

Tab. 2 Universalblumenwiesenmischung für den halbschattigen/halbsonnigen Hausgartenbereich, z. B. Ost- oder Nordseite

unterschiedlichen Ansprüchen, sodass eine hohe Anpassungsfähigkeit an unterschiedliche Standort- und Klimabedingungen sichergestellt ist. Somit bieten Universalmischungen gute Voraussetzungen für die erfolgreiche Ansaat einer Wiese, setzt sich doch selbst ein Standort aus einem Mosaik unterschiedlichster Standortbedingungen, von sonnig bis schattig, feucht bis trocken, stickstoffarm bis -reich oder sauer bis alkalisch, zusammen. Der Fachmann spricht in diesem Zusammenhang von einem **natürlichen Standortmosaik.** Die an die jeweiligen Standortbedingungen am besten angepassten Pflanzen der Mischung setzen sich dann gegenüber den weniger oder nicht geeigneten Arten durch – ein Vorgang, der auch in der Natur ständig abläuft. Wichtig ist nur, dass es sich bei den Mischungen um qualitativ hochwertige Saat in der richtigen Artenzusammensetzung handelt, die alle möglichen Wachstumsbedingungen am Standort abdeckt. Dies ist leider bis heute weder im Fachhandel noch im spezialisierten Versandhandel selbstverständlich. Häufig füllt billige Ramschware in farbenfrohen Tütchen mit werbewirksamen Slogans bedruckt die Regale der Gartencenter.

Die Gründe, warum mit manchen Blumenwiesenmischungen – allen Werbeversprechen zum Trotz – auf Dauer keine Wiesen geschaffen werden können, sind in erster Linie:

- artenarme Mischungen
- falsche Artenzusammensetzung im Hinblick auf die Standortbedingungen und das passende Mischungsverhältnis der Arten zueinander
- Saatgut stammt von exotischen oder ortsfremden Pflanzen
- zu hoher Anteil an Gräsern, Leguminosen, einjährigen Ackerwildkräutern und wiesenfremden Sommerblumen
- Verwendung von starkwüchsigen Kulturformen statt Wildformen

Statt Mischungen kann man natürlich auch von einzelnen Arten Saatgut bestellen und selber mischen. So können eigene Mischungen aus der für die jeweilige Gegend typischen Wildkräuter zusammengestellt werden. Von der Samenfirma sollte man sich in diesem Fall jedoch beraten lassen.

Verwendung von Ackerwildkräutern und anderen einjährigen Sommerblumen

Auf den Tüten von Wiesenblumenmischungen oder den Seiten von Hochglanzbroschüren findet man häufig farbenfrohe Blütenteppiche aus Kornblumen *(Centaurea cyanus)*, Klatschmohn *(Papaver rhoeas)*, Saatwucherblumen *(Chrysanthemum segetum)*, Kornraden *(Agrostemma githago)*, Ackerkamillen *(Anthemis arvensis)* oder Saat-/Ackerwicken *(Vicia sativa)*. **Bei diesen Pflanzen handelt es sich um einjährige Ackerwildkräuter – also keine typischen Wiesenpflanzen!** Da sich einjährige Pflanzen jährlich neu aussäen müssen, sind sie auf Böden angewiesen, die, z. B. durch regelmäßiges Pflügen, offen gehalten werden. In einer Wiese hingegen bilden Gräser und Wildstauden eine dichte, ausdauernde Vegetationsdecke, welche die einjährigen Arten unterdrückt. Dies gilt auch für andere **einjährige Sommerblumen**, wie Jungfer im Grünen *(Nigella damascena)*, Bienenfreund *(Phacelia tanacetifolia)* oder die Hainblume *(Lianthus grandiflorus)*. Demzufolge sind einjährige Pflanzen in einer Wiese nur sehr kurzlebig. Der größte Teil von ihnen ist bereits in der zweiten Vegetationsperiode wieder verschwunden. Sie bilden keinen Grundstock für eine stabile langjährige Pflanzengemeinschaft.

Trotzdem können auch Ackerwildkräuter und andere einjährige Sommerblumen ihren Platz in Wiesenmischungen haben, verwandeln sie doch die Fläche bereits im Jahr der Aussaat in einen farbenfrohen Blütenteppich. Zudem bedecken sie infolge ihrer raschen Entwicklung binnen kurzem den Boden und schützen ihn so vor Austrocknung, Erosion, Verkrustung und Verschlämmung. Dadurch wird die Entwicklung der langsam wachsenden Wildstauden gefördert. Eine zu große Beimischung darf aber nicht erfolgen, da die Wildstauden von den einjährigen Sommerblumen unterdrückt werden könnten. Gegebenenfalls muss eine Auslichtung erfolgen. Im folgenden Jahr wird der Platz der einjährigen Arten durch die mehrjährigen Pflanzen der Mischung eingenommen.

Zur **Anlage einer einjährigen „Wiese“** (1) werden einjährige Pflanzen verwendet. Ihre Einsaat erfolgt jährlich neu. Die kurze Blütezeit der Ackerwildkräuter (etwa 1 Monat) lässt sich durch zeitlich versetztes Aussäen im Frühjahr (bis zu dreimal) verlängern.

1 Einjährige „Wiesen“ – kurzlebig, aber wunderschön anzuschauen

1. Das Saatgut sollte von **einheimischen** und nicht von exotischen **Wildpflanzen** aus z. B. Osteuropa, Kanada oder Neuseeland stammen. (Auf herstellerunabhängige Garantieerklärung achten!). Einheimische Pflanzen haben sich im Laufe der Evolution an die bei uns herrschenden Wachstumsbedingungen angepasst und sind für die heimische Tierwelt im Allgemeinen nützlicher. Wenn möglich, sollte sogar auf Saatgut von **standortheimischen (autochthonen)/gebietsheimischen Pflanzen** aus der Region zurückgegriffen werden, da bei ihnen von einer genetischen Anpassung an die ganz spezifischen Bedingungen des jeweiligen Standortes ausgegangen werden kann. **Bei Begrünungen in der freien Landschaft ist dies bereits Pflicht** (siehe Bundesnaturschutzgesetz, zu finden im Bundesanzeiger und S. 365). Solche standortbedingten unterschiedlichen Genotypen einer Wildpflanzenart bezeichnet man als **Ökotypen**. Leider sind in vielen Regionen keine Wildsamenproduzenten ansässig und man muss sich mit Saatgut begnügen, dessen Heimatstandort möglichst nahe liegt bzw. ähnliche Umweltbedingungen aufweist wie die Region, in der die Wiese angelegt werden soll. In Deutschland haben sich Saatgutproduzenten im **VWW**, dem **Verband der Wildsamen- und Wildpflanzenproduzenten e. V.** zusammengeschlossen, der hohe Standards in der Produktion und Herkunft des Saatgutes festlegt.

2. Saatgut von **hochgezüchteten, genetisch einheitlichen Kulturformen** der heimischen Wildformen sollte im Interesse des ökologischen Nutzwertes nicht verwendet werden. In der freien Landschaft verboten (s. S. 365).

3. Mischungen mit einem hohen Anteil starkwüchsiger Arten, d. h. **Pflanzen mit einem hohen Verdrängungsgrad, sind wenig geeignet** zur Bildung artenreicher Wiesen.

4. Die Wiesenmischung sollte in erster Linie aus beständigen (ausdauernden) krautigen Pflanzenarten **(Wildstauden)** und weniger aus **Ackerwildkräutern** oder anderen wiesenfremden **einjährigen Sommerblumen** bestehen.

5. Wiesenmischungen sollten möglichst keine **Leguminosen** enthalten, weil diese Pflanzen aufgrund ihrer Fähigkeit, Stickstoff aus der Luft zu gewinnen, auf nährstoffarmen Böden gegenüber anderen Pflanzen einen großen Vorteil haben und zunehmend andere Pflanzenarten verdrängen. Obendrein reichern sie den Boden mit Stickstoff an, was wiederum vor allem das Wachstum der Gräser fördert.

6. Die Pflanzenauswahl hat sich in ihrer Zusammensetzung an **natürlichen Pflanzengemeinschaften** des jeweiligen Standortes (z. B. Mager-/Fettwiese) und einem möglichst hohen **ökologischen Nutzwert** (z. B. Nahrungspflanzen für Insekten) zu orientieren.

7. Der **Gräseranteil** in den Mischungen sollte unter 50 Prozent liegen (in der freien Landschaft auch darüber). Die üblichen Hochleistungssorten aus Rasenmischungen sowie breitwüchsige Gräser sind für eine Wiese nicht geeignet.

8. Es sollte sich um **artenreiche Mischungen** handeln. Auf eine **detaillierte und garantierte Artenliste** sollte Wert gelegt werden.

Weitere Informationen zum Thema Standortheimische Blumenwiesenmischungen finden Sie hier:

- S. 365
- www.natur-im-vww.de
- www.naturgarten.org

2.5.3 Geeignete Gräser

Gräser bilden mit ihren unterschiedlichen Formen, Blüten- und Fruchtständen das Gerüst einer Wiese und prägen damit ganz wesentlich ihr Erscheinungsbild. Bei ihrer Auswahl ist darauf zu achten, dass solche Arten ausgewählt werden, die horstartig wachsen bzw. auf andere Pflanzen nicht verdrängend wirken (1).

Im Allgemeinen sollte der Grasanteil in Wiesenmischungen unter 50 % liegen, in der freien Landschaft auch höher (60 bis 80 %). Generell lässt sich sagen, je kleiner die Fläche, desto geringer der Grasanteil. Häufig wird bei der Aussaat auch ganz auf Gräser verzichtet, da sich diese in der Regel im Laufe der Zeit von selbst einstellen.

! Merke

Die häufigsten Fehler bei der Verwendung von Gräsern sind:
- **Der Grasanteil in der Wiesenmischung ist viel zu hoch.**
- **Es wurden ungeeignete Grasarten oder Hochleistungssorten ausgewählt.**

2.5.4 Staudenpflanzung

Auch Staudengärtnereien bieten ein breites Sortiment an Wildstauden und Gräserarten für Wiesenflächen an, das den verschiedenen Standortbedingungen gerecht wird. Die in der Regel als Topf- und Containerware angebotenen Stauden können ganzjährig gepflanzt werden. **Bei der Auswahl der Pflanzen sollte man sich jedoch vergewissern, ob es sich um züchterisch veränderte Arten – also um Sorten – oder um die ursprüngliche Wildform handelt.** Bei den sogenannten **Gartensorten** kann es sich auch um **Selektionen** (auf bestimmte Eigenschaften ausgelesene Typen) der Wildarten handeln. Zur Vermeidung einer genetischen Uniformität sollten züchterisch bearbeitete sowie auf bestimmte Eigenschaften hin selektierte Arten in der freien Landschaft keine Verwendung finden.

! Merke

Das Pflanzen von Wildstauden zeigt zwar schnellere Erfolge, ist jedoch wesentlich teurer und zeitaufwendiger, sodass die Erstellung einer Wiese durch die Pflanzung von Stauden im Allgemeinen auf kleinere Flächen bzw. zur Ergänzung einer Ansaat beschränkt bleibt.

1 Wiesengräser

2.5.5 Aussaat

Zeitpunkt

Üblicherweise wird **zwischen April und Oktober** ausgesät. Ideal wäre April/Mai, da hier mit ausreichender Bodenfeuchte zu rechnen ist. Bei Sommeraussaaten muss eine kontinuierliche Bodenfeuchte notfalls durch eine Beregnung sichergestellt werden. Gute Erfolge verspricht auch eine Spätaussaat von Mitte August bis Ende September/Mitte Oktober. Einjährige Arten der Mischung müssten dann aber im Folgejahr nachgesät werden.

Saatgutmischungen aus dem Handel weisen im Allgemeinen eine Keimfähigkeit von um die 20% auf, was für Wildblumensaat recht hoch ist. Unter günstigen Bedingungen beträgt die Keimzeit je nach Pflanzenart zwischen 2 und 6 Wochen.

Saatgutmenge

Gewöhnlich ist eine **Saatgutmenge von 1 bis 2 g/m²** als ausreichend anzusehen. Eine solch dünne Aussaat führt zu weniger Konkurrenz unter den sich entwickelnden Arten, fördert somit ihre gesunde Entfaltung und lässt auch genügend Freiraum für die Entwicklung im Boden ruhender, anfliegender oder durch Tiere (z.B. Vögel) antransportierter Wildkrautsamen, die den ausgesäten Artenbestand sinnvoll ergänzen können.

Bei der **Zusammenstellung von Mischungen nach Gewichtsprozent** ist zu berücksichtigen, dass die Kornzahl pro Gramm je nach Pflanzenart sehr unterschiedlich sein kann. So enthält z.B. 1 g Saat vom Wiesenkerbel *(Anthriscus sylvestris)* 100, von der Gemeinen Schafgarbe *(Achillea millefolium)* bereits 7000 und der Wiesenglockenblume *(Campanula patula)* gar 12000 Samen (1).

Die **Saatgutkosten** für die Ansaat einer Wiese schwanken je nach Mischung und Flächengröße. Für qualitativ hochwertiges Saatgut aus deutschem Anbau muss mit etwa 0,50 € pro m² gerechnet werden. Eine preiswertere Alternative bietet das sogenannte **Heudrusch-Verfahren**, bei dem der Drusch hochwertiger Wiesenflächen auf die Begrünungsflächen aufgebracht wird. Die Beerntung von Wiesenflächen aus dem nahen Umfeld bzw. demselben Naturraum, in dem die zu begrünende Fläche liegt, leistet einen wichtigen Beitrag zur Sicherung der regionalen genetischen Vielfalt. Für die autochthone Ansaat (s. auch S. 437) größerer Flächen stehen teilweise staatliche Fördermittel zur Verfügung. Informationen sind bei den entsprechenden Institutionen (Landwirtschafts-/Umweltministerium, Landwirtschaftskammern oder Kommunen) zu erhalten.

1. Reihe: Färberkamille, Rundblättrige Glockenblume, Hornklee, Wiesenflockenblume

2. Reihe: Wundklee, Wilde Möhre, Natternkopf, Bunte Kronwicke

3. Reihe: Esparsette, Taubenkropfleimkraut, Moschusmalve, Wiesensalbei

1 Wildblumensamen (von links nach rechts)

Durchführung

Ausgesät wird üblicherweise breitwürfig. Zur Vermeidung einer zu dichten, ungleichmäßigen Aussaat sollte die Saat mit angefeuchtetem Sand (1 - 3fache Menge) vermischt und zusammen mit diesem ausgebracht werden.

Handelt es sich um Einzelsaatgut, werden sehr unterschiedliche Korngrößen (Entmischungsgefahr!) getrennt ausgesät. Bei der Aussaat selber geht man wie bei der Rasenansaat (s. S. 371 f.) vor. Die ausgebrachten Samen werden leicht eingeharkt (0,5 bis 1 cm) und die Fläche wird zur Wiederherstellung des Bodenschlusses (Herstellung der Kapillarität → Wasser gelangt an den Samen → Quellung → Keimung) angewalzt.

Wässern

Zur Förderung einer gleichmäßigen Pflanzenentwicklung ist die Fläche bis zum Auflaufen der Saat (mindestens 6 Wochen lang) gleichmäßig feucht zu halten. Beim Wässern ist darauf zu achten, dass die Saat nicht zusammengeschwemmt wird.

Dies gilt auch für aufgelaufene Sämlinge! Verwenden Sie deshalb Schwach-/Langsamregner (< 7 mm/h). Nach dem Auflaufen ist, solange sich die Pflanzen noch nicht akklimatisiert haben, bei Trockenheit zu wässern. Später sollte das Wässern keine Rolle mehr spielen, da ja die Pflanzen entsprechend den Standortbedingungen ausgewählt wurden.

2.5.6 Schnittmaßnahmen im Jahr der Ansaat

Der erste Schnitt einer neu angelegten Wiese sollte möglichst früh erfolgen. Enthält die Wiese keine einjährigen Pflanzen, wird bereits **6 bis 8 Wochen nach dem Auflaufen der Saat**, also bei einer Höhe von etwa 10 cm, auf 4 cm geschnitten. Haben die Pflanzen wieder die Höhe von 10 cm erreicht, kann bei Bedarf ein zweites Mal gemäht werden. Sinn und Zweck eines solchen frühzeitigen Schnitts ist es, die besonders wuchsfreudigen Pflanzen in ihrer Entwicklung zu hemmen und somit die sich langsamer entwickelnden Arten vor einer zu langen Beschattung und damit Verdrängung zu schützen.

Ein zweiter Schnitt erfolgt gewöhnlich im Hochsommer, wenn die meisten Pflanzen verblüht sind, und gegebenenfalls ein **dritter Schnitt im Spätherbst** zur Reinigung der Fläche (Säuberungsschnitt). Durch den Schnitt im Hochsommer können Pflanzen, die nach einem Rückschnitt erneut blühen, zu einer zweiten Blüte gebracht werden. Dazu ist es aber notwendig, dass bereits **vor der Samenbildung** gemäht wird. Enthält die Wiese hingegen einjährige Pflanzen, wird erst nach deren Blüte gemäht, spätestens aber Ende Juli. Ab dem 2. Jahr sind dann gewöhnlich 2 Schnitte/Jahr ausreichend.

2.5.7 Weiterentwicklung des Pflanzenbestandes

Da sich Pflanzen in Abhängigkeit von den Lebensbedingungen verbreiten und entwickeln, wird sich im Laufe der Jahre die Artenzusammensetzung und damit das Erscheinungsbild der Wiese ändern. Im Allgemeinen kann man davon ausgehen, dass sich nach etwa 3 bis 5 Jahren eine für den jeweiligen Standort typische Lebensgemeinschaft, d. h. ein relativ stabiles Gleichgewicht zwischen den Arten, eingestellt hat. Dies schließt jedoch nicht aus, dass im Laufe der Jahre immer mal wieder neue Arten von außen in die Wiese einwandern.

Hinweis

Nur in Zusammenarbeit mit der Natur kann auf Dauer eine artenreiche Wiese etabliert werden. Folglich kommt es in erster Linie darauf an, von vornherein eine den Standortbedingungen angepasste Artenzusammensetzung zu schaffen. Kräuter-/wildblumenreiche Blumenwiesen werden auch als „Rollrasen" angeboten. Pro m^2 muss, je nach Artenzusammensetzung und Abnahmemenge, mit etwa 8,00 € gerechnet werden.

2.5.8 Nachsaat

Wird auf einer bestehenden Wiesenfläche eine Nachsaat erforderlich, ist wie folgt vorzugehen:

1. Fläche auf 10 cm Tiefe mähen
2. bei zu dichter Grasnarbe scharf vertikutieren
3. Bodenoberfläche leicht aufrauen
4. gleichmäßige oder punktuelle Aussaat der gewünschten Wildkräuter (1 g/m^2)
5. Aussaat leicht einharken bzw. mit Sand bedecken
6. anwalzen oder antreten
7. Boden bis zum Auflaufen der Kräuter gleichmäßig feucht halten

Aufgaben

◐ 1. Eine Familie mit zwei kleinen Kindern wünscht sich auf ihrem Grundstück eine Grünfläche, die sie für ihre Freizeitaktivitäten nutzen kann. Gleichzeitig möchte sie aber auch einen Beitrag zum Naturschutz leisten. Was empfehlen Sie?

◐ 2. „Wiesen im öffentlichen Bereich"
a) Überlegen Sie, wo im öffentlichen Bereich Wiesen angelegt werden können. b) Erkunden Sie, wie die Bevölkerung darüber denkt. Führen Sie dazu eine Umfrage unter Passanten durch. c) Werten Sie die Ergebnisse aus.

● 3. Bilden Sie mehrere Teams, die jeweils verschiedene Wiesenblumenmischungen aus dem Handel untersuchen:
- Notieren Sie sich die in den Mischungen enthaltenen Pflanzen.
- Informieren Sie sich in einem Pflanzenführer über Aussehen, Blütezeit, Standortansprüche und Lebensdauer der jeweiligen Pflanzen.
- Beurteilen Sie die einzelnen Mischungen im Hinblick auf ihre Zusammensetzung (s. S. 437). Erstellen Sie dazu eine Tabelle mit den Spalten gut geeignet, weniger gut geeignet, nicht geeignet.
- Zu welchen Ergebnissen sind Sie gekommen?

◐ 4. Was spricht für die Verwendung von Saatgut standort-/gebietsheimischer Wildpflanzen?

◐ 5. Welche Vorteile bietet die Verwendung von Universalmischungen?

● 6. Eine Wiese bietet sich zu Naturbeobachtungen an. Verfolgen und protokollieren Sie die Entwicklung einer Wiese über das Jahr.

3 Pflegearbeiten

3.1 Das Mähen

3.1.1 Auswirkungen auf das Ökosystem Wiese

Wird eine Wiese gemäht, bedeutet dies für die dort lebenden Tiere und Pflanzen eine Art Katastrophe. Das Klima, die Licht- und Feuchtigkeitsverhältnisse im Pflanzenbestand sowie der Aufbau der Wiese ändern sich schlagartig. Fein aufeinander abgestimmte Lebensformen werden urplötzlich vernichtet. Übrig bleiben verstümmelte Pflanzenleiber und zerfetzte Überreste kunstvoll gewebter Spinnennetze. Kleintiere und Insekten wandern scharenweise ab, weil ihre Lebensgrundlagen zerstört wurden. Das Öko-

1 Ungemähte Wiesenabschnitte oder Säume bieten den Tieren einer Wiese die Möglichkeit zur Abwanderung und späteren Wiedereinwanderung

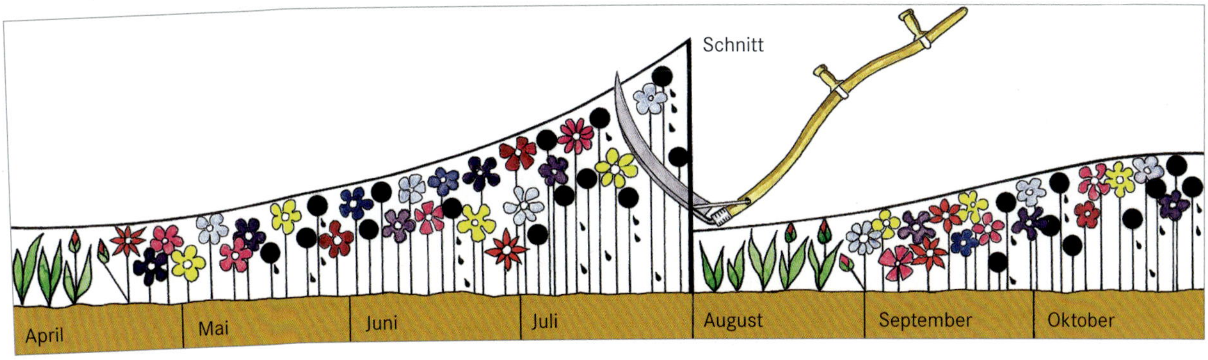

2 Einschnittwiese

3 Zweischnittwiese

system Wiese steht am Rande seines Zusammenbruchs. Und trotzdem bedingt gerade dieser extreme Eingriff das Überleben einer Wiese, werden doch durch das Mähen angesiedelte Gehölze vernichtet, die ansonsten innerhalb weniger Jahre die Wiesenpflanzen verdrängen würden. **Ohne einen regelmäßigen Schnitt würde sich eine Wiese wieder in einen Wald zurückverwandeln.** So wird auch die Wiese nach einer Mahd in relativ kurzer Zeit wie Phönix aus der Asche wieder zu neuem Leben erwachen.

! Hinweis

Zum Schutze der Tiere sollten größere Wiesenflächen nicht in einem Stück, sondern abschnittsweise gemäht bzw. an den Rändern ungemähte Säume belassen werden, in die die ihrer Lebensgrundlage beraubten Tiere abwandern können. Von dort können sie, nachdem sich die Pflanzen erholt haben, wieder in die Wiese einwandern (1, S. 441).

3.1.2 Häufigkeit

Bei der „typischen" Wiese handelt es sich um sogenannte **Ein- und Zweischnittwiesen**, die nur noch ein- oder zweimal im Jahr gemäht werden. Untersuchungen haben gezeigt, dass die Artenvielfalt einer Wiese in Abhängigkeit von der Häufigkeit und Art der Mahd in folgender Reihenfolge (von links nach rechts) zunimmt:

ungemähte Brachflächen → Wiesen mit einmaliger Mahd → Wiesen mit zweimaliger Mahd (Mulchschnitt) → Wiesen mit zweimaliger Mahd (Schnittgut abgeräumt).

Zur Erzielung einer zweiten oder gar dritten Blüte im Jahr ist die Wiese **vor der Samenbildung** zu mähen. Zur Schonung der Wiesenstauden sollte nicht tiefer als auf 8 bis 15 cm geschnitten werden. Auf nährstoffreichen Böden muss am Anfang häufig öfter gemäht werden, um den Nährstoffgehalt des Bodens (N-Gehalt) zu senken und damit einer Verdrängung der langsamer wachsenden Pflanzenarten durch rasch wachsende Gräser und andere stickstoffzehrende Kräuter entgegenzuwirken. Auf sehr nährstoffarmen Standorten kann es hingegen angebracht sein, nur alle zwei oder drei Jahre einen Schnitt durchzuführen.

Von großer Bedeutung sind auch **ungemähte Inseln** (Säume und Ränder), die wichtige Rückzugs- und Überwinterungsmöglichkeiten für Kleinstlebewesen und Insekten darstellen. Sie werden nur alle paar Jahre einmal zur Beseitigung angesiedelter Gehölze gemäht (1, S. 441).

3.1.3 Zeitpunkt

Der Zeitpunkt der Mahd orientiert sich an dem natürlichen Entwicklungsablauf (Wachsen, Blühen, Fruchten) der Wiese.

Gewöhnlich erfolgt die Mahd:

- bei einem **einmaligen Schnitt** pro Jahr im **Juli/August** und
- bei einem **zweimaligen Schnitt** im **Juni/Juli** und **September/Oktober** (2 und 3, S. 441).

Auf nährstoffreichen Böden ist häufig ein dreimaliger Schnitt vonnöten. Diese erfolgen dann im Allgemeinen im **Juni, August** und **Oktober**.

Über den Schnitt einer Wiese lässt sich ihre Artenzusammensetzung sowie ihre Wuchshöhe und -dichte beeinflussen:

- Durch einen frühen Schnitt werden vor allem die stark wüchsigen Gräser in ihrem Wachstum gebremst, sodass auch schwachwüchsige Arten ihre Chance bekommen.
- Klein bleibende, früh blühende Pflanzen lassen sich durch einen frühen Schnitt, hoch wachsende, im Sommer blühende Arten hingegen durch einen späten Schnitt fördern.
- Unerwünschte Arten können dezimiert werden, indem der Schnittzeitpunkt vor die Samenreife dieser Pflanzen gelegt wird.
- Erwünschte Arten können in ihrer Entwicklung unterstützt werden, indem erst gemäht wird, nachdem sie sich ausgesamt haben.

Der letzte Schnitt im Herbst dient vor allem der Säuberung der Wiesenflächen.

! Merke

Durch Häufigkeit und Zeitpunkt der Mahd kann der Mensch in den Überlebenskampf der Arten untereinander eingreifen und gezielt das bestehende Gleichgewicht verändern.

3.1.4 Maschinen und Geräte

Auf Extensivflächen können Spindelmäher nicht mehr eingesetzt werden (s. S. 380 f.). Der Einsatz von Sichel- oder Kreiselmähern ist nur möglich, wenn sie so hoch eingestellt werden können, dass sie nicht tiefer als 8 bis 15 cm schneiden. Gut geeignet sind im Allgemeinen Balkenmäher, Sense, Sichel oder Freischneider (s. S. 382 ff.)

Merke

Zur Schonung der Tierwelt sollte nach Möglichkeit keine **Saug- und Mulchmahd** durchgeführt werden. Vor allem das Absaugen des Mähgutes führt zu einem starken Verlust an Kleintieren, Insekten und auch Wildblumensamen.

3.1.5 Schnittgutentsorgung

Das Mähgut kann bei geringem Aufwuchs und sehr nährstoffarmen Böden liegen bleiben, sogenannte **Mulchmahd**. Dabei sollte eine Dicke von 5 bis 8 cm nicht überschritten werden. Nach vier bis acht Wochen kommt das frische Grün durch.

In der Regel wird das Mähgut aus folgenden Gründen abgefahren:

- Dem Boden sollen keine Nährstoffe durch Zersetzung der organischen Substanz zugeführt werden (keine Erhöhung der Bodenfruchtbarkeit!).
- Ein Ersticken bzw. eine negative Beeinträchtigung der Wildstauden soll tunlichst vermieden werden.
- Zur Schonung der Tierwelt wird auf eine Mulchmahd verzichtet.
- Abgeräumte Grünflächen machen einen gepflegteren Eindruck.

Das Mähgut sollte auf der Fläche zu Heu getrocknet (bei feuchter Witterung Gefahr von Fäulnisschäden) und dabei mehrmals gewendet werden, damit die Samen auf der Fläche verbleiben. Das von Wiesen gewonnene Heu kann auch zur Ansaat neuer Wiesenflächen genutzt werden, indem das Mähgut als Mulch **(Heumulch-Ansaat)** oder Drusch **(Heudrusch-Ansaat)** verteilt wird.

Gegenüber der relativ teuren Aussaat von Saatgutmischungen stellt dieses Verfahren eine preiswerte Alternative dar, vor allem für die großflächige Ansaat in der freien Landschaft. Nachteilig ist, dass die Artenzusammensetzung zufällig und der Erfolg nicht sicher ist.

In der Regel erfolgt die Grüngutentsorgung durch Kompostierung. Da zur Schonung der Tierwelt möglichst keine Saugmahd durchgeführt werden sollte, fällt zusätzliche Handarbeit bei der Entsorgung des Schnittguts an, was wiederum im kommunalen Bereich zu zusätzlichen Kosten führt. Vor allem aber sind für den öffentlichen Bereich häufig die Kosten für die Kompostierung so hoch, dass eine Vielmahd, bei der üblicherweise das Mähgut liegen bleiben kann, letztendlich geringere Pflegekosten verursacht als die extensive Pflege derselben Fläche. Bei der Rückführung des Schnittgutes in den Naturkreislauf (Kompost, Mulch) ist ferner zu berücksichtigen, dass Mähgut von den Rändern stark befahrener Straßen hohe Schadstoffbelastungen aufweisen kann.

3.2 Sonstige Maßnahmen

Neben regelmäßigen Schnittmaßnahmen zum Erhalt der Wiese und zur Bestandssteuerung, ergeben sich vor allem folgende **Pflegearbeiten**:

- Unerwünschte Arten sind vor der Aussamung durch Ausstechen/-graben oder Mähen zu entfernen.
- Sich stark ausbreitende (wuchernde) Arten sind einzugrenzen.
- Maulwurfshügel sollten eingeebnet werden, um das Mähen nicht unnötig zu erschweren.
- Bei Ausfällen, lückigem Bestand oder zur Ergänzung bzw. Auffrischung mit neuen Pflanzenarten ist nachzusäen/-pflanzen.

Wer auf das Betreten seines Rasens nicht verzichten will oder kann und trotzdem eine größere Artenvielfalt wünscht, für den wäre ein **Blumenrasen** – auch als **Kräuterrasen** bezeichnet – das Richtige. Er besteht aus üblichen Rasengräsern sowie einer Anzahl von Wildblumen, wie z. B. Gänseblümchen, Löwenzahn, Rauher Löwenzahn, Hornklee, Schafgarbe, Kriechender Günsel, Kleine Braunelle, Gamander-Ehrenpreis, Weißklee, Hahnenfuß, Breitwegerich, Kleines Habichtskraut und Wiesenschaumkraut. Er stellt gewissermaßen ein **Zwischending zwischen einem Vielschnittrasen und einer Wiese** dar. Im Gegensatz zu Ersterem wird er **extensiv gepflegt**.

1 Das Orangerote Habichtskraut wird in Gärten auch als Zierpflanze angepflanzt

Achillea millefolium (Schafgarbe)
Ajuga reptans (Kriechender Günsel)
Bellis perennis (Gänseblümchen)
Campanula rotundifolia (Rundblättrige Glockenblume)
Cardamine pratensis (Wiesenschaumkraut)
Dianthus deltoides (Heidenelke)
Hieracium aurantiacum (Orangerotes Habichtskraut)
Hypochoeris radicata (Ferkelkraut)
Leontodon autumnalis (Herbstlöwenzahn)
Leontodon hispidus (Rauher Löwenzahn)
Lotus corniculatus (Hornschotenklee)
Lysimachia nummularia (Pfennigkraut)
Plantago lanceolata (Spitzwegerich)
Plantago major (Breitwegerich)
Plantago media (Mittlerer Wegerich)
Potentilla anserina (Gänsefingerkraut)
Prunella vulgaris (Gemeine Braunelle)
Thymus pulegioides (Feldthymian)
Trifolium repens (Weißklee)
Veronica chamaedrys (Gamander-Ehrenpreis)
Veronica filiformis (Faden-Ehrenpreis)

Tab. 1 Pflanzen für den Blumen-/Kräuterrasen

So wird er nur noch 5 bis 8-mal pro Vegetationsperiode gemäht, in der Hauptwachstumszeit alle drei bis vier Wochen. Die Düngung wird entsprechend reduziert oder auch ganz eingestellt. Erstellen lässt sich ein Blumen-/Kräuterrasen durch Aussaat entsprechender Mischungen aus dem Handel (5 g/m^2) oder, einfacher und preiswerter, durch eine extensive Pflege des bestehenden Rasens. Zur Ergänzung des Artenspektrums können mithilfe der Inselmethode (s. S. 432) zusätzliche Wildblumenarten etabliert werden (Tab. 1).

Aufgaben

◑ 1. Erkundigen Sie sich bei den Besitzern von besonders gut gelungenen Blumenwiesen nach deren Anlage, Artenbesatz und Pflege.

◑ 2. Erklären Sie, warum eine Wiese nur überleben kann, wenn sie regelmäßig gemäht wird.

● 3. Erklären Sie, wie über den Schnitt einer Wiese ihre Artenzusammensetzung beeinflusst wird.

◑ 4. Warum sollte nach Möglichkeit auf eine Mulch- oder Saugmahd verzichtet werden?

Aufgaben (Fortsetzung)

● 5. Sie als Experte/Expertin sind gefragt: A) Im ersten Jahr hat die Wiese wunderbar geblüht, jetzt wächst nur noch Gras und Klee. B) Die Blüte im Jahr der Ansaat war nicht so überwältigend. C) Ich bleibe bei meinem Rasen, da eine Wiese viel zu viel Arbeit macht. D) Die aufgelaufene Wiesenmischung ist stark mit Melde, Disteln, Vogelmiere und Franzosenkraut verunreinigt. Habe ich gegenüber der Samenfirma einen Regressanspruch? E) Obwohl hochwertiges Wiesensaatgut verwendet wurde, ist kaum etwas aufgelaufen. F) Wie kann ich eine größere Artenvielfalt in meiner Wiese erreichen? G) Seit zehn Jahren habe ich auf meinem Grundstück eine Wiese und obwohl diese nicht mehr gedüngt und jedes Jahr nur zweimal geschnitten wird, ist die Fläche relativ artenarm und die Gräser überwiegen noch immer. H) Muss immer der Standort falsch gewählt sein, wenn die Saat nicht optimal aufläuft? I) Im Urlaub war ich in den Bergen und habe dort wunderschöne Wiesen gesehen. Ich wünsche mir eine solche Wiese. J) Muss ich meine Wiese überhaupt mähen? K) Ich kann nicht mit einer Sense umgehen. Womit kann ich meine Wiese mähen? L) Wohin mit dem Mähgut? M) Wie kann ich meine Wiese zur Blütezeit betreten, ohne sie zu zertreten? N) Ich möchte eine Wiese ansäen, weiß aber nicht, welche Wildblumen für meinen Garten geeignet sind. O) Im Supermarkt ist das Saatgut viel billiger. P) Mein Garten ist zu klein für eine Wiese. Q) Für Kinder ist eine Wiese nicht geeignet. R) Ich möchte eine Wiese ansäen, aber mein Nachbar hat Angst vor dem Samenflug der Wildkräuter. S) Wann sollte ich meine Wiese mähen? T) Wie kann ich meine artenarme Graswiese in eine bunte Blumenwiese verwandeln? U) Von meinen selbst gesammelten Wildblumensamen ist nichts aufgelaufen. Was habe ich falsch gemacht?

● 6. Was sollte nach Ihrer Meinung bei der Anlage und Pflege von Grünflächen geändert werden?

● 7. Legen Sie eine Wiese an Ihrer Schule an. Überprüfen und bewerten Sie Ihr Projekt in gewissen Zeitabständen. Führen Sie darüber ein Protokoll.

4 Wiesenpflanzenlexikon

1 **Achillea millefolium**
(Schafgarbe),
♃, 20 - 60 cm, VI - X, weiß/rot, ✂

2 ***Agrimonia eupatoria***
(Odermennig),
♃, 50 - 100 cm, VI - IX, goldgelb

3 ***Alchemilla xanthochlora***
(Gemeiner Frauenmantel),
♃, 5 - 30 cm, VI - VIII, grünlich gelb

4 ***Anthemis tinctoria***
(Färberkamille),
♃, 20 - 50 cm, VII - IX, goldgelb, ✂

5 ***Anthyllis vulneraria***
(Wundklee),
♃, 10 - 30 cm, V - IX, goldgelb

6 ***Armeria maritima***
(Gemeine Grasnelke),
♃, 10 - 30 cm, V - IX, hellrot, i, △

7 ***Astrantia major***
(Sterndolde), ♃, 20 - 90 cm,
VI - VIII, weißlich/rosa, ✂

8 ***Buphtalmum salicifolium***
(Ochsenauge),
♃, 20 - 60 cm, VI - VIII, gelb

9 ***Campanula glomerata***
(Knäulige Glockenblume),
♃, 30 - 60 cm, V - IX, blauviolett

10 ***Campanula patula***
(Wiesenglockenblume), ♃, 30 - 60 cm, VI - VIII, lila bis blauviolett

11 ***Campanula persicifolia***
(Pfirsichblättrige Glockenblume),
♃, 30 - 80 cm, VI - VII, blassblau, ✂

12 ***Carduus crispus***
(Krause Distel),
♃, 50 - 150 cm, VI - IX, hellrot

1 ***Centaurea jacea*** (Wiesenflockenblume), ♃, 20 - 80 cm, VI - X, rotviolett

2 ***Cerastium arvense*** (Ackerhornkraut), ♃, 15 - 30 cm, IV - IX, weiß

3 ***Cichorium intybus*** (Wegwarte), ♃, 30 - 120 cm, VII - IX, blau

4 ***Crepis biennis*** (Wiesenpippau), ⊙, 50 - 120 cm, V - VIII, goldgelb

5 ***Dactylorhiza incarnata*** (Fleischfarb. Knabenkraut), ♃, 20 - 60 cm, V - VI, zartrosa/purpur ▽, ✱

6 ***Daucus carota*** (Wilde Möhre), ⊙, 50 - 100 cm VI - IX, weiß bis rosa

7 ***Echium vulgare*** (Natternkopf), ⊙, 30 - 80 cm, VI - VIII, blau, ☠

8 ***Fritillaria meleagris*** (Schachbrettblume), ♃, 20 - 30 cm, IV - V, dunkelpurpur, △, ☠

9 ***Gallium verum*** (Echtes Labkraut), ♃, 20 - 70 cm, VI - IX, zitronengelb

10 ***Geranium pratense*** (Wiesenstorchschnabel), ♃, 30 - 60 cm, VI - VIII, dunkelblau bis hellviolett

11 ***Geranium sanguineum*** (Blutroter Storchschnabel), ♃, 15 - 50 cm, V - VIII, blutrot

12 ***Knautia arvensis*** (Witwenblume), ♃, 30 - 120 cm, V - IX, violett bis rötlich blau

1 ***Leontodon hispidus*** (Rauher Löwenzahn), ♃, 5 - 30 cm, VI - X, gelb

2 ***Leucanthemum vulgare*** (Wiesen-margerite), ♃, 20 - 80 cm, weiße Zungen- u. gelbe Röhrenblüten

3 ***Lotus corniculatus*** (Hornklee), ♃, ʌʌ>, 10 - 40 cm, V - IX, goldgelb mit oft rötlichen Spitzen

4 ***Malva moschata*** (Moschusmalve), ♃, 20 - 80 cm, VII - IX, hellrosa

5 ***Ononis spinosa*** (Dornige Hauhechel), ♃, 30 - 60 cm, VI - IX, rosarot, ʌʌ>, Off.

6 ***Pimpinella major*** (Große Bibernelle), ♃, 40 - 100 cm, VI - X, weiß/rosa

7 ***Pimpinella saxifraga*** (Kleine Bibernelle), ♃, 15 - 50 cm, VI - X, weiß/rosa

8 ***Plantago lanceolata*** (Spitzwegerich), ♃, 10 - 40 cm, IV - IX

9 ***Potentilla recta*** (Hohes Fingerkraut), ♃, 25 - 70 cm, VI - X, weiß/rosa

10 ***Prunella vulgaris*** (Gewöhnliche Braunelle), ♃, 10 - 25 cm, VI - IX, blauviolett

11 ***Ranunculus acris*** (Scharfer Hahnenfuß), ♃, 30 - 100 cm, V - IX, goldgelb, ☠

12 ***Rumex acetosa*** (Großer Sauerampfer), ♃, 30 - 70 cm, V - VI, rötlich

1 ***Salvia pratensis*** (Wiesensalbei), ♃, 30 - 60 cm, VI - VIII, blau violett/hellblau/rötlich violett

2 ***Sanguisorba officinalis*** (Großer Wiesenknopf), ♃, 50 - 120 cm, V - IX, purpurrot Ⓝ

3 ***Saponaria officinalis*** (Seifenkraut), ♃, 30 - 70 cm, VIII - IX, blassrosa, Ⓝ

4 ***Scabiosa columbaria*** (Taubenskabiose), ♃, 30 - 60 cm, VI - X, blaulila

5 ***Silene dioica*** (Rote Lichtnelke), ♃, ⋙, 30 - 90 cm, IV - VIII, hell-bis purpurrot

6 ***Silene vulgaris*** (Taubenkropf-Leimkraut), ♃, 20 - 50 cm, V - IX, weiß, aufgeblasener Kelch rötlich

7 ***Stachys erecta*** (Aufrechter Ziest), ♃, 20 - 60 cm, VI - X, weiß

8 ***Stachys officinalis*** (Ziest), ♃, 20 - 60 cm, VI - VIII, purpurrosa, Off.

9 ***Symphytum officinale*** (Gemeiner Beinwell), ♃, 30 - 100 cm, IV - VII und IX - X, violettrosa/gelblich-weiß, Ⓝ

10 ***Thalictrum aquilegifolium*** (Wiesenraute), ♃, 30 - 130 cm, V - VII, hell lila, ⋙

11 ***Thalictrum flavum*** (Gelbe Wiesenraute), ♃ , 50 - 120 cm, VI - VIII, gelb

12 ***Valeriana officinalis*** (Echter Baldrian), ♃, 30 - 170 cm, V - IX, hellrot, Off.

Teich- und Bachbau

1 Teichbau

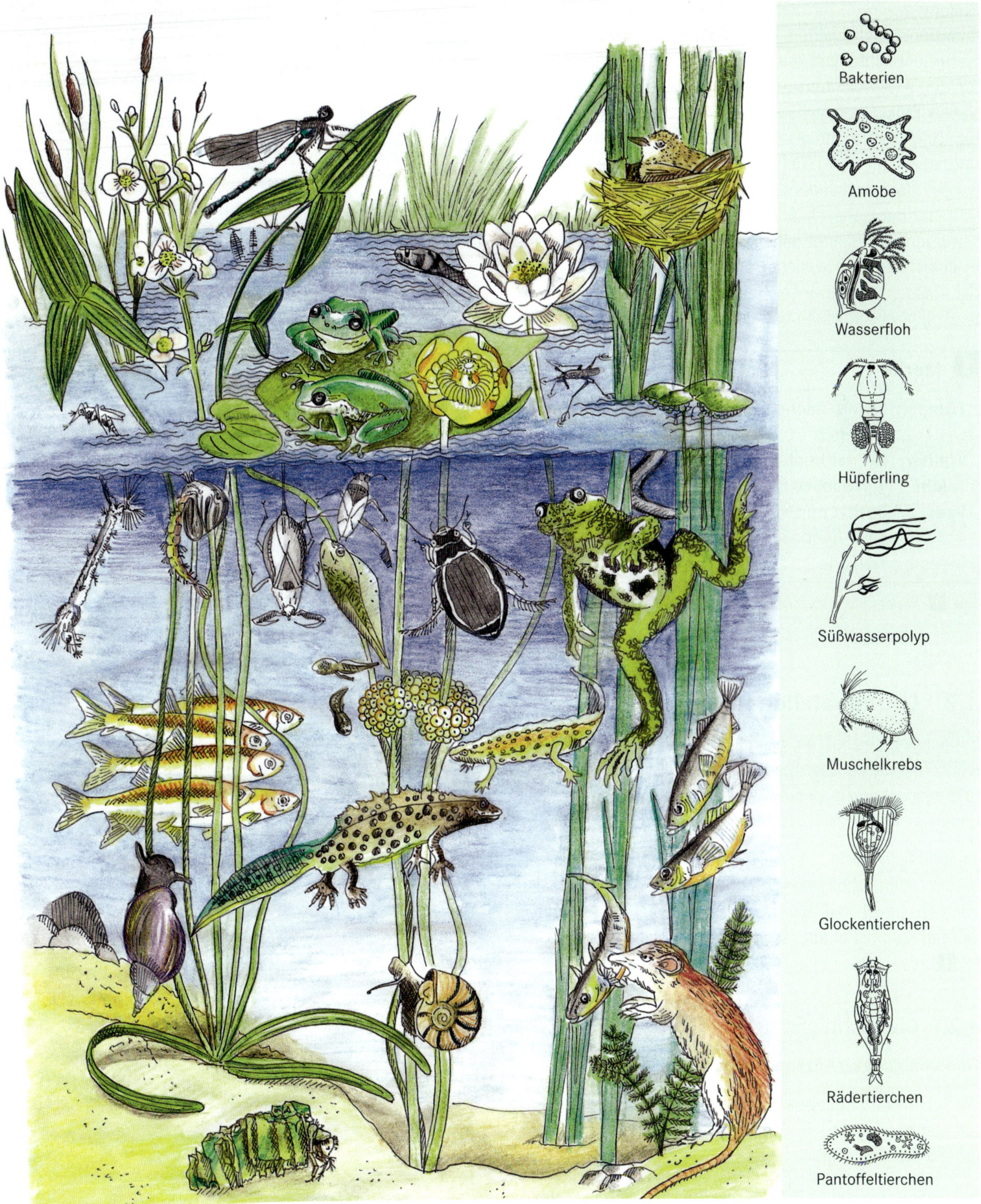

1 Ökosystem Teich

1.1 Ökologische Bedeutung

Wasser ist das Urelement schlechthin. Ohne Gewässer wäre ein Leben auf der Erde nicht möglich. Sie machen unsere Landschaft abwechslungsreicher, tragen, vor allem in Ballungszentren, zur Verbesserung des Klimas bei und schaffen Möglichkeiten für Erholung, Entspannung und Naturbeobachtungen. Ihr Bestand ist eine Voraussetzung für den Artenreichtum unserer Tier- und Pflanzenwelt. So haben Biologen festgestellt, dass an Kleingewässern (10 bis 1000 m²) mehr als 200 verschiedene Pflanzenarten und weit über 1000 Tierarten leben. In den letzten zweihundert Jahren sind durch Zuschüttung und Trockenlegung 97% der deutschen Feuchtgebiete verschwunden. Aktiver Naturschutz bedeutet daher, Gewässer und Feuchtbiotope in ihrem Bestand zu sichern und neu zu schaffen. Durch die Anlage naturnaher Teiche (1, S. 449) werden wertvolle ökologische Nischen erstellt.

! Merke

Tümpel:	kleine, flache Gewässer, die zeitweise austrocknen
Weiher:	ein natürlich entstandenes Gewässer
Teich:	künstliches Kleingewässer
See:	besitzt im Gegensatz zum Weiher und Teich eine lichtlose und damit vegetationslose Tiefzone

Tab. 1 Kleingewässerbezeichnungen

1 Des einen Freud, des anderen Leid

1.2 Grundsätzliche Überlegungen

Zunächst ist zu klären, welche Art von Teich der Kunde wünscht. Soll es eher ein reiner Zierteich mit Zierfischen und exotischen Zierpflanzen oder mehr ein Naturteich mit heimischen Pflanzen und Tieren sein?

Unabhängig davon, ob als naturnah gestaltetes Feuchtbiotop oder architektonisch streng geformter Zierteich geplant, bevor mit dem Bau eines Teiches begonnen werden kann, sind eine Reihe von Fragen zu beantworten (s. 1).

1.2.1 Die rechtliche Seite

Genehmigungs-/Anzeigepflicht

Die rechtlichen Auflagen hinsichtlich der Anlage eines Gartenteiches können von Bundesland zu Bundesland recht unterschiedlich sein.

Am besten erkundigt man sich rechtzeitig vor Aufnahme der Bautätigkeit bei der zuständigen Behörde (z. B. Gemeinde, Kreisverwaltung, Bauamt, Untere Naturschutzbehörde). Grundsätzlich genehmigungspflichtig sind Teiche mit einem Zu- oder Abfluss aus/in öffentliche Gewässer (Vorfluter[1], Bach, See usw.). Gleiches gilt für Teiche mit direktem Zugang zum Grundwasser, also Teiche ohne Abdichtung.

[1] Abzug-/Entwässerungsgraben

Nächtliche Ruhestörung durch quakende Frösche

Bei der Beantwortung der Frage, ob das nächtliche Froschgequake während der Laichzeit von den Nachbarn geduldet werden muss, hat der **Bundesgerichtshof (BGH)** mit seinem Urteil vom 20.11.1992 festgestellt, dass Frösche unter Schutz stehen, weil sie nach dem **Bundesnaturschutzgesetz (BNatSchG)** und der **Bundesartenschutzverordnung (BArtSchV)** zu den besonders geschützten Arten gehören. Nach dem Bundesnaturschutzgesetz ist es verboten, wild lebenden Tieren der besonders geschützten Arten nachzustellen, sie zu fangen, zu verletzen, zu töten oder ihre Entwicklungsformen, Nist-, Brut-, Wohn- oder Zufluchtstätten zu beschädigen oder zu zerstören. Bei seiner Urteilsbegründung unterstrich der BGH den hohen Rang des Naturschutzes und betonte die **Ausgleichsfunktion der Gärten zur Sicherung des Naturhaushaltes**, auf die nicht verzichtet werden könne. Auf der anderen Seite stellte der BGH aber auch fest, dass massive Störungen der Nachtruhe nicht zumutbar sind. Somit gilt, wer einen Teich anlege und unterhalte, in dem sich Frösche ansiedeln, als Störer hinsichtlich des Froschlärms. Weil aber das Gequake der unter Schutz stehenden Frösche nicht rechtswidrig sei, könne, so der BGH, jener jedoch nicht zum Schadenersatz herangezogen werden. Einen Ausweg aus diesem Dilemma zeigte der BGH auf, indem er darauf verwies, dass das BNatSchG Ausnahmen zulässt, sodass bei der **Unteren Naturschutzbehörde**[1] ein Antrag gestellt werden kann, dass **ausnahmsweise** die Frösche zu entfernen seien oder der Teich zugeschüttet werden müsse.

Unfallgefahren für Kinder

Wasser übt auf Kinder magische Anziehungskraft aus, gibt es doch viel zu entdecken und zu beobachten. Doch wer haftet, wenn es zu Unfällen kommt? Bereits in 5 bis 30 cm tiefem Wasser (z. B. Pfützen) können Kleinkinder ertrinken. Deshalb stellt ein Teich besonders für Kleinkinder eine erhebliche Gefahrenquelle dar (1). Laut Gesetz besteht für denjenigen, der eine Gefahrenquelle geschaffen hat, insbesondere für den Eigentümer der Sache (Grundstückseigentümer), eine **Verkehrssicherungspflicht**.

Es handelt sich dabei um die Pflicht, Orte, die der Allgemeinheit oder einem bestimmten Personenkreis zugänglich sind, zu deren Schutz ausreichend abzusichern. Welche Sicherheitsmaßnahmen ergriffen werden müssen, hängt von der Größe des Teiches, der Schwere der drohenden Gefahr sowie den besonderen Umständen des Einzelfalles ab. Die Sicherung des Grundstückes gegen das Betreten durch kleine Kinder, eine Umzäunung des Teiches oder das Anbringen von TÜV-geprüften Sicherheitsnetzen/Edelstahlgittern unmittelbar unter der Wasseroberfläche sind mögliche Maßnahmen.

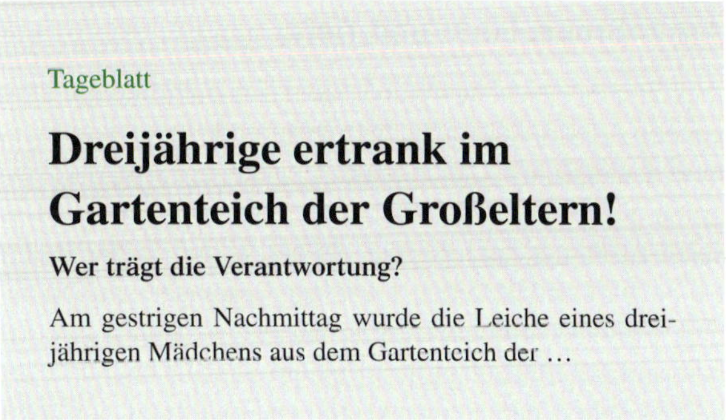
Tageblatt

Dreijährige ertrank im Gartenteich der Großeltern!

Wer trägt die Verantwortung?

Am gestrigen Nachmittag wurde die Leiche eines dreijährigen Mädchens aus dem Gartenteich der …

1 Teiche – eine nicht zu unterschätzende Gefahrenquelle für Kleinkinder

Bei den Netzen/Gittern muss die Tragfähigkeit durch Unterbauungen sowie eine sichere Randbefestigung gewährleistet sein (2). Ihre Maschenweite muss so eng sein, dass kein Kinderfuß dazwischenpasst (nicht größer als 5 × 5 cm). Ansonsten können Netze und Gitter zur tödlichen Falle werden. Pflanzen können durch diese Maschen hindurchwachsen. Flache Teiche mit vor allem flach auslaufendem Ufer und dichter Bepflanzung (z. B. einer Sumpfzone) mindern die Gefahr. Auf der Wasseroberfläche schwimmende Teichsirenen reagieren bei Wasserverdrängung, sodass sofort ein kräftiges Sirenengeheul ertönt, wenn ein Kind ins Wasser fällt.

Das Unterlassen der erforderlichen Sicherheitsmaßnahmen stellt eine schuldhafte Verletzung der Verkehrssicherungspflicht dar. Personenschäden (Verletzungen, Tod) können zu einer strafrechtlichen Verfolgung führen. Entsprechend wichtig ist eine **Absicherung gegen Haftungsrisiken** durch eine **Privathaftpflicht- und Rechtsschutzversicherung**.

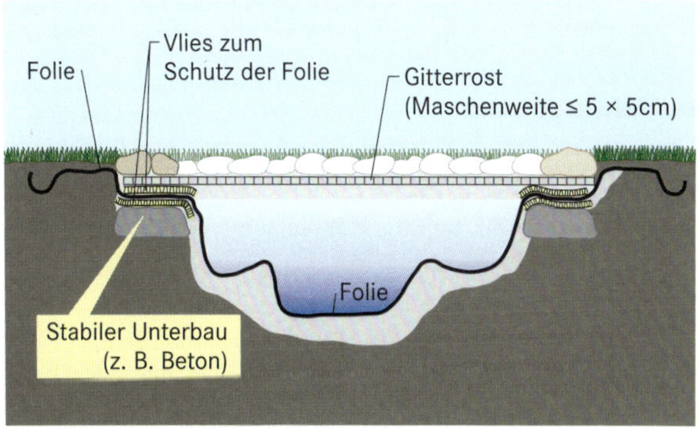

2 Sicherungsmaßnahme

[1] Ansprechpartner für den Bürger, z. B. in Fragen des Biotopschutzes oder wegen unerlaubter Eingriffe in der Natur, ist stets die Untere Naturschutzbehörde

1.2.2 Größe, Form und Tiefe

Je größer ein Teich, desto eher kann sich aufgrund der steigenden Artenvielfalt ein selbstregulierendes und damit stabiles biologisches Gleichgewicht einstellen. Als Mindestgröße diesbezüglich gelten 10 m². Aber auch ein kleinerer Teich ist immer noch besser als gar keiner. In der freien Landschaft sind bei einer Neuanlage Gewässer von 100 m² und mehr anzustreben. Das Verhältnis zwischen Wasserinhalt und -oberfläche sollte in einem ausgeglichenen Verhältnis stehen, damit einer zu starken Erwärmung des Wassers bei hoher Sonneneinstrahlung mit der Gefahr von Sauerstoffmangel (1) vorgebeugt wird. 500 l Wasser/m² Oberfläche[1] gelten als günstig (= Ø Wassertiefe 50 cm).

Teiche können in den unterschiedlichsten **Formen** hergestellt werden. Naturnahe Feuchtbiotope mit unregelmäßigen Formen (z. B. oval-, nieren- oder birnenförmig) wirken nicht nur natürlicher als streng geometrische (z. B. kreisrunde oder eckige Formen), sondern führen mit ihren Ausbuchtungen auch zu einer Verlängerung der Uferzone, wobei abwechslungsreiche Nischen (Lebensräume) entstehen können (2).

Zu einem naturnahen Teich gehören Zonen mit verschiedenen Wassertiefen, sprich Lebensräumen, die den unterschiedlichen Ansprüchen der Wasserpflanzen (s. S. 455 ff.) und der Tiere eines Teiches (s. S. 465 ff.) gerecht werden.

Die Neigung der Teichwände sollte möglichst flach verlaufen – nicht größer als maximal 45° (Neigungsverhältnis 1 : 2) – damit ins Wasser gefallene Kleintiere, wie Igel, Spitzmäuse u. a., wieder herausklettern können. Die Böschung rutscht nicht ab und eine Bepflanzung ist möglich. Dies ergibt bei einer Tiefzone von 1 m Wassertiefe und einem Mindestdurchmesser von 1 m bereits eine Teichgröße von etwa 10 m². Wird nun z. B. eine 20 cm hohe Bodenschicht als Teichgrund eingebaut, muss der Teich natürlich um diese 20 cm tiefer ausgehoben werden. Entsprechend größer wird natürlich auch die Teichoberfläche. Zu beachten ist ferner, dass die Wasserstandshöhe in der Regel nicht identisch mit der späteren Uferhöhe ist. Im Allgemeinen liegt sie mindestens 10 cm tiefer.

Man unterscheidet:

- **Tiefwasserzone**

Obwohl sich die meisten Wasserpflanzen am besten im flachen, erwärmten Wasser entwickeln, ist auch eine Tiefzone erforderlich, sofern Fische oder Amphibien[2] den

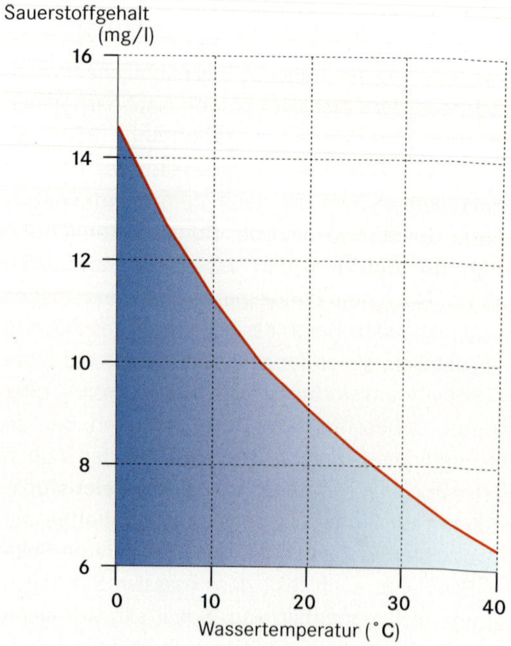

1 Die Wasserlöslichkeit des Sauerstoffs nimmt mit steigender Temperatur ab, sodass warmes Wasser sauerstoffärmer ist als kaltes

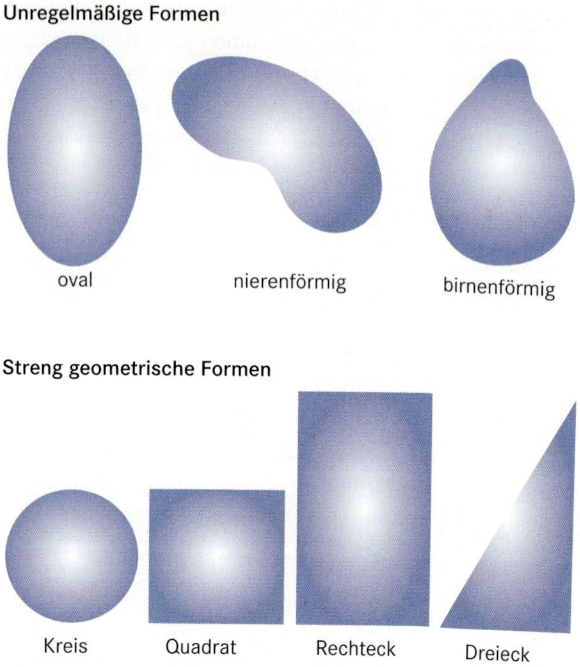

2 Teichformen (Auswahl)

---

[1] entspricht einer durchschnittlichen Wassertiefe von 50 cm: 100 cm × 100 cm × 50 cm = 500 000 cm³ = 500 dm³ = 500 l

[2] Amphibie, die; sowohl im Wasser als auch auf Land lebendes Wirbeltier (= Lurche: Frosch, Molch, Kröte, Unke, Salamander)

Draufsicht

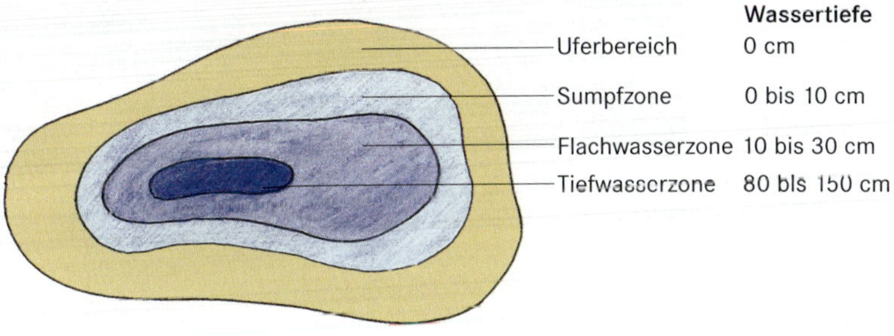

Querschnitte

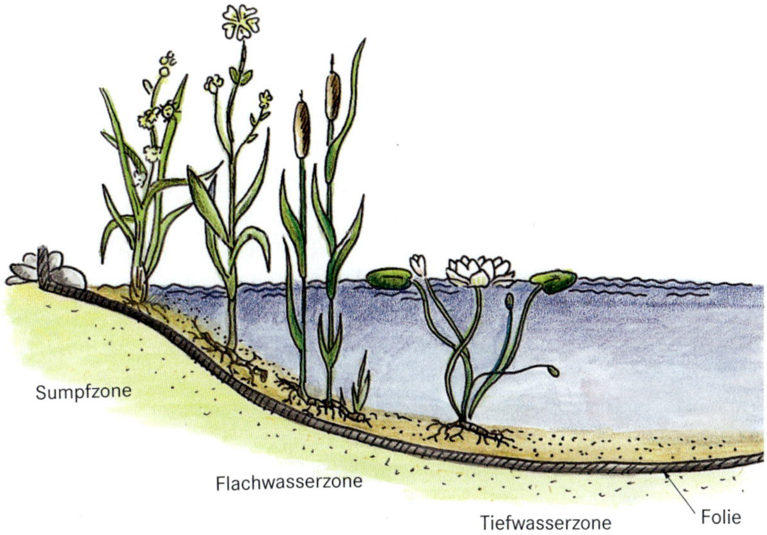

Verschiedene Wassertiefen schaffen unterschiedliche Lebensräume

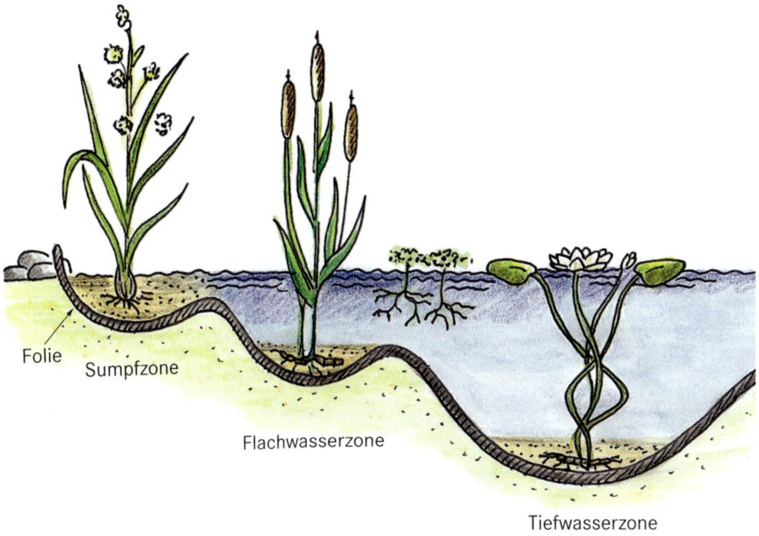

Terrassierte Teichmulde (Absätze für Pflanzungen oder Planzkörbe)

1 Teich mit Sumpf-, Flachwasser- und Tiefwasserzone

Teich beleben sollen. Eine Wassertiefe von 80 bis 150 cm auf einen Meter Durchmesser ist bereits ausreichend. In der Tiefzone friert der Teich im Winter auch bei strengem Frost nicht bis zum Boden durch, sodass Fische und Amphibien noch genügend Platz zur Überwinterung vorfinden. An heißen Tagen hingegen stellt die Tiefzone kühles Wasser mit genügend Sauerstoff bereit (**1**, S. 452). Bei vorwiegendem Fischbesatz sollte der größte Teil des Teiches mindestens diese Wassertiefe – besser 180 bis 200 cm – aufweisen. Die Tiefzone in einem Gartenteich bildet vor allem den Lebensraum der Schwimmblatt- (z. B. Seerose, Seekanne) und Unterwasserpflanzen (z. B. Wasserpest).

■ Flachwasserzone

Die Flachwasserzone mit einer Wassertiefe von 10 bis 30 cm bildet den größten Teil des Teiches. Wichtig ist nicht so sehr die genaue Einhaltung der Wasserstandshöhe, sondern vielmehr, dass die Pflanzen dieser Zone (s. S. 459) immer – auch während eines trockenen Sommers (!) – im Wasser stehen. Zum Uferbereich hin verflacht das Wasser immer mehr und geht schließlich in einen sumpfigen Bereich, die Sumpfzone, über.

■ Sumpfzone

Die Sumpfzone schließt sich der Flachwasserzone an und bildet den Übergang vom flachen Wasserstand bis zum feuchten Boden im Uferbereich. Ihre Wassertiefe beträgt 0 bis 10 cm.

In diesem Übergang zwischen Wasser und Land, der biologisch aktivsten Zone, entwickelt sich die größte Artenvielfalt eines Teiches. Damit sich in der Sumpfzone ein selbstregulierendes biologisches Gleichgewicht mit einer artenreichen Tierwelt einstellen kann, sollte sie mindestens 1 bis 2 m breit sein und $\frac{1}{4}$ bis $\frac{1}{3}$ der gesamten Teichfläche einnehmen. Bei genügend Platz wird sie rund um den Teich gelegt. Ein Teil der Zone sollte nicht betretbar sein, damit dort „Natur stattfinden“ kann.

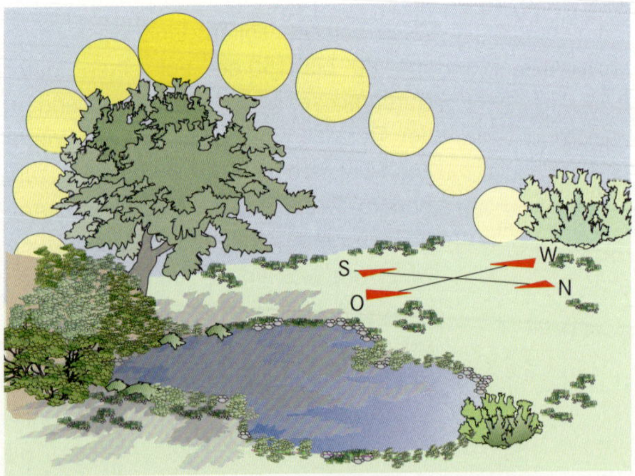

1 Die Lage des Teiches wird unter Berücksichtigung der vorherrschenden Licht- und Schattenverhältnisse festgelegt

2 Ein naturnaher Teich

! Merke

Für den Bau eines naturnahen Teiches (2) mit Tiefwasser-, Flachwasser- und Sumpfzonen einschließlich Ufergestaltung sollten etwa 40 m² eingeplant werden.

Bei Platzmangel kann auf einer Seite des Teiches ein Steilufer angelegt werden. Eine andere Möglichkeit zur Schaffung unterschiedlicher Wassertiefen auf kleineren Flächen besteht darin, die Teichmulde zu terrassieren. Dabei geht die waagerecht verlaufende Tiefwasserzone in eine Böschung über, in der Flachwasser- und Sumpfzone durch eine stufenartige Modellierung der Böschung in entsprechender Höhe entstehen (1, S. 453).

1.2.3 Standortwahl

Die Wahl des Standortes wird maßgeblich von der Größe des geplanten Teiches sowie den Wünschen des Teichbesitzers bestimmt. Darüber hinaus sind vor allem folgende Gesichtspunkte zu berücksichtigen:

- Da Wärme und Licht das Pflanzenwachstum und das Leben in einem Teich fördern, ist ein sonniger Standort ideal. Entsprechend schnell erfolgt die Belebung nach der Winterruhe im Frühjahr. Deshalb sollte ein Teich so angelegt sein, dass eine tägliche Sonneneinstrahlung von mindestens 6 Stunden gewährleistet ist. Nur so kommen z. B. Seerosen überhaupt zum Blühen. Eine Längsausdehnung des Teiches Süd-Nordwest/Nordost fördert eine rasche Erwärmung bei niedrigem Sonnenstand im Frühjahr.
- Um eine zu hohe Aufheizung des Wassers bei starker Sonneneinstrahlung zu vermeiden (Gefahr von Sauerstoffmangel!), ist es günstig, wenn ein Teil des Teiches im Schatten liegt (ideal: Schatten zur Mittagszeit, Sonneneinstrahlung während des restlichen Tages).
- Sollen vor allem Fische den Teich bewohnen, sind größere Schattenbereiche einzuplanen. Dies ist umso wichtiger, je kleiner und flacher ein Teich ist.
- Die unmittelbare Nähe größerer Bäume sollte nach Möglichkeit gemieden werden, um eine zu starke Beschattung, den Eintrag organischer Substanz durch den herbstlichen Laubfall (Nährstoffeintrag!) und unnötige Wurzelverletzungen (!) beim Aushub der Teichmulde zu vermeiden.
- Bei Festlegung der Lage sind auch mögliche Spiegelungen (Sträucher, Bäume Gebäude usw.), die zu reizvollen optischen Effekten führen können, zu berücksichtigen und im Hinblick auf ihre Wirkung zu beurteilen.
- Um Naturbeobachtungen zu erleichtern und den Erlebniswert zu erhöhen, ist es vorteilhaft, wenn der Teich von einer Seite gut zugänglich und einsehbar ist, indem er z. B. in der Nähe des Hauses, z. B. der Terrasse, im Blickbereich des Wohnzimmers oder eines Sitzplatzes angelegt wird.
- Der Teich sollte sich harmonisch in die Umgebung einfügen und zum Stil des Hauses passen.
- Tiefer gelegene, feuchte Bereiche (Feuchtsenken) eines Grundstückes lassen die Lage eines Teiches als besonders natürlich erscheinen. Ggf. lässt sich mithilfe des Aushubes der Eindruck einer Vertiefung erzeugen.

Am besten legt man die Lage eines Teiches zur Sommerzeit, wenn Bäume und Sträucher voll belaubt sind, fest. Licht- und Schattenverhältnisse sind dann gut erkennbar (1). Auf einem maßstabgerechten Gartenplan können verschiedene Teichformen so lange verschoben werden, bis Form und Lage des späteren Teiches sich harmonisch in die Umgebung einfügen. Hilfreich ist es auch, die geplante

Form mit einem Schlauch oder einer Schnur auf dem Gelände zu markieren und aus unterschiedlichen Blickwinkeln (z. B. von der Terrasse, dem Balkon, aus dem ersten Stock) auf seine Wirkung hin zu betrachten.

1.3 Flora

1.3.1 Wasserpflanzen

Wasserpflanzen (Hydrophyten) haben sich an ein ständiges Leben im Wasser angepasst. So besitzen die Blätter untergetaucht lebender Pflanzen (= **Unterwasserpflanzen**) keine Spaltöffnungen. Wasser, Kohlendioxid, Sauerstoff und Nährsalze nehmen sie direkt aus dem Wasser durch Diffusion über ihre Blätter auf. Folglich bilden ihre Epidermiszellen nur dünne Zellwände mit einer schwachen Kutikula aus. Wegen der nur geringen Nährstoffgehalte und der langsamen Diffusion haben viele Wasserpflanzen durch Zerteilung ihrer Blattspreiten die aufnehmende Oberfläche stark vergrößert (z. B. Wasserhahnenfuß, 1).

Ihr Blattgewebe (Mesophyll) ist im Allgemeinen nicht in ein oberes Palisaden- und ein unteres Schwammgewebe unterteilt, sondern besteht aus gleichartigen Zellen, zwischen denen sich ein besonders stark entwickeltes, mit Luft erfülltes Interzellularsystem befindet. Dieses Gewebe, das auch als **Aerenchym** (Durchlüftungsgewebe) bezeichnet wird, dient dem Auftrieb und dem schnelleren Gasaustausch. Da das Wasser den Pflanzen Halt verleiht, fehlt auch weitgehend ein Festigungsgewebe.

Zur ungeschlechtlichen Vermehrung bilden viele Wasserpflanzen im Herbst in ihren Blattachseln sogenannte **Überwinterungsknospen** (Hibernakeln). Nach Ablösung von der Mutterpflanze sinken sie zur Überwinterung auf den Boden der Gewässer, von wo sie im Frühjahr, wenn das Wasser wieder wärmer wird, an die Oberfläche aufsteigen und neue Pflanzen bilden (z. B. Wasserschlauch, Krauses Laichkraut).

Dabei kommt es häufiger vor, dass sie an andere Stellen des Teiches treiben. Andere Pflanzen überwintern mithilfe von Bruchstücken alter Triebe auf dem Bodengrund, die dann im Frühjahr neu austreiben (z. B. Hornblatt).

Wasserpflanzen kann man unterteilen in frei im Wasser schwimmende (Schwimmpflanzen) und im Wasser wurzelnde Arten (2):

- **Schwimmpflanzen** sind nicht auf einen Wurzeluntergrund angewiesen. Je nach Art leben sie vollständig untergetaucht (submers), z. B. Wasserschlauch, Hornblatt (verankert sich häufig mit der Basis seiner Triebe im Boden) und Tausendblatt, oder schwimmend an der Wasseroberfläche, z. B. Wasserlinse und Froschbiss.
- Auch bei den **im Wasser wurzelnden Pflanzen** gibt es untergetaucht lebende Arten, wie z. B. das Seegras. Die ebenfalls mit Wurzeln im Boden verankerten **Schwimmblattpflanzen** sind mit speziell ausgebildeten Schwimmblättern ausgestattet (z. B. Seerosen), die auf der Wasseroberfläche aufliegen.

1 Der Wasserhahnenfuß bildet Schwimm- und Unterwasserblätter

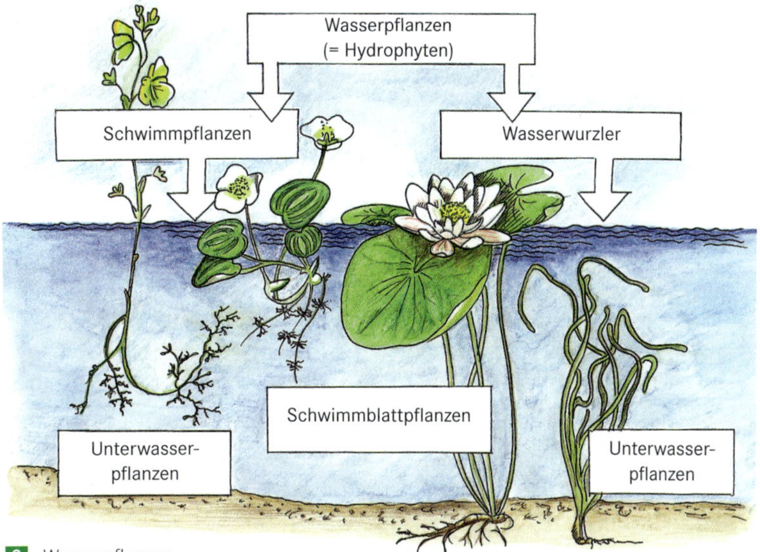

2 Wasserpflanzen

1.3.2 Amphibische Wasserpflanzen

Amphibische Wasserpflanzen können sich dem Feuchtigkeitsangebot anpassen, indem sie im Wasser „Wasserformen" und oberhalb/außerhalb des Wassers „Landformen" bilden (z. B. *Persicaria amphibia*, der Wasserknöterich). Sie stellen den Übergang zu den Sumpfpflanzen dar.

1.3.3 Bedeutung der Wasserpflanzen für das Leben im Teich

Besonders wertvoll für das Leben in einem Teich sind die **Unterwasserpflanzen und -formen**, weil sie das Wasser über die Fotosynthese mit Sauerstoff anreichern. Dies gilt besonders für immergrüne Arten (z. B. Wasserstern), die auch während des Winters, wenn der Luftaustausch aufgrund einer geschlossenen Eisdecke behindert ist, das Wasser mit Sauerstoff anreichern. Entsprechend wichtig ist es, dass die mit den Unterwasserpflanzen um Licht konkurrierenden Schwimmpflanzen (z. B. Seerose, Seekanne und Wassernuss) und an der Wasseroberfläche frei schwimmenden Wasserpflanzen – z. B. Wasserlinsen (sogenannte „Entengrütze") – nicht die gesamte Wasserfläche bedecken. Ein Drittel der Wasserfläche sollte deshalb offen bleiben. Im trüben Wasser können untergetaucht lebende Pflanzen auf Dauer auch nicht überleben. Da sich erfahrungsgemäß nicht alle Unterwasserpflanzen durchsetzen können, sollten immer mehrere Arten eingesetzt werden.

Die **Bedeutung der Wasserpflanzen** für das Leben in Gewässern ist vor allem darin zu sehen, dass sie

- dem Wasser Nährstoffe entziehen und damit einer Eutrophierung entgegenwirken,
- als Licht- und Nahrungskonkurrenten einer explosionsartigen Algenvermehrung entgegenwirken (sorgen für klares Wasser),
- die Sauerstoffkonzentration im Wasser erhöhen (Unterwasserpflanzen und -formen),
- Nahrung, Schutz- und Lebensräume für im Teich lebende Tiere bieten,
- eine zu starke Wassererwärmung verhindern (vor allem Schwimmblattpflanzen und frei an der Wasseroberfläche schwimmende Pflanzen).

1.3.4 Sumpfpflanzen

Sumpfpflanzen (Helophyten) kommen an sumpfigen Standorten vor, wo sie zumindest zeitweise mit ihren Wurzeln und untersten Sprossteilen im Wasser stehen. Entsprechend können sie als Übergangsformen zwischen Wasser- und Landpflanzen angesehen werden (s. S. 463). Aufgrund ihres Nährstoffentzuges wirken sie einer Eutrophierung der Gewässer entgegen. So werden z. B. Rohrkolben, Teichsimse, Binse und Schilfrohr in biologischen Kläranlagen zur Abwasserreinigung eingesetzt (s. Kap. Pflanzenkläranlagen). Schilfrohr *(Phragmites australis)* ist leider für Folienteiche nicht geeignet, da es mit seinen sehr spitzen und harten Ausläufern die Teichfolie durchbohren kann.

1.3.5 Uferpflanzen

Für das Ufer eines Teiches oder Baches sind nicht immer feuchtigkeitsliebende Pflanzen geeignet. Vielmehr kommt es auf die Abdichtung des Gewässers an. Bei einem Folienteich ist das Ufer trocken. Geeignete Pflanzen müssen also Trockenheit vertragen. Bei ihrer Auswahl sollte jedoch darauf geachtet werden, dass sie optisch der üblichen Vegetation am Wasserrand entsprechen.

Beispiele

Acorus calamus (Kalmus),
Carex grayii (Morgensternsegge),
Filipendula ulmaria (Mädesüß),
Glyceria maxima 'Variegata' (Bunter Wasserschwaden),
Iris sibirica (Schwertlilie),
Ligularia x hessei (Kreuzkraut),
Lysimachia vulgaris (Gelbweiderich),
Lythrum salicaria (Blutweiderich),
Miscanthus sinensis (Chinaschilf),
Molinia caerulea (Pfeifengras),
Myosotis palustris (Sumpfvergissmeinnicht),
Polygonum bistorta (Wiesenknöterich),
Rheum rhabarbarum (Krauser Rhabarber),
Rheum palmatum (Chinesischer Rhabarber),
Telekia speciosa (Telekie),
Tradescantia x andersoniana (Dreimasterblume),
Trollius europaeus (Trollblume),
Valeriana officinalis (Baldrian),
Veronica longifolia (Ehrenpreis).

Zeichenerklärung (Tabellen S. 458, 460 und 464 f.)

*	= gefährdete Pflanze
I–XII	= Blütezeiten
☠	= Giftpflanze
▽	= geschützte Art
Ⓝ	= Nutzpflanze
D	= Duftpflanze
⛀	= stark wuchernd → nur für größere Teiche bzw. in Pflanzkörbe setzen
Repo	= Repositionspflanzen; hier Pflanzen, die für die Reinigung des Wassers besonders gut geeignet sind

Lichtbedarf

○	= sonnig
◑	= halbschattig
●	= schattig

1.4 Wasser- und Sumpfpflanzen nach Lebensbereichen geordnet

1.4.1 Pflanzen für die Tiefwasserzone

1 Froschbiss
(Hydrocharis morsus-ranae)

2 Gelbe Teichrose
(Nuphar lutea)

3 Hornkraut
(Ceratophyllum demersum)

4 Krebsschere
(Stratiotes aloides)

5 Seekanne
(Nymphoides peltata)

6 Seerose
(Nymphaea alba)

7 Wasserhahnenfuß
(Ranunculus aquatilis)

8 Wasserknöterich
(Persicaria amphibia)

9 Wasserlinse
(Lemna minor)

10 Wassernuss
(Trapa natans)

11 Wasserpest
(Elodea canadensis)

12 Wasserschlauch
(Utricularia vulgaris)

Deutscher Name	Botanischer Name	Wassertiefe (cm)	Schwimmblattpflanze	Unterwasserpflanze	Blütezeit	Blütenfarbe	Standort	einheimisch	Bemerkungen
Ähriges Tausendblatt	*Myriophyllum spicatum*	30 bis 120		X	VI – IX	rosa	○	X	Schwimmpflanze, Blüten ragen aus dem Wasser, wertvoller Sauerstoffspender, wuchert stark
Froschbiss	*Hydrocharis morsus-ranae*	ab 20	X		VI – VIII	weiß	○ – ◑		schwimmt frei auf der Wasseroberfläche, starke Ausbreitung (regelmäßig abfischen!), Winterknospen, zweihäusige Pflanze, Repo
Gelbe Teichrose, Mummel	*Nuphar lutea**	50 bis 150	X		VI – VIII	gelb	○	X	⛁, Repo, ▽, in der Regel erst im zweiten Jahr nach dem Einsetzen Bildung von Schwimmblättern und Blüten, auch für langsam fließendes Gewässer geeignet
Hornkraut	*Ceratophyllum demersum*	ab 20		X	VI – VIII	weiß (unscheinbar)	○ – ◑		frei schwimmend, Winterknospen, gute Wasserreinigung, wertvoller Sauerstoffspender, auch für langsam fließende Gewässer geeignet
Krauses Laichkraut	*Potamogeton crispus*	40 bis 100		X	VI – VIII	grünlich	○	X	Schwimmpflanze, Laichplatz für Molche und Fische, wertvoller Sauerstoffspender, Winterknospen
Krebsschere, Wasseraloe	*Stratiotes aloides**	ab 50			V – VIII	weiß	○ – ◑	X	frei schwimmend, im flachen Bereich auch wurzelnd, zur Blüte aufgetaucht, überwintert auf dem Gewässergrund, ▽, zweihäusig, Brutknospen, auch für langsam fließende Gewässer geeignet
Schwimmendes Laichkraut	*Potamogeton natans*	50 bis 200	X		VI – VIII	rötlich-grün	○	X	stark wuchernd, auch Unterwasserblätter, Repo, für kleine Teiche weniger geeignet, ansonsten s. P crispus
Seekanne	*Nymphoides peltata**	30 bis 150	X		VII – IX	weiß	○	X	⛁, ▽, seerosenartige Blätter, auch für langsam fließende Gewässer geeignet
Seerose	*Nymphaea alba**	50 bis 150	X		VI – VIII	weiß	○	X	⛁, Repo, ▽, s. auch S. 461 f.
Wasserhahnenfuß	*Ranunculus aquatilis*	20 bis 100	X	X	VI – VIII	weiß	○	X	Schwimm- und Unterwasserblätter, wintergrün, wertvoller Sauerstoffspender, kräftiges Wachstum, auch für langsam fließende Gewässer geeignet
Wasserknöterich	*Persicaria amphibia*	20 bis 80	X		VI – VIII	rosarot	○	X	⛁, bildet auch Landform aus, Repo
Wasserlinse, Entengrütze	*Lemna minor*		X		V – VI	weiß (unscheinbar)	○ – ◑	X	bis 4 mm groß, schwimmt frei auf der Wasseroberfläche; gute Wasser reinigende Wirkung; siedelt sich in der Regel von selbst an, breitet sich sehr stark aus, durch regelmäßiges Abfischen in Schach halten, gehören zu den kleinsten Blütenpflanzen
Wassernuss	*Trapa natans**	ab 20	X		VI – VIII	weiß (unscheinbar)	○	X	einjährige Pflanze, Selbstaussaat; essbare Früchte, ▽, intensiv rote Herbstfärbung der in Rosetten angeordneten Schwimmblätter (Blattstiele aufgeblasen), im Boden verwurzelt, auch für langsam fließende Gewässer geeignet

Tab. 1 Pflanzen für die Tiefwasserzone (80 – 100 cm)

1.4.2 Pflanzen für die Flachwasserzone

1 Goldkeule
(Orontium aquaticum)

2 Hechtkraut
(Pontederia cordata)

3 Igelkolben
(Sparganium erectum)

4 Kanadischer Reis
(Zizania caduciflora)

5 Nadelsimse
(Eleocharis acicularis)

6 Pfeilkraut
(Sagittaria sagittifolia)

7 Breitblättriger Rohrkolben
(Typha latifolia)

8 Schmalblättriger Rohrkolben
(Typha angustifolia)

9 Tannenwedel
(Hippuris vulgaris)

10 Afrikanische Wasserähre
(Aponogeton distachyos)

11 Wasserfeder
(Hottonia palustris)

12 Wasserhyazinthe
(Eichhornia crassipes)

Deutscher Name	Botanischer Name	Wasser-tiefe (cm)	Wuchs-höhe (cm)	Blüte-zeit	Blüten-farbe	Stand-ort	ein-heimisch	Bemerkungen
Goldkeule	*Orontium aquaticum*	0 bis 60	30 bis 50	V – VI	goldgelb	○		bildet im Wasser Schwimmblätter aus
Hechtkraut	*Pontederia cordata*	10 bis 30	50 bis 80	VI – X	blau	○ – ◑		aparte Blütenähren, kriechendes Rhizom
Igelkolben, aufrechter oder ästiger	*Sparganium erectum*	0 bis 30	30 bis 120	VII – VIII	gelblich	○ – ◑	X	🏺, die stacheligen Früchte erinnern an einen zusammengerollten Igel, Repo
Kanadischer Reis	*Zizania caduciflora*	0 bis 50	bis 200			○ – ◑		reisähnliches Gras (Wilder Reis), guter Schilfersatz, besitzt gelbweiß gestreifte Blätter, Repo
Langes Zypergras	*Cyperus longus*	20 bis 30	50 bis 120	V – X	braun	○ – ◑		dekoratives Sauergras, winterhart
Nadelsimse	*Eleocharis acicularis*	10 bis 60	10 bis 20	VI – VII	bräunlich	○ – ◑		Unterwasserpflanze, breitet sich rasenartig auf dem Grunde des Gewässers aus, wertvoller Sauerstoffspender, fadenförmige Blätter, Repo, auch für langsam fließende Gewässer geeignet
Pfeilkraut	*Sagittaria sagittifolia*	10 bis 150	20 bis 100	VI – VIII	weiß	○ – ◑	X	Überwasserblätter pfeilförmig, Unterwasserblätter bandförmig, Überwinterung im Bodenschlamm in Form von Winterkolben, Ⓝ, Gemüsepflanze in China
Rohrkolben, breitblättriger	*Typha latifolia*	10 bis 50	100 bis 250	VI – VIII	braun	○ – ◑	x	typische Röhrichtpflanze, Repo, Ⓝ, Mutterpflanzen sterben jedes Jahr ab, Ausläuferbildung (Rhizom überwintert) und Selbstaussaat, samtige Kolben sehr wirkungsvoll (weibliche und männliche kolbige Blütenstände unmittelbar übereinander), weibliche Blütenstände platzen bei Reife auf und entlassen die wolligen Samen, in Bodenvase lange haltbar, Blätter: blaugrün, 2,5 bis 4 cm breit, unterseits gewölbt
Rohrkolben schmal-blättriger	*Typha angustifolia*	10 bis 50	100 bis 200	VI – VIII	braun	○ – ◑	X	ähnlich T. latifolia, Unterschied: Weibliche und männliche Blütenstände weisen einen größeren Abstand auf; Blätter: grasgrün, 1,5 bis 2 cm breit oberseits gewölbt
Tannenwedel	*Hippuris vulgaris*	10 bis 40	40	V – VII	grün (unscheinbar)	○ – ◑	X	sehr dekorative nadelförmige Blätter, kann sich im Uferbereich stark ausbreiten, auch für langsam fließende Gewässer geeignet
Tausendblatt brasilianisches; Papageienfeder	*Myriophyllum aquaticum*	5 bis 40	10 bis 15	VII – VIII	weißlich-rosa	○ – ◑		Schwimmpflanze, wertvoller Sauerstoffspender, nicht winterhart
Wasserähre, afrikanische	*Aponogeton distachyos*	10 bis 40		VI – IX	weiß	○		Schwimmblattpflanze, D (nach Vanille), lange Blütezeit, frostempflindlich (im Winter in frostfreie Zone bringen)
Wasserfeder	*Hottonia palustris*	10 bis 40	20 bis 30	V – VII	zartrosa	○ – ◑	X	Unterwasserpflanze, Blütenstände ragen aus dem Wasser heraus, sehr schöne Wasserpflanze, Repo, ▽, auch für langsam fließende Gewässer geeignet
Wasser-hyazinthe	*Eichhornia crassipes*	5 bis 50	20 bis 40	VII – IX	blauviolett	○		Schwimmpflanze, Repo, nicht winterhart
Wasserstern	*Callitriche palustris*	10 bis 60	20 bis 40	VI – VII	unscheinbar	○ – ◑		wintergrüne Unterwasserpflanze, wertvoller Sauerstoffspender, bildet Landformen aus, im Flachwasserbereich Ausbildung von Schwimmblättern

Tab. 1 Pflanzen für die Flachwasserzone (10 – 30 cm)

1.4.3 Seerosen

Nymphaea 'Hermine'

N. 'Celebration'

N. 'Paranee'

N. 'Réne Gerard'

N. 'Gypsy'

N. 'Almost Black'

N. 'Panama Pacific'

N. 'Dr. Moore'

1 Seerosen weisen eine große Vielfalt an Blütenfarben und -formen auf

2 Pflanzung eines waagerecht wachsenden Rhizoms

3 Zur Förderung der Entwicklung können Seerosen nach und nach tiefer gesetzt werden

Arten und Sorten

Seerosen gehören mit ihren üppigen Schwimmblättern, vielfältigen Blütenfarben und -formen wohl zu den schönsten und bekanntesten Wasserpflanzen. Neben *Nymphaea alba*, der einheimischen Weißen Seerose, besteht die Familie der Seerosengewächse (Nymphaeaceae) aus zahlreichen weiteren Arten, wie z. B. *N.* candida, *N.* odorata und *N.* tuberosa. Besonders wertvoll sind die aus zahlreichen Kreuzungen hervorgegangenen *Nymphaea*-Hybriden (**1**). In Europa werden über 100 Sorten angeboten, wovon der größte Anteil, die sogenannten Marliac-Seerosen, von dem französischen Züchter Latour Marliac stammen (Tab. **1**, S. 462).

Standort

Seerosen lieben einen vollsonnigen Standort. Bei schattigen Standorten und kaltem Wasser ist ihre Entwicklung und Blütenbildung gehemmt.

Der Platzbedarf für eine Pflanze hängt von der Wüchsigkeit der Art bzw. Sorte ab. Starkwüchsige Pflanzen bedecken mit ihren Schwimmblättern im Laufe der Zeit etwa 2 bis 3 m^2 Wasserfläche.

Pflanzung

Bei der Pflanzung werden die Rhizome entsprechend ihrer Wuchsform (waagerecht oder senkrecht) in den Bodengrund (bei größeren Teichen) oder in Gitterkörbe (bei kleineren Teichen) gesetzt (2, S. 461). Senkrecht wachsende Rhizome werden schräg in den Boden gesteckt, wobei die Spitze herausschauen muss. Weil die Blätter der Seerosen auf dem Wasser schwimmen, die Pflanzen aber je nach Art und Sorte unterschiedlich groß werden, ist beim Pflanzen der Rhizome unbedingt auf die richtige Wassertiefe zu achten (Tab. 1).

Überwinterung

Im Herbst ziehen Seerosen ein und überwintern mit kurzem Unterwasserlaub. Pflanzen, die niedrige Wasserstände benötigen und nicht winterhart sind, müssen über Winter in einer Wassertiefe von mehr als 40 cm stehen, damit sie nicht einfrieren. Ist dies nicht möglich, sollten sie herausgenommen und unter einer dicken Laubschicht oder in einer Wanne mit Wasser in einem hellen, frostfreien Raum überwintert werden. Frostempfindliche Seerosen, die seichtes Wasser (< 40 cm) benötigen, setzt man am besten in Gitterpflanzkörbe, sodass sie bei Bedarf relativ leicht an einen anderen Standort transportiert werden können.

Vermehrung

Beginnen sich die Blätter der Seerosen aus dem Wasser zu schieben oder ist das Pflanzgefäß für den Wurzelstock zu klein geworden, sind die Pflanzen zu teilen, da sonst Wachstum und Blühwilligkeit abnehmen.

Sorten	Blütenfarbe	Blütengröße (cm)	Optimale Wasssertiefe (cm)
Alba	rahmweiß	6	10 bis 20
Anna Epple	pfirsichrosa	12	40 bis 80
Atropurpurata	karminrot	bis 20	30 bis 50
Attraction	goldgelb	12 bis 15	40 bis 80
Aurora	rosaorange	10	20 bis 40
Ballerina	weiß	6	15 bis 20
Cardinal	dunkelrot	20	40 bis 80
Charles de Merville	weinrot	20	60 bis 90
Dr. Moore	karminrot	10	20 bis 40
Fritz Junge	pfirsichrosa	18, D	30 bis 80
Gladstoniana	reinweiß	über 20	60 bis 90 (200)
Gloriosa	karminrot	18	40 bis 100
Hermine	weiß	17	50 bis 80
James Brydon	kirschrot	15, D	30 bis 70
Jasmine	weiß	12	30 bis 60
Karl Epple	pfirsichrosa	8, D	30 bis 60
Laydeckeri Fulgens	karminrot	8	30 bis 60
Marliacea Albida	reinweiß	15	40 bis 100
Marliacea Carnea	zartrosa	bis 20	45 bis 150
Marliacea Rosea	zartrosa	18	40 bis 100
Maurice Laydeker	orange bis kirschrot	10	20 bis 30
Moorei	dunkelgelb	14	40 bis 80
Panama Pacific	karminrot	14	40 bis 60
Pink Cameo	hellrosa	6 bis 8	15 bis 20
Pink Sensation	silbrigrosa	bis 20, D	40 bis 80
Pöstlingsberg	reinweiß	20 bis 25	40 bis 100
Réne Gerard	dunkelkarmin	15 bis 18	40 bis 80
Rosa Munda	rosa	15	30 bis 70
Rosennymphe	hellrosa	14	30 bis 70
Sioux	karminrot	10 bis 15	30 bis 45
William Falconer	rubinrot	14 bis 16	30 bis 50

Tab. 1 Seerosen-Zuchtformen

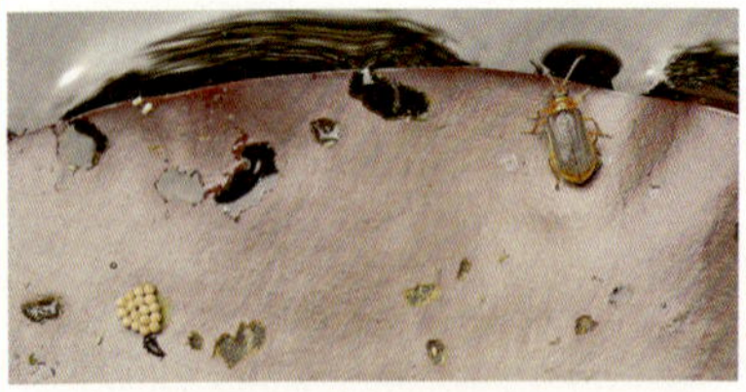

Seerosenblattkäfer und Eipaket

Fraßschäden durch Larven

Steckbrief

Seerosenblattkäfer *(Galerucella nymphaeae)*

- Familie: Blattkäfer
- Größe: 6 bis 8 mm
- alle Stadien – Eier, Larven, Puppen und Käfer – leben auf den Schwimmblättern von Seerosen, Käfer überwintern an Land
- ab IV/V befallen die Käfer die an der Oberfläche erscheinenden Seerosenblätter und beginnen mit der Eiablage in kleinen Haufen (Eipaketen) zu 15 bis 20 Stück, 2 bis 5 Generationen/Jahr
- Schaden: starke Fraßschäden an Blättern und Blüten (Schabe- und Lochfraß) durch Käfer und Larven, die zum Absterben der Pflanzenteile führen können
- Bekämpfung: möglichst frühzeitig, Blätter ca. 5 Tage unter Wasser halten (z. B. mit Baustahlmatte beschweren), Käfer, Eier, Larven und Puppen mit Waschbürste vom Blatt waschen oder mit scharfen Wasserstrahl abspritzen, stark geschädigte und befallene Blätter ggf. entfernen und vernichten.

1.4.4 Pflanzen für den Sumpfbereich

1 Blumenbinse
(Butomus umbellatus)

2 Blutweiderich
(Lythrum salicaria)

3 Fieberklee
(Menyanthes trifoliata)

4 Gemeiner Froschlöffel
(Alisma plantago-aquatica)

5 Kleiner Rohrkolben
(Typha minima)

6 Gelbe Scheinkalla
(Lysichiton americanus)

7 Schilfrohr
(Phragmites australis)

8 Sumpfdotterblume
(Caltha palustris)

9 Gelbe Sumpfschwertlilie
(Iris pseudacorus)

10 Sumpfvergissmeinnicht
(Myosotis palustris)

11 Teichbinse/-simse
(Scirpus lacustris)

12 Sumpfbinse
(Eleocharis palustris)

Deutscher Name	Botanischer Name	Wassertiefe (cm)	Wuchshöhe (cm)	Blütezeit	Blütenfarbe	Standort	einheimisch	Bemerkungen
Bachbunge	*Veronica beccabunga*	0 bis 10	20 bis 60	V – VIII	blau	○	X	reich blühend, auch für langsam fließende Gewässer geeignet, Vermehrung: bewurzelte Seitentriebe ins flache Wasser setzen
Blumenbinse Schwanenblume	*Butomus umbellatus*	5 bis 30	100	VI – VIII	rosarot	○	X	wertvoller Doldenblütler, wärmeliebend, Repo, blüht nur bis 30 cm Wassertiefe, Selbstaussaat
Blutweiderich	*Lythrum salicaria*	0 bis 20	80 bis 150	VI – VIII	purpurrot	○ – ◑	X	horstartiger Wuchs, Ⓝ, Repo
Fieberklee, Bitterklee	*Menyanthes trifoliata**	5 bis 20	20 bis 30	V – VI	weiß	○ – ◑		auffälliger traubiger Blütenstand, Off., ▽
Froschlöffel, gemeiner	*Alisma plantago-aquatica*	0 bis 30	30 bis 80	VI – IX	weiß bis zartrosa	○ – ◑	X	löffelförmige Blätter, Selbstaussaat, Blütenrispen evtl. nach der Blüte entfernen (gut für Trockensträuße geeignet), Samen schwimmen auf Wasseroberfläche (Verbreitung durch Wasservögel), Repo
Gauklerblume	*Mimulus luteus*	0 bis 5	30 bis 40	VI – VIII	gelb	○		reich blühend, als einjährige Pflanze behandeln, Selbstaussaat, neigt zum Verwildern
Kalmus	*Acorus calamus*	0 bis 30	60 bis 100	V – VI	grünlichgelb	○ – ◑	X	Wurzelstock kann in der Küche Verwendung finden (Deutscher Ingwer), bildet dichte Horste, Ⓝ, Off., auch für langsam fließende Gewässer geeignet
Mehlprimel	*Primula farinosa**	0	5 bis 10	IV – V	rosa	○ – ◑	X	Blätter unterseits mit mehligen Belag (Ausscheidung der Drüsenhaare), ▽
Rohrkolben, Kleiner	*Typha minima**	5 bis 20	30 bis 70	V – VI	braun	○ – ◑		gut für kleine Teiche geeignet, weiblicher Kolben (eiförmig, 2 bis 4 cm lang) folgt unmittelbar auf männlichen, nur an der Basis der Sprossachse nadelförmige Blätter, Ⓝ, ▽
Scheinkalla, gelbe	*Lysichiton americanus*	0 bis 5	40 bis 50	IV – V	gelb	○ – ◑		die Blüten erscheinen vor den Blättern, Boden kann zeitweise überfluten
Scheinkalla, weiße	*Lysichiton camtschatcensis*	0 bis 5	50 bis 80	IV – V	weiß	◑		die Blüten erscheinen vor den Blättern, Boden kann zeitweise überfluten
Schilfrohr	*Phragmites australis*	0 bis 40	150 bis 400	VIII – IX	rötlich	○ – ◑	X	🗑, größtes einheimisches Gras, in den Tropen bis über 10 m hoch, bildet dichte Bestände, typische Röhrichtpflanze, sehr gut zur biologischen Abwasserreinigung geeignet, Blätter sehr scharf, aufgrund seiner spitzen und harten Ausläufer nicht für den Folienteich tauglich, Ⓝ
Sumpfbinse	*Eleocharis palustris*	0 bis 20	15 bis 50	V – VIII	braun	○ – ◑	X	weit verbreitet, unterirdisch kriechende Rhizome, auch für langs. fließende Gewässer geeignet, Repo
Sumpfblutauge	*Potentilla palustris*	0	10 bis 40	V – VII	dunkelrot	○ – ◑	X	Kelchblätter purpurrot, dunkelrote Blütenblätter nur wenige Millimeter groß
Sumpfdotterblume	*Caltha palustris*	0 bis 20	20 bis 40	IV – V	goldgelb	○ – ◑	X	üppiger Frühjahrsblüher, bei den Blütenblättern handelt es sich um gelb gefärbte Kelchblätter, auch für langsam fließende Gewässer geeignet, Repo
Sumpfkalla	*Calla palustris*	5 bis 30	15 bis 30	V – VI	weiß	○ – ◑	X	☠ (ganze Pflanze, besonders die roten Beeren)
Sumpfschwertlilie, gelbe	*Iris pseudacorus**	0 bis 30	50 bis 100	V – VI	gelb	○ – ◑	X	horstartiger Wuchs, sät sich leicht aus, ▽, Repo
Sumpfvergissmeinnicht	*Myosotis palstris*	0 bis 15	20 bis 50	V – VIII	himmelblau	○ – ◑	X	Spross wächst kriechend, blüht lange und reichhaltig, gute Selbsaussaat, Repo
Teichbinse/ -simse, Seebinse/ -simse	*Scirpus lacustris*	0 bis 100	100 bis 400	VI – VII	bräunlich	○ – ◑	X	typische Röhrichtpflanze, besonders aktiv in der Wasserklärung, fördert die Verlandung von Gewässer, trotz binsenartigen Stängels gehört die Pflanze zu den Sauergräsern, Ⓝ, auch für langsam fließende Gewässer geeignet
Wasserminze	*Mentha aquatica*	0 bis 15	20 bis 60	VII – X	rotviolett	○ – ◑	X	D, Ⓝ, aus der Kreuzung der Wasserminze (M. aquatica) und der Grünen Minze (M. spicata) ist die Pfefferminze (M. piperita) entstanden

Tab. 1 Pflanzen für die Sumpfzone (0 – 10 cm) → Fortsetzung nächste Seite

Deutscher Name	Botanischer Name	Wasser-tiefe (cm)	Wuchs-höhe (cm)	Blüte-zeit	Blüten-farbe	Stand-ort	ein-heimisch	Bemerkungen
Wasser-schwaden	*Glyceria maxima*	0 bis 30	80 bis 250	VII – VIII	bräunlich	○ – ◑	x	Süßgras, guter Schilfersatz, starke Ausläuferbildung, Ⓝ, Repo
Wiesen-knöterich	*Polygonum bistorta*	0 bis 10	30 bis 100	V – VIII	rosarot	○ – ◑	x	⛁, gute Bienenweide
Winter-schachtelhalm	*Equisetum hyemale*	0 bis 10	100 bis 150	VI – VII (Sporen-reife)		○ – ◑	x	wintergrün, Stängelglieder verschiedenfarbig, wuchert stark
Zungen-hahnenfuß	*Ranunculus lingua* *	0 bis 20	50 bis 150	VII – VIII	goldgelb	○	x	☠, ▽, zungenförmige Blätter, Oberseite der Blütenblätter glänzt wie fett, im Volksmund werden die gelb blühenden Hahnenfuß-Arten auch als Butterblumen bezeichnet
Zwergbinse, Gemeine Sumpfbinse	*Eleocharis palustris*	0 bis 20	15 bis 50	V – VIII	braun	○ – ◑	x	bildet unterirdische Ausläufer, in kleinen Gruppen sehr dekorativ, breitet sich stark aus, Repo

Tab. 1 Pflanzen für die Sumpfzone (0 – 10 cm) (Fortsetzung)

1.5 Fauna

1.5.1 Tiere im und am Gartenteich

Neben Vogeln, Igeln und anderen Kleintieren, die den Teich vor allem als Bade- und Trinkquelle nutzen, stellt sich in einem naturnahen Teich eine artenreiche Tierwelt ganz von alleine ein (s. S. 449).

Amphibien

Da die meisten Amphibien sehr standorttreu sind, d. h. zur Eiablage (Laichen) in der Regel ihre Laichgewässer aufsuchen, sollte man keine Amphibien einfangen. Bei ihrer Rückwanderung – vor allem in Städten – würden sie zum Großteil dem Verkehr zum Opfer fallen. Zudem zählen unsere einheimischen Amphibien zu den geschützten Arten (gilt auch für Eier und Kaulquappen!), sodass man auf eine Selbstansiedelung warten muss. Im städtischen Bereich ist dies zwar schwierig, doch auch hier kann eine Einschleppung von Laich durch Vögel erfolgen. Die meisten Amphibien, mit Ausnahme der Wasserfrösche, halten sich nur während der Entwicklungszeit vom Jungtier zum erwachsenen Tier im Wasser auf, ansonsten leben sie außerhalb des Wassers. Entsprechend wichtig ist eine naturnahe Gestaltung der angrenzenden Umgebung durch Schaffung vielfältiger Lebensräume.

Fische

Beim Einsatz von Fischen ist zu bedenken, dass sie Laich und Kaulquappen der Amphibien fressen. Deswegen sollten Fische nur in größeren Teichen (> 600 m^2) eingesetzt werden. Eine Ausnahme bilden einige Kleinfische, wie z. B. Moderlieschen und Bitterling, die Eier und Larven der Amphibien verschmähen. Eine Einschleppung von Fischlaich über Wasservögel ist möglich.

Karpfen und Schleie wühlen (gründeln) ständig im Bodengrund, sodass das Wasser permanent getrübt ist. Finden die Fische nicht genügend Nahrung, ist bei Wassertemperaturen über 12 °C (Mai bis September) zu füttern. Fütterung und Ausscheidungen der Tiere können jedoch im Laufe der Zeit zur Nährstoffanreicherung (Eutrophierung des Wassers) führen.

1 Schwarzschwäne werden oft zur Zierde gehalten

2 Stockenten brüten gern in Wassernähe

3 Das Teichhuhn baut sein Nest in der dichten Ufervegetation

1.5.2 Lexikon der Wassertiere

■ Amöben

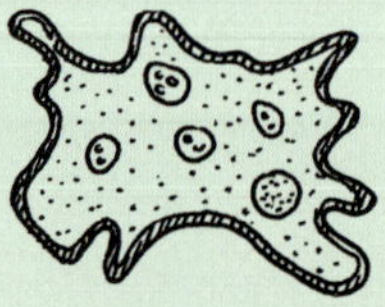

Einzellige, formveränderliche Lebewesen, die ihre Nahrung (andere einzellige Lebewesen, wie z. B. Bakterien und Algen) zur Verdauung umfließen.

■ Amphibien

Bezeichnung für Tiere, die im Wasser und auf dem Lande leben können. Die Tiere entwickeln sich im Allgemeinen von im Wasser lebenden Kiemenatmern zu Lungenatmern im Übergang zum Erwachsenenstadium. Alle erwachsenen Tiere müssen die Möglichkeit haben, an Land gehen zu können, da sie sonst ertrinken können.

Amphibien werden durch die Schaffung artgerechter Lebensräume gefördert.

Dazu gehören bewachsene Sumpfzonen, Heckenpflanzungen, Holz- und Steinhaufen, sonnige Laichplätze, Trockenrasen/Wiesen, umgelegte Baumstämme, Steingärten und Trockenmauern. Amphibien benötigen einen ausreichend großen Lebensraum (mindestens 10 m im Umkreis der Gewässer) mit genügend Nahrung.

Von unseren 18 einheimischen Amphibienarten ist über die Hälfte in ihrem Bestand gefährdet. → Bergmolch, → Erdkröte, → Frösche, → Grasfrosch, → Kammmolch, → Kröten → Laubfrosch, → Teichmolch, → Wasserfrosch

■ Bergmolch *(Triturus alpestris)*

Die 8 (Männchen) bis 11 cm (Weibchen) großen Bergmolche benötigen kühle Gewässer (nicht über 18 °C) mit sauberem Wasser. Daher sind sie vor allem in höheren Lagen (Mittelgebirge) beheimatet (Name!). Im zeitigen Frühjahr verlassen sie ihre Winterverstecke unter Steinen, Laub, morschen Baumstümpfen, um sich im Wasser fortzupflanzen. Während der Paarungszeit – Molche können übrigens keine Laute von sich geben – weisen die Männchen eine leuchtend orange gefärbte Bauchseite auf, die nach oben von einem hellblauen Streifen begrenzt wird. Im Gegensatz zu Kröten und den meisten Fröschen leben Bergmolche mehrere Monate im Wasser. Nach der Paarungszeit verlassen die erwachsenen Tiere dieses, um an Land weiterzuleben (schattige Sommerquartiere erforderlich!). Während der Laichzeit (April bis Mai) legen die Weibchen ihre Eier einzeln an Wasserpflanzen ab. Nach 14 Tagen schlüpfen die Larven, die sich nach 3 Monaten zum erwachsenen Tier umwandeln.

■ Bitterling *(Rhodeus sericeus)*

Ein 6 bis 10 cm kleiner, friedliebender Schwarmfisch aus der Familie der Karpfenfische, der sich von pflanzlicher und tierischer Nahrung (Insektenlarven, Kleinkrebsen, Würmern) ernährt. Zu seiner Vermehrung benötigt er eine lebende Muschel (Teich- [*Anodonta cygnea*] oder Malermuschel [*Unio pictorum*]), in deren Kiemenhöhle das Weibchen mithilfe einer Legeröhre seine Eier ablegt. Als kleine Fische verlassen die Bitterlinge die Muschel wieder. Der Bitterling gehört in Mitteleuropa zu den stark gefährdeten Arten.

■ Eintagsfliegen

Die Lebensdauer der erwachsenen, 0,3 bis 0,6 cm langen Insekten (in Deutschland etwa 70 Arten) beträgt wenige Stunden bis einige Tage (Name!). Auffallend sind die breiten, netzartig geaderten, in Ruhestellung nach oben geklappten zwei Flügelpaare und die drei recht langen Schwanzfäden. Die Mundwerkzeuge der Vollinsekten sind verkümmert. Die aus den im Wasser abgelegten Eiern schlüpfenden Larven ernähren sich von Algen und Resten abgestorbener pflanzlicher und tierischer Substanz sowie räuberisch von z. B. Kleinkrebsen und Mückenlarven, soweit sie diese überwältigen können. Ihre Entwicklung im Wasser dauert 1 bis 4 Jahre.

■ Elritze *(Phoxinus phoxinus)*

Die etwa 10 cm lange Elritze ist ein friedliebender Schwarmfisch aus der Familie der Karpfenfische. Zum Leben benötigen sie vor allem sauberes, sauerstoffreiches Wasser und ausreichenden Schwimmraum. Zur Laichzeit (April bis Juli) weist die Elritze einen auffallend rot gefärbten Bauch und an den Seiten zwei goldglänzende Längsstreifen auf. Ihre Nahrung besteht vorwiegend aus Fluginsekten (z. B. Mücken), Insektenlarven, Kleinkrebsen und Würmern. In Deutschland gilt die Elritze in ihrem Bestand als stark gefährdet.

■ Farbkarpfen → Koi

■ Fische

→ Bitterling, → Elritze, → Goldfisch, → Koi, → Moderlieschen, → Stichlinge

■ Frösche

Froschlaich

Frösche sind ausgezeichnete Schwimmer. Zur Paarungszeit erzeugen sie mithilfe von Schallblasen Rufe, mit denen sie die Weibchen herbeirufen und ihr Revier gegen männliche Artgenossen abgrenzen. Die Paarung erfolgt im Allgemeinen im Wasser. Im Gegensatz zu den Kröten, die ihre Eier in Form von Laichschnüren ablegen, legen sie ihre Eier in großen Klumpen (Laichballen) ab. Als Kaulquappen (Kiemenatmung) ernähren sie sich vor allem von Algen, Kleintieren und Aas. Als erwachsene Tiere (Lungenatmung) leben sie nur noch räuberisch. Bekannte Arten sind: → Wasserfrosch, → Grasfrosch, → Laubfrosch.

■ **Geißeltierchen** *(Flagellaten)*
Einzeller, die ein oder mehrere Geißeln (fadenförmige Körperanhänge) besitzen, die der schwimmenden Fortbewegung und dem Heranstrudeln von Nahrung dienen. Sind zahlreiche Geißeln vorhanden, spricht man von Wimpern (z. B. Wimper- und Rädertierchen). Die Geißeltierchen gehören zum tierischen Plankton[1]

■ **Gelbrandkäfer** *(Dytiscus marginalis)*

Der Gelbrandkäfer, ein Schwimmkäfer, der vor allem stehende Gewässer bewohnt

Der Gelbrandkäfer (2,7 bis 3,5 cm) gehört zu den Schwimmkäfern. Er und seine bis 6 cm langen Larven sind gefräßige Räuber, die sich von allem ernähren, was sie überwältigen können, z. B. Kaulquappen, Insekten, Würmer, Molchlarven und kleinere Fische, wobei unter den Larven ein ausgesprochener Kannibalismus[2] herrscht. Während sich die Larven nur von lebender Beute ernähren, nehmen die erwachsenen Käfer auch Aas zu sich. Nach der Paarung im Herbst legt das Weibchen bis zu 200 Eier an Pflanzenteilen unterhalb der Wasseroberfläche ab.

[1] Plankton (gr.), das: Gesamtheit der im Wasser schwebenden tierischen (Zooplankton) und pflanzlichen (Phytoplankton) Lebewesen (Planktonten, Plankter).

■ **Goldfisch** *(Carassius auratus auratus)*
Ein in China seit über 1000 Jahren gezüchteter Karpfenfisch, der gegen Ende des 17. Jahrhunderts mit Seefahrern nach Europa gelangte. Der Fisch, der bis zu 60 cm Körperlänge erreichen kann, ist als Jungfisch graugrün, später gelblich bis orange gefärbt. Da es sich um einen Schwarmfisch handelt, sollte er in Gruppen von mindestens 6 Exemplaren gehalten werden. Goldfische sind Allesfresser (Lebend- und Trockenfutter). Sollen sie im Gartenteich überwintern, ist darauf zu achten, dass dieser nicht zufriert.

■ **Grasfrosch** *(Rana temporaria)*

Der Grasfrosch lebt außerhalb der Fortpflanzungszeit an Land

Der Grasfrosch ist etwa 10 cm groß, braun gefärbt mit dunklen Querbändern auf den Hinterbeinen, dunklen Flecken auf dem Rücken, großen dunklen Ohrflecken und gelblich rotbraun gefleckter Unterseite. Er hält sich vorwiegend außerhalb des Wassers, in Gärten und Parks, auf. Wasser sucht er nur zur Fortpflanzung (Februar/März) und z. T. zur Überwinterung auf. Seine Nahrung besteht aus Insekten, Nacktschnecken und Würmern. Grasfrosch, Wasserfrosch und Erdkröte gehören unter den Amphibien zu den Erstbesiedlern neu angelegter Gewässer.

[2] In der Zoologie das Auffressen von Artgenossen.

■ **Hüpferlinge** *(Ruderfüßer)*

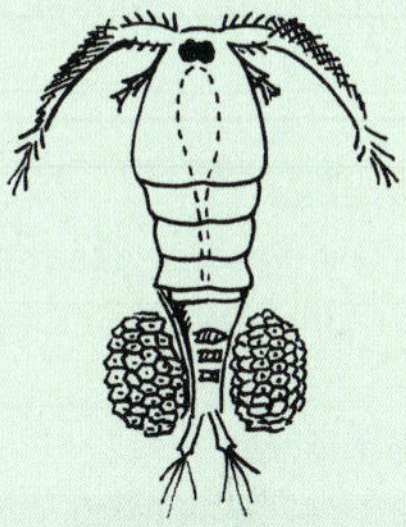

Die 1 bis 5 mm langen Tierchen (Planktonten) bewegen sich im Wasser durch hüpfende Schwimmbewegungen (Name!) fort. Hüpferlinge ernähren sich von Mikroorganismen und Algen, wobei sie das Wasser filtrieren. Selbst sind sie ein beliebtes und wertvolles Futter für Fische und andere Wassertiere.

■ **Kammmolch** *(Triturus cristatus)*
Der Kammmolch ist mit 15 (Männchen) bis 18 cm Länge (Weibchen) der größte heimische Molch. Zur Paarung sucht er das Wasser auf, wo er sich meistens auf dem Teichboden aufhält und nur zum Luftschnappen an die Oberfläche kommt.

Außerhalb der Paarungszeit leben Kammmolche als Einzelgänger auf dem Lande, wobei aber einzelne Tiere auch ihr ganzes Leben im Wasser verbringen können. Im Gegensatz zum Leben im Wasser sind Kammmolche auf dem Lande nachtaktiv. Während der Paarungszeit (März bis Juni) weisen die prächtig gefärbten Männchen einen auffallend breiten, gezackten Saum (Kamm) an Rücken und Schwanz auf.

■ **Pantoffeltierchen**
(Paramecium caudatum)

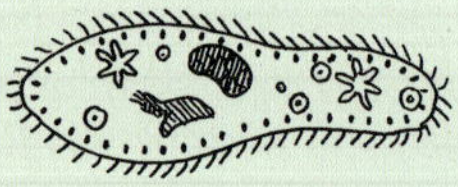

Rundherum bewimperte Einzeller (0,1 bis 0,3 mm), die in ihrer Form an einen Pantoffel erinnern (Name!). Pantoffeltierchen ernähren sich von Bakterien, einzelligen Algen und Geißeltierchen. Sie selbst (Planktonten) sind wichtige Nahrungsgrundlage zahlreicher Wassertiere.

■ **Kleinkrebse**
Wichtige Glieder der Nahrungskette: → Wasserflöhe, → Hüpferlinge

■ **Köcherfliegen**

Die erwachsene Köcherfliege hat Ähnlichkeit mit einem Nachtfalter

Die erwachsenen Tiere (0,5 bis 3 cm) dieser sehr artenreichen Insektenordnung werden häufig mit Nachtschmetterlingen verwechselt. Auffallend sind ihre zwei häutigen Flügelpaare (→ keine Fliegen!), die großen Komplexaugen und die langen Antennen. Die raupenähnlichen Larven leben – bis auf wenige Ausnahmen – im Wasser, wo sie sich aus Pflanzenteilen, Steinchen, kleinen Muscheln, Schneckenhäuschen u.ä. Materialien ein Gehäuse (Köcher) zusammenspinnen, welches sie ständig mit sich herumtragen. Die Nahrung der Larven besteht vor allem aus Algen und Kleinstlebewesen. Nach der Verpuppung verlassen sie das Wasser und leben in der Nähe von Gewässern, wo sie sich von Nektar ernähren.

■ **Koi**
In Japan entstandene Zuchtformen des Karpfens (Farbkarpfen). Heute existiert eine Vielzahl ein- und mehrfarbiger Formen, die nach ihrer Färbung in verschiedene Gruppen eingeteilt werden.

■ **Kröten**

Die Erdkröte *(Bufo bufo)* ist vorwiegend nachtaktiv

Kröten sind als Vertilger von Schadinsekten und Schnecken sehr nützlich und stehen unter Naturschutz. Im Gegensatz zu den Fröschen können sie nur kleine, hoppelnde Sprünge oder Schritte ausführen. Ihre Haut ist sehr warzig (Hautdrüsen). Bei Gefahr sondern sie ein giftiges Sekret ab, das zu allergischen Hautreaktion führen kann. Lebens- und Überwinterungsräume sind vor allem Hecken, Erdhöhlen, Laub- und Holzhaufen, Stein- und Geröllhaufen. Die Fortpflanzung (das Laichen) erfolgt im Wasser. Da Kröten sehr standorttreu sind, suchen sie die Laichgewässer auf, in denen sie zur Welt gekommen sind (nehmen aber auch neu angelegte Gewässer an).

Dabei kommt es im Frühjahr zu den bekannten Krötenwanderungen, wobei die kleineren Männchen bereits auf den Weibchen klammern.

Schutzzäune und Krötentunnel unter den Straßen hindurch können die nachtaktiven Tiere vor dem Überfahren bewahren. Im Garten kommt vor allem die Erdkröte *(Bufo bufo)* vor, die sich bis zu 2 km von ihrem Laichgewässer entfernt. Obwohl die Erdkröte die häufigste Kröte bei uns ist, ist auch sie in ihrem Bestand aufgrund zurückgehender Laichgewässer bedroht.

■ **Laubfrosch, europäischer**
(Hyla arborea)

Der Laubfrosch („Wetterfrosch") ist ein ausgezeichneter Kletterer

Der Laubfrosch sucht nur zum Laichen Gewässer auf, ansonsten bewohnt er grüne Pflanzen. Mit seinen zu Haftscheiben verbreiterten Finger- und Zehenspitzen kann der nur 5 cm große Frosch sehr gut klettern. Seine Körperoberseite weist eine giftgrüne Färbung auf, die zur weißlichen bis gelblichen Bauchseite durch ein schmales, dunkles Band scharf abgegrenzt wird. Während längerer Ruhezeiten verändert der Laubfrosch sein Tarnkleid, indem er sich in der Färbung seiner Körperoberseite dem Untergrund anpasst. Im Gegensatz zu anderen Fröschen besitzt der Laubfrosch nur eine große Schalblase. Bekannt geworden ist er vor allem als „Wetterfrosch", der früher in Gläsern gehalten wurde. Wegen Tierquälerei heute streng verboten! Zu verdanken hatte er den Ruf als Wetterprophet seiner Angewohnheit, bei schönem Wetter häufig zum Sonnen an Pflanzen hochzuklettern. Der Laubfrosch ist ein hervorragender Insektenjäger, der seine Beute (Fluginsekten) nicht selten im Sprung erbeutet. Daneben verzehrt er vor allem Spinnen, Würmer und Schnecken. Zur Paarungszeit (März bis Juni) versammeln sich die Männchen in kleinen Gruppen am Rande von Gewässern, wo sie vor allem gegen Abend lautstarke und bis tief in die Nacht anhaltende Froschkonzerte veranstalten. Der Laich wird in kleinen Klumpen im Wasser abgelegt. In einer Größe von 1,5 cm verlässt der Nachwuchs im Hochsommer den Teich, um an Land weiterzuleben. Die Überwinterung (Oktober bis April) erfolgt in Höhlen, eingegraben im Boden, unter Laub, Steinen, Moos u. ä. Der Laubfrosch steht unter strengem Artenschutz.

■ Libellen

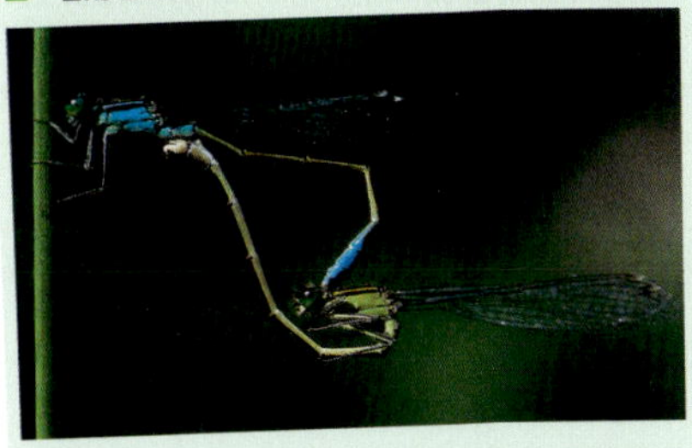

Hufeisen-Azurjungfern *(Coenagrion puella)* bei der Paarung („Paarungsrad")

Große Pechlibelle ♀ *(Ischura elegans)*, Thorax kann – wie bei ♂ – auch blau gefärbt sein

Braune Mosaikjungfer ♀ *(Aeshna grandis)*, die Flügel sind deutlich braun getönt

Die Zweigestreifte Quelljungfer *(Cordulegaster boltoni)* ist im Bergland weit verbreitet

Kleine Moosjungfer *(Lencorrhinia dubia)*, beim ♀ gelbe Zeichnungen auf Brust und Hinterleib

Blaugrüne Mosaikjungfer *(Aeshna cyanea)*, eine unserer größten einheimischen Libellen

Die 1 bis 13 cm langen Libellen (Klein- und Großlibellen) sind hervorragende Flieger, die ihre Nahrung, Mücken und andere Fluginsekten, im Flug erbeuten. Ihre Eier legen sie in Gewässern ab, indem sie diese einfach ins Wasser fallen lassen oder an Wasserpflanzen ankleben. Die Entwicklungsdauer der räuberisch lebenden Larve beträgt – je nach Art und Klima – wenige Monate bis zu mehreren Jahren.

Die Larven besitzen eine vorschnellbare Fangmaske (umgewandelte Unterlippe), mit der sie ihre Beute (Insekten, Kaulquappen, Fischlarven und andere kleine Wassertiere) blitzschnell ergreifen können. Mit der Umwandlung zum Vollinsekt verlassen die Libellen das Wasser, um fortan in der Luft nach Insekten zu jagen, die sie mithilfe ihrer langen Beine ergreifen. Auf ihren Jagdausflügen können sie sich teilweise recht weit von ihren Heimatgewässern entfernen. Libellen gehören mit zu den wichtigsten Mückenbekämpfern. Alle 80 einheimischen Libellenarten stehen unter Artenschutz.

■ Lurche → Amphibien

■ Moderlieschen

(Leucaspius delineatus)

Die bis 9 cm großen Moderlieschen gehören zu den Karpfenfischen. Der in seinem Bestand gefährdete Schwarmfisch ist gut für den Gartenteich geeignet, da er zu den wenigen Fischen gehört, die Laich und Jungtiere der Amphibien weitgehend verschonen. Seine Nahrung bilden vorwiegend Plankton (Kleinkrebse, Rädertierchen usw.) sowie Mücken und ihre Larven. Als Schwarmfisch sollten mindestens 9 Exemplare zusammen gehalten werden, Einzeltiere kümmern.

■ Molche

Molche gehören wie die Salamander zur Familie der Schwanzlurche (Kennzeichen: wohlentwickelter Schwanz). Im Gegensatz zu den Salamandern, die ganzjährig an Land leben, halten sie sich zumindest während der Paarungszeit im Wasser auf. Im Unterschied zu den Kaulquappen der Frösche entwickeln sich bei den Larven der Molche die Vorderbeine vor den Hinterbeinen. → Bergmolch, → Kammmolch, → Teichmolch

■ Mücken

Die weiblichen, 4 bis 6 mm langen Stechmücken müssen Blut saugen, um sich fortpflanzen zu können (vor der Eibildung). Da sie dazu nicht nur Tiere, sondern auch den Menschen aufsuchen, sind sie äußerst lästig. Zudem können sie beim Saugen, vor allem in südlichen Ländern, auch Krankheiten übertragen.

Obwohl sich die bis 10 mm großen Larven der Stechmücken im Wasser entwickeln, ist eine Mückenplage in einem natürlichen Teich nicht zu befürchten, da sie einer Vielzahl von Wassertieren als Nahrung dienen. Im Teich bilden sie somit ein wichtiges Glied in der Nahrungskette.

■ Muschel → Teichmuschel

■ **Plankton**
Unter Plankton versteht man die Gesamtheit der im Wasser schwebenden ein- und mehrzelligen tierischen (Zooplankton) und pflanzlichen Organismen (Phytoplankton). Sie weisen keine oder nur eine geringe Eigenbewegung auf. Alle Planktonten[1] sind wichtige Glieder der Nahrungskette und spielen eine wichtige Rolle bei der Selbstreinigung von Gewässern, indem sie ihre Nahrung durch Filtrierung des Wassers aufnehmen. Überdies handelt es sich beim pflanzlichen Plankton, den einzelligen Grünalgen, um einen der bedeutsamsten Sauerstoffproduzenten). → Amöben, → Geißeltierchen, → Glockentierchen, → Hüpferlinge, → Kleinkrebse, → Pantoffeltierchen, → Rädertierchen, → Wimperntierchen.

■ **Rädertierchen**

Die 0,5 bis 3 mm kleinen Tierchen zählen zu den Schlauchwürmern. An ihrem Vorderende befinden sich Wimperkränze, die zur Ausführung von Schwimmbewegungen und dem Herbeistrudeln von Nahrung (Bakterien, kleinstes Plankton, Kleinstalgen, Zersetzungsreste) dienen. Die durchgeführten Wimpernschläge erwecken den Eindruck eines drehenden Rades (Name!). Rädertierchen kommen bereits in kleinsten Wasseransammlungen vor. Ihre sehr widerstandsfähigen Eier können mit dem Wind verbreitet werden. Als Planktonten sind sie wichtige Glieder der Nahrungskette.

[1] Planktont (gr.), der: im Wasser schwebendes Lebewesen

■ **Ringelnatter** *(Natrix natrix)*

Die Ringelnatter schwimmt und taucht hervorragend

Die Ringelnatter ist die häufigste noch vorkommende Schlange bei uns. Sie steht wie alle Reptilien unter Naturschutz. Das typische Kennzeichen dieser dunkelgrau bis schwarz gefärbten, 70 cm bis 90 cm, manchmal sogar 150 bis 200 cm langen Schlange ist je ein weißlich gelber oder orangefarbener Fleck zu beiden Seiten des Nackens. Sie lebt gerne am und im Wasser, wo sie als ausgezeichnete Schwimmerin vor allem Jagd auf Insekten, Frösche und Fische macht. Die im Gegensatz zu Blindschleiche und Kreuzotter tagaktiven Tiere legen ihre Eier zwischen Juni und September in Kompost-, Mist- und Laubhaufen.
Die Ringelnatter hat sehr viele Fressfeinde, wie z. B. Störche, Reiher, Weihen, Bussarde, Rabenvögel, Igel, und Marder. Ernsthaft gefährdet wird sie jedoch nur durch die Aktivitäten des Menschen (Trockenlegung von Gewässern, Zerstörung naturnaher Lebensräume). Für den Menschen selbst ist diese Schlange völlig ungefährlich.

■ **Ringelschnake → Mücken**

■ **Rückenschwimmer**
(Notonecta glauca)
Rückenschwimmer gehören zur Familie der Wasserwanzen. Die etwa 15 mm kleinen, mit großen Komplexaugen ausgestatteten, räuberisch lebenden Insekten schwimmen mit dem Rücken nach unten, wobei sie unter dem Wasserspiegel hängen. Sie sind nicht nur gute Schwimmer, sondern können auch fliegen. Ihre Nahrung besteht überwiegend aus Insekten, die auf die Wasseroberfläche gefallen sind, sowie aus kleineren Wassertieren der oberen Wasserschichten. Stoßen sie beim Absuchen der Wasseroberfläche auf lebende oder tote Tiere, stechen sie diese an und saugen sie aus. Wasserwanzen sollte man nicht in die Hand nehmen, da ihr Stich auch für den Menschen recht schmerzhaft ist. Rückenschwimmer zählen mit zu den wichtigsten Mückenbekämpfern.

■ **Schlangen → Ringelnatter**

■ **Stechmücken → Mücken**

■ **Stichlinge**
Die bis 7 cm großen Stichlinge sind zwar hinsichtlich ihres Balzverhaltens und ihrer Brutfürsorge sehr interessante Fische, für einen naturnahen Gartenteich sind sie jedoch nicht geeignet, da sie im Schwarm die Larven der Amphibien überfallen und töten.

■ **Taumelkäfer, Gemeiner**
(Gyrinus substriatus)
Ihren Namen bekamen die 5 bis 7 mm kleinen, schwarz glänzenden, flugfähigen Käfer nach ihren taumelnden Schwimmbewegungen an der Wasseroberfläche. Sie besitzen 2 Augenpaare, die so angeordnet sind, dass sie gleichzeitig Beobachtungen über und unter der Wasseroberfläche durchführen können. Sie leben räuberisch von ins Wasser gefallenen Insekten.

■ **Teichmolch** *(Triturus vulgaris)*

Teichmolchmännchen im Hochzeitskleid

Der bis 11 cm lange Teichmolch ist aufgrund seiner hohen Anpassungsfähigkeit unser häufigster einheimischer Molch. Der Kopf des Männchens ist auffallend hell-dunkel längs gestreift (Streifenmolch). Zur Paarungszeit weist das Männchen einen hohen gezackten bis gewellten Rückenkamm auf, der hinter dem Kopf beginnt und ohne Unterbrechung in den ähnlich geformten Schwanzsaum übergeht. Bereits ab Februar verlässt der Teichmolch seine Winterverstecke an Land, um zur Paarung Gewässer aufzusuchen. Bei niedrigen Temperaturen (< 8 °C Wassertemperatur) hält er sich am Gewässergrund im Schlamm bzw. zwischen Pflanzen verborgen. Der Teichmolch ist ein sehr guter Schwimmer. Die Jungmolche verlassen im Alter von 3 Monaten den Teich, um bis zur Geschlechtsreife (im 3. Lebensjahr) an Land zu leben, wo sie sich als nachtaktive Räuber von Insekten, Spinnen, Würmern und anderem Kleingetier ernähren.

■ **Teichmuschel** *(Anodonta cygnea)*
Die bis zu 20 cm lang und 12 cm hoch werdende Teichmuschel lebt im Schlammgrund von Gewässern. Auf der Nahrungssuche (Plankton) arbeitet sie sich durch den Bodengrund, wobei sie den Boden aufwirbelt und das Wasser filtriert. Pro Stunde können so bis zu 40 Liter Wasser umgewälzt werden (biologische Wasserreinigung!). Im Frühjahr gibt die Muschel Tausende von Larven an das Wasser ab, die schmarotzend an Fischen leben (sog. Glochidien). Nach 2 bis 10 Wochen haben sich kleine Muscheln entwickelt, die ihren Wirt verlassen und zu Boden sinken (Verbreitung!). → Bitterlinge

■ **Wasserflöhe**
Der bekannteste Vertreter dieser Kleinkrebse ist der 1,2 bis 4,5 mm lange Gemeine Wasserfloh *(Daphnia pulex)*. Sein Körper ist – mit Ausnahme des Kopfes – von zwei durchscheinenden Schalen bedeckt. Typisches Kennzeichen sind die hüpfenden Schwimmbewegungen, die durch die ruckartigen Ruderbewegungen des zweiten Antennenpaares zustande kommen. Wasserflöhe findet man in allen Gewässern, von der Pfütze bis zum See. In ausgetrockneten Gewässern können sie in Form von Dauereiern überwintern. Ihre Nahrung besteht aus Bakterien, einzelligen Algen und anderen Planktonten. Wasserflöhe dienen sehr vielen Wassertieren als Nahrung (wichtiges Fischfutter!).

■ **Wasserfrosch** *(Rana esculenta)*

Der Wasserfrosch verbringt den größten Teil seines Lebens im und am Wasser

Der bis zu 12,5 cm große, hellgrün gefärbte, tag- und nachtaktive Wasser- oder Teichfrosch verbringt im Gegensatz zum Grasfrosch den größten Teil seines Lebens (März bis Oktober) im und am Wasser. Er ist ein ausgezeichneter Schwimmer, der seine Beute (Insekten und andere Kleintiere) im Sprung oder durch schnelles Zuschnappen erbeutet. Bei Störungen taucht er ab. Zur Paarungszeit (April bis Juni) veranstalten die Männchen mithilfe ihrer zwei großen, aus den Mundwinkeln heraustretenden Schalblasen laute und anhaltende Rufkonzerte. Schwimmblattpflanzen, wie z. B. Seerosen, werden sehr gerne als Ruhe- und Beobachtungsplätze angenommen.

■ **Wasserkäfer**
Sammelbezeichnung für Käfer, die im Wasser leben. → Gelbrandkäfer, → Taumelkäfer

■ **Wasserläufer**
Bei den 0,5 bis 2 mm langen Wasserläufern handelt es sich um räuberische Landwanzen, die auf der Oberfläche von Gewässern leben. Beim Absuchen der Wasseroberfläche nach ins Wasser gefallenen Kleininsekten laufen sie mit ihren langen Beinen blitzschnell über die Wasseroberfläche (wichtige Mückenbekämpfer!). Das Luftpolster zwischen den dichten Haaren der Körperunterseite schützt vor dem Versinken. Entsprechend viel Zeit verbringen sie mit dem Putzen ihres Haarkleides. Als gute Flieger gehören sie zu den Erstbesiedlern neuer Gewässer (auch Kleinstgewässer, wie z. B. Pfützen oder Vogeltränken). Ihre Eier legen sie unter der Wasseroberfläche ab. Häufig werden diese im Gefieder von Vögeln verbreitet.

■ **Wasserspinne**
(Argyroneta aquatica)
Die Wasserspinne ist die einzige Spinne, die ihr ganzes Leben im Wasser verbringt. Zum Leben unter Wasser spinnt sie zwischen den Wasserpflanzen ein kuppelartiges Gewölbe (Glocke), das sie mithilfe ihrer Körperbehaarung mit Luft von der Wasseroberfläche anfüllt (Luftglocke).

■ **Wasserwanzen**
Sammelbezeichnung für im Wasser lebende Wanzen. → Rückenschwimmer, → Wasserläufer

■ **Wimperntierchen**
Bewimperte Einzeller, die selbst in dünnsten Wasserfilmen leben können. Die Wimpern dienen der Fortbewegung und dem Herbeistrudeln von Nahrung (Bakterien, Algen, Rädertierchen). → Pantoffeltierchen

1.6 Abdichtung

Liegen Wasser stauende Schichten im Untergrund vor, braucht man nur ein Loch bis zu dieser Schicht auszuheben, das Ganze mit Wasser aufzufüllen und der Teich ist fertig zum Bepflanzen. Da diese Situation relativ selten anzutreffen ist, muss im Allgemeinen eine wasserdichte „Wanne“ künstlich geschaffen werden, die dafür sorgt, dass das Wasser des späteren Teiches nicht ausläuft. Zur Abdichtung können verschiedene Materialien, wie Beton, Ton, Folie und andere Kunststoffe, verwendet werden. Daneben bietet der Handel auch Fertigteiche an, die nur noch in die vorgefertigte Teichmulde gesetzt werden müssen.

1.6.1 Beton

Teiche aus Beton sind in aller Regel recht arbeitsaufwendig und teuer in der Herstellung, vor allem dann, wenn aufwendige Schalungsarbeiten erforderlich werden. Zudem besteht die Gefahr, dass durch Frost oder Setzen des Bodens Risse entstehen.

1.6.2 Ton

Die Wasserdurchlässigkeit eines Bodens hängt vom Durchmesser seiner Poren (Grob-, Mittel- und Feinporen) ab. Je enger die Poren, d.h. je höher der Anteil an Feinporen (Durchmesser < 0,2 mm), desto geringer ist sie. Je mehr Ton ein Boden enthält, desto höher ist der Anteil an Feinporen. Demzufolge neigen tonreiche Böden zur Staunässe. Hinzu kommt, dass Tonteilchen leicht Wasser aufnehmen, wobei sie quellen, d.h. ihr Volumen vergrößern, sodass bei entsprechend hohem Tonanteil der Boden wasserundurchlässig wird. So haben Tone in der Natur als Grundwasserstauer eine große Bedeutung. Die Eigenschaft des Tones nutzt man beim Bau von Teichen aus. Dabei kann man im Prinzip zwischen zwei Verfahren unterscheiden:

Beimischung von Tonmineralen

Bei diesem Verfahren wird der Tongehalt eines bindigen Bodens durch die Zugabe von quellfähigen Tonmineralen, z.B. Bentonit erhöht. Zur Ermittlung der erforderlichen Bentonitmenge und Einarbeitungstiefe ist eine Bodenanalyse hinsichtlich der Kornzusammensetzung und Wasserdurchlässigkeit erforderlich. Im Allgemeinen gilt bei Tonböden eine Beimischung von 2 Gew.-% und eine Durchmischungszone von 15 bis 30 cm als ausreichend. Der Ton wird in den Untergrund eingefräst.

Nach der Einmischung wird die Fläche verdichtet und zum Schutz vor mechanischen Beschädigungen mit einer etwa 30 cm dicken Sandschicht abgedeckt.

Den Abschluss bildet eine Schicht lehmhaltigen Bodens. Durch die Auflastung wird Dichtungsbrüchen in Folge verstärkter Quellung vorgebeugt (1).

Einbau einer eigenständigen Dichtungsschicht aus Ton

Nachdem die Teichmulde modelliert und der Untergrund verdichtet wurde, kann die zusätzliche Dichtungsschicht aus Ton auf verschiedene Weise erstellt werden:

- **Ton** (aus natürlichen Tonvorkommen) wird als loses Material in drei Schichten eingebaut. Jede Schicht sollte nach dem Verdichten mindestens 10 cm dick sein.
- **Fertigelemente aus Ton**
  Der aus natürlichen Vorkommen abgebaute Ton wird aufbereitet und zu Teichbauelementen (32 × 27 × 10 cm) gepresst. Seitliche Verzahnungen sowie Schrägschnitte in Längsrichtung erleichtern das Verlegen und Verbinden der einzelnen Tonplatten miteinander (1).
- **Tonminerale** werden auf den verdichteten Teichboden ausgebracht. Verwendet wird pulverförmiges Bentonit, das in einer etwa 2 cm dicken Schicht (8 bis 12 kg/m²) aufgetragen wird. Kommen die Tonminerale mit Wasser in Berührung, quellen sie auf und bilden eine wasserundurchlässige Schicht.

Beim Arbeiten mit Ton muss auf 100%ige Sauberkeit geachtet werden. Erfolgt eine Verunreinigung mit Sand oder organischer Substanz, ist eine ausreichende Verdichtung nicht mehr möglich! Zudem ist darauf zu achten, dass die Tonschichten stets feucht sind – also auch während der Arbeit. Ausgetrockneter Ton kann nicht mehr und zu nasser Ton (z.B. infolge Dauerregens) nur noch mit großem Aufwand und unter hohen Kosten (Einarbeitung von Löschkalk) verwendet werden.

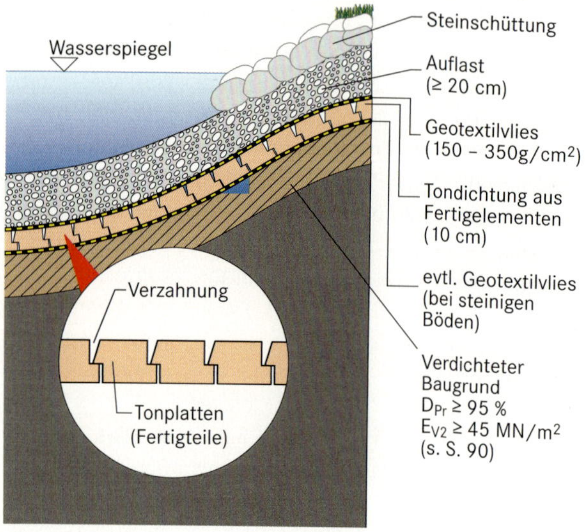

1 Bau eines Tonteichs

Arbeitsschritte (1, S. 472):

1. Bodenaushub (Böschungen flach ausbilden: Steigung maximal 1 : 3 [ca. 18 °], besser 1 : 4 oder 1 : 5)
2. Planum herstellen (Teichrand besonders sorgfältig!)
3. Untergrund standfest verdichten
4. Handelt es sich um Aufschüttungen oder ist der Untergrund sehr stein- oder sandreich, sollte ein Geovlies als Trenn- und Sauberkeitsschicht verlegt werden
5. Verlegung der erdfeuchten und knetbaren Fertigelemente aus Ton nach Anweisungen des Herstellers
6. Die Tonplatten werden mithilfe von Vibrationsstampfern, -platten oder -walzen (z. B. Schaffußwalze) verknetet
7. Zum Schutz vor einer Vermischung der Tonschicht mit Material aus der Auflastschicht wird ein Geotextilvlies verlegt (Überlappung 50 cm)
8. Als Auflast zum Schutz vor mechanischen Beschädigungen, Dichtungsbrüchen in Folge verstärkter Quellung oder Austrocknung bei niedrigem Wasserstand wird eine mindestens 20 cm dicke Schicht aus kalkfreiem Kies (8/16), Schotter, Mineralgemisch (8/32) oder humusfreiem Boden eingebracht und verdichtet
9. Wasser einlaufen lassen

Obwohl die Verwendung von Ton ein naturnahes Verfahren darstellt, ergeben sich doch folgende Nachteile:

- relativ arbeitsaufwendig (0,5 Stunden pro m^2) → nicht gerade preiswert,
- Saugspannung an den Rändern führen zu zusätzlichen Verdunstungsverlusten,
- Gefahr von Undichtigkeit aufgrund von Trockenrissen, starkem Wurzelwachstum (Bäume, Rohrkolben, Schilf) oder der wühlenden Tätigkeit von Wühlmäusen und Maulwürfen,
- Böschungen dürfen nicht steiler als maximal 1 : 3 verlaufen, weil der Ton sich sonst nicht ausreichend verdichten lässt und die Auflast abrutschen würde. Dieses bedingt bei einer Wassertiefe von 1 m bereits eine Teichgröße von fast 40 m^2, bei 50 cm immerhin noch von 15 m^2.

1.6.3 Glasfaserverstärktes Polyesterharz

Teiche aus glasfaserverstärktem Polyesterharz (GfK) können an Ort und Stelle selbst erstellt werden. Dieses Verfahren, bei dem in Polyesterharz getränkte Glasfasermatten in die ausgehobene und modulierte Teichmulde verlegt und mit Polyesterharz verwalzt werden, ist vom Bootsbau her bekannt. Die Abdeckung mit Polyesterharz verhindert eine Durchnässung und damit Zerstörung der Glasfaser. Der Werkstoff ermöglicht die Modellierung nahezu aller Formen. Richtig hergestellt, sind derartige Teiche nahezu unverwüstlich. Sie sind formstabil, schlag- und frostfest, widerstandsfähig gegen Wurzeldruck und leicht zu transportieren (z. B. bei einem Umzug). Weder Sandbett noch Schutzvlies sind notwendig. Nachteilig sind die sehr hohen Kosten. Der Bau derartiger Teiche ist sehr arbeitsaufwendig und erfordert handwerkliches Geschick.

1.6.4 Folien

Am meisten verbreitet ist der Folienteich. Verglichen mit anderen Dichtungsmaterialien ist Folie für den Teichbau sehr gut geeignet. Sie passt sich allen Teichformen an, ist relativ preiswert und einfach zu verlegen. Zudem lassen sich Beschädigungen leicht reparieren, indem z. B. Flicken auch unter Wasser angebracht werden können. Wichtig ist nur die Auswahl der richtigen Folie.

Verwendet werden spezielle Teichfolien aus **PVC** (Polyvinylchlorid), **PE** (Polyethylen), **TPO** (Thermoplastische Polyolefine) oder **Synthesekautschuk** wie **EPDM** (Ethylen/Propylen-Dien-Mixture), die kalt oder heiß zu verschweißen sind. Farben sind möglich. Bei UV-Bestrahlung muss mit vorzeitiger Alterung und Versprödung (Randbereich!) gerechnet werden. Allgemein gilt:

- **PVC-Folien** enthalten zum Schutz vor Versprödung Weichmacher. Da diese im Lauf der Zeit auswandern, versprödet die Folie allmählich. Leicht zu verarbeiten, bei Kälte jedoch sehr steif (Bruchgefahr) → bei warmer und trockener Witterung verarbeiten. Entsorgung (Rücknahme) schon beim Kauf regeln.
- **PE-Folien** sind elastischer und häufig auch stabiler als PVC. Da sie keine Weichmacher enthalten, verspröden sie auch nicht. Verwendet werden chlorierte PE-Bahnen (= PE-C oder CPE); sehr fest, wenig dehnbar, bei Kälte sehr steif, heiß zu verschweißen, wenige Farben. Problem: gealtertes PE-C kann nicht mehr verschweißt werden (Undichtigkeiten!).
- **TPO-Folien** sind sehr flexibel und belastbar; heiß zu verschweißen, große Farbenvielfalt.

- **EPDM-Folien** weisen i.d.R. die höchste Qualität auf. Keine Weichmacher, sehr elastisch und dehnbar, große Rollenbreiten möglich (werden meist im Werk verschweißt), auch bei Minusgraden zu verlegen, Farbe schwarz/anthrazit, problemlose Entsorgung.

Teichfolien werden in unterschiedlichen Stärken angeboten. Empfohlen werden **Mindestdicken von 1,2 mm.**

Erhältlich sind Teichfolien - je nach Material - als Rollenware in 2 bis 15 m Breite sowie fertig verschweißte Flächen, die in jeder gewünschten Größe geliefert werden können. Eine Fertigfolie ist im Prinzip einer vor Ort vorzunehmenden Verschweißung vorzuziehen, da die Haftung für undichte Nähte an den Hersteller übergeht. Bedenkt man jedoch, dass eine 1 mm dicke Folie etwa 1,4 kg pro m^2 wiegt, wird verständlich, dass Fertigfolien für größere Teiche aufgrund ihres hohen Gewichtes nicht mehr bzw. nur noch mühsam verlegt werden können. In diesen Fällen kann es notwendig werden, die einzelnen Folienbahnen an Ort und Stelle zu verkleben bzw. zu verschweißen. Gegebenenfalls sollte man die Arbeiten von einem Fachmann, z.B. Dachdecker, vor Ort durchführen lassen.

Eine **Teichfolie** sollte folgende Eigenschaften aufweisen:

- Stärke ≥ 1 mm
- schadstoff- und regeneratfrei[1]
- muss Trinkwasserqualität entsprechen (frei von giftigen Schwermetallen)
- pflanzen- und tierverträglich (keine Ausscheidung schädlicher Stoffe)
- hohe Belastbarkeit (evtl. mehrschichtige Folie)
- wurzelfest
- hohe UV-Stabilität
- hitze-, kälte- und frostbeständig
- verrottungsfest
- Haltbarkeit mindestens 10 bis 20 Jahre (Garantiezeiten!)
- recycelbar (auf Rücknahme- und Entsorgungsgarantie des Herstellers bzw. Lieferanten achten!)

A) Kaltverschweißung (Quellenverschweißung)

- Folienbahnen auf einer ebenen Unterlage überlappend (5 bis 10 cm) auflegen, Klebeflächen sorgfältig säubern
- Klebefalz mit Sandsack beschweren, den die arbeitende Person hinter sich herzieht
- Quellkleber auftragen und mit Andruckrolle zusammenpressen
- Naht auf beiden Seiten mit Flüssigfolie versiegeln

B) Heißluft-/Thermoverschweißung

- Mit einem Industrieföhn (600 bis 700 °C) werden die Folien im Überlappungsbereich zum Schmelzen gebracht, sonst wie oben.

1 Terrassierter Fertigteich

1.6.5 Fertigteiche

Fertigteiche aus **Hart-Polyethylen** oder glasfaserverstärktem Polyester sind in verschiedenen Formen, Größen und Tiefen erhältlich. Sie sind schnell eingebaut, sehr stabil und weisen bei sachgemäßem Einbau - Beckenrand muss absolut waagerecht liegen - eine sehr lange Lebenszeit auf. Häufig sind sie terrassiert (mehrstufig), so können verschiedene Wassertiefen auf relativ kleiner Fläche erreicht werden (1). Beim Einbau ist darauf zu achten, dass die Wannen gut auf dem Boden aufsitzen. Hohlräume können zu größeren Spannungen und infolgedessen zu einem Leck führen. Der Teichboden sollte schalenförmig sein, da Ausbuchtungen nach unten einen hohlraumfreien Einbau erschweren. Fertigteiche in Form von Baukastensystemen ermöglichen das Verbinden mehrerer Teichschalen, auch unterschiedlicher Höhen und Formen.

Glasfaserteiche sind teurer, dafür aber stabiler und noch langlebiger. Die Wandungen sollten konisch (kegelförmig) zulaufen, damit beim Gefrieren des Wassers durch die sich ausdehnende Eisdecke keine Schäden entstehen. Nicht selten wird den Teichen neben einer genauen Einbauanleitung ein Bepflanzungsplan beigefügt. Nachteilig bei Fertigteichen sind in erster Linie die vorgegebene Form, die begrenzte Tiefe und die sehr steilen Ränder.

[1] Durch chemische Aufbereitung von Abfallstoffen gewonnenes Material

1.7 Bau eines Folienteiches (Reihenfolge)

① Zum Auskoffern eines großen Teiches ist ein Minibagger ideal. Nach Einweisung und kurzer Übungszeit lässt sich das Gerät recht einfach handhaben. Nach dem Grobaushub wird das Teichbett mit dem Spaten ausgeformt.

② Gewöhnlicher Bausand oder Flusssand ist ein natürliches Polster für die Folie, denn er schützt sie vor spitzen Gegenständen und fängt den Wasserdruck ab.

③ Wenn die Folie richtig liegt, können bereits weit überstehende Ränder abgeschnitten werden. Der exakte Zuschnitt erfolgt aber erst nach dem Fluten und dem Einbau der Ränder.

④ Beim Fluten des Teiches presst der Wasserdruck die nachgiebige Folie fest in ihr Bett. Während der Teich langsam voll läuft, kann er bereits eingerichtet, also bepflanzt, werden.

⑤ Rollkies schützt die Folie vor Beschädigungen und gibt dem Teich ein natürliches Aussehen. Das relativ billige Material wird per LKW angeliefert. Pflanzen werden sparsam eingesetzt, weil sie stark wuchern.

⑥ Nur an der Folie ist noch zu erkennen, dass der Teich künstlich angelegt wurde. Ist er voll gelaufen, werden die Ränder bündig abgeschnitten und gegebenenfalls mit Grobkieseln abgedeckt. Das zunächst trübe Wasser klärt sich in wenigen Tagen von selbst.

⑦ Die Folienränder dienen als Saugsperre, wenn sie hochgestellt und mit Kies aufgerichtet werden. Dadurch kann das umliegende Erdreich kein Wasser anziehen. Falls möglich, wird eine Zuleitung von einer Dachrinne zum Teich geschaffen. So kann man sich das Nachfüllen mit teurem und oft sehr hartem Trinkwasser sparen.

⑧ So sieht der Teich rund sieben Monate später aus. Angelegt werden kann er vom Frühjahr bis in den Herbst, wobei die warme Jahreszeit für die Arbeiten natürlich am angenehmsten ist.

1.7.1 Arbeitsschritte

1. **Markierung der Teichumrisse**
Um eine Vorstellung über Größe und Form des späteren Teiches zu gewinnen, kann man die Umrisse mit einem langen Gartenschlauch oder einer Schnur markieren. Dann werden die Teichumrisse wie auch die geplanten Wasserzonen mit Sand gekennzeichnet. Bedenken Sie, dass sich die offene Wasserfläche um die Sumpfzone verringert.
2. **Aushub der Teichmulde**
Klären Sie, ob an der geplanten Stelle irgendwelche Kabel (z. B. Strom, Telefon) oder Rohrleitungen (z. B. Wasserleitung) verlaufen.
3. **Festlegung der Teichhöhe**
Der spätere Teichrand muss exakt überall gleich hoch sein, damit der spätere Teich nicht an einer Stelle ausläuft. Zur Nivellierung werden in gewissen Abständen zur markierten Teichform Holzpflöcke eingeschlagen. Mit dem Nivelliergerät wird die erforderliche Höhe ausgemessen und auf die Pflöcke übertragen. Zur deutlichen Kennzeichnung der Teichhöhe während des Aushebens der Teichmulde können die einzelnen Höhenpflöcke mit einer Schnur untereinander verbunden werden.
Auf durchlässigen Böden kann bei starken Niederschlägen aus dem Teich überlaufendes Wasser normalerweise problemlos versickern. Dort, wo die Aufnahmefähigkeit des Bodens zu gering ist, sollte ein Überlauf eingeplant werden. Dazu wird an einer geeigneten Stelle der Teichrand etwas abgesenkt, sodass überflüssiges Wasser dort austritt. Über eine mit einem Gefälle (2 bis 3 %) versehene Rinne kann das überfließende Wasser in eine mit grobem Kies gefüllte Sickergrube geleitet werden.
Gut geeignet ist auch ein Überlauf zu einer nicht in Verbindung mit dem Wasser des Teiches stehenden Sumpfzone. Dazu wird der Teichrand zur Sumpfzone hin um wenige Zentimeter abgesenkt.

Beispiel zur Berechnung der erforderlichen Aushubtiefe	Sumpfzone	Flachwasserzone	Tiefwasserzone
Angestrebte Wassertiefe	10 cm	30 cm	100 cm
Sand als Folienunterlage	10 cm	10 cm	10 cm
Bodengrund	20 cm	20 cm	20 cm
Sicherheitszuschlag	10 cm	10 cm	10 cm
Aushubtiefe	50 cm	70 cm	140 cm

Wie berücksichtigt man später einzubringende Sand- und Substratschichten? Sind z. B. 30 cm zusätzlich zu berücksichtigen, ergibt sich die folgende Vorgehensweise, bei der die Erdschichten nach und nach abgetragen werden: Zunächst wird die gesamte Fläche 40 cm tief abgetragen (40 cm - 30 cm = 10 cm tiefe Sumpfzone). Der Bereich der späteren Flach- und Tiefwasserzone wird danach nochmals um 20 cm vertieft. Die Wassertiefe der späteren Flachwasserzone beträgt dann 30 cm. Innerhalb dieser nun 60 cm tiefen Zone wird dort, wo die Tiefwasserzone geplant ist, eine weitere Vertiefung vorgenommen, sodass schließlich eine Tiefe von 1,30 m erreicht wird (1,30 m - 30 cm Sand-/Substratschicht = 1 m Wassertiefe). Da der spätere Wasserstand mindestens 10 cm unterhalb der Uferlinie liegt, sollte man generell 10 cm tiefer ausheben, als zuvor ausgerechnet (s. Tab.).
Kleinere Teiche können von Hand ausgehoben werden. Bei größeren Teichen empfiehlt sich der Einsatz eines Baggers ggf. eines Minibaggers. Pflanzterrassen bzw. -mulden können nach dem Grobaushub mit Spaten und Schaufel nachmoduliert werden. Sie sollten etwas eingesenkt werden, damit der eingefüllte Boden nicht abrutscht (1, S. 453). Der Unterboden kann für die weitere Gestaltung des Gartens verwendet werden, z. B. Steingarten, Wall oder für den Teichgrund. Der fruchtbare Oberboden ist dazu nicht geeignet. Er kann auf Pflanzflächen verteilt werden.
4. **Einbringung einer Sandschicht oder eines Geovlieses**
Nachdem der Teichboden von Steinen, scharfen Gegenständen und evtl. aus dem Boden herausragenden Wurzeln gesäubert ist, wird er geglättet und verdichtet. Zum Schutz der Teichfolie und zum Auffangen des Wasserdrucks wird eine mindestens 10 cm dicke Schicht aus Sand (0/2) oder Kiessand (0/4) eingebracht.
Damit die Folie überall lückenlos aufliegt, ist das Sandbett zu glätten. Bei einem steinigen Untergrund oder der Gefahr eines Unterwurzelns der Folie kann es von Vorteil sein, statt des Sandes oder auch zusätzlich eine synthetische Vliesmatte (sog. Geovlies, ≥ 500 g/m²) als Folienunterlage zu verwenden. Sie bietet zudem eine größere Sicherheit vor Folienschäden durch Nagetierfraß (z. B. Wühlmäuse).

5. **Ermittlung der Foliengröße**
Zur Ermittlung der Foliengröße eignet sich am besten ein Bandmaß oder eine Schnur. Das Bandmaß oder die Schnur werden auf dem Boden aufliegend einmal der Länge und einmal der Breite nach durch die ausgehobene Grube gelegt. Als Sicherheitsreserve und für die Erstellung der Kapillarsperre (s. S. 478) sind auf allen Seiten mindestens 50 cm dazuzurechnen. Dabei die Zugabe lieber etwas größer als zu klein bemessen!
Bei der Ermittlung der Foliengröße kann der Teich auch als Quader (Fläche Rechteck x Tiefe) aufgemessen werden. Dazu werden die größte Länge und Breite horizontal und die Tiefe des Teiches vertikal gemessen. Die Zugabe für den Teichrand wird auch hier dazu addiert:

Beispiel	Größte Länge des Teiches	5,00 m
	+ 2 · 50 cm Teichrand	1,00 m
	+ 2 · 100 cm Teichtiefe	2,00 m
	Benötigte Folienlänge	**8,00 m**
	Größte Breite des Teiches	4,00 m
	+ 2 · 50 cm Teichrand	1,00 m
	+ 2 · 100 cm Teichtiefe	2,00 m
	Benötigte Folienbreite	**7,00 m**

Je mehr die Teichform von einem Rechteck und im Volumen von einem Quader abweicht, umso größer ist bei einer rechteckigen Teichfolie der Verschnitt und damit der Folienabfall. In solchen Fällen lohnt es sich, die Teichfolie nach **Rastermaß** zu berechnen und fertigen zu lassen (s. S. 498).

Rechenbeispiel:

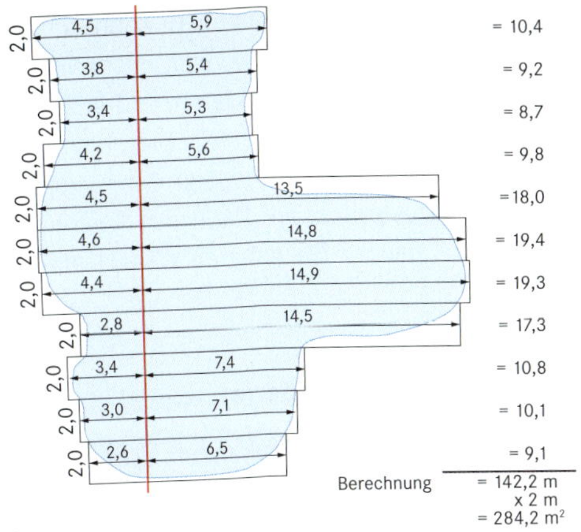

Gegeben: Teichfolie PVC, 1,5 mm, 11,60 €/m²
zzgl. 10 % Rastermaßzuschlag

Variante a) Rechteckige Folie
Fläche: 426,80 m² (19,4 m × 22 m)
Kosten: 426,80 m² × 11,60 €/m² = **4.950,88 €**

Variante b) Folie nach Rastermaß
Fläche: 284,40 m²
Kosten: 284,40 m² × 11,60 €/m² = 3.299,04 €
+ 329,90 €
(10 % Zuschlag)
= **3.628,94 €**

Ergebnis: Die Folienbestellung nach Rastermaß ist die deutlich günstigere Variante. Im Zweifelsfall sollten vor einer Bestellung immer beide Varianten miteinander verglichen werden.

6. **Einlegen der Teichfolie**
Die Teichfolie wird über die Grube ausgebreitet (am besten mit mehreren Leuten), herabgelassen und locker ausgerichtet, damit sie sich beim späteren Wassereinlassen der Teichform ohne Spannungen anpassen kann. Auftretende Falten zieht man so gut es geht glatt. Vermeiden Sie Knickfalten und Hohlräume. Das Ausbreiten der Folie in der Sonne vor dem Einbringen in die Teichmulde macht sie weicher und geschmeidiger und erleichtert damit das Verlegen. Weit überstehende Ränder können abgeschnitten werden. Der genaue Zuschnitt erfolgt sicherheitshalber aber erst, wenn das Wasser im Teich und der Rand gestaltet ist. Zur provisorischen Befestigung der Folie wird der Folienüberstand an den Teichrändern mit Erde oder größeren Steinen beschwert.

7. **Einbringung von Bodengrund**
Als Bodengrund eignen sich vor allem nährstoffarme Kiese oder Lava. Da die meisten Wasser- und Sumpfpflanzen Flachwurzler sind, reicht eine Bodenschicht von 20 bis 30 cm aus. Häufig wird das Einbringen von Bodengrund auf die Sumpfzone beschränkt. Pflanzen der Tiefwasserzone werden dann in mit Substrat gefüllte Pflanzkörbe gesetzt.

8. **Einlassen von Wasser**
Der Teich wird langsam mit Wasser gefüllt. Dabei wird die Folie durch den sich aufbauenden Wasserdruck nach und nach in den Teich gezogen.
Ideal zur Auffüllung eines Teiches ist Regenwasser. Aber auch Leitungswasser ist, wenn auch eigentlich zu kostbar, geeignet (Tab. 1, S. 478).
Die beim Einleiten entstehende Trübung des Wassers verschwindet nach einigen Tagen,

wenn sich die aufgewirbelten Schwebstoffe abgesetzt haben. Ein unnötiges Aufwirbeln des Bodengrundes beim Einfüllen kann vermieden werden, indem das Wasser zunächst in einen Eimer läuft, aus dem es dann in den Teich überläuft.

pH-Wert	7,0 - 8,5
Elektrische Leitfähigkeit	< 1200 µS/cm
Gesamthärte	5 - 14 °dH
Karbonathärte	5 - 14 °dH
Ammonium (abhängig vom pH-Wert)	< 0,5 mg/l
Nitrat	< 50 mg/l
Nitrit	< 0,1 mg/l
Phosphat	< 0,025 mg/l
Sulfat	< 240 mg/l

Tab. 1 Teichwasserqualität – empfohlene Bereiche

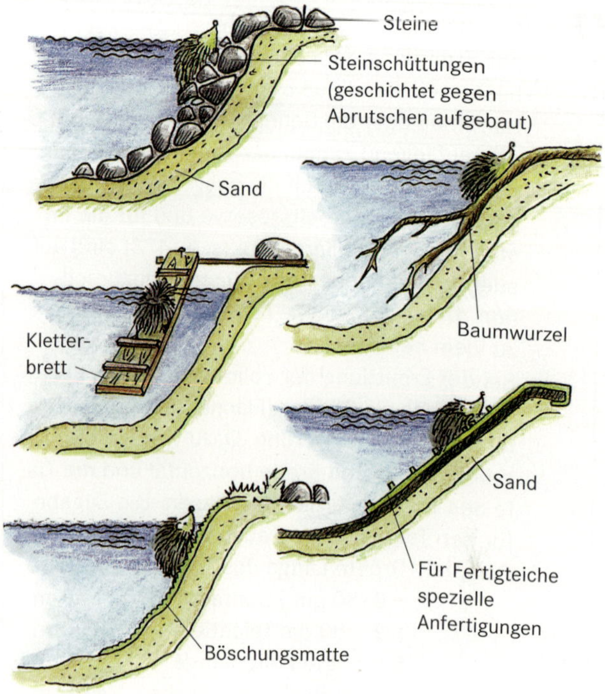

1 Bei Teichen mit Steilufern müssen Maßnahmen ergriffen werden, die es ins Wasser gefallenen Kleinsäugern ermöglichen, sich selbst zu retten

1.7.2 Teichrandgestaltung

Bei der Gestaltung des Teichrandes geht es darum:

- diesen so natürlich wie möglich erscheinen zu lassen,
- in den Teich gefallenen Kleintieren ein Herausklettern zu ermöglichen und
- Wasserverluste durch die Saugwirkung des angrenzenden Bodens (Kapillarkraft) zu verhindern.

Naturnahe Teichrandgestaltung

Achten Sie darauf, dass der Folienrand überall verdeckt ist. Ein sichtbarer Rand sieht nicht nur unschön aus, sondern verkürzt auch die Haltbarkeit der Folie, da sie permanent den Witterungseinflüssen, vor allem der UV-Strahlung, ausgesetzt ist. Zur Abdeckung kommen verschiedene Materialien, wie z. B. Rollkies, Findlinge, Platten oder Grassoden (20 × 40 cm) infrage.

Ein Kiesel- oder Steinufer sollte bis ins Wasser reichen, sodass auch bei fallendem Wasserstand die Folie nicht sichtbar wird. Zum Kaschieren der Teichränder eignen sich auch Stauden, die zur Wasserfläche überhängen.

Ferner werden auf dem Markt sogenannte Steinfolien angeboten. Es handelt sich dabei um mit kleinen Kieseln beschichtete Folien, die ohne Probleme verklebt oder verschweißt werden können.

Böschungsmatten aus Kunststoff oder Kokosfasern mit oder ohne spezielle Pflanzentaschen ermöglichen auch die Bepflanzung steil abfallender Ufer. Die Gestaltung ist gelungen, wenn nicht erkennbar ist, ob es sich um einen natürlichen oder künstlich angelegten Teich handelt. Dies bedingt z. B. auch eine abwechslungsreiche Gestaltung.

So wirkt ein rundum mit Steinen abgedeckter oder mit Stauden bepflanzter Teichrand eher unnatürlich und monoton.

Ausstiegsmöglichkeiten für Tiere

Bei der Gestaltung des Teichrandes ist ferner darauf zu achten, dass in den Teich gefallene Kleintiere (z. B. Igel, Spitzmäuse) wieder hinausgelangen können. So dürfen z. B. Platten- oder Holzabdeckungen nicht in den Teich hineinragen, da sie ein Hinausklettern so gut wie unmöglich machen. Die beste Sicherheit bietet ein flach auslaufendes Ufer. Wo dieses aus Platzgründen nicht machbar ist, können Kletterbretter am Rand des Teiches befestigt oder Steine mit flacher Steigung im Wasser aufgeschüttet werden (1).

Erstellung einer Kapillarsperre

Besteht zwischen dem umgebenden Erdreich und dem Wasser des Teiches eine Verbindung, können vor allem an heißen Tagen aufgrund der Kapillarwirkung erhebliche Wasserverluste (bis über 30 l pro m^2 und Tag) eintreten. Um dieses zu verhindern, wird mithilfe der den Teichrand überragenden Folie eine **Kapillarsperre** (Saugsperre) errichtet (1, S. 479).

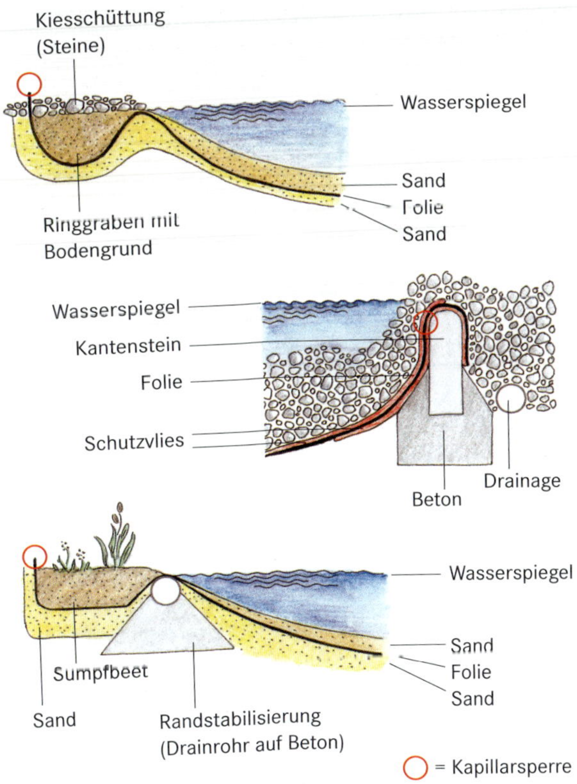

1 Erstellung einer Kapillarsperre

1.8 Pflanzung

1.8.1 Zeitpunkt

Gepflanzt werden kann während der gesamten Vegetationsperiode, da die Stauden in Töpfen und Containern angeboten werden. Als günstige Pflanzzeit für Sumpf- und Wasserpflanzen gilt das späte Frühjahr (Mitte April bis Mai), wenn sich das Wasser bereits erwärmt hat und das Pflanzenwachstum beginnt. Je wärmer das Wasser, desto besser und schneller werden sich die Pflanzen entwickeln. Im Herbst eingesetzte Pflanzen können wegen der kurzen Anwachsphase und der folgenden winterlichen Wachstumsruhe leicht wegfaulen.

1.8.2 Anzahl der verwendeten Pflanzen

Im Gegensatz zur Uferzone, die relativ üppig bepflanzt werden kann, sollte man sich bei der Auswahl der Sumpf- und Wasserpflanzen auf wenige Pflanzen beschränken, damit der Teich nicht innerhalb weniger Jahre völlig zuwuchert und verlandet. Zudem fördert eine sparsame Bepflanzung die Entwicklung von Spontanvegetation.

1.8.3 Durchführung

Während das Wasser langsam in den Teich einläuft, wird bereits mit dem Pflanzen begonnen. **Wasserpflanzen** (Hydrophyten), vor allem die **Unterwasserpflanzen,** müssen möglichst schnell ins Wasser kommen, da sie nur einen schwach entwickelten Verdunstungsschutz aufweisen und sehr schnell austrocknen. **Schwimmpflanzen** werden nur ins Wasser gelegt/geworfen. **Im Boden wurzelnde Unterwasserpflanzen** werden entsprechend ihrem Lebensbereich (s. S. 455 ff.) eingepflanzt. Da nicht immer abzusehen ist, ob die entsprechende Art sich auch unter den jeweiligen Bedingungen gut entwickeln wird, sollte man sicherheitshalber zwei oder drei verschiedene Arten an unterschiedlichen Stellen des Gartenteiches einsetzen. Als günstig gilt, $\frac{1}{4}$ des Teichbodens mit Unterwasserpflanzen zu besetzen. Beim Pflanzen arbeitet man sich von innen nach außen vor, also von der Tiefzone zur Sumpfzone.

Gepflanzt wird in den Bodengrund bzw. in Pflanzgefäße. Vor allem wuchernde Pflanzen können durch das Einsetzen in mit Vlies oder Kokosgewebe ausgelegte Pflanzkörbe aus Kunststoff oder Naturfasern an einer zu starken Ausbreitung gehindert werden.

1.8.4 Gestaltungsprinzipien

- Wichtige Auswahlkriterien für die Pflanzenzusammenstellung sind – neben Berücksichtigung der erforderlichen Wassertiefe – Blütenfarbe und -zeit, Wuchs- und Blattformen sowie Wuchsstärke und -höhe.
- Die Wasserfläche sollte von vorn betrachtet werden können. Also kommen höher wachsende Pflanzen in den Hintergrund, kleinwüchsige in den Vordergrund.
- Eine Seite des Teiches sollte zur Beobachtung und Durchführung von Pflegemaßnahmen leicht zugänglich sein. Dazu kann ein schmaler, befestigter Weg entlang eines Uferstückes angelegt werden. Ideale Bedingungen für Naturbeobachtungen bietet auch ein etwas in den Teich hineinragender Steg oder eine kleine Brücke.
- Eine abwechslungsreiche Bepflanzung mit z. B. höher und niedriger wachsenden Pflanzen, in Horsten angeordnet, wirkt natürlicher als eine Aufreihung nach der Pflanzengröße.

1.9 Pflegemaßnahmen

Im Idealfall hat sich in einem naturnahen Teich ein biologisches Gleichgewicht aufgebaut, sodass Pflegemaßnahmen nur in sehr geringem Umfang erforderlich sind (Tab. **1**, S. 480). Jeder überflüssige oder falsche Eingriff ist immer mit Gefahren für das Ökosystem verbunden.

Januar / Februar	März / April / Mai	Juni / Juli	August / Sept.	Okt. / Nov.	Dez.
Schnee nach Möglichkeit vom Eis entfernen (Lichtmangel!). Eis niemals aufhacken. Gegebenenfalls Strohbündel oder Styroporkörper ins Wasser legen.	Entfernung von Laub und abgestorbenen Pflanzenteilen. Bei Verlandungsgefahr des Sumpfbereiches Material herausnehmen. Auf 2 bis 3 Jahre verteilen, um das biologische Gleichgewicht nicht zu sehr zu stören. Bei Bedarf Sumpf-/Röhrichtzone auslichten und zurückschneiden (Stängel nicht unter Wasser abschneiden → Gefahr von Pilzinfektionen).	Zu groß gewordene Schwimmblattpflanzen zurückschneiden (Rhizome einkürzen). Bei starker Verdunstung Wasser nachfüllen. Massenweise auftretende Entengrütze einmal pro Woche abfischen. Gleiches gilt für Algen.	Stark wuchernde Pflanzen einkürzen.	Frostempfindliche Wasserpflanzen herausnehmen und bei ca. 10 °C hell überwintern. Falllaub entfernen (Unterwasserpflanzen!). Überwinterungsmöglichkeiten für Tiere schaffen. Fische aus zu flachen Teichen zum Überwintern herausnehmen.	Schnee nach Möglichkeit vom Eis entfernen.

Tab. 1 Jahrespflegeplan Teich

Aufgaben

○ 1. Nennen Sie mindestens drei Gründe, die für den Bau eines Teiches sprechen.

◑ 2. Führen Sie eine Umfrage zu Gartenteichen unter den Passanten einer Fußgängerzone durch. Erstellen Sie dazu einen Fragebogen, den Sie später auswerten. Zu welchen Ergebnissen sind Sie gekommen?

◑ 3. Am Anfang steht die Planung. Welche grundsätzlichen Überlegungen sind vor Baubeginn anzustellen?

◑ 4. Sind Teichanlagen genehmigungs- oder anzeigepflichtig?

◑ 5. Während der Laichzeit von Amphibien kann es durch quakende Frösche zu nächtlichen Ruhestörungen kommen. Wie sieht die Rechtslage aus?

◑ 6. Wasser übt auf Kinder magische Anziehungskräfte aus. Wer haftet, wenn es zu Unfällen kommt? Welche Maßnahmen müssen ergriffen werden, um der Verkehrssicherungspflicht Genüge zu tun?

○ 7. Wie groß sollte ein Teich mindestens sein, damit sich ein ökologisches Gleichgewicht einstellen kann?

◑ 8. Für naturnahe Feuchtbiotope werden unregelmäßige Formen bevorzugt. Begründen Sie dies.

◑ 9. Zu einem naturnahen Teich gehören Zonen mit verschiedenen Wassertiefen (Lebensräumen). Nennen und beschreiben Sie diese.

○ 10. Im Frühjahr schwimmen auf der Wasseroberfläche des Teiches Grasfrösche als aufgetriebene Leichen. Was ist passiert?

○ 11. Wie breit und groß sollte die Sumpfzone mindestens sein, damit sich ein selbstregulierendes biologisches Gleichgewicht einstellen kann?

○ 12. Warum sollte bei einem Teich der Übergang zum Ufer möglichst flach gehalten werden?

○ 13. Wie können auch bei kleinen Teichen unterschiedliche Wassertiefen geschaffen werden?

◑ 14. Was ist bei der Wahl des Standortes zu beachten?

○ 15. Warum sind schattige Bereiche vor allem dann wichtig, wenn Fische den Teich beleben sollen?

○ 16. Warum sollte die Wahl des Standortes möglichst im Sommer erfolgen?

◑ 17. Beschreiben Sie, wie sich Wasserpflanzen (Hydrophyten) an ein Leben im Wasser angepasst haben.

○ 18. Warum sollten Wasserpflanzen sofort ins Wasser gesetzt und auch nicht kurzfristig außerhalb des Wassers aufbewahrt werden?

○ 19. Es kommt häufig vor, dass Wasserpflanzen jährlich ihren Standort wechseln. Wie ist dies zu erklären?

○ 20. Unterscheiden Sie Schwimmpflanzen und Schwimmblattpflanzen.

○ 21. Der Wasserknöterich, *Polygonum amphibium*, zählt zu den amphibischen Wasserpflanzen. Was versteht man darunter?

◑ 22. Erklären Sie, warum a) Unterwasserpflanzen und b) immergrüne Unterwasserpflanzen besonders wertvoll für das Leben in einem Teich sind.

○ 23. Warum darf die Wasseroberfläche eines Teiches nicht völlig mit Schwimmblattpflanzen bedeckt sein? Wie viel der Wasseroberfläche sollte mindestens offen bleiben?

○ 24. Was sind Helophyten und wie wirken sie einer Eutrophierung der Gewässer entgegen?

● 25. Erstellen Sie ein Wasserpflanzensortiment für die verschiedenen Lebensbereiche eines Teiches.

›

Aufgaben (Fortsetzung)

◑26. Wählen Sie jeweils fünf Pflanzen für die Tiefwasserzone, Flachwasserzone und Sumpfzone aus. Erstellen Sie zu diesen Pflanzen Steckbriefe (mit Abbildung!).

○27. Nennen Sie drei a) Schwimmblattpflanzen, b) Unterwasserpflanzen und c) stark wuchernde Pflanzen.

○28. Wie können wuchernde Pflanzen an einer zu starken Ausbreitung gehindert werden?

◑29. Besichtigen Sie eine Wasserpflanzengärtnerei. Nutzen Sie die Gelegenheit zur Beantwortung offener Fragen hinsichtlich der Pflanzenverwendung.

◑30. Holen Sie sich Anregungen für die Gestaltung von Teichen, indem Sie Teiche in Gärten und öffentlichen Anlagen besichtigen.

◑31. Laden Sie erfahrene Fachleute, die sich schwerpunktmäßig mit dem Bau von Teichanlagen bzw. Wassergärten beschäftigen, zu einer Expertenbefragung ein.

●32. Beraten Sie einen Kunden in Bezug auf Standort, Pflanzung, Überwinterung und Vermehrung von Seerosen.

○33. Was versteht man unter Röhricht?

○34. Nennen Sie typische Pflanzen der Röhrichtzone.

◑35. Wodurch wirken Sumpfpflanzen einem Sauerstoffmangel im Teich entgegen?

●36. Beobachten und notieren Sie die Entwicklung der Tier- und Pflanzenwelt eines Gartenteiches während der Jahreszeiten.

○37. Was versteht man unter Amphibien? Nennen Sie die wichtigsten.

◑38. Warum sollte man keine Amphibien für den häuslichen Gartenteich einfangen?

○39. Warum sind Amphibien und Fische in Gartenteichen in der Regel nicht miteinander vereinbar?

◑40. Was ist Plankton und welche Bedeutung hat es?

◑41. Erstellen Sie eine Tabelle mit den Vor- und Nachteilen der verschiedenen Dichtungsmittel (Beton, Ton, GfK und Folie).

◑42. Warum ist die Verwendung von Ton auf relativ große Teiche begrenzt?

◑43. Welche Anforderungen werden an eine Teichfolie gestellt?

○44. Welche Probleme könnten bei sehr langen Foliengarantiezeiten auf den Landschaftsgärtner zukommen?

◑45. Nennen Sie Vor- und Nachteile von Fertigteichen.

◑46. Nennen Sie die Arbeitsschritte beim Bau eines Folienteiches (in der richtigen Reihenfolge!).

◑47. Zeichnen Sie einen Querschnitt, aus dem der Aufbau eines Folienteiches hervorgeht.

◑48. Berechnen Sie die erforderliche Aushubtiefe, wenn die angestrebte Wassertiefe in der Sumpfzone 5 cm, der Flachwasserzone 25 cm und der Tiefwasserzone 80 cm betragen soll.

◑49. Die maximale Länge eines Teiches beträgt 4 m, die Tiefe 1 m und die Breite 3 m. Welche Länge und Breite muss die Folie aufweisen?

○50. Wie kann die Foliengröße am besten ermittelt werden?

○51. Wie können Folienbahnen miteinander verbunden werden?

○52. Warum sollte der Landschaftsgärtner möglichst Folie in einem Stück verwenden bzw. im Werk verschweißen lassen?

○53. Wie kann die Teichfolie vor Steinen oder scharfen Gegenständen im Boden geschützt werden?

○54. Was ist bei der Wasserentnahme zur Teichfüllung aus öffentlichen Gewässern (z. B. Gräben, Seen usw.) zu beachten?

●55. Was ist bei der Bepflanzung eines Teiches zu beachten?

○56. Warum ist Gartenerde (Mutterboden) als Teichsubstrat nicht geeignet?

◑57. Warum gehört zu einem naturnahen Teich auch ein entsprechendes Umfeld?

○58. Warum sollten Pflegemaßnahmen auf das unbedingt notwendige Maß begrenzt werden?

○59. Warum ist ein naturnaher Teich relativ pflegeleicht?

◑60. Welche Pflegemaßnahmen fallen im Allgemeinen an?

◑61. Worauf deutet eine starke Algenentwicklung hin und wie kann sie beseitigt werden?

◑62. Erklären Sie, wodurch Unterwasserpflanzen einer Algenvermehrung entgegenwirken.

◑63. Warum kann durch das Einsetzen von Unterwasserpflanzen in einem bereits veralgten Teich die Veralgung nicht beseitigt werden?

○64. Nennen Sie Maßnahmen zum Schutz von Kleingewässern in der freien Landschaft.

2 Bachbau

Bachbau

Ein gut gestalteter Bachlauf, der sich harmonisch in den Garten einfügt und natürlich wirkt, kann einen Gartenteich vervollkommnen (1). Zudem wirkt er belebend auf Fauna und Flora des Gartenteiches. Voraussetzungen sind jedoch eine Quelle und ein Gefälle.

2.1 Quelle

Da in den meisten Fällen keine Quelle vorhanden ist, muss eine künstliche geschaffen werden. Dies geschieht mithilfe einer elektrischen Pumpe, die an der tiefsten Stelle des Teiches versenkt wird. Über einen Schlauch pumpt sie Wasser aus dem Teich hinauf zur „Quelle“, von wo es über den Bach in den Teich zurückfließt (2). Die Ausmaße des Bachlaufs müssen sich an der Größe des Teiches orientieren, damit bei eingeschalteter Pumpe der Wasserstand im Teich nicht zu großen Schwankungen unterliegt. Das obere Schlauchende, also die „Quelle“, wird geschickt mit Steinen unsichtbar gemacht. Gut geeignet sind auch sogenannte Quell-/Sprudelsteine, die mit einer Bohrung für den Schlauch versehen sind (1, S. 484).

1 Natürlich gestalteter Bachlauf

2.2 Gefälle und Form

Dort, wo kein natürliches Gefälle vorliegt, wird es künstlich hergestellt. Als Material bietet sich der Bodenaushub vom Gartenteich an. Gefälle und Breite des Bachbetts sollten so gewählt werden, dass das Wasser nicht zu schnell und nicht zu langsam fließt. **Je breiter und flacher das Bachbett, desto langsamer, je schmaler und tiefer, desto schneller fließt das Wasser.** Im Allgemeinen reicht eine Breite von 50 cm und eine Tiefe von 20 bis 30 cm aus, wobei die Wassertiefe selten mehr als 10 cm beträgt. Als optimal gilt ein **Gefälle von 1 bis 5 %** (1 bis 5 cm pro Meter). Größere Höhenunterschiede können durch den **Einbau von Stufen, Kaskaden[1] oder Wasserfällen** überbrückt werden. Sie machen einen Bach nicht nur abwechslungsreicher, sondern fördern auch die Anreicherung des Wassers mit Sauerstoff.

Besonders reizvoll wirkt Wasser, das über die in flachen Stufen angeordneten Steine eines Steingartens plätschert oder sich in Form eines kleinen Wasserfalls in den Teich ergießt. Fallen die Stufen leicht gegen die Fließrichtung des Wassers ab, sind sie auch bedeckt, wenn die Pumpe nicht läuft. Keinesfalls sollte versäumt werden, unter-

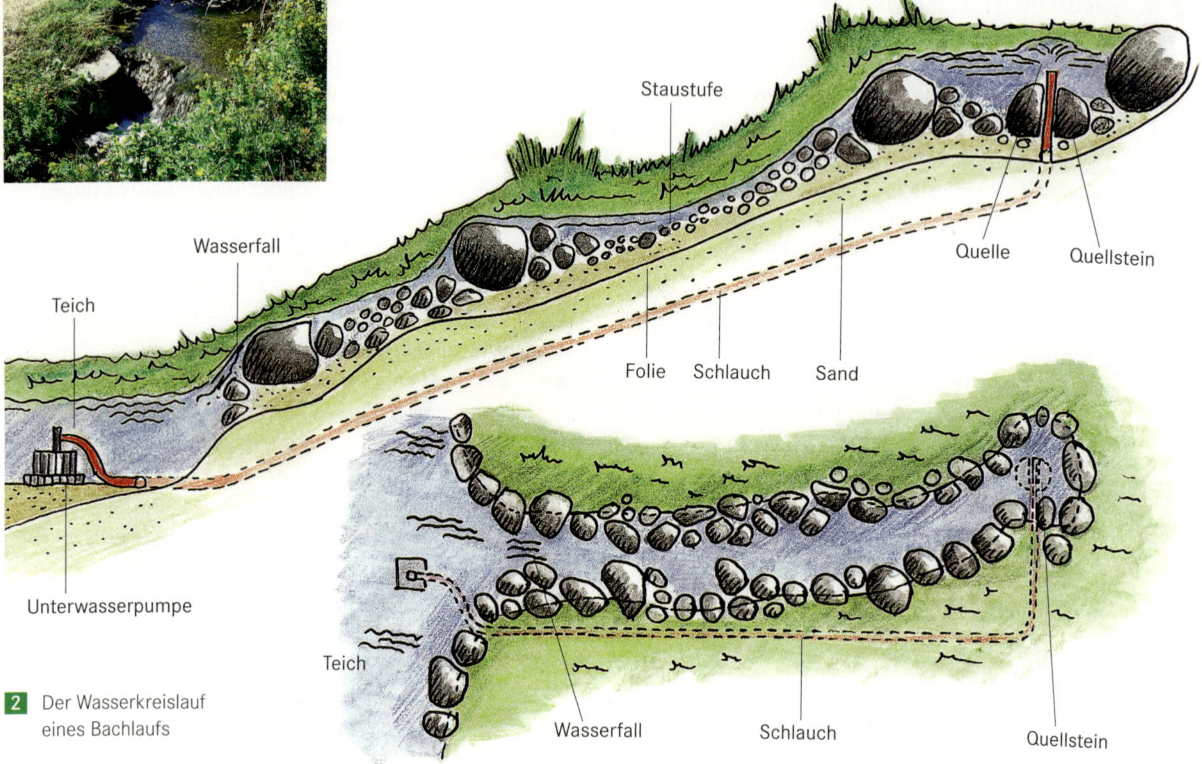

2 Der Wasserkreislauf eines Bachlaufs

schiedlich tiefe **Staustufen oder Tümpel** mit möglichst breiten Überläufen im Bachbett auszuheben, in denen sich das Wasser ansammeln kann. Sie dienen nicht nur vielen Tieren als Trink- und Badestätten, sondern sorgen auch dafür, dass der Bach durch Ausschalten der Pumpe nicht völlig trockengelegt wird. Auf der anderen Seite ist darauf zu achten, **dass Bach- und Teichgröße aufeinander abgestimmt sind**, sodass der Teich bei Füllung des Bachbetts nicht leer gepumpt wird. Mithilfe der folgenden Formel kann der erforderliche **Wasserbedarf für den Bachlauf** überschlägig berechnet werden:

Wassermenge $Q = L \times \frac{B}{2} \times T + r^2 \times \pi \times L$

	Beispielsrechnung
L = Bachlänge in m	10,0 m
B = Bachbreite in m	0,50 m
T = Mittlere Bachtiefe in m	0,25 m
$r^2 \times \pi$ = Querschnitt des Schlauches/Rohres in m^2	∅ 1 ¼″ (1″ = 25,4 mm) → 0,0008 m^2
Q = erforderliche Wassermenge	0,633 m^3 = 633 l Wasser

Um natürlich zu wirken, sollte ein Bachlauf nach Möglichkeit schmale wie breite Stellen, gerade und gewundene Abschnitte aufweisen. Am natürlichsten kann man einen Bachlauf gestalten, wenn man sich die Natur als Vorbild nimmt und versucht, ihre Bachläufe und Wasserfälle im verkleinerten Maßstab nachzubauen.

2.3 Teich-/Bachpumpe

2.3.1 Eigenschaften

Üblich sind elektrische **Kreiselpumpen** (ein Flügelrad fördert das Wasser), die vorwiegend als Unterwasserpumpen (Tauchpumpen) eingesetzt werden. Geliefert werden sie in der Regel mit einem Filtervorsatz. Eine große Filterfläche verhindert ein vorzeitiges Verschmutzen der Pumpe. Wichtig ist, dass sich die Pumpen immer unterhalb der Wasseroberfläche befinden. Fallen sie trocken, fressen sie sich fest. Daneben gibt es Teichpumpen, die auch außerhalb des Wassers verwendet werden können, z. B. für Wasserfälle, Fontänen, Wasserglocken, Sprudler und Wasserspeier (s. S. 484). Da Teichpumpen nach dem **Umwälzprinzip** arbeiten (Umwälzpumpen), bedürfen sie keines zusätzlichen Wasseranschlusses. Das Einzige, was benötigt wird, ist ein Stromanschluss in der Nähe des Gartenteiches. Solarenergie macht auch diesen überflüssig.

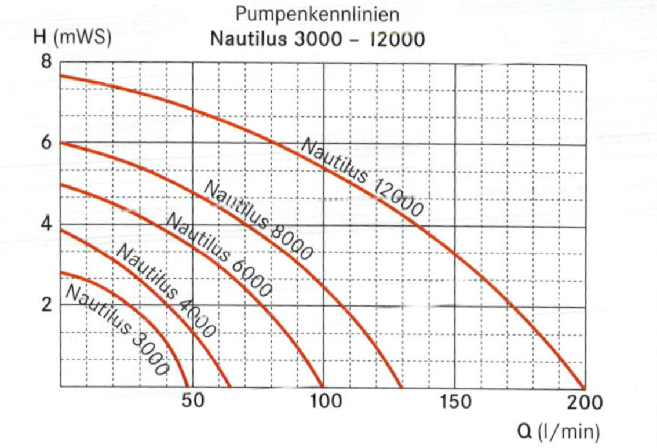

Pumpe	Maximale Förderhöhe	Liter/min. (maximal)	Leistungsaufnahme (Watt)
N. 3000	2,90 m	47	40
N. 4000	3,90 m	65	60
N. 6000	5,10 m	100	100
N. 8000	6,10 m	130	170
N. 12000	7,70 m	200	280

1 Die Pumpenkennlinie gibt Auskunft über die Förderleistung einer Pumpe

2.3.2 Leistungsfähigkeit

Bei der Auswahl der Teich- bzw. Bachpumpe ist darauf zu achten, dass ihre Leistungsfähigkeit groß genug ist, um die erforderliche Wassermenge in die gewünschte Höhe zu transportieren. Allgemein gilt: **Je breiter das Bachbett, je weiter die Entfernung und je höher die Förderhöhe, desto mehr Wasser muss transportiert werden, desto leistungsfähiger muss die Pumpe sein.** Welche Pumpenleistung erforderlich ist, lässt sich aus Grafiken der Hersteller, sogenannten **Pumpenkennlinien,** ablesen (**1**). Aus der Kurve lässt sich entnehmen, bei welcher Förderhöhe welche Menge Wasser (m^3/h oder l/min) zur Verfügung steht. Generell besteht zwischen Förderstrom und Förderhöhe einer Pumpe eine Abhängigkeit. So hat jede Änderung der Förderhöhe stets auch eine Änderung des Förderstroms zur Folge:

- großer Förderstrom → geringe Förderhöhe,
- kleiner Förderstrom → große Förderhöhe.

Für einen etwas größeren, munter plätschernden Bach benötigt man eine Pumpe mit einer **Austrittsleistung an der Quelle von 50 bis 60 l/min.**

Da in den seltensten Fällen der zu überbrückende Höhenunterschied mehr als 2 bis 3 Meter beträgt, genügt dafür eine Pumpe mit einer maximalen **Förderleistung von 60 bis 100 l/min.** Für kleinere Bäche reicht häufig schon eine Pumpe mit einer Wasserdurchflussmenge von 10 bis 20 l/min aus. Im Zweifelsfall sollte man die notwendige

1 Kaskade, die (franz.): [künstlicher] stufenförmiger Wasserfall

1 Quellstein aus Klinker

2 Schaumfontäne

3 Wasserglocke

4 Strahlenfontäne

5 Mühlensteinbrunnen

6 Gartenbrunnen in Krugform mit Fontäne

7 Schleierpyramide

8 Dreiarmige Fontänensäule

9 Bachlauf aus Felsimitation

10 3-Schalen-Kaskade

11 Bachlauf mit Krug als Quelle

12 Wasserspeierfigur Frosch

Pumpenkapazität von einem Fachmann berechnen lassen. So beeinflusst z. B. auch der Durchmesser des PVC-Schlauches, über den das Wasser aus dem Teich hinauf zur Quelle gepumpt wird, aufgrund des entstehenden Reibungswiderstandes die Förderleistung einer Pumpe. Je enger der Schlauchdurchmesser und je weiter die Entfernung, desto stärker ist diese Kraft. Um den Druckverlust zu minimieren und die maximale Leistung der Pumpe zu gewährleisten, sollte der Schlauchdurchmesser so groß wie möglich gewählt werden (nicht kleiner als 1 ½ Zoll). Zudem sollte die **Unterwasserpumpe möglichst nahe der Bachmündung** platziert werden. Dadurch wird auch verhindert, dass eine Strömung im Teich entsteht, die Pflanzen - vor allem Seerosen - und Tiere negativ beeinflussen kann.

Je höher die Pumpenleistung, desto höher ist natürlich auch der Stromverbrauch. Keinen Strom benötigen Solarpumpen, die jedoch aufgrund ihrer allgemein geringen Leistung nur für kleine Wasserläufe infrage kommen.

! Hinweis

Für die Berechnung der für einen Bachlauf oder Quellstein benötigten Förderleistung (l/min) stehen im Internet **Bachlaufrechner** von Herstellern und Fachhändlern zur Verfügung. Nach Eingabe von Breite und Höhe des Bachlaufs sowie der Länge des Schlauches, von der Teichpumpe bis zur Quelle des Bachlaufs, erhält man die benötigte Förderleistung und einen Vorschlag geeigneter Pumpen zzgl. Zubehör.

2.3.3 Sicherheitsaspekte

Besonderes Augenmerk muss auf die Sicherheit gerichtet sein, da Strom und Wasser normalerweise eine tödliche Verbindung sind! Damit die Strom führenden Teile nicht mit Wasser in Berührung kommen können, sind sie wasserdicht verkapselt oder mit Kunstharz völlig versiegelt. Gleiches gilt für Kabeleintritte. Die Elektromotoren laufen in einem versiegelten Ölbad.

Die Pumpen werden steckfertig geliefert, sind somit leicht installierbar und sofort betriebsbereit. Eine Abschaltautomatik, die die Pumpe beim Blockieren des Laufrades automatisch abschaltet, kann für zusätzliche Sicherheit sorgen. Zur eigenen Sicherheit sollten nur mit dem **VDE- und GS-Zeichen** versehene Markengeräte verwendet werden. Sinnvollerweise sollte die Pumpe auch mit dem Prüfzeichen des VDE für Funkschutz ausgestattet sein. Wichtig ist auch, dass ein **FI-Schutzschalter** (Fehlstromschutzschalter) zwischen Gerät und Steckdose vorhanden ist, der permanent den Stromkreislauf auf Unregelmäßigkeiten hin überwacht. Bei einem Defekt in der elektrischen Leitung unterbricht er die Stromzufuhr in Bruchteilen einer Sekunde, sodass kein Strom an das Wasser abgegeben wird.

Wenn möglich, sollten die ungefährlicheren **Niederspannungspumpen** verwendet werden (zusätzlicher Transformator zur Spannungsumwandlung notwendig).

Das Stromkabel wird zum Schutz vor versehentlicher Beschädigung durch ein Kunststoffisolierrohr, das mit Ziegelsteinen abgedeckt wird, geführt und in einem mindestens 50 cm tiefen Graben verlegt. Sein Verlauf wird in eine maßstabsgerechte Zeichnung der Anlage eingetragen.

! Merke

Installations- und Reparaturarbeiten an elektrischen Geräten und Strom führenden Leitungen - vor allem im Zusammenhang mit Wasser (!) - dürfen nur von einer Elektrofachkraft vorgenommen werden! Vor dem Hantieren mit elektrischen Geräten immer erst den Netzstecker ziehen!

2.4 Dichtungsmaterialien

Zur **Abdichtung des Bachlaufs** können die Materialien benutzen werden, die auch für den Teichbau geeignet sind. Auf Ton sollte man jedoch besser verzichten, da die Gefahr groß ist, dass er von dem fließenden Wasser ausgewaschen wird.

Der Handel bietet eine Reihe von Fertigteilen (Felsimitationen) an, mit denen Kaskaden, Wasserfälle und ganze Bachläufe relativ einfach, wenn auch nicht ganz billig, angelegt werden können. Der Bau mit Teichfolie ist jedoch am gebräuchlichsten, nicht zuletzt wegen des größeren gestalterischen Spielraums.

3 Bau eines Baches mit Folie

Vorgehensweise

1. **Festlegung und Markierung des Bachverlaufs**
   Nachdem der Verlauf des Baches festgelegt und mit einer Schnur oder einem Schlauch markiert wurde, werden die äußeren Konturen mit Pflöcken abgesteckt. Stellen, an denen Staustufen oder Tümpel geplant sind, werden besonders gekennzeichnet.
2. **Aushub des Bachbetts**
   Von unten (vom Teich) beginnend wird das Bachbett mit Gefälle in vorgesehener Breite

(plus zusätzlichen 30 bis 50 cm zu jeder Seite, dient der späteren Randbefestigung) und Tiefe ausgehoben. Dabei ist darauf zu achten, dass die Wände leicht schräg nach außen verlaufen. Staustufen bzw. Tümpel werden entsprechend tiefer ausgehoben. Steine und störende Wurzeln sind zu entfernen.

3. **Einbringung einer Sandschicht oder eines Geovlieses**
Bei steinigem Untergrund wird zum Schutz der Folie gegen mechanische Schäden das Bachbett mit einer etwa 3 cm dicken Sandschicht oder einem Vlies ausgepolstert.
4. **Ermittlung der Foliengröße**
Die Foliengröße wird ermittelt, indem eine Schnur, ein Schlauch oder ein Bandmaß durch das Bachbett gelegt wird. Für die Ausbildung des Bachrandes sollten etwa 30 cm Überstand an jeder Seite berücksichtigt werden (s. auch S. 447 f.). Ein gewundener Bach lässt sich am besten mit mehreren Folienstücken auskleiden. Die einzelnen Stücke müssen sich jeweils um 15 cm überlappen. Es können auch Folienreste vom Teichbau verwendet werden.
5. **Einlegen**
Zunächst wird die Folie (Stärke 0,5 bis 0,8 mm ausreichend) locker ausgelegt und ggf. großzügig zugeschnitten. Der Folienrand muss höher sein als der spätere Wasserspiegel. Verlegt wird von unten (vom Teich) nach oben (zur Quelle).
6. **Einbau der Wasserpumpe und Verlegung des Schlauchs**
Die Pumpe wird an der tiefsten Stelle des Teiches auf einer Betonplatte oder Ziegelsteinen platziert und mit einem Schlauch verbunden, der locker zur Quelle verlegt wird (noch nicht eingraben!). Die Unterwasserpumpe sollte nach Möglichkeit in der Nähe der Bachmündung eingesetzt werden, um Strömungen im Teich zu vermeiden. Bei einer Wassertiefe von über 80 cm verbleibt die Pumpe über Winter im Teich. Ansonsten wird sie herausgenommen und in einem Eimer mit Wasser überwintert.
7. **Fluten des Bachbetts**
Nachdem die Folie provisorisch mit Steinen befestigt wurde, wird das Bachbeet zur Überprüfung der richtigen Lage und Dichte der Folie und des Wasserflusses geflutet. Dazu sollte die Pumpe ein bis zwei Stunden laufen. Der Wasserstand im Teich wird auf größere Veränderungen hin (Absinken von mehr als 5 cm) beobachtet.
8. **Eingraben des Schlauchs**
Nach erfolgreichem Probelauf kann der Schlauch eingegraben werden. Dazu wird ein etwa 25 cm tiefer, parallel zum Bach verlaufender Graben ausgehoben. Der in den Graben gelegte Schlauch wird zum Schutz vor Beschädigungen (z. B. bei Pflanzarbeiten) mit Ziegelsteinen abgedeckt. Abschließend wird der Graben zugeschaufelt.
9. **Kaschieren der Folie**
Als Füllmaterial für das Bachbett ist Rollkies gut geeignet. Mithilfe von Rollkies und größeren Steinen wird die Folie an den Rändern des Baches verdeckt. An der Außenseite wird der Folienrand mit Erde bedeckt, die ihren Halt durch die von innen angelegten Steine bekommt. Herausragende Folienränder werden erst nach Abschluss der Uferbepflanzung abgeschnitten.
10. **Ufergestaltung**
Für die Uferbepflanzung sind auch die Pflanzen geeignet, die für die Bepflanzung eines Teichufers verwendet werden. Eine Ausnahme bilden sich stark ausbreitende Arten. Sie sind ungeeignet, da sie innerhalb kürzester Zeit den Bach überwuchern würden.

4 Zubehör

4.1 Wasserspiele

Das Angebot an Wasserspielen ist kaum überschaubar (s. S. 484). Betrieben werden sie alle mithilfe von Umwälzpumpen (s. S. 483 f.). Ob in Parks und Gärten, auf Plätzen oder in Fußgängerzonen, **Springbrunnen** wirken mit ihren vielgestaltigen Fontänen ungemein anziehend auf den Menschen. Mithilfe unterschiedlicher Düsenköpfe sind verschiedenartigste **Fontänenbilder**, wie Schaumsprudler, schirmartige Wasserglocken, zierliche Pirouetten oder mehrstrahlige und -stufige Fontänen, möglich (s. S. 484). Leistungsstarke Pumpen können auch mehrere Wasserspiele gleichzeitig betreiben. Bei der Auswahl von Art und Größe der Fontäne sollte man sich an den Dimensionen des Gartens bzw. der Grünanlage orientieren. Die größte Fontäne Europas (82 m hoch) befindet sich in den Herrenhäuser Gärten in Hannover. Die Austrittsleistung beträgt 138 l/s.

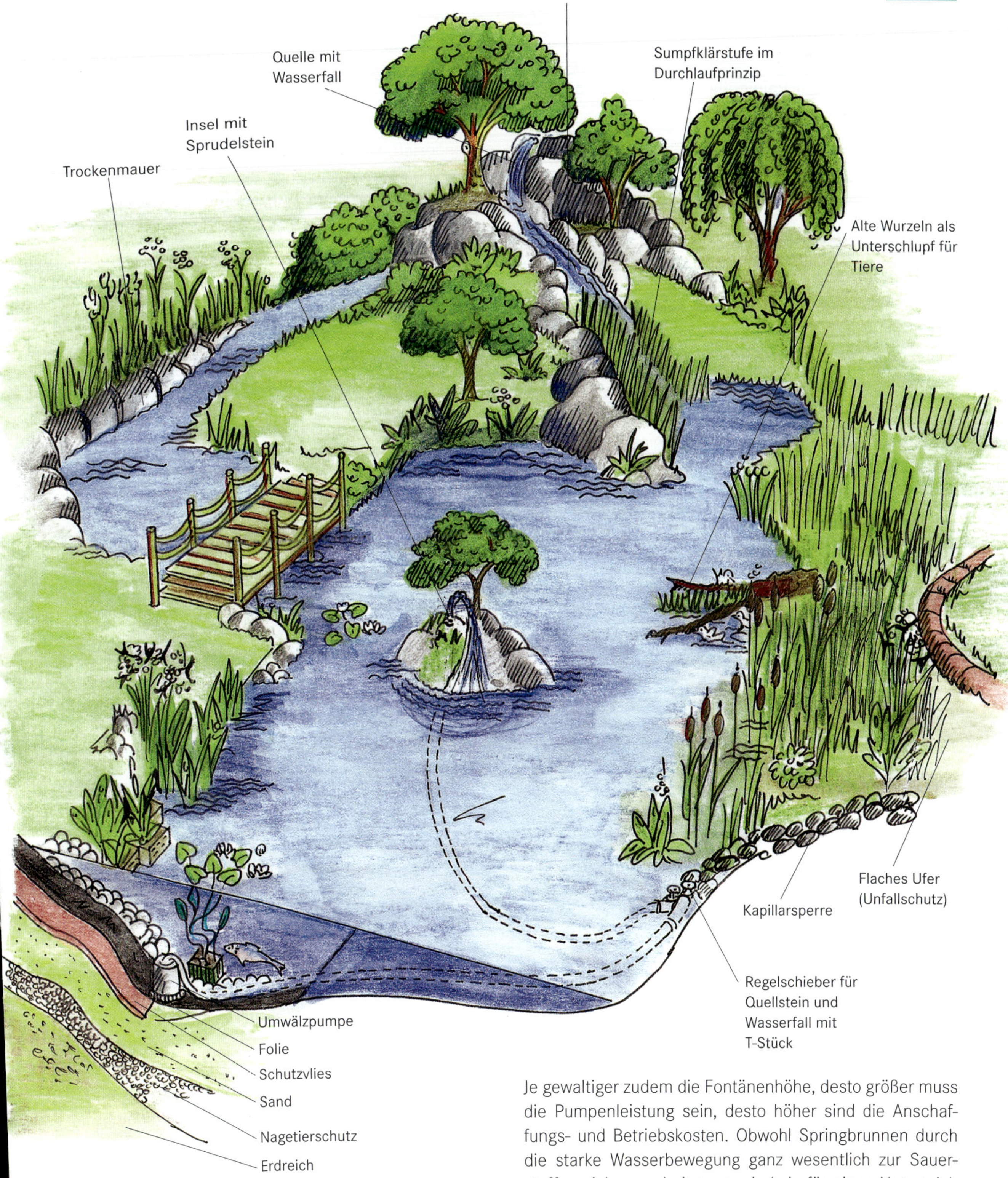

1 Die individuelle Teichanlage

Große Fontänen verlieren häufig sehr viel Wasser, welches verspritzt oder mit dem Wind abgetrieben wird, sodass Teich oder Wasserbehälter leer gepumpt werden können. Je gewaltiger zudem die Fontänenhöhe, desto größer muss die Pumpenleistung sein, desto höher sind die Anschaffungs- und Betriebskosten. Obwohl Springbrunnen durch die starke Wasserbewegung ganz wesentlich zur Sauerstoffanreicherung beitragen, sind sie für einen Naturteich wenig geeignet, da Pflanzen – besonders Seerosen – und die Tiere des Teiches sehr empfindlich auf die starken Wasserbewegungen reagieren können. Gegebenenfalls sollte man dem Springbrunnen einen eigenen kleinen Teich geben.

4.2 Teichfilter

Teichfilter werden zur **Reinigung des Wassers von organischen Stoffen** eingesetzt. Damit sie nicht verschlämmen, werden sie nicht direkt auf den Teichgrund, sondern etwas höher, z. B. auf eine Bodenplatte, gestellt. Sie bestehen im Allgemeinen aus einer Unterwasserpumpe und einem Filter. Die Reinigung erfolgt mechanisch und biologisch. Das von der Pumpe angesaugte Wasser durchströmt den Filter, wobei die im Wasser schwebenden Feststoffe von Filterpatronen festgehalten werden. Auf den Filterstoffen (z. B. Schaumstoffe) siedeln sich Bakterien an, die die im Filter festgehaltenen organischen Substanzen abbauen (mineralisieren). In bestimmten Intervallen muss die Filtermasse ersetzt bzw. gereinigt werden.

Bei Mehrfachfiltern handelt es sich häufig um Gewebefilter, die auswaschbar sind. Das gereinigte Wasser kann über eine Fontäne, einen Wasserfall, -lauf oder -speier in den Teich zurückgeführt werden. Die Reinigungsleistung der Filter ist begrenzt. Davon abgesehen ist ein Teichfilter nur selten wirklich notwendig. Eine Ausnahme können Teiche mit einem hohen Fischbesatz bilden. Aus ökologischer Sicht wesentlich sinnvoller wäre hier aber der Einsatz einer Pflanzenkläranlage, durch die man das Teichwasser mithilfe eines Baches leitet. Eine ausreichend große, dicht bewachsene Sumpfzone kann ebenfalls als Pflanzenkläranlage dienen (1, S. 487).

4.3 Oxydator

Mithilfe eines sogenannten Oxydators kann man dem Teich Sauerstoff ohne Stromverbrauch zuführen. Es handelt sich um einen feinporigen Behälter, in dem sich ein Plastikgefäß mit einem kleinen Katalysator befindet. In das Plastikgefäß wird Wasserstoffperoxid gefüllt, das mithilfe des Katalysators in Wasser und Sauerstoff zerlegt wird. Alle 2 bis 3 Monate muss Wasserstoffperoxid (in Apotheken erhältlich) nachgefüllt werden. Ist der Katalysator verbraucht, muss auch dieser erneuert werden.

4.4 Beleuchtung

Mithilfe einer Beleuchtung können Pflanzen und Gegenstände eines Gartens effektvoll ins richtige Licht gesetzt werden. Das Angebot ist riesig. So gibt es Schwimmleuchten, die sich für den Einsatz im wie auch außerhalb des Wassers eignen, Unterwasserscheinwerfer zur Beleuchtung von Wasserspielen während der Nacht, kleine Gartenstrahler mit Erdspießen zur Anstrahlung von Gegenständen, Springbrunnen mit eingebauter Beleuchtung, ganze Lichterketten und vieles mehr. Durch Verwendung von Farbscheiben sind verschiedene Farbvariationen möglich.

Bevor die Beleuchtung endgültig angebracht wird, sollte so lange experimentiert werden, bis mit den verschiedenen Lichteffekten eine reizvolle Gesamtwirkung erzielt ist. Dafür sind die entstehenden Effekte von möglichst vielen Standorten auf ihre Wirkung hin zu betrachten. Die Lampen werden so angeordnet, dass sie am Tage nicht sichtbar sind, es sei denn, es handelt sich um dekorative Beleuchtungen.

Aufgaben

◑ 1. Erklären Sie, wodurch ein Bachlauf belebend auf Fauna und Flora eines Teiches wirkt.

◑ 2. Beobachten Sie Form, Größe und Wasserfluss von Bächen in der freien Natur. Wie muss Ihre Planung aussehen, damit der Bachlauf im Garten so natürlich wie möglich aussieht?

◑ 3. Wodurch kann die Geschwindigkeit des Wassers verändert werden?

○ 4. Beschreiben Sie den Wasserkreislauf eines Bachlaufs (2, S. 482).

◑ 5. Warum hat sich die Dimension des Bachlaufs an der Größe des Teiches zu orientieren?

○ 6. Nennen Sie günstige Maße (Breite, Tiefe, Gefälle) für einen Bachlauf.

◑ 7. Warum sollte auf Staustufen oder kleine Tümpel im Bachlauf nicht verzichtet werden?

○ 8. Welche Anforderungen muss eine Wasserpumpe erfüllen?

◑ 9. Warum bedürfen Teichpumpen keines zusätzlichen Wasseranschlusses?

◑ 10. Wovon hängt die erforderliche Leistungsfähigkeit einer Pumpe ab?

○ 11. Die Förderleistung der Teichpumpe soll 60 bis 100 l/min betragen. Wählen Sie aus 1, S. 483 die passende Pumpe aus.

○ 12. Die zu überbrückende Höhe beträgt 2 m, die Austrittsleistung an der Quelle soll 50 bis 60 l/min betragen. Welche der in 1, S. 483 aufgeführten Pumpen ist erforderlich?

◑ 13. Welche Sicherheitsaspekte muss eine Teichpumpe erfüllen?

◑ 14. Nennen Sie Arbeitsschritte beim Bau eines Bachbetts aus Folie (richtige Reihenfolge!).

◑ 15. Was ist bei der Platzierung der Teichpumpe zu beachten?

○ 16. Wann sind Teichfilter notwendig?

○ 17. Wie kann Teichwasser ökologisch sinnvoll gereinigt werden?

◑ 18. Was sollte bei der Installation einer Beleuchtung beachtet werden?

Pflanzenkläranlagen

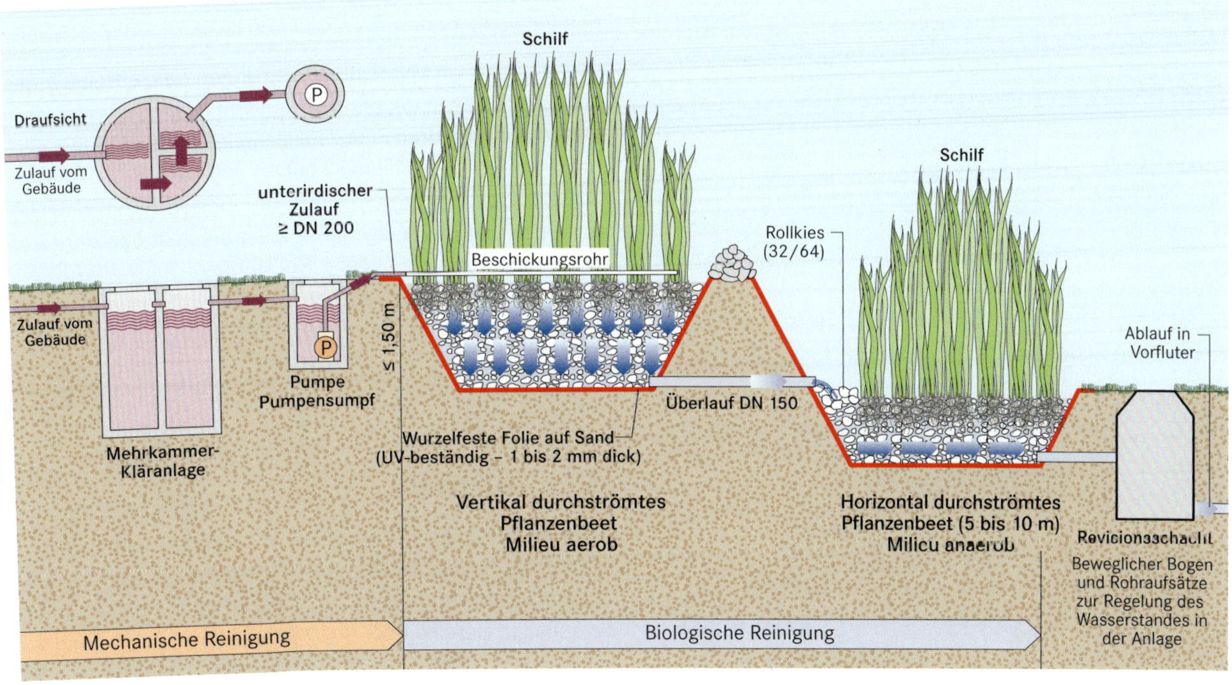

1 Zweistufige Pflanzenkläranlage

1 Notwendigkeit der Wasserreinigung

Wasser ist für das Leben von Mensch, Tier und Pflanze unentbehrlich. Um Leben zu ermöglichen, muss es in ausreichender Menge und Güte zur Verfügung stehen. Die auf der Erde befindliche Wassermenge von etwa 1,38 Mrd. km^3 ist nicht vermehrbar. Sie befindet sich in einem ständigen Kreislauf. Von dieser Menge sind nur 2,5 % Süßwasser (35 Mio. km^3), wovon wiederum nur ein ganz geringer Teil von schätzungsweise 25 000 km^3 den Menschen weltweit zur Verfügung steht. Entsprechend besteht in vielen Ländern der Erde Wasserknappheit, gibt es Probleme bei der Versorgung mit Trink- und Brauchwasser sowie der Bewässerung zur Nahrungsmittelerzeugung.

Auch in Regionen, in denen genügend Wasser zur Verfügung steht, hat die zunehmende Verschmutzung der Gewässer vielfach dazu geführt, dass es an sauberem Wasser mangelt. Entsprechend wichtig ist zur Sicherung der Wasserversorgung die Wasseraufbereitung.

Als **Abwasser** wird das durch Gebrauch verunreinigte abfließende Wasser wie auch jedes in die Kanalisation gelangende Wasser bezeichnet. Heute sind die Mengen anfallenden Schmutzwassers so groß, dass die natürliche **Selbstreinigungskraft der Gewässer**[1] nicht ausreicht, die Verunreinigungen zu beseitigen. Um zu vermeiden, dass die Gewässer „umkippen" und zu gewährleisten, dass genügend sauberes Trinkwasser zur Verfügung steht, müssen die Abwässer **Kläranlagen** durchlaufen, in denen sie gereinigt werden, bevor sie in die Gewässer abfließen.

Seit geraumer Zeit sind auch **Pflanzenkläranlagen** als naturnahe Verfahren zur Abwasserreinigung zugelassen. Als dezentrale Kleinkläranlagen für z. B. Haushalte, einzeln gelegene Anwesen, Campingplätze oder kleineren Kommunen können sie eine sinnvolle Alternative zu Kanalisation und zentralen Großkläranlagen darstellen.

> **! Hinweis**
>
> Der Bau einer Pflanzenkläranlage muss von der zuständigen unteren Wasserbehörde genehmigt werden. Dabei bestehen regionale Unterschiede hinsichtlich Genehmigungsrichtlinien, planerischen Vorgaben und besonderen Auflagen.

[1] Die Fähigkeit der Gewässer, organische Wasserinhaltsstoffe unter Mitwirkung der im Wasser lebenden Kleinlebewesen, vor allem Bakterien und Algen, abzubauen.

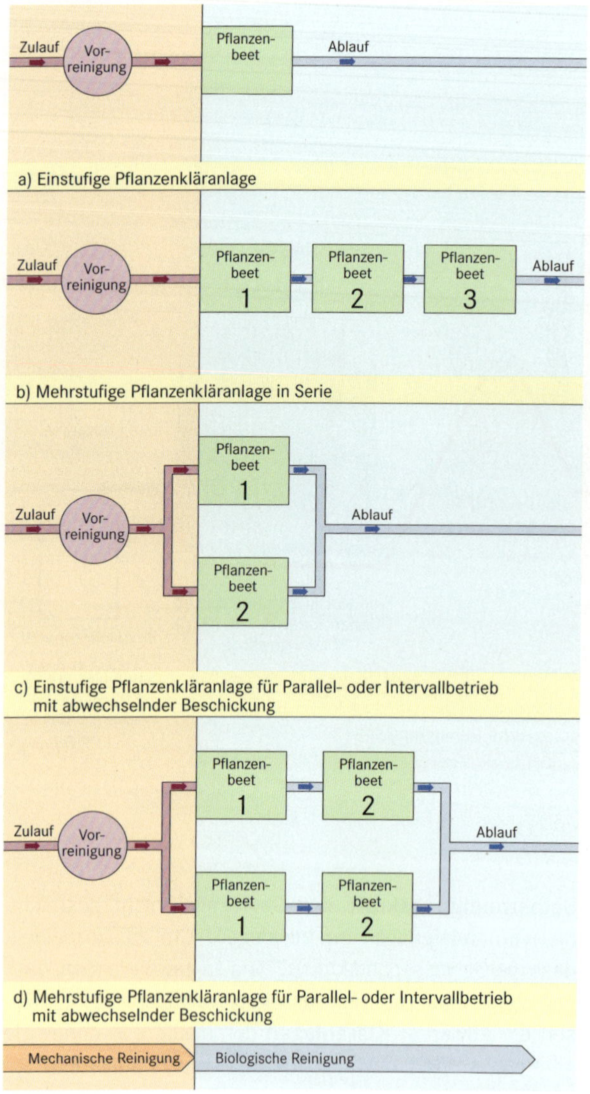

1 Die Pflanzenbeete können unterschiedlich angeordnet werden

2 Reinigungsleistung

Hauptbestandteil der Stoffe im häuslichen Abwasser sind menschliche Ausscheidungen. Zum Abbau der organischen Schmutzlast durch Bakterien ist Sauerstoff nötig. Eine Größe zur Beurteilung der Belastung mit biologisch abbaubaren Stoffen ist der **biologische Sauerstoffbedarf (BSB)**. Es wird davon ausgegangen, dass in Europa jeder Einwohner im Mittel pro Tag organische Schmutzstoffe mit dem häuslichen Abwasser abführt, die zu ihrem Abbau einen Sauerstoffbedarf von 60 g haben. Man bezeichnet dieses Maß für den durch das Abwasser eines Einwohners hervorgerufenen Sauerstoffbedarfs als **Einwohnergleichwert (EGW)** oder **Einwohnerwert (EW)**. Somit entspricht 1 EW mit 60 g BSB_5[1] der täglichen Schmutzfracht eines Einwohners. Entsprechend unterteilt der Gesetzgeber Kläranlagen in Größenklassen nach der Zahl der angeschlossenen Einwohnerwerte.

Die gesetzlichen Mindestanforderungen an die Reinigungsleistung betragen derzeit BSB_5 40 mg/l. Dieser Wert kann mit richtig geplanten Pflanzenkläranlagen ganzjährig eingehalten werden. Probleme können ggf. während strenger Frostperioden auftreten, wenn der Boden tiefgründig gefroren ist und die Anlage ihre Arbeit einstellt bzw. ihre Reinigungsleistung zurückgeht. Bei richtiger Bauweise ist mit Hilfe von Pflanzenkläranlagen eine weitgehende, bis an Trinkwasserqualität heranreichende Reinigungswirkung zu erreichen.

3 Aufbau

Pflanzenkläranlagen bestehen aus einer mechanischen und einer biologischen Reinigungsstufe. Sie können einstufig oder mehrstufig aufgebaut sein und hintereinandergeschaltet, parallel oder im Intervall (abwechselnd) betrieben werden (1). Der Wurzelraum kann horizontal oder vertikal durchflossen werden. Sehr gut bewährt haben sich zweistufige Anlagen aus einer Kombination von vertikal und horizontal durchströmten Pflanzenbeeten (1, S. 489). Hinsichtlich des richtigen Verhältnisses von Abwassermenge und Größe der Anlage haben sich 5 m² pro Person und eine Beetgröße von mindestens 20 m² bewährt.

4 Funktion

4.1 Mechanische Reinigungsstufe

Die Abwässer fließen zunächst in ein Vorklärbecken (z. B. Zwei-/Dreikammergrube) , wo eine mechanische Vorreinigung (Absetzbecken) erfolgt und Feststoffe (Unrat, Schlamm, Grob- und Schwimmstoffe) abgesondert werden. Der sich sammelnde Schlamm muss von Zeit zu Zeit entsorgt werden. Der Überlauf der Absetzgrube fließt in einen Betonschacht (Pumpensumpf), in dem sich eine Tauchpumpe mit Schwimmschaltung befindet, die das Abwasser auf die Beete pumpt, wenn der Wasserstand eine bestimmte Höhe erreicht hat. Wichtig ist, dass nur derart vorgereinigtes Wasser in die Pflanzenbeete gelangt, damit der Bodenkörper seine Durchlässigkeit für Wasser und Sauerstoff und damit seine Reinigungsleistung behält.

[1] Der Index zum BSB (in der Regel 5 → BSB_5) gibt die Zahl der Tage an, über die der BSB gemessen wird.

1 Schilf *(Phragmites australis)* ist zur Abwasserklärung sehr gut geeignet

4.2 Biologische Reinigungsstufe

Nachdem das Abwasser mechanisch vorgereinigt wurde, wird es in die Pflanzenbeete geleitet. Hier durchsickert es den Bodenkörper, wobei es durch die von den Pflanzenwurzeln geschaffenen Fließwege intensiv mit den Bodenbakterien in Kontakt kommt. Die **biologische Reinigung erfolgt durch das Zusammenwirken von Pflanzen, Boden und Mikroorganismen.**

Das gereinigte Wasser wird in Vorfluter (Gräben, Bäche, Flüsse, Seen usw.) abgeleitet bzw. zur Bewässerung, Toilettenspülung u. ä. verwendet.

4.2.1 Pflanzen

Anders, als vielfach geglaubt, sind es weniger die Pflanzen, sondern vorwiegend die Bakterien im Boden, die die unerwünschten Inhaltsstoffe im Abwasser herausfiltern. Die Pflanzen, die nur etwa 5% der im Wasser befindlichen Nährstoffe aufnehmen, haben vielmehr die Aufgabe, dafür zu sorgen, dass das Abwasser zu den Bakterien gelangen kann. Dies geschieht mithilfe ihrer Wurzeln, die die Durchlässigkeit des Bodens fördern und regelrechte Fließwege für das Wasser bilden. Die Pflanzen haben also vor allem die Aufgabe, **den Boden durchfließbar zu halten** und über die Wurzeln sowie die Vergrößerung des Porenvolumens durch Wurzelwachstum und Wasserentzug den **Sauerstoffgehalt im Boden zu erhöhen**.

Pflanzenkläranlagen werden meist mit **Schilf** *(Phragmites australis)* bepflanzt (1). Eine Sumpfpflanze **(Helophyt)**, die bis zu 4 m hoch werden kann, tief wurzelt (über 2 m) und sehr dichte Pflanzenbestände, sogenannte **Röhrichte**, bildet. Von besonderer Bedeutung ist, dass Blätter, Halm und Wurzeln durch große mit Luft gefüllte Interzelluaren miteinander verbunden sind. Über dieses luftführende Gewebe (**Aerenchym** = luftführendes Gewebe) gelangt Sauerstoff aus der Luft über Blätter und Halm der Pflanze in die Wurzeln. Ein Teil des Sauerstoffs wird dabei von der Wurzel an die Umgebung abgegeben. Die Verdunstung der Pflanzen ist recht stark (bis zu 1500 l/m^2 und Jahr bzw. 50 l/m^2 und Tag), so kann im Sommer an warmen Tagen das gesamte zulaufende Wasser verdunsten. Ein fallender Wasserspiegel fördert den Sauerstoffeintrag.

Durch Wurzelwachstum und -ausscheidungen, Eintrag von Sauerstoff sowie Lockerung des Bodens schaffen Pflanzen **optimale Lebensbedingungen für Bakterien**. Gepflanzt werden 5 bis 8 Pflanzen pro m^2 als Ballenpflanze, Rhizomstücke oder Setzlinge. Bewährt hat sich eine sofortige Beschickung der frisch bepflanzten Beete mit Abwasser, ohne sie jedoch zu überstauen. Mit zunehmendem Längenwachstum kann dann periodisch überflutet werden.

4.2.2 Boden

Der Boden dient als **Filtermaterial und Oberfläche für Bakterien**. Nur bei ausreichender Wasserdurchlässigkeit kann ein oberflächiges Abfließen ungereinigten Abwassers vermieden werden. Deshalb sind bindige Böden aufgrund ihrer schlechten Wasserleitfähigkeit und kiesige Böden wegen ihrer geringen Reinigungswirkung nicht geeignet. Bewährt haben sich hingegen Bodenkörper aus enggestuften sandigkiesigem Material mit einem **Durchlässigkeitsbeiwert** von $k_f = 10^{-4}$ bis 10^{-3} m/s. Bindige Beimengungen dürfen einen Anteil von 5 Gew.-% nicht übersteigen.

4.2.3 Bakterien

Organische Substanz

Häusliche Abwässer enthalten neben Nähr- und Schmutzstoffen Fette, Eiweiße, Darmbakterien und Krankheitskeime. Der eigentliche Abbau der organischen Substanz erfolgt während der Bodenpassage durch aerob und anaerob lebende Bakterien. Sie sind es auch, die die im Wasser enthaltenen Krankheitskeime vernichten. Die Entwicklung der Mikroorganismen wird durch Anzahl und Größe der Hohlräume im Boden und den sich daraus ergebenden Wasser-, Luft- und Wärmeverhältnissen bestimmt. Durch intervallweises Beschicken der Anlage lässt sich die Sauerstoffversorgung und damit die Reinigungsleistung der Mikroorganismen verbessern.

Stickstoff

Bakterien bauen die im Abwasser enthaltene organische Substanz zu Kohlendioxid, Wasser und Mineralstoffen ab. Der bei der **Mineralisation** frei werdende Stickstoff kann nur zum kleinen Teil von den Pflanzen aufgenommen werden (schätzungsweise 5 %). Der wichtigste Vorgang zur Beseitigung des Stickstoffs ist die **Denitrifikation**, ein unter anaeroben Verhältnissen ablaufender Vorgang. Bei Sauerstoffmangel nutzen die denitrifizierenden Bakterien den Sauerstoff des Nitrat-Stickstoffs (NO_3^-). Die frei werdenden N-Atome verbinden sich zu N_2, einer gasförmigen N-Verbindung, die aus dem Boden entweicht:

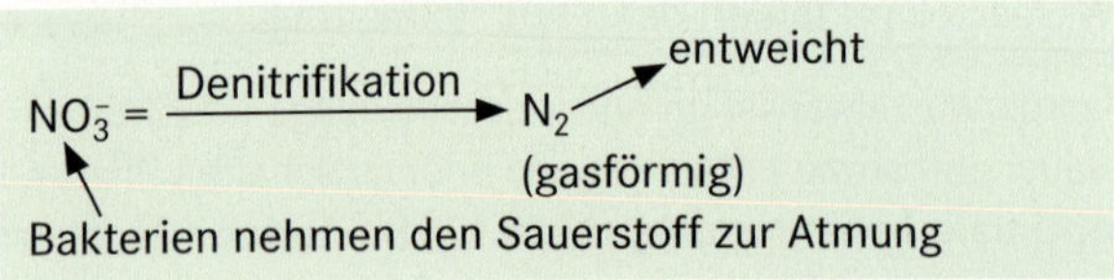

Voraussetzung dazu ist jedoch zunächst die **Nitrifikation** des bei der Mineralisation der organischen Substanz entstandenen NH_4^+-Stickstoffs zu NO_3^--Stickstoff:

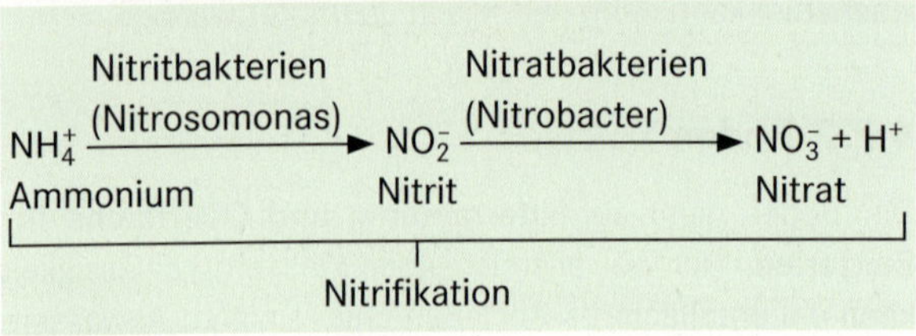

Im Gegensatz zu den denitrifizierenden Bakterien (anaerobe Bakterien) benötigen die nitrifizierenden Bakterien (aerobe Bakterien) Sauerstoff. Da der Sauerstoffgehalt im Boden für eine weitgehende Nitrifikation des Ammonium-Stickstoffs nicht ausreicht, sollte der Sauerstoffeintrag erhöht werden. Dies kann z. B. durch wechselnde Wasserverhältnisse in der Anlage, intervallweisen Zu- und Ablauf und konstruktive Maßnahmen (kleine Schwellen oder Wasserfälle zur Sauerstoffanreicherung) erreicht werden. Auch durch den Bau vertikal durchströmter Anlagen und durch eine Vergrößerung der Beetfläche pro Einwohner lässt sich die Nitrifikationsrate deutlich erhöhen. Hingegen fördern horizontal durchströmte Anlagen die nachfolgende Denitrifikation. Entsprechend vorteilhaft ist es, wenn einem vertikal durchflossenem Bodenkörper (Nitrifikation) ein horizontal durchflossener (Denitrifikation) folgt.

Phosphor

Neben Stickstoff trägt vor allem Phosphor zur **Eutrophierung**[1] der Gewässer bei. Auch hier können die Pflanzen lediglich etwa 3 % des im Abwasser enthaltenen Phosphors aufnehmen und auch die mikrobielle P-Fixierung ist nur begrenzt. Vielmehr wird der größte Teil des löslichen Phosphors durch **Ausfällungen** im Boden festgelegt (kalk- und eisenreiche Sande günstig). Entscheidend für die Art der entstehenden Phosphorverbindung ist der pH-Wert. Im sauren Bereich kommt es zur Bildung von Fe- und Al-Phosphaten, im alkalischen Bereich zur Bildung von Ca-Phosphaten (1), sogenannten Apatiten. Auch bei der P-Festlegung spielt die Sauerstoffversorgung eine wichtige Rolle.

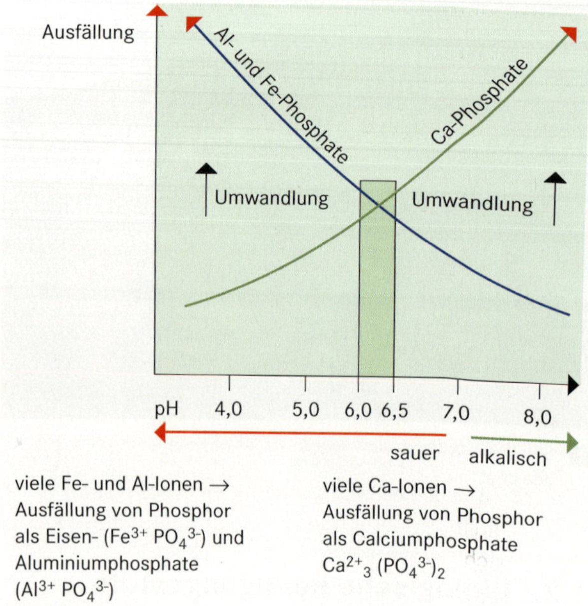

1 Phosphorausfällung in Abhängigkeit vom pH- Wert

Keimzahl

Für die **Hygiene von Wasser** ist besonders die Eliminierung von pathogenen Keimen wichtig. Ein Maßstab für die Verunreinigung stellt der Gehalt von Darmbakterien (Escherichia coli) dar. Die Reinigungsleistung diesbezüglich ist in Pflanzenkläranlagen mit bis zu 99 % recht hoch. Die Verminderung der Keimzahl beruht vor allem auf der Filterwirkung des Bodens und der Konkurrenz mit anderen Bakterien. So verdrängen die Mikroorganismen, denen die Lebensbedingungen am besten zusagen, die anderen Arten. Mit zunehmender Verweildauer steigt die Reinigungswirkung.

5 Pflege- und Wartungsarbeiten

Der jährliche Arbeitsaufwand zur Betreuung von Pflanzenkläranlagen ist verhältnismäßig gering. Trotzdem bedürfen sie einer fachgerechten Beobachtung, Pflege und Wartung. In einigen Bundesländern wird das Abschließen von Wartungsverträgen zur Auflage gemacht. Somit stellen Anlage und Pflege von Pflanzenkläranlagen ein interessantes Arbeitsfeld für den Garten- und Landschaftsbau dar.

[1] Überversorgung der Gewässer mit Nährstoffen

Anfallende Arbeiten sind:

- Beschickung der Anlage
- Kontrolle des Schlammstandes im Vorklärbecken
- Bei Bedarf Entsorgung des anfallenden Klärschlamms (Vererdung durch Kompostierung oder in Schilfbeeten, Volumenreduzierung bis zu 95%; wenn toxische Stoffe enthalten, Sondermülldeponie zuführen)
- Regulierung des Wasserstandes
- Kontrolle des Röhrichtsbestandes auf z.B. Windbruch, Pfützenbildung, Austrocknung und Fremdbesatz; Betreten der Beete vermeiden (Verdichtungen!)
- Überprüfung des ablaufenden Wassers auf Geruch und Trübung. Klares, geruchsloses Abwasser deutet auf eine gute Reinigungsleistung der Anlage hin. Zu- und Ablauf müssen Abwasseruntersuchungen entsprechend der Länderregelungen ermöglichen
- Aufarbeitung oder Erneuerung verstopfter Bodenpartien
- Ein regelmäßiges Mähen der Anlage ist nicht erforderlich. Die Streuauflage aus absterbenden Pflanzenteilen auf den Beeten schützt im Winter vor Auskühlung des Bodens und wird im Frühjahr von den austreibenden Jungtrieben problemlos durchstoßen. Sollen die aufgenommenen Nährstoffe mit der Biomasse entfernt werden, wird das Schilf vor dem Laubaustrieb gemäht

? Aufgaben

◑ 1. Das auf der Erde vorhandene Wasser kann nicht vermehrt werden. Warum verringert es sich jedoch auch nicht?

○ 2. Welches Wasser wird als Abwasser bezeichnet?

○ 3. Warum muss Abwasser geklärt werden, bevor es in die Gewässer fließt?

○ 4. Was bedeuten die Abkürzungen a) BSB und b) EGW bzw. EW?

◑ 5. Was besagt ein hoher bzw. niedriger BSB-Wert?

◑ 6. In Europa entspricht 1 EW 60 g BSB_5. Was besagt dies?

○ 7. Wichtig ist das richtige Verhältnis von Abwassermenge und Größe der Anlage. Wie viel m^2 Beetfläche müssen pro Person veranschlagt werden?

○ 8. Wozu dient die mechanische Reinigungsstufe?

◑ 9. Warum dürfen Pflanzenbeete nur mit entschlammtem Abwasser beschickt werden?

◑ 10. Beschreiben Sie den möglichen Aufbau von ein- und mehrstufigen Pflanzenkläranlagen.

○ 11. Wann und durch wen erfolgt in erster Linie die biologische Abwasserreinigung?

◑ 12. Welche Aufgaben haben die Pflanzen auf den Beeten?

◑ 13. Warum ist Schilf besonders gut für Pflanzenkläranlagen geeignet?

● 14. Welche Anforderungen werden an den Bodenkörper gestellt?

◑ 15. Beschreiben Sie, wie der Stickstoff aus den Abwässern entfernt wird.

◑ 16. Wie lässt sich die N-Eliminierung steigern?

● 17. Warum steigert die periodische Beschickung bzw. das periodische Trockenfallen des Pflanzenbeets die Reinigungsleistung?

◑ 18. Warum ist es vorteilhaft, einem vertikal durchflossenen Bodenkörper einen horizontal durchflossenen folgen zu lassen?

○ 19. Wie groß sollte a) bei vorwiegend horizontalem Durchfluss die Fließstrecke durch den Boden und b) bei vorwiegend vertikalem Durchfluss die Schichtdicke des Bodens sein?

○ 20. Wodurch wird Phosphor aus dem Abwasser entfernt?

○ 21. Worauf beruht die Verminderung von pathogenen Keimen?

○ 22. Schildern Sie, mit welchen Arbeiten bei der Pflege und Wartung einer Pflanzenkläranlage zu rechnen ist.

◑ 23. Erklären Sie, warum die Reinigungsleistung einer Pflanzenkläranlage im Winter abnimmt.

◑ 24. Warum darf Schilf, wenn es geerntet wird, nur oberhalb der Wasseroberfläche abgeschnitten werden?

◑ 25. Wovon hängt die Reinigungsleistung einer Pflanzenkläranlage ab?

◑ 26. Erkundigen Sie sich bei der für Sie zuständigen unteren Wasserbehörde über die Rahmenrichtlinien, planerischen Vorgaben und besonderen Anforderungen für den Bau von Pflanzenkläranlagen.

◑ 27. Besichtigen Sie Pflanzenkläranlagen in Ihrer Umgebung. Lassen Sie sich Aufbau und Funktion erklären. Weitere Fragen können z.B. sein: Was gab den Ausschlag für den Bau einer Pflanzenkläranlage? Wie wird der Boden durch eine Verstopfung durch Schwebstoffe im Abwasser geschützt? Welche Anlagengröße garantiert das beste Kosten-Nutzen-Verhältnis? Wie viel m^2 werden pro Einwohner gerechnet? Wie wird das Winterproblem gelöst? Aus welchen Pflanzen setzt sich der Pflanzenbestand zusammen und warum? Wie viele Stunden beträgt der jährliche Arbeitsaufwand?

Schwimmteiche

1 Schwimmteiche sind Gartenteich und Swimmingpool zugleich. Ihr Erscheinungsbild ermöglicht eine optisch harmonische Eingliederung in Landschaft und Garten

Naturnahe Badegewässer, sogenannte **Schwimmteiche** (1), haben in den letzten Jahren zunehmend im privaten wie auch im kommunalen Bereich an Bedeutung gewonnen. Gründe dafür sind vor allem in einem gesteigerten Umwelt- und Kostenbewusstsein zu sehen. Ohne Chlor und andere Chemikalien wird das Wasser mithilfe biologischer und physikalischer Maßnahmen gereinigt. Sehr viele öffentliche Schwimmbäder sind veraltet und stark sanierungsbedürftig. Die Kosten für die Umgestaltung in ein biologisch gereinigtes Naturschwimmbad und die anfallenden Betriebskosten sind häufig sehr viel geringer als die notwendigen Sanierungskosten.

! Hinweis

Auf der Homepage der Deutschen Gesellschaft für naturnahe Badegewässer e.V. (DGfnB e.V.) findet man ein Forum, in dem aktuelle Fragen rund um den Schwimmteich diskutiert werden: **www.kleinbadeteiche.de.** In Zusammenarbeit mit den DEULA-Schulen bietet sie einen Fortbildungslehrgang zum **Schwimmteichbauer** an.

1 Bauweise

1.1 Schwimmteichtypen

Auf dem Markt werden, je nach Platzangebot, persönlichen Wünschen und Kostenrahmen, unterschiedliche Bauweisen mit mehr oder weniger Technik angeboten. So ist vom naturnahen Schwimmteich ohne Technik bis zu hoch technisierten Anlagen alles erhältlich. Gemeinsam ist ihnen die umweltschonende Reinigung des Wassers, was zu einer **Aufteilung der Wasserfläche in einen Schwimm-/Nutzungs- und einen Regenerationsbereich (Klär-/Aufbereitungsbereich)** führt. In der Regel erfolgt eine Abtrennung zwischen beiden Bereichen durch einen Erdwall (Böschungsverhältnis nicht steiler als 1 : 3), Betonwände, Mauerwerk, Kanthölzer oder auch nur mithilfe gefüllter Säcke aus Geovlies. Neben Einkammersystemen, bei denen Schwimm- und Regenerationsbereich aneinandergrenzen, werden auch Zweikammer- (Schwimm- und Regenerationszone baulich voneinander getrennt) und Mehrkammersysteme gebaut. Als günstige Aufteilung zwischen Schwimm- und Regenerationszone gilt ein Verhältnis von 1 : 1, was jedoch von der gesamten Größe der Wasserfläche und der technischen Einrichtung abhängt. Grundsätzlich kann man sagen, je kleiner ein Teich, desto größer muss der Regenerationsbereich sein bzw. um so mehr Technik ist zur Wasserreinhaltung erforderlich.

1.2 Hygiene

Die **Wasserqualität** eines Badegewässers muss hygienisch unbedenklich sein. Krankheitserreger können in ein Gewässer über Tiere (z. B. Vogelkot), Badende oder Einschwemmungen aus der Umgebung infolge von Regenfällen gelangen, sodass unter Umständen hohe Keimbelastungen auftreten können. Ein großer Teil der Keime wird jedoch durch die natürliche UV-Strahlung abgetötet. Zur Feststellung einer fäkalen Verunreinigung wird das Wasser auf folgende Krankheitserreger untersucht: Escherichia coli, Coliforme Bakterien, Fäkalstreptokokken, Salmonellen, Chlostridium perfringes.

1.3 Reinigungsprinzip

Zur Reinigung des Wassers wird ein **Wasserkreislauf** erzeugt, d. h., das Wasser wird permanent umgewälzt. Das Wasser aus dem Schwimmbereich wird z. B. über ein Oberflächenansaugsystem mit Skimmer oder einen Abfluss an der tiefsten Stelle im Schwimmbereich angesaugt, grob filtriert und mithilfe einer Pumpe in eine speziell geschichtete **Filterzone** gepumpt. Hier durchläuft es vertikal oder/und horizontal einen mit Wasserpflanzen bewachsenen Kies- oder Sandfilter, den sogenannten **Pflanzenklär- oder Regenerationsbereich,** wobei es durch dort siedelnde Mikroorganismen biologisch gereinigt wird (s. Kap. Pflanzenkläranlage). Das so gereinigte Wasser ge-

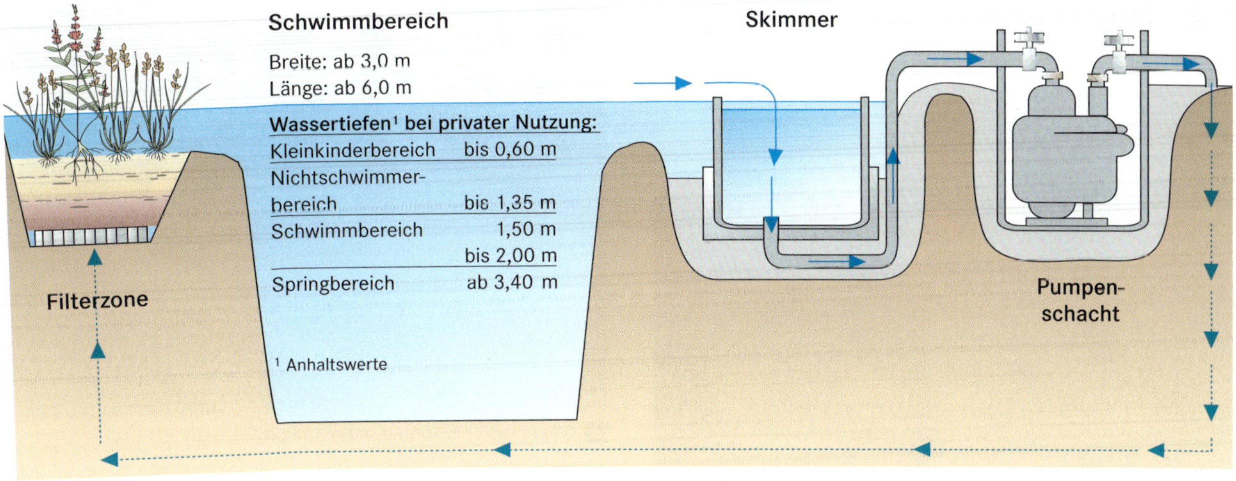

1 Das Prinzip der natürlichen Wasserreinigung beruht auf einem Wasserkreislauf

langt, z. B. über einen Bachlauf oder Quellstein (natürliche Anreicherung mit Sauerstoff) oder über eine elektronisch regulierbare Unterwassereinströmung, wieder in den Schwimmbereich (**1**).

Pro Tag sollte das gesamte Wasservolumen in einem Schwimmteich **ein- bis zweimal umgewälzt werden**. Dabei kommt es darauf an, dass alle Wasserschichten und -bereiche von der Durchströmung erfasst werden. Nur so ist gewährleistet, dass das gesamte Wasservolumen kontinuierlich durch den Kiesfilter geleitet wird. Günstig: Pumpenleistung 6 bis 10 m^3/h, Laufzeit 4 bis 8 h/Tag, im Intervallbetrieb über den gesamten Tag verteilt. Die Reinigungsleistung der verschiedenen Schwimmteichsysteme beruht also letztendlich auf dem Durchströmungskonzept und dem Aufbau des Pflanzen-/Kiesfilters (s. Kap. Pflanzenkläranlage).

1.4 Systemanbieter

Nur wenige Betriebe des Garten- und Landschaftsbaus treten als freie Anbieter für Schwimmteiche auf. Die meisten arbeiten mit sogenannten Systemanbietern zusammen. Dabei fungieren die Betriebe als Franchise-Anbieter, d. h., sie vertreiben Schwimmteiche aufgrund von Lizenzverträgen (lizenzierte Ausführungspartner). Dabei werden sie hinsichtlich Planung, Verkauf, Bau und Wartung von Schwimmteichen von den Systeminhabern unterstützt, bei Bedarf auch vor Ort. Schulungen, Workshops und gemeinsame Marketingmaßnahmen werden vielfach durch Umlagen oder einen Jahresbeitrag abgerechnet. Häufig erhalten die Lizenznehmer ein vertraglich festgelegtes Gebiet ohne internen Wettbewerb.

2 Bau eines Schwimmteichs

2.1 Beratung und Planung

Am Anfang des Projektes steht die Beratung des Kunden. In dem Beratungsgespräch kommt es zunächst darauf an, dem Kunden den Unterschied zwischen einem Teich, Swimmingpool und Schwimmteich zu erklären. Für die Auswahl des richtigen Schwimmteichtyps, des Technik- und Reinigungsaufwandes ist u. a. abzuklären,

- ob der Teich nur zum Schwimmen oder auch für Erholung, Entspannung und Naturbeobachtungen dienen soll,
- ob Tiere am und im Teich erwünscht sind oder nicht,
- ob vorübergehende Trübungen und Algenbildung in Kauf genommen werden oder stets klares Wasser vorhanden sein soll,
- wie oft und stark der Teich genutzt werden soll und
- wie viel Zeit zur Pflege aufgebracht werden kann.

Je nach Ausführungstyp liegen die Kosten eines Schwimmteichs in etwa bei 150 bis 800 Euro/m^2.

Ein besonders wichtiger Punkt im Beratungsgespräch ist der Sicherheitsaspekt. So müssen vor allem Maßnahmen ergriffen werden, die Kleinkinder vor dem Ertrinken schützen (s. Kap. Teichbau). Flachwasserzonen für Kinder oder Nichtschwimmer sollten von der Schwimmzone räumlich, z. B. durch Felsen, getrennt sein. **Auf keinen Fall sollte man kleinere Kinder ohne Aufsicht baden lassen!** Nicht zuletzt ist auch bei einem Schwimmteich darauf zu achten, dass nicht nur Badende, sondern auch Tiere (Hunde, Katzen, Igel, Amphibien usw.) einen sicheren Ausstieg haben.

2.2 Reihenfolge der Bauschritte

1 Die genaue Lage des Schwimmteichs wird markiert; der Erdaushub erfolgt mit dem Bagger

2 Die Betonplatte für den Schwimmbereich ist gegossen

3 Mauerbau für den Schwimmbereich

4 Vlies- (300 bis 1000 g/m²) und Folieneinbau (1,5 mm, z. B. aus Kautschuk); die einzelnen Vliesbahnen sollten sich 10 bis 20 cm überlappen. Die Folie wird maßgeschneidert in Rollen geliefert (s. S. 498); sie ist möglichst faltenlos zu verlegen

5 Kantensteine begrenzen den Regenerationsbereich (Pflanzenzone)

6 Einbau von Vlies und Folie im Regenerationsbereich

7 Gestaltung des Randbereichs

8 Rollkies schützt die Folie vor Beschädigungen und gibt dem Teich ein natürliches Aussehen

9 Notwendige Rohrleitungen für Skimmer und Druckleitungen sind nach dem Rohrleitungsplan einzubauen; für die Pumpe(n) ist eine Extrakammer vorzusehen, die für Wartungsarbeiten leicht zugänglich sein sollte

10 Stege oder Brücken sind so zu verankern, dass sie sicher stehen. Dort, wo größere Auflasten entstehen, ist unter der Folie ein Betonfundament zu erstellen; zwischen Folie und Auflast sind mehrere Lagen Vlies zum Schutz der Folie zu verlegen; ist ein Foliendurchbruch nicht zu vermeiden, muss entsprechend abgedichtet werden

11 Die Regenerationszone wird fertiggestellt: Die Zusammensetzung und Schichtung des Substrats, die der Durchströmung der Regenerationszone (vertikal oder horizontal) angepasst sein muss, beeinflusst die Filter- und damit die Reinigungsleistung maßgeblich. Als Substrat dienen überwiegend Kies-Sand-Gemische, denen je nach Nutzung des Schwimmteichs Lava, Zeolith, Bims und andere Stoffe zugesetzt werden. Auf dem Markt werden Fertigmischungen wie auch Substrate zum Selbermischen angeboten. 48 Stunden nach dem Einlassen des Wassers (Chlorgase) wird gepflanzt (s. Kap. Teich- und Bachbau, 1.3 und 1.4)

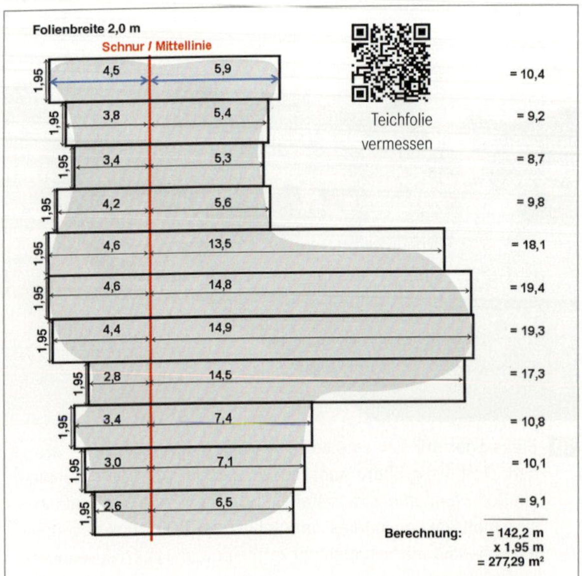

Das Ausmessen der benötigten Teichfolie kann nach rechteckigem Maß (s. S. 477, 5.) oder Rastermaß erfolgen. Beim Rastermaß (hier werden z. B. 2 m breite Teichfolien miteinander verschweißt) wird ein Bandmaß längs durch den Teich auf dem Boden gelegt. Von der Mittellinie wird alle 1,95 m (wegen der Überlappung beim Verschweißen plus 2 cm als Reserve) die Entfernung von der Schnur rechtwinklig – alle Unebenheiten mitgemessen – (blaue Linien) zum Rand des Teiches gemessen (Zuschlag für Randüberlappung berücksichtigen!). Entsprechend diesen Angaben werden die 2 m breiten Bahnen miteinander verschweißt. Ggf. können die Bahnen auch vor Ort vom Lieferanten verschweißt werden.

1 Skizze: Ausmaß

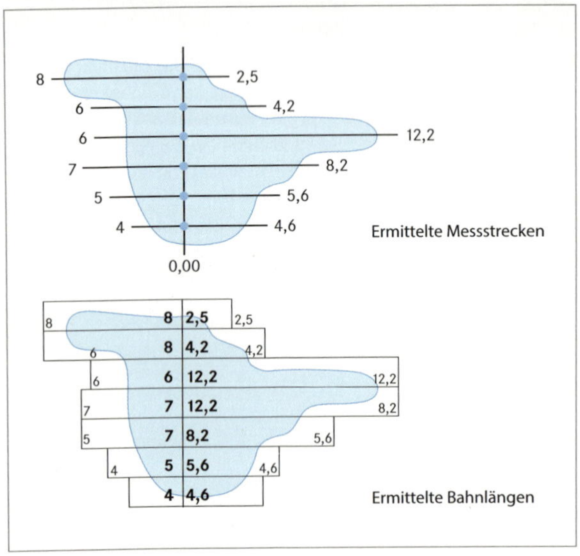

2 Aus den Messstrecken werden die Bahnlängen ermittelt. Die Messstrecken sind noch nicht die Bahnlängen. Da jede Folienbahn durch zwei Messwerte begrenzt wird, muss für die Bahn der jeweils längere der beiden Werte gewählt werden. Die Umrechnung der Bahnlängen aus den Messwerten erfolgt am einfachsten durch den Folienhersteller.

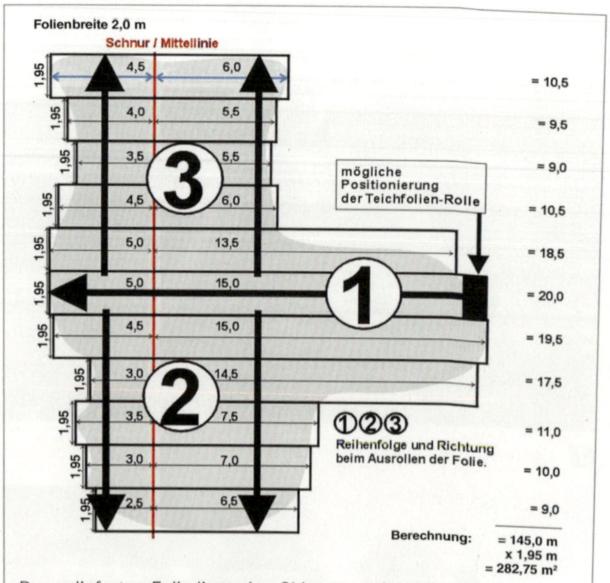

Der gelieferten Folie liegt eine Skizze zum Ausrollen bei. Laut Skizze wird die Rolle positioniert und in Richtung 1 ausgerollt. Anschließend wird sie in Richtung 2 und 3 auseinander gezogen. Je mehr Helfer, desto besser (1,5 mm: ca. 1,8 kg/m²). Beim Verlegen muss darauf geachtet werden, dass sich die Vliesbahnen nicht verschieben (ggf. mit z. B. Silikon verkleben).

3 Skizze: Auslegen der Folie nach Rastermaß

3 Pflege- und Wartungsarbeiten

Pflege- und Wartungsarbeiten:

- Regelmäßiges Reinigen des Schwimmbereichs durch Absaugen (Schlamm) und Abfischen (Algen, Laub)
- Reinigung/Austausch des Regenerationsbereichs im Abstand von mehreren Jahren
- Wartung von Pumpen und Filter entsprechend Herstellerangaben
- Regelmäßige Kontrolle der technischen Einrichtung, wie Umwälzpumpe, Skimmer und Filter
- Pflege der Sumpf- und Wasserpflanzen
- Regelmäßige Kontrolle der Wasserqualität

Aufgaben

◑ 1. Schwimmteiche gewinnen zunehmend an Bedeutung. Was sind die Gründe dafür?

◑ 2. Worin unterscheidet sich ein Schwimmteich von einem Swimmingpool?

◑ 3. Was versteht man unter Franchise-Anbieter und welche Vorteile hat dies für Betriebe des Garten- und Landschaftsbaus?

○ 4. Wie sind Schwimmteiche im Prinzip aufgebaut, um hygienisch einwandfreies Badewasser zu gewährleisten?

Aufgaben (Fortsetzung)

◑ 5. Was wäre ein optimales Verhältnis zwischen Schwimm- und Reinigungszone? Was ist erforderlich, um das Verhältnis zugunsten des Schwimmbereiches zu verändern?

◑ 6. Statt auf Chemie wird in Schwimmteichen auf biologische Reinigungsmechanismen gesetzt. Beschreiben Sie das Prinzip der Wasserreinigung.

○ 7. Wie oft sollte das gesamte Wasservolumen in einem Schwimmteich pro Tag umgewälzt werden?

○ 8. Worauf kommt es bei der Wasserumwälzung an?

◑ 9. Worauf beruht letztendlich die Reinigungsleistung der verschiedenen Schwimmteichsysteme?

○ 10. Wie können Krankheitserreger in das Badewasser gelangen?

○ 11. Welche Wassertiefen werden in Schwimmteichen in der Regel angestrebt?

◑ 12. Was könnte dafür sprechen, dass Kommunen sich statt für herkömmliche Freibäder für naturnahe Schwimm- und Badeteiche entscheiden?

○ 13. Warum wird im Schwimmbereich öffentlicher Bäder klares Wasser bis zum Boden gefordert?

● 14. Beschreiben Sie schrittweise den Bau eines Schwimmteiches.

◑ 15. Nennen Sie Maßnahmen, die der Eigentümer eines Schwimmteiches ergreifen kann, um seiner Verkehrssicherungspflicht (s. Kap. Teichbau) Genüge zu tun.

Licht im Freiraum

Licht zum Sehen
(= Funktionslicht)

Licht zum Hinsehen
(= Akzentlicht)

Licht zum Ansehen
(= Dekoratives Licht)

Die Kombination der drei Lichtarten bestimmt den Charakter der Lichtinszenierung

1 Gestalten mit künstlichem Licht

Seit einiger Zeit ist ein neuer Trend zu verzeichnen, die **Gestaltung von Gärten mit künstlichem Licht.** Ermöglicht sie doch ein effektvolles in Szene setzen des Gartens bei Nacht und damit seine Nutzung zur Erholung und Entspannung auch nach Feierabend bzw. Einbruch der Dunkelheit. Energiesparende Leuchten und eine umfangreiche Auswahl an Leuchtkörpern erlauben es, jeden gewünschten Lichteffekt zu realisieren. Aber auch hier heißt es wie so oft, weniger ist mehr. Gerade das Wissen um die Pflanzen schafft für den Garten- und Landschaftsbau günstige Voraussetzungen für die Planung von Licht im Garten. Den Garten ins „rechte Licht rücken" - ein riesiger Markt, den es zu nutzen gilt.

1 Lichtarten

Licht ist sichtbare Strahlung. Nach der beabsichtigten Wirkung bei der Gestaltung von Freiräumen lässt es sich grob in drei Gruppen einteilen:

1.1 Licht zum Sehen

Licht zum Sehen oder Orientieren dient zum Ausleuchten des direkten Umfeldes der Lichtquelle. Es soll Sicherheit z. B. vor ungebetenen Gästen oder beim Begehen von Treppen, Wegen und Plätzen bei Dunkelheit bieten. Es geht hierbei also weniger um die Wirkung des Lichts, als vielmehr um seine Funktionalität, weswegen man auch von **Funktionallicht** spricht. Gestalterische Ansprüche an die Lichtwirkung sind, wenn überhaupt, nur von geringer Bedeutung. Anders sieht es bei den Leuchten aus, die am Tage als wichtige Gestaltungselemente wahrgenommen werden (1, S. 500).

1.2 Licht zum Hinsehen

Licht zum Hinsehen soll Akzente setzen **(= Akzentlicht)**, indem einzelne Elemente wie Gehölze, Mauern, Skulpturen oder auch ganze Rabatten, Pflanzungen oder Teiche durch Beleuchtung hervorgehoben werden. Dabei erfolgt die Bestrahlung einzelner Elemente in der Regel von unten, die flächige Bestrahlung hingegen von oben, von einem Baum, einer Mauer oder einem angrenzenden Gebäude herab. Die einzelne Leuchte sollte nicht wahrgenommen werden. Ziel ist es, den Eindruck zu erwecken, als leuchteten die einzelnen Elemente aus sich selbst heraus (1, S. 500).

1.3 Licht zum Ansehen

Beim Licht zum Ansehen ist das Licht selbst dekorativ (zierend, schmückend, effektvoll). **Dekoratives Licht** will, vergleichbar einem Kunstobjekt, auf sich aufmerksam machen, selbst im Zentrum der Betrachtung stehen (1, S. 500).

Merke

In einer ausgewogenen Zusammenstellung der drei Lichtarten liegt das Geheimnis einer guten Inszenierung mit Licht. Sie bestimmt das Erscheinungsbild eines Gartens, eines Parks oder sonstiger Außenanlagen bei Nacht.

2 Lampen und Leuchten

Bei einer **Lampe** handelt es sich um eine künstliche Lichtquelle, z. B. eine Halogenlampe (auch als **Leuchtmittel** bezeichnet). Sie dient der Umwandlung von elektrischer Energie in sichtbare Strahlung (= Licht). Die Vorrichtung, die zur Aufnahme und zum Betrieb einer künstlichen Lichtquelle dient, ist die **Leuchte**.

2.1 Leuchtmitteltypen

Das am häufigsten im Freiraum verwendete Leuchtmittel[1] ist die **LED-Lampe** (Leuchtdiode). Sie hat einen geringen Energieverbrauch, eine hohe Lebensdauer zwischen 15 000 und 25 000 Stunden, ist dimmbar und aufgrund ihrer kleinen Bauform universell einsetzbar. LED-Lampen bekommt man in den unterschiedlichsten Farbtemperaturen. Für die Gartenbeleuchtung ist **warmweißes Licht** zu bevorzugen (Tab. 1).

Lichtfarbe	Farbtemperatur in Kelvin (K)
warmweiß	< 3.300
neutralweiß	3.300 - 5.300
kaltweiß	> 5.300

Tab. 1 Lichtfarbe – je höher die Temperatur, desto kühler ist sie

Bei der Auswahl von Leuchten, die der Witterung ausgesetzt sind, ist darauf zu achten, dass sie wasser- und schmutzdicht sind. In der technischen Beschreibung oder auf der Verpackung findet sich die **IP-Schutzart**. IP steht für „ingress protection" und bedeutet so viel wie „Schutz gegen Eindringen". Der IP-Code besteht aus zwei Ziffern. Diese geben an, bis zu welchem Grad die Leuchte vor dem Eindringen fester Partikel und Berührung (erste Ziffer) und vor Wasser (zweite Ziffer) geschützt ist (Tab. 1, S. 502).

Je nach Einsatz der Leuchte im Außenbereich können ganz unterschiedliche IP-Schutzanforderungen vorliegen. Für z. B. eine an der Hauswand montierte Lampe ist IP44 ausreichend. Bodeneinbauleuchten sollten hingegen mindestens eine IP-Schutzart von 65 aufweisen (Tab. 2, S. 502).

[1] Ein **Leuchtmittel** ist die Lichtquelle, die in eine Lampe (Leuchte) eingesetzt wird

IP Schutzarten für Gehäuse gemäß DIN EN 60529 (DIN VDE 0470)					IK-Code gemäß DIN EN 62262 (VDE 0470)	
1. Kennziffer	Schutz des Gehäuses gegen das Eindringen von	Schutz gegen Berührung mit	2. Kennziffer	Schutz des Gehäuses gegen schädliche Einwirkung von	Kennziffer	Schlagfestigkeit
0	ohne Schutz	ohne Schutz	0	ohne Schutz	0	nicht nach Norm geschützt
1	Festkörper größer 50mm	Handrücken	1	senkrecht fallendes Tropfwasser	01	Energie 0,140 Joule (200 g, 7,5 cm)
2	Festkörper größer 12,5mm	Finger	2	Tropfwasser bis 15° zur Senkrechten (15°)	02	Energie 0,200 Joule (200 g, 10 cm)
3	Festkörper größer 2,5mm	Werkzeug	3	Sprühwasser bis 60° zur Senkrechten (60°)	05	Energie 0,700 Joule (200 g, 35 cm)
4	Festkörper größer 1mm	Draht	4	Spritzwasser aus allen Richtungen	06	Energie 1 Joule (500 g, 20 cm)
5	schädliche Staubablagerungen	Draht	5	Strahlwasser aus allen Richtungen	07	Energie 2 Joule (500 g, 40 cm)
6	Staubdicht (Vollschutz)	Draht	6	starkes Strahlwasser	08	Energie 5 Joule (1,7 kg, 29,5 cm)
			7	Eintauchen unter festgelegtem Druck und Zeitbedingungen	09	Energie 10 Joule (5 kg, 20 cm)
			8	Eintauchen unter festgelegtem Druck und für unbestimmte Zeit*	10	Energie 20 Joule (5 kg, 40 cm)

Beispiel IP67:
6 - Staubdicht (Vollschutz)
7 - Schutz beim Eintauchen unter festgelegten Druck- und Zeitbedingungen

* Bedingungen werden zwischen Hersteller und Anwender festgelegt. Verschärfung der Prüfbedingungen gegenüber Kennziffer 7.

Tab. 1 IP-Schutzarten

Ort des Einbaus	IP
trockene Innenräume	20
überdachter Bereich, Haustür	23
Hauswand, Wegbeleuchtung	mind. 44[1]
Bodeneinbauleuchten	mind. 65
Beleuchtung Gartenteich, Wasserspiele	67
Unterwasserstrahler	68

[1] Auch Spinnen und Insekten können sich nicht einnisten.

Tab. 2 Erforderlicher IP-Schutz (Beispiele)

Weitere Auswahlkriterien sind der Leistungsbedarf der Leuchte und ihr Ausstrahlwinkel. Der **Leistungsbedarf (Watt)** hängt von ihrem Einsatz ab, ob z. B. Stauden oder große Bäume ins rechte Licht gesetzt werden sollen (Tab. 3). Der **Ausstrahlwinkel** einer Leuchte sollte immer etwas kleiner als das zu beleuchtende Objekt gewählt werden, damit nicht an dem Objekt vorbei in den Nachthimmel gestrahlt wird.

Objekt	Leistung (Watt)
Beete, Stauden, kleine Büsche	1 – 5
mittelgroße Büsche und Bäume bis 5 m Höhe	7 – 11
größere Bäume bis 10 m Höhe	14 – 18
Bäume > 10 m	23 – 44

Tab. 3 Die erforderliche LED-Leistung hängt vom Einsatz ab.

2.2 Leuchten

Die Auswahl an Leuchten ist riesig. So findet man im Angebot z. B. Bodeneinbauleuchten, Hängeleuchten, Klemmleuchten, Kugelleuchten, Laternenleuchten, Mastleuchten, Pendelleuchten, Pilzleuchten, Pollerleuchten, Schwimmkugeln, Teich- und Beetstrahler, Unterwasserstrahler, Wandlampen, Wandstrahler, Zylinderleuchten.

3 Installation

Die Installation setzt eine möglichst genaue Planung der Beleuchtung voraus. Dazu ist ein Plan des Grundstücks zu zeichnen, in dem Art und Anzahl der Leuchten und Leuchtmittel eingetragen werden. Vor der endgültigen Installation ist eine Testphase bei Dunkelheit durchzuführen.

3.1 Kabelverlegung

Wird Netzstrom für die geplante Beleuchtung benötigt, müssen Kabel verlegt werden. Dabei ist zu beachten:

- Je höher die Stromabnahme und je länger das Kabel, desto größer muss der Querschnitt des Kabels (in Quadrat ausgedrückt) sein.
- Für die unterirdische Energiezufuhr werden Erdkabel verlegt: kürzesten Weg wählen, 60 bis 80 cm tief in Kies-Sand-Bett, bedecken mit Kies-Sand-Schicht und zusätzlicher Abdeckung mit Ziegelsteinen bzw. Kabelabdeckhauben, Verwendung von Leerrohren möglich.
- Kunststoffbänder mit der Aufschrift „Vorsicht Stromkabel" im Kabelgraben in halber Grabentiefe verlegen.
- Stromleitung im Schaltkasten über einen **FI-Schutzschalter**[1] absichern.
- Exakte Lage der Erdkabel in einen Plan einzeichnen.

Bei **Niedervoltanlagen** wird Netzstrom mit 220 Volt über Transformatoren in ungefährliche 12 Volt Niederspannung umgewandelt. Derartige Kabel können auch oberirdisch verlegt werden. Der Transformator ist vor Feuchtigkeit zu schützen. Die Steckdose sollte über einen FI-Schutzschalter verfügen.

3.2 Steuerung der Anlage

Die Steuerung der Beleuchtung kann über Lichtschalter, Funk-Fernbedienung (kabellos, bestehen aus Sender und Empfänger), Infrarot-Fernbedienungen (Nachteil: kurze Reichweite), Zeitschaltuhren (zwischen Steckdose und Stromabnehmer gesteckt, programmierbar), Bewegungsmelder (richtige Position und Ansprechsensibilität einstellen!), Dämmerungsschalter (Ansprechsensibilität einstellbar) erfolgen.

! Merke

Elektroinstallationen und Arbeiten an elektrischen Anlagen dürfen nur von Fachleuten (Elektroinstallateuren) durchgeführt werden!

? Aufgaben

◑ 1. Besonders auf Gartenpartys beliebte Lichtquellen sind gewöhnliche Gartenfackeln. Beschreiben Sie, wie Sie mit diesen alle drei Arten von Licht hervorrufen können.

● 2. Planen Sie für ein bestimmtes Grundstück eine Beleuchtung. Erstellen Sie dazu einen Gartenplan, in dem Sie Standorte, Art und Anzahl der Lichtquellen eintragen. Berücksichtigen Sie dabei alle drei Arten von Licht. Beantworten Sie zudem für jede Position folgende Fragen: Was soll beleuchtet und was soll damit erreicht werden? Welche und wie viele Lampen werden benötigt? Welche Leuchtmittel sollen eingesetzt werden? Wie soll das Licht geschaltet werden? Welche Energieversorgung und Verkabelung ist geplant? Mit welchen Kosten ist zu rechnen?

● 3. Was versteht man unter Lichtverschmutzung? Nennen Sie Ursachen, Folgen und Maßnahmen.

◑ 4. Warum werden für die Gartenbeleuchtung Leuchten mit einer Farbtemperatur kleiner 3300 Kelvin bevorzugt?

○ 5. Woran kann man erkennen, ob eine Lampe für die jeweilige Umgebungsbedingung geeignet ist?

● 6. Was bedeuten a) IP44, b) IP 54 und c) IP 67?

● 7. Welcher IP-Schutz ist ausreichend: a) unter einem Vordach, b) an der Hauswand, c) als Wegebeleuchtung im Garten, d) für Bodeneinbauleuchten, e) zur Beleuchtung eines Gartenteichs und f) als Unterwasserstrahler?

● 8. Sicherungen schützen Geräte und Leitungen, ein FI-Schutzschalter schützt den Menschen. Seit 1985 müssen Außenanlagen mit einem Fehlerstromschutz (FI-Schutzschalter) abgesichert sein. Erklären Sie die Funktion eines FI-Schutzschalters.

[1] FI überwacht den zu- und abfließenden Strom. Bei einem Fehlstrom ist der abfließende Strom kleiner als der zufließende. Der FI erkennt den Unterschied und schaltet den fehlerhaften Stromkreis in Bruchteilen von Sekunden ab.

Fassadenbegrünung

1 Mut zu grünen Wänden

Need to know

1 Bedeutung der Fassadenbegrünung

Ökologische Bedeutung	Klimatische Bedeutung	Bauphysikalische Bedeutung	Ökonomische Bedeutung	Ästhetische, psychologische und soziale Bedeutung
■ Schaffung neuer Lebens- und Nahrungsräume für Tiere (Vögel, Insekten, Spinnen …) und Pflanzen ■ Erhöhung der Artenvielfalt (Flora und Fauna) ■ Ausgleich von Grünflächenverlusten durch bauliche Maßnahmen ■ Verknüpfung von Grünflächen (z. B. zwischen den Grünflächen und dem Grüngürtel der Städte) → Kontaktaufnahme zwischen bis dahin isolierten Populationen wird möglich (sogenannnten Trittsteineffekt) → die ökologische Bedeutung der Grünflächen steigt ■ Bietet Gelegenheit zu Naturbeobachtungen auch im innerstädtischen Bereich ■ Verbesserung der Lebens- und Umweltbedingungen für Mensch und Tier	■ Filterwirkung gegenüber Schadstoffen und Staub (Luftreinigung!) ■ Verringert die Aufheizung der Städte im Sommer (Beschattung von Baukörpern, Verdunstungskälte) und erhöht die Luftfeuchtigkeit (Verdunstung) → wirkt ausgleichend auf Temperatur- und Luftfeuchtigkeitsschwankungen, sodass vor allem extreme Schwankungen abgepuffert werden ■ Sauerstoffproduktion (40 m^2 dicht begrünte Fassade erzeugt so viel Sauerstoff, wie ein Mensch in einem Jahr verbraucht) ■ Verbesserung des Klimas, vor allem in den städtischen Ballungsgebieten ■ Sonnen- und Windschutz	■ Natürlicher Wetterschutz (Schutz vor Schlagregen, Wind, Sonnen- und Frosteinwirkung) ■ Wirkt ausgleichend auf starke Temperaturschwankungen → verhindert aufgrund des Luftpolsters zwischen Wand und Pflanzen eine übermäßige Aufheizung im Sommer bzw. Wärmeabgabe im Winter (immergrüne Arten) ■ Lebensdauer von Mauerwerk und Putz wird erhöht (geringere Temperaturschwankungen, natürlicher Wetterschutz) ■ Lärmminderung/Geräuschdämpfung	■ Schnelle Durchführung ■ Geringer Platzbedarf ■ Kostengünstig ■ Lieferant von Schnittblumen und Obst ■ Preiswertes Mittel der Objekt- und Stadtsanierung (Schaffung gesunder Lebensverhältnisse) ■ Energieeinsparung ■ Lebensdauer von Mauerwerk und Putz wird erhöht	■ Verbesserung des Wohnumfeldes (Stichwort Wohngettos) ■ Verwandeln trostlose Beton- und Steinoberflächen in lebende und blühende Fassaden ■ Architektonische und städtebauliche Fehler können gemildert bzw. kaschiert werden ■ Verschönerung des Stadt- und Landschaftsbildes ■ Aufwertung von Mauern und Fassaden ■ Bietet vielfältige Gestaltungsmöglichkeiten ■ Sichtschutz ■ Verbessert die Lebensqualität der Menschen (Krankheiten der Atemwege, Depressionen und Aggressionen nehmen ab, das Wohlbefinden steigt) ■ Abwanderungen aus den Städten hinaus aufs Land bzw. an den Stadtrand (weitere Umweltbelastungen!) werden verringert

Tab. 1 Fassadenbegrünungen sind ökologisch, klimatisch, bautechnisch, ökonomisch, ästhetisch und psychologisch von Nutzen

Die Begrünung von Mauern, Wänden, Pergolen, Zäunen, Lauben und Laubengängen mit Kletterpflanzen (Lianen) hat eine lange Tradition, die bis ins alte Ägypten (s. S. 2) zurückreicht. Heute gewinnt die Fassadenbegrünung vor dem Hintergrund zunehmenden Umweltbewusstseins immer mehr an Bedeutung. Vor allem in den dicht besiedelten Ballungszentren stellen Kletterpflanzen ein wichtiges Instrument ökologischer Stadtgestaltung dar, kann doch mit ihnen auf engem Raum relativ einfach und preiswert ein Stück Natur zurückgeholt werden. Die negativen Auswirkungen der großflächigen Bebauung und Zersiedelung unserer Landschaft können somit zumindest gemildert werden. Aber auch auf den Dörfern führen die zahlreichen positiven Effekte einer Wandbegrünung dazu, dass sich immer mehr Häuser in einem „grünen Pelz“ präsentieren.

Für den Garten- und Landschaftsbauer bietet folglich die Fassadenbegrünung ein vielversprechendes Arbeitsfeld.

Für eine erfolgreiche Begrünung sind fundierte Kenntnisse nötig über:

- die Standortansprüche, das Wuchsverhalten und die Klettertechniken der zu verwendenden Kletterpflanzen
- ihre Anforderungen an eine artgerechte Kletterhilfe
- die Eignung der zu begrünenden Fläche hinsichtlich ihrer Konstruktion und der verwendeten Baustoffe
- die fachgerechte Pflanzung bis hin zur Pflege

! Hinweis

Umfassende Informationen zur Fassaden-, Dach- und Innenraumbegrünung bietet die **Fachvereinigung Bauwerksbegrünung e. V.**

? Aufgabe

◑ Nennen Sie fünf Gründe, die für eine Fassadenbegrünung sprechen.

Gestaltungs-
möglichkeiten

2 Verwendungsmöglichkeiten von Kletterpflanzen

1 Kletterpflanzen und Kletterhilfen bieten zahlreiche Gestaltungsmöglichkeiten

Kletterpflanzen werden vielfältig verwendet. Traditionell begrünen sie vor allem Fassaden (1), frei stehende Mauern, Lauben, Pergolen, Laubengänge, Spaliere (Gitterwände), Zäune usw. Entsprechend ihres natürlichen Vorkommens in Wäldern und Waldrandgebieten wirken bewachsene Bäume und Sträucher besonders natürlich.

Klettertechniken
und Kletterhilfen

3 Klettertechniken und Kletterhilfen

Von der Klettertechnik einer Pflanze hängt es ab, ob sie zum Klettern eine zusätzliche Kletterhilfe benötigt oder ohne eine solche an Bäumen, Mauern usw. emporklimmen kann. Dementsprechend unterscheidet man zwischen **Selbstklimmern** und **Gerüstkletterpflanzen**.

1 Übersicht Klettertechniken

3.1 Selbstklimmer

Selbstklimmer[1] benötigen keine zusätzlichen Kletterhilfen. Mithilfe spezieller Kletterorgane erklimmen sie Gebäudeoberflächen, Pergolen, Zäune, Bäume und andere Gegenstände. Diese Fähigkeit ermöglicht eine kostengünstige Begrünung. Nachteilig ist, dass Selbstklimmer unter bestimmten Bedingungen Bauschäden verursachen können. Nach der Art der Kletterorgane wird zwischen Wurzel- und Haftscheibenkletterern unterschieden.

3.1.1 Wurzelkletterer

Klettertechnik

Wurzelkletterer, wie z.B. der einheimische Efeu (*Hedera helix*, 3, S. 517) oder die in den tropischen Regenwäldern Ostasiens beheimatete **Kletterhortensie** (*Hydrangea anomala ssp. petiolaris*, 3, S. 516), entwickeln als Kletterhilfen auf der lichtabgewandten Seite ihrer Triebe etwa 1 cm lange Luftwurzeln mit zahlreichen Wurzelhaaren, sogenannte **Haftwurzeln**. Das Anhaften der Triebe erfolgt, indem Wurzelhärchen in feinste Poren des Untergrundes eindringen und sich dort verankern, wo sie sich haftscheibenartig verbreitern.

Oberflächenbeschaffenheit des Untergrundes

Ein gewisses Maß an **Feuchtigkeit in der Luft** oder auf dem Untergrund ist zur Ausbildung der zu Kletterorganen umgewandelten, lichtfliehenden Luftwurzeln (1, S. 507) notwendig. Zum Klettern gut geeignet sind raue Oberflächen wie Beton oder Putz, da sie das Festhalten erleichtern. Auf weißen (starke Lichtreflexion!), sich stark aufheizenden (≥ 42 °C!) oder Wasser abweisenden Oberflächen ist hingegen die Haftwurzelbildung häufig so stark gehemmt, dass die Triebe nicht fest genug auf dem Untergrund anhaften. Gegebenenfalls müssen in solchen Fällen horizontal verlaufende Spanndrähte als zusätzliche Kletterhilfe angebracht werden, um ein Herabfallen der Pflanzen mit zunehmendem Gewicht zu verhindern.

Wasser und Nährstoffe nehmen Haftwurzeln nicht auf - es sei denn, es kommt unter „günstigen Bedingungen“ (größere Poren oder Risse im Untergrund, in denen sich Wasser und Nährstoffe sammeln können) zur Ausbildung von Erdwurzeln.

Dann kann es zu Bauschäden kommen, und zwar wegen der Durchwurzelungsgefahr beim Längenwachstum und der Sprengwirkung beim sekundären Dickenwachstum dieser Wurzeln. Wenn eine Begrünung mit selbstkletternden Arten erfolgen soll, muss erst das schadhafte Mauerwerk saniert werden. Im Zweifelsfall sollte man einen Baufachmann zurate ziehen!

Unter folgenden Bedingungen kann die Haftwurzelbildung eingeschränkt sein:

- weiße (helle) Oberflächen
- glatte Oberflächen (fehlende Rauigkeit bzw. Porigkeit)
- sonnige, trockene Lagen (z.B. Südseite oder die im Regenschatten liegende Ostseite eines Hauses)
- Wasser abweisende (hydrophobierte) Oberflächen
- stark aufheizende Oberflächen (> 42 °C), z.B. dunkle Oberflächen (Holz) oder Bleche in voller Sonne
- Untergrundbehandlung durch Dispersionsfarben mit bioziden Zusätzen (Algi-, Fungi-, Bakterizide)

3.1.2 Haftscheibenkletterer

Klettertechnik

Die sogenannten Haftscheibenkletterer, auch als Haftscheibenranker bezeichnet, zu denen die *Parthenocissus*-Arten (Wilder Wein) gehören, bilden Sprossranken mit **Haftscheiben** aus (1, S. 507). Mit ihrer Hilfe können sie ohne zusätzliche Kletterhilfen an Hauswänden emporklettern. Bei Berührung mit dem Untergrund kommt es zu einem Reiz, der dazu führt, dass an diesen Kontaktstellen zunächst ein schleimiges, an der Luft rasch erhärtendes Sekret (Kontaktsekret) ausgeschieden wird. Das führt zu einem Verkleben der Triebe mit der Unterlage.

Anschließend kommt es an diesen Stellen zu einer starken Teilung der Epidermis- und der darunterliegenden Rindenzellen. Dabei breitet sich das wuchernde Gewebe haftscheibenartig über die Oberfläche aus (Haftscheibenbildung) und dringt zur Verankerung zapfenförmig in feinste Unebenheiten des Untergrundes ein. Nach dem Anheften verholzen die Haftscheibenranken relativ schnell. Sie ziehen sich spiralig zusammen und verleihen der Pflanze einen dauerhaften, elastischen Halt.

Nicht alle Parthenocissus-Arten bilden zum Selbstklettern genügend Haftscheiben aus. Gute Haftscheibenkletterer sind *Parthenocissus tricuspidata* (1, S. 516) und *Parthenocissus quinquefolia*. Letztere Art hat ihren schlechten Ruf als Selbstkletterer einer Verwechslung zu verdanken.

In den Baumschulen werden oft *Parthenocissus inserta* oder ihre Formen als *Parthenocissus quinquefolia* verkauft.

Parthenocissus inserta bildet an ihren Rankästchen weniger Haftscheiben aus und wird auch recht schwer, sodass ihre Anhaftung häufig nicht ausreichend ist und sie zum Klettern eine zusätzliche Rankhilfe benötigt. Zudem gibt es zahlreiche Zwischenformen, da *P. inserta* und *P. quinque-*

[1] Klimmen = klettern

folia sehr leicht miteinander bastardisieren. Um sicherzugehen, den richtigen Fünfblättrigen Wein zu bekommen, sollte beim Kauf die Sorte 'Engelmannii' gewählt werden.

Oberflächenbeschaffenheit des Untergrundes

Im Gegensatz zur Haftwurzelbildung findet die Bildung von Haftscheiben an den Sprossranken nur auf einen **Berührungsreiz** hin statt. Feuchtigkeit ist hingegen nicht erforderlich. Reicht der Kontaktreiz nicht aus, weil z. B. die Oberfläche der Unterlage zu glatt ist, trocknen die Ranken ein und sterben ab. Obwohl auch die Ranken des Wilden Weins vom Licht wegwachsen (negativer Phototropismus) reagieren sie auf hellere Oberflächen doch nicht so empfindlich wie Haftwurzelbildner. Ansonsten gelten die bei den Haftwurzelbildern gemachten Einschränkungen auch für die Haftscheibenkletterer.

Bei größeren Poren oder Rissen im Untergrund, in denen sich Wasser und Nährstoffe sammeln können, kann es zur Ausbildung von sprossbürtigen Wurzeln und damit zu Schäden an der Bausubstanz kommen.

Nicht bzw. nur bedingt für Selbstklimmer geeignet sind:

- Holzoberflächen, die in gewissen Intervallen mit Holzschutzmitteln behandelt werden müssen
- beschädigte Oberflächen (Risse, in Fugen ausgewittertes Mauerwerk)
- Putze, die regelmäßig erneuert werden müssen
- Putze oder Wandverkleidungen mit nicht ausreichender Tragfähigkeit

3.2 Gerüstkletterpflanzen

Gerüstkletterpflanzen benötigen zum Klettern eine Kletterhilfe. Sie haben dementsprechend vor allem dort eine große Bedeutung, wo Bauschäden durch Selbstklimmer nicht auszuschließen sind oder die Begrünung ohne großen Arbeitsaufwand auf bestimmte Flächen oder Bauteile begrenzt werden soll. Nach der Art des Kletterns unterscheidet man Schlinger, Ranker und Spreizklimmer. Diese unterschiedlichen Klettertechniken erfordern auch artenspezifische Kletterhilfen. Auf dem Markt werden umfangreiche Programme an Systembauteilen/Bausätzen zur Fassadenbegrünung angeboten. Die Bauteile werden komplett mit zum jeweiligen Untergrund (Beton, Mauerwerk, Holz oder Untergründe mit Wärmedämmsystemen) passendem Montagematerial und ausführlicher Montageanleitung geliefert. Dafür benötigt die Lieferfirma genaue Angaben über die Beschaffenheit der Wandkonstruktion, bei verkleideten Fassaden zusätzlich die zu überbrückende Dämmdicke. Auf Wunsch werden von den Lieferfirmen auch individuelle Ausschreibungstexte und Angebote nach vermaßten Skizzen erstellt.

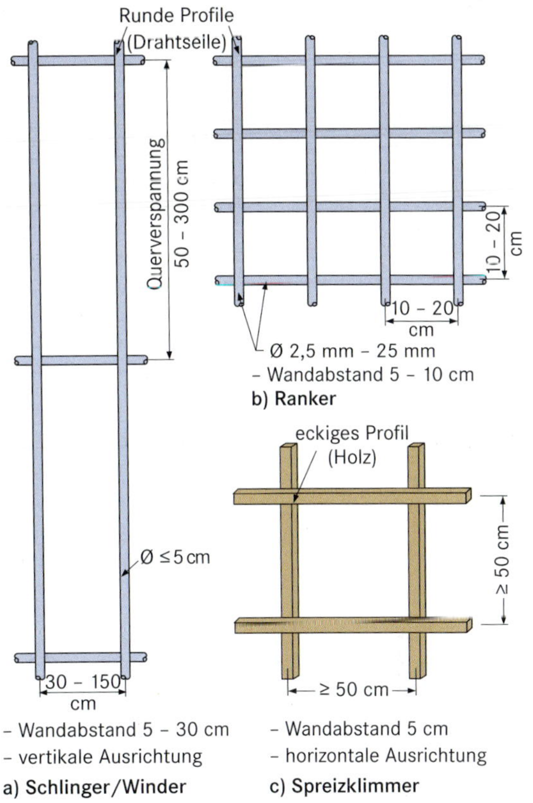

1 Kletterhilfen

3.2.1 Schlinger/Winder

Klettertechnik

Bei den Schlingern, auch als Winder bezeichnet, sind die Internodien stark verlängert, sodass sich die Sprossachsen gut um andere Pflanzen oder andere geeignete Kletterhilfen herumschlingen bzw. -winden können (Windesprosse).

Dabei kann man unterscheiden zwischen **Rechtswindern**, wie z. B. Hopfen (*Humulus lupulus*, **10**, S. 517) und Geißblatt (*Lonicera*-Arten), **Linkswindern** (entgegengesetzt dem Uhrzeigersinn), wie z. B. Pfeifenwinde (*Aristolochia macrophylla*), Baumwürger (*Celastrus orbiculatus*), Blauregen (*Wisteria sinensis*, **2**, S. 516), Feuerbohne (*Phaseolus coccineus*, **5**, S. 519) und Stangenbohne (*Phaseolus vulgaris ssp. vulgaris var. vulgaris*) sowie **Alleswindern** (winden rechts und links herum), wie z. B. der Schlingknöterich (*Fallopia baldschuanica*, **11**, S. 517).
Die Winderichtung sollte beim Befestigen beachtet werden, da es sonst zu Wachstumshemmungen kommen kann. Die Schlinger/Winder weisen unter den Kletterpflanzen das größte Artenspektrum auf.

Kletterhilfen

- Stützen und stabile Spaliere mit deutlich vertikaler (senkrechter) Ausrichtung (1, S. 509).
- Bei Spanndrähten und Seilen nicht mehrere Triebe um ein Seil bzw. einen Draht leiten (Einzelseilführung pro Pflanze), da sich die Triebe infolge ihres Dickenwachstums gegenseitig abschnüren können (Selbstdrosselung).
- Seil oder Draht darf nicht einwachsen → Nährstoffversorgung der Wurzel (Assimilatetransport) gehemmt → kann zum Tode der Pflanze führen.
- Ketten als Kletterhilfen können bei Pflanzen, die ein starkes Dickenwachstum zeigen, zu Verkrüppelungen führen.
- Bei der Wahl des Durchmessers der Kletterhilfen sind in erster Linie statische Gesichtspunkte entscheidend. Günstig für das Umschlingen ist im Allgemeinen ein Durchmesser ≤ 5 cm.
- Runde Profile sind besser geeignet als kantige (abgefaste Kanten).
- Abstand der senkrecht ausgerichteten Kletterhilfen (z. B. Drahtseile, Stäbe, Latten, Schnüre) sollte auf das Begrünungsziel und die Pflanzenart abgestimmt sein. Für einen dichten flächendeckenden Bewuchs haben sich 30 bis 50 cm bewährt. Bei starken Schlingern (z. B. Blauregen, Schlingknöterich) sollte er bei 50 bis 150 cm liegen.
- Gitterkonstruktionen sind bei Schlingern nicht unbedingt notwendig (bei zu engen Maschenweiten Wachstumshemmungen).
- Die Oberfläche der Kletterhilfe darf nicht zu glatt sein. Bei Drahtseilkonstruktionen besteht die Gefahr des Abrutschens. Schutz, vor allem in wetterexponierten Lagen, können Querverspannungen (waagerecht verlaufende Drähte/Seile) bieten, die in Abständen von 50 bis maxmal 300 cm angebracht werden.
- Wandabstände 10 bis 15 cm, bei kräftigen Schlingern mit stärkerem Dickenwachstum (z. B. Baumwürger, Schlingknöterich, Blauregen) 20 bis 30 cm, bei Clematis-Arten genügen bereits 5 cm.
- Bei Seilführungen mit Winkeln unter 45° nimmt im Allgemeinen die Schlingbereitschaft ab, sodass Wachstumsdepressionen auftreten.
  Ausnahmen: *Actinidia arguta*, *A. chinensis* und *Fallopia baldschuanica*.

3.2.2 Ranker

Klettertechnik

Die Ranker bilden zum Klettern fadenförmige als Greiforgane funktionierende Ranken aus. Dabei unterscheidet man zwischen Blatt- und Sprossrankern:

- Bei den **Blattrankern** erfolgt die Bildung der Kletterorgane durch Umwandlung ganzer Blätter, wie z. B. bei der Zaunrübe *(Bryonia)*, oder von Teilen eines Blattes, wie z. B. bei *Gloriosa superba* (gekrümmte Blattspitzen), Clematis (Umwandlung der Blattstiele) und Wicken (Umwandlung einzelner Blättchen der Fiederblätter).
- Bei den **Sprossrankern** haben sich Teile des Sprosses (Seitentriebe) zu Ranken umgewandelt, mit deren Hilfe z. B. Wein *(Vitis)* und Wilder Wein *(Parthenocissus)* klettern.

Die Ranker führen beim Klettern kreisende Suchbewegungen aus. Für eine Drehung werden zwischen 2 und 9 Stunden benötigt. Berühren sie dabei einen Gegenstand, kommt es zur Aufnahme eines Berührungsreizes, der das Umranken von Gegenständen auslöst. Bei manchen Arten (z. B. *Clematis* und *Vitis*) ziehen sich die Ranken anschließend korkenzieherartig zusammen und verleihen dem Sprosssystem damit einen elastischen Halt.

Kletterhilfen

- Gut geeignet sind gitterartige Strukturen, wie z. B. Seilverspannungen, Netzkonstruktionen, Spaliere oder Baustahlmatten (1, S. 509).
- Der Durchmesser der Kletterhilfen darf nicht zu dick sein, da sonst die Ranken diese nicht umwickeln können. Jede Ranke sollte sich mindestens zweimal um die Kletterhilfe ranken können. Als günstig gelten Dicken von 2,5 mm bis 2,5 cm. Im Zweifelsfall sind die Ranken- bzw. Blattstiellängen (Blattstielranker) der jeweiligen Pflanzen zu ermitteln.
- Ideale Gitterweiten liegen zwischen 10 und 20 (30) cm. Für Blattstielranker haben sich Weiten von 5 cm bewährt (nicht > 15 cm). Im Zweifelsfall sind die Ranken- bzw. Blattabstände der jeweiligen Pflanze zu ermitteln.
- Für den Wandabstand sind 5 bis 10 cm ausreichend (Führung der Triebe auf der Außenseite der Kletterhilfe).

3.2.3 Spreizklimmer

Klettertechnik

Die Spreizklimmer klettern mithilfe von Stacheln, Dornen, Kletterhaaren (Hakenhaare, z. B. beim Labkraut) oder nach rückwärts gerichteten Sprossteilen, die ein Zurückrutschen verhindern sollen. Zu ihnen zählen z. B. Kletterrosen, Brombeeren und Winterjasmin (*Jasminum nudiflorum*, 4, S. 517). Trotzdem müssen die Triebe der Spreizklimmer regelmäßig aufgebunden werden.

Kletterhilfen

- Die Kletterhilfen müssen vorzugsweise horizontal ausgerichtet sein, d. h., möglichst viele waagerecht angeordnete Sprossen (Holzlatten) oder Spanndrähte aufweisen (1, S. 509).
- Bei gitterartigen Kletterhilfen sollten Gitterweiten von 50 cm nicht unterschritten werden, um die notwendige Pflege (z. B. Herausschneiden alten oder toten Holzes) nicht unnötig zu erschweren.
- Ein Wandabstand von 5 cm gilt als ausreichend (Führung der Triebe auf der Außenseite der Kletterhilfe).

? Aufgaben

● 1. Beschreiben Sie die unterschiedlichen Klettertechniken der Kletterpflanzen.

◑ 2. Welche Voraussetzungen müssen zur Ausbildung von Haftscheiben gegeben sein?

◑ 3. Der gepflanzte Efeu haftet nicht an der Wand. Was können die Gründe dafür sein?

◑ 4. Unter welchen Bedingungen kann es durch Selbstkletterer zu Schäden an der Bausubstanz kommen?

◑ 5. Nennen Sie jeweils drei a) Wurzelkletterer, b) Haftscheibenkletterer, c) Schlinger, d) Ranker und e) Spreizklimmer.

◑ 6. Wie sollten Kletterhilfen für a) Schlinger, b) Ranker und c) Spreizklimmer beschaffen sein?

4 Kletterpflanzensortiment

4.1 Mehrjährige Arten

Pflanzenname	Klettertechnik	Kletterhilfe	Wuchshöhe bis etwa	Wüchsigkeit	Standort	Blütezeit und -farbe	Verwendung (gut geeignet für ...)	Sonstiges
Actinidia – Strahlengriffel; Familie: Actinidiaceae (Strahlengriffelgewächse)								
A. arguta (Scharfzähniger Strahlengriffel)	S (links)	Ja	6 – 10 m	stark	○ ◑, warm u. geschützt	VI, weiß, im Laub versteckt	P, L, B, W	♄, D, ꝏ, Früchte essbar (am einjährigen Holz), zweihäusig, Ɣ, ▤, früher Austrieb (spätfrost-gefährdet!), Ⓝ
A. deliciosa (Kiwi)	S (links)	Ja	5 – 8 m	stark	○ ◑, warm u. geschützt	V – VI, weiß gelb	P, L, F, W, B	♄, D, ꝏ, Früchte (am einjährigen Holz) essbar (Kiwi), zweihäusig, Ɣ, ▤, Λ, früher Austrieb (spätfrost-gefährdet!), Ⓝ
A. kolomikta (Rosa Strahlengriffel)	S (links)	Ja	2 – 4 m	schwach	○ ◑, warm u. geschützt	V – VI, weiß	F, W, S, Z, P, Fensterzwischenräume	♄, D, rosa und weiße Färbung der oberen Blatthälften (männliche Pflanzen), ꝏ, Früchte essbar, zweihäusig, Ɣ, ▤, früher Austrieb (spätfrost-gefährdet!), Ⓝ
Akebia – Akebie; Familie: Lardizabalaceae (Fingerfruchtgewächse)								
A. quinata (Akebie, Klettergurke)	S (links)	Ja	5 – 10 m	stark	○ ◑, warm u. geschützt	IV – V, purpur/rosa	P, L, S, Z, F, W, B, Bodendecker	♄, D, ꝏ, gurkenförmige Früchte essbar, Ɣ, ▤, einhäusig, Λ (als Jungpflanze)
Ampelopsis – Scheinrebe, Zierwein; Familie: Vitaceae (Weingewächse)								
A. brevipedunculata (Ussuri-Scheinrebe)	R	Ja	4 – 8 m	stark	○ ◑	VII – VIII, grünlich (unscheinbar)	P, L, S, Z, F, W	♄, Herbstfärbung
A. megalophylla (Großblättrige Scheinrebe)	R	Ja	6 – 8 m	mittel	○ ◑	VIII, grünlich (unscheinbar)	P, L, S, Z, B	♄, ꝏ

Legende
♃ Staude
ħ Halbstrauch
♄ Strauch
WW> kriechend
△ Steingarten
Λ Winterschutz
✗ Giftpflanze
ꝏ Fruchtschmuck
✂ Schnitt für Vasenschmuck
Ⓝ Nutzpflanze
▽ geschützte Art
▤ Bienenweide
Ɣ Vogelnährgehölz
i = immergrün
D = Duft
Off. = offizinell
I - XII = Blütezeit

Standort
○ vollsonnig (S-, SW-Lage)
◑ halbschattig (O-, SO-, W-Lage)
● schattig (N-, NW-, NO-Lage)

Klettertechnik
S = Schlinger/Winder
R = Ranker
Sp = Spreizklimmer
Wu = Wurzelkletterer

Verwendungszweck
F = Fassaden
P = Pergolen
Z = Zäune
W = Wände
B = Bäume
S = Spaliere
L = Lauben
Bk = Balkone

Fortsetzung nächste Seite →

Pflanzenname	Klettertechnik	Kletterhilfe	Wuchshöhe bis etwa	Wüchsigkeit	Standort	Blütezeit und -farbe	Verwendung (gut geeignet für ...)	Sonstiges
Aristolochia – Pfeifenwinde; Familie: Aristolochiaceae (Osterluzeigewächse)								
A. macrophylla (Pfeifenwinde, [6], S. 517)	S (links)	Ja	6 – 12 m	stark	○ ◑, windgeschützt	VI – VIII, grün/braun	S, Z, P, L, F, W, B, Fensterzwischenräume	♄, die häufig unter dem Laub verborgenen Blüten ähneln Tabakpfeifen, bildet dichte grüne Wände
Bryonia – Zaunrübe; Familie: Cucurbitaceae (Kürbisgewächse)								
B. dioica (Zweihäusige Zaunrübe)	R	Ja	4 m	stark	○ ◑ ●	VI – IX	Z, S	♃, ☘, Name leitet sich von den unterirdischen rübenartigen Wurzeln ab, zweihäusig, Off., ☠
Campsis – Trompetenblume; Familie: Bignoniaceae (Klettertrompetengewächse)								
C. radicans (Trompetenblume, [8], S. 517)	Wu, Triebe leicht windend	Evtl. zusätzliche Kletterhilfe	8 – 12 m	stark	○ warm u. geschützt	VII – IX, orangerot	F, W, P, Z, B, hängend	♄, Blattschmuck, Λ (junge Pfl.), auch gelb blühende Sorten (z. B. 'Flava'), kräftiger Rückschnitt der Seitentriebe im Frühjahr, verträgt sommerliche Trockenheit
C. x tagliabuana	Wu, Triebe windend	Evtl. zusätzl. Kletterhilfe	3 – 5 m	mittel	○ warm u. geschützt	VII – VIII, orange	F, W, hängend	♄, Kreuzung zwischen C. radicans und C. grandiflora
Celastrus – Baumwürger; Familie: Celastraceae (Spindelstrauchgewächse)								
C. orbiculatus[1] (Chinesischer Baumwürger)	S (links)	Ja	10 – 30 m	stark	○ ◑	VI, grünlich (unscheinbar)	S, Z, P, L, F, W, B	♄, ☘, zweihäusig, ☿, Herbstfärbung, eventueller Rückschnitt im Frühjahr vor dem Austrieb, nicht in junge Bäume setzen
Clematis – Waldrebe; Familie: Ranunculaceae (Hahnenfußgewächse)								
C. alpina (Alpenwaldrebe, [6], S. 516)	R	Ja	1 – 3 m	schwach	○ ◑	V – VII, violettblau	S, Z, P, L, F, W, B	♄, △, Blüten am alten (vorjährigen) Holz, ▤, ☘, ☿, diverse Sorten, eventueller Schnitt nach der Blüte, Wurzelfuß beschatten, ▽, diverse Sorten
C. fargesii (Farges Waldrebe)	R	Ja	4 – 6 m	mittel	○ ◑	VI – IX, weiß	P, L, F, W, B	♄, sehr attraktive Wildart, mit zahlreichen, lange haltbaren Blüten, eventueller Schnitt im Frühjahr (II/III)
***C.*-Hybriden** ([7], S. 516)	R	Ja	2 – 6 m	schwach bis stark	○ ◑	VI – IX, rosa, rot, gelb, violett, blau, weiß	F, W, P, L, B	♄, zahlreiche Sorten, Blüten am alten oder jungen Holz, im Halbschatten verbleichen die Blüten nicht so schnell, ▤, Veredlungsstelle 5 cm unter Erdoberfläche, Wurzelfuß beschatten
C. x jackmannii	R	Ja	3 – 4 m	stark	○ ◑	VII – X, blau	P, L, F, W, B	♄, Blüten am diesjährigen Holz, sehr schöne, stark blühende Pflanze
C. macropetala (Großblütige Alpenwaldrebe)	R	Ja	2 – 3 m	schwach	○ ◑	V – VI, blau/violettblau	S, Z, P, L, F, W, B	♄, Blüten am vorjährigen Holz, eventueller Schnitt nach der Blüte, △
C. maximowicziana (Herbstwaldrebe)	R	Ja	8 – 10m	stark	○ ◑	IX – X, weiß	F, W, B	♄, D, Blüten am diesjährigen Holz
C. montana (Bergwaldrebe, [5], S. 516)	R	Ja	3 – 8 m	stark	○ ◑	V – VI, weiß/rosa	F, W, S, Z, P, L, B	♄, D, Blüten am vorjährigen Holz, eventueller Schnitt nach der Blüte, Wurzelfuß beschatten

[1] Nach einer Übergangsphase erfolgt am 2.8.2027 die Aufnahme in die „Unionsliste" invasiver Arten.

Fortsetzung nächste Seite →

Pflanzenname	Klettertechnik	Kletterhilfe	Wuchshöhe bis etwa	Wüchsigkeit	Standort	Blütezeit und -farbe	Verwendung (gut geeignet für …)	Sonstiges
C. tangutica (Goldwaldrebe)	R	Ja	2 – 4 m	schwach	○ ◑	VI – VIII, goldgelb	S, Z, P, L, B	♄, Blüten am diesjährigen Holz, Dauerblüher, gut für sonnige Südseiten (trockenheitsverträglich), Selbstaussaat, Verjüngungsschnitt im Frühjahr (II/III)
C. vitalba (Gemeine Waldrebe, 12, S. 517)	R	Ja	8 – 12 m	sehr stark	○ ◑	VII – IX, weiß	B, F, W, hängend	♄, Blüten am diesjährigen Holz, ♣, ⌂, 🐦, ☠, evtl. Schnitt im Frühjahr (II/III), Ⓝ
C. viticella (Italienische Waldrebe)	R	Ja	2 – 4 m	stark	○ ◑	VIII – IX, purpur	L, P, S, Z, B	♃, Blüten am diesjährigen Holz, eventueller Schnitt im Frühjahr (II/III)
Cymbalaria – Zimbelkraut; Familie: Scrophulariaceae (Rachenblütler)								
C. muralis (Zimbelkraut, 7, S. 517)	Wu	Nein		stark	○ ◑ ●	VI – VII, hellviolett	W, F	♃, ΛΛΛ>, △, unermüdlicher Dauerblüher, samt sich leicht aus, gut für den Naturgarten geeignet
Euonymus – Spindelstrauch; Familie: Celastraceae (Spindelstrauchgewächse)								
***E. fortunei*-Sorten** (Kletterspindelstrauch)	Wu	Nein	1 – 5 m	schwach	○ ◑ ●	V – VI, grüngelb	F, W, S, B	♄, i, zahlreiche Sorten (z. B. 'Variegatus', 'Emerald'n Gold', 'Sunspot', 'Vegetus', 'Emerald Gaiety')
Fallopia – Knöterich; Familie: Polygonaceae (Knöterichgewächse)								
F. baldschuanica (Schlingknöterich, 11, S. 517)	S (links u. rechts)	Ja	8 – 15 m	sehr stark	○ ◑	VII – X, weiß	S, Z, P, L, F, W, B, hängend	♄, blüht am einjährigen Holz, ⌂, ✂, 🐦, Rückschnitt möglich (Jahrestriebe bis 8 m)
Hedera – Efeu; Familie: Araliaceae (Efeugewächse)								
H. colchica (Kolchischer Efeu)	Wu	Nein	5 – 8 m	mittel	◑ ●	IX – X, grün gelb, an älteren Pflanzen	F, W, P, L, B	♄, i, bis 25 cm große, wenig gelappte Blätter (beim Zerreiben Harzgeruch), Λ, diverse Sorten
H. helix (Gemeiner Efeu, 3, S. 517)	Wu	Nein	15 – 30 m	schwach (anfangs) bis mittel	◑ ●	IX – X, gelblich, an älteren Pflanzen	S, Z, P, L, F, W, B, Bodendecker	♄, i, ⌂, ♣, 🐦, ☠, zahlreiche Sorten (unterschiedliche Klettereigenschaften!), ΛΛΛ>, Blätter 3- bis 5-lappig, Altersform zeigt ungelappte Blätter, Blütenbildung nach 8 bis 10 Jahren, Stecklinge von den blühenden (wurzellosen) Trieben bilden nicht kletternde Sträucher ('Arborescens' = Strauchefeu)
H. hibernica (Irischer Efeu)	Wu	Nein	5 – 20 m	mittel	◑ ●	IX – X, gelblich, an älteren Pflanzen	F, W, P, L, B	♄, i, in der Regel als 'Hibernica' auf dem Markt, große, fünflappige Blätter, nicht so frosthart wie H. helix
Humulus – Hopfen; Familie: Moraceae (Maulbeerbaumgewächse)								
H. lupulus (Gemeiner Hopfen, 10, S. 517)	S (rechts)	Ja	4 – 10 m	sehr stark	○ ◑ ●	VII – VIII	S, Z, P, L, F, W, B, hängend	♃, (Triebe sterben im Herbst ab) → Rückschnitt nach Herbstfrösten dicht über den Boden, ⌂, ♣, zweihäusig, Ausläuferbildung, Ⓝ (Bierherstellung), Off.
Hydrangea – Hortensie; Familie: Hydrangeaceae (Hortensiengewächse)								
H. anomala ssp. petiolaris (Kletterhortensie, 3, S. 516)	Wu	Evtl. zusätzliche Spanndrähte	6 – 15 m	mittel	○ ◑	VI – VII, weiß	P, L, F, W, B, hängend	♄, Blüten in bis zu 25 cm breiten Schirmrispen am einjährigen Holz, ⌂, 🐦, Herbstfärbung, als Waldpflanze liebt sie kühle feuchte Standorte

Fortsetzung nächste Seite →

Pflanzenname	Klettertechnik	Kletterhilfe	Wuchshöhe bis etwa	Wüchsigkeit	Standort	Blütezeit und -farbe	Verwendung (gut geeignet für …)	Sonstiges
Jasminum – Jasmin; Familie: Oleaceae (Ölbaumgewächse)								
J. nudiflorum (Winterjasmin, **4**, S. 517)	Sp	Ja	2 – 4 m	mittel	○	XII – IV, gelb	F, W, Z, S, hängend	♄, lässt sich gut spalieren, Blüten am vorjährigen Holz eventueller Schnitt nach der Blüte, ▤, ∧ (in sehr kalten Wintern)
J. grandiflorum (Echter Jasmin)	Sp	Ja	12 m	mittel	○ ◑	VI – IX, rosa weiß	W, S, P	♄, D, ∧ (nur in milden Gebieten winterhart) → kann sich nach Frostschäden aus den Wurzeln erneuern, Ⓝ
Lonicera – Geißblatt, Heckenkirsche; Familie: Caprifoliaceae (Geißblattgewächse)								
L. x brownii (Trompetengeißblatt)	S (rechts)	Ja	2 – 4 m	schwach	○ ◑	V – VIII, orangerot	S, Z, P, L, F, W, B	♄, Blüten am mehrjährigen Holz, ♣, ✿
L. caprifolium (Jelängerjelieber, **1**, S. 517)	S (rechts)	Ja	3 – 6 m	mittel	○ ◑ ●	V – VIII, gelb-rötlich-weiß	P, L, B, F, W, hängend	♄, D (vor allem in den Abendstunden → Nachtfalter), Blüten am mehrjährigen Holz, ♣, ✿, Wurzelfuß beschatten
L. x heckrottii (Feuergeißblatt, **9**, S. 517)	S (rechts)	Ja	3 – 5 m	schwach	○ ◑	VI – IX, gelbrot	P, L, B, F, W hängend	♄, D (vor allem abends → Nachtfalter), sehr schöne Blüten am mehrjährigen Holz, ♣, ✿
L. henryi (Immergrünes Geißblatt)	S (rechts)	Ja	3 – 6 m	mittel	◑ ●	VI – VII, rot-gelb	P, L, S, Z, F, W, B, hängend	♄, i, Blüten am mehrjährigen Holz, ΛΛΛ>
L. japonica (Japanisches Geißblatt)	S (rechts)	Ja	4 – 6 m	schwach	◑	VI – VIII, weißlich	L, P, S, Z, B	♄, D (vor allem abends), Blüten am mehrjährigen Holz, ♣, ✿
L. periclymenum (Waldgeißblatt)	S (rechts)	Ja	3 – 5 m	mittel	○ ◑ ●	V – VII, gelb-rötlich	P, L, S, Z, B, hängend	♄, D (vor allem abends) Blüten am mehrjährigen Holz, ♣, ✿, ∧, ✕
L. x tellmanniana (Goldgeißblatt)	S (rechts)	Ja	3 – 6 m	stark	○ ◑	VI – VII, goldgelb	F, W, S, Z, B, hängend	♄, Blüten am einjährigen Holz, kein Duft, ♣, ✿, ∧
Menispermum – Mondsame; Familie: Menispermaceae (Mondsamengewächse)								
M. canadense (Amerikanischer Mondsame, **5**, S. 517)	S (links)	Ja	3 – 4	stark	◑	VI – VII, gelb-grün (unscheinbar)	S, Z, P, L	♄, ♣, Name nach der halbmondartigen Form der Samen, zweihäusig, bildet unterirdische Ausläufer
Parthenocissus – Wilder Wein, Jungfernrebe; Familie: Vitaceae (Weinrebengewächse)								
P. inserta	R mit Haftscheiben	Evtl. zusätzliche Kletterhilfe	5 – 8 m	stark	○ ◑	VI – VII, gelb-grün (unscheinbar)	P, L, S, Z, hängend	♄, bildet weniger Haftscheiben aus als die beiden anderen Arten, im Handel häufig als *P. quinquefolia* angeboten
P. quinquefolia 'Engelmannii'	R mit Haftscheiben	Nein	10 – 15 m	sehr stark	○ ◑	VI – VIII, weiß (unscheinbar)	S, Z, P, L, F, W, B, hängend	♄, ▤, karminrote Herbstfärbung (ab IX, etwa 1 Woche, je sonniger, desto intensiver), ♣, ✿, Blätter fünf- bis siebenzählig gefingert
P. tricuspidata 'Veitchii' (**1**, S. 516)	R mit Haftscheiben	Nein	12 – 18 m	sehr stark	○ ◑	VI – VII, gelblich-grün (unscheinbar)	S, Z, P, L, F, W, B, hängend	♄, ▤; Herbstfärbung gelb, orange, rot (je sonniger, desto intensiver), ♣, ✿, Blätter dreizählig gelappt oder ungeteilt, in extremen Wintern kann es teilweise zu Frostschäden kommen
Periploca – Baumschlinge; Familie: Asclepiadaceae (Schwalbenwurzgewächse)								
P. graeca (Baumschlinge)	S (links)	Ja	8 – 15 m	stark	○	VII – VIII, purpur	P, L, F, W, S, B	♄, D, ▤, ✕ (Triebe enthalten giftigen Milchsaft), ∧ (Wurzelraum mit Laub oder Reisig abdecken)

Fortsetzung nächste Seite →

Pflanzenname	Klettertechnik	Kletterhilfe	Wuchshöhe bis etwa	Wüchsigkeit	Standort	Blütezeit und -farbe	Verwendung (gut geeignet für …)	Sonstiges
Rosa – Kletterrose; Familie: Rosaceae (Rosengewächse)								
R. multiflora (Vielblütige Rose)	Sp	Ja	2 – 4 m	stark	○ ◑	VI – VII, weiß	S, Z, P, L	♄, D, ▤, ☘, 🐦, zahlreiche kleine Blüten (1 bis 2 cm), diverse Sorten
R. Cultivars (Kletterrosen in vielen Sorten, 2, S. 517)	Sp	Ja	2 – 5 m	stark	○	VI – VIII, diverse Farben	S, Z, P, L, F, W, B	♄, z. T. D, ▤, ☘, 🐦
Rubus – Brombeere/Himbeere; Familie: Rosaceae (Rosengewächse)								
R. fruticosus, neuer Name: Rubus sect. Rubus (Gemeine Brombeere)	Sp	Ja	2 – 4 m	stark	○ ◑	VI – VII, weiß/rosa	S, Z, P, L	♄, Früchte (schwarze Brombeeren) essbar, Ⓝ, nach der Ernte werden die alten Ruten dicht über dem Boden abgeschnitten, starke Ausläuferbildung
R. henryi var. bambusarum (Kletterbrombeere)	Sp, Triebe leicht schlingend	Ja	2 – 4 m	stark	◑ ●	VI, weißlich hellrot	S, Z, P, L, W, B	♄, i, Früchte essbar
Schizophragma – Spalthortensie; Familie: Saxifragaceae (Steinbrechgewächse)								
S. hydrangeoides	Wu	Nein	5 – 8 m	mittel	○ ◑ ●	VII, weiß	F, W, B, hängend	♄, Herbstfärbung
Sinofranchetia – Chin. Franchetie; Familie: Lardizabalaceae (Fingerfruchtgewächse)								
S. chinensis	S	Ja	5 – 7 m	mittel	○ ◑	V – VI, weißlich	P, L, S, Z	♄, ☘
Smilax – Stechwinde; Familie: Liliaceae (Liliengewächse)								
S. rotundifolia	S	Ja	4 – 8 m	mittel	◑	VI, gelblich	B, S, Z	♄, ʌʌʌ>, Λ
Stauntonia – Stauntonie; Familie: Lardizabalceae (Fingerfruchtgewächse)								
S. hexaphylla (Honigbeere)	S	Ja	3 – 5 m	mittel	◑	IV, weißlich	P, L, F, W, B	♄, D, i, Beeren essbar, einhäusig, Λ
Vitis – Weinrebe; Familie: Vitaceae (Weinrebengewächse)								
V. amurensis (Amurrebe)	R	Ja	8 – 12 m	sehr stark	○ ◑, warm u. geschützt	VI, grünlich (unscheinbar)	P, L, S, Z, B, hängend	♄, Früchte (Weintrauben) essbar (säuerlich), Herbstfärbung, Ⓝ
V. coignetiae (Scharlachwein)	R	Ja	6 – 12 m	sehr stark	○ ◑, warm u. geschützt	VI – VII, grünlich (unscheinbar)	P, L F, W, B, hängend	♄, Früchte nicht essbar! Herbstfärbung
V. riparia (Duftrebe)	R	Ja	4 – 8 m	stark bis sehr stark	○ ◑ ●, warm u. geschützt	VI, grünlich (unscheinbar)	P, L, B, hängend	♄, D, Früchte (Weintrauben) essbar (herber Geschmack), Ⓝ
V. vinifera (Weinrebe)	R	Ja	6 – 12 m	stark	○ ◑, warm u. geschützt	VI – VII, grünlich (unscheinbar)	S, Z, P, L, F, W, hängend	♄, ☘, Weintrauben gut essbar, Ⓝ, Off., Herbstfärbung, zahlreiche Sorten, ▤, Veredlungsstelle 5 cm über Erdboden
Wisteria – Blauregen oder Glyzinie; Familie: Leguminosae (Schmetterlingsblütler)								
W. floribunda (Japanischer Blauregen)	S (rechts)	Ja	6 – 8 m	stark	○ ◑	V – VI, violett, weiß, rosa	P, L, F, W, B	♄, Blüten erscheinen mit dem Laubaustrieb, ▤, verschiedene Sorten, ☠, nicht an Regenrohren oder Dachrinnen befestigen, auch weiß und rosa blühende Sorten, Blüten öffnen sich allmählich vom Ansatz der Traube zur Spitze hin
W. sinensis (Chinesischer Blauregen, 2, S. 516)	S (links)	Ja	8 – 15 m	sehr stark	○ ◑	IV – V, blau-violett, weiß, rosa	P, L, F, W, B	♄, Blüten erscheinen vor und mit dem Laubaustrieb, ▤, ☠, Blüten einer Traube öffnen sich fast gleichzeitig, spätfrostempfindlich (frühe Blüte), weiter s. *W. floribunda*

1 *Parthenocissus tricuspidata* (Wilder Wein)

2 *Wisteria sinensis* (Wisterie / Blauregen / Glyzinie)

3 *Hydrangea anomala ssp. petiolaris* (Kletterhortensie)

4 Fassadenbegrünung mit verschiedenen Kletterpflanzen

5 *Clematis montana* (Bergwaldrebe)

6 *Clematis alpina* (Alpenwaldrebe)

7 *Clematis*-Hybriden 'Nelly Moser'

1 *Lonicera caprifolium*
(Jelängerjelieber)

2 Kletterrose

3 *Hedera helix*
(Efeu)

4 *Jasminum nudiflorum*
(Winterjasmin)

5 *Menispermum canadense*
(Mondsame)

6 *Aristolochia macrophylla*
(Pfeifenwinde)

7 *Cymbalaria muralis*
(Zimbelkraut)

8 *Campsis radicans*
(Trompetenblume)

9 *Lonicera heckrottii*
(Feuergeißblatt)

10 *Humulus lupulus*
(Gemeiner Hopfen)

11 *Fallopia baldschuanica*
(Schlingenknöterich)

12 *Clematis vitalba*
(Gemeine Waldrebe)

4.2 Einjährige Arten

Pflanzenname	Klettertechnik	Wuchshöhe bis etwa	Standort	Blütezeit und -farbe	Verwendung (gut geeignet für …)	Sonstiges
Cobaea scandens **Polemoniaceae** (Glockenrebe, 1, S. 519)	R	6 m	○ ◑	VII – X, weiß-violett	W, F, P, L, Z, Sp, Bk	bildet rasch eine dichte Begrünung, Anzucht durch Aussaat unter Glas ab März (18 – 20 °C, 3 Samen/10 er Topf), Ende Mai auspflanzen (Abstand 50 cm), Direktaussaat Mitte Mai möglich, ♄, frostfreie Überwinterung
Cucurbita pepo var. ovifera **Cucurbitaceae** (Zierkürbis, 2, S. 519)	R	6 – 8 m	○	VII – IX, gelb	W, F, L, P, Z	bildet rasch eine dichte Begrünung, Anzucht durch Aussaat unter Glas ab Mitte April (10 – 15 °C, 3 Samen/11er-Topf), Ende Mai auspflanzen, Abstand 60 cm, ꝏ (jung essbar!) in verschiedenen Formen und Farben
Cyclanthera brachystachya **Cucurbitaceae** (Explodiergurke)	R	5 m	○ ◑	grünlich weiß (unscheinbar)	Z, Sp, L, P	Früchte mit derben Stacheln besetzt, ꝏ, ⟿
Humulus japonicus **Moraceae** (Japanischer Hopfen)	S (rechts)	3 – 6 m	○ ◑	VII – VIII, gelbgrün	W, F, L, P, Sp, Z, Bk	bildet rasch eine dichte Begrünung, Anzucht durch Aussaat unter Glas ab März (18 – 20 °C, 3 Samen/11er-Topf) bzw. ab April ins Freie, ab Mitte Mai auspflanzen, Abstand 50 – 60 cm, zweihäusig, Selbstaussaat
Ipomoea tricolor **Convolvulaceae** (Prunk-/Kaiserwinde, 3, S. 519)	S	3 – 5 m	○ warm und geschützt	VII – IX, weiß, blau, karminrot	W, F, Z, Bk	bildet rasch eine dichte Begrünung, Anzucht durch Aussaat unter Glas ab März (18 – 20 °C 4 Samen/10er-Topf) bzw. ab Ende Mai ins Freie, Pflanzabstand 40 cm, Blüten nur in Morgenstunden geöffnet, verschiedene Sorten, ♃ (einjährig gezogen), frostfreie Überwinterung
Lathyrus odoratus **Fabaceae** (Duftwicke, 4, S. 519)	R	1 – 2 m	○ warm und geschützt	VI – IX, diverse Farben	Sp, Z, Bk, W	D, ✂, Aussaat ins Freie ab Ende März, liebt keine Mittagssonne, Entfernung der verblühten Blüten fördert die Blühwilligkeit, diverse Sorten
Phaseolus coccineus **Fabaceae** (Feuerbohne, 5, S. 519)	S (links)	2 – 4 m	○	VI – IX, scharlachrot	L, Z, P, W	bildet rasch eine dichte Begrünung, junge Früchte im gekochten Zustand essbar (roh giftig!), Anzucht durch Aussaat unter Glas ab April bzw. ab Anfang Mai ins Freie
Thunbergia alata **Acanthaceae** (Schwarzäugige Susanne, 7, S. 519)	S (links)	1 – 2 m	○ warm und geschützt	V – X, gelb, orange, rosa, weiß	Sp, Z, Bk Bodendecker	Anzucht ab März durch Aussaat unter Glas (5 Samen/10er-Topf), auspflanzen Ende Mai, Abstand 30 bis 40 cm, verschiedene Sorten, Verwendung auch als Hängepflanze, Staude (meist einjährig gezogen)
Tropaeolum majus **Tropaeolaceae** (Kapuzinerkresse, 8, S. 519)	R	2 – 4 m	○ ◑ warm und geschützt	VII – X, gelb/orange/rot	Z, L, P, W, Bk	Blüten, -knospen (unechte Kapern) und junges Laub (Salat) essbar, Anzucht unter Glas ab April (5 Samen/10er-Topf), Aussaat Anfang Mai ins Freie, verschiedene Sorten
Tropaeolum majus **Tropaeolaceae** (Kanarische Kapuzinerkresse, 6, S. 519)	R	2 – 4 m	○ warm und geschützt	VI – X, zitronengelb	S, Z, Bk	Gut passend zu Wildem Wein, Prachtwinde und Glockenrebe, Direktaussaat oder vorkultivieren und pflanzen, bei Trockenheit wässern

Tab. 1 Einjährige bzw. einjährig gezogene Kletterpflanzen (Legende s. S. 511 unten)

Wo eine dauerhafte Begrünung nicht erwünscht ist, bietet sich die Verwendung von **einjährigen Kletterpflanzen** an. In der Regel reichen einfache Klettervorrichtungen aus Zweigen, Ästen oder Maschendraht aus. Unter den einjährigen Arten finden sich Pflanzen, die zur direkten Aussaat an Ort und Stelle geeignet sind, wie auch solche, die aufgrund ihrer längeren Entwicklungszeit bzw. höheren Wärmeansprüche einer **Vorkultur unter Glas** bedürfen (Tab. 1). Letztere werden als Topfware angeboten, die Mitte/Ende Mai, wenn keine Frostgefahr mehr besteht, ins Freiland ausgepflanzt werden kann. Die zur Direktaussaat geeigneten Pflanzen werden durch eine Vorkultur unter Glas in ihrer Entwicklung gefördert.

1 *Cobaea scandens* (Glockenrebe)

2 *Cucurbita pepo var. ovifera* (Zierkürbis)

3 *Ipomoea tricolor* (Prunk-/Kaiserwinde)

4 *Lathyrus odoratus* (Duftwicke)

5 *Phaseolus coccineus* (Feuerbohne)

6 *Tropaeolum peregrinum* (Kanarische Kapuzinerkresse)

7 *Thunbergia alata* (Schwarzäugige Susanne)

8 *Tropaeolum majus* (Kapuzinerkresse)

4.3 Obstspaliere

4.3.1 Wärme- und Lichtverhältnisse

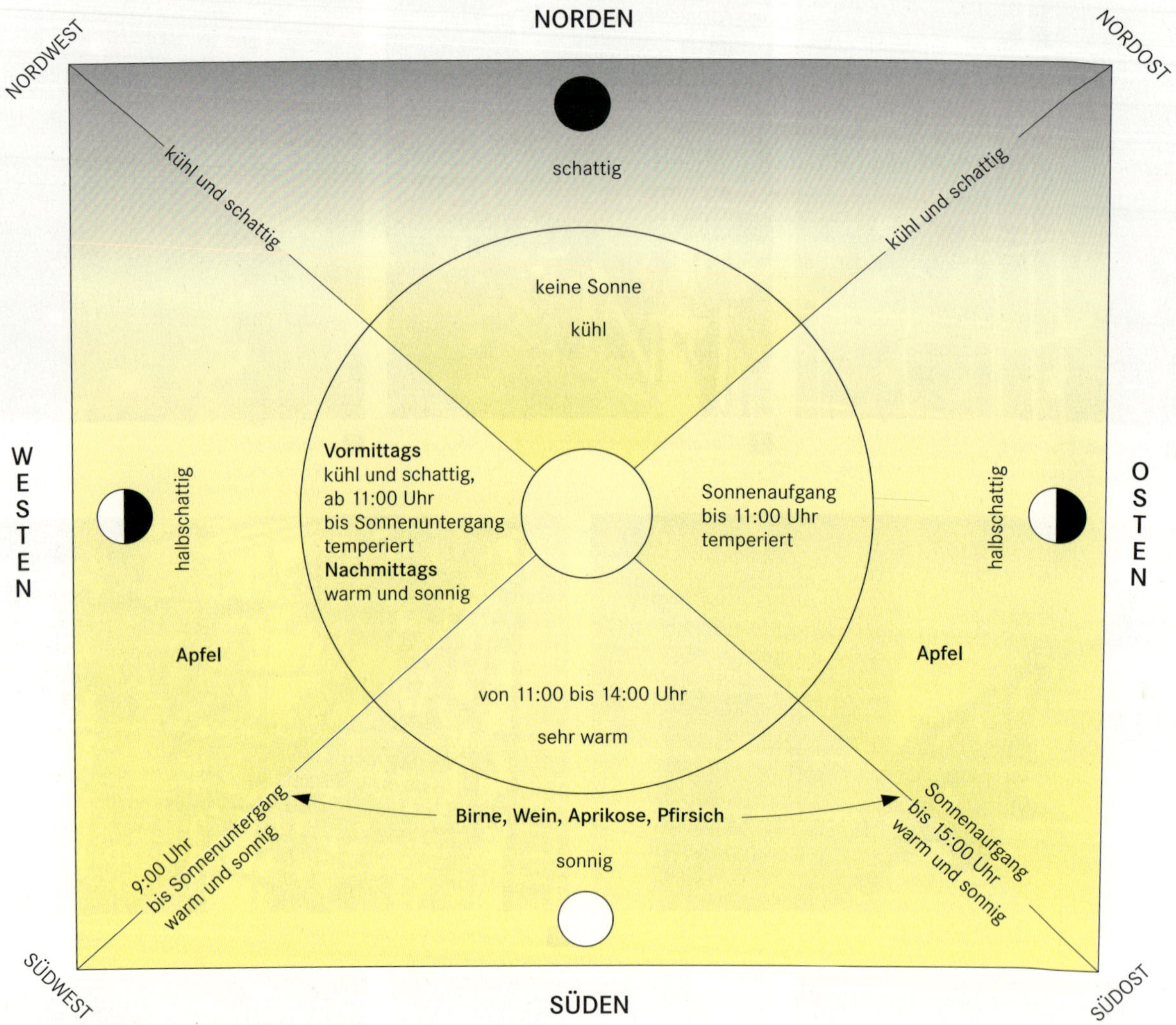

1 Wärme- und Lichtverhältnisse am Haus

2 Birnenspalier – das häufigste Spalierobst

Obstspaliere bieten mit ihrer Blütenpracht eine sehr dekorative und zugleich nützliche Form der Fassadengestaltung. Geeignet für diese Art des Obstanbaus ist in erster Linie die Südseite eines Hauses. Aufgrund der langen täglichen Besonnung bietet sie den Pflanzen am meisten Licht und Wärme (1). Somit ermöglichen Obstspaliere nicht nur einen Obstanbau auf kleinstem Raum, sondern auch die Kultur wärmebedürftiger Obstarten (Birnen, 2, Pfirsiche, Aprikosen, Kiwi und Wein) oder -sorten, für die es sonst in freier Lage zu kalt wäre. Neben frei wachsenden Pflanzen findet man an Spalieren vor allem streng geformte (Tab. 1, S. 521).

4.3.2 Spalierformen

Baumform	Kennzeichen
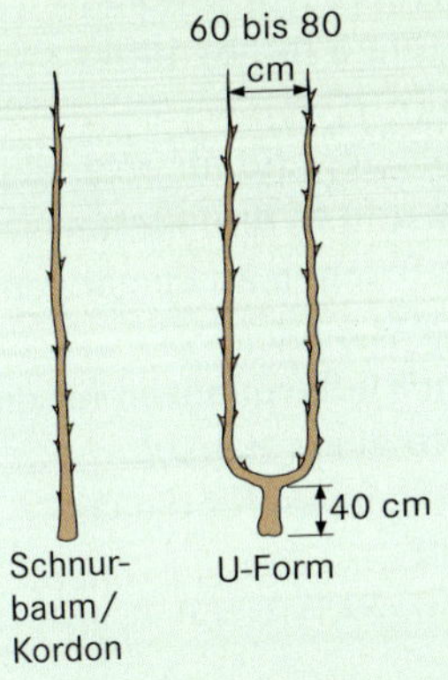	**Schnurbaum** Senkrechter Stamm mit kurzem Fruchtholz, Abstand zwischen den einzelnen Bäumen 50 bis 60 cm. **U-Form** Haupttrieb entfernt, Seitenäste mit kurzem Fruchtholz in einem Bogen nach oben geleitet.
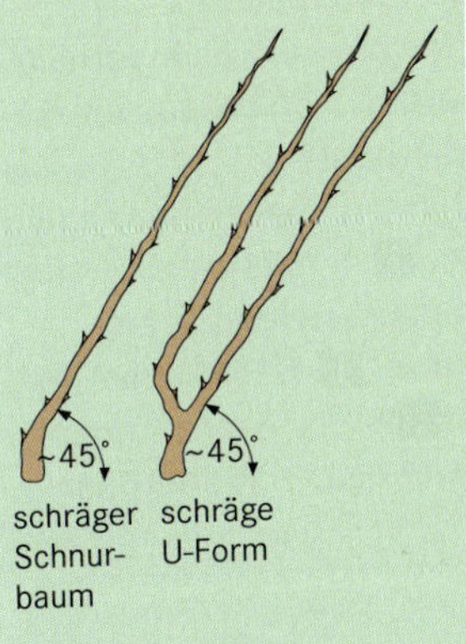	Schrägführung von Schnurbaum und U-Form (beim Pflanzen im 45°-Winkel setzen) → im Vergleich zur senkrechten Form erhöhter Fruchtertrag, bessere Platzausnutzung und gute Erreichbarkeit der Früchte, Drähte entsprechend den Spalierstufen in 60, 120 und 180 cm spannen. Wandabstand 10 bis 15 cm (Luftzirkulation!).
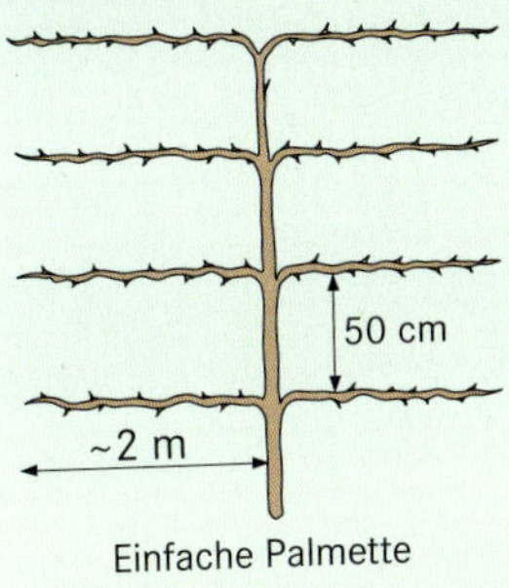	Haupttrieb eines unverzweigten Jungbaums auf etwa 40 cm über den Boden zurückgeschnitten, austreibende Seitentriebe waagerecht gezogen.
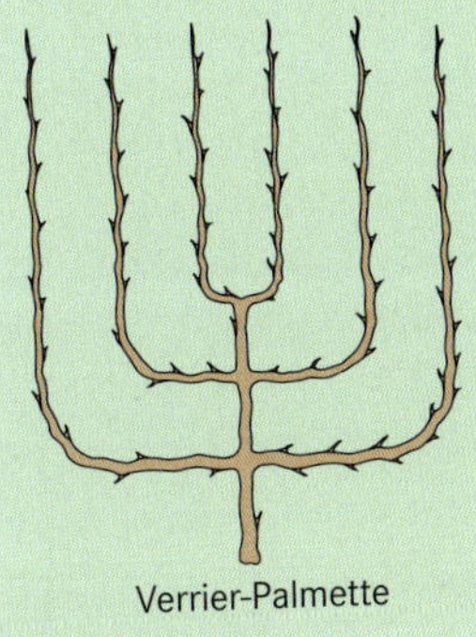	Einfache Palmette, deren waagerechte Seitenäste an den Enden nach oben geführt werden. Anordnung gewährleistet eine gute Nährstoffversorgung auch der untersten Äste.

Tab. 1 Spalierformen

4.3.3 Spaliererziehung

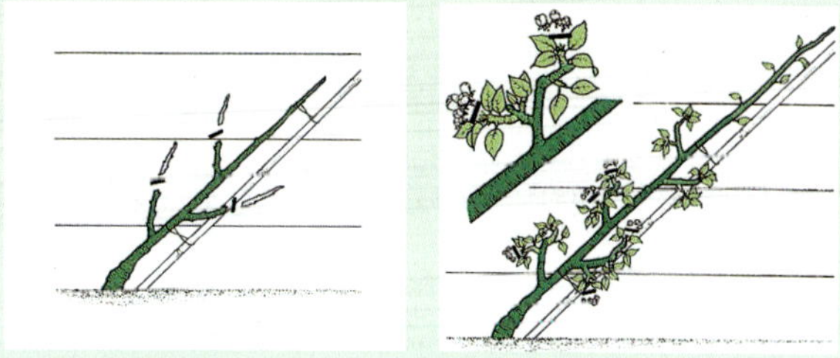

1 Beim Pflanzen zwischen Spätherbst und Frühjahresbeginn den Jungbaum im 45-Grad-Winkel setzen. Die Veredelungsstelle befindet sich über der Erde, die Edelsorte möglichst weit oben. Den Schnurbaum an zwei Punkten des Stabs befestigen und Seitentriebe auf vier Augen einkürzen.

2 Blüten im zweiten Standjahr entfernen, die basale Blattrosette jedoch intakt lassen.

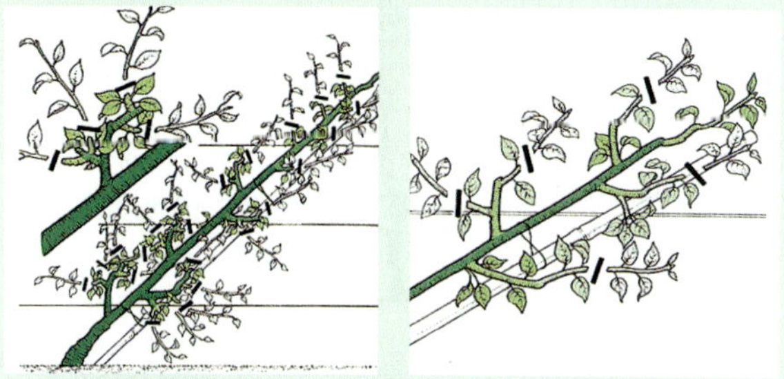

3 Mit dem Lorette-Schnitt zwischen Hoch- und Spätsommer im zweiten Standjahr beginnen. Oberhalb der basalen Blattrosette alle verholzten stammbürtigen Seitentriebe, die über 25 cm lang sind, auf drei gut entwickelte Blätter kürzen. Alle Seitentriebe zweiter Ordnung, die sich aus dem Kurztriebsystem entwickelt haben, auf ein Blatt oberhalb der basalen Blattrosette reduzieren.

4 Im Herbst den Neuwuchs, der sich nach dem Sommerschnitt entwickelt hat, direkt vor dem Laubfall entfernen. Auf ein Blatt oder Auge bis zum ausgereiften Holz zurücknehmen.

5 Wenn der Leittrieb die gewünschte Höhe erreicht und über den obersten Draht hinausgewachsen ist, wird er dann im Spätfrühling bis etwa 15 cm oberhalb des Drahts zurückgeschnitten.

6 Im Hochsommer der darauf folgenden Jahre die Verlängerung der Leittriebe auf 2,5 cm reduzieren. Den Sommerschnitt weiterführen, wobei verholzte, stammbürtige Seitentriebe, die länger als 25 cm sind, auf drei Blätter und Seitentriebe zweiter Ordnung auf ein Blatt oberhalb der basalen Blattrosette gekürzt werden.

1 Spaliererziehung als schräge Schnurbäume

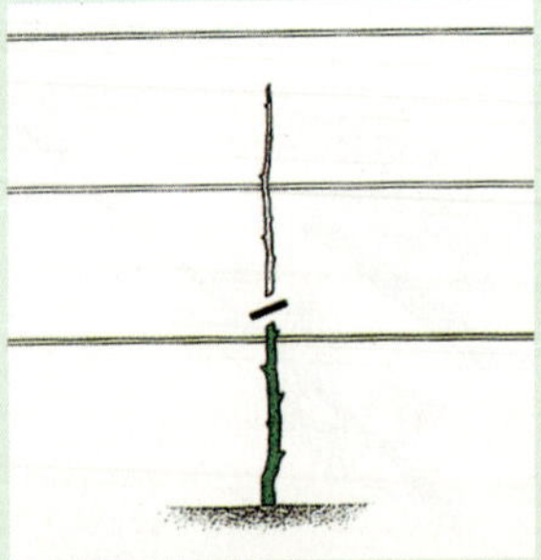

1 Zwischen Spätherbst und Ende Winter einen unverzweigten, frisch gepflanzten Jungbaum auf die oberste von drei gut entwickelten Knospen, etwa 40 cm über dem Boden, zurückschneiden.

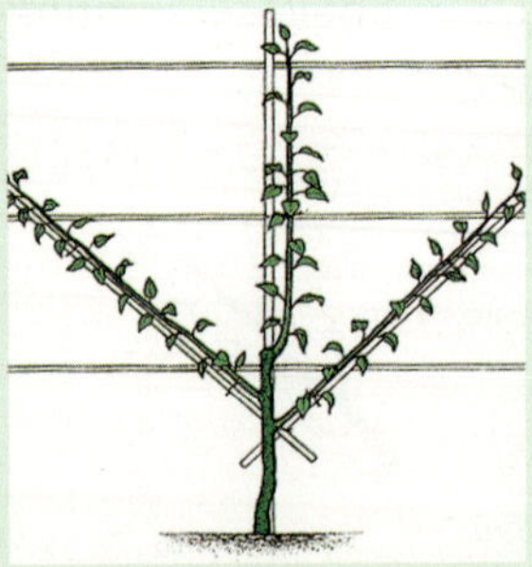

2 Im Sommer die Triebe an Stäben anbinden: Den obersten vertikal und die Arme in einem Winkel von 45 Grad befestigen.

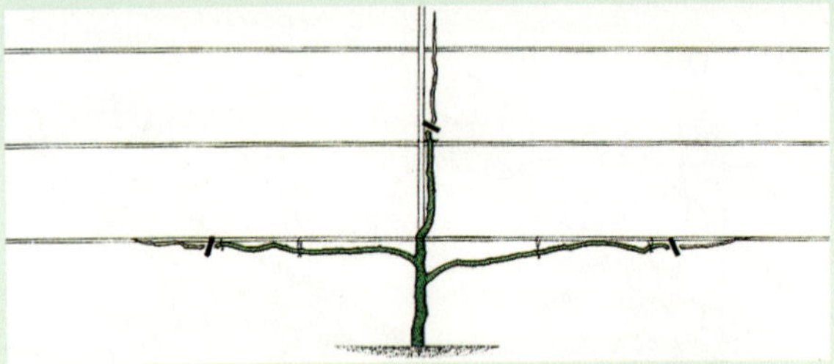

3 Im Spätherbst zwei Arme vorsichtig absenken und hinunterbinden. Bei schwachem Wachstum der Leittriebe diese um etwa ein Drittel kürzen. Den Mitteltrieb auf die oberste von drei gut entwickelten Knospen, ca. 50 cm über den untersten Zweigen, reduzieren. Andere Seitentriebe auf drei Augen zurückschneiden.

4 Im zweiten Sommer den Mitteltrieb vertikal und, wie bereits bei der ersten Etage, die beiden Arme in einem Winkel von 45 Grad erziehen. Seitenzweige, die aus den Horizontalarmen wachsen, auf drei Blätter oberhalb der basalen Blattrosette zurücknehmen.

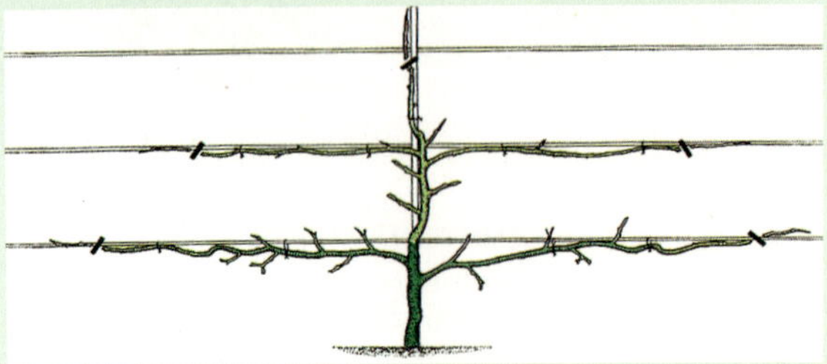

5 Im Spätherbst des zweiten Jahrs die zwei obersten Arme vorsichtig nach unten binden. Schwache Triebe um ein Drittel kürzen. Den Mitteltrieb etwa 50 cm oberhalb der zweiten Etage auf die oberste von drei gut ausgebildeten Knospen kürzen.

1 Spaliererziehung als einfache Palmette

? Aufgaben

◑ 1. Ordnen Sie die Kletterpflanzen der Tab. auf S. 511 ff. den folgenden drei Wuchshöhengruppen zu: a) niedrig (bis 3 m), b) mittel (bis 10 m) und c) hoch (> 10 m).

◑ 2. Nennen Sie a) drei Schlinger, die für schmale Fensterzwischenräume und b) drei Kletterpflanzen, die für kleine Flächen an Eingängen, Sockeln usw. gut geeignet sind.

◑ 3. Nennen Sie jeweils drei Kletterpflanzen für die a) Nord- und b) Südseite eines Hauses.

◑ 4. Welche Pflanzen sind allgemein für die Ost- und Westseite geeignet?

○ 5. Nennen Sie fünf einjährige Kletterpflanzen und ihre Klettertechnik.

◑ 6. Welche Vorteile bieten Obstspaliere?

◑ 7. Beschreiben Sie die Wärme- und Lichtverhältnisse am Haus. Was ergibt sich daraus für die Verwendung von Spalierobst?

◑ 8. Nennen Sie die wichtigsten Spalierformen und ihre Kennzeichen (Tab. **1**, S. 521).

◑ 9. Beschreiben Sie die Spaliererziehung als a) schräge Schnurbäume (**1**, S. 521) und b) einfache Palmette (**1**).

◑ 10. Erstellen Sie für die wichtigsten Kletterpflanzen Steckbriefe.

5 Pflanzung und Pflege

5.1 Pflanzung

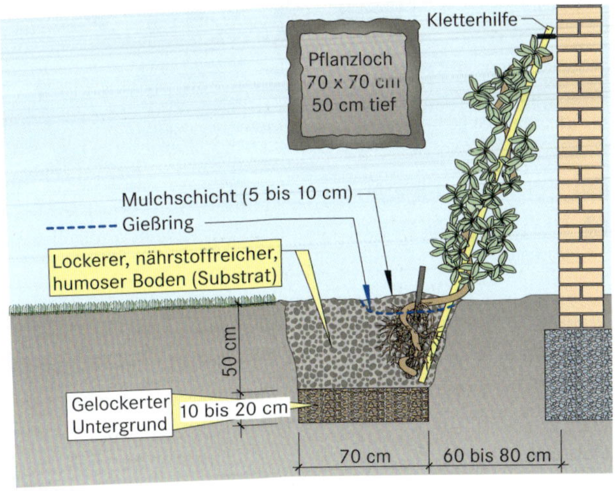

1 Pflanzung von Kletterpflanzen

Die Qualität der verwendeten Kletterpflanzen muss der DIN 18916 entsprechen, wobei für Gehölze die „Gütebestimmung für Baumschulpflanzen" und für Stauden die **„Gütebestimmung für Stauden"** der Forschungsgesellschaft Landschaftsentwicklung Landschaftsbau e.V. (FLL) gilt. Gehölzartige Kletterpflanzen müssen danach mindestens zwei, besser drei bis fünf kräftige Triebe aufweisen. Eine Ausnahme bilden einjährige *Clematis*-Hybriden und *Parthenocissus tricuspidata* 'Veitchii' (**1**, S. 516).

Da Kletterpflanzen in Töpfen oder Containern angeboten werden, ist eine **ganzjährige Pflanzung** möglich. Mit dem Spaten wird das Pflanzloch ausgehoben. Um eine gute Pflanzenentwicklung zu gewährleisten, sollte es mindestens 0,5 m^2 groß und 0,5 m tief sein, wobei zusätzlich der Untergrund des Pflanzloches mit der Grabegabel zu lockern ist. Der insgesamt durchwurzelbare Raum sollte mindestens 1 m^3 betragen. Der Aushub ist bis zur Hälfte mit Kompost zu verbessern. Bauschutt ist zu entfernen, eine Schädigung der Fundamente bzw. vorhandener Ver- und Entsorgungsleitungen kann durch den Einbau durchwurzelungsfester Schutzbahnen vermieden werden. Damit die Pflanzen nicht zu sehr im Regenschatten der Fassade stehen, sollte ein Pflanzabstand von 60 bis 80 cm zum Mauerwerk eingehalten werden. Die Pflanzen werden so tief gesetzt, wie sie zuvor in der Baumschule gestanden haben. Gehölze, die an ihren Sprossachsen zusätzliche Wurzeln bilden, können auch tiefer gepflanzt werden.

Clematis werden möglichst tief gepflanzt (Veredlungsstelle im Boden). Der Vorteil ist der, dass sich die für die *Clematis*-Welke (Pilzkrankheit) anfälligen Hybriden und andere Arten nach einem Absterben der oberirdischen Pflanzenteile („Clematissterben") aus ruhenden Augen der Sprossbasis/Veredlungsstelle heraus regenerieren können. Zudem werden kräftig wachsende Pflanzen (Edelreis bildet an der Veredlungsstelle zusätzliche Wurzeln) seltener von den Gefäßparasiten befallen.

Kletterpflanzen werden leicht schräg gepflanzt und mit einem Stab zur Kletterhilfe geleitet, an der die jungen Triebe befestigt werden. Auch Selbstklimmer sind bis zur Ausbildung eigener Haftorgane, z. B. mit einem Klebeband, an dem Baukörper zu fixieren. Nach dem Pflanzen und gründlichem Angießen wird die Pflanzfläche mit einer 5 bis 10 cm dicken Mulchschicht, z. B. auch Tonscherben, abgedeckt. Als ursprüngliche Wald- oder Waldrandpflanzen lieben die meisten Kletterpflanzen einen warmen „Kopf" und einen kühlen „Fuß". Auch eine Unterpflanzung mit z. B. Stauden oder Bodendeckern ist möglich. Im öffentlichen Bereich sind ggf. Schutzmaßnahmen gegen Vandalismus, Befahren und Betreten der Pflanzfläche zu ergreifen (**1**).

5.2 Pflege

Die Entwicklungs- und Unterhaltungspflege beschränkt sich im Allgemeinen auf folgende Tätigkeiten:

- Düngen (je stärker das Wachstum, desto höher der Nährstoffbedarf) und Wässern (bei Trockenheit, vor allem bei Regenschattenlagen: Ost- und Südseiten)
- Lockern und Säubern der Pflanzflächen
- Schnittmaßnahmen
- Je nach Wüchsigkeit von Zeit zu Zeit Fest- und Aufbinden der Triebe (Rinde darf nicht eingeschnitten werden!) sowie Erneuerung oder Reparatur der Kletterhilfen
- Dachrinnen, ziegelgedeckte Dächer, Fenster, Lüftungsöffnungen und technische Einrichtungen (z. B. Regenrinnen, -fallrohre, Antennenkabel, Blitzschutzeinrichtungen, Rollladenkästen) sind von Zeit zu Zeit freizuschneiden
- Anbringung eines Winterschutzes bei frostempfindlichen Pflanzen
- Pflanzenschutzmaßnahmen bei Bedarf

? Aufgaben

○ 1. **Wie groß sollten a) das Pflanzloch und b) der gesamte durchwurzelbare Raum mindestens sein, damit sich Kletterpflanzen optimal entwickeln können?**

○ 2. **Welche Arbeiten fallen bei der Entwicklungs-/Unterhaltungspflege an?**

6 Wandgebundene Fassadenbegrünung

1 Wandgebundene Begrünung mit sofortiger Flächenwirkung und fast grenzenlosem Gestaltungsspielraum

In städtischer Umgebung gewinnen **wandgebundene Begrünungen** zunehmend an Bedeutung. Im Gegensatz zur herkömmlichen Fassadenbegrünung haben sie keinen Kontakt zum natürlichen Boden. Die Pflanzen gedeihen sowohl in **Pflanzgefäßen**, die mit Substrat gefüllt sind, als auch auf **modularen Platten- und Mattenelementen** sowie **Geovliesen**, die an einer Unterkonstruktion an der Fassade angebracht sind. Nach der Anordnung der Vegetationsflächen wird zwischen **horizontalen und vertikalen Bauweisen** unterschieden. Zur Begrünung gibt es eine **breite Auswahl an Pflanzen**, darunter Stauden, Gräser, Farne, Geophyten, Moose, Gehölze, Kletterpflanzen und Nutzpflanzen wie Obst und Gemüse. Diese Vielfalt, die auch zu der Bezeichnung **„vertikale Gärten“** oder **„Living Walls“** geführt hat, ermöglicht fast **unbegrenzte Gestaltungsmöglichkeiten** und eine **sofortige Begrünung** großer Flächen (**1**). Aufgrund des geringen Substratvolumens müssen Wasser und Nährstoffe regelmäßig zugeführt werden. Dies geschieht idealerweise über eine **automatische Bewässerung** (Tröpfchenbewässerung), die sinnvollerweise über eine **Regenwasserbevorratung** erfolgt (s. Kap. automatische Bewässerungsanlagen). Die **Ableitung von Überschusswasser** muss gewährleistet sein, wobei möglichst eine **Rückführung in den Bewässerungskreislauf** erfolgen sollte. Die **Nährstoffzufuhr** zum Bewässerungswasser geschieht über eine Dosierstation mit Flüssigdünger (Bewässerungsdüngung, **2**, S. 536).

Für die Realisierung einer wandgebundenen Fassadenbegrünung, bei der keine direkte Verbindung zum natürlichen Boden besteht, kommt der **Wand- und Fassadenbeschaffenheit** eine entscheidende Bedeutung zu. Sie muss geeignet sein, die zusätzlichen Lasten aufzunehmen. Neben dem **Eigengewicht der Begrünung** im wassergesättigten Zustand sind auch **Niederschlagslasten** (Schnee und Eis) und, vor allem bei höheren Gebäuden, die **Windlasten** (Druck- und Sogwirkungen) zu berücksichtigen. Bei der

2 Eine umfassende Planung – der Schlüssel zu einer erfolgreichen und nachhaltigen Wandbegrünung

Planung sollte ggf. ein Statiker miteinbezogen werden. Ein weiteres wichtiges Kriterium ist der **Schutz der Fassade** gegen Feuchtigkeit und Durchwurzelung. Eine **baurechtliche Genehmigung** durch die Bauaufsichtsbehörde kann erforderlich sein. Es sollte an einen **Zugang zur Fassade** wie auch an **Absperrmöglichkeiten** zwecks Pflege-, Wartungs- und Instandhaltungsarbeiten (Hubsteiger, Wartungsgänge, Leitern, Aufzügen ...) und eine **Absturzsicherung** ab 3 m Absturzhöhe wie auch **Passantenschutz** vor herabfallenden Teilen gedacht werden (**2**).

Bei der wandgebundenen Fassadenbegrünung können in erster Linie **drei verschiedene Bauweisen** unterschieden werden: die **Regalbauweise** sowie die **modulare und flächige Bauweise.**

! Merke

Eine fachgerechte Planung und Installation ist erforderlich, um sicherzustellen, dass die Begrünung die Bausubstanz nicht beschädigt und die Gebäudehülle intakt bleibt. Gegebenenfalls sind Baufachleute zu Rate zu ziehen.

! Hinweis

Für die Frage, ob für die Fassadenbegrünung eine **baurechtliche Genehmigung** benötigt wird, ist die **Bauaufsichtsbehörde** der Ansprechpartner.
Die Anforderungen an den baulichen **Brandschutz** werden nach den **Gebäudeklassen** (1 bis 5) bemessen. Je höher das Gebäude, desto höher die Gebäudeklasse und desto höher die Brandschutzanforderungen.
Für die Begrünung von **Baudenkmälern** ist die Genehmigung beim **Denkmalschutz** einzuholen.
Zur Förderung von Fassaden- und Dachbegrünungen gibt es häufig auf kommunaler, Landes- und Bundesebene verschiedene **Förderprogramme**, die Zuschüsse oder zinsgünstige Darlehen anbieten.

6.1 Regalbauweise

Die **Regalbauweise** orientiert sich an **klassischen Blumenkästen** mit horizontalen Vegetationsflächen. Bei dieser Konstruktionsform werden die Pflanzgefäße einzeln oder linear (lineares System), ähnlich einem Regal, angeordnet. Die Regalbauweise eignet sich besonders gut zur Begrünung horizontaler und vertikaler Flächen zwischen Fenstern. Die Pflanzbehälter können auf Tragkonstruktionen an der Fassade befestigt, auf Wandkonsolen platziert, von Balkonen und Dächern herabhängend angeordnet oder an Gerüsten vor der Fassade angebracht werden (1, S. 526).

6.2 Modulare Bauweise

Bei der **modularen Bauweise** (modulare Systeme) kann zwischen modularen Elementen mit horizontalen und vertikalen Vegetationsflächen unterschieden werden. Zur Begrünung werden meist in Gärtnereien vorkultivierte, allgemein 0,5 bis 1,5 m² große **Vegetationsmodule** verwendet. Sie können einzelne oder Gruppen von Pflanzen enthalten. Die Anbringung der Module (Felder) erfolgt überwiegend an aus Leichtmetall bestehenden Tragkonstruktionen. Dabei können sie wie ein Raster über die Fassade verteilt und zu beliebig großen Flächen zusammengesetzt werden. Die modulare Anordnung ermöglicht eine gezielte Gestaltung und erleichtert die Pflege, da einzelne Module leichter zugänglich sind und separat behandelt werden können (1, S. 526).

6.3 Flächige Bauweise

Bei der **flächigen Bauweise** (flächige Systeme) erstreckt sich die Begrünung über eine größere zusammenhängende Fläche. Diese wird meist durch die Verwendung von Textil- oder Metallblech-Systemen mit Wuchsöffnungen, in die die Pflanzen eingesetzt werden, erreicht. Im Gegensatz zur modularen Anordnung wirkt eine flächige Begrünung oft homogener. Ein Austausch von einzelnen Teilen wie bei der modularen Bauweise ist nicht möglich (1 und 1, S. 526).

6.4 Wand- und bodengebundene Begrünung im Vergleich

Die wandgebundene Begrünung weist deutliche Unterschiede zur bodengebundenen Begrünung auf, bedingt durch diverse Faktoren. Einerseits eröffnet sie ein **breites Spektrum an Gestaltungsmöglichkeiten** und ermöglicht eine **unmittelbare Begrünung** der Fassade. Andererseits

1 Mooswände sind eine spezielle Variante modularer bis flächiger Begrünung. Sie sind visuell ansprechend, reinigen und kühlen die Luft, regulieren die Luftfeuchtigkeit, sind wartungsarm und langlebig. Zur Gewährleistung einer hohen Luftfeuchtigkeit hat sich der Einbau von Nebeldüsen bewährt.

liegen die **Herstellkosten** im Bereich von drei- bis vierstelligen Beträgen pro Quadratmeter. Zudem erfordert sie einen erhöhten Aufwand für **Pflege, Wartung und Instandhaltung**. Der Aufwand steigt mit der Höhe der Begrünung, da die Pflanzen mit zunehmender Höhe **extremen Wachstumsbedingungen** an der Fassade ausgesetzt werden, und die **Arbeitsbedingungen erschwert** sind. Hinzu kommen, neben den üblichen Pflegemaßnahmen (s. Kap. 5.2), der Ersatz ausgefallener Pflanzen, ein saisonal bedingter Austausch von Arten und Sorten, die Überwachung und ggf. Umstellung der automatischen Bewässerung und Nährstoffzufuhr sowie regelmäßige Kontrollen der Tragkonstruktion und des Feuchtigkeits- und Durchwurzelungsschutzes (Tab. 1). Insgesamt erfordern Pflege, Wartung und Instandhaltung wandgebundener Begrünung ein hohes Maß an Aufmerksamkeit und Fachkenntnis, um eine nachhaltige und ästhetisch ansprechende Begrünung zu gewährleisten.

Fassadenbegrünung		
Kriterien	**bodengebunden**	**wandgebunden**
Investitionsaufwand	gering bis hoch	hoch bis sehr hoch
Pflege/Wartung/ Instandhaltung	gering	mittel bis sehr hoch
Gestaltungsspielraum	gering bis mittel	mittel bis sehr groß
mögliche Artenvielfalt	gering bis mittel	mittel bis sehr hoch
Brandgefahr	sehr gering	niedrig bis hoch[1]
Flächenwirkung	mittel- bis langfristig	sofort bis kurzfristig
Lebensdauer	lang bis sehr lang	kurz bis lang

[1] je nach verwendetem Material

Tab. 1 Boden- und wandgebundene Begrünung in der Gegenüberstellung

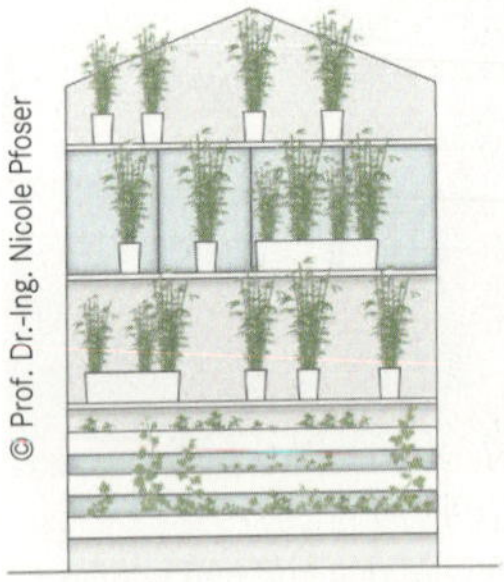

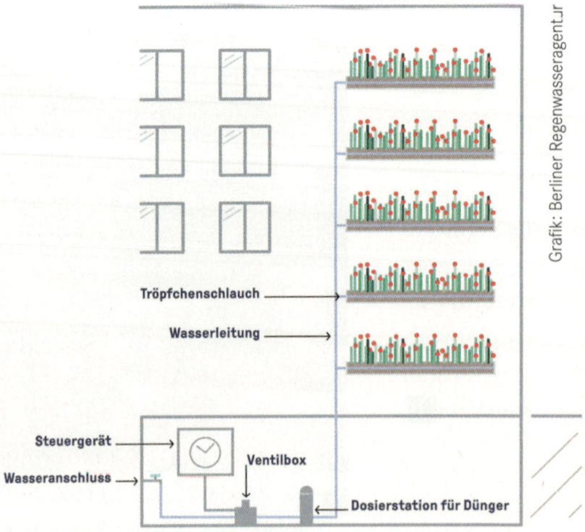

Regalbauweise – lineares System – horizontale Anordnung der Vegetationsflächen

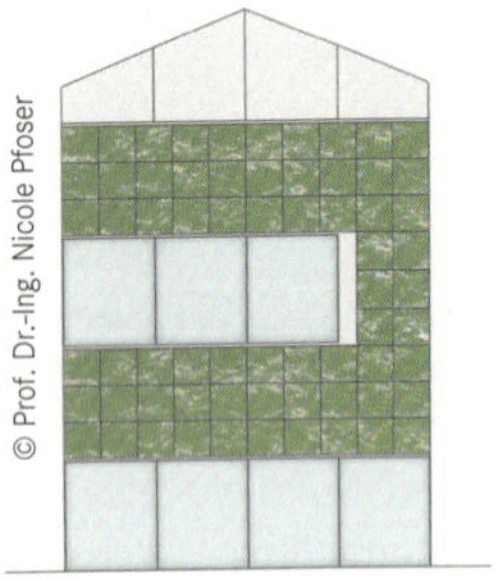

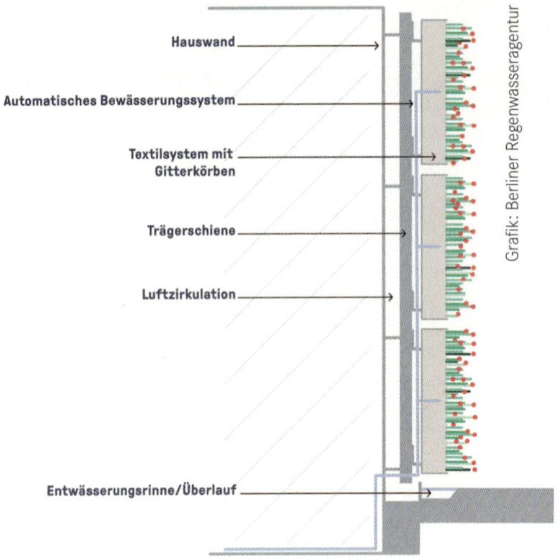

Modulare Bauweise – modulares System – horizontale oder vertikale Anordnung der Vegetationsflächen

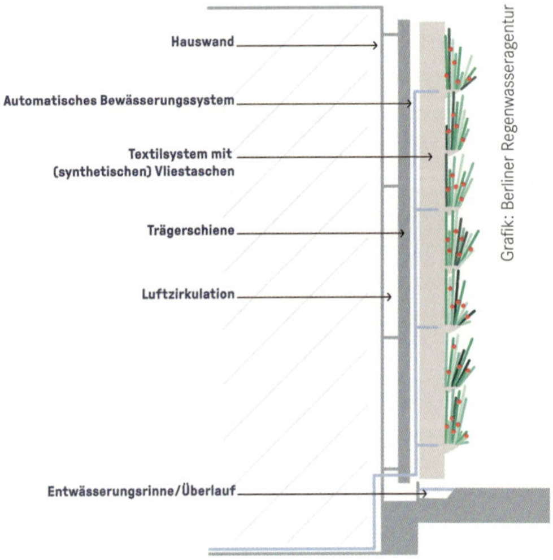

Flächige Bauweise – flächiges System – vertikale Anordnung der Vegetationsflächen

1 Bauweise wandgebundener Fassadenbegrünung

Hinweis

Bei der Planung von Fassadenbegrünungen sind zu beachten:

- **DIN 18915** Vegetationstechnik im Landschaftsbau – Bodenarbeiten
- **DIN 18916** Vegetationstechnik im Landschaftsbau – Pflanzen und Pflanzarbeiten
- **Fassadenbegrünungsrichtlinien** – Richtlinien für Planung, Bau und Instandhaltung von Fassadenbegrünungen (FLL)
- **DIN EN 1991-1-4** „Windlasten“

Aufgaben

○ 1. Was versteht man unter einer wandgebundenen Fassadenbegrünung?

○ 2. Nennen Sie Punkte, die bei der Planung einer wandgebundenen Begrünung zu beachten sind.

○ 3. Welche drei Bauweisen werden bei der wandgebundenen Fassadenbegrünung unterschieden?

Aufgaben (Fortsetzung)

◑ 4. Welche wesentlichen Vor- und Nachteile hat eine wandgebundene Begrünung gegenüber einer bodengebundenen?

● 5. Wie beurteilen Sie die Verwendung von Mooswänden zur Verbesserung der Luftqualität in Großstädten?

◑ 6. Führen Sie unter den Passanten einer Fußgängerzone eine Befragung zur Fassadenbegrünung durch. Erstellen Sie dazu einen Fragebogen, mit dem Sie das „Pro und Kontra“ ermitteln können. Nach der Auswertung der Fragebögen präsentieren und diskutieren Sie die Ergebnisse in der Klasse.

● 7. Erarbeiten Sie Vorschläge zur Fassadenbegrünung an Ihrer Schule (Bestandsaufnahme Schulgelände, Wanderkundung, Auswahl des Pflanzenstandorts, Pflanzenauswahl, Bau/Planung von Kletterhilfen, Pflanzung, Aufstellung eines Pflegeplans).

Grüne Städte - Klimaresilienz

Dachbegrünung

1 Es war einmal eine Wiese

1 Bedeutung

Die Versiegelung des Bodens durch den Bau von Wohnsiedlungen, Industrie- und Gewerbebetrieben, Verwaltungsbauten, Parkflächen, Verkehrswegen usw. führt über die damit verbundene luft- und wasserdichte Abdeckung zu einem Verlust wichtiger Bodenfunktionen. Täglich gehen so etwa 50 ha[1] unbebauten Landes verloren. Negative Auswirkungen für die Umwelt ergeben sich vor allem aus der damit einhergehenden Vernichtung und Zerschneidung von Grünflächen sowie der großflächigen Zerstörung des Bodens[2].

Vor allem in den dicht besiedelten Innenstädten machen sich die negativen Folgen des Grünflächenverbrauchs bemerkbar. Natur ist aus diesen Gebieten weitgehend verschwunden bzw. auf ökologisch unbedeutende Reste zusammengeschrumpft. Bei intensiver Sonneneinstrahlung herrscht hier fast wüstenartiges, heißstaubiges Klima. Vor allem an windschwachen Tagen mit stabiler Luftschichtung (Inversionswetterlagen) können sich in Höhen von 30 bis 100 m Dunstglocken bilden, die den notwendigen Luftaustausch mit der Umgebung verhindern, sodass es in den bodennahen Luftschichten zu einer starken Erhöhung der Schadstoffkonzentration kommt (Smogalarm!).

Die großflächige Oberflächenversiegelung führt weiterhin dazu, dass der Niederschlag nicht mehr in den Boden eindringen und versickern kann. Die Folge ist ein beschleunigter Abfluss ins Kanalnetz, wodurch es zu einer Verminderung der Grundwasserneubildung und Reduzierung der Verdunstungsrate kommt. Das wiederum hat hohe Kosten für Bau und Unterhaltung ausreichend dimensionierter Kanäle, Kläranlagen (s. S. 489 ff.), Abwasser- und Rückhalteeinrichtungen zur Folge. Bei Starkregen sind diese jedoch nicht selten überfordert (Gefahr der Hochwasserbildung!).

Der zunehmende Verlust von Natur in unseren Ballungszentren hat dazu geführt, dass immer mehr Städter den Wunsch nach einem Leben im Grünen verspüren und die „Flucht aufs Land" antreten. Das heißt weitere Flächenversiegelungen und damit starke ökologische Belastungen der Stadtränder und stadtnahen Randgebiete (1).

Vor diesem Hintergrund gewinnt die Begrünung von Dächern immer mehr an Bedeutung. Kann doch mit ihrer Hilfe – zusammen mit anderen Begrünungsmaßnahmen – zumindest ein gewisser Ausgleich für die durch Überbauung verlorengegangenen Flächen geschaffen und ein Stück Natur und damit Lebensqualität in unsere Städte zurückgeholt werden (1, S. 529).

[1] Bis 2030 soll die zusätzliche Versiegelung auf 30 ha/Tag begrenzt werden.

[2] In Singapur ist vorgeschrieben, dass es eine Baugenehmigung nur gibt, wenn mindestens die Grünfläche wieder hergestellt wird, die das Gebäude verdrängen wird. Wäre das nicht auch etwas für Deutschland?

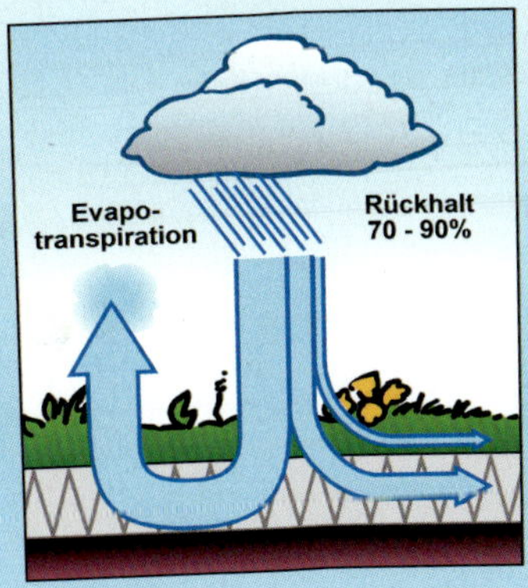

Niederschlagswasser

- verbesserte Wasserrückhaltung
- größere Verdunstung
- Reduzierung der Abwassermenge
- zeitverzögerter Abfluss des restlichen Wassers
- geringere Belastung von Kanalisation und Rückhalteeinrichtungen

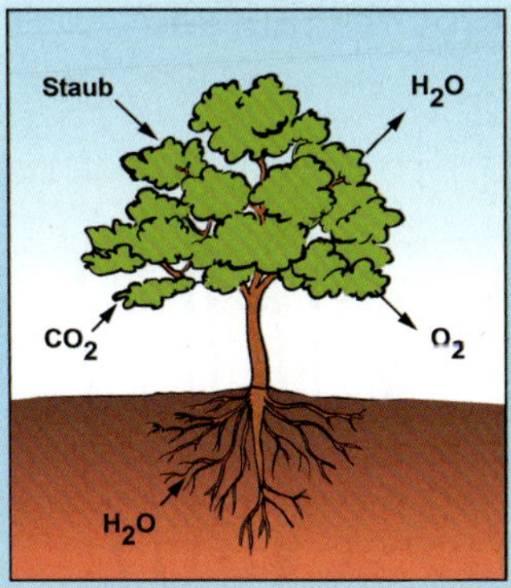

Klima

- höhere Luftfeuchtigkeit
- niedrigere Lufttemperatur

Luftqualität

- Feinstaub wird gebunden, Luftschadstoffe werden aufgenommen
- CO_2-Aufnahme
- O_2-Abgabe

Lebensqualität

- schöneres Stadtbild
- verbesserte Luftqualität
- angenehmeres Klima
- wärmedämmende Wirkung
- Lärmschutz
- zusätzliche Freiflächen
- Lebensraum für Pflanzen und Tiere

Dachhaut

- Schutz vor Witterungseinflüssen
- extreme Temperaturschwankungen werden abgefangen

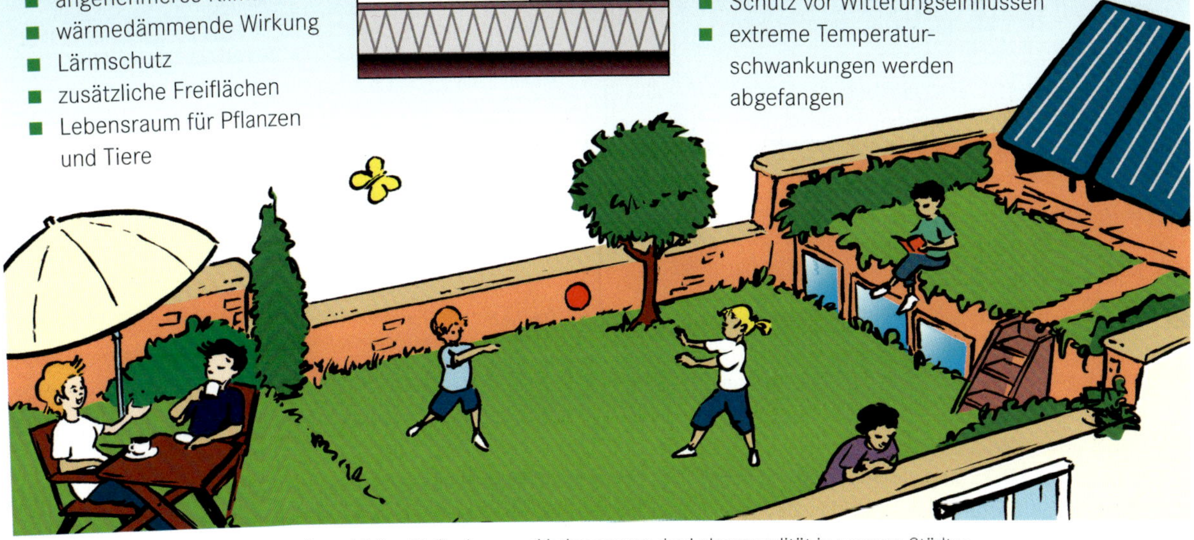

1 Die Begrünung von Dächern – eine wichtige Maßnahme zur Verbesserung der Lebensqualität in unseren Städten

Aufgaben

● 1. Welche Vorteile hat die Dachbegrünung für a) Ökologie, b) Stadtklima, c) Wasserhaushalt und d) das Gebäude?

◑ 2. Dachbegrünungen stellen eine besondere Form der Entsiegelung dar. Begründen Sie dies.

◑ 3. Erklären Sie die 1 auf Seite 528.

◑ 4. Machen Sie Vorschläge, wodurch die Begrünung von Dächern gefördert werden könnte.

2 Aufbau der Vegetationsfläche

2.1 Grundsätzlicher Schichtenaufbau

1 Grundsätzlicher Schichtenaufbau für Dachbegrünungen

Vegetationstragschicht (= Substrat)
Die Vegetationstragschicht dient den Pflanzen als Wurzelraum. Sie bietet den Wurzeln Halt und versorgt sie mit Wasser, Sauerstoff und Nährstoffen. Da vor allem diese Schicht aufgrund ihres Gewichtes die Statik eines Hauses beeinflusst, werden relativ geringe Schichtdicken angestrebt. Um dennoch ein optimales Pflanzenwachstum gewährleisten zu können, müssen Dachsubstrate

- strukturstabil sein,
- Wasser in pflanzenverfügbarer Form speichern,
- überschüssiges Wasser ableiten,
- bei maximaler Wassersättigung noch ausreichend Luft zur Wurzelatmung aufweisen und
- Nährstoffe in pflanzenverfügbarer Form speichern können.

Filterschicht
Die Filterschicht (Filtervlies) verhindert, dass feine Bodenteilchen aus der Vegetationstragschicht in die Dränschicht einsickern. Wasser und Luft können ungehindert hindurch. Gewicht ca. 100 bis 200 g/m^2.

Dränschicht (Dränmatte, Schüttstoff, Dränageformteil)
Die Dränschicht hat die Aufgabe, überschüssiges Wasser aus der Vegetationstragschicht aufzunehmen und den Dachabläufen zuzuführen (→ Belüftung des Wurzelraums). Bei entsprechender Ausbildung kann sie auch als zusätzlicher
Wasserspeicher (z. B. Wasserspeichermatte) dienen.

Durchwurzelungsschutz (Wurzelschutzfolie)
Ein Durchwurzelungsschutz (Kunststoffbahnen, -planen oder Flüssigabdichtung auf Basis von z. B. Polyesterharzbasis (UP)) ist bei nicht durchwurzelungsfester Dachabdichtung notwendig. Gewicht ca. 380 bis 1000 g/m^2.

Trennlage
Bei Bedarf, wenn Schichten, die aus chemisch nicht miteinander verträglichen Stoffen bestehen, aufeinander kommen würden. Schützt die Wurzelschutzfolie bei rauem Untergrund. Gewicht ca. 150 bis 300 g/m^2

Dachabdichtung (Bitumen oder Kunststoff)

Damit Pflanzen auf einem Dach wachsen können, müssen bestimmte Voraussetzungen erfüllt sein. So benötigen sie ein Substrat, in dem sie sich mit ihren Wurzeln verankern können und das sie in ausreichenden Mengen mit Wasser und Nährstoffen versorgt, gleichzeitig aber vor Staunässe schützt. Zudem muss gewährleistet sein, dass durch das Wurzelwachstum der Pflanzen keine Schäden an Dach oder Dachhaut verursacht werden und durch die zusätzliche Auflast die Tragfähigkeit der Dachkonstruktion (Statik) nicht überschritten wird. Aus diesen Forderungen heraus lässt sich ein grundsätzlicher Schichtenaufbau ableiten (1).

2.2 Extensive und intensive Begrünungen

extensiv	intensiv

Mögliche Schichtfolge  Filtervlies (PP-PE-Gemisch, 100 g/m²) Dränageformteil aus Recyclingkunststoff, 1,5 kg/m², 25 mm Wasserspeichermatte (Synthesefasermatte aus Recyclingkunststoff, 470 g/m², 5 l/m²) Wurzelschutzfolie (PE 0,4 mm, 380 g/m²)	**Mögliche Schichtfolge**  Filtervlies (PP-PE-Gemisch, 190 g/m²) Drän- und Wasserspeicherelement aus Recyclingkautschuk (zusätzlich Schutzfunktion: spatenfest, befahrbar), 14 kg/m², 20 mm Trenn- und Gleitfolie (PE-LD, 0,2 mm 190 g/m²)
Pflanzen Anspruchslos, niedrig wachsend, trockenheitsresistent (z. B. Sedum-Arten, Moose, Wildstauden, Gräser)	**Pflanzen** Anspruchsvoll (z. B. Gräser, Stauden, Sträucher, Gemüse und ggf. auch Bäume)
Substratschicht Dünn (2 bis 20 cm), Tab. 2, S. 532	**Substratschicht** Dick (≥ 15 cm), Tab. 2, S. 532
Erforderliche Traglast Gering (ca. 50 bis 150 kg/m²)	**Erforderliche Traglast** Hoch (ca.150 bis 500 kg/m² und mehr)
Pflegeaufwand Gering (keine zusätzliche Bewässerung oder Düngung, 1 bis 2 Kontrollgänge/Jahr ausreichend)	**Pflegeaufwand** Mittel bis hoch, regelmäßige Pflege (wässern, düngen etc.) erforderlich
Herstellungskosten Gering	**Herstellungskosten** Hoch

Tab. 1 Kennzeichen extensiver und intensiver Dachbegrünungen[1]

Nach der Intensität der Dachbegrünung kann zwischen Extensiv- und Intensivbegrünungen unterschieden werden. Kennzeichen einer extensiven Begrünung sind nur wenige Zentimeter dicke Substrate mit entsprechend anspruchlosen Pflanzen. Extensive Begrünungen sind relativ kostengünstig zu erstellen und benötigen kaum Pflege.

Je intensiver hingegen die Begrünung, d. h., je anspruchsvoller die verwendeten Pflanzen sind, desto höher sind die Anforderungen an die Vegetationstragschicht. Entsprechend hoch ist auch der Aufwand für Herstellung und Unterhaltung (Tab. 1).

[1] Die Übergänge zwischen extensiven und intensiven Begrünungsformen sind fließend.

2.3 Ein-, zwei- und dreischichtige Bauweise

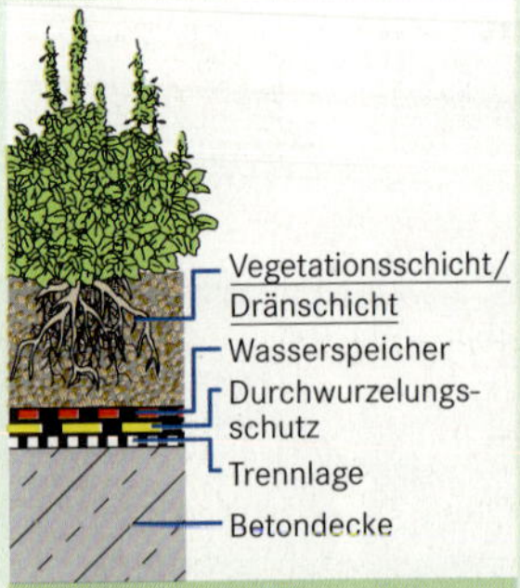

Einschichtenaufbau

Kennzeichen: Direkt auf der Wurzelschutzfolie befindet sich die Vegetationstragschicht, die gleichzeitig als Substrat-, Filter- und Dränschicht dient. Schichtaufbau etwa 8 bis 10 cm. Geringe Baukosten, geringes Wasser- und Nährstoffhaltevermögen, neigt zur Vernässung.

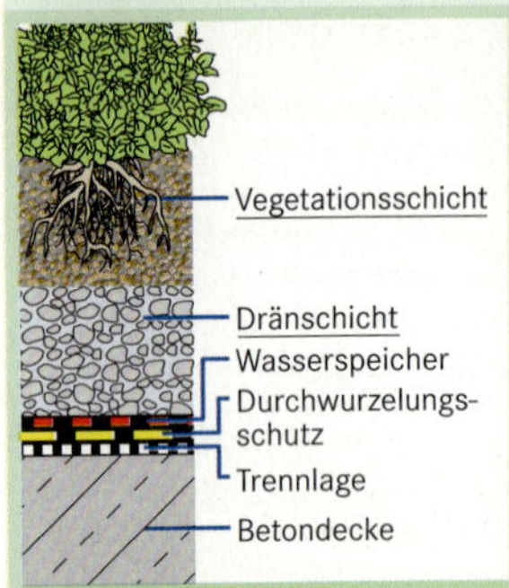

Zweischichtenaufbau

Kennzeichen: Unter der Vegetationstragschicht befindet sich eine extra Dränschicht, sodass die Dränagewirkung verbessert ist. Schichtenaufbau 8 bis 10 cm. Organische Stoffe können in die Dränschicht eingewaschen werden.

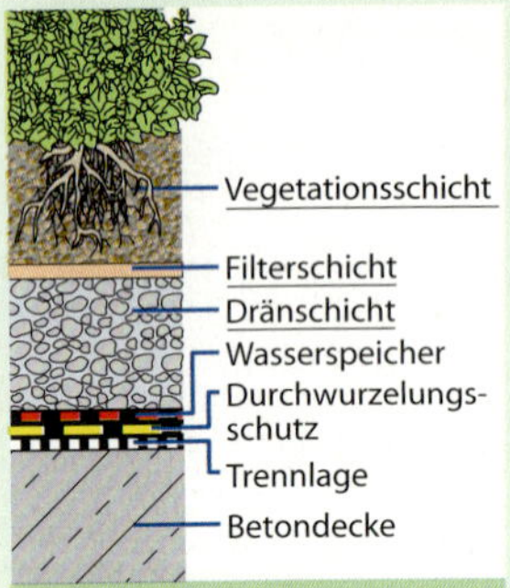

Dreischichtenaufbau

Kennzeichen: Vegetationstragschicht und Dränschicht sind durch eine Filterschicht getrennt. Höhe und Zusammensetzung der Substratschicht kann der gewünschten Begrünung angepasst werden. Auch für intensive Begrünung. Aufwendiger in der Herstellung, relativ hohes Gewicht.

Tab. 1 Ein-, Zwei- und Dreischichtenaufbau

Extensivbegrünungen lassen sich in ein-, zwei- und dreischichtiger Bauweise unterscheiden. Ihre Erstellung erfolgt häufig in Schüttbauweise, wobei mineralische Baustoffe wie Lava, Bims, Blähton, Blähschiefer etc. verwendet werden. Zur Verbesserung des Nährstoffhaushaltes werden in die Vegetationstragschicht organische Stoffe eingemischt (Tab. 1).

Der Dreischichtenaufbau ist auch für intensive Begrünung geeignet. Dabei ist jedoch zu bedenken, dass Dränschicht-Schüttungen im Vergleich zu Dränelementen (Tab. 1, S. 531) deutlich schwerer sind (pro cm ca. 12 kg/m²).

2.4 Vegetationstragschicht

Begrünungsart	Dicke in cm	Flächenlast je 10 mm Schichtdicke bei maximaler Wasserkapazität	
		kg/m²	kN/m²
Moos-Sedum-Vegetation	2 bis 5	10	0,10
Magerwiese, Grasdach[1]	≥ 8	15	0,15
Rasen, niedrige Stauden	≥ 10	5 – 10	0,05 – 0,1
Mittelhohe Stauden	≥ 15	20	0,20
Hohe Stauden und Sträucher	≥ 25	30	0,30
Großsträucher und Kleinbäume	≥ 45	40 – 60	0,40–0,60
Mittelgroße Bäume	≥ 80	150	1,50
Großbäume	≥ 125		

[1] Beispiel: RSM Rasen 6.1 Extensive Dachbegrünung mit Gras-Kraut-Vegetation

Tab. 2 Empfehlungen für Schichtdicken von Vegetationstragschichten

Dicke und Art der Vegetationstragschicht richten sich in erster Linie nach der Tragfähigkeit des Daches und der Art der gewünschten Begrünung (Tab. 2). Dabei kann man unterscheiden zwischen Ober- und Unterboden, mineralischen Schüttstoffen bzw. -gemischen (Lava, Bims, Zeolithen) mit unterschiedlichen Anteilen an organischer Substanz, Substratplatten aus Schaumstoffen oder Mineralfasern sowie Vegetationsmatten mit mineralischen bzw. organischen Schüttstoffgemischen. Auf dem Markt werden zahlreiche fertig gemischte Substrate für die extensive und intensive Dachbegrünung angeboten. Den Anforderungen entsprechende Dachsubstrate weisen das von der **Gütegemeinschaft Substrate für Pflanzenbau e. V.** verliehene **RAL-Gütezeichen** auf.

? Aufgaben

◑ 1. Beschreiben Sie den grundsätzlichen Schichtenaufbau einer Dachbegrünung (Reihenfolge und Aufgaben der Schichten).

◑ 2. Unterscheiden Sie Extensiv- und Intensivbegrünung.

◑ 3. Extensivbegrünungen lassen sich in ein-, zwei- und dreischichtiger Bauweise erstellen. Worin unterscheiden sie sich?

◑ 4. Welche Vor- und Nachteile haben einschichtige Bauweisen?

● 5. Berechnen Sie das zusätzliche Gewicht pro m² bei einer extensiven Begrünung mit a) Moos-Sedum-Vegetation und b) Wiese (s. S. 531 f.).

○ 6. Warum sind Vegetationsmatten besonders gut für Extensivbegrünungen geeignet?

3 Anforderungen an das Bauwerk

3.1 Tragfähigkeit (Statik)

Am Anfang der Arbeit steht die gründliche Begutachtung des gesamten Dachzustandes. Die Voraussetzung für die Durchführung einer Dachbegrünung ist ein gemäß der **„Flachdachrichtlinien“** abgedichtetes Dach mit ausreichender Tragkraft (Statik). Gegebenenfalls sollte bei der Erstellung der Dachabdichtung mit einem Dachdecker-Meisterbetrieb zusammengearbeitet werden. Die fachgerechte Ausführung der Arbeiten schützt vor hohen Folgekosten, die gerade durch jahrelang unbemerkt entstehende Feuchtigkeitsschäden entstehen können. Da mit einer Begrünung die Dachkonstruktion zusätzlich belastet wird, ist mithilfe statischer Berechnungen zu ermitteln, ob die **Tragfähigkeit** ausreicht bzw. welche Zusatzlast das Dach überhaupt noch tragen kann.

1 Das Hundertwasser-Haus in Wien – auf den 13 Dachterrassen des Hauses wurden über 50 Bäume sowie Hunderte von Sträuchern gepflanzt

Nicht jedes Dach ist für eine Dachbegrünung geeignet. Nach DIN 1055 „Einwirkungen von Lasten auf Tragwerke“ wird zwischen **ständiger Last** (Aufbau bei maximaler Wassersättigung inklusive Vegetation) und der **Verkehrslast** (in der Regel 75 kg/m^2 für Schneelast und 350 kg/m^2 bei zugänglichen Dachgärten) unterschieden. Punktlasten von z.B. Bäumen, größeren Sträuchern, Pergolen u.ä. sind gesondert zu ermitteln. Vorhandene Lasten wie Kiesschüttungen können durch eine Begrünung mit gleicher oder kleinerer Flächenlast ohne gesonderten Nachweis ersetzt werden.

<table>
<tr><th>Kaltdach
(zweischalige, belüftete Dächer)</th><th>Warmdach
(einschalige, nicht belüftete Dächer[1])</th><th>Umkehrdach
(Sonderform des Warmdachs)</th></tr>
<tr><td>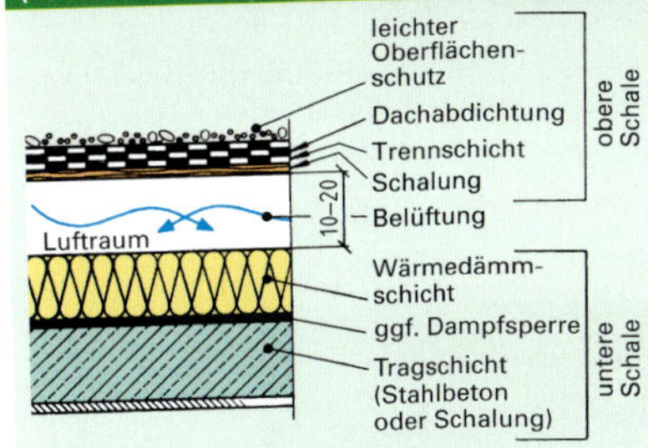
</td><td>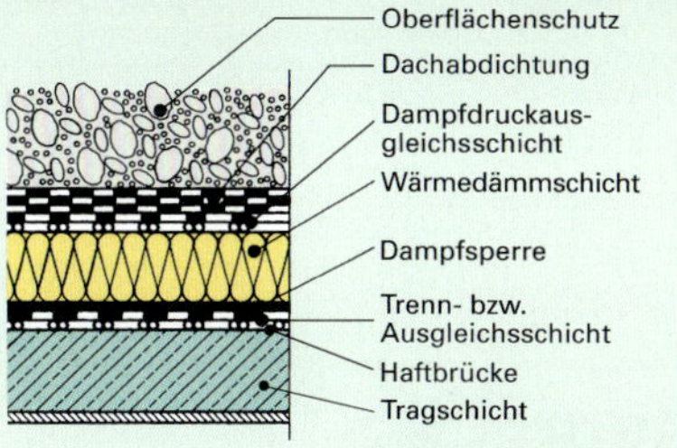
</td><td>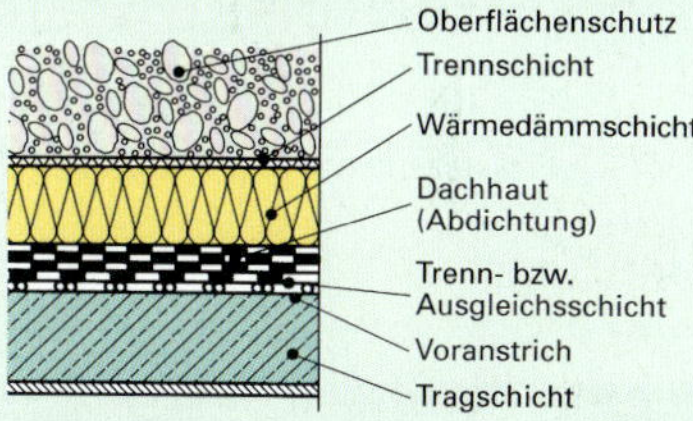
</td></tr>
<tr><td colspan="3">Kennzeichen und Hinweise</td></tr>
<tr><td>Hat direkt über der Wärmedämmung eine belüftete Luftschicht (hinterlüftetes Dach). Der Luftstrom führt die aus beheizten Innenräumen in den Dachraum diffundierende Feuchtigkeit ab. Voraussetzung ist eine ausreichende Belüftung (große, nicht verdeckte Lüftungsöffnungen, Wind, Thermik). Die Tragfähigkeit der oberen Schale ist zu prüfen. Ein vorhandener Dachraum kann nicht als Wohnraum genutzt werden. Umbau zum Warmdach möglich.</td><td>Weist keine Belüftung auf, sodass eine Dampfsperre vorhanden sein muss. Diese verhindert, dass keine Feuchtigkeit aus darunter liegenden Räumen in die Wärmedämmung gelangt. Die Dämmung muss druckfest sein. Bei modernen Häusern heute die Regel.</td><td>Die Schichtfolge ist gegenüber herkömmlichen Dächern umgekehrt. Im Unterschied zum Kalt- und Warmdach befindet sich die Wärmedämmung oberhalb der Dachabdichtung (wasserabweisend). Eine Dampfsperre ist nicht erforderlich. Abdeckungen müssen die Diffusion von Wasserdampf ermöglichen. Auf eine ausreichende Drainschicht ist zu achten. Kein flächiger Wasseranstau möglich. Vorteil: Abdichtung wird durch die Dämmschicht geschützt. Dämmstoff muss druckfest sein.</td></tr>
<tr><td colspan="3">Bei allen Konstruktionen gilt: Tragkraft beachten!</td></tr>
<tr><td colspan="3">Mögliche Begrünungsarten</td></tr>
<tr><td>I.d.R. nur für extensive Dachbegrünungen</td><td>Alle Dachbegrünungen möglich.</td><td>I.d.R. für extensive und intensive Dachbegrünungen</td></tr>
</table>

[1] Auch einschalige Dächer ohne Wärmedämmung

2 Verbreitete Dachbauformen

3.2 Dachaufbau

Die Wahl der Dachbegrünung hängt nicht nur von der **Statik (Tragfähigkeit)**, sondern auch vom **Dachaufbau** ab. **Kaltdächer** (2, S. 533) sind normalerweise nur für extensive Begrünungen geeignet, während **Warmdächer** (2, S. 533) und **Dächer ohne Wärmedämmung** für alle Begrünungsarten passend sind. Unter bestimmten Voraussetzungen trifft dies auch auf **Umkehrdächer** (2, S. 533) zu. Flachdächer (1) mit ihren nahezu ebenen Flächen eignen sich am besten für eine Dachbegrünung. Üblich ist ein **Mindestgefälle** von etwa 3° (5 %), um zu gewährleisten, dass sich kein Wasser ansammeln kann. Bleibt Wasser stehen, können bereits durch kleinste Schadstellen größere Mengen Wasser eindringen und zu Schäden an der Bausubstanz führen. Auf **Schrägdächern** (ab 15°, bei exponierter Lage ab 10°) müssen zusätzliche **Schubsicherungsschwellen** (2) eingebaut werden, um das Dachgrün vor dem Wegrutschen zu sichern. Mit heutigen Techniken (Dachaufkantungen, Schubsicherungen und Schwellen) lässt sich jedes Dach bis 45° Neigung begrünen. Bei Dachneigungen über 25° wird der Einbau einer **automatischen Bewässerung** und auch die Verwendung von vorkultivierten **Vegetationsmatten** empfohlen.

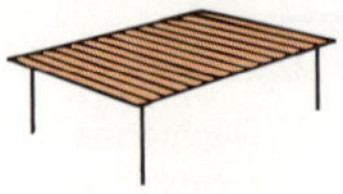

Das **Flachdach** ist für Begrünungen ideal geeignet

Das **Satteldach** ist eine der häufigsten Dachformen. Es bietet viel Raum für eine Begrünung.

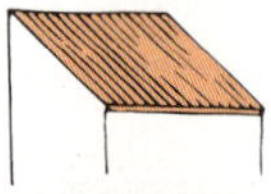

Das **Pultdach** hat eine geneigte Fläche, die sich sehr gut für extensive Begrünungen eignet.

Kuppeldächer weisen häufig eine große, weitläufige Oberfläche auf, die zur Begrünung geeignet ist.

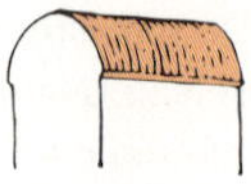

Das **Tonnendach** stellt eine besondere Herausforderung für eine Dachbegrünung dar.

Das **Walmdach** hat geneigte Seitenflächen sowie eine geneigte Front- und Rückseite. Hier können Begrünungen durchgeführt werden. Allerdings erfordert es spezielle Lösungen.

Das **Mansarddach** hat eine steile Unterkante und eine flachere Oberkante, die Raum für eine Begrünung bietet.

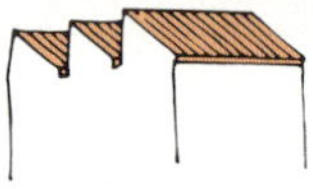

Das **Sheddach** (Sägedach) hat geneigte Dachflächen, die für eine Begrünung geeignet sind. Die Zugänglichkeit für Pflege- und Wartungsarbeiten muss sichergestellt werden.

1 Häufige Dachformen

Quelle - © Optigrün international AG

2 Schubsicherungssystem für Dachneigungen von 15° bis 45°, Systemaufbau: ① Vegetationsmatte (vorkultivierte Sedummatten), ② Schubschwelle, ③ Schubsicherungsnetz (hochreißfest und verrottungsbeständig), ④ Extensivsubstrat (mind. 6 cm, hohe Wasserspeicherkapazität und gutes Luftporenvolumen), 5 Struktur- und Speichervlies (Schutzlage mit Wasserspeicher- und Dränfunktion)

3.3 Retentionsdächer

Retentionsgründächer (lat. retinere = zurückhalten) besitzen unterhalb des Gründachaufbaus einen zusätzlichen Hohlraum zur Wasserspeicherung (Retentionsraum). Sie spielen eine besonders wichtige Rolle in städtischen Gebieten aufgrund des **hohen Versiegelungsgrades**. In diesen Gebieten ist die natürliche Versickerung von Regenwasser stark eingeschränkt, was zu Problemen wie **Überflutungen** führt, insbesondere angesichts der zunehmenden Häufigkeit von **Starkregenereignissen**. Das herkömmliche Kanalsystem gerät oft an seine Kapazitätsgrenzen und kann die plötzlichen Wassermassen nicht bewältigen.

Retentionsgründächer bieten eine Lösung, **indem sie große Mengen an Regenwasser zurückhalten und verzögert abgeben**. Dies hilft, den Wasserabfluss zu regulieren, und erhöht außerdem die Verdunstung von Wasser, was dazu beiträgt, die Gesamtmenge des in die Kanalisation gelangenden Wassers zu reduzieren und die **Umgebungsluft zu kühlen**. Die Verdunstungskälte des Wassers trägt zur **Reduzierung von Hitzeinseln** bei, was direkte Auswirkungen auf das Wohlbefinden der Bewohnerinnen und Bewohner hat.

Durch das sogenannte **Mäander-Prinzip**[1] lassen sich diese Effekte noch deutlich steigern. Das Funktionsprinzip ist simpel und zugleich äußerst effektiv. Inspiriert von der Natur imitiert es den Verlauf eines mäandrierenden Fließgewässers, indem das Wasser in schlangenförmigen Bahnen innerhalb des Dränagesystems von einer Kammer zur nächsten fließt (1). Durch diese Methode wird die Fließstrecke erheblich verlängert. Bei starkem Regen füllen sich die zahlreichen Kammern und geben das Wasser langsam von einer Kammer zur nächsten ab, wodurch das Abfließen des Überschusswassers zeitlich stark verzögert wird (1, S. 536). Im besten Fall wird das abfließende Wasser nicht in die Kanalisation geleitet, sondern stattdessen in einer Zisterne gesammelt und zur Bewässerung, Toilettenspülung und Reinigung verwendet, nachdem es durch entsprechende Behandlungssysteme gefiltert oder aufbereitet wurde (2, S. 536). Damit führen Retentionsdächer zu einer Reduzierung des Trinkwasserverbrauchs. Das Wasser versickern zu lassen ist besser, als es der Kanalisation zuzuführen, denn so verschafft es der lokalen Vegetation eine zusätzliche Wasserquelle und trägt zur Grundwasserneubildung bei.

> **! Merke**
>
> **Retentionsdächer** spielen eine entscheidende Rolle dabei, die Resilienz (Anpassungsfähigkeit) städtischer Gebiete gegenüber den Auswirkungen des Klimawandels zu stärken und das städtische Leben lebenswerter zu gestalten.
>
> Klima-gerechte Stadt-planung

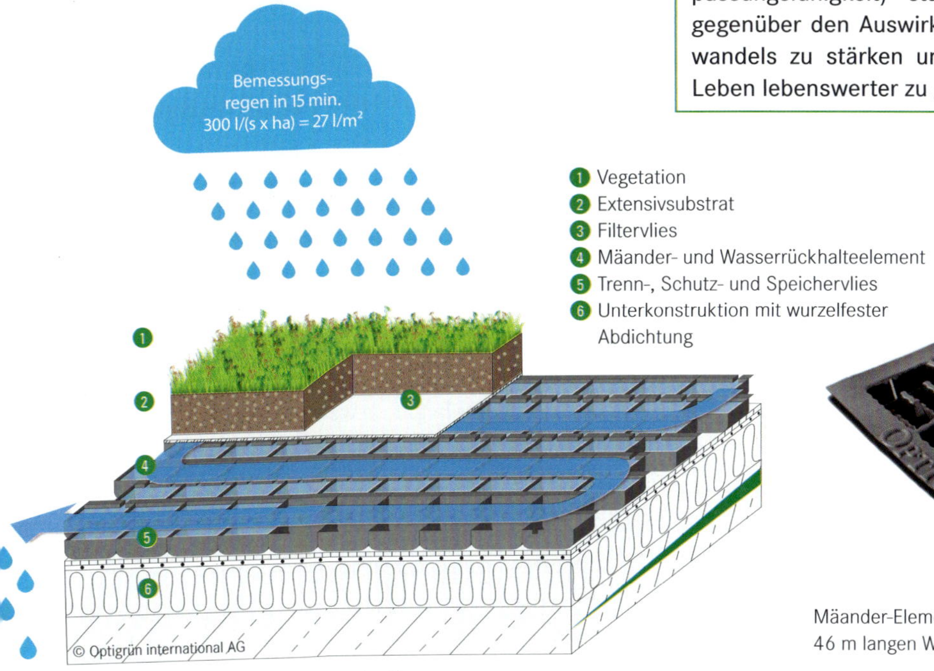

1 Das Funktionsprinzip der Mäander-Elemente

Quelle - © Optigrün international AG

Mäander-Element (2 m² entsprechen einen bis zu 46 m langen Weg)

[1] Mäander, benannt nach dem Fluss Mäander in der Türkei, der für seine vielen Windungen bekannt ist. Ein mäandrierender Fluss hat einen sehr kurvenreichen, gewundenen Verlauf.

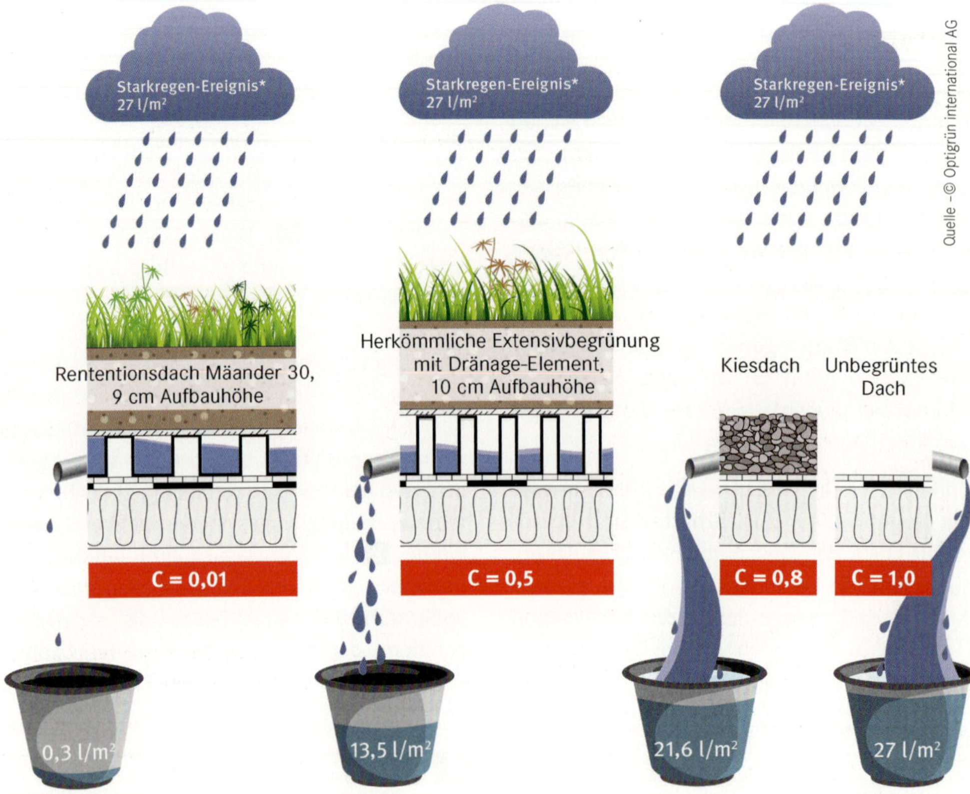

1 Abflussverhalten verschiedener Dächer (C = Abflussbeiwert)

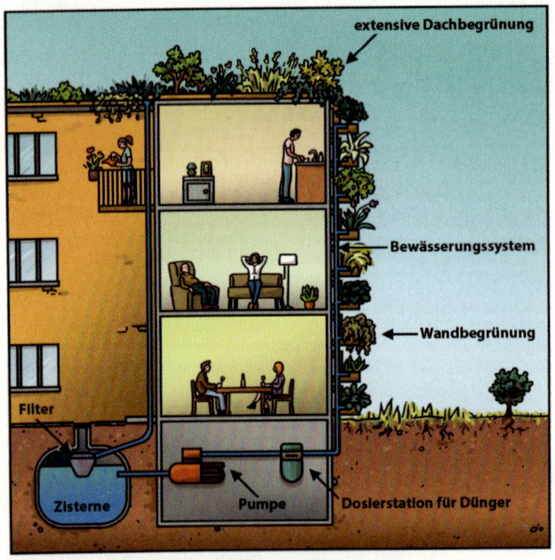

2 Eine sinnvolle Kombination: Dachbegrünung und wandgebundene Fassadenbegrünung

3 Solaranlagen und Dachbegrünung können sich gut ergänzen

3.4 Solaranlagen und Dachbegrünungen

Solaranlagen und Dachbegrünungen schließen sich nicht gegenseitig aus, sie ergänzen sich vielmehr. Neben der direkten Sonneneinstrahlung spielt die Temperatur eine entscheidende Rolle für die Leistungsfähigkeit von Solarzellen. **Allgemein gilt, je wärmer das Modul, desto geringer der Wirkungsgrad.** Die im Handel angegebene Leistungsfähigkeit eines Moduls wird bei einer Einstrahlung von 1000 W/m² und einer Modultemperatur von 25 °C erreicht. Pro Grad Temperaturanstieg sinkt der Wirkungsgrad typischerweise um 0,35 bis 0,45 %. Bei gleicher Einstrahlung und niedrigeren Temperaturen können entsprechend höhere Leistungen erreicht werden. Höhere Temperaturen hingegen führen zu einer Leistungsminderung. In Zeiten intensiver Sonneneinstrahlung können Module Temperaturen von über 70 °C erreichen. Dachbegrünungen bieten eine effektive Lösung, um die Erhitzung der Dachoberflächen zu reduzieren und gleichzeitig die Umgebungstemperatur zu kühlen. Dies trägt dazu bei, eine Überhitzung der Solarzellen zu vermeiden und den Gesamtwirkungsgrad der Fotovoltaikanlage zu steigern (3, S. 536).

Hinweis

Im Rahmen der **Bundesförderung für effiziente Gebäude (BEG)** sind Dachbegrünungen förderfähig.

Aufgaben

○ 1. Was sind die Voraussetzungen für die Durchführung einer Dachbegrünung?

○ 2. Zwischen welchen Lasten wird bei der Berechnung der Tragfähigkeit eines Daches unterschieden und wie hoch sind sie in etwa anzusetzen?

◑ 3. Worin besteht der wesentliche Unterschied zwischen einem Kalt- und Warmdach?

◑ 4. Was kennzeichnet den Aufbau eines Umkehrdachs?

○ 5. Für welche Dachbegrünung, ausreichende Tragfähigkeit vorausgesetzt, sind a) Kaltdächern, b) Warmdächern und c) Umkehrdächern geeignet?

○ 6. Flachdächer eignen sich am besten für eine Dachbegrünung. Wie groß sollte ihr Gefälle sein, um eine Ansammlung von Wasser zu vermeiden?

○ 7. Ab wie viel Grad Dachneigung sollte bei Schrägdächern eine Schubsicherung eingebaut werden?

◑ 8. Nennen Sie Dachformen, die sich für eine Begrünung eignen, und geben Sie Gründe für ihre Eignung an.

○ 9. Was versteht man unter einem Retentionsdach?

◑ 10. Retentionsgründächer
   a) Worin unterscheiden sie sich von herkömmlichen Gründächern?
   b) Erläutern Sie, warum Retentionsdächer vor allem in städtischen Gebieten eine wichtige Rolle spielen.

○ 11. Was versteht man unter einem mäandrierenden Fluss?

◑ 12. Erläutern Sie die Vorteile des Mäander-Prinzips bei Retentionsdächern.

◑ 13. Erklären Sie, warum die direkte Ableitung des Überschusswassers von einem Retentionsdach in die Kanalisation als der schlechteste aller Wege angesehen wird.

Aufgaben (Fortsetzung)

◑ 14. Erläutern Sie sinnvolle Nutzungen des Regenwassers von Retentionsdächern.

◑ 15. Begründen Sie, warum Solaranlagen und Dachbegrünungen sich gut ergänzen können.

4 Schutzmaßnahmen

4.1 Absturzsicherung

Für das Arbeiten auf Dächern gelten die **Unfallverhütungsvorschriften** und Merkblätter der Berufsgenossenschaften. Ab einer Absturzhöhe von mehr als 2 m sind Absturzsicherungen vorgeschrieben. Für die Bauausführung, die spätere Pflege und Wartung von Extensivbegrünungen müssen bauseitige[1] **Anschlagspunkte für Sicherungsseile** in ausreichender Anzahl vorhanden sein (1). Bei begehbaren Dachgärten sind ortsfeste **Geländerkonstruktionen** als Kollektivschutz[2] einzusetzen. Absturzsicherungen können ohne Dachdurchdringung durch die Auflast des Gründachaufbaus installiert werden (2).

1 Zur Sicherung der persönlichen Schutzausrüstung für Pflege- und Wartungsarbeiten ist eine Anschlageinrichtung Vorschrift.

2 Absturzsicherung: Geländer mit Stabfüllung für Flachdächer bis zu 3° Neigung. Die Kippsicherung wird durch die Auflast der Dachbegrünung gewährleistet.

[1] Aufgabe muss der Bauherr veranlassen und übernehmen.

[2] Sicherung aller Personen in absturzgefährdeten Bereichen.

4.2 Brandschutz

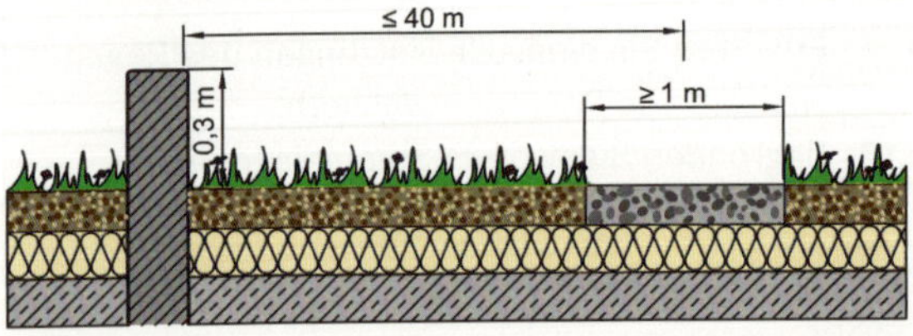

a) Brandwände, Grobkiesstreifen oder massive Platten mindestens alle 40 m

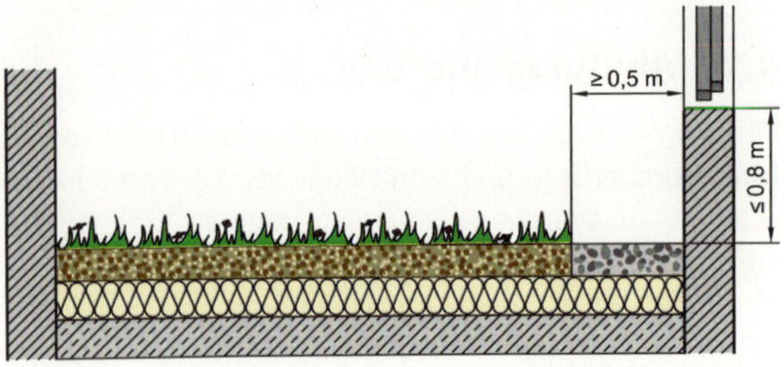

b) Kiesstreifen oder massive Platten vor Wandöffnungen

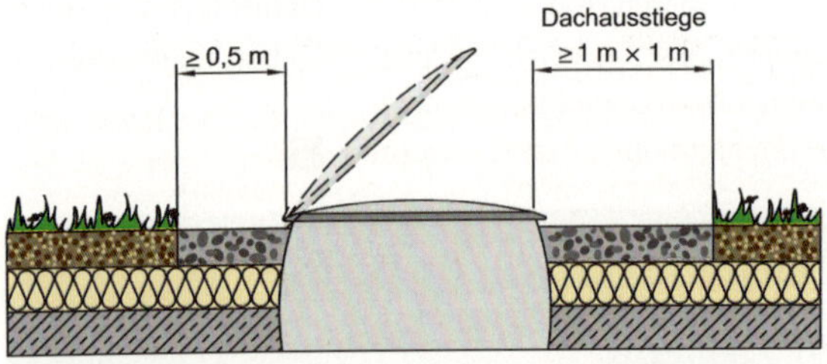

c) Grobkiesstreifen oder massive Platten um Dachöffnungen, vor Dachausstiegen mindestens 1 m × 1 m

1 Brandschutzmaßnahmen

Auch bei begrünten Dächern ist der Brandschutz zu beachten. Es sind verschiedene Aspekte zu berücksichtigen:

1. **Substrat:** Es ist wichtig, dass das Substrat nicht leicht entflammbar ist und den Brandschutzstandards entspricht. Organische Bestandteile im Substrat, z. B. Kompost, können brennbar sein. Extensivbegrünungen gelten allgemein als ausreichend widerstandsfähig, wenn die Substratschicht mindestens 3 cm dick ist und maximal 20 Gewichtsprozent organische Substanz enthält. Intensivbegrünungen sind aufgrund ihrer dickeren Substratschicht, ihrer Bewässerung und Pflege wenig brandgefährdet.

2. **Pflanzenauswahl:** Die Auswahl der Pflanzen ist ebenfalls wichtig. Einige Pflanzen können sehr trocken und leicht entflammbar sein, z. B. Gräser bei unzureichender Bewässerung im Sommer, während andere widerstandsfähiger gegen Feuer sind, z. B. Pflanzen mit einem höheren Wassergehalt (Sukkulente) und dichteren Blättern. Auch über eine angemessene Pflanzdichte kann die Ausbreitung von Feuer verhindert werden.

> **! Hinweis**
>
> Die spezifischen Anforderungen und Vorschriften in Bezug auf den **Brandschutz** können je nach Standort variieren. Es ist daher ratsam, sich mit den **örtlichen Baubehörden** oder **Brandschutzbehörden** in Verbindung zu setzen, um sicherzustellen, dass die Dachbegrünung den **geltenden Vorschriften** entspricht und angemessen gegen Brände geschützt ist. Dies trägt dazu bei, den Schutz der Bewohner oder Nutzer von Gebäuden mit Gründächern zu gewährleisten. Zudem sollte das Personal/die Bewohner **im Umgang mit möglichen Brandrisiken geschult** und ein **Notfallplan** für den Brandfall erstellt werden.

3. **Feuerbarrieren:** Je nach lokalen Vorschriften und Bauvorschriften müssen bestimmte Maßnahmen ergriffen werden:
   - **Gebäudeabschlusswände, Brandwände oder andere Wände** sollten mindestens 30 cm über die Substratschicht hinausragen. Alternativ kann eine 30 cm hohe Aufkantung aus nicht brennbaren Baustoffen oder ein mindestens 100 cm breiter Streifen aus massiven Platten bzw. eine mindestens 5 cm dicke Schicht aus Grobkies verwendet werden (**1 a** und **b**).
   - **Vor Öffnungen in der Dachfläche** wie Dachfenstern oder Lichtkuppeln sollte ein mindestens 50 cm breiter Streifen aus massiven Platten oder eine mindestens 5 cm dicke Schicht aus Grobkies vorhanden sein (**1 c**).
   - **Vor Dachausstiegen** ist eine Fläche von mindestens 1 m × 1 m erforderlich, die entweder aus massiven Platten besteht oder eine mindestens 5 cm dicke Schicht aus Grobkies aufweist, um einen sicheren Zugang im Falle eines Brands zu gewährleisten und eine Evakuierung zu erleichtern (**1 c**).
4. **Brandschutzsysteme:** Feuerlöscher müssen an gut zugänglichen Stellen auf dem Gründach gemäß den geltenden Sicherheitsstandards platziert werden. Gegebenenfalls ist ein automatisches Sprinklersystem zu installieren, das bei Branddetektion automatisch aktiviert wird, um Brände schnell zu bekämpfen und eine Ausbreitung zu verhindern.

5. **Wartung:** Eine regelmäßige Wartung der Dachbegrünung ist entscheidend, um sicherzustellen, dass trockene Pflanzenreste oder andere brennbare Materialien entfernt werden. Eine regelmäßige Inspektion kann helfen, potenzielle Brandgefahren frühzeitig zu erkennen und zu beheben.

6. **Zugang für Feuerwehr und Rettungsdienste:** Es ist wichtig sicherzustellen, dass Feuerwehr und Rettungsdienste im Falle eines Brands einen sicheren Zugang zum begrünten Dach haben. Dies kann die Installation von Zugangsleitern oder anderen Einrichtungen umfassen, um eine schnelle Evakuierung oder Brandbekämpfung zu ermöglichen.

? Aufgaben

◑ 1. Informieren Sie sich über die Unfallverhütungsvorschriften bei Arbeiten auf Dächern.

● 2. Formulieren Sie stichwortartig einen umfassenden Plan zur Sicherstellung des Brandschutzes auf einem Gründach. Berücksichtigen Sie dabei potenzielle Brandgefahren und lokale Bauvorschriften. Integrieren Sie geeignete Brandschutzmaßnahmen wie Brandbarrieren, Feuerlöschsysteme und Notfallpläne, um im Ernstfall eine effektive Reaktion zu gewährleisten.

5 Bepflanzung

Substrate können – je nach Zugänglichkeit, Mengenbedarf, Größe und Belastbarkeit der Dachfläche – mit Säcken (50 Liter), Mini Bags (0,25 m^3), Big Bags (1 / 1,5 m^3), Turbobags (bis zu 5 t), teleskopierbaren Bandauslegern (Förderbändern) mit 30 – 60 m^3/h oder Schlauchleitungen auf die Dächer befördert werden. Die Begrünung kann mit vorkultivierten **Vegetationsmatten** (z. B. Moos-Sedum-Begrünung für besonders dünnschichtige Bauweisen und erosionssichernde Begrünung von Steildächern), Aussaat (z. B. Sedumsprosse[1] = Triebschnittlinge und Triebrisslinge, Rasen, Wiese), Nassansaat (z. B. bei Steildächern) und Pflanzung erfolgen (1). Für dünne Vegetationstragschichten werden Kleinballenpflanzen mit Flach- oder Miniballen angeboten (Tab. 1).

Zur Begrünung von Dächern eignen sich im Prinzip alle Pflanzen, vorausgesetzt Schichtaufbau, Tragfähigkeit und Standortbedingungen stimmen. Die Sicherung der Standfestigkeit von größeren Gehölzen kann durch die Befestigung mit korrosionsbeständigen und mit Nachspannvorrichtungen versehenen Stahlseilen am Bauwerk (Randeinfassungen, Mauern, großflächige Bodenplatten, Punktfundamente) erfolgen. Das Beschweren des Wurzelballens durch große Steine ist auch eine Möglichkeit, bedeutet aber eine zusätzliche Gewichtsbelastung. Bei ausreichender Schichtdicke sind auch Unterflurverankerungen möglich.

[1] 50 bis 60 g/m^2 bzw. 100 Stk/m^2

Moose
Bryum argenteum (Silberbirnmoos)
Ceratodon purpureus (Hornzhanmoos)
Homalothecium sericeum (Goldmoos)
Sukkulente
Sedum acre (Scharfer Mauerpfeffer)
Sedum album (Weiße Fetthenne)
Sedum dasyphyllum (Dickblattmauerpfeffer)
Sedum forsterianum (Zierliche Fetthenne)
Sedum hybridum (Sibirische Fetthenne)
Sedum kamtschaticum (Kamtschatkasedum)
Sedum lydium (Moossedum)
Sedum reflexum (Felsenfetthenne)
Sedum sexangulare (Milder Mauerpfeffer)
Steinbrechgewächse
Saxifraga cespitosa (Moossteinbrech)
Saxifraga crustata (Krustensteinbrech)
Saxifraga granulata (Körnersteinbrech)
Laucharten
Allium carinatum (Gekielter Lauch)
Allium oleraceum (Kohllauch)

Tab. 1 Pflanzen zur Extensivbegrünung

1 Sedum-Pflanzen

2 Europas größte Grünfassade, der Kö-Bogen II in Düsseldorf, ein Geschäfts- und Bürogebäude. Fassade und Dach sind mit ca. 30.000 Hainbuchen *(Carpinus betulus)* in Form einer insgesamt 8 km langen Hecke begrünt. Die Pflanzen bilden eine natürliche Klimaanlage, die das Gebäude kühl hält und sich positiv auf das Klima der Umgebung auswirkt.

Friedensreich Hundertwasser prophezeite: *„Dachbegrünungen sind die Dachbedeckungen der Zukunft. Einen Wald auf dem Dach zu haben oder eine wilde Wiese oder einen Gemüsegarten, wird selbstverständlich sein.“* (1, S. 533, und 2, S. 539).

! Hinweis

Umfassende Informationen zur Dachbegrünung bieten:

- Deutscher Dachgärtnerverband e. V. (DDV)
- Fachvereinigung Bauwerksbegrünung e. V. (FBB)
- System-Hersteller wie Optigrün, ZinCo u. a.

? Aufgaben

◑ 1. Nennen Sie zehn geeignete Pflanzen zur Extensivbegrünung eines Daches.

○ 2. Friedensreich Hundertwasser spricht von „Baummietern“. Wer findet heraus, was er damit meint?

6 Die einzelnen Bauphasen

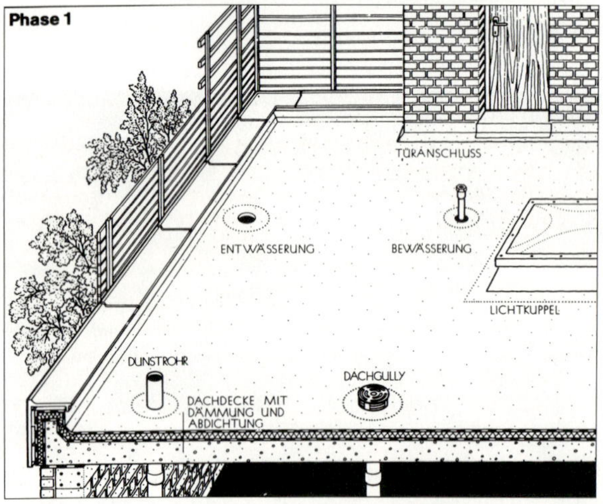

Vorgegebene Dachfläche

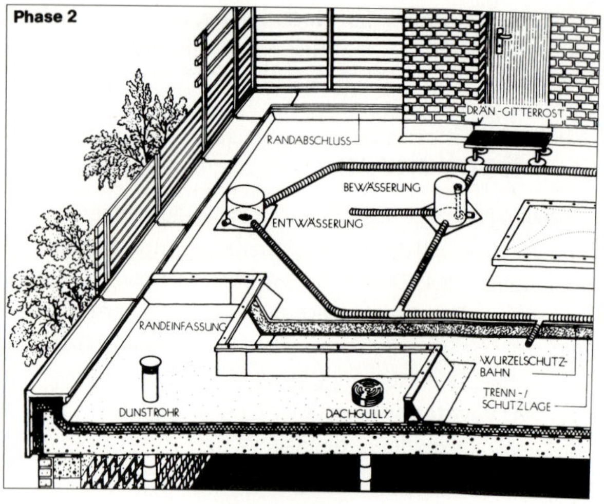

Einbau der technischen Einrichtungen

Einbringen von Dränschicht und Vegetationstragschicht

Ansaat und Bepflanzung

1 Die Bauausführung der Dachbegrünung erfolgt in vier Phasen

Aufgaben

1. Wie kann mehr Natur in unsere Städte geholt werden? Stellen Sie die Stadt Ihrer „Träume“, in der Pflanzen die Hauptrolle spielen, zeichnerisch dar. Lassen Sie Ihrer Phantasie freien Lauf und denken Sie auch an andere Kapitel dieses Buches. Diskutieren Sie die Ergebnisse in der Klasse.
2. Nennen Sie die einzelnen Bauphasen einer Dachbegrünung.

Ingenieurbiologische Sicherungsbauweisen

1 Zielsetzung

Immer wieder melden die Tageszeitungen, dass Böschungen abrutschen und Straßen verschüttet werden, dass Steinlawinen Parkplätze überrollen, dass Uferbereiche fortgeschwemmt werden und Flüsse über die Ufer treten. Leider sind diese Schreckensmeldungen oft durch menschliche Hand verursacht: Ufer werden begradigt, Hänge abgeholzt, Auenwälder, die jahrhundertelang als Überschwemmungszone dienten, werden zu Baugebieten erklärt.

Was kann der Garten- und Landschaftsbau tun, um die negativen Auswirkungen der Umweltzerstörung (1) zu begrenzen?

Landschaftsbauliche Maßnahmen zur Sicherung von Abhängen, Böschungen und Ufern mit toten Materialien und/oder Pflanzen bzw. Pflanzenteilen, heißen **ingenieurbiologische Sicherungsbauweisen**.

1 Folgen umweltschädlicher Verhaltensweisen

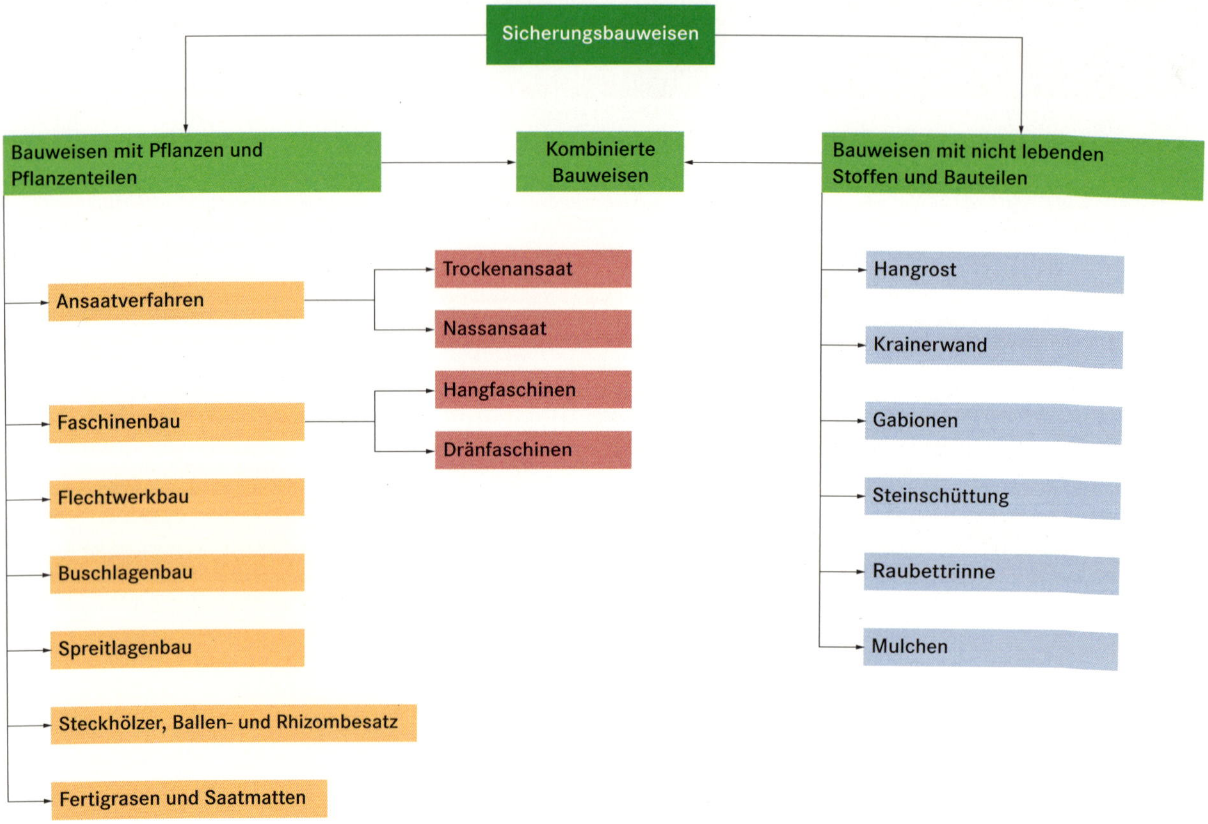

2 Überblick Sicherungsbauweisen (Auswahl)

2 Verfahren

Jeder Boden in einer Hanglage oder an Uferbereichen ohne Bewuchs ist **erosionsgefährdet**. Als **Erosion** bezeichnet man den Abtrag von Boden durch Wasser, Eis oder Wind. Wind kann locker aufliegende und kleinere Bodenteilchen aufnehmen und vertragen. Wasser in Form von Regen oder Wellenschlag kann einzelne Bodenteilchen loslösen und wegspülen. Durch Förderung des Bewuchses mit Gehölzen oder Rasen wird der Boden mithilfe der Wurzeln festgehalten.

Die einfachste Maßnahme zur Sicherung von Böschungen oder Ufern ist das **Abböschen** (1, 2).

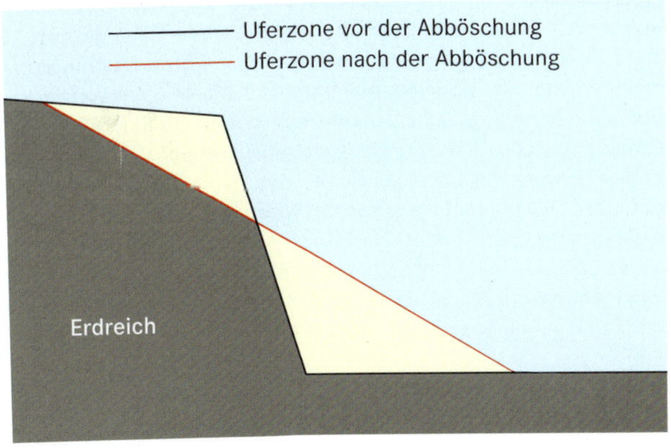

1 Prinzip der Abböschung

Dadurch wird die Aufprallgeschwindigkeit des einwirkenden Wassers verringert, sodass die Energie nicht mehr zum Loslösen von Bodenteilchen ausreicht. Auch viele Dämme, Deiche und Ufer werden nach diesem Prinzip gebaut.

2 Flache Böschungswinkel an einem Gewässer

Oftmals kann jedoch aus Platzgründen eine Abböschung nicht durchgeführt werden. Dann müssen andere Maßnahmen ergriffen werden.

Nach DIN 18918 werden die Maßnahmen zur Böschungs- oder Ufersicherung nach der verwendeten Stoffart eingeteilt (2, S. 542).

2.1 Sicherung mit Pflanzen und lebenden Pflanzenteilen

Verfahren	Beschreibung
  Wollgewebematten als moderne und ökologische Alternative zu Kokos- oder Jutematten	Wollgewebematten wirken sofort dem Einlaufen von Oberflächenwasser von der Dammkrone oder austretendem Schichtenwasser bei Einschnittböschungen entgegen. Das Wasser wird im Wollstrang drainiert abgeführt. Gleichzeitig wird die Ablaufgeschwindigkeit soweit minimiert, dass keine Feinbodenbestandteile mehr abgetragen werden. Die Wollfasern speichern Wasser, sodass integrierte oder nachträglich aufgebrachte Saatgutmischungen gut keimen können. Der beim Zerfall der Wollfaser freigesetzte organische Stickstoff sorgt in den ersten 3 – 4 Jahren für eine kontinuierliche Stickstoffdüngung.

Verfahren | **Beschreibung**

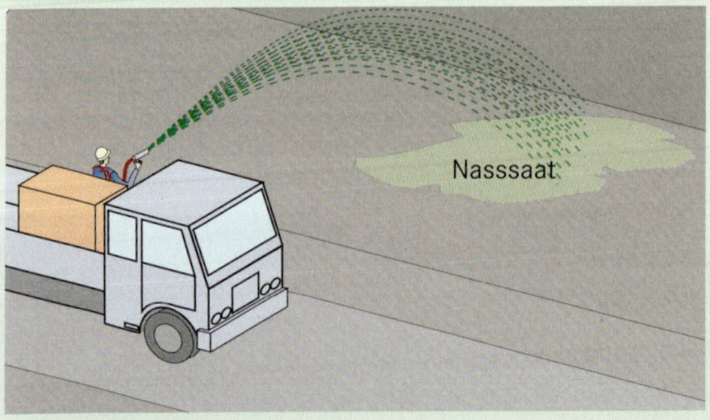

Nasssaat, Anspritzbegrünung

Eine besondere Form der Aufbringung von Rasensaatgut ist die **Anspritzbegrünung** oder **Nasssaat.**
Dazu wird das Saatgut mit Wasser als Trägersubstanz zum Aufspritzen vermischt. Beigemischt werden außerdem Kleber (z. B. Methyl-Cellulose, Latex oder Bitumen), Mulchstoffe (z. B. gehäckseltes Stroh oder Heu), Dünger und gegebenenfalls Bodenverbesserungsmittel (z. B. Schaumlava, Silikate, Komposte, Alginate).
Durch das Aufbringen mit dem Schlauchwagen kann eine große Flächenleistung erreicht werden. Allerdings ist die Nasssaat auf Unternehmen mit Spezialmaschinen beschränkt und wird deshalb oft von Subunternehmern durchgeführt.

Faschinenbau

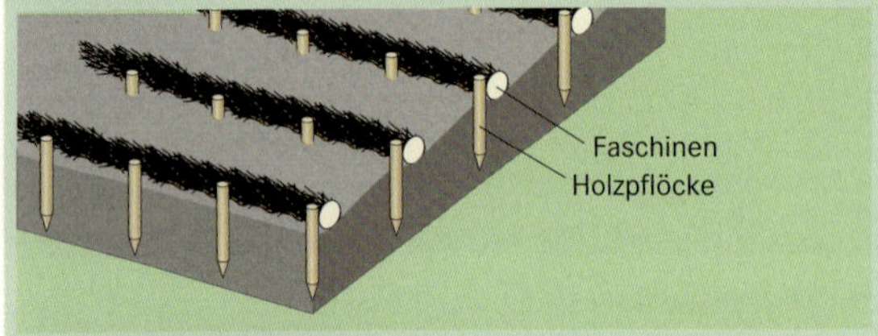

Tote Faschine

Faschinen sind Bündel aus Ruten, Ästen oder Zweigen. Sie sollen mindestens 4 m lang und 15 cm dick sein. Werden diese **Walzen** senkrecht zum Hang eingebaut, spricht man von **Dränfaschinen.** Sie dienen dann der gezielten Ableitung von Wasser zum Vorfluter. Werden die Bündel, gesichert durch Holz- oder Metallpflöcke, schräg oder waagerecht zum Hang eingebaut, ergibt sich durch die Terrassierung ein sofortiger Schutz des Hanges (**Hangfaschinen**). Nach dem Einwurzeln der lebenden Faschinen wird ein dauerhafter Schutz durch die Wurzeln und durch das Blattwerk bewirkt. Nachteil beim Einbau von **Faschinenbündeln** ist der geringe Bodenkontakt der einzelnen Ruten. Dadurch ist der Austrieb längst nicht so sicher wie bei der Buschlage (s. folgende Seite).
Auch tote Äste, Zweige, Ruten oder auch Bretter oder Rundhölzer werden als sogenannte **tote Faschinen** eingebaut. Sie dienen so lange zur kurzfristigen Hangsicherung, bis andere Vegetation die Sicherungsfunktion übernimmt.

Flechtwerkbau

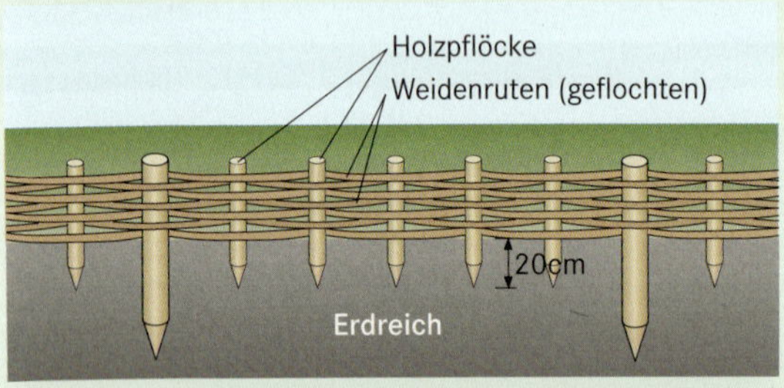

Flechtwerk

Beim **Flechtwerk** werden vorwiegend Weidenruten im Abstand von 20 bis 40 cm ca. 20 cm tief in den Boden gesteckt und miteinander verflochten.
Die Höhe des Flechtwerkes beträgt ca. 20 bis 30 cm.
Nach dem Andecken des Bodens entstehen auf diese Weise sofort wirksame unterirdische **Rutschbarrieren.**
Wird lebendes Material verwendet, ist der Hangschutz nach dem Austrieb dauerhaft.
Flechtwerk wird auch zur Ufersicherung eingesetzt.

Verfahren | **Beschreibung**

Buschlagenbau

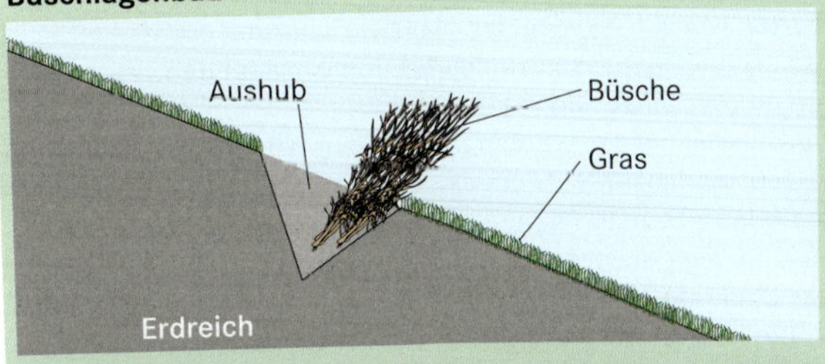

Buschlage

Steile Böschungen müssen so gesichert werden, dass Rutschungen unterbleiben. Dazu werden **Buschlagen** eingesetzt. Hangparallele oder schräge Gräben werden im Abstand von ca. 2 bis 4 m in etwa 50 cm Breite in den Hang gegraben. Die Gräben sollen ein bergseitiges Gefälle von ca. 10 % erhalten. In diese Gräben wird lebendes Material (das sogenannte Buschwerk) in Bündeln von ca. 15 bis 20 cm Länge eingelegt und verfüllt. Das aus dem Boden herausragende Buschwerk wird auf ca. 20 cm abgeschnitten. Als Material eignen sich alle Gehölze, die sicher adventiv bewurzeln und eine gute Widerstandskraft gegen Überschüttungen haben. Das sind vor allem Salix-Arten aber auch verschiedene andere Gattungen (Tab. 1, S. 548).
Durch das Einbringen des Buschwerkes in den Hang wird eine sofort einsetzende Tiefenwirkung erzielt. Nach der Bewurzelung wirkt diese Maßnahme dauerhaft.
Die einsetzende Begrünung vermindert die Wucht des Regens, sodass keine Bodenteilchen abgeschwemmt werden können. Zwischen den einzelnen Gräben ergibt eine gezielte Begrünung mit z. B. Rasen weiteren Schutz des Bodens.

Steckhölzer, Ballen- und Rhizombesatz

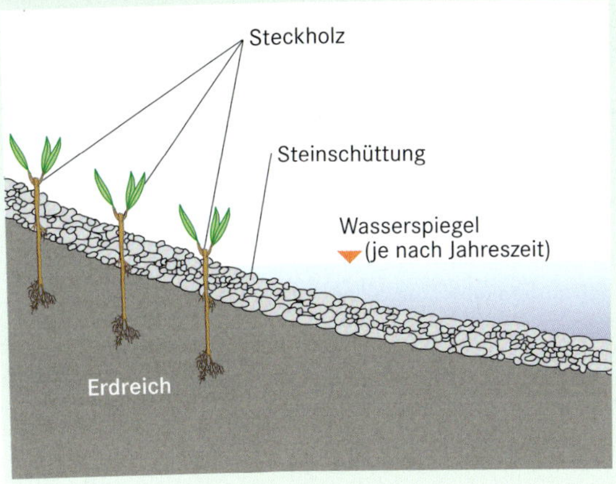

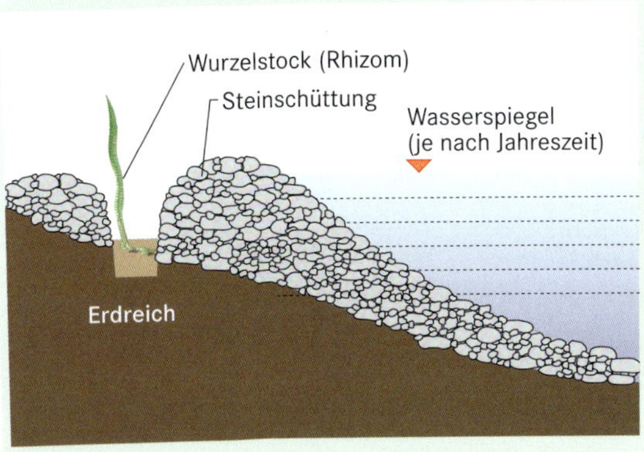

Steckhölzer bestehen, damit sie sicher bewurzeln, aus unverzweigten ein- oder mehrjährigen Trieben. Diese sind 1 bis 5 cm dick und 25 bis 40 cm lang.
Sie werden hauptsächlich im Uferbereich zur Dämpfung des Wellenschlages und Verminderung der Fließgeschwindigkeit eingesetzt. Dabei werden sie in der Regel rechtwinklig zur schützenden Fläche in den Boden gesteckt. Sie müssen so tief im Boden sein, dass 1 bis 2 Augen über dem Boden verbleiben.
An der Wasserlinie von Bächen oder Seen kann das Ufer durch **Wasserpflanzen mit Ballen** gesichert werden.
Diese Sicherungsmaßnahme ist jedoch erst nach etwa zwei Jahren voll wirksam. Stehen nicht genügend Ballenpflanzen zur Verfügung, können auch Rhizome, von z. B. *Phragmites australis,* verwendet werden. Diese Maßnahme ist jedoch noch später wirksam.
Oftmals wird Steckholz, Ballen- oder Rhizombesatz in Verbindung mit **Raupflaster** oder **Steinschüttungen** verwendet (s. S. 547), damit die Pflanzen bzw. Pflanzenteile nicht weggespült werden.

Phragmites australis (Schilf)

Verfahren	Beschreibung
Spreitlagenbau	

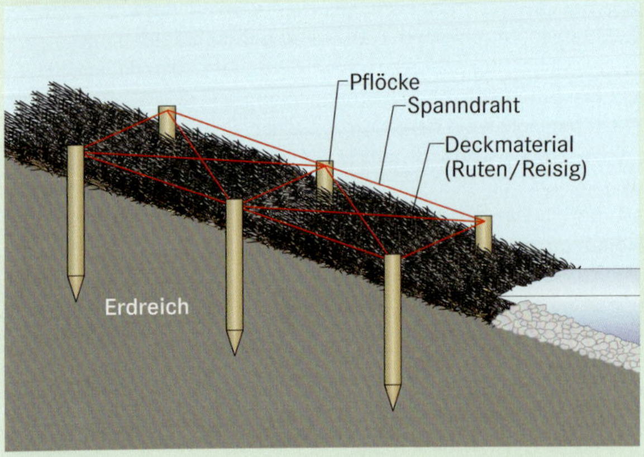

Spreitlage

Spreitlagen werden vorwiegend zur Ufersicherung eingesetzt. Sie bremsen die Fließgeschwindigkeit des Wassers und vermindern den Wellenschlag am Ufer.
In der geebneten Fläche werden mindestens 50 cm lange Pflöcke im Abstand von maximal 70 cm eingesetzt. Dazwischen wird Deckmaterial, z. B. Äste, Ruten oder Zweige, so ausgelegt, dass eine etwa 50 %ige Abdeckung des Bodens erreicht wird. Danach wird das Deckmaterial durch Spanndrähte an den Pflöcken verankert. Die Pflöcke werden dann so tief in den Boden geschlagen, dass das Deckmaterial fest auf den Boden gedrückt wird. Anschließend wird die Spreitlage bis zur Oberkante der Deckschicht mit Boden verfüllt. Durch diese Maßnahmen wird ein guter Bodenschluss erreicht, sodass das Deckmaterial gut bewurzeln und austreiben kann.

2.2 Schutz durch nicht lebende Stoffe und Bauteile und kombinierte Bauweisen

Verfahren	Beschreibung
Gabionen (Drahtschotterkörbe)	

Gabionen

Gabionen oder **Drahtschotterkörbe** sind kastenförmige Körbe aus festem Draht, die mit Steinen (z. B. Kies) oder Schotter gefüllt werden. Die Steine sind in dichter Lage einzubauen. An den Rändern der Gabionen sollen die Steine so aufeinander gesetzt werden, dass sie auch ohne Draht fest liegen würden. Die Steine müssen dabei größer als die Maschendurchmesser sein. Die Körbe dürfen sich beim Verfüllen nur gering verformen. Dazu werden zum Teil Drähte in den Gabionen verspannt. Gabionen werden auf einem tragfähigen Untergrund mit einem Neigungsverhältnis (auch Anlauf oder Dossierung genannt) von ca. 10 bis 20 % der abzustützenden Höhe in Richtung Hang eingebaut. Gabionen stützen den Hang, wobei Hangwasser durch die Steine nach vorn abgeleitet werden kann.

Hangroste

Hangrost

Hangroste sind an Hängen oder Böschungen eingebaute, aufgelegte oder verankerte rostartige Holz-, Beton- oder Stahlbauteile.
Hangroste werden dort verwendet, wo oberflächige Rutschungen erwartet werden. Der Schutz durch Hangroste wird durch das feste Einbetten der Bauteile in den Hang erreicht. Wegen des hohen Arbeitsaufwands werden Hangroste meist nur im Gebirge verwendet. Durch die Kombination von Hangrosten mit lebenden Baustoffen wird die Sicherungsfunktion verstärkt.

Verfahren	Beschreibung
Krainerwand 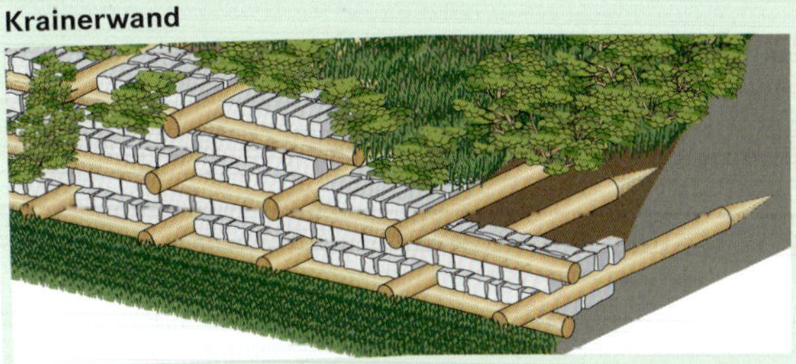  Krainerwand	**Krainerwände** sind Elemente aus Holz, Stahl, Beton oder Recyclingmaterialien. Waagerechte Schwellen werden mit sogenannten Bindern im Hang verankert. Die Zwischenräume können mit Erde verfüllt und bepflanzt werden. Krainerwände werden dort eingesetzt, wo an steilen Hängen Rutschungen vermieden werden sollen. An steilen Straßenböschungen oder als Lawinenschutz im Gebirge sind sie sofort nach dem Einbau wirksam. An Straßen dienen sie oft als Mauerersatz, der gestalterische Maßnahmen mit Pflanzen zulässt.

2.3 Erosionsschutz durch Bodenabdeckung

Verfahren	Beschreibung
Mulchen  Mattenmaterialien	**Rindenmulch** eignet sich bei wenig steilen Böschungen. Bei steileren Böschungen werden oftmals Kokos-, Jute- oder Strohmatten eingesetzt. Die Matten oder Gewebe werden mit Verankerungen (Holz- oder Eisenpflöcke) im Hang befestigt, wobei die Ränder mit Erde oder Sandsäcken besonders gesichert werden müssen. Matten sollten nie gespannt werden, sondern dem Bodenverlauf angepasst werden. Die Haltbarkeit solcher Matten beträgt je nach Material zwischen einem und fünf Jahren. Ein dauerhafter Schutz kann jedoch nur erreicht werden, wenn eine Begrünung stattfindet. Folien als Erosionsschutz werden im Garten- und Landschaftsbau nur selten eingesetzt. Meist dienen sie im Tiefbau dem vorübergehenden Schutz von Baugruben.
Steinschüttungen 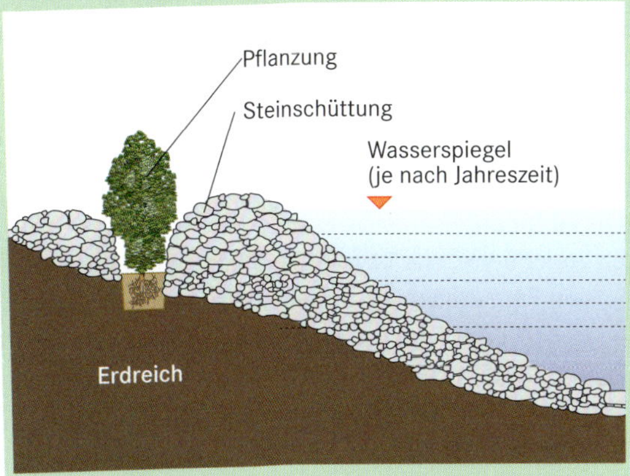 Steinschüttung	**Steinschüttungen** werden vor allem an flachen Ufern eingesetzt. Dazu wird Schotter oder Kies mit Körnungen über 32 mm abgeschüttet. So wird das Ufer vor Wellenschlag geschützt. Die Steinschüttung kann mit Steckholz, Ballen- oder Rhizombesatz kombiniert werden. 

Verfahren	Beschreibung
Raubettrinnen 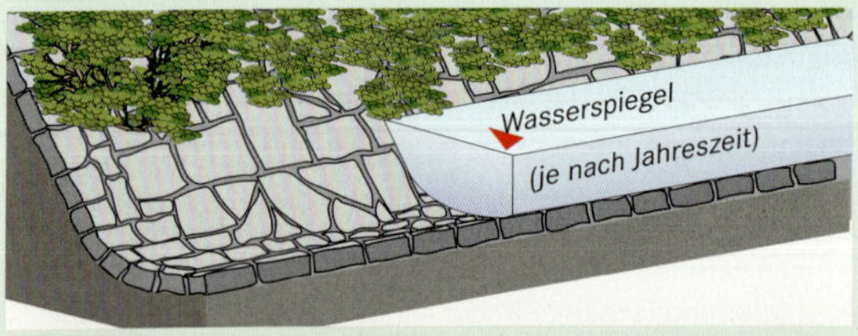  Raubettrinne	**Raubettrinnen** sind muldenförmige Wasserläufe, die durch Bruchsteine befestigt sind. Sie werden dort eingesetzt, wo mit hohen Fließgeschwindigkeiten, z. B. bei Abläufen von Gewässern, zu rechnen ist. Die Bruchsteine müssen so mit Sand, Splitt oder Beton verfestigt werden, dass sie nicht fortgespült werden können. Die Ränder über einer Raubettrinne sind mit Faschinen, Flechtwerk, Steckhölzern oder Fertigrasen zu sichern. Damit die Bruchsteine, besonders bei Raubettrinnen mit geringem Gefälle, nicht unterspült werden, sollte unter der Rinne eine Dichtung aus z. B. Lehm oder Beton eingebaut werden. Raubettrinnen dienen vor allem dem Uferschutz.

Weiden der Alpen und des Alpenvorlandes
Salix appendiculata (Schluchtweide, Großblattweide)
Salix glabra (Glanzweide, Glattweide)
Salix hastata (Mattweide, Spießblattweide)
Salix waldsteiniana (Knieweide, Bäumchenweide)
Weiden des Alpenvorlandes und der Mittelgebirge
Salix alba (Silberweide)
Salix daphnoides (Reifweide)
Salix eleagnos (Grauweide, Lavendelweide)
Weiden für die Ebene
Salix alba (Silberweide)
Salix aurita (Ohrweide)
Salix cinerea (Aschweide)
Salix fragilis (Bruchweide)
Salix purpurea (Purpurweide, Steinweide)
Salix viminalis (Korbweide)
Weitere Gehölze für die Ebene
Populus nigra (Schwarzpappel)
Ligustrum vulgare (Liguster, Rainweide)
Ribes uva-crispa (Stachelbeere)
Ribes rubrum (Waldjohannisbeere)
Ribes nigrum (Schwarze Johannisbeere)
Lonicera xylosteum (Gemeine Heckenkirsche)
Sambucus nigra (Schwarzer Holunder)
Sambucus racemosa (Traubenholunder)
Cornus sanguinea (Gemeiner Hartriegel)

Tab. 1 Verschiedene Pflanzen als Material für ingenieurbiologische Sicherungsbauweisen

3 Fertigstellungspflege

Alle Maßnahmen der ingenieurbiologischen Sicherungsbauweisen müssen so lange gepflegt werden, bis ein abnahmefähiger Zustand erreicht ist. Dieser Zustand ist dann erreicht, wenn die eingesetzte Maßnahme ihren Zweck erfüllen kann und bei Verwendung lebender Pflanzenteile die Weiterentwicklung sichergestellt ist.

? Aufgaben

○ 1. Was versteht man unter ingenieurbiologischen Sicherungsbauweisen?

◑ 2. Ein 50 m langer Hang in einem privaten Garten soll mit ingenieurbiologischen Maßnahmen gesichert werden.
Erklären Sie dem Hauseigentümer fünf Maßnahmen zur Sicherung des Hanges.
Nennen Sie auch Möglichkeiten des Garten- und Landschaftsbaus zur Hangsicherung.

◑ 3. Das Ufer eines neu angelegten Bachs soll befestigt werden. Erklären Sie fünf Maßnahmen zur Sicherung des Bachufers.

○ 4. Beschreiben Sie die Herstellung von: Faschinen, Flechtwerken, Buschlagen und Gabionen.

◑ 5. Welche Vorteile bzw. Nacheile hat der Einsatz von Fertigrasen im Gegensatz zur Nassansaat?

○ 6. Beschreiben Sie die Anspritzbegrünung.

○ 7. Wo werden Hangroste oder Krainerwände vorwiegend eingesetzt?

○ 8. Welche Pflanzen eignen sich zur Herstellung von lebenden Faschinen oder Buschlagen?

Betriebliche Zusammenhänge

Kalkulation

1 Kalkulation im Baustellenverlauf

Der Begriff „**Kalkulation**" stammt vom lateinischen Wort für „rechnen" (lat.: calculare) ab. Je nachdem zu welchem Zeitpunkt und mit welchem Ziel eine Kalkulation durchgeführt wird, spricht man von:

- **Vorkalkulation** (auch: **Sollkosten**- oder **Plankostenrechnung**) zur Ermittlung des **Gesamtpreises** für ein Angebot (Tab. 1)
- **Zwischenkalkulation** zur **Kostenkontrolle** während der Bauausführung
- **Nachkalkulation** (auch: **Istkostenrechnung**) zur Berechnung, ob nach Abschluss des Bauvorhabens ein **Gewinn** oder ein **Verlust** erwirtschaftet wurde

Die Nachkalkulation dient somit der Überprüfung der Vorkalkulation. Abweichungen zu den vorkalkulierten Preisen müssen genau untersucht und bei der nächsten Vorkalkulation entsprechend korrigiert werden.

Aufgaben

○ 1. Unterscheiden Sie Vor-, Zwischen- und Nachkalkulation.

○ 2. Erläutern Sie die Notwendigkeit der drei Kalkulationsarten.

2 Vorkalkulation mittels Vollkostenrechnung

Die **Vollkostenrechnung** (auch: **Preiskalkulation**) dient zur Ermittlung des Geldbetrags, den ein Produkt (z. B. eine Pflanze) oder eine Dienstleistung (z. B. die Anlage einer Pflanzung) den Hersteller tatsächlich kostet zuzüglich einer Gewinnspanne. Im günstigsten Fall kann zu diesem Betrag angeboten werden.

Bei der Vollkostenrechnung werden alle voraussichtlichen Kosten erfasst und auf das Produkt bzw. die Dienstleistung umgelegt. Des Weiteren wird ein Zuschlag für Wagnis und Gewinn aufgeschlagen (Tab. 1).

Eine Vollkostenrechnung wird in der Regel für **Produkte** oder **Dienstleistungen** mit **individuellem Charakter** durchgeführt. Da kaum ein Gartenprojekt dem anderen gleicht, ist die Vollkostenrechnung im GaLaBau üblich.

Die Vollkostenrechnung wird nach dem in Tab. 1 gezeigten Schema durchgeführt.

1.	Lohnkosten (variabel)
2. +	Materialkosten (variabel)
3. +	Maschinen- und Fahrzeugkosten (variabel)
4. +	Kosten für Fremdleistungen (variabel)
	= **Herstellkosten** (= Summe der variablen Kosten)
5. +	Gemeinkosten (fix)
	= **Selbstkosten** (= Summe variable u. fixe Kosten)
6. +	Wagnis- und Gewinnzuschlag (WuG-Zuschlag)
	= **Gesamtpreis** des Produktes bzw. der Dienstleistung (**netto**)

Tab. 1 Kalkulationsschema Vollkostenrechnung

Ganz am Ende einer Angebots-Vorkalkulation muss noch die aktuell gültige Mehrwertsteuer dazugerechnet werden. Dies unterbleibt hier aus Gründen der Übersichtlichkeit.

Die **variablen Kosten** (auch: **Einzelkosten** oder **direkte Kosten**, Tab. 1, Nummer 1. bis 4.) lassen sich relativ unkompliziert verschiedenen Bauvorhaben zuordnen. Als „variabel" werden diese Kosten bezeichnet, weil ihre Höhe stark von Art und Größe der jeweiligen Baustelle abhängt.

So liegen die variablen Kosten für die Herstellung einer einfachen kleinflächigen Bodendeckerpflanzung im Verkehrsbegleitgrün z. B. erheblich unter denen für ein aufwendiges Gartenprojekt mit Schwimmteich, Holzterrassen, Natursteinbelägen und Zisterne.

Die **Summe** der **variablen Kosten** wird **Herstellkosten** genannt.

Gemeinkosten (auch: **Fixkosten** oder **indirekte Kosten**, Tab. 1, Nummer 5.) lassen sich nicht oder nur mit größerem Aufwand einzelnen Bauvorhaben zuordnen. „Fixe" Kosten werden sie genannt, weil sie weitgehend unabhängig vom Baubetrieb dauernd in ungefähr gleicher Höhe anfallen.

Typische Gemeinkosten sind z. B. Miete und/oder Pacht für Betriebsflächen und -gebäude, Telefonkosten im Büro, Energie- und Wasserkosten für die Verwaltungs- und Sozialräume, Gehälter von Büromitarbeitern und Entnahmen von Betriebsleitern aus dem Umsatz für ihre Auftragsbeschaffungsarbeit (Akquisition).

Der **Wagnis- und Gewinnzuschlag** (WuG-Zuschlag, Tab. 1, Nummer 6.) führt bei planmäßigem Verlauf des Bauvorhabens zur Einnahme eines Geldbetrags über die Summe der eingesetzten Kosten hinaus (Gewinn, Wertschöpfung, Mehrwert).

Geht die Kalkulation nicht ganz auf, z. B. durch langsames Arbeiten der Mitarbeiter, ist der Zuschlag auch ein Puffer, um nicht zu schnell Verluste zu machen – daher die Bezeichnung „Wagnis“.

Auf Basis aller berechneten Kosten wird schließlich der **Gesamtpreis** kalkuliert:

1. 16 Arbeitsstunden (8 h x 2 Ak) à 30,00 € Betriebsmittellohn	480,00 €
2. 500 Lonicera nitida ‚Maigrün‘ à 1,50 €	+ 750,00 €
10 m³ Rindenmulch à 40,00 €	+ 400,00 €
3. 1,5 h Einachsschlepper mit Fräse à 20,00 €	+ 30,00 €
4. keine Fremdleistungen erforderlich	+ 0,00 €
Herstellkosten	= 1660,00 €
5. Gemeinkostenaufschlag 35 %	+ 581,00 €
Selbstkosten	= 2241,00 €
6. WuG-Zuschlag 7 %	+ 156,87 €
Gesamtpreis der Dienstleistung **(netto)**	= 2397,87 €

Tab. 1 Beispiel „Vollkostenrechnung Bodendeckerpflanzung“

Der kalkulierte Gesamtpreis kann nicht immer uneingeschränkt als Angebotspreis dienen. Oft sind bei der Berechnung weitere Fragen zu klären, z. B.:

- Ist das Unternehmen gerade mit Aufträgen ausgelastet oder hat es Kapazitäten frei?
- Ist der Kunde ein Stammkunde, der Rechnungen stets rechtzeitig bezahlt hat, oder besteht beim Kunden ein Zahlungsrisiko?
- Muss der Auftrag zu einer bestimmten Zeit durchgeführt werden oder ist der Auftrag in den zeitlichen Rahmen anderer Aufträge einplanbar?
- Stehen die für den Auftrag benötigten ausgebildeten Arbeitskräfte, Maschinen und Materialien zur Verfügung oder müssen für diesen Auftrag Investitionen getätigt und neue Mitarbeiter eingestellt werden?
- Besteht die Gefahr, durch Konkurrenten aus dem Markt gedrängt zu werden, falls der Auftrag nicht angenommen wird, oder kann man sich die Aufträge mehr oder weniger frei aussuchen?

Eine wichtige Stellschraube ist hier der WuG-Zuschlag, da er recht einfach erhöht oder verringert werden kann. Auch ein Auftrag ohne Gewinn oder gar mit einem geringen Verlust kann, je nach Marktlage, sinnvoll sein, solange er kurz- bis mittelfristig durch Gewinne aus anderen Bauvorhaben ausgeglichen wird.

! Merke

Die Kosten eines Bauvorhabens kann der Unternehmer abschätzen, der Angebotspreis ist dann jedoch abhängig von der herrschenden Marktlage.

Neben der Vollkostenrechnung gibt es auch noch die Kalkulationsmethode der Teilkostenrechnung (s. Exkurs Vorkalkulation mittels Teilkostenrechung, S. 552).

? Aufgaben

○ 1. Was wird durch eine Vollkostenrechnung ermittelt?

○ 2. Nennen Sie wesentliche Kosten, die in einem Unternehmen des GaLaBaus anfallen.

○ 3. a) Welche Kosten hängen stark von der Art und Größe der jeweiligen Baustelle ab?

○ b) Welche Kosten fallen weitgehend unabhängig vom Baubetrieb ständig in ungefähr gleicher Höhe an?

○ 4. Wozu dient der WuG-Zuschlag?

○ 5. Warum kann der kalkulierte Angebotspreis eines Produkts/einer Dienstleistung manchmal realistisch nicht verlangt werden?

○ 6. Erklären Sie, warum ein nur kostendeckender Auftrag durchaus wirtschaftlich sinnvoll sein kann, obwohl er keinen Gewinn beinhaltet.

◑ 7. Wie funktioniert eine Kalkulation mittels Teilkostenrechnung?

3 Durchführung der Vorkalkulation mittels Vollkostenrechnung

3.1 Herstellkosten

Zur Berechnung der Herstellkosten einer Baustelle werden zunächst die variablen Kosten ermittelt.

3.1.1 Lohnkosten

Lohnkosten entstehen durch menschliche Arbeitskraft. Für ihre Kalkulation werden die Kosten einer **Lohnstunde** (oder **Lohnminute**) und die für die Arbeitsleistung eingeplante **Zeit** in **Stunden** oder **Minuten** benötigt.

Die Basis für die Kalkulation einer Lohnstunde ist der **Bruttolohn** (Arbeitsgrundkosten). Der Bruttolohn wird dem aktuellen Lohntarifvertrag entnommen bzw. individuell ausgehandelt. Zusätzlich müssen die **Lohnnebenkosten** (Arbeitsnebenkosten, Lohnzusatzkosten) mit einem Aufschlag von 80–90 % berücksichtigt werden (Tab. 1, S. 552).

Der Bruttolohn ergibt zusammen mit den Lohnnebenkosten den sogenannten **Betriebsstundenlohn**.

Im Beispiel in Tab. 1 kommt durch Aufschlag von 90% ein Betriebsstundenlohn von 34,20 € heraus, der auch durch Anwendung eines **Kalkulationsfaktors** von **1,9** (18,00 € · 1,9 = 34,20 €) berechnet werden kann.

Diesen Betriebsstundenlohn muss der Arbeitgeber einnehmen, um sowohl den Mitarbeiter entlohnen als auch die vorgeschriebenen gesetzlichen und tariflichen Abgaben verlustfrei abführen zu können.

Der Betriebsstundenlohn geteilt durch 60 ergibt den **Betriebsminutenlohn**. Für den berechneten Beispiel-Betriebsstundenlohn ergibt sich folgender Minutenwert:

34,20 €/Stunde : 60 Minuten/Stunde = **0,57 €/Minute**

	Prozent	Euro (z. B.)
Bruttolohn	**100%**	**18,00 €**
+ Gesetzliche Sozialversicherungsbeiträge des Arbeitgebers (Kranken-, Pflege-, Renten-, Arbeitslosenversicherung, Berufsgenossenschaftsbeiträge)	ca. 25%	4,50 €
+ Urlaub einschließlich Urlaubsgeld	ca. 25%	4,50 €
+ Sonderzahlungen (z. B. 13. Monatslohn, Gewinnbeteiligung)	ca. 10%	1,80 €
+ Betriebliche Altersversorgung	ca. 10%	1,80 €
+ Vermögenswirksame Leistungen, Betriebsausflug, Weihnachtsfeier usw.	ca. 8%	1,44 €
+ Lohnfortzahlung im Krankheitsfall	ca. 6%	1,08 €
+ Bezahlte Feiertage und sonstige Ausfallzeiten (z. B. Eheschließung, Entbindung der Ehefrau, Arztbesuch)	ca. 6%	1,08 €
= **Betriebsstundenlohn**	**ca. 190%**	**34,20 €**

Tab. 1 Ermittlung des Betriebsstundenlohns

Betriebsmittellohn

Auf den Baustellen des Garten- und Landschaftsbaus sind in der Regel unterschiedlich entlohnte Arbeitskräfte (Baustellenleiter, Facharbeiter, Hilfsarbeiter) tätig. Zum Zeitpunkt der Vorkalkulation ist jedoch noch nicht klar, welche Mitarbeiter genau mit der Leistungserstellung betraut sein werden. Deshalb wird mit dem sogenannten **Betriebsmittellohn** als Durchschnittswert kalkuliert.

Der Betriebsmittellohn ist der **Durchschnitt der Betriebsstundenlöhne** aller Mitarbeiter eines Betriebs. Nicht ständig anwesende Arbeitskräfte werden je nach Einsatzdauer mit einem Faktor kleiner als 1 berechnet, eine Halbtagskraft z. B. mit dem Faktor 0,5. Auch Auszubildende werden wegen

Arbeitskraft (Ak) im Betrieb	Anzahl	Bruttolohn €/Stunde	Gesamtlohn €/Stunde/Vollzeit
Baustellenleiter	1	22,00 € × 1,00	22,00 €
Landschaftsgärtner	2	18,00 € × 2,00	36,00 €
Maschinist	1	17,00 € × 1,00	17,00 €
Arbeiter	2	13,50 € × 2,00	27,00 €
Auszubildender	1	12,00 € × 0,50	6,00 €
Arbeiter (Halbtagskraft)	1	13,50 € × 0,50	6,75 €
Summe			114,75 €
+ Lohnnebenkosten (90%)			103,28 €
Summe			= 218,03 €
Betriebsmittellohn pro Ak und Stunde (= Akh)	: 7 Ak[1]	ergibt	**31,15**

[1] 7 Ak = 6 Vollzeitkräfte + 0,5 Ak für den Auszubildenden sowie + 0,5 Ak für die Halbtagskraft

Tab. 2 Beispiel für die Berechnung des Betriebsmittellohns

Exkurs Vorkalkulation mittels Teilkostenrechnung

Eine **Vorkalkulation mittels Teilkostenrechnung** ist durch eine völlig andere Herangehensweise als bei der Vollkostenrechnung gekennzeichnet. Die Grundannahme ist, dass der Marktpreis für Produkte bzw. Dienstleistungen fast gar nicht durch das einzelne Unternehmen beeinflussbar ist.

So wird der Preis zahlreicher Zierpflanzen und auch vieler landwirtschaftlicher Erzeugnisse (z. B. Getreide, Milch) den Erzeugern in der Regel durch die am Markt vorhandene Angebotsmenge und -qualität vorgegeben. Die Erzeuger können realistisch keine höheren Preise für ihre Produkte bzw. Dienstleistungen verlangen, egal, wie viel Geld sie für deren Herstellung aufwenden.

Bei einer Teilkostenrechnung wird zunächst überschlagen, welche Produkte bzw. Dienstleistungen das Unternehmen in welchen Mengen herstellen kann. Durch Multiplikation mit dem üblichen Marktpreis wird sodann der zu erwartende Gesamterlös berechnet. Von diesem werden anschließend die variablen Kosten abgezogen.

Der verbleibende Betrag dient zur **Deckung der Gemein-/Fixkosten** und soll möglichst auch Gewinn einbringen. Aus diesem Grund wird die Teilkostenrechnung auch als **Deckungsbeitragsrechnung** bezeichnet.

Die Teilkostenrechnung führt ein Unternehmen meist für mehrere mögliche Produkte und Dienstleistungen durch, die es herstellen könnte. Die mit den höchsten Deckungsbeiträgen werden in der Regel produziert.

Die Teilkostenrechnung wird meist im Zusammenhang mit **standardisierten Massenprodukten** eingesetzt. Da der GaLaBau zumeist höchst individuelle Gartenanlagen anbietet, spielt die Teilkostenrechnung in dieser Branche eher eine untergeordnete Rolle.

ihrer Berufsschulzeiten, Lehrgänge und betrieblichen Ausbildungszeiten als „halbe Kraft" gerechnet (Tab. 2, S. 552).

Teilt man den in Tabelle 2 auf Seite 552 errechneten Betriebsmittellohn von **31,15 €/Stunde** durch 60, erhält man einen Betrag von **0,52 €/Lohnminute**.

Zeitschätzung

Die wahrscheinlich **größte Herausforderung** bei einer Vorkalkulation ist die **Einschätzung der Zeit**, die für eine bestimmte Arbeit zu veranschlagen ist. Die Zeitschätzung ist elementar wichtig für die Ermittlung eines realistischen, auskömmlichen Angebotspreises. Sie setzt große Erfahrung und fachliches Wissen in Bezug auf den Arbeitsablauf, mögliche Probleme, die Fähigkeiten der Mitarbeiter usw. voraus.

Als grobe **Anhaltspunkte** können sogenannte **Musterzeitwerte** dienen. Diese auf Durchschnittswerten beruhenden Zeitangaben werden von verschiedenen Bauverlagen angeboten. Sie sind auch in vielen elektronischen Kalkulationsprogrammen hinterlegt.

Musterzeitwerte passen jedoch so gut wie nie genau zu den Gegebenheiten der aktuell zu kalkulierenden Baustelle (Organisation, Witterung, Bodenart und Bodenzustand usw.) und/oder des eigenen Betriebs (fachliche Qualifikation, Geschicklichkeit, Erfahrung und Motivation der Mitarbeiter sowie Geräte-/Maschinenausstattung usw.).

Beispiel

Wie hoch sind die **Herstellkosten** (hier nur auf den Lohn bezogen) für 50 m² Rasenplanum, wenn als Musterzeitwert 2 Minuten/m² angegeben werden und der Betriebsmittellohn 0,54 €/Minute beträgt?

0,54 €/Minute × 2 Minuten/m² = 1,08 €/m²

1,08 €/m² × 50 m² Rasenplanum = **54,00 €**

Der Betriebsmittellohn fließt in der Regel in die Vorkalkulation der Positionen eines Leistungsverzeichnisses oder einer Gesamtleistung (Tab. 1, S. 551) ein. Alternativ kann es erforderlich sein, die Arbeitsstunde an sich anzubieten. In diesem Fall müssen noch der Gemeinkostenaufschlag und der Wagnis- und Gewinnzuschlag dazu addiert werden.

Beispiel

Betriebsmittellohn/Stunde	31,50 €
+ Gemeinkostenaufschlag 39 %	12,29 €
= Selbstkosten	43,79 €
+ WuG-Zuschlag 8 %	3,50 €
= Stundensatz (netto)	**47,29 €**

Vor allem Tätigkeiten, für die die benötigte Arbeitszeit nicht zuverlässig einschätzbar ist, werden bevorzugt nach tatsächlich geleisteten Arbeitsstunden auf der Basis eines vorher vereinbarten Stundensatzes abgerechnet (Stundenlohn- bzw. Regiearbeiten, s. Kap. Objektplanung). Ein Beispiel dafür sind Suchgrabungen nach unbekannten Elektro- oder Gasleitungen in Handarbeit.

3.1.2 Materialkosten

Beim Einkauf von Materialien werden zur Ermittlung des Rechnungsbetrags in der Regel zunächst der **Listenpreis** und die bestellte **Menge** zugrunde gelegt. Je nach Konditionen des Verkäufers und Verhandlungsgeschick des Käufers werden oft zusätzliche Preisabzüge vereinbart, sogenannte **Rabatte**. Der bekannteste Rabatt ist der Mengenrabatt. Eventuelle Rabatte werden vom Listenpreis abgezogen, wodurch sich der **Nettopreis** ergibt.

Auf den Nettopreis wird die **Mehrwertsteuer** (s. Exkurs, S. 554) aufgeschlagen. Die Mehrwertsteuer beträgt derzeit in der Regel 19 % des Nettopreises bzw. für Produkte des täglichen Bedarfs (z. B. Lebensmittel, Kulturgüter, Kulturdienstleistungen) 7 % des Nettopreises. Durch den verringerten Mehrwertsteuersatz von 7 % sollen letztgenannte Güter erschwinglicher werden. Die Summe von Nettopreis und Mehrwertsteuer ist der **Bruttopreis.**

Für **Pflanzen**, wie auch für den Großteil anderer agrarischer Erzeugnisse, gilt in der Regel ebenfalls der ermäßigte Mehrwertsteuersatz von 7 %. Werden Pflanzen gewerblich eingepflanzt, sind auf die **Pflanzarbeitskosten** jedoch 19 % Mehrwertsteuer zu erheben. Wird ein größerer Garten mit vielfältigen Teilarbeiten (Erdarbeiten, Entwässerung, Mauerbau, Pflanzungen usw.) hergestellt, gilt dies steuerlich als **einheitliche Leistung**. Nach aktueller Rechtsprechung müssen dann auch auf die Pflanzenkosten 19 % Mehrwertsteuer erhoben und abgeführt werden.

Im Zweifelsfall ist steuerrechtlicher Rat einzuholen, um Nachforderungen der Finanzverwaltung zu vermeiden.

Als Zahlungsanreiz wird oft ein zusätzlicher geringfügiger Preisnachlass (meist in Höhe von 2–3 %) auf den Bruttopreis gewährt, der sogenannte **Skonto**. Der Skonto kann vom Bruttopreis abgezogen werden, wenn eine vorgegebene bzw. vereinbarte Zahlungsfrist (meist einige Tage bis zwei Wochen) eingehalten wird. Nach Abzug des Skontos vom Bruttopreis ergibt sich der **Rechnungsbetrag**.

Bei einer Lieferung ins Unternehmen bzw. an einen bestimmten Ort (z. B. auf eine Baustelle) fallen meist zusätzlich **Transportkosten** an. Der skontierte Bruttopreis zuzüglich der Transportkosten wird als **Rechnungsbetrag**

Exkurs Mehrwertsteuer

Die Mehrwertsteuer (MwSt.) in der heute bekannten Form gibt es in der Bundesrepublik Deutschland bereits seit 1968. Sie ist mittlerweile in vielen Ländern der Welt eine der wichtigsten Steuereinnahmequellen. Etwa ein Viertel bis ein Fünftel der Gesamtsteuereinnahmen wird durch die Mehrwertsteuer erzielt. Vereinfacht gesagt, ist sie eine Verbrauchergebühr dafür, dass ein Staat die Herstellung und Weiterverarbeitung von Gütern und Dienstleistungen ermöglicht. Dies geschieht unter anderem durch die Schaffung der dafür benötigten Infrastruktur.

Die Mehrwertsteuer wird von denjenigen erhoben, die durch Herstellung und/oder Verkauf von Waren oder Dienstleistungen einen finanziellen Mehrwert erzeugen, also letztlich von allen **Unternehmen**. Diese leiten die von ihnen erhobene Mehrwertsteuer an die Steuerbehörden weiter und arbeiten so dem Staat zu.

Vorher verrechnen die Unternehmen jedoch die von ihnen erhobene mit der von ihnen im Rahmen ihrer Einkäufe gezahlten Mehrwertsteuer. Die Unternehmen werden durch die Mehrwertsteuer also nicht belastet. Durch die Verrechnung wird vermieden, dass die Mehrwertsteuer mehrfach entrichtet wird.

Bezahlt wird die Mehrwertsteuer somit ausschließlich vom **Endverbraucher**, weil er aus den erworbenen Gütern keinen weiteren Mehrwert erschafft, sondern sie lediglich verbraucht (konsumiert). Die **Mehrwertsteuer** wird auch als **Umsatzsteuer** bezeichnet.

Beispiel

Ein GaLaBau-Unternehmen verarbeitet auf einer Baustelle Pflaster und stellt seinem Kunden dafür Materialkosten in Höhe von 1 785,00 € (brutto) in Rechnung. Die in dem Betrag enthaltene Mehrwertsteuer von 285,00 € (= 1 785,00 € : 119 % · 19 %) muss das Unternehmen grundsätzlich an das Finanzamt weiterleiten.

Das GaLaBau-Unternehmen hat die Pflastersteine jedoch zuvor bei seinem Zulieferer für 1 487,50 € (brutto) eingekauft. Die darin enthaltende Mehrwertsteuer von 237,50 € (= 1 487,50 € : 119 % · 19 %) leitet der Zulieferer an das Finanzamt weiter und das GaLaBau-Unternehmen kann sie von den oben errechneten 285,00 € abziehen. Somit muss das GaLaBau-Unternehmen letztlich nur 47,50 € (= 285,00 € – 237,50 €) als Mehrwertsteuer an das Finanzamt weitergeben. Diese Verrechnung nennt man **Umsatzsteuer-Vorabzug**.

frei Haus bzw. frei Baustelle (auch Bruttopreis bzw. Rechnungssumme frei Haus/Baustelle) bezeichnet.

Somit ergibt sich folgendes Berechnungsschema:

1. Listenpreis
2. – Rabatt (ggf.)

= Nettopreis
3. + Mehrwertsteuer

= Bruttopreis
4. – Skonto (ggf.)

= Rechnungsbetrag
5. + Transportkosten (brutto) (ggf.)

= Rechnungsbetrag frei Haus bzw. Baustelle

Achtung

Fließen die Materialkosten in die Kalkulation der Positionen eines Leistungsverzeichnisses oder einer Gesamtleistung (Tab. 1, S. 551) ein, müssen die Nettopreise verwendet werden

Beispiel

Die Kosten für 100 m² Betonpflaster für 16,50 €/m² sind zu berechnen. Der Baustoffhändler gewährt Ihnen als Dauerkunden einen Rabatt von 7 % sowie 2 % Skonto. Die Transportkosten betragen insgesamt 200,00 € netto.

100 m² × 16,50 €/m²	1 650,00 €
– 7 % Treue-Rabatt	115,50 €
= Nettopreis	**1 534,50 €**
+ 19 % Mehrwertsteuer	291,56 €
= Bruttopreis	**1 826,06 €**
– 2 % Skonto	36,52 €
= Rechnungsbetrag	**1 789,54 €**
+ 200,00 € + 19 % MwSt für Transport	238,00 €
= Rechnungsbetrag frei Haus/Baust.	**2 027,54 €**

3.1.3 Maschinenkosten

Zur Kalkulation der **Maschinenkosten** werden die Kosten der Maschine je Stunde und die für die Leistungserbringung benötigte Betriebsstundenanzahl gebraucht.

Wie bei der Vollkostenrechnung (Tab. 1, S. 550) werden bei der Berechnung der Maschinenstundensätze die Begriffe „fixe" und „variable Kosten" verwendet. Diejenigen Kosten, die immer in relativ gleicher Höhe anfallen (egal ob die Maschine benutzt wird oder nicht), werden auch hier als „fixe Kosten" bezeichnet. Mit „variable Kosten" sind die Kosten gemeint, die nur bei Gebrauch der Maschine anfallen.

Die **fixen Kosten** einer Maschine entstehen durch:
- Steuer
- Versicherung
- Unterbringung
- Abschreibung und Zinskosten

Während z. B. Steuer und Versicherung regelmäßig zu entrichtende, reale Zahlbeträge sind, ist die **Abschreibung** ein rechnerischer Wert.

Der Wertverlust, der durch die Abnutzung einer Maschine entsteht, wird kostenmäßig durch den Begriff Absetzung für Abnutzung (**AfA**) oder kurz Abschreibung ausgedrückt. Ein Wertverlust tritt auch dann ein, wenn die Maschine veraltet, weil die Technik sich verbessert.

Merke

Die Abschreibung stellt kostenmäßig den Wertverlust eines Anlageguts dar.

Durch die Abschreibung wird der Anschaffungspreis auf die voraussichtliche Nutzungsdauer eines Anlagegutes verteilt. Für die Kalkulation wird zur Vereinfachung meist die jährlich gleichbleibende, d. h. lineare Abschreibung angenommen.

$$\text{Abschreibung je Jahr} = \frac{\text{Anschaffungspreis}}{\text{Nutzungsdauer in Jahren}}$$

Die Werte für die Nutzungsdauer werden von den zuständigen Oberfinanzdirektionen festgelegt. Der Verband Garten- und Landschaftsbau hat dabei beratend mitgewirkt.

Beispiel

Wie hoch sind die jährlichen Kosten für den Wertverlust eines Radladers mit folgenden Vorgaben?
Anschaffungspreis: 22 500,00 €;
Nutzungsdauer: 5 Jahre

Abschreibung je Jahr =

$$\frac{22\,500{,}00\ €}{5\ \text{Jahre}} = 4\,500{,}00\ €\ \text{je Jahr}$$

▶ Je Jahr sollte der Unternehmer 4 500,00 € als Kosten in seine Kalkulation einbringen.

Nach Ablauf der Nutzungsdauer hat der Unternehmer die gesamten Anschaffungskosten „hereingeholt" und kann sich – rein rechnerisch – eine neue Maschine kaufen.

Zum Kauf von Maschinen oder Fahrzeugen muss der Unternehmer Eigen- oder Fremdkapital aufbringen. Dieses Kapital kann dann nicht anderweitig benutzt werden. Man spricht von **Kapitalbindung** durch Anlagevermögen. Wird Anlagevermögen, wie z. B. eine Maschine, fremdfinanziert, müssen Zinsen an das Kreditinstitut gezahlt werden. Ist die Maschine mit Geld vom eigenen Konto bezahlt worden, gehen dem Unternehmer Zinserträge verloren.

Bei der Berechnung der **Zinskosten** wird davon ausgegangen, dass jährlich ein durchschnittlicher Zins bezahlt wird. Diese Annäherung ist für die Kalkulation ausreichend, obwohl bei den meisten Darlehensarten die Zinszahlungen mit der Zeit infolge der Tilgung sinken (s. S. 562 ff.).

Die Zinskosten lassen sich näherungsweise durch folgende Formel berechnen:

$$\text{Zinsen je Jahr} = \frac{\text{Anschaffungspreis} \cdot \text{Zinsfuß}}{2 \cdot 100\,\%}$$

Beispiel

Wie viel Kosten für Zinsen fallen an?
Ein Radlader kostet 27 500,00 €, die über einen Kredit fremdfinanziert worden sind. Der Zinsfuß beträgt 1,5 %.

$$\frac{27\,500{,}00\ € \cdot 1{,}5\,\%}{2 \cdot 100\,\%} = 206{,}25\ €.$$

▶ Je Jahr müssen Kosten in Höhe von 206,25 € einkalkuliert werden.

Zusätzlich fallen noch die Kosten an, die erst bei Betrieb der Maschine entstehen, die sogenannten **Betriebskosten (variable** oder **veränderliche Kosten).** Hierzu gehören:
- Treibstoffkosten,
- Schmiermittelkosten und
- Reparaturkosten.

Die Werte für **Treibstoff** und **Schmiermittel** können aus der Buchführung des letzten Jahres oder den Herstellerangaben entnommen werden. Die voraussichtlichen **Reparaturkosten** werden mit einem **Reparaturkostenfaktor**, der aus Tabellen oder eigenen Aufzeichnungen und Erfahrungswerten entnommen werden kann, berechnet. Es wird angenommen, dass während der Nutzungsdauer ca. 30 bis 50 % der Anschaffungskosten als Reparaturkosten anfallen. Diese Kosten werden dann auf die Nutzungsdauer verteilt:

$$\text{Reparaturkosten je Jahr} = \frac{\text{Reparaturkostenfaktor} \cdot \text{Anschaffungspreis}}{\text{Nutzungsdauer in Jahren}}$$

Beispiel

Wie hoch sind die Kosten eines Radladers je Stunde?

Anschaffungspreis	45 000,00 €
Nutzungsdauer	5 Jahre
Zinssatz	2 %
Versicherung/Jahr	750,00 €
Unterbringung/Jahr	600,00 €
Einsatzdauer/Jahr	800 Stunden
Treibstoff/Stunde	7,50 €
Schmiermittelkosten/Stunde = $^1/_4$ der Treibstoffkosten	= 1,88 €
Reparaturkostenfaktor	0,50
Fixe Kosten/Jahr	
Abschreibung	9 000,00 €/Jahr
Zinsen	450,00 €/Jahr
Versicherung	750,00 €/Jahr
Unterbringung	600,00 €/Jahr
	10 800,00 €/Jahr
Fixe Kosten/Stunde	**13,50 €/Stunde**
Variable Kosten/Stunde	
Treibstoffe	7,50 €/Stunde
Schmiermittel	1,88 €/Stunde
Reparaturkosten	5,63 €/Stunde
	15,01 €/Stunde
Gesamtkosten/Stunde	**28,51 €/Stunde**

▶ Für diesen Radlader fallen Kosten von 28,51 € je Stunde an.

Zusätzlich müssen noch die Kosten für den An- und Abtransport der Maschine verrechnet werden. Diese werden mithilfe der Einsatzdauer der Maschine auf der Baustelle umgelegt. Gerade bei kurzer Einsatzdauer auf der Baustelle fallen diese relativ stark ins Gewicht. Werden die Kosten für den An- und Abtransport mit 100 € angesetzt und beträgt die Einsatzdauer auf der Baustelle 40 Stunden, müssen je Stunde noch 2,50 € zu den Kosten für die Maschine hinzugerechnet werden.

Beispiel

Der beim Bau von Parkplätzen anfallende Bodenaushub beträgt 150 m³. Wie hoch sind die für das Aufladen zu veranschlagenden **Herstellkosten** (hier nur auf den Maschinenanteil bezogen), wenn eine Radladerstunde 28,51 € kostet und pro Stunde 20 m³ Erde verladen werden können?

$150\ m^3 : 20\ m^3/\text{Stunde} = 7{,}5\ \text{Stunden}$

7,5 h · 28,51 €/h = **213,83 €**

3.1.4 Kosten für Fremdleistungen

Die Kosten für **Fremdleistungen** sind die Kosten für Subunternehmerleistungen. Sie lassen sich vergleichsweise einfach aus den mit den Subunternehmern vereinbarten Preisen herleiten.

3.2 Gemeinkosten

Die Höhe der **Gemeinkosten** (s. S. 550) hängt wesentlich davon ab, wie viel ein Unternehmen sich davon leistet. Hat es z. B. ein großes Betriebsgelände mit aufwendigen Hallen oder kommt es mit wenig Fläche aus? Fallen für Betriebsgebäude hohe Energie- und Wasserkosten an oder nicht? Sind viele Bauleiter und Verwaltungskräfte im Unternehmen tätig oder nicht?

Die Gemeinkosten können aus der Jahresbilanz eines Unternehmens abgelesen werden. Anschließend wird ihr prozentualer Anteil an den bilanzierten Herstellkosten berechnet. Im neuen Geschäftsjahr wird dieser Prozentsatz dann auf die aktuell kalkulierten Herstellkosten der verschiedenen Angebote aufgeschlagen. Üblich sind ca. sind 30 – 40 % (Tab. **1**, S. 551).

Werden die Gemeinkosten zu den Herstellkosten addiert, ergeben sich die sogenannten **Selbstkosten.** Die Selbstkosten muss ein Unternehmen mindestens erwirtschaften, um kostendeckend zu arbeiten.

3.3 Wagnis und Gewinn

Die Einschätzung des **Zuschlags für Wagnis und Gewinn** (WuG-Zuschlag) (s. S. 550) ist wie die Einschätzung der Arbeits- und Maschinenzeiten eine große Herausforderung für den Kalkulierenden. Es können natürlich Gewinnspannen aus vergangenen Jahren zu Rate gezogen werden. Diese müssen jedoch laufend aktualisiert und an Veränderungen des Marktes angepasst werden.

Position-Nr.:

Kurztext

Kalkulation:

	benötigte Materialien		Kosten/ Bestelleinheit		Kosten/gesamt
Materialkosten:		·	EUR/	=	EUR
		·	EUR/	=	EUR
		·	EUR/	=	EUR
	benötigte Akh		Kosten/h		Kosten/gesamt
+ Arbeitskosten:	h	·	EUR/h	=	EUR
	benötigte Maschinenstunden		Kosten/h		Kosten/gesamt
+ Maschinenkosten:	h	·	EUR/h	=	EUR
	h	·	EUR/h	=	EUR
	h	·	EUR/h	=	EUR
= Herstellkosten					EUR
+ 35 % Gemeinkosten					EUR
= Selbstkosten					EUR
+ 5 % Wagnis und Gewinn					EUR
= Gesamtpreis netto					**EUR**
: Menge aus LV					
= Einheitspreis (= EP) netto für LV					**EUR**
· Menge aus LV					
= Gesamtpreis (= GP) netto für LV					**EUR**

1 Kalkulationsschema zur positionsbezogenen Ermittlung von Einheits- und Gesamtpreisen

Weiterhin können sogenannte Betriebsvergleiche (vergleichende betriebswirtschaftliche Unternehmensauswertungen) genutzt werden. Die dort nachzulesenden Gewinnspannen betragen zumeist etwa 5 – 10 % der Selbstkosten (Tab. **1**, S. 551).

Allerdings müssen auch diese Prozentsätze immer an die spezielle Angebots- und Nachfragesituation jedes einzelnen Betriebes angepasst und aktualisiert werden.

Eine schematische Berechnung des WuG-Zuschlags ist somit leider nicht möglich.

3.4 Ermittlung von Einheitspreisen

Angebote für Bauleistungen werden in der Regel sowohl von GaLaBau-Unternehmen als auch von Architekten und Ingenieuren in sogenannte **Positionen** untergliedert.

In den seltensten Fällen wird *1 Stück Garten, pauschal für z. B. 30 000,00 € angeboten*. Die durchzuführenden Arbeiten werden stattdessen in einzelne Positionen wie *Roden von Bestandsgehölzen, Durchführen von Bodenabtrag, Herstellen einer Pflasterfläche, Pflanzung von Großgehölzen* usw. unterteilt.

Für jede einzelne Position wird zunächst der sogenannte **Gesamtpreis** (GP) ermittelt. Zusätzlich wird jeweils der Preis für eine einzelne Leistungseinheit wie „Stück", „Kubikmeter", „Quadratmeter" berechnet: der **Einheitspreis** (EP) (s. Kapitel Objektplanung).

Diese Vorgehensweise ergibt sich aus den VOB-Regelungen zur Angebotserstellung und Abrechnung von Bauleistungen (s. Kap. Planungs- und Baustellenablauf).

Bei der Berechnung von Einheitspreisen kann ein verfeinertes **Kalkulationsschema** helfen (**1**).

Nach diesem Kalkulationsschema werden zunächst die **Positionsnummer** und der **gekürzte Text des Leistungsverzeichnisses** notiert.

Anschließend werden die für die jeweilige Position errechneten **Materialmengen** sowie die geschätzten **Arbeitskraftstunden** (Akh) und **Maschinenstunden** übersichtlich zusammengestellt. Diese werden mit den entsprechenden Kosten je Bestelleinheit bzw. je Stunde multipliziert. Die Addition der so berechneten Gesamtkosten für Material, Arbeit und Maschinen ergibt die Herstellkosten.

Auf die Herstellkosten werden die **Gemeinkosten** (hier 35 %) aufgeschlagen, man erhält die **Selbstkosten**.

Nun erfolgt der Aufschlag für **Wagnis und Gewinn** (hier 5 %). Selbstkosten plus Wagnis und Gewinn ergeben den **Gesamtpreis netto** für die jeweilige Position.

Dieser Gesamtpreis wird nun durch die aus dem Leistungsverzeichnis ersichtliche **Menge** dividiert. Das Ergebnis ist der **EP netto für das Leistungsverzeichnis**, welcher zumeist auf die zweite Stelle hinter dem Komma (Cent) gerundet werden muss.

Die erneute Multiplikation mit der Menge aus dem Leistungsverzeichnis ergibt den **GP netto für das Leistungsverzeichnis**. Sie dient lediglich der Beseitigung von Rundungsunstimmigkeiten.

? Aufgaben

○ 1. Aus welchen Kosten setzt sich der Betriebsstundenlohn zusammen?

○ 2. Weshalb wird in Vorkalkulationen mit dem Betriebsmittellohn gerechnet?

◑ 3. Ein GaLaBau-Unternehmen kauft zur Herstellung einer Holzterrasse Material im Wert von 5 500,00 € brutto. Dem Kunden des GaLa-Bauers werden dafür 5 800,00 € brutto in Rechnung gestellt. Wie hoch ist der Mehrwertsteuerbetrag, den der GaLaBauer an das Finanzamt abführen muss?

❯

Aufgaben (Fortsetzung)

○ 4. Was bedeutet der Begriff „Skonto", und an welche Bedingung ist dieser in der Regel geknüpft?

○ 5. Welche Güter unterliegen der Abschreibung?

○ 6. Was versteht man unter der linearen Abschreibung?

○ 7. Ein Radlader kostet 60 000,00 €. Die voraussichtliche Nutzungsdauer beträgt 5 Jahre. Wie hoch ist die jährliche Abschreibung?

○ 8. Welche Kosten zählen zu den Betriebskosten?

◑ 9. Warum müssen auch bei Investitionen mit Eigenkapital Zinskosten berücksichtigt werden?

◑ 10. Warum werden bei Anlagegütern die Zinskosten nur vom halben Anschaffungspreis berechnet?

○ 11. Unterscheiden Sie variable und fixe Kosten in Bezug auf die Maschinenkostenberechnung.

◑ 12. Für einen PKW liegen folgende Angaben vor: Anschaffungskosten 20 000,00 €; Nutzungsdauer 10 Jahre; Benzinverbrauch 8 Liter auf 100 km; Benzinpreis 1,45 € pro Liter; Ölverbrauch 0,5 Liter auf 1000 km, Ölpreis 7,50 € pro Liter; Versicherung 350,00 € im Jahr; Steuern 150,00 € im Jahr; Reparaturkostenfaktor 0,5; Fahrleistung 15 000 km im Jahr; Garagenmiete 25,00 € im Monat; geschätzter Zinssatz 2 %.
Berechnen Sie a) die Fixkosten pro Jahr und km, b) die variablen Kosten pro km und c) die Gesamtkosten je gefahrenen Kilometer.

◑ 13. Erklären Sie, warum die Gesamtkosten einer Maschinenstunde mit zunehmender Kapazitätsauslastung abnehmen.

4 Berichtswesen

Nachdem ein Angebot zum Auftrag geworden ist, wird die Bauleistung hergestellt. Die dabei tatsächlich anfallenden Materialmengen, Arbeitskraft- und Maschinenstunden sowie sonstige Kostenveränderungen müssen genau erfasst und dokumentiert werden.

Diese Daten aus dem eigenen Betriebsgeschehen sind betriebswirtschaftlich **extrem wichtig**. Sie werden zur Durchführung von Zwischen- und Nachkalkulationen sowie zur faktenbasierten und realistischen Erstellung künftiger Vorkalkulationen benötigt.

Zur Datenerfassung auf der Baustelle werden verschiedenartige, mehr oder weniger vorgefertigte Formulare verwendet. Immer häufiger werden diese mittels spezieller Apps auf Smartphones oder Tablets elektronisch zur Verfügung gestellt und ausgefüllt. Dies spart Arbeitszeit, da die Werte direkt auf der Baustelle eingegeben werden und danach umgehend für die Auswertung im Büro zur Verfügung stehen.

Da die erfassten Daten vom Geschehen auf der Baustelle „berichten", bezeichnet man die damit zusammenhängenden Formulare und Vorgänge als **Berichtswesen**.

4.1 Tagesberichte

In einem **Tagesbericht** (1) werden die tatsächlich benötigten Arbeits- und Maschinenstunden sowie die tatsächlich benötigten Materialmengen für jeden Baustellentag positionsgenau erfasst.

Der Tagesbericht ist damit die wichtigste Grundlage für Zwischen- und Nachkalkulationen. Die festgehaltenen Daten dienen auch als betriebsspezifische Erfahrungswerte für künftige Vorkalkulationen. Der Tagesbericht kann weiterhin zur Lohnabrechnung herangezogen werden.

Darüber hinaus ist oft auch Platz für Anordnungen der Bauleitung (z. B. über die Ausführung zusätzlicher, nichtver-

TAGESBERICHT

Baustelle: ______ Blatt: ______ Datum 10.06.21

Wetter: Sonnig, leicht bewölkt

Temperatur: ______

Position Nr. Stunden aufteilen nach Positionen

Name	5 Flächen fräsen	12 Pflaster verlegen	16 Ablaufabdeckung anheben	17 Randsteine richten	18 Platten anpassen	19 Frostschutzkies einbauen	20 Stützwinkel setzen			Wegezeit	Ausfallstunden/SWG	Gesamt-Std
Meier						2	6			1		9
Sieber		2	0,5	3	2,5					1		9
Schultze		2		2	4					1		9
Krawczyk		8								1		9
Miller		8								1		9
Jäckle	8									1		9
insgesamt	8	20	0,5	5	6,5	2	6			6		54
Maschinen- und Fahrzeugstunden, aufteilen nach Positionen												
Schlepper mit Fräse	8											

Materiallieferung

	Einheit	aufteilen nach Positionen										
Frostschutzkies	m³						10					

Materialrückgabe

	Einheit	aufteilen nach Positionen

Anordnungen der Bauleitung/Bemerkungen/Hinweis für Firmenleitung/Behinderungen

Pos. 12 zunächst nur Erstellung von Teilflächen möglich, da Hauptfläche durch Material- und Abfalllagerung der anderen Gewerke gesperrt war, Material und Abfall beiseite geschafft (2 h)

Schuster
Gegenzeichnung der Bauleitung

Sieber
Anlagenleiter/Kolonnenführer

Krämer
Ausgewertet

1 Ausgefülltes Beispielformular für einen Tagesbericht.

traglicher Arbeiten), Hinweise für die Firmenleitung, Behinderungen (z. B. durch andere Gewerke) und sonstige Bemerkungen vorgesehen.

Der Tagesbericht ist im Wesentlichen ein **betriebsinternes Dokument**. Bei gewissenhafter Führung enthält er alle für die innerbetriebliche Organisation und Planung wichtigen Angaben.

In der Regel erstellt der **Baustellenleiter** (auch Capo, Polier, Anlagenleiter oder Kolonnenführer) den Tagesbericht selbst. Alternativ ist er zumindest für dessen Erstellung verantwortlich.

4.2 Maschinen-Tagesbericht

Maschinen-Tagesberichte (1) dienen der Erfassung der tatsächlich benötigten Betriebsstunden, der Reparatur- und Wartungsarbeiten sowie des Kraftstoffverbrauchs für die Maschinenkostenberechnung. Sie kommen vor allem bei größeren Maschinen zum Einsatz, die von einem extra Maschinenführer gelenkt werden.

Die erfassten Daten sind auch für die Nachkalkulation, die Lohnabrechnung und zukünftige Vorkalkulationen nützlich. Der Maschinen-Tagesbericht ist ebenfalls im Wesentlichen ein **betriebsinternes Dokument**.

Der **Maschinenführer** (auch Maschinist) erstellt den Bericht bzw. ist für die Erstellung verantwortlich.

Maschinen-Tagesbericht

		Fahrer: Schmelzer		Datum: 15.04.21	
		Baustelle: Freudenberg		Nr.: 09	
Maschine/Gerät: Kramer Radlader 3		Arbeitsbeginn 7.00 Uhr		Gesamtstunden	9,5
		Arbeitsende 16.30 Uhr			
Betriebsstundenzähler	Anfang: 937	Davon	von	bis	Stunden
	Ende: 943	Pausen			1
Bemerkungen:		Wartung			0,5
		Reparatur			
		Transport			2
Ausgeführte Arbeit		Handarbeit			

Menge	Einheit	Art der Arbeit	von	bis	Stunden
200	m³	Boden geladen			6

Wartung	Ölwechsel ☐	Abschmieren ☒	Luftfilter ☒	Maschinengesamtstunden	6
	Batterie ☐	Hydraulik ☐	Getriebe ☐		
	Filter ☐	Beleuchtung ☐	☐		
Verbrauch	Diesel 30 Ltr.	Fette kg	Geprüft:	Mo. 16.4.	
	Benzin Ltr.	Sonstiges	Ausgewertet:	Si. 18.5.	
	Öle Ltr.				

1 Ausgefülltes Beispielformular für einen Maschinen-Tagesbericht

4.3 Bautagebuch

Mittels des sogenannten **Bautagebuchs** (2) wird im fortschreitenden Baustellenverlauf dokumentiert, welche Positionen des Leistungsverzeichnisses bereits ausgeführt wurden. Basierend auf diesen Daten kann der GaLaBau-Betrieb Zwischenrechnungen und schließlich die Abschlussrechnung erstellen.

Im Bautagebuch werden außerdem das Wetter, nichtvertragliche Arbeiten, Baustofflieferungen und weitere Geschehnisse auf der Baustelle festgehalten. Die Einträge dienen als Abrechnungsgrundlage oder als Beweis bei späteren Streitigkeiten mit dem Auftraggeber.

Das Bautagebuch ist im Wesentlichen ein **Dokument mit Außenwirkung**.

Da die Inhalte sowohl vom Auftraggeber als auch vom Auftragnehmer oder deren Vertretern unterschrieben werden, kommt dem Bautagebuch eine **wichtige Beweisfunktion** zu.

Der Auftraggeber und der Auftragnehmer müssen den Bericht in enger Zusammenarbeit erstellen bzw. sind für die Erstellung verantwortlich. In der Regel lassen sie sich durch sogenannte Bauleiter vertreten.

BAUTAGEBUCH

Blatt Nr. ______

Firma:		Baustelle: Zentrum West
		Datum: 26.05.21
		Wetter: leicht bewölkt
		Temperatur: 12–18°
Arbeitskräftebesatz	Anzahl	Maschinenbesatz
Aufsicht		Radlader
Vorarbeiter	1	
Facharbeiter	2	
Lehrlinge	1	

Ausgeführte Vertragsarbeiten

Lv. Nr.	Art der Leistung	Menge	Einheit
17	Tragschicht einbauen	160	m²
18	Platten auf Sandbett verlegen	160	m²

Ausgeführte nichtvertragliche Arbeiten

Kabel umgelegt	2	Std
Zusätzliche Auskofferung	30	m²

Baustofflieferungen

Kies	40	m³
Sand	5	m³

Bauüberwachung	Planeingänge
Landschaftsarchitekt Norbert Bauer	

Behinderungen

Baum im vorgesehenen Wegebereich
Weitere Wegeflächen noch nicht geräumt vom Hochbau,
Zwischensicherung für Nr. 17 und 18

Anordnungen

Wegeführung geändert, zusätzliche Auskofferung

Bauer	Schuster
Für den Auftraggeber	Für den Auftragnehmer

2 Ausgefülltes Beispielformular für ein Bautagebuch. Da es sich um ein Dokument mit Außenwirkung handelt, haben beide Vertragsparteien unterschrieben.

Der **Bauleiter des Auftraggebers** (z. B. ein Landschaftsarchitekt) achtet in der Regel besonders auf Ausführungsqualität und ordnungsgemäße Abrechnung.

Der **Bauleiter des Auftragnehmers** (z. B. ein GaLaBau-Techniker oder Ingenieur) achtet außerdem auf effiziente Baustellenabwicklung (Einhaltung des Zeitplans, termingerechte Materiallieferung, Durchführung von Aufmaßen und Abnahmen usw.).

4.4 Sonstige Berichte und Schriftstücke

4.4.1 Stundennachweise

Zur Dokumentation von Stundenlohn- bzw. Regiearbeiten (s. Kap. Objektplanung) werden manchmal separate **Stundennachweis-Formulare** eingesetzt, die regional auch als Rapportzettel bezeichnet werden. Der Auftraggeber muss diese in der Regel unterschreiben, um damit den Vergütungsanspruch des Auftragnehmers anzuerkennen.

Manchmal müssen die Arbeitskräfte auch eigene Stundennachweise zur Lohnabrechnung führen.

4.4.2 Lieferscheine

Lieferscheine sind Nachweise darüber, welcher Lieferant welche Mengen von welchem Material wann wohin geliefert hat. Sie ergänzen als Nachweise die Tagesberichte und das Bautagebuch.

Der Lieferschein wird durch den für das Abladen und Kontrollieren der Waren Verantwortlichen unterschrieben. Mit seiner Unterschrift bestätigt er die vertragsgemäße Lieferung. Mängel oder fehlende Waren müssen daher umgehend bei der Anlieferung festgestellt und beanstandet werden.

Dies kann nur geschehen, wenn ein fachlich versierter Mitarbeiter die Waren entgegennimmt. Besonders bei Pflanzenlieferungen sollten Qualität und Menge eingehend geprüft werden. Eine nachträgliche Beanstandung kostet Zeit und verursacht zusätzlichen Aufwand.

? Aufgaben

◑ 1. Beschreiben Sie das Berichtswesen in Ihrem Ausbildungsbetrieb.

○ 2. Wozu dient die Führung von Tagesberichten?

5 Zwischen- und Nachkalkulation

Mittels **Zwischen- und Nachkalkulationen** sollen Kostenabweichungen sowie möglichst auch deren Ursachen festgestellt werden. Nur so kann im laufenden Bauvorhaben evtl. noch gegengesteuert bzw. bei Neukalkulationen die Berechnung optimiert werden. Zwischenkalkulationen erfolgen während der Baustellenabwicklung, Nachkalkulationen nach Baustellenabschluss.

Voraussetzung für die Durchführung einer Zwischen- bzw. Nachkalkulation sind die Daten aus der **Vorkalkulation** und vollständig geführte **Tagesberichte**, aus denen die tatsächlich verbrauchten Materialmengen, Arbeits- sowie Maschinen- und Fahrzeugstunden hervorgehen.

Auf der Basis der tatsächlich erfassten Mengen bzw. Stunden (**1**, Spalte 2, S. 561) werden in der Zwischen- bzw. Nachkalkulation zunächst die tatsächlich entstandenen Herstell- und Selbstkosten ermittelt (**1**, Spalte 6, S. 561). Die Selbstkosten werden dann vom Angebotspreis aus der Vorkalkulation (**1**, gelbe Markierung, S. 561) abgezogen.

Dadurch wird deutlich, wo genau Kostensteigerungen oder Kostenminderungen entstanden sind und ob ein Gewinn oder ein Verlust zu verbuchen ist.

Zur Feststellung der Ursachen dienen neben den schriftlichen Bemerkungen des Anlagenleiters bzw. Kolonnenführers in den Tagesberichten auch mündliche Berichte und eigene Beobachtungen.

Nur wenn möglichst genau nachgeforscht wird, weshalb Vor- und Nachkalkulation voneinander abweichen, können neue Vorkalkulationen effizient verbessert werden.

Einzelauswertung Position-Nr.: 511.5 Feinplanum herstellen und verdichten
Baustelle: Hausgarten Hoffmann / Umgestaltung Garagenzufahrt
Auswertungsdatum: 29.06.2023

Spalte	1	2	3	4	5	6
Wert stammt woher?	Vorkalkulation	Tagesbericht	Vorkalkulation	Vorkalkulation	Spalte 1 × Spalte 4	Spalte 2 × Spalte 4
Lohnkosten	Menge (geplant)	Menge (erfasst)	Einheit	Kosten/h	Gesamtkosten (geplant)	Gesamtkosten (tatsächlich)
Fiedler		0,75	h	32,00 EUR		24,00 EUR
Schröder		0,75	h	32,00 EUR		24,00 EUR
	2,00		h	32,00 EUR	64,00 EUR	
Maschinenkosten	Menge (geplant)	Menge (erfasst)	Einheit	Kosten/h	Gesamtkosten (geplant)	Gesamtkosten (tatsächlich)
Rüttelplatte		0,50	h	10,00 EUR		5,00 EUR
Rüttelplatte	0,50		h	10,00 EUR	5,00 EUR	
Materialkosten	Menge (geplant)	Menge (erfasst)	Einheit	Kosten/ Bestelleinheit	Gesamtkosten (geplant)	Gesamtkosten (tatsächlich)
–	–	–	–	–	–	–
Summe Herstellkosten (tatsächlich)						53,00 EUR
+ 35 % Gemeinkosten						18,55 EUR
= Selbstkosten (tatsächlich)						71,55 EUR
Gesamtpreis (= GP) netto für LV (aus Vorkalkulation)				97,81 EUR	–	
– Selbstkosten (tatsächlich)						71,55 EUR
= Gewinn (+) / Verlust (–)						+ 26,26 EUR
Gewinn (+) / Verlust (–) in % des GP netto für LV				Gewinn/Verlust : GP netto LV × 100		+ 26,85 %

Begründungen

– 0,50 h Arbeitszeitersparnis wahrscheinlich durch gute Vorarbeit (ebener Baugrund),
Folge: höherer Gewinn als geplant.

1 Beispiel einer positionsbezogenen Nachkalkulation. Die hohe Gewinnspanne von + 26,85 % ist durch die Zeitersparnis bei den Arbeitsstunden zu erklären. In der Vorkalkulation wurden 5 % Wagnis und Gewinn aufgeschlagen.

Aufgaben

○ 1. Nennen Sie zwei wesentliche Voraussetzungen für die Durchführung von Zwischen- bzw. Nachkalkulationen.

○ 2. Weshalb sind die Notizen des Anlagenleiters/ Kolonnenführers auf den Tagesberichten sehr wichtig?

Finanzierungsarten

1 Selbstfinanzierung

Finanzierung mit Geld aus dem **Unternehmensgewinn**

2 Eigenfinanzierung

Finanzierung mit Geld aus dem **Vermögen des Unternehmers** (z. B. Erbschaft, Schenkung)

3 Fremdfinanzierung

Finanzierung mit Geld, das von **außerhalb des Unternehmens** (meist von Banken) geliehen wird

3.1 Kontokorrent- oder Dispositionskredit

Kurzfristiger Kredit

- Dieser Kredit wird im Rahmen von **Girokonten** (auch Zahlungs-, Sichtkonten) gewährt.
- Das Konto kann bis zu einem festgelegten Geldbetrag, der sogenannten **Kreditlinie** (auch Dispositionsrahmen), überzogen werden. Das Konto ist dann ins **„Soll“** bzw. **„Minus“** belastet.
- Es fallen **sehr hohe Zinszahlungen** an.
- Die Zinsen werden erhoben, bis der geliehene Betrag zurückgezahlt und das Konto wieder im **„Haben“** bzw. **„Plus“** ist.

3.2 Lieferantenkredit

Kurzfristiger Kredit

- Dieser Kredit wird durch **Lieferanten** (z. B. Baustoffhändler, Kieswerk, Baumschule) gewährt.
- Die Kreditvergabe erfolgt durch **Einräumung eines Zahlungsziels** (Zahlungstermins).

3.3 Darlehen

Mittelfristiger (1 – 5 Jahre) bis **langfristiger** (> 5 Jahre) **Kredit**

- Dieser Kredit wird durch **Darlehensgeber** (meist Kreditinstitute) gewährt.
- Die Vergabe erfolgt als **endfälliges Darlehen** oder in Form von **Tilgungsdarlehen**.

Endfälliges Darlehen

Die geliehene Summe wird erst **am Ende** der **Laufzeit** getilgt.

Während der gesamten Laufzeit müssen **Zinsen** auf die volle geliehene Summe gezahlt werden. Endfällige Darlehen sind **teuer**.

Beispiel: Kreditbetrag: 9 000 €, Laufzeit: 4 Jahre, Zinssatz: 5 % pro Jahr, Beträge in €

Laufzeit	Restschuld	Zinsen	Tilgung	Zahlung
1	9 000,00	450,00	0,00	450,00
2	9 000,00	450,00	0,00	450,00
3	9 000,00	450,00	0,00	450,00
4	9 000,00	450,00	9 000,00	9 450,00
Summen		1 800,00	9 000,00	10 800,00

Tilgungsdarlehen

Die geliehene Summe wird bereits **während** der **Laufzeit** teilweise getilgt.

Annuitätendarlehen

Während der Laufzeit werden gleichbleibende Raten, die **Annuitäten**, gezahlt. Sie „enthalten“ Zins und Tilgung. Die letzte Annuität weicht oft ab. Annuitätendarlehen sind **mittelteuer** bis **günstig**.

Beispiel: Kreditbetrag: 9 000 €, Laufzeit: 4 Jahre, Zinssatz: 5 % pro Jahr, Beträge in €, anfängliche Tilgung: 10 %

Laufzeit	Restschuld	Zinsen	Tilgung	Annuität
1	9 000,00	450,00	900,00	1 350,00
2	8 100,00	405,00	945,00	1 350,00
3	7 155,00	357,75	992,25	1 350,00
4	6 162,75	308,14	6 162,75	6 470,89
Summen		1 520,89	9 000,00	10 520,89

Ratenkredit

Während der Laufzeit werden pro Monat, Quartal oder Jahr **Tilgungszahlungen** geleistet. Der Kreditbetrag und die Zinszahlungen verringern sich dadurch. Ratenkredite sind **günstig**.

Beispiel: Kreditbetrag: 9 000 €, Laufzeit: 4 Jahre, Zinssatz: 5 % pro Jahr, jährlicher Tilgungsbetrag: 2 250 €

Laufzeit	Restschuld	Zinsen	Tilgung	Zahlung
1	9 000,00	450,00	2 250,00	2 700,00
2	6 750,00	337,50	2 250,00	2 587,50
3	4 500,00	225,00	2 250,00	2 475,00
4	2 250,00	112,50	2 250,00	2 362,50
Summen		1 125,00	9 000,00	10 125,00

4 Leasing

Finanzierungsalternative durch **befristetes Mieten** von Gütern, ein **Ankaufsrecht** kann vereinbart werden

1 Übersicht Finanzierungsarten

Jedes Unternehmen benötigt ständig bare und unbare Geldmittel. Sie dienen dazu, laufende Kosten wie Lohnzahlungen, Zahlungen für Baumaterialien und Treibstoffe zu decken.

Außerdem müssen Investitionen zum Austausch alter Maschinen und Geräte (Ersatzinvestitionen) oder zur Neubeschaffung von Maschinen und Geräten zur Unternehmensvergrößerung (Erweiterungsinvestitionen) getätigt werden. Die Beschaffung dieser Geldmittel wird **Finanzierung** genannt.

Geldmittel können auf unterschiedliche Weise für das Unternehmen zur Verfügung gestellt werden. Nach ihrer Herkunft kann man grundlegend zwischen Selbst-, Eigen- und Fremdfinanzierung unterscheiden.

1 Selbstfinanzierung

Bei der **Selbstfinanzierung** stammen die Geldmittel aus dem Unternehmen selbst. Dazu gehört vor allem der erwirtschaftete **Gewinn** aus den Baustellen (vgl. Kapitel „Kalkulation"). Auch der gewinnbringende **Verkauf** von Betriebsvermögen wie Maschinen kann zur Steigerung des Gesamtgewinns und damit zur Finanzkraft eines Unternehmens beitragen (**1**, S. 562).

2 Eigenfinanzierung

Bei der **Eigenfinanzierung** wird Kapital von außen in ein Unternehmen eingebracht. Beispiele sind die Einbringung von Privatvermögen des Unternehmers, z. B. nach einer Erbschaft oder Schenkung, oder auch Geldeinlagen neuer oder bisheriger Gesellschafter (**1**, S. 562)

Eigenfinanzierungen sollen in der Regel entweder bei finanziellen Schwierigkeiten helfen oder aber schnell deutliche Ertragssteigerungen bewirken. In beiden Fällen ist sorgfältig zu prüfen, ob die in die „Finanzspritze" gesetzten Erwartungen erfüllt werden können.

3 Fremdfinanzierung

Bei der **Fremdfinanzierung** leiht sich das Unternehmen Geld von fremden Kapitalgebern, zumeist von Banken. Das geliehene Geld muss in der Zukunft erwirtschaftet und zurückgezahlt werden. Dies wird als **Tilgung** bezeichnet. Für das Vorstrecken des Betrags wird vom Kapitalgeber in der Regel zusätzlich eine Leihgebühr, der sogenannte **Zins**, verlangt (**1**, S. 562).

Der Zins berechnet sich aus dem vereinbarten Zinssatz in Prozent pro Jahr (% per annum; p.a.) und wird üblicherweise auf die Höhe des aufgenommenen bzw. des noch ausstehenden Geldbetrages bezogen.

Allgemeine Formel für die jährliche Verzinsung:

$$Z = \frac{K \cdot p}{100\,\%}$$

Z = Zinsen (Zinskosten)

K = aufgenommenes (bzw. ausstehendes) Kapital

p = Zinsfuß

Beispiel

Wie viel Zinsen müssen bei der Aufnahme eines Kapitals (K) von 15 000,00 € mit einem Zinsfuß (p) von 2 % p. a. an die Bank gezahlt werden?

$$Z = \frac{K \cdot p}{100\,\%} = \frac{15\,000{,}00\ € \cdot 2\,\%}{100\,\%} = 300{,}00\ €$$

oder

100 %	entspricht	15 000,00 €
1 %	entspricht	150,00 €
2 %	entspricht	2 · 150,00 €
		= 300,00 €

Ergebnis: Für ein Jahr müssen 300,00 € Zinsen gezahlt werden.

Wird eine kürzere Laufzeit vereinbart, z. B. Monate oder Tage, wird der Zins anteilig umgerechnet nach folgenden Formeln berechnet:

Monatliche Verzinsung:

$$Z = \frac{K \cdot p \cdot m}{100\,\% \cdot 12}$$

m = Anzahl der Monate

Beispiel

Ein Geldbetrag von 2500,00 € wird für einen Zinsfuß von 1,5 % von einer Bank geliehen. Der Geldbetrag soll nach 8 Monaten zurückbezahlt werden. Wie viel Zinsen sind zu entrichten?

$$Z = \frac{K \cdot p \cdot m}{100\,\% \cdot 12} = \frac{2500{,}00\ € \cdot 1{,}5\,\% \cdot 8}{100\,\% \cdot 12} = 25{,}00\ €$$

Ergebnis: Für 8 Monate sind 25,00 € Zinsen zu zahlen.

Taggenaue Verzinsung:

$$Z = \frac{K \cdot p \cdot t}{100\,\% \cdot 360}$$

t = Anzahl Tage

Beachte: Jeder Monat hat nach kaufmännischer Rechnung 30 Tage.

Beispiel

Eine Rechnung über 5298,71 € wird nicht rechtzeitig beglichen. Für die Zeit vom 1.8. bis zum 12.9. des gleichen Jahres müssen Verzugszinsen in Höhe von 3 % p. a. bezahlt werden.

Verzugstage (t)

1.8. .. bis 31.8. .. = 30 Tage
und 1.9. .. bis 12.9. .. = 12 Tage
insgesamt = 42 Tage

$$Z = \frac{K \cdot p \cdot t}{100\,\% \cdot 360} = \frac{5\,298{,}71\,€ \cdot 3\,\% \cdot 42}{100\,\% \cdot 360} = 18{,}55\,€$$

Ergebnis: Für 42 Tage müssen 18,55 € Verzugszinsen bezahlt werden.

3.1 Kontokorrent- oder Dispositionskredite

Kontokorrentkredite sind Kredite, die im Rahmen von **Zahlungs-** bzw. **Girokonten** gewährt werden. Diese Konten dienen in erster Linie der Abwicklung von bargeldlosen Zahlungen (ital.: conto corrente = laufende Rechnung). Ein Kontokorrentkredit für Privatpersonen wird häufig auch **Dispositionskredit** genannt.

Kontokorrentkredite ermöglichen bei kurzfristigen Zahlungsschwierigkeiten einen schnellen und einfachen Wechsel vom „Haben" ins „Soll" oder „Minus". Dafür wird ein Höchstbetrag vereinbart, die sogenannte **Kreditlinie** (**1**, S. 562).

Die Zinsen für den Minusbetrag belaufen sich auf etwa 10 bis 15 %. Dadurch ist ein solcher Kredit sehr unwirtschaftlich. Ein Kontokorrentkredit sollte nur in Ausnahmefällen und für sehr kurze Zeit in Anspruch genommen werden.

Wird das Konto über die **Kreditlinie** hinaus belastet, fallen zusätzliche Bearbeitungsgebühren und noch höhere Zinsen an.

3.2 Lieferantenkredite

Wenn eine Rechnung für Baustoffe, Pflanzen usw. nicht sofort bezahlt werden muss, sondern der Baustoffhändler bzw. die Baumschule eine Zahlungsfrist anbietet, liegt ein sogenannter **Lieferantenkredit** vor. Der letzte Tag der Zahlungsfrist wird auch als **Zahlungsziel** bezeichnet (**1**, S. 562). Von Lieferanten eingeräumte **Skonti** sind ebenfalls an Zahlungsfristen gebunden (s. S. 553).

Beispiel

Der Warenwert einer Pflanzenlieferung beträgt 12 500,00 € inklusive Mehrwertsteuer. Folgende Zahlungsbedingungen sind vereinbart: Entweder Zahlung sofort mit Abzug von 3 % Skonto oder Zahlung innerhalb von 30 Tagen ohne weiteren Abzug.

Skontoabzug:

100 %	entspricht	12 500,00 €
1 %	entspricht	125,00 €
3 %	entspricht	375,00 €

oder

$$Z = \frac{K \cdot p}{100\,\%} = \frac{12\,500{,}00\,€ \cdot 3\,\%}{100\,\%} = 375{,}00\,€$$

Bei sofortiger Zahlung können 375,00 € abgezogen werden. Der Überweisungsbetrag beträgt 12 500,00 € – 375,00 € = 12 125,00 €.

Würde das Geld 30 Tage lang auf einem Konto bei z. B. 4 % verzinst, können damit:

$$Z = \frac{K \cdot p \cdot t}{100\,\% \cdot 360} = \frac{12\,500{,}00\,€ \cdot 4\,\% \cdot 30}{100\,\% \cdot 360} = 41{,}67\,€$$

an Zinsen erwirtschaftet werden.

Ergebnis: Es lohnt sich also der sofortige Skontoabzug (375,00 €) gegenüber dem Zinsgewinn (41,67 €) für 30 Tage.

3.3 Darlehen

Die Begriffe „Kredit" (ital.: credere = glauben, vertrauen) und „Darlehen" (vom Verb darleihen, herleihen aus älterem Deutsch) haben eine ähnliche Bedeutung. Der Begriff „Darlehen" wird jedoch meist verwendet, wenn ein längerer Tilgungszeitraum (≥ 5 Jahre) vereinbart wird.

Sehr verbreitet sind **Annuitätendarlehen**. Die sogenannte „Annuität" (= regelmäßiger, gleich bleibender Zahlbetrag) wird zu Darlehensbeginn mittels eines vereinbarten Zinssatzes und eines anfänglichen Tilgungssatzes berechnet. Während der Darlehenslaufzeit sinken die zu zahlenden Zinsbeträge infolge der geleisteten Tilgungszahlungen. Letztere werden dann genau um den gesunkenen Zinsbetrag aufgestockt, sodass die regelmäßigen Zahlbeträge gleich bleiben. Dies hat den Vorteil, dass sie einfach und übersichtlich einplanbar sind (1, S. 562).

Das Annuitätendarlehen gehört wie der Ratenkredit zu den Tilgungsdarlehen. Bei diesen wird der geliehene Betrag während der Laufzeit durch regelmäßige Tilgungszahlungen verringert. Beim Endfälligen Darlehen wird die Darlehenssumme erst am Ende der Laufzeit komplett beglichen.

Ein Vergleich der verschiedenen Darlehensarten zahlt sich finanziell aus. Für denselben geliehenen Geldbetrag fallen abhängig vom Tilgungszeitpunkt bei gleicher Darlehenslaufzeit und gleichem Zinssatz unterschiedlich hohe Zinskosten an (1, S. 562).

3.4 Bausparverträge

Bausparverträge spielen im Geschäftsleben eine untergeordnete Rolle. Sie werden vor allem von Privatpersonen abgeschlossen und sind eine Mischung aus Ansparvereinbarung und späterer Kreditgewährung. Sie werden von Bausparkassen angeboten. Bei Erreichen eines Mindestsparguthabens (Sparziels) nach einer Ansparphase gewähren die Bausparkassen einen Kredit zu einem bereits bei Vertragsabschluss fest vereinbarten Zinssatz. Besonders in Niedrigzinsphasen ist zu überlegen, ob man sich die günstigen Zinssätze für den Zeitpunkt der Kreditgewährung sichern möchte.

4 Leasing

Leasingverträge sind im Gegensatz zu Bausparverträgen im Geschäftsleben weit verbreitet. Durch einen Leasingvertrag erhält der Leasingnehmer das Recht, Güter wie Maschinen und Fahrzeuge gegen Zahlung einer Miete zu nutzen. Nach einer vertraglich vereinbarten Zeitdauer muss der Leasingnehmer die Güter zurückgeben. Sofern ein Ankaufsrecht vereinbart wurde, kann er sie zum Restwert erwerben.

Die Vorteile des Leasings bestehen darin, dass grundsätzlich keine Kaufsumme aufgebracht werden muss und so die Liquidität erhalten bleibt. Weiterhin können Unternehmen Leasingzahlungen von Ihren Einnahmen abziehen. Dadurch sinkt der Unternehmenserlös und damit auch die zu entrichtenden Steuern. Für Privatpersonen entfällt dieser steuerliche Vorteil, sodass Leasing sich hier weniger lohnt.

Ein Nachteil des Leasings ist, dass die Mietkosten relativ hoch sind. Sie liegen monatlich bei etwa 2 bis 3 % des Kaufpreises. Weiterhin wird der Mieter im Gegensatz zu einer Finanzierung über Kredit nicht Eigentümer des geleasten Gegenstands und kann ihn bei Bedarf nicht verkaufen.

Leasinggüter wie Autos und Computerhardware werden oft nach wenigen Jahren an den Leasinggeber zurückgegeben und durch neue Modelle ersetzt. So ist die Betriebsausstattung immer auf dem neuesten Stand (1, S. 562).

? Aufgaben

○ 1. Unterscheiden Sie Eigen-, Fremd- und Selbstfinanzierung.
○ 2. Erklären Sie die Begriffe a) Tilgung, b) Zins.
○ 3. Sie wollen 10 000,00 € bei einer Bank anlegen. Die Bank gewährt Ihnen bei einer Laufzeit von 90 Tagen einen Zinssatz von 0,5 % p. a. Wie viele Euro erhalten Sie zurück?
○ 4. Eine Pflanzenlieferung (Bruttopreis 7 000,00 €) wird aus Versehen 35 Tage zu spät bezahlt. Wie viele Verzugszinsen sind zu zahlen, wenn ein Zinssatz von 5,5 % vereinbart wurde?
◐ 5. Sie erhalten eine Pflanzenlieferung mit folgenden Zahlungsbedingungen: „6 500,00 € brutto zahlbar innerhalb von 28 Tagen ohne weiteren Abzug oder bei Zahlung innerhalb von 8 Tagen 2 % Skonto."
   a) Wie viel Geld können Sie durch Zahlung innerhalb der Skontofrist einsparen?
   b) Wäre es lohnender, das Geld bei einem Zinssatz von 1,5 % für 28 Tage anzulegen?
○ 6. Unterscheiden Sie Endfälliges Darlehen und Tilgungsdarlehen.
○ 7. Weshalb sind die Rückzahlungsbeträge beim Annuitätendarlehen besonders übersichtlich in ein bestehendes Budget einplanbar?
◐ 8. a) Ermitteln Sie die Laufzeit eines Annuitätendarlehens mit einer Darlehenssumme von 50 000,00 €, einem Zinssatz von 6,5 % und einem anfänglichen Tilungssatz von 10 %.
◐ b) Wie viele Zinsen müssen insgesamt gezahlt werden?
◐ 9. Eine Baumaschine soll angeschafft werden. Diskutieren Sie, ob die Maschine fremdfinanziert oder geleast werden soll.

Marketing

1 Ausstellungsbereich auf dem Betriebsgelände eines Garten- und Landschaftsbau-Unternehmens

Durch Marketing wird das marktgerichtete Verhalten in einem Unternehmen, die sogenannte **Unternehmenspolitik**, schwerpunktmäßig an den Kunden und ihren Bedürfnissen orientiert.

Marketing ist

- die Anpassung des Angebots eines Unternehmens an die Bedürfnisse der Nachfragegruppen (private, halböffentliche oder öffentliche Auftraggeber)
  → **Marketing- und Marktforschung**
- die Erschließung und Gestaltung des Marktes durch besondere Maßnahmen
  → **Marketingmaßnahmen**, und
- die Planung, Organisation und Kontrolle der Marketingmaßnahmen
  → **Marketingmanagement**

Marketing verfolgt dabei folgende **Ziele**:

- Kunden gewinnen und halten und
- Umsätze und Gewinne des Unternehmens erhalten und steigern.

Um diese Ziele zu erreichen, können in einem Unternehmen eine Vielzahl von Marketingmaßnahmen durchgeführt werden (2).

1 Marketingmaßnahmen

1.1 Gestaltung der Dienstleistung und des Sortiments

Erst wenn der Unternehmer seine Produkte so anbietet, dass sie den Ansprüchen der Kunden entsprechen oder Wünsche wecken, können sie verkauft werden (1 und 1, S. 567).

Ist der Kunde dann noch einverstanden mit dem Preis und gleichzeitig zufrieden mit der ausgeführten Arbeit, ist dies eine gute Ausgangssituation für die **Kundenbindung** und mögliche Folgeaufträge bzw. Weiterempfehlungen.

Ein Unternehmen kann zum Beispiel durch **Zusatzleistungen**, wie kompetente **Beratung und Betreuung**, längere Gewährleistungszeiten als üblich bzw. **besondere Garantievereinbarungen** oder **Kundendienste** („Wir kommen gerne für ein unverbindliches Gespräch."), die **Zufriedenheit** von Kunden erhöhen und sich dadurch einen **Wettbewerbsvorteil** gegenüber anderen Anbietern verschaffen.

Auch die angemessene Behandlung von Beschwerden (**Beschwerdemanagement)** gehört zum Marketing. Oftmals haben Reklamationen ihren Ursprung in mangelnder Beratung oder Information des Kunden. Mithilfe von vorausschauender Beratung, Pflegeanleitung usw. können viele Beschwerden vermieden werden.

2 Marketingmaßnahmen

1 Angebot von Gartenaccessoires als Zusatzleistung

Wichtig ist in diesem Zusammenhang ein sowohl für den Kunden als auch für den Garten- und Landschaftsbauer zufriedenstellender Baustellenabschluss. Eine **förmliche Abnahme** (s. Kap. Planungs- und Baustellenablauf), d. h., Auftraggeber und Auftragnehmer begehen gemeinsam die Baustelle und besprechen die Ausführungen, kann dazu führen, dass der Kunde den Auftragsabschluss besser anerkennt und eventuell die Rechnung schneller und vollständig bezahlt. Ein Abnahmeprotokoll (**2**) ist dabei sinnvoll.

Abnahmeprotokoll gemäß § 12 VOB/B

1. Art der Abnahme

☐ Abnahme der Gesamtleistung

☐ Abnahme einer in sich abgeschlossenen Teilleistung;
Beschreibung der Teilleistung: ....

2. Vertragsparteien
Auftragnehmer: ....
Auftraggeber ....

3. Baustellenort
Straße: ....
PLZ, Ort: ....
ggf. Name des Bauwerks: ....

4. Abnahme
Die Abnahme
☐ erfolgt ohne Vorbehalte
☐ erfolgt mit den nachfolgend erwähnten Vorbehalten wegen Leistungsmängeln

5. Mängel
Beschreibung:
....
....
....
....
....

☐ weitere Mängel auf beiliegendem Zusatzblatt (Anzahl der Blätter:_____; Blätter bitte durchnummerieren)

6. Termin zur Behebung der Mängel: ....

7. Folgen nicht rechtzeitiger Mängelbehebung
Der Auftragnehmer wird darauf hingewiesen, dass der Auftraggeber berechtigt ist, den Mangel nach fruchtlosem Ablauf der Frist durch Dritte auf Kosten des Auftragnehmers beseitigen zu lassen.

8. Beginn der Frist für Mängelansprüche: ....

9. übergebene Unterlagen
Folgende Unterlagen wurden der Bauleitung hiermit übergeben (Nr. und Stückzahl angeben):
....
....
....

10. Sonstiges:
....
....

11. Unterschriften

Ort, Datum ....

....
Auftragnehmer Auftraggeber

2 Vereinfachtes Abnahmeprotokoll

Fragebogen

Wir wollen, dass Sie zufrieden sind!

Bitte beantworten Sie die folgenden Fragen mit Schulnoten (1 = sehr gut, 5 = mangelhaft)

1. Beurteilen Sie die Sauberkeit der ausgeführten Leistungen: ☐
2. Beurteilen Sie dic Freundlichkeit der Mitarbeiter: ☐
3. Beurteilen Sie Ihre Zufriedenheit: ☐

3 Ausriss aus einem Fragebogen zur Kundenzufriedenheit

Ein Fragebogen zur **Zufriedenheit des Kunden** am Ende eines Auftrages kann unerkannte Probleme aufdecken (**3**). Ziel ist es dabei, diese Probleme in der Zukunft zu vermeiden und die Kundenzufriedenheit und Kundenbindung zu verbessern.

Auch das **Sortiment**, d. h. die Anzahl der Dienstleistungsarten und -ausführungen, ist für die Vergabe von Aufträgen wichtig. Wird das Unternehmen z. B. als **Spezialist** („Ihr Spezialist für Schwimmteiche, Mauerbau oder Pflegemaßnahmen") angesehen, spricht dies andere Kunden an als die Darstellung als Allrounder für alle Belange („Wir gestalten Ihren Garten: Beratung, Planung, Ausführung, Pflege").

Unternehmen mit starker Spezialisierung haben meist ein **tiefes Sortiment**. Allrounder haben ein **breites Sortiment**.

Bei **Firmenkooperationen** arbeiten Unternehmen mit unterschiedlicher Spezialisierung eng zusammen. Der Kunde muss nur eine Kontaktperson ansprechen, um auf ein breites und tiefes Sortiment zugreifen zu können.

1.2 Gestaltung des Preises

Das Unternehmen muss entscheiden, zu welchem Preis es seine Dienstleistungen anbietet, um Aufträge zu bekommen. Der Garten- und Landschaftsbau hat in den letzen Jahren mit immer größer werdender Konkurrenz zu kämpfen. Zum einen nimmt die Anzahl der Unternehmen zu, zum anderen drängen immer mehr **Fremdanbieter** (z. B. Dachdecker zur Anlage von Dachbegrünungen, Landwirte zur Gartenpflege) in den Markt. Gerade bei größer werdender Konkurrenz ist das Ziel, Gewinn zu erwirtschaften, wichtiger als früher. Grundlage für einen gewinnbringenden Preis ist die Kalkulation (s. Kap. Kalkulation).

Mithilfe von Sonderleistungen wie Rabatten oder Skonti für gute Kunden (z. B. langfristige Pflegeleistungen) oder **besonderen Zahlungsbedingungen** (Zahlung auf Ziel, s. Kap. Finanzierungsarten) können Kunden gehalten oder neu gewonnen werden.

Ein großes Problem im Garten- und Landschaftsbau bleibt auch weiterhin die Terminzuverlässigkeit. Die Zeit bis zum **Auftragsbeginn** und die **Auftragsdauer** sind im weitesten Sinne der Preisgestaltung zuzuordnen. Muss ein Kunde lange auf den Baubeginn warten, zieht er unter Umständen einen teureren Konkurrenten, der eher beginnen kann, vor. Wichtig wäre z. B., einen festen Termin für den Baubeginn zu vereinbaren und dann auch einzuhalten. Leider scheitert dies im Garten- und Landschaftsbau oft an der Wetterabhängigkeit, aber oft auch an der mangelnden Organisation in den Unternehmen.

1.3 Gestaltung der Verkaufsmöglichkeiten (Verkaufs- oder Distributionspolitik)

Der Verkauf von Dienstleistungen kann im Garten- und Landschaftsbau direkt und indirekt erfolgen.

Direkter Absatz bedeutet dabei, dass das Unternehmen selbst für den Verkauf sorgt. Diese Absatzform kann durch das Auftreten des Unternehmens auf z. B. Messen, Börsen, Ausstellungen, Tag der offenen Tür (1), Tag der offenen Baustelle, Landes- oder Bundesgartenschauen oder Mustergärten gefördert werden. Hier bietet es sich an, durch Werbemaßnahmen den Bekanntheitsgrad des Unternehmens zu erhöhen.

Manchmal vermitteln auch Landschaftsarchitekten, Lieferanten, Hausmeister, Versicherungen und Sparkassen oder andere Kunden Aufträge. Diese Form des Verkaufs wird **indirekter Absatz** genannt.

1 Tag der offenen Tür mit Präsentation von Neuheiten

Um diese Absatzform zu fördern, kann der Kontakt zu den Absatzmittlern oder Absatzhelfern durch z. B. Fortbildungsmaßnahmen, Weihnachtskarten usw. gepflegt werden.

1.4 Gestaltung der Informationen über die Dienstleistungen (Kommunikationspolitik)

Der Unternehmer kann seine Dienstleistungen und Produkte nur verkaufen, wenn der Kunde darüber informiert ist, welche Produkte er anbietet, welche Eigenschaften, Verwendungsmöglichkeiten und Vorzüge sein Produkt bietet und welche Leistungsvorteile (z. B. Beratung, Pflege) er bereitstellt.

Die **Kommunikationspolitik** hat dabei die Funktion, den Umworbenen zu informieren und zum Entschluss zu bewegen, einen Auftrag zu erteilen. Dabei werden die Bereiche
- **Absatzwerbung** und
- **Öffentlichkeitsarbeit** unterschieden.

1.4.1 Absatzwerbung

Die **Absatzwerbung** versucht, durch Werbeträger (z. B. Werbeanzeige, Firmenprospekt, Flyer) in Werbemitteln (z. B. Tageszeitung, Regionalrundfunk) den Kunden mit der Dienstleistung oder dem Produkt bekannt zu machen. Sie will Einfluss auf die Entscheidung des Kunden nehmen.

Folgendes ist bei der Planung zu bedenken:
- **Werbeziel**: Welchem Ziel dient die Werbung: Einführung neuer Dienstleistungen, reine Information oder Aufbau eines positiven Firmenbildes (Firmenimage)?
- **Werbeetat**: Welche Mittel stehen zur Verfügung?
- **Zielgruppe**: Wer soll angesprochen werden?
- **Werbemittel und Werbeträger**: z. B. Werbeanzeige, Prospekte, Flyer, Kataloge, Werbebriefe, Fernsehspots, Werbefilme, Flugblätter, Beilagen, Werbegeschenke, Preisausschreiben, Firmenhomepage, Internet.

Bei der Durchführung sollte eine professionelle Unterstützung durch eine Werbeagentur bzw. einen Grafiker erfolgen. Oft organisieren die Agenturen dann auch die Verteilung, Weiterentwicklung und Pflege der Werbung. Um kurzfristig an Aufträge zu gelangen, können sogenannte **Aktionswerbungen** gestartet werden.

Um den **Bekanntheitsgrad** zu steigern und zu erhalten, wird sogenannte **Imagewerbung** durchgeführt. Mittel dazu sind z. B. Firmenprospekte (1, S. 569), Firmenfilme (häufig auf Filmportalen platziert) und Filme über besondere Bauprojekte (z. B. Biotopgestaltung, Anlegen des neuen Sportplatzrasens usw.).

1 Imagewerbung mit Firmenbroschüren

2 Corporate Identity steigert den Bekanntheitsgrad

Die Bekanntheit eines Unternehmens oder die Wahrnehmung der Dienstleistung kann durch besondere Maßnahmen, wie z. B. einem einprägsamen Firmennamen mit zugehörigem Firmenlogo, erhöht und aufrechterhalten werden.

Dabei sollte die Gestaltung z. B. auf den Fahrzeugen, der Arbeitskleidung, dem Briefbogen, dem Baustellenschild oder der Visitenkarte einheitlich sein. Dies wird **Corporate Identity** (einheitliches Firmenbild) genannt und erhöht die Wiedererkennung (**2**).

Ganz wichtig ist dabei jedoch, dass ein guter Ruf nur langsam und behutsam aufgebaut werden kann, aber auch sehr schnell wieder verloren gehen kann. Bei den **Werbeaussagen** ist deshalb immer zu beachten, dass der Werbeinhalt klar, leicht verständlich, wahr, wirksam (d. h. originell) und wirtschaftlich sein soll.

1.4.2 Öffentlichkeitsarbeit

Durch **Öffentlichkeitsarbeit** soll die Bekanntheit und das Ansehen des Unternehmens gefördert werden. Ein bekanntes und angesehenes Unternehmen bekommt im Zweifelsfall eher einen Auftrag, als ein unbekanntes Unternehmen. Maßnahmen der Öffentlichkeitsarbeit sind z. B.:

3 Firmenhomepage als Aushängeschild und Informationsplattform

4 Schauanlage zur Gartengestaltung

- Betriebsbesichtigungen und Veranstaltungen (Tag der offenen Tür, Vorträge, Filmvorführungen, Jubiläumsfeiern, Ausstellungen)
- Beteiligung an Gartenschauen
- Berichte und Reportagen in der Presse (z. B. zur Einführung neuer Dienstleistungen)
- Kurse an Volkshochschulen
- Zeitschriften (z. B. Kundenzeitschriften, Fachzeitschriften)
- Arbeit in gemeinnützigen Organisationen (z. B. Sportvereinen, Interessensvereinigungen, Hilfswerken)
- wöchentliche (monatliche) Artikel in der Tageszeitung
- Auftritt im Internet mit einer aussagekräftigen Homepage (**3**)

Durch Anschauungsobjekte oder Mustergärten auf dem Firmengrundstück kann den Kunden bei der Kaufentscheidung geholfen werden (**4** sowie **1** und **2**, S. 570).

1 Muster zur Entscheidungshilfe bei der Materialwahl

2 Musteranlage Schwimmteich

2 Qualitätsmanagement (QM)

„Qualität ist, wenn der Kunde zurückkommt und nicht das Produkt.“ (Fa. Philips). Dabei versteht man unter dem Produkt sowohl die Ware als auch die Dienstleistung.

Qualitätsmanagement ist ein Teil des Marketings. Qualität spiegelt sich in der Zufriedenheit der Kunden und der Mitarbeiter mit der durchgeführten Arbeit und mit der Unternehmensleitung wider. Management ist Organisation in einem Unternehmen. Unter Qualitätsmanagement versteht man also die gezielte Qualitätssicherung bei der Durchführung von Dienstleistungen.

Oberstes Ziel ist, die Zufriedenheit von Kunden, Mitarbeitern und der Unternehmensführung zu erhalten und zu verbessern.

2.1 Ziele

Unternehmen sollten versuchen, sich im Rahmen der immer stärker werdenden Konkurrenz am Markt hervorzuheben. Nur so kann die vorhandene betriebliche Situation gehalten oder verbessert werden.

Durch **die Sicherung der Qualität**

- kann die Anzahl der Nachbesserungen vermindert werden,
- gibt es weniger Reklamationen,
- kann ein guter Ruf („Qualität ist die beste Werbung“) gehalten oder erreicht werden,
- wird die Zusammenarbeit zwischen den Mitarbeitern im Unternehmen verbessert (Freude am Beruf).

2.2 Maßnahmen

Zum QM gehören alle Maßnahmen, die während der Bearbeitung eines Auftrages anfallen. Dies betrifft z. B.

- den Einkauf von Material,
- die Annahme von Materiallieferungen,
- die Verbesserung der Organisation im Büro und auf der Baustelle,
- die Abnahme der Bauleistung,
- die Bezahlung von Rechnungen und
- den Umgang mit Beschwerden (3).

3 Wie geht man mit Beschwerden um?

2.3 Durchführung

Wie qualitätssichernde Maßnahmen im Unternehmen durchgeführt werden, kann jedes Unternehmen natürlich selbst entscheiden.

Nach der internationalen Norm **DIN EN ISO 9001:2015** kann ein Unternehmen jedoch auch eine sogenannte **Zertifizierung**, d. h. Beurkundung der qualitätssichernden Maßnahmen erhalten, wenn bestimmte Kriterien erfüllt sind (1, S. 572). Damit kann ein Unternehmen werben und sich von der Konkurrenz positiv hervorheben.

Die Einführung eines Managementsystems bleibt jedem Unternehmen selbst überlassen. Hierzu gibt es kein festgelegtes Verfahren. Wichtig ist nur – mit Blick auf eine Zertifizierung –, dass alle Anforderungen der Norm nachweislich erfüllt werden. Wie dies geschieht, ist unternehmensspezifisch und ganz individuell.

Vorgehensweise

1. **Erstellen eines QM-Handbuches**
   In diesem Handbuch werden die Ziele aufgestellt, die ein Unternehmen mit dem QM verbindet. Außerdem wird die Organisation der Qualitätspolitik im Unternehmen festgelegt. Dabei wird insbesondere die Qualität der Dienstleistungen betrachtet. Das QM-Handbuch dient als Leitfaden für die Überprüfung des Systems von der Unternehmensseite und zur Präsentation nach außen. Ein QM-Handbuch ist heute nach ISO 9001 keine Pflicht mehr.
2. **Festlegen von Verfahrensweisen im Einzelnen.**
   Dies sind die Zuständigkeiten für verschiedene Bereiche, z. B. wer darf Material bestellen, wer darf Materiallieferungen annehmen. Je klarer die Abläufe in einem Unternehmen geregelt sind, desto besser kann die Verantwortung für einzelne Teilbereiche verteilt werden.
3. **Erstellen von Arbeits- und Prüfanweisungen, Checklisten und Formularen.**
   Diese dienen der Organisation und der Prüfung einzelner Arbeitsverfahren. Hier werden z. B. die bisherigen Formblätter für z. B. Maschinenanforderungen oder Tagesberichte überprüft und bei Bedarf neu und einheitlicher gestaltet. Ziel ist es, den Arbeitsablauf effektiver zu gestalten und Prüfungen einzelner Arbeitsabläufe zu verbessern (s. Kap. Kalkulation).

Da ein Unternehmen die Arbeitsanweisungen und Prüfanweisungen, Checklisten und Formulare schwerlich allein erstellen kann, werden dafür professionelle Beratungen von externen Firmen angeboten.

Danach kann ein Unternehmen entscheiden, ob es von einer unabhängigen Institution (**Zertifizierungsstelle**) geprüft werden möchte.

Die unabhängigen Institutionen zur Zertifizierung können z. B. beim Bundesverband Garten- und Landschaftsbau erfragt werden.

Die Begutachtung oder Auditierung des Unternehmens erfolgt in vier weiteren Phasen.

1. **Phase: Vorbereitung**
   Für die 1. Phase eigenen sich die Unternehmen, die bereits die oben genannten Verfahren ausgearbeitet und umgesetzt haben. Die unabhängige Institution prüft, ob die Anforderungen des QM-Systems grundsätzlich erfüllt sind.
2. **Phase: Benennung der Auditoren**
   Auditoren sind die für die Begutachtung und Prüfung zuständigen Personen.
3. **Phase: Prüfung des Unternehmens und der Unternehmensabläufe, das sogenannte Audit.**
   Die Zertifizierungsstelle besucht das Unternehmen und prüft und bewertet die Abläufe, z. B. auf der Baustelle.
4. **Phase: Erstellen eines Auditberichts**
   Die Zertifizierungsstelle erstellt einen Bericht. Bei positiver Beurteilung des Unternehmens erhält es eine Zertifizierung für drei Jahre.

Ablauf zur Zertifizierung eines Qualitätsmanagement-Systems in einem Unternehmen

Beratung des Unternehmens
↓
Verfahrensanweisungen erarbeiten
↓
Arbeits- und Prüfanweisungen, Checklisten und Formulare entwerfen
↓
Grundsätzliche Prüfung des Unternehmens, ob die Grundanforderungen erfüllt sind
↓
Benennung von Auditoren zur Betreuung des Unternehmens.
↓
Erstellung eines Audit-Planes und Prüfung von Prozessabläufen
↓
Erstellen eines Audit-Berichtes. Bei positiver Beurteilung Ausstellung der Zertifizierung

1 Gesamtablauf der Zertifizierung nach DIN EN ISO 9001

Jedes Unternehmen führt dann jährlich weitere Überwachungen durch. Nach drei Jahren erfolgt ein Wiederholungsaudit zur Verlängerung des Zertifikats.

Für wen lohnt sich der Aufbau eines QM-Systems und eine Zertifizierung? Ein QM-System lohnt sich grundsätzlich in jedem Unternehmen. Die Zertifizierung ist eine besondere Auszeichnung für ein Unternehmen. Dadurch kann sich das Unternehmen von Konkurrenten abheben und eventuell Aufträge erhalten, die es sonst nicht erhalten hätte.

ZERTIFIKAT

Hiermit wird bescheinigt, dass

Musterfirma
Musterstraße 1
12345 Teststadt

ein **Qualitätsmanagementsystem** eingeführt hat und anwendet.

Geltungsbereich:
Entwicklung, Herstellung und Vertrieb von Musterware

Durch ein Audit, dokumentiert in einem Bericht, wurde der Nachweis erbracht, dass das Managementsystem die Forderungen des folgenden Regelwerks erfüllt:

ISO 9001 : 2015

Zertifikat-Registrier-Nr.	123456 QM15
Gültig ab	2024-01-02
Gültig bis	2027-01-01
Zertifizierungsdatum	2024-01-02

DAkkS Deutsche Akkreditierungsstelle D-ZM-16074-01-00

DQS IS A MEMBER OF IQNET

DQS GmbH

Christian Gerling
Geschäftsführer

Akkreditierte Stelle: DQS GmbH, August-Schanz-Straße 21, 60433 Frankfurt am Main
Die Gültigkeit dieses Zertifikates kann nur durch den QR-Code verifiziert werden.

1 Zertifizierungsurkunde

Aufgaben

○ 1. Warum betreiben Unternehmen Marketing?

○ 2. Welche Maßnahmen gehören zum Marketing?

○ 3. Wie kann die Zufriedenheit von Kunden verbessert werden?

○ 4. Was bedeutet
   a) das GaLaBau-Unternehmen hat ein breites Sortiment?
   b) das GaLaBau-Unternehmen hat ein tiefes Sortiment?

○ 5. Was bedeutet
   a) direkter Absatz?
   b) indirekter Absatz von GaLaBau-Dienstleistungen?

◑ 6. Erstellen Sie ein Plakat für eine Einladung zum Tag der offenen Tür (oder Baustelle). Überlegen Sie sich dabei Aktivitäten, die die ganze Familie ansprechen.

○ 7. Was bedeutet Corporate Identity?

● 8. Entwickeln Sie eine Anzeige für eine Aktionswerbung in einer Tageszeitung. Entwerfen Sie dazu ein Firmenlogo und einen Firmenslogan, der die wichtigsten Eigenschaften Ihrer Firma ausdrückt.

◑ 9. Überlegen Sie sich Möglichkeiten, um die Attraktivität eines Mustergartens zu erhöhen.

○ 10. Welche Maßnahmen können zur Imagewerbung eingesetzt werden?

◑ 11. Was bedeutet Beschwerdemanagement und welches Ziel wird damit verfolgt?

○ 12. Wozu dient ein Qualitätsmanagement?

◑ 13. Überlegen Sie sich Möglichkeiten, um in folgenden Bereichen die Fehlerquote zu vermindern:
   a) Einkauf von Materialien
   b) Annahme von Kundenaufträgen
   c) Bearbeitung von Kundenaufträgen im Büro
   d) Erstellung von Leistungsverzeichnissen
   e) Ablauf von Bauaufträgen beim Kunden

Beraten und Verkaufen

1 Der Verkauf

„Verkaufen heißt, dem Kunden zu helfen, das zu bekommen, was er braucht und ihm dabei ein gutes Gefühl zu vermitteln. Und zwar vor, während und nach dem Kauf."

(Ron Willingham)

1.1 Vorgänge beim Verkaufen

Gute Gärten bauen zu können, reicht heute nicht mehr aus. Man muss sie auch verkaufen können. Doch wie erlernt man das Verkaufen?

Im Verkaufsgeschehen treffen verschiedene Menschen zusammen: der Käufer und der Verkäufer. Sie treten in Verbindung und teilen sich mit. Dies nennt man **Kommunikation.**

- Kommunikation findet grundsätzlich statt, wenn Menschen sich begegnen.
- Kommunikation vollzieht sich auf der sachlichen Ebene und auf der gefühlsmäßigen Ebene.
- Kommunikation läuft über sprachliche Mittel (= verbal).
- Kommunikation läuft über nichtsprachliche Mittel (= nonverbal).
- Kommunikation entwickelt sich im Aufeinandereingehen (= Interaktion).
- Kommunikation ohne Störungen ist Voraussetzung für erfolgreiches Verkaufen.

Der Verkaufsablauf ist geordnet und in verschiedene Phasen einteilbar. Diese Phasen sind von der Sache her bestimmt (sachlogisch).

Nun handeln Menschen nicht immer sachlogisch, sie treffen auch gefühlsmäßige (emotionale) Entscheidungen. Während man früher davon ausging, dass Entscheidungen zu 70 bis 80 % emotional getroffen werden, kann man heute von 90 % und mehr sprechen.

Die Gefühle bestimmen stark unsere seelischen Bedürfnisse. Jeder Mensch hat diese seelischen Bedürfnisse. Nach einer psychologischen Theorie können diese Bedürfnisse in eine Rangordnung gebracht werden.

Grundlage sind demnach die sogenannten **„primären Bedürfnisse"**:

- körperliche Bedürfnisse (z. B. Nahrung, Bekleidung, Wetterschutz usw.),
- Sicherheit (Selbsterhaltung, Gesundheit, Risikofreiheit, Sorgenfreiheit).

Diese drängen erst nach Befriedigung, bevor höhere **„sekundäre Bedürfnisse"** befriedigt werden können.

In Garten- und Landschaftsbau werden daher vorwiegend sekundäre Bedürfnisse befriedigt. Ein Verkaufsgespräch in diesem Bereich erfordert ein anderes Verkäuferverhalten. Ein Brot verkauft man anders als eine Gartenanlage (vgl. Kap. 2.2).

1.2 Jeder Käufer ist anders

Es gibt ca. acht Milliarden Menschen auf dieser Welt, und jeder ist anders. Die Beobachtung von Kundenarten, typischem Verhalten einzelner Kunden sowie der Temperamente hilft Ihnen, sich besser auf Kunden einstellen zu können (Tab. 1).

Eigenschaften von Kundentypen	Mögliche Reaktionen
anspruchsvoll = sucht besondere Qualität; Preis ist nicht so wichtig	qualitativ hochwertige Waren anbieten
eigenwillig = konkrete, zum Teil ausgefallene Wünsche; nicht zu beeinflussen	Kundeneinstellung respektieren; Wünsche exakt erfüllen
geltungsbedürftig = prahlerisch Aussagen über Haushalt, Reisen; auffällige Kleidung	bei Angeboten das Geltungsbestreben beachten; auf Neuheiten hinweisen; nie die privaten Aspekte kritisch bewerten
gesprächig = ungehemmter Redefluss, der sich inhaltlich verliert; fällt in die Rede anderer ein	zuhören; auf fachliche Fragen überleiten; nach dem Kaufabschluss streben
sachkundig = aus Beruf oder Hobby stammende Kenntnisse werden eingebracht	Zurückhaltung, jedoch fachliche Beratung exakt vornehmen; keine Belehrung oder Streitgespräche
schweigsam = ausdruckslose Mimik; knapp im Grußverhalten; kaum beteiligt am Verkaufsgespräch	direkte Ansprache; freundliche und geduldige Bedienung; zur Kaufentscheidung führen
sparsam = wählt nach dem Preis aus, sucht nach Vorteilen	auf preisliche Vorteile hinweisen; nicht mit vergleichsweise teureren Waren belasten
unsicher = längeres, suchendes Herumblicken, leises Sprechen	Eingrenzen des Angebots; sorgfältige Beratung; Bekräftigung der Kaufentscheidung

Tab. 1 Kundenverhalten und Reaktionen

2 Das Beratungs- und Verkaufsgespräch

2.1 Wie man auftritt

Einer der wichtigsten Faktoren während eines Verkaufsgespräches ist das Auftreten des „Verkäufers“ (1 und 2). Denn jeder Mensch sendet unbewusst Botschaften aus.

Einer Umfrage zufolge vermittelt jeder Mensch im persönlichen Miteinander 55 % seiner stummen Botschaften über sein äußeres Erscheinungsbild, 38 % kommen über Tonlage, Sprachmelodie, Unterton, Akzentuierung der Stimme beim Gegenüber an und nur ganze 7 % werden als Inhalt, als fachliches Wissen im ersten Umgang miteinander wahrgenommen. Auch wir entscheiden in Sekundenbruchteilen, ob wir jemanden mögen und respektieren oder nicht und ob wir von ihm etwas kaufen oder nicht – der berühmte **erste Eindruck**.

1 „Offene Handhaltung“ signalisiert Gesprächsbereitschaft

2 „Erhobene Handhaltung“ signalisiert Abwehr

2.1.1 Schaffen Sie eine gute Verkaufsatmosphäre

Zeigen Sie dem Kunden gegenüber Ihre positive Einstellung:

- Die freundliche Behandlung des Kunden ist eine Selbstverständlichkeit.
- Sie orientieren sich an den Einstellungen und Wünschen des Kunden.
- Sie zeigen Ihre Bereitschaft, den Kunden zu beraten und ihm geduldig Auskunft auf seine Fragen zu geben.
- Sie werden auch bei unentschlossenen Kunden nicht ungeduldig.
- Drängen Sie dem Kunden nicht Ihre eigene Meinung auf und widersprechen Sie nicht unhöflich.
- Der Kunde darf ausreden, ohne dass Sie ihm ins Wort fallen. Sie hören aufmerksam zu.
- Ehrliches und faires Verhalten dem Kunden gegenüber ist genauso selbstverständlich wie Zuverlässigkeit.

2.1.2 Selbstsicherheit schafft Vertrauen

Sie können eine Dienstleistung nur dann verkaufen, wenn Sie selbst davon überzeugt sind. Geben Sie daher Ihr Vertrauen an den Kunden weiter. Wenn der Kunde Ihre Sicherheit spürt, wird er auch Vertrauen in Sie und Ihre Dienstleistung bekommen. Beim Umgang mit Kunden gilt: freundlich sein, aber trotzdem bestimmt und selbstbewusst auftreten.

2.1.3 Körpersprache – der Körper sendet Signale

Mithilfe der Körpersprache kann man Aussagen verdeutlichen und glaubhaft machen.

Hier einige Beispiele zur Körpersprache:

Blick	Ein offener, zugewandter Blick erzeugt Sicherheit.
Mimik	Machen Sie ein freundliches Gesicht (1 und 1, S. 575). Wenn die Situation es erlaubt, lachen oder lächeln Sie.
Gestik	Auch der Kopf, die Arme, Hände und Finger sollten beteiligt sein, z. B. ein bestätigendes Nicken mit dem Kopf, leere, geöffnete Hände.
Körperhaltung	Stehen Sie frei und entspannt, dem Kunden zugewandt. Der Kopf ist aufgerichtet.

Die Anwendung der Körpersprache muss geübt werden und auf die Person abgestimmt sein, damit sie natürlich wirkt. Beobachten Sie sich ab und zu selbst – und lassen Sie sich von anderen beobachten.

1 Freude im Gesichtsausdruck ist ein Aspekt der Körpersprache

! Merke

Auch der Kunde hat eine Körpersprache. Diese beobachten und verstehen zu lernen, ist genauso bedeutend.

2.1.4 Die Sprache als nützliches Werkzeug

Wie die Körpersprache hat auch die Sprechstimme und -weise eine Wirkung.

- Eine freundliche Stimme schafft Kontakt zum Kunden.
- Ein mittleres Sprechtempo ermöglicht es dem Kunden, Sie inhaltlich zu verstehen.
- Eine ruhige Sprechweise signalisiert dem Kunden, dass Sie sich Zeit nehmen.
- Sprechpausen ermöglichen es dem Kunden, Fragen zu stellen oder sich zu äußern.
- Eine betonte Sprechweise unterstützt Ihre Überzeugungskraft.
- Kurze, einfache und verständliche Sätze erleichtern es dem Kunden, Ihre Verkaufsargumente zu verstehen.

! Hinweis

Vermeiden Sie unbedingt:
„Gesprächskiller“ („Davon haben Sie keine Ahnung“),
Befehle („Überlassen Sie das mir, ich bin Fachmann“),
Vorwürfe und **Monologe**.

2.2 Wie man ein Verkaufsgespräch vorbereitet

Wenn der Mensch seine primären Bedürfnisse befriedigt hat, geht er an die Verwirklichung seiner sekundären Bedürfnisse (vgl. Kap. 1.1).

Profit	Gewinnstreben, Spartrieb, Zeit gewinnen
Komfort	Bequemlichkeit, Ästhetik, Schönheitssinn
Ansehen	Stolz, Prestige, Anlehnungsbedürfnis, „in“ sein
Freude	Vergnügen, Großzügigkeit, Sympathie, Liebe zum Partner oder zur Familie

Eine besonders gepflasterte Hofeinfahrt oder ein Gartenteich sind demnach sekundäre Bedürfnisse. Überlegen Sie sich daher Argumente - auch emotionaler Art - zu dem, was Sie verkaufen wollen. Sie sind gut auf ein Verkaufsgespräch vorbereitet, wenn Sie den Kunden auch auf seiner Gefühlsebene ansprechen. Er fühlt sich von Ihnen verstanden und hat Vertrauen zu Ihnen.

2.3 Das 6-Stufen-Verkaufsgespräch

Diese sechs Stufen eines erfolgreichen Verkaufsgesprächs heißen:

- Annähern
- Befragen
- Vorführen
- Festigen
- Verhandeln
- Abschließen

2.3.1 Annähern

In der Regel wird die erste Kontaktaufnahme im Garten- und Landschaftsbau vonseiten des Kunden kommen. Er wird vielleicht telefonisch um ein Beratungsgespräch bitten. Dieses Telefongespräch ist Ihre **erste** und **wichtigste Möglichkeit**, ein positives Bild zu hinterlassen.

Fertigen Sie während des Gespräches eine Notiz. Nehmen Sie zu Ihrem Beratungsgespräch Ihre Telefonnotizen mit und bereiten Sie sich auf dieses Gespräch vor. Merken Sie sich den Namen des Kunden und begrüßen Sie ihn mit Namen und Titel.

Dann sollte der **erste Schritt** eines erfolgreichen Verkaufsgesprächs beginnen. Er hat mit dem Produkt oder der Dienstleistung noch überhaupt nichts zu tun. Hier geht es darum, dass Sie sich auf Ihren Kunden einstimmen. In der Psychologie heißt das „Warming-up“ oder „Aufwärmphase“.

Bringen Sie ihn dazu, dass er von sich spricht. Das gibt ihm das Gefühl, dass Sie sich für ihn interessieren.

- Für den Gesprächpartner klingt es positiv, wenn Sie ein Telefonat mit dem Tagesgruß (nach regionaler Sitte) beginnen, dann erst Firmennamen und zuletzt Ihren Namen nennen.
- Notizblock, Schreibzeug und Terminkalender am „Arbeitsplatz Telefon" ermöglichen Ihnen eine rasche und korrekte Aufnahme der Kundenwünsche.
- Vergewissern Sie sich, dass Sie Name, Anschrift und Telefonnummer des Anrufers richtig verstanden und aufgenommen haben.
- Nehmen Sie in die Telefonnotiz alle Einzelheiten auf.
- Auch am Telefon können Sie ohne Sichtkontakt kundenbezogen argumentieren und mit kurzen Erwiderungen bestätigen, dass Sie mithören und interessiert sind.

Das Ganze funktioniert natürlich nur, wenn Sie sich wirklich für andere Menschen interessieren.

! Merke

Wer im Verkauf arbeitet, kommt um die vier M nicht herum:
Man muss Menschen mögen!

Wenn Sie einen Kunden besuchen, gibt es verschiedene Möglichkeiten einer **Einstimmung**. Loben Sie sein schönes Zuhause, die Lage des Grundstückes oder möglicherweise entdecken Sie Dinge, die auf eines seiner Steckenpferde hindeuten. Sprechen Sie diese Dinge aber nur an, wenn Sie dazu auch Fragen stellen oder selbst etwas beitragen können.

Das Mindeste an Einstimmung sind ein **freundliches Lächeln** und die Bereitschaft, sich in diesem Moment voll und ganz diesem Menschen zu widmen.

Im Anschluss an diese Phase beginnt das eigentliche Verkaufsgespräch.

2.3.2 Befragen

Auch am **zweiten Schritt** scheitern unzählige Verkaufsgespräche. Bevor Sie Ihrem Kunden auch nur irgendetwas vorführen oder zeigen, müssen Sie seine Bedürfnisse abklären.

Überlegen Sie sich, was Sie von Ihrem Kunden alles wissen müssen, damit Sie ihm helfen können, das zu bekommen, was er braucht.

Fragen Sie Ihren Kunden, was er will - und: Lauschen Sie aktiv und interessiert seinen Antworten.

- Durch Fragen treten Sie im Gesprächsanteil zurück (= Dominanz wird vermieden).
- Stellen Sie offene Fragen, wenn Sie eine möglichst detaillierte und umfangreiche Information benötigen. Offene Fragen (z. B. Was, Warum, Weshalb? etc.) können nicht mit Ja oder Nein beantwortet werden und provozieren eine umfangreichere Antwort.
- Stellen Sie geschlossene Fragen, wenn Sie gezielt Informationen oder Standpunkte zu fest definierten Punkten erhalten wollen. Geschlossene Fragen können nur mit Ja oder Nein beantwortet werden.
- Vermeiden Sie Formulierungen wie „Ja, aber ...". Statt „aber" sollten sie besser „und" benutzen. Beispiel: „Ihr Vorschlag ist gut, aber die Kosten sind nicht vertretbar." Besser: „Ihr Vorschlag ist gut und wie bekommen wir die Kosten optimiert?"
- Reden Sie mehr vom ICH als vom MAN oder DU. Kritik wird wesentlich annehmbarer in Form von ICH-Botschaften.
- Blockaden beim Gegenüber überwinden Sie dadurch, dass Sie Redewendungen und Begriffe des anderen aufnehmen und aktiv einsetzen.

2.3.3 Vorführen

Erst jetzt sind Sie in der Lage, Ihrem Kunden ein Produkt oder eine Dienstleistung **vorzuführen**, die seinen Bedarf abdeckt. Und er soll spüren, dass Ihnen das Spaß bereitet. Denn wenn Sie nicht überzeugt sind von Ihrer Dienstleistung, wie soll es dann jemand anders sein? Legen Sie sich eine Mappe zu, in der Sie Bilder, Auszeichnungen, Referenzen usw. gesammelt haben. Der Kunde muss mit all seinen Sinnen an der Vorführung teilnehmen können. Wenn es beispielsweise um die Anlage eines Gartenteichs geht, nehmen Sie Gartenteichfolienstücke mit. Sammeln Sie Bilder oder Videofilme von gelungenen Bauvorhaben. Vielleicht haben Sie einen Laptop, in dem Sie schnell eine Gartenanlage erstellen können. Je mehr Sinne Sie ansprechen, desto größer ist die Chance, dass der Kunde „sich angesprochen fühlt".

- Wo es etwas zu fühlen gibt,
  lassen Sie ihn fühlen.
- Wo es etwas zu riechen gibt,
  lassen Sie ihn riechen.
- Wo es etwas zu schauen gibt,
  lassen Sie ihn schauen.
- Wo es etwas zu kosten gibt,
  lassen Sie ihn kosten.

2.3.4 Festigen

Beim Festigen handelt es sich eigentlich nicht um einen getrennten Schritt. Festigen muss man während des ganzen Verkaufsgesprächs. Denn Festigen heißt, dass der Wert der Dienstleistung im Gefühl des Kunden stetig wächst und dass im Gegensatz dazu der Preis immer vernünftiger erscheinen soll. Es bedeutet auch, dass Sie dem Kunden die Kaufangst überwinden helfen, die naturgemäß bei größeren Anschaffungen auftritt.

Zuerst einmal sollten Sie dem Kunden klar machen, dass seine Wünsche erfüllbar sind. Dann sollten Sie Hintergrundinformationen liefern, die den Wert betonen und den Preis begründen.

2.3.5 Verhandeln

In dieser Phase geht es darum, zu welchen Konditionen der Kunde kaufen wird. Starten Sie deshalb einen **Abschlussversuch**. Nehmen Sie dazu einfach an, dass der Kunde abschließen wird. Zum Beispiel „Gibt es noch etwas, was wir berücksichtigen müssen?" Wenn der Kunde „Nein" sagt, kommt es zum Abschluss.

In der Regel kommen aber Kundeneinwände. Diese Einwände können sich auf verschiedene Dinge beziehen. Fassen Sie diese Einwände nicht als persönlichen Angriff auf. Im Gegenteil: Betrachten Sie den Einwand als Möglichkeit, die Erwartungen des Kunden besser kennen lernen zu können.

In dieser Phase sollten Sie ein besonderes Vorgehen anwenden: „Bewegen Sie sich immer mit dem Kunden, nie gegen ihn. Wenn der Kunde Sie stößt, ziehen Sie ihn. Wenn er zieht, stoßen Sie ihn." Kämpfen Sie nie gegen den Kunden. Eine gängige Einleitung ist: „Sie haben Recht." Nie: „Das ist nicht richtig!"

Verschiedene Einwandarten

Einwände können verschiedene Ursachen haben.

Der objektive Einwand
Es gibt Einwände, die sachlich fundiert oder vom subjektiven Standpunkt des Kunden aus richtig sind. Es empfiehlt sich, dem Kunden in diesem Punkt Recht zu geben und gleichzeitig die zahlreichen Vorteile zu erwähnen.

Beispiel:
„Das ist zu teuer!"

Stellen Sie einfach folgende Frage: „Angenommen, wir können uns über den Preis einigen, würden Sie dann das Geschäft mit uns abschließen?"

1 Der Kunde ist König

Wenn es wirklich nur um den Preis geht, dann sollten Sie einige Rezepte zur Verfügung haben.

Stellen Sie vielleicht folgende Frage: „Können Sie mir sagen, womit Sie dieses Angebot vergleichen?" Das zwingt den Kunden zum Nachdenken. Vielleicht bringt er auch eine Mitbewerber-Offerte, die tatsächlich im Preis etwas tiefer liegt. Jetzt sollten sie beispielsweise die hergestellten Werke Ihrer Mitbewerber kennen. Gehen Sie dann die Vorteile einzeln durch und vergleichen Sie sie mit der Mitbewerber-Offerte. Sollte der Mitbewerber günstiger im Preis sein, dann können Sie Punkte sammeln, wenn Sie Ihrem Kunden empfehlen, dort zu kaufen. In mindestens 80 % der Fälle und sofern Sie Ihrem Kunden sympathisch sind, wird er antworten: „Nein, ich möchte lieber bei Ihnen kaufen."

Eine weitere Möglichkeit ist die Aufsplitterungs- und die Abzahlungstechnik. Bei dieser Technik zeigen Sie Ihrem Kunden beispielsweise, wie wenig er pro Tag, pro Woche oder pro Monat bezahlen muss.

Der subjektive Einwand
Hierzu gehören Einwände, die der Kunde vorbringt, weil er andere Erfahrungen gemacht hat, noch nicht genügend informiert ist oder Fehlinformationen erhalten hat.

Beispiel: fehlende Information zum Aufbau einer Hofeinfahrtspflasterung.

Klären Sie den Kunden auf und nennen Sie gleichzeitig die Vorzüge.

Der unausgesprochene Einwand
Das sind Einwände, die der Kunde nicht nennen kann (z. B. weil er nicht zu Wort kam) oder will.
Ermutigen Sie den Kunden durch Ihr Verhalten, Einwände zu äußern.

Scheineinwände
Das sind zumeist Ausreden. Sie drücken aus, dass kein Interesse am Kauf besteht.

Beispiel: „Ich habe gerade wenig Zeit."
In solchen Fällen gibt es keine überzeugenden Argumente.

Der boshafte Einwand
Hierbei handelt es sich um Störungsversuche von Menschen, die sich von Ihnen zu wenig beachtet fühlen.
Manche Kunden haben auch einfach schlechte Laune. Es ist schwierig, solche Einwände durch Argumente abzuschwächen. Bleiben Sie aber ruhig.

2.3.6 Abschließen

Wenn Sie Ihre Arbeit bis hier richtig gemacht haben, ist das Abschließen eine reine Formsache. Mit Ihren Abschlussfragen, die Sie dem Kunden ja bereits gestellt haben, geht der Abschluss fast von selbst. Es kann höchstens sein, dass Sie jetzt noch eine Unterschrift unter einem Vertrag brauchen. Da die Unterschrift jedoch immer eine Sache ist, die viele Menschen nochmals abschreckt, sind clevere Unternehmer dazu übergegangen, mithilfe von Abschlussfragen eine mündliche Zusage zu erhalten und diese dann schriftlich zu bestätigen.

- Wann möchten Sie's haben?
- Wie viele dürfen wir Ihnen liefern?
- Wann können wir mit der Arbeit beginnen?
- Möchten Sie lieber diese oder jene?
- Darf ich mir einen Termin in meinem Kalender notieren?

Sollte der Kunde jedoch nicht abschließen, bleiben Sie weiterhin freundlich. Denn nicht jedes Verkaufsgespräch führt zu einem positiven Ergebnis. Vielleicht braucht er nur ein wenig Zeit und wird sich später melden oder sie konnten sich diesmal nicht einigen und es ergibt sich ein späteres Geschäft. Deshalb hinterlassen Sie bis zum Schluss einen positiven Eindruck.

Ein wichtiger Grundsatz: Bleiben Sie seriös und integer, dann können Sie auch allen Menschen in die Augen schauen.

Nach einem Gespräch denken Sie noch einmal über den Gesprächsverlauf nach. Man sollte immer aus gemachten Fehlern lernen.

3 Die Beanstandung

Zu Beginn dieses Kapitels stand „... und zwar vor, während und nach dem Kauf".

Wenn Sie Ihre Dienstleistung ausgeführt haben, kann es zu Beanstandungen kommen. Der Begriff Reklamation ist negativ besetzt und hindert nur daran, die positiven Aspekte zu erkennen.

Das Positive ist, dass Sie die Enttäuschung Ihres Kunden kennen und somit handeln können.

- Der Kunde will keine Ausrede oder Rechtfertigung hören!
- Er will Lösungen und Zukunftsperspektiven erkennen!

Aber wie geht man mit Beanstandungen um?

1. Dampf ablassen, ausreden lassen.
2. Verständnis zeigen.
3. Sachverhalt klären.
4. Sich entschuldigen.
5. Vorstellungen des Kunden zur Lösung erfahren.
6. Danken Sie für das Verständnis, für den fairen Vorschlag, für die gute Zusammenarbeit.
7. In Beanstandungen stecken Chancen: Nach der Bearbeitung zur Tagesordnung übergehen und neue Zukunftsperspektiven aufzeigen.

? Aufgaben

○ 1. Beschreiben Sie das Verhalten einer in Eile befindlichen Person.
◑ 2. Zählen Sie unsichere/desinteressierte Körpersprachemuster auf.
◑ 3. Ein Kunde möchte sich einen Gartenteich anlegen lassen. Welche Fragen müssen Sie mit ihm klären?
◑ 4. Sie schlagen einem Kunden vor, dass seine Hofeinfahrt nach Vorschrift hergestellt werden soll. Stellen Sie subjektive und objektive Einwände zusammen.
◑ 5. Führen Sie ein Verkaufsrollenspiel durch.

Bildquellenverzeichnis

Verfasser und Verlag danken den genannten Firmen, Institutionen und Privatpersonen für die Überlassung von Vorlagen und Abdruckgenehmigungen zu folgenden Abbildungen:

© GD Holz, Herr Plößl, Gesamtverband Deutscher Holzhandel e. V., Berlin: S. 185/2, 6; 186/1
©PIRCHER; Pircher Oberland GmbH, Niederdorf (BZ): S. 182/1
3P Technik Filtersysteme GmbH, Bad Überkingen: S. 422/3
ACO Hochbau Vertrieb GmbH, Büdelsdorf: S. 133/1
Adolf Würth GmbH & Co. KG, Künzelsau: S. 196/2
akg-images GmbH, Berlin: S. 1/1; 2/1; 3/1, 2; 6/2
Alamy Limited, Abingdon, Oxon, UK: S. 183/1d (Prisma by Dukas Presseagentur GmbH / Alamy Stock Photo)
ANDREAS STIHL AG & Co. KG, Waiblingen: S. 371/1a-h; 384/4; 385/1c, d
Arbeitsgemeinschaft Pflasterklinker e. V., Bonn: S. 121/1-6; 122/1-7;
arboa e.K. tree safety, Stuttgart: S. 265/10
as-illustration, Rimpar: S. 46/4; 47/1-4; 48/1-5; 49/1; 62/1a-f; 63/2; 69/2, 3; 80/1; 86/1; 87/1; 92/1; 93/1-4; 94/1-3; 117/1; 165/1; 175/1a, b, d, 2; 176/3; 180/1a, b; 196/1, 1a-d (QR-Code); 201/2; 202/1; 212/Tab. 1a, b; 213/2; 236/1; 267/1, 2; 268/1-3; 270/1, 2; 278/5b, 8b; 381/2; 383/1; 411/1; 412/2a, b, 3; 413/1a-f, 2a-d; 414/1; 419/1a-d; 421/2; 422/1, 2; 423/1; 425/1, 2; 477/1; 498/2
Bals Elektrotechnik GmbH & Co. KG, Kirchhundem: S. 502/1
BAUMPFLEGE Hubert Guggemos, www.baumpflege-hugug.de, Wertach: S. 277/1
Bavaria-Bildagentur GmbH, Gauting: S. 9/1
Bayerische Landesanstalt für Wald und Forstwirtschaft (LWF); Christoph Hübner, Freising: S. 185/4
Bayerische Maßindustrie A. Keller GmbH, Hersbruck: S. 49/3
Bayerisches Obstzentrum (Bay|O|Z), Hallbergmoos: S. 291/1, 2
Bellinger, Dipl. Ing. Frank, Landschaftsarchitekt, Hamburg: S. 181/1
BERDING BETON GmbH, Steinfeld: S. 171/1; 174/1, 5
Berliner Regenwasseragentur, Berlin: S. 526/1b, e, h
Berufsbildungswerk Leipzig für Hör- und Sprachgeschädigte gGmbH, BBW-Leipzig: S. 194/2
BetonBauteile Bayern im Bayerischen Industrieverband Steine und Erden e. V., München: S. 174/3
BETTERWOOD.de, Berlin: S. 195/2
Bietenbeck, Martin, Osnabrück: S. 104/1, 2; 109/1; 110/1; 111/1; 113/2a; 114/1; 116/1; 118/2; 119/2a, b; 120/1; 127/1, 2; 128/1, 2; 129/1-3; 130/2; 132/1-3; 133/2; 137/1-4; 139/1, 2; 141/1, 3, 4; 146/1; 147/1
Bund deutscher Staudengärtner, Bonn: S. 323/1
Bundesministerium für Verkehr, Bau und Stadtentwicklung, erstellt von SSP Consult, Beratende Ingenieure GmbH: S. 108/1
Bundesverband Garten-, Landschafts- und Sportplatzbau (BGL) e. V., Bad Honnef: S. 10/2
Bundesverband GebäudeGrün e. V., Berlin: S. 524/1; 525/1; 526/1f
CENTRUM Gruppe: S. 539/2
Ceramiche Atlas Concorde S.p.A., Spezzano di Fiorano, Italia: S. 118/1
COMPO Expert GmbH, Münster: S. 405/1-3, 5
COSMET Helmut Ploß, Hamburg: S. 329/2, 4, 6; 358/1, 2
CPM Maschinenbau AG, Sörup: S. B204/3a
David Austin Roses, GB-Wolverhampton: S. 306/4-6
Dettmer Agrar-Service GmbH, Kettenkamp: S. 146/2
Michele Di Gaspare, 50127 Bergheim: S. 103/3; 533/2a
dpa Picture-Alliance GmbH, Frankfurt/Main: S. 399/6 (Oliver Giel)
DQS - Deutsche Gesellschaft zur Zertifizierung von Managementsystemen GmbH, Frankfurt/Main: S. 572/1
Heinrich Drescher, Münster: S. 176/2; 263/1; 368/1; 524/2; 536/2
Edition Leipzig: S. 3/3
ELIET EUROPE NV, OTEGEM/Belgien: S. B204/3c
Engelbert Strauss GmbH & Co. KG, Biebergemünd: S. 386/2
Enno Roggemann GmbH & Co. KG, Bremen: S. 188/1
Eschlböck Maschinenbau GmbH, Prambachkirchen: S. B204/1, 2
FLL - Forschungsgesellschaft Landschaftsentwicklung Landschaftsbau e. V., Bonn: S. 30/1
Forschungsinstitut der Zementindustrie GmbH, Düsseldorf: S. 228/1a-c; 229/1-6
GaLabau Kreye GmbH & Co.KG, Ganderkesee: S. 494/1; 496/1-6; 497/1-5
Gala-Lusit-Betonsteinwerke GmbH, Hannover: S. 115/3
GARDENA GmbH, Ulm: S. 416/1-4; 417/1-4
Gärtnerei Germann, Arbeitskreis Wasserpflanzen im Bund deutscher Staudengärtner, Hans Großmann, Speyer: S. 459/4
GEFA Produkte® FABRITZ GmbH, Krefeld: S. 265/6-9
GEO3 GmbH Freiraumplanung, Bedburg-Hau, Zeichner: Moritz Thönnissen: S. 42/1
GEOTEX® GmbH, Zella-Mehlis: S. 543/3, 4
Gottlieb NESTLE GmbH, Dornstetten: S. 45/1, 1a, 1b
Grafische Produktionen Neumann, Rimpar: S. 14/1; 105/1; 135/1a-d; 163/2; 205/1; 215/1, 3, 4; 216/1, 3; 217/1; 223/1-3; 225/1a; 226/2; 262/1; 282/1, 2; 396/1; 429/1
Green Solutions Software GmbH, Bad Zwischenahn: S. 253/1d, 1e
Greenleaf Deutschland KG, Reichshof-Hunsheim: S. 136/1
Gritzke Lasertechnik OHG/Martin Stölting - Tiefbau + Abbruch GmbH, Lemgo: S. 68/1
GROWI Maschinenbau, Oberthingau: S. B206/1
Gutzeit Verbindungssysteme GmbH & Co, Fröndenberg: S. 193/1a-e
Harald Hoyer, Schwerin: S. 8/1
HAVER & BOECKER OHG, Oelde: S. 85/2a, b
Erich Heidsieck, Hamburg: S. 182/3
Heinrich, Rudolf, Donauwörth: S. 202/2
Himmelhuber, Peter, Regensburg: S. 475/1-8
HolzLand GmbH, Dortmund: S. 187/4a, b
Holz-Richter GmbH, Lindlar: S. 191/4, 5; 197/3
HSTW Planungs- und Sachverständigenbüro, Münster: S. 186/5
Hunter Industries Inc. Fotos und Zeichnungen mit freundlicher Genehmigung von Hunter Industries, San Marcos, CA 92078, USA: S. 409/1; 410/1, 2; 410/Tab. 1a-c; 412/1; 415/1; 418/1a, b
InformationsZentrum Beton GmbH, Erkrath: S. 211/1a-f
Institut für Stahlbetonbewehrung e. V., Düsseldorf: S. 215/2
Internationaal Bloembollen Centrum, iBulb, NL Hillegom: S. 332/1a, 2a; 333/1-8; 334/1-10; 335/1-11; 336/1-8; 337/2-8; 338/1-9; 339/1-9
iStockphoto, Berlin: S. 531/3 (vuk8691)
Dipl.-Ing. agr. Dr. Friedhelm Jacobi, Rhumspringe: S. 250/1-12; 251/1-12
Jansen GmbH & Co.KG, Emlichheim: S. 237/1e
John Deere GmbH & Co. KG, Mannheim: S. 385/2
Jukom GmbH, www.meingartenversand.de, Hamburg: S. 194/1b
Kahrs GmbH, Bremen: S. 192/1a-d
Kalinke Vertriebs GmbH, Berg: S. 384/1-3; 388/1, 2; 390/4-8
Karle & Rubner GmbH, Escheburg: S. 197/2
Kässer, Michael, Ostfildern-Ruit: S. 185/3, 5, 186/2-4
Kebony AS, Norwegen: S. 191/2
Keplinger GmbH, Traun: S. 191/1
Kontny, Ingenieurteam, Hamburg: S. 533/2b-f; 534/1a, b; 534/2a-c
KRAIBURG Relastec GmbH & Co. KG: S. 116/2
Krausen, Scott, Mönchengladbach: S. 16/1; 17/1; 437/1; 528/1; 529/1; 549/1; 570/3; 574/1, 2; 575/1; 577/1
Kresko GmbH, Stuttgart: S. 408/1; 418/2, 3
Lechner Meisterbetrieb, Schönkirchen: S. 457/2; 459/5; 461/1a
mauritius images GmbH, Mittenwald, Mittenwald: S. 6/1; 163/1; 542/1; 548/2
Meilland Deutschland: S. 301/1; 302/1, 2; 307/2
Metallverarbeitung Spangler, Nittendorf: S. 177/1
Mocopinus GmbH & Co. KG, Karlsruhe: S. 192/2
Müthing GmbH & Co. KG, Soest: S. 383/4
Nedo GmbH & Co. KG, Dornstetten: S. 69/1; 74/1
New Holland Deutschland CNH Industrial Deutschland GmbH, Heilbronn: S. 237/1a, d
NGR-Natursteine, Rheine: S. 123/1-3; 124/1-6; 125/1-10; 134/1
OBI GmbH & Co. Deutschland KG: S. 194/1c
Okapia KG, Frankfurt: S. 356/1 (G Kiepke); 401/1a (Lothar Lenz); 401/1b (R.Cavignaux); 467/1 (M.Varin); 467/2 (Andreas Hartl); 468/2 (G. Dagner); 468/3 (O.Cabrero i. Roura); 468/4 (Raimund Cramm); 469/1 (Herbert Kehrer); 469/2 (Martin Rügner); 469/3 (Frank Kramer); 469/4 (Natur im Bild/R.Förster)
Opitz GmbH & Co. KG, Heideck: S. 272/1
Optigrün international AG, Krauchenwies-Göggingen: S. 534/3, 4; 535/1a, b; 536/1, 3; 537/1, 2; 538/1a-c
Optimas GmbH, Saterland/Ramsloh: S. 113/1; 135/2
Paul Spierenburg, Hamburg: S. 4/1; 533/1
Peters + Peters GmbH, Kaltenkirchen: S. 195/1
pezzolato-Deutschland, Gondershausen: S. B204/3b
Posch GesmbH, Leibnitz/Kaindorf, Österreich: S. B206/2
PÖTTINGER Landtechnik GmbH, Grieskirchen, Austria: S. 382/8a, b

Prof. Dr.-Ing. Nicole Pfoser, Nürtingen; Pfoser, N. (2016): Fassade und Pflanze. Potenziale einer neuen Fassadengestaltung, Technische Universität Darmstadt (Dissertation), unter: tuprints.ulb.tu-darmstadt.de/5587/ [21.07.2016]; Pfoser, N. (2023): Grüne Fassaden. DETAIL Praxis, München; Pfoser, N. (2014): Leitfaden Gebäude Begrünung Energie, 2014 (Hrsg. FLL 2014), unter: www.fll.de/ shop/bauwerksbegruenung/gebaude-begrunung- energie-potenziale-und-wechselwirkungen.html: S. 526/1a, d, g
quick-mix Gruppe GmbH & Co. KG, Osnabrück: S. 118/3; 119/1
Andreas Rabisch, Höchstädt a. d. Donau: S. 33/2; 82/1a; 82/1b; 82/1c; 82/1d; 82/1e; 82/1f; 88/1; 183/1e, 1f; 189/2; 193/2; 197/1; 201/1
Julia Reimann, Hamburg: S. 275/1; 298/1, 2; 307/8; 308/2, 3; 309/1; 310/1, 2, 4-7; 311/1; 312/1-3; 478/1; 479/1; 482/2; 487/1; 506/1
Richter Spielgeräte GmbH: S. 187/1
Riegler Holzindustrie GmbH, Krottendorf: S. 189/1
Rombach Holzwerk GmbH, Schonach: S. 188/2
Rosen Union eG, Bad Nauheim: S. 301/7; 307/1
Schlüter, Martin / Bruun & Möllers: S. 500/3, 4
Schmitt GmbH, Münnerstadt: S. 385/1b
Schmitt, Jens, Höchstädt: S. 26/1; 32/1; 33/3; 34/1, 2; 35/1; 36/1, 2; 88/2, 3; 88/3; 90/1, 2; 99/1; 100/3, 4; 101/2b, c; 102/1, 2, 4, 5; 103/2, 4, 5; 158/4-8; 159/1-8; 194/1a, d; 198/1-4; 199/1-3; 200/1-8; 371/2; 543/2; 544/3, 5; 545/2; 546/2, 4; 547/2, 3, 5; 566/1; 567/1; 568/1; 569/1, 2a, b, 3; 570/1, 2
Scholz und Partner, Wolfsburg: S. 33/1; 38/2; 39/1, 2; 40/1; 41/1, 2; 42/2, 3; 43/1-3; 45/2; 46/1-3; 50/2, 3; 51/1-3; 52/3; 53/1-4; 54/1; 55/2-4; 56/1a, b, 2; 57/1; 58/1-4; 59/1, 2; 61/1-4; 65/2; 67/3; 68/2; 70/1-3; 71/1, 2; 72/1-3; 73/1; 75/1-3; 76/1-3; 77/1-3; 97/1-3; 98/2-4; 99/2; 100/1, 2; 114/2; 115/1; 116/3; 126/1, 2; 130/1; 136/2; 139/3; 141/2; 142/1-4; 143/1, 2; 144/1; 149/1, 2; 150/1; 151/1-3; 152/1-3; 153/1-4; 154/1; 155/1-4; 156/2-4; 157/1-3; 160/1; 161/1-6; 162/1; 164/1, 1a,b; 166/5; 169/1-4; 172/1, 2; 173/1, 2; 174/2, 4, 6; 176/1; 178/1; 203/1; 208/1, 2; 209/1-3; 227/1, 2; 232/1; 233/1; 234/1; 242/2; 243/1; 259/1; 264/1; 272/2; 273/1; 277/2; 280/2; 287/1-3; 288/1, Tab1a-h; 289/1; 290/1, 2; 323/2; 324/1, 2; 325/1-5; 326/1; 327/1-4; 354/1a; 379/1; 383/3; 389/1, 3; 401/1c,d; 451/2; 452/1, 2; 454/1; 472/1; 489/1; 490/1; 492/1; 495/1; 498/1, 3; 509/1; 523/1; 532/1-3; 543/1; 544/1, 2, 4; 545/1, 3, 4; 546/1, 3, 5; 547/1, 4; 548/1
Seerosenfarm, Langerwisch: S. 461/1b, c, e, f
Seipel, Holger, Wiefelstede: S. 4/3; 44/1-8; 49/2; 50/1; 55/1; 64/1; 65/1, 3, 4; 66/1, 2; 101/2a, d; 119/3; 148/1, 2; 156/1; 158/1-3, 9; 166/1a-f; 167/1a-l; 168/1a-c, 2; 204/1; 205/2; 210/1; 219/1; 220/1, 2; 225/1b; 239/1a-e; 240/1a, b; 242/1a-d; 243/2a-d; 244/1a-d, 2a-c, 3; 245/1-4; 252/1a, b, 2a-g; 253/1a-c, f; 254/1a-f, 2a-f; 256/1-6; 257/1a-g, 2a-d; 262/2; 265/1-5, 11; 277/3; 278/1-8; 279/1, 2; 280/1; 281/1, 2; 285/1, 2a,b; 286/1; 292/2; 295/1-9; 296/1-4; 297/1, 2; 299/1; 301/3, 6, 9; 302/1, 7, 8; 303/2, 6; 304/1-9; 305/1-3; 307/4-7; 308/1; 310/3; 313/2, 3; 314/1-11; 316/2-5; 317/1-12; 318/1-12; 319/1-12, 320/1-12; 321/1-12; 329/1, 3, 5; 331/2-6a; 332/1b; 336/9-11; 340/1-4, 6, 9, 11, 12; 341/1, 3-11; 344/1-3; 346/1-5; 347/1a-d; 348/1a-d; 349/1-9; 350/1-10; 351/1-6; 352/1-8; 353/1; 354/1b-e; 355/1, 2a,b; 356/2; 357/1b; 369/1; 370/1a, b; 372/2, 3; 373/1; 382/1-4, 6, 7; 383/2; 389/2; 390/1, 2; 394/1a-f, 2a-d; 395/1a-d; 399/1-5; 400/1, 2, 4; 402/1; 403/1-12; 404/1-4; 405/4; 406/1-3; 411/2; 430/2-8; 431/1; 433/1; 436/1a, b; 439/1; 443/1; 445/1-12; 446/1-12; 447/1-12; 448/1-12; 454/2; 457/6, 8, 9; 459/2, 9; 462/1, 2; 463/1-3, 6, 8-11; 465/1-3; 466/2; 474/1; 482/1; 484/1-12; 491/1; 507/1-6; 516/1a-c, 2a-c, 3a,b, 4-7; 517/1-12; 519/1-8; 520/2; 531/1, 2, 4; 539/1; 569/4
Seipel, Kai-Michael, Achtrup: S. 400/3; 469/5, 6; 470/2, 3; 471/1
Sembdner Maschinenbau GmbH, Fürstenfeldbruck: S. 372/1; 375/2, 3; 382/5; 390/3
Shutterstock Images LLC, New York, USA: S. 4/2 (Igor Plotnikov); 177/2 (Chayanin Wongpracha); 177/3 (Virrage Images); 179/1 (Photo Win1); 182/2 (Dimitri Lamour); 183/1a (Den Edryshov); 183/1b (smereka); 183/1c (captureandcompose); 183/2 (Elenamiv); 188/3 (Kartinkin77); 213/1 (Evgeny Pyatkov); 253/2a (High Mountain); 253/2b (Alex Manders); 253/2c (Peter Turner); 258/1 (Flower_Garden); 292/1 (Azhaan2019); 331/6b (Jullex51); 332/2b (Elena Koromyslova) ; 340/10 (COULANGES); 340/5 (Manfred Ruckszio); 340/7 (pixy_nook); 340/8 (Rhoenbergfoto); 341/12 (Ritvars); 341/2 (Peter Turner Photography); 375/4 (Serhii Krot); 375/5 (U. J. Alexander) ; 375/6 (Ingrid Balabanova); 375/7 (Alexander Raths); 375/8 (Ultraskrip); 381/1 (designelements); 430/1 (Kluciar Ivan) ; 457/1 (Toni Genes) ; 457/3 (Adheamir); 457/4 (marineke thissen); 457/5 (Dina Rogatnykh); 457/7 (Fexel); 457/10 (David Bokuchava) ; 457/11 (Olena Raks); 457/12 (Jeff Holcombe);; 459/1 (Brian Lasenby); 459/3 (IvanaStevanoski); 459/6 (Peter K. Ziminski); 459/7 (Carol La Rosa); 459/8 (NOPPHARAT9889); 459/10 (Kate Higgs) ; 459/11 (kristof lauwers); 459/12 (QQ1212121); 461/1d (Nahhana); 461/1g (Mike Brake); 463/4 (Przemyslaw Muszynski) ; 463/5 (Layue); 463/7 (Maxal Tamor); 463/12 (Galery 32); 545/5 (Svetlana Mahovskaya)
Sperling Info Design GmbH, Gehrden: S. 184/1
spielart GmbH Abenteuerliche Spielgeräte, Laucha: S. 187/2
Spindler GmbH, Ampflwang - Österreich: S. 163/3
Staatliche Schlösser, Burgen und Gärten Sachsen gGmbH: S. 5/1 (Fotograf: Silvio Diettrich, Heidenau), 5/2 (Schloss & Park Pillnitz)
Stadt Wien Umweltschutzabteilung, Wien: S. 526/1c
Stanley Black & Decker Deutschland GmbH, Idstein: S. 52/2
Staub Designlight AG, Stansstad, Schweiz: S. 500/1, 2, 5
Stephan Tewes, Konstruktionsbüro für Holzbau: S. 188/4
Stiftung „Pückler-Park Bad Muskau“, Astrid Roscher, Bad Muskau: S. 5/3
stock.adobe.com: S. VS3/1 (Monkey Business); 113/2b (mahey); 113/2c (romannerud); 113/2d (ic36006); 113/2e (Pixelmixel); 115/2 (Kalle Kolodziej); 282/3 (knipseria); 316/1 (ArtHdesign); 357/1a (Johannes Ruppel); 375/1 (harmalini); 432/1 (Vera Kuttelvaserova)
Strassentest e.K., Aschaffenburg: S. 91/1
TESTING Bluhm & Feuerherdt GmbH, Berlin: S. 85/2c
Thiele-Shop, Oberlungwitz: S. 180/2
TIGER GmbH, Endingen: S. 385/1a
Topcon Deutschland Positioning GmbH, Hamburg: S. 67/2
Traumseerose, Herford: S. 461/1h
Trimble Germany GmbH, Raunheim: S. 52/1a, b; 67/1
U.S. Forst Products Laboratory, WI, United States: S. 184/2
United Nations Economic Commission for Europe, www.unece.com: S. 206/1, 2
Verband deutscher Wildsamen- und Wildpflanzenproduzenten e. V., Langgöns: S. 367/1
Verlag Handwerk und Technik GmbH, Hamburg: S. 216/2a, b
Vertiko GmbH, Wuppertal: S. 526/1i
W. Kordes' Söhne GmbH & Co. KG, Klein Offenseth-Sparrieshoop: S. 301/2, 4, 5, 8; 302/3-6; 303/1, 3-5; 306/1-3; 307/3
Wacker Neuson Vertrieb Europa GmbH & Co. KG, München: S. 224/1, 2; 226/1
Wiedenmann GmbH, Rammingen: S. 385/3, 4; 386/1
wikipedia.org: S. 8/2 (RHS_Chelsea_Flower_Show_2012; Karen Roe - Flickr: RHS Chelsea Flower Show 2012, Lizenz: CC BY 2.0; https://creativecommons.org/licenses/by/2.0/deed.de); 191/3 (User: Anubis100)
Wilhelm Schäfer GmbH, Heppenheim: S. 237/1b
WISY AG, Kefenrod-Hitzkirchen: S. 424/1
Zeppelin Baumaschinen GmbH, Caterpillar/Zeppelin, Garching bei München: S. 102/3; 103/1; 237/1c

Wir danken den folgenden Firmen und Institutionen für die Genehmigung, dass wir ihre Videos verwenden dürfen:

ANDREAS STIHL AG & Co. KG, Waiblingen: S. 268/1
Baum u. Rebschule Schreiber KG, Poysdorf: S. 268/2; 286; 287; 288; 289; 290; 291
Baumschule Lorenz von Ehren GmbH & Co. KG, Hamburg: S. 260/2; 264/2
Bayerischer Rundfunk, München: S. 272/1
Bruns Pflanzen-Export GmbH & Co.KG, Bad-Zwischenahn: S. 260/1; U2
Carl der Landschaftsbauer, Carolus Carl: S. 159; 160; 162; 163; 264/1; 282; 482
DVS Beregnung GmbH, Tübingen: S. 413; 418/1
HeidelbergCement AG, Heidelberg: S. 204
Ingmar Pape: S. 90
Institut für ökologische Wirtschaftsforschung GmbH (gemeinnützig) IÖW, Berlin: S. 528
kbs Bewässerung, Schweisweiler: S. 418/2
Lehrerin 2punkt0: S. 125; 171; 173; 174; 179; 283; 505; 506; 507
MPA NRW Materialprüfungsamt Nordrhein-Westfalen, Dortmund: S. 212
NaturaGart Vertriebs-GmbH, Ibbenbüren: S. 498
Optigrün international AG, Krauchenwies-Göggingen: S. 535
Pflanzmich GmbH, Ruth Niklaus: S. 38; 264/3; 280; 309; 315; 346
Staatliches Bauamt Ingolstadt: S. 272/2
Stadtentwässerungsbetriebe Köln, AöR (StEB Köln): S. 425
VGL Bayern e. V.: S. 11

Sachwortverzeichnis

zu Seite 250:

1 Acer platanoides (Spitzahorn)

2 Betula pendula (Sand-/Weißbirke)

3 Catalpa bignonioides (Trompetenbaum)

4 Fraxinus excelsior (Esche)

5 Aesculus hippocastanum (Rosskastanie)

6 Alnus glutinosa (Schwarzerle)

7 Fagus sylvatica (Rotbuche)

8 Quercus robur (Stieleiche)

9 Tilia cordata (Winterlinde)

10 Acer campestre (Feldahorn)

11 Carpinus betulus (Weiß-/Hainbuche)

12 Ginkgo biloba (Ginkgo)

zu Seite 251:

13 Tilia platyphyllos (Sommerlinde)

14 Ailanthus altissima (Götterbaum)

15 Salix alba (Silberweide)

16 Robinia pseudoacacia (Robinie)

17 Sorbus aucuparia (Vogelbeere, Eberesche)

18 Liriodendron tulipifera (Tulpenbaum)

19 Liquidambar styraciflua (Amberbaum)

20 Paulownia tomentosa (Paulownie)

21 Platanus x hispanica (Platane)

22 Juglans regia (Walnuss)

23 Prunus avium (Kirsche)

24 Castanea sativa (Esskastanie)

Titelüb

Grundbild

zu Seite 250:

1 Acer platanoides (Spitzahorn)

2 Betula pendula (Sand-/Weißbirke)

3 Catalpa bignonioides (Trompetenbaum)

4 Fraxinus excelsior (Esche)

5 Aesculus hippocastanum (Rosskastanie)

6 Alnus glutinosa (Schwarzerle)

7 Fagus sylvatica (Rotbuche)

8 Quercus robur (Stieleiche)

9 Tilia cordata (Winterlinde)

10 Acer campestre (Feldahorn)

11 Carpinus betulus (Weiß-/Hainbuche)

12 Ginkgo biloba (Ginkgo)

zu Seite 251:

13 Tilia platyphyllos (Sommerlinde)

14 Ailanthus altissima (Götterbaum)

15 Salix alba (Silberweide)

16 Robinia pseudoacacia (Robinie)

17 Sorbus aucuparia (Vogelbeere, Eberesche)

18 Liriodendron tulipifera (Tulpenbaum)

19 Liquidambar styraciflua (Amberbaum)

20 Paulownia tomentosa (Paulownie)

21 Platanus x hispanica (Platane)

22 Juglans regia (Walnuss)

23 Prunus avium (Kirsche)

24 Castanea sativa (Esskastanie)